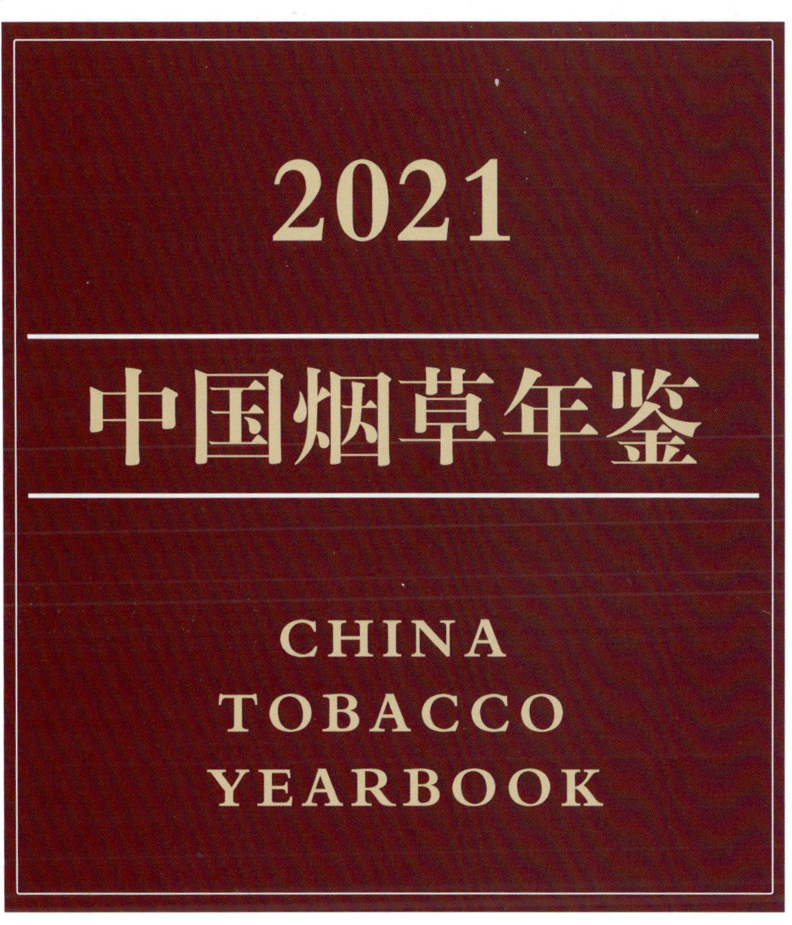

《中国烟草》杂志社有限公司　编

2020年2月17日，国家烟草专卖局党组书记、局长，中国烟草总公司总经理张建民（前排左一）在中国卷烟销售公司调研，统筹疫情防控和复工复产工作

《东方烟草报》社 曹祥金 摄

2020年8月5日，国家烟草专卖局党组书记、局长，中国烟草总公司总经理张建民（前排中）在西藏山南市扎囊县现代农牧业示范园调研

西藏区局 供稿

2020年10月22日，国家烟草专卖局党组成员、副局长徐瑾（右二）在陕西中烟旬阳卷烟厂调研

陕西中烟 供稿

2020年6月10日，国家烟草专卖局党组成员、副局长段铁力（前排左一）参观江苏镇江市金丝利直营店，体验AR交互功能

江苏省局 供稿

2020年10月21日，国家烟草专卖局党组成员、副局长张天峰（前排右一）走访天津市卷烟零售户

《东方烟草报》社 王文华 摄

2020年6月13日，国家烟草专卖局党组成员、副局长韩占武（前排右一）在湖南中烟长沙卷烟厂调研

湖南中烟 周磊 摄

1 2020年1月10日，2020年全国烟草工作会议在北京召开。国家烟草专卖局党组书记、局长，中国烟草总公司总经理张建民出席会议并讲话

《中国烟草》杂志社 陈兴杰 摄

1 2020年1月14日，全国烟草行业“不忘初心、牢记使命”主题教育总结会议在北京召开

《中国烟草》杂志社 陈兴杰 摄

2 2020年1月27日，国家局党组应对新型冠状病毒感染肺炎疫情工作领导小组在北京召开第一次会议

《中国烟草》杂志社 颉虎平 摄

3 2020年2月7日，统筹做好行业疫情防控和复工复产工作电视电话会议在北京召开

《东方烟草报》社 供稿

4 2020年2月24日，统筹推进新冠肺炎疫情防控和生产经营工作电视电话会议在北京召开

《东方烟草报》社 供稿

5 2020年3月13日，全国烟草行业2020年党的建设暨人事、离退休干部工作会议以电视电话会议形式在北京召开

《中国烟草》杂志社 杨 悦 摄

6 2020年3月16日，全国烟草专卖管理、法规体改、规范管理电视电话会议在北京召开

《中国烟草》杂志社 颉虎平 摄

7 2020年3月20日，全国烟草行业落实全面从严治党主体责任暨深入推进政治生态突出问题全面整改工作会议以电视电话会议形式在北京召开

《中国烟草》杂志社 周 茹 摄

5

6

7

1 2020年3月23日，全国烟草行业财务审计工作会议以电视电话会议形式在北京召开

《中国烟草》杂志社 郑旭南 摄

2 2020年3月25日，全国烟草行业网络安全和信息化工作会议以电视电话会议形式在北京召开

《中国烟草》杂志社 张 燕 摄

3 2020年3月26日，全国烟草科技工作会议以电视电话会议形式在北京召开

《中国烟草》杂志社 赵 男 摄

4 2020年4月17日，行业经济运行暨卷烟销售工作电视电话会议在北京召开

《中国烟草》杂志社 郑旭南 摄

1 2020年7月24日，烟草行业半年工作电视电话会议在北京召开

《中国烟草》杂志社 陈兴杰 摄

2 2020年8月19日，2020年全国行业职业技能竞赛——第十八届全国烟草行业职业技能竞赛暨“玉溪杯”首届烟机设备操作职业技能竞赛在云南玉溪开幕

云南中烟 供稿

3 2020年9月1—2日，烟草新品种审定会在福建厦门召开

福建省局 供稿

4 2020年9月17日，全国烟草生产经营管理一体化平台营销先行建设试点工作座谈会在浙江杭州召开

《中国烟草》杂志社 沙 鑫 摄

1 2020年10月21日，烟草行业国产高速卷接机组研制项目鉴定会在河北白沙烟草有限责任公司召开

河北中烟 供稿

2 2020年11月20日，全国烟草行业企业管理电视电话会议在北京召开

《中国烟草》杂志社 陈兴杰 摄

3 2020年12月15日，烟草打假打私工作电视电话会议在北京召开

《中国烟草》杂志社 陈兴杰 摄

4 2020年12月31日，全国烟叶工作会议以电视电话会议形式在北京召开

《中国烟草》杂志社 陈兴杰 摄

1 2020年10月14日，中共国家烟草专卖局党校举行2020年秋季学期开学典礼

《东方烟草报》社 供稿

2 2020年7月1日，北京烟草物流中心开展以“悟初心、强党性、防疫情、助治理”为主题的线上答题党日活动

北京市局 供稿

1 2020年7月1日，河北省局（公司）纪检监察处党支部开展“迎七一　重温入党誓词”主题党日活动

河北省局　赵振强　摄

2 2020年7月23日，内蒙古包头市局（公司）举办“学党章　知党史　增技能”应知应会知识竞赛

内蒙古区局　供稿

3 2020年9月27日，辽宁省局（公司）党支部在东北抗联史实陈列馆开展“重走抗联路”主题党日活动

辽宁省局　供稿

4 2020年12月，上海杨浦烟草糖酒有限公司党总支组织党员学习贯彻党的十九届五中全会精神

上海烟草集团　供稿

5 2020年6月16日，江苏连云港灌南县局（分公司）党支部开展“手绣党旗喜迎七一”活动

江苏省局　供稿

6 2020年11月19日，江苏南通如东县局（分公司）青年党员和抗美援朝志愿军老战士参观如东烟草党员活动室“红色基因”图片展

江苏省局　供稿

7 2020年8月20日，浙江绍兴上虞区局（分公司）党支部开展“晨读习语”活动

浙江省局　供稿

1 2020年7月2日，浙江中烟宁波卷烟厂举办“庆七一 辉煌99周年”党建知识竞赛活动

浙江中烟 供稿

2 2020年8月13日，安徽六安市局（公司）开展“追寻红军足迹 重温红色记忆”活动

安徽省局 供稿

3 2020年4月27日，福建省局（公司）举办全省烟草商业系统“牢树正确政绩观·助推发展高质量”演讲比赛

福建省局 林麦梓 摄

4

5

4 2020年7月2日，江西中烟市场营销中心第三、第四党支部联合开展“重温红色记忆”主题党日活动

江西中烟 供稿

5 2020年9月3日，河南信阳息县县局（分公司）组织党员到息县刘邓大军渡淮革命纪念馆开展“追寻红色理想 凝聚奋进力量”主题党日活动

河南省局 供稿

6 2020年7月1日，河南中烟黄金叶生产制造中心郑州离退办党总支组织老党员开展“庆七一、升国旗、忆党史”主题党日活动

河南中烟 供稿

6

1 2020年9月24日，湖北咸宁咸安区局（营销部）组织党员干部在咸宁十六潭红色教育基地开展党性教育活动

湖北省局 供稿

2 2020年6月19日，广东广州市局（公司）举行广州烟草“e心向党”小程序发布会

《中国烟草》杂志社 供稿

3 2020年11月27日，广西防城港市局（公司）组织党员在红军长征湘江战役纪念馆开展“弘扬湘江战役精神 走好新时代长征路”主题党日活动

广西防城港市局 供稿

4 2020年7月24日，广西中烟南宁卷烟厂卷包车间党支部举行“技改党员突击队”授旗仪式

广西中烟南宁卷烟厂 方 茵 摄

5 2020年8月28日，海南三亚市局（公司）组织党员干部参观“以案释纪法　自警守廉洁”2020年全省党员干部警示教育巡回展

海南三亚市局 石大阳 摄

6 2020年10月20日，云南文山州局（公司）组织党员到文山州西畴石漠化展览馆重温入党誓词

云南省局 供稿

1 2020年10月27日，西藏区局（公司）第二党支部在对口帮扶的日喀则市昂仁县多白乡楚龙村开展主题党日活动

西藏区局　供稿

2 2020年10月20日，陕西中烟宝鸡卷烟厂举办庆祝中国共产党成立99周年“讲党史　忆党恩　颂党绩”讲故事比赛

陕西中烟　供稿

3 2020年6月30日，甘肃平凉泾川县局（营销部）党员干部开展“传承革命精神　争做‘五个表率’”主题党日活动

甘肃平凉市局　秦　川　摄

4 2020年7月10日，青海省局（公司）机关第五党支部在西宁湟源小高岭青海省党性教育基地开展主题党日活动

青海省局 供稿

5 2020年12月4日，宁夏银川兴庆区局（分公司）组织党员在银川市宪法广场举行宪法宣誓仪式

宁夏银川市局 胡 娜 摄

6 2020年7月1日，新疆伊犁州局（公司）开展“庆祝中国共产党成立99周年”活动

新疆伊犁州局 穆 琼 摄

7 2020年6月9—12日，大连市局（公司）机关党委组织全市烟草系统党支部书记和党务工作者在雷锋学院集中轮训

大连市局 张晓琳 摄

1 2020年6月24日，河北石家庄市局（公司）举办石家庄烟草系统党支部标准化规范化知识竞赛

河北石家庄市局 张晓立 摄

2 2020年10月13日，河北省烟草商业系统“荷花杯”物流岗位“大练兵、大比武”暨第三届物流技能竞赛在河北邢台举办

河北邢台市局 尹 鹏 摄

3 2020年11月4日，山西运城市局（公司）“执行者”QC小组成员进行精益课题实验

山西省局 供稿

4 2020年9月24日，吉林四平市局（公司）创客工作室开展“探模式 建机制 创客在行动”活动

吉林四平市局 陈 浩 摄

5 2020年12月11日，上海烟草集团有限责任公司天津卷烟厂二车间日班维修组获评“天津市模范集体”

上海烟草集团 供稿

6 2020年9月29日，上海海烟物流发展有限公司物流管理部获评“上海市抗击新冠肺炎疫情先进集体”

上海烟草集团 供稿

1 2020年12月3日，浙江中烟举办2020年消防技能竞赛

浙江中烟　唐克文　摄

2 2020年11月16日，安徽黄山市局（公司）举办2020“徽州百工”黄山市烟草专卖管理岗位劳动技能竞赛

安徽黄山市局　章　锐　摄

3 2020年12月15日，福建省局（公司）烟草制品购销职业技能竞赛在福建武夷山举办

福建省局　林麦梓　摄

4 2020年9月29日，福建卷烟工业系统PPT技能竞赛在福建厦门举办

福建中烟　供稿

5 2020年8月24日，福建中烟厦门鑫叶印务有限公司举办厦门市第二十六届职工技术比赛（A类）模切技能操作比赛

福建中烟　供稿

6 2020年10月13日，江西省局（公司）举办“大专卖”管理岗位专卖双能竞赛

江西省局　供稿

7 2020年11月25—27日，江西中烟首届物流技能大赛在赣州卷烟厂举办

江西中烟赣州卷烟厂　吕重毅　摄

1 山东青岛市局（公司）设计建设创新工作室，打造学习交流平台（2020年）

山东省局 供稿

2 2020年12月7日，河南省局（公司）举办“论剑2020——大数据应用信息化实战大比武”总决赛

河南省局 供稿

3 2020年6月10日，河南三门峡市局（公司）卷烟物流配送中心与陕州区消防大队联合开展消防实战演练

河南省局 供稿

4 2020年7月，湖北中烟武汉卷烟厂机修班开展群众性技术创新活动

湖北中烟 供稿

5 2020年11月3日，广东中烟湛江卷烟厂举办技术比武活动

广东中烟 梁小斌 摄

6 2020年6月11日，重庆市局（公司）组织干部职工在中国智谷（重庆）科技园参观学习

重庆市局 供稿

7 2020年11月3日，重庆市局（公司）与重庆中烟共同举办的“天子杯”重庆烟草工商系统烟草制品购销劳动和职业技能竞赛开幕

重庆中烟 供稿

8 2020年7月17日，云南曲靖市局（公司）举办“打造全国需求最旺烟区”主题演讲比赛

云南曲靖市局 王炳会 摄

1 2020年5月20日，云南保山市局（公司）开展青年职工烟叶生产技术培训

云南省局 供稿

2 2020年6月7—15日，云南中烟举办第一届信息化技能竞赛

云南中烟 供稿

3 2020年11月13日，陕西咸阳市局（公司）举办咸阳烟草系统“学制度、守规矩、尽职责”知识竞赛

陕西省局 供稿

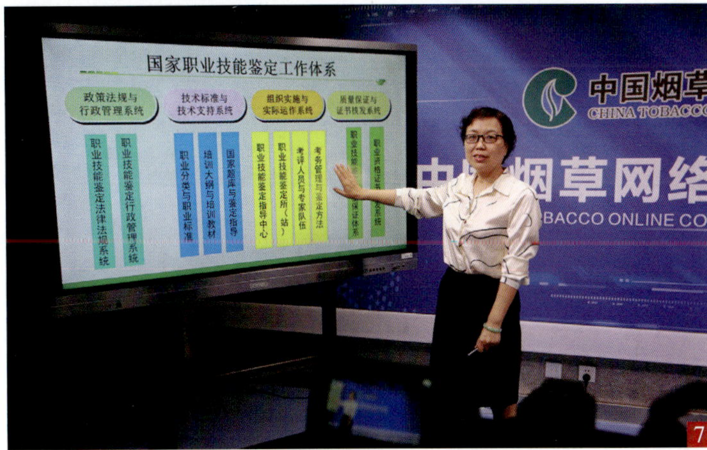

4 2020年9月16日，陕西省职工技能大赛陕西中烟赛区叉抱车比赛现场

陕西中烟澄城卷烟厂　成启龙　摄

5 2020年9月8日，甘肃省局（公司）与省公安厅联合举办全省公安机关和烟草专卖部门打假打私执法办案培训班

甘肃天水市局　张　丽　摄

6 2020年10月30日，大连市局（公司）举办2020年度专卖人员业务技能考试

大连市局　孙家辉　摄

7 2020年7月30日，中国烟草总公司职工进修学院开展中国烟草网络直播授课

职工进修学院　供稿

1　2020年12月11日，河北中烟联合中国广播电视社会组织联合会、广播新闻节目工作委员会、河北省扶贫开发办公室、河北广播电视台在石家庄举办“脱贫攻坚与乡村振兴主题峰会”

河北中烟　供稿

2　2020年5月9日，辽宁朝阳市局（公司）举办朝阳市第四医院最美逆行者抗击新冠肺炎疫情事迹报告会

辽宁省局　供稿

3　2020年9月28日，黑龙江佳木斯市局（公司）举办“爱心聚力、强身健体”全市烟草行业职工羽毛球、乒乓球赛

黑龙江佳木斯市局　吕海涛　摄

4 2020年11月25日，上海奉贤区局（有限公司）举办职工趣味运动会

上海烟草集团　供稿

5 2020年3月17日，江苏南通市局（公司）开展“防控疫情、法治同行”法治课堂线上直播活动

江苏省局　供稿

6 2020年9月28日，江苏省局（公司）举办机关第十二届职工运动会

江苏省局　供稿

1 2020年8月13日，浙江杭州市局（公司）通过“香溢通”平台开展民法典学习宣传活动

浙江省局　供稿

2 2020年7月1日，浙江中烟杭州卷烟厂举办“牢固树立正确政绩观”主题演讲比赛

浙江中烟　唐克文　摄

3 2020年8月19日，安徽省局（公司）举办“成长文化日”活动

安徽省局　张海林　摄

4 2020年11月18日，安徽中烟蚌埠卷烟厂组织攀登者红色文化创新工作室成员开展集中学习活动

安徽中烟　供稿

5 2020年8月24日，福建省局（公司）举办机关诗文诵读比赛

福建省局 林麦梓 摄

6 2020年12月6日，福建厦门市局（公司）举办职工趣味运动会

福建省局 供稿

7 2020年7月3日，福建中烟开展“海纳百川 敢拼会赢”机关职工健步走活动

福建中烟 供稿

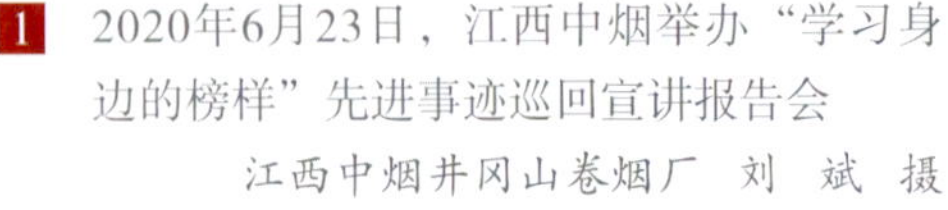

1 2020年6月23日，江西中烟举办“学习身边的榜样”先进事迹巡回宣讲报告会

江西中烟井冈山卷烟厂 刘 斌 摄

2 2020年9月28日，河南周口市局（公司）举办“迎国庆”健步走活动

河南省局 供稿

3 2020年5月12日，湖南省局（公司）举办“致敬逆行英雄”抗击新冠肺炎疫情事迹报告会

湖南省局 供稿

4 2020年9月1日，广西中烟柳州卷烟厂开展“厉行节约 反对浪费”签名活动

广西中烟 覃 倩 摄

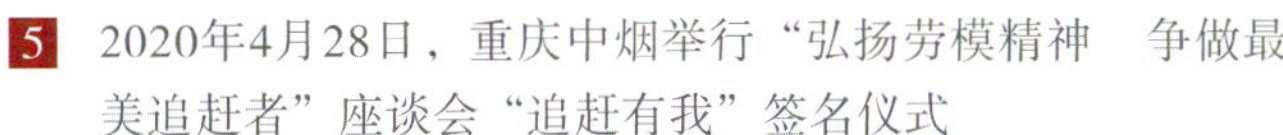

5 2020年4月28日，重庆中烟举行“弘扬劳模精神　争做最美追赶者”座谈会“追赶有我”签名仪式

重庆中烟　供稿

6 2020年11月6日，第六届“中国雪茄之乡”全球推介之旅暨2020四川中烟推进高质量发展品牌行动在四川什邡举行

四川中烟　供稿

7 贵州中烟开展“读一读民法典”活动（2020年）

贵州中烟　供稿

8 2020年11月26日，红塔集团大理卷烟厂举行建厂70周年主题文化展演

云南中烟　供稿

1 2020年7月29日，陕西省局（公司）举办全省系统“学习身边典型 争做陕烟先锋”主题宣讲活动

陕西省局 供稿

2 2020年6月16日，陕西中烟宝鸡卷烟厂“智胜之路”厂史馆揭牌

陕西中烟宝鸡卷烟厂 徐宝军 摄

3 2020年9月2日，甘肃省局（公司）举办全省烟草系统“人一我十 共创价值”企业文化演讲决赛

甘肃省局 路怀国 摄

4 2020年11月20日，中国烟草总公司合肥设计院举办2020秋季运动会

合肥设计院 供稿

编写说明

一、《中国烟草年鉴》是全面反映中国烟草行业改革和发展情况以及所属各企业发展概貌的专业性、权威性行业综合年鉴。自1996年创刊以来，已先后编纂出版了1991—1995年、1981—1990年、1996—1997年、1998—1999年、2000年、2001年、2002年、2003年、2004年、2005年、2006年、2007年、2008年、2009年、2010年、2011—2012年、2013年、2014年、2015年、2016年、2017年、2018年、2019年、2020年共24卷。从2004年卷起，由《中国烟草》杂志社有限公司《中国烟草年鉴》编辑部具体负责编辑工作。

二、《中国烟草年鉴(2021)》设有特载、大事记、行业概览、“十三五”时期发展概况、国家烟草专卖局　中国烟草总公司组织机构、烟草专卖管理与经营、烟草工业、科研和教育培训、新闻舆论和文化建设、公益活动、社会责任报告选登、重要政策法规与文件选登、“中国人民志愿军抗美援朝出国作战70周年”纪念章、先进人物和先进集体、附录共计15个栏目。本卷年鉴“栏目”下设“分目”“条目”。

三、本卷年鉴主要收录了2020年全国烟草行业发展的工作情况。各栏目内容充实，信息量大，反映了行业改革发展的历程，具有很强的权威性、延续性。为更直接展示行业工作与成就，2021卷年鉴在正文中配图，采用四色印刷，表现形式多样；并以彩图配合相关栏目，生动、直观、全面地反映行业各方面发展情况，彩图涉及面广，内容丰富。

四、在总体结构上，本卷年鉴积极适应烟草行业改革发展和行业类年鉴编纂新要求，突出综述性条目和特色条目，加强对行业总体情况的反映，力求全面呈现烟草产业各发展环节的情况。

五、本卷年鉴中，“国家烟草专卖局”简称“国家局”，“中国烟草总公司”简称“总公司”；“××烟草专卖局(公司)”简称“××局(公司)”，“××中烟工业有限责任公司”简称“公司”或“××中烟”。

六、计量单位标准：卷烟计量单位1万箱=5亿支，1箱=5万支，1万件=1亿支，1件=1万支；非法流通卷烟以万件、件为计量单位；面积单位：烟叶种植面积使用万亩、亩，其余均使用公制单位；烟叶计量单位1万吨=20万担。

七、专用名词：“低焦油卷烟”在未特别说明的情况下，特指焦油量8毫克/支及以下卷烟。“重点品牌”包括2020年卷烟重点品牌、中高端卷烟销量排名前15位品牌、卷烟销售额排名前15位品牌以及雪茄重点品牌。2020年卷烟重点品牌包括“云烟”“双喜·红双喜”“利群”“红塔山”“南京”“黄金叶”“黄鹤楼”“黄山”“白沙”“芙蓉王”“泰山”“七匹狼”“玉溪”“中华”“贵烟”“钻石”“真龙”“娇子”“好猫”“兰州”“红河”“长白山”“红金龙”“金圣”“苏烟”“龙凤呈祥”“延安”“天子”“中南海”“冬虫夏草”等30个品牌,以及“金桥”“都宝”2个视同重点品牌;中高端卷烟(二类以上)销量排名前15位品牌为“利群”“黄鹤楼”“芙蓉王”“南京”“玉溪”“中华”“云烟”“黄山”“双喜·红双喜”“七匹狼”“黄金叶”“贵烟”“苏烟”“真龙”“娇子”;卷烟销售额排名前15位品牌为“中华”“利群”“云烟”“芙蓉王”“黄鹤楼”“南京”“双喜·红双喜”“玉溪”“黄金叶”“黄山”“白沙”“贵烟”“红塔山”“七匹狼”“泰山”;雪茄重点品牌为“长城”“王冠”“黄鹤楼”“将军”。

八、根据《国家烟草专卖局办公室关于调整卷烟产销量统计数据口径的通知》(国烟办综〔2018〕310号),将卷烟型雪茄产销量计入2020年卷烟产、销总量统计。卷烟型雪茄,指符合《雪茄烟》系列国家标准(GB/T 15269—2010)规定的产品技术要求且茄芯由烟丝构成的雪茄产品。

九、本卷年鉴中的各种资料、数据,除任免文件、机构设立与调整、先进人物名单、先进人物简介和先进集体名单外,截止时间为2020年12月31日。

编　者

2021年12月

国家局、总公司机关及行业各直属单位主要撰稿人员名单

张小涛　国家局科技司
高　超　中国烟草机械集团有限责任公司
刘新鉴　中国烟草实业发展中心
王智誉　北京市烟草专卖局(公司)
高栓龙　天津市烟草专卖局(公司)
苏维民　河北省烟草专卖局(公司)
朱永胜　山西省烟草专卖局(公司)
班晓华　内蒙古自治区烟草专卖局(公司)
董春亮　辽宁省烟草专卖局(公司)
王兴谦　吉林省烟草专卖局(公司)
柳　涛　黑龙江省烟草专卖局(公司)
周　强　上海烟草集团有限责任公司
崔云辉　江苏省烟草专卖局(公司)
游平议　浙江省烟草专卖局(公司)
周林峰　安徽省烟草专卖局(公司)
傅积恩　福建省烟草专卖局(公司)
彭　欣　江西省烟草专卖局(公司)
刘丽蓉　江西省烟草专卖局(公司)
蔡世龙　山东省烟草专卖局(公司)
范素娟　河南省烟草专卖局(公司)
刘冠华　湖北省烟草专卖局(公司)
汤　锐　湖南省烟草专卖局(公司)
张　慧　广东省烟草专卖局(公司)
黄祥进　广西壮族自治区烟草专卖局(公司)
甘菊萍　海南省烟草专卖局(公司)
滕召阳　重庆市烟草专卖局(公司)
王恩锋　四川省烟草专卖局(公司)
谢　友　贵州省烟草专卖局(公司)
王津军　云南省烟草专卖局(公司)
曹玉娟　西藏自治区烟草专卖局(公司)
陈　霏　陕西省烟草专卖局(公司)

毕耜栋　甘肃省烟草专卖局(公司)

马世亮　青海省烟草专卖局(公司)

潘　亮　宁夏回族自治区烟草专卖局(公司)

韩　敏　新疆维吾尔自治区烟草专卖局(公司)

赵文宁　大连市烟草专卖局(公司)

陈　兰　深圳市烟草专卖局(公司)

靳丹丹　河北中烟工业有限责任公司

徐　璐　江苏中烟工业有限责任公司

许亚军　浙江中烟工业有限责任公司

孙　群　安徽中烟工业有限责任公司

卢永梅　福建中烟工业有限责任公司

李　杨　江西中烟工业有限责任公司

王绍习　山东中烟工业有限责任公司

陈仕文　河南中烟工业有限责任公司

张小沛　湖北中烟工业有限责任公司

周腾浪　湖南中烟工业有限责任公司

何小凡　湖南中烟工业有限责任公司

李　夏　广东中烟工业有限责任公司

陶海游　广西中烟工业有限责任公司

范　森　重庆中烟工业有限责任公司

童　潇　四川中烟工业有限责任公司

黄　霞　四川中烟工业有限责任公司

高　雕　贵州中烟工业有限责任公司

王宏先　云南中烟工业有限责任公司

彭　林　云南中烟工业有限责任公司

杨裕萍　云南中烟工业有限责任公司

许　杨　陕西中烟工业有限责任公司

赵英豪　中国烟草总公司郑州烟草研究院

何　为　中国烟草总公司合肥设计院

靳　柯　中国烟草总公司职工进修学院

严　怡　上海新型烟草制品研究院

刘静静　南通醋酸纤维有限公司

李如音　昆明醋酸纤维有限公司

万　顷　珠海醋酸纤维有限公司

国家局、总公司机关各部门、各单位提供资料人员名单

汪为民　办公室(外事司)
姜泓海　办公室(外事司)
郑素平　办公室(外事司)
唐嘉晨　办公室(外事司)
徐悦理　办公室(外事司)
董昊明　发展计划司
宋振春　专卖监督管理司
李沁怡　经济运行司
汪　洋　政策法规与体制改革司
刘　辉　财务管理与监督司(审计司)
刘国帅　人事司
林圣哲　直属机关党委
卢嘉琦　国家局党组党风廉政建设领导小组办公室(巡视工作领导小组办公室)
崔　萌　规范管理办公室
冯晨旭　董事会工作办公室
高　佳　中共国家烟草专卖局党校(国家烟草专卖局职工培训中心)
耿春磊　烟草经济研究所(政策研究室)
陈海潮　离退休干部办公室
李　璐　机关服务中心(机关服务局)
黄　慧　烟草经济信息中心
王文静　中国烟草学会办事机构
张　勇　中国烟叶公司(水源工程建设办公室)
张　潋　中国卷烟销售公司
卫　力　中国烟草投资管理公司
常　成　中烟国际集团有限公司
孙　妍　中烟商务物流有限责任公司
徐　瑾　中国双维投资有限公司
张　帅　《中国烟草》杂志社有限公司

目录

特　载

大事记

行业概览

“十三五”时期发展概况

国家烟草专卖局 中国烟草总公司组织机构

烟草专卖管理与经营

烟草工业

卷烟生产

雪茄生产

烟草机械工业

卷烟辅助材料生产

烟叶加工

科研和教育培训

科研院所

教育培训

授权专利

新闻舆论和文化建设

公益活动

社会责任报告选登

重要政策法规与文件选登

“中国人民志愿军抗美援朝出国作战 70 周年”纪念章

先进人物和先进集体

先进人物名单

先进人物简介

先进集体名单

附　录

国际烟草

品牌名录

索　引

Contents

STMA and CNTC Organization

Monopoly Administration and Business Operation

Industry Manufacture

Scientific Research, Education, and Training

News, Reports, and Corporate Culture

Public Welfare Activities

Selection of Social Responsibility Reports

Selection of Significant Polices, Regulations, and Documents

Commemorative Medal of the 70th Anniversary of the Chinese People's Volunteer Army's War to Resist US Aggression and Aid Korea

Outstanding Individuals and Groups

Appendixes

Index

特　载

贯彻新发展理念　构建新发展格局
奋力开创行业高质量发展新局面
——2021 年全国烟草工作电视电话会议在北京召开

1 月 18 日，2021 年全国烟草工作电视电话会议在北京召开。会议主要任务是：以习近平新时代中国特色社会主义思想为指导，全面贯彻党的十九大和十九届二中、三中、四中、五中全会及中央经济工作会议精神，传达贯彻中央领导同志指示批示精神，落实工业和信息化部党组工作要求，总结 2020 年及“十三五”时期烟草工作，谋划行业“十四五”时期改革发展思路，部署 2021 年重点工作任务。工业和信息化部党组成员，国家烟草专卖局党组书记、局长，中国烟草总公司总经理张建民作工作报告。国家局党组成员、副局长徐䓪、段铁力、张天峰、韩占武出席会议。

张建民在报告中指出，2020 年，全行业坚决贯彻落实党中央、国务院决策部署以及工业和信息化部党组工作要求，增强“四个意识”、坚定“四个自信”、做到“两个维护”，扎实推进稳运行、促改革、优结构、育品牌、强基础、防风险各项任务落实，全力推动高质量发展，各项工作成效显著：行业全面从严治党取得显著进展，统筹疫情防控和生产经营取得重大成果，助力脱贫攻坚取得标志成就，改革创新取得积极进展，市场监管和规范管理取得明显进步，防范化解重大风险取得突出成效，高素质干部人才队伍建设取得扎实成效。过去五年，行业高质量发展谋定后动、坚定实施，改革创新以点带面、系统推进，市场监管持续发力、久久为功，社会责任主动落实、善作善为，重大风险先手防范、成效显著，队伍建设全面加强、整体提升，管党治党全面从严、正气上扬，各项工作不断开创新局面、取得新进展。总结“十三五”时期烟草工作，有几条规律性认识，对做好新时代新阶段烟草工作具有重要指导意义：一是有以习近平同志为核心的党中央坚强领导，二是有习近平新时代中国特色社会主义思想特别是经济思想的科学指引，三是有国家烟草专卖制度的显著优势，四是有忠实坚守核心职责下对行业发展规律的准确把握，五是有坚持深化改革创新的恒心韧劲。

张建民强调，全行业要精心谋划推动“十四五”时期行业改革发展，把行业改革发展不断推向新的更高水平。当前和今后一个时期，行业仍处于重要战略机遇期，但也面临不断发展变化的风险挑战，行业自身还存在一些制约高质量发展的突出问题。形势越是复杂、任务越是艰巨，就越要坚决做到“两个维护”、越要保持战略定力、越要坚持问题导向、越要主动担当作为。全行业必须提高政治站位，坚定发展信心，自觉从“两个大局”和新发展阶段中找准定位，善于用政治眼光观察和分析问题，善于从政治高度认识和判断形势，准确识变、科学应变、主动求变，抓住机遇，应对挑战，趋利避害，奋勇前进。

会议强调，“十四五”时期，全行业要立足新发展阶段，贯彻新发展理念，构建新发展格局，进一步完善现代化烟草经济体系，全面深化改革创新，持续加强干部人才建设，坚定不移推动高质量发展、推进高效能治理、造就高素质队伍，努力实现更高质量、更有效率、更加公平、更可持续、更为安全的发展。一方面，要坚持系统观念，从根本宗旨、问题导向、忧患意识把握新发展理念，处理好推动行业高质量发展的几个重大关系，即处理好守正与创新、政府与市场、规范与效率、整体与局部、当前与长远、发展与安全的关系。另一方面，要完善现代化烟草经济体系，构建新发展格局，奋力开创行业高质量发展新局面。完善全产业链一体化组织运行体系，提升烟草产业整体效能；完善品牌发展体系，促进品牌做优做强；完善烟草市场体系，畅通烟草经济循环；完善供需动态平衡体系，满足市场消费需求；完善创新体系，强化科技战略支撑；完善运行调控体系，推进行业高效能治理。

就做好今年工作，会议强调，要坚持稳中求进工作总基调，立足新发展阶段，贯彻新发展理念，构建新发展格局，以推动高质量发展为主题，以深化供给侧结构性改革为主线，以改革创新为根本动力，以满足人民日益增长的美好生活需要为根本目的，坚持系统观念，巩固拓展疫情防控和经济社会发展成果，更好统筹发展和安全，落实“六稳”“六保”任务要求，坚持“总量控制、稍紧平衡，增速合理、贵在持续”方针，完善现代化烟草经济体系，推进行业高效能治理，保持经济运行在合理区间，确保构建新发展格局迈好第一步、见到新气象，以高质量发展为“十四五”开好局，以优异成绩庆祝建党100周年。

会议提出了2021年的目标任务：坚持稳字当头，把经济平稳运行和市场状态摆在优先位置，加快构建新发展格局，努力形成需求牵引供给、供给创造需求的更高水平动态平衡，更加注重质的提升，保持经济运行在合理区间。

会议对2021年行业重点工作进行了安排部署：一要着力加强党的全面领导。坚持以党的政治建设为统领，强化理论武装，推进基层组织建设，压紧压实管党治党政治责任，深入推进正风肃纪，巩固和深化中央巡视整改和政治生态突出问题全面整改成果。二要着力提升产业链供应链现代化水平。提升烟叶生产、生产制造、装备支撑、物流运行、辅料保障现代化水平。三要着力实现更高水平供需动态平衡。保持供需和预期稳定，统筹高、中、低各价位卷烟协调发展，推动常规卷烟、创新产品、雪茄协同发展，保持烟草市场循环畅通。四要着力深化重点领域和关键环节改革。深化行业治理结构改革、市场监管机制改革、流通体制改革、科技创新体制机制改革及国有企业相关改革。五要着力强化市场监管和规范管理。全面推进法治烟草建设，保持打假打私高压态势，持续加强市场监管，深入推进大规范建设。六要着力防范化解重大风险。扛起防范化解重大风险政治责任，建立健全风险防范化解机制，全面梳理和精准防范重大风险，坚决守住不发生重大风险的底线。七要着力提高领导干部专业化能力。增强干部工作的政治性，增强班子整体功能，提升干部能力素质，加强干部监督管理，优化人才队伍结构，完善干部考核评价。

就贯彻落实会议精神，徐瑭在总结讲话中提出三点要求：一要迅速传达会议精神，凝聚行业发展共识。各单位要全面理解、深刻领会行业改革发展新目标、新要求，进一步深化思想认识，制定贯彻措施，充分激发行业上下干事创业的热情和活力。二要准确把握新发展要求，全面落实“十四五”规划和2021年目标任务。各单位要紧扣重点，稳中求进，以稳强基、以进向好；更加注重改革创新，全面塑造发展新优势；统筹发展和安全，下好先手棋，打好主动仗，增强发展韧性。三要紧密结合实际，扎实做好当前重点工作。推动“两烟”生产经营实现良好开局，抓好安全生产和稳定工作，落实好常态化疫情防控措施，组织好春节期间各项活动，确保行业生产经营大局稳定。

会上，张天峰宣读了《工业和信息化部关于表彰工业和信息化系统抗击新冠肺炎疫情先进集体和先进个人的决定》《国家烟草专卖局关于表彰烟草行业抗击新冠肺炎疫情先进集体和先进个人的决定》，受表彰的行业先进集体、先进个人代表上台领奖。

中央纪委国家监委驻工业和信息化部纪检监察组有关负责人，工业和信息化部、财政部、审计署有关部门负责人到会指导。国家局、总公司机关各部门、各单位副司级以上干部，烟草行业抗击疫情先进集体、先进个人代表在主会场参加会议；行业各直属单位领导班子成员及所属各部门主要负责人在分会场参加会议。

◇ 原载《东方烟草报》

◇ 编辑：王　静　吴中奇

2020年烟草行业应对新冠肺炎疫情工作概况

2020年，面对新冠肺炎疫情带来的严峻挑战，烟草行业坚决贯彻党中央、国务院关于疫情防控和恢复经济社会秩序的决策部署，全面落实中央应对疫情领导小组和国务院联防联控机制有关工作要求，在做好疫情防控的同时，有力有序推动复工复产，坚持在非常时期采取非常举措，争分夺秒、与时间赛跑，抓住生产销售这个关键，带动烟草行业各项工作协同发力，努力克服防疫物资不足、交通运输不畅、原材料供应紧张、零售业态受限、人员返岗滞后等重重困难，将疫情对生产经营的影响降至最低。截至2020年2月底，除湖北以外烟草企业全部复工复产，全国卷烟销量缺口全部追回。到第一季度末，全产业链生产经营逆势恢复到正常水平，主要经济指标完成情况受到中央领导同志批示肯定。

确保万无一失，把疫情防控工作抓紧抓实。疫情防控是复工复产的前提和必要条件。烟草行业贯彻党中央、国务院决策部署，按照坚定信心、同舟共济、科学防治、精准施策的总要求，围绕“内防扩散、外防输出”防控目标，坚持“四早”工作原则，制定并落实不同地域不同企业差异化的防控措施，全行业形成疫情防控强大合力，有效遏制疫情蔓延。复工复产工作中，始终以做好疫情防控为前提，强调“防控工作做不好、做不到位，其他一切工作都无从谈起”，确保复工复产万无一失。

认清严峻形势，咬定年度目标任务不放松。受春节较早的影响，2020年1月全国卷烟销量比上年同期下降7.6%；受疫情影响，春节后全国性复工延迟，湖北等重疫区不能复工，进入2月销量继续大幅下滑，累计销量比上年同期最大降幅达到115万箱，对应税利缺口400亿～500亿元，形势十分严峻。烟草行业在国民经济中占有重要地位，在保障国家税收和财政增收、促进工业经济增长、消费拉动经济增长方面发挥重要的支撑作用。国家局党组坚持从全局高度分析形势、强化责任，决定年初确定的工作指导思想、预期目标、重点任务及“五个更加注重”的着力点不变，越是在国家困难的时候越要体现烟草行业的责任、努力和奉献。

勇于担当作为，在非常时期用好非常举措。国家局党组号召全行业在特殊时期勇于担当、主动作为，保达产、保销量、抢进度，努力把疫情造成的损失追回来。一方面，见事早、行动快。1月24日印发通知，对行业疫情防控工作作出全面部署，同时要求全行业积极应对重大疫情可能给生产经营带来的困难和挑战，科学安排、合理调度，努力降低对生产经营的影响；成立国家局党组应对新型冠状病毒感染肺炎疫情工作领导小组，并于1月27日召开第一次会议，对行业疫情防控工作进行再研究、再安排，领导小组全年共召开17次会议；2月7日和24日两次召开全行业电视电话会议，部署统筹做好疫情防控和复工复产工作，谋划和部署见事早、抓得紧。另一方面，在非常时期用好非常举措。从2月12日开始，运行调控坚持一日一汇总，一日一调度，每日编发工作通报，通报进展、督促进度。从2月20日起，国家局领导和负责疫情防控、经济运行、生产销售的部门一律取消双休日，在疫情防控复工复产关键阶段实行每周7天工作制。同时要求各省级局（公司）、工业公司作出相应工作调整，在抓好疫情防控工作的前提下，商业企业周末正常访销配送，工业企业正常发货，直营店延长营业时间、抢抓销售进度。国家局还专门给各直属单位及主要负责人印发工作督办通知，重申目标任务，强调坚决完成销量，明确把任务完成情况纳入工作业绩考核和主要负责人考评，进一步夯实责任。通过系列非常举措，赢得了时间，赢得了主动。

强调精准施策，有力有序推动复工复产。按照党中央、国务院有关要求，国家局制定以县域为单元、分区分级精准施策的指导意见，要求行业各级各单位分城施策、分类指导，制定差异化的疫情防控和生产经营措施。对于商业企业，强调紧紧牵住销量这个“牛鼻子”，千方百计保销售、保进度。采取更加灵活高效的销售策略，在总量、频次、投放、配送等方面作出调整，抓好按需投放和应急补货，探索定点取货、无接触送货等特殊时期创新配送方式，全面加大适销对路货源供给，加强农村市场货源投放，发挥直营店的标杆示范作用和商超、便利店的带动作用，不断加大紧缺货源的投放量，提升盈利空间，引导零售户在做好疫情防控的同时开门营业。对于工业企业，想方设法保达产、保供给。受原辅材料供应商停工停产和交通运输管制影响，原材料保障和成品运输十分困难。卷烟工业企业主动对接市场，全力满足卷烟货源需求；千方百计做好物资储备，全力以赴保障卷烟生产；精准预测分析，加快组织生产、加大运输调拨，确保卷烟成品库存的合理充裕；充分保障消费市场有效供给，妥善处理好供需结构性矛盾，加快填补部分省份紧缺的中低价位卷烟缺口。对于烟叶生产，强调不误农时，努力确保烟用物资供应到位、种植合同签订和计划面积落实到位、种植保险合同签订到位、烟田预整地及移栽工作到位。对于重大工程项目，抓好国务院关于“推动重大项目尽早开工和建设”工作任务落实，全行业涉及368.7亿元的34个重大项目全面复工建设，技术改造、“两化”融合、区域物流中心建设等一批新建项目加速推进，扩大有效投资。

牢记社会职责，助力脱贫攻坚、稳定就业和防疫抗疫。烟草行业牢记脱贫攻坚责任使命，及时解决贫困烟农在疫情期间面临的生产和物资供应困难，保障烟农正常开展生产，防止因疫情影响发生返贫。继续做好行业帮扶地区脱贫攻坚，确保项目到位、资金到位、人员到位。有序推动烟叶基础设施和水源工程重点项目复工建设，发挥项目对脱贫攻坚的带动作用。2020年，安排扶贫专项资金14亿元，安排烟叶产前投入补贴资金65.5亿元，安排烟叶生产基础设施建设项目、烟区水源工程建设项目20余万件、资金41.2亿元。全力以赴稳定就业，全行业、全产业链吸纳就业约2200万人，涉及卷烟零售户530万户，种烟农户100余万户，调增2020年烟草企业招聘高校毕业生计划15%以上，达到5700人。情系疫区，行业各级各单位想方设法筹措口罩、防护服、消毒液、药品、食品等物资紧急驰援湖北，广大干部职工自发组织捐款捐物，以各种形式为疫情防控提供支援。坚决响应习近平总书记关于“打好湖北保卫战、武汉保卫战”的号召，身处疫区的湖北烟草工商企业，在疫情最重的时候，将 1.2 万个 N95 口罩储备捐赠武汉协和医院，抽调大批运输车辆参与防疫物资运输和医务人员通勤保障，组织 5433 名党员到社区（村）参与志愿服务。湖北中烟紧急拆卸武汉卷烟厂两台污水消毒处理设备，捐赠火神山、雷神山医院以解燃眉之急，用一天时间将武汉卷烟厂汉阳厂区改造为可容纳 1144 张床位的黄鹤方舱医院，支援武汉市政府救治病患。国家局、总公司机关向湖北省政府两次捐款合计 2 亿元。截至第一季度末，烟草行业捐款合计 5.15 亿元，全年共捐款 5.4 亿元。

进入第二季度后，国家局党组始终保持清醒头脑，保持重大政策稳定，科学把握工作重点和节奏，经济运行和市场状态持续向好，主要经济指标再创历史最好水平。全年实现工商税利总额 12803 亿元，比上年增长 6.2%；实现工业增加值 9001 亿元，比上年增长 6.1%；单箱卷烟销售额比上年增长 3.6%；零售价格指数 98.43%，比上年提升 0.43 个百分点；零售户综合毛利率 10.43%，比上年提升 0.48 个百分点。

2020 年国家局、总公司机关疫情防控工作概况

2020 年，国家局党组把疫情防控作为重要政治任务，贯彻党中央决策部署，统筹推进疫情防控和生产经营，奋力夺取“双胜利”。国家局、总公司机关落实国家局党组工作要求，做实做细疫情防控工作。

压紧压实防控责任。要求机关各部门各单位落实疫情防控主体责任，主要负责同志履行第一责任人责任，对本部门本单位全体人员情况做到心中有数。按照人员谁管理谁负责、访客谁接待谁负责、会议（活动）谁主办谁负责的原则，推动各项疫情防控措施落到实处。

提高干部职工思想认识。教育引导机关干部职工始终绷紧疫情防控这根弦，牢固树立“每个人是自己健康第一责任人”的意识，严格落实科学佩戴口罩、勤洗手、常通风、一米线等常态化疫情防控措施，自觉做好自身及家人身体状况的健康监测，落实疫情防控各项要求。组织机关党员干部自愿捐款支持疫情防控工作，充分发挥机关党组织战斗堡垒作用和党员先锋模范作用。

动态调整疫情防控措施。制定印发机关疫情防控应急预案；根据中央和北京市的要求，严格落实离返京规定；组织干部职工进行核酸检测；加强机关出入管理，落实扫码测温要求，严格控制外来人员；需要基层单位参加的会议基本采用电视电话会议形式召开，严控主会场规模，落实体温检测、会场通风、佩戴口罩、一米间距等防控要求。配合地方政府做好流行病学调查、信息统计上报等工作；加强食堂和物业管理，做好办公楼重点区域和经常接触部位的消杀。机关全年未出现新冠肺炎确诊病例、无症状感染者或疑似病例。

◇供稿：国家局办公室　直属机关党委

◇编辑：王　静　吴中奇

大事记

2020 年中国烟草大事记

1月

1 月 2 日，国家烟草专卖局党组书记、局长，中国烟草总公司总经理张建民在北京会见福建龙岩市委书记许维泽。国家局党组成员、副局长杨培森一同会见。

1 月 2 日，国家烟草专卖局与海关总署在北京就烟草打私工作举行座谈。会前，海关总署署长倪岳峰会见张建民。张建民，海关总署副署长胡伟，国家局党组成员、副局长徐䃅出席座谈会。

1 月 6 日，国家烟草专卖局　中国烟草总公司召开机关各部门各单位主要负责人述职大会。张建民出席会议并讲话。杨培森主持会议，国家局党组成员、副局长徐䃅、段铁力出席会议。

1 月 7 日，国家局安全生产委员会在北京召开会议。段铁力出席会议并讲话。

1 月 8 日，印发《中国烟草总公司对外捐赠管理办法》，规范对外捐赠对象和范围，明确对外捐赠决策程序，加强对外捐赠总额控制。

1 月 10 日，2020 年全国烟草工作会议在北京召开。工业和信息化部党组书记、部长苗圩出席会议并讲话，工业和信息化部党组成员、中央纪委国家监委驻工业和信息化部纪检监察组组长郭开朗到会指导。张建民作题为《坚定不移贯彻新发展理念　凝心聚力推动烟草行业高质量发展》的工作报告。杨培森、徐䃅、段铁力出席会议。

1 月 13 日，2020 年烟草行业安全生产电视电话会议在北京召开。段铁力出席会议并讲话。

1 月 14 日，全国烟草行业“不忘初心、牢记使命”主题教育总结会议在北京召开。张建民，中央第十一巡回督导组副组长李五四出席会议并讲话。杨培森、徐䃅、段铁力出席会议。

1 月 14 日，国家烟草专卖局党组召开党组（扩大）会议，传达学习习近平总书记在中共中央政治局“不忘初心、牢记使命”专题民主生活会、“不忘初心、牢记使命”主题教育总结大会上的重要讲话精神，传达学习中央农村工作会议精神。张建民主持会议并讲话。杨培森、徐䃅、段铁力出席会议。中央纪委国家监委驻工业和信息化部纪检监察组二级巡视员、纪检监察员胡国齐到会指导。

1 月 14 日，总公司印发《样品卷烟管理办法（试行）》，进一步明确样品烟的定义、分类、归口管理部门、使用范围和发放标准，进一步强化监督管理，明确提出“六个严禁”。

1 月 16—17 日，张建民在江西烟草调研。江西省委常委、副省长吴晓军一同调研。其间，江西省委书记、省人大常委会主任刘奇，省委副书记、省长易炼红分别会见张建民，吴晓军参加会见。

1 月 20 日，国家局党组召开党组（扩大）会议，传达学习十九届中央纪委四次全会精神。张建民主持会议并讲话。杨培森、徐䃅、段铁力出席会议。胡国齐到会指导。

1 月 20 日，国家烟草专卖局就全国近期烟草打假打私工作举行新闻发布会。徐䃅出席发布会并回答新闻媒体记者提问。

1 月 21 日，国家局、总公司召开机关离退休干部座谈会。张建民出席会议并讲话。杨培森、徐䃅、段铁力出席会议，国家局老领导郇源培、张玉霞出席。

1 月 21 日，国务院新闻办公室“国新发布” App 转发《坚定不移贯彻新发展理念　凝心聚力推动烟草行业高质量发展——专访国家烟草专卖局党组书记、局长，中国烟草总公司总经理张建民》一文。2020 年“国新发布” App 共转发张建民访谈文章 11 篇。

1 月 24 日，国家局印发《关于积极做好新型冠状病毒感染的肺炎疫情防控工作的通知》，及时对行业疫情防控工作作出部署。

1 月 26 日，国家局党组印发《关于成立应对新型冠状病毒感染肺炎疫情工作领导小组的通知》，成立应对新型冠状病毒感染肺炎疫情工作领导小组（简称应对新冠肺炎疫情工作领导小组）。

1 月 27 日，国家局党组应对新冠肺炎疫情工作领导小组召开第一次会议，学习贯彻习近平总书记重要讲话和中共中央政治局常委会会议精神，落实李克强总理主持的中央应对疫情工作领导小组会议精神，对行业疫情防控工作进行再研究、再安排。领导小组组长张建民主持会议并讲话。领导小组副组长段铁力出席会议。

1月31日，中国烟草总公司向湖北省政府捐款1亿元，用于湖北新冠肺炎疫情防控、病情救治和医护人员保护等工作。

2月

2月1日，张建民主持召开国家局党组应对新冠肺炎疫情工作领导小组第二次会议，部署春节假期后的疫情防控和生产经营工作。领导小组副组长杨培森、段铁力出席会议。

2月3日，张建民深入国家局、总公司机关食堂、办公场所等区域检查指导机关疫情防控工作。段铁力一同检查指导。

2月5日，张建民主持召开国家局党组应对新冠肺炎疫情工作领导小组第三次会议。杨培森、徐瓂、段铁力出席会议。

2月5日，国家局直属机关党委印发《关于贯彻落实习近平总书记重要指示精神　推动机关党组织和党员干部在打赢疫情防控阻击战中充分发挥作用的通知》，要求机关各部门各单位党组织和党员干部坚决贯彻落实习近平总书记重要批示精神和党中央通知精神，按照中央和国家机关工委要求及国家局党组部署安排，切实抓好贯彻落实，让党旗在疫情防控斗争中高高飘扬。

2月6日，张建民主持召开国家局党组应对新冠肺炎疫情工作领导小组第四次会议。杨培森、徐瓂、段铁力出席会议。

2月7日，国家局召开统筹做好行业疫情防控和复工复产工作电视电话会议。张建民出席会议并讲话。杨培森主持会议，徐瓂、段铁力出席会议。

2月7日，国家局党组印发《关于统筹做好疫情防控和复工复产工作的意见》，贯彻落实习近平总书记重要指示和党中央决策部署，统筹做好行业疫情防控和复工复产各项工作。

2月14日，张建民主持召开国家局党组应对新冠肺炎疫情工作领导小组第五次会议。杨培森、徐瓂、段铁力出席会议。

2月17日，张建民在中国卷烟销售公司调研。徐瓂一同调研。

2月17日，国家局办公室印发《关于切实做好疫情防控期间烟叶生产工作的通知》，要求各烟叶产区省级局（公司）抓住烟叶生产春耕备耕关键时期，切实做好疫情防控期间烟叶生产工作。

2月18日，张建民在北京市局（公司）调研。

2月19日，张建民对《东方烟草报》当日刊发的署名“东方彦”的评论文章《打赢阻击战　勇夺双胜利》作出批示。

2月19日，国家局办公室发布关于做好烟草行业“十四五”规划编制有关工作的通知，正式启动行业“十四五”规划编制工作。

2月19日，国家局直属机关党委印发《关于进一步加强国家烟草专卖局　总公司机关疫情防控有关工作的通知》，对全面落实防控责任、落实落细各项防控措施等方面提出具体要求，切实加强国家局、总公司机关疫情防控工作。

2月20日，国家局印发《关于落实分区分级精准施策要求统筹做好疫情防控和恢复生产经营工作的指导意见》，贯彻落实党中央、国务院决策部署，指导行业落实分区分级精准施策要求，统筹做好疫情防控和恢复生产经营工作。

2月20日，国家局办公室印发《关于在疫情防控复工复产关键阶段实行7天工作制的通知》，从2月2日起至3月2日，国家局党组成员和国家局、总公司机关负责疫情防控、经济运行、生产销售的部门实行每周7天工作制。各省级局（公司）、工业公司参照执行。

2月21日，张建民主持召开国家局党组应对新冠肺炎疫情工作领导小组第六次会议。杨培森、徐瓂、段铁力出席会议。

2月21日，国家局党组印发《贯彻新时代爱国主义教育实施纲要的具体措施的通知》，以实际举措激发行业全体党员干部职工爱党爱国爱社会主义的热情。

2月23日，中央召开统筹推进新冠肺炎疫情防控和经济社会发展工作部署会议。中共中央总书记、国家主席、中央军委主席习近平出席会议并发表重要讲话。张建民、杨培森、徐瓂、段铁力和国家局、总公司机关各部门、各单位主要负责同志在国家局分会场参加会议。

2月24日，行业统筹推进新冠肺炎疫情防控和生产经营工作电视电话会议在北京召开。张建民出席会议并讲话，杨培森主持会议，徐瓂、段铁力出席会议。

2月26日，国家局党组理论学习中心组（扩大）组织集体学习暨国家局党组应对新冠肺炎疫情工作领导小组第七次会议，学习贯彻习近平总书记在统筹推进新冠肺炎疫情防控和经济社会发展工作部署会议上的重要讲话精神，结合实际谈认识、谈举措，对下一步工作再动员、再部署。张建民主持会议并讲话。杨培森、徐瑝、段铁力出席会议。

2月26日，中国烟草总公司再向湖北省政府捐款1亿元，全力支持湖北抗击疫情，助力打赢湖北保卫战、武汉保卫战。据不完全统计，截至2月28日，烟草行业各直属单位共为抗击疫情捐款2.39亿元，行业广大干部职工自发捐款1742万元。

2月27日，根据国务院2020年2月21日《关于张天峰、杨培森职务任免的通知》（国人字〔2020〕42号）、中共中央组织部2020年2月11日《张天峰、杨培森职务任免》（组任字〔2020〕46号）通知，张天峰同志任国家烟草专卖局副局长、党组成员；免去杨培森同志的国家烟草专卖局副局长、党组成员职务。

3月

3月1日，国家烟草专卖局与中央和国家机关工委签订《中央单位定点扶贫责任书》，确保2020年向定点扶贫地区投入的扶贫资金、教育培训和消费扶贫等方面均比2019年增加。

3月5日，国家局印发新修订的《烟草专卖执法资格管理办法》，为进一步促进烟草行业依法行政，加强烟草专卖执法资格管理，提高烟草专卖执法队伍素质提供坚实的制度支撑。

3月6日，张建民主持召开国家局党组应对新冠肺炎疫情工作领导小组第八次会议。徐瑝、段铁力、张天峰出席会议。

3月6日，国家局、总公司机关党员干部踊跃捐款，支持新冠肺炎疫情防控工作，1039名党员自愿捐款24.64万元。同时，直属机关党委从机关留存党费中捐款300万元，支持国家局定点扶贫县湖北省竹山县、竹溪县开展疫情防控。

烟草行业积极响应党中央号召，各级党组织广泛动员，行业广大党员积极参与自愿捐款活动为坚决打赢疫情防控阻击战贡献力量，截至3月8日，行业19.8万名党员捐款3815.39万元。

3月9日，国家局印发《关于做好新冠肺炎疫情防控期间脱贫攻坚工作的通知》，要求行业各单位努力克服化解疫情影响，狠抓脱贫攻坚工作落实，坚决打赢脱贫攻坚战。

3月11日，国家局、总公司召开3月生产经营调度会。段铁力出席会议并讲话。

3月11日，总公司印发《烟草企业直营终端建设管理办法（试行）》，明确直营终端货源投放、人员管理、运行管理、规范管理等规定，为推动直营终端规范、健康、可持续发展提供政策遵循。

3月13日，张建民主持召开国家局党组应对新冠肺炎疫情工作领导小组第九次会议。徐瑝、段铁力、张天峰出席会议。胡国齐到会指导。

3月13日，国家局党组召开扶贫工作领导小组会议，传达学习贯彻习近平总书记在决战决胜脱贫攻坚座谈会上的重要讲话精神，研究部署2020年国家局定点扶贫工作。张建民主持会议并讲话。徐瑝、段铁力、张天峰出席会议。胡国齐到会指导。

3月13日，全国烟草行业2020年党的建设暨人事、离退休干部工作会议以电视电话会议形式在北京召开。张建民出席会议并讲话。张天峰作总结讲话。

3月14日，湖北省委、省政府向中国烟草总公司发来感谢信，感谢中国烟草总公司在抗击新冠肺炎疫情最吃紧的关键时刻，全力支持湖北省疫情防控工作，以实际行动表达对湖北人民的深情厚谊。

3月16日，2020年全国烟草专卖管理、法规体改、规范管理电视电话会议在北京召开。张天峰出席会议并讲话。

3月20日，全国烟草行业落实全面从严治党主体责任暨深入推进政治生态突出问题全面整改工作会议在北京召开，会议以电视电话会议形式举行。郭开朗、张建民出席会议并讲话。徐瑝、段铁力、张天峰出席会议。

3月20日，张建民主持召开国家局党组应对新冠肺炎疫情工作领导小组第十次会议。徐瑝、段铁力、张天峰出席会议。胡国齐到会指导。

3月20日，国家局、总公司党的建设工作领导小组召开会议，传达学习中共中央办公厅印发的《党委（党组）落实全面从严治党主体责任规定》。张建民主持会议并讲话。徐瑝、段铁力、张天峰出席会议。胡国齐到会指导。

3月20日，总公司印发《烟叶生产基础设施建设项目管理办法》，系统整合近年来增补、调整、完善的各类烟叶生产基础设施项目管理办法，明确烟叶生产高质量发展相关要求。

3 月 23 日，2020 年全国烟草行业财务审计工作会议以电视电话会议形式在北京召开。徐瑢出席会议并讲话。

3 月 24 日，国家局印发《2020 年定点扶贫工作计划》，确定全年定点扶贫工作的重点任务。

3 月 25 日，2020 年全国烟草行业网络安全和信息化工作会议以电视电话会议形式在北京召开。段铁力出席会议并讲话。

3 月 26 日，2020 年全国烟草科技工作会议以电视电话会议形式在北京召开。段铁力出席会议并讲话。

3 月 26 日，提升烟用香精香料核心技术自主研发和自我保障能力专题整改工作推进电视电话会议在北京召开。段铁力出席会议并讲话。

4 月

4 月 1 日，国家局党组理论学习中心组（扩大）组织集体学习，学习贯彻《中国共产党党和国家机关基层组织工作条例》，围绕创建模范机关、推动机关党建高质量发展谈认识、谈体会、谈措施。张建民主持学习并讲话。徐瑢、段铁力、张天峰参加学习。胡国齐到会指导。

4 月 1 日，张建民主持召开国家局党组应对新冠肺炎疫情工作领导小组第十一次会议。徐瑢、段铁力、张天峰出席会议。胡国齐到会指导。

4 月 1 日，烟草行业政治生态突出问题全面整改工作领导小组召开会议。张建民主持会议并讲话。徐瑢、段铁力、张天峰出席会议。胡国齐到会指导。

4 月 7 日，国家局办公室印发《烟草行业数据安全管理办法（试行）》，对行业数据安全管理工作职责、管理方式、安全防护、监管措施等提出具体要求。

4 月 10 日，张建民在北京烟草调研。其间，张建民考察了上海烟草集团北京卷烟厂有限公司、北京烟草物流中心。

4 月 14 日，国家局、总公司召开经济运行分析会，分析研究一季度行业经济运行情况，分析新冠肺炎疫情对行业发展中长期影响，研究部署有关工作。张建民主持会议并讲话。段铁力、张天峰出席会议。胡国齐到会指导。

4 月 14 日，张建民主持召开国家局党组应对新冠肺炎疫情工作领导小组第十二次会议。段铁力、张天峰出席会议。胡国齐到会指导。

4 月 14 日，国家局党组印发《关于烟草行业各级党组织和党员在防控疫情斗争中发挥领导作用战斗堡垒作用和先锋模范作用情况的报告》，指出新冠肺炎疫情发生以来，国家局党组坚决贯彻习近平总书记重要指示精神和中央应对疫情领导小组、国务院联防联控机制工作安排，带领行业各级党组织和广大党员一手抓疫情防控、一手抓复工复产，坚持与时间赛跑，采取非常措施，夺取了疫情防控和复工复产双胜利。

4 月 17 日，2020 年行业经济运行暨卷烟销售工作电视电话会议在北京召开。段铁力出席会议并讲话。

4 月 17 日，国家局党组印发《烟草行业干部选拔任用纪实工作办法（试行）》，进一步规范行业干部选拔任用纪实工作，强化选人用人全程监督和倒查追责。

4 月 20 日，国家局办公室发布全国烟草生产经营管理一体化平台项目建设方案，启动全国烟草生产经营管理一体化平台建设。

4 月 20 日，张建民主持召开国家局党组应对新冠肺炎疫情工作领导小组第十三次会议。徐瑢、段铁力、张天峰出席会议。胡国齐到会指导。

4 月 20 日，张建民主持召开烟草行业政治生态突出问题全面整改工作领导小组会议。徐瑢、段铁力、张天峰出席会议。胡国齐到会指导。

4 月 21 日，部署开展三项专项检查治理工作电视电话会议在北京召开。段铁力出席会议并讲话。

4 月 24 日，2020 年烟草行业拓展国际市场工作电视电话会议在北京召开。徐瑢出席会议并讲话。

4 月 27 日，根据国务院 2020 年 4 月 20 日《关于韩占武任职的通知》（国人字〔2020〕84 号）、中共中央组织部 2020 年 4 月 14 日《韩占武同志任职》（组任字〔2020〕146 号）通知，韩占武同志任国家烟草专卖局副局长、党组成员。

4 月 28 日，国家局办公室印发《关于进一步加强烟草行业网络安全工作的通知》，从强化责任担当、强化自查整改、强化数据安全、强化等级保护、强化应急保障等方面提出具体要求。

4 月 30 日，国家局党组召开党组（扩大）会议，传达学习贯彻习近平总书记在中央全面深化改革委员会第十三次会议上的重要讲话精神。张建民主持会议并讲话。徐瑢、段铁力、张天峰、韩占武出席会议。胡国齐到会指导。

4月30日，张建民主持召开国家局党组应对新冠肺炎疫情工作领导小组第十四次会议。徐𬍡、段铁力、张天峰、韩占武出席会议。胡国齐到会指导。

5月，国务院办公厅对31个省（自治区、直辖市）人民政府和53个国务院部门开展2019年度政务公开评估工作，国家烟草专卖局在此次评估中获评“优秀”。

5月

5月1日，大连海警查获“5·1”特大海上走私卷烟案件，查获走私卷烟1.7万件，为近年来烟草、海警联合打私查获最大数量走私卷烟案件。

5月9日，张建民主持召开国家局党组应对新冠肺炎疫情工作领导小组第十五次会议。徐𬍡、段铁力、张天峰、韩占武出席会议。

5月9日，国家局、总公司召开5月生产经营调度会。段铁力出席会议并讲话。

5月11日，国家局党组理论学习中心组（扩大）组织集体学习，传达学习习近平总书记关于巡视工作重要指示精神和全国巡视工作会议暨十九届中央第五轮巡视动员部署会议精神，结合实际开展交流研讨。张建民主持学习并讲话。徐𬍡、段铁力、张天峰、韩占武参加学习。胡国齐到会指导。

5月12日，国家局印发《启动实施国产雪茄烟叶开发与应用重大专项的通知》，明确按照《国产雪茄烟叶开发与应用重大专项方案》，启动实施国产雪茄烟叶开发与应用重大专项。

5月13日，中央第三巡视组巡视国家烟草专卖局党组工作动员会在北京召开。会前，中央第三巡视组组长辛维光主持召开与张建民的见面沟通会。会上，辛维光作动员讲话。张建民主持会议并讲话。徐𬍡、段铁力、张天峰、韩占武出席会议。

5月13日，根据中央关于干部离退休的有关规定和中组部的通知精神，杨培森同志退休。

5月15日，张建民主持召开国家局党组应对新冠肺炎疫情工作领导小组第十六次会议。徐𬍡、段铁力、张天峰、韩占武出席会议。胡国齐到会指导。

5月26日，国家局召开保密委员会暨密码工作领导小组全体会议。韩占武出席会议并讲话。

5月29日，张建民在北京与云南省委书记陈豪、省长阮成发举行会谈。徐𬍡、段铁力、张天峰、韩占武一同会谈。

5月29—30日，烟草行业政治生态突出问题全面整改督导检查动员培训会议在北京召开。韩占武作动员讲话。

6月

6月1日，国家局党组理论学习中心组（扩大）组织集体学习，传达学习贯彻十三届全国人大三次会议和全国政协十三届三次会议精神，结合工作实际开展交流研讨。张建民主持学习并讲话。徐𬍡、段铁力、张天峰、韩占武参加学习。胡国齐到会指导。

6月1日，国家局全面深化改革领导小组召开会议，张建民主持会议并讲话。徐𬍡、段铁力、张天峰、韩占武出席会议。胡国齐到会指导。

6月5日，国家烟草专卖局就克服疫情影响、履行脱贫使命、彰显行业责任举行新闻发布会。徐𬍡出席发布会并回答记者提问。

6月8日，烟草行业政治生态突出问题全面整改工作领导小组召开第十二次会议。郭开朗出席会议。张建民主持会议并讲话。徐𬍡、段铁力、张天峰、韩占武出席会议。

6月8日，国家局、总公司召开6月生产经营调度会。段铁力主持会议并讲话。

6月9—11日，张建民在河南烟草调研。河南省人大常委会副主任张维宁一同调研。其间，河南省委书记、省人大常委会主任王国生，省委副书记、省长尹弘分别会见张建民。

6月12日，张建民在北京会见江西省委常委、常务副省长殷美根。张天峰一同会见。

6月12日，张建民在北京会见华为公司董事长梁华。张天峰一同会见。

6月16日，总公司印发《关于烟区布局优化工作指南的通知》，充分发挥市场导向作用，围绕提升优质烟叶原料保障能力，稳步推进烟区生产力布局优化，不断提高烟叶资源供给质量与效率，实现烟叶供需关系更高水平的动态平衡。

6月19日，国家局党组召开党组（扩大）会议，通报赵洪顺受贿案判决情况。张建民主持会议并讲话。徐𬍡、段铁力、张天峰、韩占武出席会议。胡国齐到会指导。

6月19日，国家局党组召开党组（扩大）会议，听取整治形式主义为基层减负工作情况汇报，研究贯彻落实

《关于持续解决困扰基层的形式主义问题为决胜全面建成小康社会提供坚强作风保证的通知》措施。郭开朗出席会议。张建民主持会议并讲话。徐䃅、段铁力、张天峰、韩占武出席会议。

6月19日，烟草行业政治生态突出问题全面整改工作领导小组召开第十三次会议。郭开朗出席。张建民主持会议并讲话。徐䃅、段铁力、张天峰、韩占武出席会议。

6月19日，张建民主持召开国家烟草专卖局党组应对新冠肺炎疫情工作领导小组第十七次会议。郭开朗出席。徐䃅、段铁力、张天峰、韩占武出席会议。

6月29日，行业第一期“提升企业核心竞争力大讲堂”专题活动正式开始。大讲堂依托中国烟草网络学院培训平台，采取专家网络直播讲授和线上自学相结合的形式，按专题分期组织实施。

6月30日，总公司印发《关于深入推进2020年卷烟营销市场化取向改革工作的通知》，部署2020年度营销改革任务，着力加强营销领域制度体系建设，持续优化营销业务规则，大力推广工商网上配货，推动营销改革不断深入。

6月30日，总公司印发《关于加快推进卷烟零售客户信用体系建设的指导意见》，明确建设原则、推进步骤和工作重点，有序推进零售户信用体系建设，不断增强激励客户诚信经营的内生动力。

6月30日，总公司印发《关于开展“我与客户共成长”主题营销活动的通知》，组织商业企业开展“我的业务我学习”“我的客户我辅导”“我的终端我维护”营销活动，切实提升客户经理专业素养，增强零售户经营能力，提高终端建设质量，进一步密切客我关系，彰显行业责任担当。

◇ 编辑：王 静 吴中奇

7月

7月1日，国家烟草专卖局、国家市场监督管理总局印发《电子烟市场专项检查行动方案》，在全国范围内部署开展电子烟市场专项检查行动。专项检查行动自2020年7月10日至2020年9月10日，为期两个月。

7月1日，中国烟草网络党校正式上线。创办中国烟草网络党校，是国家局党组学习宣传贯彻习近平新时代中国特色社会主义思想的重要举措，网络党校将被打造成行业党的基本理论教育、党性教育、专业化能力培训的重要网络载体。

7月6日，为庆祝中国共产党成立99周年，国家局举办专题党课报告会。张建民围绕“强化政治机关意识，推动行业高质量发展”主题为机关党员干部讲授专题党课。徐䃅、段铁力、张天峰、韩占武参加报告会。

7月7日，国家局全面深化改革领导小组召开会议，传达学习贯彻习近平总书记在中央全面深化改革委员会第十四次会议上的重要讲话精神。张建民主持会议并讲话。徐䃅、段铁力、张天峰、韩占武出席会议。

7月7日，国家局、总公司党的建设工作领导小组召开会议，传达学习贯彻习近平总书记在中共中央政治局第二十一次集体学习和6月29日中共中央政治局会议上的重要讲话精神。张建民主持会议并讲话。徐䃅、段铁力、张天峰、韩占武出席会议。

7月13日，烟草行业政治生态突出问题全面整改工作领导小组召开第十六次会议。张建民主持会议并讲话。徐䃅、段铁力、韩占武出席会议。

7月13日，国家局召开电子烟市场专项检查行动部署电视电话会议。

7月16—18日，张建民在广西烟草调研。广西壮族自治区政府副主席费志荣一同调研。其间，广西壮族自治区党委书记、自治区人大常委会主任鹿心社，自治区党委副书记、自治区政府主席陈武分别会见张建民，自治区党委常委、秘书长黄伟京，费志荣，自治区政府秘书长黄洲参加会见。

7月17日，国家局、总公司机关举办《习近平在厦门》《习近平在宁德》主题读书论坛。

7月20日，国家局党组印发《关于提升烟草行业软实力的指导意见》，明确提出行业提升软实力建设的指导思想、基本原则和主要目标，着重阐述软实力建设的六大主要举措，集中体现国家局党组对行业软实力建设的要求。

7月21日，国家局党组召开党组（扩大）会议，传达学习贯彻习近平总书记在7月17日中共中央政治局常务委员会会议上的重要讲话精神。张建民主持会议并讲话。徐䃅、段铁力、张天峰、韩占武出席会议。

7月21日，国家局、总公司召开经济运行分析会，分析研究上半年行业经济运行情况，研究部署有关工作。张建民主持会议并讲话。徐䃅、段铁力、张天峰、韩占武出席会议。

7月22日，张建民在北京与北京市人大常委会主任李伟举行会谈。韩占武一同会谈。

7月24日，2020年烟草行业半年工作电视电话会议在北京召开。张建民出席会议并讲话。徐䃅主持会议，段铁力、张天峰、韩占武出席会议。审计署企业审计七局局长李迎珠到会指导。

7月24日，总公司印发《关于进一步加强采购管理工作的意见》，进一步解决采购领域重点难点问题，切实防范关键环节的廉洁风险。

7月24日，总公司印发《烟草行业专业（技术）资格评审工作管理规定》，进一步规范行业专业（技术）资格评审程序，提高工作质量。

7月28日，国家局党组召开党组（扩大）会议，传达学习全国工业和信息化主管部门负责同志电视电话会议精神，传达学习工业和信息化部部长苗圩在听取国家局党组工作汇报时的讲话精神，研究贯彻落实举措。张建民主持会议并讲话。徐䃅、段铁力、张天峰、韩占武出席会议。

7月28日，国家局党组巡视工作领导小组召开会议。张建民主持会议并讲话。徐䃅、段铁力、张天峰、韩占武出席会议。

7月28日，烟草行业政治生态突出问题全面整改工作领导小组召开会议。张建民主持会议并讲话。徐䃅、段铁力、张天峰、韩占武出席会议。

7月31日至8月2日，张建民在四川烟草调研。四川省委常委、省直机关工委书记曲木史哈一同调研。其间，四川省委书记、省人大常委会主任彭清华，省委副书记、省长尹力分别会见张建民。张建民会见四川省委常委、成都市委书记范锐平，成都市委副书记、代市长王凤朝。

7月，国家局、总公司启动向行业符合条件的人员发放“中国人民志愿军抗美援朝出国作战70周年”纪念章工作。

8月

8月2—4日，张建民在重庆烟草调研。重庆市副市长熊雪一同调研。其间，中共中央政治局委员、重庆市委书记陈敏尔，市委副书记、市长唐良智会见张建民，市委常委、常务副市长吴存荣，市委常委、秘书长王赋，熊雪参加会见。

8月4—6日，张建民在西藏烟草调研。西藏自治区副主席江白一同调研。其间，张建民会见西藏自治区党委副书记、常务副主席庄严，自治区党委常委、统战部部长，自治区政协党组副书记、副主席旦科，自治区副主席汪海洲、江白。

8月19日，中央第三巡视组巡视国家烟草专卖局党组情况反馈会议在北京召开。中央纪委副书记、国家监委副主任陈小江主持召开向张建民的反馈会议，出席向国家局党组领导班子反馈会议，对巡视整改提出要求。会议向国家局党组主要负责人传达习近平总书记关于巡视工作的重要讲话精神，中央第三巡视组组长辛维光代表中央巡视组分别向国家局党组主要负责人和领导班子反馈巡视情况。张建民主持向领导班子反馈会议并就做好巡视整改工作讲话。徐䃅、段铁力、张天峰、韩占武出席会议。

8月19—23日，2020年全国行业职业技能竞赛——第十八届全国烟草行业职业技能竞赛暨“玉溪杯”首届烟机设备操作职业技能竞赛在云南玉溪举行。

8月20日，国家局党组召开党组（扩大）会议，传达学习习近平总书记在中共中央政治局会议上的重要讲话精神和对制止餐饮浪费行为的重要指示精神，研究贯彻落实举措。张建民主持会议并讲话。徐䃅、段铁力、张天峰、韩占武出席会议。胡国齐到会指导。

8月20日，国家局党组党风廉政建设领导小组召开会议，传达学习国务院第三次廉政工作会议精神，研究贯彻落实举措。张建民主持会议并讲话。徐䃅、段铁力、张天峰、韩占武出席会议。胡国齐到会指导。

8月24日，张建民在北京会见古巴驻华大使卡洛斯·米格尔·佩雷拉·埃尔南德斯（Carlos Miguel Pereira Hernández）一行。

8月26日，张建民在北京与甘肃省委副书记、省长唐仁健举行会谈。韩占武，甘肃省副省长李沛兴一同会谈。

8月27日，张建民在北京会见广东省副省长王曦。张天峰一同会见。

8月27日，张建民在北京会见中国航天科工集团有限公司党组书记、董事长袁洁一行。张天峰一同会见。

8月30日，张建民在北京出席古巴与中国建交六十周年招待会。

9月

9月2日，国家局党组印发《关于加强和改进行业直属单位纪检监察工作的通知》，从国家局层面对各直属单位纪检监察工作进行整体谋划，在加强对纪检监察工作的领导、建立健全执纪审查领导工作机制、落实纪检组长（纪委书记）提名考察、改进纪检组工作考核等方面作出具体规定。

9月7日，国家局全面深化改革领导小组召开会议。传达学习贯彻习近平总书记在中央全面深化改革委员会第十五次会议上的重要讲话精神，研究行业贯彻落实举措。张建民主持并讲话。徐瑾、段铁力、张天峰、韩占武出席会议。

9月7日，国家局党组接受中央巡视整改工作领导小组召开会议。传达学习贯彻中共中央政治局会议精神，通报中央第三巡视组巡视工作专项检查组专项检查国家局党组巡视工作情况的反馈意见，听取即知即改任务完成情况汇报，研究国家局党组关于十九届中央第五轮巡视反馈意见整改工作方案和巡视工作专项检查反馈问题整改清单。张建民主持会议并讲话。徐瑾、段铁力、张天峰、韩占武出席会议。

9月8日，国家局、总公司机关印发《贯彻落实习近平总书记重要指示精神坚决制止餐饮浪费行为的通知》，要求机关干部职工把勤俭节约、艰苦奋斗的理念内化于心、外化于行，使厉行勤俭节约、反对餐饮浪费成为自觉行动。

9月8日，ZJ116B型细支卷接机组和ZB416A型细支包装机组通过国家局鉴定。作为行业“细支卷烟升级创新”重大专项中“装备升级”的重要内容，ZJ116B/ZB416A完善细支卷接包产品系列，填补国产高速细支卷接包机组空白，实现国产细支卷接包设备中、高速全覆盖。

9月11—24日，全行业参加公安部组织的网络安全攻防演习。防守成绩居40个国家部委第四名。

9月15日，张建民在北京会见湖南省委常委、常务副省长谢建辉。徐瑾一同会见。

9月15日，中国烟草学会第八次会员代表大会在北京召开。张建民对会议作出批示。韩占武出席会议并讲话。

9月15日，国家局党组第五轮巡视暨第三轮政治生态突出问题全面整改督导检查动员部署会在北京召开。韩占武出席会议并讲话。

9月15日，为贯彻落实中央决策部署，不断深化烟草行业要素市场化配置改革，促进行业要素自主有序流动，提高行业要素配置效率，国家局党组印发《关于烟草行业构建更加完善的要素市场化配置体制机制的意见》。

9月17日，全国烟草生产经营管理一体化平台营销先行建设试点工作座谈会在浙江杭州召开。段铁力出席会议并讲话。

9月20—29日，国家局委托中国纪检监察学院举办行业纪检监察干部监督执纪执法业务培训班。其间，韩占武与参训学员代表开展研讨交流。

9月21日，国家局党组理论学习中心组（扩大）组织集体学习，深入学习贯彻习近平新时代中国特色社会主义思想，认真学习《习近平谈治国理政》第三卷，传达中央组织部深入学习习近平总书记重要讲话精神，贯彻落实新时代党的组织路线电视电话会议精神，围绕“落实全面从严治党主体责任，扎实推动中央巡视整改工作”主题开展交流研讨，为开好国家局党组接受中央巡视整改专题民主生活会做好准备。张建民主持学习并讲话。徐瑾、段铁力、张天峰、韩占武参加学习。胡国齐到会指导。

9月21日，国家局党组接受中央巡视整改工作领导小组召开会议。张建民主持会议并讲话。徐瑾、段铁力、张天峰、韩占武出席会议。胡国齐到会指导。

9月22日，张建民在北京与辽宁省委副书记、省长刘宁举行会谈。徐瑾、段铁力一同会谈。

9月22日，张建民在北京会见云南省副省长董华。徐瑾一同会见。

9月22日，张建民在北京会见中信集团董事长朱鹤新。徐瑾一同会见。

9月24—26日，张建民在安徽烟草调研。安徽省副省长何树山一同调研。其间，安徽省委副书记、省长李国英会见张建民。

9月27日，张建民以普通党员身份参加国家局办公室（外事司）党支部“厉行勤俭节约、反对餐饮浪费”专题组织生活会。徐瑾、段铁力、张天峰、韩占武分别到财务管理与监督司（审计司）、经济运行司、人事司、机关服务中心（服务局）党支部参加专题组织生活会。

9月28日，总公司印发《关于卷烟和雪茄烟价格管理办法的通知》，进一步推进行业高质量发展，规范和加强卷烟和雪茄（含烟斗丝）价格管理工作，提升价格管理水平，为品牌发展营造公平有序的市场环境。

10月

10月12日，国家局党组接受中央巡视整改工作领导小组召开会议。张建民主持会议并讲话。徐瑾、段铁力、张天峰、韩占武出席会议。胡国齐到会指导。

10月13日，行业人事干部培训班在北京举办。张天峰出席并讲话。

10月14日，张建民在北京会见江苏省副省长马秋林。徐w一同会见。

10月14日，张建民在北京会见福建龙岩市委书记李建成。

10月14日，中共国家烟草专卖局党校举行2020年秋季学期开学典礼。韩占武出席并讲话。

10月14日，总公司印发《关于进一步加强卷烟工商交易管理的意见》，从强化市场需求引领、完善品牌进退规则、优化合同管理模式、加强卷烟市场调控等4个方面对卷烟工商交易管理提出工作意见和要求，以进一步建立健全以市场为导向的资源配置方式，推动形成亲清新型工商关系。

10月14日，中国烟草总公司与招商银行股份有限公司续签战略合作协议。

10月17日，2020年全国脱贫攻坚奖表彰大会暨首场脱贫攻坚先进事迹报告会在北京召开。国家局扶贫办获得2020年全国脱贫攻坚奖组织创新奖。

10月19日，张建民在北京会见吉林省委常委、延边朝鲜族自治州党委书记田锦尘。段铁力一同会见。

10月19日，国家局党组印发《关于贯彻巩固深化“不忘初心、牢记使命”主题教育成果意见的具体措施的通知》，不断推动行业各级党组（党委）巩固深化“不忘初心、牢记使命”主题成果往深里走、往心里走、往实里走。

10月19日，国家局党组印发《关于严格落实“三会一课”制度　提高组织生活质量的实施意见（试行）》，推动全面从严治党落到每个支部、每名党员。

10月19日，国家局党组印发《关于行业直属单位党组（党委）开展巡察工作的指导意见（试行）》，加强和规范行业各直属单位党组（党委）巡察工作，对党组织开展巡察工作原则、对象范围、机构设置、工作程序、工作要求、组织保障等进行明确规范，进一步完善巡视巡察上下联动工作格局。

10月20日，烟草行业警示教育大会在北京召开。郭开朗出席会议并讲话。张建民出席会议并讲话。徐w主持会议，段铁力、张天峰、韩占武出席会议。

10月20日，国家局党组召开党组（扩大）会议，传达学习《中国共产党中央委员会工作条例》。张建民主持会议并讲话。徐w、段铁力、张天峰、韩占武出席会议。胡国齐到会指导。

10月20日，国家局、总公司召开经济运行分析会，分析研究前三季度行业经济运行情况，研究部署下一步重点工作。张建民主持会议并讲话。徐w、段铁力、张天峰、韩占武出席会议。胡国齐到会指导。

10月22日，张建民在湖北十堰调研国烟扶贫工作。湖北省政协副主席、十堰市委书记张维国一同调研。

10月22日，ZJ119型卷接机组和ZB416型包装机组通过国家局鉴定。本次通过鉴定的ZJ119和ZB416整体技术水平及性能指标达到同类设备的国际先进水平，标志着国产烟机实现从引进消化吸收到集成创新与自主创新相结合的跨越，未来将成为行业高速卷接包设备升级换代的主力机型。

11月

11月2日，国家局党组召开党组（扩大）会议，传达学习党的十九届五中全会精神，研究行业贯彻落实意见。张建民主持会议并讲话。徐w、段铁力、张天峰、韩占武出席会议。胡国齐到会指导。

11月2日，国家局党组接受中央巡视整改工作领导小组召开会议。张建民主持会议并讲话。徐w、段铁力、张天峰、韩占武出席会议。胡国齐到会指导。

11月2日，张建民主持召开国家局全面深化改革领导小组会议。徐w、段铁力、张天峰、韩占武出席会议。胡国齐到会指导。

11月2—6日，国家局、总公司机关举办2020年定点扶贫地区农产品展销活动。徐w出席活动。

11月5日，烟草行业推进退休人员社会化管理工作电视电话会议在北京召开。张建民出席会议并讲话。徐w出席会议。

11月6日，总公司印发《烟草行业对存在行贿行为供应商实施禁入措施暂行规定》，进一步完善“黑名单”制度规定，加大对供应商行贿行为的惩戒力度，坚持“零容忍”，落实严格禁入措施。

11月6日，国家局扶贫办在北京召开扶贫工作座谈会。

11月9日，国家局党组印发《烟草行业问责工作实施办法》，进一步突出行业问责工作政治性、精准性、实效性，丰富和细化问责情形、问责方式，规范和完善问责程序。既明确坚持原则、严格问责，推动责任落实，又注重区别情况、分类处理。

11 月 11 日，全国政协经济委员会副主任苗圩在安徽中烟工业有限责任公司合肥卷烟厂调研。韩占武一同调研。

11 月 12 日，徐䃣会见菲莫国际中国战略合作部总裁张剑雄一行。

11 月 16 日，国家局党组接受中央巡视整改工作领导小组召开会议。张建民主持会议并讲话。徐䃣、段铁力、张天峰、韩占武出席会议。

11 月 17 日，张建民在北京会见中国银行行长王江。徐䃣一同会见。

11 月 17 日，张建民在北京以视频方式会见日本烟草国际公司总裁兼首席执行官埃迪・皮拉德（Eddy Pirard）。徐䃣一同会见。

11 月 19 日至 12 月 4 日，国家局组织召开行业“十四五”规划编制系列座谈会 7 场，张建民、徐䃣、段铁力、张天峰、韩占武分别出席座谈会并讲话。

11 月 20 日，中央文明委发布关于表彰第六届全国文明城市、文明村镇、文明单位和第二届全国文明家庭、文明校园及新一届全国未成年人思想道德建设工作先进的决定。烟草行业 19 家单位获评第六届“全国文明单位”。

11 月 20 日，国家局、总公司现代烟草农业建设领导小组会议在北京召开。徐䃣主持会议并讲话。

11 月 20 日，2020 年全国烟草行业企业管理电视电话会议在北京召开。段铁力出席会议并讲话。

11 月 23 日，国家局党组召开党组（扩大）会议，传达学习中央全面依法治国工作会议精神，研究行业贯彻落实意见。张建民主持会议并讲话。徐䃣、段铁力、张天峰、韩占武出席会议。

11 月 23 日，国家局全面深化改革领导小组召开会议。张建民主持会议并讲话。徐䃣、段铁力、张天峰、韩占武出席会议。

11 月 24—26 日，张建民在宁夏回族自治区吴忠市红寺堡区调研国烟扶贫工作。宁夏回族自治区政府副主席王和山一同调研。其间，宁夏回族自治区党委书记、人大常委会主任陈润儿会见张建民，自治区党委常委、秘书长赵永清参加会见。

11 月 24 日，全国劳动模范和先进工作者表彰大会在北京人民大会堂举行。烟草行业共有 17 人被授予“全国劳动模范”荣誉称号，并受到表彰。

11 月 24 日，韩占武主持召开国家局党组应对新冠肺炎疫情工作领导小组办公室会议，传达国务院联防联控机制召开的全国疫情防控电视电话会议精神，部署加强常态化疫情防控工作。

11 月 25 日，烟草行业品牌发展研讨会在云南昆明召开。段铁力出席会议并讲话。

11 月 26 日，国家局、总公司在北京组织召开行业发展形势分析与指标体系构建座谈会。张建民出席会议并讲话。徐䃣主持会议。

11 月 26 日，第十届全国评烟委员会成立大会暨第一次年会在云南昆明召开。段铁力出席会议并讲话。

11 月 27 日，中国共产党国家烟草专卖局直属机关第四次代表大会在北京召开。韩占武作工作报告。张建民出席会议并讲话。徐䃣、段铁力、张天峰出席会议。工业和信息化部直属机关党委常务副书记李勇到会指导并讲话。

11 月 30 日，国家局党组理论学习中心组（扩大）组织集体学习，学习贯彻党的十九届五中全会精神，联系行业实际，围绕“贯彻落实全会精神，做好行业‘十四五’规划，推动行业改革发展”谈体会、谈打算、谈建议。张建民主持学习并讲话。徐䃣、段铁力、张天峰、韩占武参加学习。

11 月 30 日，烟草行业党风廉政信息化管理系统试点工作启动会在北京召开。

11 月 30 日，国家局办公室印发《关于做好当前常态化疫情防控工作的通知》贯彻落实国务院联防联控机制会议精神，针对年底年初防控关键时期，部署加强常态化疫情防控工作。

12 月

12 月 1 日，国家烟草专卖局与海关总署缉私局在北京就烟草打私工作举行座谈。张天峰，海关总署缉私局局长孙志杰出席座谈会。

12 月 1 日，国家局印发《关于 2019 年 7 月—2020 年 6 月烟草打假打私重大案件和专项行动的表彰通报》，对河南省漯河市“12・2”制售假烟网络案件等 15 起特大案件、北京市朝阳“1・7”运输销售假私卷烟网络案件等 683 起重大案件的侦破和广东省 2019 年打击涉烟违法犯罪“粤鹰”专项行动等23个专项行动的开展予以表彰。

12月2日，卷烟生产力梯度结构性转移试点合作框架协议签订仪式在浙江杭州举行。徐瑬出席仪式并讲话。

12月3日，国家局办公室印发《关于进一步严厉打击海上走私卷烟活动的通知》，要求有关省级烟草专卖局进一步严厉打击海上走私卷烟的活动。

12月8日，国家局党组召开党组（扩大）会议，传达学习习近平总书记在中共中央政治局第二十五次集体学习时的重要讲话精神，听取行业知识产权相关情况汇报，研究贯彻落实意见。张建民主持会议并讲话。徐瑬、段铁力、张天峰、韩占武出席会议。胡国齐到会指导。

12月8日，国家局党组接受中央巡视整改工作领导小组召开会议。张建民主持会议并讲话。徐瑬、段铁力、张天峰、韩占武出席会议。胡国齐到会指导。

12月8日，国家局召开行业高质量发展“1+6+2”政策体系推进实施情况评估汇报会。张建民主持会议并讲话。徐瑬、段铁力、张天峰、韩占武出席会议。

12月8日，国家局印发《关于卷烟纸和滤嘴棒及烟用丝束生产企业许可证审批有关事项的通知》，通过法治化手段科学合理调节烟用物资产业格局，限制产能已过剩、禁止产能已严重过剩且属于落后淘汰产品的烟用物资产业的市场准入。

12月9日，在国家烟草基因研究中心成立十周年、烟草基因组计划重大专项实施十周年之际，中国烟草总公司郑州烟草研究院在河南郑州召开烟草基因研究与成果交流会。段铁力出席会议并讲话。

12月11日，国家局、总公司在北京召开工作务虚会。张建民主持会议并讲话。徐瑬、段铁力、张天峰、韩占武出席会议，并结合分管领域工作提出意见要求、思路举措。胡国齐到会指导。

12月15日，国家局党组巡视工作领导小组召开会议。张建民主持会议并讲话。徐瑬、段铁力、张天峰、韩占武出席会议。胡国齐到会指导。

12月15日，张建民在北京会见内蒙古自治区党委常委、呼和浩特市委书记王莉霞，呼和浩特市委副书记、市长，内蒙古和林格尔新区党工委书记张佰成。徐瑬一同会见。

12月15日，中央和国家机关工作委员会主管的《旗帜》杂志2020年第12期刊发张建民署名文章《依托产业发展 助力打赢脱贫攻坚战》，展现在脱贫攻坚大局中烟草企业作为国企的主动作为和责任担当。

12月15日，全国烟草打假打私工作电视电话会议在北京召开。张天峰出席会议并讲话。

12月15日，国家局、总公司印发《关于委派中烟国际集团有限公司董事的通知》，标志着中烟国际集团正式启动运行。

12月17日，黑龙江省哈尔滨市南岗区哈尔滨卷烟厂旧址入选第四批国家工业遗产名单，此次入选是中国烟草工业企业首次入选国家工业遗产。

12月20—21日，张建民在基层联系点福建省龙岩市烟草专卖局（公司）、福建中烟龙岩烟草工业有限责任公司调研。其间，张建民会见福建省副省长崔永辉。

12月22日，国家局党组理论学习中心组（扩大）组织集体学习，传达学习贯彻中央经济工作会议精神，联系行业实际，围绕贯彻落实中央经济工作会议精神、推动行业高质量发展开展研讨交流。张建民主持学习并讲话。徐瑬、段铁力、张天峰、韩占武参加学习。胡国齐到会指导。

12月22日，2020年度细支卷烟升级创新重大专项完成既定目标任务。

12月23日，张建民在北京与云南省委书记阮成发，省委副书记、代理省长王予波举行会谈。云南省委常委、常务副省长宗国英，云南省副省长董华；徐瑬、段铁力、张天峰、韩占武一同会谈。

12月28日，2020年度烟草绿色防控重大专项完成既定目标任务。

12月30日，国家局党组召开党组（扩大）会议，传达学习贯彻中共中央政治局民主生活会和中央农村工作会议精神，传达学习全国工业和信息化工作会议精神，研究行业贯彻落实意见。张建民主持会议并讲话。徐瑬、段铁力、张天峰、韩占武出席会议。胡国齐到会指导。

12月30日，按照财政部要求，为规范行业会计核算，提高会计信息质量，确保2021年全行业顺利实施新准则，总公司印发《烟草行业收入会计核算办法》《烟草行业金融工具会计核算办法》《烟草行业租赁会计核算办法》。

12月31日，全国烟叶工作会议以电视电话会议形式在北京召开。张建民、徐瑬出席会议并讲话。

12月31日，国家局印发《烟草专卖许可证管理办法实施细则》，自2021年3月31日起施行。

◇ 编辑：褚 幸

行业概览

全国烟草行业发展概况

【统筹新冠肺炎疫情防控和生产经营取得重大成果】

疫情防控复工复产成效显著。2020年，国家局党组见事早、行动快，非常时期采取非常举措，克服防疫物资不足、交通运输不畅、原料供应紧张、零售业态受限、人员返岗滞后等重重困难，努力将疫情影响降至最低。抢抓2—3月关键时点，两次召开全行业电视电话会议，强化组织领导和运行调控。到2月底，除湖北以外烟草企业全部复工复产，全国卷烟销量缺口全部追回。到第一季度末，全产业链生产经营逆势恢复到正常水平，主要经济指标完成情况受到中央领导同志批示肯定。进入第二季度后，国家局党组始终保持清醒头脑，保持重大政策稳定，科学把握工作重点和节奏，灵活调整应对策略和措施，经济运行和市场状态持续向好。

主要经济指标再创历史最好水平。2020年，实现工商税利总额12803亿元，比上年增长6.2%；实现工业增加值9001亿元，比上年增长6.1%；单箱卷烟销售额比上年增长3.6%；全国卷烟零售总额比上年增长4.6%；零售价格指数98.43%，比上年提升0.43个百分点；零售户综合毛利率10.43%，比上年提升0.48个百分点。

品牌培育迈向高质量发展。坚持“大品牌”发展战略，对标对表“136、345”品牌高质量发展目标，优化品牌评价体系，引导鼓励创新品类培育，加快构建以品牌为核心的资源配置模式。全年重点品牌销量占比比上年提高1.54个百分点，销售额占比提高0.44个百分点。8个品牌销量超过200万箱，“中华”“利群”“云烟”“芙蓉王”“黄鹤楼”等5个品牌销售额超过1000亿元；创新产品实现销量717.12万箱，比上年增长17.1%。

烟叶生产完成控总量目标。全年全国实际移栽烤烟比国家局计划减少5.3万亩，合同约定收购量比国家局计划减少0.5万担；签订烟叶种植合同比上年减少8.3万份，控总量目标圆满实现。

【改革创新取得积极进展】 2020年，烟草行业深化供给侧结构性改革，全年去烟叶库存625万担；压缩卷烟工商库存37.2万箱，卷烟库存经过3年努力降至合理水平；调整压缩打叶复烤产能390万担/年；严格控制品牌规格数量，全年准产卷烟品牌减少2个、规格减少8个。深化“放管服”改革，开展简化连锁便利店烟草经营审批手续试点。深化市场化取向改革，实施范围覆盖所有地市级公司。落实完善现行卷烟限价政策，提高供给结构对需求变化的适应性。稳妥推进厂办大集体改革，平稳开展退休人员社会化管理工作。完善科技创新体系，基因改良育种、绿色防控等关键技术取得新突破。推进数字化转型，启动全国烟草生产经营管理一体化平台及营销先行建设，推出新一代国产卷接包机组主力机型。加大商业区域物流中心和工业物流集散中心探索力度。推动酒店、金融等领域投资控股企业提质增效。2020年11月，中烟国际集团有限公司（中国烟草海外总部）启动运行。

中国烟草援建的贵州遵义凤冈县响滩子水库2020年12月通过竣工验收
贵州省局　供稿

【现代烟草农业建设向纵深发展】 **烟田基础设施建设转型升级。**国家局围绕高标准基本烟田建设、烟叶生产全程机械化装备建设、支撑绿色发展新技术装备建设开展规划和建设，全面开启调整优化、转型升级新局面。各产区严把项目规划评审、质量监管、资金管理、项目验收等关口，全面提升烟田基础设施建设管理水平。2018年度项目全面完成，

2019年度项目接近收尾；2020年度安排建设项目21.86万件，行业补贴资金概算25.1亿元。

水源工程援建项目效益全面显现。2020年是开展水源工程援建工作的第十年，中国烟草总公司始终贯彻“工业反哺农业”方针，从惠国利民的大局出发，累计复函援建项目285件、援建资金236.7亿元，拨付援建资金207.31亿元。经过10年探索实践，行业各级援建部门形成一套较为完善的援建项目与资金管理体系，建立与地方政府密切协作的工作机制，推动援建工作规范有序开展。2020年通过评审项目5件，涉及资金3.1亿元，新增完工项目31件，累计达到213件，援建项目在保障烟叶生产用水、助力抗旱救灾等方面发挥重要作用，有效缓解烟区工程性缺水、季节性缺水问题，经济效益、社会效益和生态效益全面显现。

加强职业烟农培育。培育种烟大户、家庭农场等规模种植主体，重点发展20～50亩的适度规模种烟农户，稳定优化烟农队伍。全国户均种植规模15.8亩，比上年增加1.4亩；职业烟农新增3.8万户，达到28.6万户。

提升专业化服务能力。落实《关于推动烟农专业合作社发展质量提升的指导意见》，推进烟农专业合作社市场化运作、规范化管理，提高合作社服务能力、赢利能力和管理水平。全国合作社由1305家整合至1172家，其中综合服务社948家，烟农入社率达到94.5%。专业化育苗、分级基本实现全覆盖，机耕、植保、烘烤专业化服务比例均超过50%。

提高机械化作业水平。加大整地、起垄等成熟环节机械推广应用，探索专用机械本地化应用，推进农机农艺融合，全国机耕、起垄、中耕培土等大型机械作业率达到71%，烟叶生产亩均用工持续降低。

深化绿色生产理念。推进化肥施用减量化，有机肥工程化生产量达到47.5万吨，比上年增加1.2万吨；水肥一体化推广391万亩，增加90.7万亩。推进植保技术绿色化，推广专业植保1049.8万亩，其中无人机植保216.1万亩，比上年增加76.3万亩；使用烟蚜茧蜂等进行生物防治推广比例达到96.3%。推进烘烤能源低碳化，推广新能源烤房10.1万座，新增3.8万座；生物质燃料生产供应量43.1万吨，新增20.4万吨；新增烟夹应用2.9万套。推进烟田废弃物利用资源化，增厚地膜、地膜回收、资源化利用比例分别达到91.5%、85%、61%，分别比上年提高0.5个、1.2个、12.5个百分点。

【助力脱贫攻坚取得标志成就】

助力脱贫攻坚。烟草行业扛稳抓牢社会责任，全年各级安排扶贫专项资金16.5亿元，派驻扶贫干部2.72万人，支援建设帮扶项目2086个，为全国49.3万贫困人口脱贫、261个贫困县“摘帽”发挥重要作用。巩固深化帮扶成果，加强督导检查，确保行业扶贫项目到位、资金到位、人员到位。发挥产业扶贫优势，全年安排烟叶产区补贴资金106亿元，安排基础设施建设、水源工程建设项目20多万件。系统推进烟农多元增收，全年实现烟农总收入644.25亿元，其中种烟收入554.1亿元、非烟产值89.91亿元；烟农户均收入7.66万元，比上年增加0.78万元。采取综合措施，全力支持“老少边穷”地区脱困发展。

超额完成定点扶贫任务。国家局从湖北十堰竹溪县、竹山县和宁夏吴忠红寺堡区3个定点扶贫县（区）实际出发，聚焦高质量脱贫面临的短板弱项，全年投入帮扶资金1.16亿元（含党建资金620万元），引入帮扶资金2457.5万元，培训定点扶贫地区基层干部537人、技术人员4948人，购买定点扶贫地区农产品121.3万元（含其他贫困地区9.5万元），帮助销售贫困地区农产品1.03亿元（含其他贫困地区3451.74万元），超额完成《中央定点扶贫责任书（2020年度）》的各项工作任务。

云南普洱烟草帮扶贫困村建设的新居（2020年）

云南普洱市局 郭 风 摄

【市场监管和规范管理取得明显进步】 联合公安部、海关总署等部门，聚焦重点地区持续发力，针对物流寄递环节部署专项打击，严厉打击境外制假、海上走私活动，破获大连“5·1”、上海奉贤“6·18”、江西“12·1”等货值超过1亿元的特大案件。对93起重大案件进行部级督办，全年共查处案值5万元以上假私烟案件8505起，查获假烟45.76万件、走私烟11.48万件、非法烟丝烟叶1.75万吨，收缴制假烟机357台，公安、司法机关依法拘留8824人，追究刑事责任6202人。坚决治理真烟异常流动，严肃查处违规经营行为。加大电子烟监管力度，联合国家市场监管总局开展专项检查。加强招标采购管理，规范样品烟生产使用和管理。开展行业资金竞争性存放和银行账户清理。开展法治烟草建设与“七五”普法总结验收。

【全面从严治党取得显著进展】 2020年，烟草行业深入学习贯彻习近平新时代中国特色社会主义思想和党的十九届四中、五中全会精神，健全习近平总书记重要指示批示和党中央决策部署贯彻落实机制。开展模范机关创建活动，巩固深化“不忘初心、牢记使命”主题教育成果，推进党支部标准化规范化建设。国家局党组与驻工业和信息化部纪检监察组加强会商，组织联合督导检查，共同推动重点整改任务和反腐倡廉工作的深入开展。做好中央巡视整改工作，自觉接受监督，与中央巡视组同向发力、同题共答，精心制定整改方案，坚决抓好整改落实。深刻汲取赵洪顺等严重违纪违法案件教训，扎实抓好政治生态突出问题全面整改，坚持以案促改、见事见人，治标任务取得显著成效，治本工作取得扎实进展。组织开展党的十九大后行业第五轮巡视工作。通过扎实整改、标本兼治，管党治党责任进一步压实，政治生态呈现向好态势，“严”的氛围已经形成，受到中央纪委国家监委领导充分肯定。

【高素质干部人才队伍建设取得扎实成效】 制定印发行业领导干部交流办法、干部选拔任用纪实办法、家访考察操作规程等政策措施，建立健全日常发现与集中调研相结合的工作机制，突出加强政治标准，加大干部交流力度，优化干部资源配置，增强班子整体功能。全年共调整配备行业和机关司局级干部86人，交流司局级干部46人，31家行业直属单位领导班子中配备“70后”干部，国家局、总公司机关121名干部轮岗交流。制定实施领导干部专业化能力提升计划，建设“中国烟草网络党校”。出台加强行业技能人才队伍建设意见，建立优秀技能人才库、专家库。严格干部监督管理，组织开展专项整治，补齐档案工作短板，持续净化选人用人风气。

◎ 编辑整理：王　静　吴中奇

发展计划与经济运行

【“十四五”规划编制】 国家局党组高度重视行业“十四五”规划编制工作，成立规划编制工作领导小组，在2020年全国烟草工作会议、半年工作电视电话会议、季度经济运行分析会以及其他重要节点均对规划编制工作作出安排部署，并组织召开行业“十四五”规划编制系列座谈会，国家烟草专卖局党组书记、局长，中国烟草总公司总经理张建民和国家局党组其他领导分别出席有关座谈会并讲话。

烟草行业“十四五”规划编制工作于2019年3月启动，7月形成初步工作方案。2020年2月印发《关于做好烟草行业“十四五”规划编制工作的通知》《关于印发烟草行业“十四五”规划编制工作方案的通知》，明确规划编制工作的总体要求、主要任务、进度安排等。按时完成11个重点课题研究工作，汇总形成《烟草行业“十四五”规划课题研究成果摘编》，提交领导小组会议审议并修改完善，作为行业规划基本思路编制的重要依据。组织召开7次规划编制系列座谈会并通过内网向行业干部职工征集意见建议，收到座谈会发言材料98篇，网上意见建议350份、近1000条，开展两次50万名消费者参加的消费者调查，汇总整理《烟草行业“十四五”规划框架稿（征求意见稿）》。研究启动烟草行业专卖管理“十四五”专项规划、烟草行业“十四五”科技创新规划、烟草行业“十四五”高素质干部人才队伍建设专项规划、烟草行业“十四五”网络安全与信息化专项规划、烟草行业现代物流发展专项规划（2021—2025）、国产雪茄烟发展规划等6个专项规划编制工作，作为行业高质量发展政策体系的补充。

【高质量发展“1+6+2”政策体系评估】 组织开展高质量发展“1+6+2”政策体系实施进度评估工作，起草评估报告，通报行业省级工商企业高质量发展评价结果，行业高质量发展基本实现“时间过半，任务完成过半”。推进卷烟生产力梯度结构性转移试点、企业集群发展试点工作，促成江苏中烟和陕西中烟、浙江中烟和重庆中烟签订战略合作框架协议。印发《中共国家烟草专卖局党组关于烟草行业构建更加完善的要素市场化配置体制机制的意见》。启动全国烟草生产经营管理一体化平台建设，推进行业云平台、卷烟二维码统一应用、统一卷烟营销管理平台项目，有序开展烟叶、工业、物流等领域预研工作。

【“两烟”计划管理】 通过生产环节主动调控和工业环节库存压减，烟叶去库存工作取得明显成效，库存总量和可用周期连续3年下降。做好内销卷烟计划编制和下达工作。调整低价位卷烟标准，适应和满足不同消费群体需求；撰写《关于保障中低价位卷烟有效供给的分析报告》，探索建立长效机制。2020年下达低价位卷烟产销计划620万箱，实际完成销量642.3万箱；按照相机调控的思路对品牌输入方下达合作生产专项计划530万箱，实际完成527万箱；开展2020年内销卷烟实际产量计划省际调剂21.54万箱。

【卷烟市场监测】 2020年，行业统筹推进稳运行、促改革、优结构、育品牌、强基础、防风险，卷烟产销协调增长，单箱结构稳步提升，“两烟”库存持续下降，重点品牌支撑作用提升，工商企业增加值和效益保持较快增长，行业经济运行平稳向好的发展态势得到巩固和加强。推进“六稳”工作，全面落实“六保”任务，市场活力得到有效激发，供需两端稳步向好，工业生产、市场销售、民间投资等主要经济指标由负转正后呈现持续稳步回升、总体向好的稳定恢复态势。

根据市场监测，2020年底卷烟社会库存水平下降至300万箱以下，全年整条零售价格指数、卷烟综合毛利率、重点品牌市场价格指数同比、环比均保持上升趋势，全国市场状态继续呈现持续向好的发展态势。具体情况为：社会库存周期22.8天，比上年增加0.9天；整条零售价格指数98.43%，比上年增加0.43个百分点；零售户卷烟综合毛利率10.43%，比上年增加0.48个百分点；根据监测的52个重点品牌规格市场价格，重点品牌市场价格指数①104.75%，比上年增加0.22个百分点，其中32个规格在所有监测市场顺价，比上年增加5个。

【价格管理】 2020年，行业价格管理工作以烟草专卖品价格管理为基础，以卷烟市场监测和“天价烟”专项治理为重点，以完成烟草行业对国民经济和社会发展的贡献专项研究课题为攻坚克难的创新点和突破点，推进行业高质量发展。

修订完善《卷烟和雪茄烟价格管理办法》，做好烟草制品价格核准和管理，科学合理制定烟叶价格政策，履行烟草专卖品价格审批管理职责，落实完善卷烟限价政策相关工作。完成各月份《全国卷烟市场监测信息月报》，优化完善卷烟市场监测体系；加大对重点市场飞行检查和调研走访力度，探索自主开展消费者调查研究，系统量化测算全国及各省卷烟市场容量；开展行业合理卷烟库存调研测算工作，为推进行业供给侧结构性改革和经济运行调控提供科学决策依据。完成“烟草行业对国民经济和社会发展贡献”研究课题，量化展现烟草行业在国民经济和社会发展中的作用和地位。深入研究疫情对行业经济运行的影响，分析测算烟草行业主要经营环节合理库存，完成“十四五”期间行业及各省级地区卷烟销售、结构等经营指标发展情况分析研究等。

【规范投资审批】 落实中央巡视整改要求，调整投资委员会的职责定位，由原来的对重大投资行为进行决策调整为对重大投资行为进行研究审议，经审议通过的，提交国家局党组会决策。同时，调整需要提交投委会审议的项目金额标准，明晰有关机构职责。2020年，办理投资项目129项；下达4批烟草专用机械计划，共计1529台。印发《关于推进卷烟工业技术改造的指导意见》，明确新时期技术改造政策导向。严格规范开展项目审批与投资监管，制订卷烟厂产能测算方法，编制行业年度投资报告。推进行业培训疗养机构改革、“僵尸企业”处置等工作，研究提出改善基层生产经营设施的政策措施，完善外商投资设立

① 重点品牌市场价格指数：是指当前卷烟市场价格与全国统一批发价格的综合比值，用于反映卷烟市场价格“晴雨表”的指标。计算方法为：先分别计算所监测重点品牌规格市场价格与全国统一批发价格的比值，再通过各规格销售额进行加权计算，得出全国卷烟重点品牌市场价格指数。

烟草专卖生产企业行政许可、卷烟物流配送中心建设项目审批等管理工作流程，参与行业闲置烟机设备调拨转让平台建设等专项工作。参与市场准入、外商投资准入、服务贸易等负面清单修订工作，制订国家局外资安审工作机制。

【助力脱贫攻坚】 聚力帮扶贫困地区“两不愁三保障”中存在的短板弱项，持续推动贫困地区产业发展，落实定点扶贫、对口支援、援疆援藏、片区扶贫及革命老区帮扶等工作。行业帮扶方面，2020年烟草行业安排扶贫捐赠资金预算16.54亿元，用于支持贫困地区经济发展和贫困人口脱贫增收。全年在贫困地区投入烟田基础设施补贴23.16亿元，水源工程援建资金7320.5万元；提供技术支持发展多元化产业，拓宽烟农增收渠道，全年实现烟农多元化增收89.91亿元。

加强制度建设，印发《国家烟草专卖局定点扶贫地区农产品采购管理办法》《国家烟草专卖局定点扶贫项目管理办法》。克服疫情影响，全年向定点扶贫的湖北十堰竹山县、竹溪县和宁夏吴忠红寺堡区投入无偿帮扶资金1.16亿元（含党建资金620万元），引入帮扶资金2457.49万元，培训基层干部537人，培训技术人员4948人，购买定点扶贫地区农产品121.27万元（含其他贫困地区9.45万元），帮助销售贫困地区农产品1.03亿元（含其他贫困地区3451.74万元），超额完成《中央单位定点扶贫责任书（2020年度）》的各项工作任务。经过多年帮扶，国家局定点扶贫县（区）如期脱贫，国家局扶贫办获得2020年全国脱贫攻坚奖组织创新奖。

国家局、总公司在宁夏吴忠市红寺堡区投资建成的飞地养殖园区（2020年）
国家局发展计划司　供稿

【行业经济运行概况】 *经济运行质量不断提升*。落实“总量控制、稍紧平衡，增速合理、贵在持续”调控方针，坚持“以销定产”，加强和完善宏观调控，加强品牌培训和精益管理，经济运行和市场状态均达到近年来最好水平。2020年，卷烟产销增长，单箱批发销售收入比上年增长3.58%，一、二、三类卷烟销量分别增长7.55%、9.58%、0.55%。

重点品牌平稳增长。聚力“136、345”品牌高质量发展。2020年，一、二类卷烟销量超过100万箱的品牌有8个，其中2个超过200万箱；销售额超过600亿元的品牌有9个，其中5个超过1000亿元。行业30个重点品牌销量比上年增长2.23%。重点品牌实现商业销售收入比上年增长4.57%，平均单箱销售收入增长2.29%。2020年，准产国产内销卷烟品牌规格（含改造、整合等）53个，退出61个，净退出品牌2个、规格8个。

加强品牌市场动态监测，适时进行限产限调，优化产品布局。促进发展新动能，创新产品加快成长。创新品类卷烟销量717.12万箱，比上年增长17.11%，占全国销量比重比上年增加2.13个百分点。其中，细支烟、中支烟、短支烟销量分别比上年增长11.3%、53.54%、5.27%。合理配置资源，优化生产力布局，稳定合作生产规模，做强做大品牌。

税利总额稳步增长。2020年，实现工商税利总额12803亿元，比上年增长6.2%；实现利润增长13.7%。实现工业增加值9001亿元，比上年增长6.1%。

【疫情防控和复工复产】 落实中共中央要求，第一时间印发《国家烟草专卖局关于加强疫情科学防控有序推进工程项目开复工建设的通知》《国家烟草专卖局关于做好新冠肺炎疫情防控期间脱贫攻坚工作的通知》，做好疫情防控，有序推进工程项目开复工建设和脱贫攻坚工作。做好“六稳”工作，落实“六保”任务，及时把握疫情防控和经济形势的阶段性变化，起草《关于新冠肺炎疫情对行业发展中长期影响分析及应对措施建议》《关于烟草行业积极应对境外疫情稳外贸和保产业链供应链稳定工作的报告》。全力支持湖北省疫后重振，8次针对湖北省相关请求研究提出答复意见建议。

2020年3月22日，湖北武汉市局（公司）物流中心分拣工分拣卷烟
湖北武汉市局　周　鹏　摄

2月，建立“一日一报告，一日一调度”工作制度，每日汇总全行业情况，督促工作进度。对疫情较严重的地区给予工作指导和政策支持，及时推广基层单位好的经验和做法。制定印发分区分级指导文件，行业各单位根据最新调整的响应级别，制定差异化疫情防控和生产经营措施。指导行业各单位采取更加灵活高效的策略，与地方政府协调打通“绿色通道”，坚持供需平衡，多措并举保障物资供应、卷烟生产和市场供给，有效落实各项疫情防控措施，行业生产经营各项指标全面迅速回升。

【企业管理】 **提高精益管理水平**。优化降本增效路径方法，全年累计实现降本增效42.3亿元，超额完成年初国家局下达的35亿元目标任务。行业9400余个QC小组7.2万名员工开展QC小组活动，取得课题成果8215项，创造直接经济效益8.86亿元。物资采购工作更加公开透明，全年行业卷烟材料公开招标采购483.57亿元，公开招标比例98.36%。

开展对标工作。启动对西藏区局（公司）等8家单位的对标帮扶工作，引导企业结对共建，推动解决“和谁对”的问题，构建起标杆选树、短板比照、对标提升的管理闭环。省级工业企业有26个对标指标比上年水平提升，18个标杆值比上年提高；省级商业企业有19个对标指标比上年水平提升，15个标杆值比上年提高。

推进质量管理体系建设。健全战略目标管理机制，全面导入风险管理思想，实施业务流程优化，推动企业制度标准体系升级。行业共有346个市局（公司）和16个省级工业公司完成体系转版并进入正式运行。行业企业标准制修订率21.91%，流程优化改进率15.33%。体系内审、管理评审共发现不合格项6014项，提出改进建议项9018项，制定对策措施9797项，其中85.67%整改完毕。

开展管理诊断。行业各单位通过管理诊断查找管理短板，强化基础管理，推动管理创新。对制约核心竞争力提升的管理短板和“瓶颈”问题开展自我诊断，共查出问题点2.05万个，制定措施2.75万项。各层级相继组织开展管理诊断基层行工作，其中国家局层面4次、各省级单位层面169次、地市局（公司）和工厂层面1397次，累计查找短板1.32万项，提出改进建议1.66万条。

推进节能减排工作。2020年，万元工业增加值能耗15.6千克，比上年下降5.6%。卷烟工业企业万元工业增加值能耗7.37千克，比上年下降7.75%。

【安全生产】 **落实安全生产责任**。聚力疫情应对，突出重点单位、重点部位、重点环节，落实疫情防控和复工复产安全防范措施。推进网格化安全管理、安全体系融合、“有感领导”建设，持续提升安全管理能力。行业各单位把安全贯穿生产经营全过程。落实安全生产责任制和岗位安全责任清单建设，细化安全目标和控制指标，完善安全监督和奖惩机制，普遍健全安全生产责任体系和责任落实保障机制，行业监管责任、企业主体责任、全员岗位责任有效落实。

加强安全宣教培训。举办行业安全处长业务培训班1期，依托职工进修学院网络资源开展在线培训，组织消防、生产等专业安全培训班5期、培训1026人次；开展网络安全培训课件研发、评选，35个优秀作品获奖并推送至网络平台，面向全行业展播学习；组织安全大讲堂系列直播活动，邀请行业内外专家分专题举办辅导讲座14期，交流经验、分享成果，参与学习21万余人次。行业各单位采取警示教育、技能竞赛、岗位练兵、实战演练等形式，开展"安全生产月""消防宣传月"等活动。拓展教育培训渠道，运用"微课堂"、公众号、安全视频展播、安全小书柜、看图识隐患等方法，宣传普及安全知识。

夯实安全管理基础。组织修订《烟草系统机动车辆交通安全管理暂行规定》，编制《烟草企业安全生产标准化规范解读》。行业各单位开展贯标对标和自查自评，落实安全标准；深入开展风险辨识、风险评价和风险管控，构建安全风险分级管控体系，防范化解安全风险；强化应急预案优化和实战演练，提升应急处突能力；加强安全信息化建设，丰富系统模块、完善基础数据、应用智慧安全，提升安全信息系统的实用性。

推进安全专项整治。贯彻落实国务院安委会关于在全国范围内开展安全生产专项整治三年行动的安排部署，结合行业安全管理现状，部署2个活动专题、7个领域整治行动、6项系统化保障措施和4个方面具体要求，指导行业深入推进安全生产专项整治三年行动。坚持问题导向，注重上下联动，突出交通、消防、危化品等重点领域集中整治，安全生产专项整治三年行动取得初步成效。

排查治理安全隐患。2020年，国家局组织开展行业安全生产大检查，组成12个专业检查组，对15个省、自治区、直辖市烟草商业系统、工业系统及醋酸纤维公司和煤矿企业进行安全检查，帮助67家受检单位梳理主要隐患问题365项。建立事故隐患数据库，统计分析隐患成因，研究制订措施，指导隐患整改并跟踪验证落实闭环管理。行业各单位针对夏季雨季汛情防范、疫情防控常态化安全保障、重点节假日期间和冬春火灾防控工作等情况，组织开展拉网式排查和专项治理工作，进一步严密事故防范措施，有效防范较大及以上安全责任事故的发生。

【董事会工作】 **推进"两项"整改**。督促各省级工业公司扎实推进整改，增加香精香料采购、烟标（盒皮）采购等5个涉及政治生态突出问题整改工作的专题议案；制定由184项指标构成的政治生态突出问题整改工作进度表。完成18家省级工业公司基本制度修订的审议工作，修订涉及10个方面346项基本制度，其中涉及政治生态突出问题全面整改条目863个。各工业公司董事会梳理整改工作取得的成果，做好整改成果制度转换工作，将整改成果通过基本制度修订工作固化，形成长效机制。

召开董事会会议。董事会办公室履行董事会主要职责，组织召开董事会会议，严控议题审核，确保董事会各项决策符合国家法律法规、行业政策规定和国家局党组要求，确保各省级工业公司贯彻落实国家局党组各项工作部署。2020年召开董事会会议206次，其中书面会议188次、审议议案841项、听取报告213项、形成决议813份。

加强监督管理。强化责任意识，优化工作流程，把控决策风险点，确保履职"不缺位、不错位、不越位"。把规范合规操作作为董事会管理监督的出发点和基础，督促工业公司正确解读行业政策要求，避免走偏走错。加强与国家局、总公司有关部门的沟通交流，及时了解国家局出台的管理规定和工作要求，深入掌握、分析省级工业公司发展面临的问题和需要国家局、总公司帮助解决的事项，与有关部门沟通协调，发挥桥梁纽带作用。持续推进各省级工业公司健全公司治理体系，推动监事有效履职，督促各省级工业公司严格执行监事工作报告制度，撰写《2019年度监事工作情况报告》，建立监事工作情况反馈机制。董事会办公室配合国家局人事司完成四川、浙江、安徽等12家公司董事会换届和董事、监事调整。

发挥"定战略"职能。结合中央巡视整改，各省级工业公司董事会会同经理层，落实高质量发展政策体系，完成18家省级工业公司高质量发展方案审议工作。督促省级工业公司开展"十三五"规划总结评估，按照高质量发展政策体系要求开展"十四五"规划编制准备工作，做好与行业高质量发展政策体系的衔接，推动省级工业公司高质量发展。

落实年度发展目标。贯彻"总量控制、稍紧平衡，增速合理、贵在持续”调控方针，统筹推进稳运行、优结构、育品牌、降库存、控成本、增税利工作，持续关注各省级工业公司运行态势、重点品牌发展、市场销售、税利完成等情况。分析省级工业公司月度经济运行中存在的问题，落实公司年度发展目标。2020 年，18 家省级工业公司经济运行保持平稳有序、稳中向好的发展态势，完成国家局下达的年度税利目标。

开展调查研究。通过实地调研与集中调研的方式，董事会办公室就“公司实现行业‘136、345’品牌发展目标所面临的主要挑战”与“进一步提升公司采购管理水平”2个专题前往8家公司开展调研，了解情况、听取意见、研究改进措施，优化董事会在推动省级工业公司品牌发展中的决策行为，规范公司非公开招标采购方式的选用行为。完成《关于18家省级中烟工业公司贯彻行业“136、345”品牌战略情况的调研报告》《关于进一步提升省级工业公司采购管理水平的调研报告》。

◇ 编辑整理：褚 幸

烟叶生产经营

【严控烟叶供给总量】 2020 年，各产区统筹推进疫情防控与烟叶生产经营，克服防疫物资不足、交通运输不便、人员返岗滞后等困难，稳定烟叶生产，实现计划落实、合同管理、生产管理“三个到位”。全年全国签订烟叶种植合同比上年减少 8.3 万份。自 2013 年行业作出总量调控决策部署以来，经过工商双方多年努力，库存高位运行局面基本扭转。

【优质原料供给体系稳步升级】 **优化烟区布局**。落实《烟区布局优化工作指南》，推进地市级烟区空间布局优化，保护发展核心烟区，稳定巩固重点烟区；推动烟区产能布局优化，打造一批重点县、万担乡、千亩村。全国收购量 5 万担以上的县 215 个，产能占比 85.9%，比上年增加 0.9 个百分点；万担以上的乡 1048 个，产能占比 70.7%，比上年增加 1.3 个百分点，产能集聚优势更加明显。

高可用性上部烟叶开发取得关键进展。聚焦高香气、高浓度、高质量上部烟叶需求，以基地单元为载体，以提高上部烟叶成熟度和可用性为中心，坚持工业主导，工商协同推进 52 个点、88 万亩、57 万担高可用性上部烟叶开发，实现工商生产组织协同、科研攻关协同、质量把控协同，上部烟叶可用性明显提高。湖南省局以彰显浓香为着力点，联合 6 家工业企业开发高成熟度上部烟叶 19.1 万亩，并与贵州中烟联合开展竖配方模块化加工，进一步提升烟叶可用性。湖北省局紧紧抓住“提糖控碱”，联合湖北中烟协同开发上部烟叶近 20 万亩，推广成效明显。

创新烟叶工业利用技术。各工业企业推进卷烟配方和烟叶利用技术创新，多途径提高烟叶可用性。福建中烟着力研究叶组配方和模块配打技术，省内烟叶实现全等级使用。河南、江苏、江西等工业企业对库存不适用烟叶和久龄烟叶进行处理，四川中烟利用库存烟叶开发功能烟丝模块，湖南中烟强化模块配打和均质加工管理，提升烟叶原料利用水平。

优化进口烟叶结构。以提升工业企业需求满足度为导向，严控不适用等级采购，稳定并扩大共同等级采购，持续提高单等级平均采购规模，进口烟叶等级结构进一步优化。2020 年，取消巴西、赞比亚 5 个不适用等级，巴西进

云南红河哈尼族彝族自治州弥勒市虹溪镇烟区（2020 年）

云南省局 供稿

口烟叶共同等级规模达到2.5万吨，比上年增加1.1万吨；进口阿根廷、巴西烟叶单等级平均采购规模达到500吨、914吨，比上年分别增加188吨、197吨。

【现代烟草农业建设向纵深发展】 **加强职业烟农培育**。继续狠抓职业烟农培育，培育种烟大户、家庭农场等规模种植主体，重点发展20~50亩适度规模种烟农户，稳定优化烟农队伍。全国户均种植面积比上年增加1.4亩；职业烟农新增3.8万户，达到28.6万户。

提升专业化服务能力。落实《关于推动烟农专业合作社发展质量提升的指导意见》，推进烟农专业合作社市场化运作、规范化管理，全面提高合作社服务能力、赢利能力和管理水平。全国合作社由1305家整合至1172家，其中综合服务社948家，烟农入社率达到94.5%。专业化育苗、分级基本实现全覆盖，机耕、植保、烘烤专业化服务比例均超过50%。

提高机械化作业水平。加大整地、起垄等成熟环节机械推广应用，探索专用机械本地化应用，不断推进农机农艺融合，全国机耕、起垄、中耕培土等大型机械化作业率达到71%，烟叶生产亩均用工持续降低。

深化绿色生产理念。推进化肥施用减量化，有机肥工程化生产量达到47.5万吨，新增1.2万吨；水肥一体化推广391万亩，比上年增加90.7万亩。推进植保技术绿色化，推广专业植保1049.8万亩，其中无人机植保216.1万亩，比上年增加76.3万亩；烟蚜茧蜂防治蚜虫等生物防治技术推广比例达到96.3%。推进烘烤能源低碳化，推广新能源烤房10.1万座，新增3.8万座；生物质燃料生产供应量43.1万吨，新增20.4万吨；新增烟夹应用2.9万套。推进烟田废弃物利用资源化，增厚地膜、地膜回收、资源化利用比例分别达到91.5%、85%、61%，比上年分别增长0.5个、1.2个、12.5个百分点。

【烟叶流通体制改革】 **全面推进专分散收和原收原调**。全面实施“第三方组织、集中定点分级”的散叶收购业务模式，收购方式实现转型升级，保障收购质量。2020年国家局收购等级质量检查中，全国平均等级合格率81.7%，上等烟纯度90.7%，中等烟纯度93.3%。进一步强化规范管理意识，落实原收原调工作要求，建立原烟产品质量追溯机制，全面推进原烟产品原包装原标识交货调运，工商互信水平持续提升。

深入推进均质化复烤加工。2020烤季均质化复烤加工实现30个重点品牌原料全覆盖、重点品牌所有原料全覆盖、打叶复烤企业全覆盖，加工规模比上年增加10万吨（200万担）。四川烟叶复烤有限责任公司创新推行远程监打模式，保障疫情期间加工作业有序恢复；贵州烟叶复烤有限责任公司实行薪酬分配与加工评价挂钩考核，提升均质化加工实现能力。

加快推进重点品牌原料区域加工中心建设。坚持示范引领，推进安徽华环、福建武夷、云南楚雄、贵州黔西南、河南宝丰、云南麒麟等6个重点品牌原料示范区域加工中心建设，在集约加工、装备保障、生产管控等方面形成很好的示范带动作用。楚雄复烤厂与江苏中烟合作，设立打叶复烤联合研究实验室，多角度开展配方打叶等项目研究，承接工业原料研究职能向加工环节前移的工作，加工保障水平与技术研究能力明显提升。

【烟农增收】 **烟农收入持续稳定增长**。2020年，实现烟农总收入644.25亿元，比上年增加8.9亿元，其中种烟收入554.1亿元、多元产业收入89.91亿元。烟农户均收入7.66万元，比上年增加0.78万元，其中种烟收入6.59万元、多元产业增收1.07万元。5.51万户贫困烟农实现脱贫，烟农增收呈现出烟叶产业稳定增收、多元产业蓬勃发展的局面。

多元产业增收新格局初步形成。发挥行业体制优势，利用烟叶基础设施和基本烟田，发展非烟特色产业，构建以粮为主，蔬、油、果、菌、药全面开发的产业布局，打造云香庄园、润色天香、土鲜森等优质品牌，开启线上线下一体销售、两烟物流配送和第三方物流配送的销售模式，初步形成全产业链开发、全价值链提升的多元产业发展格局。产值千万元以上的非烟产业73个，综合产值达到37.7亿元，其中产值5000万元至1亿元的产业19个，产值超亿元的产业9个。

发展烟叶延伸产业。根据烟叶产业需求，各产区发展烟叶配套产业，推进有机肥、生物质燃料、废旧地膜加工、蚜茧蜂繁放规模化、工厂化生产，初步构建良性生态循环发展模式。2020年实现产值7.3亿元，有效带动烟农增收。贵州省局（公司）推进微生物、炭基、酒糟有机肥标准化、工程化生产，基本实现全覆盖。

推进烟叶与多元产业融合发展。为推动烟农持续稳定增收，稳定优质烟区和烟农队伍，2020 年以千亩村为单位，试点建设 51 个烟区产业综合体，通过推进资源集聚、三变改革、设施配套、产业延伸，探索综合体运行管理模式，着力构建现代农业产业体系，加快实现烟叶主业与多元产业协调发展、融合发展。51 个综合体种植面积 17.1 万亩，烟叶与多元产业总产值 10.9 亿元，亩均综合产值达到 6379.6 元，稳烟区、强产业、促增收效果显著。其中云南、贵州、四川、湖南等产区工作成效明显，涌现出红河弥勒虹溪、遵义凤冈临江等 21 个优秀产业综合体试点。

【烟叶基层基础建设】 **加强烟田基础设施建设。**国家局始终把烟基建设作为基础性、长期性、战略性工作，保持政策导向不变、力度不减，围绕高标准基本烟田建设、烟叶生产全程机械化装备建设、支撑绿色发展新技术装备建设三大方向开展规划和建设，全面开启调整优化、转型升级新局面。各产区严把项目规划评审、质量监管、资金管理、项目验收等关口，全面提升烟基建管水平。2018 年项目全面完成，2019 年项目接近收尾；2020 年安排建设项目 21.86 万件，行业补贴资金概算 25.1 亿元；“十四五”烟基建设规划编制工作有序推进。持续投入基础设施建设，有效提高烟区综合生产能力。

积极推进水源工程援建。2020 年是行业开展水源工程援建工作的第十年，截至 2020 年底，行业十年累计复函援建项目 285 件、援建资金 236.7 亿元，拨付援建资金 207.31 亿元。经过十年探索实践，行业各级援建部门形成一套较为完善的援建项目与资金管理体系，建立与地方政府密切协作的工作机制，推动援建工作规范有序开展。2020 年，通过评审项目 5 件，涉及资金 3.1 亿元，新增完工项目 31 件，累计达到 213 件，援建项目在保障烟叶生产用水、助力抗旱救灾等方面发挥重要作用，有效缓解烟区工程性缺水、季节性缺水问题，经济效益、社会效益和生态效益全面显现。

提升基层管理水平。推进站点整合，全国烟叶收购站点调整至 3500 个以内，单站平均收购规模达到万担左右，收购集约化水平有效提升。加大烟站基础设施建设力度，同步开展标准化烟站建设工作，设施设备配套水平持续改善。狠抓基层人才队伍培养，围绕烟叶重点工作和关键技术，通过线上线下结合，开展各类培训 7530 人次，提升基层人员能力素质。推进烟站规范管理，在国家局烟站专项巡察的基础上，坚持问题导向，层层压实责任，聚焦关键环节的制度配套，按照问题清单严肃认真抓好整改落实，烟站不规范问题得到有效遏制。

◇ 编辑整理：褚　幸

卷烟生产经营

【卷烟产销】 **疫情期间复工复产取得好成效。**面对突如其来的新冠肺炎疫情，根据国家局党组的指挥和统筹安排，及时恢复和推进卷烟经营，守住卷烟市场不发生系统性风险的底线。2020 年 1 月 24 日，国家局印发通知对行业疫情防控工作作出全面部署；2 月，连续两次召开行业统筹做好疫情防控和复工复产工作电视电话会议，在非常时期采取非常措施，实现 1—2 月累计销量同比止跌回稳；第二、三季度，关注各地疫情变化和汛情地区受灾情况，加强针对性指导和服务，协调工商企业保障货源供应，及时开展精准调控，全面提振市场状态，稳定卷烟销售；第四季度，根据市场形势变化，配合有关部门适时适度开展运行调控。全年商业企业保销售、保物流、保进度，工业企业保达产、保供给。生产经营逆势增长，行业工业增加值、营业收入、利润总额等指标居于全国工业行业前列。

卷烟结构稳步提升。2020 年，卷烟实现销大于产，卷烟商业平均单箱批发销售收入比上年增加 1176 元；31 个省（自治区、直辖市）和 2 个计划单列市单箱结构全部实现同比增长。2020 年底，卷烟整条零售价格指数 98.43%，零售户综合毛利率 10.43%。贯彻落实“总量控制、稍紧平衡，增速合理、贵在坚持”方针，严格审核低价位卷烟计划、协议调整，指导工商企业加强低价位卷烟的货源衔接，加大低价位卷烟货源投放力度，缓解市场供需矛盾。全年低价位卷烟实现销量 642.3 万箱，超出计划 22.3 万箱。

【市场状态调控】 **供给侧结构性改革实现新突破。**坚持“总量控制、稍紧平衡，增速合理、贵在持续”方针，深入推进供给侧结构性改革，推动卷烟市场保持平稳健康发展态势。2020 年，压缩卷烟工商库存 37.2 万箱，社会库存控制在 300 万箱以内，卷烟库存降至合理水平。

深化烟草市场体系建设。健全工商交易、客户分档、货源投放规则，加强工商营销信息跨企业互通共享，完善统一开放、竞争有序的烟草市场体系。工商网上配货范围快速扩大，截至2020年底，所有工业企业均已开展工商网配，其中10家工业企业网配城市覆盖率超过50%，工商网上配货逐步成为行业工商交易的基本模式，响应市场能力进一步增强。

推进全国统一卷烟营销管理平台建设。按照“先对照、再完善、后复制”的总体思路，吸收试点单位好的做法，加快平台全面落地、深化应用，形成切实有效、可供推广的工商协同模式，推进行业统一管控。浙江省局（公司）在平台试点建设中，通过加快各环节数据资源互联互通、开放共享和深化应用，提高供应链整体运行效能，构建起大平台、大营销、大服务运行模式，将平台、数据、管理、生态融会贯通、整体升级，由经营卷烟向经营资源及经营平台拓展。2020年，完成平台业务需求梳理和建设方案编制工作，基本完成浙江标准版本改造完善工作，为下一步平台建设奠定基础。

夯实卷烟规范经营基础。按照“发展诚信户、帮扶贫困户、控制违规户、打击违法户、清理虚假户”原则，规范诚信互助小组建设，探索实施零售户信用体系建设试点，销售公司协同专卖部门开展虚假客户、违规客户专项治理，对10家问题突出单位进行函询督办，加快构建守法诚信的终端生态，巩固违规经营治理成果。

改善卷烟市场状态。探索建立“俏紧平松软”的量化评价指标，加大市场监测力度，准确把握市场动态，为优化投放策略提供科学依据，卷烟市场状态进一步改善。2020年全国卷烟零售价格指数98.43%，比上年提升0.43个百分点；零售户综合毛利率10.43%，比上年提升0.48个百分点，市场状态达到近年来最好水平。

【品牌培育】 **落实“136、345”品牌高质量发展目标**。坚持“大品牌”发展战略，对标对表“136、345”品牌高质量发展目标，按月度印发行业中高端卷烟品牌规格销量排名，按季度印发行业重点品牌名单，加强品牌动态分析，优化品牌评价体系，完善工商协同机制，引导鼓励创新品类培育，加快构建以品牌为核心的资源配置模式，中式卷烟品牌发展的新动能不断积蓄。

提高重点品牌集中度。2020年，重点品牌销售额占比较上年增加0.44个百分点。平均单规格年销量4.3万箱，比上年增加0.19万箱，增长4.5%。全年批复准产内销卷烟品牌规格（含改造、整合等）53个，退出61个，在销规格数净减少47个，准产品牌数净减少2个，准产规格数净减少8个。

创新品类继续保持快速增长。创新品类卷烟实现销量717.12万箱，比上年增加104.79万箱，增长17.1%。其中，细支烟销量474.64万箱，增长11.3%；中支烟销量152.39万箱，增长53.5%；短支烟销量56.96万箱，增长5.3%。

中国卷烟销售公司工作人员使用行业卷烟营销监管平台进行卷烟销售情况分析（2020年）

中国卷烟销售公司　供稿

【卷烟销售网络建设】 **客户服务更加务实高效**。在统筹疫情防控、防汛减灾和卷烟销售工作中，坚持把零售户放在首位，制订经营防疫指南，协调争取信贷支持，提供必要防疫物资，提升客户服务水平。截至2020年底，全国正常经营零售户557.9万户，比上年增加41.3万户，带动新增社会就业，发挥稳就业的积极作用。2020年全国卷烟零售户满意度88.37分，比上年增加0.14分，实现连续10年增长。

零售终端体系更加丰富完善。持续加大终端建设投入，提升终端建设标准，加快推广终端管理系统，稳步扩大现代终端规模，有序推进加盟终端建设和流通品牌建设，夯实农网市场基础。截至2020年底，全国共建成现代终端90.4万户。“金叶春天”“香溢零售”“湘汇636”等商业流通品牌快速崛起。

【物流管理】 ***疫情防控与复工复产***。中烟商务物流公司印发《疫情形势下物流作业指导书》《关于疫情期间分级分类做好物流疫情防控和保障生产经营的通知》《关于加强行业物流疫情防控工作的通知》，指导物流疫情防控与复工复产；各单位物流探索“电子交接”“无接触配送”“公铁联运”“商业自提”等新方式，做到“能送尽送”，保障产业链通畅，稳定市场供应。

精益物流。制定印发《烟草商业企业物流分层分类对标管理规范》，在行业内首次实现商业企业分层分类对标，实现单位分组、指标分类、多维评价；首次在行业内构建商业企业物流运行指数，物流对标更加精准，推动物流对标模式改革。工业企业物流关键运行指标体系初步建立，修订完善《烟草行业工业企业物流费用核算管理办法》。

2020年，工商企业物流费用合计237亿元，比上年减少4.84亿元。其中，工业物流费用125.58亿元，减少2.51亿元；工业运输费用53.97亿元，减少1.11亿元；工业物流费用占销售收入比重1.18%，下降0.06个百分点；商业卷烟物流费用111.42亿元，减少2.33亿元；商业物流费用占销售收入比重0.77%，下降0.06个百分点；卷烟物流费用占卷烟三项费用比重16.57%，下降0.14个百分点。库存周转次数、人均配送效率均比上年提高，行业物流运行管理水平持续提升。

绿色物流。巩固卷烟包装箱循环利用成果，超额完成1500万箱的年度目标任务。探索使用塑料周转箱，推广可循环周转箱、布袋等环保包装材料。推进简化烟箱印刷和统一烟箱尺寸，推动烟箱就地就近循环。商业企业落实塑料污染治理工作，探索配送环节使用简化包装和可循环包装方式，开展塑膜回收试点。推动卷烟配送环节应用新能源汽车，研究制定新能源配送车辆应用的具体方案，新能源汽车应用范围扩大。扩大托盘联运规模，超额完成1200万箱的年度目标任务。2020年，行业累计完成托盘联运量1327.9万箱，比上年增长3.92%，其中，滑托盘联运总量222.49万箱，增长15.69%，滑托盘联运范围扩展到7家省级工业公司、14家省级商业公司。

智慧物流。贯彻落实《关于推进烟草行业智慧物流建设的指导意见》，研究制定智慧物流建设方案，加大智慧物流探索和智能化应用实施力度。优化提升烟草物流综合监管调度系统功能，拓展物流数据应用，提高行业物流信息共享服务能力。行业各单位紧跟物流和信息技术发展前沿，探索运用物联网、云计算、大数据、人工智能等新技术，推进技术应用升级。

湖南省局（公司）研发“智助烟仓”，解决偏远山区卷烟零售户直送难题，偏远客户实现自助服务取货。山东省局（公司）探索实践热成像和红外识别技术、PE膜耗用量实时监测、基于PLC技术的分拣设备运行实时监控、数字孪生技术应用等多项智慧物流技术，同时，山东省成为行业内以省为单位全面推广应用电子交接的省份。重庆市局（公司）初步建成“一车四摄”的车载监控系统，实现对配送环节和到货交接过程的全监控。

物流资源整合。探索设立工业企业区域前置库和商业企业区域物流中心建设。加强行业工商企业物流资源共享共用的范围和深度，优化区域性物流节点和储运资源布局，降低物流运行成本，提升物流资源配置效率。2020年，福建、山东、湖南、贵州中烟等4家省级工业企业在2家地市级商业企业设立区域集散中心，吉林、内蒙古、江苏、福建、广东、海南、云南省局（公司）等7家省级商业企业在本省范围内开展区域物流资源整合。

物流软实力。开展烟草物流师岗位技能鉴定，启动物流技能竞赛方案研究和省二类物流竞赛试点工作，促进物流队伍整体素质提升。加强物流全方位、全媒体宣传，征集行业物流资料，与主流媒体合作开展烟草物流发展宣传片制作和摄影作品征集评选活动，行业上下联动的“大宣传”格局初步建立。

◇ 编辑整理：褚　幸

雪茄生产经营

【雪茄产销情况】 ***国产雪茄量价齐升，增速加快***。全国烟草行业中，安徽中烟、山东中烟、湖北中烟、四川中烟等4家省级卷烟工业企业具备雪茄生产能力。2020年，国产雪茄总销量比上年增长30.2%，比2016年增长37.3%，年均增长 8.2%；单支批发均价比上年增长 18.5%，比 2016 年增长 60.5%，年均增长 12.6%；销售额比上年增长 54.3%，比 2016 年增长 121.0%，年均增长 21.9%。

推进中高端雪茄全国统一订货平台试运行。2020 年，中高端雪茄全国统一订货平台在 4 家雪茄生产工业企业和 14 家地市公司部署上线，并开展全流程上线试运行。“统一平台＋快捷物流”分销业务模式是雪茄销售创新的有益探索，为下一步建立独立于卷烟的雪茄零售户分档和货源投放规则、加强市场管理服务打下基础。

图 1　国产雪茄销量增长率

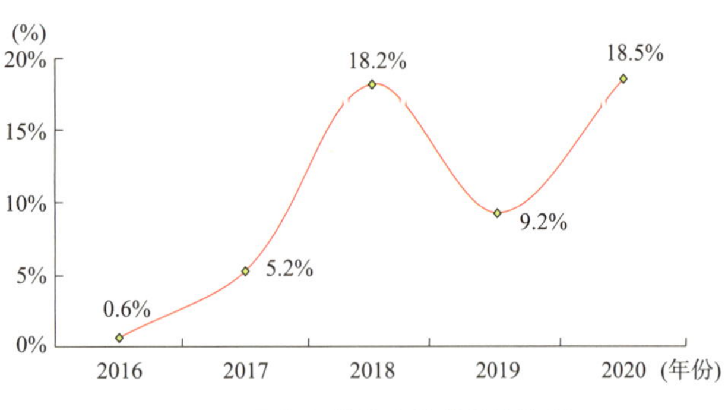

图 2　国产雪茄单支批发均价增长率

图 3　国产雪茄销售额增长率

雪茄品牌管理。2020 年，行业共批复准产新的雪茄规格 11 个（含烟斗丝 1 个），退出 11 个。

【进口雪茄】　2020 年，国家局下达进口雪茄计划 119.01 万支（包括新增多米尼加雪茄计划 10 万支），签约 119.01 万支，计划完成率 100%（2017—2019 年计划完成率平均数 96.93%），进口成交金额 498.37 万美元。实际到货 117.51 万支，到货率 98.74%，其中新增多米尼加雪茄到货率 100%。

在进口雪茄结构方面，为贯彻落实国家局关于进口雪茄应以中高端手卷雪茄为引进范围的规划，通过规格置换的方式，手卷雪茄占全部进口雪茄的比例由 68% 提升到 80%。单支结构进一步提升，进口价格由 3.25 美元/支提升到 4.19 美元/支。

2018 年多米尼加与中国建交，为支持中多经贸合作，2020 年新增进口多米尼加雪茄 10 万支，全年共进口多米尼加雪茄 24.99 万支，比上年增加 13.37 万支，增幅 115%。

【雪茄境外销售】　2020 年，行业境外销售雪茄 456.12 万支，销售金额 33.34 万美元，出口企业为四川中烟和安徽中烟，境外销售市场为乌克兰、阿联酋、中国香港等。

【制定《国产雪茄烟发展规划》】　2020 年，国家局首次制定《国产雪茄烟发展规划》（简称《规划》），作为行业“十四五”专项规划之一。《规划》分发展形势、总体部署、主要任务、保障措施四部分。发展形势部分主要总结“十三五”时期开展的工作、存在的问题、判断未来的发展趋势。总体思路分为指导思想、基本原则和发展目标三部分，根据“三年强基础、五年上水平、十年成一流”的发展路径，制定国产雪茄到 2022 年近期、2025 年中期、2030 年远期原料、品牌和市场发展目标。主要任务包括强化原料保障体系建设，夯实国产雪茄品牌发展基础；深化供给侧结构性改革，推动国产雪茄品质提升；加强雪茄销售创新，提升国内渠道掌控力；加大规范监管力度，打击涉及雪茄违法犯罪活动等 4 个方面。保障措施包含加强组织领导、强化统筹协调、夯实人才基础、抓好贯彻落实等。

【国产雪茄烟叶开发与应用】　2020 年，国家局启动实施国产雪茄烟叶开发与应用重大专项，在不同产区筛选试种 18 个具有开发潜力的雪茄烟叶品系，四川、湖北、云南省局（公司）因地制宜研发雪茄烟叶栽培、晾制、农业发酵等关键技术，四川、湖北中烟研发应用堆积发酵、橡木桶发酵等工艺。国产雪茄烟叶品质质量和规模化开发取得新进展，全年调拨1万余担，行业使用国产原料的中高端雪茄产品11款，销量超过280万支，占手工雪茄销量的22.9%。

【雪茄专业人才队伍建设】 **增设全国评烟委员会雪茄烟分委会。** 2020年，全国评烟委员会换届，并于11月26日召开第十届全国评烟委员会成立大会。其中，为适应雪茄的快速发展，在新一届评委会中增设雪茄烟分委会，主要负责雪茄质量评定、烟叶发酵、生产工艺等方面的技术指导工作，归属评委会统一管理。雪茄烟分委会设立主任委员1人、副主任委员4人、委员15人，基本覆盖工业、商业和农业3个方面。

中国"侍茄师认证培训"项目启动。 初级培训汇聚近50位烟草行业内外资深的雪茄专家，培训对象为烟草工商企业雪茄岗位人员、雪茄零售户和爱好者，旨在普及雪茄基础知识，传播雪茄文化与礼仪，提升雪茄全方位认知，提高雪茄从业人员的侍茄能力和专业水平。2020年12月，首期中国侍茄师（初级）培训认证班在河南郑州成功举办。

◇ 编辑整理：王　静　吴中奇

多元化经营

【多元化经营概况】 2020年，烟草行业各级多元化投资管理部门增强"四个意识"、坚定"四个自信"、做到"两个维护"，坚持稳中求进，严格监督管理，着力提质增效，统筹抓好疫情防控和生产经营，认真落实"六稳""六保"任务，各项重点工作扎实推进。

截至2020年底，根据财务决算数据，行业41家省级单位（不含总公司本级及二级公司、郑州院、8家无全资控股多元化企业的省级单位、1家无正常经营多元化企业的省级单位），多元化投资总计1505.76亿元，多元化资产总规模4622.85亿元，投资企业765家。其中，482家全资控股企业形成资产3947.9亿元，增长6.74%；全年实现营业收入432.88亿元，增长11.83%；实现利润总额115.46亿元，增长18.73%。实现利润总额排名前三位的单位是：云南中烟56.45亿元，上海烟草集团17.13亿元，湖南中烟8.26亿元。

【坚持整合优化，多元化企业竞争力进一步增强】

围绕做优做强存量资产，通过整合、清退、盘活等方式，多措并举，进一步优化资产结构，提升企业竞争力。

在配套材料领域，积极培育行业全资控股企业，加强烟草产业链、供应链自我保障能力建设。福建、云南、四川、湖南中烟积极推动烟标印刷等配套材料企业联合重组。上海烟草集团建设配套材料企业协同创新平台，为卷烟新品开发提供解决方案。贵州省公司打造"黔彩"系列品牌，涉及有机肥、无机肥、地膜等烟用农资，提升农用产品市场竞争力。山东中烟加强行业烟用爆珠工程研究中心建设。

在卷烟直营零售领域，加强品牌化管理，整合非烟资源，提升经营效益。浙江省公司推进主副融合发展，2020年"香溢购"实现非烟商品营业收入1.38亿元，比上年增长78.04%。福建省公司建设全省统一的非烟电商平台，2020年海晟连锁实现销售额14亿元，其中非烟业务7.1亿元，比上年增长33.8%。陕西省公司"丝路情"、广东省公司"20支"、贵州省公司"黔彩"、吉林省公司"金叶"等自营终端品牌建设取得明显成效。

在酒店领域，以中维品牌建设为中心，进一步提升行业酒店标准化、品牌化管理水平。在新冠肺炎疫情影响下，行业保持酒店经营和1.7万名酒店员工队伍的稳定。中维系酒店第一时间启动应急机制，云南中烟控股的云南中维酒店管理公司发布疫情防控、复工复产等指导意见38份，帮助行业酒店渡过难关。7月上旬，在杭州举办中维酒店品牌发展培训班，山东、浙江、湖南省公司、云南中烟交流强党建、战疫情、抓经营的先进经验。品牌整合进一步推进，江西省公司南昌中维锦峰大酒店、安徽省公司池州维居九子山宾馆、陕西省公司西安中维尚德大酒店加入中维系行列，中维系酒店发展到42家。中维标准体系和会员体系建设抓紧完善，截至2020年底，与红塔银行、南京金陵饭店集团打通会员资源。

在金融领域，加强行业资源的整合利用。云南中烟探索红塔银行与红塔证券业务协同发展。浙江省公司推动香溢融通与红塔银行合作，开发面向卷烟零售户的"香溢贷"信用贷款产品，截至2020年底，累计授信4亿元，发放贷款2.1亿元。四川省公司诚至诚保险经纪公司开展卷烟零售户业务。江苏省公司金丝利融资租赁公司与云南中烟红云红河集团开展业务合作。

【清理清退、闲置资产盘活工作有序推进】 总公司印发《行业多元化投资清理退出工作指引》（中烟办综〔2020〕1号），提出清退标准、主要原则、基本思路。浙江、贵州、福建省公司，山东、广西、湖南中烟等单位推动清理清退工作。山东省公司建立历史遗留问题管理台账，定期评估，督导推进。河南、安徽中烟积极稳妥推进厂办大集体改革。天津市公司开展困难退休人员的帮扶工作，妥善处理历史遗留问题。行业加大闲置资产盘活力度。按照中央巡视整改的要求，对15家单位闲置土地的账面资产、闲置原因和盘活计划进行摸查。内蒙古、广西区公司，江苏、云南省公司，江西、广西中烟，重庆市公司等单位多措并举，积极落实。

【多元化风险防控能力增强】 山东省公司、浙江省公司，山东中烟推动风险防控与管理流程有机融合，继续推进行业法律风险防控试点工作。上海烟草集团、江西省公司围绕多元化业务流程，系统摸排潜在法律风险，逐项评估风险等级。四川省公司开展合同管理与涉烟广告风险防控。大连市公司扎实做好知识产权保护相关管理工作。

【深化多元化管理评价和精益管理】 开展2020年度多元化管理评价工作，从省级单位、省级投资公司、多元化企业等3个层面围绕经营绩效、管理效率、竞争能力进行评定。云南中烟、山东中烟、湖南中烟位列综合绩效前三名。上海烟草集团、浙江省公司、河南省公司等9家单位所属的投资管理公司综合管理效率得满分。另外，按照配套材料、宾馆酒店、房地产、卷烟零售、物业管理、运输物流及其他类型，对多元化企业进行对标排名。

【中国双维投资有限公司】 2020年，中国双维投资有限公司（简称双维公司）本级实现税利11.35亿元，比上年增长13.27%。所有者权益总额369.49亿元，比上年增加47.29亿元，国有资产保值增值率114.68%。

分类开展高风险低收益项目清理清退。2020年，全面梳理公司存量投资项目情况，同时深化对存量项目的细分调研，进一步明确“优化一批、整合一批、剥离一批”的工作思路，对高风险低收益项目实施分类管理，持续发力推动清理清退。积极推进在投私募基金管理团队改组和涉诉事项维权工作。系统排查其他存量项目合作协议和章程，进一步捋清纸业、保险经纪、第三方支付等项目以及中维资本部分项目的清退思路及工作程序，努力防范化解项目风险。

强化风险防范能力。全面开展自查自纠，详细梳理公司在投私募基金项目协议和章程，修改和完善部分在投私募基金项目协议和章程风险条款，并为日后投资同类项目提供专业指引。研究总结投资项目全生命周期管理核心环节的控制措施和执行要点，形成规范性操作意见，着力提升防范投资风险的意识和能力。

加强存量项目投后管理。履行外派董监高职责，协调各投资企业股东、董事、监事会议相关工作，跟踪监督相关决议落实情况，保障企业生产经营风险可控。协调、督促和参与上海庙地区各投资企业强化管理、降本增效取得良好效果；双维伊士曼强化产品研发，中细支烟用丝束规格达到11种，基本覆盖行业中细支卷烟常用丝束规格种类；针对红塔证券风险事项，提出相关管理建议，主动参与管控风险，维护行业良好形象；督促配合红塔银行推动内部规范管理；与中信银行协调一致，推进阿尔金银行稳定发展获得良好国际声誉；持续关注国新基金未退出项目进展，强化风险预警，维护公司权益。对上海庙矿业公司和双维伊士曼公司开展上下半年两次现场安全检查和安全督导，促使企业强化责任主体意识，落实整改，截至2020年底，两家公司上半年发现隐患问题的整改率分别为82%和68%，下半年整改工作持续开展，着力排除安全隐患，提高安全生产能力。

◇ 编辑整理：周 佳

专卖监督管理

【内部监管】 2020年，行业各级烟草专卖局加快推进监管改革创新，推动落实《卷烟经营内部专卖管理监督工作指引（试行）》，构建闭环监管长效机制，提升监管效能，营造规范有序的经营秩序。国家局采取“双随机、一公开”监管、交叉检查、综合督查等方式，对烟草专卖品生产经营企业进行监督检查，先后移交“双80”真烟异常流动重大案件线索13起，督促相关单位严肃整改、严厉问责。行业各单位加大真烟异常流动治理力度，重庆市局坚持按需投放加强源头治理，江西省局强化内管信息平台预警功能，江苏省局完善制度体系固化监管流程，上海烟草集团创新监管方式推进区域协同监管。全年全行业依法取缔违法违规大户4618户，查处内外勾结问题7起，对86名责任人进行问责。

【市场监管】 行业各级局落实行政执法“三项制度”要求，提升APCD重点监管工作质量，全面开展“双随机、一公开”监管，全年查处零售市场违法卷烟案件16.3万起，查获非法卷烟13.5万件。各地坚决坚持专卖执法“六个严禁”，开展专卖执法监督检查，有效整治“小官蝇贪”“微腐败”问题。印发《关于全面规范烟草专卖管理人员行政执法行为的指导意见》，推动规范执法长效机制建设。

【打假打私】 各地坚持守土尽责，加强与公安、海关、海警、邮政等执法部门协作配合，发挥多部门跨区域联合打假打私机制作用，对涉烟违法犯罪活动实施全链条打击，共查处案值5万元以上案件8505起，查获假烟45.76万件、走私烟11.48万件、非法烟丝烟叶1.75万吨，收缴制假烟机357台。

密切关注制假贩私新动向，针对境外制假海上走私大规模入境问题，沿海沿边地区建立健全联防联控工作机制，部署打击行动，沿海省份共侦破海上走私卷烟案件36起，查获走私烟（含走私入境假烟）13.77万件。

聚焦重点地区关键环节持续发力，有效遏制反弹。强化源头打击，2020年，广东“蓝剑”、河南“围歼二号”、广西“刀锋2020”、云南“绿滇”等专项行动和福建云霄综合治理取得积极成效。部署物流寄递环节涉烟违法犯罪专项打击行动，斩断运输链条。加强重大案件督办指导，联合公安部、海关总署督办重大案件93起，破获大连“5·1”、上海奉贤“6·18”、河南漯河“7·2”、山东枣庄“12·3”、江西“12·1”、陕西西安“8·6”、浙江杭州“9·22”等一批具有重大影响的典型案件。

强化情报信息互通共享与联动打击，统筹推进全国烟草打私情报中心建设，云南、陕西、湖北、福建等地研判平台建设积极推进，各地利用大数据分析、情报导侦案件和实施联动打击能力明显增强，提升了打假打私科学化水平。

【电子烟监管】 2020年，国家烟草专卖局联合国家市场监督管理总局开展电子烟市场专项检查行动，全面清理电子烟销售及网络广告，规范电子烟企业、实体店、自动售卖机等线下渠道经营，全面摸排电子烟实体店3.61万家，清理电子烟网络销售及广告宣传链接2.85万条，有效治理改头换面、变相销售电子烟市场乱象。同时，坚持线上线下同步发力，重点查处向未成年人售卖电子烟行为，约谈督促相关企业落实自主内控机制，北京、湖北、河南等地主动作为，分类施策，积极探索电子烟监管手段措施。

推进全网涉烟信息监测平台建设，实现对电子烟网络销售、广告宣传、网络舆情等信息的全网监测，形成“信息筛查、线索研判、快速处置、定期反馈”线索处置机制。加强对废弃烟草专卖品处置监管，修订印发《关于加强废弃烟草专卖品处置监管工作的通知》，从源头遏制非法加工销售电子烟原料行为，打击利用非法经营烟叶提取烟碱行为。

2020年11月，安徽池州市局（公司）连续查办多起专车运输假烟重大案件
安徽池州市局　吴卫东　摄

【专卖许可管理】 修订《烟草专卖许可证管理办法实施细则》，规范烟草专卖许可证申请、审批和后续监管各环节管理。进一步加强卷烟零售市场退出管理，湖北省局、山西省局、湖南省局等开展专项行动，及时清理无效零售许可证，畅通违法违规

卷烟零售户退出机制。落实供给侧结构性改革要求，加强对卷烟纸、滤棒、烟用丝束生产企业许可管控，防范烟用物资产能过剩。

深化“放管服”改革，开展简化品牌连锁便利店烟草经营审批手续试点工作。推进行政许可服务标准化、规范化，聚焦“互联网 + 政务服务”，推动行政服务“好差评”评价系统建设，零售许可证网上申请、电子准运证使用比例不断提高。广西区局、江西省局、甘肃省局、大连市局等推行预约办证、“无接触”服务等多项举措；坚持线上线下融合发展，上海市申请人可以线下就近申请，实现零售许可证“全市通办”，进一步提升办事便利度、满意度。

2020 年 9 月 25 日，广东省局（公司）举办“崇法尚德　秉正笃行”法律知识竞赛

广东省局　供稿

【专卖队伍建设】　行业各级局强化责任担当，带领各级专卖管理人员，克服疫情不利影响，讲政治、顾大局、甘奉献，全力维护正常市场秩序、全力保障行业复工复产。扎实推进政治生态突出问题全面整改和中央巡视整改要求落地落实，开展样品烟市场检查，推动建立持续整改的长效机制。启动新一轮地市级局专卖科长培训，用好中国烟草网络学院专卖分院培训平台，通过加强队伍培训，专卖队伍能力素质在政治历练、实践锻炼、业务训练中不断提升。

◇编辑整理：周　佳

政策法规与体制改革

【法治宣传】　2020 年，全国烟草行业深入贯彻落实习近平总书记关于广泛开展民法典普法工作的重要指示精神，国家局法治宣传教育领导小组办公室印发做好民法典在烟草行业学习宣传和贯彻落实的通知，转发中共中央宣传部等部门联合印发的关于加强民法典学习宣传的通知，对民法典的学习贯彻进行部署，在全行业掀起学习贯彻民法典的热潮。转发中共中央宣传部、司法部、全国普法办关于印发《2020 年全国“宪法宣传周”工作方案》的通知，部署行业各直属单位开展好宪法的学习贯彻活动。国家局、总公司机关和行业各级单位结合疫情防控工作，开展新冠肺炎疫情防控普法宣传、民法典专题宣传等主题普法活动，推进法治宣传教育和民法典宣传贯彻工作。

【推进立法工作】　推进电子烟监管立法工作。2020 年修订的《中华人民共和国未成年人保护法》首次以法律形式明确烟草专卖行政主管部门在未成年人保护方面对电子烟进行监管的职责。

【“七五”普法检查验收】　2020 年是“七五”普法收官之年，按照《全国普法办公室关于做好“七五”普法总结验收工作的通知》要求，印发《国家烟草专卖局　中国烟草总公司关于组织开展烟草行业“七五”普法总结验收工作的通知》，建立行业“七五”普法规划总结验收考核评估指标体系，作为行业检查与各直属单位自查的验收标准。国家局法治宣传教育领导小组对行业各直属单位贯彻执行“七五”普法规划情况采取书面检查、实地听取汇报、查阅档案材料、赴 10 家直属单位开展合同评查和案卷评查等方式进行全面总结验收。按时向全国普法办报送《国家烟草专卖局　中国烟草总公司关于“七五”普法规划实施的报告》。

“七五”普法期间，行业普法依法治理工作体系进一步完善，服务和保障高质量发展的作用进一步凸显。统筹推进法治烟草建设和法律风险防控体系建设，建立完善重大涉法涉诉案件上报、合同法律管理、专卖执法案卷评查等工作机制，研究解决加热卷烟的法律适用、跨区域执法资格的临时授权等专卖执法重大法律问题。加强法治审核，进一步建立健全各类制度规范、重大决策的法律审核把关机制。

【体制机制改革】 **推进烟草企业厂办大集体改革工作。**调度督促各单位推进厂办大集体改革，做好产权界定等基础工作，研究改革方案的审核、报批、组织实施等相关事宜。对山西、黑龙江、河北、陕西、江苏、安徽、河南等改革任务较重或者难点较多的单位进行专门督导。落实中央关于国企改革部署，编制上报国企改革三年行动计划并推进落实。

深化“放管服”改革。根据国务院“放管服”改革的相关部署，推进行政许可事项清单和相关配套文件的动态管理工作。进一步梳理烟草系统负责实施的行政许可事项，修改完善行政许可事项的服务指南、办理流程图等相关文件，并在国家局政务服务行政许可网上办理平台公布。

深化“证照分离”改革，全面梳理烟草行业证明事项。推进涉企经营行政许可事项改革。在自由贸易试验区内，将设立烟叶收购站（点）事项由“优化审批服务”调整为“实行告知承诺”，督促各有关地市级烟草专卖局做好修改审批流程、完善服务指南以及加强事中事后监管等后续衔接工作，加大便民服务力度，提升审批效率。全面梳理国家局证明事项。取消法律、行政法规以外的部门规章、部门规范性文件设定的证明事项。国家局保留3项相关证明事项，编制《国家烟草专卖局保留的证明事项清单》报司法部备案。逐步完善“互联网+监管”系统，推进国家局政务服务目录梳理和政务信息共享等工作。

【企业组织结构调整】 优化打叶复烤企业结构，2020年，按照全国烟草行业压缩复烤产能部署，撤销复烤生产点和企业3个。印发撤销黑龙江烟叶复烤有限公司绥化复烤厂和林口复烤厂、广东梅州烟叶复烤有限公司的批复。

【制度建设】 完善制度，对国家局、总公司2020年9月30日之前印发的各项制度进行集中统一梳理，印发《国家烟草专卖局办公室关于印发机关管理制度文件清单的通知》，各直属单位对照清单，开展本单位制度清理工作。

◇编辑整理：褚　幸

财务与审计

【贯彻重大决策部署】 **支持疫情防控和复工复产。**及时畅通财务渠道，安排新冠肺炎疫情防控捐赠资金5.4亿元。安排专项预算支持工业企业创新销售、稳定国际市场。减免服务业小微企业和个体工商户房屋租金3.4亿元，持续清理对民营企业和中小企业欠款。协调合作银行落实疫情期间扶持优惠政策，帮助烟农、零售户解决困难。

落实重大改革发展任务。支持“老少边穷”地区脱困发展，全行业安排扶贫专项资金16.5亿元，烟叶生产补贴资金106亿元，烟叶收购资金554亿元。推进行业厂办大集体产权界定工作，完成行业“三供一业”补助资金清算，基本完成行业退休人员社会化管理改革的资产划转和移交工作。

推进“两项整改”工作。推进巡视整改与政治生态整改任务一体谋划、一体推进，督促落实牵头事项，各项整改任务取得阶段性进展。配合驻京销售点房产清理，加快推进资产处置工作。继续推进银行账户清理工作，自2016年中央巡视以来累计清理账户1377个。开展盒皮包装、香精香料、销售物资、业务招待、样品烟等重点领域的审计检查，国内市场营销费和工业样品烟费用分别比上年下降7.4%和29.3%。

【加强财务运行管控】 **落实税利目标任务。**发挥预算目标引导作用，加强对疫情影响的分析研判，配合做好经济运行调控，全年实现税利总额12803亿元，比上年增长6.2%。

严格成本费用管控。落实中央“过紧日子”要求，严控“三公”费用，会议费、涉外费、车辆运行费、业务招待费等重点支出比上年下降27.7%。强化预算硬约束，持续推进定额管理，加强成本费用考核评价，工业企业卷烟销售成本率比上年减少2.16个百分点，商业企业三项费用率比上年减少0.35个百分点。

提高资金资产收益。全面开展资金竞争性存放，行业全年实现资金收益比上年增长19.3%。继续推进委托贷款

山东济南市局（公司）财务共享中心（2020年）

山东济南市局　供稿

置换工作，工业企业银行贷款降至历史最低水平。规范处置降等降级和不适用烟叶，严格执行烟叶减值准备政策，烟叶资产进一步做实。加大资产盘活利用力度，清理退出长期亏损和扭亏无望的股权投资15项，出租资产2.1万项。

【强化财税政策保障】 加强财税政策研究。配合财政部等单位开展卷烟消费税政策研究，稳定卷烟消费税税制。深入研究增值税、消费税、关税立法以及离岛免税、边民互市等涉烟税收政策调整，促进"两烟"财税政策稳定。配合税务总局开展卷烟计税价格管理改革试点工作，推动计税价格由审批制向备案制转变。国家局财务司配合人事部门修订行业"4＋X"考核指标，制定直属专业公司业绩考核指标。根据会计准则变化，修订行业收入、金融工具、租赁会计核算办法。

【严格管理】 **坚守规范底线**。严格执行函询制度，对出现会计信息质量问题的单位进行函询并督促整改。组织开展资金风险自查自纠，推动"飞行检查"常态化，加强资金内部控制。加强对专业公司和事业单位的资金支付管理。

提升管理效能。贯彻落实国企国资改革要求，修订《中国烟草总公司国有资产管理办法》，加大审批放权力度，赋予各级企业更多管理自主权。扩大预算编制范围，将资本性支出、采购支出纳入预算管控，逐步建立涵盖所有业务事项的预算体系。行业部分单位积极建设财务共享中心，探索智能财务研究。

【提升审计监督效能】 完善行业审计制度体系，修订《烟草行业经济责任审计工作办法》《烟草行业工程审计管理办法》等，促进权力规范运行，解决审计主体不清、责任不明、效率不高等问题。全面推进审计全覆盖，组织开展领导干部经济责任审计，实施复烤企业产能调整情况等专项审计。行业全年共开展各类审计项目1.2万项，发现问题2.9万个，并提出审计整改建议2.6万条。

开展重大政策跟踪审计，组织开展"三去一降一补"、行业高质量发展等政策落实情况跟踪审计，发现各单位在政策落实过程中的短板和不足，提出改进建议，推动政策落实落地。强化审计成果运用，公开通报典型问题，行业全年通报审计结果867项，对重大问题线索进行移交，对相关责任人进行问责处理。建立审计发现问题台账和整改销号机制。探索经济责任审计与党组巡视、干部考核相结合的监督形式，推动信息共享，成果共用，形成监督合力。

【提升财务审计队伍素质】 提高财务审计人员政治站位，增强规矩意识，持续改进工作作风，注重专业学习，探索管理创新。克服疫情影响，加强在线培训力度。建立行业审计人才库。首次启动青年会计人才培养工程，选拔100名财务审计干部，参加第一次集中培训。

◇ 编辑整理：褚　幸

烟草科技

【概　况】 2020年，烟草科技工作紧紧围绕行业高质量发展中心任务，深入实施创新驱动发展战略，全力打造自主创新新高地，科技创新硬实力、软实力、支撑力持续提升。全年行业获得省部级以上科技奖励成果71项；获得专利授权5617件，其中发明专利773件，为推动高质量发展提供坚实的科技支撑。

【顶层设计】 2020年，国家局将党的十九届五中全会精神、《中华人民共和国国民经济和社会发展第十四个五年规划和二〇三五年远景目标纲要》、“2021—2035 年国家中长期科技发展规划”的战略部署，以及行业高质量发展对科技创新的要求系统落实到规划中，集行业之力充实完善《烟草行业中长期科技发展规划（2021—2035 年）》，编制完成《烟草行业“十四五”科技创新规划》，形成行业中长期、“十四五”科技创新战略布局和顶层设计。

云南中烟通过素材扩繁自交纯合技术开展烟叶新品系培育研究（2020 年）
云南中烟 供稿

【科技体制机制建设】 **创新平台建设**。出台创新平台科研活动稳定支持管理办法，构建起竞争性与稳定性相结合的科技投入机制。中烟实业蒙昆公司生物酶应用工程研究中心被认定为烟草行业生物酶应用工程研究中心；贵州省局（公司）、郑州院基因中心建立院士团队创新平台；广东省局（公司）联合行业外机构共建省级工程应用研究中心；郑州院与湖南中烟等多家单位共建联合创新平台，深度参与企业技术创新。

创新人才培养力度。高层次人才培养取得新突破，新增行业领军人才 3 人、重大专项首席专家 5 人。青年科技人才队伍建设持续强化，河南、贵州、福建、湖南、江苏、江西中烟和吉林省局（公司）、郑州院等单位加快实施青年人才托举工程，促进人才接续发展；湖北省局（公司）整体推进专业技术职务聘任制，受聘人员占比居行业前列。

完善科技奖励制度。增设中国烟草总公司科学技术奖创新争先奖，并加大对一线和青年科研人员的激励力度，首批 15 名获奖者绝大部分是“80 后”。

科技成果应用机制。2020 年，知识产权综合服务平台和科技成果共享服务平台面向行业开放试运行。云南、贵州、四川等省局（公司）和四川中烟出台成果应用激励政策，探索成果收益分配机制；湖南、福建中烟和安徽省局（公司）着力加强科技成果评价；江苏、山东、辽宁、宁夏等省级局（公司）积极推进系统内成果共享扩散。

【关键技术突破】 **烟草基因、育种等前沿研究领域**。2020 年，行业获得烟草抗旱、抗早花、香气代谢等功能基因 85 个和基因发明授权专利 30 余件，并突破烟草香气等复杂性状生物育种“瓶颈”，育成“中烟 100”“云烟 87”定向改良新品种，创制钾含量提高 3 倍以上且具有雪茄风格的“K326”育种素材。云南省烟草农业科学研究院从分子水平解析糯米香形成机理及物质代谢基础，实现砵砂烟稳定批量化生产；国家烟草基因研究中心构建出国际权威的长链非编码 RNA 数据库，据此发表的论文刷新行业影响因子最高纪录。

绿色防控技术领域。烟草病虫精准控害机制取得重要突破，填补行业生物防治自主研发空白。围绕生物防治，云南省局（公司）绘制全球首张蚜茧蜂基因图谱，攻克蚜茧蜂精准滞育调控国际难题；贵州、湖北省局（公司）研发掌控蠋蝽和瓢虫规模化“储繁运放”核心技术；中国烟草总公司青州烟草研究所突破烟草抗病毒天然免疫激活关键技术；四川省局（公司）、重庆市局（公司）联合西南大学创新烟草生物屏障理论和微生态调控技术，创建全国最大的青枯病菌株库。

卷烟自主调香。行业集中力量组织开展烟用香精香料核心技术自主研发和自我保障重大攻关，突破精准辨香、数字仿香核心算法，共建共享行业数字化调香平台、单体香原料数据库和实物库，完成 540 余个香基模块“可知、可控、可替代”研究，精度达到 90% 以上。研发近红外数据交互和协调算法，有效兼容行业不同检测装备。

卷烟工艺研究。创新烟梗辊切成丝工艺和装备，研发生物酶处理烟叶和烟梗工艺。开发八大香型烟叶打叶复烤加工特性数据平台，攻克片烟结构、化学成分调控技术，构建打叶复烤均质化加工技术体系，研发细支卷烟专用打叶复烤特色工艺并在福建、湖北复烤企业示范推广。青州所研发 8 点式烘烤新工艺，提高烘烤精准控制水平。

【科技与产业融合】 **融合发展**。科技创新与产业体系有效衔接和有机融合，是促进科技与经济紧密结合、以科技创新驱动高质量发展的关键。2020 年，行业聚焦科技与产业加快融合，科技战线紧扣卷烟、烟叶、雪茄三大产品发展需求，持续提升全产业链创新能力，带动技术优势向生产力转化。

紧扣中式卷烟创新发展需求。行业完成细支卷烟升级创新重大专项，实现细支卷烟产品、技术和装备水平的整体提升。上海烟草集团、贵州中烟、湖南中烟等5家卷烟工业企业推广应用卷烟产品数字化设计平台，配方设计逐步从经验型向数字化转变。

紧扣烟叶生产提质增效需求。现代生物育种技术体系实现在行业育种单位培训推广的全覆盖。抗黑胫病“红花大金元”等一批定向改良品种累计推广20万亩，每亩可节约病害防治成本80元；“云烟116”“湘烟”“贵烟”系列特色品种推广突破70万亩，烟农实现增收约1.2亿元；以山东中烟、山东省局（公司）、青州所为代表的工商研一体推进优良品种推广和卷烟应用得到进一步深化。

突出病虫害绿色防控工程，蚜茧蜂防治烟蚜技术连续两年实现推广全覆盖。云南、贵州、湖南、福建、陕西等省局（公司）建成高水平绿色防控综合示范区，进一步深化有机肥、炭基肥应用开发。

紧扣雪茄烟发展需求。行业启动实施国产雪茄烟叶开发与应用重大专项，在不同产区筛选试种18个具有开发潜力的雪茄烟品系。四川、湖北、云南省局（公司）因地制宜研发雪茄烟叶栽培、晾制、农业发酵关键技术；四川、湖北中烟研发应用堆积发酵、橡木桶发酵等工艺。国产雪茄烟叶品质质量和规模化开发取得新进展，国产原料在国内中高端雪茄产品中的应用得到进一步拓展。

【产品质量安全】 “两烟”质量持续稳定，2020年，行业卷烟抽查覆盖率98.8%，全部合格；工商交接烟叶抽查覆盖率83.4%，平均等级合格率提升4.3个百分点。再造烟叶、卷烟纸等6种烟用材料产品质量总体稳定，质量安全状况总体良好。卷烟实测焦油量加权平均值保持在低位区间。

质检机构能力进一步提升，启动45名高层次质检人才培养，实验室能力验证累计230家（次），拓展检验参数318项。支撑专卖打假打私成效凸显，全年累计鉴别检验卷烟420万条、烟机269台套。

【标准化支撑】 2020年，行业标准体系构建持续深化。全年共发布国家标准、行业标准、总公司企业标准19项，牵头制定国际标准2项。截至2020年底，现行有效的烟草类国家标准68项、行业标准648项、总公司企业标准143项，形成较为系统完备的行业标准体系。

雪茄、产品质量安全等领域重要标准制（修）订工作稳步推进，《雪茄烟》国标修订获国标委立项；修订发布产品质量安全标准体系表、烟用材料许可使用物质名单系列标准。完善行业标准样品和标准物质体系规划。

国际标准化工作扎实推进，深度参与烟草领域国际标准研究。标准化示范试点工作持续推进，湖北省局（公司）整体推进商业企业标准化工作成效初显；不断强化在线计量工作，推动计量工作向计量检定和计量服务并重转变。

【中国烟草学会工作】 **组织建设**。有序推进学会换届工作。成立换届工作组织领导机构，拟定换届方案，召开第七届理事会第八次会议、第七届常务理事会第十三次、十四次会议及党员大会，开展换届审计和法人离任审计，为换届做好准备。以电视电话会议形式召开第八次会员代表大会、第八届理事会第一次会议、第八届常务理事会第一次会议及党员会议，四会套开、五次选举。其中选举采取邮寄选票、34个分会场现场投票计票、微信群统票的方式开展，历经34个环节，完成109个事项308份文件，学会换届圆满完成。

做好学会年检工作。学会年检工作自4月启动，历时8个月，于12月顺利通过年检。

学术交流。做好国内学术交流活动。以学术论文征集评审为重点，引导广大科技工作者围绕烟草行业“1+6+2”高质量发展政策体系建设，及时总结科技创新经验和成果。全年征集参评论文1238篇，评选出宣读论文95篇、交流论文146篇、录用论文230篇。通过论文评选交流，科技工作者能够了解交叉关联的在研项目，拓宽科研合作的渠道。

组织国际交流。按照疫情防控总体要求，妥善调整国际学术会议参会工作。

完成《中国烟草科学与技术（1982—2020）》编写及出版工作。该书由中国烟草学会组织，行业内外百余位专家参与，历时5年编撰完成，是继建设中国烟草博物馆和修撰《中国烟草通志》后又一项重要文化工程。

科普宣传。聚焦疫情防控，做好健康科普。开辟“烟草战疫”科普专栏，积极宣传贯彻防疫知识，助力打通疫情科普“最后一公里”。

聚焦优秀作品，展示行业形象。开展全国科普日、优秀科普作品展系列活动，展示行业在科普惠民、绿色农业等方面取得的成果。

聚焦先进典型，做好评选宣传。在全行业选树十位作出突出贡献的最美科技工作者，并从中推荐两人参加全国最美科技工作者评选。在《中国烟草》《东方烟草报》开设专栏，对最美科技工作者先进事迹进行广泛宣传。

◇ 编辑整理：周　佳

网络安全和信息化建设

【顶层设计】 2020年，国家局党组贯彻落实中央关于建设制造强国、网络强国、数字中国和加快数字化发展的战略部署，对标行业高质量发展政策体系，提出实施“数字化转型”的战略，形成“十四五”网信专项规划总体思路和基本框架，系统谋划、全力推进全国烟草生产经营管理一体化平台建设。

【全国烟草生产经营管理一体化平台建设】 基于全国烟草生产经营管理一体化平台“1242”总体架构，国家局将平台建设分解为重点工程项目，并取得阶段性成果。行业云平台主中心节点和数字中台建设项目完成立项，迈出实质性步伐。全国统一营销管理平台先行试点，按照“先完善、后复制、再推广”的原则，浙江省局构建形成省级营销子系统标准版本，福建省局、重庆市局等单位积极推进云平台基础设施建设并开展试点验证。

围绕卷烟产品数字化和打通触达消费者“最后一公里”，卷烟二维码统一应用项目聚焦二维码管控、“盒条件零”关联及扫码支付等关键环节，形成建设方案。全国统一烟叶管理平台和统一工业生产管理平台按计划开展方案研制工作。

【“两化”深度融合发展】 **信创工程**。按照中央统一部署，统筹实施行业信创工程，国家局年度替代任务超额完成，行业进度总体达到预期。

电子政务方面。持续完善一体化在线政务服务平台和“互联网+监管”系统建设，大连市局、江苏省局政务服务事项网上办证率超过98%。“好差评”系统实现与国办系统对接，并在四川、广东等4家省级局试运行，不断提升行业对外服务水平。

智能制造方面。总结信息物理系统（CPS）试点成果，在浙江中烟、福建中烟、四川中烟等试点单位连接设备641台套，设置数采点170余万个，完善基础模板，实现卷烟生产数字孪生，支撑试点单位探索智能制造新模式，为行业工业互联网平台建设奠定基础。安徽中烟积极探索并落地实施“5G+AI”在卷烟制造中的应用。云南中烟ERP系统完成云化改造和国产软件替代，在推进工业应用上云方面进行有益探索。

规范生产经营管理方面。升级改造“移库备货”系统，在规范经营的基础上，保障元旦春节生产经营和市场供应。推进党风廉政、采购监管平台等行业性应用系统建设，助力业务管理能力提升。

【数据管控和信息服务】 贯彻落实党中央、国务院关于统计工作的决策部署，全面防范和惩治统计造假、弄虚作假，编制工业企业统计工作流程规范，持续强化数据质量管控，全年数据上报准确率创历史最好水平。积极挖掘数据价值，更加注重分析、预测、预警，提升统计分析的深度和广度。安徽省局聚焦各业务领域的数据需求痛点，

2020年10月10日，云南中烟召开统一信息化平台（ERP系统）项目启动会

云南中烟　供稿

组织开展统计竞赛，推进统计与业务工作深度融合。开展国家局内外网站改版工作，加强行业网站新闻宣传和网络舆情监控。陕西省局积极推进网站集约化建设，不断拓展政务服务数字化新途径。

【网络安全运维保障】 **强化责任落实**。将网络安全纳入行业业绩考核、督查检查、问责工作范围，组织开展网络安全检查和工控安全评估。全年开展宣传周活动192场，山东省局等单位以完善管理制度为抓手落实网络安全主体责任。

强化数据安全。制定数据安全管理办法，实行数据资产清单管理，加强在外托管系统双控管理，推进卷烟零售户信息保护、驻外机构安全管理、非烟订货平台隐患整改工作，广东中烟等5家单位入选工业和信息化部工业数据分类分级应用试点。

强化技术防护。坚持日常监测、问题通报、整改销号机制，督促整改安全漏洞数百个，29家单位完成互联网收口工作。参加国家网络攻防演习，抵御互联网攻击7447万次，确保“目标系统不被攻破”，演习成绩获公安部通报表彰。

强化运维容灾工作。运用行业安全运维一体化管控系统处理运维事项近3000项，有效提升行业统一平台运行效率和服务能力。上海容灾中心不断提升行业信息系统容灾服务水平，开展常态化容灾演练。

【基础规范管理】 **网信制度建设**。印发行业网信工作管理办法并组织宣传贯彻，行业多家单位修订完善相关制度。

网信项目监管。全面落实政治生态突出问题全面整改工作要求，进一步加强行业网信项目监管和廉洁风险防控。上海烟草集团积极推动软硬件资产和数据资产全生命周期管理。

网信人才培养。开展信息分标委和网信专委会换届工作，行业卷烟制造工业互联网平台通用技术要求通过技术审查，32篇论文获奖，发挥人才培养和工作交流平台的作用。辽宁省局（公司）积极推进信息化工程师岗位聘任工作。行业多家单位开展网信技能竞赛等活动，有效激发网信队伍活力。

◇ 编辑整理：周　佳

人事与劳资

【学习贯彻新时代党的组织路线】 2020年，国家局党组以“深入学习领会和贯彻落实新时代党的组织路线”为专题组织党组理论学习中心组集体学习，认真学习习近平总书记在中共中央政治局第二十一次集体学习时的重要讲话精神，深刻领会选人用人工作重要论述的核心要义，落实中央组织部有关电视电话会议精神，深入贯彻新时代党的组织路线和干部工作方针政策。行业57家直属单位均以党组（党委）理论学习中心组学习、集体研讨等形式开展专题学习。组织行业人事部门副处级以上领导干部和人事司全体人员进行网络专题培训，参加学习172人。通过在学中悟、悟中学，行业各级党组（党委）思想认识不断深化，政治站位不断提高，对新时代党的组织路线科学内涵的理解更加深刻，对“五个抓好”基本要求的把握更加准确，坚持好干部标准、树立正确选人用人导向的意识明显增强。

【行业干部人事选拔任用和管理】 **加强制度谋划，强化执行落实**。国家局党组以《烟草行业中长期干部人才队伍建设规划》《关于加强行业高素质专业化干部队伍和领导班子建设的意见》为基础，印发《烟草行业领导干部交流工作办法》《烟草行业干部选拔任用纪实工作办法（试行）》《烟草行业领导干部家访考察操作规程（试行）》《烟草行业人事档案管理工作规定》《国家烟草专卖局　中国烟草总公司关于进一步规范行业非领导职务设置的通知》《国家烟草专卖局办公室关于规范国家局党组管理干部被审查调查期间工作安排及有关待遇问题的通知》等文件，健全制度体系，完善选人用人机制。执行选人用人制度规定，落实“凡提四必”要求，完善有关程序，增强制度的权威性和执行力。

推进调研交流，盘活干部资源。贯彻落实新时代党的组织路线，加强领导班子和干部队伍建设，将干部考察与干部调研相融合，突出政治标准，坚持事业为上，强化政治素质考察。健全日常发现与集中调研相结合的工作机制，持续深化对干部的日常了解，将干部家风家教、朋友圈、社交圈及“八小时之外”情况纳入了解范围，把功夫下在平时。注重培养选拔优秀年轻干部，建立动态机制，及时补充人选。注重优化班子结构，增强整体功能，将干部交流作为重要抓手，坚持老中青相结合的梯次配备，有计划地安排年轻干部多岗位锻炼，加大国家局、总公司机关内部轮岗、跨部门（单位）交流力度，调动各年龄段干部积极性，盘活干部资源。

强化作风建设，营造从严氛围。聚焦“关键少数”，加强对领导干部特别是“一把手”的监督，统筹开展各类考核，做实做细日常监督。落实干部任前谈话和廉政谈话制度，组织完成行业直属单位，国家局、总公司机关司局级干部任前谈话，其中新任职主要领导由国家局党组书记分别进行任前谈话，提出履职和廉政要求。组织开展专项整治工作，从严从实抓好管理监督。落实个人有关事项报告制度，开展行业领导干部个人有关事项报告专项整治，对存在不如实报告问题的干部依规依纪进行处理。

【行业人才队伍建设】 把加强教育培训作为形成和壮大高素质专业化队伍的重要途径，制定实施《干部专业化能力提升计划》，首次举办3期领导干部专业化能力提升培训班、1期地市级局（公司）主要负责人能力提升班，组织124名司局级干部、79名地市级局（公司）主要负责人参训，提高领导干部专业化能力和结合实际抓落实的能力。印发自然科学研究等5个系列高级专业（技术）资格评审办法、专业（技术）资格评审工作管理规定，开展行业6个系列高级专业技术资格评审工作。组织烟草行业第一批科技领军人才考核、第二批科技领军人才选拔等工作。深化“人才+项目”的培养模式，印发《国家烟草专卖局 中国烟草总公司关于加强行业技能人才队伍建设的意见》，强化人才激励保障机制，健全多通道人才发展体系；探索建立行业优秀技能人才库、专家库，审核推荐1264名技能人才、318名技能专家首批入库。向人力资源社会保障部报送第十五届高技能人才评选表彰活动烟草行业推荐人选，行业4名职工被授予“全国技术能手”称号，1名职工获评“国家技能人才培育突出贡献个人”。承办国家专业技术人才知识更新工程高级研修项目，开展行业享受政府特殊津贴人员选拔工作，向人力资源社会保障部推荐2名享受政府特殊津贴人员，制定印发《烟草行业享受国务院政府特殊津贴人员选拔评审暂行办法》；克服疫情影响，举办第十八届全国烟草行业职业技能竞赛，提升行业教育培训和人才工作水平。

2020年9月，2020年全国行业职业技能竞赛——第十八届全国烟草行业职业技能竞赛暨“玉溪杯”首届烟机设备操作职业技能竞赛在云南玉溪举办
广东中烟　供稿

【行业用工分配管理】 坚持把深化用工分配、构建合理机制作为重要抓手，贯彻落实党中央、国务院关于强化稳就业的决策部署，明确任务，主动作为，2020年完成应届高校毕业生既定扩招任务；接收退役士兵、退出消防员创历年接收人数新高。修订省级公司年度工作业绩考核办法，建立有效激励机制。加强收入分配宏观调控，配合上级主管部门推进行业工资总额决定机制改革，进一步完善工资总额调控体系，注重向基层一线、艰苦岗位倾斜，首次将工资分配直达地市级局（公司）、卷烟工厂、县级局（分公司、营销部）等基层单位。依据任务分工，配合做好总公司公司制及相关改革、国企改革三年行动方案落实等工作。

【群团组织建设】 **行业群团工作。**坚持党建带群建，做好群团工作。制定国家局党组贯彻新时代爱国主义教育实施纲要的具体措施。按照中央要求，做好行业“中国人民志愿军抗美援朝出国作战70周年”纪念章颁发对象的统计工作。开展“全国五一劳动奖状”“全国五一劳动奖章”“全国工人先锋号”的资格审查工作，做好行业全国劳模、五一劳动奖章、行业劳模、省级劳模情况统计工作，推进烟草行业劳动模范认定为省级劳模工作。参加中国财贸轻纺烟草工会四届八次常委会议，就烟草行业抗击新冠肺炎疫情、有序推进复工复产情况进行汇报交流。举办“中华杯”第七届烟草行业职工书画大赛，激发全行业爱党爱国爱社会主义的热情。发挥中烟政研会的参谋助手作用，开展2019年课题评审，通报评比结果，编印优秀研究成果文集，开展2020年课题研究。

国家局机关群团工作。组织举办机关2020年春节团拜会，开展工会节日慰问和日常慰问，评选机关模范职工小家、工会优秀干部等。组织机关青年干部赴湖北竹山、竹溪县开展“根在基层”调研实践，组织开展“五四”青年节和“绽放战疫青春　坚定制度自信”等主题活动，多措并举促进机关青年干部成长成才。组织开展纪念“三八”国际妇女节活动，对机关女同志进行节日慰问，更好地发挥女同志“半边天”作用。

【离退休干部管理】 **抓好离退休干部党建工作。**准确把握离退休干部工作是政治工作的根本属性，自觉把抓好党建作为最大政绩，履行主体责任、“一岗双责”。学习贯彻习近平新时代中国特色社会主义思想、党的十九大和十九届二中、三中、四中、五中全会精神，落实中央和国家机关“四强”党支部建设要求，以及中央巡视工作和政治生态突出问题全面整改各项要求。继续抓好离退休干部党建工作，针对疫情防控实际，把书记委员培训、每季理论学习、主题党日活动、心得体会交流由现场改到“云端”，确保学习不脱节、活动不断线、标准不降低。

科学指导离退休干部工作。联合召开行业党的建设暨人事、离退休干部工作会，总结部署年度工作；评选表彰行业57个离退休干部先进集体和69名先进个人。指导行业单位开展离退休干部工作“三化”建设调研和“我看脱贫攻坚新成就”活动，形成2篇高质量调研报告上报中央组织部；在纪念抗日战争暨世界反法西斯战争胜利75周年和纪念中国人民志愿军抗美援朝出国作战70周年之际，组织行业各单位对112名抗日战争时期及之前参加革命工作的老同志和343名志愿军老战士、老同志、烈士家属进行慰问。依托职工进修学院举办年报统计工作培训班，离退办连续17年被中组部评为“年报统计全优报表单位”。运用离退办子网站和《东方烟草报》“爱晚亭”专刊抓好先进典型和特色经验宣传，联合举办第七届“中华杯”书画大赛，行业529名离退休人员参与。

做好离退休干部精准服务。按照疫情防控的要求，取消现场讲座、集中学习培训，关闭活动站，但在落实老干部“两项待遇”、用心用情做好服务上始终坚持力度不减、标准不降。给每名离退休人员订阅一报一刊，通过微信、网络平台推送中央和国家机关老干部大讲堂、老年大学专题讲座视频或链接及各类文字、图片等学习材料；做好体检、送药、就医等保障工作，做好重大节日、生病住院、生日祝寿等走访慰问工作；协助去世离退休人员的家属处理后事。筹措和发放防疫物资，组织离退休人员为抗疫捐款捐物。

推进退休人员社会化管理。按照国有企业退休人员社会化管理工作安排，对行业离退休人员基本信息、服务管理情况和企业年金情况进行统计汇总。在广泛征求国家局机关离退休人员意见建议的基础上，梳理汇总离退休人员的现实诉求，配合完成“两表一册”核查和完善工作；区分党建工作、福利待遇、组织活动、管理服务等四大类32项，向国家局党组提出拟保留或拟取消项目的建议，为有关部门做好退休人员社会化管理实施方案提供参考。

◇ 编辑整理：王　静　吴中奇

党建工作

【学习贯彻习近平新时代中国特色社会主义思想】

行业学习贯彻情况。2020年，烟草行业以习近平新时代中国特色社会主义思想定向领航，作为落实党中央决策部署、谋划改革发展、制定工作举措的根本遵循和行动指南，广大党员干部职工在学懂弄通做实中坚定政治方向，国家局党组及时跟进学习贯彻习近平总书记最新重要讲话和重要指示批示精神，健全习近平总书记重要指示批示和党中央决策部署贯彻落实机制，不断提高政治能力和抓改革、促发展、保稳定的工作水平。巩固深化“不忘初心、牢记使命”主题教育成果，在全行业开展贯彻党的十九届四中、五中全会精神网上培训，开设贯彻新发展理念、构建新发展格局等学习专题，教育引导行业广大党员干部

2020 年 6 月 30 日，广西南宁市局机关联合党支部与南宁市市场监督管理局第五、第七党支部共同开展“庆七一 共发展”党建工作结对共建活动

广西南宁市局 吴 晏 摄

深入学习党的创新理论，切实武装头脑、指导实践、推动工作。

国家局、总公司机关学习宣传贯彻情况。国家局、总公司机关把深入学习贯彻习近平新时代中国特色社会主义思想作为重中之重。学习宣传贯彻党的十九届五中全会精神，组织机关党员干部观看党的十九届五中全会新闻发布会，配发学习资料，以“三会一课”、主题党日活动为依托，用好“学习强国”App 和行业网络培训平台等载体，组织参加中央和国家机关工委系列报告会，确保学习贯彻全会精神覆盖机关每个党支部、每名党员。突出“关键少数”和青年干部的学习教育，选派机关司处级干部参加国家局党校学习，抓紧抓实青年理论学习小组学习，评选机关青年学习标兵，举办《习近平在厦门》《习近平在宁德》主题读书论坛，引导机关党员领导干部和青年干部学在前、干在前。抓紧抓实理想信念教育，开展“四史”教育，引导机关党员干部牢记初心使命、勇于担当作为。

开展强化政治机关意识教育，推动创建模范机关。组织学习《习近平谈治国理政》第三卷、《论坚持党对一切工作的领导》等权威著作，国家局党组成员及机关各部门各单位党组织书记讲授专题党课，组织开展“不忘初心、弘扬优良家风”主题党日活动，教育引导机关党员干部不断强化政治机关意识，提高政治站位。贯彻落实习近平总书记关于制止餐饮浪费行为的重要指示精神，印发工作通知，组织开展“厉行勤俭节约、反对餐饮浪费”专题组织生活会，进一步提升机关党员干部带头做到“两个维护”的思想自觉、行动自觉。

【基层党组织建设】 **行业基层党组织、党员队伍建设。**2020 年，国家局党组以党的政治建设为统领，印发《国家烟草专卖局　中国烟草总公司党的建设工作领导小组 2020 年工作要点》《中共国家烟草专卖局党组关于印发贯彻〈党委（党组）落实全面从严治党主体责任规定〉具体措施的通知》，贯彻《党委（党组）落实全面从严治党主体责任规定》《中国共产党国有企业基层组织工作条例（试行）》《巩固深化“不忘初心、牢记使命”主题教育成果意见》，制定贯彻落实具体措施。行业各级党组（党委）坚定思想自觉、政治自觉和行动自觉，持续推动各级党组织落实主体责任、从严管党治党，推动广大党员不忘初心、牢记使命，推动主题教育常态化、长效化。落实基层党建工作重点任务，推进支部标准化规范化建设，构建三级联动考评体系，进一步提升基层党组织的政治功能和组织力。制定党支部标准化规范化建设工作方案，不断提升基层党支部建设质量。组织开展第三届行业党员教育电视片观摩交流活动，102 部作品获奖，组织行业新媒体平台对特别奖作品进行集中展播，进一步推动成果运用。发挥行业各级党组（党委）的领导作用、基层党组织的战斗堡垒作用和广大党员的先锋模范作用，在疫情防控、复工复产、生产经营大战大考中交出合格答卷。全行业 6 万余名党员下沉社区参加抗疫联防联控，用党性坚守一方防线。行业 5 家单位和 14 名职工分别被评为工业和信息化系统抗击新冠肺炎疫情先进集体和先进个人，行业内表彰抗疫先进集体 30 个、先进个人 60 人。

国家局、总公司机关基层组织建设。健全基层组织体系，加强对国家局机关党建工作的指导考核。组织召开中国共产党国家烟草专卖局直属机关第四次代表大会，选举产生新一届直属机关党委和纪委，研究部署今后五年工作。

制定年度机关党建、纪检工作要点，定期召开直属机关党委会议和直属机关纪委会议，研究部署重点工作和健全组织、党员发展、党员处分等事项。参与国家局、总公司机关重点工作目标责任制考核，为机关党建高质量发展夯实基础。

严肃党内政治生活，开展机关“三会一课”制度落实情况专项检查，开好国家局党组巡视整改专题民主生活会，增强党内政治生活的政治性、时代性、原则性、战斗性。

加强党员教育管理，做好机关党建基础性工作。贯彻落实《中国共产党发展党员工作细则》，坚持政治标准发展党员。制定印发机关党组织和党员分类管理办法，提高机关党建工作精准化水平。做好党费收缴、使用、管理，党员组织关系接转和年度党内统计工作，开展春节党员慰问。选派新任党支部书记、党小组长、党员参加中央和国家机关示范培训班；举办机关专兼职党务干部培训班，进一步提升机关党务干部履职尽责的素质能力。督促机关各部门各单位党组织建立健全干部职工思想动态分析报告制度，进一步加强改进思想政治工作。

【压紧压实主体责任】 2020年，国家局党组坚持以习近平新时代中国特色社会主义思想为指引，聚焦职责使命、践行忠诚担当，充分发挥全面从严治党引领保障作用，统筹疫情防控和烟草生产经营，一体推进中央巡视整改和政治生态突出问题全面整改，管党治党政治责任进一步压实，政治生态呈现向好态势，“严”的氛围已经形成，为新时代烟草行业不断开创高质量发展新局面提供坚强保障。

主体责任与监督责任同向发力。国家局党组自觉接受驻工业和信息化部纪检监察组的监督，组织两次专题会商，联合开展督导检查，落实纪律检查建议，开展三项专项治理，会同云南省纪委监委联合印发协作配合意见，聚合派驻监督外在推力和党组落实全面从严治党政治责任内生动力，在强化政治监督、做实日常监督、持续正风反腐、发挥监督执纪综合效能等方面同频共振、同题共答。

行业各级党组织“两个责任”一体落实。制定贯彻落实《党委（党组）落实全面从严治党主体责任规定》具体措施，建立行业各级党组（党委）、书记、班子成员三份责任清单，将全面从严治党纳入行业各级党组织年度考核；修订《烟草行业问责工作实施办法》，坚持失责必问、精准问责，以明责、督责、问责确保管党治党要求落实落地。

加强对领导干部特别是“一把手”的管理监督，国家局党组成员将与直属单位班子成员特别是“一把手”谈心谈话作为出差调研的“规定动作”，做到多过问、多提醒。加强对敢担当善作为干部的激励保护，对表现突出的干部大力褒奖、大胆使用，全年调整配备行业和机关司局级干部86人，以正确用人导向引领干部知重负重、担当作为。

推进巡视巡察上下联动。坚守政治巡视职能定位，对标中央巡视，提高巡视质量，对行业11家直属单位党组开展常规巡视，延伸下沉检查46家单位，党的十九大以来国家局党组巡视全覆盖任务完成63%。加强对行业巡察工作的指导，在国家局层面增设巡察指导部门，制定印发直属单位党组（党委）开展巡察工作的指导意见，行业直属单位全年对852个党组织开展巡察。

【一体推进“两项整改”】 落实十九届中央第五轮巡视反馈意见和中央纪委国家监委要求，国家局党组开展中央巡视整改和政治生态突出问题全面整改。召开两次局党组专题民主生活会、两次全行业警示教育大会，开展政绩观专题教育，组织行业副处级以上干部研讨交流，持续不断抓学习教育，激发整改动力，形成全行业凝心聚力抓整改的“一盘棋”。建立“一周一报告一通报、半月一汇报一研究”的工作机制，国家局党组成员带队分3轮赴32家直属单位督导检查，推动中央巡视整改问题30个、整改措施83项，政治生态突出问题全面整改任务18项、具体措施落细落实55项。纠正上一轮巡视整改中的突出问题，吃喝歪风、样品卷烟用途异化、违规批条销售紧俏烟、不法供应商“围猎”等问题得到有效遏制和不断解决。聚焦“关键少数”开展“九个有无”自查自纠，针对突出问题开展10多个专项整治，把“见事见人”贯穿始终，行业党员干部特别是领导干部普遍受到震慑、教育和警醒，广大干部职工真切感受到国家局党组真改实改的坚定决心、看到真改实改带来的变化。

【坚定不移正风肃纪反腐】 ***有效处置化解存量、强化监督遏制增量。***国家局党组贯彻“三不”一体推进方针方略，增强标本兼治的综合效应。配合驻工业和信息化部纪检监察组、地方纪委监委严肃查处李泽华、卢平、何绍青、王殿贵等严重违纪违法案件。领导支持行业各级纪检监察机构精准执纪问责。建立健全行业警示教育工作机制，编发《烟草行业领导干部违纪违法典型案例警示录》，督促3家发生“一把手”违纪违法案件的直属单位以案促改，推动办案、整改、治理相贯通。

持之以恒落实中央八项规定精神。贯彻习近平总书记关于坚决制止餐饮浪费行为重要指示精神，加强节约型机关建设，推动行业形成浪费可耻、节约为荣的氛围。从讲政治高度持续纠治形式主义、官僚主义，研究制定为基层减负的25条具体措施，及时纠治在疫情防控、复工复产、服务烟农和零售户中的不作为、慢作为问题。推进作风建设常态化长效化，有效遏制吃喝歪风，坚决防止奢靡享乐反弹回潮。以“钉钉子”精神坚守重要节点，全行业坚决查处违反中央八项规定精神问题。

深化重点领域关键环节廉洁风险防治。强化对盒皮包装、资金存储、项目建设、招投标等重点领域的监管，结合“两项整改”组织开展专项检查和整治，制（修）订68项制度规定，建立和落实长效治本机制。落实党的纪律检查体制改革有关要求，制定印发关于加强和改进行业直属单位纪检监察工作的通知、行业直属单位纪检组（纪委）考核办法，进一步理顺工作机制。

◇编辑整理：王　静　吴中奇

规范管理

【构建规范管理制度】　**强化行贿供应商惩戒制度**。制定《烟草行业对存在行贿行为供应商实施禁入措施暂行规定》，明确要求对行贿供应商实施禁入措施，构建防范不法供应商“围猎”的长效机制。行业各直属单位修订本单位“黑名单”制度，将供应商行贿、串通投标、弄虚作假等不良行为情形纳入制度固化管理，对列入“黑名单”的供应商采取惩戒措施。

加强采购管理工作。创新形成合法合规、管用高效的采购监管体系，出台《中国烟草总公司关于进一步加强采购管理工作的意见》，进一步明确采购主体责任，完善采购工作程序，细化采购监管措施。行业各直属单位坚持贯通融合、上下联动，累计完成制度修订296项，为规范管理工作提供制度支撑。吉林省局（公司）推进采购监管制度建设，根据地区经济发展水平和采购规模不同，将公开招标限额标准细化为3个档次。

聚焦“关键少数”监督管理。建立健全禁止领导干部违规干预和插手采购活动机制，督导行业各直属单位严格落实《烟草行业严禁领导干部违反规定干预和插手采购活动若干规定》，建立记录与报告领导干部违规干预和插手采购活动的工作机制，及时发现和遏制权力滥用、暗箱操作。

【加大对不法供应商惩戒力度】　**首次公布存在行贿行为供应商名单**。2020年，总公司公布行业第一批存在行贿行为供应商名单，对14家存在行贿行为供应商采取禁入措施，禁止其1～3年内参加行业新采购项目。截至2020年底，行业有16家直属单位公布本单位存在行贿行为供应商名单，对涉及本单位案件的存在行贿行为供应商采取禁入措施。

严格落实对行贿供应商的禁入措施。坚持从源头预防和减少供应商不法行为发生，行业各直属单位多管齐下，严厉打击供应商行贿行为。在开展新采购项目时，通过裁判文书网查询供应商是否存在行贿行为，对存在行贿行为的供应商和行贿人严格实施禁入措施。组织对在供供应商进行警示约谈，并对存在行贿行为的在供供应商采取惩戒措施。同时，在签订采购合同时一并与供应商签订廉洁合同，实现与行业全部在供供应商签订廉洁合同。四川省局（公司）制定全省《廉洁合同》模板，累计与供应商签订廉洁合同4038份。

对有行贿供应商背景的企业参与行业采购活动严格资格审查。行业各直属单位对列入行业和直属单位“黑名单”的供应商，加大资质审查、信用审核力度，重点关注供应商在本单位涉足的采购领域和企业信息变更情况，以其他企业名义参与采购情况，新注册成立的供应商与行贿供应商关联情况等。广西区局（公司）制定供应商不良行为的资质条件样本，做好企业历史信息和人员信息的查询，防止行贿供应商“换马甲”参与采购。

【重点领域督查整改】　**严格督办盒皮（烟标）和香精香料采购专项检查问题整改**。国家局规范办牵头督办行业盒皮（烟标）和香精香料采购专项检查问题整改。行业各工业公司按照“见事见人，严肃问责”整改要求，全面完成专项检查反馈的619个问题整改，取消或暂停7家供应商资格，将11名社会评委列入不良行为记录名单。

组织开展违规单一来源采购项目专项检查和问题整改。按照中央巡视整改要求，国家局组成专门检查组，对8家企业11个违规单一来源采购项目进行专项检查，逐一检查项目具体情况、违规原因、整改情况，查清项目决策者、承办人在违规过程中承担的具体责任。

将采购管理工作成效纳入绩效考核。国家局首次将采购管理工作成效纳入对省级公司年度工作业绩考核范围，针对省级公司4种不规范行为，在年度考核中扣除相应分值，以提高省级公司对招标采购监管的重视程度。行业各直属单位健全完善采购工作考评问责制度，建立健全追责问责长效机制。

加大对采购领域问题线索查处力度。国家局规范办对举报的行业16起招标采购项目问题线索进行督导核查，对相关单位和责任人追责问责。行业各直属单位积极建立纪检监察与规范管理部门沟通协调机制，形成各司其职、信息互通、协同监管的工作格局。山东省局（公司）制定《采购领域违规违纪信息沟通办法》，加强采购管理、规范管理、审计与纪检监察部门的信息沟通。

【全方位规范管理监督】 **推动行业规范管理信息化建设**。行业采购监管平台完成项目初验并进入试运行阶段，与各直属单位采购信息系统全面实现纵向对接。推进行业采购信息系统数据核验，确保各项数据、信息和流程进度的一致性。利用行业采购监管平台，分两批次对9家直属单位232项100万元以上单一来源采购项目进行网上督查，发现问题6项，并督促相关单位进行整改。各直属单位开展线上巡查和线下督办，重点检查单一来源采购和全资三产项目。

推动网络采购成效显著，截至2020年底，行业大多数直属单位完成网络采购平台搭建及上线运行。江西中烟实现采购管理系统与3家电商平台系统对接，有效缩短网络采购实施审批流程。探索开展电子招投标初见成效。贵州省局（公司）在试点基础上，向全省烟草商业系统推广电子招投标，全年公开招标项目全部通过电子招标平台实施。

持续巩固和扩大"三个保障机制"成果。总公司首次公开明确行业"应招尽招"金额标准，要求达到100万元的采购项目应当采取公开招标方式；行业各直属单位从严审核采购项目必要性和非公开招标理由，持续扩大"应招尽招"覆盖面。

行业各直属单位重点在严格审核招标文件、监督招标代理机构、防范串通投标、防止二次流标等方面下功夫，加强对招标采购关键环节监督，不断提高"真招实招"水平。山东中烟累计编制、更新形成11个采购文件范本；河北省局（公司）制定代理机构违约失信情形负面清单；福建省局（公司）强化公开招标过程管控，显著降低公开招标流标率。

行业各直属单位持续推进办事公开民主管理工作规范化、常态化和精细化，不断扩大公开载体和范围，强化公开信息的完整性和及时性。2020年，全行业共计公开信息118.27万条。

做好疫情防控形势下的采购工作。行业各直属单位认真贯彻党中央决策部署，以及国家局党组疫情防控工作部署，通过创新监督方式，确保企业采购顺利完成、防疫物资保障到位、复工复产有序进行。湖北中烟制定《防疫物资采购注意事项》等一系列防疫物资采购管理规定、操作手册，助力打通防疫物资采购绿色通道；大连市局（公司）以满足采购工作需要为首要目标，多措并举降低疫情对采购活动的影响；海南省局（公司）加强疫情防控形势下的采购监管工作，杜绝非紧急采购项目"搭便车"情况发生。

【规范管理队伍建设】 **开展警示教育活动，以案示警、以案为戒、以案促改**。国家局印发《烟草行业领导干部涉及工程建设、物资采购等违法犯罪典型案例警示录》，充分运用行业典型案例，推动规范管理理念入脑入心入行。行业各直属单位开展防范不法供应商"围猎"专题警示教育，通过传达学习制度规定、组织"防范围猎"专题培训、观看警示教育片等，提醒行业干部职工警惕不法供应商拉拢、"围猎"。全年行业累计6.23万人接受警示教育。

开展采购监管业务培训，提升规范管理人员专业素质和监督本领。国家局开展招标采购监督管理工作专题培训，深入讲解国家招标采购有关法律法规、行业招标采购监管有关制度、采购监管工作常见问题及其防治等。行业共2161人参加培训。行业各直属单位积极开展采购监管业务学习培训工作。安徽省局（公司）印发《采购管理监督制度汇编》，组织开展采购知识专题培训和考试，将考试结果列入年度规范条线考核。通过培训，行业干部职工规范意识、业务水平进一步提升。

◎ 编辑整理：周 佳

“十三五”时期发展概况

□ “十三五”时期烟草行业发展概述

· 党建工作

· 发展计划与经济运行

· 社会责任

……

□ 行业各直属单位“十三五”时期发展概况

· 省级烟草专卖局（公司）

· 省级中烟工业公司

· 其他直属单位

“十三五”时期烟草行业发展概述

“十三五”时期，烟草行业在困难中恢复、在逆境中重振，各项工作不断开创新局面、取得新进展。

高质量发展谋定后动、坚定实施。国家烟草专卖局党组落实中央要求，紧密结合行业实际，制定以《中共国家烟草专卖局党组关于建设现代化烟草经济体系推动烟草行业高质量发展的实施意见》为政策总纲的“1+6+2”高质量发展政策体系，实施有利于促进质量变革、效率变革、动力变革的一系列重大举措，全面提升行业软实力，不断开创行业高质量发展新局面。

生产经营止跌回稳、稳中向好。面对“十三五”初期产销下降、库存积压、效益下滑的困难局面，国家局党组及时提出并坚决落实“总量控制、稍紧平衡，增速合理、贵在持续”方针，扎实推进“三去一降一补”，卷烟库存降至合理水平，扭转生产经营下滑势头，市场状态持续改善，发展质量和效益持续提高，主要经济指标创造历史最好水平。

改革创新以点带面、系统推进。发挥专卖制度优势和完善专卖专营体制，坚持以深化供给侧结构性改革带动全面改革，以科技创新带动全面创新，破除制约行业发展的体制机制障碍，行业治理效能持续提升，自主创新能力持续增强。

市场监管持续发力、久久为功。深入推进法治烟草建设，始终保持烟草打假打私高压态势，严格规范生产经营行为，推动市场秩序环境不断好转，卷烟市场净化率持续保持全球领先水平。

社会责任主动落实、善作善为。立足全方位作贡献，主动融入脱贫攻坚大局，积极稳定社会就业，切实加强污染防治，大力支持公益事业，依法推进控烟履约，全面提升行业社会形象，和谐发展、共同发展局面进一步形成。

重大风险先手防范、成效显著。突出增强忧患意识、风险意识，注重下好防范化解重大风险先手棋，在谋划重大改革、酝酿重大政策、防止非理性过激控烟、加强电子烟监管等方面沉着应对、积极作为，牢牢掌握行业发展主动权。

队伍建设全面加强、整体提升。贯彻新时代党的组织路线，制定实施《烟草行业中长期干部人才建设规划》，组织领导班子建设专题调研并强化成果运用，高度重视优秀年轻干部培养使用，持续打造高素质专业化干部人才队伍。

管党治党全面从严、正气上扬。坚持以党的政治建设为统领，传导管党治党责任压力，强化对权力运行的制约和监督，扎实推进中央巡视、政治生态、主题教育、审计等各项整改，持续加大正风肃纪反腐力度，推进全面从严治党不断向纵深发展。

党建工作

坚持全面从严治党

压实党建工作责任制，推动全面从严治党向纵深发展。把党的政治建设摆在首位，思想建党和制度治党同向发力。“十三五”时期，烟草行业印发《中共国家烟草专卖局党组关于贯彻落实加强党的政治建设的意见具体措施重点任务分工方案的通知》。把党的政治建设作为党建工作年度要点、基层党组织书记集中轮训和年度考核、巡视巡察、意识形态的重要内容，融于党建工作的全过程和各方面。建立健全党建工作责任制度。制定《中共国家烟草专卖局党组关于印发贯彻〈党委（党组）落实全面从严治党主体责任规定〉具体措施的通知》，建立责任清单，分别明确各级党组（党委）及其书记和其他班子成员在全面从严治党中的责任。推行基层党建工作联系点制度。国家局党组成员共建立基层联系点20个，每年至少一次到基层联系点调研，指导工作。发挥党建工作领导小组作用。国家局、总公司党的建设工作领导小组召开会议17次，每年年初制定印发党的建设工作领导小组工作要点，及时传达学习中央精神，研究部署行业党建工作。组织党建工作考核。完善行业党建工作考核办法，印发《烟草行业党建工作考核评价办法（试行）》，夯实党建考核制度基础。党的十九大之后连续三年组织40个考核组对行业各直属单位党建工作进行考核，印发考核通报，国家局党组约谈4家考核结果较差的直属单位党组（党委）主要负责人，对群众满意度较差的10家单位发函提醒。落实意识形态工作责任制。牢牢把握意识形态工作主导权，把意识形态落实情况纳入党建工作考核，推动意识形态工作与其他党建工作同部署、同落实、同检查、同考核。建立意识形态定期报告制度，2018年起每年向党中央报告烟草行业意识形态工作情况，2019年和2020年党建工作考核细则纳入行业各直属单位意识形态工作报告报送情况。

强化思想理论武装，推动党的创新理论进头脑、进车间。把习近平新时代中国特色社会主义思想作为党组（党委）理论学习中心组学习、“三会一课”、主题党日、党支部书记轮训等主要内容。加强督促检查，2018年底，成立3个督查组对行业16家直属单位和19家地市级局（公司）、卷烟工厂开展学习贯彻习近平新时代中国特色社会主义思想和党的十九大精神情况督查，在全行业通报督查结果。深入学习宣传党的十九大和十九届二中、三中、四中、五中全会精神，印发《中共国家烟草专卖局党组关于全行业学习宣传贯彻党的十九大精神的通知》《中共国家烟草专卖局党组关于认真学习宣传贯彻党的十九届四中全会精神的通知》《中共国家烟草专卖局党组关于学习贯彻党的十九届五中全会精神的意见》，分两批在全行业开展“不忘初心、牢记使命”主题教育。加强组织领导，聚焦主题主线，统筹推进4项重点措施。各级党组（党委）开展理论学习中心组学习和集中交流研讨2.8万余次，为群众解决实际问题1.29万个。督促行业各基层党组织依托“三会一课”、主题党日、党员政治生日，运用“学习强国”学习平台、红色教育资源，利用微党课等多种形式，严肃认真开展党的组织生活。

推进基层党建工作，增强基层党组织的政治功能和组织力。完善基层党建各项工作制度。印发《烟草行业评比达标表彰奖励管理规定》《烟草行业推进党务公开工作的实施意见》等制度规定15项；2019年，按照党中央部署要求，对2008年4月至2018年10月期间制定和发布的80份党内规范性文件进行集中清理，并发布清理决定；按要求及时做好党内规范性文件的报备工作。落实基层党建工作重点任务，按照中央组织部工作安排，通过党建工作会议、专题培训、工作通报等方式，组织抓好每年度重点工作，如失联党员规范管理和组织处置、抓党建促脱贫攻坚。开展基层党建工作调查研究，每年度到基层单位调研党建工作开展情况，形成专题调研报告4个。注重总结固化好的经验做法，开展第二届、第三届行业党员教育电视片观摩交流和“悟初心、守初心、践初心”微党课观摩交流；总结基层党建好的工作案例，编印《基层党建工作100例》。推进党支部标准化规范化建设。2019年，召开党支部标准化规范化建设试点工作推进会，制定开展党支部标准化规范化建设工作的通知，确定21家试点单位；2020年，制定印发党支部标准化规范化建设工作方案。指导开好专题民主生活会。每年年底，按照中央通知精神，结合行业实际，对各直属单位开好年度民主生活会提出要求；派出督导组量化测评专题民主生活会，探索建立“叫停机制”，及时通报各直属单位年度民主生活会召开情况。加强党务工作队伍建设。推动各省级局（公司）、省级工业公司单独成立党建、群团工作部门，适当增加人员编制，逐步配齐党务工作力量。以党章、习近平新时代中国特色社会主义思想等为主要内容，举办党的建设专题培训班和卷烟工厂党委书记、群团干部培训班，共培训1580人次。

落实全面从严治党主体责任

层层传导压实主体责任。贯彻党中央印发的《党委（党组）落实全面从严治党主体责任规定》，制定具体落实措施，建立三份清单，明确行业各级党组（党委）、党组（党委）书记、党组（党委）班子其他成员的主体责任。每年年初组织召开行业落实全面从严治党主体责任工作会议，贯彻落实中央纪委全会精神，部署行业全面从严治党、党风廉政建设和反腐败工作。制定年度工作要点，明确责任分工，把党中央和中央纪委及驻工业和信息化部纪检监察组有关要求落细落实。将全面从严治党纳入对行业各级党组（党委）年度考核工作，组织开展三级联动考核，并将考核结果作为领导班子和领导干部选拔使用、实绩评价、激励约束的重要依据。印发、修订烟草行业问责实施办法，把问责作为落实主体责任的重要抓手，促进依规依纪精准实施问责，督促各单位党组织主动履责、全力担责。

推进“两个责任”贯通协同。探索构建“两个责任”贯通协调工作机制，2016年4月，印发《落实中央纪委驻工业和信息化部纪检组关于建立工作联系机制意见的办法》的通知，进一步加强“两个责任”在强化政治监督、做实日常监督、持续正风反腐、发挥监督执纪综合效能等方面的衔接和配合。2019 年 6 月，国家局党组与驻工业和信息化部纪检监察组联合印发《关于建立全面从严治党协同工作格局的意见》，明确并在实践中不断完善定期会商研究与经常性交换意见、日常发现问题与重要情况通报、线索联合排查、联合监督执纪与决定党员处分等工作机制。2020 年，先后开展两次专题会商、组织联合督导，督促推动行业政治生态建设和巡视整改等重点工作。配合驻工业和信息化部纪检监察组，与云南省纪委监委联合印发《关于建立全面从严治党主体责任会同监督机制和进一步加强监督执纪执法工作协作配合的意见（试行）》，探索“组、地、局”“两个责任”相互协同、有关工作相互配合的机制路径。

加强改进行业纪检监察工作。为进一步理顺行业纪检监察工作，逐步健全完善行业监督体系，研究制定《行业直属单位纪检组（纪委）考核办法（试行）》《关于加强和改进直属单位纪检监察工作的通知》2 项制度文件，从加强对纪检监察工作的领导、建立健全执纪审查领导工作机制、落实纪检组长（纪委书记）提名考察、改进纪检组（纪委）工作考核等方面作出具体规定。2020 年底开展首次纪检组（纪委）考核，研究确定考核等次意见，向全行业通报考核情况并一对一反馈考核结果，肯定成绩、指出问题、提出改进工作要求，发挥考核“指挥棒”作用，督促行业纪检监察机构发挥应有作用。从严从实加强自身建设，协调中国纪检监察学院，每年组织一期纪检监察干部业务培训班，努力造就高素质纪检监察干部队伍。

抓好中央巡视反馈意见整改，开展政治生态突出问题全面整改

做好十八届中央第九轮巡视反馈意见整改。2016 年 2—4 月，中央第二巡视组对国家局党组进行专项巡视。国家局党组坚持以习近平总书记系列重要讲话精神为根本遵循，贯彻落实中央专项巡视各项整改要求。紧扣专项巡视反馈意见和整改要求，召开专题民主生活会，深刻领会全面从严治党的极端重要性、抓好巡视整改的现实紧迫性。举办行业党组织书记主体责任培训班，把巡视整改作为强化全面从严治党主体责任的抓手和突破口，进一步明确任务、传授方法、压紧责任。中央巡视组反馈意见后，印发整改实施方案，将整改工作分解为 4 个方面、33 个具体问题、89 项具体任务，并逐项明确责任领导、责任单位、责任人员和完成时限；单列 12 项专项整治和专项治理，力求以重点问题的突破带动整改工作全面落实。巡视整改期间，召开 9 次党组会议、7 次局长办公会议，推动巡视整改由解决面上问题向解决深层次问题延伸，制定 65 个整改文件，其中规章制度 36 项，做到整改一个问题，完善一套制度，堵塞一批漏洞，固化巡视整改成果。2018 年 3—4 月，国家局党组以“整改不落实，就是对党不忠诚”的政治自觉，组成 28 个检查组，围绕中央专项巡视、国家局党组巡视和国家局审计发现问题的整改情况，对国家局机关和行业 65 家单位进行全覆盖式“回头看”现场检查。把持续抓好中央专项巡视整改作为全行业重大政治任务，全面验收巡视整改成果，严厉整治反弹反复，发现并推动整改具体问题，督促行业各单位新建和修订制度，严肃追责问责，起到政治复检、靶向治疗和正风肃纪的关键作用。

做好十九届中央第五轮巡视反馈意见整改。2020 年 5—7 月，中央第三巡视组对国家局党组进行常规巡视。国家局党组自觉把接受中央巡视和整改落实作为重大政治任务，以习近平总书记关于巡视工作的重要论述为基本遵循，认领问题、剖析根源，以高度政治自觉扛起整改主体责任。从党组做起、从自身改起，精心制定整改方案，把中央巡视指出的每一问题当作必答题，明确整改任务 30 项、整改措施 83 项，与政治生态突出问题全面整改以及主题教育检视发现问题整改、审计整改等贯通融合、一体整改。以上率下、严督实导，召开巡视整改动员部署会，建立“日整改 + 台账、周报告 + 评估、半月汇报 + 督导”的工作机制，抓机关、带行业、促基层，形成凝心聚力抓整改的“一盘棋”。突出重点、精准用力，坚决纠正上一轮巡视整改中原驻京办转为营销点后房产闲置、广东省局搬入地标性超甲级写字楼等突出问题。标本兼治、举一反三，强化履行核心职能，稳妥推进中国烟草总公司及相关体制改革，下好防范化解行业重大风险“先手棋”，加强对干部监督管理，制定完善制度规定 32 项，做到“当下改”与“长久立”相结合。

从严从实开展政治生态突出问题全面整改。落实中央纪委国家监委要求，从 2019 年 11 月开始，在全行业开展政治生态突出问题全面整改。国家局党组深刻汲取赵洪顺严重违纪违法案件教训，统筹行业上下、紧盯突出问题，从严从实、有力有序推进 18 项整改任务、55 条具体措施的落

实。通过召开再动员再部署会议，组织行业各级党组织召开警示教育会、专题民主生活会，副处级以上干部全员开展研讨交流，持续不断抓思想整改，引领带动问题整改。建立“一周一报告一通报、半月一汇报一研究”机制，国家局党组成员带队、分三批赴32家直属单位实地督导检查，问责处理整改不到位的领导干部，传导压实整改责任。突出重点事、聚焦重点人，开展选人用人、“圈子文化”、样品卷烟管理、香精香料和烟标（盒皮）印刷采购等专项整治，组织2.52万名行业各级领导班子成员和处级以上干部填报“九个有无”，运用“四种形态”批评教育帮助和处理2.35万人次，一体推进强力治标和长效治本，有效遏制和解决一些突出问题，行业党员干部特别是领导干部普遍受到震慑、教育和警醒，推动形成“严”的氛围。

坚定不移深化反腐败斗争

纠治“四风”，巩固落实中央八项规定精神成果。盯住重要时间节点，强化日常执纪监督，坚持节前发信号、严明纪律要求，节中抓检查、紧盯“四风”新变化新动向和违纪问题，节后严问责、加强通报曝光，形成高压态势。2016—2020年，行业共查处违反中央八项规定精神典型问题148起，处理216人，通报、曝光61起典型问题。贯彻落实习近平总书记重要指示精神，坚持从讲政治的高度部署开展形式主义、官僚主义集中整治。组织传达学习中央纪委关于形式主义、官僚主义典型问题的通报，把整治形式主义、官僚主义作为正风肃纪、反对“四风”的首要任务、长期任务。制定整治方案，行业各单位以调研排查开道，以纠正整改推进，推动集中整治抓出成效。落实党中央为基层减负要求，制定具体举措，集中整治形式主义、官僚主义，精文减会效果明显。对照《国家烟草专卖局主题教育期间能解决的问题清单》，牵头抓好整治形式主义、官僚主义，侵害群众利益等突出问题的整改落实，切实解决实际问题。

标本兼治，防治重点领域和关键环节廉洁风险。把人、财、物相对集中的重点领域作为风险防范关键，推动建立健全决策权、执行权、监督权制约协调的权力结构及运行机制。2016年中央专项巡视整改期间，深入开展工程建设项目、烟用物资采购、卷烟产品宣传促销三大领域专项治理，在此基础上，2017年5月，印发《关于深入开展防治系统性廉洁风险工作的意见》，全面加强行业作风建设、制度建设和廉政建设，解决懒政怠政、僵化封闭、政令不通、内外勾结、享乐奢靡、宽松软等6个方面突出问题。2019年，贯彻落实习近平总书记重要指示精神，整治领导干部利用名贵特产类特殊资源谋取私利问题，开展“天价烟”问题专项检查和集中整治，查处典型案件111起，处理300人，构建防治“天价烟”问题长效机制。加强对样品卷烟、盒皮包装、资金存储、项目建设、招投标等重点领域的监管，结合“两项整改”开展专项治理和检查，统筹建立长效治本机制。坚持严管厚爱相结合管理监督干部，既用监督加压，又用信任加力。多措并举强化对领导干部特别是“一把手”的监督，通过抓好“关键少数”带动“绝大多数”，国家局党组成员将与直属单位班子成员特别是“一把手”谈心谈话作为出差调研的“规定动作”，做到多过问、多提醒；落实领导干部任职回避、“一把手”异地交流、“人事、财务、项目三个不直接分管”、离开工作所在地事先请示报告等制度，把监督融入日常、做在经常。

保持高压态势，处置化解存量，强化监督遏制增量。2019年3月，印发《烟草行业运用监督执纪“四种形态”的实施办法（试行）》，督促行业各级党组织履行管党治党政治责任，精准把握运用“四种形态”，惩前毖后、治病救人，抓早抓小、防微杜渐。配合驻工业和信息化部纪检监察组、地方纪委监委严肃查处李泽华、卢平、何绍青、王殿贵等严重违纪违法案件。建立健全行业警示教育工作机制，多次召开行业警示教育大会，通报赵洪顺、李泽华等严重违纪违法案件，传达学习中央和国家机关警示教育大会精神，剖析行业查处的典型案例，编发领导干部典型案例警示录，推动开展经常性纪律教育，促进办案、整改、治理相贯通，筑牢拒腐防变的政治根基。加强与驻工业和信息化部纪检监察组的沟通协调，支持其履行职责，配合完成执纪审查、线索核实、专项调研、会务保障等工作，按照要求及时报告有关情况。

聚焦政治巡视职能定位，发挥巡视利剑作用

坚守政治巡视定位，推进行业巡视全覆盖。坚持把巡视作为落实全面从严治党主体责任、加强党内监督的重要抓手，学习贯彻习近平总书记关于巡视工作重要论述，落实

《关于中央部委、中央国家机关部门党组（党委）开展巡视工作的指导意见（试行）》，扎实推进行业巡视巡察工作。对照一届任期内巡视全覆盖目标，2016 年、2017 年分别开展两轮常规巡视，监督检查 45 家单位，完成党的十八大后国家局党组巡视全覆盖任务。2018 年，起草印发《国家局党组巡视工作规划（2018—2020 年）》，明确 65 家单位为常规巡视对象，基本按照平均每年开展两轮常规巡视安排，压茬推进全覆盖目标。截至 2020 年底，党的十九大以来累计开展 5 轮常规巡视，监督检查行业 41 家单位党组织，全覆盖完成率 63.1%，为完成全覆盖任务打下坚实基础。

落实巡视工作方针，提升巡视工作质量。以落实中央巡视工作专项检查整改任务为重要契机，全面落实“发现问题、形成震慑，推动改革、促进发展”巡视工作方针，坚持补短板、强弱项，以督促增强“四个意识”、坚定“四个自信”、做到“两个维护”为根本任务，以人民至上为价值取向，以“四个落实”为监督重点，以“四个对照”为监督标准，以“四个紧盯”为监督路径，持续深化政治巡视，加强指导督导，推动行业巡视巡察工作力度、广度、深度和效果不断提升。持续推进巡视工作规范化建设，制定印发巡视工作领导小组、巡视办、巡视组工作规则，每轮及时更新巡视工作手册，落实巡视报告问题底稿制度，建立组务会集体决策机制，深入推进“组办一体”工作模式，落实组办巡前座谈、巡中会商、巡后总结的工作机制，调整巡视汇报方式，优化巡视办同相关职能部门的协作配合机制，巡视工作制度和机制不断完善。坚持把巡视作为考验干部、锻炼队伍的重要平台，选优配齐巡视组人员，每轮巡视启动前均专门进行动员和培训，建立健全行业巡视人才库，有计划地安排人才库人员参加巡视工作，不断加强巡视干部队伍建设。

强化整改监督，做深做实“后半篇文章”。坚持抓整改从反馈开始，国家局党组成员及巡视工作领导小组成员出席党的十九大后第四、第五轮巡视反馈会议，巡视反馈的严肃性、权威性进一步增强。持续加大对追责问责和整改情况的审核把关力度，对标中央巡视做法，从第五轮开始对被巡视单位整改落实情况开展审核评估，针对整改推进不力、存在问题较多的单位，组成专门工作小组开展现场评估，整改责任和压力不断传导压实。加强整改成果综合运用，把解决共性问题、突出问题与完善制度相结合，及时移交巡视发现问题和有关建议，督促相关职能部门深入分析根源，堵塞管理漏洞，健全监督体系，规范权力运行，巡视标本兼治作用得到进一步发挥。

持续深化上下联动，完善巡视巡察战略格局。落实党中央部署要求，结合行业实际，探索方式方法，加快推动构建完善巡视巡察上下联动工作格局。2019 年，指导 19 家烟叶产区省级局（公司）全面开展烟叶收购站专项巡察。2020 年，组织开展巡察工作情况调研，了解掌握行业巡察工作总体进展情况，制定《关于直属单位党组（党委）开展巡察工作的指导意见（试行）》，对直属单位党组织开展巡察工作原则、对象范围、机构设置、工作程序、工作要求、组织保障等进行明确规范。行业有 53 家直属单位党组织成立巡察机构，开展巡察监督。

国家局、总公司机关建设

旗帜鲜明讲政治，推进机关政治建设。开展强化政治机关意识教育。组织国家局、总公司机关各部门各单位党组织采取集体学习、研讨交流、专题培训等多种方式开展学习，教育引导机关党员干部不断强化政治机关意识，在对标对表中把好政治方向。国家局党组成员及机关各部门各单位党组织书记围绕“强化政治机关意识、走好第一方阵”主题讲授专题党课，提升机关党员干部带头做到“两个维护”的思想自觉、行动自觉。深入开展“不忘初心、牢记使命”主题教育。精心安排部署，制定具体方案，把学习教育、调查研究、检视问题、整改落实 4 项重点措施贯通起来、统筹推进。印发主题教育期间能够解决的问题清单和专项整治具体实施方案，开展整改落实情况“回头看”工作，推动“不忘初心、牢记使命”主题教育常态化、长效化。支持脱贫攻坚，履行定点扶贫政治责任，制定帮扶方案，从党费中拨付专项资金用于支持国家局定点扶贫县脱贫攻坚和驻村第一书记开展工作。做好机关新冠肺炎疫情防控工作，制定印发机关疫情防控应急预案和有关工作通知，落实防控责任，强化防控措施落实落地，健全疫情防控常态化机制，确保防控工作全覆盖、无死角。

深化理论武装，加强机关思想建设。发挥国家局党组理论学习中心组的示范带动作用，通过集中学习、专题讲座、交流研讨、实地参观等多种学习方式，巩固深化学习成果，带动机关党员干部学习。教育引导机关党员干部持续深化理论武装，抓好党的十九大之后历次全会精神的学习宣传工作，学习贯彻习近平总书记重要讲话精神和党的重要会议、重要文件精神，组织机关各部门各单位党组织和党员干部读原著、学原文、悟原理，自觉做到学习跟进、认识跟进、行动跟进。加强机关党员干部教育培训，选派司处级干部参加国家局党校学习，组织机关处以上干部参加“学习贯彻习近平新时代中国特色社会主义思想和党的十九大精神”等专题培训班，引导机关党员领导干部先学一步、学深一层；成立机关青年理论学习小组，先后举办《习近平的七年知青岁月》《习近平在正定》《习近平在厦门》《习近平在宁德》等主题读书论坛，选树青年学习标兵，抓实青年干部学习教育；扎实开展党史、新中国史、改革开放史、社会主义发展史教育，强化形势政策教育，组织参观“伟大的变革——庆祝改革开放40周年”等大型展览，引导机关党员干部坚定理想信念，听党话、跟党走。做深做实思想政治工作，组织参加中央和国家机关工委机关干部思想政治在线调查，有针对性地做好思想政治工作，充分发挥政治引领、理顺情绪、化解矛盾、解疑释惑的作用。

抓实建强基层党组织，不断强化机关组织建设。建强机关党的基层组织体系，按照党支部建在司局、党小组建在处室的要求规范组织设置，督促指导国家局、总公司机关各部门各单位党组织按期换届，支部委员出现空缺及时增补，规范党小组设置。落实党的各项组织生活制度，督促指导机关各部门各单位党组织学习贯彻《中国共产党支部工作条例（试行）》《中国共产党党和国家机关基层组织工作条例》，严格落实“三会一课”制度，组织开展“三会一课”落实情况专项检查，对机关各部门各单位党组织民主生活会实现督导全覆盖。抓实抓好党支部建设，推动机关党建工作高质量发展。做好党员教育、管理、监督和服务工作，贯彻落实《中国共产党发展党员工作细则》，坚持政治标准发展党员；根据机关党组织和党员群体不同特点，制定印发具体方案，加强机关党组织和党员分类管理水平；做好党费收缴、使用、管理和党员组织关系接转工作，开展春节、“七一”党员慰问。加强党务干部队伍建设，利用红色教育基地以及网络培训、以会代训等方式开展党务干部教育培训，不断提升专兼职党务工作者履职能力，为机关党建工作的顺利开展提供有力保障。

常抓不懈强作风，持续改进机关作风建设。持之以恒纠治“四风”，紧盯元旦春节、“五一”端午、中秋国庆等重要节点，印发廉洁过节通知，及时通报典型案例，切实做好廉洁过节的教育和提醒工作；落实国家局党组关于解决形式主义问题的具体措施，组织开展集中整治形式主义、官僚主义自查自纠工作。推进节约型机关建设，机关各部门各单位党组织召开专题组织生活会进一步强化思想认识，厉行节约、反对浪费。

坚持反腐倡廉不松劲，扎实推进机关纪律建设。开展经常性纪律教育和廉政教育，组织机关全体党员干部开展党风廉政知识测试，开展“以案释纪明纪，严守纪律规矩”等主题警示教育月活动，组织集中观看警示教育片，印发典型案例通报，以案示纪、以案明纪。贯通运用监督执纪“四种形态”，加强信访举报和问题线索的处理处置。结合实际用好第一、第二种形态，持续加大执纪审查力度。严把干部廉政审核关，完善党员干部廉政档案，实现动态管理，努力把好选人用人廉洁关。

发展计划与经济运行

制定行业发展规划

2016年6月7日，印发《国家烟草专卖局关于印发烟草行业“十三五”规划的通知》，提出“十三五”时期行业发展的指导思想、基本原则、发展理念、发展目标、基本定位和发展任务。2016年7月22日，印发《国家烟草专卖局关于烟草行业“十三五”规划发展任务部门分工的意见》，对“十三五”时期行业的11项主要发展任务进行部门分工。2019年5月22日，印发《国家烟草专卖局关于印发烟草行业“十三五”规划实施中期评估报告的通知》，总结“十三五”规划实施进展情况，分析存在的问题和挑战，合理调整部分预期指标，明确强化规划实施的主要措施。2020年2月19日，印发《国家局办公室关于做好烟草行业“十四五”规划编制工作的通知》等文件，明确行业“十四五”规划编制的时间表、路线图。截至2020年底，先后完成11个重点课题研究报告，《烟草行业“十四五”规划基本思路》《“十四五”时期行业发展主要预期指标表》《行业“十四五”规划框架稿》等编制工作，组织召开7场规划编制系列座谈会并通过内网向行业干部职工征集意见建议，开展两次面向50万名消费者的调查工作，丰富规划编制信息来源。

行业高质量发展政策体系

2018年9月6日，国家局印发《关于做好谋划和推动行业高质量发展有关工作的通知》，围绕制定烟草行业高质量发展实施意见这一总纲，以及优化烟草生产力布局、推进供给侧结构性改革、建设支撑行业高质量发展的创新体系、建设充分发挥市场作用更好发挥政府作用的运行体系、提升国有企业核心竞争力等方面的配套政策措施文件，新一轮科技发展规划、中长期人才培养规划2个专项规划，组织开展22个课题研究，认真谋划和提出切实可行的目标任务和政策措施。2019年2月1日，印发《中共国家烟草专卖局党组关于建设现代化烟草经济体系推动烟草行业高质量发展的实施意见》，全面落实中央精神，紧密结合行业实际，确立战略思路，明确基本遵循和内涵要求，确定主要目标和主攻方向，部署重点任务、重大举措。2019年6月14日，印发《国家烟草专卖局关于印发促进烟草行业高质量发展相关配套政策措施和专项规划的通知》，随后印发6份配套政策措施和2个专项规划，与《中共国家烟草专卖局党组关于建设现代化烟草经济体系推动烟草行业高质量发展的实施意见》共同构成行业"1+6+2"高质量发展政策体系，明确行业高质量发展的时间表、路线图。对各部门各单位贯彻落实《中共国家烟草专卖局党组关于建设现代化烟草经济体系推动烟草行业高质量发展实施意见任务分工方案》情况进行分析评估，形成行业高质量发展评估报告。

"两烟"计划管理

坚持稳中求进工作总基调，贯彻落实"总量控制、稍紧平衡，增速合理、贵在持续"方针，坚定不移推进"三去一降一补"重点任务，积极应对"十三五"初期产销下降、库存积压、效益下滑的困难局面，因时因势、循序渐进调整卷烟产销及烟叶种植计划总量，推动卷烟工商库存、社会库存降至合理水平，烟叶库存总量和库存水平持续双下降，扭转生产经营下滑势头，烟草供需关系得到优化、供给结构与质量不断提升，市场状态持续改善，发展质量和效益持续提高，主要经济指标不断创造历史最好水平。统筹稳增速、去库存、育品牌、保供应等目标，对卷烟生产及调拨计划进行差异化调整，合理调节经济增长目标，保持经济运行在合理区间。坚持以供给侧结构性改革为主线，深化以品牌为核心的计划资源配置方式改革，推动优化卷烟生产力布局试点，探索新形势下互利共赢、深化合作的新模式，促进资源合理流动和优化配置，减少品牌发展上的重复同质化竞争。根据产销形势变化，有针对性地下达合作生产专项计划及低价位卷烟产销计划，引导企业稳定合作生产，保障中低价位卷烟有效供给。进一步推动烟叶供给侧结构性改革，将烟叶种植计划下达至地市级烟区，结合各工业企业的卷烟产量、烤烟库存和消耗情况，科学合理安排烤烟调入计划，推动烟叶生产布局调整、供需结构优化。

一体化平台建设

贯彻落实国家局党组决策部署，启动全国烟草生产经营管理一体化平台建设，统筹二维码应用，推动行业数字化转型。印发《国家烟草专卖局办公室关于印发全国烟草生产经营管理一体化平台项目建设组织架构方案的通知》《国家烟草专卖局办公室关于印发全国烟草生产经营管理一体化平台建设及营销先行建设试点工作方案的通知》，计划利用四年左右的时间完成包括一个云平台、两个中台、四大企业应用、两大行业应用在内的一体化平台"1242"总体架构建设。起草《全国烟草生产经营管理一体化平台项目办公室工作规则》，细化项目办、项目组的职责分工和工作细则；制定《一体化平台建设任务进程表》，明确任务目标，压实各方主体责任。在具体建设上，基于一体化平台"1242"总体架构，将平台建设分解为可落地的重点工程项目，把一体化的目标作为建设着力点，把销售先行作为建设切入点，把云平台、二维码与农、工、商、政四大核心应用作为建设落脚点，"十三五"时期各项工作按照进度推进，一体化平台项目建设迈出坚实步伐，实现实质性突破，取得重要阶段性成果。

"十三五"时期行业经济运行概况

宏观调控的有效性稳步增强。面对2016年初期产销下降、库存积压、效益下滑的困难局面，行业坚持"总量控制、稍紧平衡"，经济运行触底上扬，生产经营下滑势头得

到扭转；2017 年、2018 年呈现稳中向好势头；2019 年，国家局党组在“总量控制、稍紧平衡”的基础上，提出“增速合理、贵在持续”，形成新的适应行业高质量发展的“十六字”方针，同时坚持以市场需求为导向，以存销比数据为参考，结合企业实际情况，合理安排月度生产计划，实现行业的经济运行稳中向好。“十三五”时期，行业始终坚持“以销定产”精准调控思路，强化经济监测预测预警，提高跨周期、逆周期调节能力，把握经济发展主动权，不断丰富和完善调控手段，持续改善市场供求关系，宏观调控的有效性稳步增强。行业产销规模平稳回升，行业产品结构较快增长。全国卷烟商业平均单箱销售收入快速增长，年均增长 3.9%，供需平衡的堵点难点逐步打通。

市场状态的稳定性持续向好。“十三五”时期，行业始终把保持良好的市场状态放在优先位置，紧盯价格“晴雨表”，调整库存“蓄水池”，产销失衡、库存高企、价格低迷等问题逐步得到化解，市场状态持续向好。卷烟市场价格稳步提升。卷烟整条零售价格指数从 2016 年的 93.59% 上升至 2020 年末的 98.43%，提升 4.84 个百分点；全国重点品牌规格监测的顺价率从 2016 年的 7.69% 上升至 2020 年末的 82.69%，提升 75 个百分点。零售户信心显著增强。零售户综合毛利率从 2016 年的 7.4% 上升至 2020 年末的 10.43%，提升 3.03 个百分点；零售户满意度从 2016 年的 85.1 分上升至 2020 年末的 88.37 分，提高 3.27 分，连续 10 年保持增长。卷烟工商库存和社会库存稳步回落。卷烟工商库存年均下降 10.08%，卷烟社会库存年均下降 6.7%。

重点品牌的带动性愈发凸显。“十三五”时期，行业提出“136、345”品牌高质量发展目标，加快构建以品牌为核心的资源配置模式，形成以品牌引领技术进步、促进结构提升、带动行业发展的良好格局。重点品牌销量持续增长。重点品牌销量规模年均增长 2.26%，重点品牌占全国销量比重从 83.68% 提高到 89.68%。2020 年，一、二类卷烟销量超过 100 万箱的品牌有 8 个，销售额超过 600 亿元的品牌有 9 个。“136、345”潜力品牌发展集群基本形成。创新品类卷烟发展态势良好。新品类卷烟销量年均增长 42.18%，占全国销量比重从 3.73% 提高到 14.96%，年均提高 2.81 个百分点；新品类卷烟单箱结构年均增长 3.69%，其中，细支烟年均增长 36.47%、中支烟年均增长 60.9%、短支烟年均增长 56.35%。国产传统雪茄销量年均增长 46.87%。

管理创新引领性逐年显现

精益管理和管理创新工作取得进展。“十三五”时期，行业落实“1+6+2”高质量发展政策体系，不断地推进精益管理，不断地强化过程管理，管理创新工作取得明显成效。引导卷烟工厂推进智能化升级改造，探索“两化”融合智能制造新途径和智能工厂新模式，工厂数字化转型进一步提速。推进对标管理工作。探索开展分层分类对标，首次在物流领域实现商业企业分层分类对标，构建商业企业物流运行指数，对标指标体系和工作机制不断健全。与“十二五”期末比较，省级工业企业有 20 个对标指标水平提升，15 个标杆值提高；省级商业企业有 8 个对标指标水平提升，6 个标杆值提高。开展质量管理体系转版工作。行业共有 346 家市局（公司）和 16 家省级工业公司完成体系转版并进入正式运行。推进管理诊断下基层工作。5 年间，帮助基层企业找问题、出对策、促提升，累计查找管理问题 3.52 万个，制定提升措施 4.14 万项。降本增效工作取得较好效果，行业超额完成降本增效目标额度。与“十二五”期末比较，工业企业生产成本占销售收入比重从 24.8% 下降到 22.58%；商业企业三项费用率从 5.1% 下降到 4.66%；物流费用率从 0.87% 下降到 0.77%，人均配送效率增加 91 箱。节能减排工作成绩显著。行业贯彻落实绿色发展理念，依靠管理和技术进步，提高能源使用效率，减少污染排放，节能减排预期目标全面完成。与“十二五”期末比较，万元工业增加值能耗下降 19.2%，二氧化硫、化学需氧量和氮氧化物排放分别下降 81.7%、41.6% 和 60%。物资供给保障工作持续加强。行业持续加强丝束宏观调控，开展物资网上交易自查和交叉检查。与“十二五”期末比较，丝束库存下降 23.3%；采购交易更加规范，卷烟材料公开招标比例由 96.19% 提升至 98.36%，提高 2.17 个百分点；完成进口物资网上交易工作，实现烟用物资统一计划管理，统一网上交易，采购效率明显提高。

坚持创新引领，打造发展新优势。完善 QC 评审机制。加强 QC 诊断师队伍建设，加大 QC 成果推广力度，“十三五”时期，全行业累计取得 QC 课题成果 3.82 万项，创造直接经济效益 44.28 亿元。2016 年，印发《国家烟草专卖局办公室关于开展烟草行业“精益十佳”课题和个人评选工作的通知》，行业各单位共推荐参评“精益十佳”课题 168 个，覆盖生产经营的主要环节，年化效益超过 30 亿元。2020 年，印发《关于征集发布“提升企业核心竞争力典型案例”的通知》，行业各单位推荐参评案例157个，从内容分布看，涉及原料保障、产品研发、智能制造、市场拓展、渠道管控、物流服务、装备保障等不同环节，呈现出覆盖面广、创新度高、贡献度大的特点；编制《关于促进烟草行业高质量发展提升国有企业核心竞争力的若干政策措施》，进一步把握企业功能定位，推动企业质量变革、效率变革、动力变革。

坚持提质增效，做好精益管理。自2016年起，每年印发行业工商企业降本增效目标，督促企业建机制、强约束，大力控成本、降费用。2019年国家局组织15个工作组分赴36家省级工商企业开展专项调研，召开降本增效专题研讨会，推进降本增效工作。逐年优化降本增效统计口径，引导工商企业着眼提升投入产出效率，向提高质量、科学控本、管理增效持续发力。

安全生产保障能力持续加固

“十三五”时期，行业安全生产工作围绕党中央、国务院关于安全生产的工作部署，按照“全覆盖、零容忍、严要求、重实效”的总体要求，共查出隐患3000余项，对大检查中发现的共性问题及安全管理不力的个别单位进行全行业通报，同时开展学术论文征集评选，形成优秀论文132篇，注重成果应用，解决安全管理难题。

坚持综合治理，抓好安全生产。加强标准建设，修订《烟草企业安全生产标准化规范（第1—3部分）》《烟草企业安全生产标准化规范考评检查标准》《〈烟草企业安全生产标准化规范〉解读》，印发《烟草行业生产安全事故应急预案》《烟草企业安全风险分级管控和事故隐患排查治理指南》等指导性文件。加强隐患排查，每年组织开展行业安全生产大检查，实现全年对行业各直属单位检查的全覆盖；每年组织开展交通、消防、电气、粉尘防爆安全管理专项检查，对醋纤企业、上海庙煤矿企业、所属卷烟工厂和烟机企业等重点单位进行安全专项检查和督查。

董事会工作

履职尽责，落实工作部署。制定工作要点，明确年度重点工作。落实年度全国烟草工作会议精神和国家局党组的各项工作部署，加强对18家省级工业公司董事会工作的指导，统筹做好年度董事会工作，从2017年开始，每年年初董事会工作办公室研究制定年度《董事会工作要点》，印发各公司董事会、董事会办公室参照执行。做好科学决策，开好董事会会议。履行董事会主要职责，组织召开董事会现场会议和书面会议，把好议题审核关、政策依据关、会议程序关、文本规范关，确保董事会各项决策符合国家法律法规、行业政策规定和国家局党组要求，确保国家局党组各项工作部署在各公司贯彻落实。2016—2020年，共召开董事会会议893次，其中，现场会议168次、书面会议725次；审议议案3928项，听取报告922项，形成决议3186份；形成并向主管副局长上报年初和年中董事会会议情况报告10份，其中1份报告国家局领导批示请运行司阅研。关注运行状态，落实年度发展目标。贯彻“总量控制、稍紧平衡，增速合理、贵在持续”调控方针，统筹推进稳运行、优结构、育品牌、降库存、控成本、增税利工作，研究各公司面临的困难和问题，持续关注各公司运行态势、重点品牌发展、税利完成和创新研发等情况。贯彻政策体系，助推高质量发展。贯彻落实行业“1+6+2”高质量发展政策体系，2019年，配合有关部门完成行业高质量发展指标体系、提升烟草企业核心竞争力、推进市场化取向改革等配套政策研究制定和相关工作。指导各公司树立发展信心，坚持战略引领和问题导向，强弱项、补短板，在学习领会行业高质量发展政策体系的基础上，研究制定本公司高质量发展的具体规划和措施。2020年，结合中央巡视整改，各公司董事会会同经理层，抓好高质量发展政策体系落实落地，完成18家省级工业公司高质量发展方案审议工作。督促公司做好“十三五”规划总结评估，按照高质量发展政策体系要求做好“十四五”规划编制准备工作，做好与行业高质量发展政策体系的有机衔接，推动公司高质量发展。抓好疫情防控，为企业纾困解难。2020年，各公司董事会在疫情发生第一时间对采购防控物资等需要董事会审议决策的事项，按照“特事特办、急事先办”的原则及时进行审议和决策；复工复产后，会同公司经理层，进一步完善工作预案、细化工作举措、坚持分类施策，统筹抓好疫情防控和生产经营工作。董事会工作办公室全面了解18家公司疫情防控情况和复工复产所面临的困难，形成《18家省级工业公司复工复产情况的报告》并及时向国家局领导反映实际情况，得到局领导肯定批示；加强与相关部门的沟通，努力推动各公司复工复产。

强化管理监督，抓好整改落实。提高政治站位。把做好中央巡视整改和政治生态突出问题全面整改作为一项重大政治任务抓好落实，将整改工作与加强党的建设、构建良好政治生态、深化管党治党有机结合起来，与提升公司治理能力和治理水平、促进公司高质量发展有机结合起来，确保按时完成各项整改任务。抓好问题整改。2016年，按照《中共国家烟草专卖局党组关于印发国家烟草专卖局党组专项巡视整改实施方案的通知》要求，成立董事会工作办公室落实中央专项巡视整改任务工作小组，制定具体整改措施；利用召开董事会会议、基层调研、听取各公司工作汇报、座谈交流等时机，强化各公司对"认真履行全面从严治党的政治责任、加强党风廉政建设和反腐败工作"重要性的认识，要求各公司严格按照中央巡视组要求和国家局党组安排，切实抓好各项整改任务落实，发挥董事会管理监督作用，发挥管理委员会、预算委员会、薪酬委员会的决策咨询作用。2019年，落实行业政治生态突出问题全面整改工作要求，制定有关任务清单，研究制定具体整改措施，开展"九个有无"问题自查自纠，配合做好部门政治生态专题调研，及时通报赵洪顺案件有关情况，深入开展党风廉政建设和法制教育。2020年，落实国家局党组巡视整改工作方案要求，召开部门整改专题座谈会，研究制定具体整改措施；就公司高质量发展方案制定与完善、基本制度修订、单一来源采购方式规范管理等工作，督促各公司扎实推进整改，配合有关部门按期完成整改；推进巡视反馈的机关党建问题整改工作，按照主题教育整改落实要求，完成涉及本部门的问题整改任务。落实政治生态整改方案要求，增加香精香料采购、烟标（盒皮）采购等5个涉及政治生态突出问题整改工作的专题议案；督促各公司扎实推进整改，根据各公司上报的整改工作情况，制作由184项指标构成的政治生态突出问题整改工作进度表，推动各公司按要求完成整改任务。构建长效机制。梳理整改工作取得的成果，做好整改成果制度转换工作，将整改成果通过基本制度修订予以固化，形成长效机制。各公司董事会均完成公司基本制度修订的审议工作，共修订10个方面346项基本制度，其中涉及政治生态突出问题全面整改的条目863个。

完善公司治理，推进管理升级。修订完善公司基本制度。2016年，组织9家公司董事会办公室对《董事会议事规则》《董事会工程投资　物资采购　宣传促销管理委员会工作规则》《董事会薪酬委员会工作规则》《董事会预算委员会工作规则》《董事会办公室工作规程》等6项董事会工作制度开展修订工作，从董事会职权范围、工作程序、操作性、一致性等方面对原工作制度提出修订意见。2020年，对18家公司的董事会工作制度和涉及公司制度管理、战略管理、投资管理、财务管理、市场营销管理、生产管理、人力资源管理、采购管理、科技与创新管理等10项内容基本制度进行修订完善。修订完善公司章程。2017年，按照《中共国家烟草专卖局党组关于扎实推动把党建工作要求写入公司章程的通知》要求，组织18家公司进行公司章程的修订，将党建工作总体要求写入公司章程，落实党组织在公司法人治理结构中的法定地位和制度安排；按照国家局党组要求，在当年8月底前完成公司章程初审把关和董事会审定上报等工作。各公司董事会落实公司党组讨论研究是董事会决策重大问题的前置程序，由董事会决定的重大事项先经公司党组讨论研究后，再由董事会作出决定。修订《董事会工作文本格式》。为进一步规范董事会决策行为和决策程序，2017年，按照国家局新批复的各公司章程，结合董事会实际运作中的经验做法，对《董事会工作文本格式》中33个文书类、33个议案类等内容进行修订；2018年，对《董事会工作文本格式》进行6个方面300余处修订。推进监事有效履职。2016年，印发《关于进一步加强监事工作的通知》，对进一步履行监事工作职责、完善监事履职方式和做好监事服务工作提出明确要求，健全监事工作报告制度。2017年，开展监事工作摸底调研，研究探索监事有效履职模式。2020年，建立监事工作情况反馈机制，推动监事履职尽责。审阅各公司上报的年度监事工作报告，形成年度监事工作情况报告，报主管局领导审阅。其中，2019年度和2020年度监事工作情况报告得到局领导肯定批示。做好董事会换届，董事、监事调整。建立完善各公司董事会届期和人员基本信息台账；配合人事司完善董事会换届和董事、监事调整机制，每半年向人事司提交董事会换届和董事、监事调整建议。2016—2020年，董事会工作办公室向人事司提交调整建议10份，配合人事司完成19家公司董事会换届及59家公司董事调整、13家公司监事调整工作。

开展调查研究，提升决策水平。围绕行业中心工作和董事会工作职责，采取实地调研和集中调研等方式，每年开展专题调研。落实国家局领导有关工作要求，做好专项调研。2018年，就"培育十多个规模大、价值高、竞争力强的全国性品牌"开展调研，形成《行业重点品牌分析报告》；按照国家局统一部署，参与3个行业高质量发展课题研究。2016—2020年，就董事会建设、投资预算采购管理、制度建设、加强党的领导等6个方面专题开展调研，形成《关于建立采购目录的指导意见》《关于落实行业党建工作要求、完善省级工业公司内部治理的调研报告》等调研报告15份。督促各公司董事会办公室结合公司生产经营情况，围绕董事会有关工作开展专题调研，撰写调研报告，提升董事会办公室的履职能力和服务水平。2017—2020年，18家省级工业公司董事会办公室上报专题调研报告近100篇。

加强业务培训，抓好队伍建设。加强部门干部队伍建设。积极协调人事司等相关部门，充实配备专职董事，通过统一招聘、行业和部门交流、选派挂职干部等多种方式，充实配备处室工作人员。组织开展董事会业务培训。加强对行业董事会工作人员的培训和工作指导，2018 年，组织行业省级工业公司现代企业制度培训班，18 家公司 50 名董事会工作人员参加培训。组织开展工作座谈。加强工作交流，2019 年，组织 10 家公司开展董事会工作座谈会，就党建工作开展、谋划推动高质量发展、提高董事会科学决策水平等方面工作开展专题交流研讨，听取意见建议，相互借鉴提高；组织部门人员赴南纤公司深入了解法人治理结构和董事会建设及运作情况，交流先进做法，学习先进经验。

社会责任

《烟草行业对国民经济和社会发展贡献分析研究报告》

建立烟草经济社会贡献指标体系。《烟草行业对国民经济和社会发展贡献分析研究报告》立足于提升行业软实力，为系统量化烟草行业对国家、地方经济和社会发展的贡献构建一套探索性科学方法和理论体系。构建纵向覆盖烟草全产业链，横向关联 143 个国民经济产业部门的烟草行业对国民经济和社会发展贡献指标体系，包含经济贡献、社会责任和响应“一带一路”倡议等 3 个层级、15 个维度、232 项基础指标。全面系统反映行业对国家、地方经济和社会发展的贡献，为行业树立良好社会形象、加快补齐软实力短板构建科学理论体系。

构建烟草贡献量化分析模型。综合运用国民经济核算理论、投入产出理论、产业关联分析理论和数据剥离技术等方法，基于公开发布的投入产出表及宏观经济数据，结合行业经营数据，多维度构建烟草行业及分省烟草投入产出数学模型，为系统量化烟草行业对国民经济及关联产业的贡献和带动作用提供科学测算方法。

量化展现烟草行业在国民经济和社会发展中的作用和地位。根据国民经济产业分类标准，将烟草产业链分为烟草制品、烟叶种植、烟机设备、卷烟批发、卷烟零售、烟草物流 6 个关键节点，对行业与关联产业的联动关系开展全面性系统性研究，实证分析 2017—2019 年烟草行业在促进经济发展、保证财政增收、稳定社会就业和践行社会责任等方面的贡献，运用大量数据，量化展现烟草行业在国民经济和社会发展中的作用和地位。

把握烟草行业高质量发展着力点。烟草行业对国民经济和社会发展的突出贡献，为行业高质量发展营造良好的内外部环境和舆论氛围，有利于提升行业软实力，有力推动行业高质量发展。由于发展速度不同，行业在发展过程中也存在发展不平衡的短板，通过课题分析，探索建立烟草行业创新指数体系，研究测算党的十八大之后行业及分地区创新指数情况，对比分析发现行业创新发展能力略低于全国平均水平，为行业高质量发展提供更好的抓手和着力点。

研究结果显示，2019 年，烟草行业的经济贡献能力稳步提升，上缴国家财政加快增长，创造社会就业岗位持续增多，创新发展能力尚需提高，履行社会责任能力不断增强。

卷烟生产力梯度结构性转移试点

从党和国家工作大局中找准定位，主动融入区域重大战略、区域协调发展战略，创新开展卷烟生产力梯度结构性转移工作，发挥区域比较优势，促进资源要素合理流动、高效运行，塑造卷烟工业企业协调、协同、共同发展的新格局。以江苏省和陕西省扶贫协作、浙江省对口支援三峡库区为背景，以原有合作生产关系为基础，以定点工厂建设为载体，推动江苏与陕西、浙江与重庆卷烟工业企业先行试点，打造跨区域产业合作升级版。2020 年 12 月，试点合作框架协议签订仪式在浙江杭州举行，标志着试点工作进入全面推进的新阶段。

助力脱贫攻坚

发挥烟草行业体制优势，助力贫困地区脱贫攻坚。“十三五”时期，烟草行业学习贯彻《中共中央　国务院关于打赢脱贫攻坚战的决定》《中共中央　国务院关于打赢脱贫攻坚战三年行动的指导意见》等文件精神，依托烟草行业体制优势和资金优势，不断增强组织领导、完善帮扶机制、健全制度保障、加大投入力度、优化干部派驻、创新帮扶方式，完成脱贫攻坚各项任务。2016—2020 年，烟草行业向定点扶贫地区、集中连片特困地区、三区三州等深度贫困地区、革命老区、边疆地区以及经济落后地区安排扶贫捐赠预算资金82.59亿元，其中国家局、总公司机关本级直接投入16.36亿元。在烟叶计划和产量持续调减的情况下，国家局将维护烟农利益及促进贫困地区经济发展作为烟叶政策制定的出发点和落脚点，力保贫困地区烟叶种植面积稳定、带动就业稳定、缴纳税收稳定。做精烟叶产业。“十三五”时期烟叶产业为贫困地区烟农带来938.8亿元收入，为地方政府创造206.5亿元税收。优化烟叶政策。“十三五”时期，烟草行业累计投入烟田基础设施补贴107.9亿元，建设水利设施、机耕路、农机等项目77.9万个；援助建设水源工程150件，累计拨付援建资金117.5亿元；为帮助贫困烟农调整产业结构，自2018年开始对贫困县烟农调减的种烟面积给予每亩400元补贴，累计补贴3.4万户烟农8708万元。发展多元化产业，持续推动烟叶转型发展。2017—2019年，全国种烟地区多元化总产值238.4亿元，助力261个国定贫困县脱贫“摘帽”，带动12.1万户贫困烟农脱贫致富。“十三五”时期，行业各级单位在国家局党组的统一领导下，将扶贫工作作为重要政治任务摆在首位，截至2020年10月，烟草行业1000多家法人单位均有专门负责扶贫工作的部门或工作人员，全行业共派驻扶贫干部2.72万人，其中第一书记851人、驻村工作队2132人、结对帮扶干部2.42万人，共帮扶30个贫困县、2225个贫困村、15.08万户贫困户、49.26万贫困人口脱贫致富。

聚焦精准扶贫基本方略，保质保量完成定点扶贫各项任务。国家局自2002年、2013年、2016年分别定点扶贫湖北十堰竹溪县、竹山县和宁夏吴忠红寺堡区，贯彻精准扶贫精准脱贫基本方略，聚焦“两不愁三保障”、产业扶贫、消费扶贫、教育扶贫等核心环节和短板弱项，截至2020年底，累计投入无偿帮扶资金5.84亿元，派驻挂职扶贫干部21名。自2017年开展扶贫培训工作起，累计培训扶贫干部1888人（含行业扶贫干部881人）、技术人员9184人；自2018年开展消费扶贫工作起，累计采购和帮助销售农产品1.84亿元。在行业烟叶种植面积持续调减的情况下，力保竹溪县和竹山县烟叶种植面积稳定。“十三五”时期，两县种烟面积稳定在4.5万亩左右，累计收购烟叶43.68万担，累计种烟收入6.45亿元，上缴税款1.3亿元。在国家局的持续帮扶下，竹溪县累计脱贫3.5万户11万人，竹山县累计脱贫4.8万户14.7万人，红寺堡区累计脱贫1.3万户5.1万人。2020年4月，竹溪县、竹山县和红寺堡区顺利脱贫“摘帽”。

探索乡村振兴

2020年，在国家局指导下，竹溪县在山沟里连片的4个村整村推进综合打造“国烟综合示范区”，3名挂职干部下沉到3个村担任村第一书记加强党建扶贫，2018—2020年投入1.3亿元，有效带动1456户4950人脱贫致富，辐射10个村8502户群众受益。捐赠8188万元援建鸳鸯池水库，加宽加固河道5千米，为村饮水点配备水质净化消毒设备70套，解决沿途39个村1.68万亩农田灌溉和24.2万人饮水安全问题；加强基础设施和公共服务建设，助力建设小学和幼儿园5所，配套建设文化广场、扶贫超市，引导群众开展环境整治，助力基层治理体系和治理能力提升；投入近千万元发展有机农业和养殖业，茶叶发展到8000余亩、烟叶400亩、香菇70万棒、蔬菜大棚18座；投入2700万元建设农产品深加工产业园，引入企业将茶叶、辣椒、豇豆、菌菇等农产品深加工成泡菜、香菇粉和香菇酱等，同时引导行业对农产品进行消费扶贫，打造“种养加消”造血全产业链条；引导当地农户配套农家乐20余家，片区服务业和生态旅游业逐步壮大成熟。建成“产业最兴旺、收入最稳固、环境最宜居、乡风最文明、生活最幸福”的综合片区，为脱贫攻坚衔接乡村振兴提供烟草方案。

烟叶生产经营

严控烟叶供给总量

坚持“控总量、守红线、降库存”，以去库存为主要任务，持续开展烟叶总量调控，严控烟叶种植规模，严守烟叶计划红线。自2014年起，启动收购总量调减。“十三五”时期，烟叶总量压缩19.28%。烟叶库存总量和库存水平从2017年开始实现“双下降”。

烟叶供给结构与质量不断提升

坚持“优质、特色、生态、安全、高效”的烟叶生产发展方向，持续优化烟区生产布局，稳步实施烟叶田间结构优化，做实做优烟叶基地单元，扩大定向生产规模，优化进口烟叶采购结构，烟叶供给质量水平显著提升。推进烟叶流通体制改革，专分散收、原收原调、均质化复烤加工稳步推广。2020 年，全国烟叶收购上等烟比例 68.19%，比 2015 年提高 10.05 个百分点，达到历史最高水平。烟叶供给结构和质量的持续提升，有效支撑一、二类卷烟品牌发展对高结构、高质量烟叶的需求。

现代烟草农业建设向纵深发展

“十三五”时期，行业累计投入烟叶基础设施补贴资金 106.74 亿元，建设项目 79.24 万件；拨付水源工程援建资金 122.12 亿元、水源工程完工项目 188 件，烟区农业综合生产能力和抗御自然灾害能力显著提升。烟叶生产组织形式加快转型，烟叶户均种植规模达到 15.8 亩，百亩以上连片占比 69.9%，累计培育职业烟农 28.6 万户，烟农专业合作社优化整合至 1172 家，机耕、起垄、移栽、覆膜、中耕等重点环节平均机械化作业率达到 48.8%，持续扩大推广植烟土壤保育、绿色高效植保、水肥高效利用、低碳精准烘烤等绿色高效生产技术，烟叶生产现代化水平进一步提升。

烟叶与多元产业融合发展

行业把烟农增收作为助力脱贫攻坚和乡村振兴的重要实践，2017—2019 年先后在贵州毕节、安徽皖南、云南大理召开烟农增收工作现场会，在抓好主业增收的基础上，利用烟叶基础设施和基本烟田，发展粮、油、果、蔬等非烟特色产业，探索“烟叶 + N”产业组合模式，试点建设烟区产业综合体，推动烟叶与多元产业融合发展，走出一条从产品到产业再到产业链的农业产业发展路径。截至 2020 年底，产值千万元以上的非烟产业 73 个，其中 5000 万至 1 亿元的产业 19 个，超过 1 亿元的产业 9 个。全国烟农增收产值 2017 年达到 53.54 亿元、户均 0.47 万元，2018 年 94.86 亿元、户均 0.93 万元，2019 年 88.5 亿元、户均 0.96 万元，2020 年 89.91 亿元、户均 1.07 万元。

基层管理水平不断提升

持续推进站点整合，“十三五”时期，全国产区烟叶收购站（点）从 3805 个整合至 3500 个以内，加大站点功能改造提升，烟站基础设施条件持续改善。加强职业技能人才队伍建设，开展烟叶分级、调制、栽培与打叶复烤设备维修等职业技能培训与鉴定，累计开展职业技能鉴定 8 万人次，进一步提高基层队伍素质和业务能力。强化烟站规范管理，开展常态化巡视巡察，烟叶生产经营管理中的不规范问题得到较好控制，规范管理水平和烟农满意度不断提升。

卷烟（雪茄）生产经营

卷烟市场平稳有序发展

经过“十二五”时期的快速发展，特别是经历 2015 年提税顺价后，全国卷烟市场面临需求萎缩、库存增加、价格低迷等困难，2016 年卷烟销量比上年大幅下降。面对前所未有的复杂形势，“十三五”时期，行业贯彻“总量控制、稍紧平衡，增速合理、贵在持续”方针，推进供给侧结构性改革，把保持良好市场状态摆到更加重要位置，千方百计挖掘市场潜力，最大程度地克服提税顺价带来的深刻影响，实现卷烟销量企稳回升、销售结构稳步提高和经营效益持续增长。2016—2020 年，全国卷烟商业平均单箱批发销售收入从 2.92 万元增加到 3.40 万元，年均增加 1205 元，年均增长 3.9%，结构提升成为拉动经营效益增长的主要动力。卷烟社会库存年均减少 27.35 万箱。卷烟整条零售价格指数从 2016 年的 93.59% 上升至 2020 年末的 98.43%，提升 4.84 个百分点。

中式卷烟、国产雪茄品牌创新发展

2015 年前后，受提税顺价影响，卷烟市场产大于销、供大于求的局面一度十分严峻，行业重点品牌价值出现急剧跌落。“十三五”时期，行业工商企业坚持“大品牌”发展战略，主动创新求变，引领消费新趋势，探索应用“互联网 +”等新手段、新技术，采取维护老品状态、加强新品培育、发展创新品类等一系列举措，持续提升品牌销售质量，不断赋予中式卷烟新内涵，工商零共同面向消费者的销售体系逐步建立，重点品牌价值逐步恢复，中式卷烟知名品牌发展取得成效。品牌集中度进一步提高，重点品牌销量占总销量比重从83.68%提高到89.68%，提高6个百分点。2020年，一、二类卷烟销量超过100万箱的品牌有8个。其中，300万箱以上1个（“利群”）、200万箱以上1个（“黄鹤楼”）、100万箱以上6个（“芙蓉王”“南京”“玉溪”“中华”“云烟”“黄山”）。销售额超过600亿元的品牌有9个。其中，1500亿元以上1个（“中华”）、1000亿元以上4个（“利群”“云烟”“芙蓉王”“黄鹤楼”）、600亿元以上4个（“南京”“双喜·红双喜”“玉溪”“黄金叶”）。“136、345”潜力品牌发展集群基本形成。创新品类在恢复品牌价值、重塑品牌格局、带动品牌发展方面发挥重要作用。新品类卷烟销量从175.47万箱增加到717.12万箱；新品类卷烟单箱结构从4.17万元增加到4.82万元。其中，细支烟销量从136.85万箱增加到474.64万箱；中支烟销量从22.74万箱增加到152.39万箱；短支烟销量从9.53万箱增加到56.96万箱。国产传统雪茄销量从2.2亿支增加到3.1亿支。其中手工雪茄从159万支增加到1132万支，首次突破1000万支，增长6.1倍。雪茄文化进一步推广，中高端雪茄销售模式创新取得新进展，雪茄产业中外合作进一步深化，2019国际雪茄博览会（深圳）成功举办，中式雪茄品牌发展迈上新台阶。

销售网建质量持续提高

“十三五”时期，行业销售战线坚持把筑网络作为重要战略任务，以增强渠道掌控力为重点，推广广西、大连、浙江网建经验，掀起一轮学先进、抓网建、强基础的新高潮，客户服务质量持续提高，网络建设内涵不断丰富，为卷烟销售可持续发展奠定基础。零售终端体系基本形成，现代终端建设持续深化，加盟终端建设加快探索，流通品牌建设创新开展，优质终端的示范效应、品牌效应、规模效应逐步彰显，进一步提升行业渠道掌控力。诚信互助小组建设快速铺开，运行模式基本成熟，客户组织能力不断增强，在调整市场状态、提振客户信心、规范流通秩序等方面发挥功效。探索“互联网+”销售模式，以数据驱动运行调控、品牌培育、客户服务、管理决策，从经验销售向数据销售转型取得重要进展。持续加大零售终端建设力度，截至2020年底，全国共建成现代终端90.4万个，比2015年底增加35.7万个，占终端总数的16.2%。“春天便利”“香溢零售”“湘汇636”等商业流通品牌快速崛起，市场影响力、品牌美誉度不断提升。

市场化取向改革不断深化

“十三五”时期，行业贯彻国家局党组关于全面深化市场化取向改革的总体部署，以保障工业公平竞争权、客户自主选择权和消费者自由消费权为核心，以“尊重市场、遵循规律、遵守规则”为基本原则，以“按订单组织货源、按需求衔接计划、按状态调整策略”为总体要求，改革范围覆盖到所有地市级公司，改革红利不断释放，对于优化行业资源配置、推动行业高质量发展发挥重要作用。通过深化改革，确立以市场为导向、以消费者为中心的理念，增强竞争意识、忧患意识、规则意识，推动全员观念转变；再造销售业务流程，建立市场化取向的卷烟经营模式，构建工商零共同面向消费者的销售体系，推动卷烟经营方式转型；完善销售业务规则，清理妨碍统一市场、公平竞争的各种制度和规定，构建优胜劣汰的品牌竞争规则和公平、公正、公开的货源投放规则，统一开放、竞争有序的市场环境加快形成；健全销售监管机制，发挥行业卷烟销售监管平台的预警监管功能，实现销售全流程的数据化、可视化、可追溯，行业销售管控能力逐步增强，进一步化解卷烟经营风险。

销售基础管理持续加强

“十三五”时期，行业销售战线坚持打基础、强管理、促规范，销售领域规范化、标准化、科学化管理水平持续提升。更加重视市场信息监测，需求预测准确率稳步提升，市场状态监测体系逐步健全，市场把握和调控能力持续增强。推进销售领域建章立制，开展销售“制度建设年”活动和制度“废、改、立”工作，制定完善一批有质量、可操作的规章制度，巩固改革成果。推动重心下移、管理前移，深入开展“消费者在哪里，我们就到哪里”“卷烟营销在基层”“我与客户共成长”等主题销售活动，不断夯实市场基础。销售队伍专业化建设深入推进，举办第三届卷烟营销职业技能竞赛，逐步加快队伍转型步伐。搭建卷烟流通领域学术交流平台，学术研究与交流水平逐年提升。卷烟销售领域标准化建设工作稳步开展，销售领域标准体系逐步完善。狠抓违规经营行为治理，按照国家局部署深入开展政治生态突出问题全面整改、“天价烟”集中整治、“样品烟”专项检查等工作，炒作售卖“天价烟”“样品烟”违规使用、随意调整档位、人为做单改单、捆绑搭配销售等不规范行为得到有力遏制，卷烟规范经营水平进一步提升。

物流管理水平持续提升

系统谋划行业物流高质量发展。“十三五”时期，行业贯彻落实《中共国家烟草专卖局党组关于建设现代化烟草经济体系推动烟草行业高质量发展的实施意见》及配套政策文件精神，明确烟草物流建设“体系化、规模化、集约化、共享化”的总体政策要求。结合行业物流工作实际，研究推动行业物流高质量发展的思路和举措，召开全国烟草行业物流工作会议进行全面部署。在全面梳理行业物流建设发展现状、整理分析行业物流数据资料基础上，形成行业物流2021—2025年发展规划征求意见稿，列为烟草行业“十四五”规划的专项规划之一。

资源整合，优化资源布局。通过建立工业企业区域集散中心、商业企业区域物流中心等工作，促进行业物流资源共享共用，优化区域型物流节点和储运资源布局，提升物流资源配置效率。部分工商企业在资源协同、信息协同、流程协同等方面探索，以共建共享共用同城仓库、工商共管库为抓手，加强工商物流一体化建设，实现物流资源有效共享和物流环节无缝对接。云南中烟、湖南中烟、上海烟草集团在省市外生产点设置中转集散仓库，进一步优化网络节点和储运资源布局，部分省局（公司）开展省内卷烟物流配送中心资源整合和布局调整。“十三五”时期，行业商业企业区域性配送中心增加8个，工业企业在省外设立的区域前置库增加10个，中转站减少188个，配送车辆精简1649辆，广东等10家省级商业企业在本省范围内开展区域物流资源整合，河北等10家省级工业公司设立区域集散中心。这些探索进一步提升资源利用效率，加快市场响应速度，降低物流运行成本，增强产品直发销售能力。

精益物流。制定印发《烟草商业企业物流分层分类对标管理规范》，在行业内首次实现商业企业分层分类对标，以指标为导向，帮助企业找准短板，精准提升，首次构建商业企业物流运行指数，加强对商业企业物流运行整体情况的趋势性分析，实现降本增效整体目标。加强行业物流费用核算、分析，完善《烟草行业工业企业物流费用核算管理办法》，强化费用核算对物流工作的指导作用。行业物流战线将精益管理全方位融入物流全过程、各环节，通过开展全员性改善活动、推行TPM设备管理、实施分层分类对标等工作，进一步拓展精益范围，提高物流运行质量。“十三五”时期，行业商业企业物流费用率从0.87%下降到0.77%，商业物流费用占三项费用比例从16.91%下降到16.57%，人均配送效率从946.71箱提升到1037.50箱；工业企业物流费用总体呈下降趋势，相比2015年，下降6.25%；工业物流运输费用连年下降，相比2015年，下降20.65%；工业物流费用占主营业务成本比例连续5年下降，相比2015年，下降0.49个百分点；人均物流作业效率增加301箱。精益改善达人、精益物流成果层出不穷，精益物流成为各级工商企业精益管理的重点领域和样板工程。

绿色物流。推进卷烟包装箱循环利用。部分工业企业明确卷烟箱体包装标识的标注要求，推进简化烟箱印刷和统一烟箱尺寸工作，开展片烟箱和其他具备循环利用价值的烟用包装物循环，商业企业使用周转箱或其他绿色包装形式逐步替代裹膜包装，探索减量包装进一步减少热塑膜使用量。“十三五”时期，行业卷烟包装箱循环利用计划完成量从2016年的1350万箱增加到2020年的1500万箱，年度目标连续5年超量完成。全行业累计使用循环烟箱生产卷烟7666.84万箱，减少新箱使用约3.83亿只。

扩展托盘联运工作。在2018年全国烟草行业物流工作现场会上，交流福建烟草在纸滑托盘联运的创新实践，促进行业内滑托盘联运推广。“十三五”时期，行业共有19家省级工业企业、32家省级商业企业开展卷烟托盘联运。行业托盘联运完成量由2015年的1138.24万箱增加到2020年的1327.90万箱，年度目标完成率连续6年保持在110%以上。卷烟托盘联运结构进一步优化，滑托盘联运自2017年起，联运量增长迅速。2020年，滑托盘联运量222.49万箱，较2017年增长214.78%；占托盘联运量的16.76%，较2017年提高10.48个百分点。

推进卷烟配送环节应用新能源汽车。行业23家省级商业企业开展新能源汽车配送卷烟试点工作，覆盖面超过100家地市级公司。行业绿色物流体系初步建立，环保理念融入实际行动，进一步强化节约意识，促进行业持续健康发展。

智慧物流。通过加强物流信息化建设和智慧物流研究等工作，推进信息化与物流业务的深度融合，基本实现卷烟物流供应链重要节点的信息化覆盖。各单位利用先进适用的信息化手段提高物流管理效率，在物流网络布局模型、智能调度模型建立、物流设施设备可感知可互联可管控、车辆装载率提升和运输线路优化、库存管理效率提高、智能机器人应用、片烟流通全程可追溯等智能解决方案方面研究成果丰富，为行业智慧物流体系建设积累大量先进案例。“十三五”时期，初步建成以行业物流综合监管调度系统为中心、省级物流综管系统为支撑、地市级公司和卷烟生产点物流管理及作业系统为运行保障的三级物流信息化基础体系。

强化物流人才专业能力。面对个性化、多样化的客户需求以及快速变化的卷烟市场需求，通过逐步完善各类物流工作制度、业务流程、管理规范，提升物流队伍专业化能力，探索柔性化、差异化物流服务，物流服务保障能力得到增强。部分单位在送货周期、送货时间、送货方式上积极创新，满足不同零售户的多样性服务需求。条件具备的地区结合卷烟订货方式创新，试行提供加急服务，让卷烟零售户获得更佳烟草物流服务体验。推行弹性分拣配送方式，根据卷烟销量、订单结构、线路分布的阶段性变化，灵活调整分拣班次、设备使用、车辆调度及人员安排。部分单位举办企业内物流技能竞赛、劳动比武等活动，全面提升物流各环节、各岗位人员整体素质。5 年间，行业物流从业人员中，大专及以上学历占比提高 6.33 个百分点，具有物流职业资格持证人数占比提高 8.88 个百分点；行业商业企业平均送货响应时间缩短 4.57 小时，卷烟零售户送货服务满意度连续 5 年保持平稳上升态势。

多元化经营

搭建多元化产业平台

金融领域。推动云南中烟合和集团金融控股转型发展，打造“红塔”品牌，以银行、证券、创投为引领，参与基金、保险、信托等领域投资，截至 2020 年底，云南中烟合和集团初见金融控股公司雏形，发展成为行业金融产业整合平台；红塔银行于 2016 年成立，成为行业第一家控股的商业银行，红塔银行资产规模从 2016 年底的 616 亿元增加到 2020 年底的 1293 亿元；红塔证券于 2019 年 IPO 上市，成为中国烟草第一家 A 股上市的控股公司，截至 2020 年底，行业所持股份总市值 403 亿元。推动浙江省公司“香溢融”通以担保、租赁等类金融资源为抓手，利用上市公司平台，开展面向零售户的“香溢烟草贷”等担保产品，服务主业和多元化投资实践。

零售领域。卷烟零售领域成长显著，非烟产品销量实现跨越式增长。截至 2020 年底，行业拥有零售门店近 2000 家，从业人员 8000 余人，各省打造“636”“海晟”“香溢”“金叶阳光”“春天”“海烟烟行”“渝金香”等 18 个零售连锁品牌。推动新零售创新，探索打造省级零售平台。福建省公司海晟连锁着眼于非烟业务开拓，建立发展“通仙”茶叶自主品牌，与知名企业建立长期稳定的合作关系，2020 年非烟业务占比超过 50%；浙江省公司立足平台运营，推进主副融合发展，重构品牌商、经销商、平台商、零售终端四方共享共赢的零售生态，加快“香溢购”非烟电商平台建设。

辅料领域。整合优质辅料资源，提升配套材料企业核心竞争力。云南中烟成立云南合和印务管理有限公司，推进旗下 11 家印刷企业股权资产的一体化管理运作，搭建起印务企业股权资产的一体化管理运作平台，促进印务资源的整体联动和有效共享。支持四川中烟成立全资印务公司，优化业务布局，增强服务保障主业能力，实现烟标印刷业务提档升级、物流运输业务统一整合、纸箱业务统一经营。上海烟草集团烟印公司搭建创新共同体框架，整合材料供应商、设备制造商、委外加工单位、专业机构和高校等多方技术资源，孵化协同创新成果。

打造中维品牌，提升酒店管理水平

“十三五”时期，行业酒店工作围绕“统一管理、统一营销、统一品牌”思路，品牌标准推广委员会稳步推进品牌建设和行业推广工作。促进中维品牌建设推广，中维系酒店规模稳步提升。共 3 批 35 家酒店挂牌加入中维系酒店，中维系酒店总数由 6 家增加到 41 家，客房规模 8800 间，覆盖 13 个省（直辖市）。依托云南、山东管理资源，向行业外输出品牌和管理。云南中维签约泰国酒店项目可行性论证等咨询业务，开启中维品牌“一带一路”探索。多措并举，推动资源整合。以云南中维酒店管理公司为平台，形成全权管理、协作管理、特许经营等 3 种模式；建立中央预订系统信息平台，开通中维官网、微信公众号、中维天猫、京东旗舰店；启动“维享会”会员计划，发展会员26万人，积分3000余万分。加强学习培训，提升管理水平。组织专家团队为行业酒店建设、改造、运营等方面提供政策咨询和专业指导。举办4期中维品牌发展培训班、2次现场会暨授牌仪式、多次专题业务培训。云南中维酒店管理公司获评2019—2020年度中国旅游住宿业金光奖“中国最具影响力酒店管理公司”。

强化多元化基础管理

推进实体化运作。“十三五”时期，四川省公司、四川中烟、广西区公司、内蒙古区公司等4家单位成立省级投资管理公司，省级投资管理公司由25家增加到29家，实体化、专业化运作水平明显提升。

推进精益管理，完善评价体系。“十三五”时期，共计开展多元化经营管理评价5次，印发通报5份，以优化指标、完善规则、强化监管为重点，围绕考核内容、分值权重及评价流程等方面对评价体系进行调整优化。2016年开始，围绕对标挖潜、降本增效，开展多元化企业对标管理工作，累计印发通报6篇。在行业层面开展精益管理典型事迹推荐活动，围绕企业、班组和个人3个层面，征集典型事迹，部分典型事迹在《中国烟草》杂志以专栏形式刊发。在2019年全国烟草行业企业管理现场会上，山东省局（公司）“中维”酒店品牌建设作为多元化典型案例进行交流，为行业多元化营造“比学赶超”的工作氛围，促进多元化企业管理水平提升。

加强多元化企业风险防控。山东省局（公司）以加强酒店类生产经营风险防控为切入点，梳理酒店经营中的风险点，形成2项一级法律风险、32项二级法律风险的框架，最终形成88个风险点、209条法律风险行为表现的法律风险名称清单。浙江中烟开展两轮风险防控体系建设工作，梳理汇总44个流程图、465个风险点、1034条防控措施，编制多元化风险排查与防控表。

中国双维投资有限公司

“十三五”时期，在国家局党组的坚强领导下，中国双维投资有限公司（简称双维公司）认真贯彻落实行业工作会精神和国家局各项决策部署，持续开展投资项目结构调整，积极研究谋定公司总体战略，重点加强风险防控提升运营水平，公司转型发展有序推进，经济运行总体平稳。2016—2020年，双维公司累计实现税利总额53.27亿元，实现投资收益52.58亿元，5年来国有资产保值增值率平均达到105.68%。

开展业务战略调整，推进促进转型发展。“十三五”时期，双维公司按照“收缩战线，分级管理，地方为主”的工作思路，开展双维公司指导控股企业中维资本公司开展原地产业务6家子公司的股权转让和股权调整工作。历时三年半，中维浙江、杭州、重庆公司股权全部转让，本息全部收回，杭州地产实现增值16亿元；中维福建、武汉公司变为参股；中维河北公司项目开发完毕。截至2017年底，中维资本公司实现业务调整，原地产业务基本剥离。双维公司紧随国企改革、资本市场进入活跃期的趋势，先后参与证券、银行、基金、国企混改等投资项目，将业务拓展至金融领域，初步形成能源、金融、烟辅材料为主的业务布局。

明确总体战略，推动转型发展。研究拟订双维公司总体战略和职能定位，按照国家局确定的战略投资转型发展总体思路和发展目标，进一步明确主要职责、内设机构和人员编制。重点开展投资项目、规章制度、队伍建设等3项梳理工作，进一步明晰高风险低收益项目清理范围，进一步规范投资决策程序，进一步压实各部门职责和岗位设置。

加强风险防控，落实转型发展。推动高风险低收益项目清理退出，着力防范化解风险。按照《中共国家烟草专卖局党组关于建设现代化烟草经济体系推动烟草行业高质量发展的实施意见》的精神，坚持分类施策原则集中精力推进高风险低收益项目清理清退工作，进一步调整投资项目结构。重点加强与在投私募基金投资人、基金管理团队的沟通合作，进一步强化对基金运行情况的监管，努力维护好公司合法权益。系统总结、评估其他存量项目风险，进一步明确纸业、保险经纪、第三方支付等项目以及中维资本部分项目的清退思路，依法依规陆续开展股权转让、清算退出等工作。中军金控项目的仲裁、管理、改组等维权措施系统推进、同向发力；紫荆基金的工作思路和措施更加明确具体化；双维纸业项目退出思路和方式详细论证工作基本完成；汇诚保险经纪和瑞烟信德项目启动退出相关程序；中维资本投资的中合联宇项目股权转让公开挂牌，中维创新公司整体挂牌转让，中维华信完成改组并进入清算程序。

加强投资研究，增强风险防范能力。详细梳理在投私募基金项目协议和章程，总结风险环节和风险条款，研究提出修订建议，并为日后投资同类项目提供专业指引。开展投资项目全生命周期管理研究，提出对投资过程核心环节的控制措施和执行要点，进一步规范投资流程、防范投资风险。

专卖监督管理

深入推进放管服改革

“十三五”时期，全国专卖管理战线在国家局党组领导下，贯彻落实党中央、国务院决策部署，加快转变职能，努力营造更加公平的市场环境，有效激发市场活力和自身发展动力。推进简政放权，提高审批效率，烟草专卖行政审批最大限度简化材料、优化流程、改善服务，陆续实施许可网上受理、两证电子化等一系列便民措施，组织开展“证照分离”改革试点工作，建立烟草行业一体化在线政务服务平台，许可时限由20天缩短为8天。2016—2020年，全国持证卷烟零售户数量分别为545.07万户、528.73万户、522.80万户、544.16万户、579.25万户。持续推进监管方式创新，卷烟经营闭环监管模式和以“双随机、一公开”监管为基本手段、以APCD重点监管为补充的市场监管机制逐步构建。

始终保持打假打私高压态势

健全多部门协作机制，保持打假打私高压态势，解决重点地区、重点环节突出问题，遏制烟草制品非法贸易。主动应对新产品、新模式带来的风险冲击，整治加热卷烟和互联网涉烟问题，2020年，国家烟草专卖局与国家市场监督管理总局联合开展电子烟市场专项检查行动，这是继2018年8月28日两部门联合发布《关于禁止向未成年人出售电子烟的通告》、2019年11月1日两部门联合下发《关于进一步保护未成年人免受电子烟侵害的通告》之后又一次联合监管的重要举措，各级烟草专卖管理部门认真贯彻落实，使电子烟监管迈出实质性一步，保护未成年人免受电子烟侵害成为共识。

烟草专卖监管更加注重在源头打击中突出目标导向，在专项治理中突出问题导向，在整体推进中突出结果导向，巩固和完善“政府领导、部门联合、多方参与、密切协作”的打假打私体系，进一步强化社会同防共治对制售假烟和走私烟违法犯罪行为的全链条打击，集中力量查办一批大案要案，卷烟打假打私成果显著。“十三五”时期，全国共查处案值5万元以上假私烟案件3.83万起，收缴制假烟机1916台，查获非法烟丝烟叶9.85万吨、假烟173.1万件、走私烟64.57万件，公安、司法机关依法拘留4.22万人，追究刑事责任2.35万人。

专卖管理信息化建设扎实推进

烟草专卖监管通过信息化实现专卖管理的标准化、规范化，依法履责、规范执法进一步加强。以“互联网+监管”系统的上线运行为标志，烟草专卖监管通过“互联网+”方式更深程度参与社会治理、融入政府监管，行业各项行政行为、监管结果全面接受上级监督、接受社会监督。国家烟草专卖局与公安部在上海联合建立打击涉烟违法犯罪研判室、与海关总署在广东湛江联合成立打击烟草走私情报中心，为更好地做好新形势下的打假打私工作提供信息支撑和保障。浙江省局创新智能化大数据监管，依托大数据和云计算，构建“平台运营、数据驱动、云上监管、一网通办”的“互联网+专卖”新模式。陕西省局发挥“互联网+”思维，利用大数据技术，研发物流寄递情报研判平台，深挖物流寄递数据价值，协调多部门协同作战、快速响应、精准打击，构建起“行政执法+情报导侦”的融合性业务架构。深圳市局借助网格员队伍和信息采集数据平台，拓宽涉烟违法行为的信息采集渠道，解决执法力量不足、新兴业态监管难度大、巡查范围受限等难题。

五年间，专卖管理战线在行业高质量发展中找准定位，围绕烟草专卖立法宗旨，把好准线、筑牢防线、守住底线，不断推进烟草专卖治理体系和治理能力现代化，为行业可持续发展营造统一高效的市场环境和公正公平的法治环境，切实维护国家利益和消费者利益。

政策法规与体制改革

落实普法规划，行业“七五”普法顺利收官

开展普法宣传主题活动。“十三五”时期，行业开启“七五”普法工作。制定印发《烟草行业法治宣传教育第七个五年规划》，全行业各单位组织广大干部职工开展“尊法学法守法用法”“学习贯彻党的十九大精神，维护宪法权威”“防控疫情、法治同行”“服务大局普法行”、宣传贯彻民法典等主题法治宣传活动。各地烟草专卖局落实加强电子烟监管通告的宣传贯彻工作，保障未成年人合法权益。实施法律进班子、进机关、进企业、进院所、进烟站、进网点的“法律六进”等形式多样的普法活动，提升全行业干部职工的法治意识，为推进法治烟草建设营造“崇尚法律、敬畏法律、弘扬法律、遵守法律”的浓厚氛围。

组建行业“七五”普法讲师团。制定印发《国家烟草专卖局办公室关于组建烟草行业“七五”普法讲师团的通知》，为加强法治烟草建设提供人才队伍保障，选拔行业内法律专业骨干22人，组成“七五”普法讲师团，进行普法宣讲。同时，有针对性地研究行业涉法热点难点问题，形成法治宣传精品课程，提高行业法治宣教专业化水平。

加强行业法治建设专题培训。组织行业“七五”普法讲师团能力培训，发挥行业专家优势，提升行业普法水平。针对工商企业不同特点，每年举办行业法治建设专题培训班和法规科长能力提升培训班。培训内容覆盖合同管理、商标管理、广告实务、专卖执法、反垄断和反不正当竞争、法律风险防控、行政审批标准化建设等多个涉法工作领域，进一步增强培训的实效性。

“七五”普法总结验收阶段，国家局党组成员、副局长张天峰带队，赴天津市局（公司）检查督导行业“七五”普法总结验收工作。按时向全国普法办提报《国家烟草专卖局　中国烟草总公司关于“七五”普法规划实施的报告》。2020年底，行业“七五”普法各项任务圆满完成。

涉烟修法立法工作取得成效

与国家市场监管总局联合发布《关于禁止向未成年人出售电子烟的通告》《关于进一步保护未成年人免受电子烟侵害的通告》，加强对违法向未成年人出售电子烟和互联网推广销售电子烟的监测、劝阻和制止；2020年修订的《中华人民共和国未成年人保护法》首次以法律形式明确烟草专卖行政主管部门在未成年人保护方面对电子烟进行监管的职责。

完善制度规范，“三个依法”水平不断提升

“十三五”时期，全行业围绕“依法行政、依法管理、依法组织生产经营”，把制度建设作为法规服务的基础和法规服务保障体系的重要组成部分，通过制定、完善一系列规章制度，各项行政管理和生产经营活动基本做到有章可循、有据可查。统筹推进法治烟草建设和法律风险防控体系建设，建立完善重大涉法涉诉案件上报、合同法律管理、专卖执法案卷评查等工作机制，研究解决加热卷烟的法律适用、跨区域执法资格的临时授权等专卖执法重大法律问题。同时，进一步加强法治审核，重大决策合法性审查制度、执法人员资格考试制度、物资采购及合同管理相关制度等各类制度规范、重大决策、法律审核把关机制进一步建立健全，有效运转。

在完善行业各项管理制度的同时，注重对已有制度的清理工作和清单化管理。自2017年开始，国家局、总公司分两个阶段梳理从1982年中国烟草总公司成立以来至2016年底、2017年至2020年9月30日前以国家局、总公司名义制定印发的各类文件。印发国家局、总公司行业管理制度文件清单的通知和机关管理制度文件清单的通知。国家局以此次全面清理为基础，逐步建立健全以审查发布、清单管理、依法公开、定期清理4个机制为主要内容的行业制度性文件全方位、全过程管理体系。

强化各项法律服务

规范案卷评查和合同审查。五年间，国家局连续每年在全国范围开展烟草专卖执法案卷评查工作，推动行业的依法行政和规范执法，加强以合法合规为重点的制度建设，以严格规范为重点的案件办理质量明显提高，以风险防控为重点的依法行政明显改进。2016年起，国家局、总公司将年度评查工作的范围进一步扩展到合同审查领域，加强

合同管理工作，对于全面防范法律风险，维护企业合法权益，促进企业健康发展发挥积极作用。

开展商标清理，加强知识产权管理和保护。2017 年，印发《中国烟草总公司关于开展商标法律风险管理专项检查工作的通知》。行业各直属单位在国家局统一部署下，对所有商标注册和使用情况、商标管理制度规范建设情况、商标管理工作机制运行情况、商标争议情况等进行全面排查，梳理出烟草行业商标管理过程中存在的主要问题和重大法律风险点，研究提出针对性的解决方案，并逐步探索建立烟草行业商标管理和知识产权保护长效机制。

强化法律服务，维护烟草企业合法权益。在国家局、总公司的统一部署和督促指导下，行业各级法规部门履行职责，开展法律维权，依法依程序处理案件和应对诉讼，成功胜诉曾桂玲诉国家局信息公开案，江西中烟、广东中烟包装标识和产品宣传维权案，湖南中烟“芙蓉王”商标注册案，“冬虫夏草”商标使用权案等重要涉诉案件，维护烟草企业的合法权益。

持续深化体制机制改革

稳妥推进国有企业改革。贯彻落实国企改革三年行动方案任务，研究制定《关于贯彻落实国企改革三年行动方案（2020—2022 年）的意见》，依法建立完善公司各项规章制度。剥离“三供一业”工作基本完成；积极稳妥推进烟草企业厂办大集体改革工作。截至 2020 年底，各厂办大集体企业陆续完成方案制定、产权界定、履行民主程序等相关事宜，改革工作取得阶段性进展。

深化简政放权，推进行政审批制度改革。贯彻中央“放管服”改革要求，制定印发《国家烟草专卖局关于贯彻落实“放管服”改革要求推进审批服务便民化的通知》，全部取消法律法规规定以外的烟草专卖行政审批事项的证明事项，开展“证照分离”改革探索，建立烟草行业“互联网＋监管”平台和烟草行业一体化在线政务服务平台，做好国家局政务服务目录梳理工作。按照国务院统一要求，在自由贸易试验区内，将“设立烟叶收购站（点）审批”由“优化审批服务”调整为“实行告知承诺”。

推进国际市场拓展高质量发展。积极响应国家“一带一路”倡议，深化“走出去”体制机制改革，推进行业“走出去”高质量发展。2019 年 6 月 12 日成功实现中烟国际（香港）有限公司在香港联交所挂牌上市。2020 年 11 月，中烟国际集团有限公司（中国烟草海外总部）启动运行。

财务与审计

各年度目标任务圆满完成

“十三五”时期，行业财务审计工作认真贯彻国家局党组决策部署，服务行业发展大局，较好地完成各项任务，部分工作取得新的突破。应对经济下行和新冠肺炎疫情压力等不利影响，全力完成各年度目标任务，行业税利下滑势头得到根本扭转，及时足额完成国有资本收益和专项税后利润上缴，税利总额和上缴财政总额连续 5 年保持在 1 万亿元以上并屡创新高，为国家财政作出特殊贡献。

财务状况持续向好

贯彻落实“三去一降一补”要求，推动工商委托贷款，置换存量银行贷款，行业资产负债率下降至 15.2%。多维度推进降本增效，工业卷烟销售成本率下降 2.09 个百分点，行业三项费用率下降 0.32 个百分点，销售费用率下降 11.6 个百分点，设定增收目标，货币资金收益增长 52%。

政策保障更加有力

做好税制研究，烟叶税实现平移立法，妥善应对消费税、增值税、关税等政策调整。积极争取库存烟叶清产核资政策，制定烟叶存货跌价准备管理办法，减轻行业发展负担。稳定烟叶生产投入补贴政策，优化投入补贴方式，规范相关财务政策和资金管理。“十三五”时期拨付重大资金 664 亿元，引导行业资金向高质量发展的重点领域流动。累计安排预算资金 72.19 亿元助力脱贫攻坚，支持疫情防控，帮助零售户共渡难关。参与国家集成电路产业投资基金二期、国家制造业转型升级基金、中国航发航空发动机产业基金、国家中小企业发展基金，支持国家战略。

资产管理改革积极推进

持续完善行业国有资产管理办法及相关细则，规范投资收益管理办法，健全行业国有资产监管体系，精简国有资产管理事项，下放部分审批权限，全面推进国有资产管理工作标准化、制度化和信息化。积极落实国企改革相关要求，加快推进解决三供一业、剥离企业办社会、处僵治困和退休人员社会化各种历史遗留问题。

资源配置效率不断提高

持续优化全面预算管理，完善定额标准体系，积极发挥财务管理对实现企业战略和年度目标的资源配置和保障作用。更加突出价值管理，财务资源向重点关键领域倾斜，从严管控新增固定资产投资，逐步减少无效和低效投入，盘活利用存量资产。支持行业金融企业发展，稳妥投资银行优先股、可转债，金融战略投资取得可观效益。中烟香港和红塔证券分别在中国香港和内地上市，成功进入资本市场。

规范水平稳步提升

始终坚守严格规范这个行业持续健康发展的生命线，持续提升会计信息质量，搭建行业财务管控平台，加强资产监管，强化预算管控，开展资金专项检查，堵塞资金管理漏洞。积极清理拖欠民营企业中小企业账款。规范“两烟”结算和个税返还。出台指导意见和管理办法，扎实开展银行账户清理和资金竞争性存放，在中央两轮巡视、政治生态突出问题整改、审计署“两项审计”、税收专项稽查等工作中经受住考验，有效维护行业的良好形象。

审计威慑力逐步显现

成立国家局、总公司内部审计委员会，加强审计项目统筹，突出重大政策措施落实，大力实施科技强审，推进审计全覆盖，审计发现问题能力不断增强。“十三五”时期，行业共开展审计近6万项，查出问题1.5万项，增加经济效益70多亿元。完善审计“三公开”制度，逐步建立审计结果公开机制，建立健全重大审计问题线索移交机制，多部门协作强化审计追责问责，提升审计权威性。累计移交线索500余条，有效形成多部门、大监督的监管合力，审计震慑作用逐步增强。

队伍建设取得进步

坚持把政治建设摆在首位，突出专业能力提升，注重专业价值发挥，利用多种形式广泛开展专业培训，打造行业财审高级管理人员培训班等精品培训项目。建立审计人才库，构建财务审计人才储配和培养机制，形成良好专业氛围。“十三五”末，行业拥有高级以上职称人数超过900人，比“十二五”末增加330多人，获得正高级职称9人，为行业建设高素质人才队伍打下坚实基础。

烟草科技

科技创新硬实力显著提升

“十三五”时期，行业坚持中式卷烟发展方向，推进现代烟草农业技术升级，加快关键核心技术攻关和成果应用，培育壮大发展新动能，产业配套保障能力持续增强。中式卷烟升级创新实现新突破，创新产品销量占比跃升至15.0%，带动中式卷烟风格特色、规模结构、消费认同、综合竞争力全面提升。降焦减害持续推进，国产卷烟焦油量和卷烟危害性评价指数保持在低位区间。中式卷烟特色工艺持续升级，打造重点品牌高品质、专属性制丝生产线，研发产品数字化设计技术并推广应用。农业技术创新取得新成效，构建现代烟草生物育种技术体系。建立烟叶生产绿色防控技术体系，走在大农业前列，得到联合国粮农组织、地方政府、院士专家和烟农广泛认可。新能源烘烤、生物有机肥开发、水肥一体化等先进适用技术实现工程化应用。产业配套保障能力取得新进步，成功研制具有自主知识产权的12000支/分钟、600包/分钟的高速卷接包机组，全面提升烟用丝束、卷烟材料、再造烟叶、香精香料等重要原辅材料自主研发和自我保障能力。信息化与烟草产业融合的深度与广度持续拓展，智慧农业、智能制造、零售新模式、“互联网＋监管”等方面取得积极成果，行业生产经营管理一体化平台加快构建，云平台、二维码应用等项目加速落地，农、工、商、政数字化转型持续推进。行业科技创新政策和制度体系有效确立，形成覆盖战略综合、技术创新、科学研究、基础支撑等门类齐全的创新平台集群。构建卷烟生产全过程的质量技术监督体系，形成较为系统完备、贯穿烟草全产业链的行业标准体系。

科技创新体制机制持续完善

出台行业高质量发展配套科技创新政策措施、激发科技创新活力若干意见等一系列政策举措，强化创新驱动业绩考核导向，推动科技成果转化机制建设，建立科研诚信管理制度，行业创新政策体系基本形成，创新氛围显著提升。创新平台布局进一步优化升级，形成覆盖战略综合、技术创新、科学研究、基础支撑等门类齐全的创新平台集群，行业共性技术平台36家，创新供给能力明显提升。建立稳定性支持与竞争性支持相结合的科技投入机制，科研项目管理进一步优化。创新人才培养体系更加系统完备，加快实施创新人才培养计划，完善科技奖励制度，增设创新争先奖，形成一支以1名工程院院士、5名科技领军人才、80余名学科带头人及首席专家为代表的高水平创新人才队伍，20人入选中国科协青年人才托举工程，全行业共有高级专业技术职称5000余人，为行业科技发展提供人才资源。

科技创新支撑能力显著增强

质检机构能力建设成效显著，聚焦“两烟”强化产品质量监督，保障产品质量，卷烟合格率保持100%。强化卷烟、烟机等专卖品鉴别检验技术保障。加快制定产品质量安全、工艺材料等重要领域标准，优化形成系统完备、协调配套的贯穿全产业链的行业标准体系，现行有效标准总计800余项。加强烟草科学数据研究，构建形成烟叶质量、知识图谱等5个科研大数据。专利创造再上新水平，授权发明专利拥有量突破6800件，高价值发明专利1200件。

科技学术发展

学术交流。中国烟草学会围绕行业改革发展和科技创新，发挥学术年会、学组会议、主题论坛等平台作用，开展宽领域、多层次学术交流活动，取得显著效果。学术年会注重综合性，突出前沿性，逐步成为行业科技创新交流的盛会。研究出台《优秀论文评选办法》，推进论文评审的公开公正和严格规范，行业有6000余人（次）参与论文征集活动，评选出近2000篇优秀学术论文。各专业委员会和省级学会发挥专业性、区域性优势，国内学术交流成效明显。工业、农业、经济、卷烟材料、网络安全和信息化、新产业专业委员会不断提高学术交流活动的针对性和实效性；卷烟流通、教育培训专业委员会坚持以学术年会、成果汇报会等形式开展活动；专卖、电子商务与物流、安全生产专业委员会开展多项课题研究。北京、天津、河北等省（直辖市）学会围绕市场化取向改革开展专题研究；江苏、福建等省学会打造多个学术活动品牌，推动科技成果交流转化。对外学术交流成效卓著。组织行业科技工作者参与国际烟草科学研究合作中心（CORESTA）学术交流，征集近1000篇优秀论文参与国际交流。2015年，中国烟草学会、浙江中烟工业有限责任公司在杭州承办CORESTA分学组联席会议，11个国家100多位烟草科研人员参加交流。2018年10月，由中国烟草总公司承办的CORESTA 2018年大会在云南昆明召开，来自50多个国家和地区的近600名代表参加会议，会上袁行思获得CORESTA终身成就奖，谢剑平获得银奖。组织郑州烟草研究院、上海烟草集团等多家单位参与CORESTA分学组共同课题研究工作，推动国际烟草科技成果的交流与合作。

科普宣传。中国烟草学会组织开展《中国烟草科学与技术（1982—2020）》编撰工作，对我国烟草科学技术几十年来的发展成果和规律进行系统总结和提炼。依托网站、“烟草学术期刊”公众号等渠道，围绕社会和行业热点问题，定期发布各类科普文章。北京、湖南、贵州等省（自治区、直辖市）学会科普工作获工业和信息化部、中国科学技术协会等通报表彰；重庆等省级学会注重网站建设，在舆情管理、科普宣传等方面成效明显；安徽、江西、山东、河南、湖南、广东、陕西等省学会采取微信推送、编印科普图书等形式，服务广大烟农和基层科技人员。中国烟草学会协助中国卷烟销售公司，以安徽、山东、湖北、四川等地工业企业为依托，完成中国雪茄博物馆开馆和藏品征集工作。在上海烟草集团支持下，中国烟草博物馆展示、收藏、研究三项职能发挥明显，成为展示行业历史成就和责任担当的重要窗口。

网络安全和信息化建设

贯彻落实党中央网信决策部署取得扎实成效

“十三五”时期，党中央、国务院对网信工作作出一系列重大战略部署。全行业提高政治站位、强化责任担当，推动各项任务不折不扣、按时保质完成。统筹推进行业信创工作，在中央和国家机关内部试点单位中名列前茅，获中共中央办公厅评估组好评。按时完成一体化政务服务平台、“互联网＋监管”系统推广实施，推进“好差评”系统建设，国家局网站连续3年进入“国务院其他部门网站前15名榜单”，行业“互联网＋政务”服务水平全面提升。开展CPS试点工作，实现卷烟生产数字孪生，为建设行业工业互联网平台奠定基础，试点项目被工业和信息化部评为示范项目。防范和惩治统计造假，统计工作多年获国家统计局书面肯定。连续两年参加全国网络安全攻防演习，取得优异成绩。

支撑服务行业高质量发展战略取得积极进展

“十三五”时期，网信领域围绕行业高质量发展目标任务，以“统一平台、五大应用、五大保障”为核心，推进新一代信息技术与烟草产业的深度融合，探索“互联网＋”创新实践，行业“两化”融合水平持续提升，由集成整合阶段向一体化协同创新阶段稳步迈进。按照国家局党组统一部署，将“两化”融合作为支撑服务行业高质量发展的重要抓手，推动信息技术在各领域、各环节的创新应用。推进行业专卖系统建设，推动专卖监管向科学化、现代化、数字化迈进；推进行业财务管控系统建设，提升财务工作集约化、精益化、规范化管理水平；推进行业采购监管平台建设，形成“网上巡查、线下督查”规范管理新模式；推进“移库备货”系统建设，化解“零点行动”经营风险，保障元旦、春节生产经营“开门红”；推进行业质检、扶贫、党风廉政等系统建设，及时掌握工作动态和业务信息，发挥信息化辅助决策的作用。

行业各单位探索新一代信息技术在烟草农工商政领域的融合应用，推动业务管理能力提升和资源要素配置优化。总结推广“平台运营、数据驱动、一体管理、融合发展”的浙江模式，支撑货源投放、品牌培育和产品研发；开展ERP等核心应用上云改造，探索卷烟智能制造新模式；借助物联网、二维码等技术，打通烟叶质量信息产业链，推动烟叶生产流通全过程可追溯；加强大数据、移动互联等技术在专卖和政务服务领域的运用，提升打假打私、市场监管和证件管理的智能化水平。

行业网络安全和信息化管理取得明显进步

坚持统筹发展和安全，遵循网信领域对外合作四项原则（保护知识产权、保障技术安全、保守商业秘密、坚持归口管理），不断提高技术驾驭能力与核心数据资产安全保障能力，确保行业网信工作持续健康发展。按照“一中心、一平台、一标准”网信总体技术架构，完成统一平台建设，构建行业上下贯通、左右协同、资源共享的基础环境。完善数据中心建设，推动行业级数据的集成、整合、共享和管理；汇总整合1982年以来卷烟统计历史数据，进一步提升数据增值服务能力。推进基础性集成性技术标准研制，规范网信建设应用。启动全国烟草生产经营管理一体化平台建设，研究确定“1242”总体架构。坚持网络安全“三同步”原则，健全网络安全责任机制和信息通报预警机制，加强行业重要数据和个人信息安全保护，做好等级保护和风险评估工作，提升应急保障和容灾服务能力，安全运维一体化保障体系基本形成，“十三五”时期未发生重大网络安全事故。特别是2020年，以智能制造、网上订货、数字专卖、移动办公、视频会议等为代表的网信建设成果，在应对新冠肺炎疫情冲击中发挥重要作用。

人事与劳资

坚持严抓实管，造就忠诚干净担当的高素质领导干部队伍

加强干部队伍建设调研和规划。贯彻落实中央关于发现培养选拔优秀年轻干部的有关精神，按照国家局党组统一部署，组织成立6个调研组，历时3个月对行业各直属单位领导班子建设情况进行集中调研，对领导班子运行情况进行“全面扫描”和“深度透视”，掌握班子现状、摸清干部队伍情况，发现掌握一批优秀干部。探索建立把干部推荐考察和日常调研相融合的常态化机制，保持优秀干部人选“一池活水”。按照推动行业高质量发展的目标要求，制定印

发《烟草行业中长期干部人才队伍建设规划》，围绕建立素质培养、知事识人、选拔任用、从严管理、正向激励等5个体系，以及大力发现培养选拔优秀年轻干部等方面，制定15条干部工作具体措施。制定《中共国家烟草专卖局党组关于加强行业高素质专业化干部队伍和领导班子建设的意见》《领导干部专业化能力提升计划》，解决行业领导班子功能、干部能力素质、年轻干部培养等方面存在的突出问题，全面加强行业高素质专业化干部队伍和领导班子建设。

健全完善选人用人制度规定。分类起草制定省级局（公司）、工业公司，国家局、总公司机关及直属单位和科研教育单位领导干部选拔任用工作实施办法。出台《国家烟草专卖局关于印发机关重点工作目标责任制考核办法（试行）的通知》《国家烟草专卖局　中国烟草总公司机关各部门各单位2019年重点工作责任目标》《烟草行业直属单位领导班子和领导干部考核工作办法》《中共国家烟草专卖局党组关于进一步激励干部担当作为有关措施的通知》，进一步激励行业广大干部担当作为、干事创业。建立健全干部交流锻炼的常态机制，制定《烟草行业领导干部交流工作办法》《国家烟草专卖局　中国烟草总公司机关青年干部深入基层锻炼工作办法》《国家烟草专卖局　中国烟草总公司机关从行业选调交流锻炼干部管理办法》，印发《国家烟草专卖局　中国烟草总公司关于进一步规范行业非领导职务设置的通知》，修订出台《国家烟草专卖局　中国烟草总公司交流干部周转住房和异地探亲往返交通费规定》，加大对交流干部的关心关怀力度。

提升选人用人工作质量。优化工作机制。加强日常分析研判，运用干部调研成果，做到急需配备的与中长期培养磨炼的、机关与基层、不同年龄段干部综合研判，做到人岗匹配、有选择空间。坚持"凡提四必"，前移审核关口，探索实施领导干部家访考察并固化为操作规程，坚持和完善试用期制度，不断提高工作质量。加大干部交流力度。树立"一盘棋"意识，盘活行业干部资源，坚持把干部交流与培养锻炼紧密结合，加强国家局、总公司机关和直属单位的上下交流。按照中组部等部委要求，组织做好国家局定点扶贫县挂职干部、西部和老工业地区挂职干部、村第一书记等选派工作。做好西部和少数民族地区干部到国家局机关挂职锻炼相关工作。2016年起，行业直属单位领导干部交流65人次，新任行业直属单位主要负责人和纪检组组长实现交流任职，国家局机关干部交流138人次，国家局、总公司机关和行业直属单位上下交流30人次，与工业和信息化部相互交流1名司局级干部。发现和培养使用优秀年轻干部。明确行业直属单位和地市级局（公司）、卷烟工厂领导班子年龄结构要求。加大年轻干部选拔使用力度，截至2020年底，行业直属单位领导班子成员中"70后"干部48人，其中正职领导4人；50家省级局（公司）、工业公司领导班子中30家配备"70后"干部，占比60%。2018年7月至2020年底，选拔使用的行业直属单位领导职务干部中，"70后"干部占比39.7%。

全面从严管理监督干部。组织开展行业直属单位选人用人"一报告两评议"工作。结合党建考核、领导班子和领导干部年度考核统筹组织实施并实现督导全覆盖，综合分析研判考核结果，对排名靠后的单位进行约谈，对不满意率高的干部要求所在单位认真分析原因，有针对性地改进选人用人工作。贯彻执行领导干部报告个人有关事项制度。做好汇总上报、随机抽查、查核验证等各项工作，严格执行"凡提必核"，坚持依规依纪做好查核结果的认定处理，领导干部个人有关事项"两项法规"印发起，累计查核799人次，批评教育、责令作出检查144人次，诫勉38人次，取消考察对象资格5人次。强化行业人事档案管理工作。印发《国家烟草专卖局关于加强行业人事档案管理工作的实施意见》《烟草行业人事档案管理工作规定》，建立健全行业人事档案制度；印发《关于进一步开展行业人事档案审核工作的通知》，全面推动行业及机关人事档案复核复审以及审核全覆盖工作。结合国家局党组巡视，组织开展选人用人专项检查和人事档案工作专项检查，通报检查发现问题，督促行业各直属单位对照整改落实。第一轮检查是落实中央巡视整改要求，从2016年9月开始至2017年9月结束，利用一年时间全覆盖检查53家直属单位，累计发现问题722个，提出整改建议299个。第二轮检查主要结合行业巡视工作开展。2018年4月至2020年底检查20家直属单位。此轮检查的时间从每家单位一周增加到两周，检查的范围由省级局（公司）、工业公司本级延伸到地市级局（公司）和卷烟工厂，检查的内容增加上一轮选人用人检查反馈问题的整改落实情况。通过检查，累计发现问题172个，提出整改建议108个。对于两轮选人用人检查发现的问题，国家局党组明确要求各直属单位即知即改、立行立改，限期整改到位。同时结合巡视检查、年度考核、"一报告两评议"等工作对直属单位整改工作进行跟踪督促，推动重点难点问题整改到位。开展专项整治工作。按照行业政治生态突出问题全面整改工作要求，组织开展"近亲繁殖""买官卖官”“带病提拔”及领导干部任职回避、领导干部亲属经商办企业等5项专项整治工作，细化工作举措，提出工作要求，明确完成时限。进一步完善干部选拔任用工作监督机制。印发《烟草行业干部选拔任用纪实工作办法（试行）》，结合行业实际，对行业处级以上干部选拔任用纪实工作的主要内容作出细化规定，进一步规范烟草行业干部选拔任用纪实工作，强化选人用人全程监督和倒查追责。

深化人才发展体制机制改革，激发人才工作队伍活力

优化人才工作体制机制。为健全完善行业人才工作领导体制和运行机制，成立国家局、总公司人才工作领导小组。面向行业各直属单位开展人才队伍建设专题调研，完成“加强人才体系建设，构建区域联动、多向拓展、资源共享的人才工作格局”研究报告，为工作决策提供依据。结合行业实际，制定印发《中共国家烟草专卖局党组关于贯彻中央深化人才发展体制机制改革　加快推进行业人才工作创新发展的实施意见》《中国烟草总公司关于深化烟草行业职称制度改革的实施意见》及各系列高级专业（技术）资格评审办法，首次开展行业正高级工程师专业技术资格评审，调整补充行业专业技术专家库成员。出台《国家烟草专卖局　中国烟草总公司关于加强行业技能人才队伍建设的意见》《烟草行业金融人才引进办法》等制度，促进人才规模、质量和结构与企业发展需求相适应、相协调，为行业汇聚贤才提供政策支持。

专业技术队伍建设。按照人力资源社会保障部关于开展享受国务院政府特贴人员选拔推荐通知要求，经过单位推荐、专家评审、广泛公示等程序，“十三五”时期，行业新增2名专家享受国务院政府特殊津贴。截至2020年底，行业共有享受国务院政府特殊津贴专家85人。连续3次承办国家专业技术人才知识更新工程高级研修项目，连续举办5期行业高级专业技术人才研修班。经推荐评审产生20名行业第三批学科带头人，开展行业第一批、第二批共28名学科带头人的考核工作。大力实施青年人才托举工程，行业20名青年科技工作者入选中国科协青年人才托举工程。截至2020年底，行业取得高级专业技术资格5063人，中级3.82万人，初级5.73万人。

职业技能队伍建设。制定印发《国家烟草专卖局　中国烟草总公司关于加强行业技能人才队伍建设的意见》，推动在全行业形成有利于技能人才成长和发挥作用的制度环境和良好氛围。建立行业优秀技能人才库和技能人才工作专家库，为优秀技能人才的进一步培养和使用打好基础。“十三五”时期，累计实施特有职业（岗位）技能鉴定16.86万人次，获证8.56万人次，其中高技能人才（一至三级）鉴定6.19万人次，获证2.96万人次；新增技师4422人，其中高级技师273人。组织三级以上职业（岗位）技能等级证书复核4.83万人次，其中二级证书复核4929人、一级证书复核236人，促进已获证人员知识和技能的不断更新。持续推进鉴定机构质量管理体系建设工作，行业28家鉴定站通过人力资源社会保障部第三方质量体系认证复审。“十三五”时期，行业共组织举办省级二类以上职业（岗位）技能竞赛136届次，其中国家级二类职业技能竞赛5届；举办首届行业烟叶调制和首届烟机设备操作职业技能竞赛，不断拓宽行业竞赛活动职业领域，共有9500余人次参加竞赛决赛。“十三五”时期，累计595人被国家局授予“烟草行业技术能手”，40人被人力资源社会保障部授予“全国技术能手”。

教育培训。加强教育培训规划工作。贯彻落实中共中央《干部教育培训工作条例》《2013—2017年全国干部教育培训规划》，围绕行业“十三五”发展目标任务，修订《烟草行业教育培训工作实施办法》，印发《2016—2020年烟草行业教育培训规划》。制定《烟草行业教育培训体系建设纲要(2020—2022年)》，按照“双线两核五区多基地”构想，布局行业培训机构和平台建设，推动行业教育培训机构资源整合，区域联动、多向拓展、资源共享的人才工作新格局初具雏形。推进网络培训平台建设。落实国家局党组提出的“建好用好行业统一网络培训平台，一年打基础、两年上台阶、三年全覆盖”工作要求，应用“云计算”、大数据、移动互联网等技术，合并开发使用平台管理和学习功能，从功能完善、资源建设、服务提升、客户体验等方面进一步提升水平，推动实现平台网络“全覆盖”。与国家局党校联合开展行业“网上党校”建设，制定建设方案、推进计划并实施。2016年起，平台开设课程8790余门、课时8605.9学时（时）；行业处级以上干部网络培训参与率100%，全行业参与率超过82.3%；平台注册学员48.9万人，登录学习40.25万人；累计学习时长9152万小时，人均227.4小时。推进教育培训基础建设。发挥教育培训专业委员会作用，聚焦重点难点问题，围绕“行业培训机构深

化改革”“培训机构标准化建设”等课题开展专题研究。加强培训教材建设，提升师资水平，举办行业培训师教学技能竞赛，制定兼职培训师管理办法，组织推荐师资库人选，规范各级师资库管理。举办两届行业培训项目交流洽谈会，行业50余家直属单位、行业内外14家培训机构参加，达成培训合作意向593个。“十三五”时期，行业举办各级各类培训班17.7万个，培训员工998.81万人次。

深化行业用工分配制度改革

工资管理。加强收入分配宏观调控。对2016—2019年烟草行业工资总额管理继续坚持“鼓励增长，鞭策后进”的原则，根据国家宏观政策调整和省级公司年度工作业绩考核得分情况调整各单位“工效挂钩”浮动比例。预判经济效益变化可能给工效挂钩工作带来的影响，及时印发行业工资总额发放预调控办法，规避企业工资总额超发的政策风险。加强与财政部、人力资源社会保障部汇报沟通，争取政策支持，三年间两部委累计额外核增行业工资总额约34亿元。配合审计署调查组开展相关工作。按照国家局统一部署和审计署调查组要求，配合调查组进行专项调查3次，及时提供相关文件和说明材料，并就其提出的各种问题进行合理的解释说明。规范收入分配行为，理顺收入分配关系。以审计署对行业审计为契机，组织有关单位开展整改工作，规范收入分配行为。要求行业各单位学习上级精神，对照检查，进一步加强工效挂钩政策执行、工资内外收入的列支和发放、企业负责人薪酬等方面的管理规范工作。

负责人薪酬管理。核算总公司负责人薪酬。根据《中国烟草总公司负责人薪酬管理暂行办法》《中国烟草总公司负责人经营业绩考核暂行办法》，配合工业和信息化部、财政部开展总公司负责人薪酬制度改革工作。完成总公司负责人2016—2018年度绩效考核及2015—2017年任期经营业绩考核工作。完成省级公司负责人工作业绩考核办法和考核细则修订工作。组织开展省级公司负责人薪酬管理情况检查，对超过核定标准领取薪酬的，超标准部分一律退回。进一步完善《烟草系统省级公司领导薪酬管理暂行办法》，修订《烟草系统省级公司工作业绩考核办法》《烟草系统省级公司工作业绩考核细则》，围绕行业年度工作目标，抓住重点与关键，精炼考核指标，合理分配权重，发挥考核的导向作用和激励作用。

劳动用工管理。按照国家新出台或者修订的法律法规对行业原有劳动规章制度进行调整，不断强化劳动制度体系建设。开展劳动用工风险专项调研，全面了解当前行业劳动争议集中点，查找制度漏洞，总结相关案例，研究下一步的工作举措。研究行业控员增效工作。收集行业近年来劳动用工各项指标数据，分析目前行业劳动效率、人员配置等现状，为控员增效工作的开展提供基础信息支撑。做好行业退伍士兵接收安置工作。根据退役军人事务部《关于扎实推进中央企业接收安置退役士兵工作的通知》最新要求，建立行业各直属单位接收安置情况月报制度，及时掌握行业各直属单位接收安置进度情况，督促指导各单位开展工作，并按时将进展情况上报退役军人事务部。完成各年度总公司军转干部的转移接续工作和退役士兵接收安置工作，被退役军人事务部评为“2019年退役士兵安置工作卓有成效的中央企业”。完成2018—2019年度“安排残疾人就业情况”审核，申请招用残疾人岗位补贴和社会保险补贴。加强工时管理，降低劳动用工风险，切实维护劳动者合法权益，惠及行业基层职工计17.7万人。

编制工作。根据《烟草行业机构编制管理办法》《烟草行业招聘工作管理办法》等文件精神，根植具体工作，理顺工作思路，在从严从紧原则的基础上控制编制，体现控员增效。梳理各省级局（公司）下设教育培训中心、专业性公司等编制相关情况，为进一步开展工作打好基础。

企业年金。密切跟踪年金政策变化。参加人力资源社会保障部年金政策解读研讨会，深入了解和领会年金政策变化内容，与其他央企交流年金方案变更的进度、方式和难点问题。先后两次赴人力资源社会保障部，就总公司机关年金与统筹外补贴的衔接问题进行请示、沟通，争取主管部门的理解和支持。跟踪总公司机关年金投资收益情况。与年金投资管理人定期召开碰头会，了解机关年金投资收益情况，在坚持稳定固定收益类投资策略的同时，根据市场变化，对投资策略进行微调，以争取最佳收益。做好总公司机关的企业年金日常管理。完成机关年金缴费扣缴工作，汇总审核机关及各专业公司缴费申请，确保与年金托管人的资金划拨工作准确无误。为退休人员完成年金待遇支付工作，为新进职工办理企业年金新增业务。做好对各专业公司企业年金日常管理，指导和督促各单位及时办理各项年金业务。及时做好政策转化落实工作。根据《企业年金办法》，起草制定总公司机关本部及直属专业性公司企业年金方案以及企业缴费分配办法，在充分考虑退休人员社会化管理后年金与统筹外补贴衔接的基础上，调整补偿标准和方法。组织召开职工大会审议表决企业年金方案，按规定程序向人力资源社会保障部报备，及时调整缴费比例，同时对缴费差额部分予以补缴。

稳步推进行业退休人员社会化管理工作。贯彻落实党中央、国务院《关于国有企业退休人员社会化管理的指导意见》，深入基层调查研究，组织召开烟草行业退休人员社会化管理工作推进会，印发《国家烟草专卖局关于进一步做好行业退休人员社会化管理工作的通知》，明确任务、落实责任、掌握实情、督促推进；推动统筹外费用审计整改和社会化管理工作同谋划、同部署、同落实，建立重点工作动态跟踪、定期通报工作机制，研究起草退休人员统筹外费用整改方案工作建议稿。

扎实做好群团工作

行业群团工作。深化联席会议合作机制。每年召开国家局与中国财贸轻纺烟草工会联席会议，总结回顾工作，确定合作事项，深化合作机制。弘扬劳模精神、工匠精神。召开第七届行业先进集体和劳动模范表彰大会，表彰为行业改革发展作出突出贡献的先进集体59个、劳动模范118人。配合中华全国总工会做好“全国五一劳动奖状”“全国五一劳动奖章”“全国工人先锋号”的资格审查工作。加强改进思想政治工作。制定印发加强和改进新时代行业职工思想政治工作的具体措施12项，贯彻新时代爱国主义实施纲要的具体措施12项。每年举办“中华杯”行业职工书画大赛。制定“我和我的祖国”群众性主题宣传教育活动具体措施8项，组织行业各单位开展庆祝中华人民共和国成立70周年系列活动，组织发放“庆祝中华人民共和国成立70周年”纪念章1490余枚。发挥中烟政研会作用，印发进一步加强和改进中烟政研会工作的通知。围绕中心、服务大局，每年开展课题研究，编辑优秀论文集，推动成果运用。

国家局、总公司机关群团工作。坚持党建带群建，做好机关工会工作。组织开展“送温暖、献爱心”活动，对困难职工及时进行慰问，做好节日慰问工作。举办机关第十三、十四届职工运动会、定期开展健步走、瑜伽、书法培训和多种球类比赛，筹办春节团拜会和“我亲爱的祖国”歌咏大会，增强机关凝聚力和向心力。做好机关青年工作。结合纪念五四运动定期开展主题团日活动，举办青年干部“金叶论坛”，开展“我的青春我的梦”主题征集活动，组织参加工业和信息化部第三届论文大赛和“绽放战疫青春　坚定制度自信”主题宣传教育活动；组织机关青年干部赴江西兴国，湖北竹溪、竹山等地开展“根在基层”青年调研实践活动，让机关青年干部在基层锻炼成长。做好机关妇女工作。组织开展纪念“三八”国际劳动妇女节系列活动，举办中医健康知识讲座、健康咨询；参加中央国家机关“恒爱行动——百万家庭亲情一线牵”和“巾帼绽放　逐梦前行”女职工风采展示活动，更好发挥女同志“半边天”作用。

离退休干部管理

加强离退休干部党建工作。“十三五”时期，国家局党组贯彻落实中央各项决策部署，制定印发《关于进一步加强和改进离退休干部工作的实施意见》，对做好行业离退休干部工作提出明确要求。注重加强离退休干部党支部班子配备，把党性强、威信高、身体好、经验丰富、乐于奉献的老同志充实到支部班子，总结撰写的《着力破解离退休党支部班子选配难》在中央国家机关离退休党建工作会上进行交流。连续4年组织国家局、总公司机关离退休党支部委员到革命传统教育基地开展党性教育培训活动。根据离退休人员实际，每年组织党员集中教育，每季度组织支部政治学习，创新支部活动方式，提高组织生活质量。

开展各项活动。全行业以“展示阳光心态、体验美好生活、畅谈发展变化”为主要内容，在离退休人员中开展为党和人民事业增添正能量活动。每年区分不同主题持续推动活动开展，为广大离退休人员提供展示发声平台。行业各单位通过网站、微信、媒体等资源宣传报道正能量活动动态，营造浓厚舆论氛围。在各单位普遍开展“正能量之星”评选活动的基础上，国家局离退办编辑出版《烟草行业离退休人员典型事迹100例》，集中展示离退休人员发挥正能量的精神风貌。

针对离退休人员多样化、个性化的精神文化需求，成立摄影、舞蹈、合唱、太极、小乐队等兴趣小组，长期坚持开展活动，从经费、车辆、场地、就餐等方面予以保障，鼓励支持离退休人员参加老年大学和街道社区活动，践行文化养老理念，充实晚年生活。行业各单位结合重大节日和重大纪念活动，开展丰富多样的文化活动，受到离退休人员普遍欢迎。

做好日常服务管理。落实“两项待遇”，组织离退休人员阅读文件、听报告、参加重要会议和重大活动，确保他们及时了解党和国家大政方针以及行业发展情况。完善各项经费保障，落实各项生活待遇。强化医疗服务，针对离退休人员看病难、看病贵等问题开展贴心服务，在建立补充医疗保险、协助办理就医便捷通道、定期组织体检、缩短报销时间、提供车辆保障等方面出实招、办实事。坚持走访慰问，采取日常走访和重大节日慰问相结合，准确掌握每名离退休人员的思想状况和生活需求，针对性地做好解难帮困。

加强调查研究。针对人口老龄化趋势和离退休干部工作内外环境的深刻变化，注重做好转作风、强素质、重落实的基础性工作。主动学习借鉴，参加中组部和中央国家机关工委组织的各类会议、培训，准确理解上级指示精神，借鉴部委先进单位的工作经验。加强自身建设，定期举办行业工作人员业务培训，推动行业离退休工作部门机构人员的充实配备，强化工作人员的服务意识和业务能力。务实推动工作，每年组织工作调研和片区座谈会，到部分单位掌握情况、发现问题、倾听意见、推动落实。2016 年承担中组部“我看从严治党新气象”调研任务，活动成果受到中组部领导的充分肯定。每年确定调研课题，同步开展督查检查，梳理总结多篇高质量工作报告。

规范管理

完善规范管理制度，加快构建系统完备的制度体系

健全完善采购管理基础制度，深入推进采购内控机制建设。2016 年，印发《烟草企业“应招尽招”实施指南》《烟草企业“真招实招”实施指南》《烟草行业推进办事公开民主管理同业务工作深度融合指导意见》，构建规范化、制度化、程序化运行机制；2017 年，印发《烟草行业工程建设项目供应商不良行为记录管理办法》《烟草行业烟用物资采购项目供应商不良行为记录管理办法》，明确对供应商不良行为的处理方式，防范采购风险；2019 年，印发《烟草行业严禁领导干部违反规定干预和插手采购活动若干规定》，聚焦关键少数，完善权力配置和制约运行机制；2020 年，印发《烟草行业对存在行贿行为供应商实施禁入措施暂行规定》，对行贿供应商实行“零容忍”，坚决遏制不法供应商“围猎”行为，印发《中国烟草总公司关于进一步加强采购管理工作的意见》，明确各单位采购主体责任，探索破解“规范与效率”难题。上述制度有机协调、运行良好，为推动烟草企业规范采购行为、斩断采购领域不正当利益输送链条奠定坚实的制度基础。

强化重点领域监管，防范采购领域廉洁风险

加大采购重点领域和关键环节的监督力度，杜绝权力滥用，防止滋生腐败。2016 年，突出抓好中央专项巡视整改落实，开展工程建设项目、烟用物资采购专项治理，自查工程建设项目 4161 项，涉及金额约 442 亿元，重大烟用物资采购项目 2. 39 万项，涉及金额约 1377 亿元；牵头组织专项检查，对行业 41 家直属单位 1030 个项目进行深入检查。2017 年，推进规范管理综合督查全覆盖，按照国家局党组统一部署，完成对行业 53 家直属单位及中烟实业下属 8 家单位的规范管理综合督查任务。2018 年，对重点问题强化“点穴式”督查，围绕“老问题是否落实整改”“是否存在边整边犯、明知故犯问题”，对 13 家直属单位及中烟实业下属山西昆明烟草有限责任公司进行专项督查，共检查 1230 份规范管理问题整改资料以及 72 份新采购项目卷宗。2019 年，坚持标本兼治，推进有关政治生态突出问题全面整改任务，组织开展盒皮（烟标）和香精香料采购专项检查，实现行业工业企业“全覆盖”，共查阅采购项目卷宗 1144 项，制度规定 1114 个；编印《烟草行业领导干部涉及工程建设、物资采购等违法犯罪典型案例警示录》，全行业共印发 1. 8 万册，广泛开展专题警示教育，深化以案为鉴、以案促改。2020 年，组织开展违规单一来源采购项目专项检查和问题整改，对 8 家企业 11 个违规单一来源采购项目进行专项检查，查清项目违规原因和具体责任；加大惩戒力度，防范不法供应商腐蚀“围猎”，坚决落实对行贿供应商的禁入措施；首次将采购管理工作成效纳入对省级公司年度工作业绩考核范围，并调整完善规范管理考核评价体系，发挥考核的激励约束作用。

推动重点问题整改落实，巩固深化整改成果

将落实各项重点问题整改任务作为重要的政治责任，督导各单位做好整改，防范化解廉洁风险。2016 年，完成中央专项巡视“两个专项治理”问题整改，列出突出问题清单，明确整改措施、责任部门和完成时限，排查廉洁风险点，细化惩处措施，完善相关监管制度，完成整改事项 2232 个。2017 年，深入整改规范管理督查发现问题，聚焦工程、物资和服务采购领域的系统性廉洁风险，发现并纠正问题 235 个，巩固中央专项巡视整改成果，发挥规范管理防腐作用。2018 年，督办规范管理抽查发现问题整改，发现并纠正部分单位“应招尽招”落实不到位、招标文件编制不合规等 11 类问题。2019 年，推动政治生态突出问题全面整改，组织开展香精香料、烟标（盒皮）印刷专项检查，共发现突出问题 619 个，同时推动建立烟草行业供应商“黑名单”制度，严格落实不良行为供应商惩戒措施，防范重点领域关键环节的廉洁风险。2020 年，将中央巡视整改作为严肃的政治任务来抓，协调有关部门，强力督导各直属单位，将解决突出问题与完善制度机制结合起来，采取有力措施加快堵塞漏洞、补齐短板，全力解决各项整改问题。督办国家局党组巡视发现的规范管理问题整改，向被巡视单位正式发函反馈问题，对部分直属单位进行约谈，分类指导深入整改。抓好国家局审计发现的规范管理问题整改，向被审计单位发出整改函，并对整改工作进行一对一督促指导，确保问题整改到位。坚持“抓早抓小”，细致督导核查，加大对采购领域问题线索查处力度，督导有关直属单位认真核查问题、深入剖析原因、完善监管制度、严肃落实整改。

创新协同监督模式，持续提升精准监督水平

推动规范管理信息化建设，实现“线上巡查监管，线下督办检查”全方位监督，提高发现问题精准性。行业规范管理信息系统完成项目初验并进入试运行阶段，与各直属单位采购信息系统全面实现纵向对接，推进行业采购信息系统数据核验。利用国家局规范管理信息系统，分两批次对 9 家直属单位 232 项 100 万元以上单一来源采购项目进行网上督查，发现问题 6 项，从严从实督导各单位立行立改，防止问题反弹，巩固深化整改成果。创新交易方式，探索电子招投标，推进招标活动数字化、智能化，助推招标活动高质高效，赋能高质量规范管理工作。鼓励行业各单位进行网络采购，依规选择采购平台，实现网上直采和询比采购，持续提高采购效率，降低采购成本，减少采购风险。履职尽责，推动贯通融合，加强规范管理与纪检监察、审计等部门协同配合，同时发力、同向发力，逐步实现线索共享、结果共用、重要事项共同实施、问题整改共同督导，以强大的监督合力保障规范管理工作高质量发展。

◇ 编辑：王　静　吴中奇

行业各直属单位“十三五”时期发展概况

省级烟草专卖局（公司）

北京市烟草专卖局（公司）

“十三五”时期，北京市烟草商业系统紧紧围绕行业“一个发展目标、五个基本定位”总体要求，牢固树立首都意识，坚持稳中求进工作总基调，深入贯彻新发展理念，积极推动改革发展稳定各项工作，保持持续健康发展态势，较好地完成“十三五”主要目标任务。

党的建设全面加强。贯彻落实新时代党的建设总要求，压实从严治党主体责任和监督责任。强化思想理论武装，推进“两学一做”学习教育常态化制度化，深入开展“不忘初心、牢记使命”主题教育，开展党员干部政绩观专题教育。深入推进党建重点课题，巩固拓展落实中央八项规定精神成果，开展“提高效率主动作为”大讨论。加强巡

察工作，探索建立不敢腐、不能腐、不想腐的监督机制。加强企业文化建设，形成并推进以北京烟草精神为首的“1+4”文化理念落地落实，提升北京烟草软实力。

专卖监管精准高效。市场监管坚持“以打为主”工作方针，构建“政府领导、部门联合、多方参与、密切协作”的打假打私体系，实现“双随机、一公开”检查全覆盖，认真履行控烟执法职责。“十三五”时期，全市累计查处各类违法案件1.78万起，其中大要案1779起；打掉涉烟违法网络81个；查获非法卷烟6.5亿支，案值4.15亿元；刑拘338人，判刑162人。深化“放管服”改革，全面开通行政许可“一网通办”，开展“双随机、一公开”检查，持续深化APCD工作法。严格落实“行政执法三项制度”，推动落实“互联网+监管”。完善专卖内管制度机制，深化普法宣传教育，北京市局被评为“烟草行业‘六五’普法先进单位”。

经济运行稳中向好。北京烟草制定“1+7”高质量发展政策体系，落实行业“十六字”方针，加强和改善运行调控，努力克服北京市疏解非首都功能、减量发展等政策因素以及新冠肺炎疫情影响，生产经营止跌企稳，发展质量和效益稳中向好，为保证财政增收、稳定社会就业、保障消费者权益、助力脱贫攻坚作出积极贡献。“十三五”时期，北京烟草销售卷烟402万箱，保持基本稳定，卷烟单箱销售额达到3.36万元，年均增长3.48%；实现税利328亿元，累计上缴财政237亿元。扶贫采购585万元。

市场化取向改革深入推进。坚持消费驱动的市场需求导向，以批零数据为依托，持续优化卷烟货源供应，推进投放策略向精准、精细转变。不断完善客户档位评价方式，探索单规格聚类投放，提升货源供应的精准度和时效性。完善品牌引入退出机制，营造公平竞争的市场环境，“136、345”品牌中“136”品牌规模发展格局和“136”品牌价值发展格局基本形成。网建基础不断巩固，建成诚信互助小组2154个，占有效客户比重90.9%。深化现代化物流体系建设，实施就地技术升级改造，分拣能力大幅提升，从双班70万箱跃升到单班100万箱，实现业务高峰期分拣配送日清日结。

企业基础管理不断强化。按照“市场导向、夯实基础、提质增效、创造价值”的总体思路，全员参与、全程覆盖、全面立体的精益管理机制基本形成。降本增效超额完成国家局目标任务，科技创新成果不断涌现，获得中国烟草总公司科学技术进步奖三等奖1项，获得国家实用新型专利授权19件，发明专利12件。全面深化预算管理，不断动态调整、精细完善预算管理定额体系。不断完善企业资产管理机制，确保国有资产保值增值。加强审计监督，实现内部审计全覆盖，有效防范经营管理风险。安全管理完善安全生产责任制，注重提升标准化建设水平，夯实应急管理工作基础，“十三五”时期未发生较大以上（含）安全责任事故。

天津市烟草专卖局（公司）

“十三五”时期，天津市烟草商业系统坚持以深化供给侧结构性改革为主线，以改革创新为根本动力，全力推进终端建设、品牌培育、规范经营管理、信息化融合、队伍建设，核心竞争力进一步增强。

全面从严治党取得新成效。坚持把党的政治建设摆在首位，持续推进“两学一做”学习教育常态化制度化，深入开展“不忘初心、牢记使命”主题教育和政绩观专题教育。持续传导管党治党责任压力，抓严抓实政治生态突出问题全面整改、中央巡视整改以及“天价烟”问题集中整治。加强领导班子建设，推动干部交流，全面推行全员考核制度。

专卖管理更加规范。始终保持打假打私高压态势，健全完善打假打私协作机制，发挥“互联网+监管”作用，开展市场清理整顿专项行动，开展电子烟专项检查，持续深化“放管服”改革，推动烟草专卖零售许可管理系统与市场监管委电子证照系统互联互通。“十三五”时期，全市查办违法案件8804起，查获非法卷烟5.65亿支，总案值2.61亿元，破获符合国家局标准网络案件25起。

经济运行质量显著提升。把握稳中求进工作总基调，贯彻落实“总量调控、稍紧平衡，增速合理、贵在持续”的方针，推进卷烟营销市场化取向改革，加强零售终端建设，加大品牌培育力度，提升客户服务能力，推进现代物流建设，企业经济效益持续提升。“十三五”时期，销售收入年均增幅3.68%，税利年均增幅4.03%。

基础管理全面加强。始终把严格规范作为保持行业持续健康发展的“生命线”，深入推进依法行政、依法经营、依规管理，制（修）订各类规章制度312项，编制发布第一部《天津烟草行业制度汇编》。进一步加强权力监督，注重日常监督与专项监督有机结合，逐步形成专卖内管、审计监督、规范管理监督、干部监督、纪检监察监督各司其职、协调配合的强大监督合力。坚持创新驱动发展战略，“十三五”时期，累计获得授权专利21件、软件著作权10项，多次获评“全国优秀质量管理小组”、“全国质量信得过班组”、全国烟草行业“精益十佳”等。

河北省烟草专卖局（公司）

“十三五”时期，河北省烟草商业系统坚持稳中求进总基调，坚持新发展理念，坚持以供给侧结构性改革为主线，坚定实施“大品牌、大市场、大企业”发展战略，统筹推进全面从严治党、终端建设、品牌培育、规范经营管理、信息化融合、队伍建设，企业发展质量与效益不断提高，圆满完成主要目标任务。

全面加强党的建设。贯彻落实新时代党的建设总要求，压实从严治党主体责任和监督责任。强化理论武装，学深悟透笃行习近平新时代中国特色社会主义思想，扎实推进“两学一做”学习教育常态化制度化，深入开展“不忘初心、牢记使命”主题教育，认真组织党员干部政绩观专题教育。推进党支部标准化规范化建设，积极开展精准扶贫和“三下乡”活动。压紧压实管党治党政治责任，抓严抓实政治生态突出问题全面整改、中央巡视整改，深化政治巡察，严格执纪问责，拓展落实中央八项规定精神成果。认真贯彻新时代党的组织路线，坚持正确的选人用人导向，打造高素质干部队伍，巩固风清气正的政治生态。

推进专卖管理工作。稳步推进机制建设，定期召开由烟草牵头、政府主导的14个部门组成打击制售假烟违法犯罪活动领导小组联席会议，持续推动多部门协作向深层推进。河北省各级专卖管理部门坚持“破网络、抓主犯”，2016—2020年全省共侦破国标案件278起，有20起重大案件被公安部、国家局列为督办案件。市场管控平稳有序，开展一系列专项整治行动，在大户治理上集中力量、重点打击“二次批发、左右价格、扰乱市场”等违法违规行为，五年间全省查获大户违法违规经营卷烟5万支，查处案值5万元以上案件866起，依法取缔违法违规卖烟大户439户。省局连续3年开展专卖管理“基础年”“巩固年”“提升年”活动，强化落实停业整顿、取消业务资格等后续监管措施，不断提高行政许可管理和服务能力。证件和案件管理工作在国家局检查考核中取得良好成绩。

持续深化零售终端建设。2016年初，制定《河北烟草商业系统零售终端建设投入管理办法》《卷烟零售终端建设考核实施细则》等标准体系，网络建设管理从行业内部向零售环节、消费环节延伸。加快建立以自营终端为标杆、现代终端为支撑、普通终端为基础的金字塔型卷烟零售终端体系。2017年，在石家庄召开全省烟草商业系统终端建设推进现场会，并在全国卷烟营销网络建设现场会上作典型经验介绍；2018年5月和7月，分别召开全省烟草商业系统南、北片区终端建设推进会，初步建立普通、现代和直营的零售终端体系，形成“在终端着力、靠终端发力”的销售新格局；2019年，在完善制度、宣传培训、小组运行等方面持续发力，推进零售终端建设夯基提质；2020年，聚焦提质升级，促进终端和小组功能发挥。

创新管理取得成效。建立健全科技创新管理制度，营造全员创新的良好氛围。继2017年石家庄市局（公司）首次获得全国烟草行业优秀质量管理小组成果发布会二等奖后，2018年、2019年、2020年均有项目获得行业二等奖、三等奖。省局（公司）指导所属单位推行标准化建设，唐山市局（公司）通过第二批行业商业企业标准化示范企业认证的现场复评。五年间，共下达省级立项科技创新项目71项，全省登记注册QC小组累计1191个，参与科技创新活动的行业员工超过1万人，培养初级、中级诊断师423人。

巩固脱贫攻坚成果。自2018年初起，省局（公司）驻石家庄市行唐县南件村、葛仙庄村2个工作队全面落实党的扶贫政策，推动精准脱贫。2018年底实现整村脱贫出列，2019年9月实现全部贫困户脱贫，2020年8月通过国家脱贫攻坚普查验收。

驻村期间，帮助驻村点加强基层组织建设，组织党员认真学习习近平新时代中国特色社会主义思想和系列讲话精神，组织党员赴西柏坡参观学习。全力开展脱贫攻坚，深入发展产业帮扶，使用帮扶资金建成集体羊舍、扶贫微工厂，助力养殖产业发展和集体经济；协助办理扶贫小额信贷申请进行产业创业；为贫困户申请公益岗位就业等。推进精准脱贫项目，共申请捐赠资金621万元，针对不同人群分类施策，如硬化村内道路、修建连村路、铺设产业路，引导贫困户种植农作物，形成规模化特色农业等。真诚为民办事，开展消费扶贫、“暖心工程”和节日慰问等活动，同时做好疫情防控等工作。

山西省烟草专卖局（公司）

“十三五”时期，山西省烟草商业系统迎难而上、砥砺前行，奋力推动高质量发展迈出坚实步伐。

管党治党全面从严、正气上扬。坚持以党的政治建设为统领，把“严”的主基调贯穿管党治党各领域，强化权力制约监督，扎实推进中央巡视国家局党组、政治生态、主题教育、审计等各项整改。狠抓正风肃纪，持续加大惩治力度，坚定不移推进全面从严治党向纵深发展。

高质量发展谋定启动、坚定实施。对接行业高质量发展“1+6+2”政策体系，从全局高度谋划“341”战略目标、“1268”总体思路和要求、“5586”责任保障体系和“六双”促转型思路，拓展“三步跃迁”战略安排。省局（公司）出台高质量发展实施方案及5个配套措施，印发加强软实力建设实施方案，统筹顶层设计和分层对接，全省烟草商业系统“1+5+N”立体开放的高质量发展体系框架初步形成。

市场监管坚强有力、秩序良好。抓住省政府大力支持山西烟草工商产业转型升级有利时机，加快构建政府主导的卷烟打假打私协作机制，建立“晋冀蒙”联合打击涉烟违法犯罪活动协作机制，始终保持打假打私高压态势，维护良好市场秩序。

经济运行止跌回稳、持续向好。面对“十三五”初期卷烟销量、收入、税利断崖式下滑，果断打响“三大战役”，坚决贯彻国家局“十六字”方针，确定“二十字”调控思路，运用“六个调控”，推动主要经济指标止跌回稳、持续向好。实现税利年均增长5.93%，上缴税费年均增长3.56%。

改革创新深入推进、体现特色。推进市场化取向改革、“放管服”改革和厂办大集体改革，完成“三供一业”、退休人员社会化管理移交，创建省局审计中心和市局内管中心、质检小组，强化信息化平台支撑，搭建电商采购平台。改版《山西烟草》双月刊，开展质量管理创新，在全国烟草行业优秀质量管理小组成果发布会上连续5年取得优异成绩。

基层基础更加巩固、效率提升。开展零售户诚信互助小组建设和“五好党支部”创建，全面筑牢发展基石；开展质量管理体系转版和制度“立改废”，全面提升企业治理体系和治理能力现代化水平；开展降本增效，财务三项费用率和物流费用低于行业平均水平。

队伍建设持续加强、充满活力。培养选拔专业技能人才，分别在行业第三届购销员、专卖管理技能竞赛以及培训师教学技能竞赛和行业优秀论文评选中获得优异成绩。开展“责任意识年”和“责任意识深化年”活动，“责任铸魂、奋发卓行”理念深入人心。

社会责任主动落实、彰显形象。“十三五”时期，捐赠扶贫资金2.65亿元（含总公司1.2亿元），其中支持贫困地区水利和其他扶贫项目16个，帮扶133个行政村全部脱贫，捐赠1046万元支持地方疫情防控，与13万卷烟零售户共享发展成果，公开招聘352名高校毕业生稳定社会就业，树立社会良好形象。

内蒙古自治区烟草专卖局（公司）

“十三五”时期是内蒙古自治区烟草商业系统加快转变发展方式，持续优化发展结构，不断增强发展动力，推动发展质量变革、效率变革、动力变革的五年。经过五年的艰苦奋斗，全自治区行业在困难中恢复、在逆境中重振。

从严治党得到全面加强。党建工作“四级责任”体系进一步完善，形成覆盖全区的管党治党责任链条。开展“不忘初心、牢记使命”主题教育，推进“两学一做”学习教育常态化、制度化，思想理论武装进一步强化。建立党建三级联动考核机制，开展百名干部下基层指导督导工作，持之以恒纠治“四风”，巩固拓展落实中央八项规定精神成果，深入推进正风肃纪反腐，准确把握运用监督执纪“四种形态”，扎实开展全面巡视巡察和政治生态突出问题全面整改。

改革发展跃上高质量轨道。全自治区烟草商业系统经济效益得到持续提升，总资产增幅14.15%，税利增幅16.99%，销售收入增幅10.54%，呈现出经济运行持续向好、发展动能强劲充沛、质量效益稳步提升的良好态势。

为经济社会发展作出全方位贡献。主动融入健康内蒙古战略，上缴地方税收年均增幅4.46%，保证财政增收。推动地产烟做大做强，“冬虫夏草”品牌入选全国性重点卷烟品牌行列，地产烟市场占有率达到15.34%，振兴民族品牌。

脱贫攻坚方面，累计投入帮扶资金1.02亿元，派驻驻村干部1658人次，帮扶77个贫困村、2436户贫困户全部脱贫，先后获评自治区“社会扶贫先进集体”“定点扶贫兴安盟工作示范单位”等。

构建公平竞争的营商环境，把诚信互助小组建设打造成民心工程，客户盈利水平大幅提升，稳定近10万零售户的就业问题，保障近36万人的生活生计问题。烟农户均收入11.41万元，比2015年增加5.53万元，有力巩固烟区脱贫攻坚成果。

取得一个重大文化成果。始终坚定文化自信，传承和发扬“两个至上”行业共同价值观，结合全自治区烟草行业自身特点和实际，构建以“感恩珍惜、知责思为、明责有为、尽责作为”为核心的内蒙古烟草“3568910”“1434456710”2个责任文化体系。

辽宁省烟草专卖局（公司）

“十三五”时期，辽宁省烟草商业系统围绕“做强做优辽宁烟草，实现高质量发展”这一总目标，深入实施“四个强企”战略，加快推进“五要六工程”建设，持之以恒打基础、塑形象，奋发有为争进位、求突破，“十三五”规划主要目标任务如期完成。

党的建设持续加强。认真贯彻新时代党的建设总要求，扎实开展“两学一做”学习教育，深入开展“不忘初心、牢记使命”主题教育，压紧压实全面从严治党政治责任，深入推进政治生态突出问题全面整改和中央巡视发现问题整改，坚决肃清王志富案件恶劣影响，风清气正的政治生态正在形成。

市场监管持续强化。“放管服”改革逐步深化，行政许可工作效率和服务质量明显提升，打假打私、治理真烟异常流动和清理违规大户取得积极成效，“双随机、一公开”与APCD重点监管成效明显，卷烟市场净化率提高。

经济运行持续向好。坚持“总量控制、稍紧平衡，增速合理、贵在持续”方针，迅速扭转卷烟销量下滑、市场秩序混乱的不利局面，经济运行和市场状态恢复，零售户满意度和毛利率保持在较高水平。

供应链体系持续优化。卷烟营销市场化取向改革稳步推进，现代终端建设取得突破，诚信互助小组作用逐步显现，5家单位新建物流中心项目顺利启用，卷烟供应链更加顺畅有序。

队伍状态持续提升。加强干部队伍建设，改进干部选拔任用，推进干部交流常态化，干部队伍结构更加优化。从严从紧核定机构编制，妥善解决“三超两乱”问题，控员增效取得实效。实施公开招聘，建立遴选机制，推进竞争上岗，深化技术技能人才聘任，人才工作机制不断健全。

吉林省烟草专卖局（公司）

“十三五”时期，吉林省烟草商业系统全面落实国家局规划目标，形成“规范是前提、销量是基础、结构是关键、税利是核心”阶段性总体工作思路。全省烟草商业通过提升卷烟结构、规范经营等措施，实现税利总额的逆势增长。

党建工作。坚持以党的政治建设为统领，统筹推进党的思想、组织、作风、制度和纪律建设。理顺省局（公司）所属单位党建工作领导体制，在省市县三级设置党建工作职能部门。贯彻落实党的十九大及十九届历次全会精神，开展“两学一做”学习教育并实现常态化制度化，分两批开展“不忘初心、牢记使命”主题教育。推进中央巡视整改、国家局党组巡视整改、政治生态突出问题全面整改以及行业审计等整改，持续强化廉洁自律教育、廉洁风险防控。

专卖管理。充分发挥烟草专卖与公安、海关、市场监管等部门联合打假打私机制作用，整治网络、远途邮递卷烟等新型案件，持续开展烟草专卖打假打私，市场秩序明显好转。“十三五”时期，全省累计办案9644起，查获各类非法卷烟1.89万件，破获符合国家局、公安部标准网络案件大案88起，抓捕嫌疑人368人，逮捕233人。深化“放管服”改革，实现烟草行政审批“最多跑一次”，以专卖监管新成效为高质量发展营造良好市场环境。探索市场监管新方法。以“双随机、一公开”为手段、信用监管为基础、APCD重点监管为补充的新监管机制运转良好。

卷烟销售。落实国家局“总量控制、稍紧平衡，增速合理、贵在持续”调控方针。2017年销售止跌企稳，2018年实现恢复增长，2019—2020年保持进中向好、好中向优的良好态势。2020年卷烟销量较2016年增幅1.93%。

烟叶种植。吉林烟叶守住规模红线，有序递减烟叶种植规模。五年间，全省大面积大幅度减少烟田面积，2020年烟田面积较2016年降幅43.24%。加强精益生产收购管理，烟叶等级改善明显，上等烟叶比重从2016年的23.53%提高到2020年的43.8%，烟叶合格率从2016年的73.91%提高到2020年的82.89%。烟农户均收入从2016年的9.13万元提高到2020年的13.72万元，增幅近50%。

技术创新。网信工作在基础设施建设、应用集成整合、管理服务等方面重点投入且取得一定成效，推动技术业务管理三位一体的同步提升。吉林省局（公司）完成服务器虚拟化软件国产化替代；延边州局（公司）开展自主保全（TPM）对分拣车间烟气净化设备改造；通化市局（公司）自主研究改造笼车把手和刹车装置，并获国家专利授权。

社会贡献。吉林烟草商业把自身发展融入地方发展大局，在吉林全面振兴全方位振兴大局中找准定位，加大对吉林卷烟工业的扶持力度。五年间，吉林省的“长白山”品牌卷烟销量在全国卷烟销量占比从20%提高到33.19%，对全国销量增长贡献率为170%，大幅带动整个烟草行业对吉林省地方财政收入的贡献。累计投入烟叶生产补贴资金（含国家配套资金）1.39亿元（含国家局补贴9459.42万元），投入扶贫资金2867万元，帮扶2027户贫困户实现脱贫。

黑龙江省烟草专卖局（公司）

“十三五”时期，黑龙江烟草商业系统坚持“十六字”方针和“三个下功夫”工作要求，妥善应对区域经济下行、人口外流、疫情冲击等不利影响，破解深层次、根源性矛盾和问题，实现黑龙江烟草平稳健康发展。

党的建设统领全局、全面从严。落实新时代党的建设总要求，推进“两学一做”学习教育常态化制度化，推进党支部建设标准化规范化。落实中央八项规定精神，纠治“四风”。做好中央和国家局巡视整改、经济责任审计整改、政治生态突出问题全面整改。完成20家直属单位及所属基层单位的首轮巡察全覆盖，全面从严治党走向严紧硬。

卷烟市场持续规范、监管有序。保持高压态势，开展打私打假行动和物流寄递领域整治，加强“两烟”监管，大力治理真烟异常流动，严厉打击新型烟草制品，推进法治烟草建设。五年累计查处涉烟违法案件5.07万起，案值2.58亿元，查办省标及以上重大网络案件158起，市场环境和内部规范经营持续向好。

经济运行稳中有进、稳中向好。以供给侧结构性改革为主线，持续调状态、调结构、调方式，卷烟销售平台建设扎实推进，终端体系初见规模，诚信互助小组全面覆盖，卷烟经营秩序更加规范。税利连年稳定增长，为保障财政税收和促进龙江经济社会发展作出新贡献。

烟叶产业积极脱困、奋力攻坚。坚持靶向发力，统筹推进烟叶重大改革，妥善安置复烤公司转移分流人员。实施“龙江烟叶进入工业配方”销售战略，烟叶质量稳步提高。开拓国际国内市场消化库存烟叶，破解“三大难题”取得突破性进展。

基础管理夯实稳固、严格规范。构建全面预算定额标准体系，三项费用率下降至8.51%，资金监管和资产配置更加合理。2020年末国有资产保值增值率109.07%。推进质量管理体系转版，连年完成降本增效目标。新物流项目基本完工，非法人实体化运作有序推进。物流跨区整合工作成效显著，单箱物流费用降至246.86元。

科技创新以点带面、提供支撑。完善科技创新支撑，在品种选育、主栽品种抗性改良、病虫害绿色防控上取得突破。2016—2020年累计科技立项33项，形成科技成果38项。获得总公司和省级科学技术进步奖18项，获得专利授权10件。

社会责任积极展现、担当作为。派出扶贫工作队39个，落实扶贫项目143个，投入扶贫资金1943万元，帮扶2022户贫困户实现脱贫。组织公益捐赠204次，捐助资金603万元。178个志愿服务队组织服务3592次，惠及19万人。促进烟农户均增收8530元。

上海市烟草专卖局、上海烟草集团有限责任公司

“十三五”时期，上海烟草集团有限责任公司实现经济效益、品牌发展、企业管理等各类目标指标的标志性进步。

坚持以党的政治建设为统领，全面贯彻落实新时代党的建设总要求，牢固树立“四个意识”，自觉坚定“四个自信”，坚决做到“两个维护”。以党章为根本遵循，凸显党的政治建设的根本性地位，坚持问题导向，注重“靶向治疗”，把党的政治建设融入贯彻执行党和国家重大决策部署的全过程，做到党的政治建设与各项业务工作特别是中心工作紧密结合、相互促进。

“十三五”时期对行业税利贡献度始终保持9%左右，为国家财政增收和经济社会发展作出积极贡献。品牌发展：“中华”品牌销售收入稳居行业第一，连续两年年批发销售额超过1500亿元，较“十二五”末增长3.2%。管理水平：技术创新获得中国烟草总公司科学技术进步奖9项，拥有有效专利834件，较“十二五”末实现翻番；原料保障总体稳定，烟叶库存总量逐步下降；生产效率持续提升，工业实物劳动生产率提升6.9%；工业成本费用利润率年均125%，始终保持行业第一；环保治理连续5年获评“上海市安全生产优胜单位”，全面完成“十三五”环保减排任务。

“十三五”时期，上海烟草集团取得“四个方面”标志性成果：

浦东园区建成投用，生产布局升级优化。作为行业重点投资项目和上海市重大工程项目的浦东科技创新园区正式建成投产，全面实现北区工厂投产运行和南区技术中心、新型烟草制品研究院搬迁入驻，上海地区两个年产百万箱卷烟的生产板块架构搭建形成，京津沪三地生产力布局实现优化配置，全产业链一体化组织运行体系加速建立。

新旧动能转换加速，品类结构全面提升。新“1+3”品牌发展战略全面实施，高端引领效应持续发挥，中端转型升级不断突破。集团公司新品贡献度持续提高，新品内销收入占工业销售收入比重从2016年的0.45%提高至2020年的16.48%，新旧迭代效应不断凸显。“中华”品牌成功实现品类布局的新突破，中支系列引领行业，短支、细支系列竞争力增强，保持高档烟市场竞争优势。

创新体系持续完善，创新步伐不断加快。围绕“制造一支烟”，建立健全“1+5+1”高效运行的协同创新体系，2016—2020年研发上市27款创新产品，在原料综合利用、自制特种滤棒等重要技术领域形成一大批自主创新成果。

商业改革深入推进，改革红利有效释放。聚焦“归核、瘦身、提升、稳定”，稳步推进“三管一加强”工作，开展“两个全面”活动，推进“一个平台、两支队伍”建设。商业企业市场主体作用进一步强化，历史性地实现税利总额超过百亿元的突破，商业人均卷烟劳动效率从237.2箱提高到316.1箱。

江苏省烟草专卖局（公司）

“十三五”时期，江苏省烟草商业系统圆满实现主要目标任务。

管党治党全面从严。江苏省烟草商业系统坚持以党的政治建设为统领，传导管党治党责任压力，强化对权力运行的制约和监督，持续推进系统规范、依法规范、综合规范、源头规范的“大规范”体系建设。扎实开展中央巡视、政治生态、主题教育、审计、巡察等各种整改，持续加大正风肃纪反腐力度，推进全面从严治党不断向纵深发展。

市场秩序明显好转。按照“落实责任、突出重点、创新监管、注重实效”总体要求和“1152”工作思路，始终保持打假打私高压态势，严格规范生产经营行为，推动市场环境不断好转。2016—2020年上报符合国家局标准网络案件402起，数量位居全国前列。

发展战略科学确立。贯彻新发展理念，落实行业高质量发展政策体系，顺应发展形势，研究确立公司“1345”发展战略，编制“1+5+2”政策方案，绘就未来一个时期的发展蓝图，并抓好战略解码、战略执行，谋定后动、坚定实施，高质量发展迈出坚实步伐。

经济运行稳中向好。坚决贯彻稳中求进工作总基调，坚决落实“总量控制、稍紧平衡，增速合理、贵在持续”方针，始终把提升市场状态摆在突出位置，把准客户盈利“风向标”，社会库存降至合理水平，市场状态持续改善，发展质量和效益持续提高，主要经济指标稳中向好、持续向好。

改革创新蹄疾步稳。卷烟营销市场化取向改革、“放管服”、区域物流、零售终端体系、产业数字化、金丝利“通·家·号”，以及“金丝利零售”商业流通品牌等重点领域关键环节改革，不断为高质量发展注入新的生机和活力。

浙江省烟草专卖局（公司）

“十三五”时期，浙江省烟草商业系统全面形成“互联网+浙烟专卖商业”管理新格局，全面实现质量效益走在前列、深化改革走在前列、智慧烟草走在前列，转型率先、发展领先的战略目标从蓝图变为现实。

筑牢高质量发展的坚强政治保障。全面构建“精实·先锋”党建品牌体系。持续开展巡察检查，深入推进作风整治。强化干部教育管理监督，干事氛围风清气正，政治生态山清水秀。

巩固高质量发展领先优势。“十三五”时期，浙江省卷烟单箱销售额连续位居全国第一，累计实现税利、上缴国家财政居全国烟草商业系统第二位。共破获符合公安部、国家局标准网络案件394起，其中部督案件49起，在打击互联网售假、加热不燃烧卷烟、海上走私和跨国制售假烟等领域率先取得突破，破获一批具有全国影响力的重大案件、首创案件，连续多年获得全国卷烟打假特殊贡献奖。

闯出一条高质量发展的崭新路径。搭建“1253”（一朵云、两张网、五大平台、三个支撑）基础架构，形成以“平台运营、数据驱动、一体管理、融合发展”为内涵的“互联网+烟草专卖商业”浙江模式。成功承办全国营销网建现场会。浙江模式得到中财办、国家局等部委的充分肯定，“经营资源、经营平台”理念被吸纳为全国烟草商业核心竞争力定位，浙江省局（公司）被确定为全国烟草生产经营管理一体化平台建设及营销先行建设综合试点单位，浙江经验向全行业推广。

塑造高质量发展的现代管理品质。创新“平台+应用+数据”现代管理方式，率先推进存量资金集中管理，创新分层分类对标。创建数据资源管理中心、客户中心、项目团队等组织。打造“一站式办公”和“掌上办公”，创新移动化应用场景。

激发驱动高质量发展的内生动力。健全完善全省干部管理“一盘棋”格局。健全完善员工“三纵一横”职业发展体系和人才成长“四个机制”。践行共享发展理念，在保证财政增收、促进经济发展、稳定社会就业、助力脱贫攻坚、保障消费者利益等方面作出全方位贡献，获评“全国文明单位”。

安徽省烟草专卖局（公司）

“十三五”时期，安徽省烟草商业系统圆满实现主要目标任务。

党建引领力进一步凝聚。突出学习贯彻习近平新时代中国特色社会主义思想这一主线，强化理论武装。持续提升基层党组织标准化建设质量，推进党建与业务融合。深化全面从严治党，强化正风肃纪反腐，加强作风建设，推进构建系统性风险防控体系，实现巡察全覆盖，抓实各类问题整改。

市场控制力进一步加强。构建“政府领导、部门联合、多方参与、密切协作”打假打私体系，持续增强“打团伙、破网络”的高压态势，累计查获部督案件25起、国标网络案件166起，查获非法卷烟6.25万件、案值8亿元。健全以“双随机、一公开”监管为手段、重点监管为补充、信用监管为基础的新型监管模式，创新运行“互联网+监管”联席会议机制。高标准强化规范经营，市场综合监管效能有效提升。

运行调控力进一步提升。经济运行总体企稳回升、持续向好，单箱收入从2016年的3.29万元增至2020年的3.6万元。烟叶种植收购总量稳定，烟叶户均规模全国领先。物流管控能力提升，物流运行提质增效，费用增长趋势减缓。

创新内生力进一步激发。逐步建立科技项目管理、标准化管理、群众性创新活动、科技成果管理、知识产权管理、科技创新考评及激励等制度。夯实管理根基，形成“1135”企业质量管理体系和“3562”精益管理推进模式，创立精益联盟，全面实施精益改善活动。持续推进信息化与企业经营管理相融合，打造一体化“数字皖烟”，创新发展能力不断增强。

文化感染力进一步增强。推进“成长”文化践行与文明单位创建紧密结合，形成“161”成长母子文化架构体系和“徽映”服务品牌体系，创建提升“8·19成长文化日”品牌。持续推动文明创建常态化制度化，形成梯次推进、逐级提升的文明创建格局，全省烟草商业系统8家单位获评“全国文明单位”。

福建省烟草专卖局（公司）

“十三五”时期，在国家局党组和省委、省政府的正确领导下，福建省烟草商业系统始终坚持稳中求进总基调，坚持新发展理念，坚持以供给侧结构性改革为主线，统筹推进改革发展稳定各项工作，企业发展质量与效益不断提高。

组织凝聚力显著增强。把坚持党的领导、加强党的建设摆到更加突出的位置上，将党建工作要求写入企业章程，完善领导机制，设立专责部门，落实落细管党治党责任，深入开展“两学一做”学习教育、“不忘初心、牢记使命”主题教育，严格执行中央八项规定及其实施细则精神，党组织的领导核心和政治功能有效发挥，党员队伍的凝聚力和战斗力不断提升，行业政治生态持续向好。

市场控制力显著增强。坚持把卷烟打假作为专卖管理的重中之重，推动省委、省政府将卷烟打假纳入省级层面扫黑除恶专项斗争，顺利实现“卷烟打假三年巩固根治持久战”预定目标，有效维护平安福建良好形象。

综合竞争力显著增强。在全国烟叶计划连续调减的大背景下，推动烟叶收购稳步提升，烟叶市场更加稳定。面对提税顺价等多种因素影响，坚持“五保”卷烟经营指导思想，实现卷烟销售止跌回稳，单箱收入稳步增长。五年间，税利年均增长2.7%，资产总额年均增长5.77%。

企业创新力显著增强。在坚持和完善烟草专卖制度的基础上，扎实推进卷烟营销市场化取向改革、烟叶供给侧结构性改革、行政审批制度改革等重点领域改革，率先探索打叶复烤企业“区域加工中心”和“区域仓储中心”建设，成功举办行业企业管理现场会和现代物流现场会，“平台精益”“纸滑托联运”“两烟物流一体化”等模式在全行业得到广泛推广。

江西省烟草专卖局（公司）

“十三五”时期，江西烟草商业系统在曲折中前行、在困难中攻坚、在稳定中求进，不断推动各项事业取得新成效。

管党治党全面从严正气持续上扬。坚持和加强党的全面领导，以党的政治建设为统领，坚持党要管党、全面从严治党，党的建设持续加强，政治生态持续净化。扎实推进抓党建促决战决胜脱贫攻坚，截至2020年底，全省烟草商业系统定点帮扶的110个贫困村、5504户贫困户、1.91万贫困人口全面脱贫。

市场监管整治持续发力。始终保持打假打私高压态势，不断完善工作机制，精准有力打击，查办重大精品案件屡创新高。2018—2020年连续3年查获不同类型的重大案件。深化“六位一体”大专卖机制建设，2020年全省所有市级局卷烟打假工作纳入当地政府或公安机关考核。深化烟草与省公安“1+8”多警种协作机制，成立公安驻烟草警务室30余个。五年间，全省查办案值5万元以上大要案件5751起，比“十二五”时期增长125%；破获符合国家局标准的制售假烟网络案件167起，比“十二五”时期增长16.8%；累计打击违法经营大户7000余户次，取缔违法大户经营资格993户。

发展质量和效益持续显现。深入贯彻新发展理念，落实行业“1+6+2”高质量发展政策体系，扭转“十三五”初期经济运行断崖式下降的被动局面。五年间，税利总额年均增长4.8%，销量年均增长1.77%，销售额年均增长6.47%。零售户综合毛利率从2016年的6.78%提升到2020年的13.76%，年均提升1.4个百分点，年均增长15.21%；零售户满意度从82.9分提升到91.7分，年均提升1.76分，年均增长2.04%。

企业治理体系持续完善。深入推进法治烟草建设，严格规范生产经营，大力推进科技创新，切实加强精益管理，不断完善制度体系，推动管理转型升级。

干部人才队伍活力持续激发。拓宽干部选拔成长平台，深化人才教育培训，加强专业人才培养，强化干部管理监督。不断深化人事制度改革，建立完善10余项人事制度，干部人才队伍制度体系更加健全。全省烟草商业系统有28人入选行业优秀技能人才库，6人入选行业技能人才工作专家库，有高级专业（技术）资格54人、中级专业（技术）资格379人。

山东省烟草专卖局（公司）

“十三五”时期，山东省烟草商业系统在国家局党组的正确领导下，真烟外流、“三超两乱”、擅自大规模违规投资等历史遗留难题得到较好解决，基础工作薄弱状况明显改善，以观念转型升级、全面严格规范为特征的第一次转型升级基本完成。

党建和监督发生巨大变化。践行党建与业务“同谋划、同部署、同推进、同考核”，构建省市县三级联动党建责任考核体系，实施党建与业务“双百分制”考核，积极打造“党建+”载体，设立党员示范岗、责任区3672个，“党员就要干得比群众好”成为行动自觉。坚持“严”的主基调，立“明规矩”、破“潜规则”，一级做给一级看、一级带着一级干，推动管党治党从“宽松软”走向“严紧硬”，政治生态实现整体性重塑。

推进专卖管理。打赢和巩固“整治真烟外流”“夯实基层基础”“网建重点突破”三大攻坚战，用“六条禁令”严惩严治违规经营行为，2017年摘掉真烟外流数量全国第一的帽子，2018年、2020年真烟外流数量退至全国第七位。

省局（公司）与山东省委政法委等15个部门连续6年开展烟草市场治理“齐鲁之盾”“齐鲁利剑”专项行动，始终保持打假打私高压态势。深化“互联网+专卖管理”研究应用，建立全省涉违法烟案件大数据中心，日常监管走向精准化。“十三五”时期，公安、司法机关依法拘留6190人、逮捕2135人、判刑2747人；破获符合公安部、国家局标准制售假烟走私烟网络案件506起，均占全国的10%左右。

完善市场终端建设。确立“面向市场、着眼基层、强化管理、突出服务”的指导思想，推行县级局（公司）“4+N”模式，建设基层服务站501个，推动管理服务重心下移。全面实施规范经营和大户治理、诚信互助小组建设、终端共建共赢等4个“一把手工程”，市场状态达到历史最好水平。

2018—2020年，先后投入卷烟零售终端建设费1.8亿元，拉动工业企业、银行等第三方投入3.1亿元，引导客户主动投入7亿元，累计帮助30.13万户卷烟零售户提升终端形象。零售户毛利率稳定在13%左右，零售户满意度自2018年起跃居行业前列。

加强基础管理工作。每年召开管理创新和营销网建两次现场会，连续3年使用专项资金开展管理创新专项考核。深化制度流程建设，强化财务管控和全面预算管理，2020年全省烟草商业系统薪酬外费用比2014年下降48.72%，资本性支出下降62.23%。在烟草行业首创处级干部领题攻关活动，五年间4次在烟草行业企业管理现场会上作典型发言，2020年高质量承办行业企业管理现场会。

履行社会责任。2017—2019 年，全省烟草商业系统对山东省 GDP 年均贡献 1579 亿元，贡献度稳定在 2.3% 以上，年均提供就业岗位 207 万个，为山东经济社会发展和民生改善作出重要贡献。

河南省烟草专卖局（公司）

“十三五”时期，河南省烟草商业系统圆满实现主要目标任务。

党的建设持续加强、全面从严。坚持以党的政治建设为统领，持续强化理论武装，认真开展“两学一做”学习教育和“不忘初心、牢记使命”主题教育，持续推进党建业务融合和党支部“两化”建设，精准帮扶 1.34 万贫困户顺利脱贫。压紧压实管党治党政治责任，扎实推进各项整改，持续加大正风肃纪反腐力度，全面从严治党向纵深推进，向基层延伸。

专卖管理稳扎稳打、成效显著。聚焦打假破网，始终保持高压态势，2018 年起，协调省公安厅将卷烟打假纳入扫黑除恶重点内容，彻底摧毁盘踞省内漯河多年的四大制假团伙。五年间，公安部、国家局就河南卷烟打假工作 8 次发贺电，国家局主要领导多次作出批示予以肯定。开创“1339”市场监管模式，建立烟草市场综合治理工作机制，在全行业率先推进客户诚信等级体系建设，有效支撑精准监管和科学投放。形成“1234”防控体系、“四个三”工作机制和“五位一体”的规范经营管理模式，内管机动队“尖刀”作用突显，真烟外流大要案大幅减少，2020 年真烟外流数量退出行业第一。

经济运行止跌回稳、稳中提质。坚决落实“十六字”方针，奋力扭转“十三五”初期卷烟销量下滑、零售价格低迷、社会库存高企的被动局面，探索推进精准数据销售，不断完善品牌培育规划和进退机制，以“金叶通”等新技术、新工具赋能零售终端，经济运行难中有为、逆势而上，实现税利年均增长 1.61%，单箱结构年均增加 832 元。

烟叶基础日益稳固、特色彰显。坚持市场导向，稳步推进烟叶生产力优化布局，抓好基地单位建设，强化科技成果转化应用，深入推进机械化作业、专业化服务、信息化管理；从严抓好烟站专项巡察整改，严格合同、投入补贴、合作社及收购管理，建强基层队伍，培育新型种植主体，稳步推进水源工程和电能烤房建设，烟叶生产基础持续夯实。经过努力，“上六片”烟叶备受认可，上等烟比例提高近 30 个百分点，“河南浓香”烟叶品牌美誉度明显提升。

企业管理愈加规范、效能倍增。持续优化目标考核指标体系，变重业绩指标为重全面指标。开展覆盖市县两级、五大业务领域的“百舸争流”赛马活动，争先创优氛围日益浓厚。“精细实”理念融入各级各岗，“十三五”时期，QC 小组活动成果获得行业优秀质量管理小组成果发布会一等奖 1 项、二等奖 2 项、三等奖 4 项。深入推进对标指标提升三年行动，实施“问题 + 项目 + 人才”创新模式。探索推进“互联网 + 采购”，采购管理信息系统全面上线运行，线上线下“双轨道”巡查稳步实施，招标采购更加严格规范。

队伍建设全面加强、活力充沛。坚持新时期好干部标准，树立重基层、重实绩、重实干的选人用人导向，选人用人更加公道正派、令人信服。持续加大优秀年轻干部和各类专业技术技能人才的培养使用力度，“十三五”时期，共提拔 45 岁以下处级干部 39 人，聘任专业技术类岗位 100 人，业务类和生产操作类岗位 1707 人。开展“十大杰出青年”、“十佳卷烟客户经理”、专卖（内管）稽查员、烟叶生产收购员评选，树立身边榜样，营造干事创业氛围。

湖北省烟草专卖局（公司）

“十三五”时期，湖北省烟草商业系统按照“三步走”战略安排，即：第一步，将 2017 年作为“基础管理提升年”，着力打牢基础；第二步，将 2018 年和 2019 年分别定为“改革创新发展年”和“改革创新攻坚年”，深入推进改革创新；第三步，将 2020 年定为“改革创新提质年”，着力攻坚、全面达标。五年间，实现税利年均增幅 4.55%。

党的建设。系统各级党组织坚决贯彻全面从严治党各项部署要求，深入学习贯彻党的十九大和十九届历次全会精神，全面完成“三严三实”专题教育、“两学一做”学习教育、“不忘初心、牢记使命”主题教育等党内集中教育活动，行业专项巡视整改及“回头看”、中央第五轮巡视反馈意见整改、政治生态突出问题全面整改、党员干部政绩观专题教育多项任务有序落实，“两学一做”学习教育常态化、制度化持续深入，支部标准化、规范化建设从“无”到“有”，党建工作要求写入公司章程、进入企业治理体系，探索形成党员工作室、“红旗烟田”“党员十分钟服务圈”“红色联盟”等一批可学、可鉴、可复制融合载体。“十三五”时期，全省烟草商业系统累计新增支部 110 个，发展党员 544 人，新增支部园地 407 个，增配党务干部 123

名，落实党组织工作经费近 5000 万元，党建工作更加科学规范。

专卖管理。建立健全多方协作共管长效机制，建成武汉大数据情报中心，形成市场监管强大合力，打假打私齐抓共管局面进一步巩固，累计查处涉烟违法案件 13.97 万起，查获非法卷烟 13.03 万件，案（标）值 9.72 亿元，办理公安部、国家局督办案件 75 起，公安、司法机关依法拘留 1386 人，刑事处罚 773 人。

“两烟”经营。深入推进烟叶供给侧结构性改革和卷烟营销市场化取向改革，“两烟”生产经营持续向好，烟叶规模稳居全国第七位，烤烟计划连续 4 年增加，烤烟上等烟收购平均比例 62.8%，较“十二五”增加 10.68 个百分点；卷烟销量年均增幅 0.74%，销售收入年均增幅 3.89%，单箱结构由“十二五”末 3.35 万元增至 3.79 万元，年均增幅 3.13%。

科技创新。“十三五”时期，累计取得省公司及以上单位评选的科技成果奖 98 项，获得省公司及以上单位颁布的科技奖励 69 项，育成烟叶新品种 5 个，获得国家授权专利 137 件，取得计算机软件著作权 139 项，发表核心期刊论文 135 篇。

人才建设。将政治标准作为选拔任用干部的首要标准，多措并举加强班子建设，全面打通管理、技术、技能“三条通道”，完善青年干部培养模式，积极引入优秀应届毕业生，干部人才队伍活力不断彰显，逐步向高素质、专业化转型。

社会责任。“十三五”时期，湖北烟草商业系统 173 支工作队、105 名驻村第一书记、455 名驻村干部帮扶 182 个贫困村，2.14 万户、6.53 万人实现脱贫，占全省脱贫人口的 1.12%，如期完成目标任务。与省青少年发展基金会共同开展教育扶贫，连续 3 年每年捐款 1000 万元，累计帮扶贫困学子 9000 人。

湖南省烟草专卖局（公司）

“十三五”时期，湖南省烟草商业系统坚持以党的建设为统领，贯彻落实“稳定规模、优化结构、提高质量、增加效益”及“五稳五进”的工作思路和举措，卷烟销售规模和烟叶生产规模保持基本稳定。五年间，实现税利年均增长 4.94%，固定资产年均增长 6.17%；累计查处涉烟违法案件 7.75 万起，查获假烟走私烟 7.22 万件。

坚持党对一切工作的领导。坚持全面从严管党治党，全面加强党的政治建设，自觉以党的创新理论武装头脑、指导实践、推动工作；扎实推进党支部标准化规范化建设，支部战斗堡垒作用和党员先锋模范作用得到有效发挥，确保经济持续健康发展和大局稳定。

坚持以人民为中心发展思想。坚持把增进民生福祉、促进人的全面发展作为重中之重，烟农户均收入由 2015 年的 7.4 万元提高到 2020 年的 10.8 万元，零售户综合毛利率、整条零售价格指数创历史最好水平并排名行业前列。干部职工具有本科以上学历占比 61%、高级专业技术资格 198 人、行业特有工种高级技师实现“零的突破”。“十三五”时期，有全国技术能手 10 人、行业技术能手 83 人、省级技术能手 122 人。

坚持守牢严格规范“生命线”。通过完善货源投放规则，实施史上最严专项考核和控制线管理办法，精准打击违法违规大户，真烟异常流动治理取得历史最好成绩。始终保持打假打私高压态势，发挥联合打假机制作用，突出“打团伙、破网络、抓主犯”，打假打私工作继续保持全行业先进。

广东省烟草专卖局（公司）

“十三五”时期，广东省烟草商业系统以提高发展质量和效益为中心，持续打基础、补短板、强弱项、促发展，圆满实现主要目标任务。

坚持从严从实，党的建设更加坚强有力。全省烟草商业系统各级党组织坚定不移推进全面从严治党，狠抓党建与业务工作相融合，各级党组织管党治党能力显著提高，党建工作基础更加稳固，党内政治生活气象更新，为推进高质量发展提供坚强政治保证。

坚持守土尽责，市场监管更加规范有序。市场监管更加高效，全省共查处案值 5 万元以上案件 1.2 万起，收缴大型制假烟机 1213 台、假烟 52.1 万件、走私烟 13.5 万件，刑拘 8747 人、逮捕 6172 人、判刑 3590 人。市场监管技术支撑体系逐步健全，共检验卷烟真伪鉴别样品 88.68 万个。内管体系更加完善，监管方法不断创新，建立覆盖重点环节的内部监管工作体系，实现全过程闭环监管，真烟外流数量在全国的排名从“十三五”期初的第五位降至第九位。行政许可更加优化，深化“放管服”改革，推进“互联网+政务”服务，零售许可证“一网通办”实践成果被评为行业经典案例，全面推行依法执法、文明执法，法治化水平不断提升。

坚持战略引领，改革发展成果更加喜人。把握发展大势，树立战略思维，精心谋划以“四化”“四个更加”为目标引领的高质量发展战略，全力推动广东烟草从“大省”向“强省”迈进。销量销额稳中有增，销量销额连续5年稳居行业第一。品牌培育成效明显，渠道掌控力显著提升，全省共建成“20支”网络零售终端6000户，以“20支”形象店为示范的烟草全零售网络初步形成，实现“20支”终端全省各市县区全覆盖，加盟终端同步加速发展。截至2020年底，全省烟草市场净化率达到95%。烟叶生产控量提质，坚守计划红线不突破。

坚持固本强基，企业治理体系更加完善。队伍建设不断加强，领导班子和领导干部队伍结构不断优化，全省烟草商业系统处级领导干部本科以上学历超过70%，新提拔处级干部中40岁及以下人员占比20%，高层次、高技能人才明显扩充，具有高级专业技术资格64人，具有国家职业资格一级的高层次人才97人。创新活动蓬勃开展，学术论文投稿3825篇，获奖论文占推荐论文总数的35.88%；在行业优秀质量管理小组成果发布会获得一等奖4个、二等奖5个、三等奖3个，累计实现降本增效4.61亿元。科技研发成效显著，6项创新成果获得省部级科学技术进步奖，获得各类专利授权327件。

广西壮族自治区烟草专卖局（公司）

“十三五”时期，广西壮族自治区烟草商业系统在困难中恢复、在逆境中重振，各项工作不断开创新局面，主要经济指标不断创历史新高。

打假打私工作成绩斐然。坚持露头就打，有效遏制辖区制假反弹。坚持站在守国门作贡献的高度，成立广西烟草打私总队，组织专门力量，实施“一线封堵、二线拦截、三线清理”联防联控，边境卷烟打私取得压倒性胜利。共查获各类非法卷烟近50万件，其中假烟9万余件、走私烟37万件。

高质量发展落地见效。研究制定广西烟草商业“1+7”高质量发展系列实施方案，实施有利于促进质量变革、效率变革、动力变革的一系列重大举措，全自治区高质量发展成效明显。在2020年行业高质量发展评价结果通报中，广西区局（公司）在33个省级商业企业中排名第八位，评分高于行业平均水平2.9分，其中品牌市场方面排名第二位。

重点品牌培育成为样板。坚持规划引领，强化问题导向，突出补齐短板，推动重点品牌量价齐升。行业重点品牌卷烟销量占比由“十二五”末的86.7%增长到95.37%，比行业平均水平高5.7个百分点。其中一、二类“真龙”销量增长超过1.5倍，广西烟草工商协同培育“真龙”品牌被国家局评价为全行业的样板。

现代终端建设行业领先。坚持把终端建设作为最具价值的战略工程，探索形成“11236”三位一体终端建设新模式，打造出广西烟草商业的“金字招牌”，五年内两次承办全国卷烟营销网络建设现场会，行业200余批次人员到广西开展交流学习。卷烟零售户满意度由84.4分提高到90.87分，行业排名由第22位前进到第四位。

企业治理能力显著增强。围绕“四维”精益，突出数据驱动，一年聚焦一个精益主题召开全区现场会，持续提升精益专卖、精益销售、精益物流、精益烟叶和机关管理水平，成功举办2019年全国烟草行业企业管理现场会，为行业深化精益管理提供“广西智慧”。

海南省烟草专卖局（公司）

“十三五”时期，海南省烟草商业系统围绕高质量发展目标，坚定信心，真抓实干，圆满实现主要目标任务。

着力营造全面从严氛围。坚持以党的政治建设为统领，压紧压实管党治党政治责任，严肃党内政治生活，持续整治“四风”问题，强化对权力运行的制约和监督，扎实推进巡视巡察、政治生态、主题教育、审计等各项整改，不断加大正风肃纪力度，推进全面从严治党向纵深发展。

全力保障卷烟市场秩序。紧紧围绕“海南无假货”品牌建设行动部署，构建假私烟封堵拦截屏障和卷烟市场联合监管工作体系，实现卷烟市场监管全覆盖。开展中小学校周边市场专项治理，加强新型烟草制品监管，严格物流寄递环节监管。深入推进“放管服”改革，落实“互联网+政务服务”，专卖管理效能不断提升。“十三五”时期，全省破获符合国家局标准网络案件34起，部督（集群战役）案件11起，案值5万元以上假烟案件242起。

持续提升综合发展实力。全省卷烟销量年均增长1.15%，实现卷烟批发销售总额年均增长5.01%，卷烟单箱批发销售收入年均增长3.78%，实现税利年均增长5.97%。由零起步，推动海南雪茄烟叶走上正规化科研道路，并在雪茄品种选育、关键核心技术攻关等方面取得初步突破，海南雪茄烟叶总体品质逐年提升，开辟海南烟草高质量发展的新领域。

有效激发改革创新活力。围绕目标实现和经济发展，实施体制创新、科技创新、管理创新，探索销售体系、“放管服”、物流业务、人事用工分配等领域改革新举措，破除制约海南烟草发展的体制机制障碍，加快转变发展方式，提升企业治理效能，增强内生发展动力。

潜心聚焦基础管理提升。抓住重点领域深挖潜力，强化预算管理，狠抓降本增效，三项费用率始终控制在4%以下，重点控制费用大幅下降。推动现代物流建设，完成琼北地区卷烟仓储分拣一体化整合，创新开展“甩箱式”配送模式转换，有效实施跨品牌卷烟纸箱循环利用。树立精益管理理念，提升内部管理水平，截至2020年底，全部15项对标指标中有12项好于全国行业平均水平。

不断强化干部人才队伍支撑。加强班子建设，各级领导班子的知识化、年轻化、专业化水平不断提高，班子结构更加合理。把握选人用人导向，加大干部培养选拔力度，打造一支忠诚干净担当的干部队伍。打通员工成长通道，大幅提升员工素质，管理类、专业技术类、业务类人员比例朝着合理方向调整，采用多种方式引进高层次人才参与雪茄科研，其中博士研究生学历6人，有效支撑企业发展。

重庆市烟草专卖局（公司）

“十三五”时期，重庆市烟草商业系统圆满实现主要目标任务。

党的建设。坚持把加强党的政治建设摆在首位，深入学习贯彻习近平新时代中国特色社会主义思想，扎实开展“不忘初心、牢记使命”主题教育，不断增强“四个意识”、坚定“四个自信”、做到“两个维护”。落实党建工作责任制，推进标准化规范化建设，建成标准化党支部197个，新发展党员198人。全面整改政治生态突出问题，推动全面从严治党向纵深发展，实现政治生态根本好转。

高质量发展。制定实施“四烟”战略（党建立烟、改革强烟、科技兴烟、依法治烟），出台7个专项方案，构建“322”高质量发展体系。深入推进供给侧结构性改革、市场化取向改革，推进科技创新、管理创新，发展新动能不断聚集。构建“1263”数智渝烟体系，实施“互联网+”行动，促进大数据、云计算、人工智能等新技术与产业链一体化。

经济运行。贯彻“总量控制、稍紧平衡，增速合理、贵在持续”方针，坚持稳中求进工作总基调，正确处理当前与长远、局部和全局的关系，实现“两烟”协同发展。五年间，卷烟单箱结构、重点品牌支撑作用、客户毛利率等稳步提升，“两烟”库存持续下降，经济运行和市场状态实现根本好转。多元化产业“瘦身健体”，经营税利不断提升。特别是在2020年新冠肺炎疫情期间，统筹推进疫情防控和生产经营，为决胜全面建成小康社会贡献烟草力量。

企业管理。坚持企业管理“四化”方向（目标系统化、运营数据化、创新持续化、队伍专业化）和“六要”路径（职责要明晰、流程要简明、标准要健全、工具要先进、评价要科学、工作要快乐），不断优化和完善管理机制，推进治理体系和治理能力现代化。强化财务管控，三项费用率持续降低。构建大监管体系，生产经营行为更加规范，风险防控能力持续提升，采购行为更加规范，投资效益日益提升。建设高素质人才队伍，选人用人机制更加完善，队伍结构日趋合理，职工收入稳步增长，获得感、幸福感不断提升。精益管理基础不断夯实，制度建设和管理流程更加清晰。推进降本增效和节能减排，绿色发展呈现蓬勃生机。

社会责任。坚持以人民为中心的发展理念，在带动社会就业、决胜脱贫攻坚、助力乡村振兴、维护消费者利益等方面作出贡献。五年累计向社会捐赠资金4.82亿元，投入援建资金3.33亿元，烟农户均年收入达到8.8万元。严厉打击涉烟违法犯罪活动，查获涉烟违法案件5.02万起，案值5.24亿元，较好地维护国家利益和消费者利益。弘扬劳模精神、工匠精神，深入践行“两个至上”行业共同价值观，发出行业声音，讲好烟草故事，重庆烟草社会形象不断提升。

四川省烟草专卖局（公司）

“十三五”时期，四川省烟草商业系统圆满实现主要目标任务。

党的建设明显加强。以党的政治建设为统领，扎实推进巡视巡察、政治生态、主题教育、专项治理、审计检查等系列工作，开展省市两级党组理论学习中心组学习1252次，19个党组被评为“中心组理论学习先进单位”，建成党建阵地200余个，70个支部被地方政府表彰为先进基层党组织，123名党员被表彰为优秀共产党员。

专卖治理成效显著。累计查处涉烟违法案件18.15万起，查获涉案卷烟25.52万件，较"十二五"末增长一倍，涉案金额24.26亿元，侦破案值百万元以上重大网络案件374起，其中厅督案件39起，部督案件18起，主要指标居全国行业前列。平均市场净化率98%以上，获评全国卷烟打假特殊贡献奖。

经济运行成就突出。2020年，实现"两烟"销售收入(含税)较"十二五"末增长13.7%，实现税利较"十二五"末增长23%，销售卷烟量居全国第七位，卷烟单箱销售收入较"十二五"末增长22.5%。全省烟叶生产稳控有为，上等烟比例达到59.3%，较"十二五"末提高6.8个百分点。社会存销比从2015年的1.7降低到2020年的0.6左右，川烟存销比从2以上降低到0.7左右，在销规格全面顺价，零售户毛利率达到13%左右，卷烟零售户满意度从81.7分提升到87.8分。

治理体系更加完善。一体推进机制建设、风险防控、改革创新、降本增效，企业管理效能得到最大限度释放和提升。持之以恒建机制、搭平台、正风气、转作风，干部队伍实现数量负增长、素质正增长。

责任烟草有力彰显。持续推进"581扶贫惠民工程"，累计投入扶贫捐赠资金3.92亿元，实施扶贫项目650余项，实现291个贫困村、1.54万贫困户、6.01万贫困人口脱贫。累计投入1.26亿元，实施捐资助学、灾害救助、扶危济困、基础设施建设、产业扶持等方面1284个公益慈善捐赠项目。

贵州省烟草专卖局（公司）

"十三五"时期，贵州省烟草商业系统圆满实现主要目标任务。

党的建设。积极稳妥推进"党建入章"，持续完善"三重一大"事项决策制度，落实重大问题党组织前置研究程序要求，公司党组（党委）领导作用发挥实现制度化、具体化。开展党的路线方针政策和习近平总书记指示批示精神经常性学习、宣传贯彻、督查，党员干部政治判断力、政治领悟力、政治执行力显著增强。深入推进"两学一做"学习教育常态化制度化，扎实开展"不忘初心、牢记使命"主题教育，政绩观专题教育和党史学习教育，创新理论武装进一步走深走实。持续开展"五好"基层党组织创建和标准化规范化党支部建设，基层组织建设质量整体跃升，212个基层党组织、1241名党员受到行业和地方党委表彰。

经济运行。"十三五"时期，贵州省烟草商业系统累计实现主营业务收入较"十二五"末增长27.04%，实现税利增长44.51%，单箱结构从3万元提高到3.49万元，是行业"十三五"时期年均销量增幅保持正增长的5个地区之一。烟叶上等烟比例较"十二五"末提高21.23个百分点，烟农户均收入突破10万元大关。贵州烟草商业2018年获得行业业绩考核商业企业第一名，2020年获得行业高质量发展评价商业企业第五名。

专卖管理。持续保持打假打私高压态势，组织开展黔锋系列、物流寄递环节打击涉烟违法犯罪专项行动，切实维护市场秩序。全面推行"互联网+监管"，深化多部门执法协作，实现涉烟监管全覆盖。强化对废弃原料监管及违规经营大户治理，贵州成为全国真烟异常流动数量最少的省份之一，卷烟市场净化率连续多年保持在98%以上。开展电子烟市场监管、零售许可证清理整顿等工作，实现新型烟草制品监管常态化，清理中小学校周边卷烟零售点4000余户。深化"放管服"改革，大力推进"互联网+政务服务"建设，简化烟草行政审批流程、环节、事项，服务效率和群众满意度大幅提升。

卷烟销售。聚焦"做稳做精做优"卷烟发展战略，总体把握"五个统筹"，实施"五个深挖"，构建"1466"卷烟营销新生态价值体系，推动卷烟销售增量增值增效，卷烟销量、单箱均价、销售收入均创历史最好水平。始终把市场状态摆在突出位置，推动总量和结构均衡、品牌布局和市场需求均衡、货源供应和动销节奏均衡。强化省市两级货源管理和工商网上配货，确保市场需求响应及时。深入推进"1+5+X"全省品牌发展布局，实现一、二类烟和重点品牌销量占比持续提升。

烟叶生产。"十三五"时期，烟叶生产实现从计划完成难向总量稳控准的历史性转变，2018年起，全省连续3年高质量完成烟叶计划，贵州烟叶稳定发展根基更加牢固。烟叶供给实现从基本满足向精准适配的历史性转变，烟叶等级结构、收购均价持续增加，尤其是2019—2020年上等烟比例连续两年超过70%，烟叶收购均价连续两年超过1400元/担。生产经营实现从传统分散单一向集约高效融合的历史性转变，形成"种植在户、服务在队、管理在社"的生产经营格局，形成"两头工场化、中间专业化"的专业服务格局，形成"千亩村、万担乡、单元区、重点县"为主的烟区格局，形成"以烟为主、产业配套、多业融合"

的产业配套格局。

队伍建设。“十三五”时期，选拔任用处级领导干部79人，其中，“70后”“80后”占比73.42%，14家直属单位领导班子中有9家配有“80后”干部，各级领导班子年龄结构、学历结构、专业结构持续优化。人员数量减少2574人，精准引进急需紧缺人才345人。1人入选行业学科带头人，2人入选行业青年人才托举工程，填补科研高层次人才的空白。累计建成工匠（大师）工作室18个，1个技能大师工作室被评定为国家级技能大师工作室。

脱贫攻坚。“十三五”时期，累计投入资金4.23亿元，实施项目817个，选派帮扶干部323人、对全省1个深度贫困县、149个村镇实施定点帮扶，整县帮扶的水城县于2020年3月提前“摘帽”出列，全省6.2万建档立卡贫困人口通过种烟顺利脱贫。2个集体获评“全国脱贫攻坚先进集体”，8个集体、11人受到国家局党组和贵州省委表彰，产业扶贫经验得到省领导高度肯定。

云南省烟草专卖局（公司）

“十三五”时期，云南省烟草商业系统科学应对经济下行压力加大、税利高位运行、自然灾害频发等困难的挑战，以成为行业“排头兵”“领头羊”和云南经济发展的“压舱石”为目标，努力开创高质量发展新局面，各项工作不断取得新进展。

党的建设质量全面提升。坚持把抓好党建作为最大政绩，深入贯彻新时代党的建设总要求，切实把全面从严治党工作要求贯穿到企业发展各个领域、各个方面，扎实推进中央巡视、政治生态、主题教育、审计等各项整改，持续加强党风廉政建设和反腐败工作，大力建设高素质专业化干部人才队伍，坚决肃清秦光荣、赵洪顺、余云东等流毒影响，逐渐形成风清气正的良好政治生态。

转型升级迈出坚实步伐。紧紧围绕“推动高质量发展，走在全行业前列”总体目标，深入理解国家局“1+6+2”高质量发展政策体系内容，结合实际研究制定《云南烟草商业高质量发展实施方案》，扎实推动高质量发展落地见效。累计实现税利较“十二五”增长30.7%，税利总额居行业商业企业第一名。2020年高质量发展评价得分居行业商业企业第二名。

烟叶领先地位更加巩固。坚持好田好地种好烟，持续优化烟区布局，不断巩固烟区发展基础，提高烟叶供给质量，促进烟农稳定增收。烤烟收购量在全国占比由2015年的39.1%提升到2020年的47.2%，是全国规模最大、影响最大、需求最大的优质烟叶生产供应基地，成为名副其实的行业“第一车间”。

卷烟经营贡献度不断提高。扎实推进卷烟市场化取向改革，在“稳销量、优结构、调状态、重价格、强规范、促动销、增信心”上持续下功夫，实现卷烟销售收入比“十二五”末增加543.2亿元，卷烟税利在企业总税利中比重从2015年的28.1%上升至2020年的36.5%，提高8.4个百分点，卷烟与烟叶“两轮驱动”发展格局基本形成。

净化市场环境成效明显。始终保持打假打私高压态势，在工作机制建设、重点地区源头治理、边境制假贩私案件侦办、打假打私方式创新等方面主动作为，全力构建良好市场环境。查办各类涉烟案件10.5万件，重拳整治红河泸西“三元地区”烟叶乱象，有效遏制涉烟违法犯罪活动，得到公安部、国家局的表扬和肯定。

创新能力水平持续增强。从战略层面谋划科技创新体制机制改革，最大限度释放创新活力。天敌昆虫产业化利用领跑世界绿色植保发展，品种选育及种子生产走在世界最前沿，数字化转型有力推进，创新成果不断涌现。30项科研成果获得省部级奖励，629件成果获授权专利，编制发布国家标准3项、行业标准49项、地方标准88项，是行业获得成果最多、奖励最多、自主知识产权创造最多的省级商业企业。

责任烟草形象深入人心。坚决打好三大攻坚战，在保证财政收入、促进经济发展、稳定社会就业、助力脱贫攻坚、支持乡村振兴、保障消费者利益等方面作出全方位贡献。累计投入资金116.64亿元，帮助4.7万户贫困户30.4万贫困人口脱贫，省局（公司）被评为“云南省脱贫攻坚奖扶贫先进集体”，省局（公司）扶贫工作领导小组办公室获评“全国脱贫攻坚先进集体”。

西藏自治区烟草专卖局（公司）

“十三五”时期，西藏烟草商业系统坚持以习近平新时代中国特色社会主义思想为指导，深入贯彻落实新时代党的治藏方略，坚决贯彻落实国家局党组和自治区党委政府各项决策部署，紧紧围绕建设现代化烟草经济体系、推动实现高质量发展这一目标，坚持政治统领，党的建设达到新高度；坚持底线思维，和谐稳定取得新成果；坚持稳中求进，经济运行跃上新台阶；坚持市场导向，销售网建实现新提升；坚持角色定位，专卖管理取得新成效；坚持强基固本，基础管理迈出新步伐。

党的建设。坚持和加强党的领导，全面落实新时代党的建设总要求，认真贯彻新时代党的治藏方略，始终把企业党的建设和改革发展稳定同部署、同落实、同考核，在地市局（公司）设置党建工作专职部门，统筹推进党的政治建设、思想建设、组织建设、作风建设、纪律建设，始终把制度建设贯穿其中，把维护祖国统一、加强民族团结作为一切工作的着眼点和着力点，坚定不移推进反腐败斗争，旗帜鲜明开展反分裂斗争，“四个意识”不断增强、“四个自信”更加坚定、“两个维护”更加有力，党的建设全面加强。

专卖管理。组织开展专项整治行动18次，全自治区共查处各类涉烟违法案件1566起，查获涉案卷烟1738.57件，案值2611.31万元。破获案值5万元以上大要案件110起，刑拘20人，判刑7人，上缴罚没款267.95万元，市场净化率由2015年末的90.06%提升至2020年末的94.08%。

经济运行。全自治区烟草商业系统累计销售卷烟较“十二五”时期增长20.67%，累计实现税利较“十二五”时期增长93.02%，累计上缴税金较“十二五”时期增长130.75%，为国家财政收入作出应有贡献。

社会责任。认真履行脱贫攻坚政治责任，完成国家局为西藏捐赠的定点扶贫资金5亿元拨付工作，实施扶贫项目13个，带动8000余户、2.88万名贫困人口稳定脱贫。全自治区烟草商业系统自筹资金3050余万元，用于项目建设、购置农机具种子肥料、开展技能培训、组织考察学习、开展劳务输出、深入走访慰问等。累计选派驻村帮扶干部515人次、帮扶贫困村20个，18人被自治区和国家局评为先进驻村工作队员，自治区局（公司）连续5年获评自治区强基惠民优秀组织单位。自治区局（公司）机关2016年、2019年分别被评为全区、全国民族团结进步模范集体。

陕西省烟草专卖局（公司）

“十三五”时期，陕西省烟草商业系统坚持以习近平新时代中国特色社会主义思想为指导，认真履行“四个责任”，勇挑“四个重任”，持续深化烟叶供给侧结构性改革、卷烟营销市场化取向改革，扎实推动高质量发展，实现销售收入年均增长1.63%，实现税利年均增长2.23%，实现“十三五”平稳收官。

履行政治责任，全面从严的氛围正在形成。勇挑全面从严治党建设队伍重任，以党的政治建设为统领，扎实开展“两学一做”学习教育、“不忘初心、牢记使命”主题教育和各项整改，党员干部“四个意识”更加牢固，“四个自信”更加坚定，“两个维护”更加坚决。压紧压实全面从严治党“两个责任”，持续加大正风肃纪反腐力度。认真贯彻新时代党的组织路线，深化干部人事、劳动用工、收入分配制度改革，公开选拔优秀人才，打造高素质干部队伍，重实绩、重实干的鲜明导向基本树立。

履行行政责任，依法治理的效能不断提高。勇挑依法行政规范管理重任，持续加强专卖管理，完善“三纵七横”市场监管格局。深化“放管服”改革，上线运行一体化政务服务平台，推广“511”办证模式，落实行政执法“三项制度”，全面加强内部专卖管理监督，完成“七五”普法任务，干部职工法治意识、规范意识进一步提高。全省烟草商业系统累计查处各类涉烟违法案件11.47万起；查获各类违法卷烟5.2万件；查获假烟生产原料255.54吨，生产设备10台；累计批捕613人、判刑335人；破获国标网络案件121起，其中列为部督案件7起。安康“10·25”特大假烟网络案件认定总涉案案值150亿元以上，创下陕西烟草成立以来重大网络案件涉案资金之最。

履行经济责任，企业发展的根基更加牢固。勇挑企业发展效益增长重任，坚持稳中求进工作总基调，深化“两项改革”，实施全省“一盘棋”调控，实现经济高位运行下的调整转型。烟叶生产布局不断优化，以需求为导向的理念基本确立，全流程管理体系落地运行，“一转变、四提高”取得初步成效。卷烟销售市场化运作机制基本形成，市场状态稳步向好，经济运行质量和效益持续提高。

五年间，全省卷烟单箱销售均价由2016年末的2.70万元提升到2020年的3.08万元，年均增长2.67%。累计建成新现代终端3277户，提升普通终端1.6万户；客户综合毛利率由6%提高到10%以上。全省上等烟比例由25.89%提高到53.86%，桔黄烟比例由85.97%提高到90.15%，下低等烟比例由3.34%下降到2.97%。上缴烟叶税8.88亿元。烟农户均收入（不含补贴）由5.54万元提高到7.95万元。

履行社会责任，责任烟草的形象充分彰显。勇挑服务地方回报社会重任，主动融入国家和地方经济社会发展大局，坚持产业带动，开展捐赠帮扶，为保障财政增收、促进经济发展、稳定社会就业、助力脱贫攻坚、建设美丽中国、支持乡村振兴、保障消费者利益作出新贡献，和谐发展、共同发展的局面基本形成。五年间，累计投入帮扶资金7179.58万元，落实扶贫项目349个，帮助83个县、104个村、9422户、3.11万人脱贫“摘帽”。

甘肃省烟草专卖局（公司）

“十三五”时期，甘肃省烟草商业系统坚持以习近平新时代中国特色社会主义思想为指导，认真贯彻党中央决策部署和国家局党组工作要求，以党的建设统领发展，以稳中求进指引发展，以改革创新驱动发展，以科学方法促进发展，以严格规范保障发展，以干部人才队伍支撑发展，五年发展目标基本实现，各项工作取得长足进步。

始终把抓好党建作为最大政绩。坚持政治建设“长”抓，党建工作“实”抓，正风肃纪“严”抓，干部队伍“细”抓，纵深推进全面从严治党工作。

始终把稳中求进作为基本原则。保持销量“稳”的定力，连续5年圆满或超额完成销售任务；拓宽结构“进”的途径，连续5年实现结构持续提升；把握税利“增”的区间，实现税利年度增幅始终保持在3%～4%，2017年获得国家局税利增长任务特别奖，2019年获得省政府推动全省高质量发展贡献奖；保持状态“好”的态势，卷烟价格指数、客户盈利能力和客户满意度始终位居行业前列。

始终把渠道掌控作为主要任务。全省建成现代零售终端2.89万户，比重23.9%；建成诚信互助小组8812个，覆盖面97.3%；“3+8”区域物流网络格局基本形成，并入选行业提升核心竞争力经典案例，被国家局推荐参选国家级企业创新成果奖评审。

始终把维护秩序作为重要职责。累计破获案值100万元以上网络案件109起、1000万元以上案件25起，较“十二五”时期分别增长2.4倍、7.3倍；涉烟金额超过1亿元案件2起，15起打假打私大要案件和4次专项行动受到国家局表彰奖励，1起案件被甘肃省公安厅评为十大精品案例，2020年底市场管控率较“十二五”末提升4.69个百分点。

始终把强基固本作为重要支撑。突出效能抓管理，突出创新抓管理，突出规范抓管理，突出融合抓管理，标准化（质量）体系深入应用，基层创优争先扎实开展，综合监督体系初步构建，基层管理差距逐步缩小，企业管理水平不断提升，累计实现货币资金收益10.54亿元，实现降本增效8343万元；3项QC成果被总公司评为商业企业QC成果三等奖。深化精益烟叶生产，2个万担乡和5个千亩村初步建成，烟农户均收入增长28%。全面加强安全生产管理、网络安全建设、信访舆情处置等工作，五年间没有发生较大安全事故和重大信访舆情事件。

坚决打好脱贫攻坚战。累计投入1.8亿元，全省烟草商业系统帮扶的121个贫困村全部脱贫，省局先后7次被国家局和甘肃省委、省政府评为先进集体。

青海省烟草专卖局（公司）

“十三五”时期，青海省烟草商业系统圆满实现主要目标任务。

全面从严治党向纵深推进。始终把旗帜鲜明讲政治作为首要责任，学深悟透笃行习近平新时代中国特色社会主义思想，发挥党组“把方向、管大局、保落实”作用，确保党中央和国家局党组决策部署在全省系统有效贯彻落实。牢固树立大抓基层的鲜明导向，着力构建党建工作责任体系，坚持政治巡察，强化政治监督，持续正风肃纪，严肃执纪问责，巩固风清气正的政治生态，营造干事创业的良好氛围，为推动青海烟草高质量发展提供坚强的组织保证。

专卖治理能力不断提升。始终把打假治非作为构建良好市场环境的前提条件，增强案件侦破能力，健全内部监管机制，开展专卖队伍作风专项整治。“放管服”改革稳步推进，行政许可服务质量持续提升。针对青海实际，统筹全省执法资源，优化内外“两条线”联合执法成为青海烟草市场监管的突出特色，查获涉烟违法案件起数、查处假烟案件起数及数量较“十二五”时期大幅增加；破获国标、省标网络案件不仅数量增加，偏远农牧区案件侦办还实现零突破。

经济运行质效稳步提升。始终围绕经济运行的核心业务，恪守严格规范的生命线，以供给侧结构性改革为主线、市场化取向改革为目标，创新销售方式、健全制度体系、提质终端建设、探索精准销售、构建诚信体系、优化品牌布局。深耕细作卷烟市场，推动销售队伍转型升级，狠抓卷烟销售网络建设，扎实开展违规大户治理，经济运行持续保持稳中有进、进中有升、升中提质的良好态势。五年间，卷烟销售收入、税利总额、上缴税金连创新高，三项费用率持续下降。

工作基础不断夯实。始终把打牢工作基础作为重点任务，坚持问题导向，补短板强弱项，基础管理工作持续夯实。精益管理起步行稳，顺利实施物流中心非法人实体化运行，规范有序开展物流中心易地技改项目建设。通过重大专项整改健全制度体系、堵塞管理漏洞、规范工作程序、弥补短板不足，全省烟草商业系统基础工作、基层建设、基本能力明显改进。

风险防范化解能力全面加强。始终健全完善风险防控体系机制，修订省局党组风险防范工作预案，抵御经济下行压力带来的发展风险、行业政治生态面临的廉洁风险、新冠肺炎疫情造成的员工生命健康风险等诸多挑战。全省烟草商业系统应对风险压力挑战的能力不断提升，定力不断增强，成效不断巩固。

宁夏回族自治区烟草专卖局（公司）

“十三五”时期，宁夏烟草商业系统坚持以习近平新时代中国特色社会主义思想为指导，牢固树立和深入贯彻新发展理念，坚持稳中求进工作总基调，推进企业高质量发展，改革发展各项工作取得新的成效。

党的建设和干部人才队伍建设全面加强。以党的政治建设为统领，深入学习贯彻习近平新时代中国特色社会主义思想，开展“两学一做”学习教育、“不忘初心、牢记使命”主题教育，统筹推进干部人才队伍建设和党风廉政建设，管党治党各项工作更加坚强有力，政治生态持续向好，严的氛围已经形成。

高质量发展迈出坚实步伐。明确“151”高质量发展目标任务，制定8个方面26项改革措施，探索推进全自治区一体化管理财务共享体制、零售终端建设和信用体系建设、优化物流运行管理机制建设等重大改革。统筹推进疫情防控和经济运行取得积极成效。非常时期用好非常之策，坚决打赢疫情防控阻击战，全区系统确诊和疑似感染病例为零；推动经济运行保持在合理区间，2020年卷烟销售实现逆势突围，单箱销售收入突破3万元大关。

供给侧结构性改革和卷烟营销市场化取向改革深入推进。贯彻“总量控制、稍紧平衡，增速合理、贵在持续”方针，建立运行“统购分销、区域物流”卷烟经营模式，推进银川区域卷烟物流配送中心项目投资建设，主要经济指标不断创造历史最好水平，“十三五”时期卷烟零售户满意度自始至终位列全国烟草行业第一名。

卷烟市场环境稳定有序。成功破获宁夏历史上第一起源头在境外、上线在本地的非法经营雪茄案件，累计查处各类涉烟案件1.77万起，查获涉案卷烟5120.87万支，破获符合国家局标准网络案件16起，卷烟市场净化率保持在98%以上。

企业内部管理提质增效。持续深化精益管理，推进管理体系转版升级，创建标准化示范企业，优化成本管控方式，取得发明专利1件，1家市局（公司）被评为行业首批标准化示范企业，1个QC小组获得行业优秀质量管理小组成果发布会一等奖。

助力地方脱贫攻坚成果凸显。先后选派驻村第一书记8人，累计投入帮扶资金692万元，助力11个对口帮扶村脱贫出列，2019年、2020年连续两年因助力宁夏经济社会发展成绩突出受到自治区政府通报表彰。

新疆维吾尔自治区烟草专卖局（公司）

“十三五”时期，新疆维吾尔自治区烟草商业系统积极抢抓机遇、应对挑战，各项工作取得显著成效。

党的建设全面加强、成效明显。各级党组严格落实新时代全面从严治党要求，通过“三严三实”专题教育、“两学一做”学习教育、“不忘初心、牢记使命”主题教育等坚定理想信念，增强党的创造力、凝聚力、战斗力。通过贯彻落实“八项规定”、纠正“四风问题”、加强中央巡视整改与政治生态突出问题整改等活动，着力营造不敢腐、不能腐、不想腐的政治氛围。

市场监管持续加强、效能提升。始终保持烟草打假打私高压态势，“双随机、一公开”、信用监管、网格治理等市场管理体系不断完善优化，联合打假机制进一步健全，打假破网水平明显提升，霍尔果斯口岸回流烟治理成效显著。“十三五”时期，全自治区共查处各类涉烟违法案件1.96万起，案值合计1.92亿元，查处案值5万元以上案件557起。12起侦破的大案要案受到国家局表彰奖励。

经济运行平稳有序、稳中向好。“十三五”初期经济下行压力较大，全自治区坚持稳中求进总基调与国家局“十六字”方针，通过实施分区施策、精准调控和品牌布局优化，实现卷烟销量稳步增长、单箱结构持续提升，社会库存日趋合理，经济运行保持在合理区间。“十三五”时期，卷烟销量年均增幅1.06%，卷烟销售收入年均增幅5.2%；行业重点品牌销量年均增长2.09%；一、二类烟比重分别提高5.2个和10.4个百分点。

改革发展稳步推进、提质增效。新疆烟草专卖管理基础制度建设与时俱进，涵盖公安、海关、邮政等相关执法单位的协作机制、框架协议、备忘意见相继签署，外部执法环境显著改善，行刑衔接更加顺畅；卷烟市场秩序和消费环境巩固向好，市场净化率始终保持在98.5%以上。加快推进市场化改革、供给侧结构性改革、“放管服”改革，推广省级营销平台，再造供应链流程，实现客户细分、订单采集和货源投放方式转变；探索新疆烟草“丝路香韵”流通品牌建设，形成“五位一体”终端格局；部署推广新零售系统，提升终端建设质量，渠道掌控和功能发挥进一步提升；围绕乡村振兴战略，推进“四进乡村”，加大对农网资源投入，改善客户经营状况，五年间农网客户户均盈利额增加3147元，年均增幅3.6%。巩固明码实价成果，全自治区卷烟明码实价执行率始终保持在98%以上。零售户综合毛利率始终保持在15%以上，全自治区户均盈利额增加3090元。“互联网+政务服务”全面深化，行政许可时限由20个工作日压缩到8个工作日，许可业务实现“网上办、掌上办、一次办”。

社会责任深度履行、艰苦奉献。面对新疆严峻的反恐维稳形势和艰巨的驻村、扶贫、结亲等任务，各单位、部门勇挑烟草行业的使命、责任与担当，助力新疆实现连续50个月无暴力恐怖案件，如期打赢脱贫攻坚战。

全自治区牢牢扭住新疆工作总目标，常年在脱贫攻坚、“访惠聚”驻村、“民族团结一家亲”结亲帮扶、安全维稳、捐资助学等方面主动践行初心使命、履行社会责任。2016年以来，全自治区烟草商业系统投入扶贫资金3349万元，先后派遣400人（次）组成54个工作队参加自治区“访惠聚”工作，覆盖43个县（区）、63个乡（镇），惠及贫困人群2464户8859人，帮助贫困户2132户、贫困人口7900人实现脱贫，脱贫率100%。自治区局（公司）驻托万克布隆村“访惠聚”工作队被国家局评为“2018年度烟草行业扶贫工作先进集体”，自治区局（公司）在2020年自治区部门单位脱贫攻坚成效考核工作中获得“好”的评价等次。全自治区22个“访惠聚”工作队、655名干部职工踊跃投身维稳与抗疫一线，获得当地政府和群众的一致好评。

大连市烟草专卖局（公司）

“十三五”时期，大连市烟草商业系统在持续平稳发展的实践中深化把握大局、做好工作的认识，完成多项打基础、利长远的基础性、方向性、战略性、全局性问题。

党建引领开创新局面。贯彻落实新时代党的建设总要求，始终把党的政治建设摆在首位；坚持集中教育和日常学习相结合、理论指导与实践活动相联系；将党的领导融入公司治理体系，全面理顺基层党组织隶属关系；创立“春天使者时代先锋”党建品牌；扎实推进党支部标准化、规范化建设，探索党建业务融合赋能的方法路径；持之以恒落实中央八项规定精神，贯通运用监督执纪“四种形态”，构建防治系统性廉洁风险“6+1”体系，推动全面从严治党向基层延伸，以良好政治生态持续筑牢企业发展的“根”和“魂”。

市场监管展现新作为。重拳打击二次批发、左右价格、扰乱市场，全面清理违法卷烟集散地，“双下沉”“四到户”做实市场监管、巩固规范成果，提前一年半彻底解决市场监管短板。持续打假打私破网，重特大案件查破实现“四个历史性突破”。

运行质效创造新高度。坚持“总量控制、稍紧平衡，增速合理、贵在持续”方针，市场取向推动供给侧结构性改革，去库存、优供给、挤水分，稳状态、促消费、提结构，提高经济运行质量效率。

现代流通迈上新台阶。紧跟新零售、新技术、信息化发展，瞄准国际先进、国内一流，搭建“13531”框架，打造三大技术平台，构建5种终端协调发展新格局，现代流通发展引领烟草行业零售终端建设。

企业管理积聚新活力。组建市内4个区和长海县等5个区县局（分公司），完善专卖销售“双下沉”组织结构，夯实运行体制基础。软实力建设探索可行路径，为全行业创造可借鉴经验。

员工队伍呈现新风貌。强化顶层设计，重构制度框架，完善推动干部员工队伍健康成长的体制机制。

深圳市烟草专卖局（公司）

“十三五”时期，深圳市烟草商业系统圆满实现主要目标任务。

党的建设提质增效。把学习贯彻习近平总书记重要讲话精神和党中央决策部署作为首要政治任务，搭建党组中心组学习、基层党组织书记轮训、党支部“三会一课”、党员经常性教育的四层次教育培训体系。推动党建工作与中心工作深度融合，将党建工作融入管理强责任、融入经营强质量、融入队伍强素质等。推进基层党支部标准化规范化建设，开展“一支部一品牌”创建活动，形成12个各具特色的支部党建品牌。发挥基层党组织战斗堡垒作用，面对新冠肺炎疫情，迅速组建以党员引领的“先锋突击队”。推进中央巡视、政治生态、主题教育等各项整改，强化对权力运行的制约和监督。

落实行业高质量发展要求开局良好，取得阶段性成果。围绕行业中高端卷烟“136、345”品牌发展目标，实施“品牌深烟”发展战略。打造“一方盒”新零售品牌智慧门店。坚持“大广东”烟草专卖管理格局，电子烟监管体系初步建成，“十三五”时期，累计查获涉案卷烟6.45万件，涉案金额5.45亿元。在国家局组织开展的2020年行业省级工商企业高质量发展评价中，深圳烟草位列全国33家省级商业企业第13名。

经济运行稳中向好并保持在近年最佳状态。“十三五”时期，深圳烟草认真贯彻落实“总量控制、稍紧平衡，增速合理、贵在持续”方针。2016—2020年全市单箱销售额由3.59万元增加到4.06万元。

企业精益管理水平持续稳步提升。完成降本增效目标，“十三五”时期，通过研讨降本增效对策，累计实现降本增效2305.4万元。深入推进QC小组活动，通过认真研究和充分准备，选送的QC课题成果连续获得全国烟草行业优秀质量管理小组奖项。参与并为行业企业管理工作贡献力量，组织参加行业精益改善达人大赛、优秀精益改善团队大赛、金叶工匠点评、提质增效案例汇编等活动，参加深圳市优秀质量管理小组活动成果选拔赛并获得良好成绩。

主动融入地方经济社会发展，综合发展实力显著增强。主动履行控烟履约工作职责，参与深圳地方控烟立法工作，成为深圳市控烟工作联席会议成员单位。深度融入深圳“志愿者之城”的城市理念，成立义工队伍。形成以“心·行”文化为基本定位的深烟文化理念体系；获评“年度企业文化建设典范企业”“年度广东省诚信企业示范单位”“深圳企业文化建设综合竞争力50强企业”等。

以实际行动助力打赢脱贫攻坚战。开展消费扶贫，支持国家局定点扶贫地区发展。2018—2020年，累计采购国家局定点扶贫县的农产品107.79万元。启动项目扶贫，帮扶广东省河源市三乐村。2019年，深圳烟草与深圳团市委合作开展扶贫项目，在河源市三乐村共建“惠民利民工程”，项目金额90万元。同时采购三乐村消费扶贫产品10万元。实施教育扶贫，助力河源市埔前镇上村村。2020年，大鹏新区局（公司）与河源市埔前镇上村村结对共建，开展教育扶贫活动，累计讲授各类课程22节，赠送书籍、教具近600套，推出教育扶贫融媒体作品13期。

◇ 编辑：周　佳

省级中烟工业公司

河北中烟工业有限责任公司

党建工作全面加强。河北中烟工业有限责任公司党组坚持将学懂弄通做实习近平新时代中国特色社会主义思想作为首要政治任务，全面贯彻党的十九大和十九届历次全会精神。巩固深化“不忘初心、牢记使命”主题教育成果，全面加强党支部标准化规范化建设，组织落实总部党支部与企业一线支部学习交流活动，扎实开展树牢正确政绩观专题教育。深入推进政治生态突出问题全面整改和中央巡视整改，开展警示教育。强化监督执纪问责，压实管党治党责任，“严”的氛围已经形成，风清气正的政治生态得到持续巩固。

高质量发展迈出坚实步伐。以“荷花梦”发展战略为统领，研究出台高质量发展实施纲要及六大体系实施方案，确定“11436”高质量发展总体思路，构建河北中烟高质量发展“1+6+N”战略体系，促进高质量发展的目标要求落地。经济效益止跌回稳、经济运行稳中向好，主要经济指标连续创造历史最好水平。“十三五”时期上缴财政总额、工业增加值和实现税利年均增长分别为9.2%、6.7%和6.1%；单箱税利首次突破1万元，单箱批发均价累计增加超过1万元。

供给侧结构性改革稳步推进。产品供给质量提高，中高端产品、创新产品、重点产品、低焦油卷烟有效供给不断扩大，与2015年相比，2020年年销量万箱以上规格数量由11个增加到21个；中高端卷烟销量由4.2万箱增加到30万箱，年均增长48.1%；创新产品销量由0.5万箱增加到13.1万箱，年均增长90.8%；盒标焦油量加权平均值由10.9毫克/支下降到10.4毫克/支。“三去一降一补”深入推进，淘汰落后产能12万箱，消化不适用烟叶，库存周期降至35个月，成本费用率由43.6%下降到38%，累计实现降本增效5.2亿元。

品牌培育实现历史性突破。“钻石”品牌销量突破120万箱，年均增长8%；实现商业销售额314亿元，年均增长19.8%；“荷花”获评行业“2015—2017年度十大优秀卷烟新产品”。“荷花”品牌主要规格实现全国地级市场全覆盖。

创新驱动取得明显成效。持续开展特色工艺关键技术、专属香原料开发应用等研究，增加产品科技含量。知识产权保护进一步加强，“荷花”被认定为中国驰名商标；质量保障能力不断增强，“硬荷花”连续3年综合质量得分排名行业第一，“细支荷花”被国家局评为细支感官标准样品。

企业基础管理更加扎实。扎实推进“精益六合”管理，形成“横向到边、纵向到底、整体联动、立体协同”的精益管理模式。实施“152”原料保障工程，成立“荷花”原料联合研究室，原料保障力显著提高。在全国范围内构建形成“干线规模化运输+支线小批量配送”卷烟配送模式，物流保障能力有效提升。实施百余项节能减排措施，万元增加值综合能耗降低37%；二氧化硫、化学需氧量和氮氧化物排放分别降低98%、52%和81%。构建重大风险防范化解工作预案，建立审计风险等级问题库、动态廉洁风险隐患数据库，制定法律风险防控体系建设实施意见，完善安全风险分级管控和隐患排查治理双重预防机制。

助力决胜脱贫攻坚。坚持把“动真情、真扶贫、扶真贫”作为脱贫攻坚的出发点和落脚点，在产业扶贫、精准帮扶、资金投入、工作机制等方面，呈现烟草行业扶贫工作新亮点，2018—2020年，公司投入帮扶资金1012.9万元，协调政府资金578.9万元、私人企业资金270万元，帮扶村户均年收入由3541.8元增加到5764.2元，增长62.7%；村集体平均收入由0.8万元增加到21.6万元，5个帮扶村全部实现脱贫“摘帽”；发起成立“河北省荷花公益基金会”，成为全国首家专注服务农村空巢老人的公益慈善组织，基金会以“服务农村空巢老人，探索中国养老模式”为使命，以“让每一个农村老人都可以安享晚年”为目标，倡导社会力量参与解决农村空巢老人的养老问题。

江苏中烟工业有限责任公司

“十三五”时期，江苏中烟工业有限责任公司严格落实国家局党组和省委、省政府的各项工作部署，增强“四个意识”、坚定“四个自信”、做到“两个维护”，围绕企业建设发展战略，坚持稳中求进工作总基调，坚定不移贯彻新发展理念，深化供给侧结构性改革，保持稳中有进、稳中向好的发展态势，“十三五”规划主要目标任务基本圆满完成。

党的领导全面加强，全面从严治党向纵深推进。党对企业的全面领导、党的建设不断加强，“两个维护”更加坚决。层层压实“两个责任”，一体推进“三不”机制建设，扎实推进中央及行业巡视、政治生态、主题教育、审计等各项整改，不断深化“严管就是厚爱”的理念，逐步健全完善管党治党严的标准体系，“严”的氛围不断浓厚，“严”的举措持续落地，风清气正的政治生态建设取得明显成效。

高质量发展和时代企业建设深入推进。对接落实行业“1+6+2”高质量发展政策体系，系统构建公司“1265”高质量发展推进支撑体系，破解一系列制约公司高质量发展的重点难点问题，实现“建设时代企业”战略在新时代的延展深化。

企业综合实力显著增强，品牌发展质量明显提升。江苏中烟品牌规模年均增长7万箱以上，由行业第六位上升至第四位；单箱批发结构提升5600元，稳居行业第二位；实现税利年均增长5.56%。坚持“南京”“苏烟”各有侧重、错位发展的“双品牌”战略方向，推进落实细支烟发展战略，细支烟年销量不断提高，实现由产品优势向品牌优势、企业优势转化；“苏烟”中支保持良好发展势头。

改革创新大力推进，活力效率不断提升。以技术创新引领全面创新，特色关键技术研究取得突破，产品创新水平持续提升，技术装备达到行业先进水平。深入推进分层分级赋能授权和非法人实体建设，构建形成“卓越”文化体系，全面完成直属单位生产组织模式优化，体制机制激活效应不断显现。全面推进精益管理，持续控员增效，累计内部挖潜21.7亿元，精简人员717人。

共享发展深入践行，社会责任有力彰显。深入推进合作生产，规模较“十二五”末增长50%；坚决助力脱贫攻坚，支持公益事业，累计对外捐助约6000万元；坚持绿色发展，深化节能减排，万元增加值综合能耗下降25.4%。

队伍建设不断深化，精神面貌奋发向上。贯彻新时代党的组织路线，着力推进干部队伍梯次化建设，健全完善各类人才成长通道，推进学习型企业建设，队伍结构持续优化，“尊重、认同、公平”氛围机制加快形成，担当作为、团结进取的精气神不断展现。

浙江中烟工业有限责任公司

“十三五”时期，浙江中烟工业有限责任公司贯彻落实全面从严治党要求，加强党的领导和党的建设，推进企业转型升级，推动高质量发展，实现经济运行、产销规模稳中有进，品牌结构、市场布局持续优化，货源组织、原料保障水平不断提升，科技创新、管理创新活力进一步释放，企业发展得到历史性变化。

作风面貌持续向好。全面从严治党向纵深发展，管党治党力度持续加大，风清气正的政治生态进一步形成，充满活力的组织体系深入搭建，干部员工凝聚力、战斗力进一步增强。

总量规模和经济效益稳中有进。浙江中烟境内、境外销售规模分别居行业第三位、第四位，比“十二五”时期均上升1位，“利群”品牌销量、批发市值分别居行业第三位、第二位，比“十二五”时期分别上升1位和2位，企业和品牌的影响力、竞争力进一步提高。“十三五”时期，公司税利总额比“十二五”末增长32.85%，高于行业增幅9.03个百分点。2020年工业增加值比2015年增加74.72亿元、增长17.54%。实现降本增效8亿元。卷烟合作生产量占行业合作生产总量的份额由“十二五”末的1/5增长到1/3。

品牌发展持续优化。2020年，“利群”销量突破300万箱，一类烟占“利群”销量比重和一类烟省际间销售比重均得到提升，“利群”单箱结构比2015年增加3624元，销量比2015年增加44.11万箱，其中一类烟销量比2015年增加49.43万箱，占“利群”总销量的比重增加10.81个百分点。

新增短支、中支、新中支等新品类，互联网销售、智能制造、智慧企业等项目取得阶段性进展，为品牌和企业发展注入新动能。

科技创新稳步推进。“十三五”时期，浙江中烟有效专利554件，其中发明专利248件；新申请专利645件，其中发明专利344件；发表科研论文423篇；参与主持行业科技项目9项，其中重大专项4项、行业重点实验室项目1项；参与发布实施行业标准45项，获得行业科学技术进步奖5项，1人获评行业学科带头人。

原料保障能力增强。库存总量、库存结构和采购布局与品牌发展需求更加匹配，“利群”原料适配产区、部位和等级得到进一步拓展，适配率和动态保障月份达到历史最好水平。

企业管理水平不断提升。完成浙江中烟宁波卷烟厂易地技改、杭州卷烟厂二期技改和公司综合办公楼改造，设备布局、产能结构和生产组织效率得到持续改善。制度体系更加完备、机构职能得到优化、管理创新深入开展，企业级风控体系全面建立，工作基础更加严格规范，管理的精益程度有效提升。

安徽中烟工业有限责任公司

夯实党建基础，构筑坚强堡垒。“十三五”时期，安徽中烟工业有限责任公司党组以习近平新时代中国特色社会主义思想为指导，以党的建设推动企业高质量发展。强化理论武装，把牢政治方向。精心组织开展“三严三实”专题教育、“两学一做”学习教育、“不忘初心、牢记使命”主题教育、政绩观专题教育，用党的创新理论最新成果武装头脑、指导实践、推动工作。实施党建与生产经营“双百分”考核，推进党支部标准化规范化建设，开展基层党建工作“领航”计划，探索党建品牌建设，促进党建与业务深度融合。常态化开展形势任务教育、爱国主义教育，推动职工思想政治工作研究，弘扬社会主义核心价值观，践行“两个至上”行业共同价值观。

企业实力显著增强、发展质量大幅提升。“十三五”时期，安徽中烟经济效益持续提升，产销规模恢复性增长。2020年，卷烟产量比2016年增加40.06万箱，增长19.97%；批发销量比2016年增加20.37万箱，增长10.89%；批发销售额比2016年增加142.12亿元，增长32.05%；税利总额比“十二五”末增长20.47%，高于行业增幅12.57个百分点；工业增加值比“十二五”末增加130.21亿元、增长26.15%。实现降本增效近10亿元，贷款规模从“十二五”末的54亿元下降至零贷款。

品牌竞争力增强、品牌效益提升。安徽中烟实施“大品牌、大市场、大企业”发展战略，品牌美誉度和竞争力持续提升，品牌结构提升速度加快。2020年，“黄山”品牌批发销售额比“十二五”末增加107.62亿元、增长23.07%，单箱批发收入比“十二五”末增加0.51万元、增长21.52%，一、二类卷烟销量比“十二五”末增加28.8万箱、增长39.2%，高端卷烟销量比“十二五”末增加2.37万箱、增长62.9%，“黄山（徽商新概念细支）”“黄山（红方印细支）”销量继续居同价位细支烟第一位，省外销量占比分别达到77.3%、86.4%。传统雪茄批发销售收入比“十二五”末增长43.25%。境外市场销量比“十二五”末增加21亿支、增长21%。

科技创新能力增强、创新效能提升。加快实施创新驱动发展战略，强化科技创新和体制机制创新“双轮驱动”。突出品质特色，开发储备60余款“黄山”“都宝”卷烟和雪茄产品；成立安徽焦甜香生物科技有限公司，初步建立“四位一体”香料自主研发体系，短细中等创新品类卷烟销量从“十二五”末的3.4万箱增加到27.11万箱，贡献度增加11个百分点。累计投入研发经费5.2亿元，获得授权专利383件，其中发明专利71件；新申请专利524件，其中发明专利137件；发表科技论文257篇，其中2篇入选CORESTA大会；参与主持行业科技项目10项，其中重大专项1项、行业重点实验室项目2项；参与制定发布实施行业标准12项，获得中国烟草总公司科学技术进步奖6项，1人获评行业学科带头人。

制造能力增强、发展韧性提升。打造柔性化加工、智能化控制、集约化生产的先进制造模式，满足细短中等创新产品的技术装备需求，数据应用能力和智能决策能力提升，5个卷烟厂逐步实现协调、协同、共同发展。基建技改累计投资36亿元，购置烟草专用机械404台套、在线检测和研究仪器172台，装备水平和工艺保障能力加强。烟叶库存从2016年6月末的59个月降至2020年6月末的29个月，累计释放资金53.13亿元；库存上等烟比例由47%增加至51.5%，云南烟叶占比由32.1%提高至40.8%；调进进口烤烟31.2万担、进口雪茄原料0.88万担；先后设立7个集散中心，辐射省份近20个，市场响应时间缩短1～2天，运行效率提升2～3倍。

企业凝聚力增强、干部职工素质提升。深化和推进干部人事制度和用工分配制度改革，初步构建“服务大局、分类建设、人岗适配”的人才队伍格局。“十三五”末，企业在岗员工比2016年减少575人；本科以上学历占比39.3%，中高级专业技术职称763人，高级技师63人，技师569人，高级工1782人。

福建中烟工业有限责任公司

“十三五”时期，福建中烟工业有限责任公司把握市场和企业发展规律，坚持稳中求进工作总基调，贯彻新发展理念，实施“做优做强做大‘七匹狼’”品牌发展战略，以“创新驱动，转型发展”为路径，提升核心竞争力，为企业高质量发展奠定坚实基础。

深入推进党建工作。深入学习贯彻习近平新时代中国特色社会主义思想，开展“两学一做”学习教育、“不忘初心、牢记使命”主题教育，探索构建“1133”党建工作体系，即明确“一条主线”（以高质量党建引领保障企业高质量发展），落实“一个责任”（全面从严治党主体责任），加强“三个建设”（党委领导力建设、党支部战斗力建设、党员模范力建设），推进“三个创新”（制度创新、载体创新、实践创新），推进企业基层党支部标准化规范化建设，促进党建与业务深度融合，其经验做法被列入全国烟草行业党建工作案例库；推行“课题化立项、项目化推进、精细化管理”工作模式，连续4年组织开展基层党建创新实践活动，总结形成可推广的典型案例近90个，打造具有福建卷烟工业特色的“红土情、蓝海梦”党建工作品牌。

经济运行保持稳中向好。主要经济指标创历史最好水平，2020年税利总额、利润总额分别比2016年增长26.3%、44.1%。工业总产值、工业增加值、卷烟单箱销售收入、成本费用利润率等指标平稳增长。财务经营状况改善，全面还清历史欠债，资产负债率20.89%。企业转型发展成效显著，发展质量和效益稳步提升。

品牌高质量发展取得显著成效。聚焦品牌转型升级，突出品牌战略引领作用，形成以“七匹狼”品牌为主体、重点突出、协同推进的品牌发展战略。完善品牌顶层设计，稳步推动品牌整合，构建“海丝扬帆、激扬青春、红色传承、家国情怀”四大品系。2020年“七匹狼”实现商业销量169万箱，商业销售额超过460亿元，比2016年增加89.88亿元。以创新思维开展品牌培育和市场销售，形成品牌传播生态圈。一、二类烟销量超过80万箱，单箱销售收入比2016年增加4130元。品牌建设和品牌创新成效初步显现。

技术创新能力持续增强。提升产品研发能力和质量保障水平。开发上市34个规格卷烟，涵盖中支、细支等创新品类，满足多样化、个性化消费需求。2020年“七匹狼（纯境）”中支新品销量超过8万箱，其中省外销量占比92.4%。产品质量稳定性稳步提高，焦油控制精度有较大改善，各级产品和烟用材料质量监督抽查合格率保持100%。获得省部级科技奖项18项，首次获得福建省科学技术进步奖。拥有有效专利1231件，其中发明专利401件。主持参与制定国家、行业技术标准57个。

生产制造水平持续提升。按照"全供应链管理"视角整合资源，推进辅料采购机制体制改革，构建"市场需求—排产计划—采购供应—生产组织—物流配送"供应链体系。提升商业销量滚动预测能力，提前做好产能策划和生产预安排，提高产能综合利用率，保障新牌号、小牌号等特殊产品市场需求。优化设备管理顶层设计，完善设备维修策略体系，开展设备项目全过程管理，优化烟机零配件集中采购管理。生产制造柔性化水平和保障能力持续提升。

企业治理能力持续提升。制定高质量发展规划，建设战略绩效一体化平台，提升战略管理能力，推进精益管理和"S-PDCA"管理模式。强化预算管理，围绕产品设计成本、烟用材料采购等重点领域，开展降本增效课题研究，累计降本增效6.19亿元。烟叶库存持续下降，烟叶养护水平不断提高，上等烟比例增长至64.5%。推进信息技术创新，参与行业基于CPS的卷烟智能工厂试点建设，初步建成覆盖"品研产供销"各业务领域的信息化应用体系和五维一体的网络安全防护体系。

江西中烟工业有限责任公司

"十三五"时期，江西中烟工业责任公司面对行业战略导向、卷烟市场格局、品牌竞争态势的深刻变化，聚焦加快"金圣"品牌发展，推动各领域改革创新，在经济运行、品牌培育、"四大体系"建设、夯实发展基础和党的建设等领域取得明显成效，为在新形势下全面系统推进高质量发展奠定基础。

党的建设取得明显成效。全面加强党的政治建设。党建责任体系进一步完善，制定印发加强党的政治建设相关制度14项，成立公司党的建设工作领导小组。深入开展"不忘初心、牢记使命"主题教育，推进"两学一做"常态化制度化，坚持开展党员干部轮训，持续推动"五星支部"示范点建设和"五星党员"创评。贯彻落实脱贫攻坚行动计划，完成对口支援赣南等原中央苏区扶贫任务，帮扶点均已脱贫"摘帽"。落实全面从严治党主体责任。开展政治生态突出问题全面整改，落实国家局各专项检查和整改要求。落实"三定"方案，干部选拔任用交流有序开展。

经济运行取得明显成效。产销规模保持基本稳定。与"十二五"末相比，"十三五"末自有品牌产量由77.4万箱增加至90.08万箱，增长16.4%；合作生产规模由51.8万箱减少至36万箱，下降30.5%；自有品牌商业销量由76.13万箱增加至87.99万箱，增长15.6%，自有品牌对企业发展贡献能力提升。卷烟单箱调拨额增长46.5%，自有品牌单箱批发均价增长55.3%，卷烟产品供给结构与质量不断提升。经济效益稳步增长。销售收入增长38.8%；工业增加值由118.8亿元增加至191.6亿元，增长61.3%；实现税利增长51.36%，实现利润增长68.6%。

"金圣"品牌培育取得明显成效。推动"金圣"品牌转型跨越发展，"金圣"销量由"十二五"末的38.32万箱增加至72.87万箱，年均增长约7万箱。创新品类持续发展。累计开发"金圣"创新品类卷烟11个规格，"十三五"末销量13.2万箱。创新品类的持续发力，推动"金圣"品牌产品结构的梯次化升级。品牌结构持续提升。融入行业"136、345"品牌高质量发展战略，优化提升"金圣"品牌结构，单箱结构由2.9万元增加至3.35万元、增长15.52%。

"四大体系"建设取得明显成效。原料保障体系建设取得新成效。拥有云南7个国家级优质清香型基地，湖南郴州2个优质浓香型基地和江西石城1个特色优质烟叶基地。加快推进久龄烟叶使用和处置，库存烟叶使用周期逐步调整到27个月左右，库存云南和湖南优质烟叶占比60%。原料仓储条件不断改善，形成以赣州醇化库、国储天然洞库和云南红河高原天然醇化库为主的行业领先的原料养护仓储布局和八大模块涵盖烟叶全生命周期的原料综管信息系统。

产品研发体系建设取得新成效。以市场为导向推进产品研发体系建设，优化产品研发和维护管理机制，完善产品开发管理程序，构建以"阁""瓷""红"和经典系列为主线、涵盖创新品类的产品体系。推进香精香料自主研发、新材料研究应用和工艺管控，系统开展材料赋香、特色香原料等研究。

生产制造体系建设取得新成效。完成江西中烟赣州卷烟厂易地技改总体竣工验收，连续实施井冈山卷烟厂易地技改、广丰卷烟厂易地技改和南昌卷烟厂制丝线就地技改项目，结合各厂生产工艺特点和人员规模，逐步形成相对合理的生产力布局安排。设立生产制造中心，统筹协调公司卷烟生产制造管理。

市场销售体系建设取得新成效。开展全方位销售体制机制改革，推动省外大区和省级销区调整，推进省内市场属地化管理，坚持以"金圣"品牌发展为核心，完善品系建设，促进消费提升。省内超万箱区（县）市场由3个增加至10个，省外超万箱省级市场由2个增加至7个。

夯实发展基础取得明显成效。谋划并制定出台公司“1+2+5”高质量发展政策体系。完善企业基础管理，推进公司体系建设，2018年通过质量管理体系换版审核，对公司体系文件进行全覆盖评审和全面优化。优化年度绩效考核，形成高质量发展考核导向。开展“管理提升年”活动。每年均超额完成国家局降本增效目标任务，累计实现降本增效5.3亿元。构建精益物流保障体系，推进采购管理信息系统建设，年度公开招标比例平均为97.5%。贯彻法治烟草建设要求，“七五”普法圆满收官。推进信息化与生产经营的深度融合。按照“统一规划、分步实施、先进适用、改造升级”的总体要求，推进数字化工厂建设和集成共享深入发展。全面落实网络安全主体责任，“十三五”时期未发生重大网络安全事故。

山东中烟工业有限责任公司

党建工作。“十三五”时期，山东中烟工业有限责任公司坚持党建引领，压实工作责任。组织开展对所属单位常规巡察，推动巡察工作向基层延伸。实施领导班子成员落实全面从严治党责任清单管理。分两批开展“不忘初心、牢记使命”主题教育，用好理论学习中心组学习、基层书记和党务工作者轮训、支部“三会一课”、党员“两学一做”、青年理论学习小组5个平台，开展党员学习教育。开展党支部标准化规范化建设，推动实施梯级创建。开展“双联共建”“双报到”、党员志愿服务，连续保持省级文明单位称号。

经济效益稳定增长。“十三五”时期，山东中烟工业有限责任公司稳运行、调状态、育品牌，经济运行整体呈“V”形走势，2017年大部分指标止跌回稳，“十三五”中后期保持较快发展，发展质量稳步提高，经济效益稳步提升，核心竞争力显著增强。累计实现工业增加值1147亿元。

品牌培育力度不断加强。贯彻行业“总量控制、稍紧平衡，增速合理、贵在持续”方针，确立“重在状态、重在提升、重在持续”指导思想，坚持市场状态优先，精准调整策略，加强工商协同，调整考核重点，转变工作模式，市场竞争能力不断增强。2020年，“泰山”品牌年批发销售量由“十三五”期初的138.88万箱增加至186.46万箱，商业销售额由296.58亿元增加至433.3亿元，细支烟年销量由5.37万箱增加至21.06万箱，鲁产手工雪茄年批发销量由32.24万支增加至175.3万支。

科技创新能力不断提升。加强设备技改管理，投入22.7亿元实施山东中烟滕州卷烟厂易地技改等重点项目，升级卷烟生产设备，优化生产力布局，夯实技术装备基础，卷包设备运行效率保持行业前列，质量保障能力增强，卷烟产品各级抽检合格率100%，制造过程指标符合率99.8%以上，过程西格玛水平4.2以上。实施创新驱动战略，完善创新体制机制。加强科技项目研究，获得多项关键领域研究成果，持续健全完善产品链，实现细支烟、短支烟、中支烟等创新品类全覆盖。

企业管理进一步加强。坚持控量提质，持续优增量、调存量、提质量，推进模块化配方、基地化生产、均质化加工，优化烟叶库存结构，提升原料保障能力。深化精益管理，加强管理创新，健全法人治理结构，加强财务审计管理，完善目标考核体系建设，推进高素质专业化干部队伍建设，通过质量管理体系认证。多元化清理整顿任务全面完成，推进烟草产业链一体化运作，多元化经营管理综合评价排名行业前列。

河南中烟工业有限责任公司

“十三五”时期，河南中烟工业有限责任公司强化党建引领，加强品牌培育和市场建设，抓好基层基础，综合实力稳定提升，企业平稳度过调整期，重点工作得到持续加强。

党的建设持续加强。深入学习贯彻习近平新时代中国特色社会主义思想，明确“以高质量党建推动高质量发展”工作主题和“坚定不移推动高质量党建”工作主线，党组织“把方向、管大局、保落实”领导作用得到加强，党员干部“四个意识”不断增强、“四个自信”更加坚定、“两个维护”更加坚决，管党治党逐步走向严紧硬，高素质专业化干部人才队伍建设持续加强。

综合实力稳定提升。坚持稳中求进工作总基调，坚持烟草行业“总量控制、稍紧平衡，增速合理、贵在持续”方针，确定“跟大势、保态势、抓关键”运行策略，抓好目标调控、区间调控和精准调控，整体发展与行业大盘保持同步。2020年，产销规模居行业工业企业第四位，实现税利居行业工业企业第七位。

品牌发展有效转型。更加突出"黄金叶"品牌培育，把发展重心由增销量转为提结构，实施"千亿工程"，高价位保持领先优势，普一类烟迈出补短板第一步，二类烟逐渐形成部分有影响力的大单品，"黄金叶"品牌商业销量、销售额、单箱商业销售额分别由2015年的194万箱、505亿元、2.61万元增加到2020年的219万箱、696亿元、3.18万元。

市场建设稳步加强。明确市场建设方向，持续优化市场布局，强化市场联动发展、协调发展、均衡发展，推动分类管理、一地一策和精准运作，省内市场结构不断提升，单箱商业销售额由2015年的2.02万元提升到2020年的2.44万元；省外市场连年保持量价齐升，2020年商业销量、销售额分别比2015年增加22万箱、138亿元。

基础工作持续夯实。优化生产力布局，统筹推进河南中烟安阳、南阳卷烟厂技术改造和漯河、洛阳卷烟厂易地技改，完成黄金叶科技园和新郑片烟醇化库等配套建设项目，深化金叶制造，强化原料、物资、物流保供，承办2017年烟草行业企业管理现场会，持续推进精益管理、对标管理和定额管理，做好财务、审计、安全、规范、信息化等基础工作，企业发展基础进一步夯实，管理水平持续提升。

湖北中烟工业有限责任公司

"十三五"时期，湖北中烟工业有限责任公司贯彻新发展理念，深化供给侧结构性改革，落实建设现代化烟草经济体系、推动行业高质量发展各项要求，紧扣"双一流"目标愿景，系统谋划各项改革发展顶层设计，企业综合实力和竞争力得到提升。

党建工作。党政相融的治理体系建设取得初步成效，基层党组织作用和党员先锋模范作用进一步发挥。坚持全面从严治党、一体推进不敢腐、不能腐、不想腐各项工作，"四风"纠治取得明显成效，中央八项规定精神落实及形式主义、官僚主义整治得到深化，党员干部规矩意识、纪律意识明显增强，企业政治生态日益向好。

经济效益。卷烟销量度过"十三五"期初"提税顺价"的下滑期，快速止跌回稳，实现由恢复性增长向持续稳定性增长转变，主要经济运行指标、发展效益提升。省际交易比重较期初增加3.75个百分点，卷烟单箱批发销售额年均增长（含税）1205元。税利总额逐年增长，2018年超过600亿元，2020年居行业工业企业第四位。实现工业总产值比"十三五"期初增加128.33亿元。卷烟三项费用率从4.62%下降至4.16%，国有资产保值增值率122.56%。

品牌培育。"十三五"时期，"黄鹤楼"品牌地位更加稳固。2018年实现销量1019.85亿支（203.97万箱），商业批发销售额1007.28亿元，全面实现"跨越双千亿"。2020年，销量规模增加至217.17万箱，居行业一、二类烟销量第二位，商业批发销售收入增加至1075亿元。

技术创新。实施"一个战略布局"，即持续推进创新优先战略，破除制约创新发展的思想障碍和制度限制。突出"一个品牌核心"，以产品创新满足多样化、差异化、个性化的市场需求，增强品牌的核心竞争力。突破"一批核心技术"，以科技重大专项为引领，破解制约品牌发展的关键技术瓶颈，为产品创新提供更高水平的技术创新成果支撑。树立"一个标准标杆"，建立健全技术标准体系，打造"黄鹤楼""金标准"体系，持续提升技术标准供给质量。建设"一支创新队伍"，坚持培养与引进并举，建设具有较强竞争力的科技人才队伍。

企业管理。搭建综合管理体系并有效运行，导入卓越绩效管理模式并不断深化。坚持战略导向，持续提升方针目标管理，以RG－PDCA方法持续优化方针目标管理机制，促进企业生产经营业绩稳步增长。持续提升基础管理水平，分主题策划管理"基础年、提升年、融合年、上水平年、追求卓越年"，基础管理逐年加强，管理精益水平得到提升。

改革转型。深入实施创新优先战略，注重科技创新工作室人才选用和科研立项，推动科技创新工作。推动卷烟销售工作由渠道向终端、消费者转型升级，建立健全终端工作模式，完善工商网配模式，快速响应订单需求，利用"大数据"科学指导产品投放，以客户为中心推进智能销售体系建设。深化干部人事用工分配制度改革，全面完成各单位"三定"工作。

湖南中烟工业有限责任公司

党建工作。截至2020年底，湖南中烟有246个基层党组织，其中党委8个、党总支27个、党支部211个，党员4366人。

"十三五"时期，湖南中烟开展"不忘初心、牢记使命"主题教育；落实中央八项规定及其实施细则精神，开展“企业全面风险健康体检”；推进“两项整改”，按期完成有关任务；公司党组巡察实现直属单位全覆盖并延伸至23家下属投资企业；切实履行坚持党的全面领导、加强党的建设的政治责任。全力推进全面从严治党，严肃党内政治生活，着力修复政治生态，向正向好的氛围正在形成。

经济效益。“十三五”末，湖南中烟工业有限责任公司实现税利比期初增加49.72亿元，卷烟产销规模、资产规模、实现税利等主要指标均位居行业前三位，为行业和地方经济社会发展作出贡献。深入贯彻新发展理念，落实行业“1+6+2”高质量发展政策体系精神，加强顶层设计，制定《湖南中烟高质量发展战略规划纲要（2020—2025)》，印发《湖南中烟高质量发展实施方案》，明确高质量发展方向。

品牌培育。坚持以品牌建设为中心，巩固发展位势。扩大“和天下”高价位卷烟引领优势，“芙蓉王”位列行业千亿品牌阵营，保持一类烟领先位势。坚持品牌需求导向，优化烟叶基地单元布局，调拨区域向品牌核心用料产区集中，进口烟叶保持高份额，原料保障基础进一步夯实。

科技创新。坚持创新驱动，技术优势持续扩展。有序推进13个重大技术改造项目建设，产能布局更趋合理，综合配套日趋齐全，精益化加工、均质化生产、智能化控制、柔性化制造水平提升。“卷烟功能材料”“数字化调香”等行业重点实验室在技术创新、行业标准制定等方面形成引领。探索构建烟叶基地评价体系，集成推广“4+N”技术和“中棵烟”“黄亮软”理念，引领散叶购销模式，带动行业变革并形成主流。

企业管理。持续推进降焦工作，推进节能减排和环境保护。落实关于深化国有企业改革的重要决策部署，将国有企业党建工作写入公司章程，按时完成“三供一业”分离移交、剥离国有企业办社会职能和退休人员社会化管理工作。坚持行业共同价值观，履行企业社会责任。完成脱贫攻坚各项任务，稳定社会就业。

广东中烟工业有限责任公司

“十三五”时期，广东中烟工业有限责任公司贯彻新发展理念，全力推动高质量发展。落实中央和国家局党组要求，解决制约高质量发展的突出问题，推进“六个转向”，逐步进入高质量发展良性轨道。

党的建设大力夯实。坚持党建与经营并重，以党的政治建设为统领，层层压紧压实管党治党主体责任，推动党建与业务工作深度融合。严格选人用人，强化监督执纪，全方位推进全面从严治党向纵深发展。

经济运行稳中有进。“十三五”初期，面对“四大难题”凸显、“三大压力”叠加的困难局面，广东中烟贯彻“总量控制、稍紧平衡，增速合理、贵在持续”方针，紧扣品牌“大而不强”突出矛盾，将发展重心由追求数量规模转向提高质量效益，市场状态持续改善，经济效益稳步提升。

经济效益平稳增长。“十三五”末，广东中烟实现销售收入比“十二五”末增长7.27%，年均增长1.41%；实现税利总额增长6.77%，年均增长1.32%；实现税金增长4.35%，年均增长0.86%；实现利润增长22.06%，年均增长4.07%；实现单箱卷烟批发销售额增长17.26%；“双喜”单箱批发销售额2.7万元，增长17.26%。

精益工程系统推进。“十三五”时期，特别是2019年以来，广东中烟践行品质革命，全面打造精益工程，“找短板、立标准、建机制”，通过产品品质提升推动经营管理水平全方位提升。

技术创新步伐加快。提高自主核心技术研发和卷烟产品同质化生产水平，持续强化并丰富完善产品风格特色、品牌特色、文化特色，打造形成“双喜”独特风格的工艺技术平台。创新销售理念，探索建立真正面向市场的销售运营新模式，推动品牌良性发展。

广西中烟工业有限责任公司

全面从严管党治党。坚持以党的政治建设为统领，全面加强党的建设各项工作，全面压实管党治党责任，强化对权力运行的制约和监督，推进中央和行业巡视、政治生态、主题教育、审计等各项整改，加大正风肃纪反腐力度，推进全面从严治党向纵深发展，党建引领能力明显增强。

高质量发展有力推进。深入贯彻新发展理念，坚持稳中求进工作总基调，持续深化供给侧结构性改革，根据行业“1+6+2”高质量发展政策体系，统筹推进企业“1361”发展战略，持续推动高质量发展实施方案和“四步三重点”总体安排，制定实施“真龙”品牌三年发展规划。

生产经营稳中向好。面对“十三五”初期行业产销下降、库存积压、效益下滑的困难局面，广西中烟落实行业“总量控制、稍紧平衡，增速合理、贵在持续”方针，各项生产经营指标逐年稳步回升，累计实现税利年均增长1.93%，实现卷烟销售收入年均增长4%。

工商协同共育品牌。以服务零售户和消费者的共同目标为纽带，以"互联网+协同销售"为抓手，持续强化与商业公司合作，工商协同共育品牌和服务零售户、消费者能力提升。"真龙"品牌实现快速发展，品牌区内市场份额从"十三五"初期的33%增长至"十三五"末的50%，区外市场销量从9.91万箱增加至23.84万箱。商业销量年均增长10%；单箱批发销售额年均增长4.95%。消费者总体满意度从82.8分提升至84.5分。

系统推进改革创新。落实"三去一降一补"工作任务，以深化供给侧结构性改革带动全面改革，以产品创新带动全面创新，进一步建立健全绩效管理体系、产品创新体系、原料保障体系、生产制造体系、内控监管体系，公司治理效能和治理水平持续提升。

烟叶库存降至35.8个月，累计使用各类循环烟箱200.8万只，比"十二五"末增长196.3%。累计实现降本增效5.17亿元。采购上等烟叶占比由53%提高到75%；特色烟叶占比由19%提高到58%；均质化、模块化加工比例达到95%，实现进口把烟采购和定向采购两个零突破，进口烟叶采购量比"十二五"末增长一倍。开发与改造21个规格产品，香精香料的自主、自控比例达到22.71%，获得专利授权502件。优秀质量管理小组成果获奖项目200余项（含多元化公司），企业质量管理经验2次获评工业和信息化部"全国质量标杆"，成为全国首家通过TnPM五阶六维评价四阶认定的企业。

履行社会责任。服务脱贫攻坚工作大局，稳定社会就业，加强污染防治，有效开展降焦工作。万元工业增加值能耗由11.32千克标准煤降至8.16千克标准煤，年均下降6%。

重庆中烟工业有限责任公司

党建工作。"十三五"时期，重庆中烟工业有限责任公司增强党建引领力，坚持把政治建设摆在首位，把制度建设贯穿始终，开展"不忘初心、牢记使命"主题教育和政绩观教育，做好政治生态突出问题全面整改和巡视整改工作，制定实施《2020—2023年高质量党建发展纲要》，以高质量党建引领高质量发展，持续增强"四个意识"、坚定"四个自信"、做到"两个维护"。

经济运行。顺应行业高质量发展大势，以"追赶、集聚、数字化"为战略主线，以品牌发展为战略核心，以特色塑造为战略推手，确立"两步走、翻两番"战略步骤和"双前十、双打造"战略目标。依托品牌发展的强力带动，主要经济指标连续保持高速增长，特色发展成效显著，综合实力提升。"十三五"时期累计实现工业增加值597.7亿元，年均增长8.9%，实现税利年均增长8.6%，财税贡献指数增长。

品牌培育。把加速市场拓展作为应对风险挑战的主策略，培育形成1个十万箱、1个两万箱和8个过万箱的市场格局。打造核心品牌"天子"，推动品牌布局"三变二""一加一"，系统构建品牌形象。适时推出"天子（观天下）"形象产品、"天子（中国心）""天子（重庆印象）"高端产品和"天子（C位）"特色产品，构建形成价位分布合理、结构支撑有力的梯次化格局。"十三五"末，"天子"品牌销售区域覆盖全国所有地级市场，实现"两步走、翻两番"的第一个"翻番目标"，重庆市外市场销量占比近80%，在全国市场的知名度和影响力持续提升。

科技创新。重庆中烟全面贯彻落实国家局科技创新"三体系、三机制"决策部署，以科技创新推动产品创新。主持的中国烟草总公司重大专项"降低烟气中氨释放量的复烤、醇化及加工技术研究""降低烟气中氨含量的材料筛选、合成及应用"和重庆中烟项目"提高再造烟叶浆料留着率的关键技术研究与应用"先后获得中国烟草总公司科学技术进步奖三等奖；参与的"电子烟溶剂雾化吸入安全风险评估研究"项目获得中国烟草总公司科学技术进步奖二等奖。主持或参与制定国家、行业标准5项；发表科技论文102篇，其中核心期刊21篇；专利申请受理554件，授权专利267件。

企业管理。"十三五"时期，重庆中烟通过前三年打基础、近两年求发展，在行业高质量发展大背景下，按照专业化管理思路推进组织优化，以管理诊断为抓手推进流程优化，夯实管理基础。以"问题大排查""效率大提升"活动为主线，推进精益管理、管理创新，深化战略转型、优化运行质效。"十三五"末期，对标指标整体水平提升，指标改善率超过80%。在2019年行业综合业绩考核中位列工业企业第七，在行业高质量发展评价中位列工业企业第十，其中创新指标位列第二。

四川中烟工业有限责任公司

"十三五"时期，四川中烟工业有限责任公司党组以党建为引领，坚持新发展理念，坚持创新驱动、品牌带动，开创转型发展、创新发展、跨越发展的新局面。

政治生态根本好转。落实管党治党政治责任，创建"雁行宽窄"党建品牌，推动中央巡视整改与行业政治生态突出问题全面整改工作贯通联动、持续发力，公司政治生态持续好转，从严管党治党成效不断巩固提升。

品牌形象整体重塑。"宽窄"系列带动"娇子"品牌单箱结构累计增长近1万元，"娇子"中高端卷烟销量进入全国中高端卷烟（二类以上）前15位，"娇子"销量重回百万箱，迈入行业中高端卷烟"136、345"品牌规模引领集群。"长城"雪茄创新发展成为中国雪茄领军品牌，"长城（GL1号）"成为中国高端雪茄价值标杆。

运行质量实质变革。高质量发展体系深入实施，税利保持稳定增长，2020年上缴税利比2016年增长约1倍，经济运行和市场状态创历史最好水平。长城雪茄烟厂扭亏为盈，实现税利平稳增长。

改革创新系统推进。坚持以创新为第一动力，构建无边界、外延型、开放式的技术创新平台，构建卷烟和雪茄新品类，突破一批关键核心技术。

脱贫攻坚成效显著。主动融入脱贫攻坚大局，公司帮扶贫困村全部实现脱贫"摘帽"，帮扶的四川泸州叙永县西溪村被评为"烟草行业最美烟草帮扶村""四川十大生态宜居村"，公司本部获评"烟草行业扶贫先进集体"，多名扶贫干部获评"烟草行业优秀扶贫干部""四川省优秀扶贫干部"。

贵州中烟工业有限责任公司

"十三五"时期，贵州中烟工业有限责任公司紧扣新时代、新思想、新要求，着力增销量、提结构、强创新、快发展，企业装备水平、基础设施等硬件能力不断提高，综合实力、品牌竞争能力大幅增强。

经济运行。综合实力得到提升。"十三五"时期，贵州中烟累计实现销售收入比"十二五"时期增加257.6亿元。累计实现税利比"十二五"时期增加177.73亿元。"贵烟"品牌建设取得显著成效，销量和税利分别比"十二五"时期增长63%和69%，销量年均增长9.46%，批发销售收入年均增长10.39%，在重点品牌中实现销量和销售收入增幅两个第一；销量和销售收入占重点品牌份额分别增加0.96个和0.95个百分点；省外销量和批发销售收入比"十二五"末期分别增长2.22倍和2.88倍，年均增长26.33%和31.12%。

科技创新。科技创新取得突破。完善自主核心技术体系，持续推出细支烟、短支烟、中支烟等10余款创新产品。"十三五"时期，累计开展科技项目463项，获得省部级以上科技成果39项，获得专利授权281件。

企业管理。巩固装备设施基础。累计投入60余亿元实施技术改造和基础设施建设，先后完成贵州中烟遵义、贵定、铜仁卷烟厂易地技术改造，贵定、兴义烟叶库工程和金叶薄片项目。投入7.5亿元，系统配置细支烟、短支烟、中支烟等特色卷烟生产工艺设备，更新和增配质量检测设备，企业精益化加工、智能化控制、柔性化制造、数字化管理、绿色化生产水平提升。品牌体系更加完善。形成以"创新品类"为新动力的"三主一新"产品体系架构。深化销售体制机制改革，"贵烟"品牌千箱以上地区级市场达到133个，万箱以上省级市场达到9个。原料保障能力提升，核心产区中部上等烟调拨比例从"十二五"末期的26.49%增加到"十三五"末期的50.77%，调拨烟叶质量抽检合格率持续高于全国平均水平。

云南中烟工业有限责任公司

党建工作。"十三五"时期，云南中烟工业有限责任公司党组始终坚持以习近平新时代中国特色社会主义思想为指导，全面提升党的建设质量。突出党建系统性，落实党建工作责任。实行抓基层党建责任清单制度，推动构建公司、直属单位、卷烟工厂及其他企业三级联动党建工作考核体系。突出党建规范性，夯实基层党建基础。按照基层党建"推进年""提升年""巩固年""创新提质年"的整体规划，制定《党支部规范化建设达标创建办法》。突出党建有效性，促进党企深度融合。践行"围绕中心抓党建、抓好党建促发展"工作思路，深化"一单位一品牌、一支部一特色、一党员一闪光"党建品牌创建工作，提升基层党建工作的实效性和针对性。

经济运行稳中向好。通过改革创新，云南中烟资源聚合效应逐步释放，“十三五”时期，云南卷烟销量规模稳定，2020 年，商业批发销售额比 2016 年增加 78.98 亿元，省内企业工业总产值比 2016 年增加 70.55 亿元，省内企业实现税利比 2016 年增加约 62.03 亿元。云南中烟卷烟总产量、省内卷烟产量、品牌合作产量 3 项指标均实现企稳回升。在行业工业企业中，云南中烟保持产销规模、工业产值、税利总额、资产总额、多元化产业、国际市场占比、投资总额、商业批发税利、终端零售利润等 9 个方面排名第一。

品牌持续健康发展。推进供给侧结构性改革，“十三五”时期，卷烟产能“零增长”、打叶复烤产能逐步压缩、再造烟叶产能得到控制、生产力布局逐步优化，产能利用量稳步提高。设备产能利用率从 72% 增长至 79.8%，云南卷烟工商库存从 2016 年的 158.38 万箱下降到 2020 年的 49.84 万箱。2020 年，云南卷烟单箱商业批发额突破 3 万元大关；一、二类烟销量占比从 2016 年的 25.82% 增长到 2020 年 33.97%；云南卷烟新品类销量从 2016 年的 7.4 万箱增加至 2020 年的 65.86 万箱，销售额从 34 亿元增加至 330 亿元，成为支撑云南卷烟经济效益增长和动能转换的重要力量。2020 年，“云烟”品牌商业销量 369.32 万箱，排名行业第一，销售额 1190.42 亿元，排名行业第三。2019 年以来，15 个重点规格倒挂现象全部消除，有力提振商业渠道、零售终端对云南卷烟的经营信心。

非烟产业取得新突破。坚持多元化产业“金控转型”主脉络，以产业经营为基础、资本经营为核心、“资产资本化、资本证券化”为方向，进一步整合优势资源。云南中烟多元化投资覆盖银行、证券、保险、医药、投资、酒店、房地产、物业、交通、能源、烟草配套、其他行业等 12 个领域。合和集团发展成为中国烟草资产和规模最大的多元化企业。

不断推进“互联网+”。推进“互联网+制造”，促进信息技术和卷烟制造业在更广范围、更深程度、更高水平融合发展，搭建适应小批量、多规格、多品牌、多类别卷烟产品加工的柔性生产平台，推进基于 CPS 的智能工厂建设，以产业链大数据汇聚为基础，强化数据资源的集成运用，提升生产经营、决策管理的数字化水平。推进“互联网+管理”，以 ERP 项目为抓手，推进管理和信息化的融合，进一步统一生产组织、优化生产力布局、物资采购工作，实现“一盘棋”整体协同运作。推进“互联网+销售”，以烟包二维码为切入口，推动“本香世界”不断进化，截至 2020 年底，“本香世界”成为行业第一大线上品消互动平台。

企业管理不断优化。全面推进流程管理，从 18 个业务系统的角度对全公司流程进行梳理识别，系统构建云南中烟流程管理体系。深入推进精益管理，推动降本增效向全员、全方位、全过程拓展。把对标作为推进精益管理的重要抓手，推进对标工作由“数据对标”向“管理对标”转变。“十三五”时期云南中烟完成降本增效 55.7 亿元，居烟草工业企业第一位，销售成本率从 27.5% 下降到 24.5%。加强管理创新，编制发布《云南中烟管理大纲》，系统构建“净管理”体系，提升企业效率和效益。

落实责任烟草建设。助力打好防范化解重大风险攻坚战，坚持依法依规经营，严格落实审计整改，加强风险评估和监测预警，切实提升风险监测、风险发现和风险管控能力。助力打好精准脱贫攻坚战，2015—2020 年，云南中烟全系统累计实施帮扶项目 772 个，惠及 255 个贫困村、2.02 万户、7.83 万名贫困群众。2020 年，云南中烟的施甸脱贫攻坚工程，被国务院扶贫办评选为 2019 年企业精准扶贫综合 50 佳案例。助力打好污染防治攻坚战，开展“节能、节水、节地、节材、环保”为主要特征的绿色工房建设及动力设备改造项目。实现能源消耗低碳化、原料使用无害化、生产过程洁净化、废物利用资源化。2019 年，云南中烟主要污染物排放提前达到行业“十三五”目标，低于地方环保部门核准的排放上限。

国际市场不断拓展。“十三五”时期，通过一般贸易、境外生产、境外合作、战略合作等 4 种方式拓展国际市场，云南中烟已在境外设立 13 个公司、工厂、研发中心，与全球第四大烟草企业——帝国品牌成立合资公司，加速拓展国际市场。产品销往 78 个国家和地区，卷烟境外销量保持中国烟草行业第一位。

陕西中烟工业有限责任公司

“十三五”时期，陕西中烟工业有限责任公司围绕“立足自身强品牌、加强合作稳发展、精益管理增效益”发展思路，深入挖掘“好猫”品牌文化，推动“延安”品牌跻身行业重点品牌行列，提出并实施“双品牌双轮驱动”战略，形成以“双品牌双轮驱动”战略为引领、“严细实”“四精准”工作方针为支撑，实现以技术研发、市场销售“两个突破”为抓手的战略体系。把“双品牌双轮驱动”战略升级融入谋划高质量发展，提出“建成适应新时代发展要求的现代化卷烟智造企业”目标，为编制“十四五”规划提供重要遵循和依据。

党的建设得到新加强。坚持党要管党、全面从严治党，不断增强“四个意识”、坚定“四个自信”、做到“两个维护”，全面加强企业党的建设，推进各类问题整改，党风政风不断好转，党员干部作风明显改进。

效益结构持续提升优化。坚持稳中求进工作总基调，落实新发展理念，促进经济效益不断提高。与“十二五”时期相比，卷烟产量减少82万箱，累计上缴国家和地方财政分别增加6.02亿元和21.43亿元。2020年卷烟销售收入比2015年增加15亿元，实现税利增加12.63亿元。卷烟单箱销售收入增加2619元。三类以上卷烟销量占比从2015年的61.46%增长到2020年的96.64%，其中一、二类卷烟销量占比从10.86%增长到32.36%。

自有品牌发展成效显著。自有品牌发展实现“三个100”的突破，即实现税利突破100亿元、三类以上销量突破100万箱、“好猫”系列实现销售收入突破100亿元。自有品牌实现税利、销售收入占比分别由2015年的49%和51%均提升到65%以上，2020年销售收入比2015年增加40亿元以上。

创新发展根基不断夯实。持续推进关键技术研究，生物发酵菌种使用量和培养周期取得实质突破，细支烟、中支烟等创新类产品实现较快发展。“十三五”时期，完成项目类科技成果80项，获得专利授权216件，其中发明专利11件。专利类知识产权保有量较“十二五”末增长5.4倍。

生产经营条件明显改善。累计完成投资26.8亿元，接续开展陕西中烟澄城卷烟厂、旬阳卷烟厂、陕西省卷烟材料厂技术改造，全面完成全系统工厂近一轮整体技术改造，设备自动化程度和生产经营数字化水平不断提高，全省生产力布局日趋合理。

基础管理水平持续提升。坚持依法经营，高度重视制度建设和制度执行，以精益理念、目标、方法、工具统领管理工作，着力提升核心竞争力，持续开展产品质量改进提升活动，较早建立预算定额标准体系，“十三五”时期累计实现降本增效超过5亿元。

切实履行社会责任。承担企业社会责任，推进厂办大集体改革，助力脱贫攻坚，“十三五”时期累计投入扶贫资金1947万元，扶贫工作覆盖15个县（区）32个乡镇，帮助2554户8839人实现脱贫，累计捐赠灾害救助、社会公益资金1487万元。

中国烟草实业发展中心

党建工作。以政治建设为统领，不断增强“四个意识”，坚定“四个自信”，做到“两个维护”，发挥党组织把方向、管大局、保落实的作用，在行业发展大局中找准定位，融入地方经济社会发展，贯彻落实党中央重大方针政策和国家局党组决策部署，为地方经济社会发展贡献力量。落实全面从严治党责任，推动管党治党压力传导，开展突出问题整改，强化监督执纪。

经济运行。制定推进高质量发展的实施方案，出台自有品牌发展规划、合作生产指导意见，坚持稳中求进工作总基调，深化供给侧结构性改革，发展自有品牌，稳定合作生产，贯彻国家局调控方针，保持运行平稳，推动提质增效。

与2015年相比，2020年所有者权益增加41.69亿元，税利增加21.77亿元。自有品牌竞争力不断增强。其中，批发销量从2015年的251.12万箱增加到2020年的287.91万箱；创新产品销量增加到84.47万箱；单箱批发销售收入从2015年的2.15万元增加到2020年的2.71万元。二氧化硫排放量、化学需氧量排放量、氨氮排放量、氮氧化物排放量等指标均完成“十三五”目标任务。

技术创新。推进产品创新、科技创新、管理创新，探索完善创新体制机制，加快新旧动能转换，推进企业转型升级。内蒙古昆明卷烟有限责任公司生物酶应用工程研究中心获批行业认定。

领导班子建设。注重以制度建设为突破口，把选优配强领导班子、用好管好领导干部作为重要任务抓紧抓好，出台一系列制度措施，着力解决企业干部成长天花板低、通道窄的问题，加快优化班子结构，调动干部工作积极性。

队伍管理。采取“请进来、走出去”的方式加强教育培训和技能鉴定工作，建设高素质人才队伍，为高质量发展提供有力的人才支撑。“十三五”时期，所属企业共鉴定4950人次，1854人考取职业资格证书，其中一级（高级技师）36人、二级（技师）13人、三级（高级工）784人、四级（中级工）361人、五级（初级工）539人；取得中级职称509人，高级职称37人。

基础管理。落实降本增效，推进信息化技术融合运用，不断提升精益管理水平。加强规范管理，强化规范意识，注重制度建设，加强监督检查，落实整改责任，促进企业依法依规运行。补短板强弱项，防范和化解风险挑战。

责任烟草。助力脱贫攻坚。“十三五”时期，所属企业累计派出36人次参加帮扶工作队，其中第一书记11人；帮扶贫困村15个，累计帮扶贫困人口2435户1.13万人；累计向贫困地区投入扶贫资金7825.18万元。截至2019年底，中烟实业所属企业帮扶贫困村均实现脱贫“摘帽”。

其他直属单位

中国烟草总公司郑州烟草研究院

“十三五”时期，郑州烟草研究院党组强党建、把方向、抓落实，干部职工强效率、提水平，全院整体面貌发生显著变化。

党的建设显著加强。提高各级党组织政治站位，全面提升思想理论水平，组织力战斗力有效发挥，党建制度体系持续完备，从严治党全面推进，党风政风持续净化。

队伍素质不断提高。综合各类联合培养博士、硕士、博士后，郑州院培养在读学生人数达百人。拥有行业科技领军人才、国务院政府特殊津贴获得者、行业学科带头人、河南省政府特殊津贴、河南省学术技术带头人、正高级职称人员、中国科协青年托举人才等人才。

科技创新接续实施。完成中式卷烟制丝生产线、卷烟减害技术、卷烟增香保润等重大专项，全面实施烟草基因组计划、烟草科研大数据等重大专项。62个项目获得行业等省部级奖励，较“十二五”增长38%，其中一等奖5项、二等奖24项，“烟草全基因组图谱构建与分析研究”获得中国烟草总公司科学技术进步奖特等奖；1人获得总公司科学技术杰出贡献奖，3人获得总公司创新争先奖。“十三五”时期，获得国家自然科学基金等国家层面资助科技计划项目13项，行业及省级层面科技计划项目百余项。烟草基因、烟草科研大数据、烟草风味与感官组学、数字化表征与设计等新兴领域发展态势良好。

发展环境显著改善，支撑作用更加明显。响应国家局专项科技任务，综合优势得到发挥；与行业企业密切联系，结成战略合作伙伴、建立联合实验室等有力支撑企业科技进步。“十三五”时期，科研项目实现直接社会贡献总额12亿元。

学术影响力明显提升。牵头起草发布各类标准和国际先进方法95项。出版著作55部。在各类期刊发表论文688篇，其中SCI收录210篇，较“十二五”末增长60%。建立高端创新平台，举办全国性高层次学术和培训会议，国家和河南省层面科研项目立项获得新渠道。

中国烟草总公司合肥设计院

“十三五”时期，合肥设计院坚持稳字当头、坚毅笃行，各项工作不断开创新局面，取得新进展。

全面从严治党不断深入。深入学习贯彻习近平新时代中国特色社会主义思想，开展“两学一做”学习教育、“不忘初心、牢记使命”主题教育，深入推进党支部标准化规范化建设。坚持预防为先，教育、提醒、防控一起抓。始终坚持“严”的主基调，提升监督执纪工作质量，压实管党治党责任，政治生态态势向好，“严”的氛围已经形成。

技术服务能力不断提高。“十三五”时期，完成国家局和行业直属单位委托重大投资项目立项技术审查（咨询）67项，总投资额307.12亿元，审减投资约8.97亿元。参与卷烟厂、打叶复烤厂、卷烟物流配送中心等多个行业工程建设项目设计规范、技术标准的制（修）订工作。设计河北中烟保定卷烟厂以及云南、贵州、四川、重庆、广东等9条打叶复烤线技术改造项目，完成行业各类仓储项目设计116万平方米。优秀设计作品先后获得安徽省优秀工业工程设计一等奖1项、二等奖2项、三等奖2项，以及行业标准创新贡献奖二等奖1项。

市场竞争能力不断增强。在行业固定资产投资减缓的环境下，坚持“内强素质严管理、外拓市场强服务”，主动参与市场竞争，加快推动新技术、新产品、新工艺、新材料应用于行业工程建设领域。做精做强传统设计、技术审查（咨询）业务，培育发展新动能，基于工程建设全生命周期的技术服务模式不断取得新突破，全过程工程咨询、工程造价咨询和BIM技术应用等新业务项目逐步落地见效，EPC工程总承包项目持续探索推进。

队伍建设不断加强。“十三五”时期，合肥设计院专业技术人员数量增长22.73%，人才队伍和技术力量不断壮大。“80后”“90后”员工占比由31.67%增长至46.58%，人员结构不断优化。具备中高级专业技术资格人员占比83.56%，其中高级职称人员数量由“十二五”末的16人增加至34人，并有3人获评正高级工程师，人才素质不断提高。

管理体制机制不断完善。精益管理水平持续提升，内部运行成本持续降低，重点费用支出较“十二五”末下降

62.52%，管理链条进一步理顺，管理效率不断提高。整顿规范和采购管理工作不断加强，企业内控机制逐步健全，2016年以来共制（修）订各类规章制度91项，有效保障企业规范运行。

中国烟草总公司职工进修学院

党的建设取得新成效。“十三五”时期，职工进修学院“两学一做”学习教育、“不忘初心、牢记使命”主题教育成效明显，党建引领作用有效发挥。党内政治生活持续规范，支部“两化”建设扎实推进，党建与业务不断融合，支部组织力稳步提升。持之以恒纠治“四风”，坚定坚决深化巡视、审计等整改，管党治党责任进一步压实，政治生态持续向好。

改革创新实现新突破。完成机构改革，完善配套的绩效考核制度体系，激励干部教师干事创业。根据行业高质量发展“1+6+2”政策体系，制定学院《转型发展实施方案》，明确5个方面重点工作，接续推进改革发展。创新运用大项目制，推动培训项目研发和重点工作攻坚。以“互联网+”思维谋划推动工作，推广应用“线上+线下”混合培训模式，建成智慧教学云平台等应用系统，信息化管理水平不断提升。

培训鉴定迈出新步伐。“十三五”时期，举办培训班1299期、培训12.2万余人次。线上培训注册人数、人均学习时长均增长近4倍。指导实施职业技能鉴定16.8万人次、获证8.5万人次。举办各级各类职业技能竞赛136届，其中国家级二类竞赛5届，省级一、二类竞赛131届，产生“全国技术能手”15人，“行业技能标兵”3人，“行业技术能手”595人，“省级烟草技术能手”1347人。

网络培训跃上新台阶。网络培训平台覆盖行业全部直属单位，注册学员36万余人，开设课程8000余门，在疫情常态化防控形势下保障行业教育培训工作的正常开展，是烟草员工组织学习、成长成才的重要平台。规范网络培训运营管理机制，加强专业分院和企业分院建设，丰富网络课程资源，为国家局、总公司和行业单位提供有力的培训供给。

资源建设得到新加强。协助开展行业师资库、教育培训资源评审专家库建设，推进行业师资资源统一调配使用。深化合作办学，推进“智力援藏”“定制化培训”等特色服务，发挥与工商企业合作建设的实训鉴定基地作用，助力高技能人才培养。试点推进卷烟零售户培训、新型职业烟农培育，拓宽培训领域，承担社会责任。做好行业教育培训和安全生产专委会日常工作，服务行业人才队伍建设。

上海新型烟草制品研究院

引领行业创新。“十三五”时期，上海新型烟草制品研究院牵头承担总公司重大专项项目19项，获得中国烟草总公司科学技术进步奖二等奖2项；承担上海烟草集团科技项目20项，公司自立科技项目32项。申请各类专利374件。

牵头产品技术集成定型，形成行业共研共享的通用产品技术平台。为各中烟企业提供涵盖产品整体设计、关键部件开发、功能材料选用、专利风险排查等全方位的技术咨询和技术诊断服务，为企业产品开发和国际市场拓展提供支持。

服务企业发展。开展产品风险评估、机理研究和标准研制等工作。承担产品技术审核，累计审核行业10余家企业的50余款产品，保障行业出口产品专利安全和质量安全。构建面向行业开放共享的专利平台、法律法规平台、标准平台，为企业拓展国际市场提供信息数据支撑。

强化自身建设。健全内设机构，全面建章立制，构建体系完备、科学规范、运行高效的制度体系。成立上海院（有限公司）理事会、董事会，构建现代企业制度，健全法人治理体系。推进产品试制孵化，与深圳烟草工业有限责任公司投资成立深圳新型烟草制品有限责任公司（深圳分院）。2019年8月1日，全面完成有限公司实体化运作人事劳动关系划转。上海院探索建立符合科研管理规律、适合行业科研单位特点的目标管理运行模式，建立素质较高、结构较合理的创新人才队伍，营造全员创新、全面创新的良好氛围。

南通醋酸纤维有限公司

党建引领。“十三五”时期，南通醋酸纤维有限公司成功构建合资企业一体化、高质量党建标准体系，探索建立“12345”融合党建工作新模式，涵盖高质量发展指标的党支部工作量化考核发挥党建“指挥棒”作用，深化党建与生产经营有机融合，党委的领导作用、党支部的战斗堡垒作用、党员的先锋模范作用在推动高质量发展的实践中持续发挥，为打造具有自身特色的合资企业思想文化工作机制，营造良好发展环境奠定坚实基础。

经济运行。“十三五”时期，南纤公司根据董事会决策部署，制订《2016—2020年战略规划》，坚持“一个导向、两轮驱动、三项突破、四大发展”工作思路，48个规划指标完成率95%以上，累计实现利润比“十二五”时期增加35.1亿元，增长34.79%；实现工业增加值189.54亿元，比“十二五”时期增加45.45亿元，增长31.54%；上缴税金比“十二五”时期增加20.12亿元，增长46.84%。

规模发展。“十三五”时期，南纤公司累计生产丝束51.69万吨，销售51.9万吨，比“十二五”时期增长15.17%、16.15%。醋片产能增加2万吨，生产醋片86.71万吨，销售38.37万吨，比“十二五”时期增长10.19%、7.32%，单厂规模仅次于美国伊士曼化工公司，居世界同行第二位。

安全生产。完善安全管理一体化管理体系架构，引进HAZOP、LDAR、JHA等先进的方法工具，全面推进双重预防机制建设，构建完善安全信息化管理系统，超前谋划、组织实施烟羽脱除和超低排放等重大环保项目，安全环保总体受控。二氧化硫、氮氧化物、烟尘、废水排放比“十二五”时期下降23.06%、82.32%、70.46%、18%，丝束、醋片单产能耗比“十二五”时期下降3.38%、6.43%，被工业和信息化部评为“绿色工厂”。

科技创新。“十三五”时期累计为用户开发生产29个规格丝束，与重点品牌合作推进102个课题研究，实施5个机台44条丝束生产线柔性化改造，设立“南京（细支）”和“泰山”专线，构建“管家式”用户服务模式。

组织推进121个研发项目，申请专利123个，在成本降低、效能提升等方面实现经济效益6.08亿元。其中，多品种木浆开发取得进展，能源平台建设及能源技术综合运用、超高速纺集成技术研究取得成效，细支烟丝束开发填补国内空白并获得中国烟草总公司科学技术进步奖二等奖。

精益管理。整合形成包含3个手册、12个程序和57个制度文件的集约型一体化管理体系。实施50个六西格玛项目和304个优秀质量管理小组项目。丝束和醋片单位生产成本分别比“十二五”时期下降7.5%、9.25%，成本费用利润率从68.20%增长至91.11%，投资回报率从79.65%增长至90.67%，丝束设备综合效率从93.97%增长至94.1%，醋片设备综合效率从93.23%增长至93.71%，获得全国设备管理创新特等奖。

昆明醋酸纤维有限公司

“十三五”时期，昆明醋酸纤维有限公司以“服务烟草、保障供应”为中心，应对化解供求关系剧变、安全环保标准趋严、成本压力增大、新冠肺炎疫情影响等，为行业高质量发展作出贡献，在经营业绩、服务用户、安全环保、科技创新、精益管理、协同运营、党建工作等方面取得持续进步。

党建工作持续强化。“十三五”时期，昆纤公司坚持党建引领，把工作的重点、热点和难点作为党建工作的落脚点、突破点和探索点，将党建工作具体举措，与公司中心工作同部署、同推动、同评价，确保党建目标与企业发展目标相融合，把党组织的政治引领作用贯穿于公司生产经营的全过程。

经济运行。“十三五”时期，昆纤公司累计丝束产量17.49万吨，实现利润总额19.06亿元，利润保持稳定增长态势。2020年新冠肺炎席卷全球，昆纤公司统筹疫情防控和生产经营，在确保全体员工零感染的基础上顺利实现停产检修，保障安全生产，确保市场供应，经营业绩再创佳绩。

服务能力持续增强。“十三五”时期，昆纤公司产品质量满意度排名保持行业前列。在压降稳定性、飞花、滤棒产率、滤棒硬度、接头率等5项用户重点关注指标上保持领先态势。构建快捷化、个性化服务模式，用户服务满意度持续领先。中国烟草投资管理公司组织的关于国产醋纤丝束“销售服务质量”满意度调查结果显示：昆纤公司近年来在销售服务质量满意度方面始终名列前茅，为行业用户提供精品丝束和优质服务，保障丝束供应的安全和稳定。以“华维”品牌为纽带，与重点用户开展丝束技术交流活动，持续提升产品与服务质量。持续提升柔性化生产能力，实现产品规格多样化，满足用户需求。设立“云烟”“玉溪”2条丝束生产专线，实现精益化生产、基地化供应。昆纤公司全面具备云南中烟所需中支烟系列丝束规格的生产和检测能力，客户满意和信赖的价值共同体格局基本形成。

安全生产。确立“安全是生命线，环保是生存线”的双线意识，推进本质安全建设，层层压实责任、完善监管体系、推进双重预防、培育安全文化，保障公司安全生产与平稳运行。践行绿色发展理念，推进节能减排，实现污染物优于标准排放。能源效率提高，吨丝束耗标煤量保持较好水平。

精益管理。持续开展创新管理和节能降耗工作，对标高质量发展体系指标，从降低采购成本、控制材料消耗、控制运营费用等方面持续开展降本增效工作，优化和落实公用工程生产策略。精益管理不断完善。新建信息化系统7个，开展关键精益改善项目50余项，能源及原料的消耗持续降低。

协同运营。“十三五”时期，三纤公司协同创新工作全面启动。昆纤公司参与、实施或牵头负责三纤协同相关项目，确保协同工作在昆纤公司落地，在“技术共享、产品均质、管理同步”上取得新进步。修改完善公司10余个协同创新管理制度；转换和实施三纤公司在产品标准、数据统计标准、丝束检测标准、原辅材料标准的“四统一”；完成三纤公司客户关系协同管理（CRM）的上线试运行；实施华维协同工作平台优化完善和应用推广、三纤公司采购管理规定等关键工作；借助技术中心资源，与客户合作开展“昆纤丝束运用特性研究”项目；推广自主研发的飞花在线监测项目在专线机台应用。

珠海醋酸纤维有限公司

党建工作。“十三五”时期，珠纤公司坚持党建引领，以“四沟通、五融合”为基础，深化党建目标与企业发展目标。党建管理与企业管理体系、党建实践与企业生产经营实际、思想政治工作与企业文化建设、党员模范作用发挥与团队绩效提升等5个方面的融合，把工作的重点、热点和难点作为党建工作的落脚点、突破点和探索点，使党组织的政治引领作用贯穿于生产经营的全过程，全面加强党的建设，助推企业高质量发展。

安全生产。落实安全管理，贯彻国家局、董事会关于安全生产的工作部署，落实“一岗双责”要求，促进制度执行和安全措施的全面落实，巩固员工安全意识和行为。提升环保管理。注重以技术创新提升环保业绩，综合能耗逐年降低，提前完成“十三五”目标。主动接受环保部门监督检查，实现废水零排放，二氧化硫、氮氧化物等污染物排放量逐年下降。

防护网络安全，完成行业网络安全攻防演习，取得零失分成绩。落实国家局网络安全等级保护的相关要求，信息系统的网络安全等级备案和测评率达到100%。组织开展“国家网络安全宣传周”活动，营造网络安全人人有责的良好氛围。

技术创新。改进工艺、设备，提升产能。形成一套具有自主知识产权的高速、低耗的二醋酸纤维丝束生产技术，大幅提高生产效率。通过精益化生产、预防性设备维修、精密性工艺调节等措施，有效提高产品一次性合格率，丝束产量稳步提升。全面投入使用自主研发的水吸收丙酮回收工艺等一批先进工艺，逐年降低蒸汽、丙酮、自来水等能源、物料的消耗。

根据顾客需求成功研发出5.3Y28000、7.5Y16000、7.3Y36000、6.0Y54000、7.3Y26000、3.8Y34000等规格丝束，为公司高质量发展奠定基础。公司“醋酸纤维绿色关键工艺系统集成项目”入选国家绿色制造系统集成重大专项。该项目的投用实现吨产品综合能耗下降20%以上，挥发性有机化合物（VOCs）排放量减少59%，SO_2、NO_X等典型废气排放量减少超过70%，年经济收益4000万元以上。新厂大量采用并高度集成先进智能设备系统，打通贯穿需求、设计、生产、管理、服务的全流程智能制造环节，实现生产、维修、安全、检验四大中心集约化管控。

市场拓展。开展定制化产品开发、“一省一策”差异化服务和专题性技术交流等销售服务策略，并积极推动客我双方强化战略合作关系。“十三五”时期，新增3家战略用户，设立3条丝束生产专线。

企业管理。管理成熟度提高。持续推进“卓越绩效管理模式”，公司管理形成螺旋上升式的循环，“基于企业党建和卓越绩效模式相结合的新型管理模式”获得中国质量协会全面质量管理40周年奖项和2019年度广东省政府质量奖。管理流程优化。持续开展业务流程优化梳理工作，“十三五”时期通过18项业务流程的专项梳理，实现多项流程在线审批，促进部门间合作，完善基础管理工作，提高工作效率和工作质量。导入“零缺陷”管理模式。通过全员培训、深挖工作质量事件、量化不符合质量要求的代价等方式，全员达成“第一次就把事情做对”的共识。公司在流程消缺、质量改进、设备优化、用户服务、效能提升等方面取得成效。

搬迁扩建。2018年5月21日，搬迁扩建工程全面试产。该工程从开工到全面试产历时3年，安全、质量、成本、进度全面受控，取得“十个一次性成功”，建成工艺绿色化、生产柔性化、装置集成化、控制智能化、管理集控化的醋纤丝束工厂。

◇ 编辑：褚　幸

国家烟草专卖局 中国烟草总公司 组织机构

- □ 国家烟草专卖局　中国烟草总公司领导成员
- □ 国家局、总公司机关各部门、各单位
- □ 省级烟草专卖局（公司）
- □ 省级中烟工业公司
- □ 其他直属单位
- □ 烟草行业组织机构图

国家烟草专卖局 中国烟草总公司领导成员[①]

张建民

工业和信息化部党组成员

国家烟草专卖局党组书记、局长

中国烟草总公司总经理

杨培森

国家烟草专卖局党组成员、副局长（—2020 年 2 月）

徐　瑾

国家烟草专卖局党组成员、副局长

段铁力

国家烟草专卖局党组成员、副局长

张天峰

国家烟草专卖局党组成员、副局长（2020 年 2 月—）

韩占武

国家烟草专卖局党组成员、副局长（2020 年 4 月—）

国家局、总公司机关各部门、各单位

办公室（外事司）

【主要职责】

1. 拟订并组织实施机关政务管理的制度和工作规范，协调机关政务工作；负责国家局召开会议的计划管理和组织筹备工作；负责督办工作；负责全国人大代表建议和全国政协委员提案办理工作；负责国家局、总公司机关总值班工作。

2. 负责起草国家局、总公司的重要文件、会议报告及领导讲话；组织、协调行业重大问题调研工作；组织、协调行业电子政务建设；负责编发行业重要信息；负责国家局、总公司新闻信息发布工作；组织、协调行业履行《烟草控制框架公约》有关工作。

3. 负责国家局、总公司机关公文核稿、收发传递和文件印制工作；指导行业公文处理工作；管理国家局党组、国家局、总公司印章；负责国家局、总公司机关各部门、各单位和行业各直属单位印章管理工作；指导、协调行业档案管理工作；承担国家局保密委员会的日常工作。

4. 负责烟草系统外事管理工作。

5. 负责行业信访、稳定和应急管理工作；负责国家局、总公司机关安全、保卫工作；指导行业社会治安综合治理工作。

6. 承办国家局、总公司交办的其他事项。

【负责人】②

主　任（司长）：张靖江［2020 年 1—11 月，之前任副主任（副司长）（副厅级），主持全面工作］

巡视员：王　红（2020 年 2 月—，之前任副巡视员）

副主任（副司长）：张　政、吴惠春、张　炜

副巡视员：梅英明（—2020 年 11 月）（退休）

【内设机构】③　设综合调研处、秘书处（值班室）、党组秘书处（督查处）、文档保密处、新闻宣传处、履约工作处（政务服务协调处）、信访保卫处、外事处等 8 个内设处室。

---

① 2020 年 2 月，国家局党组印发《关于张天峰、杨培森同志职务任免的通知》（国烟党〔2020〕48 号），根据国务院 2020 年 2 月 21 日《关于张天峰、杨培森职务任免的通知》（国人字〔2020〕42 号），中共中央组织部 2020 年 2 月 11 日《张天峰、杨培森同志职务任免》（组任字〔2020〕46 号）通知：张天峰同志任国家烟草专卖局副局长、党组成员；免去杨培森同志的国家烟草专卖局副局长、党组成员职务。

2020 年 4 月，国家局党组印发《关于韩占武同志任职的通知》（国烟党〔2020〕126 号），根据国务院 2020 年 4 月 20 日《关于韩占武任职的通知》（国人字〔2020〕84 号），中共中央组织部 2020 年 4 月 14 日《韩占武同志任职》（组任字〔2020〕146 号）通知：韩占武同志任国家烟草专卖局副局长、党组成员。

2020 年 5 月，国家局党组印发《关于韩占武和杨培森同志职务任免的通知》（国烟党〔2020〕139 号），根据中共工业和信息化部直属机关委员会工信直党〔2020〕26 号通知：韩占武同志任中共国家烟草专卖局直属机关委员会委员、书记，免去杨培森同志的中共国家烟草专卖局直属机关委员会书记、委员职务。

2020 年 5 月，国家局党组印发《关于杨培森同志退休的通知》（国烟党〔2020〕146 号），杨培森同志退休。

② 2020 年 2 月，国家局党组印发《关于张靖江同志任职的通知》（国烟党〔2020〕35 号），张靖江同志任办公室（外事司）主任（司长），任职时间自 2020 年 1 月 14 日党组决定之日起计算。

2020 年 11 月，国家局党组印发《关于张靖江同志免职的通知》（国烟党〔2020〕278 号），免去张靖江同志的办公室（外事司）主任（司长）职务，另有任用。

2020 年 2 月，国家局党组印发《关于王红等十三名同志职务任免的通知》（国烟党〔2020〕43 号），王红同志任办公室（外事司）巡视员，任职时间自 2020 年 2 月 14 日党组决定之日起计算。

③ 2020 年 1 月，国家局、总公司印发《关于调整机关部分部门（单位）主要职责内设机构和人员编制的通知》（国烟人〔2020〕12 号），办公司（外事司）增设党组秘书处（督查处）、履约工作处（政务服务协调处）。

发展计划司

【主要职责】

1. 拟订并组织实施行业发展战略、发展规划；拟订行业生产布局规划；编制行业投资规划，拟订并组织实施投资年度计划；拟订行业技术装备政策。

2. 拟订并组织实施烟草专卖品产供销、进出口的年度计划。

3. 拟订烟草专卖品管理名录；核定全国烟草专卖品生产、经营企业的生产规模。

4. 审核烟草系统投资项目和外资投资项目；负责行业投资项目管理和招投标工作；编制烟草专用机械设备分配计划；负责国家局定点扶贫工作。

5. 拟订烟草专卖品价格政策，管理烟草专卖品价格；收集、整理、分析、发布烟草专卖品价格信息。

6. 承办国家局、总公司交办的其他事项。

【负责人】①

司　长：张全在（2020 年 7 月—）

副司长：袁　超（—2020 年 9 月）、刘　融（—2020 年 6 月）、黄覃梅（—2020 年 3 月，挂职）、张永焕（2020 年 6 月—）

【内设机构】　设综合处、计划处、投资处、价格处等 4 个内设处室。

专卖监督管理司

【主要职责】

1. 监督检查《中华人民共和国烟草专卖法》及《中华人民共和国烟草专卖法实施条例》的执行情况。

2. 拟订烟草专卖管理监督制度，监督检查烟草专卖品的生产经营活动。

3. 组织、指导并承办违反烟草专卖法律法规案件的查处，查禁、关停计划外烟厂，保护合法经营；会同国家有关部门取缔非法烟厂和烟草专卖品自由交易市场，打击假冒和走私烟草专卖品等违法活动。

4. 拟订烟草专卖许可证、烟草专卖品准运证管理制度；参与拟订名晾晒烟名录和烟草专卖机械名录。

5. 指导专卖行政执法和专卖队伍建设工作。

6. 承办国家局、总公司交办的其他事项。

【负责人】②

司　长：陆　捷［2020 年 1—11 月，之前任副司长（副厅级），主持全面工作］、王志勇（2020 年 11 月—）（正厅级）

巡视员：白　明（—2020 年 2 月，退休）

副司长：舒军龙、何　民（2020 年 6 月—）

副巡视员：周　瑛

【内设机构】③　设综合处、内部监督管理处、市场监督管理处、打假打私处、证件管理处、互联网涉烟监管处等 6 个内设处室。

经济运行司

【主要职责】

1. 承担行业生产、经营的统一调度工作，协调产供销的衔接；负责行业生产、经营的综合分析和预测监控；拟订并组织实施行业经济运行调控政策和方案。

2. 参与拟订烟草专卖品产供销年度计划，拟订并组织实施卷烟季度、月度生产进度计划；负责行业经济运行考核工作。

3. 负责行业产品结构调整工作；拟订并组织实施卷烟品牌发展规划，指导行业品牌维护与培育工作，组织开展品牌定向整合；依法实施烟草制品商标管理工作；组织开展中外烟草企业间生产技术合作工作。

4. 承担烟草专卖品卷烟材料供应管理工作；承担省级公司之间烟草专用机械设备的有偿转让、无偿划转、租借等管理事项。

5. 指导行业企业管理工作；承担行业质量管理工作，

---

① 2020 年 8 月，国家局党组印发《关于张全在同志任职的通知》（国烟党〔2020〕205 号），张全在同志任发展计划司司长，试用期一年，任职时间自 2020 年 7 月 28 日党组决定之日起计算。

2020 年 9 月，国家局党组印发《关于袁超同志免职的通知》（国烟党〔2020〕258 号），免去袁超同志的发展计划司副司长职务，另有任用。

2020 年 6 月，国家局党组印发《关于刘融同志免职的通知》（国烟党〔2020〕166 号），免去刘融同志的发展计划司副司长职务。

2020 年 7 月，国家局党组印发《关于张永焕同志职务任免的通知》（国烟党〔2020〕190 号），张永焕同志任发展计划司副司长，试用期一年，任职时间自 2020 年 6 月 1 日党组决定之日起计算。

② 2020 年 2 月，国家局党组印发《关于陆捷同志任职的通知》（国烟党〔2020〕36 号），陆捷同志任专卖监督管理司司长，任职时间自 2020 年 1 月 14 日党组决定之日起计算。

2020 年 11 月，国家局党组印发《关于王志勇和陆捷同志职务任免的通知》（国烟党〔2020〕277 号），王志勇同志任专卖监督管理司司长（正厅级），免去陆捷同志的专卖监督管理司司长职务，另有任用。

2020 年 6 月，国家局党组印发《关于何民和孙冀同志职务任免的通知》（国烟党〔2020〕172 号），何民同志任专卖监督管理司副司长，试用期一年，任职时间自 2020 年 6 月 1 日党组决定之日起计算。

③ 2020 年 4 月，国家局、总公司印发《关于调整机关部门（单位）内设机构和人员编制的通知》（国烟人〔2020〕69 号），专卖监督管理司增设互联网涉烟监管处。

负责推行 ISO 9000 系列标准；组织开展行业节能减排工作；指导行业安全生产工作，依法处理重大安全事故；协调行业抗灾救灾工作。

6. 承办国家局、总公司交办的其他事项。

【负责人】①

司　长：徐维华

副司长：刘　艳、张一峰、张海宁（2020 年 6 月—，挂职）

副巡视员：孙姝军

【内设机构】　设综合处、生产经营管理处、企业管理处、安全处等 4 个内设处室。

政策法规与体制改革司

【主要职责】

1. 组织起草行业相关法律法规、规章草案和重大政策；审查行业生产经营管理的重要制度、重大经济合同和国家局、总公司机关各部门、各单位拟订的规范性文件；建立和完善专卖管理法规体系和行业管理法规体系。

2. 拟订并组织实施行业体制改革和企业组织结构调整规划和工作方案；指导企业和专业性公司改革工作；承办行业企业设立、分立、合并与撤销工作；指导建立现代企业制度。

3. 调查研究《中华人民共和国烟草专卖法》及《中华人民共和国烟草专卖法实施条例》、国家有关法律法规在行业的执行情况和改革中存在的问题；监督检查行业依法行政，组织实施行政执法责任制工作；承担烟草专卖执法徽章、检查证的申领和批准工作；负责行业普法依法治理工作。

4. 承担行业法律咨询工作，指导行业行政机关和企业法律顾问工作；组织推动行业法制建设工作；参与研究和审议行业对外经济技术合作的有关政策和制度；组织开展烟草专卖法规、政策方面的国际交流。

5. 指导、协调行业行政复议工作，承办相关行政复议、行政应诉工作。

6. 承办国家局、总公司交办的其他事项。

【负责人】②

司　长：王玉麟

巡视员：曹松林（—2020 年 5 月，退休）、李春滨（2020 年 9 月—）

副司长：卢勇华、张樑庆

【内设机构】　设综合处、政策法规处（行政复议处）、体制改革处等 3 个内设处室。

财务管理与监督司（审计司）

【主要职责】

1. 研究提出行业有关经济政策建议；拟订并组织实施行业财务管理、资产经营管理、会计核算、审计监督的制度、办法。

2. 拟订并组织实施行业国有资产管理规定和国有资产保值增值考核办法、标准。

3. 管理监督行业财务资金；拟订行业税后利润分配政策及方案；编制并组织实施行业年度预算；组织行业所属企业上缴国有资本收益，编报行业国有资本经营预算。

4. 负责行业各类财务会计报告的汇总、审核和编报工作；监督检查行业会计信息质量；参与拟订行业财务会计、审计信息化建设发展规划。

5. 负责行业内部审计工作；拟订并组织实施行业内部审计工作规定、办法，拟订行业内部审计发展规划和年度审计项目计划。

6. 承办国家局、总公司交办的其他事项。

【负责人】③

司　长：张孝堂

副司长：陈俊奎、严剑秋、刘艾生

副巡视员：张　甦（2020 年 2 月—）

【内设机构】　设综合处、财务处、预算处、会计处、国有资产管理处、审计一处、审计二处、审计三处、机关财务处等 9 个内设处室。

科技司

【主要职责】

1. 承担烟草制品减害降焦工作；拟订行业科技发展政策及战略规划、年度计划；参与拟订行业技术装备政策，参与技术引进和技术改造论证工作；组织国内外科技交流

---

① 2020 年 6 月，国家局党组印发《关于张海宁同志任职的通知》（国烟党〔2020〕183 号），张海宁同志挂职任经济运行司副司长。

② 2020 年 9 月，国家局党组印发《关于李春滨同志任职的通知》（国烟党〔2020〕257 号），李春滨同志任政策法规与体制改革司巡视员。

③ 2020 年 2 月，国家局党组印发《关于王红等十三名同志职务任免的通知》（国烟党〔2020〕43 号），张甦同志任财务管理与监督司（审计司）副巡视员，任职时间自 2020 年 2 月 14 日党组决定之日起计算。

与合作。

2. 承担国家局、总公司科技创新工作领导小组、科学技术委员会、全国烟草标准化技术委员会的日常工作；负责行业创新体系建设及创新能力考核工作；负责行业科技成果评价、推广、奖励；负责科技信息、科技统计及有关知识产权管理工作；研究提出科技经费预算建议。

3. 拟订并组织实施行业科技项目年度计划；组织管理行业重大科技项目；审核烟草新品种和烟草基因工程事项。

4. 负责行业产品质量评价和监督工作；负责行业质量技术监督检验机构建设、审查和认定工作；负责烟草专卖品、烟用材料和相关产品的质量技术监督及质量市场准入工作。

5. 负责行业标准化管理工作；编制并组织实施行业标准制订项目年度计划，管理行业用标准物质和标准样品的制作与发布；组织开展烟草专用仪器计量检定工作。

6. 承办国家局、总公司交办的其他事项。

【负责人】①

司　长：张　虹（—2020 年 11 月，退休）

副司长：钱　航［2020 年 11 月—，主持全面工作，之前为副司长（副厅级）］

副司长：王德平（—2020 年 8 月）

副巡视员：刘刚毅（—2020 年 2 月，退休）

【内设机构】　设综合处、科技开发处、技术监督处、标准化处等 4 个内设处室。

人事司

【主要职责】

1. 拟订烟草系统人事、劳动工资、思想政治、教育培训工作相关政策和制度；指导烟草系统人事、用工、分配制度改革工作。

2. 负责国家局党组管理干部、机关各部门、各单位干部的管理工作；组织、指导、监督检查烟草系统各级领导班子建设工作；指导烟草系统人事档案管理工作。

3. 负责烟草系统机构编制、人才队伍建设工作；审核各级烟草专卖局的设立、分立、合并与撤销。

4. 负责烟草系统劳动、工资、保障工作；编制烟草系统教育培训规划，指导烟草系统教育培训工作。

5. 指导烟草系统党的建设、思想政治、企业文化建设工作；负责中国烟草职工思想政治工作研究会的日常工作。

6. 承办国家局、总公司交办的其他事项。

【负责人】②

司　长：张天峰（2020 年 2—10 月）（兼）、张靖江（2020 年 10 月—）

副司长：俞进祥（—2020 年 5 月）

行业工会办公室主任：白向群（—2020 年 9 月）

副司长：刘　宇

副巡视员：刘　宁、王海巾

【内设机构】　设综合处（研究室）、系统党建处（烟草行业工会办公室）、系统干部处、机关干部处、干部监督处、编制工资处、教育培训处（人才工作处）、干部档案处等 8 个内设处室。

直属机关党委

【主要职责】

1. 负责组织国家局、总公司机关政治理论、科学知识学习，宣传和贯彻党的路线、方针、政策。

2. 负责国家局、总公司机关党风廉政建设和纪律检查的相关工作；负责国家局、总公司机关思想政治工作，组织协调精神文明建设工作。

3. 领导国家局、总公司机关各部门、各单位党组织开展各项组织活动。

4. 负责国家局、总公司机关各部门、各单位党组织和党员的管理，开展党员表彰奖励工作；负责国家局、总公司机关各部门、各单位党组织换届选举的指导工作，任免国家局、总公司机关各部门、各单位党组织的负责人。

5. 指导国家局、总公司机关工会、共青团、妇女工作委员会工作。

6. 承办国家局、总公司交办的其他事项。

---

① 2020 年 11 月，国家局党组印发《关于张虹和钱航同志职务调整的通知》（国烟党〔2020〕303 号），免去张虹同志的科技司司长职务，退休；钱航同志主持科技司全面工作。

2020 年 8 月，国家局党组印发《关王德平同志免职的通知》（国烟党〔2020〕207 号），免去王德平同志的科技司副司长职务，另有任用。

② 2020 年 10 月，国家局党组印发《关于张靖江和张天峰同志职务任免的通知》（国烟党〔2020〕273 号），张靖江同志任人事司司长；免去张天峰同志兼任的人事司司长职务。

2020 年 5 月，国家局党组印发《关于俞进祥同志免职的通知》（国烟党〔2020〕140 号），免俞进祥同志的人事司副司长职务，另有任用。

2020 年 9 月，国家局党组印发《关于白向群同志免职的通知》（国烟党〔2020〕235 号），免去白向群同志的烟草行业工会办公室主任职务，另有任用。

【负责人】①

直属机关党委书记：杨培森（—2020年5月）、韩占武（2020年5月—）

直属机关党委常务副书记：李　安

直属机关党委副书记、直属机关纪委书记：王文胜

【内设机构】　设办公室、纪律检查室2个内设处室。

国家局党组党风廉政建设领导小组办公室（巡视工作领导小组办公室）②

【主要职责】

根据《中共国家烟草专卖局党组关于成立党风廉政建设领导小组的通知》（国烟党〔2016〕88号），国家局党组设立党风廉政建设领导小组办公室，党风廉政建设领导小组办公室与巡视工作领导小组办公室合署办公，部门简称廉政办（巡视办）。

1. 协助国家局党组落实全面从严治党主体责任，组织协调行业党风廉政建设和反腐败工作。

2. 依据《中国共产党问责条例》，对行业直属单位党组织和党的领导干部落实全面从严治党责任情况进行督促检查，按照规定的权限和程序进行问责。

3. 依据《中国共产党党内监督条例》，对行业直属单位党组织领导班子及其成员进行日常监督，对本级处理范围内的有关问题线索及时了解核实，提出处理建议。

4. 推进建立健全行业惩治和预防腐败体系，承担教育、制度、监督等党风廉政建设日常工作。

5. 依据《中国共产党巡视工作条例》以及国家局党组实施办法，组织开展对行业直属单位的巡视工作，指导行业巡察工作。

6. 按照有关规定，配合协助中央纪委驻工业和信息化部纪检组开展相关工作，对其交办的违纪问题线索及时处理，并反馈办理情况。

7. 承办国家局党组和领导小组交办的其他事项。

【负责人】③

廉政办主任：刘　忠

廉政办副主任兼巡视办主任：甘　宁（—2020年9月）

巡视员：郁　毅

副司级巡视专员：屈巍超（2020年12月—，之前任巡视组副组长）

副司级巡视专员：张俊健（2020年4月—）

副巡视员：张小伍

【领导小组办公室部门设置】　设综合调研处、监督检查一处、监督检查二处、巡视工作处、巡察工作指导处等5个内设处室。

规范管理办公室

【主要职责】

1. 按照国家局党组有关行业规范管理的战略任务和工作部署，针对各个阶段的重点工作事项，制定计划，研究措施，推动落实；组织规范管理制度贯彻落实情况的督办督查。

2. 负责谋划、研究健全完善行业规范管理制度，深入调查研究，组织科学论证，及时提出工作建议，构建规范管理保障机制。

3. 组织烟草行业规范管理工作会议，负责指导协调烟草行业规范管理工作信息化建设。

4. 承办国家局、总公司交办的其他事项。

【负责人】

主　任：薛建平

副主任：胡炳辉、张翠平

【内设机构】　设综合处、业务一处、业务二处等3个内设处室。

董事会工作办公室

【主要职责】

1. 协调省级工业有限责任公司董事会的工作。

---

① 2020年5月，国家局党组印发《关于韩占武和杨培森同志职务任免的通知》（国烟党〔2020〕139号），根据中共工业和信息化部直属机关委员会工信直党〔2020〕26号通知：韩占武同志任中共国家烟草专卖局直属机关委员会委员、书记，免去杨培森同志的中共国家烟草专卖局直属机关委员会书记、委员职务。

② 2020年4月，国家局、总公司印发《关于调整党风廉政建设领导小组办公室（巡视工作领导小组办公室）内设机构和人员编制的通知》（国烟人〔2020〕83号），对党风廉政建设领导小组办公室内设机构调整如下：党风廉政建设领导小组办公室与巡视工作领导小组办公室合署办公，部门简称廉政办（巡视办）；廉政办（巡视办）增设巡视工作处、巡察工作指导处；国家局党组常设3个巡视组。

③ 2020年9月，国家局党组印发《关于甘宁同志免职的通知》（国烟党〔2020〕240号），免去甘宁同志的党风廉政建设领导小组办公室副主任、巡视工作领导小组办公室主任职务，另有任用。

2020年12月，国家局党组印发《关于屈巍超等七名同志职务任免的通知》（国烟党〔2020〕342号），屈巍超同志任国家局党组巡视组副司级巡视专员，免去其国家局党组巡视组副组长职务。

2020年4月，国家局党组印发《关于张俊健同志职务任免的通知》（国烟党〔2020〕102号），张俊健同志任国家局党组巡视组副司级巡视专员，试用期一年，任职时间自2020年4月1日党组决定之日起计算。

2. 负责国家局、总公司派任省级工业有限责任公司，南通醋酸纤维有限公司、昆明醋酸纤维有限公司和珠海醋酸纤维有限公司董事长、副董事长、董事的日常联络服务工作。

3. 承办国家局、总公司交办的其他事项。

【负责人】①

董事会工作办公室主任：张本甫（—2020年8月，退休）、李德义（2020年8月—）（正厅级）

省级工业公司董事长：张本甫、李德义（正厅级）、陈　晖（正厅级）、舒　明、高学林

南通、昆明、珠海醋酸纤维有限公司董事长：姚宗东（—2020年7月）、高一军（2020年7月—）

董事会工作办公室巡视员、董事：秦　剑

董事会工作办公室巡视员：黄翠萍［2020年2月—，之前任省级工业公司董事］

省级工业公司董事：王献生（机关部门正职）（2020年4月—）、沈云龙（2020年1月—）、马伶燕、陈昌鸿（2020年3月—）（机关部门副职）、朱湘海（—2020年4月）、郭　勤、张弘毅、蔡　奕

董事会工作办公室副主任：刘晓杰

【内设机构】 设综合处、秘书处2个内设处室。

中共国家烟草专卖局党校（国家烟草专卖局职工培训中心）

【主要职责】

中共国家烟草专卖局党校（国家烟草专卖局职工培训中心）是国家局直属的事业单位。

1. 负责行业司、处级党员领导干部党校教育，承担有关素质能力培训工作；组织开展相关教学课题研究。

2. 承办国家局、总公司组织的会议及业务培训。

3. 负责教育、培训、会议等服务保障工作。

4. 承办国家局、总公司交办的其他事项。

【负责人】②

党校校长：杨培森（—2020年4月）（兼）、韩占武（2020年4月—）

党校副校长、培训中心主任：程春节

党校副校长、培训中心副主任：王丹丹

巡视员：曾晓三（2020年2月—，之前任党校副校长、培训中心副主任）

副巡视员：付祖荣（2020年2月—）

【内设机构】③ 设办公室、教务处、总务处（安全管理处）等3个内设处室。

烟草经济研究所（政策研究室）④

【主要职责】

烟草经济研究所是国家局直属的事业单位。

1. 参与起草国家局、总公司主要领导的报告、讲话，参与起草综合性文件，承担有关文稿的修改、核对工作。

2. 参与行业重大问题的调研，为制定行业中长期发展战略和重大政策提出建议。

3. 组织和承担行业战略性、全局性、综合性、长期性以及热点、难点问题研究，对建设现代化烟草经济体系、推动行业高质量发展、深化行业改革创新等重大问题提出建议。

---

① 2020年8月，国家局党组印发《关于李德义和张本甫同志职务任免的通知》（国烟党〔2020〕213号），李德义同志任董事会工作办公室主任（正厅级）；免去张本甫同志的董事会工作办公室主任职务，退休。

2020年8月，国家局、总公司印发《关于高一军和姚宗东同志职务调整的通知》（国烟人〔2020〕123号），委派高一军同志为南通、昆明、珠海醋酸纤维有限公司董事、董事长，试用期一年，担任南通、昆明、珠海醋酸纤维有限公司法定代表人，任职时间自2020年7月28日党组决定之日起计算。姚宗东同志不再担任南通、昆明、珠海醋酸纤维有限公司董事、董事长、法定代表人。

2020年4月，国家局、总公司印发《关于委派王献生同志任职的通知》（国烟人〔2020〕78号），委派王献生同志为浙江、河南、四川、重庆、云南中烟工业有限责任公司董事会董事（机关部门正职）。

2020年1月，国家局、总公司印发《关于委派沈云龙同志任职的通知》（国烟人〔2020〕22号），委派沈云龙同志为浙江、河南、四川、重庆、云南中烟工业有限责任公司董事会董事。

2020年3月，国家局、总公司印发《关于委派陈昌鸿同志任职的通知》（国烟人〔2020〕63号），委派陈昌鸿同志为湖北、湖南、贵州、陕西中烟工业有限责任公司董事会董事（机关部门副职）。

2020年4月，国家局、总公司印发《关于朱湘海同志免职的通知》（国烟人〔2020〕70号），朱湘海同志不再担任浙江、河南、四川、重庆、云南中烟工业有限责任公司董事会董事。

2020年2月，国家局党组印发《关于王红等十三名同志职务任免的通知》（国烟党〔2020〕43号），黄翠萍同志任董事会工作办公室巡视员，任职时间自2020年2月14日党组决定之日起计算。

② 2020年4月，国家局党组印发《关于韩占武和杨培森同志职务调整的通知》（国烟党〔2020〕121号），韩占武同志兼任中共国家烟草专卖局党校校长，杨培森同志不再担任中共国家烟草专卖局党校校长职务。

2020年2月，国家局党组印发《关于王红等十三名同志职务任免的通知》（国烟党〔2020〕43号），曾晓三同志任国家烟草专卖局职工培训中心（中共国家烟草专卖局党校）巡视员，任职时间自2020年2月14日党组决定之日起计算；付祖荣同志任国家烟草专卖局职工培训中心（中共国家烟草专卖局党校）副巡视员，任职时间自2020年2月14日党组决定之日起计算。

③ 2020年4月，国家局、总公司印发《关于调整机关部门（单位）内设机构和人员编制的通知》（国烟人〔2020〕69号），职工党校（培训中心）总务处加挂安全管理处牌子，合署办公。

④ 2020年1月，国家局、总公司印发《关于调整机关部分部门（单位）主要职责内设机构和人员编制的通知》（国烟人〔2020〕12号），中国烟草总公司成立“政策研究室”，与烟草经济研究所合署办公。烟草经济研究所（政策研究室）主要职责、内设机构等作相应调整。

4. 跟踪世界烟草市场、科技、政策发展趋势和主要跨国烟草公司发展战略、动态，收集、分析、整理和报送世界烟草重要情报信息。

5. 跟踪新型烟草产品发展动态，分析新型烟草产品的影响，研究提出新型烟草产品监管思路和发展战略。

6. 开展《烟草控制框架公约》及我国控烟履约法律、法规、政策发展趋势和影响研究，提出推进控烟履约工作的意见和建议。

7. 组织和承担行业重大软科学课题研究，提出提升行业软实力的策略和建议。

8. 承办国家局、总公司交办的其他事项。

【负责人】①

所　长（主任）：李保江［2020 年 2 月—，之前任副所长（主持全面工作）］

副所长（副主任）：段红斌

副所长（副主任）：张小乐（2020 年 6 月—）

副巡视员：万里明（2020 年 6 月—）

【内设机构】　设综合处、政策调研处、战略研究处、国际烟草处等 4 个内设处室。

离退休干部办公室

【主要职责】

1. 拟订烟草系统离退休干部工作有关制度、规定，指导系统离退休干部工作。

2. 组织开展离退休干部工作人员业务培训；负责离退休干部统计工作。

3. 研究提出国家局、总公司机关离退休干部工作经费预算建议；负责机关离退休干部的服务管理工作；组织机关离退休干部的政治学习、文件传阅以及参加重大政治活动。

4. 承办国家局、总公司交办的其他事项。

【负责人】②

主　任：付久海（—2020 年 4 月，退休）、朱湘海（2020 年 4 月—）

巡视员：王建法

党委副书记兼纪委书记：国文彤（机关部门副职）

【内设机构】　设综合处、机关离退休干部处 2 个内设处室。

机关服务中心（机关服务局）

【主要职责】

机关服务中心（机关服务局）是国家局直属的事业单位。

1. 负责机关及广安门办公楼行政后勤管理工作，拟订并组织实施内部管理制度；负责内部聘用人员的人事、劳动工资管理工作；管理北京金叶园会议中心。

2. 负责机关及广安门办公楼固定资产的管理；负责机关办公用品的采购、保管和供应工作；负责机关及广安门职工食堂的管理及食品的采购供应工作。

3. 负责机关及广安门办公楼交通运输、机动车辆管理、使用及安全工作；负责机关及广安门职工的医疗、保健、计划生育工作；负责机关及广安门办公楼门前三包、绿化、美化工作。

4. 负责机关及广安门办公楼的基本建设、房地产、房改及相关物业管理工作。

5. 负责广安门办公楼的消防、安全保卫工作。

6. 承办国家局、总公司交办的其他事项。

【负责人】③

主　任（局长）：綦振平

副主任（副局长）：詹　举（2020 年 3 月—）

巡视员：李卫东［2020 年 2 月—，之前任副主任（副局长）］

副巡视员：王　伟、王效德（2020 年 2 月—）

---

① 2020 年 2 月，国家局党组印发《关于李保江同志任职的通知》（国烟党〔2020〕45 号），李保江同志任烟草经济研究所（政策研究室）所长（主任），试用期一年，任职时间自 2020 年 2 月 14 日党组决定之日起计算。

2020 年 6 月，国家局党组印发《关于张小乐同志职务任免的通知》（国烟党〔2020〕171 号），张小乐同志任烟草经济研究所（政策研究室）副所长（副主任），试用期一年，任职时间自 2020 年 6 月 1 日党组决定之日起计算。

2020 年 6 月，国家局党组印发《关于万里明同志任职的通知》（国烟党〔2020〕170 号），万里明同志任烟草经济研究所（政策研究室）副巡视员。

② 2020 年 4 月，国家局党组印发《关于朱湘海和付久海同志职务任免的通知》（国烟党〔2020〕101 号），朱湘海同志任离退休干部办公室主任，试用期一年，任职时间自 2020 年 4 月 1 日党组决定之日起计算；免去付久海同志的离退休干部办公室主任职务，按照有关规定和原职级待遇办理退休手续。

③ 2020 年 3 月，国家局党组印发《关于詹举同志职务任免的通知》（国烟党〔2020〕78 号），詹举同志任机关服务中心（局）副主任（副局长），试用期一年，任职时间自 2020 年 3 月 13 日党组决定之日起计算。

2020 年 2 月，国家局党组印发《关于王红等十三名同志职务任免的通知》（国烟党〔2020〕43 号），李卫东同志任机关服务中心（局）巡视员，任职时间自 2020 年 2 月 14 日党组决定之日起计算；王效德同志任机关服务中心（局）副巡视员，任职时间自 2020 年 2 月 14 日党组决定之日起计算。

【内设机构】　设办公室、综合服务处、财务处、生活福利处、基建房产处、广安门管理处等6个内设处室。

烟草经济信息中心

【主要职责】

烟草经济信息中心是国家局直属的事业单位，承担一定的行业管理职能，履行烟草行业网络安全和信息化领导小组办公室职能，加挂烟草行业网络安全和信息化领导小组办公室牌子。

1. 承担烟草行业网络安全和信息化领导小组日常工作，指导协调和监督管理行业网络安全和信息化工作。

2. 拟订并组织实施行业网络安全和信息化规划、管理制度、办法；负责网络安全和信息化技术应用和技术规范的顶层设计。

3. 拟订并组织实施行业网络安全和信息化规范、标准；审核行业直属单位网络安全和信息化规划、实施方案；负责网络安全和信息化行业推广项目的综合协调、技术审核、安全监管等工作。承担行业网络安全和信息化基础设施、基础应用平台、数据中心等技术支撑体系和服务体系的建设与运行管理工作。

4. 负责行业统计工作；负责行业信息资源共享和管理工作。

5. 负责行业网络通信系统、网络安全保障体系的建设管理和监督检查工作。

6. 负责行业信息系统运行维护管理工作；负责总公司上海容灾中心业务管理工作。

7. 负责国家局内、外网站的建设和管理；指导和协调行业直属单位网站的建设和管理。

8. 承担国家局机关网络安全和信息化项目建设、管理与运行维护工作，承办国家局机关网络安全和信息化软硬件设备购置与管理等工作。

9. 承办国家局、总公司交办的其他事项。

【负责人】①

主　任：陈　彤（—2020年8月，退休）、阮泽锋（2020年8月—）

副主任：高一军（—2020年8月）、潘　红

总工程师：江　涛

副巡视员：张雪峰

【内设机构】　设综合处、信息统计分析处、系统运行处、网络通信安全处、运行维护管理处、网站管理处等6个内设处室。

中国烟草学会及其办事机构

【主要职责】

中国烟草学会是依法登记的全国非营利性、学术性社会团体，具有独立法人地位。

中国烟草学会办事机构在国家局、总公司领导下开展工作，接受民政部、中国科协的监督管理和业务指导，执行中国烟草学会理事会决议，处理日常事务。

1. 根据行业发展需要，组织行业科技工作者开展学术交流、科学普及和科技咨询活动，编印学术刊物。

2. 承担中国烟草学会的日常工作；负责协调上海中国烟草博物馆的业务工作。

3. 承办国家局、总公司交办的其他事项。

【负责人】②

中国烟草学会理事长：韩占武

中国烟草学会副理事长：刘　融、谢剑平、陈江华、唐　煦、张思荣、王德平、缪明明

中国烟草学会办事机构：

秘书长：刘　融（2020年4月—）（机关部门正职）

副巡视员：哈君利

【中国烟草学会办事机构内设机构】　设办公室、学术部、编辑部等3个专业部门。

中国烟叶公司（水源工程建设办公室③）

【主要职责】

中国烟叶公司是国家局、总公司直属的专业性公司，承担一定的行业宏观管理职能。

---

① 2020年8月，国家局党组印发《关于阮泽锋和陈彤同志职务任免的通知》（国烟党〔2020〕229号），阮泽锋同志任烟草经济信息中心主任，试用期一年，任职时间自2020年8月20日党组决定之日起计算；免去陈彤同志的烟草经济信息中心主任职务，退休。

2020年8月，国家局党组印发《关于高一军同志免职的通知》（国烟党〔2020〕206号），免去高一军同志的烟草经济信息中心副主任、中国烟草总公司信息系统上海容灾中心主任职务，另有任用。

② 根据2020年9月15日中国烟草学会第八次会员代表大会选举结果，选举出中国烟草学会第八届理事长、副理事长。

2020年6月，国家局党组印发《关于刘融同志任职的通知》（国烟党〔2020〕167号），刘融同志任中国烟草学会秘书长。级别为机关部门正职，任职时间自2020年4月1日党组决定之日起计算。

③ 根据《国家烟草专卖局关于成立水源工程建设办公室的通知》（国烟人〔2012〕418号），成立水源工程建设办公室，按照非常设机构实行管理。根据《国家烟草专卖局关于中国烟叶公司增设水源工程建设办公室的通知》（国烟人〔2012〕316号），在中国烟叶公司内部增设水源工程建设办公室。

1. 组织、指导、协调、管理全国烟叶工作。

2. 研究提出并组织实施现代烟草农业的政策和发展规划；参与拟订烟叶种植、收购、储备、调拨和进口计划；参与拟订烟叶收购、调拨价格及打叶复烤加工费用标准。

3. 指导全国烟叶生产、收购和复烤加工工作；参与拟订烟叶国家标准、生产技术标准和打叶复烤技术标准；核准烟叶收购基准样品，组织烟草新品种审定工作；组织全国烟叶购销交易。

4. 研究提出行业水源工程、基础设施建设总体规划、年度计划；监督和指导补贴资金和援建资金的使用与管理；指导烟叶基层建设和打叶复烤企业管理；参与拟订打叶复烤企业技术改造规划；参与组织烟叶信息化工作。

5. 参与进口烟叶工作，负责进口烟叶国内流通管理，负责烟叶中外技术交流与合作工作。

6. 承办国家局、总公司交办的其他事项。

【负责人】

总经理兼水源工程建设办公室主任：陈江华

副总经理：刘建利、王现军

总会计师：赵永红

水源工程建设办公室副主任：赵素芬、周义和（部门副职）

副巡视员：卞　卡、刘　昉

【内设机构】 设办公室、综合计划部、生产管理部（技术推广部）、收购管理部、复烤企业管理部、财务部、经营部、水源工程建设办公室综合组、水源工程建设办公室基础组、水源工程建设办公室水源组等10个内设部门。

中国卷烟销售公司

【主要职责】

中国卷烟销售公司是国家局、总公司直属的专业性公司，承担一定的行业宏观管理职能。

1. 组织、指导、协调、管理全国卷烟销售工作，研究提出全国卷烟销售工作的政策和相关制度。

2. 指导全国卷烟销售网络建设和商业企业卷烟现代流通建设工作；拟订卷烟销售网络运行规范，参与拟订卷烟销售网络管理标准。

3. 组织实施全国卷烟市场需求预测工作，参与拟订卷烟销售计划；参与组织卷烟产销衔接和品牌定向整合工作，参与拟订卷烟品牌发展规划。

4. 组织、指导全国卷烟市场调查工作，采集、分析、发布卷烟市场信息；参与组织卷烟销售信息化工作，负责卷烟销售信息网络的管理与维护。

5. 组织、指导全国卷烟交易工作，拟订卷烟营销规则，监督、检查卷烟促销工作；参与拟订进口卷烟销售计划，拟订进口卷烟的国内销售管理办法；组织、协调中外合作国内生产卷烟品牌的市场销售工作；依法对公司的全资企业、参股企业行使出资人权利，经营和管理国有资产，承担保值增值的责任。

6. 承办国家局、总公司交办的其他事项。

【负责人】①

总经理：李春滨（—2020年9月）

副总经理：袁　超（2020年9月—，主持全面工作）

副总经理：连　飞、阮泽锋（—2020年8月）、崔　萍

副巡视员：李　健、李念庆

【内设机构】 设办公室、财务部、网建部、信息部、市场管理部、交易管理部等6个内设部门。

中国烟草投资管理公司

【主要职责】

中国烟草投资管理公司是国家局、总公司直属的专业性公司，承担一定的行业宏观管理职能。

1. 负责行业多元化投资经营工作的归口管理；参与编制行业多元化投资规划，参与审核多元化投资项目；参与审核多元化经营企业国有产权转让、国有资产无偿划转等事项。

2. 拟订行业多元化经营管理规定和企业退出机制，指导建立现代企业制度，完善公司治理结构；建立和完善行业多元化经营企业国有资产保值增值指标体系和目标考核制度。

3. 根据总公司的授权，对总公司直接投资及本公司投资的多元化企业行使出资人权利，履行出资人职责。

4. 负责行业战略性投资项目的规划、论证及组织实施工作。

5. 负责国产醋纤丝束经营，依法经营其他烟用材料；参与拟订醋纤丝束分配计划与价格。

6. 承办国家局、总公司交办的其他事项。

---

① 2020年9月，国家局党组印发《关于袁超和李春滨同志职务任免的通知》（国烟党〔2020〕255号），袁超同志任中国卷烟销售公司副总经理、主持中国卷烟销售公司全面工作；免去李春滨同志的中国卷烟销售公司总经理职务，另有任用。

2020年8月，国家局党组印发《关于阮泽锋同志免职的通知》（国烟党〔2020〕228号），免去阮泽锋同志的中国卷烟销售公司副总经理职务，另有任用。

【负责人】①

总经理：郝和国（—2020 年 11 月）、关宏梅（2020 年 11 月—）

巡视员：张建华（2020 年 2—11 月，之前任副总经理，退休）

副总经理：孙志强

总会计师：刘秋明

副巡视员：刘中华

【内设机构】　设办公室、企业管理部、行业指导管理部、事业发展部、财务管理部、经营部等 6 个内设部门。

中国烟草机械集团有限责任公司

【主要职责】

中国烟草机械集团有限责任公司是国家局、总公司直属的专业性公司，承担一定的行业宏观管理职能。

1. 参与拟订并组织实施烟草机械工业的发展规划、年度计划；参与拟订行业技术装备政策及烟草机械生产企业的生产布局、企业定点方案；拟订并组织实施行业设备管理制度，组织、协调行业生产设备的日常管理工作；负责推广新设备、新技术，发布淘汰设备目录。

2. 参与拟订国产烟草机械设备分配计划和价格政策；组织、协调全国烟草机械的购销管理工作；拟订并组织实施烟草机械产品生产经营业务的管理制度。

3. 负责行业设备大修理（翻修）的定点及布局工作，指导定点企业的生产经营和技术管理，拟订并组织实施设备大修理的年度计划；负责行业烟草机械零配件管理工作。

4. 负责烟草机械产品的技术管理工作；负责国内外烟草机械的技术交流、技术合作、对外技术谈判、技术培训和技术咨询服务工作；负责烟草机械引进技术的消化吸收和国产化工作；参与组织烟草机械新产品技术鉴定工作；拟订烟草机械产品的质量标准；参与拟订烟草机械设备进出口年度计划；参与组织烟草机械出口工作，负责组织货源和售后服务，参与组织国际市场开发工作。

5. 依法对控股企业行使出资人权利，经营和管理国有资产，承担保值增值的责任；按照国家局的授权，管理本公司及控股企业的人事、劳动工资及纪检监察工作。

6. 承办国家局、总公司交办的其他事项。

【负责人】②

党组书记、总经理：姚宗东（2020 年 1 月—）

党组成员、副总经理：沈云龙（—2020 年 1 月）、曲　伟、龙　旭、张维群

党组成员、纪检组组长：吴　伟

副巡视员：吴熙亮（2020 年 2 月—）

【内设机构】　设办公室、综合计划部、党建和人力资源部、生产管理部、市场部（营销中心）、财务资产部、技术合作部、设备管理部、审计部、监察室、智能化工作办公室等 11 个内设部门。

【所属企业】　控股上海烟草机械有限责任公司、常德烟草机械有限责任公司、许昌烟草机械有限责任公司、秦皇岛烟草机械有限责任公司、中烟机械技术中心有限责任公司、北京达特集成技术有限责任公司、中烟烟机零配件采购服务中心有限责任公司、中烟物流技术有限责任公司等 8 家企业，参股云南烟草机械有限责任公司。

中烟国际集团有限公司③

【负责人】④

董事会

董事长：邵　岩

董　事：张宏实、谭小燕、熊　斌、凌　毅、宁　伟、袁　健

---

① 2020 年 11 月，国家局党组印发《关于郝和国同志免职的通知》（国烟党〔2020〕276 号），免去郝和国同志的中国烟草投资管理公司总经理职务。

2020 年 11 月，国家局党组印发《关于关宏梅同志任职的通知》（国烟党〔2020〕306 号），关宏梅同志任中国烟草投资管理公司总经理。

2020 年 2 月，国家局党组印发《关于王红等十三名同志职务任免的通知》（国烟党〔2020〕43 号），张建华同志任中国烟草投资管理公司巡视员，任职时间自 2020 年 2 月 14 日党组决定之日起计算。

② 此处仅列中国烟草机械集团有限责任公司本部的领导成员。

2020 年 1 月，国家局党组印发《关于姚宗东和沈云龙同志职务任免的通知》（国烟党〔2020〕1 号），姚宗东同志任中共中国烟草机械集团有限责任公司党组书记、中国烟草机械集团有限责任公司总经理；免去沈云龙同志的中共中国烟草机械集团有限责任公司党组成员、中国烟草机械集团有限责任公司副总经理职务。

2020 年 2 月，国家局党组印发《关于王红等十三名同志职务任免的通知》（国烟党〔2020〕43 号），吴熙亮同志任中国烟草机械集团有限责任公司副巡视员，任职时间自 2020 年 2 月 14 日党组决定之日起计算。

③ 2020 年 10 月，国家局印发中烟国际集团有限公司、中国烟草国际有限公司“三定”规定。

④ 2020 年 12 月，国家局、总公司印发《关于委派中烟国际集团有限公司董事的通知》（国烟人〔2020〕189 号），委派邵岩同志为中烟国际集团有限公司董事、董事长；委派张宏实、谭小燕、熊斌、凌毅、宁伟、袁健同志为中烟国际集团有限公司董事。

2020 年 11 月，国家局党组印发《关于邵岩等同志任职的通知》（国烟党〔2020〕279 号），邵岩同志任中共中烟国际集团有限公司党组书记、中烟国际集团有限公司总经理，兼任中国烟草国际有限公司总经理。谭小燕、熊斌、凌毅、宁伟等同志任中共中烟国际集团有限公司党组成员、中烟国际集团有限公司副总经理，袁健同志任中共中烟国际集团有限公司党组成员、党组纪检组组长，张宏实同志任中烟国际集团有限公司巡视员，易武军同志享受国家局机关部门副职待遇，在中烟国际集团有限公司工作。

经理层

党组书记、总经理：邵　岩

党组成员、副总经理：谭小燕、熊　斌、凌　毅、宁　伟

党组成员、党组纪检组组长：袁　健

巡视员：张宏实

国家局机关部门副职待遇：易武军

【所属企业】　所属公司：中国烟草国际有限公司。控股中烟国际（香港）有限公司、天泽烟草有限责任公司、中烟国际（北美）股份有限公司、中烟国际中东公司。参股中烟国际巴西有限公司、中烟国际阿根廷有限责任公司、中烟菲莫国际有限公司、中烟英美烟草国际有限公司、地平线国际合资有限公司、上海金鼎印务有限公司、天昌国际烟草有限公司、哈尔滨天阳国际烟草有限公司。

中国烟草国际有限公司

组织机构调整前（—2020 年 11 月）：

【负责人】①

董事会

董事长：徐　璟（—2020 年 11 月）

董　事：张天峰（—2020 年 11 月）、张全在（—2020 年 11 月）、徐维华（—2020 年 11 月）、王玉麟（—2020 年 11 月）、张孝堂（—2020 年 11 月）、陈江华（—2020 年 11 月）、邵　岩（—2020 年 11 月）、谭小燕（—2020 年 11 月）、熊　斌（—2020 年 11 月）、凌　毅（—2020 年 11 月）

监　事：甘　宁（—2020 年 11 月）、曹松林（—2020 年 11 月）、陈俊奎（—2020 年 11 月）

经理层

党组书记、总经理：邵　岩（—2020 年 11 月）

巡视员：张宏实（2020 年 2—11 月）

党组成员、副总经理：谭小燕（—2020 年 11 月）

党组成员、副总经理：熊　斌（—2020 年 11 月）

党组成员、纪检组组长：袁　健（—2020 年 11 月）

党组成员、副总经理：凌　毅（—2020 年 11 月）

党组成员、副总经理：宁　伟（2020 年 8— 11 月）

副巡视员：张　浩（—2020 年 11 月）

副巡视员：贺燕芳（—2020 年 11 月）

副巡视员：丁　宏（2020 年 2—11 月）

【驻外机构】　公司在境内外直接或间接投资设立的全资、参股公司 15 家（含中烟国际所属公司的子公司），分别是：深圳烟草进出口有限公司、中烟国际集团有限公司（所在地：中国香港）、Tulley 国际有限公司（所在地：中国香港）、中烟国际（香港）有限公司（所在地：中国香港）、天泽烟草有限责任公司（所在地：津巴布韦哈拉雷）、迪拜瑞世达贸易有限责任公司（所在地：阿联酋迪拜）、中烟国际巴西有限公司（所在地：巴西南大河州）、中巴烟草出口股份有限公司（所在地：巴西南大河州）、中烟菲莫国际有限公司（所在地：瑞士洛桑）、中烟国际阿根廷有限责任公司（所在地：阿根廷萨尔塔省）、中烟国际（北美）股份有限公司（所在地：美国北卡罗来纳州）、中烟英美烟草国际有限公司（所在地：中国香港）、地平线国际合资有限公司（所在地：中国香港）、中烟国际中东公司（所在地：阿联酋杰贝阿里自贸区）。

组织机构调整后（2020 年 11 月—）：

【负责人】②

董事会

执行董事：邵　岩（2020 年 12 月—）

监　事：袁　健（2020 年 12 月—）

经理层

总经理：邵　岩（2020 年 11 月—）

副总经理：熊　斌（2020 年 11 月—，主持公司日常工作）

副巡视员：张　浩（2020 年 11 月—）

副巡视员：贺燕芳（2020 年 11 月—）

副巡视员：丁　宏（2020 年 2 月—）

【所属企业】　控股深圳烟草进出口有限公司。

---

① 2020 年 2 月，国家局党组印发《关于王红等十三名同志职务任免的通知》（国烟党〔2020〕43 号），张宏实同志任中国烟草国际有限公司巡视员，任职时间自 2020 年 2 月 14 日党组决定之日起计算；丁宏任中国烟草国际有限公司副巡视员，任职时间自 2020 年 2 月 14 日党组决定之日起计算。

2020 年 8 月，国家局党组印发《关于宁伟同志任职的通知》（国烟党〔2020〕217 号），宁伟同志任中共中国烟草国际有限公司党组成员、中国烟草国际有限公司副总经理。

② 2020 年 11 月，国家局党组印发《关于邵岩等同志任职的通知》（国烟党〔2020〕279 号），邵岩同志任中共中烟国际集团有限公司党组书记、中烟国际集团有限公司总经理，兼任中国烟草国际有限公司总经理；熊斌同志任中共中烟国际集团有限公司党组成员、中烟国际集团有限公司副总经理，兼任中国烟草国际有限公司副总经理，主持中国烟草国际有限公司日常工作；张浩、贺燕芳、丁宏同志任中国烟草国际有限公司副巡视员。

2020 年 12 月，国家局人事司《关于同意邵岩同志等四人同志兼职的复函》（国烟人综〔2020〕500 号），同意邵岩同志兼任中国烟草国际有限公司执行董事，袁健同志兼任中国烟草国际有限公司监事。

中烟商务物流有限责任公司

【主要职责】

中烟商务物流有限责任公司是国家局、总公司直属的专业性公司，承担一定的行业宏观管理职能。

1. 拟订行业电子商务发展规划，负责烟草电子商务平台建设工作。

2. 制订行业现代物流建设规划，审核各省级工商企业现代物流建设规划并指导实施；物流投资建设项目政策咨询；组织、指导、协调、考评行业物流管理运行工作；拟定行业物流标准；行业物流技术研究、相关信息系统开发和组织实施工作。

3. 负责烟草电子商务平台、行业卷烟生产经营决策管理系统和物流信息系统的运行维护、安全管理和技术支持工作；负责有关数据汇总、分析，提供信息服务。

4. 承办国家局、总公司交办的其他事项。

【负责人】

总经理：张　文

巡视员：董传国、范建治

副总经理：陈道富

总工程师：王金亮

副巡视员：李卫国

【内设机构】　设办公室、综合管理部、交易部、物流规划建设部、物流管理运行部、技术部（物流信息化部）、财务部等7个内设部门。

【所属企业】　控股北京中烟信息技术有限公司、共同持股中烟新商盟商务物流控股有限公司、参股中烟物流技术有限责任公司。

中国烟草实业发展中心①

【主要职责】

中国烟草实业发展中心是国家局、总公司直属的专业性公司。

1. 指导、协调、管理所属企业的生产经营活动；指导所属企业安全生产工作。

2. 组织实施所属企业组织结构调整，指导企业改革。

3. 依法对所属企业的国有资产行使出资人权利，承担国有资产保值增值责任，管理监督所属企业财务资金，组织实施内部审计工作。

4. 管理所属企业人事、劳动工资工作，指导所属企业精神文明建设，负责所属企业纪检监察工作。

5. 承办国家局、总公司交办的其他事项。

【负责人】

党组书记、总经理：赵　琦

党组成员、副总经理：李东梅（副厅级）、刘　龙、孔庆峰

党组成员、纪检组组长：由　明

总会计师：严奉炎

副巡视员：陈玉秋

【内设机构】　设办公室（外事办公室）、党建和人力资源部、生产部、安全监督管理部、企业管理部、财务部、审计部（监事室）、法律与改革部、市场营销部、物资供应部、纪检监察部（巡察工作办公室）等11个内设部门。

【所属企业】　下设黑龙江烟草工业有限责任公司、红塔辽宁烟草有限责任公司、吉林烟草工业有限责任公司、甘肃烟草工业有限责任公司、内蒙古昆明卷烟有限责任公司、深圳烟草工业有限责任公司、山西昆明烟草有限责任公司、海南红塔卷烟有限责任公司等8家卷烟工业企业，以及吉林烟草进出口有限责任公司。

中国双维投资有限公司

【主要职责】

中国双维投资有限公司是中国烟草总公司直属的全资子公司，负责组织实施中国烟草总公司确定的重大战略性投资项目，承担投资项目的经营管理职能。

1. 组织实施总公司非主业重大战略投资项目。

2. 参与总公司在金融领域战略投资。

3. 负责国家局、总公司交办的非主业战略投资项目研究论证及投后管理工作。

4. 参与总公司确定的行业多元化投资项目优质资产整合工作。

5. 承担控股企业和投资项目经营管理工作，落实安全生产及风险管控责任，确保国有资产保值增值。

6. 承办国家局、总公司交办的其他事项。

---

① 中国烟草实业发展中心（简称中烟实业）成立于1999年1月。2004年11月，根据国烟法〔2004〕734号文件，国家局将原由省级局（公司）管理的兰州卷烟厂等4家卷烟生产企业调整为中烟实业管理，将原由省级公司持有的红塔辽宁烟草有限责任公司等4家卷烟工业企业的股权调整为中烟实业持有，调整后，中烟实业下设8家卷烟生产企业。

【负责人】①

董事会

董事长：徐　瑳

董　事：张天峰、万里明、翟　旭、王玉麟、张全在、张孝堂

监　事：成协科

经理层

党组副书记、副总经理：万里明（—2020年6月，主持全面工作）

党组副书记、副总经理：陈哲平（2020年6月—，主持全面工作）（副厅级）

党组成员、纪检组组长：成协科

党组成员、副总经理：肖淑英、翟　旭、徐晓新

副巡视员：王守仁、宫　强（2020年2月—）

【内设机构】　设办公室、党建和人力资源部、法律部、投资管理部、企业管理部、财务管理部、监察审计部等7个内设部门。

【分支机构】　设中国双维投资有限公司银川分公司1个分支机构。

《中国烟草》杂志社有限公司

【主要职责】

《中国烟草》杂志社有限公司是中国烟草总公司的全资子公司，具有独立的企业法人资格。

1. 编辑、出版、发行国家局的机关刊物《中国烟草》杂志（半月刊）。

2. 建设、维护、管理中国烟草资讯网。

3. 在国家局办公室指导下负责《中国烟草年鉴》编纂、发行工作。

4. 编辑出版发行《新烟草》杂志（旬刊）。

5. 承办《烟草企业文化》杂志（月刊）编辑工作。

6. 管理和经营中烟广告公司。

7. 开展图书音像出版等相关业务。

8. 负责国有资产保值增值。

【负责人】②

董事会

董事长：关宏梅（—2020年12月）、支树华（2020年12月—）

董　事：关宏梅（—2020年12月）、支树华（2020年12月—）、赵百东、任　静、俞进祥、张　政

监　事：陈俊奎

经理层

总经理：关宏梅（—2020年11月）

总经理：支树华（2020年12月—）

总编辑：赵百东

巡视员：任　静（2020年2—12月，之前任副总经理，退休）

副巡视员：刘　军

【内设机构】　设总编室、编辑一部、编辑二部、记者部、美术摄影编辑部、网络部、《中国烟草年鉴》编辑部、《新烟草》编辑部（黑龙江新烟草杂志社）、《烟草企业文化》编辑部、综合办公室、广告部（中烟广告公司）、财务部、发行部、市场部、考评部等15个内设部门。

◇ 编辑：周　佳

省级烟草专卖局（公司）

北京市烟草专卖局（公司）

【概　况】　北京市烟草专卖局、北京市烟草公司成立于1986年1月。1985年12月31日，北京市经济委员会与中国烟草总公司共同签署《关于北京市烟草公司上划交接协议书》；同日，北京市政府办公厅下发京政办发〔1985〕148号文件，决定北京市烟草专卖局、北京市烟草公司从1986年1月1日正式成立，北京市烟草公司上划中国烟草总公司，更名为中国烟草总公司北京市公司。2020年，北

① 2020年6月，国家局党组印发《关于陈哲平和万里明同志职务任免的通知》（国烟党〔2020〕169号），陈哲平同志任中共中国双维投资有限公司党组副书记、中国双维投资有限公司副总经理（副厅级），主持全面工作；免去万里明同志的中共中国双维投资有限公司党组副书记、中国双维投资有限公司副总经理职务。

2020年2月，国家局党组印发《关于王红等十三名同志职务任免的通知》（国烟党〔2020〕43号），宫强任中国双维投资有限公司副巡视员。

② 2020年12月，国家局、总公司印发《关于支树华和关宏梅同志职务调整的通知》（国烟人〔2020〕196号），委派支树华同志为《中国烟草》杂志社有限公司董事、董事长，担任该公司法定代表人；关宏梅同志不再担任《中国烟草》杂志社有限公司董事、董事长，法定代表人。

2020年11月，国家局党组印发《关于关宏梅同志免职的通知》（国烟党〔2020〕305号），免去关宏梅同志的《中国烟草》杂志社有限公司总经理职务，另有任用。

2020年12月，国家局党组印发《关于支树华同志任职的通知》（国烟党〔2020〕336号），支树华同志任《中国烟草》杂志社有限公司总经理，任职时间自2020年12月8日党组决定之日起计算。

2020年2月，国家局党组印发《关于王红等十三名同志职务任免的通知》（国烟党〔2020〕43号），任静同志任《中国烟草》杂志社有限公司巡视员，任职时间自2020年2月14日党组决定之日起计算。

根据国烟人〔2014〕307号文件，成协科自2014年起任中国双维投资有限公司监事。

京市局（公司）下辖东城、西城、朝阳、海淀、丰台、石景山、通州、顺义、延庆、怀柔、大兴、昌平、密云、门头沟、房山、平谷等16个区烟草专卖局（公司），北京烟草营销中心、北京烟草物流中心，以及北京京烟卷烟零售连锁有限公司、金健恒通商贸有限公司和北京通大家园物业管理有限公司等3个多元化企业，北京黎马敦太平洋包装有限公司1个合资企业。市局（公司）机关设11个职能处室和10个专业部门。截至2020年底，总资产152.24亿元，其中固定资产12.78亿元、流动资产136.29亿元，资产负债率5.28%。从业人员3091人。

【领导成员】①

党组书记、局长、总经理：王劲栋（2020年1月—）

巡视员：赵文智（—2020年2月，退休）

巡视员：周　宾（2020年12月—，之前任党组成员、纪检组组长）

党组成员、副总经理：殷　刚

党组成员、副总经理：江　涛

总工程师：刘永波

副巡视员：刘进民（—2020年7月，退休）

天津市烟草专卖局（公司）

【概　况】　天津市烟草专卖局、天津市烟草公司组建于1985年10月。1985年10月29日，天津市政府与中国烟草总公司共同签署《关于天津市烟草行业上划交接协议书》，决定自协议书签订之日起上划中国烟草总公司，更名为中国烟草总公司天津市公司。2020年，天津市局（公司）下辖市区第一、第二、第三等3个烟草专卖局（分公司），东丽、津南、西青、北辰等4个区烟草专卖局（分公司），滨海新区烟草专卖局塘沽、汉沽、大港等3个分局（分公司），武清、宝坻、宁河、静海、蓟州等5个区烟草专卖局（有限公司），以及天津市滨海新区烟草专卖局、天津烟草营销中心、天津烟草物流中心、天津市烟草专卖局公路分局、天津市恒大实业公司、天津市津烟卷烟自营总店。市局（公司）机关设11个职能处室、6个专业部门。截至2020年底，总资产94亿元，其中固定资产4.31亿元、流动资产87.65亿元，资产负债率10.65%。从业人员1994人。

【领导成员】②

党组书记、局长、总经理：孙晓莹

党组成员、纪检组组长：宁书成

党组成员、副局长：徐小波

党组成员、副总经理：刘　群（2020年12月—，之前任总经济师）

党组成员、副总经理：王　智（2020年12月—）

副巡视员：赵洪义

党组成员：周金超（—2020年4月，退休）

巡视员：李加春（—2020年2月，退休）

河北省烟草专卖局（公司）

【概　况】　河北省烟草专卖局成立于1984年3月，河北省烟草公司成立于1982年11月。1985年1月，河北省政府与中国烟草总公司签署协议，决定河北省烟草公司自签字之日起上划中国烟草总公司，更名为中国烟草总公司河北省公司。2003年6月，河北烟草实行工商分设。2020年，河北省局（公司）下辖石家庄、邯郸、保定、张家口、承德、唐山、廊坊、沧州、衡水、邢台、秦皇岛、河北雄安等12个地市级烟草专卖局（公司）；158个县级烟草专卖局，158个县级卷烟营销机构（119个县级卷烟营销部、39个分公司）③，以及中维地产河北有限公司、河北平山温泉烟草培训中心2个多元化经营企业④，22个派驻机构（分别为省公司派驻11个市公司的审计办公室和省局派驻11个市局的内部专卖管理监督办公室）。省局（公司）机关设14个职能处室、8个专业部门（含1个议事协调机构）。截至2020年底，总资产254.67亿元，其中固定资产11.14亿元、流动资产238.64亿元，资产负债率14.39%。

---

① 2020年1月，国家局党组印发文件，王劲栋同志任中共北京市烟草专卖局（公司）党组书记、北京市烟草专卖局局长、中国烟草总公司北京市公司总经理，试用期至2020年5月27日。

2021年1月，国家局党组印发《关于周宾同志职务任免的通知》（国烟党〔2021〕15号），周宾同志任北京市烟草专卖局（公司）巡视员，免去其中共北京市烟草专卖局（公司）党组成员、党组纪检组组长职务，任职时间自2020年12月22日党组决定之日起计算。

② 2021年1月，国家局党组印发《关于刘群和王智同志职务任免的通知》（国烟党〔2021〕4号），刘群同志任中共天津市烟草专卖局（公司）党组成员、中国烟草总公司天津市公司副总经理，免去其天津市烟草专卖局（公司）总经济师职务；王智同志任中共天津市烟草专卖局（公司）党组成员、中国烟草总公司天津市公司副总经理，试用期一年。刘群和王智同志的任职时间自2020年12月22日党组决定之日起计算。

③ 2020年9月，国家局、总公司印发《关于调整河北省部分地市烟草专卖局（公司）所属部分机构的批复》（国烟人〔2020〕143号），设立张家口市桥东区、桥西区烟草专卖局（分公司）；撤销邢台县、任县、南和县烟草专卖局（营销部），设立邢台市襄都区、信都区、任泽区、南和区烟草专卖局（分公司）。

2020年3月，国家局、总公司印发《关于河北省烟草公司河北雄安公司下辖三个县级卷烟营销部更名的批复》（国烟法〔2020〕57号），分别将安新县、容城县、雄县卷烟营销部名称变更为河北省烟草公司河北雄安公司安新、容城、雄县分公司。

④ 2020年6月，河北中维物业服务有限公司办结企业注销登记手续。

从业人员 9218 人，其中劳务派遣人员 688 人。

【领导成员】

党组书记、局长、总经理：邱永春（2020 年 9 月—）①

党组成员、副局长：戴　勇

党组成员、副总经理：王志涛

党组成员、副总经理：王　辉

党组成员、纪检组组长：支树华（—2020 年 12 月）

副巡视员：贾立业

山西省烟草专卖局（公司）

【概　况】　山西省烟草专卖局成立于 1983 年 7 月，山西省烟草公司成立于 1982 年 4 月。1984 年 6 月，山西省烟草公司上划中国烟草总公司，改制更名为中国烟草总公司山西省公司。2020 年，山西省局（公司）下辖太原、大同、阳泉、长治、晋城、朔州、忻州、吕梁、晋中、临汾、运城等 11 个地市级烟草专卖局（公司），116 个县级烟草专卖局（营销部）。省局（公司）机关设 14 个职能处室、8 个专业部门。截至 2020 年底，总资产 209.02 亿元，其中固定资产 17.56 亿元、流动资产 180.37 亿元，资产负债率 11.47%。从业人员 7218 人。

【领导成员】

党组书记、局长、总经理：王文忠

党组成员、副总经理：周武庆

党组成员、副局长：杨新民

党组成员、纪检组组长：李捍红

副巡视员：赵新秋（—2020 年 7 月，退休）

内蒙古自治区烟草专卖局（公司）

【概　况】　内蒙古自治区烟草专卖局、内蒙古自治区烟草公司成立于 1984 年 1 月 1 日。1984 年 9 月，内蒙古自治区烟草公司上划中国烟草总公司，更名为中国烟草总公司内蒙古自治区公司。2020 年，内蒙古自治区局（公司）下辖呼和浩特、满洲里、呼伦贝尔、兴安、通辽、赤峰、锡林郭勒、二连浩特、乌兰察布、包头、鄂尔多斯、巴彦淖尔、乌海、阿拉善等 14 个地市级烟草专卖局（公司），98 个县级烟草专卖局（营销部），5 个直属分局，5 个县级烟草专卖局（分公司），1 个烟叶分公司以及内蒙古金叶投资有限责任公司 1 个全资子公司。自治区局（公司）机关设 14 个职能处室、9 个专业部门，以及内蒙古自治区烟草专卖局铁路分局。截至 2020 年底，总资产 135.88 亿元，其中固定资产 9.86 亿元、流动资产 120.93 亿元，资产负债率 12.14%。从业人员 5441 人。

【领导成员】

党组书记、局长、总经理：杨　树

党组成员、纪检组组长：董建华

党组成员、副总经理：刘　永

党组成员、副总经理：牛其广

党组成员：王旭东［区局（公司）副职］

党组成员、副局长：董德富

辽宁省烟草专卖局（公司）

【概　况】　辽宁省烟草专卖局成立于 1983 年 7 月，辽宁省烟草公司成立于 1983 年 5 月。1984 年 9 月 2 日，辽宁省政府与中国烟草总公司签署协议，决定自签字之日起辽宁省公司上划中国烟草总公司，更名为中国烟草总公司辽宁省公司。2006 年，完成母子公司体制改革。2020 年，辽宁省局（公司）下辖沈阳、鞍山、抚顺、本溪、丹东、锦州、营口、阜新、辽阳、铁岭、朝阳、盘锦、葫芦岛等 13 个地市级烟草专卖局（公司），51 个县级烟草专卖局（分公司、营销部），15 个审计派驻办公室，13 个内部专卖管理监督派驻办公室，以及中国烟草辽宁进出口公司，丹东辽东烟草发展有限责任公司。省局（公司）机关设 14 个职能处室、8 个专业部门。截至 2020 年底，总资产 168.46 亿元，其中固定资产 9.36 亿元、流动资产 145.37 亿元，资产负债率 6.16%。从业人员 5952 人。

【领导成员】

党组书记、局长、总经理：卓俭华（—2020 年 10 月）

党组书记、局长、总经理：孙　勇（2020 年 11 月—）②

党组成员、副总经理：蒋全波

党组成员、副局长：刘　涛

党组成员、纪检组组长：张宝月

党组成员、副总经理：王韶波

党组成员、副总经理：吴云勇

---

①　2020 年 9 月，国家局党组印发文件，邱永春同志任中共河北省烟草专卖局（公司）党组书记、河北省烟草专卖局局长、中国烟草总公司河北省公司总经理。

②　2020 年 12 月，国家局党组印发《关于孙勇同志任职的通知》（国烟党〔2020〕311 号），孙勇同志任中共辽宁省烟草专卖局（公司）党组书记、辽宁省烟草专卖局局长、中国烟草总公司辽宁省公司总经理，试用期一年，任职时间自 2020 年 11 月 23 日党组决定之日起计算。

副巡视员：朱炳文（—2020年5月，退休）

吉林省烟草专卖局（公司）

【概　况】 吉林省烟草专卖局、吉林省烟草公司成立于1983年7月。1984年9月，吉林省政府与中国烟草总公司签署协议，决定吉林省烟草公司自签字之日起上划中国烟草总公司，更名为中国烟草总公司吉林省公司。2020年，吉林省局（公司）下辖长春、吉林、四平、辽源、通化、白城、白山、松原、延边等9个地市级烟草专卖局（公司）。省局（公司）机关设14个职能处室、8个专业部门，以及金叶烟草有限责任公司、长春顺达房地产开发有限公司、金叶嘉园物业服务有限责任公司等3个直属公司。截至2020年底，总资产96.44亿元，其中固定资产16.84亿元、流动资产76.91亿元，资产负债率10.10%。从业人员5011人。

【领导成员】

党组书记、局长、总经理：杨　俊

党组成员、副局长：聂树忠

党组成员、副总经理：牛　千

党组成员、副总经理：吴家伟

党组成员、纪检组组长：王晓宇（机关部门副职）

副巡视员：何　成

副巡视员：庞晓龙（2020年6月—，之前任总经济师）①

黑龙江省烟草专卖局（公司）

【概　况】 黑龙江省烟草专卖局成立于1983年4月，黑龙江省烟草公司成立于1982年7月。1984年4月，黑龙江省政府与中国烟草总公司签署协议，决定自1984年1月1日起，黑龙江省烟草公司上划中国烟草总公司，更名为中国烟草总公司黑龙江省公司。2020年，黑龙江省局（公司）下辖哈尔滨、齐齐哈尔、大庆、牡丹江、佳木斯、绥化、鸡西、双鸭山、伊春、七台河、鹤岗、黑河、大兴安岭、绥芬河等14个地市级烟草专卖局（公司），65个县级烟草专卖局（分公司），黑龙江省烟草公司哈尔滨烟叶公司、黑龙江省烟草公司牡丹江烟叶公司、中国烟草黑龙江进出口有限责任公司、黑龙江烟叶复烤有限公司、黑龙江烟草投资管理有限公司和牡丹江烟草科学研究所。省局（公司）机关设15个职能处室、8个专业部门和黑龙江省烟草专卖局铁路分局。截至2020年底，总资产154.36亿元，其中固定资产11.92亿元、流动资产126.75亿元，资产负债率18.02%。从业人员7914人。

【领导成员】

党组副书记、副局长、副总经理：罗明德（主持全面工作）

党组成员、副局长：李　健

党组成员：马保军

党组成员、副总经理：耿金波

党组成员、副总经理：孙旭东

党组成员、纪检组组长：苏方鹏（2020年7月—）②

总农艺师：武常青

上海市烟草专卖局
上海烟草集团有限责任公司

【概　况】 上海市烟草专卖局成立于1984年2月。上海烟草集团有限责任公司（简称集团公司）的前身是上海烟草（集团）公司，于1993年11月由原上海市烟草公司及所属企业改制而成；2011年1月，根据《国家烟草专卖局　中国烟草总公司关于上海烟草（集团）公司更名改制和完善公司法人治理结构的批复》，正式更名为上海烟草集团有限责任公司。2020年，上海市烟草专卖局、上海烟草集团有限责任公司下辖浦东新区、黄浦、徐汇、长宁、静安、普陀、闵行、虹口、杨浦、宝山、嘉定、金山、松江、青浦、奉贤、崇明等16个区烟草专卖局（有限公司），驻上海铁路专卖局（有限公司），上海烟草贸易中心有限公司、中国烟草上海进出口有限责任公司、上海海烟投资管理有限公司、上海海烟烟草糖酒有限公司、上海卷烟厂、北京卷烟厂有限公司、天津卷烟厂、上海烟草储运公司、上海新型烟草制品研究院有限公司、上海高扬国际烟草有限公司、上海海烟物流发展有限公司、上海烟草集团太仓海烟烟草薄片有限公司、上海王宝和大酒店有限公司、上

① 2020年6月，国家局党组印发《关于庞晓龙同志职务任免的通知》（国烟党〔2020〕174号），庞晓龙同志任吉林省烟草专卖局（公司）副巡视员，免去其吉林省烟草专卖局（公司）总经济师职务。

② 2020年8月，国家局党组印发《关于苏方鹏同志任职的通知》（国烟党〔2020〕212号），苏方鹏同志任中共黑龙江省烟草专卖局（公司）党组成员、党组纪检组组长，试用期一年，任职时间自2020年7月28日党组决定之日起计算。

海烟草集团苏州中华园大饭店有限公司，并控股上海烟草包装印刷有限公司，上海白玉兰烟草材料有限公司、上海牡丹香精香料有限公司等企业。市局、集团公司机关设23个处室（部门）。截至2020年底，总资产2584.85亿元，其中固定资产117.49亿元、流动资产1473.72亿元，资产负债率16.82%。从业人员1.2万人。

【领导机构】

董事会

董事长：施　超（—2020年11月）

董事长：陆　捷（2020年11月—）①

副董事长：高学林

董　事：郭　勤、张弘毅、姜立功、唐　煦、陆　勇（2020年3月—，职工董事）②、胡勤伟（—2020年3月，职工董事）

监　事：杨桂选

班子成员

党组书记、局长、总经理、上海新型烟草制品研究院院长：施　超（—2020年9月）

党组书记、局长、总经理、上海新型烟草制品研究院院长：陆　捷（2020年9月—）③

党组副书记、纪检组组长：杨桂选（—2020年7月）④

党组成员：曲志刚（—2020年12月）

党组成员、副局长：姜立功

党组成员、副总经理、中国烟草博物馆常务副馆长：唐　煦

党组成员：朱洪武

党组成员、副总经理：赵　斌

党组成员、副总经理：徐　丹(副厅级)⑤

总会计师：陈宣民

上海新型烟草制品研究院副院长：陈超英

上海新型烟草制品研究院副院长：丁逸敏

江苏省烟草专卖局（公司）

【概　况】　江苏省烟草专卖局成立于1983年7月，江苏省烟草公司组建于1982年11月。1984年11月26日，江苏省政府与中国烟草总公司签订协议，决定自协议签署之日起，江苏省烟草公司上划中国烟草总公司，更名为中国烟草总公司江苏省公司。2003年7月4日，江苏烟草实行工商分设。2020年，江苏省局（公司）下辖南京、苏州、无锡、常州、镇江、南通、扬州、泰州、盐城、淮安、宿迁、徐州、连云港等13个地市级烟草专卖局（公司）、1个多元化经营企业和69个县级烟草专卖局（分公司）。省局（公司）机关设13个职能处室、6个专业部门。截至2020年底，总资产850.11亿元，其中固定资产24.47亿元、流动资产685.09亿元，资产负债率4.26%。从业人员1.03万人。

【领导成员】⑥

党组书记、局长、总经理：刘根甫

党组成员、副总经理：朱亚涛（2020年10月—，之前任党组成员、纪检组组长）

党组成员、副局长：刘培峰

党组成员、副总经理：董桂林

党组成员、纪检组组长：郭　宇（2020年9月—）

总经济师：杨思藻（2020年9月—）

副巡视员：潘立慧

副巡视员：余慧强

浙江省烟草专卖局（公司）

【概　况】　浙江省烟草专卖局、浙江省烟草公司成立于

---

① 2020年11月，国家局、总公司印发《关于调整陆捷和施超同志职务的通知》（国烟人〔2020〕166号），委派陆捷同志为上海烟草集团有限责任公司董事、董事长，担任该公司法定代表人；担任上海新型烟草制品研究院法定代表人。施超同志不再担任上海烟草集团有限责任公司董事、董事长、法定代表人；不再担任上海新型烟草制品研究院法定代表人。

② 2020年3月，国家局、总公司印发《关于调整上海烟草集团有限责任公司董事的通知》（国烟人〔2020〕60号），聘任陆勇同志为上海烟草集团有限责任公司董事会董事；胡勤伟同志不再担任上海烟草集团有限责任公司董事会董事。

③ 2020年11月，国家局党组印发《关于陆捷和施超同志职务任免的通知》（国烟党〔2020〕281号），陆捷同志任中共上海市烟草专卖局（集团公司）党组书记、上海市烟草专卖局局长、上海烟草集团有限责任公司总经理，兼任上海新型烟草制品研究院院长，试用期一年；免去施超同志的中共上海市烟草专卖局（集团公司）党组书记、上海市烟草专卖局局长、上海烟草集团有限责任公司总经理职务，不再兼任上海新型烟草制品研究院院长职务。陆捷同志的任职时间自2020年9月21日党组决定之日起计算。

④ 2020年7月，国家局党组印发《关于杨桂选同志免职的通知》（国烟党〔2020〕199号），免去杨桂选同志的中共上海市烟草专卖局（集团公司）党组副书记、党组纪检组组长职务。

⑤ 2020年1月，国家局党组印发《关于确定徐丹同志职级的通知》（国烟党〔2020〕29号），徐丹同志的职级确定为副厅级，试用期一年，职级时间自2020年1月14日党组决定之日起计算。

⑥ 2020年10月，国家局党组印发《关于朱亚涛等三名同志职务任免的通知》（国烟党〔2020〕260号），朱亚涛同志任中国烟草总公司江苏省公司副总经理，免去其中共江苏省烟草专卖局（公司）党组纪检组组长职务；郭宇同志任中共江苏省烟草专卖局（公司）党组成员、党组纪检组组长，试用期一年；杨思藻同志任江苏省烟草专卖局（公司）总经济师，试用期一年。郭宇、杨思藻同志的任职时间自2020年9月21日党组决定之日起计算。

1984年3月。1984年12月30日，浙江省计划经济委员会与中国烟草总公司签署协议，决定浙江省烟草公司自1985年1月1日起上划中国烟草总公司，更名为中国烟草总公司浙江省公司。2003年7月，浙江烟草实行工商分设。2008年底，完成母子公司体制改革。2020年，浙江省局（公司）下辖杭州、宁波、温州、嘉兴、湖州、绍兴、金华、衢州、丽水、台州、舟山等11个地市级烟草专卖局（公司）、65个县级烟草专卖局（分公司）①，以及浙江烟草投资管理有限责任公司（浙江香溢控股有限公司）、浙江烟草进出口有限公司（烟叶生产经营管理办公室）。省局（公司）机关设13个职能处室、6个专业部门。截至2020年底，总资产899.86亿元，其中固定资产28.19亿元、流动资产763.42亿元，资产负债率12.54%。从业人员1.0万人。

【领导成员】

党组书记、局长、总经理：邱　萍

党组成员、副总经理：林少华

党组成员、纪检组组长：关　军

党组成员、副总经理：陈修年

总经济师：陈　燕

安徽省烟草专卖局（公司）

【概　况】 安徽省烟草专卖局成立于1984年5月，安徽省烟草公司组建于1980年10月。1983年10月，安徽省政府与中国烟草总公司签署协议，安徽省烟草公司上划中国烟草总公司，更名为中国烟草总公司安徽省公司。2003年4月，安徽烟草率先实行工商分设。2006年，完成母子公司体制改革。2020年，安徽省局（公司）下辖合肥、淮北、亳州、宿州、蚌埠、阜阳、淮南、滁州、六安、马鞍山、芜湖、宣城、铜陵、池州、安庆、黄山等16个地市级烟草专卖局（公司）、88个县级烟草专卖局、86个县级卷烟营销部，华环国际烟草有限公司及安徽皖南烟叶有限责任公司。省局（公司）机关设16个职能部门、8个专业部门。截至2020年底，总资产420.36亿元，其中固定资产31.91亿元、流动资产365.05亿元，资产负债率21.55%。从业人员1.05万人。

【领导成员】②

党组副书记、副局长、副总经理：董秀明（—2020年12月，主持全面工作）（正厅级）

党组书记、局长、总经理：张亚宾（2020年12月—）

党组成员、副总经理：董建江

党组成员、纪检组组长：李柏林

党组成员、副总经理：王道支

党组成员、副总经理：张丙利

党组成员、副局长：俞进祥（2020年4月—）

总农艺师：邵伏文

副巡视员：时玉玲（—2020年4月，退休）

福建省烟草专卖局（公司）

【概　况】 福建省烟草专卖局、福建省烟草公司组建于1984年1月1日。1984年12月31日，福建省政府与中国烟草总公司签订协议，决定自协议签署之日起，福建省烟草公司上划中国烟草总公司，更名为中国烟草总公司福建省公司。2003年11月，福建烟草实行工商分设。2006年，完成母子公司体制改革。2020年，福建省局（公司）下辖福州、厦门、宁德、莆田、泉州、漳州、龙岩、三明、南平等9个地市级烟草专卖局（公司），76个县级烟草专卖局（分公司），福建省三明金叶复烤有限公司、福建武夷烟叶有限公司，以及福建烟草海晟投资管理有限公司和中国烟草福建进出口有限责任公司。省局（公司）机关设14个职能处室、9个专业部门。截至2020年底，总资产565.68亿元，其中固定资产35.8亿元、流动资产372.49亿元，资产负债率12.56%。从业人员1.56万人，实行全员聘用制。

【领导成员】

党组书记、局长、总经理：李民灯

党组成员、副局长：孔祥统（—2020年12月）

党组成员、副总经理：尤清河

党组成员、纪检组组长：纪任德

党组成员、副总经理：林师训

党组成员、副总经理：周志攀

---

① 2019年11月，国家局、总公司印发《关于设立温州市烟草专卖局（公司）所属部分机构的批复》（国烟人〔2019〕177号），同意设立龙港市烟草专卖局、温州市烟草公司龙港分公司。2020年7月6日，龙港市局（分公司）挂牌成立。

② 2020年12月，国家局党组印发《关于张亚宾和董秀明同志职务任免的通知》（国烟党〔2020〕331号），张亚宾同志任中共安徽省烟草专卖局（公司）党组书记、安徽省烟草专卖局局长、中国烟草总公司安徽省公司总经理，试用期一年，任职时间自2020年12月8日党组决定之日起计算；免去董秀明同志的中共安徽省烟草专卖局（公司）党组副书记、安徽省烟草专卖局副局长、中国烟草总公司安徽省公司副总经理职务，另有任用。

2020年5月，国家局党组印发《关于俞进祥同志任职的通知》（国烟党〔2020〕141号），俞进祥同志任中共安徽省烟草专卖局（公司）党组成员、安徽省烟草专卖局副局长，试用期一年，任职时间自2020年4月30日党组决定之日起计算。

总农艺师：陈顺辉

副巡视员：黄学良

副巡视员：陈小红

江西省烟草专卖局（公司）

【概　况】　江西省烟草专卖局、江西省烟草公司组建于1984年1月。1984年12月，江西省政府与中国烟草总公司签署协议，决定江西省烟草公司自签字之日起上划中国烟草总公司。2004年，江西烟草实行工商分设。2006年，完成母子公司体制改革。2020年，江西省局（公司）下辖南昌、九江、上饶、抚州、宜春、吉安、赣州、景德镇、萍乡、新余、鹰潭等11个地市级烟草专卖局（公司），98个县级烟草专卖局（分公司）①，及江西省烟草专卖局铁路分局、中国烟草井冈山传统教育基地、江西省锦峰投资管理有限责任公司、江西赣南烟叶复烤有限责任公司、江西省烟草培训中心、江西省烟草科学研究所等6个二级单位。省局（公司）机关设15个职能处室、6个专业部门。截至2020年底，总资产256.92亿元，其中固定资产50亿元、流动资产217.41亿元，资产负债率10.97%。从业人员8141人。

【领导成员】②

党组书记、局长、总经理：王劲栋（—2020年1月）

党组书记、局长、总经理：姜　凯（2020年1月—）

党组成员、副总经理：徐素珍

党组成员、副局长：胡义强

党组成员、副总经理：李　民

党组成员、纪检组组长：宁　伟（—2020年8月）（机关部门副职）

副巡视员：殷小奇（2020年1—8月，退休）

副巡视员：孙　宏（2020年1—11月，退休）

山东省烟草专卖局（公司）

【概　况】　山东省烟草专卖局成立于1983年10月，山东省烟草公司组建于1982年4月。1985年12月，山东省烟草公司正式上划中国烟草总公司，更名为中国烟草总公司山东省公司。2004年2月，山东烟草实行工商分设。2020年，山东省局（公司）下辖济南、青岛、淄博、枣庄、东营、烟台、潍坊、济宁、泰安、威海、日照、莱芜、临沂、德州、聊城、滨州、菏泽等17个地市级烟草专卖局（有限公司）、137个县级烟草专卖局（分公司、营销部），以及《东方烟草报》社有限公司、中国烟草山东进出口有限责任公司、中国烟草总公司青州中等专业学校、山东烟草投资管理有限公司、山东烟叶复烤有限公司、山东烟草研究院，17个专卖内管派驻机构，17个审计派驻办。省局（公司）机关设22个内设机构，1个铁路分局。截至2020年底，总资产428.41亿元，其中固定资产50.98亿元、流动资产321.74亿元，资产负债率17.55%。从业人员2.38万人。

【领导成员】

党组书记、局长、总经理：吴洪田

党组成员、副总经理：王卫平

党组成员、副局长：宋新忠

党组成员、纪检组组长：许　萍

党组成员、副总经理：徐立国

党组成员、副总经理：曹红祥

党组成员：宋洪润（2020年1月—）③

河南省烟草专卖局（公司）

【概　况】　河南省烟草专卖局成立于1983年7月，河南省烟草公司组建于1982年11月。1984年8月，河南省政府和中国烟草总公司签订协议，决定河南省烟草公司及所辖工商企业全部上划中国烟草总公司，更名为中国烟草总公司河南省公司。2004年1月，河南烟草实行工商分设。2006年，取消县级烟草公司法人资格，完成母子公司体制改革。2020年，河南省局（公司）下辖郑州、开封、洛阳、平顶山、安阳、鹤壁、新乡、焦作、濮阳、许昌、漯河、三门峡、南阳、商丘、信阳、周口、驻马店、济源等18个地市级烟草专卖局（公司），134个县级烟草专卖局、135

---

①　2020年11月，国家局、总公司印发《关于调整赣州市烟草专卖局（公司）所属部分机构的批复》（国烟人〔2020〕165号），撤销江西省龙南县烟草专卖局，设立龙南市烟草专卖局；龙南市烟草专卖局与赣州市烟草公司龙南分公司合署办公。

②　2020年1月，国家局党组印发《关于姜凯和王劲栋同志职务任免的通知》（国烟党〔2020〕13号），姜凯同志任中共江西省烟草专卖局（公司）党组书记、江西省烟草专卖局局长、中国烟草总公司江西省公司总经理；免去王劲栋同志中共江西省烟草专卖局（公司）党组书记、江西省烟草专卖局局长、中国烟草总公司江西省公司总经理职务，另有任用。

2020年1月，国家局党组印发《关于殷小奇和孙宏同志任职的通知》（国烟党〔2020〕28号），殷小奇、孙宏同志任江西省烟草专卖局（公司）副巡视员，任职时间自2020年1月7日党组决定之日起计算。

③　2020年1月，国家局党组印发《关于宋洪润等三名同志职务任免的通知》（国烟党〔2020〕10号），宋洪润同志任中共山东省烟草专卖局（公司）党组成员，免去其中共济南市烟草专卖局（公司）委员会书记、济南市烟草专卖局局长、山东济南烟草有限公司经理职务。

个县级烟草分公司，天昌国际烟草有限公司、中国烟草河南进出口有限责任公司、河南烟草投资管理有限公司和河南省烟草职工培训中心。省局（公司）机关设15个职能处室、9个专业部门。截至2020年底，总资产400.03亿元，其中固定资产40.07亿元、流动资产305.59亿元，资产负债率12.93%。从业人员2.0万人。

【领导成员】①

党组书记、局长、总经理：周恩海（—2020年10月）

党组书记、局长、总经理：卓俭华（2020年10月—）

党组成员、副局长：卢俊良

党组成员、副总经理：赵建州

党组成员、副总经理：王泽宗

党组成员、副总经理：殷建立

党组成员、纪检组组长：俞关勇

湖北省烟草专卖局（公司）

【概　况】　湖北省烟草专卖局成立于1984年3月，湖北省烟草公司成立于1983年8月。1984年11月12日，湖北省政府与中国烟草总公司签署协议，决定湖北省烟草公司自协议书签订之日起上划中国烟草总公司，更名为中国烟草总公司湖北省公司。2003年8月，湖北烟草实行工商分设。2006年，完成母子公司体制改革。2020年，湖北省局（公司）下辖武汉、黄冈、襄阳、荆州、十堰、孝感、恩施、宜昌、咸宁、随州、黄石、荆门、鄂州等13个地市级烟草专卖局（公司），仙桃、天门、潜江等3个直管市烟草专卖局（公司）和神农架林区烟草专卖局（公司），89个县级局（营销部）、14个烟叶分公司，以及湖北烟草金叶复烤有限责任公司、湖北省烟草专卖局教育培训中心、湖北烟草投资管理有限责任公司、中国烟草湖北进出口有限责任公司、湖北省烟草科学研究院（中国烟草白肋烟试验站）。省局（公司）机关设15个职能处室、7个专业部门。截至2020年底，总资产360.86亿元，其中固定资产35.61亿元、流动资产286.01亿元，资产负债率12.88%。从业人员1.3万人，其中聘用员工2699人。

【领导成员】

党组书记、局长、总经理：顾厚武

巡视员：徐述舟（2020年6—7月，之前任党组成员、副局长，退休）②

党组成员、副总经理：夏汉林

党组成员、副总经理：梁　斌

党组成员、副总经理：赵建成

党组成员、纪检组组长：刘义华（2020年3月—）（机关部门副职）③

总会计师：周玉平（—2020年6月，退休）

副巡视员：黄小刚（2020年7月—）④

湖南省烟草专卖局（公司）

【概　况】　湖南省烟草专卖局成立于1983年10月，湖南省烟草公司成立于1983年7月。1985年1月，湖南省烟草公司正式上划中国烟草总公司，更名为中国烟草总公司湖南省公司。2003年5月，湖南烟草实行工商分设。2020年，湖南省局（公司）下辖长沙、株洲、湘潭、岳阳、衡阳、郴州、常德、益阳、娄底、邵阳、张家界、怀化、湘西、永州等14个市（州）烟草专卖局（公司）、95个县（区）级烟草专卖局（分公司）⑤、中共湖南省烟草专卖局党校（湖南省烟草职工培训中心）、湖南烟叶复烤有限公司、中国烟草湖南进出口有限责任公司。省局（公司）机关设16个职能处室、7个专业部门。截至2020年底，总资产488.67亿元，其中固定资产62.7亿元、流动资产357.36亿元，资产负债率6.25%。从业人员1.3万人。

【领导成员】⑥

党组书记、局长、总经理：樊剑峰（—2020年12月）

---

① 2020年10月，国家局党组印发《关于卓俭华和周恩海同志职务任免的通知》（国烟党〔2020〕270号），卓俭华同志任中共河南省烟草专卖局（公司）党组书记、河南省烟草专卖局局长、中国烟草总公司河南省公司总经理；免去周恩海同志的中共河南省烟草专卖局（公司）党组书记、河南省烟草专卖局局长、中国烟草总公司河南省公司总经理职务，另有任用。

② 2020年6月，国家局党组印发《关于徐述舟同志职务任免的通知》（国烟党〔2020〕178号），徐述舟同志任湖北省烟草专卖局（公司）巡视员，免去其中共湖北省烟草专卖局（公司）党组成员、湖北省烟草专卖局副局长职务，任职时间自2020年6月1日党组决定之日起计算。

③ 2020年3月，国家局党组印发《关于刘义华同志任职的通知》（国烟党〔2020〕56号），刘义华同志任中共湖北省烟草专卖局（公司）党组成员、党组纪检组组长（机关部门副职）。

④ 2020年8月，国家局党组印发《关于黄小刚同志任职的通知》（国烟党〔2020〕202号），黄小刚同志任湖北省烟草专卖局（公司）副巡视员，任职时间自2020年7月28日党组决定之日起计算。

⑤ 2020年2月，国家局、总公司印发《关于设立长沙市烟草专卖局（公司）所属部分机构的批复》（国烟人〔2020〕47号），设立长沙市芙蓉区、雨花区、天心区、开福区、岳麓区烟草专卖局（分公司）。

⑥ 2020年12月，国家局党组印发《关于孔祥统和樊剑峰同志职务任免的通知》（国烟党〔2020〕333号），孔祥统同志任中共湖南省烟草专卖局（公司）党组书记、湖南省烟草专卖局局长、中国烟草总公司湖南省公司总经理，试用期一年，任职时间自2020年12月8日党组决定之日起计算；免去樊剑峰同志的中共湖南省烟草专卖局（公司）党组书记、湖南省烟草专卖局局长、中国烟草总公司湖南省公司总经理职务。

党组书记、局长、总经理：孔祥统（2020 年 12 月—）
党组成员、副总经理：徐文军
党组成员、副总经理：谢建宏
党组成员、副总经理：黄国联
党组成员、纪检组组长：代　伟
总农艺师：陆中山
副巡视员：郑则豪
副巡视员：唐珊珊

广东省烟草专卖局（公司）

【概　况】① 广东省烟草专卖局、广东省烟草公司成立于 1983 年。1985 年 11 月 20 日，广东省政府和中国烟草总公司签署协议，决定广东省烟草公司自协议签订之日起上划中国烟草总公司，更名为中国烟草总公司广东省公司。2003 年 5 月，广东烟草实行工商分设。2020 年，广东省局（公司）下辖广州、珠海、汕头、佛山、韶关、河源、梅州、惠州、汕尾、东莞、中山、江门、阳江、湛江、茂名、肇庆、清远、潮州、揭阳、云浮等 20 个地市级烟草专卖局（公司），广东韶关烟叶复烤有限公司，89 个县级烟草专卖局（分公司）。省局（公司）机关设 16 个职能处室、8 个专业部门，中国烟草广东进出口有限公司、广东粤烟投资管理有限公司、广州珠江城置业有限公司等 3 个专业公司。截至 2020 年底，总资产 593.29 亿元，其中固定资产 32.65 亿元、流动资产 468.03 亿元，资产负债率 12.72%。从业人员 1.39 万人。

【领导成员】

党组书记、局长、总经理：王德源（2020 年 11 月—）②
巡视员：刘依平（2020 年 11 月—，之前任党组书记、局长、总经理）③
巡视员：周伟兵（—2020 年 2 月，退休）
党组成员、副局长：曾　政
党组成员、副总经理：周　亮
党组成员、副总经理：刘志斌
党组成员、副总经理：陈秉恒
党组成员、纪检组组长：高　翔（2020 年 9 月—）④
副巡视员：傅　斌

广西壮族自治区烟草专卖局（公司）

【概　况】 广西壮族自治区烟草专卖局成立于 1984 年 1 月，广西壮族自治区烟草公司成立于 1983 年 5 月。1984 年 12 月 1 日，广西壮族自治区人民政府与中国烟草总公司签署协议，决定自 1985 年 1 月 1 日起，广西壮族自治区烟草公司上划中国烟草总公司，更名为中国烟草总公司广西壮族自治区公司。2003 年 12 月，广西烟草实行工商分设。2020 年，广西壮族自治区局（公司）下辖南宁、柳州、桂林、梧州、北海、防城港、钦州、贵港、玉林、百色、贺州、河池、来宾、崇左等 14 个地市级烟草专卖局（公司），94 个县级烟草专卖局（营销部），伊灵烟叶复烤有限责任公司和广西双维投资管理有限责任公司。自治区局（公司）机关设 16 个职能处室、7 个专业部门和 1 个临时机构。截至 2020 年底，总资产 168.84 亿元，其中固定资产 17.78 亿元、流动资产 95.96 亿元，资产负债率 10.19%。从业人员 8126 人。

【领导成员】

党组书记、局长、总经理：王　全
党组成员、副总经理：席亮文
党组成员、副总经理：霍文义（—2020 年 4 月，退休）
党组成员、副总经理：陈可忠
党组成员、纪检组组长：肖　春
党组成员、副局长：凌为民
总农艺师：李　波
副巡视员：许　宁
副巡视员：王　勇

海南省烟草专卖局（公司）

【概　况】 海南省烟草专卖局、中国烟草总公司海南省公司成立于 1988 年 6 月。2020 年，海南省局（公司）下辖海口、三亚、儋州、琼海等 4 个地市级烟草专卖局（公

---

① 2020 年 12 月，国家局、总公司印发《关于撤销广东梅州烟叶复烤有限公司的批复》（国烟法〔2020〕192 号），撤销广东梅州烟叶复烤有限公司。

② 2020 年 12 月，国家局党组印发《关于王德源同志任职的通知》（国烟党〔2020〕312 号），王德源同志任中共广东省烟草专卖局（公司）党组书记、广东省烟草专卖局局长、中国烟草总公司广东省公司总经理，试用期一年，任职时间自 2020 年 11 月 23 日党组决定之日起计算。

③ 2020 年 11 月，国家局党组印发《关于刘依平同志职务调整的通知》（国烟党〔2020〕298 号），刘依平同志任广东省烟草专卖局（公司）巡视员，免去其中共广东省烟草专卖局（公司）党组书记、广东省烟草专卖局局长、中国烟草总公司广东省公司总经理职务。

④ 2020 年 10 月，国家局党组印发《关于高翔同志任职的通知》（国烟党〔2020〕275 号），高翔同志任中共广东省烟草专卖局（公司）党组成员、党组纪检组组长，试用期一年，任职时间自 2020 年 9 月 21 日党组决定之日起计算。

司），14 个县级烟草专卖局（营销部），持有海南金沙岛卷烟销售有限责任公司 30% 的股份。省局（公司）机关设 12 个职能处室、6 个专业部门、1 个其他部门、1 个分支机构。截至 2020 年底，总资产 80.35 亿元，其中固定资产 2.71 亿元、流动资产 73.74 亿元，资产负债率 10.92%。在岗人员 1221 人，实行全员聘用制。

【领导成员】①

党组书记、局长、总经理：金忠理

党组成员、纪检组组长：梁开朝

党组成员、副总经理：王　军

党组成员、副总经理：王斌斌

党组成员、副局长：李　云（2020 年 7 月—）

总会计师：徐丽芬

巡视员：闫玉岗（2020 年 1 月—，之前任党组成员、副局长）

副巡视员：许丁科（2020 年 1 月—）

重庆市烟草专卖局（公司）

【概　况】　重庆市烟草专卖局、重庆市烟草公司成立于 1983 年。1984 年 7 月 14 日，重庆市政府与中国烟草总公司签署协议，决定自 1985 年 1 月 1 日起，重庆市烟草公司上划中国烟草总公司，更名为中国烟草总公司重庆市公司。2003 年 8 月，重庆烟草实行工商分设，四川卷烟工业与重庆卷烟工业跨省组建川渝中烟工业公司。2020 年，重庆市局（公司）下辖万州、涪陵、黔江、渝中、大渡口、江北、沙坪坝、九龙坡、南岸、北碚、万盛经济技术开发区、渝北、巴南、长寿、江津、合川、永川、南川、綦江、大足、璧山、铜梁、潼南、荣昌、梁平、城口、丰都、垫江、武隆、忠县、开州、云阳、奉节、巫山、巫溪、石柱、秀山、酉阳、彭水等 39 个区（县）烟草专卖局（分公司），重庆市烟草投资管理有限公司 1 个多元化经营企业，中国烟草总公司重庆市公司销售分公司、烟叶分公司、物流分公司等 3 个专业分公司，重庆烟叶复烤有限公司及重庆烟草科学研究所。市局（公司）机关设 20 个部门。截至 2020 年底，总资产 219.63 亿元，其中固定资产 14.09 亿元、流动资产 195.7 亿元，资产负债率 17.79%。从业人员 7715 人。

【领导成员】

党组书记、局长、总经理：李定晓

党组成员、副总经理：冉幕寿

党组成员、副总经理：刘庆岩

党组成员、副局长：刘　伟

党组成员、纪检组组长：何　川（2020 年 1 月—）②

副巡视员：李纯林（—2020 年 12 月，退休）

副巡视员：刘　劲

四川省烟草专卖局（公司）

【概　况】　四川省烟草专卖局成立于 1983 年 3 月，四川省烟草公司成立于 1982 年 10 月。1984 年 7 月 9 日，中国烟草总公司与四川省政府签署《关于四川省烟草公司上划交接协议书》，规定自签订之日起，全省烟草工商企业上划中国烟草总公司。1996 年，中央决定设立重庆直辖市后，辖区烟草工商企业划归重庆管辖。2003 年 8 月，四川烟草实行工商分设，四川卷烟工业与重庆卷烟工业跨省组建川渝中烟工业公司。2020 年，四川省局（公司）下辖成都、自贡、攀枝花、泸州、德阳、绵阳、广元、遂宁、内江、乐山、南充、资阳、广安、达州、巴中、雅安、眉山、宜宾、凉山、阿坝、甘孜等 21 个市（州）烟草专卖局（公司），184 个县级烟草专卖局，180 个县级烟草分公司③，以及中国烟草四川进出口有限责任公司、四川烟叶复烤有限责任公司、四川诚至诚烟草投资有限责任公司。省局（公司）机关设机构 25 个。截至 2020 年底，总资产 581.6 亿元，其

---

① 2020 年 2 月，国家局党组印发《关于闫玉岗和许丁科同志职务任免的通知》（国烟党〔2020〕49 号），闫玉岗同志任海南省烟草专卖局（公司）巡视员，免去其中共海南省烟草专卖局（公司）党组成员、海南省烟草专卖局副局长职务；许丁科同志任海南省烟草专卖局（公司）副巡视员。闫玉岗和许丁科同志的任职时间自 2020 年 1 月 7 日党组决定之日起计算。

2020 年 8 月，国家局党组印发《关于李云同志任职的通知》（国烟党〔2020〕224 号），李云同志任中共海南省烟草专卖局（公司）党组成员、海南省烟草专卖局副局长，试用期一年，任职时间自 2020 年 7 月 28 日党组决定之日起计算。

② 2020 年 2 月，国家局党组印发《关于何川同志任职的通知》（国烟党〔2020〕37 号），何川同志任中共重庆市烟草专卖局（公司）党组成员、党组纪检组组长，试用期一年，任职时间自 2020 年 1 月 7 日党组决定之日起计算。

③ 2020 年 11 月，国家局、总公司印发《关于撤销四川省烟草公司自贡市公司直属分公司并设立四川省烟草公司自贡市公司自流井等四家分公司的批复》（国烟法〔2020〕160 号），撤销四川省烟草公司自贡市公司直属分公司，设立四川省烟草公司自贡市公司自流井分公司、大安分公司、贡井分公司、沿滩分公司。

2020 年 11 月，国家局、总公司印发《关于撤销四川省烟草公司绵阳市公司直属分公司并设立四川省烟草公司绵阳市公司涪城等两家分公司的批复》（国烟法〔2020〕162 号），撤销四川省烟草公司绵阳市公司直属分公司，设立四川省烟草公司绵阳市公司涪城分公司、游仙分公司。

2020 年 11 月，国家局、总公司印发《关于撤销四川省烟草公司南充市公司直属分公司并设立四川省烟草公司南充市公司顺庆等三家分公司的批复》（国烟法〔2020〕161 号），撤销四川省烟草公司南充市公司直属分公司，设立四川省烟草公司南充市公司顺庆分公司、高坪分公司、嘉陵分公司。

中固定资产 40.4 亿元、流动资产 450.37 亿元，资产负债率 11.26%。从业人员 1.33 万人。

【领导成员】①

党组书记、局长、总经理：李恩华（—2020 年 12 月）

党组书记、局长、总经理：董秀明（2020 年 12 月—）

党组成员、副总经理：肖　瑞

党组成员、纪检组组长：唐　强

党组成员、副总经理：麻世强（—2020 年 2 月，退休）

党组成员、副总经理：耿宏斌

党组成员、副局长：白向群（2020 年 8 月—）

总经济师：李作民（2019 年 12 月—）

贵州省烟草专卖局（公司）

【概　况】　贵州省烟草专卖局成立于 1983 年 9 月，贵州省烟草公司成立于 1981 年 11 月。1985 年 11 月 13 日，贵州省政府与中国烟草总公司签署协议，决定自 1986 年 6 月 1 日起，贵州省烟草公司上划中国烟草总公司，更名为中国烟草总公司贵州省公司。2004 年 1 月，贵州烟草实行工商分设。2006 年，取消县级公司法人资格，确立地市级公司市场经营主体地位，建立母子公司体制。2020 年，贵州省局（公司）下辖贵阳、遵义、六盘水、安顺、毕节、铜仁、黔东南、黔南、黔西南、贵安新区等 10 个地市级烟草专卖局（公司），88 个县级烟草专卖局（分公司）②、贵州省烟草科学研究院、中国烟草贵州进出口有限责任公司、贵州烟草投资管理有限公司、贵州烟叶复烤有限责任公司。省局（公司）机关设 15 个职能处室、9 个专业部门。截至 2020 年底，总资产 382.86 亿元，其中固定资产 48.03 亿元、流动资产 300.27 亿元，资产负债率 13.25%。从业人员 1.66 万人。

【领导成员】

党组书记、局长、总经理：高体仁

党组成员、副局长：任　林

党组成员、副总经理：沈　宏

党组成员、副总经理：陈　熹

党组成员、纪检组组长：张光伟

云南省烟草专卖局（公司）

【概　况】　云南省烟草专卖局成立于 1983 年 11 月，云南省烟草公司成立于 1982 年 4 月。1985 年 1 月，云南省人民政府与中国烟草总公司签署《关于云南省烟草公司上划交接协议书》，决定自 1985 年 1 月 1 日起，云南省烟草公司上划中国烟草总公司，更名为中国烟草总公司云南省公司。2003 年 10 月，云南烟草实行工商分设。2020 年，云南省局（公司）下辖昆明、玉溪、曲靖、红河、楚雄、大理、昭通、保山、文山、普洱、丽江、临沧、德宏、西双版纳、怒江、迪庆等 16 个地市级烟草专卖局（公司）、129 个县级烟草专卖局（分公司）③，云南省烟草烟叶公司、中国烟草云南进出口有限公司、云南烟叶复烤有限责任公司、云南华叶投资有限责任公司、云南香料烟有限责任公司等 5 个直属企业和云南省烟草农业科学研究院、云南省烟草质量监督检测站 2 个直属事业单位。省局（公司）机关设 15 个职能处室、7 个专业部门。截至 2020 年底，总资产 1246.43 亿元，其中固定资产 61.19 亿元、流动资产 1016.26 亿元，资产负债率 12.3%。从业人员 1.79 万人。

【领导成员】

党组书记、局长、总经理：李光林

党组成员、副局长：邓小刚

党组成员、纪检组组长：蔡振华

党组成员、副总经理：吴践志

党组成员、副总经理：包　毅

总农艺师：杨　跃（2020 年 3 月—）④

副巡视员：段应泽

副巡视员：杨世田

---

① 2020 年 12 月，国家局党组印发《关于董秀明和李恩华同志职务任免的通知》（国烟党〔2020〕332 号），董秀明同志任中共四川省烟草专卖局（公司）党组书记、四川省烟草专卖局局长、中国烟草总公司四川省公司总经理，试用期一年，任职时间自 2020 年 12 月 8 日党组决定之日起计算；免去李恩华同志的中共四川省烟草专卖局（公司）党组书记、四川省烟草专卖局局长、中国烟草总公司四川省公司总经理职务。

2020 年 9 月，国家局党组印发《关于白向群同志任职的通知》（国烟党〔2020〕234 号），白向群同志任中共四川省烟草专卖局（公司）党组成员、四川省烟草专卖局副局长，试用期一年，任职时间自 2020 年 8 月 20 日党组决定之日起计算。

2020 年 1 月，国家局党组印发《关于李作民同志任职的通知》（国烟党〔2020〕4 号），李作民同志任四川省烟草专卖局（公司）总经济师，试用期一年，任职时间自 2019 年 12 月 13 日党组决定之日起计算。

② 2020 年 3 月，国家局、总公司印发《关于设立贵州省烟草公司贵阳市南明分公司等机构的批复》（国烟法〔2020〕56 号），设立贵州省烟草公司贵阳市公司南明分公司、云岩分公司、观山湖分公司、花溪分公司、白云分公司、乌当分公司。

③ 2020 年 5 月，国家局、总公司印发《关于设立怒江傈僳族自治州烟草专卖局（公司）所属部分机构的批复》（国烟人〔2020〕91 号），同意设立泸水市烟草专卖局、云南省烟草公司怒江州公司泸水分公司。

④ 2020 年 3 月，国家局党组印发《关于杨跃同志任职的通知》（国烟党〔2020〕86 号），杨跃同志任云南省烟草专卖局（公司）总农艺师，试用期一年，任职时间自 2020 年 3 月 13 日党组决定之日起计算。

西藏自治区烟草专卖局（公司）

【概　况】 西藏自治区烟草专卖局、西藏自治区烟草公司成立于1998年1月。2001年1月，西藏自治区烟草公司正式上划中国烟草总公司，更名为中国烟草总公司西藏自治区公司。2020年，西藏自治区局（公司）下辖拉萨、日喀则、林芝、山南、昌都、阿里等6个地市级烟草专卖局（公司）。自治区局（公司）机关设14个职能处室、8个专业部门、1个临时机构。截至2020年底，总资产37.13亿元，其中固定资产3.47亿元、流动资产31.73亿元，资产负债率7.46%。从业人员916人，其中劳务派遣人员158人。

【领导成员】

党委书记、局长、总经理：宋　俊（—2020年1月）

党委副书记、副局长、副总经理：李文辉（2020年6月—，主持全面工作）①

党委委员、副局长：旺　啦

党委委员、副总经理：乔建民

党委委员、副总经理：洛　桑

党委委员、纪委书记：普　布（—2020年4月）

党委委员、副总经理：曾　涛

副巡视员：王永长

陕西省烟草专卖局（公司）

【概　况】 陕西省烟草专卖局成立于1984年9月，陕西省烟草公司成立于1984年7月，实行合署办公。1985年4月3日，陕西省人民政府与中国烟草总公司签署协议，决定自1985年1月1日起，陕西省烟草公司上划中国烟草总公司，更名为中国烟草总公司陕西省公司。2003年12月，陕西烟草实行工商分设。2007年实施母子公司体制改革。2020年，陕西省局（公司）下辖西安、咸阳、宝鸡、渭南、铜川、商洛、汉中、安康、延安、榆林、杨凌等11个地市级烟草专卖局（公司），107个县级烟草专卖局（分公司、营销部），10个物流分公司以及陕西烟草投资管理有限公司、陕西烟草进出口有限责任公司、咸阳烟叶复烤有限责任公司、西安铁路烟草专卖分局。省局（公司）机关设15个职能处室、8个专业部门。截至2020年底，总资产207.15亿元，其中固定资产15.90亿元、流动资产151.28亿元，资产负债率14.34%。从业人员9634人。

【领导成员】

党组书记、局长、总经理：高兴智

党组成员、副局长：吉应城

党组成员、副总经理：梁培荣

党组成员、纪检组组长：赵启斌

党组成员、副总经理：董旭红

副巡视员：李树奎

甘肃省烟草专卖局（公司）

【概　况】 甘肃省烟草专卖局、甘肃省烟草公司成立于1984年9月，实行合署办公。1985年5月15日，甘肃省经济委员会与中国烟草总公司签署协议，决定从协议签订之日起甘肃省烟草公司上划中国烟草总公司，更名为中国烟草总公司甘肃省公司。2006年，完成母子公司体制改革。2020年，甘肃省局（公司）下辖兰州、天水、定西、酒泉、武威、张掖、庆阳、平凉、陇南、白银、金昌、嘉峪关、临夏、甘南等14个地市级烟草专卖局（公司），82个县烟草专卖局（营销部）和1个县级烟草专卖局（公司），甘肃省烟草专卖局铁路分局。省局（公司）机关设16个职能处室、6个专业部门。截至2020年底，总资产96.48亿元，其中固定资产8.56亿元、流动资产74.78亿元，资产负债率5.03%。从业人员4243人，实行全员聘用制。

【领导成员】

党组书记、局长、总经理：师增建

党组成员、副总经理：张　威

党组成员、副总经理：杨　洪

党组成员、副局长：蔺志宏

党组成员、纪检组组长：文黎耕（—2020年8月，退休）

副巡视员：孙　军（—2020年4月，退休）

青海省烟草专卖局（公司）

【概　况】 青海省烟草专卖局、中国烟草总公司青海省

---

① 2020年7月，国家局党组印发《关于李文辉同志任职的通知》（国烟党〔2020〕194号），李文辉同志任中共西藏自治区烟草专卖局（公司）委员会副书记、西藏自治区烟草专卖局副局长、中国烟草总公司西藏自治区公司副总经理，主持全面工作，任职时间自2020年6月1日党组决定之日起计算。

公司组建于1984年，1986年划归国家烟草专卖局、中国烟草总公司管理。2004年理顺全省烟草专卖管理体制，2007年完成母子公司体制改革。2020年，青海省局（公司）下辖西宁、海东、海西、格尔木、海南、海北、黄南、玉树、果洛等9个地市级烟草专卖局（公司），35个县级烟草专卖局，34个县级营销部。省局（公司）机关设12个职能处室、5个专业部门，以及青海烟草物流中心。截至2020年底，总资产40.18亿元，其中固定资产1.49亿元、流动资产37.73亿元，资产负债率15.89%。从业人员1075人。

【领导成员】①

党组书记、局长、总经理：李德义（—2020年8月）

党组副书记、副局长、副总经理：薛　飞（2020年7月—，主持全面工作）

党组成员、副总经理：秦　刚

党组成员、副总经理：刘海宁

党组成员、纪检组组长：李祥红

宁夏回族自治区烟草专卖局（公司）

【概　况】　宁夏回族自治区烟草专卖局、宁夏回族自治区烟草公司经宁夏回族自治区人民政府批准于1983年10月成立。1986年1月，宁夏回族自治区烟草公司上划中国烟草总公司，更名为中国烟草总公司宁夏回族自治区公司。2020年，宁夏回族自治区局（公司）下辖银川、石嘴山、吴忠、固原、中卫等5个地市级烟草专卖局（公司），22个县级烟草专卖局（分公司），以及宁夏回族自治区公司物流中心。自治区局（公司）机关设13个职能处室、5个专业部门②。截至2020年底，总资产35.28亿元，其中固定资产3.38亿元、流动资产29.53亿元，资产负债率8.48%。从业人员1211人，实行全员聘用制。

【领导成员】③

党组书记、局长、总经理：姜　凯（—2020年1月）

党组书记、局长、总经理：宋　俊（2020年1月—）

党组成员、副局长：李光荣

党组成员、副总经理：罗增平

党组成员、纪检组组长：李文辉（—2020年7月）

党组成员、副总经理：虎治富

党组成员、纪检组组长：岳　坤（2020年11月—）

新疆维吾尔自治区烟草专卖局（公司）

【概　况】　新疆维吾尔自治区烟草专卖局、新疆维吾尔自治区烟草公司成立于1986年1月1日，同年，新疆维吾尔自治区烟草公司上划中国烟草总公司，更名为中国烟草总公司新疆维吾尔自治区公司，2017年12月，调整为新疆维吾尔自治区烟草公司。2011年，自治区局将各地、州、市烟草专卖局所属县级烟草专卖行政主管部门名称统一为“某某地、州、市某某县（市、区）烟草专卖局”，原县级卷烟经营机构主要任务是市场服务，不再具体从事卷烟的批发与零售及其他经营活动。2020年，新疆维吾尔自治区局（公司）下辖乌鲁木齐、昌吉、博尔塔拉、伊犁、克拉玛依、塔城、阿勒泰、吐鲁番、哈密、巴音郭楞、阿克苏、喀什、和田等13个地市级烟草专卖局（公司），新疆维吾尔自治区烟草专卖局石河子市局、克孜勒苏柯尔克孜自治州烟草专卖局2个地（州、市）烟草专卖局④，94个县级烟草专卖局，新疆烟草进出口有限责任公司、新疆烟草营销中心、新疆烟草物流中心。自治区局（公司）机关设12个职能处室、4个专业部门。截至2020年底，总资产87.91亿元，其中固定资产6.63亿元、流动资产77.52亿元，资产负债率5.32%。从业人员2595人。

---

① 2020年8月，国家局党组印发《关于薛飞和李德义同志职务任免的通知》（国烟党〔2020〕211号），薛飞同志任中共青海省烟草专卖局（公司）党组副书记、青海省烟草专卖局副局长、中国烟草总公司青海省公司副总经理，主持全面工作；免去李德义同志的中共青海省烟草专卖局（公司）党组书记、青海省烟草专卖局局长、中国烟草总公司青海省公司总经理职务，另有任用。薛飞同志的任职时间自2020年7月28日党组决定之日起计算。

② 根据国家局、总公司《关于印发宁夏回族自治区烟草专卖局（公司）主要职责内设机构和人员编制规定的通知》（国烟人〔2016〕137号），2020年3月，宁夏区局（公司）印发《主要职责内设机构和人员编制方案》（宁烟人〔2020〕7号），设立内部专卖管理监督处、群团工作处（工会办公室）。

③ 2020年1月，国家局党组印发《关于宋俊和姜凯同志职务任免的通知》（国烟党〔2020〕12号），宋俊同志任中共宁夏回族自治区烟草专卖局（公司）党组书记、宁夏回族自治区烟草专卖局局长、中国烟草总公司宁夏回族自治区公司总经理；免去姜凯同志中共宁夏回族自治区烟草专卖局（公司）党组书记、宁夏回族自治区烟草专卖局局长、中国烟草总公司宁夏回族自治区公司总经理职务，另有任用。

2020年11月，国家局党组印发《关于岳坤同志任职的通知》（国烟党〔2020〕308号），岳坤同志任中共宁夏回族自治区烟草专卖局（公司）党组成员、党组纪检组组长，试用期一年，任职时间自2020年11月16日党组决定之日起计算。

④ 喀什地区烟草专卖局与克孜勒苏柯尔克孜自治州烟草专卖局合署办公。新疆烟草兵团石河子有限公司是兵团国资公司下属企业，人、财、物属兵团国资公司，自治区公司仅对其经营管理工作进行指导。

【领导成员】①

党组书记、局长、总经理：邱永春（—2020 年 9 月）

党组书记、局长、总经理：王　勇（2020 年 11 月—）

党组成员、副总经理：刘建昌

党组成员、副局长：曲卫东

党组成员、副总经理：孙　勇（—2020 年 11 月）

党组成员、副总经理：木哈拉木·西日甫

党组成员、副总经理：白玉龙

党组成员、纪检组组长：王录奎

副巡视员：张　力

副巡视员：曲　浩

副巡视员：张　景（—2020 年 6 月，退休）

大连市烟草专卖局（公司）

【概　况】　大连市烟草专卖局、大连市烟草公司成立于 1984 年，1994 年上划中国烟草总公司，在烟草行业内计划单列，是国家局、总公司直接管理的省级烟草专卖局（公司）。2006 年 10 月，根据《国家烟草专卖局关于大连市烟草公司建立母子公司体制改革的批复》（国烟法〔2006〕754 号），大连市烟草公司的名称变更为中国烟草总公司大连市公司。2020 年，大连市局（公司）下辖中山、西岗、沙河口、甘井子、旅顺口、金州、普兰店、瓦房店、庄河、长海等 10 个区（市、县）烟草专卖局（分公司），大连烟草营销中心、大连烟草物流中心，以及大连东方大厦有限公司、大连春天物业管理有限公司 2 个多元化公司。市局（公司）机关设 11 个职能处室、5 个专业部门。截至 2020 年底，总资产 74.03 亿元，其中固定资产 1.88 亿元、流动资产 70.29 亿元，资产负债率 13.63%。从业人员 785 人，实行全员聘用制。

【领导成员】②

党组书记、局长、总经理：刘　宁

党组成员、副总经理：杨际明（—2020 年 2 月，退休）

党组成员、副局长：顾　建

党组成员、纪检组组长：刘义华（—2020 年 3 月）（机关部门副职）

党组成员、副总经理：郭天龙

党组成员、纪检组组长：郇　鹏（2020 年 2 月—）（机关部门副职）

副巡视员：姜卫东（—2020 年 5 月，退休）

深圳市烟草专卖局（公司）

【概　况】　深圳市烟草专卖局、深圳市烟草公司成立于 1986 年。1995 年 4 月，深圳市烟草公司正式上划中国烟草总公司，更名为中国烟草总公司深圳市公司，享有省级烟草专卖管理权、经营权。2020 年，深圳市局（公司）下辖福田、罗湖、盐田、南山、宝安、龙岗、龙华、坪山、光明、大鹏新区等 10 个区烟草专卖局（公司），中深烟草贸易中心和深圳烟草进出口有限公司 2 个专业公司。市局（公司）机关设 11 个职能处室、6 个专业部门、2 个其他部门和 1 个直属分局。截至 2020 年底，总资产 147.34 亿元，其中固定资产 4.44 亿元、流动资产 135.22 亿元，资产负债率 4.21%。从业人员 1332 人。

【领导成员】

党组书记、局长、总经理：张亚宾（—2020 年 12 月）

党组成员、副总经理：李新忠

党组成员、副总经理：赖远程

党组成员、纪检组组长：张红宇（机关部门副职）

副巡视员：洪美宣（—2020 年 11 月，退休）

副巡视员：叶选强（—2020 年 6 月，退休）

◇ 编辑：王　静　吴中奇

省级中烟工业公司

河北中烟工业有限责任公司

【概　况】　河北中烟工业有限责任公司前身为河北烟草

---

① 2020 年 12 月，国家局党组印发《关于王勇和孙勇同志职务任免的通知》（国烟党〔2020〕313 号），王勇同志任中共新疆维吾尔自治区烟草专卖局（公司）党组书记、新疆维吾尔自治区烟草专卖局局长、中国烟草总公司新疆维吾尔自治区公司总经理，试用期一年，任职时间自 2020 年 11 月 23 日党组决定之日起计算；免去孙勇同志的中共新疆维吾尔自治区烟草专卖局（公司）党组成员、中国烟草总公司新疆维吾尔自治区公司副总经理职务，另有任用。

② 2020 年 3 月，国家局党组印发《关于郇鹏和刘义华同志职务任免的通知》（国烟党〔2020〕54 号），郇鹏同志任中共大连市烟草专卖局（公司）党组成员、党组纪检组组长（机关部门副职），试用期一年，任职时间自 2020 年 2 月 14 日党组决定之日起计算；免去刘义华同志中共大连市烟草专卖局（公司）党组成员、党组纪检组组长（机关部门副职）职务，另有任用。

工商分设后成立于 2003 年 6 月的河北中烟工业公司。2010 年 12 月，国家局、总公司批复同意河北中烟工业公司更名改制为河北中烟工业有限责任公司，并于 2011 年 7 月正式挂牌成立。公司下设张家口卷烟厂有限责任公司、河北白沙烟草有限责任公司 2 个具有独立法人资格的卷烟生产厂。2020 年，公司本部设 24 个部门和北方烟机配件有限公司 1 个专业公司。截至 2020 年底，公司总资产 174.61 亿元，其中固定资产 29.08 亿元、流动资产 131.37 亿元，资产负债率 29.35%。从业人员 5010 人。

【领导机构】

董事会①

董事长：舒　明

董　事：曲志刚（2020 年 12 月—）、籍　涛（—2020 年 12 月）、师进辉、杜为红、秦　剑、马伶燕、李　刚（职工董事）

监　事：王海峰

班子成员②

党组书记、总经理：籍　涛（—2020 年 11 月）

党组书记、总经理：曲志刚（2020 年 11 月—）

党组成员、纪检组组长：王海峰

党组成员、副总经理：杜为红

党组成员、副总经理：陈昌鸿（—2020 年 3 月）

党组成员、副总经理：胡自强

巡视员：师进辉

总工程师：王玉林

副巡视员：狄东昇（—2020 年 3 月，退休）

江苏中烟工业有限责任公司

【概　况】　江苏中烟工业有限责任公司前身为江苏烟草工商分设后于 2003 年 9 月成立的江苏中烟工业公司。2006 年 12 月，完成对省内卷烟工业企业的合并重组。2008 年 5 月，经国家局、总公司批复同意，改制更名为江苏中烟工业有限责任公司，并于 2009 年 9 月成立董事会，12 月举行挂牌仪式。公司下设南京卷烟厂、徐州卷烟厂、淮阴卷烟厂等 3 个不具有法人资格的卷烟生产厂，以及南通烟滤嘴有限责任公司、江苏鑫源烟草薄片有限公司 2 个全资子公司。2020 年，公司本部设 23 个部门。截至 2020 年底，公司总资产 736.63 亿元，其中固定资产 86.69 亿元、流动资产 620.09 亿元，资产负债率 11.81%。从业人员 5906 人。

【领导机构】

董事会③

董事长：高学林

董　事：曾献兵、宣晓泉、王轩庭、郭　勤、张弘毅、施　彬（2020 年 6 月—）、招启柏（—2020 年 6 月）

监　事：黄宝生

班子成员

党组书记、总经理：曾献兵

党组成员、副总经理：宣晓泉

党组成员、副总经理：王轩庭

党组成员、副总经理：王海龙

党组成员、纪检组组长：黄宝生

党组成员、副总经理：朱卫星

党组成员、副总经理：招启柏（2020 年1 月—）④

浙江中烟工业有限责任公司

【概　况】　浙江中烟工业有限责任公司前身为 2003 年 7 月浙江烟草工商分设后成立的浙江中烟工业公司。2007 年 11 月，国家局、总公司批复浙江中烟工业公司更名改制为浙江中烟工业有限责任公司。公司下设杭州卷烟厂、宁波卷烟厂 2 个不具有法人资格的卷烟生产厂和浙江中烟投资管理有限公司 1 个全资子公司，参股甘肃烟草工业有限责任公司和环球烟草有限责任公司、科伦印象有限责任公司等企业。公司本部设 16 个部门。截至 2020 年底，公司总资产 608.24 亿元，其中固定资产净值 61.76 亿元、流动资产 480.50 亿元，资产负债率 28.42%。从业人员 3322 人。

---

① 2020 年 12 月，国家局、总公司印发《关于曲志刚和籍涛同志职务调整的通知》（国烟人〔2020〕185 号），委派曲志刚同志为河北中烟工业有限责任公司董事，担任该公司法定代表人；籍涛同志不再担任河北中烟工业有限责任公司董事、法定代表人。

② 2020 年 12 月，国家局党组印发《关于曲志刚同志任职的通知》（国烟党〔2020〕310 号），曲志刚同志任中共河北中烟工业有限责任公司党组书记、河北中烟工业有限责任公司总经理，试用期一年，任职时间自 2020 年 11 月 23 日党组决定之日起计算。

③ 2020 年 6 月，国家局、总公司印发《关于调整江苏中烟工业有限责任公司董事的通知》（国烟人〔2020〕97 号），聘任施彬同志为江苏中烟工业有限责任公司董事会董事；招启柏同志不再担任江苏中烟工业有限责任公司董事会董事。

④ 2020 年 2 月，国家局党组印发《关于招启柏同志任职的通知》（国烟党〔2020〕30 号），招启柏同志任中共江苏中烟工业有限责任公司党组成员、江苏中烟工业有限责任公司副总经理，试用期一年，任职时间自 2020 年 1 月 7 日党组决定之日起计算。

【领导机构】

董事会

董事长①：张本甫（—2020年8月）、李德义（2020年8月—）

董　事②：许明忠、杨柳军、张思荣、王献生（2020年4月—，机关部门正职）、朱湘海（—2020年4月）、沈云龙（2020年1月—）、王良君（职工董事）

监　事：王德源

班子成员

党组书记、总经理：许明忠

党组成员、副总经理：杨柳军

党组成员、纪检组组长：王德源（—2020年12月）

党组成员、副总经理：张思荣

党组成员、副总经理：陶建英

党组成员、副总经理：张德春

巡视员：娄晓平（2020年12月—，之前任党组成员、副总经理）③

总工程师：储国海

副巡视员：章志华

安徽中烟工业有限责任公司

【概　况】　安徽中烟工业有限责任公司前身为安徽烟草工商分设后于2003年4月成立的安徽中烟工业公司。2010年，经国家局、总公司批复同意，更名改制为安徽中烟工业有限责任公司。2011年6月15日，安徽中烟工业有限责任公司成立董事会。同年6月27日，正式挂牌成立。公司下设蚌埠卷烟厂、芜湖卷烟厂、合肥卷烟厂、阜阳卷烟厂、滁州卷烟厂等5个不具有法人资格的卷烟生产厂，安徽中烟再造烟叶科技有限责任公司、滁州红三环大酒店有限责任公司、安徽焦甜香生物科技有限公司等3个全资子公司，中烟国际欧洲有限公司1个控股公司，华环国际烟草有限公司、双维伊士曼纤维有限公司2个参股公司。2020年，公司本部设18个部门（含合署办公部门）及1个市场营销中心、1个技术中心和1个物流中心。截至2020年底，公司总资产300.53亿元，其中固定资产48.39亿元、流动资产222.96亿元，资产负债率27.03%。在岗员工5743人。

【领导机构】

董事会

董事长：高学林

董　事：王志彬、郭　勤、张弘毅、程华良、宁　敏、许新忠（职工董事）

监　事：齐义良

班子成员

党组书记、总经理：王志彬

党组成员、副总经理：程华良

党组成员、副总经理：宁　敏

党组成员、副总经理：杜　进

党组成员、副总经理：王茂林

党组成员、副总经理：甘　宁（2020年8月—）④

党组成员、纪检组组长：齐义良

总工程师：刘　云

副巡视员：李国栋

福建中烟工业有限责任公司

【概　况】　福建中烟工业有限责任公司前身为福建烟草工商分设后于2003年11月成立的福建中烟工业公司。2010年12月，经国家局、总公司批复同意更名改制为福建中烟工业有限责任公司，2011年7月8日正式挂牌成立。公司下设龙岩、厦门烟草工业有限责任公司2个具有独立法人资格的卷烟生产企业，福建省龙岩金叶复烤有限责任公司1个打叶复烤企业，福建金闽再造烟叶发展有限公司1个烟草薄片生产企业，以及福建鑫叶投资管理集团有限公司1个多元化经营企业。2020年，公司本部设23个部门，分为12个职能部门和11个专业部门。截至2020年底，公司总资产

---

①　2020年8月，国家局、总公司印发《关于委派李德义同志任职的通知》（国烟人〔2020〕124号），委派李德义同志为浙江、河南、四川、重庆中烟工业有限责任公司董事会董事、董事长，云南中烟工业有限责任公司董事会董事、副董事长。张本甫同志不再担任浙江、河南、四川、重庆中烟工业有限责任公司董事会董事、董事长，云南中烟工业有限责任公司董事会董事、副董事长。

②　2020年1月，国家局、总公司印发《关于委派沈云龙同志任职的通知》（国烟人〔2020〕22号），委派沈云龙同志为浙江、河南、四川、重庆、云南中烟工业有限责任公司董事会董事。

2020年4月，国家局、总公司印发《关于委派王献生同志任职的通知》（国烟人〔2020〕78号），委派王献生同志为浙江、河南、四川、重庆、云南中烟工业有限责任公司董事会董事（机关部门正职）。

③　2020年12月，国家局党组印发《关于娄晓平同志职务任免的通知》（国烟党〔2020〕356号），娄晓平同志任浙江中烟工业有限责任公司巡视员，免去其中共浙江中烟工业有限责任公司党组成员、浙江中烟工业有限责任公司副总经理职务，任职时间自2020年12月22日党组决定之日起计算。

④　2020年9月，国家局党组印发《关于甘宁同志任职的通知》（国烟党〔2020〕239号），甘宁同志任中共安徽中烟工业有限责任公司党组成员、安徽中烟工业有限责任公司副总经理，试用期一年，任职时间自2020年8月20日党组决定之日起计算。

270.77 亿元，其中固定资产 34.71 亿元、流动资产 196.61 亿元，资产负债率 20.86%。从业人员 4602 人。

【领导机构】

董事会

董事长：高学林

董　事：王志江、邱全胜、林荣欣、郭　勤、张弘毅、李海民

监　事：林建红

领导成员①

党组书记、总经理：王志江

党组成员、副总经理：邱全胜

党组成员、副总经理：伍达明

党组成员、副总经理：林荣欣

党组成员、纪检组组长：林建红

党组成员、副总经理：廖材河

党组成员、副总经理：吴志文

总工程师：陈万年（2020 年 12 月—）

副巡视员：田冬宏（2020 年 12 月—）

江西中烟工业有限责任公司

【概　况】　江西中烟工业有限责任公司前身为江西烟草工商分设后于 2004 年 10 月成立的江西中烟工业公司。2007 年 12 月，国家局、总公司批复同意江西中烟工业公司与所属南昌卷烟总厂合并重组为一个法人实体，企业名称为江西中烟工业公司。2009 年 10 月，江西中烟工业公司更名改制为江西中烟工业有限责任公司，下设南昌卷烟厂、赣州卷烟厂、广丰卷烟厂、井冈山卷烟厂等 4 个不具有法人资格的卷烟生产厂。2020 年，公司本部设 20 个部门。截至 2020 年底，公司总资产 162.98 亿元，其中固定资产 36.37 亿元、流动资产 115.74 亿元，资产负债率 18.02%。从业人员 4476 人。

【领导机构】

董事会

董事长：舒　明

董　事：温东奇、王迪汗、张胜健、秦　剑、马伶燕、刘沪明（职工董事）

监　事：秦日伦

班子成员

党组书记、总经理：温东奇

党组成员、副总经理：王迪汗

党组成员、副总经理：张胜健

党组成员、副总经理：赵明强

党组成员、纪检组组长：秦日伦

党组成员、副总经理：罗丽珍

山东中烟工业有限责任公司

【概　况】　山东中烟工业有限责任公司前身为山东烟草工商分设后于 2004 年 2 月成立的山东中烟工业公司。2009 年 9 月，国家局、总公司批复同意山东中烟更名改制和建立董事会。2010 年 4 月 20 日，山东中烟工业有限责任公司挂牌成立，下设济南卷烟厂、青岛卷烟厂、青州卷烟厂、滕州卷烟厂等 4 个不具有法人资格的卷烟生产厂，以及将军烟草集团有限公司、颐中烟草（集团）有限公司、山东省烟草物资设备有限公司等 3 个全资子公司。2020 年，公司本部设 21 个部门和 3 个相对独立运行中心。截至 2020 年底，公司总资产 353.47 亿元，其中固定资产 48.01 亿元、流动资产 266.6 亿元，资产负债率 29.91%。从业人员 5158 人。

【领导机构】

董事会②

董事长：舒　明

董　事：王建勇、王众声、鹿广瑞、秦　剑、马伶燕、郝光彦（—2020 年 10 月）、向　东（2020 年 10 月—）

监　事：卢卫铭

班子成员

党组书记、总经理：王建勇

党组成员、副总经理：王众声

党组成员、副总经理：鹿广瑞

党组成员、副总经理：丛亮滋

党组成员、副总经理：蒋海岩

党组成员、纪检组组长：卢卫铭

党组成员、副总经理：王现君

总会计师：李万灵（—2020 年 6 月，退休）

① 2020 年 12 月，国家局党组印发《关于陈万年和田冬宏同志任职的通知》（国烟党〔2020〕355 号），陈万年同志任福建中烟工业有限责任公司总工程师，试用期一年；田冬宏同志任福建中烟工业有限责任公司副巡视员。陈万年和田冬宏同志的任职时间自 2020 年 12 月 22 日党组决定之日起计算。

② 2020 年 10 月，国家局、总公司印发《关于山东中烟工业有限责任公司董事会换届的通知》（国烟人〔2020〕157 号），委派舒明同志为山东中烟工业有限责任公司董事、董事长；委派王建勇、王众声、鹿广瑞、秦剑、马伶燕同志为山东中烟工业有限责任公司董事；委派卢卫铭同志为山东中烟工业有限责任公司监事；聘任向东同志为山东中烟工业有限责任公司董事。

河南中烟工业有限责任公司

【概　况】 河南中烟工业有限责任公司前身为河南烟草工商分设后于2003年10月成立的河南中烟工业公司。2009年8月，河南中烟工业公司改制更名为河南中烟工业有限责任公司。2011年8月，河南中烟工业有限责任公司挂牌成立。公司下设黄金叶生产制造中心、许昌卷烟厂、安阳卷烟厂、南阳卷烟厂、驻马店卷烟厂、漯河卷烟厂、洛阳卷烟厂等7个不具有法人资格的卷烟生产厂，河南卷烟工业烟草薄片有限公司1个薄片生产企业，河南金瑞香精香料有限公司、河南金芒果印刷有限公司、许昌永昌印务有限公司、焦作金叶醋酸纤维有限公司等4个卷烟辅助材料生产企业，1个行业级技术中心，1个博士后科研工作站。2020年，公司本部设23个部门。截至2020年底，公司总资产384.74亿元，其中固定资产64.66亿元、流动资产290.37亿元，资产负债率26.05%。从业人员8618人。

【领导机构】

董事会①

董事长：张本甫（—2020年8月）、李德义（2020年8月—）

董　事：李　斌（2020年8月—）、杨志忠、吴明山、朱湘海（—2020年4月）、沈云龙（2020年1月—）、王献生（2020年4月—，机关部门正职）、刘亚利（职工董事）

监　事：刘学鲁

班子成员②

党组书记、总经理：李　斌（2020年7月—）

党组成员、副总经理：杨志忠

党组成员、副总经理：付顺卿（—2020年3月）

党组成员、纪检组组长：刘学鲁

党组成员、副总经理：许廷选

党组成员、副总经理：李彦伟

党组成员、副总经理：王德平（2020年7月—）

副巡视员：吴明山（2020年12月—，之前任党组成员、副总经理）

湖北中烟工业有限责任公司

【概　况】 湖北中烟工业有限责任公司前身为湖北烟草工商分设后于2004年1月18日成立的湖北中烟工业公司。2006年，湖北中烟工业公司与武汉烟草（集团）有限公司、武汉卷烟厂实行双向合署办公，重组整合为一个法人实体。2007年11月28日，湖北中烟工业公司正式更名改制为湖北中烟工业有限责任公司。公司下设武汉卷烟厂、襄阳卷烟厂、恩施卷烟厂、三峡卷烟厂、红安卷烟厂、广水卷烟厂等6个不具有法人资格的卷烟生产厂，以及卷烟材料厂、湖北新业烟草薄片开发有限公司、红金龙（集团）有限公司、统一联邦国际有限公司、湖北宜昌金丝烟草有限公司、宜昌金叶工贸有限责任公司、襄阳市鸿琰实业有限责任公司等7个全资子公司，并控股湖北龙乡印刷包装股份有限公司。2020年，公司本部设职能部门12个，专业部门9个。截至2020年底，公司总资产618.2亿元，其中固定资产净值49.17亿元、流动资产491.19亿元，资产负债率32.8%。从业人员7232人。

【领导机构】

董事会③

董事长：陈　晖

董　事：郜　强、黄翠萍（—2020年2月）、陈昌鸿（2020年3月—，机关部门副职）、蔡　奕、姚　萌、聂广军、谭文峰（—2020年6月，职工董事）、邓家云（2020年6月—，职工董事）

监　事：马超纯

班子成员

党组书记、总经理：郜　强

党组成员、副总经理：姚　萌

---

① 2020年8月，国家局、总公司印发文件，委派李斌同志为河南中烟工业有限责任公司董事，担任该公司法定代表人。

② 2020年8月，国家局党组印发《关于李斌等三名同志职务任免的通知》（国烟党〔2020〕203号），李斌同志任中共河南中烟工业有限责任公司党组书记、河南中烟工业有限责任公司总经理，试用期一年。王德平同志任中共河南中烟工业有限责任公司党组成员、河南中烟工业有限责任公司副总经理，试用期一年。李斌同志和王德平同志的任职时间自2020年7月28日党组决定之日起计算。

2020年12月，国家局党组印发《关于吴明山同志职务调整的通知》（国烟党〔2020〕345号），吴明山同志任河南中烟工业有限责任公司副巡视员，免去其中共河南中烟工业有限责任公司党组成员、河南中烟工业有限责任公司副总经理职务。

③ 2020年2月，国家局、总公司印发《关于黄翠萍同志免职的通知》（国烟人〔2020〕43号），黄翠萍同志不再担任湖北、湖南、贵州、陕西中烟工业有限责任公司董事会董事。

2020年3月，国家局、总公司印发《关于委派陈昌鸿同志任职的通知》（国烟人〔2020〕63号），委派陈昌鸿同志为湖北、湖南、贵州、陕西中烟工业有限责任公司董事会董事（机关部门副职）。

2020年6月，国家局、总公司印发《关于调整湖北中烟工业有限责任公司董事的通知》（国烟人〔2020〕94号），聘任邓家云同志为湖北中烟工业有限责任公司董事会董事，谭文峰同志不再担任湖北中烟工业有限责任公司董事会董事。

党组成员、副总经理：聂广军

党组成员、纪检组组长：马超纯

党组成员、副总经理：李　晖

党组成员、副总经理：谭文峰

党组成员、副总经理：万里鹏

总工程师：陈慧斌

副巡视员：侯　波

湖南中烟工业有限责任公司

【概　况】　湖南中烟工业有限责任公司前身为湖南烟草工商分设后于2003年成立的湖南中烟工业公司。2006年10月，湖南中烟工业公司与所属长沙卷烟厂、常德卷烟厂合并重组为一个企业法人；2007年11月，湖南中烟工业公司改制更名为湖南中烟工业有限责任公司。下辖长沙卷烟厂、常德卷烟厂、郴州卷烟厂、零陵卷烟厂、四平卷烟厂、吴忠卷烟厂等6个不具有法人资格的卷烟生产厂，湖南中烟投资管理有限公司、湖南中烟物流有限责任公司、湖南金叶烟草薄片有限责任公司3个全资子公司，控股浏阳天福打叶复烤有限责任公司、常德芙蓉烟叶复烤有限责任公司、湘西鹤盛原烟发展有限责任公司等3个复烤企业，并持有河北白沙烟草有限责任公司50%的股权。2020年，公司本部设19个部门，以及市场营销、技术、原料采购等3个中心。截至2020年底，公司总资产871.48亿元，其中流动资产678.59亿元、固定资产192.89亿元，资产负债率16.72%。从业人员9380人。

【领导机构】

董事会①

董事长：陈　晖

董　事：籍　涛（2020年11月—）、刘　兴、栾永亮、陈昌鸿（2020年3月—，机关部门副职）、黄翠萍（—2020年2月）、蔡　奕、王　芬（—2020年8月，职工董事）、黄富春（2020年8月—，职工董事）

监　事：高青松

班子成员

党组书记、总经理：籍　涛（2020年11月—）②

党组成员、副总经理：刘　兴

党组成员、副总经理：栾永亮

党组成员、副总经理：李　立

党组成员、副总经理：刘　军

党组成员、副总经理：龚道国

党组成员、副总经理：金铁龙

党组成员、纪检组组长：高青松

总工程师：钟科军

广东中烟工业有限责任公司

【概　况】　广东中烟工业有限责任公司前身为成立于2003年的广东中烟工业公司。2007年，改制更名为广东中烟工业有限责任公司，是全国烟草行业首家建立董事会的省级工业公司。公司下设广州卷烟厂、韶关卷烟厂、梅州卷烟厂、湛江卷烟厂等4个不具有法人资格的卷烟生产厂。2020年，公司本部设24个部门。截至2020年底，公司总资产436.36亿元，其中固定资产37.03亿元、流动资产327.60亿元，资产负债率14.91%。从业人员5961人。

【领导机构】

董事会

董事长：舒　明

董　事：白云峰、袁汉辉、庄　红、陈　峰、郭志宏、秦　剑、马伶燕、王文祥（职工董事）

监　事：王国飞

班子成员

党组书记、总经理：白云峰

党组成员、副总经理：区广安

党组成员、副总经理：袁汉辉

党组成员、纪检组组长：王国飞

党组成员、副总经理：张赤兵

党组成员、副总经理：庄　红

党组成员：李　斌（—2020年8月）

党组成员：梁　强

总工程师：许　光

副巡视员：李显万

---

① 2020年8月，国家局、总公司印发《关于调整湖南中烟工业有限责任公司董事的通知》（国烟人〔2020〕126号），聘任黄富春同志为湖南中烟工业有限责任公司董事会董事，王芬同志不再担任湖南中烟工业有限责任公司董事会董事。

2020年11月，国家局、总公司印发文件，委派籍涛同志为湖南中烟工业有限责任公司董事，担任该公司法定代表人。

② 2020年11月，国家局党组印发《关于籍涛同志任职的通知》（国烟党〔2020〕299号），籍涛同志任中共湖南中烟工业有限责任公司党组书记、湖南中烟工业有限责任公司总经理。

广西中烟工业有限责任公司

【概　况】　广西中烟工业有限责任公司前身为2003年广西烟草工商分设后成立的广西中烟工业公司。2008年9月26日，广西中烟工业公司完成公司制改造，更名为广西中烟工业有限责任公司。公司下设南宁卷烟厂、柳州卷烟厂2个不具有独立法人资格的卷烟生产厂，广西中烟天成投资管理有限责任公司、广西真龙物流有限责任公司2个全资子公司，其中广西中烟天成投资有限责任公司下辖广西真龙实业有限责任公司、广西真龙彩印有限责任公司等9个全资、控股多元化企业，经营业务涉及烟草配套材料、物业管理、计算机技术等领域。2020年，公司本部设24个部门。截至2020年底，公司总资产224.44亿元，其中固定资产34.69亿元、流动资产155.51亿元，资产负债率34.76%。从业人员2902人。

【领导机构】

董事会

董事长：舒　明

董　事：谢昆或、覃　荣、陈　峰、区广安、袁汉辉、秦　剑、马伶燕、唐格莲（职工董事）

监　事：赵江波

班子成员

党组书记、总经理：谢昆或

党组成员、副总经理：覃　荣

党组成员、副总经理：陈　峰

党组成员、纪检组组长：赵江波

党组成员、副总经理：李　斌（—2020年8月）

党组成员、副总经理：郭志宏

党组成员、副总经理：王　珏

总会计师：陈仲良

副巡视员：陆建南

重庆中烟工业有限责任公司

【概　况】　重庆中烟工业有限责任公司于2015年11月10日挂牌成立。由原川渝中烟工业有限责任公司拆分组建，是中国烟草总公司全资子公司，直属国家烟草专卖局管理。公司下辖重庆卷烟厂、涪陵卷烟厂、黔江卷烟厂等3个不具有法人资格的卷烟生产厂。2020年，公司本部设19个部门。截至2020年底，公司总资产168.1亿元，其中固定资产15.9亿元、流动资产141.5亿元，资产负债率40%。从业人员2921人。

【领导机构】

董事会

董事长：张本甫（—2020年8月）、李德义（2020年8月—）

董　事：张　力、朱湘海（—2020年4月）、沈云龙（2020年1月—）、王献生（2020年4月—，机关部门正职）、程晓苏、张建华、魏　虹（职工董事）

监　事：陈　玟

班子成员①

党组书记、总经理：张　力

党组成员、副总经理：程晓苏

党组成员、副总经理：张建华

党组成员、副总经理：王　勇（—2020年12月）

党组成员、纪检组组长：陈　玟

副巡视员：刘　炼（2020年1—10月，退休）

副巡视员：张正念（2020年11月—）

四川中烟工业有限责任公司

【概　况】　四川中烟工业有限责任公司成立于2015年11月8日，由原川渝中烟工业有限责任公司拆分组建，是中国烟草总公司全资子公司。公司下设成都卷烟厂、什邡卷烟厂、绵阳卷烟厂、西昌卷烟厂等4个非独立法人的卷烟生产厂，长城雪茄烟厂，以及四川二联新材料有限公司、四川中烟投资有限责任公司。2020年，公司本部设12个职能部门和9个专业部门。截至2020年底，公司总资产278.44亿元，其中固定资产31.58亿元、流动资产228.05亿元，资产负债率37.82%。从业人员8868人。

---

① 2020年12月，国家局党组印发《关于张正念和王勇同志职务任免的通知》（国烟党〔2020〕327号），张正念同志任重庆中烟工业有限责任公司副巡视员，任职时间自2020年11月23日党组决定之日起计算；免去王勇同志中共重庆中烟工业有限责任公司党组成员、重庆中烟工业有限责任公司副总经理职务，另有任用。

2020年2月，国家局党组印发《关于刘炼同志任职的通知》（国烟党〔2020〕38号），刘炼同志任重庆中烟工业有限责任公司副巡视员，任职时间自2020年1月7日党组决定之日起计算。

【领导机构】

董事会

董事长：张本甫（—2020年8月）、李德义（2020年8月—）

董　事：彭传新、朱湘海（—2020年4月）、王献生（2020年4月—，机关部门正职）、沈云龙（2020年1月—）、崔建华、邓　权、郭爱萍（职工董事）

监　事：樊宣刚

班子成员

党组书记、总经理：彭传新

党组成员、副总经理：崔建华

党组成员、副总经理：邓　权

党组成员、副总经理：赵屹峰

党组成员、纪检组组长：樊宣刚

党组成员、副总经理：薛　飞（—2020年9月）

党组成员、副总经理：刘静瑶

副巡视员：汤柱国

副巡视员：陆　伟（—2020年3月，退休）

贵州中烟工业有限责任公司

【概　况】　贵州中烟工业有限责任公司前身为贵州烟草工商分设后于2003年7月成立的贵州中烟工业公司。2008年7月，国家局、总公司批复同意贵州中烟工业公司改制更名为贵州中烟工业有限责任公司。公司下设贵阳卷烟厂、遵义卷烟厂、毕节卷烟厂、贵定卷烟厂、铜仁卷烟厂等5个不具有法人资格的卷烟生产厂和兴义烟叶储运站等6个二级单位，贵州福贵投资管理公司1个多元化子公司，控股贵州黄果树金叶科技有限公司。2020年，公司本部设10个职能部门和10个专业部门。截至2020年底，公司总资产302.22亿元，其中固定资产56.68亿元、流动资产219.40亿元，资产负债率28.88%。从业人员6736人。

【领导机构】

董事会

董事长：陈　晖

董　事：田　成、杨　东、方　静、黄翠萍（—2020年2月）、陈昌鸿（2020年3月—，机关部门副职）、蔡　奕、秦　宁（职工董事）

监　事：钟　勇

班子成员

党组书记、总经理：田　成

党组成员、副总经理：杨　东

党组成员、副总经理：方　静

党组成员、纪检组组长：钟　勇

党组成员、副总经理：关　培

党组成员、副总经理：胡世龙

总工程师：魏　鹰

云南中烟工业有限责任公司

【概　况】　云南中烟工业有限责任公司前身为2003年10月云南烟草工商分设后成立的云南中烟工业公司。2004年1月1日，云南中烟工业公司举行挂牌仪式。2010年12月28日，国家局、总公司批复同意云南中烟工业公司更名改制为云南中烟工业有限责任公司。2011年1月27日，云南中烟工业有限责任公司挂牌成立。公司集卷烟生产销售、烟草物资配套供应、科研以及多元化经营等为一体，是全国卷烟产销规模最大的省级中烟公司。公司拥有卷烟产量规模居行业前两位的红塔烟草（集团）有限责任公司（下设玉溪卷烟厂、楚雄卷烟厂、大理卷烟厂、昭通卷烟厂等4个不具有法人资格的全资卷烟生产厂）和红云红河烟草（集团）有限责任公司（下设昆明卷烟厂、红河卷烟厂、曲靖卷烟厂、会泽卷烟厂、新疆卷烟厂、乌兰浩特卷烟厂等6个不具有法人资格的全资卷烟生产厂），以及营销中心、技术中心（云南烟草科学研究院）、云南合和（集团）股份有限公司、云南中烟物资（集团）有限责任公司、云南烟草国际有限公司、培训中心、云南中烟党校、云南中烟特有职业（工种）职业技能鉴定站、云南中烟新材料科技有限公司等多个直属单位，参控股云南烟草机械有限责任公司、云南中烟再造烟叶有限责任公司等多个境内企业。在瑞士、罗马尼亚、阿根廷、巴西、美国、缅甸、老挝、印度尼西亚、纳米比亚、伊朗、迪拜、中国香港、中国澳门等国家和地区拥有多家全资、参控股境外企业和多个境外许可生产项目。2020年，公司本部设18个内设机构。截至2020年底，公司总资产4138.79亿元，其中固定资产3121.51亿元、流动资产2211.41亿元，资产负债率41.34%。从业人员45157人。

【领导机构】

董事会①

董事长：陈卫东

副董事长：张本甫（—2020年8月）、李德义（2020年8月—）

董　事：陈卫东、张本甫（—2020年8月）、李德义（2020年8月—）、王　勇、武　怡、王献生（2020年4月—，机关部门正职）、沈云龙（2020年1月—）、陈哲平（—2020年8月）、景　峰（2020年8月—）、朱湘海（—2020年4月）、赵　勇（职工董事）

监　事：郑雄志

班子成员②

党组书记：陈卫东

党组成员、副总经理：武　怡

党组成员、副总经理：夏开元

党组成员、副总经理：王　勇

党组成员、副总经理：陈哲平（—2020年7月）

党组成员、副总经理：景　峰（2020年7月—）

党组成员、纪检组组长：郑雄志

副巡视员：赵　勇

副巡视员：和国刚（—2020年4月，退休）

副巡视员：张　峻（2020年7月—）

陕西中烟工业有限责任公司

【概　况】　陕西中烟工业有限责任公司前身为陕西烟草工商分设后于2003年12月成立的陕西中烟工业公司。2009年9月，经国家局、总公司批复同意，更名改制为陕西中烟工业有限责任公司。公司下设宝鸡卷烟厂、延安卷烟厂、汉中卷烟厂、澄城卷烟厂和旬阳卷烟厂等5个不具有法人资格的卷烟生产厂，以及具有独立法人资格的陕西中烟投资管理有限公司。2020年，公司本部设20个部门。截至2020年底，公司总资产201.06亿元，其中固定资产33.21亿元、流动资产147.09亿元，资产负债率24.24%。在岗人员5264人。

【领导机构】

董事会

董事长：陈　晖

董　事：严金虎、曹兴浪、赵德学、黄翠萍（—2020年2月）、蔡　奕、陈昌鸿（2020年3月—，机关部门副职）、秦东生

监　事：奚柏龙

班子成员

党组书记、总经理：严金虎

党组成员、副总经理：曹兴浪

党组成员、副总经理：赵德学

党组成员、副总经理：任　立

党组成员、副总经理：李　强

党组成员、纪检组组长：奚柏龙

副巡视员：马文卷

副巡视员：李宝新

其他直属单位

中国烟草总公司郑州烟草研究院

【主要职责】　主要从事烟草栽培调制及贮保、烟草基因、卷烟加工工艺和卷烟配方、烟草化学、烟用香精香料、卷烟减害降焦、再造烟叶等方面的应用基础和共性技术研究，卷烟厂和烟叶复烤厂的工程设计、行业相关检测仪器的研制、开发等。学科范围覆盖从烟草基因到卷烟生产的全过程。郑州院是国际标准化组织烟草及烟草制品技术委员会（ISO/TC 126）国内技术归口单位，是国际烟草科学研究合作中心（CORESTA）的分会员单位。2020年，在职员工335人，其中各类专业技术人员287人，包括中国工程院院士1人，总公司科技杰出贡献奖获得者1人，行业科技领军人才1人，享受国务院政府特殊津贴专家7人，行业学科带头人11人，研究员46人，正高级工程师6人，硕士和博士学历人员225人。

【负责人】③

党组书记、副院长：宋亚强

党组副书记、院长：谢剑平

---

① 2020年8月，国家局、总公司印发《关于调整云南中烟工业有限责任公司董事的通知》（国烟人〔2020〕125号），委派景峰同志为云南中烟工业有限责任公司董事；陈哲平同志不再担任云南中烟工业有限责任公司董事。

② 2020年8月，国家局党组印发《关于景峰和张峻同志任职的通知》（国烟党〔2020〕214号），景峰同志任中共云南中烟工业有限责任公司党组成员、云南中烟工业有限责任公司副总经理；张峻同志任云南中烟工业有限责任公司副巡视员。景峰和张峻同志任职时间自2020年7月28日党组决定之日起计算。

③ 2019年9月，国家局党组印发《关于王新民同志任职的通知》（国烟党〔2019〕222号），王新民同志任中国烟草总公司郑州烟草研究院副巡视员，任职时间自2019年9月3日党组决定之日起计算。

党组成员、副院长：张建勋

党组成员、副院长：罗登山

党组成员：胡清源

党组成员、纪检组组长：裴　丽

副巡视员：王新民

【内设机构】 设办公室（外事办公室）、科研开发处（烟草学会秘书处）、财务管理处（审计处）、人事处（研究生处）、党建工作处（机关党委合署办公）、纪检监察处（与党组纪检组合署办公）、后勤管理处等7个职能部门，烟草农业研究室（烟草行业生态环境与烟叶质量重点实验室）、烟草工艺研究室（烟草行业烟草工艺重点实验室）、烟草化学研究室（烟草行业烟草化学重点实验室）、烟草香料研究室（烟草行业烟草香料基础研究重点实验室）等4个科研部门，中国烟草科技信息中心、中国烟草标准化研究中心、国家烟草基因研究中心等3个行业中心，河南新桥烟草科技服务有限公司、郑州嘉德机电科技有限公司、郑州益盛烟草工程设计咨询有限公司等3个多元化经营企业。

中国烟草总公司合肥设计院

【主要职责】 负责组织烟草行业固定资产重大投资工程项目的技术审查（咨询）以及行业直属单位审批权限内的重大工程项目的技术咨询。参与行业打叶复烤厂和烟用仓库投资项目的前期工作及总体规划、设计的投标，参与烟草行业工程建设项目施工图第三方审查和项目的相关咨询工作，以及行业工程建设项目设计规范、技术标准的编制、修订工作和实施、监督工作等。

【负责人】

党委书记、院　长：卢安宁（正厅级）

党委委员、副院长：陆　敏

党委委员、副院长、纪委书记：葛　波

【内设机构】 设办公室、人事处、经营处、财务管理处（审计处）、技术审查处、设计处等6个内设处室。

中国烟草总公司职工进修学院

【主要职责】 承担行业高层次专业技术和职业技能人员培训、企业经营管理人员培训，培训项目研发设计与组织实施，行业特有职业技能鉴定与竞赛管理，行业网络学习平台管理，教材和师资等资源开发、建设和管理，黄淮产区的烟叶样品研究与管理，行业内外、国（境）内外教育培训合作与交流等工作；承办国家局、总公司机关各部门、各单位组织的培训项目，协助国家局、总公司职能部门开展年度培训计划制订、培训项目招投标等工作；承担中国烟草学会教育专业委员会和安全生产专业委员会工作。

【负责人】

党组书记、院　长：王　宏

党组成员、副院长：杨保吉

国家烟草专卖局职业技能鉴定指导中心专职副主任：杨保吉（部门副职）

党组成员、副院长：刘学义

党组成员、副院长：李广才

党组成员、纪检组组长：陈卫华

党组成员、副院长：栗卫军

副巡视员：王正波（—2020年4月，退休）

【内设机构（处室）】 进修学院设办公室（外事办公室）、人事处（离退办）、党建工作处（机关党委、工会办公室）、财务管理处、纪检监察处（审计处、规范办）、安全管理处、烟草农业培训部（黄淮烟叶样品中心）、烟草工业培训部、综合培训部、网络培训部、教学保障中心、信息中心、后勤保障中心等13个处室，并设有博士后研发基地。国家烟草专卖局职业技能鉴定指导中心的业务指导由国家局人事司负责，日常管理工作由中国烟草总公司职工进修学院负责。职业技能鉴定指导中心设综合管理处、质量督导处、鉴定考核处、标准命题处等4个处室。

上海新型烟草制品研究院

【主要职责】 作为行业级研究机构，着力突破专利制约和技术瓶颈，发挥技术成果应用转化的“孵化器”作用。2016年5月，国家局批复同意设立上海新型烟草制品研究院有限公司与上海新型烟草制品研究院合署办公。

【负责人】①

院　长：施　超（—2020年11月）（兼）

院　长：陆　捷（2020年9月—）（兼）

副院长：陈超英

副院长：丁逸敏

① 2020年11月，国家局党组印发《关于陆捷和施超同志职务任免的通知》（国烟人〔2020〕281号），陆捷同志兼任上海新型烟草制品研究院院长，试用期一年；施超同志不再兼任上海新型烟草制品研究院院长职务。陆捷同志的任职时间自2020年9月21日党组决定之日起计算。

南通醋酸纤维有限公司

【概　况】　南通醋酸纤维有限公司（简称南纤公司）成立于1987年3月，由中国烟草总公司与美国塞拉尼斯公司合资经营，是集化工、化纤、热电为一体的大型工业企业。南纤公司占地面积79.33万平方米，总投资9.03亿美元，其中中方投资占69.32%，美方占30.68%。南纤公司主要产品为烟用二醋酸纤维丝束及其配套原料二醋酸纤维素片，其中，二醋酸醋纤丝束销售到全国约70个卷烟生产企业；二醋酸纤维素片作为二醋酸醋纤丝束的生产原料，除公司自用外，同时供应昆明、珠海醋酸纤维有限公司。截至2020年底，公司总资产53.17亿元，其中固定资产19.76亿元、流动资产28.92亿元，资产负债率11.84%。在岗员工803人。

【领导成员】①　南纤公司实行董事会领导下的总经理负责制，主要领导成员有：

董事长：姚宗东（—2020年7月）

董事长：高一军（2020年7月—）

副董事长：李察森（Scott Anthony Richardson）

党委书记、总经理：孙桂泉

党委委员、副总经理：杨占平

党委委员、副总经理：茅　俊

党委委员、副总经理：张　杰

党委委员、副总经理：江建军

副总经理：王文庭（Wen Wang）

副总经理：彭为骏（Weijun Peng）

党委委员、工会主席：韩振武

昆明醋酸纤维有限公司

【概　况】　昆明醋酸纤维有限公司（简称昆纤公司）成立于1993年5月，由中国烟草总公司和美国塞拉尼斯公司共同投资兴建，占地面积19万平方米，总投资9171.3万美元，中方投资比例占70%，美方占30%。公司主要产品为烟用二醋酸纤维丝束，年生产能力3.5万吨。截至2020年底，公司总资产9.15亿元，其中固定资产1.14亿元、流动资产7.69亿元，资产负债率11.8%。从业人员338人。

【领导成员】　昆纤公司实行董事会领导下的总经理负责制，主要领导成员有：

董事长：姚宗东（—2020年7月）

董事长：高一军（2020年7月—）

副董事长：李察森（Scott Anthony Richardson）

总经理：汪若泉（Bill Wang）

党委书记、副总经理：温　明

党委委员、副总经理：夏　吕

党委委员、总会计师：陆晓红

副总经理：何伟业（Javier Martinez）

副总经理：陈秋文（First Chen）

党委委员、工会主席：严　峰

珠海醋酸纤维有限公司

【概　况】　珠海醋酸纤维有限公司（简称珠纤公司）成立于1993年5月20日，由中国烟草总公司和美国塞拉尼斯公司合资兴建，占地面积28万平方米，总投资2.23亿美元，其中中方投资占70%、美方投资占30%。公司专业生产“华维”品牌烟用二醋酸纤维素丝束，年生产能力7.5万吨。截至2020年底，公司总资产21.20亿元，其中固定资产12.01亿元、流动资产7.54亿元，资产负债率34.91%。在岗员工378人。

【领导成员】　珠纤公司实行董事会领导下的总经理负责制，主要领导成员有：

董事长：姚宗东（—2020年7月）

董事长：高一军（2020年7月—）

副董事长：李察森（Scott Anthony Richardson）

党委书记、总经理：王　军

党委委员、副总经理：刘　强

党委委员、副总经理：赵树春

党委委员、总会计师：武晓虹

副总经理：罗莫斯（Enrique Ramos）

副总经理：叶志全（Marcus Yip）

党委委员、工会主席、副总经理（副总经理职务为兼任）：吴超平

◇编辑：褚　幸

① 2020年8月，国家局、总公司印发《关于高一军和姚宗东同志职务调整的通知》（国烟人〔2020〕123号），委派高一军同志为南通、昆明、珠海醋酸纤维有限公司董事、董事长，试用期一年，担任南通、昆明、珠海醋酸纤维有限公司法定代表人，任职时间自2020年7月28日党组决定之日起计算。姚宗东不再担任南通、昆明、珠海醋酸纤维有限公司董事、董事长、法定代表人。

烟草行业组织机构图

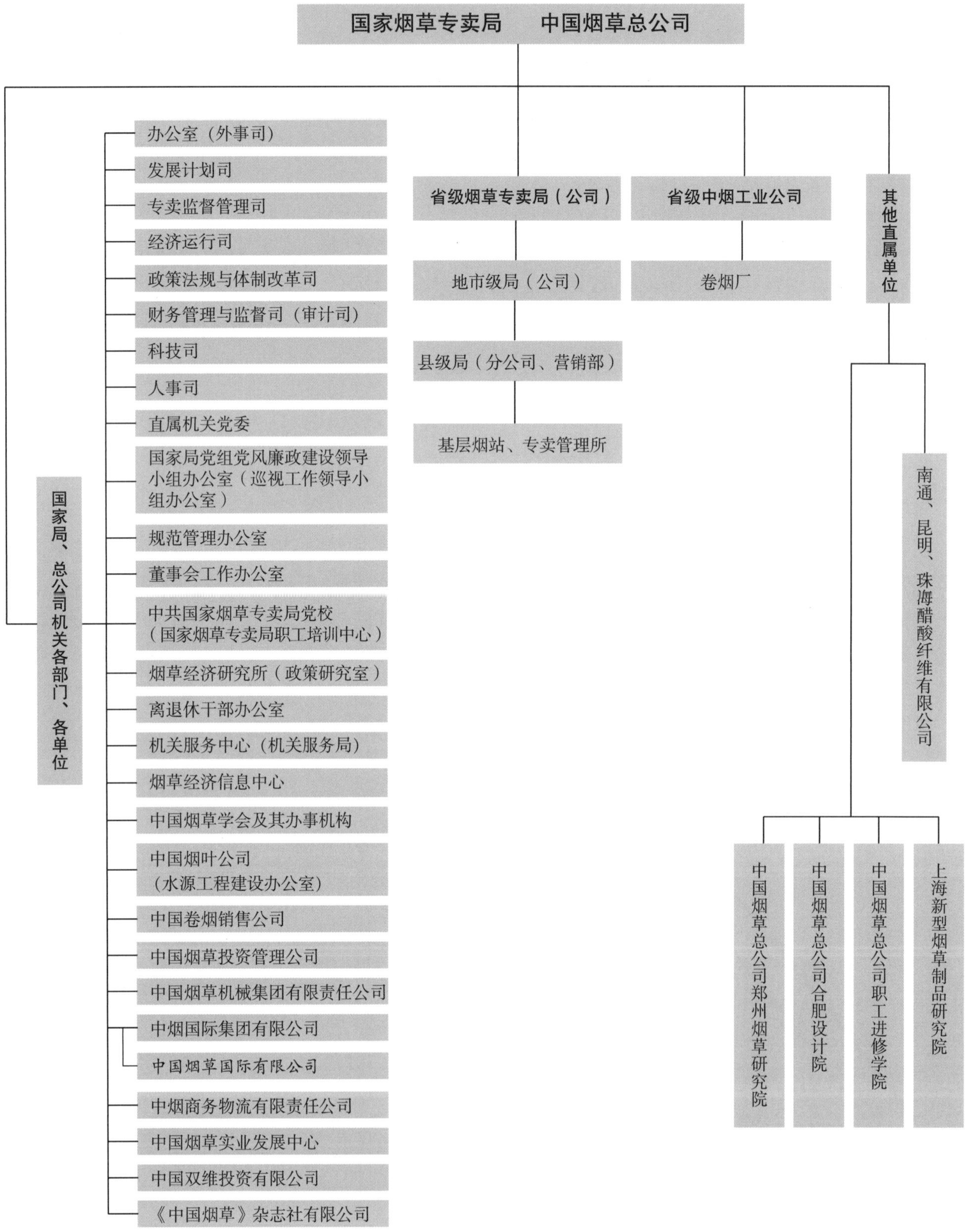

国家烟草专卖局　中国烟草总公司

- 国家局、总公司机关各部门、各单位
  - 办公室（外事司）
  - 发展计划司
  - 专卖监督管理司
  - 经济运行司
  - 政策法规与体制改革司
  - 财务管理与监督司（审计司）
  - 科技司
  - 人事司
  - 直属机关党委
  - 国家局党组党风廉政建设领导小组办公室（巡视工作领导小组办公室）
  - 规范管理办公室
  - 董事会工作办公室
  - 中共国家烟草专卖局党校（国家烟草专卖局职工培训中心）
  - 烟草经济研究所（政策研究室）
  - 离退休干部办公室
  - 机关服务中心（机关服务局）
  - 烟草经济信息中心
  - 中国烟草学会及其办事机构
  - 中国烟叶公司（水源工程建设办公室）
  - 中国卷烟销售公司
  - 中国烟草投资管理公司
  - 中国烟草机械集团有限责任公司
  - 中烟国际集团有限公司
    - 中国烟草国际有限公司
  - 中烟商务物流有限责任公司
  - 中国烟草实业发展中心
  - 中国双维投资有限公司
  - 《中国烟草》杂志社有限公司
- 省级烟草专卖局（公司）
  - 地市级局（公司）
    - 县级局（分公司、营销部）
      - 基层烟站、专卖管理所
- 省级中烟工业公司
  - 卷烟厂
- 其他直属单位
  - 南通、昆明、珠海醋酸纤维有限公司
  - 中国烟草总公司郑州烟草研究院
  - 中国烟草总公司合肥设计院
  - 中国烟草总公司职工进修学院
  - 上海新型烟草制品研究院

1 安徽中烟与安徽皖南烟叶公司共建的香料园（2020年）
安徽省局 供稿

2 2020年3月5日，安徽池州市局（公司）抢抓时令开展烟苗剪叶工作
安徽池州市局 钱 路 摄

3 2020年2月11日，福建龙岩蓝溪镇黄潭村烟农使用水肥一体机作业
福建省局 供稿

4 2020年3月19日，江西吉安泰和县局（分公司）戴坊烟站技术员指导烟农“扒蔸”培土
江西省局 供稿

1 山东临沂费县县局（分公司）通过在田间建立小型气象站和理化检测器，实时掌握田间气象、土壤理化、病虫监测等数据，为烟田浇水、追肥和病虫害防治提供数据支撑（2020年）

山东临沂费县县局 田洪彰 摄

2 山东临沂市局（有限公司）合作社服务队队员使用新型烟夹编烟（2020年）

《东方烟草报》社 江一舟 摄

3 2020年9月25日，河南洛阳嵩县闫庄烟站烟叶专业化分级队进行烟叶分级

河南省局 供稿

4 湖北恩施宣恩县珠山烟叶收购站利用土地流转、烟田轮作，发展“烟草站+村党支部+烟农”模式，引导茅坝塘村烟农发展菌菇种植项目（2020年）

《中国烟草》杂志社 供稿

5 2020年8月22日，湖北恩施咸丰县烟叶分公司技术员向烟农传授上部烟叶一次性半斩株采烤技术

湖北省局 供稿

6 2020年6月26日，湖北襄阳南漳县李庙镇利用“植保无人机”进行烟田管理

湖北襄阳市局 靳冰莹 摄

7 2020年2月19日，广西百色隆林县局（营销部）工作人员检查烟苗生长情况

广西区局 供稿

1 2020年4月1日，海南海口雪茄研究所专家在屯昌试验田进行田间生产指导

海南省局 供稿

2 四川复烤公司探索“远程监打”模式，推进“互联网+复烤加工”实践（2020年）

四川省局 供稿

3 贵州六盘水烟区新能源烤房（2020年）

《中国烟草》杂志社 頡虎平 摄

4 贵州黔南州瓮安县天文镇乌江烤烟产业综合体中的蠋蝽扩繁基地（2020年）

贵州省局 供稿

5 贵州遵义桐梓县九坝烟区（2020年）

贵州遵义市局（公司） 李明涛 摄

6 2020年6月4日，云南保山隆阳区汉庄镇烤烟技术员进行机械作业后的沟深墒高对比

云南省局 供稿

7 2020年12月27日，云南雪茄烟叶鲜叶收购标准验证现场会参会人员观摩雪茄烟叶

云南普洱市局 郭 风 摄

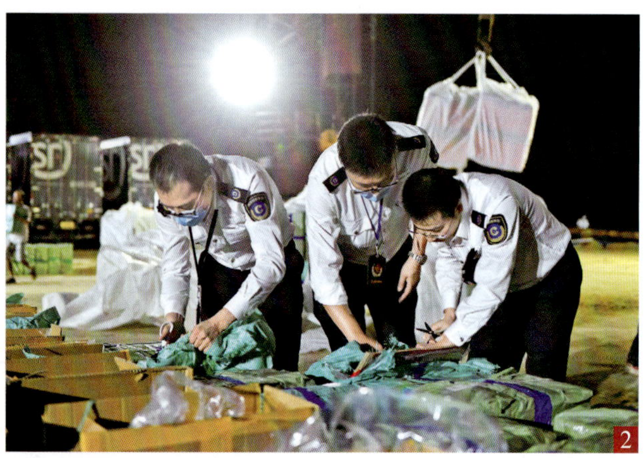

1 2020年12月20日，江苏盐城市局（公司）稽查员向渔民发放“打击海上卷烟走私”宣传单

江苏盐城市局 卞 浩 摄

2 2020年9月25日，浙江温州市局（公司）联合海关、海警等部门开展打击海上卷烟走私活动

浙江省局 供稿

3 2020年3月30日，福建省公安、烟草联合驻点云霄打假暨云霄县卷烟打假“夏季攻势”动员大会在福建漳州云霄县举行

福建省局 林麦梓 摄

4 2020年10月10日，福建省局与福建海警局执法协作座谈会在福建福州举办

福建省局 林麦梓 摄

5 2020年3月4日，江西上饶广信区局（分公司）专卖管理人员对快递包裹进行检查

江西省局　供稿

6 山东临沂市局（有限公司）开展涉烟数据分析研判，为一线稽查人员开展工作提供数据支撑（2020年）

山东省局　供稿

7 2020年6月29日，广东省公安厅与广东省局（公司）联合召开广东省打击涉烟违法犯罪“蓝剑”行动动员部署电视电话会议

广东省局　供稿

1 2020年9月15日，重庆市局（公司）与市公安局联合召开捣毁地下黑烟厂"9·15"烈焰专项行动动员大会

重庆市局 涂金周 摄

2 2020年9月10日，云南大理州局（公司）召开云南大理"9·10"特大跨境制售假冒伪劣卷烟网络案件媒体见面会

云南省局 供稿

3 2020年12月1日，霍尔果斯国际边境合作中心海关与新疆伊犁州局（公司）举行联合打击进出境烟草专卖品违法违规行为协作机制签署仪式

新疆伊犁州局 乔向荣 摄

4 2020年4月15日，海南三亚市局（公司）与市公安局联合召开打击伪劣卷烟联席工作会议

海南三亚市局 石大阳 摄

1 2020年6月4日，北京东城区局（公司）专卖管理人员开展辖区零售户专项检查

北京市局 供稿

2 2020年4月21日，河北雄安局（公司）在京雄城际铁路雄安站建设工地开展市场检查

河北雄安局 陈矿英 摄

3 2020年3月13日，辽宁沈阳市局（公司）组织开展“3·15”国际消费者权益日宣传活动

辽宁沈阳市局 高英慧 摄

4 2020年5月27日，吉林长春市局（公司）联合公安部门开展市场检查专项行动

吉林省局 供稿

1 上海烟草集团利用"互联网+市场监管"实现无纸化办公（2020年）

上海烟草集团 供稿

2 上海烟草集团专卖管理人员使用执法记录仪记录市场检查全过程，确保执法公开、公平、公正（2020年）

上海烟草集团 供稿

3 2020年11月18日，江苏宿迁市局（公司）联合市社会信用体系建设领导小组、市放心消费创建活动领导小组召开宿迁市卷烟零售领域"守信示范户"授牌大会

江苏宿迁市局 周修宇 摄

4 2020年11月6日，浙江绍兴市局（公司）组织人员对快递中转站、包裹代收点相关人员进行面对面普法宣传

浙江绍兴市局　何冠民　摄

5 2020年3月13日，安徽安庆岳西县局（营销部）客户经理向零售户宣传烟草法律法规

安徽安庆岳西县局　谢恩慧　摄

6 2020年3月11日，山东德州陵城区局（分公司）第一基层服务站利用诚信互助小组微信群开展真假烟鉴别技巧培训

山东省局　供稿

7 2020年5月7日，河南洛阳城区局（分公司）专卖管理人员为零售户讲解信用监管新要求

河南省局　供稿

1 2020年4月7日，湖南益阳市局（公司）专卖稽查员在政务服务窗口为零售户办理业务

湖南省局 供稿

2 2020年2月29日，广西北海城区局（营销部）专卖管理人员进行卷烟市场检查

广西北海市局 李廷锐 摄

3 2020年2月15日，四川成都市局（公司）专卖管理人员开展卷烟市场巡查

四川省局 供稿

4 2020年8月18日，贵州遵义红花岗区局（分公司）联合市场监管部门开展电子烟突击检查

贵州遵义市局 周 超 摄

1 2020年7月29日，天津滨海新区塘沽分局（分公司）客户经理帮助零售户进行柜台消毒

天津滨海新区塘沽分局 李安琪 摄

2 2020年3月19日，北京烟草物流中心接收湖北中烟复工复产后发送的首批卷烟

北京市局 供稿

3 2020年4月3日，江苏徐州邳州市局（分公司）复工复产后，卷烟配送员做好个人防护配送卷烟

江苏省局 供稿

4 2020年5月21日，浙江台州市局（公司）客户经理对零售户进行在线直播培训

浙江省局 供稿

卷烟销售

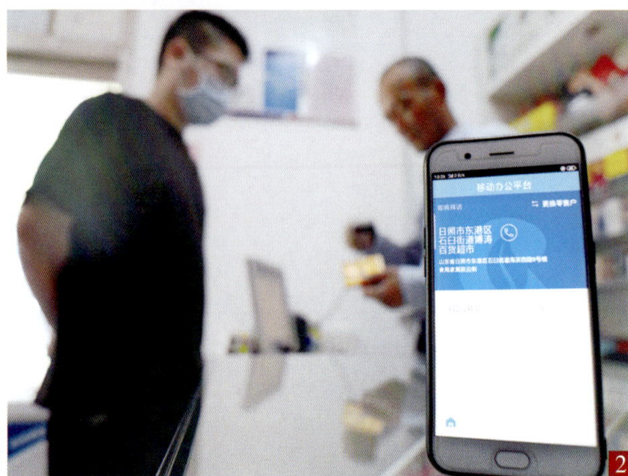

1 2020年8月13日，浙江宁波市局（公司）分拣调度优化项目小组成员通过调度大屏观测智能分拣调度系统运行情况

浙江宁波市局 汪一涛 摄

2 2020年6月11日，山东日照东港区局（分公司）推广使用移动办公平台，开启零售户“云服务”

山东省局 供稿

3 2020年10月21日，河南信阳光山县局（分公司）客户经理为零售户发放卷烟零售户诚信等级标识牌

河南省局 供稿

4 2020年2月26日，福建莆田仙游县局（分公司）客户经理通过手机直播为零售户解析货源情况

福建省局 供稿

5 2020年3月9日，春节后首批集中配送卷烟运抵湖北宜昌五峰县

湖北省局　供稿

6 2020年3月20日，湖北襄阳保康县局（营销部）配送员做好个人防护，为山区零售户配送卷烟

湖北省局　供稿

7 2020年3月12日，湖南益阳市局（公司）客户经理指导零售户使用终端扫码机

湖南省局　供稿

8 2020年2月17日，云南普洱西盟县局（分公司）客户经理帮助零售户进行卷烟陈列

云南普洱市局　王仕平　摄

1 大连烟草结合城网流通品牌建设经验，推进农网"金叶春天"便民店建设（2020年）

大连市局 黄佳斌 摄

2 2020年2月10日，大连市局（公司）配送员采用"无接触"方式配送卷烟

大连市局 供稿

3 2020年3月3日，陕西商洛市局（公司）客户经理指导零售户使用"丝路通"现代终端信息系统

陕西省局 供稿

4 2020年10月21日，深圳市局（公司）开展连锁便利店客户专项市场调查

深圳市局 供稿

烟草专卖管理与经营

北京市烟草专卖局（公司）

【专卖管理】 **案件查处**。2020 年，北京市烟草专卖局始终保持卷烟打假打私高压态势，构筑和完善“政府领导、部门联合、多方参与、密切协作”的打假打私体系，坚持“端窝点、断源头、打网络、办大案、抓主犯”的工作方针，深入推进卷烟打假打私工作。把握春节前涉烟违法行为高发态势，深化案件经营，加大打击力度，取得显著成效。持续加强联合执法机制建设，进一步加强与公安、市场监管、交通、邮政、通信、海关等部门建立协作机制。加强与北京市公安局环食药旅安保总队的协作，扎实推进物流寄递环节专项治理，组织开展全市物流寄递环节专项调研，进一步明确监管重点，提升打击效果。全年全市累计查处各类涉烟违法案件 2110 起，其中案值 5 万元以上案件 270 起，查获非法卷烟 1.0 万件，其中假私烟 3212 件、非法流通真烟 6809 件。公安、司法机关依法刑拘 47 人，判刑 19 人。破获网络案件 5 起，其中朝阳区局破获“1·7”网络案，查获各类假私卷烟 613.64 件，是近年来查获非法卷烟数量较多的假私烟大要案。

市场监管。强化属地管理责任，把维护市场秩序、保持市场状态作为全市专卖监管的出发点和着力点，持续提升市场管控力度。实现“双随机”检查全覆盖，根据疫情防控形势变化，合理安排“双随机”检查进度，2020 年全市“双随机”检查 7883 户，完成年度计划抽查任务，全市年度抽查比例平均为 22.36%。加强重点监管，深化研究应用 APCD 工作法，全年全市模型筛查共发现问题户 2629 户次，平均命中率 11.5%；流入模型筛查共发现问题户 1779 户次，平均命中率 10.76%。组织开展“绿篱”专项行动，按照“扎紧篱笆、管好市场、联防联控、分类治理”的工作方针，着力堵通道、控物流、查市场、打重点。行动期间共查获非法卷烟 3592.34 件，有力防范非法卷烟对北京市场的冲击。落实国家局工作要求，开展“样品烟”专项整治，持续巩固“天价烟”治理成果。常态化开展电子烟监管，坚持网上全面管，线下重点管；组织开展两轮次电子烟自动售卖机和中小学校周边电子烟销售点专项排查。开展校园周边零售户清理整治工作；密切关注“互联网＋监管”改革，全面推行行政执法三项制度，不断提升市场监管工作水平。

行政许可。深化落实政务服务改革要求，许可申请材料和办理时限在 2019 年的基础上再度精简 10% 和 52%。落实国家局改革要求，连锁便利店实行“告知承诺制”，丰台区、大兴区实现“零的突破”；跟进北京市政府优化营商环境工作部署，烟草专卖行政许可停/歇业实现“一证通办”，连锁企业零售许可证办理认可“总店办照”。持续加大“一网通办”宣传和工作力度，提升网办能力水平，密切关注“好差评”系统使用情况；烟草专卖行政许可“一网通办”效果明显，2020 年，全市接收各类网上申请 7341 份次，占办理总数的 35% 以上。有序组织开展许可证许可范围调整和许可证换发工作，推进零售许可证专项清理，全市零售许可证有效使用率明显提升；常态化、制度化开展控烟履约工作，5 月如期实现校园周边存量持证卷烟零售户清零并持续开展动态清理。全面完成行政许可事项标准化梳理，推进许可办理“延时服务”，提供更周到便民的服务。全市零售许可证数量总体稳定，截至 2020 年底，有持证零售户 3.54 万户。

基础管理。2020 年，全市专卖管理人员坚守岗位、履职尽责，坚持一手抓疫情防控一手抓专卖管理，有力维护全市卷烟市场秩序稳定。各单位系统开展业务技能培训，以西城区局为代表深入开展执法规范再提升工作，把规范执法作为一项重要任务持续深入推进。扎实开展政绩观专

北京烟草物流中心克服疫情影响，及时与工业企业对接，确保均衡调货、精准到货（2020 年）

北京市局 供稿

题教育，深入开展专卖执法监督检查治理工作；针对检查发现的问题立行立改，建立健全长效机制。多措并举开展专卖执法人员纪律作风教育和业务技能培训，打造廉洁自律、干净担当、作风优良的专卖执法队伍。全面梳理完善专卖业务和系统建设需求，推进专卖信息化建设。

【卷烟经营】 **卷烟销售。**2020 年，北京市销量居前三位的品牌为“红塔山”“中南海”“云烟”，销量分别为 69.7 亿支（13.94 万箱）、45 亿支（9 万箱）、23.61 亿支（4.72 万箱）。

重点品牌培育。全年销售重点品牌卷烟比上年下降 2.57%。聚焦重点品牌、卷烟品类、卷烟价区等，对标对表全国指标，进行分析，做优做强重点品牌，强化数据对品牌培育、规范经营等工作的支撑。制定发布《关于开展品牌营销活动审核及备案工作的通知》，明确品牌销售活动的工作要求、审核及备案范围、备案内容以及销售物资等管理要求。

新品培育。2020 年，销售新品规格数 51 个，销量 10.09 亿支（2.02 万箱），比上年增长 109.27%。下半年引入新品规格 19 个，上半年退出规格 22 个。鼓励潜力品牌发展，持续激发市场主体活力，科学规划，形成品牌价格梯次布局，为品牌后续发展积蓄能量，确保效益持续增长。

【雪茄经营】 2020 年，北京市烟草商业系统销售雪茄 2999.65 万支，比上年增长 5.57%；实现销售收入 8309.6 万元，比上年增长 7.93%。

【现代终端建设】 持续加大建设投入，提升建设标准，现代卷烟零售终端建设规模稳步扩大，渠道掌控力进一步增强。2020 年，全市建成现代终端 5130 户，建设达标率 99.14%，占终端总数的 14.9%。全市 16 个区共有零售户诚信互助小组 2154 个，入组零售户占比 90.9%。

梯次推进零售户形象提升，零售户经营能力得到显著提升，档位明显上移，零售户信心增强，同时撬动零售户自主投入建设。全年累计帮助 3484 户零售户完成店面形象提升。

深化与金融机构的合作力度，以“烟草贷＋聚合支付”一体化金融服务为抓手，稳步推进烟草金融业务工作。2020 年，“烟草贷”推广客户 1.23 万户，办理客户 2726 户，占比 8.1%，累计授信 8.74 亿元，户均额度 32.1 万元。

【市场化取向改革】 加快推进工商网上配货，工商双方共同遵守协商确定的配货规则，按照统一工作流程开展配货业务，截至 2020 年底，开展工商网配的工业企业共计 15 家。

开展“卷烟营销在基层”主题活动和销售大比武活动，加快推进实战型、专业型、创新型的销售队伍建设，为销售网建高质量发展提供更加有力的人才保障。

【特事辑要】 2020 年 1 月 19—20 日，2020 年北京烟草工作会议召开。

2 月 10 日，北京烟草全面复工复产。

2 月 18 日，国家烟草专卖局党组书记、局长，中国烟草总公司总经理张建民在北京烟草调研。走访西城区部分卷烟零售户，听取北京市局（公司）疫情防控和复工复产情况汇报。

4 月 10 日，国家烟草专卖局党组书记、局长，中国烟草总公司总经理张建民在北京烟草调研。

11 月 11—14 日，北京烟草物流中心“蓝海”QC 小组成果获得烟草行业第三十一届优秀质量管理小组成果发布会一等奖。

2020 年北京市烟草专卖商业主要情况统计

区局（公司）名称	东城区烟草专卖局（公司）	西城区烟草专卖局（公司）	朝阳区烟草专卖局（公司）	海淀区烟草专卖局（公司）	丰台区烟草专卖局（公司）
主要负责人/法定代表人（含党政领导）	李　梅 （—2020 年 10 月） 王献军 （2020 年 10 月—）	孟庆伟	郑思贤 （—2020 年 10 月） 罗明录 （2020 年 10 月—）	张秀武	曹　盛
所属县级单位	—	—	—	—	—
总资产（万元）	32924	33507	167773	124082	92763
资产负债率（%）	10.21	10.05	6.92	4.98	6.66
从业人员（人）	87	96	170	139	123

续表

区局（公司）名称		东城区烟草专卖局（公司）	西城区烟草专卖局（公司）	朝阳区烟草专卖局（公司）	海淀区烟草专卖局（公司）	丰台区烟草专卖局（公司）
所属业务机构	营销机构	1 个营销网建科	1 个营销网建科	1 个营销网建科	1 个营销网建科	1 个营销网建科
	物流配送机构	—	—	—	—	—
	专卖稽查机构	1 个专卖稽查支队	1 个专卖稽查支队	1 个专卖稽查支队	1 个专卖稽查支队	1 个专卖稽查支队
	烟叶机构	—	—	—	—	—
烟农户数（户）		—	—	—	—	—
实现烟农总收入（万元）		—	—	—	—	—
零售户数（户）		1179	1308	4769	3096	2654
零售户销售毛利率（%）		12.68	13.19	13.04	12.46	12.62

区局（公司）名称		石景山区烟草专卖局（公司）	通州区烟草专卖局（公司）	顺义区烟草专卖局（公司）	延庆区烟草专卖局（公司）	怀柔区烟草专卖局（公司）
主要负责人/法定代表人（含党政领导）		魏学忠	夏建瓴	刘向宇 （—2020 年 10 月） 洪伟峻 （2020 年 10 月—）	王献军 （—2020 年 10 月） 李　杨 （2020 年 10 月—）	韦　琪
所属县级单位		—	—	—	—	—
总资产（万元）		18005	58087	45900	9126	15202
资产负债率（%）		10.56	4.29	4.52	9.62	6.50
从业人员（人）		58	103	106	68	77
所属业务机构	营销机构	1 个营销网建科	1 个营销网建科	1 个营销网建科	1 个营销网建科	1 个营销网建科
	物流配送机构	—	—	1 个配送仓储科	1 个配送仓储科	1 个配送仓储科
	专卖稽查机构	1 个专卖稽查支队	1 个专卖稽查支队	1 个专卖稽查支队	1 个专卖稽查支队	1 个专卖稽查支队
	烟叶机构	—	—	—	—	—
烟农户数（户）		—	—	—	—	—
实现烟农总收入（万元）		—	—	—	—	—
零售户数（户）		610	3172	3168	1102	1374
零售户销售毛利率（%）		13.56	10.97	10.52	10.07	10.38

区局（公司）名称		大兴区烟草专卖局（公司）	昌平区烟草专卖局（公司）	密云区烟草专卖局（公司）	门头沟区烟草专卖局（公司）	房山区烟草专卖局（公司）	平谷区烟草专卖局（公司）
主要负责人/法定代表人（含党政领导）		陈江华	史红军	李　强	许　鹏 （主持工作）	姚琴声	刘晓凡
所属县级单位		—	—	—	—	—	—
总资产（万元）		49025	52040	17167	5601	39532	12990
资产负债率（%）		12.03	4.55	7.09	12.45	3.81	8.46
从业人员（人）		122	110	80	54	103	54
所属业务机构	营销机构	1 个营销网建科	1 个营销网建科	1 个营销网建科	1 个营销网建科	1 个营销网建科	1 个营销网建科
	物流配送机构	1 个配送仓储科	1 个配送仓储科	1 个配送仓储科	1 个配送仓储科	1 个配送仓储科	1 个配送仓储科
	专卖稽查机构	1 个专卖稽查支队	1 个专卖稽查支队	1 个专卖稽查支队	1 个专卖稽查支队	1 个专卖稽查支队	1 个专卖稽查支队
	烟叶机构	—	—	—	—	—	—
烟农户数（户）		—	—	—	—	—	—
实现烟农总收入（万元）		—	—	—	—	—	—
零售户数（户）		2946	3454	1750	650	2564	1561
零售户销售毛利率（%）		12.87	10.99	10.37	11.97	10.74	11.11

◇ 撰稿：王智誉；编辑：王　静　吴中奇

天津市烟草专卖局（公司）

【专卖管理】 **打假破网**。2020年，天津市烟草专卖局始终保持打假打私高压态势，加强网络案件经营，持续打击物流寄递环节涉烟违法活动，组织开展“雷霆2020”市场清理整顿专项行动。全年查处各类涉烟违法案件1648起，案值6657万元，查获非法卷烟1.22万件，破获8起符合国家局标准涉烟违法网络案件，其中部督案件3起，公安、司法机关依法惩处违法犯罪分子41人。

部督案件。“7·8”租用共享汽车运输销售假烟网络案件。天津市区第一烟草专卖局联合天津市公安局河西分局查获天津市首起通过租用共享汽车运输销售假烟网络案件，抓获犯罪嫌疑人4人，其中批准逮捕3人、取保候审1人，查获涉案卷烟262.62件，货值214.85万元，涉案金额500余万元。

天津市宝坻区局联合天津市烟草专卖局公路分局在天津市公安局宝坻分局配合下，破获“9·24”跨省包装、运输、销售假冒卷烟网络案件。在天津市多区及福建省宁德市、河北省香河县查获非法卷烟218件，货值152万元，捣毁售假窝点13个，抓获涉案违法嫌疑人22人，查获假冒卷烟简易包装设备11台及制假原辅材料若干，涉案金额2000余万元。

天津市烟草专卖局公路分局联合北辰区局在公安机关的配合下，破获“11·22”非法生产、拼装、销售烟机案件。现场查获准备外运的烟机零部件数百件，组装完成的烟草包装机械14台，以及大量库存零散部件。当场抓获非法制造、组装、贩卖烟机涉案违法嫌疑人5人，涉案金额1300万元。

专卖内管。严格防控卷烟非法流通，修订专卖内管考核细则，开展规范经营自查自纠，治理不规范销售行为。加大大户治理力度，排查处理虚假卷烟零售户114户、违规经营户481户。坚持真烟非法流通案件追根溯源，对1255户次涉案零售户实施货源调控，其中减供845户次、停供410户次。

市场监管。提升市场监管和行政服务能力，发挥“互联网+监管”作用，坚持重点监管和日常监管“双管齐下”，不断提高市场监管效能，全市平均市场净化率95.7%，比上年提高0.05个百分点。联合市场监管部门开展电子烟专项检查，形成电子烟监管合力。适应疫情防控需要，实行零售许可证“容缺”办理，并根据具体情况发放短期许可证，改进行政服务质量。

【卷烟经营】 **品牌培育**。建立品类布局规划，修订品牌引退规则，丰富品牌评价维度，推动品规优胜劣汰。加大品牌状态维护，制定《天津市新品策略品规培育管理办法》，精准实施“一品一策”“量价调控”。加快推进商圈培育新模式应用推广，制定“档位+商圈”投放工作规范，实现精准投放系统与省级销售平台有效对接。全年全市销售重点品牌卷烟251.85亿支（50.37万箱），比上年增长3.8%；销售创新产品54.2亿支（10.84万箱），比上年增长15.98%。

市场发展。统筹抓好疫情防控和销售工作，根据市场状态和销售形势开展运行调控，保持全市总体步调平稳、均衡有序的销售节奏。加大卷烟调控力度，适度增加低价位卷烟市场供给，实现市场状态的稳中有进、进中提质。2020年卷烟销量比上年增长0.21%，实现销售额比上年增长2.77%。

市场化取向改革。印发《中国烟草总公司天津市公司关于深入推进2020年卷烟营销市场化取向改革工作的通知》，规范需求预测流程，探索建立“俏紧平松软”市场状态评价模型，拓宽市场信息监测渠道；制定《天津烟草零

2020年新冠肺炎疫情初期，天津蓟州区局（公司）专卖管理人员上门为零售户就疫情防控相关法律法规问题答疑解惑

天津蓟州区局　张　建　摄

售终端信息自动采集管理办法》，构建市区两级自动信息采集样本库，动态精准调整到货计划，优化货源组织模式，库存周转次数比上年提升11.72%；持续加强销售规范经营管理，制定《品牌营销活动管理办法》，从严规范品牌培育活动；开展“我与客户共成长”主题销售活动，加快推进销售队伍职能转型，打造一线客户讲师团，进一步提升销售队伍素质能力。

终端建设。推动零售终端转型升级，推进现代终端建设，修订建设标准，加强引退管理，规范终端物资管理，制定《天津烟草终端建设物资管理办法》，截至2020年底，天津市建成现代零售终端7808户，占零售户总数的23.54%。规范直营终端建设，修订《天津烟草卷烟零售自营店管理规定》，加强零售终端信息化建设，推进零售终端系统应用激励政策落地，全市终端“云POS”有效扫码认定客户4832户，应用终端“云POS”的客户占比14.57%。

客户服务。制定卷烟零售户信用体系建设规划，印发《加强推进卷烟零售客户信用体系建设的指导意见》，推动试点建设工作，拓宽“线上+线下”服务渠道，全市共开展线上客户培训活动318场，参与客户1.37万人，培训覆盖面41.33%。拓宽客户金融服务渠道，协调7家金融机构提供“烟商贷”“商超e贷”等金融服务，新增授信客户1642户，授信金额4.2亿元，缓解零售户资金周转压力。

【雪茄经营】 持续加大国产传统雪茄培育力度，构建“竞争有序、梯次合理、特点鲜明”的雪茄产品布局，引进适销品规，满足市场需求，传统雪茄消费生态初步建立。2020年，天津市烟草商业系统销售雪茄561.44万支，比上年增长33.17%；实现销售额1222.52万元，比上年增长64.02%。

规范雪茄销售管理流程，制定《天津市烟草公司传统雪茄烟培育方案（试行）》，根据雪茄产品类型和目标客户范围，丰富雪茄投放方式，提高靶向投放水平。通过“自下而上需求汇总、合理制定投放策略、研判需求预测有效性”等手段，评估市场容量，合理扩大销售规模，为传统中高端雪茄稳步发展奠定基础。

培植雪茄消费文化，激活潜在消费需求，尝试市场“破冰”，组织开展传统中高端雪茄市场调研活动。2020年，按照培育方案，天津市公司协同国内4家雪茄生产工业公司开展4次传统雪茄市场测试活动，共涉及5个品牌、21个规格传统雪茄。测试形式均为场景体验调研，调研对象为雪茄消费者和部分零售户代表，测试项目包括包装、吸味、性价比、品牌知名度等，调研人数共计150人。

【改革创新】 推动两级自主创新平台建设，联合高校建立协同研发机制，取得实用新型专利授权3件、软件著作权5件，连续4年获评行业“优秀质量管理小组”。加快智慧物流建设，创新越库分拣、托盘联运等管理模式，实现C类烟自动分拣，C类烟“通码”问题得到彻底解决。推进电子公文系统、国有资产管理系统等重点信息化项目建设，为高质量发展提供有力支撑。

【疫情防控与复工复产】 天津市局（公司）多措并举抓好疫情防控，加强疫情防控常识普及宣传，编制印发《天津烟草新型冠状病毒感染肺炎防控知识汇编》，建立疫情排查监测制度，做好防疫物资保障，全年未发生一起新冠肺炎疫情病例。统筹抓好疫情防控和生产经营，加强组织领导，统筹货源调控，抢抓销售进度，组织党员民兵突击队支援一线生产经营，为零售户提供“烟商贷”“商超e贷”等金融服务，卷烟销售迅速恢复正常水平，第一季度经济发展在天津市率先实现正增长。

【特事辑要】 2020年2月3日，天津市局（公司）召开2020年全市烟草工作会议。

10月21—22日，国家局党组成员、副局长张天峰在天津烟草调研。

2020年天津市烟草专卖商业主要情况统计

区局（公司）名称	天津市区第一烟草专卖局（分公司）	天津市区第二烟草专卖局（分公司）	天津市区第三烟草专卖局（分公司）	东丽区烟草专卖局（分公司）	津南区烟草专卖局（分公司）
主要负责人/法定代表人（含党政领导）	孙晓莹	孙晓莹	孙晓莹	孙晓莹	孙晓莹
所属县级单位	—	—	—	—	—
总资产（万元）	1766	2101	1830	1105	959
资产负债率（%）	—	—	—	—	—
从业人员（人）	84	88	84	67	67

续表

区局（公司）名称		天津市区第一烟草专卖局（分公司）	天津市区第二烟草专卖局（分公司）	天津市区第三烟草专卖局（分公司）	东丽区烟草专卖局（分公司）	津南区烟草专卖局（分公司）
所属业务机构	营销机构	1 个营销网建科	1 个营销网建科	1 个营销网建科	1 个营销网建科	1 个营销网建科
	物流配送机构	—	—	—	—	—
	专卖稽查机构	2 个稽查大队	2 个稽查大队	2 个稽查大队	1 个稽查大队	1 个稽查大队
	烟叶机构	—	—	—	—	—
烟农户数（户）		—	—	—	—	—
实现烟农总收入（万元）		—	—	—	—	—
零售户数（户）		2706	2939	2830	1770	2180
零售户销售毛利率（%）		10.19	10.19	10.19	10.19	10.19

区局（公司）名称		西青区烟草专卖局（分公司）	北辰区烟草专卖局（分公司）	滨海新区烟草专卖局塘沽分局、塘沽分公司	滨海新区烟草专卖局汉沽分局、汉沽分公司	滨海新区烟草专卖局大港分局、大港分公司
主要负责人/法定代表人（含党政领导）		孙晓莹	孙晓莹	孙晓莹	孙晓莹	孙晓莹
所属县级单位		—	—	—	—	—
总资产（万元）		1062	1101	1710	502	954
资产负债率（%）		—	—	—	—	—
从业人员（人）		69	67	128	57	71
所属业务机构	营销机构	1 个营销网建科	1 个营销网建科	1 个营销网建科	1 个营销网建科	1 个营销网建科
	物流配送机构	—	—	1 个送货中心	1 个送货中心	1 个送货中心
	专卖稽查机构	1 个稽查大队	1 个稽查大队	2 个稽查大队	1 个稽查大队	1 个稽查大队
	烟叶机构	—	—	—	—	—
烟农户数（户）		—	—	—	—	—
实现烟农总收入（万元）		—	—	—	—	—
零售户数（户）		1839	2201	3083	842	1356
零售户销售毛利率（%）		10.19	10.19	10.19	10.19	10.19

区局（公司）名称		武清区烟草专卖局（有限公司）	宝坻区烟草专卖局（有限公司）	宁河区烟草专卖局（有限公司）	静海区烟草专卖局（有限公司）	蓟州区烟草专卖局（有限公司）	天津市烟草专卖局公路分局
主要负责人/法定代表人（含党政领导）		唐有鋆（—2020 年 5 月） 翟晓强（2020 年 5 月—）	刘欣凯	杨如顺（—2020 年 11 月） 王　颖（2020 年 11 月—）	吴宝旺	白　岩	王振军（—2020 年 10 月） 乔　林（2020 年 10 月—）
所属县级单位		—	—	—	—	—	—
总资产（万元）		8859	7236	3592	5750	8140	—
资产负债率（%）		23.22	23.79	29.18	22.93	20.07	—
从业人员（人）		117	102	76	83	110	35
所属业务机构	营销机构	1 个营销网建科	1 个营销网建科	1 个营销网建科	1 个营销网建科	1 个营销网建科	—
	物流配送机构	1 个送货中心	1 个送货中心	1 个送货中心	1 个送货中心	1 个送货中心	—
	专卖稽查机构	1 个稽查大队	1 个稽查大队	1 个稽查大队	1 个稽查大队	1 个稽查大队	3 个稽查大队
	烟叶机构	—	—	—	—	—	—
烟农户数（户）		—	—	—	—	—	—
实现烟农总收入（万元）		—	—	—	—	—	—
零售户数（户）		2584	2244	1627	2075	2519	—
零售户销售毛利率（%）		10.19	10.19	10.19	10.19	10.19	—

◇ 撰稿：高栓龙；编辑：王　静　吴中奇

河北省烟草专卖局（公司）

【专卖管理】 **打假打私**。2020年，河北省烟草专卖局继续巩固“政府领导、多方参与”的工作格局，组织协调11个部门召开全省联合打击制售假烟违法犯罪活动领导小组会议。与河北海警局联合印发《联合打击海上涉烟违法犯罪活动协作机制》，指导秦皇岛、唐山、沧州3个沿海市局和当地海警部门协调联动，打击海上走私卷烟活动。与河北省各级公安、市场监管等部门密切协作，开展为期两个月的“金叶使命2020”市场整治夏季行动，进一步净化卷烟市场环境。全年共查处涉烟违法案件1.15万起，其中案值5万元以上假私烟案件95起；查获非法流通真烟1.54万件，假烟2218.94件，走私烟656.15件，烟叶烟丝57.65吨，收缴制假烟机11台。破获重大案件29起，2019—2020年度全省有12起案件受到国家局通报表彰。公安、司法机关依法刑拘245人，逮捕209人，判刑169人。

市场监管。组织开展电子烟整治、物流寄递环节整治等专项行动，查处违法违规大户，全省守法经营率达到96%。协调河北省通信管理局印发《互联网销售电子烟监管协作机制指导意见》，加强网上涉烟信息监管。联合省市场监督管理局开展全省电子烟市场专项检查，全省排查电子烟销售实体店928户，其中持证零售户548户；劝导下架商户（含非持证零售户）308户，其中持证零售户183户；电子烟无人售货机数量14台。全面推行APCD市场检查、“双随机、一公开”市场监管工作，不断提高市场掌控能力。

行政许可管理。疫情期间优化零售许可办理措施，引导推广网上办理，分流线下申办，开展线下“零接触”办理。推进简化品牌连锁便利店烟草经营审批手续，方便企业经营。开展零售许可网上申请，对接河北省政务服务平台，采取河北雄安局、保定市局试点先行和其他地市后续跟进的方式，不断提升零售许可服务效能。开展零售许可专项清理活动，激活零售许可证的效用。启用新许可范围申领许可证工作，完成生产经营类许可证和零售许可证换发工作。配合国家局专卖司完成2004—2020年合理布局规划实施状况、许可证管理办法实施细则等专项调研工作，为相关制度政策提供依据和数据支撑。

2020年7月30日，河北雄安局（公司）为卷烟零售户开展法律增值服务活动

河北雄安局　陈矿英　摄

【卷烟经营】 **卷烟销售**。2020年，河北省销量居前三位的卷烟品牌为“钻石”“红塔山”“云烟”，销量分别为429.35亿支（85.87万箱）、111.27亿支（22.25万箱）、99.83亿支（19.97万箱）。

品牌培育。贯彻“大品牌、大市场、大企业”战略，围绕“136、345”品牌发展目标，完善运行规则，加强品牌管理、培育。重新修订河北省公司《卷烟品牌（规格）引入退出管理办法（试行）》，确定2020—2023年品牌（规格）总数目标，重新划分品类标准，设置品类规格上限，制定更加严格的品牌进退规则和品牌评价标准。依托省级卷烟销售平台，建立工商企业品牌销售备案制度。优化品牌布局，做到“宜进则进、应退尽退”，不适销卷烟规格有序退出，推动品牌新旧动能转换。印发卷烟交易指引，公布全省引入、退出品牌（规格）目录等，使优势资源逐步向大品牌集中。

零售终端建设。以诚信互助小组为抓手，推进品牌培育、疫情防控、线上经营指导等，将疫情给客户服务工作带来的影响降到最低。截至2020年底，全省共有诚信互助小组2.01万个，入组零售户100%。

现代物流建设。秦皇岛易地技改项目在国家局立项，完成保定细标一体分拣改造和唐山异标共线技改。以新能源汽车推广、包装箱循环利用、托盘联运、塑膜回收、空车往返运输、无纸化签收为重点，加强绿色物流建设。全省共配置新能源汽车197辆，占全省终端配送车辆总数的22.5%。聚焦精益管理，挖掘物流提质增效渠道，提升管理效能。全年获专利授权

4件，1人获评第三届“省会十大工匠”，“异型烟分拣系统的研发与应用”项目获得2020年度中国物流与采购联合会科技进步三等奖。

【雪茄经营】 2020年，河北省引入“狮牌（加勒比阳光）”“王冠（蓝色假日）”“黄鹤楼（雪之梦9号）”“长城（揽胜3号经典）”等7个雪茄新品。截至2020年底，全省在销雪茄8个品牌44个规格，形成价格梯度合理、品类丰富的产品架构。加强工商沟通，建立高效的管理对接和沟通机制，从信息、市场、货源等方面深入协同，在直营体验店和一些高档商业综合体、高档社区等现代终端建立雪茄专柜、雪茄品吸区等，播放雪茄文化传播视频；利用客户经理宣传、雪茄专柜展示、网页宣传等方式，开展雪茄文化传播活动。2020年，全省累计销售雪茄1.88亿支，比上年增长13.68%。

【烟叶生产】 **烟叶种植。**2020年，河北省烟叶种植涉及5个县、19个乡、62个行政村、411户烟农（不含邯郸肥乡区、保定定州市2个未上划县级单位的有关数据）。实现烟农总收入9323.96万元。

重点技术推广应用。推广专业化分级散叶收购、膜下滴灌、采烤一体化和水肥一体化、上部叶充分成熟一次性采收、新能源烤房、地膜回收资源化利用等重点技术应用。全省重点产区膜下小苗移栽率80%，膜下滴灌技术推广率86%，采烤一体化技术推广率44.6%，绿色高效专业化植保率34.6%，生物质燃烧机推广率35.8%。

探索绿色发展模式。为实现烟叶产业的绿色、循环、可持续发展，指导蔚县烟叶经销总公司投产废旧塑料循环利用项目和生物质颗粒生产项目。废旧塑料循环利用项目总投资5000万元，可实现回收加工废旧农膜5000吨，实现烟田地膜全部回收利用。生物质颗粒生产项目总投资877.35万元（其中申请东西部扶贫协作项目资金780万元），设计加工生产生物质颗粒1万吨。

烟叶产区扶贫增收。各级烟叶公司依托产业优势，实施“烟叶产业＋扶贫”政策，多措并举助力烟区脱贫攻坚。2020年，利用闲置育苗棚126座种植蔬菜，实现总产值103.5万元。利用闲置烤房85座进行杏扁、蔬菜烘干加工，实现总产值34.59万元。利用烟用补贴资金所购的11台拖拉机进行土地深松作业，实现总收入20.6万元。利用0.3万亩轮作烟田种植玉米，实现增值收入120.5万元。利用生物质颗粒生产项目的秸秆回收再利用环节，直接带动贫困人口脱贫80余人，受益贫困人口400余人，实现增收60万元。

【企业管理】 **科技创新。**采取线上方式开展年度QC项目评审。收集、审核QC小组活动成果43项，其中1项获得全国烟草行业第三十一届优秀质量管理小组成果发布会二等奖，1项获得成果推广引用奖。对2019年结题的13个科技创新项目进行现场评审。组织各专业部门对各地市上报的2020年科技项目进行审核把关，最终16个科技项目通过立项审核。

标准化建设。以河北省局（公司）机关标准化建设为突破口，做好省市县三级标准化工作的无缝对接。全年完成省局（公司）机关本级521项现行文件和制度的梳理，将其中需要长期执行的179项制度全部转化为标准化文件。

对标工作。每个季度发布全省对标工作通报，对各单位指标排名情况进行考核；将对标结果与QC小组活动有机衔接，推进对标短板改进，实现降本增效。2020年全省累计实现降本增效1960万元，超额完成国家局下达的任务。在国家局公布的15个对标指标中，河北省有9个指标优于行业平均值，12个指标的全国排名提升。全省单箱人工费用、总资产贡献率指标水平、单箱卷烟管理费用指标水平、单箱卷烟经营费用指标水平分别居行业第二位、第三位、第三位、第四位。

【疫情防控与复工复产】 成立全省烟草商业系统应对疫情工作领导小组，自上而下构建起省市县三级联防联控的工作体系。紧盯疫情发展形势，建立“疫情防控群”“疫情上报群”等5个微信群，召开移动视频会议12次。全省系统共居家隔离649人，定点隔离7人，核酸检测13人，并全部排除患疫嫌疑，未出现确诊病例。

印发《河北省局（公司）复工复产方案》，成立全省系统疫情期间经济运行调度指挥中心。先后下发5期调度指挥令，指导各单位采取灵活有效的访销、投放、配送策略，确保在做好疫情防控的前提下，有序恢复生产经营。牵住卷烟销售“牛鼻子”，落实分区分级、精准施策要求，及时调整生产、销售策略和计划，以卷烟销售带动行业生产经营各项指标全面回升。发挥诚信互助小组作用，用好自媒体等方式，指导零售户在疫情期间做好经营工作；强化服务举措，与全省系统有业务联系的银行进行衔接，帮助零售户解决资金周转难的问题。承德市局（公司）通过临时提升信用额度、分期还款并提供优惠费率、延期还款等政策，沧州市局（公司）协调“蚂蚁金服”为沧州地区零售户储备10亿元的小额信贷额度。根据疫情管控情况，采取无接触送货方式，确保送货员和客户的健康和安全。

【特事辑要】 2020年1月17日，国家局党组成员、副局长段铁力在河北烟草调研。

1月18—19日，2020年河北烟草商业系统工作会议在石家庄召开。

6月23日，中共河北省委组织部、河北省扶贫开发办公室联合印发《关于表扬全省扶贫脱贫先进驻村工作队、优秀驻村第一书记和优秀驻村工作队员的通报》，河北省局（公司）1人获评“全省扶贫脱贫优秀驻村第一书记”，2人获评“优秀驻村工作队员”。

9月25日，举办河北烟草商业系统“书香中国 朗读盛世”主题大会。

10月13日，河北烟草商业系统物流岗位“大练兵、大比武”暨第三届物流技能竞赛在邢台举办。

10月16日，河北烟草商业系统定额标准体系建设现场会在邢台召开。

10月21—22日，国家局党组成员、副局长段铁力在河北烟草调研。

12月16—17日，国家局党组成员、副局长张天峰在基层联系点河北保定市局（公司）、河北中烟保定卷烟厂调研党建工作。

2020年河北省烟草专卖商业主要情况统计

地市级局（公司）名称		石家庄市烟草专卖局（公司）	邯郸市烟草专卖局（公司）	保定市烟草专卖局（公司）	张家口市烟草专卖局（公司）
主要负责人/法定代表人（含党政领导）		贾立业	范造来	王春怀	陆　军
所属县级单位[1]		藁城区、鹿泉区、栾城区、新华区、桥西区、裕华区、长安区等7个县级烟草专卖局（分公司），辛集市、晋州市、灵寿县、行唐县、平山县、正定县、高邑县、赵县、元氏县、赞皇县、新乐市、无极县、深泽县、井陉县等14个县级烟草专卖局（营销部）	邯山区、丛台区、复兴区、永年区等4个县级烟草专卖局（分公司），大名县、魏县、曲周县、邱县、鸡泽县、广平县、成安县、临漳县、磁县、涉县、馆陶县、峰峰矿区、武安市等13个县级烟草专卖局（营销部）	满城区、清苑区、徐水区、莲池区、竞秀区等5个县级烟草专卖局（分公司），涿州市、博野县、望都县、定兴县、阜平县、高碑店市、高阳县、涞水县、涞源县、蠡县、曲阳县、顺平县、安国市、易县、唐县等15个县级烟草专卖局（营销部）	万全区、崇礼区、宣化区、桥东区、桥西区等5个县级烟草专卖局（分公司）[2]，沽源县、尚义县、张北县、康保县、怀安县、怀来县、赤城县、涿鹿县、蔚县、阳原县等10个县级烟草专卖局（营销部）
总资产（万元）		298574	156686	223510	117376
资产负债率（%）		20.11	25.36	24.01	27.02
从业人员（人）		1031	1092	1147	619
所属业务机构	营销机构	1个营销中心	1个营销中心	1个营销中心	1个营销中心
	物流配送机构	1个物流配送中心	1个物流配送中心	1个物流配送中心	1个物流配送中心
	专卖稽查机构	1个稽查支队、21个稽查大队	1个稽查支队、17个稽查大队	1个稽查支队、20个稽查大队	1个稽查支队、15个稽查大队
	烟叶机构	1个烟叶管理科	—	1个烟叶管理科	1个烟叶管理科
烟农户数（户）		76	—	33	302
实现烟农总收入（万元）		1875	—	772	6677
零售户数（户）		35374	35848	35980	17796
零售户销售毛利率（%）		13.92	12.35	14.20	12.00
地市级局（公司）名称		承德市烟草专卖局（公司）	唐山市烟草专卖局（公司）	廊坊市烟草专卖局（公司）	沧州市烟草专卖局（公司）
主要负责人/法定代表人（含党政领导）		徐　立	王友安（—2020年1月）程　渊（2020年1月—）	马宝平（—2020年1月）支宗良（2020年1月—）	毛建民（—2020年1月）王友安（2020年1月—）

续表

地市级局（公司）名称		承德市烟草专卖局（公司）	唐山市烟草专卖局（公司）	廊坊市烟草专卖局（公司）	沧州市烟草专卖局（公司）
所属县级单位[1]		平泉市烟草专卖局（分公司），丰宁满族自治县、滦平县、承德县、围场满族蒙古族自治县、隆化县、兴隆县、宽城满族自治县等7个县级烟草专卖局（营销部）	滦州市、路南区、路北区、开平区、古冶区等5个县级烟草专卖局（分公司），丰润区、丰南区、滦南县、乐亭县、迁安市、迁西县、遵化市、玉田县、曹妃甸区等9个县级烟草专卖局（营销部）	安次区、广阳区、三河市、大厂回族自治县、香河县、永清县、固安县、霸州市、文安县、大城县等10个县级烟草专卖局（营销部）	任丘市、泊头市、黄骅市、河间市、沧县、肃宁县、孟村回族自治县、东光县、海兴县、献县、青县、吴桥县、盐山县、南皮县等14个县级烟草专卖局（营销部）
总资产（万元）		74778	214008	144412	141857
资产负债率（%）		26.62	11.55	18.09	16.98
从业人员（人）		553	854	573	961
所属业务机构	营销机构	1个营销中心	1个营销中心	1个营销中心	1个营销中心
	物流配送机构	1个物流配送中心	1个物流配送中心	1个物流配送中心	1个物流配送中心
	专卖稽查机构	1个稽查支队、8个稽查大队	1个稽查支队、14个稽查大队	1个稽查支队、10个稽查大队	1个稽查支队、15个稽查大队
	烟叶机构	—	—	—	—
烟农户数（户）		—	—	—	—
实现烟农总收入（万元）		—	—	—	—
零售户数（户）		13355	28037	16198	25393
零售户销售毛利率（%）		10.00	12.57	10.00	13.73

地市级局（公司）名称		衡水市烟草专卖局（公司）	邢台市烟草专卖局（公司）	秦皇岛市烟草专卖局（公司）	河北雄安烟草专卖局（公司）[4]
主要负责人/法定代表人（含党政领导）		付英乐	王　文	裴世勇	王春怀（—2020年7月）阎　芳（2020年7月—）
所属县级单位[1]		冀州区烟草专卖局（分公司），桃城区、枣强县、武邑县、深州市、武强县、饶阳县、安平县、故城县、景县、阜城县等10个县级烟草专卖局（营销部）	襄都区、信都区、任泽区、南和区等4个县级烟草专卖局（分公司）[3]，沙河市、内丘县、临城县、隆尧县、柏乡县、宁晋县、巨鹿县、平乡县、广宗县、南宫市、新河县、威县、清河县、临西县等14个县级烟草专卖局（营销部）	抚宁区、海港区、山海关区、北戴河区等4个县级烟草专卖局（分公司），昌黎县、卢龙县、青龙满族自治县等3个县级烟草专卖局（营销部）	安新县、容城县、雄县等3个县级烟草专卖局（分公司）[4]
总资产（万元）		64683	122403	94771	17798
资产负债率（%）		26.44	25.13	21.12	22.50
从业人员（人）		686	1034	395	171
所属业务机构	营销机构	1个营销中心	1个营销中心	1个营销中心	1个计划营销科
	物流配送机构	1个物流配送中心	1个物流配送中心	1个物流配送中心	—
	专卖稽查机构	1个稽查支队、11个稽查大队	1个稽查支队、18个稽查大队	1个稽查支队、7个稽查大队	1个稽查支队、3个稽查大队
	烟叶机构	—	—	—	—

续表

地市级局（公司）名称	衡水市烟草专卖局（公司）	邢台市烟草专卖局（公司）	秦皇岛市烟草专卖局（公司）	河北雄安烟草专卖局（公司）[4]
烟农户数（户）	—	—	—	—
实现烟农总收入（万元）	—	—	—	—
零售户数（户）	13782	22261	12122	4444
零售户销售毛利率（%）	13.00	13.50	14.00	13.50

注：1. 统计表没有标注未上划的2个县级单位，分别为邯郸市局（公司）下辖的肥乡区烟草专卖局（卷烟经理部），保定市局（公司）下辖的定州卷烟经理部。

2. 2020年9月，根据国家局、总公司《关于调整河北省部分地市烟草专卖局（公司）所属部分机构的批复》（国烟人〔2020〕143号），设立张家口市桥东区、桥西区烟草专卖局（分公司）。

3. 2020年9月，根据国家局、总公司《关于调整河北省部分地市烟草专卖局（公司）所属部分机构的批复》（国烟人〔2020〕143号），撤销邢台市邢台县、任县、南和县烟草专卖局（营销部），设立邢台市襄都区、信都区、任泽区、南和区烟草专卖局（分公司）。

4. 2020年3月，根据国家局、总公司《关于河北省烟草公司河北雄安公司下辖三个县级卷烟营销部更名的批复》（国烟法〔2020〕57号），分别将安新县、容城县、雄县卷烟营销部名称变更为河北省烟草公司河北雄安公司安新、容城、雄县分公司。

◇ 撰稿：苏维民；编辑：王 静 吴中奇

山西省烟草专卖局（公司）

【专卖管理】 **案件查处。**2020年，山西省烟草专卖省市两级局协调山西省市两级公检法、交通、邮政、市场监管、海关等部门，完成协作机制领导组调整，健全卷烟打假打私协作机制。联合公安部门开展全省清理整顿卷烟市场专项行动，组织开展烟草专卖执法监督检查、电子烟市场专项检查及清理整顿虚假持证户专项行动，完成打网络硬任务。全年查处假烟案件1763起，走私烟案件219起，其中案值5万元以上假私烟案件25起；查获假烟917.54件，案值832.55万元；查获走私烟178.71件，案值124.12万元。向公安机关移送涉烟刑事案件63起，公安、司法机关依法刑拘63人，逮捕40人，判刑57人。破获符合国家局标准网络案件24起，其中忻州市局“9·23”非法生产烟草专卖品网络案件和临汾市局“12·13”制售假烟网络案件被国家局列为全国烟草打假打私特大案件予以表彰。

市场监管。山西省烟草专卖各级局推动市场监管和许可服务提质增效，规范使用“互联网+监管”系统，探索市场监管员队伍转型，推进以“双随机、一公开”监管为基本手段、以信用监管为基础、以重点监管为补充的新型监管机制，提高监管专业化水平。推进信用监管探索和试点运行工作，在建立并应用不予许可黑名单库的基础上，与卷烟销售部门共同搭建卷烟零售户等级管理体系，建立信用信息应用机制。组织开展全省卷烟市场违法销售样品烟治理专项行动，与山西省市场监管局联合开展电子烟市场专项检查行动，并将样品烟和电子烟等新型烟草制品纳入常态化监管。全年全省烟草商业系统通过“双随机、一公开”方式共监管卷烟零售户2.78万户，实施专项检查483次，清理中小学校周边持证户432户，联合市场监管部门清理无证户224户，各市局市场净化率全部达到97%以上。

证件管理。推进专卖行政许可服务标准化，制定上传材料、文书填写及卷宗装订标准。抓好“烟草行业一体化在线政务服务平台”的规范应用，严格考核网上申请办理时限。组织开展行政许可年度专项检查，重点检查办事堵点及侵害群众利益问题。强化监督和责任追究，防范和杜绝行政许可工作中“不作为、乱作为、慢作为”等问题。落实《关于推动品牌连锁便利店加快发展的指导意见》，对品牌连锁便利店实施“减、免”办证距离限制的规定，进一步激发市场主体活力。截至2020年底，全省有持证卷烟零售户13.37万户，其中城市持证零售户7.1万户、农村持证零售户6.27万户。

内部监管。创建市级局专卖内管监管中心，开展卷烟经营全过程闭环监管、“双随机、一公开”专项检查及远程网上异地监管，全年未发生国家局督办真烟异常流动案件。

【卷烟经营】 **品牌培育。**高度聚焦制约品牌高质量发展的短板弱项，围绕行业“136、345”高质量品牌发展战略，把发展重点品牌、低焦油卷烟等作为品牌培育的重中之重，制定印发《在销品规数量管理办法》，将重点品牌等纳入考核评价，规范引导创新品类和低焦油卷烟发展。全年重点品牌销量比上年增长4.93%，增幅居行业第一位，创新品类保持稳定增长，品牌持续发展动能更加强劲。先后与上海、云南、四川、山昆、蒙昆等工业企业召开品牌诊断分析会，优化品规布局，稳定品规状态。

卷烟销售网络建设。系统谋划终端建设长期发展思路，制定印发三年发展规划，推进零售终端管理系统应用，开

2020年8月，山西太原市局（公司）组织开展“我与客户共成长暨专销联动大宣讲”活动，提高零售户经营水平和规范经营意识

山西省局　供稿

展流通品牌建设摸底调研、专题研讨和元素征集，进一步做实零售终端体系。推进党建和责任文化植入小组，推动诚信互助小组建设由城镇向农村拓展，入组零售户12.58万户，占比95.6%。以太原、晋中为试点探索推进零售户信用体系建设，以临汾为试点探索启动职业化零售终端建设。更加注重终端资源的挖掘利用，把卷烟陈列与客户档位管理有机结合，提高零售户对卷烟经营的依存度，增强渠道掌控能力。针对跨行结算推广难的问题，组织赴四川学习考察，印发跨行结算推广方案和问题解决指引，全省烟草商业系统跨行结算比例达到35.7%。开展“我与客户共成长”主题销售活动，启动“我的业务我学习”“我的客户我辅导”“我的终端我维护”系列活动，发挥稳定市场的关键作用，市场状态持续稳中向好，零售户毛利率12.58%，比上年提升0.09个百分点。

【雪茄经营】 2020年，山西省销售雪茄（不含卷烟型雪茄）700.59万支，比上年增长50.81%。

【现代烟草农业建设】 2020年，山西省有种烟农户602户，实现烟农总收入8475.65万元，户均收入14.08万元。在山西省烟草种植面积中，机械化耕地面积2.05万亩，起垄2.05万亩，移栽1.85万亩，覆膜2.05万亩，施肥2.05万亩，湿润育苗技术推广1.80万亩，轮作2.28万亩，沤制有机肥1.12万亩，小苗深栽1.38万亩，开展烟田废弃地膜捡拾1.77万亩。

【精益管理】 **管理创新。**山西省局机关印发管理制度文件清单，明确现行有效制度554个，废止管理制度文件112个。推进质量管理体系转版，因地制宜健全体系标准。各市局强化内审和管理评审，持续改进内控制度体系。各县局启动分层分类对标，提升基层治理能力。依法依规妥善解决职工诉求，防范化解法律风险，稳妥推进厂办大集体改革，15家单位改革方案全部批复，2216名退休人员移交社会化管理，撤销太原烟草专卖稽查支队，完成与太原市局人员机构整合。在晋城、忻州、运城市局创建卷烟鉴别检验小组，对现有小组加强管理和监督，全年检验样品1.76万批次。优化省级销售平台和新商盟订货平台，完成互联网出入口集中统一和IPV6升级改造，启动专卖、财务、信创等信息系统建设。

财务管理。从严控制“三公经费”及一般性支出，三项费用率比上年下降0.26个百分点。持续推进预算定额标准体系建设，加大资产管理力度，全面推行资金竞争性存放，资金收益增长10.20%，再创历史新高。

物流管理。创新疫情防控无接触卷烟配送方式，完成朔州、晋中、临汾和运城市公司异型烟分拣设备升级改造，规范废旧纸箱处置程序，强化塑封膜采购管理，持续推动物流降本增效，连续6年超额完成包装箱循环利用和工商整托盘联运任务，塑封膜采购价格比上年下降13.5%，单箱可控费用31.53元、单箱送货费用78.99元，继续排名行业前列。

质量管理。在烟草行业第三十一届优秀质量管理小组成果发布会上，晋中市公司“匠心”QC小组成果“卷烟塑封包装机节能装置的研发”获得一等奖；运城市公司“执行者”QC小组成果“循环烟箱即时回收系统的研制”和太原市公司“精细严”QC小组成果“降低机械手分拣停机率”获得二等奖；大同市公司“合力”QC小组成果“创建诚信互助小组零售客户信息VR共享平台”获得三等奖。

规范管理。修订印发《山西省烟草系统采购管理实施办法》《山西省烟草系统供应商管理办法》《山西省烟草系统严禁领导干部违反规定干预和插手采购活动的实施细则》，创新实施“三书一审”制度，统一设计使用《招标代理机构规范代理承诺书》《诚信投标承诺书》《山西烟草系统对外业务交往廉洁协议书》，从严监督招标代理机构的代理行为和投标人的投标行为，并对供应商进行廉洁供货约束；推行重大项目招标“围标串标前置审查”，约束投标人的投标行为。推进全省烟草商业系统电商采购工作，搭建“晋烟集采网上商城”，实现实时比质比价采购。开展采购专项检查，强化项目在线监督，防范采购廉洁风险。

【疫情防控与复工复产】 第一时间成立山西省局党组应对疫情工作领导小组，确立疫情防控“零感染”目标，先后召开25次会议，发布36期疫情防控通知。实施网格化排查和网格化管理，应对疫情防控带来的不利影响，坚持“目标任务日分解、销售进度日跟踪、排名进位日通报”，发挥诚信互助小组的组织优势，创新无接触卷烟配送方式，采取“线上＋线下”服务模式，最大程度地满足客户需求，实现主要经济指标逆势大幅增长，截至2月底卷烟销量和销售收入增幅分别跃居全国第一位和第三位。第二季度后，坚持常态化疫情防控，坚持目标对接、运行通报和状态监测，灵活运用“六个调控”，经济运行质量稳步提升，全年卷烟销量、单箱结构、实现税利再创历史最好水平。

【特事辑要】 2020年1月18日，山西省局（公司）在太原召开2020年全省烟草工作会议。

2020年山西省烟草专卖商业主要情况统计

地市级局（公司）名称		太原市烟草专卖局（公司）	大同市烟草专卖局（公司）	阳泉市烟草专卖局（公司）	长治市烟草专卖局（公司）	晋城市烟草专卖局（公司）
主要负责人/法定代表人（含党政领导）		李建民（—2020年5月）陈晓勇（2020年5月—）	张跃斌	乔继光	李振芳（—2020年7月）张春荣（2020年7月—）	张春荣（—2020年7月）杨　军（2020年7月—）
所属县级单位		小店区、迎泽区、杏花岭区、尖草坪区、万柏林区、晋源区、清徐县、古交市、阳曲县、娄烦县等10个县级烟草专卖局（营销部）	平城区、云冈区、云州区、新荣区、阳高县、天镇县、浑源县、灵丘县、广灵县、左云县等10个县级烟草专卖局（营销部）	平定县、盂县2个县级烟草专卖局（营销部）	潞州区、上党区、潞城区、屯留区、长子县、壶关县、平顺县、黎城县、武乡县、襄垣县、沁县、沁源县等12个县级烟草专卖局（营销部）	城区、泽州县、高平市、阳城县、沁水县、陵川县等6个县级烟草专卖局（营销部）
总资产（万元）		214083	133046	44963	109123	79335
资产负债率（%）		12.36	14.04	16.50	16.76	21.91
从业人员（人）		750	667	239	718	383
所属业务机构	营销机构	1个营销中心	1个营销中心	1个营销中心	1个营销中心	1个营销中心
	物流配送机构	1个物流配送中心	1个物流配送中心、1个配送中转站	1个物流配送中心	1个物流配送中心、5个配送中转站	1个物流配送中心、4个配送中转站
	专卖稽查机构	1个稽查支队、17个稽查大队	1个稽查支队、10个稽查大队	1个稽查支队、2个稽查大队	1个稽查支队、13个稽查大队	1个稽查支队、6个稽查大队
	烟叶机构	—	—	—	—	—
烟农户数（户）		—	—	—	186	—
实现烟农总收入（万元）		—	—	—	1306	—
零售户数（户）		14666	11626	5641	12924	8527
零售户销售毛利率（%）		12.00	12.28	13.92	12.00	12.21

地市级局（公司）名称	朔州市烟草专卖局（公司）	忻州市烟草专卖局（公司）	吕梁市烟草专卖局（公司）	晋中市烟草专卖局（公司）	临汾市烟草专卖局（公司）	运城市烟草专卖局（公司）
主要负责人/法定代表人（含党政领导）	任守军（—2020年7月）张海清（2020年7月—）	曲　涛	张竞华（—2020年4月）王新亮（2020年4月—）	义晋瑞（—2020年6月）钟志坚（2020年6月—）	李　明	陈晓勇（—2020年5月）高栓平（2020年5月—）

续表

地市级局（公司）名称		朔州市烟草专卖局（公司）	忻州市烟草专卖局（公司）	吕梁市烟草专卖局（公司）	晋中市烟草专卖局（公司）	临汾市烟草专卖局（公司）	运城市烟草专卖局（公司）
所属县级单位		朔城区、平鲁区、山阴县、怀仁市、应县、右玉县等6个县级烟草专卖局（营销部）	忻府区、原平市、代县、繁峙县、定襄县、五台县、宁武县、神池县、岢岚县、五寨县、保德县、静乐县、偏关县、河曲县等14个县级烟草专卖局（营销部）	离石区、汾阳市、孝义市、交城县、文水县、交口县、石楼县、柳林县、中阳县、方山县、临县、兴县、岚县等13个县级烟草专卖局（营销部）	榆次区、太谷区[1]、祁县、平遥县、介休市、灵石县、榆社县、左权县、和顺县、昔阳县、寿阳县等11个县级烟草专卖局（营销部）	尧都区、侯马市、曲沃县、翼城县、襄汾县、洪洞县、霍州市、古县、吉县、安泽县、浮山县、乡宁县、蒲县、大宁县、永和县、隰县、汾西县等17个县级烟草专卖局（营销部）	盐湖区、临猗县、永济市、万荣县、河津市、新绛县、稷山县、铝厂厂区、绛县、闻喜县、夏县、垣曲县、平陆县、芮城县、风陵渡区等15个县级烟草专卖局（营销部）
总资产（万元）		51843	100722	113578	124397	150219	130750
资产负债率（%）		19.14	24.13	20.22	24.42	26.54	15.98
从业人员（人）		347	668	837	686	807	951
所属业务机构	营销机构	1个营销中心	1个营销中心	1个营销中心	1个营销中心	1个营销中心	1个营销中心
	物流配送机构	1个物流配送中心	1个物流配送中心、1个配送中转站	1个物流中心、8个配送中转站	1个物流中心、3个中转站	1个物流配送中心、1个配送中转站	1个物流配送中心、3个配送中转站
	专卖稽查机构	1个稽查支队、6个稽查大队	1个稽查支队、14个稽查大队	1个稽查支队、13个稽查大队	1个稽查支队、11个稽查大队	1个稽查支队、17个稽查大队	1个稽查支队、15个稽查大队
	烟叶机构	—	—	—	—	—	—
烟农户数（户）		—	—	—	—	243	173
实现烟农总收入（万元）		—	—	—	—	2270	4900
零售户数（户）		6921	11479	15493	14602	15721	16108
零售户销售毛利率（%）		12.74	12.78	12.37	12.79	12.00	12.92

注：1.2020年5月，根据国家局、总公司《关于调整晋中市烟草专卖局（公司）所属部分机构的批复》（国烟人〔2020〕90号），撤销山西省太谷县烟草专卖局，设立晋中市太谷区烟草专卖局，与山西省烟草公司晋中市公司太谷区营销部合署办公。

◇撰稿：朱永胜；编辑：王　静　吴中奇

内蒙古自治区烟草专卖局（公司）

【专卖管理】 **案件查处。**2020年，内蒙古自治区烟草专卖局开展百日清理整顿卷烟市场、打击物流寄递环节涉烟违法犯罪活动等专项行动并取得重大成果。全年共查处案值5万元以上假私烟（含烟叶烟丝）案件22起，破获符合国家局标准以上网络案件17起，自治区标准网络案件12起，公安、司法机关依法逮捕93人，直诉18人，判刑39人。全区平均市场净化率97.98%，持续巩固专卖管理“北疆防线”。

市场监管。持续深化“政府主导、部门配合、联管联治、共建共享共赢”专卖工作格局，规范卷烟市场经营秩序等工作机制实现全覆盖。

【卷烟经营】 **销售转型取得进展。**贯彻“大品牌、大市场、大企业”发展战略。品牌培育按照“136、345”要求，精简品牌规格16个，重点品牌销量占比85.42%，比上年增长1.71个百分点。为进一步提高品牌集中度，提高全区区域品牌发展均衡性，在发展重点品牌的前提下，实施共育品规管理机制。“钻石”“黄鹤楼”“呼伦贝尔”“冬虫夏草”等共育品规销量占比52.7%，比上年增长1.24个百分点。推进市场化取向改革，构建公平开放的市场规则，工商网配率37.08%。

销售新格局初步形成。构建工商零共同面向消费者的销售体系，立足“巩固城网、拓展农网、开发旅游市场”，推进消费终端建设，独立开展面向消费者的销售活动42次。开展客户经理“百日集训”和“我与客户共成长”主题销售活动，销售队伍转型试点取得进展，创新驱动、品牌带动、改革促动的销售新格局初步形成。

网络建设取得成效。推动诚信互助小组建设提质升级，以诚信互助小组组长店为抓手，建成4374个城网组长店，在城网客户中占比 8.11%；建成 3309 个农网组长店，在农网客户中占比 8.33%。搭建良好的终端生态格局，零售终端管理系统完成前期测试，自有流通品牌建设初步完成规划方案，零售户信用体系建设试点工作稳步推进。

【雪茄经营】 2020 年，销售雪茄 0.06 亿支，按同口径计算比上年增长 8.73%。

【烟叶生产经营】 2020 年，收购烤烟上等烟比例 47.86%，收购等级合格率 81.62%。户均种烟收入比上年增加 3.82 万元。深化烟叶管理体制改革，将赤峰市 4 个旗县区的烟叶生产经营划归松山区烟叶分公司，提升组织效能。

【管理创新】 **经济运行质效提升。**为降低疫情影响，内蒙古区局（公司）党组提出“四步走”调控目标和“325”工作部署，经济运行实现持续向好。物流管理实现控本增效，“2+2”跨区域物流整合取得实质性进展，全区平均物流费用指标比上年全面下降，效率指标比上年全部提升。

风险防控能力提升。深化“党政同责、一岗双责、齐抓共管、失职追责”工作要求，将安全发展理念贯穿生产经营全过程，防范化解重大安全风险，问题隐患整改完成率 97.89%。完成“七五”普法宣传工作，持续深化“法律六进”活动。缩减许可审批时限、简化申请材料、开展在线办理，“放管服”改革有效落地。强化法治思维，增强法律意识，全区烟草商业继续保持“五个未发生”，未发生一般及以上安全生产事故，未发生群体性越级上访事件，未发生网络舆情及失泄密事件，未发生质量检测检验结论诉讼或复议案件，未发生行政许可诉讼或复议案件。

监督保障能力提升。构建“大监督”格局，贯通融合各类监督，初步构建融教育、制度、监督于一体的廉洁风险防治体系。落实《卷烟经营内部专卖管理监督工作指引（试行）》，严格内部监督。坚持以风险防控为重点，强化重点领域、关键环节监督，开展审计项目 141 项，促进增收节支 371.39 万元。

企业整体实力提升。内蒙古区局（公司）党组以机关“百名干部下基层”指导督导工作为落脚点，成立 11 个下基层临时党支部。党组成员深入 15 个直属单位、83 个旗县区局（营销部）指导督导，机关干部到联系点指导督导 309 人次，累计为基层解决问题 216 个，形成研究成果 16 个。全区建成 34 个专卖管理所（站），办事公开民主管理同业务工作深度融合，主动公开事项 9.17 万项，促进服务和监管更贴近客户和市场。推进政府网站建设、容灾机房建设及容灾网络、云平台和大数据建设、建成机关综合档案室（档案库），信息化基础更加安全可靠。

【疫情防控与复工复产】 面对新冠肺炎疫情的大战大考，内蒙古自治区烟草商业实现应急性超常规防控、常态化防控两个阶段的“零感染”。捐赠专项资金 4500 余万元，助力 14 个盟市、109 个旗县、18 个中心医院疫情防控工作。为 344 个小区、29.8 万人提供志愿服务 1.74 万次、9.37 万小时。满洲里市局（公司）获评全国烟草行业抗击新冠肺炎疫情先进集体。鄂尔多斯市局（公司）王天龙被追授工业和信息化部抗击新冠肺炎疫情先进个人。

克服防疫物资不足、交通运输不畅、零售业态受限、人员返岗滞后等重重困难，开展机关百名干部下基层督导工作，千方百计推动复工复产，全力以赴保销量、追进度、赶目标。利用天翼云会议系统召开会议 66 场，利用三级视频召开会议 1278 场，确保异地办公高效协同。1—2 月卷烟销量比上年同期增长 8.02%，增幅排全行业第二位。

【特事辑要】 2020 年 2 月，内蒙古区局（公司）党组从机关选派 109 名干部，组成 11 个临时党支部，对全区 109 个旗县局（营销部）进行全覆盖指导服务。

2020 年 2 月 26 日，内蒙古区局（公司）召开“百名干部下基层”工作动员会议

内蒙古区局 供稿

2020年内蒙古自治区烟草专卖商业主要情况统计

地市级局（公司）名称		呼和浩特市烟草专卖局（公司）	满洲里市烟草专卖局（公司）	呼伦贝尔市烟草专卖局（公司）	兴安盟烟草专卖局（公司）	通辽市烟草专卖局（公司）
主要负责人/法定代表人（含党政领导）		王福贵	梁　磊	王鹏宇	孙宏宁	王明欣
所属县级单位		土默特左旗、托克托县、和林格尔县、清水河县、武川县、新城区、赛罕区、回民区、玉泉区等9个县级烟草专卖局（营销部）	扎赉诺尔区烟草专卖局（营销部）	海拉尔区、扎兰屯市、牙克石市、阿荣旗、莫力达瓦达斡尔族自治旗、大杨树、鄂伦春自治旗、根河市、额尔古纳市、新巴尔虎左旗、新巴尔虎右旗、鄂温克族自治旗、陈巴尔虎旗等13个县级烟草专卖局（营销部）	乌兰浩特市、阿尔山市、扎赉特旗、科尔沁右翼前旗、突泉县、科尔沁右翼中旗等6个县级烟草专卖局（营销部）	科尔沁区、科尔沁左翼后旗、科尔沁左翼中旗、开鲁县、库伦旗、奈曼旗、扎鲁特旗、霍林郭勒市等8个县级烟草专卖局（营销部）
总资产（万元）		176877	10464	50221	36802	70504
资产负债率（%）		12.58	9.86	20.32	16.67	13.38
从业人员（人）		702	75	551	256	499
所属业务机构	营销机构	1个营销中心	1个营销中心	1个营销中心	1个营销中心	1个营销中心
	物流配送机构	1个物流配送中心、3个物流中转站	1个物流配送中心	2个物流配送中心	1个物流配送中心、3个物流中转站	1个物流配送中心
	专卖稽查机构	1个专卖监督管理科（专卖稽查支队）、3个专卖稽查大队	1个专卖监督管理科	1个专卖监督管理科	1个专卖监督管理科（专卖稽查支队）、6个专卖监督管理股（专卖稽查大队）	1个专卖监督管理科（专卖稽查支队）
	烟叶机构	—	—	—	—	—
烟农户数（户）		—	—	—	—	—
实现烟农总收入（万元）		—	—	—	—	—
零售户数（户）		12314	1129	8691	7038	12028
零售户销售毛利率（%）		13.38	13.70	13.00	14.64	14.57

地市级局（公司）名称	赤峰市烟草专卖局（公司）	锡林郭勒盟烟草专卖局（公司）	二连浩特市烟草专卖局（公司）	乌兰察布市烟草专卖局（公司）	包头市烟草专卖局（公司）
主要负责人/法定代表人（含党政领导）	刘凤君	王文兵	董英钊（主持全面工作）	王　强	赵海涛
所属县级单位	红山区、松山区、阿鲁科尔沁旗、巴林左旗、巴林右旗、林西县、克什克腾旗等7个县级烟草专卖局（营销部），翁牛特旗、喀喇沁旗、宁城县、元宝山区、敖汉旗等5个县级烟草专卖局（分公司），松山区烟叶分公司	锡林浩特市、阿巴嘎旗、苏尼特左旗、苏尼特右旗、镶黄旗、多伦县、太仆寺旗、正蓝旗、西乌珠穆沁旗、东乌珠穆沁旗、乌拉盖管理区等11个县级烟草专卖局（营销部）	—	集宁区、察哈尔右翼前旗、察哈尔右翼中旗、察哈尔右翼后旗、化德县、卓资县、凉城县、商都县、四子王旗、丰镇市、兴和县等11个县级烟草专卖局（营销部）	土默特右旗、固阳县、达尔罕茂明安联合旗、白云鄂博矿区、石拐区、东河区、九原区、青山区、昆都仑区等9个县级烟草专卖局（营销部）
总资产（万元）	95115	18695	6281	78610	179295
资产负债率（%）	17.33	11.38	24.67	14.35	11.91
从业人员（人）	763	301	34	425	438

续表

地市级局（公司）名称		赤峰市烟草专卖局（公司）	锡林郭勒盟烟草专卖局（公司）	二连浩特市烟草专卖局（公司）	乌兰察布市烟草专卖局（公司）	包头市烟草专卖局（公司）
所属业务机构	营销机构	1 个营销中心	1 个营销中心	1 个营销中心	1 个营销中心	1 个营销中心
	物流配送机构	1 个物流配送中心	1 个物流配送中心	1 个物流配送中心	1 个物流配送中心、3 个物流中转站	1 个物流配送中心
	专卖稽查机构	1 个专卖监督管理科（专卖稽查支队）、3 个专卖监督管理股（专卖稽查大队）	1 个专卖监督管理科（专卖稽查支队）、2 个专卖监督管理股（专卖稽查大队）	1 个专卖监督管理科	1 个专卖监督管理科（专卖稽查支队）、3 个稽查大队	1 个专卖监督管理科（专卖稽查支队）、2 个专卖监督管理股（专卖稽查大队）
	烟叶机构	1 个烟叶科、1 个县级烟叶分公司、5 个烟叶收购站、2 个烟叶收购点	—	—	—	—
烟农户数（户）		470	—	—	—	—
实现烟农总收入（万元）		5362	—	—	—	—
零售户数（户）		14085	4275	460	7961	9279
零售户销售毛利率（%）		15.45	15.14	14.88	14.01	14.64

地市级局（公司）名称		鄂尔多斯市烟草专卖局（公司）	巴彦淖尔市烟草专卖局（公司）	乌海市烟草专卖局（公司）	阿拉善盟烟草专卖局（公司）
主要负责人/法定代表人（含党政领导）		张若宇	齐翠敏	杜秀亭	张健英
所属县级单位		东胜区、康巴什区、达拉特旗、准格尔旗、伊金霍洛旗、杭锦旗、乌审旗、鄂托克旗、鄂托克前旗等 9 个县烟草专卖局（营销部），乌兰木伦、棋盘井经济开发区、上海庙经济开发区等 3 个直属分局，准格尔经济开发区直属分局（营销部）	临河区、乌拉特前旗、乌拉特中旗、乌拉特后旗、五原县、杭锦后旗、磴口县等 7 个县级烟草专卖局（营销部）	海勃湾区、乌达区、海南区等 3 个县级烟草专卖局（营销部）	阿拉善左旗、阿拉善右旗、额济纳旗等 3 个烟草专卖局（营销部），乌斯太烟草专卖分局，东风场区烟草专卖分局（卷烟批发部）
总资产（万元）		147509	58869	38483	12170
资产负债率（%）		7.25	12.00	14.07	10.71
从业人员（人）		476	319	112	109
所属业务机构	营销机构	1 个营销中心	1 个营销中心	1 个营销中心	1 个营销中心
	物流配送机构	1 个物流配送中心、2 个物流中转站	1 个物流配送中心	1 个物流配送中心	1 个物流配送中心
	专卖稽查机构	1 个专卖监督管理科（专卖稽查支队）、2 个专卖监督管理股（专卖稽查大队）	1 个专卖监督管理科（专卖稽查支队）、2 个专卖监督管理股（专卖稽查大队）	1 个专卖监督管理科（专卖稽查支队）、3 个专卖监督管理股（专卖稽查大队）	1 个专卖监督管理科（专卖稽查支队）、1 个机动大队、4 个专卖监督管理股（专卖稽查大队）
	烟叶机构	—	—	—	—
烟农户数（户）		—	—	—	—
实现烟农总收入（万元）		—	—	—	—
零售户数（户）		10385	6588	1840	1321
零售户销售毛利率（%）		13.40	14.00	14.63	13.97

◇ 撰稿：班晓华；编辑：王　静　吴中奇

辽宁省烟草专卖局（公司）

【专卖管理】 **案件查处。** 2020年，辽宁省烟草专卖局共查处各类涉烟违法案件1.11万起，其中案值5万元以上案件1038起，比上年增长57.03%；涉案金额2.27亿元，比上年增长35.41%；查扣各类非法卷烟2.97万件，其中查扣非渠道卷烟1.99万件、假烟0.5万件、走私烟0.48万件；查扣非法烟丝烟叶739.20吨。全年共破获符合国家局标准网络案件30起，其中5起案件被国家局、公安部列为督办案件，公安、司法机关依法逮捕82人，拘留63人，判刑71人。

卷烟市场监管。 巩固完善“烟草驱动，公安现行，多方合作，真抓实干”的联合打假打私体系，与辽宁省公安厅、省市场监督管理局、省海警局、省邮政管理局等相关单位强化联合协作，修订协作机制，加强联合打击力度。组织开展专项行动，联合省公安厅、省邮政管理局开展物流寄递专项行动，针对收购及烟丝烟叶非法流通问题，组织开展打击烟叶、烟丝非法流通专项行动。制定印发《全省行业专卖市场监管标准化工作规范》《全省行业专卖执法标准化执法操作指南》，明确“双随机、一公开”、信用监管、APCD重点监管和市场核查等4项工作的工作内容、工作流程、工作标准。

政务服务。 2020年，辽宁省共有持证卷烟零售户13.9万户，其中城网8.13万户，农网5.77万户。深化行政许可“放管服”改革，以提升“客户满意度”为抓手，推进审批服务“精简便民”，打造“线上线下”全方位政务服务平台。规范烟草零售市场准入管理，制定《辽宁省烟草专卖局烟草制品零售点合理布局规划指导意见》。优化行政审批服务，贯彻落实“减材料、减环节、减时限、减次数”和“马上办、网上办、就近办、一次办”的“四减四办”工作要求。推进中小学校周围持证户清理，各直属单位结合辖区内卷烟市场实际情况，制定针对性实施方案，实现全省中小学校周边持证卷烟零售户全部清零目标。

专卖信息化建设。 发挥“网上办证”优势，落实“一网通办”网上申请审批模式，全年全省新办准予零售许可申请1.37万笔，平均办结时限1.75天。推进两证电子化，电子许可证和电子准运证在全省得到广泛推广和应用，全年全省共计生成零售许可证电子证照2.1万份、批发企业许可证电子证照87份，签发卷烟电子准运证767份。改进完善专卖管理信息系统，破除信息壁垒，实现零售户信息和涉烟违法案件信息全省共享可查询，为发现监管漏洞、关联相关案件信息提供技术支撑。

【卷烟经营】 **卷烟销售。** 2020年，辽宁省销量居前三位的卷烟品牌为“人民大会堂”“七匹狼”“红塔山”，销量分别为71.15亿支（14.23万箱）、67.9亿支（13.58万箱）、57.3亿支（11.46万箱）。

品牌培育。 2020年，辽宁省局（公司）对接“136、345”品牌发展战略，聚焦一、二类重点品牌培育，优化品牌布局。提高重点品牌集中度，印发《2020年全省行业品牌建设指导意见》，全年一、二类重点卷烟品牌销售262.15亿支（52.43万箱）。精简品牌规格数量，推进品牌优胜劣汰，集中清退规格33个，2020年底签订协议规格171个（不含新品）。开展“同心筑梦，盛京有你”最美零售户评选活动，“人民大会堂”品牌全年销量实现翻番工程目标。

现代零售终端建设。 建立健全现代终端建设标准，完成“辽叶e家”流通品牌商标注册工作，组织编写《现代卷烟零售终端品牌形象规范手册》《全省行业现代卷烟零售终端建设操作手册（试行）》。加快推进现代终端建设，研究制定终端扫码质量评价指标库，设计、开发终端审批及管理系统模块，累计建成扫码现代终端客户3.16万户、“辽叶e家”示范终端1058户、旗舰终端131户、合作终端95户、流通品牌终端合计1189户。

市场化取向改革。 印发辽宁省公司《关于深入推进2020年卷烟营销市场化取向改革工作的通知》。组织开展销售制度“废改立”工作，新建制度86个，修改制度31个，废止制度39个。开展虚假客户集中治理，排查无经营迹象疑似虚假客户226户，排查出违规客户3146户，按照要求对各类违法违规客户进行处理。健全全省销售工作规则，统一全省订单采集流程。与21家卷烟工业企业开展工商网配，全面实现与省内工业企业和在本地区年销量超过1万箱的工业企业开展工商网配工作。

卷烟物流建设。 推进物流规划研究，初步形成以沈阳（含本溪、铁岭）区域物流（集散）中心为核心的“1+10”物流布局规划。持续开展绿色物流建设，开展卷烟包装箱循环利用工作，2020年全省烟草商业系统共回收烟箱115.89万只，交接110.42万只；开展托盘联运工作，2020年完成托盘联运9.5万箱。优化物流运行指标，全年物流总费用2.93亿

2020 年 11 月，辽宁葫芦岛市局（公司）客户经理指导“辽叶 e 家”旗舰终端零售户准确掌握“购销存利”情况

辽宁葫芦岛市局　佟敬军　摄

元，比上年下降 6.41%；物流费用率 0.89%，比上年下降 0.08 个百分点；全省单箱物流费用比上年下降 6.74%。

【雪茄经营】　2020 年，辽宁省烟草商业系统销售雪茄 1.57 亿支，比上年增长 36.52%；实现销售收入 1.03 亿元，比上年增长 32.2%。全年全省经营雪茄共 9 个品牌 41 个规格，新引入“黄鹤楼（雪之梦 9 号）”“狮牌（加勒比阳光）”“泰山（巴哈马甜味）”“王冠（小国粹）”“长城（132 奇迹）”“长城（揽胜 3 号经典）”等 6 个规格。

【烟叶产销】　**烟叶种植。**2020 年，辽宁省收购烤烟上等烟比例 61.02%，在国家局组织的烟叶收购等级质量检查中，烤烟质量等级平均合格率 81.28%。实现烟农种烟总收入 2.77 亿元。

烟叶生产基础设施建设。2020 年，辽宁省共实施烟叶生产基础设施建设项目 776 项，投入行业补贴资金 1223.06 万元。全省实现专业化育苗面积 3.95 万亩、专业化机耕面积 1.76 万亩、专业化植保面积 1.01 万亩，烟农合作社开展专业化分级 0.43 万吨（8.65 万担）。全省机耕、起垄、覆膜生产环节机械化作业比例均为 90%，机械施肥作业比例 40%，中耕培土机械化作业比例 30%。

烟叶科技创新。2020 年，辽宁省立项科技项目 6 项，结题 2 项，在研项目 3 项，立项招标 1 项。以辽宁烟叶先进技术推广委员会为载体，开展适用技术推广课题 11 项，启动实施特色优质品种选育、“超补偿”作用对优质烟叶生产影响、土壤保育与修复技术等科研项目，挖掘烟叶质量风格特征形成机理，推动特色优质烟叶品牌建设。

稳控烟叶规模。2020 年，辽宁省局（公司）召开全省烟叶工作电视电话会议，明确稳控烟叶规模的工作方针；各产区公司通过采用电话、微信、钉钉等信息化手段广泛与烟农进行沟通，维护烟区和烟农总体稳定；烟叶生产各环节以合同管理为主线，严把烟地预留、合同签订、烟苗供应、烟叶移栽、面积核实等重要关口。受疫情影响，在烟叶育苗播种和假植环节通过召开视频会议对产区“控面积、守红线”工作进行监管，辽宁省局（公司）对产区烟叶移栽环节进行专项抽查，落实烟叶规模调控责任，杜绝超计划种植。

【交流与合作】　2020 年，中国烟草辽宁进出口公司实现“两烟”销售收入 2.5 亿元，实现税利 1.38 亿元。

2020 年，坚持以辽宁省、大连市为主导市场，吉林省为辅助市场，河北省为潜力市场的进口卷烟布局模式，与英美烟草公司合作，实现“555”品牌重点规格“555（双冰）”“555（冰炫）”在吉林省、河北省二线城市覆盖率达到 65%，在辽宁包括大连市场覆盖率达到 100%。

探索清产核资报废烟叶销毁处理方式，制定处置方案并销毁部分烟叶，中国烟草辽宁进出口公司成为全国第一家处置清产核资烟叶的口岸公司。

【管理创新】　坚持开源节流并重、增收节支并举、事前事中双控、效益效率共抓，全年完成降本增效 5936.28 万元。对标管理持续优化，全年 23 项对标指标中 14 项对标指标优于同期，优化率 60.87%。开展全省烟草商业“十佳流程”评选工作，新增企业标准 53 个，修订企业标准文件 199 个。

【特事辑要】　2020 年 1 月 17 日，辽宁省局（公司）在沈阳召开 2020 年全省烟草工作会议。

12 月 9 日，国家局党组成员、副局长张天峰出席辽宁烟草人事工作会议。

2020年辽宁省烟草专卖商业主要情况统计

地市级局（公司）名称		沈阳市烟草专卖局（公司）	鞍山市烟草专卖局（公司）	抚顺市烟草专卖局（公司）	本溪市烟草专卖局（公司）
主要负责人/法定代表人（含党政领导）		胡志伟	兰艳丰	刘　林	姜明春（—2020年5月）孙向东（2020年5月—）
所属县级单位		和平区、沈河区、大东区、皇姑区、铁西区、沈北新区、于洪区、浑南区、苏家屯区、辽中区、新民市、康平县、法库县等13个县级烟草专卖局（营销部）	海城市、台安县、岫岩满族自治县等3个县级烟草专卖局（营销部）	清原满族自治县、新宾满族自治县、抚顺县等3个县级烟草专卖局（营销部）	本溪满族自治县、桓仁满族自治县、南芬区等3个县级烟草专卖局（营销部）
总资产（万元）		424892	122589	63696	47583
资产负债率（%）		7.26	7.96	5.23	5.64
从业人员（人）		1364	376	337	271
所属业务机构	营销机构	1个营销中心	1个营销中心	1个营销中心	1个营销中心
	物流配送机构	1个物流中心	1个物流中心	1个物流中心	1个物流中心
	专卖稽查机构	1个稽查支队、16个稽查大队	1个稽查支队、7个稽查大队	1个稽查支队、9个稽查大队	1个稽查支队、6个稽查大队
	烟叶机构	—	—	—	—
烟农户数（户）		—	—	—	—
实现烟农总收入（万元）		—	—	—	—
零售户数（户）		27407	12995	7500	5857
零售户销售毛利率（%）		15.00	13.00	13.00	13.50

地市级局（公司）名称		丹东市烟草专卖局（公司）	锦州市烟草专卖局（公司）	营口市烟草专卖局（公司）	阜新市烟草专卖局（公司）
主要负责人/法定代表人（含党政领导）		苏广昌	赵静波	王　琳	张　明
所属县级单位		东港市、凤城市、宽甸满族自治县等3个县级烟草专卖局（营销部）	凌海市、北镇市、黑山县、义县等4个县级烟草专卖局（营销部）	盖州市、大石桥市、鲅鱼圈区、老边区等4个县级烟草专卖局（营销部）	阜新蒙古族自治县、彰武县2个县级烟草专卖局（分公司）
总资产（万元）		101249	93887	94903	44570
资产负债率（%）		11.49	6.10	6.50	10.46
从业人员（人）		441	373	317	459
所属业务机构	营销机构	1个营销中心	1个营销中心	1个营销中心	1个营销中心
	物流配送机构	1个物流中心	1个物流中心	1个物流中心	1个物流中心
	专卖稽查机构	1个稽查支队、10个稽查大队	1个稽查支队、12个稽查大队	1个稽查支队、5个稽查大队	1个稽查支队、6个稽查大队
	烟叶机构	8个烟叶收购站	—	—	2个烟叶收购站

续表

地市级局（公司）名称	丹东市烟草专卖局（公司）	锦州市烟草专卖局（公司）	营口市烟草专卖局（公司）	阜新市烟草专卖局（公司）
烟农户数（户）	1268	—	—	104
实现烟农总收入（万元）	12355	—	—	1521
零售户数（户）	10037	11617	10000	6642
零售户销售毛利率（%）	13.40	14.00	13.00	12.00

地市级局（公司）名称		辽阳市烟草专卖局（公司）	铁岭市烟草专卖局（公司）	朝阳市烟草专卖局（公司）	盘锦市烟草专卖局（公司）	葫芦岛市烟草专卖局（公司）
主要负责人/法定代表人（含党政领导）		汤海洋	汪　清	王龙宪	姜守信（—2020年10月） 白俊平（2020年10月—）	曹志良（—2020年7月） 丛　智（2020年7月—）
所属县级单位		灯塔市、辽阳县2个县级烟草专卖局（营销部）	开原市、调兵山市、昌图县、西丰县等4个县级烟草专卖局（营销部）	北票市、凌源市、朝阳县、建平县、喀喇沁左翼蒙古族自治县等5个县级烟草专卖局（营销部）	盘山县、大洼区2个县级烟草专卖局（营销部）	兴城市、绥中县、建昌县等3个县级烟草专卖局（营销部）
总资产（万元）		63564	57833	60690	50066	79352
资产负债率（%）		7.12	13.37	11.88	3.89	13.14
从业人员（人）		276	578	554	207	368
所属业务机构	营销机构	1个营销中心	1个营销中心	1个营销中心	1个营销中心	1个营销中心
	物流配送机构	1个物流中心	1个物流中心	1个物流中心	1个物流中心	1个物流中心
	专卖稽查机构	1个稽查支队、3个稽查大队	1个稽查支队、8个稽查大队	1个稽查支队、7个稽查大队	1个稽查支队、6个稽查大队	1个稽查支队、9个稽查大队
	烟叶机构	—	9个烟叶收购站	4个烟叶收购站	—	—
烟农户数（户）		—	469	585	—	—
实现烟农总收入（万元）		—	6935	6654	—	—
零售户数（户）		6976	11357	12442	5485	9504
零售户销售毛利率（%）		13.50	13.00	13.00	13.00	13.00

◇ 撰稿：董春亮；编辑：王　静　吴中奇

吉林省烟草专卖局（公司）

【专卖管理】 **案件查处**。2020年，吉林省烟草专卖局查处各类涉烟违法案件2266起，其中，案值5万元以上案件154起；查获各类非法卷烟4619.72件；破获较大规模网络案件15起，公安、司法机关依法抓捕嫌疑人68人，逮捕60人，判刑48人。

吉林省局进一步巩固和深化与公安、海关等部门建立的联合协作机制，联合开展信息沟通、情报研判、联合办案等工作，推动打假打私工作向纵深发展。2020年下半年，吉林省局联合省公安厅共同开展打击物流寄递环节涉烟违法犯罪专项行动，重点打击各类物流寄递违法案件。吉林省局与省公安厅组成联合督导组，对各市州局组织开展专项行动和构建烟草、公安联合协作机制进行全面督导，推动基层联合打假工作深入开展。行动期间，各级局累计办理案件846起，查获非法运输卷烟包裹942个，查扣假私卷烟201件，查扣非法车辆1台，直接案值211万元。

2020年底，组织开展以“守土有责、净化市场”为主题的专项行动，加强岁末年初卷烟市场管理，维护市场秩序稳定。

部分重大案件。辽源市局破获“4·29”网络案件。历时6个多月，跨越6个省13个市，公安、司法机关依法抓捕犯罪嫌疑人29人，批捕26人，判刑26人。查获假私卷烟29.1件，涉案金额1700余万元，该案被国家局、公安部确定为部督案件，并被国家局评为“特级案件”。

吉林市局破获“4·5”走私烟网络案件，公安、司法机关依法抓捕犯罪嫌疑人7人，判刑6人，涉案金额640万元。

四平市局破获“5·21”网络案件，公安、司法机关依法判刑8人，涉案金额875万元；破获“11·22”网络案件，涉案金额505万元，公安、司法机关依法抓捕7人，其中判刑3人，其余4人被提起公诉。

通化市局破获“12·18”网络案件，涉案金额200余万元，公安、司法机关依法抓捕犯罪嫌疑人5人，判刑3人。

行政许可改革。吉林省局落实“放管服”改革和“最多跑一次”改革的各项要求，加大督导力度，理顺工作流程，打造便民高效、服务优质的政务环境。各市、县级局落实省局指导意见，提高工作效率，强化便民服务措施，实现准运证2日办结、零售许可证5日以内核发的工作要求。通化市局改进优化烟草专卖零售许可证办理流程，在“8日订货”的基础上，提高办理效率，升级到“最多8天”，专卖管理部门保证在3个工作日内完成新申请办证商户的实地核查、入网、入组、发放NFC等相关工作，提高零售户入网订货时间。

市场监管。吉林省局以“管出公平、管出效率、管出活力”为目标，持续加大市场监管力度，以“双随机、一公开”为手段、以信用监管为基础、以APCD重点监管为补充的新型监管机制运转良好，卷烟市场秩序持续稳定。

2020年7月，吉林省局联合省市场监督管理厅共同开展电子烟市场专项检查行动，规范和整顿全省电子烟市场秩序，保护未成年人免受电子烟侵害。行动期间，全省累计张贴《关于进一步保护未成年人免受电子烟侵害的通告》和“禁止向未成年人销售卷烟电子烟”警示标识4500余张，签订《守法经营明示承诺书》6187份；排查中小学校周边电子烟企业品牌直营形象店、专卖店共计62户，排查中小学校周边持证零售户253户，取缔中小学校周边无证商户612户，劝阻59户商户停止销售电子烟。

制定印发《清理整治虚假客户和违规客户专项行动实施方案》，成立专项工作检查小组，全面排查虚假客户、售卖假私非超等违法违规问题，阶段性实现虚假、违规客户全面清零。

【卷烟经营】 **品牌培育。**2020年，吉林省销量居前三位的卷烟品牌为“长白山”“南京”“红塔山”，销量分别为151.08亿支（30.22万箱）、48.1亿支（9.62万箱）、40.02亿支（8.0万箱）。全年销售重点品牌卷烟比上年增长2.3%；销售“细中短”创新产品144.4亿支（28.88万箱），比上年增长13.57%。全省卷烟单箱销售收入比上年增长3.45%。全年整合退市34个卷烟规格。

市场化取向改革。落实“废改立”工作机制，进一步提升销售业务工作规范管控水平。梳理省级卷烟销售平台应用的难点问题，汇总形成《省级卷烟营销平台常见问题及解析》，提高平台规范化操作水平。加强工商交易，加快实现从线下协议磋商向线上实时交易的模式转变，实现销量排名前30位的主销规格工商网配占比50%以上。

网络建设。确立以普通终端为基础、以现代终端为重点、以加盟终端为抓手、以直营终端为标杆、以合作终端为补充的终端建设体系格局，初步形成试点先行、各有侧重、分类探索为主线的终端格局构建思路。截至2020年底，全省累计建成现代终端2.28万户，占比20.74%；A类终端占比提升至41%；新增诚信互助小组1150组，入组零售户占比接近76%。

【雪茄经营】 按照“中档起步、高档突破”原则，坚持市场导向、高端引导、循序渐进、满足消费，基本形成中高端雪茄为主、价格梯次化、销量相对集中的市场格局。2020年，全省共经营雪茄8个品牌、57个规格，合计销售4984万支，比上年下降14.86%；实现销售收入（含税）3425万元，比上年下降8.17%。

【烟叶生产】 **烟叶种植与收购。**2020年，吉林省收购上等烟比例43.8%，比上年提高2.09个百分点，每担均价比上年提高54元。烟农平均亩产值4022元，比上年增长7.8%。全省烟叶等级合格率82.89%，等级纯度94.7%。烟叶原收原调全面执行，质量信息追溯体系趋于完善。

现代烟草农业。吉林省100亩以上连片烟田58块，占44.6%；20亩以上的职业烟农488户，种植面积占比45%，其中种植面积在40～60亩的重点培育职业烟农203户，种

2020 年 7 月，吉林延边州局（公司）组织技术员深入田间地头对烟农进行培训

吉林延边州局 王剑锋 摄

植面积占比 29.5%；户均种植面积 33.3 亩，千亩村 5 个，占比 15.4%。全省机械化整地、起垄、施肥、刨坑、覆膜达到 100%。采购拖拉机 12 台、移栽机 26 台、培土机 65 台、植保无人机 2 台。

生产重点技术推广。吉林省推广各项生产重点技术，提升烟叶质量水平。推广膜下滴灌水肥一体化技术 0.84 万亩，应用植保无人机作业面积 0.75 万亩，推广使用烟夹 1106 套，推广上部叶充分成熟一次性采收技术 2 万亩。

构建绿色生产模式。推动烟田轮作、增施有机肥等技术措施，进一步减少化肥施用量，改良土壤性状，促进土地用养结合；推广 0.01 毫米地膜回收工作，烟田土壤污染得到进一步治理；推广烟蚜茧蜂防治蚜虫及免疫诱抗剂、微生物菌剂等防治病虫害技术，建立烟草绿色防控技术体系；推广应用生物质燃料烤房，促进节能减排，推动烟叶“绿色烘烤”。

综合利用促农增收。吉林省引导烟叶产区发展多元产业，烟农收入持续稳定增长。利用闲置育苗大棚种植葡萄、西瓜等经济作物，实现净收入 84.37 万元；利用烟用农机，在移栽、覆膜、植保等环节开展专业化服务，实现净收入 48.25 万元；利用烟田井灌溉玉米田，烟农增加净收入 36 万元；利用轮作烟田种植玉米，实现净收入 50 万元。开展贫困县种烟面积减少专项补贴工作，助力产区脱贫攻坚。2020 年，专项补贴面积 2.89 万亩，补贴烟农 1017 户，补贴资金 1157.56 万元。

【企业管理】 2020 年，吉林省局（公司）采取试点先行，全面推进相结合，有序推进质量管理体系转版工作。制定工作流程 685 个，管理标准 465 项，工作标准 527 项，技术标准 55 项，6 家市州局（公司）完成新版体系文件发布工作。全年实现降本增效 852 万元，超额完成年度降本增效目标任务。2020 年全省烟草商业 14 项对标指标中，指标提升率 93%，对标管理水平明显提高。吉林市局（公司）“GDC + 正激励绩效考评管理创新”课题获得烟草行业第三十一届优秀质量管理小组成果发布会一等奖。

【卷烟物流建设】 2020 年，吉林烟草商业物流费用累计 1.92 亿元，比上年下降 6.02%；单箱物流费用 211.28 元，比上年下降 6.33%；物流人均配送效率 974.7 箱，比上年提升 1.44%；库存周转次数 17.78 次，比上年提升 18.61%；送货响应时间由 28.23 小时降至 24.91 小时。2020 年，吉林烟草商业物流将资源整合范围进一步向省内地市间扩展，着手整合通化、白山卷烟物流分拣仓储业务，成立“通白区域物流中心”，打破地区分割，发挥规模效应，建立有利于资源整合和优化配置的制度机制。此外，各市州局（公司）结合本地物流实际，在优化线路、中转站撤并、增加直送比例等方面实现突破。

【特事辑要】 2020 年 4 月 28 日，吉林省委常委、常务副省长吴靖平在吉林烟草调研。

12 月 16 日，吉林省委保密局到吉林烟草开展保密自查自评工作检查。

2020年吉林省烟草专卖商业主要情况统计

地市级局（公司）名称		长春市烟草专卖局（公司）	吉林市烟草专卖局（公司）	四平市烟草专卖局（公司）	辽源市烟草专卖局（公司）	通化市烟草专卖局（公司）
主要负责人/法定代表人（含党政领导）		车大光	吴晓旭	李光甲	黄继坤	王　崙
所属县级单位		榆树市、德惠市、公主岭市[1]、农安县、九台区、双阳区等6个县级烟草专卖局（分公司），二道区、南关区、朝阳区、宽城区、绿园区、净月区、高新区、经济技术开发区、汽车产业开发区等9个区烟草专卖局（营销部），1个柳河烟叶生产管理部，1个物流配送中心	永吉县、桦甸市、舒兰市、磐石市、蛟河市等5个县级烟草专卖局（分公司），船营区、昌邑区、丰满区、龙潭区等4个区烟草专卖局，1个物流配送中心	梨树县、伊通满族自治县、双辽市等3个县级烟草专卖局（分公司），1个物流配送中心	东丰县、东辽县2个县级烟草专卖局（分公司），1个物流配送中心	梅河口市、柳河县、集安市、辉南县、通化县等5个县级烟草专卖局（分公司），1个物流配送中心
总资产（万元）		260903	95958	62085	29412	56007
资产负债率（%）		12.88	6.55	8.02	7.35	8.88
从业人员（人）		1572	596	353	226	355
所属业务机构	营销机构	1个营销中心	1个营销中心	1个营销中心	1个营销中心	1个营销中心
	物流配送机构	1个物流配送中心、6个物流中转站	1个物流配送中心、4个对接点	1个物流配送中心、3个中转站	1个物流配送中心	1个物流配送中心、1个中转站
	专卖稽查机构	1个稽查支队、5个稽查大队	1个稽查支队、12个稽查大队	6个稽查大队、14个稽查中队	1个稽查支队、5个稽查大队	1个稽查支队、18个专卖所
	烟叶机构	10个烟叶站	—	—	—	—
烟农户数（户）		475	—	—	—	—
实现烟农总收入（万元）		6538	—	—	—	—
零售户数（户）		30088	20138	9741	4988	10282
零售户销售毛利率（%）		11.50	13.97	14.08	12.00	11.01

地市级局（公司）名称	白城市烟草专卖局（公司）	白山市烟草专卖局（公司）	松原市烟草专卖局（公司）	延边朝鲜族自治州烟草专卖局（公司）
主要负责人/法定代表人（含党政领导）	张　伟	郭　辉	任大胜	于文龙（—2020年12月）王宏宇（2020年12月—）
所属县级单位	镇赉县、通榆县、大安市、洮南市等4个县级烟草专卖局（分公司），1个物流配送中心	抚松县、靖宇县、长白朝鲜族自治县、临江市等4个县级烟草专卖局（分公司），1个江源区烟草专卖局（营销部），1个物流配送中心	前郭尔罗斯蒙古族自治县、扶余市、长岭县、乾安县等4个县级烟草专卖局（分公司），1个物流配送中心	敦化市、珲春市、和龙市、龙井市、图们市、汪清县、安图县等7个县级烟草专卖局（分公司），1个物流配送中心

续表

地市级局（公司）名称		白城市烟草专卖局（公司）	白山市烟草专卖局（公司）	松原市烟草专卖局（公司）	延边朝鲜族自治州烟草专卖局（公司）
总资产（万元）		55127	28668	50943	66461
资产负债率（%）		9.42	8.37	8.17	13.01
从业人员（人）		473	272	398	569
所属业务机构	营销机构	1个营销中心	1个营销中心、6个区域市场部（营销办）	1个营销中心	1个营销中心、1个品牌发展部、1个渠道发展部、1个采购供应部、1个综合管理部、1个市场部
	物流配送机构	1个物流配送中心、2个物流中转站	1个物流配送中心、4个物流中转站	1个物流配送中心、3个物流中转站	1个物流配送中心、4个中转站
	专卖稽查机构	1个稽查支队、8个稽查大队	1个稽查支队、7个稽查大队	1个稽查支队、9个稽查大队	1个稽查支队、10个稽查大队
	烟叶机构	1个烟叶经营管理科、1个洮北烟叶管理办公室、7个烟叶工作站	—	—	1个烟叶经营管理科、7个烟叶收购站
烟农户数（户）		232	—	—	505
实现烟农总收入（万元）		3873	—	—	5276
零售户数（户）		9127	4867	11400	7989
零售户销售毛利率（%）		13.99	10.12	10.50	10.36

注：1. 2020年11月，根据《中国烟草总公司吉林省公司关于划转公主岭分公司的决定》（中烟吉法〔2020〕82号），原四平市烟草公司公主岭分公司整体划归吉林省烟草公司长春市公司，四平市烟草公司公主岭分公司名称变更为吉林省烟草公司长春市公司公主岭分公司。

◇ 撰稿：王兴谦；编辑：王 静 吴中奇

黑龙江省烟草专卖局（公司）

【专卖管理】 **案件查处。**2020年，黑龙江省烟草专卖局保持打假打私高压态势，共查处各类违法涉烟案件7025起。其中，部督网络案件2起、符合国家局标准网络案件11起、省标网络案件22起；查获各类非法卷烟6504件；查扣烟叶烟丝115.32吨，查扣烟机设备12台，案值5292.58万元。公安、司法机关依法拘留95人，判刑47人。

重大案件。绥芬河市公安局联合绥芬河市烟草专卖局破获一起利用互联网非法经营加热卷烟案件。抓捕10人，查获加热卷烟48.74万支，货值25.75万元，销售网络涉及广东、北京、安徽等31个省（自治区、直辖市），涉案金额3000余万元。

绥芬河、牡丹江市烟草专卖局与哈尔滨铁路公安局牡丹江公安处联合绥芬河市公安局、绥芬河海关缉私分局、绥芬河边境管理大队，破获非法经营、走私加热卷烟案件，打掉通过俄罗斯进口杂品货物列车向国内走私加热卷烟团伙，抓获16人，查获电子烟弹1027条，销售网络涉及北京、河南、上海等30个省（自治区、直辖市），涉案金额2500余万元。

牡丹江市烟草专卖局联合市公安局破获一起重大非法生产加工烟丝网络案件，抓获涉案人员22人，查获烟叶15吨，烟丝烟梗30吨，在湖南省郴州市、黑龙江省牡丹江温春镇、林口县、宾县共查扣制丝设备8台套，案值超过200万元。该案产业链分布在广东、湖南、黑龙江三省五地，涉案金额近1.13亿元。

市场监管。黑龙江省烟草专卖局发挥多部门联合执法机制作用，联合省公安厅、省交通运输厅、省邮政管理局开展“净域系列”专项行动、“打非一号”百日行动，全面落实假私非烟的监管打击职责，全省各级局成立91个物流寄递专班和84个公路专班，配备专班执勤人员492人，对非法卷烟出省主要通道进行全覆盖式查堵，全力开展打假打私工作。与内蒙古、吉林、辽宁、大连签订协议建立协作机制，初步建立“区域联防联控工作体系”。

运行维护“互联网+监管”和“一体化政务平台”两个系统，进一步深化“放管服”改革，推进营商环境建设，全面提升依法行政水平。制定烟草专卖政务服务好差评制度，建立政务服务管理督查考核机制，把服务平台建设管理、“好差评”纳入工作绩效考核范围，优化专卖政务服务水平。2020年全省新发放零售许可证2.24万户，变更2.11万户，延续2.62万户。

内部专卖管理监督。建立完善内部规范制度，强化问责机制，指导内管工作有力开展，完成国家局交办重大真烟外流案件核查工作，对违规违纪人员动真碰硬，进行严肃查处，从源头上遏制真烟异常流动。

【卷烟经营】 2020年，黑龙江省销量居前三位的卷烟品牌为“林海灵芝”“红塔山”“云烟”，销量分别为92.5亿支（18.5万箱）、61.5亿支（12.3万箱）、50.65亿支（10.13万箱）。

黑龙江烟草统筹推进严规范、稳销量、优结构、调状态、重价格、促动销、增信心各项工作，深入推进市场化取向改革，完善销售制度体系，强化卷烟销售调控，卷烟销售工作质量全面提升。合理优化品牌布局，落实“增一类、扩二类、减三类、稳四类”调控方针，全省单箱销售额比上年增加，卷烟结构稳步提升，卷烟销售结构更加合理，一、二类卷烟销量比上年大幅提高，全省一类烟销量比上年增长率超出全国平均水平3个百分点。

持续打造集诚信互助小组建设、货源精准投放、新型终端建设等为一体的网建模式，推进全省卷烟销售网络建设工作，全省有诚信互助小组8366个，累计组织活动近2万次。探索销售创新，推广货源精准投放。全省范围内推广货源精准投放平台应用，建立市场状态监测机制，利用“互联网+”、大数据手段实现货源供给与需求更高水平动态平衡，提升货源投放的精准化、科学化水平。开展主题销售活动，创新开展与国企战略合作，向“百大工程”、精准销售、终端建设、市场净化等要销量，不断开拓新增市场。举办第三届卷烟零售客户节，建起工业企业与卷烟零售户面对面深入交流的平台。

【雪茄经营】 黑龙江省烟草商业系统通过“树品牌，强服务”，开拓雪茄市场，强化工商协同，开展“烟客驿站”雪茄直营店品鉴宣传活动，提升品牌影响力。加强对雪茄市场的经营指导，重点培育国产中高端产品，引入适销新产品，取得较好的市场反馈，全省雪茄销售额比上年大幅增长。

【烟叶产销】 **烟叶企业概况。**黑龙江省局（公司）下设哈尔滨烟叶公司和牡丹江烟叶公司，承担全省烟叶收购、加工与销售工作。

黑龙江省烟草公司哈尔滨烟叶公司成立于2001年12月，2006年12月由黑龙江烟叶公司改制而成。下辖11家烟叶分公司和双城直属烟叶经营站。截至2020年底，公司总资产14.11亿元，其中固定资产0.87亿元、流动资产12.92亿元，资产负债率58%。从业人员847人。

黑龙江省烟草公司牡丹江烟叶公司成立于2001年12月，2006年12月改制为中国烟草总公司黑龙江省公司的全资子公司。下辖8个烟叶分公司和1个烟叶生产经营站。截至2020年底，公司总资产17.1亿元，其中固定资产1.25亿元、流动资产15.53亿元，资产负债率52.58%。从业人员588人。

烟叶种植。突出特色稳生产，坚持“控总量、守红线”，完成烟叶稳控任务，全省收购烤烟上等烟比例36.18%。坚持“龙江烟叶进入工业配方”销售战略，深化与工业企业合作。强化全过程烟叶生产管理，严把育苗关、移栽关、田管关、采烤关、分级关、收购关，在生产后期遭受极为严重自然灾害的情况下，烟区开展自救，妥善安排采收烘烤管理，烟叶收购等级质量取得较好成绩，国家局收购检查合格率81.37%，比上年提高0.77个百分点。推进现代烟草农业建设，机耕、起垄、中耕、施肥机械化作业率100%，植保专业化服务覆盖率78.32%，烟蚜茧蜂绿色防控和有机肥增施工作实现全覆盖，烟叶质量安全得到有效保障。

【交流与合作】 中国烟草黑龙江进出口有限责任公司成立于1992年5月。主要经营烟草及其制品的进出口贸易、

2020 年 7 月 13 日，哈尔滨烟叶公司富锦分公司举行烟蚜茧蜂放蜂仪式
黑龙江省局　供稿

烟草行业机械设备、原材料和技术的进出口及代理业务。截至 2020 年底，公司总资产 11.76 亿元，其中，固定资产 1505 万元、流动资产 11.52 亿元，资产负债率 172.93%。在岗从业人员 35 人。

2020 年，公司精准施策，与省内烟叶公司沟通协作、合理配方，提高烟叶收购水平，采取"四早"策略，保证加工质量、等级合格率，确保新烟不产生积压，陈烟逐步得到消化，连续 5 年实现新烟"零库存"。开拓美国、柬埔寨、越南等新兴市场，巩固中东、东南亚、欧洲等传统市场，进一步发展同盐仓集团股份有限公司、联一国际公司、联合烟草有限公司、普瑞铭国际烟草公司、环球烟叶公司等公司的合作关系。进口卷烟以"满足市场需求、增强获利能力、推动高质量发展"为导向，以"555（双冰）"和"555（冰炫）"为代表的潮流创新产品市场培育成效显著，进一步加大品牌布局和市场推广，持续加强对各地市公司和零售户的服务力度，强化以降本增效为目标的内部管理，促进"两烟经营"协调发展。

2020 年，出口烟叶 7075 吨，销售进口卷烟 1.0 万件。

【特事辑要】 2020 年 1 月 17 日，黑龙江省局（公司）在哈尔滨召开 2020 年全省烟草工作会议。

2020 年黑龙江省烟草专卖商业主要情况统计

地市级局（公司）名称	哈尔滨市烟草专卖局（公司）	齐齐哈尔市烟草专卖局（公司）	绥化市烟草专卖局（公司）	大庆市烟草专卖局（公司）	佳木斯市烟草专卖局（公司）
主要负责人/法定代表人（含党政领导）	贺志勤	和发皓	李殿民（—2020 年 3 月） 纪　扬（2020 年 4 月—）	于晓晨（—2020 年 10 月） 张宝忠（2020 年 10 月—）	王志国（—2020 年 10 月） 顾宏伟（2020 年 10 月—）
所属县级单位	呼兰区、阿城区、双城区、五常市、尚志市、巴彦县、宾县、依兰县、延寿县、木兰县、通河县、方正县等 12 个县级烟草专卖局（分公司）	讷河市、克山县、克东县、拜泉县、依安县、富裕县、甘南县、龙江县、泰来县等 9 个县级烟草专卖局（分公司）	肇东市、安达市、海伦市、庆安县、望奎县、兰西县、青冈县、明水县、绥棱县等 9 个县级烟草专卖局（分公司）	肇源县、肇州县、杜尔伯特蒙古族自治县、林甸县等 4 个县级烟草专卖局（分公司）	富锦市、同江市、抚远市、桦南县、桦川县、汤原县等 6 个县级烟草专卖局（分公司）
总资产（万元）	436466	118471	80651	100296	60003
资产负债率（%）	20.54	16.99	28.22	7.78	21.34
从业人员（人）	1544	501	659	359	438

续表

地市级局（公司）名称		哈尔滨市烟草专卖局（公司）	齐齐哈尔市烟草专卖局（公司）	绥化市烟草专卖局（公司）	大庆市烟草专卖局（公司）	佳木斯市烟草专卖局（公司）
所属业务机构	营销机构	1 个营销中心	1 个营销中心	1 个营销中心	1 个营销中心	1 个营销中心
	物流配送机构	1 个物流配送中心、12 个物流中转站	1 个物流配送中心	1 个物流配送中心	1 个物流配送中心	1 个物流配送中心
	专卖稽查机构	1 个稽查支队、21 个稽查大队	1 个稽查支队、15 个稽查大队	1 个稽查支队、3 个稽查大队	1 个稽查支队、4 个稽查大队	1 个直属分局、1 个稽查支队、2 个稽查大队、1 个铁路稽查大队
	烟叶机构	—	—	—	—	—
烟农户数（户）		—	—	—	—	—
实现烟农总收入（万元）		—	—	—	—	—
零售户数（户）		40049	17106	19203	11094	10674
零售户销售毛利率（%）		11.80	13.10	12.60	11.50	12.00

地市级局（公司）名称		牡丹江市烟草专卖局（公司）	鸡西市烟草专卖局（公司）	双鸭山市烟草专卖局（公司）	黑河市烟草专卖局（公司）	鹤岗市烟草专卖局（公司）
主要负责人/法定代表人（含党政领导）		单文林	顾宏伟（—2020 年 10 月）刘海义（2020 年 12 月—）	纪　扬（—2020 年 4 月）孙承华（2020 年 4 月—）	张宝忠（—2020 年 10 月）李芳远（2020 年 10 月—）	王　强（—2020 年 3 月）任大力（2020 年 7 月—）
所属县级单位		海林市、宁安市、穆棱市、东宁市、林口县等 5 个县级烟草专卖局（分公司）	鸡东县、密山市、虎林市等 3 个县级烟草专卖局（分公司）	集贤县、友谊县、宝清县、饶河县等 4 个县级烟草专卖局（分公司）	北安市、五大连池市、嫩江市[1]、逊克县、孙吴县等 5 个县级烟草专卖局（分公司）	萝北县、绥滨县 2 个县级烟草专卖局（分公司）
总资产（万元）		58349	51007	37396	32267	30855
资产负债率（%）		22.18	22.63	21.35	21.21	24.23
从业人员（人）		393	279	280	299	162
所属业务机构	营销机构	1 个营销中心	1 个营销中心	1 个营销中心、1 个电访中心	1 个营销中心、1 个电访中心	1 个营销中心
	物流配送机构	1 个物流配送中心	1 个物流配送中心	1 个物流配送中心	1 个物流配送中心、5 个物流中转站	1 个物流配送中心
	专卖稽查机构	1 个稽查支队、4 个大队	1 个稽查支队、6 个稽查大队	1 个稽查支队、8 个稽查大队	1 个稽查支队、3 个稽查大队	6 个稽查大队、1 个农林分局
	烟叶机构	—	—	—	—	—
烟农户数（户）		—	—	—	—	—
实现烟农总收入（万元）		—	—	—	—	—
零售户数（户）		7900	6895	5861	6960	4183
零售户销售毛利率（%）		12.00	13.15	10.70	13.30	13.00

地市级局（公司）名称		伊春市烟草专卖局（公司）	七台河市烟草专卖局（公司）	大兴安岭地区烟草专卖局（公司）	绥芬河市烟草专卖局（公司）
主要负责人/法定代表人（含党政领导）		金　涛 （—2020年10月）	孙承华 （—2020年4月） 张　亮 （2020年4月—）	李芳远 （—2020年10月）	任大力 （—2020年7月） 杨同军 （2020年7月—）
所属县级单位		铁力市、嘉荫县 2个县级烟草专卖局 （分公司）	勃利县烟草专卖局 （分公司）	漠河市、塔河县、 呼玛县等3个县级 烟草专卖局（分公司）	—
总资产（万元）		27613	23421	6063	4186
资产负债率（%）		16.29	14.72	34.87	25.84
从业人员（人）		156	141	112	41
所属业务机构	营销机构	1个营销中心	1个营销中心	1个营销中心	1个营销中心
	物流配送机构	1个物流配送中心	1个物流中心	1个物流配送中心	1个卷烟配送部
	专卖稽查机构	1个稽查支队、 8个稽查大队	1个稽查支队、 2个稽查大队	1个稽查支队、 2个稽查大队	1个稽查支队
	烟叶机构	—	—	—	—
烟农户数（户）		—	—	—	—
实现烟农总收入（万元）		—	—	—	—
零售户数（户）		3611	3361	1571	659
零售户销售毛利率（%）		14.00	13.20	13.00	15.30

注：1. 2020年2月，国家局、总公司印发《关于调整黑河市烟草专卖局（公司）所属部分机构的批复》（国烟人〔2020〕46号），撤销嫩江县烟草专卖局，设立嫩江市烟草专卖局，与黑河市烟草公司嫩江分公司合署办公。

◇ 撰稿：柳　涛；编辑：王　静　吴中奇

上海市烟草专卖局、上海烟草集团有限责任公司①

【专卖管理】　**案件查处。**2020年，上海市烟草专卖局查获各类非法卷烟4.1万件，涉案金额5.1亿元，其中查获各类假烟2.86万件，涉案金额3.84亿元；查获各类走私烟8517.67件，涉案金额8699.51万元。破获符合国家局标准重大网络案件20起，其中8起为公安部、海关总署、国家烟草专卖局部级督办案件。公安、司法机关依法抓获涉烟犯罪嫌疑人329人，刑拘31人，判刑26人，查获违法车辆49辆。

大案要案。2020年6月，上海奉贤区局在上海市局、上海公安局、国家烟草专卖局的共同指挥下，在中国、柬埔寨执法部门的积极配合下，破获“6·18”跨境制运销假烟网络案，该案是历年来上海在境外查获实物案值最大的涉烟违法案件，共查获“中华”“利群”等品牌假烟102余万条、生产线6条、制假设备36台，涉案金额4亿余元，抓获犯罪嫌疑人58名。9月，上海普陀区局在上海市局、上海海警局的指挥下，破获上海“9·15”海上走私卷烟大案，查获各类卷烟48万余条，案值近亿元，抓获涉案嫌疑人6人，查扣涉案船舶1艘。截至2020年底，该案是上海境内查获实物案值最大的涉烟违法案件。

市场监管。2020年，上海市局不断完善以信用监管为基础，以“双随机、一公开”监管为基本手段、以APCD重点监管为补充、以市场巡访为辅助的新型市场监管机制。参与确立本市卷烟零售户信用体系及运行机制，推进信息化建设，发挥信用在创新客户监管机制、提高资源配置效率方面的基础性作用。持续完善APCD 2.0算法结构，增强对市场异常行为的预测分析能力。组织开展全市样品烟、电子烟等专项检查工作，规范本地卷烟市场经营秩序，维护好国家利益与消费者利益。

证件管理。2020年，上海市局关注各项“放管服”改

① 上海烟草集团有限责任公司工业情况详见《烟草工业》栏目。

革工作任务，落实国家局、上海市政府在线政务服务平台建设要求，推进“互联网+政务服务”，持续提升本市零售许可政务服务水平和管理能力。

开展“告知承诺制”试点改革，简化连锁便利店经营审批手续；优化便民措施，在“随申办市民云”App正式上线“烟草业务办理”，在全市各区对外政务服务窗口统一配置可触摸屏设备，实现政务服务“好差评”三对应精准评价；强化许可证后续监管，先后落实虚假客户、违规客户集中治理相关工作，完成中小学校周边存量持证户全部清退。推广运用电子准运证，开展新一轮合理布局规范性文件修订工作。截至2020年底，上海市有烟草专卖零售许可持证户5.58万户，比上年增长20.26%，全年零售许可网办比例74.76%，平均办结时间缩短至1.9天，“一网通办好差评”满意度始终高于全市平均水平，政务服务工作高效运行、质量稳步提升。

上海静安区局（有限公司）加强市场监管力度，掌握卷烟异常流动情况，开展真烟追溯调查工作（2020年）

上海烟草集团　供稿

【卷烟经营】 ***卷烟销售。***2020年，上海市销量居前三位的品牌为“红双喜”“中华”“利群”，销量分别为128.66亿支（25.73万箱）、56.36亿支（11.27万箱）、36.82亿支（7.36万箱）。“中华（金细支）”“中华（细支）”“牡丹（蓝中支）”“牡丹（飞马）”等新品规模持续突破，推进“中华”品牌高端引领发展战略，逐步形成竞争优势。

加强调控，推进改革。坚持“总量控制、稍紧平衡，增速合理、贵在持续”的调控方针，从需求出发开展货源供应。“点面联动”开展评估分析，“3+3”聚力维护市场状态。采用数据模型的自动化投放来代替人工投放，提高供应效率与精度。启用货源评估机制，加强风险防范。

形成《关于深入推进营销一体化运行的工作方案》，筹备设立“商业营销管理部（贸易中心客户服务中心）”，首批24名成员于2020年10月到岗。

【特事辑要】 2020年6月11—12日，国家局党组成员、副局长段铁力在上海烟草调研。

7月，上海市杨浦区文化和旅游局正式认定“英美烟三厂烟叶加工车间旧址（华盛楼）”为杨浦区文物保护点。

11月11—12日，国家局党组成员、副局长张天峰在上海烟草调研。

11月24日，上海烟草集团“同升一面旗、共唱一首歌”升旗仪式暨“华盛楼”不可移动文物保护点揭牌仪式，在上海卷烟厂C区工房广场举行。

11月26日，首次采用线上点播的形式，开展上海烟草集团“文化活动日”主题展示活动。

12月25日，上海市卷烟营销网络建设现场会暨“两个全面”总结会召开。

2020年上海市烟草专卖商业主要情况统计

区局（公司）名称	上海市黄浦区烟草专卖局（有限公司）	上海市虹口区烟草专卖局（有限公司）	上海市静安区烟草专卖局（有限公司）	上海市徐汇区烟草专卖局（有限公司）	上海市杨浦区烟草专卖局（有限公司）
主要负责人/法定代表人（含党政领导）	黎辉婷	单国荣	胡伟坚	刘正渝	仲玉顺

续表

区局（公司）名称		上海市黄浦区烟草专卖局（有限公司）	上海市虹口区烟草专卖局（有限公司）	上海市静安区烟草专卖局（有限公司）	上海市徐汇区烟草专卖局（有限公司）	上海市杨浦区烟草专卖局（有限公司）
所属县级单位		—	—	—	—	—
总资产（万元）		169402	46225	40971	20431	25006
资产负债率（%）		5.67	23.98	12.55	13.95	15.29
从业人员（人）		489	289	211	113	138
所属业务机构	营销机构	1个营销部	1个营销部	1个营销部	1个营销部	1个营销部
	物流配送机构	—	—	—	—	—
	专卖稽查机构	1个稽查支队	1个稽查支队	1个稽查支队	1个稽查支队	1个稽查支队
	烟叶机构	—	—	—	—	—
烟农户数（户）		—	—	—	—	—
实现烟农总收入（万元）		—	—	—	—	—
零售户数（户）		1746	1478	1308	860	1259
零售户销售毛利率（%）		15.48	17.16	15.32	15.29	15.20

区局（公司）名称		上海市普陀区烟草专卖局（有限公司）	上海市长宁区烟草专卖局（有限公司）	上海市闵行区烟草专卖局（有限公司）	上海市宝山区烟草专卖局（有限公司）
主要负责人/法定代表人（含党政领导）		朱小岗	刘晓晴	包华杰	王　平
所属县级单位		—	—	—	—
总资产（万元）		22723	16354	45984	40363
资产负债率（%）		12.23	10.12	10.76	14.67
从业人员（人）		126	94	240	176
所属业务机构	营销机构	1个营销部	1个营销部	1个营销部	1个营销部
	物流配送机构	—	—	—	—
	专卖稽查机构	1个稽查支队	1个稽查支队	1个稽查支队	1个稽查支队
	烟叶机构	—	—	—	—
烟农户数（户）		—	—	—	—
实现烟农总收入（万元）		—	—	—	—
零售户数（户）		1275	810	3325	3334
零售户销售毛利率（%）		15.25	15.41	14.15	14.70

区局（公司）名称	上海市浦东新区烟草专卖局（有限公司）	上海市松江区烟草专卖局（有限公司）	上海市青浦区烟草专卖局（有限公司）	上海市嘉定区烟草专卖局（有限公司）
主要负责人/法定代表人（含党政领导）	高文博	徐豪渊	冯永铿	王卫东
所属县级单位	—	—	—	—
总资产（万元）	75983	40876	29503	35718
资产负债率（%）	16.26	14.74	33.11	13.58

续表

区局（公司）名称		上海市浦东新区烟草专卖局（有限公司）	上海市松江区烟草专卖局（有限公司）	上海市青浦区烟草专卖局（有限公司）	上海市嘉定区烟草专卖局（有限公司）
从业人员（人）		396	208	211	274
所属业务机构	营销机构	1个营销部、3个分公司	1个营销部	1个营销部	1个营销部
	物流配送机构	—	—	—	—
	专卖稽查机构	1个稽查支队、3个专卖管理署	1个稽查支队	1个稽查支队	1个稽查支队
	烟叶机构	—	—	—	—
烟农户数（户）		—	—	—	—
实现烟农总收入（万元）		—	—	—	—
零售户数（户）		11106	3404	4106	4303
零售户销售毛利率（%）		15.40	15.21	15.00	14.66

区局（公司）名称		上海市奉贤区烟草专卖局（有限公司）	上海市金山区烟草专卖局（有限公司）	上海市崇明区烟草专卖局（有限公司）	上海市烟草专卖局驻上海铁路专卖局（有限公司）
主要负责人/法定代表人（含党政领导）		张　锐	苗　慰（—2020年7月） 吴亚军（2020年7月—）	刘彦博	徐庆毅
所属县级单位		—	—	—	—
总资产（万元）		40776	37455	22321	4514
资产负债率（%）		12.44	13.75	10.16	3.54
从业人员（人）		336	151	155	28
所属业务机构	营销机构	1个营销部	1个营销部	1个营销部	1个营销部
	物流配送机构	—	—	—	—
	专卖稽查机构	1个稽查支队	1个稽查支队	1个稽查支队、1个专卖管理所	1个稽查支队
	烟叶机构	—	—	—	—
烟农户数（户）		—	—	—	—
实现烟农总收入（万元）		—	—	—	—
零售户数（户）		4036	5114	4117	87
零售户销售毛利率（%）		14.49	14.55	17.03	15.61

◇撰稿：周　强；编辑：王　静　吴中奇

江苏省烟草专卖局（公司）

【专卖管理】 **案件查处。**2020年，江苏省烟草专卖局组织开展“联合打假打私专项行动”“利剑5号”“利剑6号”“全省电子烟市场专项检查”“打击免税卷烟走私”等整治行动，案件查办力度大、监管高压强、终端影响深、阶段工作成效好。全年全省查处涉烟违法案件4.82万起，比上年增长129.36%，查获各类非法卷烟7.94万件，案值8.73亿元。查处加热卷烟案件317起，查获加热卷烟179件，案值259万元。受理烟草质量检验检测3.91万个批次。破获国标网络案件87起，继续位居全国前列；4起案件被公安部、国家局列为督办案件；31起重特大案件和1个专项行动获得国家局表彰。公安、司法机关依法拘留486人，逮捕191人，判刑422人。

电子烟专项检查。协同市场监管部门建立联合监管机制，重点抓好宣传、排摸、明示、劝阻等工作，巩固前期电子烟监管工作成效。专项检查期间，共检查电子烟实体店1807家，清理中小学校周边、少年宫等未成年人集中区域电子烟自动售卖机8台，清理互联网电子烟销售链接21条，清理互联网虚假违法电子烟广告10条，督促电子烟企业或个人撤回互联网销售和广告链接7条。

规范经营。编写内管工作手册，明确监管流程，开展过程环节监管，加强外流风险警示，全年全省累计问责4406人次。未发生案值80万元或数量80万支以上卷烟外流案件，卷烟外流排名位次比上年后移3位。搭建在线监管平台，加强对全省烟草商业系统干部职工亲属卷烟零售活动的申报、管理、监管便捷高效。

【卷烟经营】 **卷烟销售。**把“总量控制、稍紧平衡，增速合理、贵在持续”方针贯穿经济工作始终，科学落实目标任务，合理安排工作进度，重视并做好农村市场和中低档卷烟的有效供应。2020年，江苏省累计销售卷烟比上年增长0.6%，单箱结构比上年增长5.26%，含税卷烟销售收入比上年增长5.89%。

市场状态。紧盯库存、价格、动销、毛利率等关键指标，引导和稳定市场预期，推动卷烟库存减少、零售价格到位。年末零售户综合毛利率10.94%，超过全国平均水平0.51个百分点，创“提税顺价”以来最好水平。卷烟零售户总体满意度上升4个位次。

品牌培育。修订《全省卷烟品牌管理办法》，统一全省品牌规划、品牌进退、品牌培育等工作要求。执行新品引入测试，定期对销售不畅的品牌规格进行状态调整或清退。加大品牌规格在区域物流市场内的整合力度和覆盖重合度，共性品牌规格数量显著增加。全省烟草商业系统单箱结构首次超过4万元；重点品牌销量占比93.36%，高于全国平均3.68个百分点；创新品类卷烟销售236亿支（47.2万箱），比上年增长23.4%。

【改革创新】 **信息化建设。**发挥信息技术支撑保障作用，加强信息化与卷烟销售、现代物流、专卖管理等业务和政务管理的深度融合。云计算中心正式建成启用，江苏烟草商业数字化转型迈出坚实步伐。

“放管服”改革。严格“放”的标准，保证零售户数量的总体稳定；创新“管”的方法，联合开展虚假、违规客户集中治理行动，上线许可证后续监管子系统；提高“服”的质量，新办证平均时长缩短至2.37天。在常州召开“放管服”改革现场会，进一步推进依法许可、有效监管、优质服务，构建诚信经营、适度竞争的市场秩序。

市场化取向改革。营造公平竞争市场环境，让工业企业在江苏市场感受到有规则、有公平、有信心。完善品牌管理，国产卷烟品牌规格精简到235个左右；推进诚信互助小组建设，截至2020年底建成2.64万个，入组零售户占比99.5%；推广跨行结算、全渠道支付，主动支付客户占比99.73%，跨行结算客户占比90.28%；加强终端建设，建成直营终端6个、加盟终端60个、合作终端251个、新现代终端3738个。在苏州召开网建现场会，构建“11351”现代零售终端建设体系，打造“金丝利零售”商业品牌，推广金丝利“通·家·号”三大平台，不断增强渠道掌控力。

物流生产力布局。抓住江苏省物流建设需要全面技改升级的历史机遇期、重要“窗口期”，推进南京、苏州、盐城、徐州等4个区域物流中心建设。在盐城召开跨区域物流建设现场推进会，紧扣“高质量、一体化”，加快区域物流

2020年10月6日，江苏省局（公司）盐城区域物流中心完成区域物流业务整合

江苏盐城市局 张 蕾 摄

建设项目进度，提升区域物流运行水平。稳妥推进配送环节非核心业务外包改革。

【疫情防控与复工复产】 江苏烟草商业系统干部职工同心抗疫，最大程度消除疫情隐患、降低疫情影响，做到员工“零感染”；通过捐款捐物、志愿服务、支持鄂烟销售、慰问援鄂医护家庭等形式，为维护防疫大局贡献烟草力量。1 人获评江苏省抗击新冠肺炎疫情先进个人，1 人获评烟草行业抗击新冠肺炎疫情先进个人。

【特事辑要】 2020 年 6 月 9—10 日，国家局党组成员、副局长段铁力在江苏烟草调研。

2020 年江苏省烟草专卖商业主要情况统计

地市级局（公司）名称		南京市烟草专卖局（公司）	苏州市烟草专卖局（公司）	无锡市烟草专卖局（公司）	常州市烟草专卖局（公司）
主要负责人/法定代表人（含党政领导）		张加成	张一兵	廉　文（—2020 年 4 月）刘　旭（2020 年 4 月—）	唐　卿（—2020 年 10 月）王　亚（2020 年 10 月—）
所属县级单位		浦口区、六合区、江宁区、溧水区、高淳区等 5 个县级烟草专卖局（分公司），以及第一、第二、第三、第四分局（分公司）	吴中区、相城区、吴江区、昆山市、太仓市、常熟市、张家港市等 7 个县级烟草专卖局（分公司）	江阴市、宜兴市、锡山区等 3 个县级烟草专卖局（分公司）	武进区、金坛区、溧阳市等 3 个县级烟草专卖局（分公司）
总资产（万元）		864506	808648	578741	366398
资产负债率（%）		3.69	2.39	3.60	7.15
从业人员（人）		1018	1173	713	606
所属业务机构	营销机构	1 个营销中心	1 个营销中心	1 个营销中心	1 个营销中心
	物流配送机构	1 个物流配送中心	1 个物流配送中心、2 个物流中转站/对接点	1 个物流配送中心、1 个物流中转站/对接点	1 个物流配送中心
	专卖稽查机构	1 个稽查支队、1 个特侦大队、9 个稽查大队	1 个稽查支队、8 个稽查大队	1 个稽查支队、4 个稽查大队	1 个稽查支队、8 个稽查大队
	烟叶机构	—	—	—	—
烟农户数（户）		—	—	—	—
实现烟农总收入（万元）		—	—	—	—
零售户数（户）		26428	49298	28357	22176
零售户销售毛利率（%）		11.75	15.72	13.12	14.89

地市级局（公司）名称	镇江市烟草专卖局（公司）	南通市烟草专卖局（公司）	扬州市烟草专卖局（公司）	泰州市烟草专卖局（公司）
主要负责人/法定代表人（含党政领导）	李一匡	高　翔（—2020 年 11 月）张礼伯（2020 年 11 月—）	周强华（—2020 年 6 月）张伟屏（2020 年 6 月—）	刘　磊
所属县级单位	句容市、丹阳市、丹徒区、扬中市等 4 个县级烟草专卖局（分公司）	如东县、海安市、如皋市、海门市、启东市、通州区等 6 个县级烟草专卖局（分公司）	宝应县、高邮市、江都区、邗江区、仪征市等 5 个县级烟草专卖局（分公司）	靖江市、泰兴市、姜堰区、兴化市等 4 个县级烟草专卖局（分公司）

续表

地市级局（公司）名称		镇江市烟草专卖局（公司）	南通市烟草专卖局（公司）	扬州市烟草专卖局（公司）	泰州市烟草专卖局（公司）
总资产（万元）		258338	468152	307943	299563
资产负债率（%）		4.36	4.87	5.29	3.27
从业人员（人）		529	842	720	711
所属业务机构	营销机构	1个营销中心	1个营销中心	1个营销中心	1个营销中心
	物流配送机构	1个物流配送中心	1个物流配送中心、6个物流中转站/对接点	1个物流配送中心、2个物流中转站/对接点	1个物流配送中心、3个物流中转站/对接点
	专卖稽查机构	1个稽查支队、5个稽查大队	1个稽查支队、9个稽查大队	1个稽查支队、7个稽查大队	1个稽查支队、7个稽查大队
	烟叶机构	—	—	—	—
烟农户数（户）		—	—	—	—
实现烟农总收入（万元）		—	—	—	—
零售户数（户）		19012	38422	25381	27487
零售户销售毛利率（%）		14.00	11.50	15.71	13.61

地市级局（公司）名称		盐城市烟草专卖局（公司）	淮安市烟草专卖局（公司）	宿迁市烟草专卖局（公司）	徐州市烟草专卖局（公司）	连云港市烟草专卖局（公司）
主要负责人/法定代表人（含党政领导）		赵宏贵	李建强	徐　春	李前效（—2020年4月）庄卫民（2020年4月—）	张礼伯（—2020年11月）马海锋（2020年11月—，牵头负责）
所属县级单位		响水县、滨海县、阜宁县、射阳县、建湖县、大丰区、东台市等7个县级烟草专卖局（分公司）	淮安区、淮阴区、涟水县、洪泽区、金湖县、盱眙县等6个县级烟草专卖局（分公司）	沭阳县、泗阳县、泗洪县、宿豫区等4个县级烟草专卖局（分公司）	丰县、沛县、铜山区、睢宁县、邳州市、新沂市、贾汪区等7个县级烟草专卖局（分公司），1个直属分局（分公司）	东海县、赣榆区、灌云县、灌南县等4个县级烟草专卖局（分公司）
总资产（万元）		312483	160356	119336	246394	121802
资产负债率（%）		5.74	8.96	8.71	3.38	10.38
从业人员（人）		937	656	575	1132	575
所属业务机构	营销机构	1个营销中心	1个营销中心	1个营销中心	1个营销中心	1个营销中心
	物流配送机构	1个区域物流中心、2个区域物流中心中转站/对接点	3个区域物流中转站/对接点	1个物流配送中心、3个物流中转站/对接点	1个物流配送中心、3个物流中转站/对接点	1个物流配送中心、2个物流中转站/对接点
	专卖稽查机构	1个稽查支队、8个稽查大队	1个稽查支队、7个稽查大队	1个稽查支队、7个稽查大队	1个稽查支队、13个稽查大队	1个稽查支队、7个稽查大队
	烟叶机构	—	—	—	—	—
烟农户数（户）		—	—	—	—	—
实现烟农总收入（万元）		—	—	—	—	—
零售户数（户）		41062	25157	25248	56221	28213
零售户销售毛利率（%）		14.92	15.83	13.35	13.57	12.69

◇撰稿：崔云辉；编辑：王　静　吴中奇

浙江省烟草专卖局（公司）

【专卖管理】　**案件查处**。2020年，浙江省烟草专卖局共查处各类涉烟违法案件2.68万起，查获非法卷烟8.94万件，比上年增长60.39%，其中，假冒卷烟4.04万件，比上年增长155.77%；异常流通卷烟3.95万件，比上年增长15.17%；走私烟9536件，比上年增长71.71%。破获符合公安部、国家局标准网络案件85起，其中部督案件11起、移动互联网案件80起。全省破获14起海上走私烟案件，查获假私烟3.2万件，案值2.94亿元，查扣船只10艘，抓获犯罪嫌疑人177人，得到公安部、国家局表扬；侦办加热不燃烧卷烟案件21起，采取刑事强制措施96人，查获加热卷烟4690条，涉案金额1.38亿元；查获专车运假案件186起，查获假私烟1.39万件；查获物流寄递包裹1.35万个，物流寄递卷烟8466.78件。立足浙江本土开展打假破网行动，提升本地市场净化水平，公安、司法机关本土追刑994人。

市场监管。有序推进"双随机+重点监管+日常走访"立体监管模式，执行双随机检查6.54万户次，重点监管检查6.63万户次，日常走访48.16万户次。动态跟踪监管重点籍零售户，识别违法嫌疑重点籍5174户，执行检查4.01万户次，查处违法案件2583起，取缔违法嫌疑重点籍1125户。开展"烟票"专项整治，暂停供货121户，降级降档27户，停业整顿1户，取消经营资格3户。开展电子烟专项检查，线上处置电子烟商品3.5万余件，线下劝导中小学校周围135家电子烟实体店下架电子烟商品，全省立案调查11起电子烟相关案件。

行政许可改革。首批完成浙江省"政务服务2.0"建设上线任务，推动网上办证、掌上办证由"可办"向"好办、易办"转变，网上办证率97.45%，移动端办证率58.89%。开展许可证后续监管专项治理，排查异常许可证3.54万户，做出处理9945户，其中注销、收回许可证956本，暂停供货2885户，降低类别159户。清理中小学校周边零售户419户。规范许可证合理布局现行政策适用，对享受零售点布局照顾政策的申请加强审核和实地核查，全面开展零售许可复核工作。

【卷烟经营】　**卷烟销售**。2020年，浙江省卷烟批发销量平稳增长，销量居全国第六位。本地区销量居前三位的品牌为"利群""中华""红双喜"，销量分别为434.15亿支（86.83万箱）、91.06亿支（18.21万箱）、86.93亿支（17.39万箱）。

品牌培育。定制品牌保持快速、稳健发展，"云端"系列增长47%，"创客"系列增长28%。创新品类高端发力，细中短支销量持续增长，占总销量的7.86%，成为可持续发展新的增长点。

终端建设。建成"香溢合作店"3748户、现代终端7.6万户、配备双屏机4.4万台，支付宝及聚合支付扫码笔数达到1.67亿笔。"香溢购"平台全面覆盖，"香溢通"客户占比27%，"香溢坊"活跃客户数22万人，"香溢家"会员突破1000万人，月活跃会员达到230万人以上，各项指标超额完成年度目标，终端数字化转型初见成效。

物流建设。2020年，人均配送效率1144箱，比上年提升4.34%；物流总费用6.55亿元，比上年下降2.05%；单箱物流费用比上年下降3.64%；单箱可控费用49.28元，

2020年8月19日，浙江衢州常山县局（分公司）客户经理利用钉钉直播会议形式，分享零售户数字化门店经验

浙江衢州常山县局　傅　彪　摄

比上年下降4.01%；物流费用率0.61%，比上年下降7.46%，物流分层分类对标总分列行业第一位。发挥"互联网+"优势，采取数字化签收、定点取货、无接触送货等配送方式，实现全省物流作业的安全高效。智慧物流模式持续巩固提升，平台在疫情下发挥全流程的智能管控作用，数字化签收率91.28%，户均送货交接时间减少50%；深化拓展整合、精益、智控、挖潜、柔性、监管六大智慧物流应用场景。物流一体化整合持续推进，全年减少从业人员25人，精减车辆23辆，精减线路9条，新嵊、云景等跨县级中转站完成合并。精益物流建设向纵深推进，开展精益物流先进单位评比，举办行业首届省二类物流技能竞赛。

【雪茄经营】 雪茄培育坚持以国产、高端、手工为方向，通过雪茄特色终端建设，加强雪茄文化宣传，培育雪茄消费群体，国产雪茄销量和销售结构逐步提高。2020年销售国产雪茄1078万支，比上年增长58.76%；实现销售额3532万元，比上年增长80.31%。

【交流与合作】 **进出口公司概况。**浙江烟草进出口有限公司是中国烟草总公司浙江省公司的全资子公司。截至2020年底，公司总资产1.03亿元，其中固定资产361.16万元、流动资产9912.82万元，资产负债率26%。公司实现销售收入14891.64万元，实现利润1484万元。

烟叶出口。拓展薄片出口新空间，烟叶产品出口保持持续稳定。关注海外市场的疫情动态，提振客户信心，跟进客户诉求，保持良好客户关系。把握用户需求，优化代理流程，南洋烟草薄片需求稳中有升。提升代理能力，通过中烟国际协助，开发中东阿联酋市场。2020年，实现烟叶（薄片）出口439吨、金额124万美元。

卷烟（雪茄）进口。2020年，进口卷烟（雪茄）到货共计12个批次、2.57亿支，其中中烟英美"State Express 555（SE555）"9415万支，南洋兄弟"双喜"9130万支，日本烟草"七星（Mevius）"1880万支、"骆驼（Camel）"130万支，韩国烟草"爱喜（ESSE）"2595万支，英美烟草"健牌（Kent）"2500万支；进口雪茄0.15万支。

【疫情防控与复工复产】 浙江省局（公司）第一时间发布做好新冠肺炎疫情防控的温馨提醒和全员防疫倡议书。落实全天候关注防疫政策，及时通过钉钉群向1万余名员工和32万名零售户转发中央精神和权威防疫知识；实行"一人一表"的全员疫情日报制，加强对系统内所有流动人员的疫情监测和防控；全流程梳理工作过程中的易感染节点，针对性采取防护措施，并利用"互联网+"进行移动办公；实行全假期领导带班和值班人员24小时值班制度，各级领导到岗对所在单位落实疫情防控工作进行督查落实。

在做好疫情防控措施的同时全面进入工作状态。发挥"互联网+"新模式优势，灵活高效开展客户指导与市场监管，全力以赴恢复生产经营。2月3日起，各单位运用"互联网+"开展证件办理、客户在线服务等工作。2月10日，浙江烟草商业系统分城分策启动复工经营。2月17日，所属11个地市局（公司）恢复全面订货、全面送货。在疫情防控常态化下，发挥平台运营、数据驱动、移动办公优势，运用云访销、无接触送货、远程办案、直播带货等方式，掌握发展主动权。

【技术创新】 浙江省局（公司）数据分析平台正式上线运行，标志着以"一朵云、两张网、五大平台、三个支撑"为内容的"1253"基础架构全面建成。完善"云+中台+应用+数据"技术架构，支撑企业数字化转型。构建"x86+信创"混合云架构，赋能业务运行和应用创新，提升基础设施的可靠性、稳定性和安全性。贯通经营、专卖、综合等各大平台，实现移动平台上云提升。创新以信用为基础的新型监管机制，形成政府、行业、公众共同参与的社会化治理新格局。行业首个企业级数据中台上线运行，建立企业级"数据工厂"、标签库和模型库，创新全链采集、全域融合、全程管控、全员应用的数据管理机制，推动"从业务数据化向数据业务化升级"。

【企业管理】 坚持"精准到位、简明务实、互联互通、共享共赢"的管理理念，以事项为中心，全面整合管理要素，纵深推进管理转型，重点聚焦跨部门、跨层级、跨业务的协同事项，进一步优化流程、完善制度、精简材料，编制发布全省统一的企业管理事项清单及办事指南，通过丰富平台应用、开发数据场景，推进管理事项的"网上办""掌上办"，进一步推动企业管理由职能管理向事项管理转变、由部门级流程向企业级流程转变、由经验型管理向数据型管理转变。

【特事辑要】 2020年4月20日，国家局印发《全国烟草生产经营管理一体化平台建设及营销先行建设试点工作方案》，确定浙江省局（公司）作为唯一的两项综合试点单位，为行业提供可看、可学、可复制的浙江模式。

7月15—17日，国家局党组成员、副局长段铁力在浙江烟草调研。

9月17日，全国烟草生产经营管理一体化平台营销先行建设试点工作座谈会在浙江杭州召开。

11月27日，浙江省局（公司）举办“数智助力、青春添彩”全省系统数据分析应用攻坚课题成果发布会。

12月18日，浙江省局（公司）举办“共绘蓝图、数创未来”浙烟“十四五”发展论坛。

2020年浙江省烟草专卖商业主要情况统计

地市级局（公司）名称		杭州市烟草专卖局（公司）	宁波市烟草专卖局（公司）	温州市烟草专卖局（公司）	嘉兴市烟草专卖局（公司）	湖州市烟草专卖局（公司）	绍兴市烟草专卖局（公司）
主要负责人/法定代表人（含党政领导）		陈兴煜	蒋仲泉	朱建辉	陶文宇	龚一正	邵作民（—2020年11月）沈伏恒（2020年11月—）
所属县级单位		萧山区、余杭区、富阳区、临安区、桐庐县、建德市、淳安县等7个县级烟草专卖局（分公司）	鄞州区、北仑区、余姚市、慈溪市、奉化区、宁海县、象山县、镇海区等8个县级烟草专卖局（分公司）	苍南县、乐清市、平阳县、泰顺县、文成县、永嘉县、洞头区、瑞安市、龙港市[1]等9个县级烟草专卖局（分公司）	嘉善县、平湖市、海宁市、海盐县、桐乡市等5个县级烟草专卖局（分公司）	长兴县、安吉县、德清县等3个县级烟草专卖局（分公司）	诸暨市、上虞区、嵊州市、新昌县等4个县级烟草专卖局（分公司）
总资产（万元）		960009	794335	735176	432280	303747	454549
资产负债率（%）		13.44	14.77	22.39	19.01	23.15	23.33
从业人员（人）		1203	1304	1384	822	673	849
所属业务机构	营销机构	1个营销中心、32个区域市场部	1个营销中心、30个区域市场部	1个营销中心、29个区域市场部	1个营销中心、12个区域市场部	1个营销中心、12个区域市场部	1个营销中心、17个区域市场部
	物流配送机构	1个配送中心、5个中转站（对接点）	1个配送中心、4个中转站（对接点）	1个物流中心、4个中转站（对接点）	1个配送中心	1个配送中心、1个中转站（对接点）	1个配送中心、2个中转站（对接点）
	专卖稽查机构	1个稽查支队、10个稽查大队	1个稽查支队、10个稽查大队	1个稽查支队、12个稽查大队	1个稽查支队、7个稽查大队	1个稽查支队、6个稽查大队	1个稽查支队、6个稽查大队
	烟叶机构	—	—	—	1个烟叶科、1个烟叶收购站	—	2个烟叶科、7个烟叶收购站
烟农户数（户）		—	—	—	651	—	452
实现烟农总收入（万元）		—	—	—	133	—	273
零售户数（户）		41607	46691	48462	27380	21708	31405
零售户销售毛利率（%）		12.89	13.71	12.72	12.84	13.32	14.16

地市级局（公司）名称	金华市烟草专卖局（公司）	衢州市烟草专卖局（公司）	丽水市烟草专卖局（公司）	台州市烟草专卖局（公司）	舟山市烟草专卖局（公司）
主要负责人/法定代表人（含党政领导）	方录生	周　博	沈伏恒（—2020年11月）柯先月（2020年11月—）	林勇刚	徐永祥

续表

地市级局（公司）名称		金华市烟草专卖局（公司）	衢州市烟草专卖局（公司）	丽水市烟草专卖局（公司）	台州市烟草专卖局（公司）	舟山市烟草专卖局（公司）
所属县级单位		义乌市、东阳市、永康市、兰溪市、浦江县、武义县、磐安县等7个县级烟草专卖局（分公司）	江山市、龙游县、常山县、开化县等4个县级烟草专卖局（分公司）	遂昌县、缙云县、松阳县、龙泉市、青田县、云和县、庆元县、景宁畲族自治县等8个县级烟草专卖局（分公司）	玉环市、温岭市、黄岩区、临海市、天台县、仙居县、三门县等7个县级烟草专卖局（分公司）	普陀区、岱山县、嵊泗县等3个县级烟草专卖局（分公司）
总资产（万元）		476749	177297	122781	566809	111689
资产负债率（%）		26.20	22.69	17.78	24.16	17.08
从业人员（人）		1060	539	689	980	336
所属业务机构	营销机构	1个营销中心、22个市场部	1个营销中心、13个区域市场部	1个营销中心、10个区域市场部	1个营销中心、29个区域市场部	1个营销中心、7个区域市场部
	物流配送机构	1个配送中心、3个中转站（对接点）	1个配送中心、2个中转站（对接点）	1个配送中心、6个中转站（对接点）	1个配送中心、4个中转站（对接点）	1个配送中心
	专卖稽查机构	1个稽查支队、10个稽查大队	1个稽查支队、6个稽查大队	1个稽查支队、10个稽查大队	1个稽查支队、9个稽查大队	1个稽查支队、5个稽查大队
	烟叶机构	—	—	1个烟叶科（与业务科合署办公）、1个烟叶收购站	—	—
烟农户数（户）		—	—	5	—	—
实现烟农总收入（万元）		—	—	4	—	—
零售户数（户）		35209	16475	16317	41972	7679
零售户销售毛利率（%）		13.38	12.52	12.42	12.59	13.70

注：1. 2019年11月，国家局、总公司印发《关于设立温州市烟草专卖局（公司）所属部分机构的批复》（国烟人〔2019〕177号），同意设立龙港市烟草专卖局、温州市烟草公司龙港分公司。龙港市烟草专卖局与温州市烟草公司龙港分公司合署办公。2020年7月6日，龙港市局（分公司）挂牌成立。

◇ 撰稿：游平议；编辑：王 静 吴中奇

安徽省烟草专卖局（公司）

【专卖管理】 **案件查处。**2020年，安徽省烟草专卖局查处各类涉烟违法案件2.28万起，涉案金额2.36亿元，其中案值5万元以上案件517起。查获各类非法卷烟1.97万件，其中非法流通卷烟1.04万件、假冒卷烟5859件、走私烟71.44件。查获非法烟叶烟丝87.73吨。破获符合公安部、国家局标准网络案件46起，符合省局标准网络案件46起，其中4起案件被公安部、国家局挂牌督办。公安、司法机关依法刑拘215人，逮捕160人，判刑219人。

打假打私重大突破。坚持“政府领导、部门联合、多方参与、密切协作”卷烟打假打私体系建设，与安徽省公安厅加强沟通协作，推进两级情报研判体系建设，联合挂牌督办涉烟案件21起。

密切关注和动态跟踪烟草制假活动，坚持露头就打，实现打击制假“两个首次、一个延续”。蚌埠五河“4·17”案首次在省外查获烟草制假原料生产窝点，淮北“6·10”案首次抓获越南籍制假人员。延续打击非法经营烟机高压态势，宣城、六安金寨分别查获非法经营烟机生产“茶烟”案件。拦截专车运假，铜陵“10·23”专车案抓获犯罪嫌疑人5名，查扣车辆5台，查获假烟1718件，案值1545万元，是安徽省局近年来一次性查获假烟实物数量最多的案件。

建设“一总多分”涉烟情报研判机构，继续深化警烟情报研判平台建设。建立“省局总队—市局支队—县局大队—中队”四级稽查组织架构，形成“信息分级共享、情报联合研判、线索按需移交、案件协同指挥”稽查工作新机制。修订完善《专卖经费管理办法》，出台《联办奖补费管理办法》，通过强化制度支撑，凝聚办案合力。

内部监管。构建“1331”内部专卖管理监督工作标准体系，开展内部监管风险防控体系研究。召开真烟外流专项治理工作座谈会，制定印发《关于规范真烟外流案件调查的通知》，明确外流大要案的调查处理流程，通过日监测、周排查、月通报、季分析、年考核的完整流程，提升治理水平。依据《工作指引》内容，开展针对卷烟经营重点环节的专项检查。落实“双随机、一公开”监管要求，完成对卷烟生产、复烤加工及烟用辅料辅材企业的定期检查。强化废弃烟草专卖品管理，组织完成418台套报废烟草专用设备监销工作。开展监管部门与被监管部门的“双向”互训工作，以队伍建设的成效赋能内管高质量发展目标。

【卷烟经营】 **卷烟销售。**2020年，安徽省销量居前三位的卷烟品牌为“黄山”“利群”“中华”，销量分别为538.52亿支（107.70万箱）、61.12亿支（12.22万箱）、38.34亿支（7.67万箱）。

品牌培育。编制“1+16”省市两级卷烟品牌“十四五”规划。出台全省卷烟品牌（规格）评价及准入、退出管理办法，为精简品规提供科学依据。开展品规评价，重点分析主销规格，以评价结果完善品类布局、合理引入退出。进一步支持大品牌、大企业发展，全年重点品牌集中度92.9%，比上年提高1.2个百分点。创新型产品发展态势良好，细支烟销售58.9亿支（11.78万箱），中支烟销售14.95亿支（2.99万箱）。

终端建设。统一零售终端建设管理评用标准，印发终端分类建设标准、评价标准和生动化陈列指导手册，开展现代零售终端“回头看”工作。强化制度保障，制定各类零售终端管理办法6个。

客户服务。组织开展职业化零售户建设和零售户诚信经营建设。组织开展3期职业化零售户训练营，全省累计参训零售户160人。组织开展优秀课程大赛，初步形成涉及品牌培育、零售终端系统功能等内容的客户培训课件库。组织开展全省烟草商业系统客户服务需求问卷调查。

销售管理。完善省级销售平台升级功能建设需求，规范推进项目采购各项流程，累计完善14个模块、339个功能点，完成首批6家试点单位的上线运行。进一步加强对工商交易、样品卷烟使用等方面的管理。修订并完善销售四项费用定额，完成全年预算和中期预算调整工作。梳理销售领域的风险点，构建销售系统风险防控清单。

物流建设。2020年，全省单箱物流费用266.41元，比上年下降4.8%；人工费用比重72.5%，比上年下降1.35个百分点。全省实施工商托盘联运48.04万箱，回收烟箱576.07万只。新能源车合计上线35辆，累计节约车辆运行费70.12万元；塑料烟箱循环利用覆盖10家地市级公司，向工业企业返还176万只。

【雪茄经营】 2020年，安徽省烟草商业系统销售雪茄3.06亿支，实现销售收入3.1亿元。

【烟叶产销】 **烟叶种植加工。**2020年，安徽省烟农户均种植规模比上年增加5.3亩，其中安徽皖南烟叶有限责任公司户均种植规模继续保持全国第一。收购烟叶1.42万吨（28.41万担），上等烟比例58.81%，受年中严重洪灾影响，上等烟比上年下降12.55%。

烟叶质量控制。围绕烟叶结构优化，抓好田间养烟、烘烤工艺优化、仓储回潮等关键生产技术落实，实现产销平衡，国家局检查烟叶收购等级合格率81.33%。打叶复烤均质化加工综合指标稳中有升，均质化加工水平保持行业领先优势，复烤加工质量得到客户认可。仓储养护中心建设在推进同质化中取得新进展，全面实施低氧充氮杀虫，高温货垛、仓间平均湿度、虫口数比上年下降，各项质量指标平稳受控。

烟叶生产方式转型升级。2020年，安徽省局（公司）党组确立烟叶工作市场化、现代化、特色化“三化”高质量发展战略，开展烟叶生产方式转型和工商协同型打叶复烤示范线建设研究。烟叶生产方式转型升级围绕关键生产技术、烟叶生产关键设备等内容开展研究，完成0.15万亩高标准基本烟田建设及2万亩烟田储备，研制推广多台套实用农机具。基本完成工商协同型打叶复烤示范线建设，形成并推广多因素组合调控技术、参数化加工技术及片烟混配技术等多项研究成果，入选国家局提升企业核心竞争力典型案例。

安徽皖南烟叶有限责任公司。安徽皖南烟叶有限责任公司位于安徽省宣城市，成立于2004年12月31日，是全国烟草行业唯一跨地区股份制专业化烟叶生产企业，年产烟叶占安徽省烟叶生产总量90%以上。截至2020年底，公司总资产16.53亿元，其中固定资产1.08亿元、流动资产14.99亿元，资产负债率8.42%。在岗员工414人，实行全员聘用制，其中本科以上学历142人、高级职称6人、技师以上职业技能资格28人。

安徽皖南烟叶有限责任公司沪皖科技园（2020年）

安徽省局　张海林　摄

坚持以“做精主业”为统领，以烟叶生产方式现代化转型升级为目标，以信息化和机械化为突破口，以订单生产为抓手，健全完善绿色生产体系，持续提升烟叶生产运行质量。推进烟稻隔年轮作新型种植模式，制定实施“一组一户”生产力布局三年规划，户均规模提升到86亩；实施合作社改革，基本实现站社分离，推广育苗、营养、烘烤、分级等大服务，完善提升专业化服务体系，开发专业化运输、蒸汽回潮等专业化服务产品；完善优化绿色生产技术，配套优化“云烟87”等品种关键生产技术，坚持停炕养烟，延长生育期，提高烟叶采收成熟度。

试验示范14座电加热烤房，推广仓储回潮和分前蒸汽回潮技术，试点探索一站式集中分级收购模式，整合缩减分级点，推行蓝牙电子秤等信息化设备，不断提升分级收购水平；新研制并推广定量施肥式起垄施肥机、偏置式开沟机、打底脚叶等14台套实用农机具，制定完善履带起垄机、覆膜培土一体机、中耕培土机等27台套机械和小工具农机农艺融合规范，不断提升机械化水平。

【技术创新】　制定印发创新驱动提升企业核心竞争力的实施意见，编制全省烟草商业系统科技创新指南，进一步强化科技项目顶层设计，明确未来3—5年全省烟草商业系统创新的来源问题、方向问题、抓手问题。开展全省烟草商业系统创新制度、政策宣传贯彻工作，全年开展制度宣传贯彻69场次，8102人次接受宣贯。推进成果推广应用，绿色防控工作持续推进，全省建设15个绿色防控核心示范区，核心示范区面积2.36万亩，示范区病虫害损失率2.21%，持续低于3%。开展首届创新争先奖评选，组织创新争先奖获奖人员制作标志性创新成果培训视频课件，通过视频培训方式，推动成果在更大范围内传播，扩大创新成果共享面。组织优秀QC成果参加行业及安徽省QC成果评比，分享交流成果经验。“细支卷烟导向的功能性模块配方及其打叶复烤关键技术研究与应用”“烤烟8点式精准烘烤技术创新与应用”2项科技成果获得中国烟草总公司科学技术进步奖二等奖；“异型烟分拣模块化自动控制技术研发”获得全国烟草行业第三十一届优秀质量管理小组成果发布一等奖；11项QC成果获得安徽省QC发布一等奖；获得实用新型专利授权26件。

【特事辑要】　2020年1月15日，安徽省局（公司）在合肥召开2020年全省烟草工作会议。

9月24—26日，国家烟草专卖局党组书记、局长，中国烟草总公司总经理张建民在安徽烟草调研。

11月10—12日，国家局党组成员、副局长韩占武在安徽烟草和国家局党校合肥教学点调研。

12月25日，国家局党组成员、副局长韩占武在安徽安庆市局（公司）调研。

2020年安徽省烟草专卖商业主要情况统计

地市级局（公司）名称		合肥市烟草专卖局（公司）	淮北市烟草专卖局（公司）	亳州市烟草专卖局（公司）	宿州市烟草专卖局（公司）
主要负责人/法定代表人（含党政领导）		梁跃华	张　浩	金大林	吴修军
所属县级单位		肥东县、肥西县、长丰县、庐江县、巢湖市、包河区、瑶海区、蜀山区、庐阳区等9个县级烟草专卖局（营销部）	濉溪县局（营销部），1个直属分局（营销部）	涡阳县、利辛县、蒙城县等3个县级烟草专卖局（营销部），1个直属分局（营销部）	灵璧县、泗县、砀山县、萧县等4个县级烟草专卖局（营销部），1个直属分局（营销部）
总资产（万元）		469153	75437	76179	144495
资产负债率（%）		6.86	5.29	8.58	13.42
从业人员（人）		1206	284	725	794
所属业务机构	营销机构	1个营销中心	1个营销中心	1个营销中心	1个营销中心
	物流配送机构	1个物流中心、2个物流中转站	1个物流中心	1个物流中心、3个物流中转站	1个物流中心、3个物流中转站
	专卖稽查机构	1个稽查支队、9个稽查大队	1个稽查支队、2个稽查大队	1个稽查支队、4个稽查大队	1个稽查支队、5个稽查大队
	烟叶机构	—	—	—	—
烟农户数（户）		—	—	—	—
实现烟农总收入（万元）		—	—	—	—
零售户数（户）		33748	8961	19421	25742
零售户销售毛利率（%）		11.29	12.78	13.53	13.00

地市级局（公司）名称		蚌埠市烟草专卖局（公司）	阜阳市烟草专卖局（公司）	淮南市烟草专卖局（公司）	滁州市烟草专卖局（公司）
主要负责人/法定代表人（含党政领导）		江　南	胡志刚	王天山	孙志强
所属县级单位		怀远县、固镇县、五河县等3个县级烟草专卖局（营销部），1个直属分局（营销部）	临泉县、阜南县、太和县、颍上县、界首市等5个县级烟草专卖局（营销部），1个直属分局（营销部）	寿县、凤台县2个县级烟草专卖局（营销部），田家庵大通区（山南新区）、谢家集八公山区、潘集区等3个直属分局（营销部），毛集区1个直属分局	来安县、全椒县、天长市、定远县、凤阳县、明光市等6个县级烟草专卖局（营销部），1个直属分局（营销部）
总资产（万元）		110275	199181	153238	150458
资产负债率（%）		11.11	4.14	4.88	7.36
从业人员（人）		471	935	492	658
所属业务机构	营销机构	1个营销中心	1个营销中心	1个营销中心	1个营销中心
	物流配送机构	1个物流中心	1个物流中心、3个物流中转站	1个物流中心、2个物流中转站	1个物流中心、4个物流中转站
	专卖稽查机构	1个稽查支队、3个稽查大队	1个稽查支队、6个稽查大队	1个稽查支队、5个稽查大队	1个稽查支队、7个稽查大队
	烟叶机构	—	—	—	—

续表

地市级局（公司）名称	蚌埠市烟草专卖局（公司）	阜阳市烟草专卖局（公司）	淮南市烟草专卖局（公司）	滁州市烟草专卖局（公司）
烟农户数（户）	—	—	—	—
实现烟农总收入（万元）	—	—	—	—
零售户数（户）	16278	27735	13292	17252
零售户销售毛利率（%）	14.30	13.10	13.00	12.30

地市级局（公司）名称		六安市烟草专卖局（公司）	马鞍山市烟草专卖局（公司）	芜湖市烟草专卖局（公司）	宣城市烟草专卖局（公司）
主要负责人/法定代表人（含党政领导）		岳　文	施书林	胡家木	耿利永
所属县级单位		霍邱县、舒城县、金寨县、霍山县、叶集区等5个县级烟草专卖局（营销部），1个直属分局（营销部）	含山县、和县、当涂县等3个县级烟草专卖局（营销部），1个直属分局（营销部）	无为市、芜湖县、南陵县、繁昌县等4个县级烟草专卖局（营销部），1个直属分局、江北分局	宣州区、郎溪县、广德市、宁国市、泾县、绩溪县、旌德县等7个县级烟草专卖局（营销部）
总资产（万元）		181137	140533	203708	154324
资产负债率（%）		7.22	3.76	5.44	11.59
从业人员（人）		643	410	534	509
所属业务机构	营销机构	1个营销中心	1个营销中心	1个营销中心	1个营销中心
	物流配送机构	1个物流中心、4个物流中转站	1个物流中心	1个物流中心、1个物流中转站	1个物流中心
	专卖稽查机构	1个稽查支队、6个稽查大队	1个稽查支队、4个稽查大队	1个稽查支队、6个稽查大队	1个稽查支队、8个行动组
	烟叶机构	—	—	—	—
烟农户数（户）		—	—	—	—
实现烟农总收入（万元）		—	—	—	—
零售户数（户）		22743	11479	13246	14095
零售户销售毛利率（%）		11.80	12.00	11.00	12.00

地市级局（公司）名称	铜陵市烟草专卖局（公司）	池州市烟草专卖局（公司）	安庆市烟草专卖局（公司）	黄山市烟草专卖局（公司）
主要负责人/法定代表人（含党政领导）	王　凯	胡守华	王　鸿	刘新华
所属县级单位	枞阳县烟草专卖局（营销部）、铜官区烟草专卖局和义安区烟草专卖局	东至县、石台县、青阳县、贵池区等4个县级烟草专卖局（营销部）	宜城区、桐城市、怀宁县、潜山市、岳西县、太湖县、望江县、宿松县等8个县级烟草专卖局（营销部）	歙县、休宁县、祁门县、黟县、黄山区等5个县级烟草专卖局（营销部），屯溪区、徽州区2个直属分局（营销部）

续表

地市级局（公司）名称		铜陵市烟草专卖局（公司）	池州市烟草专卖局（公司）	安庆市烟草专卖局（公司）	黄山市烟草专卖局（公司）
总资产（万元）		92977	86670	193743	101030
资产负债率（%）		5.56	5.18	4.19	2.56
从业人员（人）		252	518	713	335
所属业务机构	营销机构	1个营销中心	1个营销中心	1个营销中心	1个营销中心
	物流配送机构	1个物流中心、1个物流中转站	1个物流中心、1个中转站	1个物流中心、4个物流中转站	1个物流中心
	专卖稽查机构	1个稽查支队、3个稽查大队	1个稽查支队、4个稽查大队	1个稽查支队、8个稽查大队	1个稽查支队、7个稽查大队
	烟叶机构	—	1个烟叶工作站	—	—
烟农户数（户）		—	169	—	—
实现烟农总收入（万元）		—	2362	—	—
零售户数（户）		7742	8332	24747	9237
零售户销售毛利率（%）		13.40	12.60	10.28	14.57

◇ 撰稿：周林峰；编辑：王　静　吴中奇

福建省烟草专卖局（公司）

【专卖管理】　**案件查处。**2020年，福建省烟草专卖局推动省委政法委将卷烟打假纳入省级层面扫黑除恶专项斗争，实施卷烟打假全链条打击。重点地区卷烟打假实现从“要我打”向“我要打”转变，打假破网从“各自打”向“联动打”转变，案件办理从“本地打”向“出去打”转变，打击措施从“常态打”向“错时打”转变。全年查获大型非法烟机88台，假烟2.7万件，非法烟叶烟丝689吨，查处符合公安部、国家局标准的网络案件58起，公安、司法机关依法逮捕犯罪嫌疑人333人，判刑534人。

海上卷烟打假打私。针对海上制假走私活动突增态势，福建省烟草专卖局与福州海关签署《福建省口岸安全风险联合防控工作方案》，与福建海警局签订《联合打击海上涉烟违法犯罪活动合作协议》，与福建省公安厅专项督导海上运假案件，并提高海上涉烟案件举报费标准，全面建立“海警海上查、海关关口堵、烟草岸上抓、公安陆上追”的监管模式，打击“外海母船载货、近海小船接驳、码头卸货转运、高速道路运输”的违法行为。全年查处海上走私违法卷烟案件22起，查获非法卷烟1.44万件。

市场监管。深入推进“放管服”改革，许可证办证时限控制在5个工作日以内。修订《卷烟零售户诚信管理办法》，深化专卖信息系统运用，提高零售户信用监管能力。与市场监管部门联合开展电子烟专项监管，保护未成年人免受电子烟侵害。出台《真烟异常流动考核奖励办法》《真烟流出责任追究办法》，建立“黑、灰、黄”三种名单监管机制，从严打击真烟双向流动和非法经营大户。全年全省查获非法流通真烟1.21万件，比上年增长60%。

【卷烟经营】　**卷烟销售。**聚焦“七匹狼（金砖时代）”

2020年8月28日，福建省烟草专卖局与福建海警局合作签约仪式在福州举行

福建省局　供稿

“七匹狼（古田金中支）”“七匹狼（古田红军灰）”“七匹狼（乘风启航）”“七匹狼（扬帆启航）”等省产重点规格，推动重点品牌快速成长。2020年，本地区销量居前三位的品牌为“七匹狼”“利群”“中华”，销量分别为524.42亿支（104.88万箱）、36.42亿支（7.28万箱）、34.97亿支（6.99万箱）。

实施新网建工程。启动“新时代新网建新跨越”工程。在漳州召开全省新网建工作汇报会暨现场会，明确新网建“一体化、数据化、智能化、平台化、品牌化”的跨越方向和“新零售、新业务、新技术、新生态、新机制”的网建重点，推动网建创新转型升级。

零售终端建设。出台《提升现代终端建设质量的指导意见》《直营终端建设管理办法》，完善零售终端评价体系、分层体系，试点零售户信用体系。全省20万零售户，年均毛利4.32万元/户。卷烟非烟一体化经营合作户数3.3万户。根据国家局零售户满意度调查报告，客户服务满意度得分88.3分，比上年增加0.27分；客户盈利满意度得分83.53分，比上年增加1.12分。

【烟叶生产经营】 **稳定烟叶规模。**2020年，上等烟收购比例78.7%，比上年增加4个百分点；收购均价32.02元/千克；烟叶工商交接等级合格率72.4%，比上年增加2.4个百分点。

烟叶生产基础设施建设。2020年，预算投入行业补贴资金1.56亿元，建设烟基项目1.92万个；全省累计建设水源工程39个，36个完工验收。完工项目中32个竣工验收，其中本年新增10个竣工验收项目。截至2020年底，有31个项目发挥效益，供应灌溉用水4.71亿吨、居民饮用水1.16亿吨。

烟叶生产方式转型升级。持续推动烟田布局优化，全年打造“千亩村”88个、“万担乡”56个。推广“种采烤分一体化”生产组织方式，培育烟叶产业经理，持续推进重点环节专业化服务。落实烟叶生产关键技术，稳步推进烟叶产业综合体、烟站管理年、科技成果转化、烤房改造等重点工作。烟叶育种抗青枯病和“翠碧1号”提纯复壮等科技重大专项取得新进展，龙岩市“种采烤分”一体化项目成果获得全国企业管理现代化创新成果二等奖，烟草绿色防控得到国家局高度认可。

助力烟农增收。把烟叶产业作为助力烟农增收、脱贫攻坚、产业融合的重要载体。全省有烟农3.3万户，实现烟叶税6亿元。实现烟农户均收入9.34万元（含补贴），比上年增加2.2万元，增长36.1%。烟农多元化增收达到3.59亿元。

【交流与合作】 中国烟草福建进出口有限责任公司前身是成立于1985年1月1日的中国烟草进出口公司福建分公司。1991年更名为中国烟草福建进出口公司，同年公司由福州迁址到厦门。2001年11月，改制更名为中国烟草福建进出口有限责任公司，股东分别是中国烟草进出口（集团）公司、福建省烟草公司、福建中烟工业公司、龙岩卷烟厂、厦门卷烟厂。2006年12月，改制为一人有限责任公司，成为中国烟草总公司福建省公司的全资子公司。公司经营范围涵盖烟叶出口和卷烟进口两项，其中烟叶、烟梗出口销售到中国香港、印度尼西亚、柬埔寨、越南、菲律宾、埃及、阿联酋、德国、俄罗斯、荷兰等地区或国家，并负责为福建、天津、内蒙古3个省（自治区、直辖市）提供包括“555”“七星（Mevius）”“健牌（Kent）”“爱喜（ESSE）”等品牌在内的进口卷烟和“博格”品牌雪茄。截至2020年底，总资产5.91亿元，其中固定资产5864万元、流动资产3.03亿元，资产负债率23.74%。从业人员47人。

2020年，实现进出口贸易总额2938万美元；实现销售收入3.93亿元，比上年增长6.53%；实现税利1.8亿元，比上年增长6.37%；实现利润5189万元，比上年下降2.7%。出口烟叶（含烟梗、薄片等）1.04万吨，出口实现1596万美元；进口卷烟（含雪茄）6.73亿支，进口额1342万美元；销售进口卷烟6.83亿支，销售额2.8亿元。

【多元化经营】 福建烟草海晟投资管理有限公司前身是成立于1993年的厦门海晟实业公司，位于福建省厦门市。2007年改制更名为福建烟草海晟投资管理有限公司，成为中国烟草总公司福建省公司的全资子公司，专门负责福建省烟草商业系统多元化投资管理工作。公司以资本经营、投资管理为主线，投资范围涵盖金融投资、房地产开发、信息技术开发、连锁经营、文化传媒、酒店经营、物业管理等领域。

2020年，福建省局（公司）确定“企业化运作、市场化经营、专业化支撑、规范化管理”的多元化发展方向，加大多元化企业清理整合力度，持续优化多元化企业经营结构。海晟投资公司及所属投资企业全年实现经营收入6.26亿元，利润3.83亿元，净利润3.63亿元。截至2020年底，公司拥有资产136.72亿元，其中固定资产1.18亿元、流动资产 35.66 亿元。本部有员工 104 人（不含借用），下属投资企业员工 926 人。

【特事辑要】 2020 年 1 月 17 日，福建省局（公司）在福州市召开 2020 年全省烟草商业系统工作会议。

5 月 12 日，2020 年福建省公安、烟草联合驻点云霄打假暨云霄县卷烟打假“夏季攻势”动员大会在漳州市云霄县召开。

6 月 8—19 日，全省烟草商业系统“奋斗闽烟·最美公仆”政绩观先进事迹巡回报告团共举办 10 场先进事迹报告会。

7 月 9 日，福建省副省长崔永辉在福建省局（公司）调研。

7 月 16—18 日，国家局党组成员、副局长张天峰在福建烟草调研。

12 月 20—21 日，国家烟草专卖局党组书记、局长，中国烟草总公司总经理张建民在基层联系点福建省龙岩市烟草专卖局（公司）、福建中烟龙岩烟草工业有限责任公司调研。

2020 年福建省烟草专卖商业主要情况统计

地市级局（公司）名称		福州市烟草专卖局（公司）	厦门市烟草专卖局（公司）	宁德市烟草专卖局（公司）	莆田市烟草专卖局（公司）	泉州市烟草专卖局（公司）
主要负责人/法定代表人（含党政领导）		黄学良	黄端启	林茂新	江　晟	游文忠
所属县级单位		城北、城南、长乐区、福清市、闽侯县、连江县、平潭县、罗源县、闽清县、永泰县等 10 个县级烟草专卖局（分公司）	思明区、湖里区、集美区、第一分局等 4 个县级烟草专卖局（分公司）	蕉城区、福安市、福鼎市、霞浦县、古田县、屏南县、寿宁县、周宁县、柘荣县等 9 个县级烟草专卖局（分公司）	仙游县、城厢区、涵江区、秀屿区等 4 个县级烟草专卖局（分公司）	安溪县、永春县、惠安县、德化县、晋江市、石狮市、南安市、鲤城区、洛江区、丰泽区、泉港区等 11 个县级烟草专卖局（分公司）
总资产（万元）		427239	321690	169309	188424	555642
资产负债率（%）		14.42	16.92	14.57	13.50	7.32
从业人员（人）		1186	765	672	580	1264
所属业务机构	营销机构	1 个营销中心、10 个客户服务中心	1 个营销中心、4 个客户服务中心	1 个营销中心、9 个客户服务中心	1 个卷烟营销中心、4 个客户服务中心	1 个卷烟营销中心、11 个客户服务中心
	物流配送机构	1 个物流中心、1 个中转站、5 个对接点	1 个物流中心、1 个对接点	1 个物流中心、5 个对接点	1 个物流中心	1 个物流中心、3 个中转站、2 个对接点
	专卖稽查机构	1 个稽查支队、10 个稽查大队	1 个稽查支队、8 个稽查大队	1 个稽查支队、9 个稽查大队	1 个稽查支队、5 个稽查大队	1 个稽查支队、13 个稽查大队
	烟叶机构	—	—	—	—	—
烟农户数（户）		—	—	—	—	—
实现烟农总收入（万元）[1]		—	—	—	—	—
零售户数（户）		31305	22147	16194	14055	45130
零售户销售毛利率（%）		12.90	13.46	12.74	12.92	12.43

地市级局（公司）名称	漳州市烟草专卖局（公司）	龙岩市烟草专卖局（公司）	三明市烟草专卖局（公司）	南平市烟草专卖局（公司）
主要负责人/法定代表人（含党政领导）	罗万达	黄永辉	白万明	张清明

续表

地市级局（公司）名称		漳州市烟草专卖局（公司）	龙岩市烟草专卖局（公司）	三明市烟草专卖局（公司）	南平市烟草专卖局（公司）
所属县级单位		城区、龙海市、漳浦县、云霄县、东山县、诏安县、南靖县、平和县、华安县、长泰县等10个县级烟草专卖局（分公司）	新罗区、永定区、上杭县、武平县、长汀县、连城县、漳平市等7个县级烟草专卖局（分公司）	城区、永安市、沙县、大田县、尤溪县、将乐县、泰宁县、建宁县、宁化县、清流县、明溪县等11个县级烟草专卖局（分公司）	延平区、建阳区、武夷山市、邵武市、建瓯市、光泽县、顺昌县、浦城县、松溪县、政和县等10个县级烟草专卖局（分公司）
总资产（万元）		336140	291447	416332	262489
资产负债率（%）		13.85	10.42	12.62	14.74
从业人员（人）		958	1943	2098	2083
所属业务机构	营销机构	1个卷烟营销中心、10个客户服务中心	1个卷烟营销中心、7个客户服务中心	1个营销中心、11个客户服务中心	1个营销中心、10个客户服务中心
	物流配送机构	1个物流中心、3个中转站、1个对接点	1个物流中心、2个中转站、4个对接点	1个物流中心、3个中转站、3个对接点	1个物流中心、5个中转站
	专卖稽查机构	1个稽查支队、10个稽查大队	1个稽查支队、7个稽查大队	1个稽查支队、12个稽查大队	1个稽查支队、10个稽查大队
	烟叶机构	—	1个烟叶生产部、1个烟叶购销部、48个烟叶收购站（点）、4个烟叶中心仓库、1个烟科分所（烟叶生产技术中心）、5个试验站	1个烟叶生产部、1个烟叶购销部、1个田间试验场、84个烟草站（点）、1个烟科分所（烟叶生产技术中心）、3个试验站	1个烟叶生产部、1个烟叶购销部、58个烟叶站（点）、1个烟科分所（烟叶生产技术中心）、3个试验站
烟农户数（户）		—	11105	15058	6963
实现烟农总收入（万元）[1]		—	82806	143410	83291
零售户数（户）		34137	15727	12800	14355
零售户销售毛利率（%）		12.49	12.60	13.86	12.93

注：实现烟农总收入含补贴。

◇ 撰稿：傅积恩；编辑：褚　幸

江西省烟草专卖局（公司）

【专卖管理】 **案件查处。**2020年，江西省烟草专卖局联合省公安厅实施“飓风1号”卷烟打假专项行动，组织开展全省物流寄递专项整治和打击违法违规收购卷烟行为专项行动。全年全省共查处各类涉烟案件1.57万起，查处案值1万元以上案件1878起、3万元以上案件307起、5万元以上大要案件1240起。查获各类非法卷烟3.47万件，其中假烟1.92万件、真烟1.37万件、走私烟1818件，查获非法烟叶、烟丝130.83吨。公安、司法机关依法拘留391人，逮捕140人，判刑231人。

打假打私。2020年，破获国家局标准网络案件36起、省标网络案件20起，申办部督案件5起。“12·1”案件查获假冒卷烟2.13万件，实物案值2.02亿余元，查扣车辆20辆，公安、司法机关依法抓获涉案人员19人，是近年来全国单个案件中查获假烟数量最多、实物案值最大的案件。推进“六位一体”大专卖建设，2020年江西省所有市级局卷烟打假工作纳入当地政府或公安机关考核。

市场监管。加入江西省社会信用体系，纳入政府诚信体系成员单位，推动建立有效的守信联合激励和失信联合惩戒机制；与江西省市场监督管理局联合制定《江西省电子烟市场专项检查行动方案》，组织开展电子烟市场专项检查，南昌市局2起电子烟监管案件被国家局列入全国电子烟市场治理15起精品案件。专项行动期间清理互联网电子烟广告链接13条，督促12家企业建立自主清理机制，检查电子烟实体店948家，检查自助售卖机139台，清理未成年人集中区域自动售卖机6台，联合约谈互联网平台19个，查处中小学校周边售卖电子烟行为4起。

“放管服”改革。全面完成国家局“一体化政务服务平台”上线运行工作，与省政府“赣服通”政务服务平台对接，全面梳理零售许可证新办、延续、变更等7项办理业务，优化办证流程，实现许可申请纸质材料“零提交”、身份认证“零误差”、全程办理“零跑腿”；开展简化连锁便利店经营审批手续工作，进一步简化连锁便利店办证申请材料，压缩品牌连锁便利店烟草许可审批时限，由8个工作日压缩到5个工作日。按照“一事一评”的原则，组织开展许可管理事项线下评价，全省烟草商业系统行政许可政务服务“好差评”实现与省政府政务服务“好差评”系统对接，实现线上线下全覆盖。

【卷烟经营】 2020年，江西省烟草商业系统销售重点品牌卷烟比上年增长2.55%。其中销售“金圣”251.5亿支（50.3万箱），比上年增加9.8亿支（1.96万箱），增长4%。全年零售户盈利水平提升，市场状态显著提升，为全省烟草商业系统历年来“卷烟市场状态最好、零售户满意度最好”的一年。12月末综合毛利率10.72%，比上年增加0.98个百分点，高于行业平均水平0.29个百分点。零售户经营信心明显增强，客户满意度大幅提升。2020年度零售户总体满意度88.97分，比上年增加4.14分，提升20位，增幅居行业首位。

【雪茄经营】 销售传统型雪茄291.7万支，比上年增加35.5万支，增长13.87%；实现销售额864.6万元，比上年增加306.7万元，增长54.98%。其中，销售四川中烟雪茄183.4万支，增加119.1万支；销售山东中烟雪茄22.3万支，下降67.31%。2020年，江西省最受欢迎的雪茄品牌为四川中烟“长城”、安徽中烟“王冠”和山东中烟“将军”，销量分别为183.1万支、81.5万支和14.7万支。

【技术创新】 2020年，征集科技计划项目意向78个，立项14个，项目经费概算1701万元；“江西省烟蚜茧峰防治蚜虫技术研究与推广项目”通过专家鉴定，“赣南紫色土旱地烟叶平衡施肥技术研究”等10个项目通过专家验收；获得江西省烟草公司科学技术进步奖一等奖1项、三等奖4项。全省烟草商业系统开展QC课题205个，QC小组普及率15.98%，其中南昌市局（公司）“提高异型烟分拣线包装作业效率”课题获得全国烟草行业第三十一届优秀质量管理小组成果一等奖。

【烟叶产销】 **烟叶种植与收购。**2020年，江西省烟叶收购均价比上年增加0.69元/千克；亩产值3560.49元，比上年增加630.49元；上等烟比例68.2%，比上年增长2.7个百分点；实现烟农总收入（含补贴）7.73亿元，户均收入11.73万元，比上年增加3.77万元。全面推进专分散收，在国家局烟叶收购检查中，江西省烟叶等级合格率81.92%，比上年提高1.53个百分点，上等烟纯度90.83%，中等烟纯度94.28%。

多元经营。多元产业增收明显。2020年，江西省多元

江西赣州市21个闲置期烟叶大棚变成育秧工厂，助力早稻生长（2020年）
江西省局　供稿

产业总产值1.16亿元，净收入6495.8万元，烟农户均净收入9842.12元。其中育苗大棚、烤房、农机三类设施开展利用项目58个，总产值2780.98万元，净收入470.82万元。基本烟田开展利用项目51个，总产值8146.79万元，净收入5698.29万元，烟叶延伸产业以地膜回收、营养土专业化配置、烟杆回收为主，总产值649.78万元，净收入320.1万元。

绿色防控。围绕“三虫三病”六项防控靶标，持续优化烟草绿色防控模式，优化构建以“三深一高”等农业防治措施为基础，集成示范以烟蚜茧蜂、病毒检测试纸、病毒免疫诱抗剂、生防菌剂等技术为核心的烟草绿色防控技术体系。2020年，全省累计推广“三深一高”面积16.64万亩，采购普通有机肥3128.05吨，枯饼有机肥6119吨，推广使用性诱捕器2.44万套、诱虫黄板9.51万片。江西省在抚州、宜春、吉安、赣州等烟区累计建立烟草绿色防控示范区103个，示范区面积2.21万亩，辐射区面积13.33万亩。

烟叶生产基础设施建设。2020年度烟叶生产基础设施建设项目概算资金1280.85万元，实际投入行业补贴资金1043.18万元，建设项目2240个，其中新能源烤房供热设备（外置式生物质颗粒燃烧机）928座、已建项目修复（烟叶调制设施修复）1312座。加强行业援建水源工程监管，2020年，江西省水利厅对行业援建的赣州市兴国县洋池口水库、吉安市峡江县石洞水库进行项目稽查，推动援建项目规范有序运行。新农村建设持续推进，2020年安排援建资金1900万元，援建新农村项目21个，受益人口2.84万人，其中贫困人口2911人，惠及3个地市的14个县、6个贫困村、824户贫困户。

【降本增效】 根据国家局公布的2020年23项对标指标，江西省局（公司）18项指标比上年改进，13项指标排名比上年提升，15项指标优于行业平均水平，10项指标排名前十位，其中物流费用占销售收入比重（0.52%）指标、单箱物流费用（173.73元）指标均排名第一位。

【疫情防控】 面对新冠肺炎疫情的严峻形势，江西省烟草商业系统加强组织领导，落实防控责任，全力打好疫情防控阻击战，全省商业系统未发生员工疑似或确诊病例。同时，积极支援湖北烟草抗击疫情，筹措捐赠口罩12万只，捐款捐物合计122万余元，第一时间打通赣鄂物流运输通道，承担全部物流费用。统筹疫情防控和生产经营，非常时期采取非常举措，把疫情对生产经营的影响降到最低。分析研判形势，及时调整策略，准确把握节奏，加强运行调控，推动全年经济运行和市场状态稳中向好。

【特事辑要】 2020年1月16—17日，国家烟草专卖局党组书记、局长，中国烟草总公司总经理张建民在江西烟草调研。江西省委常委、副省长吴晓军一同调研。

1月21日，2020年江西省局（公司）工作会议在南昌召开。

4月16日，江西省副省长吴忠琼在南昌调研全省烟草行业助脱贫、促发展情况。

7月15—17日，国家局党组成员、副局长徐瑾在江西烟草调研。

7月29日，2020年江西省烟草商业系统各直属单位主要负责同志半年工作座谈会在南昌召开。

10月13—15日，2020年江西省烟草“大专卖”管理岗位“双能”竞赛在南昌举办。

2020年江西省烟草专卖商业主要情况统计

地市级局（公司）名称	南昌市烟草专卖局（公司）	九江市烟草专卖局（公司）	上饶市烟草专卖局（公司）	抚州市烟草专卖局（公司）
主要负责人/法定代表人（含党政领导）	旷　麟（—2020年7月）揭东轲（2020年7月—）	王　健	林建伟	肖红武
所属县级单位	南昌县、进贤县、安义县、新建区、东湖区、西湖区、青山湖区、青云谱区等8个县级烟草专卖局（分公司）	九江城区、柴桑区、瑞昌市、修水县、武宁县、都昌县、湖口县、彭泽县、永修县、德安县、庐山市、共青城市、庐山等13个县级烟草专卖局（分公司）	信州区、广信区、广丰区、玉山县、铅山县、横峰县、弋阳县、鄱阳县、余干县、万年县、德兴市、婺源县等12个县级烟草专卖局（分公司）	临川区、东乡区、崇仁县、乐安县、宜黄县、南丰县、南城县、黎川县、金溪县、广昌县、资溪县等11个县级烟草专卖局（分公司）

续表

地市级局（公司）名称		南昌市烟草专卖局（公司）	九江市烟草专卖局（公司）	上饶市烟草专卖局（公司）	抚州市烟草专卖局（公司）
总资产（万元）		260707	185344	243263	141366
资产负债率（%）		9.15	11.87	19.55	12.75
从业人员（人）		818	692	852	802
所属业务机构	营销机构	1个营销中心、8个区域营销部	1个营销中心、13个区域市场部	1个营销中心、12个客户服务中心	1个营销中心、11个客户服务部
	物流配送机构	1个物流中心、1个物流接驳站	1个物流中心、7个物流中转站	1个物流中心、8个物流中转站	1个物流中心、2个物流中转站
	专卖稽查机构	1个稽查支队、11个稽查大队	1个稽查支队、14个稽查大队	1个稽查支队、13个稽查大队	1个稽查支队、11个稽查大队
	烟叶机构	—	—	—	18个烟叶收购站
烟农户数（户）		—	—	—	1319
实现烟农总收入（万元）		—	—	—	13790
零售户数（户）		17973	20224	26372	13104
零售户销售毛利率（%）		14.68	14.39	14.30	14.39

地市级局（公司）名称		宜春市烟草专卖局（公司）	吉安市烟草专卖局（公司）	赣州市烟草专卖局（公司）	景德镇市烟草专卖局（公司）
主要负责人/法定代表人（含党政领导）		朱辉明	揭东轲（—2020年7月） 李细洪（2020年7月—）	刘　辉	熊晓雯（—2020年9月） 肖福元（2020年9月—）
所属县级单位		袁州区、丰城市、樟树市、高安市、万载县、上高县、宜丰县、奉新县、靖安县、铜鼓县等10个县级烟草专卖局（分公司）	吉州区、青原区、吉安县、吉水县、峡江县、新干县、永丰县、泰和县、遂川县、万安县、安福县、永新县、井冈山市等13个县级烟草专卖局（分公司）	上犹县、崇义县、大余县、信丰县、全南县、定南县、安远县、寻乌县、于都县、兴国县、会昌县、石城县、宁都县、瑞金市、龙南市[1]、章贡区、南康区、赣县区等18个县级烟草专卖局（分公司）	浮梁县、乐平市、城区等3个县级烟草专卖局（分公司）
总资产（万元）		197703	168351	287822	74585
资产负债率（%）		18.21	20.79	19.09	10.61
从业人员（人）		800	925	1444	272
所属业务机构	营销机构	1个营销中心	1个营销中心、13个区域市场部	1个营销中心、46个客户服务部	1个营销中心、7个客户服务部
	物流配送机构	1个物流中心	1个物流中心、8个物流中转站	1个物流中心、8个物流中转站	1个物流中心、1个物流接驳点
	专卖稽查机构	1个稽查支队、12个稽查大队	1个稽查支队、13个稽查大队	1个稽查支队、18个稽查大队	1个稽查支队、3个稽查大队
	烟叶机构	2个烟叶工作站	12个烟叶收购站	13个中心站、34个烟叶工作站、2个实验站	—
烟农户数（户）		196	2039	3045	—
实现烟农总收入（万元）		2460	15598	42218	—
零售户数（户）		21924	19282	42500	7304
零售户销售毛利率（%）		14.71	13.60	14.94	13.57

<table>
<tr><th colspan="2">地市级局（公司）名称</th><th>萍乡市烟草专卖局（公司）</th><th>新余市烟草专卖局（公司）</th><th>鹰潭市烟草专卖局（公司）</th><th>江西省烟草专卖局铁路分局[2]</th></tr>
<tr><td colspan="2">主要负责人/法定代表人（含党政领导）</td><td>熊体科（2020年9月—，之前主持全面工作）</td><td>余　坚</td><td>何福荣</td><td>钟海峰（—2020年7月，主持全面工作）
刘在强（2020年7月—）</td></tr>
<tr><td colspan="2">所属县级单位</td><td>安源区、湘东区、芦溪县、上栗县、莲花县等5个县级烟草专卖局（分公司）</td><td>分宜县、渝水区2个县级烟草专卖局（分公司）</td><td>贵溪市、月湖区、余江区等3个县级烟草专卖局（分公司）</td><td>—</td></tr>
<tr><td colspan="2">总资产（万元）</td><td>79667</td><td>54037</td><td>50364</td><td>1875</td></tr>
<tr><td colspan="2">资产负债率（%）</td><td>19.17</td><td>16.49</td><td>9.22</td><td>8.41</td></tr>
<tr><td colspan="2">从业人员（人）</td><td>329</td><td>219</td><td>200</td><td>15</td></tr>
<tr><td rowspan="4">所属业务机构</td><td>营销机构</td><td>1个营销中心、5个区域市场部</td><td>1个营销中心、9个客户服务部</td><td>1个营销中心、6个客户服务部</td><td>—</td></tr>
<tr><td>物流配送机构</td><td>1个物流中心</td><td>1个物流中心</td><td>1个物流中心</td><td>—</td></tr>
<tr><td>专卖稽查机构</td><td>1个稽查支队、6个稽查大队</td><td>1个稽查支队、1个稽查大队、3个机动中队</td><td>1个稽查支队、4个稽查大队</td><td>1个稽查支队</td></tr>
<tr><td>烟叶机构</td><td>—</td><td>—</td><td>—</td><td>—</td></tr>
<tr><td colspan="2">烟农户数（户）</td><td>—</td><td>—</td><td>—</td><td>—</td></tr>
<tr><td colspan="2">实现烟农总收入（万元）</td><td>—</td><td>—</td><td>—</td><td>—</td></tr>
<tr><td colspan="2">零售户数（户）</td><td>8502</td><td>4876</td><td>4459</td><td>—</td></tr>
<tr><td colspan="2">零售户销售毛利率（%）</td><td>13.08</td><td>14.27</td><td>14.30</td><td>—</td></tr>
</table>

注：1. 2020年11月，国家局、总公司印发《关于调整赣州市烟草专卖局（公司）所属部分机构的批复》（国烟人〔2020〕165号），同意撤销江西省龙南县烟草专卖局，设立龙南市烟草专卖局。龙南市烟草专卖局与赣州市烟草公司龙南分公司合署办公，负责辖区内的烟草专卖管理和卷烟营销工作。

2. 根据《江西省烟草专卖局关于重新核定铁路分局主要职责、内设机构和人员编制规定的通知》（赣烟人〔2020〕18号）精神，铁路分局2020年12月完成机构改革，只保留综合办公室和稽查支队2个部门。

◇ 撰稿：彭　欣　刘丽蓉；编辑：褚　幸

山东省烟草专卖局（公司）

【专卖管理】 **案件查处。**2020年，山东省烟草专卖局继续坚持“真打、硬打、狠打”工作思路，始终保持市场监管高压态势，查处各类涉烟违法案件3.99万起，查获非法卷烟2.73万件，总案值2.52亿元，比上年分别增长3.37%、24.66%、39.23%。其中，查获案值5万元以上大要案件872起，查获非法卷烟1.14万件、总案值1.14亿元，比上年分别增长49.83%、72.58%、54.72%。公安、司法机关依法拘留958人，逮捕264人，追究刑事责任453人。破获符合国家局、公安部标准的制售假烟走私烟网络案件66起，4起案件被列为部级督办案件。枣庄“12·3”案件受到国家局通报表彰。

大案要案。青岛“3·28”非法生产烟丝案件，捣毁烟丝生产窝点2个，查获非法烟叶180.8吨，非法烟丝115吨，伪劣烟草专用机械8台，辅助设备16台，涉案金额5500余万元，公安、司法机关依法抓获犯罪嫌疑人37人，是山东近年来查获非法烟叶烟丝最多的案件。

潍坊“9·26”非法经营加热卷烟案件，涉及韩国、哈萨克斯坦、俄罗斯等国家及国内15个省34个地市，涉案金额7000余万元，公安、司法机关依法刑拘13人，逮捕6人，判刑12人。

烟台“10·30”海上走私烟案件，由海岸警察、烟草部门联合侦办，捣毁走私烟仓储窝点4个，查获走私烟2600余件，货值2000余万元，公安、司法机关依法刑拘20人，逮捕6人。

枣庄“12·3”非法生产销售假烟案件，捣毁窝点4个，查获假烟1273件，并查获一批滤嘴棒、假烟标识等制假辅料，收缴包装机、打码机等各类制假设备9台，公安机关依法抓获犯罪嫌疑人72人，涉案金额2亿余元，是山东近年来查获假烟数量最多、涉案金额最高的案件。

“齐鲁利剑”（2020）专项行动。山东省委政法委连续第六年牵头开展“齐鲁利剑”（2020）专项行动，公安、检察院、法院、交通、邮政、海关、市场监管等13家单位共同参与，对互联网、物流寄递、加热卷烟、电子烟等重点领域进行集中整治。全省在互联网和物流寄递环节查获假烟案件1.22万起，查获假烟3693件，案值3918万元，比上年分别增长11.95%、47.84%、10.78%；全年侦办6起非法经营加热卷烟网络案件。

卷烟市场监管。加快全省涉烟案件大数据中心建设，批复设立专门机构，与邮政管理部门加强合作，及时获取寄递包裹信息，加大分析研判力度，精准筛选案件线索。2020年，大数据中心累计派发线索指令1.64万个，查获涉烟包裹2.92万个，查获非法卷烟1250件，案值1888万元。完成“双随机、一公开”监管任务，随机检查零售户10.08万户。开展样品烟市场专项检查并纳入日常监管范围，查办违规销售样品烟案件4起。

电子烟市场监管。山东省烟草专卖局与山东省市场监督管理局联合部署开展“守护成长”电子烟市场专项整治行动，全面清理利用互联网、短视频、自媒体等销售电子烟行为，清理互联网虚假违法电子烟广告，检查电子烟实体店和相关企业，重点清理中小学校周边、少年宫等未成年人集中区域销售电子烟行为。全省出动执法人员1.55万人次；累计清理互联网电子烟广告链接71条，约谈相关企业35家；检查电子烟实体店1983户（次），清理中小学校周边实体店31户，清理自动售卖机15台。

依法行政。推广应用轻微违法案件快速处理程序，试点推进专卖许可标准化建设。部署开展中小学校周边卷烟零售店集中清理整治行动，累计清理劝退585户。深化“放管服”改革，开展简化连锁便利店烟草经营审批手续试点工作；依托行业政务服务平台，受理网上办证申请2000余份。

【卷烟经营】 **卷烟销售。**2020年，山东省一、二类烟销量分别比上年增长2.98%、6.65%，重点品牌销量占比87.17%，比上年增加1.41个百分点。

市场化取向改革。修订印发《货源投放管理办法》《关于构建“天价烟”防治长效机制的意见》。开展虚拟户、违规客户“两项治理”，全省累计摸排并彻底清理虚假客户1738户，实现虚假客户基本清零。定期开展终端建设质量抽查，全省达到终端建设标准的零售户30.12万户，占全部零售户的83.3%。

【雪茄经营】 加强雪茄品牌培育力度，加大雪茄品牌规格引入力度。2020年，山东省销售雪茄3.02亿支，比上年增长17.27%；销售额2.3亿元，比上年增长19.49%。

【烟叶生产经营】 **烟叶种植效益。**2020年，山东省收购上等烟比例65.6%，实现烟叶税2.5亿元。烟农亩均收入（含补贴）4871元，比上年增加412元；户均收入（含补贴）17.9万元，比上年增加1.4万元。

“中棵烟”培育。中棵烟是通过栽培技术措施，使烟株生长中等，整齐一致，烟叶成熟落黄好，易烘烤，产量适中，品质佳的烟株。2020年，山东省坚持“主攻中棵烟、实现均质化、突破上等烟”的质量目标，持续巩固完善以“提前集中移栽、减氮增密、水肥一体”为核心的生产技术体系。全省烟田轮作比例达到88.3%，全面推行大垄高垄，示范双行平台8436亩、双行凹垄1.42万亩，在年度降雨量较常年普遍偏多60%的情况下，基本没有倒伏、涝害烟田出现。全面推广水造法井窖移栽模式，配套水造井窖移栽器1.15万台、浇水封掩器7746台，确保“提前集中移栽”全面落实到位。往年施肥偏大、烟株生长过旺的烟田、农户纳入重点管理监督，着力解决“大肥”问题，做实减氮增密，夯实“中棵烟”培育基础，基本实现“坡上坡下一个样，大方小方一个样，土地肥瘦一个样”的烟叶均质化生产目标。

现代烟草农业。开展机械升级改造，研究推广育苗智能化管理系统、双行凹垄起垄机、水造法井窖打孔器等设备，并在全省进行推广应用。开展箱式烘烤模式示范，促进农机、农艺融合，探索烟叶收购、调拨和复烤加工一体化新模式取得阶段性成果。建立绿色防控综合示范区6.4万亩，构建全过程、立体化病虫害绿色防控技术体系和推广模式。开展节水灌溉13.4万亩，示范植物纤维全降解地膜933亩，推广环保节能炉2532台套，烟叶现代化、绿色化生产体系不断完善。

烟叶管理创新工作。全年建立问题攻关专班101个，参与人员925人次。推进岗位创新，全省烟叶创新成果共享平台累计发布204期，“可移动定量浇水打窖机的研制”获得烟草行业第三十一届优秀质量管理小组成果一等奖，“烤烟八点式精准烘烤技术创新与应用”获得总公司2020年度科学技术进步奖二等奖。

2020 年 8 月 27 日，山东潍坊临朐县局（分公司）柳山烟站工作人员在现场向烟农讲解烟叶分级知识

山东潍坊临朐县局　李　伟　摄

烟农增收。 探索“一年两季”，构建合理轮作制度，发挥合作社平台作用，实现烟叶与多元产业土地长期稳定流转、轮作换茬，稳定优质烟田。整合烟区农村劳动力资源，搭建劳动力资源信息平台；整合大农业市场资源，推动烟叶和多元产业共同发展。加大烟叶种植保险推广力度，全省 4690 户烟农购买烟叶种植保险，投保面积 18.52 万亩；投入保费 800.42 万元，其中行业承担总保费 496.92 万元。

【交流与合作】 **烟叶类产品出口。** 积极应对疫情影响，推进出口装运工作，山东进出口公司成为全国口岸公司中首个全面实现正常出口装运的公司。推动库存降等降级烟叶销售，2020 年清产核资降等降级烟叶完成出口发运 3076.75 吨。烟叶出口 4652 吨，比上年减少 3482 吨，下降 42.81%；烟梗出口 2448 吨，比上年增加 136 吨，增长 5.88%。

卷烟进出口。 进口卷烟销售 2.41 亿支，其中，“555”卷烟销售 1.15 亿支，“南洋红双喜”销售 4430 万支。出口卷烟 3 亿支。

【企业管理与创新】 组织流程建设差异化考核，9 家市局（公司）通过验收。推进分类队标，137 家县级单位“同台竞技”“同场赛马”，实施 34 家县级单位“一对一”结对帮扶。组织 76 名处级干部领题 109 项精益课题，开展 QC 小组联盟打擂，建立 136 个创新工作室。连续 9 年举办山东省局（公司）系统优秀质量管理小组成果发布会，山东省局（公司）连续 7 年获得烟草行业优秀质量管理小组成果一等奖。2020 年，获得烟草行业第三十一届优秀质量管理小组成果一等奖 2 个、二等奖 2 个。

【特事辑要】 2020 年 8 月 26 日，国家局党组成员、副局长段铁力在山东烟草调研经济运行工作，并在基层联系点山东省济南市烟草专卖局（公司）、山东中烟工业有限责任公司济南卷烟厂调研党建工作。

11 月 18—19 日，2020 年山东省烟草系统管理创新现场会在山东济南、日照召开。

11 月 25—26 日，国家局党组成员、副局长韩占武在山东烟草调研。

2020 年山东省烟草专卖商业主要情况统计

地市级局（公司）名称	济南市烟草专卖局（有限公司）	青岛市烟草专卖局（有限公司）	淄博市烟草专卖局（有限公司）	枣庄市烟草专卖局（有限公司）
主要负责人/法定代表人（含党政领导）	杨忠武[1]	于纪刚[2]	王永利	张建军
所属县级单位	市中区、历下区、天桥区、槐荫区、历城区、章丘区、长清区、平阴县、济阳区、商河县等 10 个县级烟草专卖局（营销部）	市北区、黄岛区、胶州市、平度市等 4 个县级烟草专卖局（分公司），市南区、李沧区、崂山区、城阳区、即墨区、莱西市等 6 个县级烟草专卖局（营销部）	张店区、周村区、临淄区、桓台县、高青县等 5 个县级烟草专卖局（营销部），博山区、淄川区、沂源县等 3 个县级烟草专卖局（分公司）	滕州市、市中区、薛城区、山亭区、峄城区、台儿庄区等 6 个县级烟草专卖局（营销部）

续表

地市级局（公司）名称		济南市烟草专卖局（有限公司）	青岛市烟草专卖局（有限公司）	淄博市烟草专卖局（有限公司）	枣庄市烟草专卖局（有限公司）
总资产（万元）		307246	411560	128247	112461
资产负债率（%）		25.31	14.03	27.75	21.33
从业人员（人）		1097	975	952	894
所属业务机构	营销机构	1个卷烟营销处、1个网建市场处	1个卷烟营销处、1个网建市场处	1个卷烟营销科	1个卷烟营销科
	物流配送机构	1个卷烟物流配送中心	1个卷烟物流配送中心、5个配送站	1个卷烟物流配送中心	1个卷烟物流配送中心
	专卖稽查机构	1个稽查支队、10个稽查大队	1个稽查支队、10个稽查大队	8个稽查大队	6个稽查大队
	烟叶机构	—	4个烟叶收购站、2个烟叶收购点	3个烟叶收购站	—
烟农户数（户）		—	94	252	—
实现烟农总收入（万元）		—	3151	2545	—
零售户数（户）		25744	33143	15925	14234
零售户销售毛利率（%）		13.31	14.12	12.52	14.15

地市级局（公司）名称		东营市烟草专卖局（有限公司）	烟台市烟草专卖局（有限公司）	潍坊市烟草专卖局（有限公司）	济宁市烟草专卖局（有限公司）
主要负责人/法定代表人（含党政领导）		鲁建平	于纪刚（—2020年1月）[3] 邓　伟（2020年3月—）	杨忠武（—2020年1月）[4] 巩红卫（2020年3月—）	邵　健
所属县级单位		东营区、河口区、垦利区、广饶县、利津县等5个县区烟草专卖局（营销部）	芝罘区、莱山区、福山区、牟平区、蓬莱市、龙口市、招远市、莱州市、莱阳市、栖霞市、海阳市、长阳县等11个县级烟草专卖局（营销部），开发区、驻烟台港2个县级烟草专卖局	诸城市、安丘市、昌乐县、临朐县、高密市、青州市等6个县级烟草专卖局（分公司），奎文区、寒亭区、潍城区、昌邑市、寿光市、坊子区等6个县级烟草专卖局（营销部）	兖州区烟草专卖局（分公司），任城区、曲阜市、泗水县、邹城市、微山县、鱼台县、金乡县、嘉祥县、汶上县、梁山县等10个县级烟草专卖局（营销部）
总资产（万元）		70576	277013	235433	200657
资产负债率（%）		17.24	19.86	32.38	14.83
从业人员（人）		454	994	2826	1259
所属业务机构	营销机构	1个卷烟营销科	1个卷烟营销科、1个网建市场科	1个卷烟营销科、1个网建市场科	1个卷烟营销科、1个网建市场科
	物流配送机构	1个卷烟物流配送中心	1个卷烟物流配送中心	1个卷烟物流配送分部	1个直送站、6个配送中转站
	专卖稽查机构	3个稽查大队	13个稽查大队	11个稽查大队	5个稽查大队
	烟叶机构	—	—	32个烟叶收购站、2个烟叶收购点、2个实验站	—

续表

地市级局（公司）名称	东营市烟草专卖局（有限公司）	烟台市烟草专卖局（有限公司）	潍坊市烟草专卖局（有限公司）	济宁市烟草专卖局（有限公司）
烟农户数（户）	—	—	2213	—
实现烟农总收入（万元）	—	—	51357	—
零售户数（户）	8481	25314	30225	29147
零售户销售毛利率（%）	13.28	12.37	15.35	13.16

地市级局（公司）名称		泰安市烟草专卖局（有限公司）	威海市烟草专卖局（有限公司）	日照市烟草专卖局（有限公司）	莱芜市烟草专卖局（有限公司）
主要负责人/法定代表人（含党政领导）		方士浩 （—2020 年 3 月） 靳　新 （2020 年 3 月—）	王金泰 （—2020 年 3 月， 临时负责） 张敬全 （2020 年 3 月—）	王暖春	任　勇
所属县级单位		泰山区、岱岳区、新泰市、肥城市、宁阳县、东平县等 6 个县级烟草专卖局（营销部）	市区、荣成市、乳山市等 3 个县级烟草专卖局（营销部）和文登区烟草专卖局（分公司）	东港区、岚山区、莒县、五莲县、经济开发区等 5 个县级烟草专卖局（分公司）	莱城区、钢城区 2 个县级烟草专卖局（营销部）
总资产（万元）		105487	107007	90395	30954
资产负债率（%）		20.66	15.84	15.91	34.06
从业人员（人）		766	492	1092	354
所属业务机构	营销机构	1 个卷烟营销科	1 个卷烟营销科	1 个卷烟营销科	1 个卷烟营销科
	物流配送机构	1 个卷烟物流配送中心	2 个卷烟配送中转站	1 个卷烟物流配送中心	1 个卷烟物流配送中心
	专卖稽查机构	6 个稽查大队	3 个稽查大队	4 个稽查大队	10 个稽查中队
	烟叶机构	—	—	18 个烟叶收购站、1 个实验站	2 个烟叶收购站
烟农户数（户）		—	—	1336	181
实现烟农总收入（万元）		—	—	17495	2077
零售户数（户）		18750	11768	12265	4682
零售户销售毛利率（%）		12.27	14.41	14.03	13.46

地市级局（公司）名称	临沂市烟草专卖局（有限公司）	德州市烟草专卖局（有限公司）	聊城市烟草专卖局（有限公司）	滨州市烟草专卖局（有限公司）	菏泽市烟草专卖局（有限公司）
主要负责人/法定代表人（含党政领导）	王建军 （—2020 年 3 月） 刘太良 （2020 年 3 月—）	从建军	王建民	巩红卫 （—2020 年 3 月） 王林立 （2020 年 3 月—）	邓　伟 （—2020 年 3 月） 杜文东 （2020 年 3 月—）
所属县级单位	兰山区、罗庄区、河东区等 3 个县级烟草专卖局（营销部），郯城县、兰陵县、莒南县、沂水县、蒙阴县、平邑县、费县、沂南县、临沭县等 9 个县级烟草专卖局（分公司）	德城区、禹城市、乐陵市、宁津县、齐河县、临邑县、平原县、武城县、夏津县、庆云县等 10 个县级烟草专卖局（营销部）和陵城区烟草专卖局（分公司）	东昌府区、临清市、冠县、莘县、阳谷县、东阿县、茌平区[5]、高唐县等 8 个县级烟草专卖局（营销部）	沾化区、邹平市 2 个县级烟草专卖局（分公司），滨城区、惠民县、阳信县、无棣县、博兴县等 5 个县级烟草专卖局（营销部）	牡丹区、定陶区、曹县、成武县、单县、巨野县、郓城县、鄄城县、东明县等 9 个县级烟草专卖局（营销部）

续表

地市级局（公司）名称		临沂市烟草专卖局（有限公司）	德州市烟草专卖局（有限公司）	聊城市烟草专卖局（有限公司）	滨州市烟草专卖局（有限公司）	菏泽市烟草专卖局（有限公司）
总资产（万元）		282736	108994	100581	76705	169785
资产负债率（%）		23.46	24.54	28.37	18.99	30.93
从业人员（人）		3291	724	683	743	1337
所属业务机构	营销机构	1个卷烟营销科、1个网建市场科	1个卷烟营销科	1个卷烟营销科	1个卷烟营销科	1个卷烟营销科、1个网建市场科
	物流配送机构	1个物流分公司	1个卷烟物流配送中心	1个卷烟物流配送中心	1个卷烟物流配送中心，2个卷烟配送中转站	1个卷烟物流配送中心
	专卖稽查机构	12个稽查大队	11个稽查大队	8个稽查大队	7个稽查大队	1个稽查大队
	烟叶机构	44个烟叶收购站、1个烟叶收购点、1个实验站	—	—	—	—
烟农户数（户）		3223	—	—	—	—
实现烟农总收入（万元）		54516	—	—	—	—
零售户数（户）		39164	19671	20221	14994	34155
零售户销售毛利率（%）		13.85	14.15	13.51	13.65	14.08

注：1.2020年1月，根据国家局党组《关于宋洪润等三名同志职务任免的通知》（国烟党〔2020〕10号），免去宋洪润同志中共济南市烟草专卖局（公司）委员会书记、济南市烟草专卖局局长、山东济南烟草有限公司经理职务；杨忠武同志任中共济南市烟草专卖局（公司）委员会书记、济南市烟草专卖局局长、山东济南烟草有限公司经理，试用期一年；于纪刚同志任中共青岛市烟草专卖局（公司）委员会书记、青岛市烟草专卖局局长、山东青岛烟草有限公司经理，试用期一年。杨忠武、于纪刚同志的任职时间自2019年12月13日党组决定之日起计算。

2.2020年1月，根据山东省局（公司）党组《关于于纪刚　刘太良同志职务任免的通知》（鲁烟党〔2020〕13号），于纪刚同志担任山东青岛烟草有限公司执行董事。刘太良同志不再主持青岛市烟草专卖局（公司）工作，不再担任山东青岛烟草有限公司执行董事。

3.2020年1月，根据山东省局（公司）党组《关于于纪刚同志免职的通知》（鲁烟党〔2020〕15号），免去于纪刚同志中共烟台市烟草专卖局（公司）委员会书记、烟台市烟草专卖局局长、山东烟台烟草有限公司总经理职务，不再担任山东烟台烟草有限公司执行董事。

4.2020年1月，根据山东省局（公司）党组《关于杨忠武同志免职的通知》（鲁烟党〔2020〕14号），免去杨忠武同志中共潍坊市烟草专卖局（公司）委员会书记、潍坊市烟草专卖局局长、山东潍坊烟草有限公司总经理职务，不再担任山东潍坊烟草有限公司执行董事。

5.2020年2月，国家局、总公司印发《关于调整聊城市烟草专卖局（公司）所属部分机构的批复》（国烟人〔2020〕45号），同意撤销茌平县烟草专卖局，设立聊城市茌平区烟草专卖局。聊城市茌平区烟草专卖局与山东聊城烟草有限公司茌平分公司合署办公，负责辖区内的烟草专卖管理和卷烟营销工作。

◇ 撰稿：蔡世龙；编辑：褚　幸

河南省烟草专卖局（公司）

【专卖管理】 **卷烟打假。**2020年，河南省烟草专卖局持续深化打假打私综合治理机制，与省直17个部门建立黄河流域生态保护和高质量发展行政执法与刑事执法联动协作工作厅级联席会议制度；与郑州海关联合出台《预防和打击涉烟走私犯罪活动联系配合办法》；建立完善与高速交警、铁路、机场等部门联合办案机制；深入开展“围歼二号”专项打假行动，发挥“三道防线”作用；漯河市局帮扶制假重点村加强基层党组织建设，取得初步成效，4个重点村均实现零发案。

2020年，全省捣毁涉假窝点191个，其中大型烟机窝点9个；收缴烟机76台，其中大型烟机21台。查处假私烟案件1.65万起，比上年增长184.18%；查获假私烟9420.94件，比上年增长73.01%；公安、司法机关依法刑拘928人，逮捕487人，判刑766人。侦办部督案件10起，符合公安部、国家局标准的网络案件49起，厅督案件37起。

典型案件。许昌市“1·5”制售假烟网络案件，是集烟丝储存、加工、烟机生产，假烟包装、藏匿、运输、销售为一体的制售假烟网络案件，共查获制假烟机2台套、其他设备4台、散支卷烟288.79件、烟丝6.59吨、卷烟纸2.56吨、滤嘴棒72.5万支，总案值2400余万元。抓获犯罪嫌疑人20人，公安、司法机关依法刑拘20人，逮捕9人，网上追逃4人。

南阳市“1·7”制售假烟网络案件，涉及三省六市，公安、司法机关依法刑拘9人，逮捕9人，判刑9人。郑州市“1·12”销售假烟网络案件，涉及七省一市，是一起通过微信联系买家，快递公司运输，在娱乐场所销售的非法经营网络案件，公安、司法机关依法刑拘6人，逮捕3人。

平顶山“7·15”制售假烟网络案件，涉及10余个省，抓获犯罪嫌疑人35人，查获制假卷烟机2台套，查获假烟473件、烟丝8530千克、滤嘴棒612箱、盘纸169盘、卷烟纸199盘以及大量的制假工具，扣押涉案车辆7部，涉案金额2亿余元。

周口市“9·7”制售假烟网络案件，涉及四省十一市，现场查获制假工具设备、生产原辅材料、假烟等17个品规。郑州市“8·24”案件，涉及五省八市，公安、司法机关依法刑拘5人，逮捕1人；查获涉案假烟近580件，案值近900万元。

漯河市舞阳县“10·2”制售假烟网络案件，是一起全链条特大制售假烟案件，捣毁制假窝点7处，查获仿YJ14－23烟机4套（8台）、假烟200余件及大量原辅材料，公安、司法机关抓获制假人员31人，涉案金额3100余万元。

新乡市原阳县“12·20”非法生产烟丝网络案件，现场查获非法烟叶8.12吨、烟丝2.88吨，查获非法制丝设备6台，涉案车辆4台。

市场监管。探索推进零售户诚信等级体系建设，把诚信等级结果运用于监管策略、货源策略制定，提升精准监管和精准投放水平。加强物流寄递环节涉烟违法行为监管，查获违法包裹2.71万个、违法卷烟2465件，案值2963万元；深入开展“利剑”系列市场专项整治行动，严管违法违规卖烟大户，严查真烟非法流通和串码销售，查处真烟非法流通案件3.55万起，查获非法流通真烟2.30万件。

行政许可。与国家局、省政府有关部门对接，以“互联网＋政务服务”为重点，全面实施许可事项网上申办，依法审批生产经营类许可证220份，签发烟草专卖品准运证5.42万份。持续强化许可证后续监管，对许可证闲置、长期停业、人证不符等问题及时核查清理。

【卷烟经营】 **卷烟销售。**2020年，河南省围绕“136、345”品牌发展目标，加快形成重点突出、集中度高的品牌发展格局。制定品牌引入退出管理办法，开展品牌（规格）集中梳理，将在销国产、进口卷烟品规分别精简到280个、25个；行业重点品牌销量比上年增长4.54%；细支烟、短支烟、中支烟等创新产品销量211.1亿支（42.22万箱），比上年增长18.03%；低焦油卷烟销量161.85亿支（32.37万箱），比上年增长14.16%。

网络建设。推广应用“金叶通”终端管理系统，打造全省统一的“金叶零售”商业流通品牌，初步构建金叶零售直营店、加盟店、合作店、现代零售终端示范店、普通终端5个层级的金字塔型终端格局。注重大数据等新技术应用，推进业务数据化向数据业务化转变。持续优化“金叶通”终端管理系统，加快业务数据共享服务平台建设，充分发挥数据在货源策略制定、市场状态监测、专卖管理、异常商户筛选等方面的作用。

【雪茄经营】 **雪茄销售。**2020年，河南省在销雪茄品规精简到40个，销售雪茄3.02亿支，比上年增长42.3%；销售额2.09亿元，比上年增长42.2%。其中销售手工雪茄33.6万支，比上年增长126%；销售额965.3万元，比上年增长148.5%。销售中高端雪茄139.5万支，比上年增长10.9%；销售额1024.9万元，比上年增长76.1%。

品牌培育。制定雪茄销售工作管理办法、服务标准和推进方案。在手工雪茄终端积极开展中高端雪茄订制；依托现代卷烟零售终端，提高重点培育规格的机制雪茄上柜率。

【烟叶生产经营】 **烟叶生产基础设施建设。**2020年，河南省安排常规烟基建设项目7615件，行业补贴总金额1.39亿元。完成电能烤房建设项目2500座，其中新建1000座、改造1500座，行业补贴总金额7535.53万元。

烟叶生产经营管理模式变革。在许昌禹州市开展2000亩生产作业方式改革试验。在平顶山市整县推进烘烤管理模式改革试点，形成采烤一体化的管理标准和措施。在三门峡市开展专分散收和原收原调示范，探索等级质量追溯管控新模式。在三门峡市、平顶山市建设2个全国产业综合体试点，在许昌市、洛阳市、南阳市建设3个省级产业综合体，探索“烤烟＋多元化产业”，以烟为主、多产业融合发展的种植模式。

技术推广。构建以“大数据”为核心的支撑体系，推广应用烘烤物联网系统5236套，提高智能化烘烤水平。抓好全国品种区试验工作，“LY1306”“渠首1号”新品系通过全国品种区试农业评审，开展“豫烟13号”“Y2001”“Y2002”田间示范综合评议，建设“云烟99”“云烟105”“豫烟13号”“NC71”品种示范方9个，建成全省烟草病虫害测报和综防技术体系，依托标准化项目，研究制定芝麻饼等有机肥标准、电烤房标准、烘烤技术规程。组建专家团队，研究制定烟叶质量安全保障技术工作意见。

2020 年 4 月 13 日，河南三门峡灵宝市局（分公司）马河口育苗工场工作人员进行定苗作业

河南三门峡灵宝市局　张艺童　摄

实现税利 8158 万元，比上年增加 2141 万元，增长 35.58%。

【特事辑要】　2020 年 1 月 16 日，河南省局（公司）召开推进厂办大集体改革工作座谈会。

4 月 28 日，河南省局（公司）召开庆祝“五四”青年节暨全省系统“十大杰出青年”表彰大会。

5 月上旬，河南省局（公司）分批召开全省系统工商协同培育品牌座谈会。

6 月 11 日，国家烟草专卖局党组书记、局长，中国烟草总公司总经理张建民在河南烟草督导检查全面整改工作，中央纪委国家监委驻工业和信息化部纪检监察组二级巡视员、纪检监察员胡国齐参加督导检查。

7 月 22 日，河南省局（公司）召开全省涉烟情报中心建设座谈会。

8 月 10 日，河南省烟叶烤房“电代煤”工作现场会在许昌襄城县召开。

12 月 7 日，河南烟草商业系统“论剑 2020——大数据应用信息化实战”大比武总决赛在郑州市举办。

12 月 30 日，河南烟草工商深化“十四五”战略协作座谈会在郑州市召开。

【交流与合作】　中国烟草河南进出口有限责任公司成立于 1985 年 7 月，2006 年 12 月完成股权划转，调整为中国烟草总公司河南省公司的全资子公司，投资参股企业有天昌国际烟草有限公司、许昌京昌包装有限公司和郑州市商业银行。截至 2020 年底，进出口公司总资产 3.17 亿元，其中固定资产 97.9 万元、流动资产 1.83 亿元，资产负债率 14.91%。从业人员 21 人。

2020 年，中国烟草河南进出口有限责任公司进口卷烟 2.30 亿支，比上年增加 4249 万支，增长 22.62%；出口烟叶及副产品 4022 吨，比上年减少 2006 吨，降低 33.29%；

2020 年河南省烟草专卖商业主要情况统计

地市级局（公司）名称	郑州市烟草专卖局（公司）	开封市烟草专卖局（公司）	洛阳市烟草专卖局（公司）	平顶山市烟草专卖局（公司）	安阳市烟草专卖局（公司）
主要负责人/法定代表人（含党政领导）	蒋中民	胡晓洲	苏永士	焦文明	王院生
所属县级单位	北城区、南城区、西城区和航空港区及登封市、新密市、巩义市、新郑市、荥阳市、中牟县、上街区等 11 个县级烟草专卖局（分公司）	兰考县、通许县、杞县、尉氏县、祥符区、城区等 6 个县级烟草专卖局（分公司）	城区、孟津县、新安县、宜阳县、伊川县、汝阳县、嵩县、洛宁县、栾川县、偃师市、吉利区等 11 个县级烟草专卖局（分公司）	郏县、叶县、宝丰县、鲁山县、汝州市、舞钢市、石龙区、市区等 8 个县级烟草专卖局（分公司）	安阳县、汤阴县、内黄县、滑县、林州市、城区等 6 个县级烟草专卖局（分公司）
总资产（万元）	414956	130009	197935	111460	151561

续表

地市级局（公司）名称		郑州市烟草专卖局（公司）	开封市烟草专卖局（公司）	洛阳市烟草专卖局（公司）	平顶山市烟草专卖局（公司）	安阳市烟草专卖局（公司）
资产负债率（%）		10.30	24.24	15.07	29.70	11.14
从业人员（人）		1235	687	1621	2008	566
所属业务机构	营销机构	1个卷烟营销中心	1个卷烟营销中心	1个卷烟营销中心	1个卷烟营销中心	1个卷烟营销中心
	物流配送机构	1个物流配送中心、2个物流中转站	1个物流配送中心	1个物流配送中心、4个物流中转站	1个物流配送中心、3个物流中转站	1个物流配送中心
	专卖稽查机构	1个稽查支队、11个稽查大队	1个稽查支队、6个稽查大队	1个稽查支队、11个稽查大队	1个稽查支队、8个稽查大队	1个稽查支队、6个稽查大队
	烟叶机构	—	—	1个烟叶营销中心、46个烟叶工作站（点）	1个烟叶营销中心、33个烟叶收购站（点）	—
烟农户数（户）		—	—	5376	2478	—
实现烟农总收入（万元）		—	—	45832	29068	—
零售户数（户）		34652	17751	23530	16373	19740
零售户销售毛利率（%）		12.17	14.63	12.42	9.51	12.00

地市级局（公司）名称		鹤壁市烟草专卖局（公司）	新乡市烟草专卖局（公司）	焦作市烟草专卖局（公司）	濮阳市烟草专卖局（公司）	许昌市烟草专卖局（公司）
主要负责人/法定代表人（含党政领导）		乔中兴	张芦敏（—2020年5月）周孝忠（2020年5月—）	王孝亭（—2020年7月）赵岩峰（2020年7月—）	张　军	王宏超
所属县级单位		城区、浚县、淇县等3个县级烟草专卖局（分公司）	城区、新乡县、原阳县、延津县、封丘县、长垣市、卫辉市、辉县市、获嘉县等9个县级烟草专卖局（分公司）	武陟县、修武县、博爱县、温县、沁阳市、孟州市、城区等7个县级烟草专卖局（分公司）	濮阳县、清丰县、南乐县、范县、台前县、城区等6个县级烟草专卖局（分公司）	襄城县、禹州市、建安区、长葛市、鄢陵县、魏都区等6个县级烟草专卖局（分公司）
总资产（万元）		40161	150963	77632	80890	158211
资产负债率（%）		15.19	16.63	19.75	11.02	27.22
从业人员（人）		213	527	526	575	1381
所属业务机构	营销机构	1个卷烟营销中心	1个卷烟营销中心	1个卷烟营销中心	1个卷烟营销中心	1个卷烟营销中心
	物流配送机构	1个物流配送中心	1个物流配送中心、2个物流中转站	1个物流配送中心	1个物流配送中心	1个物流配送中心
	专卖稽查机构	1个稽查支队、3个稽查大队	1个稽查支队	1个稽查支队、7个稽查大队	1个稽查支队、6个稽查大队	1个稽查支队、6个稽查大队
	烟叶机构	—	—	—	—	1个烟叶营销中心、31个烟叶收购站
烟农户数（户）		—	—	—	—	2464
实现烟农总收入（万元）		—	—	—	—	47016
零售户数（户）		5920	20648	12145	12282	16964
零售户销售毛利率（%）		17.94	12.00	12.00	15.35	12.10

地市级局（公司）名称		漯河市烟草专卖局（公司）	三门峡市烟草专卖局（公司）	南阳市烟草专卖局（公司）	商丘市烟草专卖局（公司）
主要负责人/法定代表人（含党政领导）		苏　展（—2020年1月） 郑　杰（2020年1月—）	张敬榜	宋守晔	陈保军
所属县级单位		临颍县、舞阳县、城区等3个县级烟草专卖局（分公司）和1个城区烟叶分公司	卢氏县、灵宝市、陕州区、城区、义马市、渑池县等6个县级烟草专卖局（分公司）	镇平县、内乡县、西峡县、淅川县、邓州市、唐河县、新野县、社旗县、方城县、桐柏县、南召县、油田、城区等13个县级烟草专卖局（分公司）	梁园区、睢阳区、永城市、夏邑县、虞城县、宁陵县、民权县、睢县、柘城县等9个县级烟草专卖局（分公司）
总资产（万元）		58891	141600	235666	181695
资产负债率（%）		34.32	16.03	20.60	15.89
从业人员（人）		967	1138	2264	1433
所属业务机构	营销机构	1个卷烟营销中心	1个卷烟营销中心	1个卷烟营销中心	1个卷烟营销中心
	物流配送机构	1个物流配送中心	1个物流配送中心、3个物流中转站	1个物流配送中心、4个物流中转站	1个物流配送中心、3个物流中转站
	专卖稽查机构	1个稽查支队	1个稽查支队、6个稽查大队	1个稽查支队、13个稽查大队	1个稽查支队、9个稽查大队
	烟叶机构	1个烟叶营销中心、16个烟叶收购站（点）	1个烟叶营销中心、46个烟叶收购站（点）	1个烟叶营销中心、42个烟叶收购站	1个烟叶收购点
烟农户数（户）		648	10278	2807	11
实现烟农总收入（万元）		11045	76100	29134	437
零售户数（户）		7835	8760	36595	25722
零售户销售毛利率（%）		14.50	10.00	10.00	12.70

地市级局（公司）名称	信阳市烟草专卖局（公司）	周口市烟草专卖局（公司）	驻马店市烟草专卖局（公司）	济源市烟草专卖局（公司）
主要负责人/法定代表人（含党政领导）	张五庆（2020年1月—）	林　睿	高保昌	尚贺伟
所属县级单位	浉河区、平桥区、罗山县、潢川县、固始县、息县、淮滨县、光山县、商城县、新县等10个县级烟草专卖局（分公司）	商水县、郸城县、太康县、西华县、扶沟县、沈丘县、鹿邑县、项城市、淮阳区、川汇区等10个县级烟草专卖局（分公司）[1]	遂平县、西平县、上蔡县、汝南县、平舆县、新蔡县、正阳县、确山县、泌阳县、驿城区等10个县级烟草专卖局（分公司）	—
总资产（万元）	169773	125633	150193	19932
资产负债率（%）	19.14	24.69	23.82	15.26
从业人员（人）	983	1419	1380	208

续表

地市级局（公司）名称		信阳市烟草专卖局（公司）	周口市烟草专卖局（公司）	驻马店市烟草专卖局（公司）	济源市烟草专卖局（公司）
所属业务机构	营销机构	1 个卷烟营销中心	1 个卷烟营销中心	1 个卷烟营销中心	1 个卷烟营销中心
	物流配送机构	1 个物流配送中心、2 个物流中转站	1 个物流配送中心、4 个物流中转站	1 个物流配送中心、2 个物流中转站	1 个物流配送中心
	专卖稽查机构	1 个稽查支队、10 个稽查大队	1 个稽查支队、10 个稽查大队	1 个稽查支队、10 个稽查大队	1 个稽查支队
	烟叶机构	3 个烟叶收购点	1 个烟叶收购站（点）	1 个烟叶营销中心、14 个烟叶收购站	4 个烟叶收购站
烟农户数（户）		237	36	1412	517
实现烟农总收入（万元）		2582	476	11653	2287
零售户数（户）		23482	28311	22286	2982
零售户销售毛利率（%）		9.14	11.00	11.50	9.10

注：1. 2020 年 8 月，国家局、总公司印发《关于调整周口市烟草专卖局（公司）所属部分机构的批复》（国烟人〔2020〕127 号），同意撤销淮阳县烟草专卖局，设立周口市淮阳区烟草专卖局。将周口市烟草公司淮阳县公司名称变更为周口市烟草公司淮阳分公司。周口市淮阳区烟草专卖局与周口市烟草公司淮阳分公司合署办公，负责辖区内的烟草专卖管理和卷烟营销工作。同意撤销周口城区烟草专卖局，设立周口市川汇区烟草专卖局。将周口市烟草公司城区分公司名称变更为周口市烟草公司川汇分公司。周口市川汇区烟草专卖局与周口市烟草公司川汇分公司合署办公，负责辖区内的烟草专卖管理和卷烟营销工作。

◇ 撰稿：范素娟；编辑：褚 幸

湖北省烟草专卖局（公司）

【专卖管理】 **打假打私**。2020 年，湖北省烟草专卖局共查处各类涉烟违法案件 2.18 万起，比上年下降 26.1%，其中假冒卷烟案件 5596 起、走私烟案件 108 起、非法流通卷烟案件 1.61 万起。查获非法卷烟 2.43 万件，比上年增长 1.84%，其中假冒卷烟 4306 件、走私烟 108 件、非法流通卷烟 1.99 万件。涉烟违法案件案（标）值 2.06 亿元。全年办理涉烟重大案件 131 起，比上年增加 5 起；其中公安部、国家局督办案件 4 起，湖北省公安厅、省烟草专卖局督办案件 19 起，督办案件总数比上年增加 3 起。公安、司法机关依法拘留 186 人，判刑 137 人。

打假协作机制建设。与长江航运公安局建立打击长江干线湖北段水域涉烟违法犯罪活动联合工作机制，开创联合打击内河流域涉烟犯罪新格局。深入推进湖北省内外 12 个打假协作区工作制度化、常态化，组织召开“鄂豫陕”卷烟打假区域协作联席会议，加强与河南、陕西、广东、广西、云南等重点省份的协作。烟草数据情报中心建设向公安部门延伸，在武汉市公安局建立“打击涉烟违法犯罪研判室”。湖北烟草大数据武汉情报中心综合运用烟草专网、公安警网和互联外网，分析发现涉烟违法经营网络团伙 19 个 577 人，追溯匿名邮购寄递卷烟人员真实身份 463 人次，分析锁定全省重点违规经营户 1261 户次，研判重大案件线索 28 次，向省内外推送物流寄递涉烟有效情报 46 例。

卷烟零售市场监管。2020 年全省“双随机”抽查零售户 4.91 万户，抽查比例 23.23%，检查结果公开率 100%，发现并处理各类违法违规问题 982 个，及时在国家“互联网 + 监管”平台、烟草行业“互联网 + 监管”平台和湖北省局门户网站公示公开双随机抽查结果、行政处罚结果等信息 6.5 万余条。全面使用 APCD 工作法数据分析功能，开展 APCD 重点检查 5.93 万户次，查处违法违规户数 2856 户，命中率 4.88%。落实国家局电子烟市场专项检查行动部署，检查电子烟实体店 3124 家，联合约谈互联网销售平台、大型连锁企业 132 家，关停电子烟生产企业 4 家，清除电子烟销售网络链接 201 条，清理自媒体 2 家、违规广告 66 条、违法公众号 81 个，湖北黄冈红安县局联合县市场监管部门查处全省首起向未成年人出售电子烟案。

内部专卖管理监督。构建规范卷烟经营长效机制，建立废弃烟草专卖品监管闭环，编写《湖北烟草内部专卖管理监督工作手册》，出台《湖北省烟草专卖局治理真烟异常流动专项管控办法（试行）》，全省累计查处真烟外流 2761.69 件，销毁报废烟机设备 54 台套，处置废弃烟叶废弃物 1.02 万吨。推进卷烟零售户信用体系建设，全省 17 家单位均将卷烟零售户违法违规经营等行为纳入客户档级管理，采取降档、控档、停供、限供等措施，正式运行处理 6745 户次。

行政许可管理。稳步推进“一网通办”工作，推广使用烟草行业及湖北省一体化在线政务服务平台，全面落地“5日许可”，共办理零售许可证各类申请7.34万份，其中通过网上申办1.72万份，占比23.4%。对中小学校周边“红线内”的1926家持证户和无证户进行清理整顿。

2020年7月1日，湖北十堰竹山县擂鼓镇金岭村烟农采摘烟叶
湖北十堰竹山县烟叶分公司 桂小丽 摄

【卷烟经营】 **卷烟销售。**2020年，湖北省卷烟社会存销比始终保持在0.5以内，价格指数持续保持在99%之上。在全省新冠肺炎疫情严管期间，对定点民生商超保障性供货59次，服务客户3万余户次，供货总量18.35亿支（3.67万箱）。4月底，全省零售户访销面恢复至96.88%，零售户营业比例达到98.32%；到9月30日，全省累计销量与上年同期相比由负转正。

品牌培育。修订完善《全省品牌引入退出管理办理办法（试行）》，2020年全省引入品规30个，退出品规32个。将重点品牌培育纳入市公司领导干部工作业绩考核及卷烟销售“一层三级五员”目标管理考核，全年销售重点培育品牌81.9亿支（16.38万箱），比上年增长26.69%。依托新商盟平台、微信公众号等新媒体开展线上卷烟品牌“云宣讲”，参与客户34.96万户次；通过现代终端和诚信互助小组，做好线下品牌培育。

终端建设。确定以“金叶阳光”“知音同行”两大流通品牌为纽带、“直营终端、合作终端、加盟终端、数据终端、功能终端、普通终端”六类终端为架构的终端生态体系。建立终端推进情况月度报送机制，加强“云POS”系统推广运用，全年上线“云POS”系统现代终端2.31万户，覆盖面54.73%；新建现代终端1.25万户，累计建成现代终端4.16万户，占比19.51%。

【雪茄经营】 推进武汉、宜昌“中高端雪茄全国统一订货平台”试运行。将11个雪茄品规纳入重点品规开展针对性培育。销售传统中高端雪茄116.27万支，比上年增长51.97%；销售额2777.9万元，比上年增长42.72%；武汉、宜昌通过雪茄购平台成交订单10笔，销售雪茄9240支。

【烟叶生产】 **生态烟田建设。**2020年，实现万担乡40个、千亩村175个，产能占比70.93%、54.83%，比上年分别增加4个百分点、7.07个百分点。建立GIS信息化平台及基本烟田保护与管理制度，全省选定、评价优质生态烟田133.46万亩，其中一、二类优质烟田117.95万亩，占比88.4%。恩施州、十堰市、襄阳市政府将优质生态烟田建设纳入政府土地利用总体规划，并建立以烟为主的优质生态基本烟田保护制度。

烟叶质量提升。建设“中棵烟+高油分”核心示范区2.1万亩，辐射区9.5万亩，突出“中棵烟长势长相、高油分关键品质”两大标准和“油、软、亮”质量目标，全省收购“中棵烟+高油分”烟叶0.27万吨（5.42万担），比上年增加0.26万吨（5.22万担）。全省开展上部烟叶可用性提升行动，落实面积14.7万亩，与湖北中烟、浙江中烟协同开展高可用性上部烟叶定向开发7.13万亩，推广上部烟叶带茎采烤19.23万亩。上部烟收购比例由2016—2018年平均20.87%提升到2020年的25.05%，增加4.18个百分点。烤烟上等烟收购比例65.21%，国家局检查等级合格率81.67%。

现代烟草农业建设。构建“在建、完工、竣工、新申报”的水源工程援建项目分类管理机制，2020年4个在建水源工程项目，实现1个完工、3个主体完工；4个完工项目实现3个竣工验收；2个新申报项目完成省级审查。对全省烟农专业合作社进行全面分类清理，将原有45个合作社整合至30个，利川柏杨、房县九道、秭归磨坪、保康黄金叶等4个烟农专业合作社通过“五好示范社”省级验收。

烟农增收。2020年烟农售烟总收入14.73亿元，烤烟烟农户均售烟收入7.79万元，比上年增加1700元，烟农种烟效益持续提升。全省烟农多元产业净收入2.16亿元，户均增收1.2万元，比上年分别增长25.6%、30.7%。

【交流与合作】 **湖北进出口有限责任公司概况。**中国烟草湖北进出口有限责任公司为中国烟草总公司湖北省公司的全资子公司，业务范围主要包括烟叶出口、卷烟进口两项。截至2020年底，公司总资产1.95亿元，其中固定资产0.22亿元、流动资产1.58亿元，资产负债率132.82%。

出口业务。2020年，公司出口烟叶6549吨，其中自营出口1410吨，代理工业出口5139吨；出口创汇1276万美元。受新冠肺炎疫情影响，烟叶出口运输受阻，公司主动向武汉市东西湖区疫情防控指挥部和中烟国际汇报，提前预判履约风险，完成2019烟季4.42万担备货加工，全部签订协议并实现部分发运。

进口业务。受新冠肺炎疫情影响，在年初库存吃紧、销售中断、到货推迟等情况下，落实市场供应、品牌培育和销售服务，进口卷烟业务实现购进、销售、结构、效益均比上年增长，全年进口卷烟购进销售1.91亿支，比上年增长10.69%。

【复工复产】 2020年初，湖北省局（公司）成立应对新冠肺炎疫情工作领导小组，强化对全省烟草商业系统疫情防控工作的组织领导和统一指挥，分层级研究制定并实施疫情防控应急预案和措施指南，全省系统疫情实现持续平稳。制定湖北省烟草商业系统复工复产工作方案、疫情防控工作方案和应急处置预案，印发疫情期间销售、物流、专卖、烟叶工作指南，制定卷烟访销恢复、市场供应、物流配送、烟叶播种育苗、烟用物资保障等重点环节工作预案，建立卷烟销售日报告、访销情况日通报制度。3月底湖北省烟草商业系统各单位全面复工复产，9月底全省烟草商业系统经营指标全面实现正增长。

【“改革创新提质年”工作】 湖北省局（公司）将2020年作为全省烟草商业系统“改革创新提质年”，进一步深化改革创新。制定《全省烟草商业系统“改革创新提质年”工作方案》，细化4个方面37项重点任务，全省系统195个QC小组1807人围绕抗击新冠肺炎疫情和复工复产两个主题，开展研究攻关，QC小组普及率15.8%，产生成果128项，取得经济效益超过1000万元。牵头承担“国产雪茄烟叶开发与应用”重大专项，与武汉高校联合开展“湖北烟草商业系统创新研究与体系构建2.0版”项目研究，推进科技创新成果孵化中心和转化园建设，高效电子政务系统全面上线运行。加强网络安全防线建设，代表行业在全国及湖北省网络安全竞赛中取得优异成绩。

【特事辑要】 2020年3月21日，中央指导组成员、工业和信息化部党组成员、副部长王江平一行在武汉市局（公司）调研新冠肺炎疫情防控工作和复工复产情况。

8月25—26日，国家局党组成员、副局长徐瑾在湖北十堰市调研国烟扶贫工作。

9月25日，湖北省政府召开全省卷烟市场整顿领导小组会议。

10月21—22日，国家烟草专卖局党组书记、局长，中国烟草总公司总经理张建民在湖北十堰市调研。

10月27—28日，国家局党组成员、副局长段铁力在湖北烟草调研。

2020年湖北省烟草专卖商业主要情况统计

地市级局（公司）名称	武汉市烟草专卖局（公司）	黄冈市烟草专卖局（公司）	襄阳市烟草专卖局（公司）	荆州市烟草专卖局（公司）
主要负责人/法定代表人（含党政领导）	唐剑放	张俊初	龚春竹	胡宜旺
所属县级单位	江岸区、江汉区、硚口区、汉阳区、武昌区、青山区、洪山区、蔡甸区、江夏区、黄陂区、新洲区等11个区烟草专卖局（营销部）和东西湖区、汉南区2个区烟草专卖局（公司）	黄州区、团风县、红安县、麻城市、罗田县、英山县、浠水县、蕲春县、武穴市、黄梅县等10个县级烟草专卖局（营销部）和龙感湖分局（公司）	南漳县、保康县、谷城县、枣阳市、老河口市、宜城市、襄州区、襄城区、樊城区等9个县级烟草专卖局（营销部）和南漳县、保康县2个烟叶分公司	荆州区、沙市区、江陵县、公安县、松滋市、石首市、洪湖市、监利市[1]等8个县级烟草专卖局（营销部）

续表

地市级局（公司）名称		武汉市烟草专卖局（公司）	黄冈市烟草专卖局（公司）	襄阳市烟草专卖局（公司）	荆州市烟草专卖局（公司）
总资产（万元）		643244	151229	132562	150298
资产负债率（%）		17.51	13.85	12.28	11.10
从业人员（人）		1543	835	1084	996
所属业务机构	营销机构	1个营销中心	1个营销中心、1个电访中心	1个营销中心	1个营销中心
	物流配送机构	1个物流配送中心、5个物流中转站	1个物流中心、8个物流中转站	1个物流中心、6个物流中转站	1个物流中心、5个物流中转站
	专卖稽查机构	1个稽查支队、16个稽查大队	1个稽查支队、11个稽查大队	1个稽查支队、1个稽查大队	1个稽查支队、11个稽查大队
	烟叶机构	—	—	9个烟叶收购站	—
烟农户数（户）		—	—	2498	—
实现烟农总收入（万元）		—	—	15032	—
零售户数（户）		34446	27725	16612	18028
零售户销售毛利率（%）		16.29	14.10	14.32	12.70

地市级局（公司）名称		十堰市烟草专卖局（公司）	孝感市烟草专卖局（公司）	恩施土家族苗族自治州烟草专卖局（公司）	宜昌市烟草专卖局（公司）
主要负责人/法定代表人（含党政领导）		王洪斌	史广礼	谭志平	赵传良
所属县级单位		城区、郧阳区、竹溪县、丹江口市、房县、竹山县、郧西县等7个县级烟草专卖局（营销部）和竹山县、竹溪县、房县、郧西县等4个烟叶分公司	孝南区、孝昌县、大悟县、云梦县、安陆市、应城市、汉川市等7个县级烟草专卖局（营销部）	恩施市、利川市、建始县、巴东县、宣恩县、咸丰县、来凤县、鹤峰县等8个县级烟草专卖局（营销部）和8个烟叶分公司	宜昌城区、夷陵区、枝江市、宜都市、当阳市、远安县、秭归县、兴山县、长阳土家族自治县、五峰土家族自治县等10个县级烟草专卖局（营销部）
总资产（万元）		104290	135073	249417	130848
资产负债率（%）		9.85	9.99	34.12	9.86
从业人员（人）		893	789	2305	999
所属业务机构	营销机构	1个营销中心	1个营销中心	1个营销中心	1个营销中心、1个电访中心
	物流配送机构	1个物流中心	1个物流中心、4个物流中转站	1个配送中心、8个物流中转站	1个物流中心、8个物流中转站
	专卖稽查机构	1个稽查支队、7个稽查大队	1个稽查支队、8个稽查大队	1个稽查支队、12个稽查大队	1个稽查支队、10个稽查大队
	烟叶机构	15个烟叶站、17个烟叶收购组	—	48个烟叶收购站	12个烟叶收购站、22个收购磅组
烟农户数（户）		2795	—	17431	2976
实现烟农总收入（万元）		23538	—	94678	13546
零售户数（户）		14288	15506	15247	16516
零售户销售毛利率（%）		10.66	15.18	14.74	15.35

地市级局（公司）名称		咸宁市烟草专卖局（公司）	随州市烟草专卖局（公司）	黄石市烟草专卖局（公司）	荆门市烟草专卖局（公司）
主要负责人/法定代表人（含党政领导）		陈　劲	曾春来	李斌红	李远宏
所属县级单位		咸安区、嘉鱼县、赤壁市、通城县、崇阳县、通山县等6个县级烟草专卖局（营销部）	随县、广水市、曾都区等3个县级烟草专卖局（营销部）	大冶市、阳新县2个县级烟草专卖局（营销部），1个直属分局（营销部）	沙洋县、钟祥市、京山市、城区等4个县级烟草专卖局（营销部）
总资产（万元）		71992	49133	94239	73786
资产负债率（%）		16.74	15.70	14.42	10.75
从业人员（人）		513	315	384	400
所属业务机构	营销机构	1个营销中心	1个营销中心	1个营销中心	1个营销中心
	物流配送机构	1个物流中心、5个物流中转站	1个物流中心、1个物流中转站	1个物流中心、1个物流中转站	1个物流中心
	专卖稽查机构	1个稽查支队、14个稽查大队	1个稽查支队、6个稽查大队	1个稽查支队	1个稽查支队、4个稽查大队
	烟叶机构	—	—	—	—
烟农户数（户）		—	—	—	—
实现烟农总收入（万元）		—	—	—	—
零售户数（户）		10500	7153	9988	8974
零售户销售毛利率（%）		15.29	15.59	14.43	16.08

地市级局（公司）名称		鄂州市烟草专卖局（公司）	仙桃市烟草专卖局（公司）	天门市烟草专卖局（公司）	潜江市烟草专卖局（公司）	神农架林区烟草专卖局（公司）
主要负责人/法定代表人（含党政领导）		刘　斌	罗建勋	余衍林	魏晓敏	张尚学
所属县级单位		—	—	—	—	—
总资产（万元）		38180	49060	34219	30541	5033
资产负债率（%）		11.11	17.53	9.17	10.32	5.71
从业人员（人）		166	170	167	136	30
所属业务机构	营销机构	1个营销中心、1个电访中心	1个营销中心	1个营销中心	1个营销中心	1个营销中心
	物流配送机构	1个物流中心	1个物流中心	1个物流中心	1个物流中心	1个配送中心（与营销中心合署办公）
	专卖稽查机构	1个稽查支队	1个稽查大队	1个稽查大队	1个稽查大队	1个稽查大队
	烟叶机构	—	—	—	—	—
烟农户数（户）		—	—	—	—	—
实现烟农总收入（万元）		—	—	—	—	—
零售户数（户）		5286	4585	3688	3303	537
零售户销售毛利率（%）		11.00	12.58	14.41	13.26	14.49

注：1. 2020年9月，国家局、总公司印发《关于调整荆州市烟草专卖局（公司）所属部分机构的批复》（国烟人〔2020〕141号），同意撤销监利县烟草专卖局，设立监利市烟草专卖局。监利市烟草专卖局与湖北省烟草公司荆州市公司监利营销部合署办公，负责辖区内的烟草专卖管理和卷烟营销工作。

◇撰稿：刘冠华；编辑：褚　幸

湖南省烟草专卖局（公司）

【专卖管理】 **打假打私**。2020年，湖南省烟草专卖局查处假私烟案件5926起，其中案值5万元以上假烟案件352起，比上年增加56起。查获假私烟1.86万件，比上年增长15.24%。查获非法烟叶烟丝660.84吨，捣毁大型制假窝点8个、大型制丝窝点4个，查获制假设备14台套。公安、司法机关依法刑拘308人，逮捕236人，判刑183人。

真烟异常流动治理。开展真烟大要案件分级督查和“一案双查”，落实国家局“内管工作指引”要求，加快推进全省内管信息系统建设、试点和推广步伐，加大非法收购、囤积、运输、贩卖真烟全链条打击力度，全省商业系统真烟外流大要案件明显减少。查处非法流通真烟案件8882起，其中案值5万元以上案件2210起。查获非法流通真烟5.82万件，与上年基本持平。查获省外来源非法流通真烟8055件，比上年增长23.11%。全省零售户纳入大户监管名册4693户，退出3920户，其中劝退歇业468户、取消经营资格1034户。侦破非法流通真烟涉刑案件47起。

大案要案。益阳市安化县“1·13”销售假烟案，涉及广东、湖南、福建等10余个省（自治区、直辖市），查获各类假烟161件，公安、司法机关依法刑拘并逮捕10人，涉案金额超7000万元。该案件被列为公安部和国家局督办案件。

长沙市“8·18”生产、销售假烟案，打掉4个分销团伙、6个仓储窝点，查获各类假烟670.08件，实物标值431.45万元，公安、司法机关依法刑拘25人、逮捕23人，涉案金额超过3000万元。该案件被列为公安部和国家局督办案件。

衡阳市祁东县“11·23”销售假烟案，涉及湖南、广西、福建等省（自治区、直辖市）及越南等国家，捣毁假私烟仓储点12个，查获各类假私烟575.76件，实物标值446.22万元，公安、司法机关依法刑拘9人，逮捕8人，判刑6人，涉案金额超过亿元。该案件被列为公安部和国家局督办案件。

市场监管。深化“放管服”改革，推进“双随机、一公开”为基本手段、以信用监管为基础、以重点监管为补充的新型监管机制建设，持续提升市场管控能力。探索建立烟草市场信用监管体系，促进依法诚信经营。开展电子烟专项检查工作，保护未成年人免受电子烟侵害。

【卷烟经营】 **卷烟销售**。2020年，湖南省卷烟单箱销售均价3.45万元，比上年增长5.72%。零售户综合毛利率11.69%，居全国第六位。销售重点品牌卷烟比上年增加9.55亿支（1.91万箱）。

探索实施数字化转型。推广零售终端管理系统，完善终端数据采集业务规范，提升零售户系统应用水平。探索自动化信息采集试点，开展中小客户数据采集与分析和旅游终端系统数据分析项目研究。加强数据分析应用，将采集数据作为货源投放的重要参考。

零售客户信用体系建设。明确株洲、长沙、娄底为全省系统卷烟零售户信用体系建设的试点单位，制定印发建设方案，建设“两体系三机制一平台”，总结形成可复制、可推广的经验。

【雪茄经营】 2020年，湖南省销售传统雪茄1531.46万支，销售额4325.63万元。

探索建立专业雪茄吧终端、雪茄专柜终端、普通雪茄终端三类雪茄终端体系，截至2020年底，全省建成雪茄吧21个。12月，在长沙召开中式雪茄品牌推介会，与4家国产雪茄生产工业企业协同，共同培育雪茄市场。

【烟叶生产经营】 **烟叶种植与复烤加工**。2020年，湖南省共在42个县、443个乡镇、3774个村种植烤烟；烤烟收购均价27.77元/千克。开展高可用性上部烟叶开发19.94万亩、0.68万吨（13.59万担）。国家局烤烟收购检查等级合格率82.23%，比上年增加1个百分点；工商交接等级合格率71.1%，比上年增加2.8个百分点。2个复烤区域加工中心挂牌，完成均质化加工8.63万吨（172.6万担），比上年增加0.7万吨（13.9万担）。

促农增收与产业扶贫。实现烟农种烟收入42.3亿元，比上年增加0.7亿元；户均收入10.85万元，比上年增加0.45万元；实现烟叶税8.06亿元，比上年增加4156万元；行业投入烟叶种植保费补贴6902.2万元，保险理赔9427.5万元，行业救灾捐款2738万元。

烟农专业合作社建设。全省新增职业烟农2493户，累计1.08万户；烟农专业合作社整合为93家，其中，常德市金祥烟叶专业合作社联合社、常宁市宜城烟叶农民专业合作社联社、江华瑶族自治县涛白烟叶专业合作联社、蓝山县锦亿烟农服务专业合作社联社等4家联合社被评为湖南省2020年农民合作社百佳联合社，永兴县永旺烟叶农民专业合作社被评为湖南省2020年农民合作社旗舰社。

绿色生产。持续推进绿色防控、基因组计划、打叶复烤技术升级、雪茄等重大专项和烟田土壤保育工作。牵头推进南岭生态区绿色防控工作，持续优化全省绿色防控技术体系，建立绿色防控示范区14.1万亩，辐射区82.8万亩；建设大农业绿色防控示范县8个、示范园20个、“烟—稻”全程绿色防控示范区4万亩。烟蚜茧蜂防治蚜虫技术覆盖率100%；烟用地膜回收覆盖率100%，资源化利用28万亩，比上年增加10万亩；推广低碳节能新能源烤房1230座，累计2491座；新增烘烤烟夹3377套，累计3.38万套。

烟叶生产基础设施建设。2020年，全省安排行业补贴资金3.81亿元，落实烟基建设项目3.39万个，行业援建水源工程加快推进，申报水源工程项目2个，累计援建24个，援建资金27.88亿元，完工竣工13个。新增复烤仓储面积4.8万平方米，累计达到9.7万平方米，烟叶仓储及片选条件持续改善。

【交流与合作】 **湖南进出口有限责任公司概况**。2020年，中国烟草湖南进出口有限责任公司出口烟叶1.63万吨，比上年增长133%；进口卷烟1.31万件，与上年基本持平；出口烟机4台套；出口创汇3300万美金；实现税利8214万元，比上年增长7%。

烟叶出口。烟叶备货量1938吨原烟，签订出口烟叶合同总量3.76万吨，出口发运烟叶1.63万吨，出口创汇3085.2万美金。2020年公司烟叶出口量全国排名第三位；处理工业不适用库存烟叶数量居全国第一位。

非烟出口业务。出口烟机签约11台套（含2019年结转2台套），金额534.3美元；完成发运4台套，金额179.9万美元；出口卷烟纸99.78吨，金额18.16万美元。

【复工复产】 及时制定印发全省商业系统《统筹做好疫情防控和复工复产工作的实施方案》《分区分级精准施策统筹做好疫情防控和恢复生产经营工作的指导意见》，细化5个方面20条复工复产措施，明确各业务条线新冠肺炎疫情防控和生产经营的工作重点，2月，全省烟草商业系统复工复产。坚持因地制宜、合理安排，积极应对新冠肺炎疫情给生产经营带来的困难和挑战，将疫情给生产经营造成的损失降到最低。

【企业管理】 **管理创新**。制定印发《湖南省烟草商业系统2020年对标指标及评价考核办法》，将全省90个县级局进行分组对标，市州公司年度对标指标46项。根据国家局2020年省级工商企业对标情况通报，行业省级商业企业23个对标指标中，湖南省局（公司）16个优于行业平均水平，占比69.57%，居行业第三位。其中人均卷烟配送效率、卷烟零售户满意度2个指标排名行业前三位。23个对标指标中，湖南省局（公司）14个指标比上年提升，7个指标排名提升，13个指标提升速度高于行业平均水平。

制定《湖南省烟草商业系统精益课题及QC小组活动管理办法》，对全省系统QC小组活动评委库进行动态调整。获得全国烟草行业第三十一届优秀质量管理小组成果商业企业一等奖1个、二等奖2个。10个优秀成果获得湖南省质量协会QC小组一等奖。13项管理创新成果获得第二十一届湖南省企业管理现代化创新成果奖。

2020年2月24日，湖南岳阳市局（公司）向湖北咸宁市局（公司）、荆州市局（公司）捐赠防疫物资

湖南省局 供稿

科技创新。获得省部级成果18项、授权专利71件，审定新品种1个（“湘烟7号”），获得省部级科技奖励14项，2名基层科研员获得2020年度中国烟草总公司创新争先奖，2名基层科研员获评湖南省科技协会“最美科技工作者”。

物流管理。加速推动区域物流建设向纵深发展，完成卷烟工商同库项目建设，与省外工业企业初步达成共建湖南前置库的合作意向，区域分拨业务的范围和规模进一步扩大；编制印发全省系统智慧物流建设实施方案，推进智慧物流建设。

【特事辑要】 2020 年 3 月 13 日，湖南省副省长陈飞在长沙浏阳调研指导烟叶生产工作。

6 月 17 日，国家局党组成员、副局长韩占武在湖南烟草调研。

8 月 31 日至 9 月 2 日，2020 年度全国烟草品种审定会在福建厦门召开，湖南省选育的烤烟新品种“湘烟 7 号”（HN2146）以最高分全票通过全国烟草品种审定委员会审定。

9 月 17—18 日，国家局党组成员、副局长韩占武在基层联系点湖南长沙市局（公司）调研基层党建工作。

12 月 25 日，国家局党组成员、副局长张天峰在湖南湘潭韶山市局（分公司）调研。

2020 年湖南省烟草专卖商业主要情况统计

<table>
<tr><th colspan="2">地市级局（公司）名称</th><th>长沙市烟草专卖局（公司）</th><th>株洲市烟草专卖局（公司）</th><th>湘潭市烟草专卖局（公司）</th><th>衡阳市烟草专卖局（公司）</th><th>邵阳市烟草专卖局（公司）</th></tr>
<tr><td colspan="2">主要负责人/法定代表人（含党政领导）</td><td>吴奇林</td><td>陈新田</td><td>蔡国强</td><td>秦江顺</td><td>王　昆</td></tr>
<tr><td colspan="2">所属县级单位</td><td>长沙县、望城区、浏阳市、宁乡市、芙蓉区、雨花区、开福区、天心区、岳麓区等 9 个县级烟草专卖局（分公司）[1]</td><td>渌口区、醴陵市、攸县、茶陵县、炎陵县等 5 个县级烟草专卖局（分公司）</td><td>湘潭县、湘乡市、韶山市等 3 个县级烟草专卖局（分公司）</td><td>衡南县、衡阳县、衡山县、衡东县、常宁市、祁东县、耒阳市、南岳区等 8 个县级烟草专卖局（分公司）</td><td>邵东市、新邵县、隆回县、邵阳县、武冈市、新宁县、绥宁县、城步苗族自治县、洞口县等 9 个县级烟草专卖局（分公司）</td></tr>
<tr><td colspan="2">总资产（万元）</td><td>553441</td><td>233380</td><td>147449</td><td>275319</td><td>208094</td></tr>
<tr><td colspan="2">资产负债率（%）</td><td>9. 28</td><td>11. 06</td><td>8. 51</td><td>6. 69</td><td>7. 05</td></tr>
<tr><td colspan="2">从业人员（人）</td><td>2213</td><td>492</td><td>333</td><td>741</td><td>737</td></tr>
<tr><td rowspan="4">所属业务机构</td><td>营销机构</td><td>1 个营销中心、1 个服务中心、9 个客户服务分部</td><td>1 个营销中心、5 个区域市场部</td><td>1 个营销中心、3 个区域市场部</td><td>1 个营销中心</td><td>1 个营销中心、9 个区域客户服务分部</td></tr>
<tr><td>物流配送机构</td><td>1 个湖南省长株潭烟草物流有限责任公司</td><td>2 个物流中转站</td><td>1 个配送中心</td><td>1 个配送中心、4 个物流中转站</td><td>1 个配送中心、3 个物流中转站</td></tr>
<tr><td>专卖稽查机构</td><td>1 个稽查支队、9 个稽查大队</td><td>1 个稽查支队、9 个稽查大队</td><td>1 个稽查支队、3 个稽查大队</td><td>1 个稽查支队、13 个稽查大队</td><td>1 个稽查支队、10 个稽查大队</td></tr>
<tr><td>烟叶机构</td><td>1 个烟叶生产经营部（烟基办）、1 个烟叶生产技术中心、2 个烟叶生产经营分部（烟基办）、8 个烟叶生产收购站</td><td>1 个烟叶收购站（一站两点）</td><td>—</td><td>6 个烟叶站</td><td>1 个生产经营部、4 个烟叶生产收购站</td></tr>
<tr><td colspan="2">烟农户数（户）</td><td>2736</td><td>598</td><td>—</td><td>1617</td><td>1534</td></tr>
<tr><td colspan="2">实现烟农总收入（万元）</td><td>37929</td><td>8988</td><td>—</td><td>26244</td><td>17152</td></tr>
<tr><td colspan="2">零售户数（户）</td><td>41635</td><td>21013</td><td>14220</td><td>32222</td><td>31944</td></tr>
<tr><td colspan="2">零售户销售毛利率（%）</td><td>13. 40</td><td>13. 30</td><td>12. 40</td><td>12. 10</td><td>12. 00</td></tr>
</table>

地市级局（公司）名称		岳阳市烟草专卖局（公司）	常德市烟草专卖局（公司）	张家界市烟草专卖局（公司）	益阳市烟草专卖局（公司）	郴州市烟草专卖局（公司）
主要负责人/法定代表人（含党政领导）		吴胜波	颜　玫	李雄伟	李晓洋	高志强
所属县级单位		临湘市、华容县、岳阳县、汨罗市、平江县、湘阴县等6个县级烟草专卖局（分公司）	汉寿县、安乡县、澧县、津市市、临澧县、石门县、桃源县等7个县级烟草专卖局（分公司）	慈利县、桑植县、武陵源区等3个县级烟草专卖局（分公司）	南县、沅江市、桃江县、安化县等4个县级烟草专卖局（分公司）	桂阳县、嘉禾县、安仁县、永兴县、宜章县、临武县、资兴市、汝城县、桂东县等9个县级烟草专卖局（分公司）
总资产（万元）		233900	246218	84069	175111	304515
资产负债率（%）		13.54	7.52	8.68	5.61	11.61
从业人员（人）		598	670	622	569	1595
所属业务机构	营销机构	1个营销中心、6个区域市场部	1个营销中心、7个客户服务分部	1个营销中心、3个区域市场部	1个营销中心	1个营销中心、10个区域市场部
	物流配送机构	1个配送中心、2个物流中转站	1个物流配送中心、3个区域中转站	1个配送中心、2个物流中转站	1个配送中心、2个物流中转站	1个配送中心、4个物流中转站
	专卖稽查机构	1个稽查支队、13个稽查大队	1个稽查支队、10个稽查大队	1个稽查支队、5个稽查大队	1个稽查支队、7个稽查大队	1个稽查支队、13个稽查大队
	烟叶机构	—	1个烟叶生产经营部、3个烟叶生产经营分部、3个烟叶生产收购站	1个烟叶生产经营部（烟基办）、2个烟叶生产经营分部（烟基办）、5个烟叶收购站	—	2个烟叶生产经营部、1个烟叶生产技术中心、2个烟叶生产基础设施建设办公室、6个烟叶生产经营分部、23个烟叶收购站
烟农户数（户）		—	1870	2173	—	15691
实现烟农总收入（万元）		—	19835	18370	—	150373
零售户数（户）		29700	25740	7112	20323	17505
零售户销售毛利率（%）		12.83	12.80	13.30	13.20	11.63

地市级局（公司）名称	永州市烟草专卖局（公司）	怀化市烟草专卖局（公司）	娄底市烟草专卖局（公司）	湘西土家族苗族自治州烟草专卖局（公司）
主要负责人/法定代表人（含党政领导）	幸　勤	向宝铸	肖　曦	瞿红兵
所属县级单位	零陵区、祁阳县、东安县、双牌县、宁远县、蓝山县、新田县、道县、江永县、江华瑶族自治县等10个县级烟草专卖局（分公司）	沅陵县、辰溪县、溆浦县、麻阳苗族自治县、新晃侗族自治县、芷江侗族自治县、洪江市、洪江区、会同县、靖州苗族侗族自治县、通道侗族自治县等11个县级烟草专卖局（分公司）	新化县、冷水江市、涟源市、双峰县等4个县级烟草专卖局（分公司）	龙山县、永顺县、花垣县、凤凰县、古丈县、保靖县、泸溪县等7个县级烟草专卖局（分公司）

续表

地市级局（公司）名称		永州市烟草专卖局（公司）	怀化市烟草专卖局（公司）	娄底市烟草专卖局（公司）	湘西土家族苗族自治州烟草专卖局（公司）
总资产（万元）		229249	128702	143046	154303
资产负债率（%）		7.53	8.74	5.54	21.36
从业人员（人）		1353	558	470	785
所属业务机构	营销机构	1个营销中心	1个营销中心	1个营销中心、5个客户服务分部	1个营销中心、7个客户服务分部
	物流配送机构	1个物流配送中心、2个物流区域分中心、3个物流中转站	1个配送中心、6个中转站	1个物流配送中心	1个配送中心、5个物流中转站
	专卖稽查机构	1个稽查支队、13个稽查大队	1个稽查支队、11个稽查大队	1个监督管理科、4个监督管理股（稽查大队）	1个稽查支队、10个稽查大队
	烟叶机构	16个标准化烟草工作站、1个烟叶生产经营部、7个烟叶生产经营分部	1个烟叶生产经营部、3个烟叶生产经营分部、5个收购点	—	1个烟叶生产经营部、1个烟叶生产技术中心、1个烟叶生产基础设施建设办公室、7个烟叶生产经营分部（烟基办）、14个烟叶生产收购站
烟农户数（户）		7904	462	—	4737
实现烟农总收入（万元）		98954	3868	—	38993
零售户数（户）		26890	21874	17983	13763
零售户销售毛利率（%）		12.20	11.93	12.90	13.50

注：1. 2020年2月，国家局、总公司印发《关于设立长沙市烟草专卖局（公司）所属部分机构的批复》（国烟人〔2020〕47号），同意设立长沙市芙蓉区烟草专卖局、长沙市烟草公司芙蓉区分公司。长沙市芙蓉区烟草专卖局与长沙市烟草公司芙蓉区分公司合署办公，负责辖区内的烟草专卖管理和卷烟营销工作。同意设立长沙市雨花区烟草专卖局、长沙市烟草公司雨花区分公司。长沙市雨花区烟草专卖局与长沙市烟草公司雨花区分公司合署办公，负责辖区内的烟草专卖管理和卷烟营销工作。同意设立长沙市天心区烟草专卖局、长沙市烟草公司天心区分公司。长沙市天心区烟草专卖局与长沙市烟草公司天心区分公司合署办公，负责辖区内的烟草专卖管理和卷烟营销工作。同意设立长沙市开福区烟草专卖局、长沙市烟草公司开福区分公司。长沙市开福区烟草专卖局与长沙市烟草公司开福区分公司合署办公，负责辖区内的烟草专卖管理和卷烟营销工作。同意设立长沙市岳麓区烟草专卖局、长沙市烟草公司岳麓区分公司。长沙市岳麓区烟草专卖局与长沙市烟草公司岳麓区分公司合署办公，负责辖区内的烟草专卖管理和卷烟营销工作。

◇ 撰稿：汤　锐；编辑：褚　幸

广东省烟草专卖局（公司）

【专卖管理】 **案件查处**。2020年，广东省各地市级烟草专卖局会同公安、海关缉私、海警等部门依法查处各类涉烟违法案件1.7万起，查获假冒卷烟13.38万件，其中境外生产假烟5.7万件，走私烟2.03万件。查获大型制假烟机197台，非法烟丝烟叶1248.55吨，假冒卷烟商标标识7918.3万张。查处符合公安部、国家局标准重大网络案件178起。公安、司法机关依法刑拘1901人，逮捕1544人，判刑1223人。

侦破汕尾“4·20”、惠州“5·7”、云浮“6·20”、清远“8·14”、佛山“FS2002”、梅州“10·9”、潮州“12·12”等特大生产假烟案及珠海“9·9”“12·11”、湛江“11·7”、阳江“12·28”、汕尾“12·31”等特大海上走私卷烟案，打假打私破网络、抓主犯、斩链条取得新的突破。

打假打私机制。围绕“严打境外非法卷烟输入，严防本省卷烟制假反弹和扩散，严查非法卷烟中转分销”三大任务，强化政府主导、密切部门合力、开展专项打击、侦办大案要案、深化综合治理。联合省公安厅组织启动全省为期三年的打击涉烟违法犯罪“蓝剑”行动，保持高压打击态势；支持重点地区政府深入实施综合治理，铲除制假

2020年7月31日，广东省打私办（省公安厅打私局）与省人大法工委、省司法厅、省公安厅法制总队组成调研组在广东省烟草专卖局开展《广东省反走私综合治理条例》修订调研

广东省局　供稿

贩私土壤。印发《广东省联合打击走私烟草专卖品违法犯罪活动工作制度》《粤桂滇联合打击烟草专卖品走私协作机制》，巩固完善部门及省际协作。海关总署、国家烟草专卖局打击烟草走私情报中心建设取得阶段性成效。

【卷烟经营】　**卷烟销售**。2020年，广东省销量居前三位的品牌为“双喜·红双喜”“芙蓉王”“利群”，销量分别为936.6亿支（187.32万箱）、155.9亿支（31.18万箱）、84亿支（16.8万箱）。销售细支烟74.2亿支（14.84万箱），比上年增长26.12%。

品牌培育。修订完善品牌管理办法，严格执行市场化进退机制。2020年，30个重点品牌中23个品牌累计销量比上年实现增长，25个品牌累计销售收入比上年实现增长，18个品牌结构比上年提升。

做好“555”品牌系列卷烟在广东省的销售工作，助力中烟英美烟草国际有限公司在海外市场拓展广东“双喜”品牌。持续推进广东专属“555”西关系列在广东销售，投放城市由2019年4个地级市扩大到2020年9个地级市。全年广东省销售“555”卷烟1.39亿支（0.28万箱），比上年增长14%。

网络建设。广东省“20支”网络零售终端共建成6000户，终端数占总客户数的1.5%，其中形象终端186户、加盟终端432户、合作终端694户、功能终端4688户，“20支”网络零售终端体系初具规模。“易灵通”店铺管家系统全省上线，通过智能化、可视化的数据图表模块，提升零售户经营水平，是支撑新零售模式的终端平台。

【雪茄经营】　全年销售雪茄（含国产卷烟型雪茄）2.02亿支，比上年增长20.91%，其中销售国产中高端雪茄0.01亿支。

【烟叶产销】　**烟叶收购**。2020年，广东省收购烟叶等级比例和部位结构持续优化提升，上等烟占比67.03%，比上年增加1.98个百分点；中部烟占比59.20%，比上年增加6.67个百分点。收购均价27.79元/千克，比上年增长2.39%。广东省烤烟主要调往广东中烟、湖北中烟、红塔集团、贵州中烟、四川中烟、重庆中烟、陕西中烟等工业企业。

烟叶生产基础设施建设。2020年度广东省建设烟基项目806个，行业概算补贴资金1093万元；烟基核销项目2516个。促进烤房改造升级，新增生物质颗粒燃烧机566台、电能烤房6座。

生产方式转型升级。坚持工业需求导向，综合考虑产区生态、产业稳定、规模种植、烟农增收等因素，推进布局优化调整。修订完善职业烟农培育管理标准，引导开展土地流转，推动职业烟农培育。落实《合作社发展质量提升指导意见》，推进合作社市场化运作、规范化管理，提升专业化服务水平。继续全面推行专分散收和原收原调工作，落实收购过程管控，烟叶等级质量总体合格率81%，上等烟纯度93.81%、中等烟纯度89.7%。

绿色生产。推进化肥施用减量化，商品化有机肥施用面积16.15万亩、推广率100%；水肥一体化施用面积4.32万亩。推进植保技术绿色化，推广绿色高效专业化植保11.34万亩，烟蚜茧蜂防治蚜虫、无毒育苗防治病毒病等绿色防控技术实现烟田全覆盖。推进烘烤能源低碳化，推广生物质颗粒燃烧机920台、电能烤房16座，烟夹应用9359套。推进烟田废弃物利用资源化，推行0.01毫米增厚地膜13.36万亩，实现地膜回收面积12.93万亩，资源化利用12.35万亩，占覆膜面积的比例分别为100%、96.78%、92.44%。

多元化产业。探索开展韶关始兴县马市镇烟区产业综合体试点建设，坚持以烟为主，注重发挥当地特色农业资源，发挥烟农的主体作用、合作社的平台作用，探索“烟叶＋多元产业”的综合体模式，通过与当地龙头企业合作，开展“久和田”优质水稻运营，利用育苗大棚、烤房、农机等设施设备开展多元产业，综合体建设效益初步显现，实现主业（烟叶）收入约3060万元，多元产业总收入约2590万元。

【交流与合作】 2020年，进口卷烟（雪茄）5.49亿支，比上年增长9.74%；进口丝束1500吨；进口铜版纸95吨。烟机方面，与广西中烟结算代理进口烟机合同3个，代理广西中烟进口5套制烟机组，完成代理广西中烟烟嘴棒成型生产线进口合同谈判签约，完成江西中烟制丝设备、广西中烟包装机组装运安排。出口烟叶3093.8吨，比上年增长11.13%，其中烟丝119.8吨。受新冠肺炎疫情影响，2020年进口烟叶1.7万吨，比上年减少1.34万吨，降低44%；出口烟丝辅料比上年下降近70%。

稳定金叶卷烟厂（澳门）、威尼顿集团有限公司的出口烟叶、烟丝、辅料业务。与金叶卷烟厂（澳门）、威尼顿集团有限公司保持密切联系，克服新冠肺炎疫情影响，降低出口费用，保障海外烟厂原料供应。2020年，向金叶卷烟厂（澳门）出口烟丝119.8吨，价值2243万元；出口辅料总价值1197万元。新开拓阿联酋烟草薄片市场和保加利亚烟叶市场。

【特事辑要】 2020年6月29日，广东省公安厅和广东省烟草专卖局召开广东省打击涉烟违法犯罪“蓝剑”行动动员部署电视电话会议。

7月16日，国家局党组成员、副局长韩占武在广东烟草调研。

2020年广东省烟草专卖商业主要情况统计

地市级局（公司）名称		广州市烟草专卖局（有限公司）	中山市烟草专卖局（有限责任公司）	珠海市烟草专卖局（有限公司）	东莞市烟草专卖局（有限公司）[3]
主要负责人/法定代表人（含党政领导）		张辉明	杨东升	罗春华	钟荣林
所属县级单位[1]		越秀区、荔湾区、海珠区、白云区、天河区、黄埔区、番禺区、南沙区、花都区、从化区、增城区等11个区烟草专卖局（分公司）[2]	—	横琴新区、斗门区2个县级烟草专卖局（分公司）	—
总资产（万元）		480453	97370	72003	236277
资产负债率（%）		18.08	22.89	21.81	24.00
从业人员（人）[6]		1193	302	238	870
所属业务机构	营销机构	1个营销管理中心、11个营销部	1个营销管理中心、4个管理中心卷烟营销组	1个营销管理中心、3个营销部	1个营销管理中心、7个管理中心卷烟营销组
	物流配送机构	1个物流配送中心	1个物流配送中心	1个物流配送中心	1个物流配送中心
	专卖稽查机构	1个稽查支队、13个稽查大队	1个稽查支队、4个稽查大队	1个稽查支队、6个稽查大队	1个专卖监督管理办公室（稽查支队）、7个管理中心专卖管理组（稽查大队）
	烟叶机构	—	—	—	—
烟农户数（户）		—	—	—	—
实现烟农总收入（万元）		—	—	—	—
零售户数（户）		51927	13953	11645	48326
零售户销售毛利率（%）		15.25	14.00	14.65	11.78

地市级局（公司）名称		佛山市烟草专卖局（有限责任公司）	肇庆市烟草专卖局（有限责任公司）	江门市烟草专卖局（有限公司）	惠州市烟草专卖局（有限责任公司）
主要负责人/法定代表人（含党政领导）		翁　飞	谷　涛（—2020 年 5 月） 陈敏生（2020 年 5 月—）	李程坚	赖科东
所属县级单位[1]		南海区、顺德区、三水区、高明区等 4 个县级烟草专卖局（分公司）	高要区、四会市、怀集县、广宁县、德庆县、封开县等 6 个县级烟草专卖局（分公司）	新会区、鹤山市、台山市、开平市、恩平市等 5 个县级烟草专卖局（分公司）	博罗县、惠东县、惠阳区、龙门县、大亚湾区等 5 个县级烟草专卖局（分公司）
总资产（万元）		189949	78878	124635	157258
资产负债率（%）		30.54	27.31	31.54	23.58
从业人员（人）[6]		745	559	707	632
所属业务机构	营销机构	1 个营销管理中心、4 个营销部	1 个营销管理中心、7 个营销部	1 个营销管理中心、6 个营销部	1 个营销管理中心
	物流配送机构	1 个物流配送中心	1 个物流配送中心、3 个对接点、1 个中转站	1 个物流配送中心、3 个物流对接点	1 个物流配送中心
	专卖稽查机构	1 个稽查支队、6 个稽查大队	1 个稽查支队、7 个稽查大队	1 个稽查支队、6 个稽查大队	1 个稽查支队、6 个稽查大队
	烟叶机构	—	—	—	—
烟农户数（户）		—	—	—	—
实现烟农总收入（万元）		—	—	—	—
零售户数（户）		36107	17461	22201	24039
零售户销售毛利率（%）		12.60	12.67	12.42	13.56

地市级局（公司）名称		茂名市烟草专卖局（有限责任公司）	阳江市烟草专卖局（有限责任公司）	云浮市烟草专卖局（有限责任公司）	湛江市烟草专卖局（有限公司）
主要负责人/法定代表人（含党政领导）		梁树桥	杨　静	查志威	陈胜希
所属县级单位[1]		信宜市、高州市、化州市、电白区等 4 个县级烟草专卖局（分公司）	阳春市、阳东区、阳西县等 3 个县级烟草专卖局（分公司）	罗定市、新兴县、郁南县、云安区等 4 个县级烟草专卖局（分公司）	徐闻县、遂溪县、吴川市、雷州市、廉江市等 5 个县级烟草专卖局（分公司）
总资产（万元）		101284	43760	46698	84648
资产负债率（%）		44.22	26.33	30.13	26.91
从业人员（人）[6]		644	400	379	598
所属业务机构	营销机构	1 个营销管理中心	1 个营销管理中心、4 个营销部	1 个营销管理中心、5 个营销部	1 个营销管理中心、6 个营销部
	物流配送机构	1 个物流配送中心	1 个物流配送中心	1 个物流中心、3 个物流对接点	1 个物流配送中心、4 个物流对接点
	专卖稽查机构	1 个稽查支队、5 个稽查大队、1 个城区专卖管理中心	1 个稽查支队、8 个稽查大队	1 个稽查支队、5 个稽查大队	1 个稽查支队、9 个稽查大队
	烟叶机构	—	—	—	—

续表

地市级局（公司）名称	茂名市烟草专卖局（有限责任公司）	阳江市烟草专卖局（有限责任公司）	云浮市烟草专卖局（有限责任公司）	湛江市烟草专卖局（有限公司）
烟农户数（户）	—	—	—	—
实现烟农总收入（万元）	—	—	—	—
零售户数（户）	16922	10286	10962	20773
零售户销售毛利率（%）	11.86	11.23	13.25	10.00

地市级局（公司）名称		汕头市烟草专卖局（有限责任公司）	潮州市烟草专卖局（有限责任公司）	汕尾市烟草专卖局（有限公司）	揭阳市烟草专卖局（有限公司）
主要负责人/法定代表人（含党政领导）		朱伟优	许暖镇	庄　智	赖少洪
所属县级单位[1]		澄海区、潮阳区、龙湖区、潮南区[4]等4个县级烟草专卖局（分公司），南澳县[5]1个县级烟草专卖局（公司）	潮安区、饶平县2个县级烟草专卖局（分公司）	陆丰市、海丰县、陆河县等3个县级烟草专卖局（分公司），1个城区专卖管理中心	普宁市、揭东区、揭西县、惠来县等4个县级烟草专卖局（分公司）
总资产（万元）		141136	56999	79065	171116
资产负债率（%）		28.41	21.48	25.30	35.44
从业人员（人）[6]		710	420	521	772
所属业务机构	营销机构	1个营销管理中心	1个营销管理中心、3个营销部	1个营销管理中心、3营销部	1个营销管理中心
	物流配送机构	1个物流配送中心	1个物流配送中心	1个物流配送中心、1个物流中转站	1个物流配送中心
	专卖稽查机构	1个稽查支队、7个稽查大队	1个稽查支队、4个稽查大队	1个稽查支队、4个稽查大队	1个稽查支队、6个稽查大队
	烟叶机构	—	—	—	—
烟农户数（户）		—	—	—	—
实现烟农总收入（万元）		—	—	—	—
零售户数（户）		19546	8775	12991	19321
零售户销售毛利率（%）		12.00	14.17	11.17	11.02

地市级局（公司）名称	韶关市烟草专卖局（有限公司）	梅州市烟草专卖局（有限公司）	河源市烟草专卖局（有限责任公司）	清远市烟草专卖局（有限公司）
主要负责人/法定代表人（含党政领导）	罗福命	管伟华	黄　涛	方文青
所属县级单位[1]	南雄市、始兴县、曲江区、乐昌市、乳源瑶族自治县、仁化县、翁源县、新丰县等8个县级烟草专卖局（分公司）	梅县区、兴宁市、五华县、大埔县、蕉岭县、平远县、丰顺县等7个县级烟草专卖局（分公司），1个城区专卖管理中心	东源县、龙川县、紫金县、连平县、和平县等5个县级烟草专卖局（分公司）	清新区、英德市、佛冈县、阳山县、连南瑶族自治县、连山壮族瑶族自治县、连州市等7个县级烟草专卖局（分公司）

续表

地市级局（公司）名称		韶关市烟草专卖局（有限公司）	梅州市烟草专卖局（有限公司）	河源市烟草专卖局（有限责任公司）	清远市烟草专卖局（有限公司）
总资产（万元）		149095	104146	74938	98135
资产负债率（%）		45.19	25.20	23.79	18.80
从业人员（人）[6]		1201	1088	511	736
所属业务机构	营销机构	1个营销管理中心、9个营销部	1个营销管理中心、8个营销部	1个营销管理中心、6个营销部	1个营销管理中心
	物流配送机构	1个物流中心、8个物流对接点、1个物流配送组	1个物流配送中心、3个物流中转站、3个物流对接点	1个物流配送中心、4个物流中转站	1个物流配送中心、3个物流对接点
	专卖稽查机构	1个稽查支队、9个稽查大队	1个稽查支队、8个稽查大队	1个稽查支队、8个稽查大队	1个稽查支队、8个稽查大队
	烟叶机构	9个烟叶工作站、16个烟叶工作点	1个烟叶中心仓库、5个烟叶工作站、18个烟叶工作点	—	1个烟叶工作站
烟农户数（户）		2960	1568	—	138
实现烟农总收入（万元）		41263	22093	—	2649
零售户数（户）		11401	17489	15099	13959
零售户销售毛利率（%）		15.17	11.94	12.30	12.77

注：1. 2020年3月，广东省局（公司）印发《关于广东烟草商业系统各单位领导职数、内设机构、机构职责和标准岗位体系规定的通知》（粤烟人〔2020〕10号），潮州、河源、阳江、汕头、佛山、肇庆、梅州、揭阳、湛江、云浮、韶关、茂名、清远、江门、汕尾市烟草专卖局的直属分局，统一更名为："××市烟草专卖局城区专卖管理中心"。惠州市烟草专卖局原4个分局合并为1个，更名为："惠州市烟草专卖局城区专卖管理中心"。城区专卖管理中心参照市局的内设机构管理，在市局的统一领导下开展工作。

2. 广东省局（公司）印发《关于调整广州市烟草专卖局（公司）所属部分机构的通知》，经研究决定，设立11个广东烟草广州市有限公司所属区分公司。具体如下：设立广东烟草广州市市有限公司越秀区分公司、荔湾区分公司、天河区分公司、白云区分公司、海珠区分公司、黄埔区分公司、番禺区分公司、南沙区分公司、花都区分公司、增城区分公司、从化区分公司。

3. 2020年3月，广东省局（公司）印发《关于广东烟草商业系统各单位领导职数、内设机构、机构职责和标准岗位体系规定的通知》（粤烟人〔2020〕10号），东莞市烟草专卖局原所属第一至第七分局7个分局更名为："东莞市烟草专卖局（公司）第一至第七管理中心"，管理中心参照市局（公司）的内设机构管理，在市局（公司）的统一领导下开展工作。

4. 2020年4月，广东省局（公司）印发《关于调整汕头市烟草专卖局（公司）所属部分机构的批复》（粤烟人〔2020〕26号），同意撤销汕头市烟草专卖局潮南区分局，设立汕头市潮南区烟草专卖局。同意设立广东烟草汕头市有限责任公司潮南分公司。汕头市潮南区烟草专卖局与广东烟草汕头市有限责任公司潮南分公司合署办公，负责辖区内的烟草专卖管理和卷烟营销工作。

5. 2020年，汕头市南澳县局（公司）尚未体制上划，汕头市局（有限公司）总资产、资产负债率、从业人员数据不含南澳县局（公司）。

6. 从业人员数量中，江门市局（公司）含20名离岗退养人员；茂名市局（公司）含10名离岗退养人员；河源市局（公司）含借用人员84人，汕头市局（公司）不含南澳县局（公司）从业人数。

◇ 撰稿：张　慧；编辑：褚　幸

广西壮族自治区烟草专卖局（公司）

【专卖管理】 **案件查处。**2020年，广西壮族自治区烟草专卖局查处涉烟违法案件1.08万起，涉案金额百万元以上假烟案件37起、走私烟案件144起，其中符合公安部、国家局标准的网络案件42起，部督案件7起。查获各类非法卷烟9.78万件，案值8.72亿元。查扣制假烟草专用机械59套，烟叶烟丝597吨，公安、司法机关依法逮捕274人，判刑200人。

边境打私。推进"无走私村"建设，实行群防群治，实现全年北仑河沿线卷烟走私活动基本处于停顿状态，由规模化、公开化转为零星偶发。针对卷烟走私海上漂移的特点，边境打私变定点值守为机动巡查，增强钦州、北海、防城港区域联动，强化与海警、海关、公安等部门的协作配合，加大北部湾海域管控和沿海封堵力度。2020年，钦州市局查处超百万元涉烟走私案件47起，查获走私卷烟1.26万件；北海市局在4—8月连续查处海上走私案件5起，查获走私卷烟2791件，打击海上走私取得明显成效。

南宁、贵港、梧州、玉林等地发挥二线拦截作用，强化省际交通要道拦截封堵，查处无证运输走私烟案 161 起，查获各类走私烟 7637 件。

市场综合整治。在元旦、春节、清明、“五一”、中秋、国庆等节假日期间组织开展市场清理整顿活动，实施集中检查和错时检查，全年错时检查出动人员 8.59 万人次，其中公安、市场监管等执法部门出动 2.15 万人次，检查 4.85 万户次，查处市场环节案件 7352 起，查扣非法卷烟 7415 件。发挥诚信互助小组成员在市场监管中的协管员、信息员、情报员作用。2020 年，全自治区城镇零售户入组率 100%，农村入组率 97.74%，小组成员提供线索信息 3960 条，处理违法违规零售户 2971 户。深入开展“双随机、一公开”抽查和 APCD 重点检查。全年随机抽查零售户 4.58 万户次，查出异常零售户 2160 户；构建违法违规零售户分析模型，重点检查零售户 4.46 万户，发现异常零售户 6145 户。

2020 年 8 月 5 日，广西防城港东兴市局联合当地海警查处海上走私大案，查获非法卷烟 270 余件，案值超过 1000 万元

广西区局　供稿

电子烟和物流寄递环节监管。会同公安、市场监管、网监、通信管理等部门组织开展电子烟市场专项检查行动。开展联合执法检查 706 次，出动检查人员 9389 人次，检查电子烟实体店 167 户，清理互联网电子烟销售链接 4 条、虚假违法电子烟广告 1 条，督促当事人撤回互联网销售和广告链接 6 条，对当事人进行实地检查 4 次并约谈负责人 2 人次。与自治区邮政管理部门建立联合打击非法寄递卷烟协作机制，联合公安、邮管部门组织开展“清网”专项行动和打击利用物流寄递非法销售假私烟专项行动。全自治区查处非法物流寄递卷烟案件 933 起，查获非法卷烟 4372 件。

证件管理及专卖信息化建设。制定印发《加强卷烟零售点布局规划的指导意见》，各市局根据自治区局的指导意见完成对辖区卷烟零售点合理布局的重新规划。在南宁市开展品牌连锁便利店卷烟经营试点工作，通过试点明确连锁便利店市场准入条件，优化办证服务，并将试点经验在全区范围内进行推广。推进国家局、自治区局“互联网＋政务服务”平台实施应用，实现办证全流程网上办理。与自治区人民检察院、自治区高级人民法院和自治区教育厅联合开展禁止向未成年人售烟专项行动，全面清理整顿不规范和距离中小学校出入口过近的零售点。推进自治区局与南宁海关、自治区公安厅共建反走私情报信息系统相关工作，推进专卖管理信息化。

【卷烟经营】　**卷烟销售**。2020 年，广西壮族自治区销量居前三位的品牌为“真龙”“红塔山”“双喜”，销量分别为 389.52 亿支（77.9 万箱）、48.95 亿支（9.79 万箱）、42.8 亿支（8.56 万箱）。单箱销售收入 3.09 万元，比上年增长 5.3%，结构增幅全国排名第三位。

品牌培育。完善《卷烟品牌（规格）引入与退出管理办法》，精简规格，优化品牌布局。全年重点品牌销量卷烟占比高于行业平均水平 10.9 个百分点，重点品牌保持良好发展态势。强化细支烟、短支烟、中支烟等特色产品市场培育。全年分别销售细支烟、短支烟、中支烟 32.2 亿支（6.44 万箱）、9.5 亿支（1.9 万箱）、10.85 亿支（2.17 万箱），分别比上年增长 10.7%、20.1%、119.7%。

现代终端建设。累计建成现代终端 4.41 万户，整店打造终端乡镇覆盖率达到 98.8%。修订完善信息采集管理办法，指导市公司完善信息采集激励机制、考核机制、竞赛机制、管理机制“四个机制”，信息采集质量提升。全区卷烟市场信息自动采集准确率达到 95%。2020 年，在国家局年度客户满意度调查中，客户总体满意度为90.87分，在行业排名第四位。

现代物流。加大区域物流建设，推进柳州、来宾、河池区域物流中心立项申报和桂林、贺州区域物流中心立项报告编制及工艺方案设计。物流费用率比上年减少0.08个百分点，人均配送效率比上年增长1.31%，库存周转次数比上年增长4.34%；全区撤并中转站5个，减少自有终端配送车5辆，减少物流从业人员26人；返还卷烟包装箱74.68万只，完成同城托盘联运卷烟13万箱，完成纸滑托盘联运卷烟0.58万箱；所有零售户实现24小时送货响应，送货服务满意度95.32分。

【烟叶生产】 **推广“K326”品种。**以工业需求为导向，以“K326”大规模推广为重点，坚持深化工商合作、协同管理。“K326”品种推广面积由2019年的0.3万亩，扩大到2020年的7万亩。工商双方共同成立“K326”推广工作领导小组、工作组和专业组，共同制定2020年烟叶收购调拨工作方案及新烟样品审定工作，审定通过16套烤烟仿制样品。针对“K326”品种烘烤特点，组织制定“K326”烘烤指引。成立烘烤骨干团队，实行网格化管理，培养职业烘烤师576名。印发《烟叶精益管理在基层活动实施方案的通知》，开展专题调研，梳理诊断基层烟叶管理中需要改进提升的18个工作环节和64个工作节点。引入看板工作法并发布《基层烟叶精益管理看板工作指南（试行）》企业标准。

实用技术推广。推行烟田冬耕深翻、高垄深栽、地膜覆盖、绿色防控等行业重点技术，促进烟株发育。全自治区烟田深耕冬翻10.6万亩，施用有机肥13.22万亩，推广地膜覆盖11.83万亩，推行简易水肥一体化作业12万亩，蚜茧蜂防治蚜虫技术、性诱剂防治斜纹夜蛾技术覆盖率达到100%，实施无人机高效专业化植保7.8万亩，推行烟夹烘烤8600座，基本实现全覆盖。推广专业化烘烤1.07万吨（21.45万担），其中“1+N”专业烘烤0.47万吨（9.35万担），采烤一体化0.61万吨（12.10万担）。建立绿色防控综合示范区11个，面积2.12万亩，病虫害损失率2.37%。

助力脱贫攻坚。2020年，烟农户均售烟收入7.57万元，比上年增加1.95万元，增长34.75%。引导烟农、合作社开展非烟产业实现总产值1.29亿元，净收入6424万元，户均增收2.66万元。全自治区政策性烟叶保险投保比例100%，保额上限由以往的1000元/亩提高到1200元/亩，全年受灾烟叶保险理赔1047万元。开展烟叶生产专项救助434.5万元，减轻烟农受灾损失。在11个种烟县（市）中，脱贫需巩固烟农户数928户，种烟面积2.23万亩，交售烟叶0.24万吨（4.78万担），售烟收入6270万元，户均售烟收入6.76万元，无烟农返贫；未脱贫烟农户数105户，种烟面积2500亩，交售烟叶225吨（4500担），售烟收入586万元，户均售烟收入5.58万元，所有贫困烟农实现脱贫。

【特事辑要】 2020年2月25日，广西壮族自治区党委书记、自治区人大常委会主任鹿心社调研百色靖西市新靖—化峒万亩烤烟种植基地。

3月17日，广西壮族自治区党委副书记孙大伟在靖西市地州镇坡豆—古文片区5000亩连片烟稻轮作基地调研春耕生产情况。

3月19日，农业农村部副部长张桃林与广西壮族自治区政协副主席、百色市委书记彭晓春在靖西市化峒镇八德村烟区调研春耕生产情况。

5月13日，广西壮族自治区党委副书记、自治区政府主席陈武对广西烟草工商企业就烟草产业转型发展进行调研。

7月16—18日，国家烟草专卖局党组书记、局长，中国烟草总公司总经理张建民在广西烟草调研。

2020年广西壮族自治区烟草专卖商业主要情况统计

地市级局（公司）名称	南宁市烟草专卖局（公司）	柳州市烟草专卖局（公司）	桂林市烟草专卖局（公司）	梧州市烟草专卖局（公司）	北海市烟草专卖局（公司）
主要负责人/法定代表人（含党政领导）	林华丽	韦毓云 （—2020年9月） 刘　峰 （2020年9月—）	夏孟秋	兰小洲 （—2020年9月） 黄仲宇 （2020年9月—）	陈卫红

续表

地市级局（公司）名称		南宁市烟草专卖局（公司）	柳州市烟草专卖局（公司）	桂林市烟草专卖局（公司）	梧州市烟草专卖局（公司）	北海市烟草专卖局（公司）
所属县级单位		青秀区、兴宁区、江南区、西乡塘区、良庆区、邕宁区、武鸣区、宾阳县、横县、隆安县、上林县、马山县等12个县级烟草专卖局（营销部）	城区、柳江区、柳城县、鹿寨县、融安县、融水苗族自治县、三江侗族自治县等7个县级烟草专卖局（营销部）	城区、临桂区、灵川县、永福县、兴安县、全州县、灌阳县、阳朔县、荔浦市、平乐县、资源县、恭城瑶族自治县、龙胜各族自治县等13个县级烟草专卖局（营销部）	城区、苍梧县、岑溪市、藤县、蒙山县等5个县级烟草专卖局（营销部）	城区、合浦县2个县级烟草专卖局（营销部）
总资产（万元）		225636	117226	153821	52175	52139
资产负债率（%）		19.42	13.50	10.38	11.13	10.27
从业人员（人）		881	509	705	393	244
所属业务机构	营销机构	1个营销中心、12个区域市场部	1个营销中心、7个区域市场部	1个营销中心、13个区域市场部	1个营销中心、5个区域市场部	1个营销中心、2个区域市场部
	物流配送机构	1个物流中心、4个中转站	1个物流中心、5个中转站	1个物流中心、9个中转站	1个物流中心、3个中转站	1个物流中心
	专卖稽查机构	1个稽查支队、16个稽查大队	1个稽查支队、4个稽查大队	1个稽查支队、18个稽查大队	1个稽查支队、5个稽查大队	1个分局、1个稽查支队、4个稽查大队
	烟叶机构	—	—	—	—	—
烟农户数（户）		—	—	—	—	—
实现烟农总收入（万元）		—	—	—	—	—
零售户数（户）		35650	20168	25343	14530	9130
零售户销售毛利率（%）		14.55	14.26	14.32	14.15	14.43

地市级局（公司）名称	防城港市烟草专卖局（公司）	钦州市烟草专卖局（公司）	贵港市烟草专卖局（公司）	玉林市烟草专卖局（公司）	百色市烟草专卖局（公司）
主要负责人/法定代表人（含党政领导）	何奇枢（—2020年9月） 陈宇华（2020年9月—）	黎　云（—2020年9月） 雷加进（2020年9月—）	谭广滨	李祥清	范东升
所属县级单位	城区、上思县、东兴市等3个县级烟草专卖局（营销部）	城区、灵山县、浦北县等3个县级烟草专卖局（营销部）	城区、桂平市、平南县等3个县级烟草专卖局（营销部）	城区、北流市、容县、陆川县、兴业县、博白县等6个县级烟草专卖局（营销部）	田阳区、田东县、右江区、平果市、德保县、靖西市、那坡县、西林县、凌云县、乐业县、田林县、隆林各族自治县等12个县级烟草专卖局（营销部）[1]
总资产（万元）	27360	48632	62744	72555	108138
资产负债率（%）	13.40	11.14	14.08	15.39	11.03
从业人员（人）	175	372	452	559	1052

续表

地市级局（公司）名称		防城港市烟草专卖局（公司）	钦州市烟草专卖局（公司）	贵港市烟草专卖局（公司）	玉林市烟草专卖局（公司）	百色市烟草专卖局（公司）
所属业务机构	营销机构	1个营销中心、3个区域市场部	1个营销中心、3个区域市场部	1个营销中心、3个区域市场部	1个营销中心、6个区域市场部	1个营销中心、12个区域市场部
	物流配送机构	1个物流中心、1个中转站	1个物流中心、3个中转站	1个物流中心、2个中转站	1个物流中心、7个中转站	1个物流中心、12个中转站
	专卖稽查机构	1个稽查支队、2个稽查大队	1个稽查支队、4个稽查大队	1个稽查支队、5个稽查大队	1个稽查支队、8个稽查大队	1个稽查支队、14个稽查大队
	烟叶机构	—	—	—	—	1个烟叶科、1个烟叶科研所、9个烟叶站
烟农户数（户）		—	—	—	—	3855
实现烟农总收入（万元）		—	—	—	—	34097
零售户数（户）		5689	15315	19239	20004	20562
零售户销售毛利率（%）		14.50	14.27	14.40	14.42	14.23

地市级局（公司）名称		贺州市烟草专卖局（公司）	河池市烟草专卖局（公司）	来宾市烟草专卖局（公司）	崇左市烟草专卖局（公司）
主要负责人/法定代表人（含党政领导）		王新钧	谢绍彬	宾彬超（—2020年9月）袁秋亮（2020年9月—）	覃忠达（—2020年9月）吴进福（2020年9月—）
所属县级单位		城区、钟山县、富川瑶族自治县、昭平县等4个县级烟草专卖局（营销部）	金城江区、宜州区、罗城仫佬族自治县、环江毛南族自治县、南丹县、天峨县、东兰县、巴马瑶族自治县、凤山县、都安瑶族自治县、大化瑶族自治县等11个县级烟草专卖局（营销部）	城区、忻城县、合山市、象州县、武宣县、金秀瑶族自治县等6个县级烟草专卖局（营销部）	江州区、扶绥县、宁明县、大新县、龙州县、天等县、凭祥市等7个县级烟草专卖局（营销部）
总资产（万元）		48199	75616	41783	39423
资产负债率（%）		15.82	9.47	18.79	17.52
从业人员（人）		438	636	350	353
所属业务机构	营销机构	1个营销中心、4个区域市场部	1个营销中心、11个区域市场部	1个营销中心、6个区域市场部	1个营销中心、7个区域市场部
	物流配送机构	1个物流中心、2个中转部	1个物流中心、11个中转站	1个物流中心、5个中转站	1个物流中心、2个中转站
	专卖稽查机构	1个稽查支队、5个稽查大队	1个稽查支队、13个稽查大队	1个稽查支队、1个稽查大队	1个稽查支队、8个稽查大队
	烟叶机构	1个烟叶科、8个烟叶站	1个烟叶科、5个烟叶站	—	—

续表

地市级局（公司）名称	贺州市烟草专卖局（公司）	河池市烟草专卖局（公司）	来宾市烟草专卖局（公司）	崇左市烟草专卖局（公司）
烟农户数（户）	774	241	—	—
实现烟农总收入（万元）	9310	1787	—	—
零售户数（户）	12158	20326	11425	10001
零售户销售毛利率（%）	14.15	14.04	14.38	14.37

注：1. 2020年4月，国家局、总公司印发《关于调整百色市烟草专卖局（公司）所属部分机构的批复》（国烟人〔2020〕68号），同意撤销广西壮族自治区田阳县烟草专卖局，设立百色市田阳区烟草专卖局。百色市田阳区烟草专卖局与广西壮族自治区烟草公司百色市公司田阳营销部合署办公，负责辖区内的烟草专卖管理和卷烟营销工作。

2020年7月，国家局、总公司印发《关于调整百色市烟草专卖局（公司）所属部分机构的批复》（国烟人〔2020〕106号），同意撤销广西壮族自治区百色市城区烟草专卖局，设立百色市右江区烟草专卖局。百色市右江区烟草专卖局与广西壮族自治区烟草公司百色市公司右江营销部合署办公，负责辖区内的烟草专卖管理和卷烟营销工作。同意撤销广西壮族自治区平果县烟草专卖局，设立平果市烟草专卖局。平果市烟草专卖局与广西壮族自治区烟草公司百色市公司平果营销部合署办公，负责辖区内的烟草专卖管理和卷烟营销工作。

◇ 撰稿：黄祥进；编辑：褚 幸

海南省烟草专卖局（公司）

【专卖管理】 **打假打私。**2020年，海南省烟草专卖局统筹疫情防控和专卖管理，始终保持高压态势，与海南省公安厅、海南海警局联合开展“利剑2号”打假集群战役行动，总涉案金额9400余万元，有力打击和震慑涉烟违法犯罪分子，较好地维护国家利益和消费者利益。全年查处各类涉烟违法案件2295起，其中，符合公安部、国家局标准案件7起，部督案件1起；案值5万元以上假烟案件36起。查获非法卷烟2486.3件，烟丝烟叶3.65吨，公安、司法机关依法刑拘67人，逮捕56人，判刑37人。

市场监管。推进联合执法机制建设，与省市场监管局修订《烟草市场联合监管工作制度》，建立《电子烟联合监管工作制度》。持续推进“双随机、一公开”监管模式，强化新型烟草制品、电子烟和物流寄递环节监管，组织开展“海南无假货”卷烟市场专项清理整顿3次，集中销毁假烟2204件，全年共查处物流寄递环节案件359起，查获假、非、私卷烟574.58件，总涉案金额360余万元。

行政服务。深入推进“放管服”改革，落实“互联网+政务服务”工作要求，拓宽办证渠道，加快审批速度，推行行政许可“好差评”制度，做好“12345”热线电话管理，提高服务水平。2020年，全省新办零售许可证1.8万个，净增1.18万户。

【卷烟经营】 **卷烟销售。**2020年，海南省销售重点品牌卷烟比上年增长1.7%。其中，销售“中华”“芙蓉王”“红塔山”“云烟”“白沙”“利群”“双喜·红双喜”“黄鹤楼”“玉溪”“黄山”等10个重点品牌卷烟177.38亿支（35.48万箱），比上年增长0.25%。销售细支烟、短支烟、中支烟等创新品类卷烟28.55亿支（5.71万箱），比上年增长22.1%。其中，细支烟、短支烟、中支烟分别增长16.1%、3.1%、74.8%。

海南自有品牌卷烟省内外销量18.84亿支（3.77万箱），比上年增长13.35%；其中，省内销量16.03亿支（3.21万箱），比上年增长11.14%。销售“三沙”品牌18.11亿支（3.62万箱），比上年增长14.28%，重点规格“三沙（细支）”销量突破5亿支（1万箱），主导规格销量稳中有升、新品加快成长，呈现出良好发展态势。

现代终端建设。加快推动现代终端转型升级，截至2020年底，全省共有6004户零售终端达到初级现代终端以上标准，其中169户试点使用现代终端店铺管理系统。共有诚信互助小组4591个。

【雪茄经营】 **雪茄销售。**2020年，海南省销售雪茄2754.29万支，比上年增长11.72%；实现销售收入0.33亿元，比上年增长12.38%。

雪茄终端建设。2020年，全省系统各地市级公司开展雪茄体验型现代终端建设工作，帮助零售户改造门头店招、美化店面形象，提供经营指导，并赋予其“椰海茄客”现代终端称号，共建成“椰海茄客”高级雪茄终端12家。

优化雪茄货源投放。2020年11月，在零售户标签中新增“手工雪茄货源投放”分类，各地市级公司将本片区内具备雪茄销售能力的零售户纳入“手工雪茄货源投放”标签管理，根据零售户的雪茄销售能力，通过“档位+标签”

的投放方式，实现手工雪茄的精准投放，解决普通零售户盲目订购雪茄的问题，推动中高端雪茄销售。

2020 年 2 月 7 日，海南海口市局（公司）物流中心人员严格做好无接触配送工作

海南海口市局　王升庆　摄

【交流与合作】 2020 年，海南省进口卷烟有“555”“爱喜（ESSE）”“阿里山”“红双喜”等 9 个品牌 17 个规格，进口雪茄有“大卫杜夫（Davidoff）”“高希霸（COHIBA）”“罗密欧（Romeo Y Julieta）”等 6 个品牌 20 个规格。

海南省烟草商业系统销售进口卷烟 5935.4 万支，比上年下降 5.17%；实现销售收入 5579.58 万元，比上年下降 1.98%。销售进口雪茄 1.19 万支，比上年增长 62.04%；实现销售收入 134.61 万元，比上年增长 45.89%。

【物流建设】 按照精益高效、绿色循环、协调共享的工作要求，提升物流工作质量。海口、三亚物流设备技改项目进入试运行阶段，“甩箱式”物流配送覆盖全省 11 个市县，二维码签收完成试运行，首次提出并牵头承担制定的全国行业标准《跨品牌卷烟纸箱循环利用通用要求》立项，2020 年累计返还工业企业卷烟包装箱 102 万只，总体返还比例居全国第一位，其中返回跨品牌烟箱 41.08 万只，为海南红塔卷烟有限责任公司节约费用约 200 万元。单箱物流费用持续下降，单箱物流费用指标从 2019 年的行业第九名上升至第七名，单箱管理费用逐年降低，单箱管理费用指标连续两年居行业第一位。

【复工复产】 在做好新冠肺炎疫情防控的前提下，2 月 3 日海南省烟草商业系统首批实现复工，2 月 10 日全面恢复卷烟分拣配送。复工后，送货采用“无接触配送”，专卖试行 100% “不见面审批”，雪茄科研持续推进烟叶田间试验，3 月底前有序推进各工程建设项目复工复产，短时间内迅速恢复生产经营秩序。支持实体经济发展，协调合作银行为卷烟零售户提供优惠贷款超过 4700 万元。响应国家局号召，在协议执行、物流运输、货源投放等方面全力帮助湖北中烟复工复产。

【特事辑要】 2020 年 1 月 17 日，海南省局（公司）召开 2020 年全省烟草工作会议。

2 月 3 日，在做好疫情防控的前提下，海南省烟草商业系统在行业首批实现复工。

2 月 10 日，海南省烟草商业系统全面恢复卷烟分拣物流配送。

2 月 26 日，海南省委常委、常务副省长毛超峰在海南红塔卷烟有限责任公司调研检查新冠肺炎疫情防控工作和复工复产情况。

7 月 30 日，海南省局（公司）与海南红塔卷烟有限责任公司共同举行“雪茄研发联合实验室”揭牌仪式。

9 月 23 日，在首批海南省“双百”人才团队授牌仪式上，海南省局（公司）“海南优质雪茄烟叶开发与应用团队”入选 100 个储备人才团队，获评“海南省储备人才团队基地”。

10 月 20—23 日，国家局党组成员、副局长韩占武在海南烟草调研。

2020 年海南省烟草专卖商业主要情况统计

地市级局（公司）名称		海口市烟草专卖局（公司）	三亚市烟草专卖局（公司）	琼海市烟草专卖局（公司）	儋州市烟草专卖局（公司）
主要负责人/法定代表人（含党政领导）		李　云（—2020 年 7 月）陈　敏（2020 年 9 月—）	陈益峰（—2020 年 8 月）陈晋广（2020 年 8 月—）	李　敏	崔宇慧
所属县级单位		澄迈县、文昌市、定安县、临高县等 4 个县级烟草专卖局（营销部）	乐东县、陵水县、保亭县、五指山市等 4 个县级烟草专卖局（营销部）	万宁市、屯昌县、琼中县等 3 个县级烟草专卖局（营销部）	东方市、昌江县、白沙县等 3 个县级烟草专卖局（营销部）
总资产（万元）		140796	59589	52652	35121
资产负债率（%）		21. 78	30. 19	23. 27	29. 76
从业人员（人）		397	250	223	194
所属业务机构	营销机构	1 个营销中心	1 个营销中心	1 个营销中心	1 个营销中心
	物流配送机构	1 个物流中心、1 个卷烟物流中转站、2 个卷烟物流对接点	1 个物流中心、1 个卷烟物流中转站、4 个卷烟物流对接点	1 个物流中心、2 个卷烟物流中转站	1 个物流中心、2 个卷烟物流中转站
	专卖稽查机构	1 个稽查支队、11 个稽查大队	1 个稽查支队、9 个稽查大队	1 个稽查支队、6 个稽查大队	1 个稽查支队、7 个稽查大队
	烟叶机构	—	—	—	1 个烟叶科
烟农户数（户）		—	—	—	200
实现烟农总收入（万元）		—	—	—	400
零售户数（户）		32112	16751	13754	14312
零售户销售毛利率（%）		11. 91	13. 16	12. 08	13. 09

◇ 撰稿：甘菊萍；编辑：褚　幸

重庆市烟草专卖局（公司）

【专卖管理】　**案件查处**。2020 年，重庆市烟草专卖局巩固联合打假打私机制，密切协作配合，保持高压态势，深入开展打假打私工作。备案网络案件 36 起，涉案总金额 6102. 92 万元，实物案值 2589. 72 万元。备案打假打私网络中，已办结 25 起，其中国家局级 15 起、市局一级 4 起、市局二级 6 起；查获假冒走私卷烟 664. 79 件；公安、司法机关依法刑拘 131 人，逮捕 68 人，直诉 54 人。联合市场监管局共同治理电子烟市场，出动执法人员 2659 人次，检查电子烟实体店 1104 户次，清理互联网销售链接 32 条。

市场监管。查处各类涉烟违法案件 7002 起，其中案值 5 万元以上大要案件 306 起，查获各类非法卷烟 9046. 7 件，实物案值 8837 万元。深入开展“1 + 3”机动稽查，发挥片区机动队优势力量带动作用，全年开展机动稽查 24 轮次，查获非法卷烟 1952 件，占全市查获总量的 21. 6%，机动稽查队全市市场监管的带动作用明显。

行政许可。准予许可新办 1. 95 万户，不予许可 1450 户，延续 3. 5 万户，变更 4128 户，注销 5458 户。进一步压缩办证时限，准运证核发时限缩减至 2 个工作日，其余行政许可事项办结时限均缩减至 8 个工作日。推进控烟条例实施，多措并举清理中小学校周边零售户许可证，全年处理中小学校周边零售户 1545 户，中小学校周边零售户数比上年下降 80. 89%。

【卷烟经营】　**卷烟销售概况**。2020 年，重庆市在销卷烟品牌 58 个，规格 254 个。其中，国内卷烟品牌 44 个，规格 218 个；国外卷烟品牌 6 个，规格 18 个；细支烟品规 63 个，短支烟品规 10 个，中支烟品规 42 个。

重点品牌销售。销量居前三位的品牌为“龙凤呈祥”

"云烟""玉溪"。其中，销售"龙凤呈祥"202.01 亿支（40.40 万箱），比上年下降 1.72%；"云烟"60.13 亿支（12.03 万箱），比上年下降 2.58%；"玉溪"33.89 亿支（6.78 万箱），比上年下降 11.32%。销量居前十位的品牌实现销量比上年增长 0.35%。

销售全国重点品牌卷烟比上年增长 0.5%；实现销售额比上年增加 7.11 亿元，增长 1.86%。

创新品类销售。销售细支烟 77.52 亿支（15.5 万箱），比上年增长 8%；销售中支烟 31.32 亿支（6.26 万箱），比上年增长 48.72%；销售短支烟 8.21 亿支（1.64 万箱），比上年下降 5.53%。

【雪茄经营】 2020 年，重庆市烟草商业系统在销雪茄品牌 8 个，规格 16 个。销售雪茄 90 万支。国产中高档雪茄实现销售额 493 万元，比上年增加 127 万元，增长 34.77%。

【卷烟销售管理】 **品牌培育。**优化"663N+"（6 稳定、6 发展、3 跨越、N 补充）工业企业格局，推动全国性大企业持续扩张，"663"工业（共 15 家）销量市场份额 98%；持续推进"311"（30 个主导品规、18 个护卫品规、18 个潜力品规）重点品规布局，推动重点主销品规成长。"311"品规销量和销售额持续保持增长，销量比上年增加 10.8 亿支（2.16 万箱），增长 2.45%，销售额比上年增加 0.66 亿元，增长 0.21%；严格品规进退管理，加强品规规模控制，分步推进品规数整合，每半年开展品牌评价梳理，每季度按引入规则审核引入符合条件的新品，优化品规布局，全年在销国产卷烟品规数量从年初的 265 个优化至 218 个，基本达到合理区间。

探索工商网配。在与云南、上海、浙江、广东、河南、安徽、河北、黑龙江、湖北、江苏、江西、陕西等 12 个工业企业开展工商网上配货的基础上，新增重庆、湖南、贵州、四川、广西、蒙昆、吉林等 7 个工业企业，2020 年重庆市网上配货工业达到 82.6%。福建、山东、甘肃、红塔辽宁 4 个工业企业因工业原因不具备网上配货条件。

零售户信用体系建设。加快探索推进零售户信用体系建设，促进零售户依法诚信经营，拟定《全市零售客户信用体系建设实施方案》，16 个区县单位开展信用体系建设试点。有诚信互助小组 7388 个，零售户数 12.42 万户，小组稳市场、育品牌、增盈利作用得到有效发挥。

"互联网+卷烟营销"平台建设。重庆市局（公司）作为卷烟营销管理平台建设先行试点单位，成立"互联网+营销"信息化建设领导小组，设立卷烟营销、物流配送、终端系统 3 个项目组，创新构建以"8+8"为主体架构的"互联网+营销"管理系统。初步完成包含零售店铺管理（渝叶通）等 8 个子系统和 8 个业务中心在内的终端系统功能设计和前期开发工作及部分单位试点运行。

【零售终端建设】 **直营终端管理。**印发《关于加强直营终端建设的指导意见（试行）》，推动实施直营终端经营权、管理权、所有权"三权分立"经营管理模式，加快直营终端"渝叶连锁"品牌建设，将直营终端打造成为零售终端形象展示、卷烟陈列和品牌培育的标杆。

现代终端建设。印发《新型现代卷烟零售终端建设实施方案》，持续推进现代终端建设。组织召开璧山新型现代终端建设现场会，发布《新型现代终端形象建设标准》《现代终端建设管理规范》两个标准。2020 年共建成现代终端 9661 户，占比 7.55%。

提升终端信息化水平。与零售连锁企业客户联合，对信息化设备已经健全的终端统一打通数据接口，依托"互联网+卷烟营销"平台，实现数据资源共享。已完成 7 家连锁企业 800 余个门店数据对接，将门店卷烟零售流水数据实时对接至销售平台。

【科技创新】 突出问题导向、应用导向、结果导向，实施"互联网+"行动，18 个信息化项目启动实施，"1263"数智渝烟体系建设初步成型。全年新立科技项目 74 项，其中市公司层级项目 38 个、直属单位层级项目 36 个；资金投入总额 5426 万元。组织通过省部级优秀科技成果评价 6 项。

【企业管理】 **降本增效。**严格费用管控和节能减排，三项费用率比上年下降 0.23%，实现降本增效 1353.68 万元，总耗能比上年下降 11.52%，耗水比上年下降 2.23%。

管理创新。推进"互联网+"行动，完成"互联网+烟叶"、专卖综合管理系统、信用监管平台规划设计，16 个内管模块研究应用全部结题验收。组织开展摘题定题活动，取得成果 138 个，参与国家局重点课题研究 3 个。组织开展 QC 小组活动，取得成果 27 个，其中 4 个获得市级表彰，1 个获得烟草行业第三十一届优秀质量管理小组成果二等奖。

开展现场管理诊断，发现问题 307 个，制定改进措施 341 条，组织培训 5 次。开展流程优化，重庆市烟草商业系统新增管理制度 792 个，修订 398 个，作废 656 个；新增流程 43 个，作废 364 个，优化 195 个。强化管评内审，发现不合格项162项，提出改进建议140条，制定对策措施95条。

重庆巫山县烟叶大田管理现场（2020年）

重庆市局　涂金周　摄

【烟叶生产经营】 **烟叶生产基础设施建设**。完成2019年度基础设施项目建设及验收，实际投入资金5309.8万元，包括生物质燃烧机3056件，生物质颗粒生产线1处，修复育苗设施148件、烤房设施4170件。下达2020年度基础设施建设项目概算5800.2万元。完成水源工程援建资金划拨3077万元。

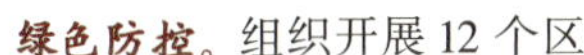

绿色防控。组织开展12个区县单位52个等级批次烟叶质量抽检，严格把控收购质量。服务基层单位做精做实绿色防控，全年建成绿色防控核心示范区46个，总面积5.71万亩。

烟农增收。烟农多元产业净增收3736万元。巫溪县文峰镇、万州白土镇人头村产业综合体成为全国首批优秀试点单位。巫溪文峰、万州人头2个烟区产业综合体以烟为主，围绕基本烟田、基础设施、基本烟农，以烟农合作社为主体，以有效市场订单为先导，打造土地流转、人力调配、物资保障、产品经销、金融互助、技术推广、项目承接、专业服务“八大服务中心”，拓展“烟—菜”套作、“烟—稻”轮作、生物质颗粒加工场、优质农家肥加工场、生态农庄、肉牛养殖场、大棚蔬菜水果、科技示范园等多元产业，建设“巫溪小店”“食联网”等区域性农产品电商平台，构建形成产购销、农工商一体化的全产业链模式，同时，综合体统一纳入地方政府产业发展总规，延伸拓展烟文化展览、文创旅游、休闲康养、农家乐等新业态，提升烟田复种指数、资源集约率和设施利用率，初步形成“烟＋N”特色农业产业园、烟区新农村建设示范点和智慧农业先行示范园，稳定烟叶产业、核心烟区和烟农队伍。

【交流与合作】 2020年，签订进口卷烟协议1.28亿支，其中，与北京中烟三五品牌营销有限公司签订进口卷烟协议0.9亿支、英美烟草公司0.16亿支、韩国株式会社0.15亿支、四川进出口有限责任公司0.07亿支。与古巴雪茄厂签订进口雪茄协议0.2万支。与四川进出口公司签订烟叶调拨协议1万担。

【特事辑要】 2020年8月3—4日，国家烟草专卖局党组书记、局长，中国烟草总公司总经理张建民在重庆烟草调研。

10月29日，重庆市局（公司）与河北中烟、广西中烟举行共建“钻石（荷花）”品牌、“真龙”品牌烟叶原料打叶复烤区域加工中心签约仪式。

2020年重庆市烟草专卖商业主要情况统计

地市级局（公司）名称	万州区烟草专卖局（分公司）	黔江区烟草专卖局（分公司）	涪陵区烟草专卖局（分公司）	渝中区烟草专卖局（分公司）	大渡口区烟草专卖局（分公司）
主要负责人/法定代表人（含党政领导）	李　明	王　平	陶云辉	李兴奇	赵　飞
所属县级单位	—	—	—	—	—
总资产（万元）	18962	12926	8771	5400	2682

续表

地市级局（公司）名称		万州区烟草专卖局（分公司）	黔江区烟草专卖局（分公司）	涪陵区烟草专卖局（分公司）	渝中区烟草专卖局（分公司）	大渡口区烟草专卖局（分公司）
资产负债率（%）		—	—	—	—	—
从业人员（人）		380	320	219	72	42
所属业务机构	营销机构	1个客户服务部、6个区域客户服务部	1个营销中心、4个区域市场部	1个客户服务部、5个区域客户服务部	1个区域客户服务部、2个区域市场部	1个客户服务部
	物流配送机构	1个配送中心	1个物流中心	1个配送中心	—	—
	专卖稽查机构	1个稽查支队、3个片区稽查队、6个市场稽查队	1个稽查支队、4个稽查大队	1个稽查支队、5个稽查大队	1个稽查支队、4个稽查大队	1个稽查支队、2个稽查大队
	烟叶机构	2个烟叶工作站	3个烟叶收购站	1个烟叶科、1个烟叶站	—	—
烟农户数（户）		1285	637	109	—	—
实现烟农总收入（万元）		2750	5320	1197	—	—
零售户数（户）		6380	2141	4594	1915	1332
零售户销售毛利率（%）		10.00	11.00	13.00	11.00	11.00

地市级局（公司）名称		江北区烟草专卖局（分公司）	沙坪坝区烟草专卖局（分公司）	九龙坡区烟草专卖局（分公司）	南岸区烟草专卖局（分公司）	北碚区烟草专卖局（分公司）
主要负责人/法定代表人（含党政领导）		程念民	邱先勋	楚　鹰	谢小波	郭　敏
所属县级单位		—	—	—	—	—
总资产（万元）		7750	8374	9905	7827	5316
资产负债率（%）		—	—	—	—	—
从业人员（人）		72	77	91	91	77
所属业务机构	营销机构	1个客户服务部	2个区域客户部	1个客户服务部、4个片区区域客户服务部	1个客户服务部	1个客户服务部
	物流配送机构	—	—	—	—	—
	专卖稽查机构	5个稽查大队	1个稽查支队、5个稽查大队	1个稽查支队、4个稽查大队	5个稽查大队	4个稽查大队
	烟叶机构	—	—	—	—	—
烟农户数（户）		—	—	—	—	—
实现烟农总收入（万元）		—	—	—	—	—
零售户数（户）		2848	4300	5421	3515	3310
零售户销售毛利率（%）		10.00	12.00	13.10	12.00	11.00

地市级局（公司）名称		万盛经济技术开发区烟草专卖局（分公司）	渝北区烟草专卖局（分公司）	巴南区烟草专卖局（分公司）	长寿区烟草专卖局（分公司）	江津区烟草专卖局（分公司）
主要负责人/法定代表人（含党政领导）		何明川	戴　翔	张琼华	杨万长	王宏勇
所属县级单位		—	—	—	—	—
总资产（万元）		1706	14281	8882	3604	6082
资产负债率（%）		—	—	—	—	—
从业人员（人）		42	134	76	90	111
所属业务机构	营销机构	1个客户服务部	1个营销中心、5个区域市场部	3个区域客户部	2个区域客户服务部	1个客户服务部、7个市场区域客户服务部
	物流配送机构	—	—	—	—	—
	专卖稽查机构	2个稽查大队	1个稽查支队、6个稽查大队	1个稽查支队、4个稽查大队	1个稽查支队、4个稽查大队	7个稽查大队、1个机动稽查大队
	烟叶机构	—	—	—	—	—
烟农户数（户）		—	—	—	—	—
实现烟农总收入（万元）		—	—	—	—	—
零售户数（户）		1377	8177	4449	3064	4584
零售户销售毛利率（%）		11.00	15.00	16.20	12.00	9.80

地市级局（公司）名称		合川区烟草专卖局（分公司）	永川区烟草专卖局（分公司）	南川区烟草专卖局（分公司）	綦江区烟草专卖局（分公司）	大足区烟草专卖局（分公司）
主要负责人/法定代表人（含党政领导）		高　态	杨智中	张文平	鄢世伦	孙文东
所属县级单位		—	—	—	—	—
总资产（万元）		5974	5506	3725	4284	4390
资产负债率（%）		—	—	—	—	—
从业人员（人）		109	100	145	77	95
所属业务机构	营销机构	1个客户服务部、8个区域客户服务部	1个客户服务部、5个区域市场部	5个区域市场部	4个区域客户服务部	1个客户服务部、3个片区客户服务部
	物流配送机构	—	—	1个物流中转站	—	—
	专卖稽查机构	1个稽查支队、6个稽查大队	1个稽查支队、6个稽查大队	5个稽查大队	1个稽查支队、5个稽查大队	1个稽查支队、1个巡查支队
	烟叶机构	—	—	1个烟叶收购站	—	3个片区稽查大队
烟农户数（户）		—	—	75	—	—
实现烟农总收入（万元）		—	—	1034	—	—
零售户数（户）		4577	4673	3013	3406	3564
零售户销售毛利率（%）		10.50	12.00	11.00	13.00	10.50

地市级局（公司）名称		璧山区烟草专卖局（分公司）	铜梁区烟草专卖局（分公司）	潼南区烟草专卖局（分公司）	荣昌区烟草专卖局（分公司）	开州区烟草专卖局（分公司）
主要负责人/法定代表人（含党政领导）		刘　涛	何　杨	龚洪磊	何　欢	柏红燕
所属县级单位		—	—	—	—	—
总资产（万元）		4183	3168	2935	3902	5052
资产负债率（%）		—	—	—	—	—
从业人员（人）		70	71	64	70	90
所属业务机构	营销机构	1个客户服务部、3个区域市场客服部	1个客户服务部、3个区域客户服务部	1个客户服务部、3个营销片区	1个客户服务部、3个区域客户服务部	5个区域客户服务部
	物流配送机构	—	—	—	—	—
	专卖稽查机构	1个稽查支队、3个稽查大队	1个稽查支队、2个稽查大队	1个稽查支队、3个稽查大队	1个稽查支队、3个稽查大队	1个稽查支队、6个稽查大队
	烟叶机构	—	—	—	—	—
烟农户数（户）		—	—	—	—	—
实现烟农总收入（万元）		—	—	—	—	—
零售户数（户）		2815	3323	2767	3165	4215
零售户销售毛利率（%）		13.89	10.00	10.63	15.00	11.00

地市级局（公司）名称		梁平区烟草专卖局（分公司）	武隆区烟草专卖局（分公司）	城口县烟草专卖局（分公司）	丰都县烟草专卖局（分公司）	垫江县烟草专卖局（分公司）
主要负责人/法定代表人（含党政领导）		雷　放	袁力平	夏刚东	张斗奎	杨　军
所属县级单位		—	—	—	—	—
总资产（万元）		3082	10043	1024	14110	3390
资产负债率（%）		—	—	—	—	—
从业人员（人）		83	273	31	202	76
所属业务机构	营销机构	1个客户服务部（含3个市场片区）	1个客户服务部、2个片区客户服务部	2个区域客户服务部	1个客户服务部、3个区域客户服务部	1个客户服务部、3个区域客户服务部
	物流配送机构	—	—	—	—	—
	专卖稽查机构	1个稽查支队、4个稽查大队	1个稽查支队、2个稽查大队	1个稽查大队	1个稽查大队、3个区域稽查中队	1个稽查支队、3个稽查大队
	烟叶机构	—	4个烟叶收购站	—	2个烟叶收购站、7个烟叶收购点	—
烟农户数（户）		—	1040	—	564	—
实现烟农总收入（万元）		—	9210	—	5063	—
零售户数（户）		3080	2070	1128	3143	2820
零售户销售毛利率（%）		14.70	13.85	12.00	11.00	10.00

地市级局（公司）名称		忠县烟草专卖局（分公司）	云阳县烟草专卖局（分公司）	奉节县烟草专卖局（分公司）	巫山县烟草专卖局（分公司）	巫溪县烟草专卖局（分公司）
主要负责人/法定代表人（含党政领导）		许安定	秦　宝	陈伦飞	向永光	谭　波
所属县级单位		—	—	—	—	—
总资产（万元）		7429	336	20904	15566	21428
资产负债率（%）		—	—	—	—	—
从业人员（人）		85	81	219	278	178
所属业务机构	营销机构	1个客户服务部、5个区域客户服务部	1个客户服务部、5个区域客户服务部	1个客户服务部、3个市场部	1个客户服务部、1个城区客户服务部	1个客户服务部
	物流配送机构	—	—	—	—	—
	专卖稽查机构	1个稽查支队、3个稽查大队	1个稽查大队、4个稽查中队	1个稽查大队、3个稽查中队	1个稽查支队、3个稽查大队	1个稽查支队、3个稽查大队
	烟叶机构	—	—	1个烟叶科、3个烟叶工作站	1个烟叶科、4个烟叶工作站	2个烟叶收购站
烟农户数（户）		—	—	2076	1828	660
实现烟农总收入（万元）		—	—	11397	17100	9084
零售户数（户）		2510	3434	3057	2182	2153
零售户销售毛利率（%）		11.32	14.80	10.00	14.00	13.00

地市级局（公司）名称		石柱土家族自治县烟草专卖局（分公司）	秀山土家族苗族自治县烟草专卖局（分公司）	酉阳土家族苗族自治县烟草专卖局（分公司）	彭水苗族土家族自治县烟草专卖局（分公司）
主要负责人/法定代表人（含党政领导）		徐小洪	吴　静	肖　鹏	窦远奎
所属县级单位		—	—	—	—
总资产（万元）		13406	5427	20317	35224
资产负债率（%）		—	—	—	—
从业人员（人）		184	90	286	396
所属业务机构	营销机构	1个客户服务部、3个区域市场部	4个区域客户服务部	1个客户服务部、5个区域客户服务部	1个区域客户服务部
	物流配送机构	—	—	客服部兼物流配送	—
	专卖稽查机构	1个稽查大队、3个稽查中队	1个稽查大队、4个稽查中队	1个专卖科、5个市场稽查队	4个稽查中队
	烟叶机构	2个烟叶收购站	—	1个烟叶科、4个烟叶工作站	6个烟叶收购站
烟农户数（户）		790	—	1190	1806
实现烟农总收入（万元）		7675	—	10841	17691
零售户数（户）		2081	2619	2591	2623
零售户销售毛利率（%）		10.50	10.50	11.50	10.98

◇ 撰稿：滕召阳；编辑：褚　幸

四川省烟草专卖局（公司）

【专卖管理】 **打假打私。**2020年，四川省烟草专卖局以“三烟”（制假售假、走私、非正常渠道进货）任务构建专卖目标管理体系，全年共查获假烟、走私烟、非法流通卷烟4.15万件，非法烟叶、烟丝228吨。利用“大数据”研判，全年省公安、烟草打击涉烟违法犯罪研判室共协助分析案件20起，勘验电子数据255.2万条，协助侦办案值百万元以上网络案件12起。全年全省共查处各类涉烟违法案件2.56万起，其中案值5万元以上假烟案件538起。公安、司法机关依法刑拘249人，逮捕149人，判刑310人。

市场监管。制定《创新“大数据+市场监管”指导意见》，与省公安厅治安总队共同探索守信联合激励、失信联合惩戒举措，全年查处卖烟大户“双五万”案件754起，依法取缔违法卖烟大户53户。加强电子烟监管，联合省市场监管局印发《关于加强烟草、电子烟广告监管工作的通知》，督促中小学周边未成年人集中区域售卖电子烟的商家下架电子烟产品。贯彻“放管服”改革要求，实行政务服务“好差评”试点工作，落地实施网上办证、轻微违法案件快速处理、便捷缴款等创新举措，提升服务群众能力。2020年，全省平均市场净化率98.65%。

经典案例。资阳“5·6”制售假烟案件。资阳、雅安两地公安、烟草部门结合省局研判室大数据分析，成功破获1起集生产、运输、销售于一体的特大制售假烟网络案件。该案捣毁制假存储窝点4个，现场查扣大型烟机2台、其他机器25台，查获烟丝等原辅材料18余吨，抓获犯罪嫌疑人48人。该案是四川省近10年首次查获大型烟机制假案件。

雅安“12·28”专车运输假私烟网络案件。雅安公安、烟草成功捣毁1个长期从广西购进假烟走私烟，并组织专车运输车队运至川内进行分装、转运及销售的特大犯罪网络，链条涉及北京、上海、天津、四川等20余个省（直辖市），共端掉转运窝点11个，查处车辆14辆，涉案金额1200余万元，抓捕27人，假烟经营、包运、寄递团伙主犯全部落网，在打击专车运输方面取得重大突破。

【卷烟经营】 **卷烟品牌培育。**持续推进市场化取向改革，创新试点货源精准投放，尊重客户的自主选择权，竞争有序的氛围初步形成，市场状态发生根本好转，全省销售川烟388.5亿支（77.7万箱）。实现卷烟单箱销售收入3.73万元。四川成为“娇子”“玉溪”“天子”等品牌全国最大销区，“云烟”“黄鹤楼”“贵烟”等品牌省外第一大销区。2020年，本地区销量居前三位的卷烟品牌为“娇子”“云烟”“玉溪”，销量分别为280.46亿支（56.09万箱）、208.11亿支（41.62万箱）、96.96亿支（19.39万箱）。

网络建设。纵深推进“面向消费者现代营销体系”建设，初步搭建“前端+后台”的应用支撑平台，全省基本实现终端二维码、红码管家全覆盖，截至2020年底，全省铺设智慧收银机9000余户。推进主动支付结算模式，满足客户自主选择、实时结算、跨行支付的需求，保障客户自主订货权。2020年，全省网上结算客户22.97万户，占比91.72%，结算金额占比84.31%，电子结算率100%，客户满意度87.78分。

【雪茄经营】 2020年，四川省销售雪茄12.57亿支，实现销售收入8.52亿元。

2020年12月10日，“娇子”过百万箱总结表扬暨推进四川烟草高质量发展大会在成都举行

四川省局　供稿

【烟叶生产经营】 **概况**。2020 年，全省涉及烤烟市(州) 5 个、县(市、区) 22 个、乡镇 247 个，种烟村 1685 个、烟农 5.32 万户。收购上等烟叶比例 59.25%，均价 26.57 元/千克。

烟叶生产方式。提高烟叶集约化、规模化水平，建立健全烟区土地流转机制，全省烟农户均种植面积 20.32 亩，50 亩以上连片种植面积占比 85.91%。培育生产经营主体，主动开展职业烟农、家庭农场、烟农专业合作社培育，稳定核心烟农队伍。全省烤烟产区有烟农专业合作社 51 个，入社烟农 5.23 万户，烟农入社率 98.28%。全面启动雪茄烟叶开发与应用重大专项，开展品种、栽培、晾制和农业发酵技术研发。在凉山州推行第三方专业气象服务，实现气象灾害精准测报、精准指挥、精准作业。

烟叶生产技术。突出适用技术落实，漂浮育苗、平衡施肥等适用技术实现全省 100% 推广，完成冬地翻耕 107.75 万亩，调整前茬作物 78.26 万亩，推广水施追肥技术 90 万亩以上。实施土壤保育，推广绿肥种植 23.15 万亩，积造农家肥面积 90.95 万亩，工程化生产有机肥 2.9 万吨。加快推进上部烟叶开发，联合浙江中烟、湖南中烟开展高可用性上部烟叶开发试点工作，实施面积 9.88 万亩，收购烟叶 8.2 万担。

烟叶基础设施建设。2020 年，全省实施烟叶基础设施建设项目 0.99 万件，其中烟田水利设施 112 件，机耕道 61 条等。加快水源工程建设进度，截至 2020 年底，全省 16 件水源工程有 12 件完工竣工，剩余 4 件在建项目平均进度过半。开发烟叶基础设施管理信息系统，将 2005—2019 年度累计建成的 51.34 万件烟基项目信息全部录入系统。推进新能源烤房建设运用，累计建成生物质、燃气、电能烤房 7334 座。

绿色发展理念。推广绿色防控技术，烟蚜茧蜂、七星瓢虫防治烟蚜绿色技术实现 100% 推广，使用无人机开展烟叶植保作业，示范面积 32.9 万亩。加快实施烟草可持续发展工作，烟叶绿色发展氛围加速形成，全年建成各类清洁能源烤房 7285 座，烘烤能力 40.07 万担。

【烟农增收】 **概况**。2020 年，全省烟农实现售烟总收入 33.31 亿元，户均售烟收入 6.26 万元，帮助 1280 户贫困烟农实现脱贫“摘帽”。推进“烟叶 + 多元产业”协调发展，实现多元化增收产值 10.91 亿元，净收入 4.77 亿元。

挖掘设施设备潜能。利用设施设备闲置期，构建完善育苗、烘烤设施综合利用体系。采取倒茬、轮作等方式，提升基本烟田利用率，实现产值 9.29 亿元。开展大豆、小麦、丹参、芍药等经济作物种植，实现产值 450 余万元。

探索产业融合发展。推进烟区产业综合体建设，4 个国家局试点产业综合体全部通过验收并被评为优秀产业综合体试点。围绕烟叶产业开展产业链延伸项目，开展地膜回收利用 0.2 万吨，生产加工有机肥 1.79 万吨，生产生物质燃料 0.17 万吨，繁放烟蚜茧蜂 11.66 万亩。

强化多元化品牌培育。创建培育“大凉山”“土鲜森”等 13 个烟农增收品牌，采取线上线下拓展销售渠道、强化品牌培育。“大凉山”“川优农”品牌培育成效明显，全年完成零售户订单销售商品 3.83 万件，实现销售额 123.1 万元；通过诚至诚烟草投资有限责任公司面向全省销售订单商品 11.2 万件，实现销售额 323.62 万元。宜宾市“土鲜森”直营店实现年销售收入 123 万元，实现毛利 33 万元。

【交流与合作】 2020 年，中国烟草四川进出口有限责任公司主动应对新冠肺炎疫情对外贸业务的严重冲击，努力克服国际烟叶市场的持续低迷局面，始终坚持稳中求进工作总基调，统筹推进“抗疫情、严规范、稳增长、上水平”各项工作。全年出口烟叶类产品 1.67 万吨，内销烟叶类产品 0.05 万吨，进口卷烟 4.32 亿支。实现出口创汇 3480.24 万美元。实现税利 2.21 亿元。

【复工复产】 疫情期间，全省烟草商业系统应用“钉钉”软件，保证疫情期间人员交流、远程会议等移动办公需求。复烤公司首创“远程监打”模式，在全行业率先复工。创新构建“集中调拨货源、专人专车运输、定点专区中转”货源调拨运输模式，积极支持湖北中烟复工复产。物流条线在全行业率先编制作业指导书，推行零接触送货、零延时服务、零现金结算。烟叶条线不误农时，加强育苗环节统筹指导，保障如期完成烤烟移栽，全力稳定种植面积。销售条线推行线上服务，线上调查收集市场、客户、消费状态，有效保障市场供应。专卖条线推行电子证照实时取得，灵活安排市场监管，维护终端规范。法规条线推行“指尖普法”，普及疫情防控政策法规。全年经济运行实现逆势增长。

【企业管理及创新】 完善管理制度建设，印发《卷烟和雪茄烟价格管理细则》，修订《四川烟草商业系统工程维修项目管理办法》，编制全省货物类招标文件范本。2020 年，全省 19 家市、州局(公司)完成质量管理体系转版，风险管理、知识管理等要求进一步完善落实。形成 QC 成果 219 个，取得直接经济效益1535万元，全省集中发布27个优秀成果，其中四川烟叶复烤有限责任公司“上进”QC小组“仓储库房自动控湿系统研发”成果获得烟草行业第三十一届优秀质量管理小组成果发布会三等奖，内江市局（公司）“奇点”QC小组获得烟草行业优秀质量管理小组成果引进应用奖。

【特事辑要】 2020年1月17日，全省烟草商业系统2020年工作会议在成都召开。

7月31日至8月2日，国家烟草专卖局党组书记、局长，中国烟草总公司总经理张建民在四川烟草调研。

8月17—19日，四川省委书记、省人大常委会主任彭清华在凉山州调研。其间，到四川省局（公司）帮扶的普格县特补乡甲甲沟村指导脱贫攻坚工作。

12月10日，“娇子”过百万箱总结表扬暨推进四川烟草高质量发展大会在成都举行。

12月12日、13日，《人民日报》、新华社官方微信号分别推转甘孜州局（公司）“白头书记”文雪松事迹报道，阅读量均在10万次以上。

2020年四川省烟草专卖商业主要情况统计

地市级局（公司）名称		成都市烟草专卖局（公司）	自贡市烟草专卖局（公司）	攀枝花市烟草专卖局（公司）	泸州市烟草专卖局（公司）
主要负责人/法定代表人（含党政领导）		周德文	秦高华	杨　宇	徐忠良（—2020年1月） 罗　旭（2020年1月—）
所属县级单位		青羊区、金牛区、武侯区、高新区、成华区、锦江区等6个烟草专卖局，一分公司（青羊、金牛区局）、二分公司（武侯区局、高新区分局）、三分公司（成华、锦江区局）等3个分公司，以及龙泉驿区、青白江区、新都区、温江区、双流区、郫都区、简阳市、都江堰市、彭州市、邛崃市、崇州市、金堂县、大邑县、蒲江县、新津区[1]等15个县级烟草专卖局（分公司）	沿滩区、贡井区、大安区、自流井区、富顺县、荣县等6个县级烟草专卖局（分公司）[2]	米易县、盐边县、东区、西区、仁和区等5个县级烟草专卖局（分公司）	古蔺县、叙永县、合江县、泸县、江阳区、龙马潭区、纳溪区等7个县级烟草专卖局（分公司）
总资产（万元）		1146805	92396	83683	154168
资产负债率（%）		18.99	19.08	8.78	15.10
从业人员（人）		1854	271	701	926
所属业务机构	营销机构	1个营销中心	1个营销中心	1个营销中心	1个营销中心
	物流配送机构	1个物流中心	1个物流中心	1个物流中心	1个物流中心
	专卖稽查机构	1个稽查支队、24个稽查大队	1个稽查支队、6个稽查大队	1个稽查支队、6个稽查大队	1个稽查支队、7个稽查大队
	烟叶机构	—	—	16个烟叶收购点	17个烟叶收购点
烟农户数（户）		—	—	3346	2188
实现烟农总收入（万元）		—	—	37044	35022
零售户数（户）		47082	8186	5469	13010
零售户销售毛利率（%）		15.84	12.46	15.51	13.32

地市级局（公司）名称		德阳市烟草专卖局（公司）	绵阳市烟草专卖局（公司）	广元市烟草专卖局（公司）	遂宁市烟草专卖局（公司）
主要负责人/法定代表人（含党政领导）		刘兴红 （—2020年4月） 蒲　适 （2020年4月—）	王　斌	何成伟	袁　成 （—2020年1月） 杜兴华 （2020年1月—）
所属县级单位		中江县、罗江区、广汉市、什邡市、绵竹市、旌阳区等6个县级烟草专卖局（分公司）	涪城区、游仙区、安州区、江油市、三台县、梓潼县、盐亭县、北川羌族自治县、平武县等9个县级烟草专卖局（分公司）[3]	利州区、昭化区、朝天区、剑阁县、旺苍县、苍溪县、青川县等7个县级烟草专卖局（分公司）	船山区、射洪市、蓬溪县、大英县、安居区等5个县级烟草专卖局（分公司）
总资产（万元）		146108	191046	85792	73290
资产负债率（%）		14.80	17.85	8.98	15.26
从业人员（人）		478	580	654	300
所属业务机构	营销机构	1个营销中心	1个营销中心	1个营销中心	1个营销中心
	物流配送机构	1个物流中心	1个物流中心	1个物流中心	1个物流中心
	专卖稽查机构	1个稽查支队、7个稽查大队	1个稽查支队、10个稽查大队	1个稽查支队、7个稽查大队	1个稽查支队、6个稽查大队
	烟叶机构	1个烟叶中心	—	7个烟叶收购点	—
烟农户数（户）		560	—	1108	—
实现烟农总收入（万元）		2477	—	10849	—
零售户数（户）		13806	15786	9729	8443
零售户销售毛利率（%）		14.39	14.51	12.95	13.19

地市级局（公司）名称	内江市烟草专卖局（公司）	乐山市烟草专卖局（公司）	南充市烟草专卖局（公司）	宜宾市烟草专卖局（公司）
主要负责人/法定代表人（含党政领导）	张　斌 （—2020年4月） 杨海智 （2020年4月—）	尹　柯 （—2020年1月） 宋纪江 （2020年1月—）	孙泽芝	罗柱石
所属县级单位	市中区、东兴区、隆昌市、资中县、威远县等5个县级烟草专卖局（分公司）	市中区、峨眉山市、夹江县、井研县、沙湾区、五通桥区、沐川县、犍为县、马边彝族自治县、峨边彝族自治县、金口河区等11个县级烟草专卖局（分公司）	高坪区、嘉陵区、顺庆区、阆中市、南部县、西充县、营山县、仪陇县、蓬安县等9个县级烟草专卖局（分公司）[4]	翠屏区、南溪区、叙州区、江安县、长宁县、高县、筠连县、珙县、兴文县、屏山县等10个县级烟草专卖局（分公司）
总资产（万元）	88264	125814	139941	150612

续表

地市级局（公司）名称		内江市烟草专卖局（公司）	乐山市烟草专卖局（公司）	南充市烟草专卖局（公司）	宜宾市烟草专卖局（公司）
资产负债率（%）		15.26	13.58	20.42	18.05
从业人员（人）		365	386	592	843
所属业务机构	营销机构	1个营销中心	1个营销中心	1个营销中心	1个营销中心
	物流配送机构	1个物流中心	1个物流中心	1个物流中心	1个物流中心
	专卖稽查机构	1个稽查支队、5个稽查大队	1个稽查支队、11个稽查大队	1个稽查支队、9个稽查大队	1个稽查支队、10个稽查大队
	烟叶机构	—	—	—	8个烟叶收购点
烟农户数（户）		—	—	—	892
实现烟农总收入（万元）		—	—	—	29884
零售户数（户）		9180	11215	17658	13449
零售户销售毛利率（%）		12.48	12.95	12.99	12.84

地市级局（公司）名称		广安市烟草专卖局（公司）	达州市烟草专卖局（公司）	巴中市烟草专卖局（公司）	雅安市烟草专卖局（公司）
主要负责人/法定代表人（含党政领导）		梁　辉（—2020年4月） 常　革（2020年4月—）	蒲　适（—2020年4月） 谭永明（2020年4月—）	张长江	何梦皓
所属县级单位		广安区、岳池县、武胜县、邻水县、华蓥市、前锋区等6个县级烟草专卖局（分公司）	通川区、达川区、宣汉县、开江县、万源市、大竹县、渠县等7个县级烟草专卖局（分公司）	巴州区、恩阳区、通江县、平昌县、南江县等5个县级烟草专卖局（分公司）	雨城区、名山区、荥经县、汉源县、石棉县、天全县、芦山县等7个县级烟草专卖局（分公司）和宝兴县烟草专卖局
总资产（万元）		68279	116584	59271	61859
资产负债率（%）		18.05	15.08	20.69	12.55
从业人员（人）		315	584	314	266
所属业务机构	营销机构	1个营销中心	1个营销中心	1个营销中心	1个营销中心
	物流配送机构	1个物流中心	1个物流中心	1个物流中心	1个物流中心
	专卖稽查机构	1个稽查支队、7个稽查大队	1个稽查支队、7个稽查大队	1个稽查支队、5个稽查大队	1个稽查支队、8个稽查大队
	烟叶机构	—	1个烟叶中心	—	—
烟农户数（户）		—	1378	—	—
实现烟农总收入（万元）		—	694	—	—
零售户数（户）		10648	16045	9730	4154
零售户销售毛利率（%）		12.46	14.37	12.94	13.70

地市级局（公司）名称		眉山市烟草专卖局（公司）	资阳市烟草专卖局（公司）	凉山彝族自治州烟草专卖局（公司）	阿坝藏族羌族自治州烟草专卖局（公司）	甘孜藏族自治州烟草专卖局（公司）
主要负责人/法定代表人（含党政领导）		四朗彭措	易　伟 （—2020 年 6 月） 段　钢 （2020 年 6 月—）	郭明全	陈隽逸	局长、经理、法定代表人：陈志学 党组书记：青志勇
所属县级单位		东坡区、彭山区、仁寿县、洪雅县、青神县、丹棱县等 6 个县级烟草专卖局（分公司）	雁江区、安岳县、乐至县等 3 个县级烟草专卖局（分公司）	西昌市、会理县、会东县、德昌县、盐源县、冕宁县、普格县、宁南县、越西县、喜德县、甘洛县、昭觉县、布拖县、美姑县、金阳县、雷波县、木里县等 17 个县级烟草专卖局（分公司）	汶川县、茂县、松潘、九寨沟县、理县、小金县、马尔康市、黑水县、金川县、红原县、阿坝县、若尔盖县、壤塘县等 13 个县级烟草专卖局（分公司）	康定市、泸定县、丹巴县、九龙县、理塘县、雅江县、巴塘县、乡城县、稻城县、得荣县、炉霍县、道孚县、色达县、甘孜县、新龙县、石渠县、德格县、白玉县等 18 个县级烟草专卖局（分公司）
总资产（万元）		104646	63028	659152	44750	34126
资产负债率（%）		11. 83	18. 89	14. 70	13. 21	9. 23
从业人员（人）		331	295	2851	215	230
所属业务机构	营销机构	1 个营销中心	1 个营销中心	1 个营销中心	1 个营销中心	1 个营销中心
	物流配送机构	1 个物流中心	1 个物流中心	1 个物流中心	1 个物流中心	1 个物流中心
	专卖稽查机构	1 个稽查支队、6 个稽查大队	1 个稽查支队、3 个稽查大队	1 个稽查支队、14 个稽查大队	1 个稽查支队、13 个稽查大队	1 个稽查支队、21 个稽查大队
	烟叶机构	—	—	58 个烟叶收购站，96 个烟叶收购点	—	—
烟农户数（户）		—	—	45683	—	—
实现烟农总收入（万元）		—	—	389348	—	—
零售户数（户）		8778	7958	14832	3629	1915
零售户销售毛利率（%）		12. 18	14. 24	16. 63	13. 86	16. 14

注：1. 2020 年 9 月，国家局、总公司印发《关于调整成都市烟草专卖局（公司）所属部分机构的批复》，同意撤销新津县烟草专卖局，设立成都市新津区烟草专卖局；成都市新津区烟草专卖局与四川省烟草公司成都市公司新津分公司合署办公，负责辖区内的烟草专卖管理和卷烟营销工作。

2. 2020 年 11 月，国家局、总公司印发《关于撤销四川省烟草公司自贡市公司直属分公司并设立四川省烟草公司自贡市公司自流井等四家分公司的批复》（国烟法〔2020〕160 号），撤销四川省烟草公司自贡市公司直属分公司，设立四川省烟草公司自贡市公司自流井分公司、大安分公司、贡井分公司、沿滩分公司。

3. 2020 年 11 月，国家局、总公司印发《关于撤销四川省烟草公司绵阳市公司直属分公司并设立四川省烟草公司绵阳市公司涪城等两家分公司的批复》（国烟法〔2020〕162 号），撤销四川省烟草公司绵阳市公司直属分公司，设立四川省烟草公司绵阳市公司涪城分公司、游仙分公司。

4. 2020 年 11 月，国家局、总公司印发《关于撤销四川省烟草公司南充市公司直属分公司并设立四川省烟草公司南充市公司顺庆等三家分公司的批复》（国烟法〔2020〕161 号），撤销四川省烟草公司南充市公司直属分公司，设立四川省烟草公司南充市公司顺庆分公司、高坪分公司、嘉陵分公司。

◇ 撰稿：王恩锋；编辑：周　佳

贵州省烟草专卖局（公司）

【专卖管理】　*打假打私*。2020 年，贵州省烟草专卖局深入推进卷烟打假打私工作，与贵州省公安厅、邮政管理局等部门加强协作，联合开展“黔锋九号”打击非法经营烟叶专项行动、打击物流寄递环节涉烟违法犯罪专项行动，严厉查处重点环节涉烟违法犯罪行为。全年破获各类涉烟违法案件 6376 起，其中，案值 5 万元以上案件 807 起，涉烟刑事网络案件 66 起，国家局、公安部联合督办案件 2 起。移送公安、司法机关依法刑拘 155 人，逮捕 173 人，判刑

96人。查获假私烟2003.55件、非法烟叶烟丝2418.39万吨。

贵阳市“12·6”非法经营烟叶烟丝案件（部督）涉及7个省（自治区、直辖市），捣毁假烟窝点20余个，查获非法烟叶烟丝73.75吨、卷烟45.09件、卷烟纸1.1吨、烟机44台套，涉案金额3.35亿元，公安、司法机关依法抓获犯罪嫌疑人28人，刑拘17人。

安顺市“12·15”非法经营烟丝案件（部督）涉及5个省（自治区、直辖市），查获非法烟丝10.99吨、烟片5.05吨、烟机8台套，涉案金额603.76万元，公安、司法机关依法刑拘9人，逮捕10人。

市场监管。全面实施“互联网+监管”模式，落实“双随机、一公开”监管，严查售假贩私、无证经营、真品卷烟异常流动等违法行为。全年执行烟草市场监督检查任务55.89万户次，开展专项整顿行动6次，查办无证经营案件498起、真品卷烟案件3774起，查获异常流动真品卷烟7307.02件。联合省市场监管局开展电子烟市场专项检查，建档监管电子烟实体店797个，严查违规虚假宣传、网上经营及向未成年人销售电子烟等行为，全面规范电子烟市场秩序。联合省人民检察院等部门对全省各地中小学校周边售烟零售点实施集中清理，清理有关零售点865个，完成整体进度94%。2020年，首次对违法向未成年人销售烟草制品行为开出罚单。

许可管理。深化“互联网+政务服务”建设，贵州政务服务网移动端唯一门户“云上贵州多彩宝”App正式上线烟草专卖零售许可证新办、延续等服务事项，截至2020年底，全省通过网上办理审批事项8.6万件，在线办理率77.35%。推进“证照分离”改革全覆盖试点工作，取消一批证明事项材料，全面压减审批时限，品牌连锁便利店的烟草经营审批时限减至5个工作日。统一制定指导意见，统筹修订各地烟草制品零售点布局规划，消除许可政策区域性差异，着力调控市场主体增长。截至2020年底，全省有持证卷烟零售户23.38万户。

【卷烟经营】 **品牌培育。**持续深化落实行业“136、345”品牌发展目标和全省“1+5+X”品牌布局，重点品牌对卷烟量价基础性作用不断提升。全年实现单箱结构3.49万元，增长3.17%。特色卷烟规模持续扩大，全年销售细支烟41.24亿支（8.25万箱）、中支烟14.07亿支（2.81万箱）、短支烟7.16亿支（1.43万箱）。品规配置数量持续优化，全年清退卷烟规格56个，引入新品卷烟23个，截至2020年底，有在销国产卷烟品规276个。

市场化取向改革。以“1466”卷烟销售新生态价值体系为统领，持续完善全省卷烟业务运行规范，构建横向覆盖、纵向贯通的卷烟销售标准化体系。召开卷烟状态调控、监督管控、队伍转型和标准化体系建设四个主题现场推进会，形成“试点探索、样板打造、全省推广”的销售改革工作推进模式。以智慧平台建设为抓手，优化“俏紧平松软”市场状态评价功能，试点应用基于“全渠道、全订单、全过程”的卷烟销售监督管控模块，智慧平台对卷烟销售各业务环节的覆盖面持续扩大。

卷烟销售网络建设。进一步深化卷烟零售终端建设，全省高质量现代卷烟零售终端覆盖比例11.05%，累计建成合作终端1399户。诚信互助小组入组零售户占比95.1%。基于“黔彩，新生态”企业文化理念，启动“黔彩”服务品牌体系建设，确定以“智慧、至诚、多彩、多赢”为内涵的服务品牌理念，为构建全省卷烟流通品牌、提升卷烟销售软实力打下基础。网络运行质量持续提高，全年高质量自动信息采集样本点比例3.85%，网上订货客户比例99.35%，高质量网上结算客户比例38.72%。

贵州毕节威宁云贵乡烟田鸟瞰（2020年）

贵州省局 供稿

【雪茄经营】 2020年，全省销售雪茄10187.8万支，比上年增长17.46%，其中国产雪茄销量1.02亿支、国外雪茄销量0.2万支。实现销售收入8426.45万元，比上年增长25%。全年引入新品雪茄品规8个，退出雪茄品规16个。

【烟叶生产经营】 **烟叶基础设施建设。**全省完成2019年度批复烟叶生产基础设施项目1.32件，项目分布在贵阳市、遵义市等9个市（州），其中修建机耕路12条、29.03公里，建设烟叶调制设施项目5052件，购置烟草农用机械211台套，建设育苗设施和购置配套设备306件、面积7.351万平方米，修复项目7606件。

烟叶收购。省公司将烟叶生产收购计划层层分解到烟区、烟农，落实到烟地，杜绝超计划安排、超合同种植。围绕烟地预留、物资供应、壮苗培育、大田移栽、结构优化、烟叶收购等关键环节，抓实抓好过程精准管控。全年全省种落实烟农6.56万户，收购上等烟比例71.35%。

现代烟草农业建设。以设施完善配套为基础，以规模化种植、专业化服务、集约化经营和信息化管理为重点，推进现代烟草农业建设转型升级。围绕45个种烟重点县完成400万亩基本烟田规划。推动烟区产业融合，探索“烟叶+”配套产业组合，全省试点建设烟区产业综合体16个，综合体落实土地面积3.44万亩，引进农业公司42个，整合政府、烟草、社会资本8764万元。加大新型经营主体培育力度，新增培育新型烟叶种植主体6673户，累计培育3.15万户，种烟比例62%。加快烟农专业合作社优化整合进度，将全省113家合作社整合为100家。

工商企业合作。推进烟叶供给侧结构性改革，加强与湖南、贵州、浙江等工业企业对接，以烟叶基地单元为单位开展订单化生产，烟叶基地化调拨率75.5%。与湖南、贵州、广东等工业企业开展高可用性上部烟叶开发0.7万吨（14.05万担），与贵州、湖南、江苏、上海等工业企业开展定制化生产烟叶1.37万吨（27.4万担），与湖南、山东、贵州等工业企业在13个烟叶基地单元开展全程质量追溯信息化试点，烟叶供给针对性和有效性持续提升。

助农增收。2020年，全省烟农实现售烟收入64.07亿元，多元化增收9.4亿元，烟农总收入73.47亿元，户均收入11.2万元。培育形成有机肥、食用菌、特色蔬菜等十大多元化增收产业，创建增收品牌16个，20个规格产品进入“黔彩”平台销售。

【技术创新】 **新品种选育。**2020年，“贵烟8号”“贵烟5号”通过全国烤烟新品种审定。选育出“贵烟6号”“GZ20”“GZ21”“GZ37”“GZ40”等一批优良后备新品系。

基因组重大专项。抗白粉病的“云烟87”“K326”、抗PVY和脉带花叶病毒的“云烟87”等3个定向改良品系完成工业评价。初步建立烟草基因的uORFs数据库，获得抗逆、次生代谢产物相关基因uORF 2000个以上，建立以uORFs为靶标的基因编辑体系。

绿色防控。建立绿色防控核心示范区43个，示范面积50.15万亩，辐射推广面积95.3万亩。建立适合蠋蝽长期储藏的技术条件，蠋蝽和粘虫的平均死亡率分别降低至14.6%和11.1%，全省共繁育蠋蝽1249万头，示范面积35.72万亩。

栽培营养。构建以“减化肥、增碳库、调营养”为核心的土壤保育集成模式烟区9个，基本覆盖全省烟区，土壤有机质平均含量增加15%，土壤微生物活性均提高20%以上，每亩化肥使用量下降10%，上等烟比例增加3.7个百分点。初步开发烟用炭基棒状肥5个，优化水溶根施肥配方4个，改进多功能生物有机肥生产工艺，生产成本降至1890元/吨。

烟叶调制。形成基于图像的智能烘烤系统，智能识别和控制精度平均达到60.89%。研发的“442”10个关键稳温点烘烤工艺在黔西南州安龙县、兴义市等9个重点县推广52.58万亩，应用比例97.57%。

【交流与合作】 2020年，中国烟草贵州进出口有限责任公司克服疫情带来的影响，加大线上沟通力度，在做稳原有主要客户市场的同时努力开拓新的市场空间。全年累计出口发运烟叶1.59万吨，实现销售收入5015万美元。2019烤季产出片烟销售均价4290美元/吨。主要销售客户是英美烟草、日烟国际、菲莫国际、帝国烟草。

全年进口卷烟3120件，实现销售收入1810万元。进口供应商为中烟英美烟草国际有限公司、南洋兄弟烟草股份有限公司、英美烟草中国有限公司、株式会社KT&G等4家，涉及4个卷烟品牌12个规格。

【特事辑要】 2020年3月11日，贵州省副省长吴强在遵义市湄潭县、凤冈县和余庆县烟草科技园调研。

3 月、10 月，贵州省委副书记、省长李炳军与国家烟草专卖局党组书记、局长，中国烟草总公司总经理张建民在北京分别举行会谈，双方就推动贵州烟草高质量发展、促进地方经济社会建设交换意见。

3 月，贵州省局（公司）结对帮扶的水城县正式脱贫出列，支持毕节试验区按时打赢脱贫攻坚任务全面完成。

9 月 7 日，贵州省委常委、省政府常务副省长李再勇在黔西南州安龙县调研烟叶生产工作。

12 月，贵州烟草商业“韦斌技能大师工作室”被评定为国家级技能大师工作室，这是全国烟草商业首个国家级技能大师工作室。

2020 年贵州省烟草专卖商业主要情况统计

地市级局（公司）名称		贵阳市烟草专卖局（公司）	遵义市烟草专卖局（公司）	六盘水市烟草专卖局（公司）	安顺市烟草专卖局（公司）	毕节市烟草专卖局（公司）
主要负责人/法定代表人（含党政领导）		杨双剑	朱忠彬（—2020 年 12 月） 陈　勇（2020 年 12 月—）	张林峰	付生华（—2020 年 3 月） 朱　峻（2020 年 6 月—）	彭　宇（—2020 年 8 月） 邓祖昌（2020 年 8 月—）
所属县级单位		清镇市、开阳县、息烽县、修文县、南明区、云岩区、观山湖区、白云区、乌当区、花溪区等 10 个县级烟草专卖局（分公司）[1]	务川仡佬族苗族自治县、湄潭县、播州区、仁怀市、习水县、道真仡佬族苗族自治县、余庆县、桐梓县、正安县、绥阳县、凤冈县、赤水市、汇川区、红花岗区等 14 个县级烟草专卖局（分公司）	盘州市、水城区、六枝特区、钟山区等 4 个县级烟草专卖局（分公司）	西秀区、紫云苗族布依族自治县、镇宁布依族苗族自治县、平坝区、普定县、关岭布依族苗族自治县等 6 个县级烟草专卖局（分公司）	七星关区、大方县、黔西县、金沙县、织金县、纳雍县、威宁彝族回族自治县、赫章县等 8 个县级烟草专卖局（分公司）
总资产（万元）		407744	643720	174510	136959	488003
资产负债率（%）		11.79	16.02	12.69	14.55	21.41
从业人员（人）		1216	3240	928	793	3143
所属业务机构	营销机构	1 个卷烟营销中心	1 个营销中心	1 个卷烟营销中心	1 个营销中心	1 个营销中心
	物流配送机构	1 个物流中心、3 个物流中转站	1 个物流中心、1 个城区配送站、5 个物流中转站	1 个物流中心、1 个物流中转站	1 个物流中心	1 个物流中心、6 个物流中转站
	专卖稽查机构	1 个稽查支队、10 个稽查大队	1 个稽查支队、14 个稽查大队	1 个稽查支队、4 个稽查大队	1 个稽查支队、6 个稽查大队	1 个稽查支队、8 个稽查大队
	烟叶机构	6 个烟叶工作站	41 个烟叶工作站	6 个烟叶工作站	4 个烟叶工作站	34 个烟叶工作站
烟农户数（户）		1442	14554	3993	881	25994
实现烟农总收入（万元）		15615	167444	36790	9585	197655
零售户数（户）		31641	34391	18954	16792	40670
零售户销售毛利率（%）		14.01	14.39	14.51	14.24	13.74

地市级局（公司）名称		铜仁市烟草专卖局（公司）	黔东南苗族侗族自治州烟草专卖局（公司）	黔南布依族苗族自治州烟草专卖局（公司）	黔西南布依族苗族自治州烟草专卖局（公司）	贵安新区烟草专卖局（公司）
主要负责人/法定代表人（含党政领导）		叶江平	蒋　聪	莫天前	罗　斐	朱　峻（—2020年3月） 文　赟（2020年9月—）
所属县级单位		德江县、沿河土家族自治县、思南县、石阡县、印江土家族苗族自治县、江口县、松桃苗族自治县、玉屏侗族自治县、万山区、碧江区等10个县级烟草专卖局（分公司）	岑巩县、镇远县、施秉县、麻江县、丹寨县、黄平县、天柱县、锦屏县、黎平县、三穗县、榕江县、从江县、剑河县、雷山县、台江县和凯里市等16个县级烟草专卖局（分公司）	都匀市、福泉市、瓮安县、长顺县、独山县、惠水县、平塘县、贵定县、龙里县、荔波县、罗甸县、三都水族自治县等12个县级烟草专卖局（分公司）	兴义市、兴仁市、普安县、安龙县、贞丰县、晴隆县、册亨县、望谟县等8个县级烟草专卖局（分公司）	—
总资产（万元）		183159	167365	198684	183143	17984
资产负债率（%）		16.81	12.79	20.55	13.66	19.21
从业人员（人）		1620	1210	1494	1184	50
所属业务机构	营销机构	1个营销中心	1个卷烟营销中心	1个卷烟营销中心	1个营销中心	1个营销中心
	物流配送机构	1个物流中心、3个物流中转站	1个物流中心、4个物流中转站	1个物流中心、1个物流中心送货部、5个物流中转站	1物流中心、2个物流中转站	—
	专卖稽查机构	1个稽查支队、10个稽查大队	1个稽查支队、16个稽查大队	1个稽查支队、12个稽查大队	1个稽查支队、8个稽查大队	1个稽查支队
	烟叶机构	14个烟叶工作站	15个烟叶工作站	5个烟叶工作站	22个烟叶工作站	—
烟农户数（户）		2886	3465	2609	9757	—
实现烟农总收入（万元）		43404	45136	24009	99973	—
零售户数（户）		17839	23818	24191	15749	1300
零售户销售毛利率（%）		15.14	15.01	14.40	14.23	14.41

注：1. 2020年4月，贵州省局（公司）印发《关于设立贵州省烟草公司贵阳市公司南明分公司等机构的批复》（黔烟法〔2020〕4号），同意设立贵州省烟草公司贵阳市公司南明分公司，与贵阳市南明区烟草专卖局合署办公；同意设立贵州省烟草公司贵阳市公司云岩分公司，与贵阳市云岩区烟草专卖局合署办公；同意设立贵州省烟草公司贵阳市公司观山湖分公司，与贵阳市观山湖区烟草专卖局合署办公；同意设立贵州省烟草公司贵阳市公司花溪分公司，与贵阳市花溪区烟草专卖局合署办公；同意设立贵州省烟草公司贵阳市公司白云分公司，与贵阳市白云区烟草专卖局合署办公；同意设立贵州省烟草公司贵阳市公司乌当分公司，与贵阳市乌当区烟草专卖局合署办公。

◇ 撰稿：谢　友；编辑：周　佳

云南省烟草专卖局（公司）

【专卖管理】　**打假打私**。2020年，云南省烟草专卖局进一步构筑“两烟”打假打私防线，云南省政法委将涉烟打假打私和维护“两烟”市场秩序纳入云南省平安建设（综治工作）考核体系，实现云南省打假打私工作机制的重大突破。与省公安厅联合建设云南省打击涉烟违法犯罪大数据智能化情报研判平台，开创全新侦查模式。制定并修订《云南省涉烟违法犯罪案件物品价格认定标准指引》《云南省涉案制烟原料鉴别检验管理办法》《云南省罚没制烟原料管理实施细则》等管理制度，为全省打击涉烟违法犯罪工作提供制度保障。

全年全省共查处各类涉烟违法案件1.95万起，其中查办大要案2290起。查获涉案卷烟7.25万件，其中，假冒卷烟5.02万件，走私卷烟6147.25件。查获非法烟叶烟丝7964.09吨，捣毁非法制丝窝点37个，查获各类制假烟机设备130台套。公安、司法机关依法刑拘587人，批捕721人，判刑682人。与公安、海关等部门密切协作，查办大理"9·10"特大非法经营假冒伪劣卷烟犯罪网络案、昆明"1·10"特大非法经营烟草专卖品案、曲靖"4·29"非法经营烟草网络案、普洱"7·22"特大跨国销售假冒注册商标卷烟案等一批有影响力的大要案。

边境涉烟管控。针对云南边境线长，边境情况复杂，涉烟案件多发、高发、打击难度大等情况，2020年，云南省政府把边境涉烟缉私打假工作列为全省缉私六大重点工作之一。深入开展"国门利剑""绿滇"等打击涉烟走私专项行动，在西双版纳、普洱、临沧、德宏打掉一批盘踞在边境一线分销假冒走私卷烟的跨境犯罪团伙，破获普洱"6·12""7·22"、文山"3·9"、保山"5·29"、大理"9·10"等一批跨国非法经营烟草专卖品走私网络专案，有效遏制边境地区涉烟违法犯罪活动猖獗势头。

市场监管。推进"互联网+监管"工作，在行业内率先开发出"双随机、一公开"信息管理系统并投入使用。全年全省各级单位开展各类"双随机"检查任务512次，随机抽取检查人员2640人次，卷烟零售户覆盖率16.05%。在新型烟草制品监管中，严格按照国家局和市场监管总局《关于进一步保护未成年人免受电子烟侵害的通告》精神开展电子烟监管工作。

行政许可服务。持续深化"放管服"改革，简化连锁便利店审批手续，进一步优化营商环境，便利企业和群众办事。按照中国（云南）自由贸易区"证照分离"改革试点工作的相关要求，进一步缩短昆明、红河、德宏自贸区内许可证办理工作时限，提升许可证管理工作水平。2020年，云南省有持证卷烟零售户23.69万户。

内部专卖管理。推进"两烟"生产经营全过程管理监督，促进烟叶生产管理更为规范、卷烟经营秩序明显好转、废弃烟草专卖品处置风险有效降低。开展"依法严管违法违规卖烟大户"① 专项行动，把千条户、五倍户、进货量排序前2%、5%、20%的零售户作为控制大户的关键指标和对标指标，综合运用市场营销和专卖执法手段实施有效管控，逐步降低大户销量占比。全年全省取缔违法违规经营大户经营资格176户，查处大户违法违规经营卷烟5万支或价值5万元以上案件89起，涉案卷烟数量848.26件，总案值738.57万元。

【卷烟经营】 **品牌培育。**2020年，云南省卷烟销售在做好疫情防控的同时，重点在"稳销量、优结构、调状态、重价格、强规范、促动销、增信心"上下功夫。全年实现卷烟单箱含税批发收入3.42万元，五年来首次超过行业平均水平。全年全省销售重点品牌卷烟比上年增长1.68%，重点品牌集中度进一步提高。全年有在销品规351个，新引入品规81个，退出125个，品规布局更加合理。

"云香印象"终端建设。打造云南烟草商业"云香印象"零售终端品牌，持续深入推进"云香印象"品牌终端建设，全面提升客我关系管理水平、终端建设水平、市场管控水平、品牌培育水平和市场化水平。推进现代终端信息系统部署运行，全年部署现代终端信息化平台1.83万户，零售户扫码销售金额35.07亿元。

物流服务保障。对现有卷烟物流网络布局进行持续优化，推进5个区域物流中心网络布局规划，同时规划将全省卷烟跨区域中转站由99个优化为44个。克服疫情不利影响，以"无接触"方式做好工商交接和卷烟送货，保障货源供应。进一步提高卷烟准时配送率，全年零售户到货准时率91.3%，单箱物流费用225.4元。

【雪茄经营】 2020年，云南省销售雪茄2.28亿支，比上年增长20%，其中国产雪茄占市场份额99.99%。销售机制雪茄2.21亿支，比上年增长19.78%；销售手工雪茄0.07亿支，比上年增长17.51%。启动雪茄终端建设工作，探索创新手工雪茄培育模式，使雪茄成为结构提升新增长点。

【烟叶生产】 **烟叶生产基础设施建设。**2020年，云南省投入烟叶生产基础设施建设行业补贴资金预算6.77亿元，建设烟叶生产基础设施项目4.21万件，烟田水利设施受益基本烟田14.15万亩。总公司2020年度审查通过云南省烟

---

① 以云南省公司为供货单位，连续12个月中，月均销量超过本单位零售户平均月销量5倍以上的持有烟草专卖零售许可证的卷烟零售户和月销售量达到1000条以上持有烟草专卖零售许可证的卷烟零售户，均称为卷烟零售卖烟大户。

草行业援建水源工程项目4件，核定援建资金2.68亿元。

抗疫保生产。主动应对干旱发展形势，及时启动烟区已建水利设施维修及蓄水补水，强化育苗、移栽集中连片用水保障。根据生产节令和疫情防控要求，强化梯次育苗，指导种烟农户及早启动机械深耕，加大膜下小苗移栽等技术推广力度，强化水肥管理，促进烟株早生快发。全年全省筹措抗旱经费近2亿元。

云南省红河州蒙自市鸣鹫烟站猛拉攀枝边烤烟生产示范样板（2020年）
云南省局　供稿

烟农增收。紧扣全省脱贫攻坚和乡村振兴大局，优先保障贫困县贫困烟农种植计划合同，全年实现烟农售烟总收入241.43亿元。建设烟区产业综合体23个，示范、引领、带动烟农持续增收，构建以烟为主、多元产业协调发展的新模式，推动农艺园艺、农业旅游、创意休闲等多种业态融合发展，培育烟农增收新动能，全年实现烟农多元产业增收31.9亿元。

创新发展。持续推动核心烟区规划建设，初步构建全省烟叶种植电子沙盘，形成《云南省核心烟区建设规划》，规划基本烟田1504.32万亩。创新烟叶管理方式，红河州公司探索开发“一部手机种好烟”（一站式烟农服务平台）App，文山、大理等州（市）公司开展电子合同、网签合同试点工作，楚雄、红河、文山等7个州（市）公司试点开展智能化烟叶分级定级设备研究应用，提升烟叶生产智能化水平。

开发烟叶新品原料，改良“红花大金元”“云烟87”等品种，做强烟草农业“芯片”。与山东、安徽、四川、湖北等4家卷烟工业企业开展战略合作，实施雪茄原料国产化、规模化开发，规模化开发独具风格特色的硃砂烟。

【对外交流与合作】 **经营情况**。2020年，中国烟草云南进出口有限公司实现进出口总值2.26亿美元，实现营业收入28.81亿元，实现税利6.16亿元，其中，实现利润5.82亿元，实现税金3371.09万元。

深化STP项目实施。全年全省安排“烟叶可持续发展计划”项目（简称STP项目）整县推进试点13个、整站推进试点43个。加大与相关单位沟通协调力度，按照“提升班”和“基础班”两个标准完成各层级培训100余次。持续优化升级STP信息管理系统各版块功能，完成试点单位4.27万户烟农移栽期、大田期、烘烤期三轮信息调查，并运用线上评分开展年度自评。

进口贸易。完成“大卫杜夫（Davidoff）”等8个非古巴产雪茄入网备案手续。全年为5家用户规范采购科研设备94台套。

【技术创新】 **完善创新体系**。2020年，从战略层面谋划科技创新体制机制改革，形成改革实施方案，新制定8项改革措施、修订优化4项有关制度。推进云南烟草商业科技研发中心建设，谋划云南烟草实验室建设，不断提升创新平台支撑能力。

烟叶新品开发。实施雪茄烟叶开发重大专项，与国内4家雪茄生产企业签署战略合作协议，开展雪茄烟叶试种610亩，经专家评吸，与多米尼加烟叶相当，能替代部分进口雪茄烟叶。首次获得硃砂烟种质资源，定向选育出可代际间遗传的硃砂烟品系，种植开发1.8万亩，实现产质量双提升。举办优质烟叶新品展示活动。

技术成果转化。立足烟草育种、绿色生产等自主创新成果，以标准化为抓手，建成绿色防控示范区251个，设立土壤保育示范区56个。

【特事辑要】 2020 年 3 月 16 日，自然资源部副部长、国家自然资源副总督察库热西·买合苏提率国家复工复产云南调研组，到云南烟叶复烤有限责任公司石林复烤厂实地调研复工复产情况，对企业复工复产工作给予肯定。

4 月 9 日，云南省副省长董华到云南省烟草农业科学研究院和玉溪中烟种子有限责任公司专题调研科技创新工作。

6 月 1 日，“智能财务平台”在云南省烟草商业系统 24 家单位全面上线运行，标志着云南烟草商业系统迈入智能财务新时代。

6 月 9—12 日，国家局党组成员、副局长徐瑄在云南烟草调研。

8 月 21 日，国家农业信息化工程技术研究中心云南烟草创新基地、国家农业智能装备工程技术研究中心云南烟草创新基地在红河州弥勒市揭牌，标志着全国首个智慧烟草农业“双创新”基地正式落户云南。

11 月 24—25 日，国家局党组成员、副局长段铁力在云南烟草调研。

12 月 23 日，国家烟草专卖局党组书记、局长，中国烟草总公司总经理张建民在北京与云南省委书记阮成发，省委副书记、代省长王予波举行会谈，双方就推动云南烟草改革发展、巩固脱贫攻坚成果、支持乡村振兴、促进地方经济社会建设交换意见。

2020 年云南省烟草专卖商业主要情况统计[3]

地市级局（公司）名称		昆明市烟草专卖局（公司）	玉溪市烟草专卖局（公司）	曲靖市烟草专卖局（公司）	红河哈尼族彝族自治州烟草专卖局（公司）
主要负责人/法定代表人（含党政领导）		田泽华	蒲天燕	樊在斗（—2020 年 6 月） 晏　飞（2020 年 6 月—）	邓云龙
所属县级单位		呈贡区、安宁市、五华区、盘龙区、西山区、官渡区、东川区、晋宁区、富民县、宜良县、嵩明县、石林彝族自治县、禄劝彝族苗族自治县、寻甸回族彝族自治县等 14 个县级烟草专卖局（分公司）	红塔区、江川区、澄江市[1]、通海县、华宁县、易门县、峨山彝族自治县、新平彝族傣族自治县、元江哈尼族彝族傣族自治县等 9 个县级烟草专卖局（分公司）	麒麟区、宣威市、沾益区、马龙区、陆良县、师宗县、罗平县、富源县、会泽县等 9 个县级烟草专卖局（分公司）	蒙自市、个旧市、开远市、弥勒市、建水县、石屏县、泸西县、元阳县、红河县、绿春县、屏边苗族自治县、河口瑶族自治县、金平苗族瑶族傣族自治县等 13 个县级烟草专卖局（分公司）
总资产（万元）		1196314	825098	1539881	754889
资产负债率（%）		13.53	9.47	16.40	10.29
从业人员（人）		1725	983	2686	1240
所属业务机构	营销机构	1 个营销中心、14 个区域市场部	1 个营销中心、9 个区域市场部	1 个营销中心、9 个区域市场部	1 个营销中心、13 个区域市场部
	物流配送机构	1 个物流中心、4 个物流中转站	1 个物流中心、8 个县（区）物流中转站	1 个卷烟物流分公司、9 个卷烟物流中转站	1 个物流分公司、4 个物流中转站
	专卖稽查机构	1 个稽查支队、14 个稽查大队	1 个稽查支队、9 个稽查大队	1 个稽查支队、9 个稽查大队	1 个稽查支队、13 个稽查大队
	烟叶机构	53 个烟叶收购站	50 个烟叶收购站	87 个烟叶收购站、345 个烟点	38 个烟叶收购站
烟农户数（户）		44303	60845	125196	42431
实现烟农总收入（万元）		218350	253371	482692	215640
零售户数（户）		38298	14120	24631	17561
零售户销售毛利率（%）		13.00	15.99	15.00	18.00

地市级局（公司）名称		楚雄彝族自治州烟草专卖局（公司）	大理白族自治州烟草专卖局（公司）	昭通市烟草专卖局（公司）	保山市烟草专卖局（公司）
主要负责人/法定代表人（含党政领导）		晏　飞 （—2020年6月） 曹敬东 （2020年6月—）	杨龙祥	刘永军	杨　轩
所属县级单位		楚雄市、双柏县、牟定县、南华县、姚安县、大姚县、永仁县、元谋县、武定县、禄丰县等10个县级烟草专卖局（分公司）	大理市、宾川县、祥云县、弥渡县、南涧彝族自治县、巍山彝族回族自治县、漾濞彝族自治县、永平县、云龙县、洱源县、剑川县、鹤庆县等12个县级烟草专卖局（分公司）	昭阳区、鲁甸县、巧家县、镇雄县、彝良县、威信县、大关县、盐津县、永善县、绥江县、水富市等11个县级烟草专卖局（分公司）	隆阳区、施甸县、腾冲市、龙陵县、昌宁县等5个县级烟草专卖局（分公司）
总资产（万元）		683339	586728	371459	474995
资产负债率（%）		15.99	14.44	20.25	16.51
从业人员（人）		1233	1205	1665	895
所属业务机构	营销机构	1个营销中心	1个卷烟营销中心、12个卷烟区域市场部	1个营销中心、11个区域市场部	1个营销中心、22个卷烟营销服务站
	物流配送机构	1个物流分公司	1个物流分公司、12个物流中转站	1个物流中心、11个物流中转站	1个物流分公司、5个物流中转站
	专卖稽查机构	1个稽查支队、10个稽查大队	1个专卖稽查支队、12个专卖稽查大队	1个稽查支队、11个稽查大队	1个稽查支队、5个稽查大队
	烟叶机构	79个烟叶收购站	75个烟叶站	42个烟叶收购站	40个烟叶工作站
烟农户数（户）		69883	60023	13404	33922
实现烟农总收入（万元）		237600	226286	91135	172182
零售户数（户）		11500	15154	21276	11558
零售户销售毛利率（%）		10.00	15.70	12.80	12.00

地市级局（公司）名称	文山壮族苗族自治州烟草专卖局（公司）	普洱市烟草专卖局（公司）	丽江市烟草专卖局（公司）	临沧市烟草专卖局（公司）
主要负责人/法定代表人（含党政领导）	何文炜 （—2020年6月） 朱艳梅 （2020年6月—）	徐元飞 （—2020年6月） 廖文程 （2020年6月—）	陈茂建	曹敬东 （—2020年6月） 段　焰 （2020年6月—）
所属县级单位	文山市、砚山县、西畴县、麻栗坡县、马关县、丘北县、广南县、富宁县等8个县级烟草专卖局（分公司）	景东彝族自治县、镇沅彝族哈尼族拉祜族自治县、墨江哈尼族自治县、景谷傣族彝族自治县、宁洱哈尼族彝族自治县、江城哈尼族彝族自治县、澜沧拉祜族自治县、孟连傣族拉祜族佤族自治县、西盟佤族自治县、思茅区等10个县级烟草专卖局（分公司）	玉龙纳西族自治县、永胜县、华坪县、宁蒗彝族自治县、古城区等5个县级烟草专卖局（分公司）	临翔区、凤庆县、永德县、云县、镇康县、耿马傣族佤族自治县、沧源佤族自治县、双江拉祜族佤族布朗族傣族自治县等8个县级烟草专卖局（分公司）

续表

地市级局（公司）名称		文山壮族苗族自治州烟草专卖局（公司）	普洱市烟草专卖局（公司）	丽江市烟草专卖局（公司）	临沧市烟草专卖局（公司）
总资产（万元）		451337	399830	235334	233082
资产负债率（%）		14.32	17.02	16.27	19.30
从业人员（人）		984	793	452	719
所属业务机构	营销机构	1个营销中心、8个区域市场部	1个营销中心、10个区域市场部	1个营销中心、5个区域市场部	1个营销中心、8个区域市场部
	物流配送机构	1个配送中心、4个物流中转站	1个物流分公司、8个物流中转站	1个物流分公司、3个物流中转站	1个物流分公司、8个卷烟物流配送服务中转站
	专卖稽查机构	32个稽查支队、8个稽查大队	1个稽查支队、10个稽查大队	1个稽查支队、5个稽查大队	1个稽查支队、8个稽查大队
	烟叶机构	39个烟叶工作站	53个烟叶收购站	24个烟叶收购站	32个烟叶工作站
烟农户数（户）		14139	30380	19836	27983
实现烟农总收入（万元）		136299	143753	83052	106595
零售户数（户）		20736	15165	10319	9551
零售户销售毛利率（%）		12.25	15.00	13.20	11.50

地市级局（公司）名称		德宏傣族景颇族自治州烟草专卖局（公司）	西双版纳傣族自治州烟草专卖局（公司）	怒江傈僳族自治州烟草专卖局（公司）	迪庆藏族自治州烟草专卖局（公司）
主要负责人/法定代表人（含党政领导）		王黎亚	张国鲲	王　磊	肖　玛
所属县级单位		芒市、瑞丽市、陇川县、盈江县、梁河县等5个县级烟草专卖局（分公司）	景洪市、勐海县、勐腊县等3个县级烟草专卖局（分公司）	泸水市[2]、福贡县、贡山独龙族怒族自治县、兰坪白族普米族自治县等4个县级烟草专卖局（分公司）	德钦县、维西傈僳族自治县、香格里拉市等3个县级烟草专卖局（分公司）
总资产（万元）		61709	72048	18567	20754
资产负债率（%）		12.18	8.65	22.13	10.47
从业人员（人）		191	172	101	142
所属业务机构	营销机构	1个营销中心、5个区域市场部	1个卷烟营销中心	1个营销中心	1个营销中心
	物流配送机构	1个物流分公司、4个卷烟配送中转站、1个直送管理站	1个物流分公司	1个物流分公司	1个物流分公司
	专卖稽查机构	1个稽查支队、5个稽查大队	1个稽查支队、3个稽查大队	1个稽查支队、4个稽查大队	1个稽查支队、3个稽查大队
	烟叶机构	—	—	—	—
烟农户数（户）		—	—	—	—
实现烟农总收入（万元）		—	—	—	—
零售户数（户）		8301	9311	2947	2593
零售户销售毛利率（%）		10.34	14.64	17.67	18.03

注：1. 2020年11月20日，国家局、总公司印发《关于调整玉溪市烟草专卖局（公司）所属部分机构的批复》（国烟人〔2020〕179号），同意撤销云南省澄江县烟草专卖局，设立澄江市烟草专卖局，将玉溪市烟草公司澄江县分公司名称变更为云南省烟草公司玉溪市公司澄江分公司。

2. 2020年5月28日，国家局、总公司印发《关于设立怒江傈僳族自治州烟草专卖局（公司）所属部分机构的批复》（国烟人〔2020〕91号），同意设立云南省怒江州泸水市烟草专卖局、云南省烟草公司怒江州公司泸水分公司。

3. 烟叶相关情况不含云南香料烟有限责任公司数据。

◇ 撰稿：王津军；编辑：周　佳

西藏自治区烟草专卖局（公司）

【专卖管理】　**打假打私**。2020年，西藏自治区烟草专卖局积极沟通协调，构建“政府领导、部门联合、多方参与、密切协作”的烟草打假打私体系。加大对物流寄递渠道和互联网、自媒体等重点环节、重点领域涉烟违法违规行为打击力度，全年组织开展打击涉烟违法犯罪专项行动4次，查处各类涉烟违法案件254起，查获非法卷烟502.9件，案值664.75万元；破获案值5万元以上涉烟大要案件33起；上缴罚没款67.46万元。公安、司法机关依法刑拘3人，判刑4人。全年自治区卷烟市场净化率94.08%。

内部监管。加强卷烟经营全过程监督，严格落实地市级公司经营、规范两个主体责任，严肃查处真烟异常流动违规行为。全年查处真烟异常流动案件142起，查获非法卷烟259.7件，市场管控能力进一步增强。

【卷烟经营】　**销售情况**。自治区公司始终坚持“总量控制、稍紧平衡，增速合理、贵在持续”调控方针，积极扩增销量、顺势提升结构、严格目标管理，经济运行呈现出“增长稳、状态好、结构高”的良好态势，主要经营指标增速始终位居行业前列。2020年，全自治区卷烟单箱销售额4.62万元，比上年增长2.5%，销售结构继续居行业商业企业第二位。实现商业增加值16.54亿元，比上年增长4.55%。

品牌培育。加快推进品牌布局优化，持续调优品牌生态，初步构建统一开放、竞争有序的品牌市场体系，全年自治区卷烟在销品规202个。2020年，全自治区销量居前三位的卷烟品牌依次为“云烟”“中华”“娇子”，销量分别为18.45亿支（3.7万箱）、4.4亿支（0.88万箱）、3.73亿支（0.75万箱）。

网络建设。坚持市场化取向改革方向不动摇，省级卷烟销售平台全面运行，实现订单采集集约化、业务流程标准化、销售过程监控化，全年网上订货率、电子结算率、电子结算交易占比分别为74.74%、91.96%、99.2%。不断深化客我关系管理，加强客户经营指导，零售户卷烟经营毛利率在14%以上。

【雪茄经营】　2020年，全自治区销售雪茄290箱，比上年增长25.16%。雪茄市场以四川中烟品牌为主，主要培育3个雪茄品牌，分别为四川中烟“长城”和“狮牌”，安徽中烟“王冠”。

【基础管理】　准确把握高质量发展内涵，QHSE管理体系文件全面建成，企业管理机制和运行机制更加优化完善。强化对标管理，自治区地市级局（公司）14项对标指标全面提升，对标管理的引领作用有效发挥。深化管理改革，推行财务管理大集中模式，财务管理标准化、规范化水平有效提升。全年申报专利6件，获得专利授权1件；“卷烟商商共库管理系统”获得国家版权局计算机软件著作权。

【特事辑要】　2020年1月18日，西藏自治区局（公司）

2020年1月18日，西藏自治区局（公司）召开2020年全区烟草工作会议
西藏区局　供稿

召开2020年全区烟草工作会议。

6月2—4日，西藏自治区党委书记吴英杰，自治区党委副书记、区政府主席齐扎拉，自治区政府副主席江白分别对西藏烟草工作情况作出批示。

8月4—6日，国家烟草专卖局党组书记、局长，中国烟草总公司总经理张建民在西藏烟草调研。

12月16日，西藏自治区党委副书记、区政府常务副主席庄严对西藏烟草工作情况作出批示。

2020年西藏自治区烟草专卖商业主要情况统计

地市级局（公司）名称		拉萨市烟草专卖局（公司）	山南市烟草专卖局（公司）	日喀则市烟草专卖局（公司）	林芝市烟草专卖局（公司）	昌都市烟草专卖局（公司）	阿里地区烟草专卖局（公司）
主要负责人/法定代表人（含党政领导）		曾　涛（—2020年2月） 程　伟（2020年2月—）	拉　果	张开友	索朗次仁	刘海青（—2020年8月） 王鸿韬（2020年9月—）	旺　扎（—2020年6月） 扎西才旺（2020年7月—）
所属县级单位		—	—	—	—	—	—
总资产（万元）		84872	11839	20775	13406	19918	6285
资产负债率（%）		2.26	32.61	32.41	4.35	13.82	106.85
从业人员（人）		218	98	113	90	102	48
所属业务机构	营销机构	1个营销中心、1个县级营销网点	1个营销中心、5个县级营销网点	1个营销中心、4个县级营销网点	1个营销中心、3个县级营销网点	1个营销中心、5个县级营销网点	1个营销中心、3个县级营销网点
	物流配送机构	1个物流中心	1个物流中心	1个物流中心	1个物流中心	1个物流中心	1个物流中心
	专卖稽查机构	1个稽查支队、1个案件审理室、5个稽查大队	2个稽查大队	4个稽查大队	2个稽查大队	5个稽查大队	1个稽查支队
	烟叶机构	—	—	—	—	—	—
烟农户数（户）		—	—	—	—	—	—
实现烟农总收入（万元）		—	—	—	—	—	—
零售户数（户）		5337	1926	3095	1474	1518	717
零售户销售毛利率（%）		15.00	14.00	14.00	14.00	14.00	14.00

◇ 撰稿：曹玉娟；编辑：周　佳

陕西省烟草专卖局（公司）

【专卖管理】 **卷烟打假。**2020年，陕西省烟草专卖局坚持“办大案、破网络、抓主犯”工作思路，强化多警种、跨区域执法协作机制。加强与省海关、邮政管理、市场监管等部门合作，构建“情报互通、信息共享、证据互认、联动打击”的工作格局。建立全省重大案件评审及督导协调机制，强化省局协调、指导、分析研判服务职能，增强市、县级局实时打击能力，发挥省、市、县联动优势。全年全省查处假冒、走私卷烟案件6972起，查获假冒、走私卷烟1835.6件万支，查获非法烟叶烟丝1.76万吨。破获假烟网络案件22起，其中符合国家局标准网络案件20起。公安、司法机关依法逮捕116人，判刑75人。

西安“8·6”走私雪茄案件在国家烟草专卖局和海关总署统一指挥下，发起第一波集群战役。该案抓获涉及陕西、广东、上海等17个省（直辖市）的犯罪嫌疑人93人，查获走私雪茄8.1万余支，涉案金额超10亿元。

市场监管。制定市场监管信息系统应用推广实施方案，统一市场网格划分标准。持续治理违法违规卖烟大户，2398户重点监管大户被纳入大户名录。开展“打击物流寄递渠道涉烟违法活动加强电子烟市场监管专项行动”，全省实现持证零售户售卖电子烟全部清零。制定《推行行政执法公示制度　执法全过程记录制度　重大执法决定法制审核制度试点工作方案》等，实现行政执法全过程留痕和可回溯管理。全年查处涉烟违法案件1.94万起，其中非渠道卷烟案件1.24万起；查获非法卷烟1.06万件，其中非渠道卷烟8808件。

陕西西安市局（公司）推进专卖物流信息化建设（2020年）
陕西省局　供稿

情报研判。加强陕西物流寄递涉烟信息采集研判系统建设，强化物流寄递涉烟案件数据模型迭代，加大对全省物流寄递涉烟案件情报研判分析力度，提高精准打击能力、集中打击效果、集群打击范围。2020年省内共推送涉烟线索8235条，查获物流寄递涉烟案件8268起，查获涉案卷烟506.19万支，卷烟价值753.12万元；向全国10个省22个地市推送涉烟线索131条，现场查获涉案假、走私卷烟518.21件，烟叶、烟丝2710千克。

证件管理。推进“放管服”改革，开展简化品牌连锁便利店经营审批手续试点工作。深化“互联网＋政务服务”，推广“一体化政务服务平台”和“两证”电子化应用，引导零售户进行网上申办许可事项。加强行政许可标准化建设，全省有107家县级局许可办理进驻地方政务服务大厅，并建立政务服务“好差评”制度。开展零售许可证管理督查工作，重点纠正许可证管理过程中“不作为”等问题。修订烟草制品零售点合理布局规划的指导意见，截至2020年底，全省有持证卷烟零售户15.53万户。

【卷烟（雪茄）经营】 **品牌管理**。进一步优化品类配额管理、品规进退规则和品牌评价管理机制，严格执行品规退出引入管理，截至2020年底，全省有在销国产卷烟（含卷烟型雪茄）规格229个。本地区销量居前三位的卷烟品牌为“好猫”“延安”“芙蓉王”，销量分别为297.39亿支（59.48万箱）、89.74亿支（17.95万箱）、47.75亿支（9.55万箱）。全年销售低价位卷烟203.07亿支（40.61万箱），销售8毫克/支以下低焦油卷烟140.62亿支（28.12万箱），销售细支烟105.77亿支（21.15万箱）。销售传统雪茄0.27亿支。

卷烟经营方式。疫情期间，印发《疫情防控期间卷烟营销指导意见》，创新推广无接触卷烟配送模式。召开全省信息采集示范交流会，推广数据驱动销售模式，全省样本点采集率稳定在99%以上，采集数据误差率降低至0.2%以内。召开全省工商网上配货示范交流会，全年与16家卷烟工业企业实现网上配货，月均商业库存周转率比上年提升13.5%。加强规范经营管理，下发预警情况通报4期，运行管控通报9期，红、橙、黄预警次数分别比上年下降32.2%、51.97%和43.4%。

零售终端建设。加强卷烟零售终端建设，印发直营终端、新现代终端等建设标准，进一步健全终端建设制度体系。2020年，全省1083户卷烟零售户实现“聚合支付”。

【烟叶生产经营】 **烟叶供给侧结构性改革**。以“1＋11”烟叶生产经营全流程管理体系落地为抓手，着力烟叶质量结构、工商合作水平提升，推进全省烟叶供给侧结构性改革向纵深发展。着力化解改革推进不平衡、不充分的问题，2020年，汉中烟区顺利完成收购任务，宝鸡烟区上等烟、均价等质量指标取得新突破，商洛、安康市公司在制约高质量发展的重难点问题突破上进行有益探索。组织召开全省烟叶移栽观摩交流视频会，开展全省烟叶生产经营全流程管理体系“双随机双公开”交叉检查，督促关键技术落实。全省上等烟、中部烟和桔黄烟比例分别达到53.9%、57.6%和90.2%，均创历史最好水平。

依托烟叶基地单元平台，推进工商研联合攻关，实现9个国家级、4个省级单元科研项目全覆盖。联合江苏、陕西中烟探索开展烟叶定制化生产。联合蒙昆公司进行生物酶提质技术研究，初步完成安康产区两个等级试制。

烟叶生产方式。全面启动烟区产业综合体建设，3个国家局、5个省级试点顺利完成建设和评估，试点面积1万亩，辐射约2万亩。开展村级集体经济组织种烟探索，174个集体经济组织种植烟叶1.4万亩。新建烟叶基础设施建设项目5672件，购置类项目全部完成；3个在建水源工程项目按期推进。

促农增收。坚持把促进烟农增收作为稳定烟叶基础的根本途径，统筹主业增收和多元产业增收工作，加快形成二元增收新格局。主业增收方面：全年全省烟农户均收入（不含补贴）、亩产值、均价分别为8万元、3262元、25.1元/千克，均创历史新高。多元产业增收方面：依托建成的烟田基础设施，为当地大农业和特色产业开展配套服务，育苗、烘烤、农机三类设施利用分别达到23.71万平方米、1207座、1.19万台套；拓展基本烟田非烟季节的综合利用，推广烟、粮、菜等多种作物轮作，全年利用基本烟田43.6万亩等。累计实现多元产业增收4.16亿元，净收入2.08亿元。

【交流与合作】 2020年，陕西烟草进出口有限公司出口烟叶1.25万吨，销售进口卷烟0.98亿支（0.2万箱）。实现进出口商品总值2419万美元。实现销售收入2.03亿元。实现税利3854万元，其中利润1296万元。

面对新冠肺炎疫情全球蔓延的严峻形势、对外贸易急转直下的紧张态势和美元汇率大幅波动的压力挑战，公司紧紧围绕新发展理念和高质量发展要求，主动作为，开拓创新。全年调拨出口备货烟叶0.23万吨（4.69万担），完成计划的187%。继续拓展新领域、新渠道、新业务，向“一带一路”沿线国家地区出口烟用丝束1461吨，向印度尼西亚、罗马尼亚出口膨胀梗丝51吨、烟机配件3914件。加强国际市场新客户开发力度，先后与印度尼西亚鹰美、老挝国际等6家企业建立合作关系，持续稳固出口产业链。紧急启动疫情应急机制，全力缩减进口卷烟市场“空窗期”，完成进口卷烟销售计划核定量100.9%。引入“南洋爱国（绿中支）”新品上市，与瑞士丹纳曼公司开展进口雪茄业务磋商。

【企业管理】 制定加强基层建设和基础管理、推动全省系统高质量发展的指导意见，确定33项配套措施，启动基层评先创优工作。加强智慧物流建设，在宝鸡开展工商同城物流一体化试点。推进绿色物流建设，2020年返还循环烟箱452.87万只，总返还率99.29%，工商托盘联运量17.06万箱。全省系统6家单位使用97台新能源送货车开展终端送货，占比28.78%。编制《全省烟草商业物流设备管理办法》，首次建立全省统一的物流设备分类、编码、标识规则和考评体系。

【特事辑要】 2020年1月16日，陕西省局（公司）召开2020年工作会议。

1月26日，陕西省局（公司）迅速部署新冠肺炎疫情防控工作，印发联防联控工作方案，成立工作领导小组及5个工作组，全力以赴抗击疫情。全年累计排查9900余人次。

9月9—11日，国家局党组成员、副局长段铁力在陕西烟草调研。

9月21日，国家局党组第五轮巡视第四巡视组巡视陕西省局（公司）工作动员会议在西安召开，部署常规巡视暨第三轮行业政治生态突出问题全面整改督导检查。

10月20—23日，国家局党组成员、副局长徐瑳在陕西烟草调研。

2020年陕西省烟草专卖商业主要情况统计

地市级局（公司）名称	西安市烟草专卖局（公司）	咸阳市烟草专卖局（公司）	宝鸡市烟草专卖局（公司）	渭南市烟草专卖局（公司）	铜川市烟草专卖局（公司）
主要负责人/法定代表人（含党政领导）	张爱峰	王云彪 （—2020年8月） 张永军 （2020年8月—）	沈　宏	耿　欣	董海潮

续表

地市级局（公司）名称		西安市烟草专卖局（公司）	咸阳市烟草专卖局（公司）	宝鸡市烟草专卖局（公司）	渭南市烟草专卖局（公司）	铜川市烟草专卖局（公司）
所属县级单位		长安区、临潼区、高陵区、周至县、鄠邑区、蓝田县、阎良区、新城区、未央区、碑林区、雁塔区、莲湖区、灞桥区等13个县级烟草专卖局（分公司），1个直属高新分局（营销部）	秦都区、渭城区、兴平市、彬州市、长武县、淳化县、永寿县、旬邑县、礼泉县、乾县、武功县、三原县、泾阳县等13个县级烟草专卖局（分公司）	陈仓区、岐山县、眉县、扶风县、凤翔县、陇县、千阳县、麟游县、太白县、凤县、金台区、渭滨区等12个县级烟草专卖局（分公司）	华州区、韩城市、华阴市、合阳县、澄城县、大荔县、蒲城县、白水县、富平县、潼关县等10个县级烟草专卖局（分公司），以及1个直属分局（城区分公司）	耀州区、城区、宜君县等3个县级烟草专卖局（分公司）
总资产（万元）		486339	110694	107210	102426	24079
资产负债率（%）		11.97	7.52	11.16	29.80	12.39
从业人员（人）		1377	818	745	809	206
所属业务机构	营销机构	1个营销中心	1个营销中心	1个营销中心	1个营销中心	1个营销中心
	物流配送机构	1个物流分公司	1个物流分公司	1个物流分公司	1个物流分公司	1个物流分公司
	专卖稽查机构	1个专卖稽查支队、3个专卖稽查大队	1个专卖稽查支队、13个专卖稽查大队	1个专卖稽查支队、12个专卖稽查大队	1个专卖稽查支队、11个专卖稽查大队	1个专卖稽查支队、3个专卖稽查大队
	烟叶机构	—	1个烟叶分公司、5个收购站（点）、1个烟叶总库	1个烟叶分公司、1个烟叶中心库、12个烟叶收购站（点）	—	—
烟农户数（户）		—	234	979	—	—
实现烟农总收入（万元）		—	1915	7528	—	—
零售户数（户）		39959	16702	11580	18034	3050
零售户销售毛利率（%）		12.20	11.85	10.78	13.56	12.00

地市级局（公司）名称	商洛市烟草专卖局（公司）	汉中市烟草专卖局（公司）	安康市烟草专卖局（公司）	延安市烟草专卖局（公司）	榆林市烟草专卖局（公司）	杨凌示范区烟草专卖局（公司）
主要负责人/法定代表人（含党政领导）	洪　炜	许　刚（—2020年12月）湛　平（2020年12月—）	雷学锋	王　林	韦　卫（—2020年12月）张会军（2020年12月—）	王绥延（—2020年8月）陈焕强（2020年11月—）
所属县级单位	洛南县、丹凤县、商南县、山阳县、镇安县、柞水县等6个县级烟草专卖局（分公司），以及1个商州分局（分公司）	汉台区、南郑区、城固县、洋县、西乡县、勉县、宁强县、略阳县、镇巴县、留坝县、佛坪县等11个县级烟草专卖局（分公司）	汉滨区、汉阴县、石泉县、宁陕县、紫阳县、岚皋县、平利县、镇坪县、旬阳县、白河县等10个县级烟草专卖局（分公司）	吴起县、志丹县、安塞区、宝塔区、子长市、延川县、延长县、甘泉县、富县、洛川县、宜川县、黄陵县、黄龙县等13个县级烟草专卖局（分公司）	神木市、绥德县、榆阳区、府谷县、定边县、靖边县、横山区、米脂县、子洲县、清涧县、佳县、吴堡县、神府煤田等13个县级烟草专卖局（分公司）	—
总资产（万元）	95695	104463	119258	77488	152205	7748
资产负债率（%）	11.60	17.47	12.56	31.62	19.72	11.18

续表

地市级局（公司）名称		商洛市烟草专卖局（公司）	汉中市烟草专卖局（公司）	安康市烟草专卖局（公司）	延安市烟草专卖局（公司）	榆林市烟草专卖局（公司）	杨凌示范区烟草专卖局（公司）
从业人员（人）		732	716	899	875	667	45
所属业务机构	营销机构	1个卷烟营销中心	1个卷烟营销中心	1个卷烟营销中心	1个卷烟营销中心	1个卷烟营销中心	1个卷烟营销中心
	物流配送机构	1个物流分公司	1个物流分公司	1个物流分公司	1个物流分公司	1个物流分公司	1个物流中心
	专卖稽查机构	1个专卖稽查支队、7个专卖稽查大队	1个专卖稽查支队、11个专卖稽查大队	1个专卖稽查支队、10个专卖稽查大队	1个稽查支队、13个稽查大队	1个专卖稽查支队、13个专卖稽查大队	1个专卖稽查支队
	烟叶机构	1个烟叶分公司（烟叶生产技术中心）、2个烟叶转运库房、17个烟站收购点	1个烟叶分公司、14个烟叶站（点）	1个烟叶分公司、1个烟叶生产技术中心、1个烟叶总库、35个烟叶站（点）	1个烟叶分公司、1个烟叶库、6个烟叶收购站（点）	—	—
烟农户数（户）		3884	1441	3029	752	—	—
实现烟农总收入（万元）		29616	12054	25539	5378	—	—
零售户数（户）		8726	16313	11912	10505	15667	804
零售户销售毛利率（%）		12.50	11.60	13.00	11.28	10.66	11.50

◇ 撰稿：陈　霏；编辑：周　佳

甘肃省烟草专卖局（公司）

【专卖管理】 **打假打私**。2020年，甘肃省烟草专卖局充分发挥自身打假打私指挥中心的枢纽作用和各市（州）情报信息研判小组的支点作用，开展物流寄递涉烟违法犯罪专项整治活动，突出抓好“互联网＋物流寄递”环节的重点监管。落实联合打假打私机制，主动对接省公安部门，对重点单位和重点案件进行督导跟进。全年全省共查处各类假私卷烟案件3924起，查获假私卷烟458件，破获案值百万元以上网络案件29件。公安、司法机关依法刑拘104人，批捕81人，判刑69人。兰州、平凉、嘉峪关、甘南等市（州）局分别破获涉案金额超千万元网络案件。

市场监管。筑牢真烟非法流通监管防线，持续加大对重点区域、重点环节、重点渠道的打击治理力度，做到“流入流出一起打，流多流少一起查”；筑牢新型烟草制品监管防线，开展电子烟市场专项检查，坚决杜绝利用网络售卖电子烟产品和向中小学生售卖电子烟产品；筑牢市场异动联合监管防线，密切与省公安、市场监管等部门协作，针对扰乱卷烟市场苗头性问题，适时开展专项治理行动。2020年，全省查处真烟非法流通案件5437起，查获非法卷烟7780件。查处违法违规卖烟大户132户，依法取缔27户。市场管控率为95.04%，较上年提高0.88个百分点。

智慧专卖。依托专卖管理综合信息系统，整合现有信息资源，促进专业业务与信息化深度融合。深化应用一体化涉烟情报分析系统，推进“134”涉烟犯罪情报联合研创中心建设，完善涉烟情报数据库，建设形成“信息—研判—查案”闭环运行的大要案件查办机制。建立形成符合区域实际的情报信息分析模型，用实用活各类分析指标，提高分析命中率。构建移动办公场景，在一线稽查队伍中百分之百配备执法记录仪、便携打印机、移动终端等执法装备。

“放管服”改革。建立健全信息公开制、一次性告知制、首问责任制等配套制度，推动行政许可标准化建设落地见效。依托烟草行业一体化在线政务服务平台，实现烟草行业政务服务事项管理、服务门户、身份认证、电子印章、电子证照、数据共享“六统一”。推进与政府间的政务信息资源共享应用，进一步简化零售许可办理环节，缩减办理期限，落实“一窗办”“不见面审批”“好差评”制度。

【卷烟经营】 **品牌培育**。完善品牌培育规划，加快形成各价类良性竞争、协调发展的品牌格局，全年全省在销的国产卷烟规格有148个。优化品牌评价机制，加快构建以品类销量占比、销量同比、月末存销比为主要指标的品牌评价体系，提高品牌与市场需求契合度。加强品牌宏观调控，加快构建符合品牌培育规划、匹配客户经营能力、满足客户真实需求的货源精准投放模式。2020年，本地区销量居前三位的卷烟品牌为“兰州”“红塔山”“延安”，销量分别为255.66亿支（51.13万箱）、37.34亿支（7.47万箱）、29.22亿支（5.84万箱）。

销售网络建设。推进“三大平台”“五类终端”建设，逐步改善普通终端特别是农村客户的现代化销售软硬件水平，推动终端建设由数量扩张向质量提升转变。加强直营终端转型发展，强化合作终端管理，打造“陇之情便利”卷烟流通品牌，开展智慧终端建设。建立消费者信息数据库，探索消费者画像，增强基于零售终端向消费者渗透的销售推广能力。

截至2020年底，全省建成现代卷烟零售终端客户2.89万户。建成直营终端87户、加盟终端1068户，全商品扫码、全店铺管理、多方式结算客户1829户；“新商通”使用客户、“微商盟”开通客户、“陇之情”注册会员分别为2.89万户、9.39万户、79.6万人。

销售方式改革。梳理卷烟销售制度，健全完善市场开放制度清单，构建全省统一开放、竞争有序的烟草市场体系。加快推进工商协同网上配货，批零网上配货模式在全省烟草商业系统逐步推广。落实“订单与策略分离”要求，优化完善客户分档、货源投放等规则，严禁干预客户自主提报需求等行为。试点推进零售户信用体系建设，制定卷烟零售户信用体系建设试点实施方案，卷烟零售户信用体系逐步建立并有效运行。

客户服务。发挥终端信息化优势，协助客户探索“新零售”模式，为客户提供“商品+服务+文化”组合。开展“我与客户共成长”等活动，帮助零售户提高思想认识、转变经营理念、提升经营能力。2020年，全省零售户卷烟经营毛利率在12.8%以上，客户满意度90.48分。

雪茄培育。积极协同工业企业，引入全国市场表现良好的雪茄品牌规格。分析雪茄销售市场情况，对市场表现较好的规格适度扩点，提高市场覆盖面。加大对国产中高端雪茄培育力度，强化考核导向，推动全省国产中高端雪茄市场扩量增容。全年销售雪茄0.85亿支，比上年增长15.41%。

【烟叶生产】 **烟叶种植。**加强烟叶种植收购合同管理，进一步优化生产布局和种植主体，强化种植主体核查把关，切实维护计划严肃性。全省户均种烟面积13.55亩；发展万担乡2个，种植面积1.19万亩，千亩以上村5个，20亩及以上家庭农场和职业烟农409户。突出工业需求导向，推进“公司+农户”“公司+综合服务合作社+农户”等新型经营方式，持续优化烟区生产力布局。

现代烟草农业建设。加大新品种试验示范推广力度，全省开展新品种“NC55”试验30亩，示范推广“延安1号”1000亩、“云烟99”6200亩。加大新技术试验推广力度，总结应用土壤保育、水肥一体化试验研究成果，推广小苗膜下移栽、绿色防控先进适用技术，全省开展“水肥一体化”试验研究100亩，“有机无机肥”试验520亩，推广黄色诱虫板2.27万亩、“烟蚜茧蜂”2000亩。推进精益生产管理，全省推广烟叶精益生产面积2.27万亩，每亩降本

甘肃兰州城关区局（营销部）客户经理帮助零售户对店面进行清洁消毒（2020年）

甘肃兰州市局　周元欣　摄

52.45 元。

烟农增收。坚持“项目拓展与劳务输出”同步推进，根据生产安排及农时节令，利用建成的育苗工场和密集式烤房群发展种植蔬菜、西瓜、药用菊花等附加值高的经济作物，扩大通用机械的大农业服务范围，挖掘农闲时节的劳务输出潜力。2020 年，全省烟农多元化收入实现产值 2015.07 万元，实现净收入 1230.14 万元。

【疫情防控和复工复产】 2020 年，面对疫情防控的政治责任，省局（公司）及时作出防控安排，迅速成立领导小组，多次召开领导小组会议，研究制定防控方案、应急预案和专项措施。2 月 13 日，全省 14 家市（州）公司全部开始访销；2 月 20 日，所有营销部开始访销；2 月 24 日，专卖队伍到位率 98%，卷烟配送实现全覆盖，直营终端全部恢复营业；3 月 12 日，工程项目全面复工。截至 2020 年底，全省烟草商业系统始终保持“零病例”“零感染”。

【管理创新】 组织召开企业管理现场会，总结“核、融、新、实、效”等先进经验。开展流程优化专项活动，颁布运行流程优化管理规范。优化完善县级局（营销部）对标指标模型，对标管理深化运用工作机制投入试运行，新对标体系在全省发布实施，市县两级 22 项对标指标全部同比提升。推进创新管理，全年全省烟草商业系统报备创新项目 76 个，开展 QC 活动 220 项，发布 QC 成果 7 项。

【特事辑要】 2020 年 1 月 16 日，甘肃省烟草商业系统工作会议在兰州市召开。

2020 年甘肃省烟草专卖商业主要情况统计

地市级局（公司）名称		兰州市烟草专卖局（公司）	天水市烟草专卖局（公司）	定西市烟草专卖局（公司）	酒泉市烟草专卖局（公司）	武威市烟草专卖局（公司）
主要负责人/法定代表人（含党政领导）		向 阳	许祥波	张 毅	王进立	谢 东（—2020 年 12 月）苏斌成（2020 年 12 月—）
所属县级单位		兰州新区、城关区、七里河区、安宁区、西固区、红古区、永登县、榆中县、皋兰县等 9 个县级烟草专卖局（营销部）	秦州区、麦积区、张家川回族自治县、清水县、甘谷县、秦安县、武山县等 7 个县级烟草专卖局（营销部）	安定区、临洮县、陇西县、岷县、通渭县、渭源县、漳县等 7 个县级烟草专卖局（营销部）	敦煌市烟草专卖局（公司），瓜州县、玉门市、肃州区、金塔县等 4 个县级烟草专卖局（营销部）	凉州区、民勤县、古浪县、天祝藏族自治县等 4 个县级烟草专卖局（营销部）
总资产（万元）		197558	64972	46140	40218	33797
资产负债率（%）		3.57	5.12	7.68	2.87	5.34
从业人员（人）		718	360	319	222	243
所属业务机构	营销机构	1 个营销中心	1 个营销中心	1 个营销中心	1 个营销中心	1 个营销中心
	物流配送机构	1 个物流配送中心	1 个物流配送中心	1 个物流配送中心	1 个物流配送中心	1 个物流配送中心
	专卖稽查机构	1 个稽查支队、2 个稽查大队	1 个稽查支队、7 个稽查大队	1 个稽查支队、7 个稽查大队	1 个稽查支队、5 个稽查大队	1 个稽查支队、4 个稽查大队
	烟叶机构	—	—	—	—	—
烟农户数（户）		—	—	—	—	—
实现烟农总收入（万元）		—	—	—	—	—
零售户数（户）		17893	14578	12412	6392	7590
零售户销售毛利率（%）		14.15	13.75	13.98	14.31	14.11

<table>
<tr><th colspan="2">地市级局（公司）名称</th><th>张掖市烟草专卖局（公司）</th><th>庆阳市烟草专卖局（公司）</th><th>平凉市烟草专卖局（公司）</th><th>陇南市烟草专卖局（公司）</th><th>白银市烟草专卖局（公司）</th></tr>
<tr><td colspan="2">主要负责人/法定代表人（含党政领导）</td><td>朵守红</td><td>魏小敏
（—2020 年 3 月）
李红地
（2020 年 3 月—）</td><td>王来云
（—2020 年 3 月）
田富昌
（2020 年 3 月—）</td><td>牛　军
（—2020 年 3 月）
刘文雅
（2020 年 3 月—）</td><td>苏斌成
（—2020 年 12 月）
刘　衡
（2020 年 12 月—）</td></tr>
<tr><td colspan="2">所属县级单位</td><td>甘州区、高台县、临泽县、山丹县、民乐县等 5 个县级烟草专卖局（营销部）</td><td>西峰区、合水县、华池县、环县、宁县、庆城县、镇原县、正宁县等 8 个县级烟草专卖局（营销部）</td><td>崆峒区、泾川县、灵台县、崇信县、华亭县、庄浪县、静宁县等 7 个县级烟草专卖局（营销部）</td><td>成县、徽县、两当县、西和县、礼县、文县、宕昌县、康县、武都区等 9 个县级烟草专卖局（营销部）</td><td>白银区、平川区、靖远县、景泰县、会宁县等 5 个县级烟草专卖局（营销部）</td></tr>
<tr><td colspan="2">总资产（万元）</td><td>28340</td><td>62187</td><td>38035</td><td>55248</td><td>40790</td></tr>
<tr><td colspan="2">资产负债率（%）</td><td>3. 74</td><td>7. 26</td><td>5. 04</td><td>6. 14</td><td>4. 71</td></tr>
<tr><td colspan="2">从业人员（人）</td><td>237</td><td>407</td><td>319</td><td>410</td><td>282</td></tr>
<tr><td rowspan="4">所属业务机构</td><td>营销机构</td><td>1 个营销中心</td><td>1 个营销中心</td><td>1 个营销中心</td><td>1 个营销中心</td><td>1 个营销中心</td></tr>
<tr><td>物流配送机构</td><td>1 个仓储配送中心</td><td>1 个物流配送中心</td><td>1 个物流配送中心</td><td>1 个物流配送中心</td><td>1 个物流配送中心</td></tr>
<tr><td>专卖稽查机构</td><td>1 个稽查支队、5 个稽查大队</td><td>1 个稽查支队、8 个稽查大队</td><td>1 个稽查支队、7 个稽查大队</td><td>1 个稽查支队、9 个稽查大队</td><td>1 个稽查支队、5 个稽查大队</td></tr>
<tr><td>烟叶机构</td><td>—</td><td>3 个烟叶收购站</td><td>—</td><td>3 个烟叶收购站</td><td>—</td></tr>
<tr><td colspan="2">烟农户数（户）</td><td>—</td><td>1281</td><td>—</td><td>394</td><td>—</td></tr>
<tr><td colspan="2">实现烟农总收入（万元）</td><td>—</td><td>4422</td><td>—</td><td>2867</td><td>—</td></tr>
<tr><td colspan="2">零售户数（户）</td><td>6350</td><td>9712</td><td>9874</td><td>12380</td><td>8493</td></tr>
<tr><td colspan="2">零售户销售毛利率（%）</td><td>14. 12</td><td>14. 42</td><td>14. 40</td><td>14. 11</td><td>13. 95</td></tr>
</table>

地市级局（公司）名称	金昌市烟草专卖局（公司）	嘉峪关市烟草专卖局（公司）	临夏回族自治州烟草专卖局（公司）	甘南藏族自治州烟草专卖局（公司）
主要负责人/法定代表人（含党政领导）	高鹏程 （—2020 年 3 月） 王　锐 （2020 年 3 月—）	田富昌 （—2020 年 3 月） 王永军 （2020 年 3 月—）	金　明	李红地 （—2020 年 3 月） 张小平 （2020 年 3 月—）
所属县级单位	永昌县烟草专卖局（营销部）	—	临夏市、永靖县、临夏县、和政县、康乐县、广河县、东乡族自治县、积石山保安族东乡族撒拉族自治县等 8 个县级烟草专卖局（营销部）	舟曲县、临潭县、卓尼县、夏河县、迭部县、碌曲县、玛曲县、合作市等 8 个县级烟草专卖局（营销部）
总资产（万元）	16933	14869	28074	10570
资产负债率（%）	5. 69	1. 99	3. 60	9. 31
从业人员（人）	88	100	219	177

续表

地市级局（公司）名称		金昌市烟草专卖局（公司）	嘉峪关市烟草专卖局（公司）	临夏回族自治州烟草专卖局（公司）	甘南藏族自治州烟草专卖局（公司）
所属业务机构	营销机构	1个营销中心	1个营销中心	1个营销中心	1个营销中心
	物流配送机构	1个物流配送中心	—	1个物流配送中心	1个物流配送中心
	专卖稽查机构	1个稽查支队、1个稽查大队	1个稽查支队	1个稽查支队、8个稽查大队	1个稽查支队、3个稽查大队
	烟叶机构	—	—	—	—
烟农户数（户）		—	—	—	—
实现烟农总收入（万元）		—	—	—	—
零售户数（户）		2274	1504	7330	3901
零售户销售毛利率（%）		13.98	13.76	13.63	14.23

◈ 撰稿：毕耜栋；编辑：周　佳

青海省烟草专卖局（公司）

【专卖管理】　**卷烟打假打私**。2020年，青海省烟草专卖局查处各类涉烟违法案件418起，其中假烟案件224起；查获各类非法卷烟928.68件，其中假烟230.98件。破获符合国家局标准的假烟网络案件1起，符合省局标准的假烟网络案件3起，符合省局标准的真烟非法流通网络案件6起。公安、司法机关依法刑拘12人，逮捕5人，判刑11人。

“8·23”非法经营假冒卷烟网络案件被公安部列为部督案件，“4·10”特大跨省销售假冒卷烟网络案是青海省局（公司）成立以来破获的现场查处货值最高、抓获人数最多的一起案件，现货案值680余万元。西宁市局（公司）侦破“3·15”真烟非法流通案件，案值130余万元。

内部专卖管理监督。持续加强卷烟规范经营监督管理，开展真烟异常流动综合治理，推动内管工作指引落地。全年未发生被国家局追责问责的真烟异常流动案件。

行政许可服务质量。深入推进“双随机、一公开”监管工作，加强行政许可标准化建设，完成中小学校周边卷烟持证零售户清理整顿。开展简化连锁便利店经营审批试点，推行政务服务“好差评”工作，行政许可服务工作得到认可。

【卷烟经营】　**经营概况**。2020年，全省一类烟销量比上年增长6.1%，二类烟比上年增长5.26%，三类烟比上年增长12.68%，四类烟比上年下降59.26%。三类以上卷烟销量占比94.08%，比上年增加8.54个百分点，其中，一、二、三类卷烟销量占比分别增加1.42个、1.05个、6.06个百分点。三项费用总额比上年下降7.13%。

本地区销量居前三位的卷烟品牌为“兰州”“延安”“云烟”，销量分别为23.67亿支（4.73万箱）、17.83亿支（3.57万箱）、17.55亿支（3.41万箱）。

品牌发展。2020年，全省有在销行业重点卷烟品牌29

2020年12月，第三届“青烟发展高峰论坛”在西宁召开
青海省局　供稿

个，销量占比96.05%，高于行业平均水平6.37个百分点。卷烟销量比上年增长10%以上的品牌有“黄鹤楼”“黄山”“娇子”等，销量比上年增长的品牌有“芙蓉王”“中华”“红塔山”等；销量比上年下降的品牌有“兰州”“延安”“双喜·红双喜”等。

全省销售低焦油（8毫克/支以下）卷烟33.58亿支（6.72万箱），销量占比31.09%。低焦油卷烟销量比上年增长10%以上的品牌有“南京”“云烟”“黄鹤楼”等。

全省销售细支烟7.85亿支（1.57万箱），销量占比7.26%。细支烟销量比上年增长的品牌（规格）有“芙蓉王（硬细支）”“南京（炫赫门）”“云烟（细支云龙）”等；销量比上年下降10%以上的品牌（规格）有“兰州（细支珍品）”“南京（雨花石）”“白沙（细支和天下）”等。

【雪茄经营】 2020年，全省实现国产雪茄销量189万支，比上年增长64.63%。国产雪茄销售额比上年增长100.53%。

【基础管理】 **树立“大规范”理念。**修订党组工作规则和“三重一大”、重大事项请示报告等制度，加强制度落实执行，严防各类风险。加大重大政策措施贯彻落实情况的审计监督，对2家单位开展离任经济责任审计、1家单位开展任期经济责任审计。推动“应招尽招”措施的落实，公开招标项目数量占比由56.5%提升至86.71%，金额占比由82.74%提升至92.44%，比上年分别提升30.21%和9.7%，接近行业平均水平。

深化精益管理意识。与安徽省局（公司）开展帮扶工作，推进青海西宁、海东等4家单位体系建设转版试点工作，强化格尔木、海西2家单位管理诊断力度，以对标管理推动经济运行质效提升，国家局公布的14项对标指标中有11项指标优于上年，5个指标优于行业平均水平，创历史新优。青海省局（公司）获评“青海省质量管理小组优秀企业”，1个QC课题获烟草行业第三十一届优秀质量管理小组成果发布会三等奖，5个QC成果分别获得省质协一等奖、二等奖、三等奖。

突出网信支撑效能。完成信息化基础资源平台项目建设，实施电子公文管理系统改造项目，推进新版人力资源系统全面上线，优化安全管理和采购管理信息系统。加强全省系统数据安全管理，在行业和省公安厅网络攻防实战演练中，安全防守与业务运行取得双胜利。2020年，青海省局（公司）被省公安厅评为“最佳防守单位”。物流配送无纸化交接项目入选《烟草行业“互联网+”案例集》，《中国烟草》杂志对此进行专题报道。

【疫情防控】 2020年，青海省局（公司）党组召开7次领导小组会议安排部署疫情防控，组织全省烟草商业系统构建省、市（州）、县三级联防联控工作机制，制定疫情防控应急预案。常态化坚持24小时政务值班、出省报备及各项防控措施。截至2020年2月底，全面恢复卷烟访销配送，零售户订购率97.8%。全省卷烟零售户和全体干部职工及家属未出现一例确诊、疑似或无症状感染病例。

【特事辑要】 2020年8月24—25日，国家局党组成员、副局长张天峰在青海烟草调研。

9月4日，青海省烟草商业系统工作座谈会在西宁召开。

2020年青海省烟草专卖商业主要情况统计

地市级局（公司）名称	西宁市烟草专卖局（公司）	海东市烟草专卖局（公司）	海西蒙古族藏族自治州烟草专卖局（公司）	格尔木市烟草专卖局（公司）	海北藏族自治州烟草专卖局（公司）
主要负责人/法定代表人（含党政领导）	李安益	王青萍（—2020年1月） 陈永忠（2020年1月—）	徐　凯	李　伟	杨立群
所属县级单位	湟中区[1]、大通回族土族自治县、湟源县等3个县级烟草专卖局（营销部）	平安区、互助土族自治县、循化撒拉族自治县、化隆回族自治县、民和回族土族自治县、乐都区等6个县级烟草专卖局（营销部）	都兰县、乌兰县、天峻县、茫崖市、大柴旦行委等5个县级烟草专卖局（营销部）	—	刚察县、祁连县、门源回族自治县等3个县级烟草专卖局（营销部）和海晏县1个县级烟草专卖局

续表

地市级局（公司）名称		西宁市烟草专卖局（公司）	海东市烟草专卖局（公司）	海西蒙古族藏族自治州烟草专卖局（公司）	格尔木市烟草专卖局（公司）	海北藏族自治州烟草专卖局（公司）
总资产（万元）		40722	19618	8762	7803	4125
资产负债率（%）		6.82	19.49	14.29	14.16	5.26
从业人员（人）		216	154	80	54	70
所属业务机构	营销机构	1个营销中心	1个营销中心	1个营销中心	1个营销中心	1个营销中心
	物流配送机构	—	6个物流中转站	3个物流中转站	1个物流中转站	3个物流中转站
	专卖稽查机构	1个稽查支队、8个稽查大队	1个稽查支队、6个稽查大队	1个稽查支队、5个稽查大队	1个稽查支队	1个稽查支队、3个稽查大队
	烟叶机构	—	—	—	—	—
烟农户数（户）		—	—	—	—	—
实现烟农总收入（万元）		—	—	—	—	—
零售户数（户）		10078	5737	1652	1069	1214
零售户销售毛利率（%）		11.40	12.45	11.19	11.63	12.57

地市级局（公司）名称		海南藏族自治州烟草专卖局（公司）	黄南藏族自治州烟草专卖局（公司）	玉树藏族自治州烟草专卖局（公司）	果洛藏族自治州烟草专卖局（公司）
主要负责人/法定代表人（含党政领导）		陈永忠（—2020年1月） 甘生军（2020年1月—）	李　铎	贺　斌	祁永年
所属县级单位		共和县、贵德县、兴海县、贵南县、同德县等5个县级烟草专卖局（营销部）	泽库县、河南蒙古族自治县、同仁县、尖扎县等4个县级烟草专卖局（营销部）	称多县、杂多县、治多县、囊谦县、曲麻莱县等5个县级烟草专卖局（营销部）	久治县、达日县2个县级烟草专卖局（营销部）
总资产（万元）		4984	4679	9638	3167
资产负债率（%）		12.34	4.73	3.01	3.68
从业人员（人）		70	66	84	50
所属业务机构	营销机构	1个营销中心	1个营销中心	1个营销中心	1个营销中心
	物流配送机构	2个物流中转站	4个物流中转站	6个物流中转站	1个物流中转站
	专卖稽查机构	1个稽查支队、5个稽查大队	1个稽查支队、4个稽查大队	1个稽查支队、5个稽查大队	1个稽查支队、2个稽查大队
	烟叶机构	—	—	—	—
烟农户数（户）		—	—	—	—
实现烟农总收入（万元）		—	—	—	—
零售户数（户）		1774	924	800	468
零售户销售毛利率（%）		11.83	10.68	11.62	12.01

注：1. 2020年9月，国家局印发国烟人〔2020〕132号文件，撤销湟中县烟草专卖局，设立湟中区烟草专卖局，湟中区烟草专卖局和湟中区营销部合署办公。

◇ 撰稿：马世亮；编辑：周　佳

宁夏回族自治区烟草专卖局（公司）

【专卖管理】 **打假打私**。2020年，宁夏回族自治区烟草专卖局发挥联合打假机制作用，联合多部门开展“雷霆—Ⅲ号”专项行动，打击涉烟领域违法行为。全年查处各类涉烟违法案件3573起，查获非法卷烟1308件，其中假私卷烟案件1820起，假私卷烟265件。公安、司法机关依法抓获涉烟违法犯罪嫌疑人29人。自治区“雷霆—Ⅱ号”专项行动和银川“3·6”非法经营雪茄案被公安部、国家局通报表彰。

卷烟市场监管。加大市场管控力度，严打违法违规大户，严防非渠道卷烟流入流出，推动市场秩序好转。推进“互联网+监管”“双随机、一公开”、行政执法“三项制度”等新型监管工作方法落实，自治区卷烟市场净化率始终保持在98%以上。协同自治区公安、市场监管等部门联合开展电子烟市场治理专项检查行动，加大对电子烟监管力度，取缔、劝退一批电子烟销售商户，严格规范电子烟市场秩序。

烟草政务服务。形成全自治区烟草政务服务事项清单，开展“证照分离”改革全覆盖试点工作。围绕“一网通办”目标要求，开展烟草专卖许可证网上办理工作，截至2020年底，全自治区全面实现“网上办”“掌上办”办证环境。推进“放管服”改革，实行政务服务“好差评”制度，全面及时准确了解企业和群众对烟草专卖政务服务的感受和诉求。2020年，自治区“5日办结率”在98%以上，网上办件率35.3%，政务服务好评率99.98%。

【卷烟经营】 **经营概况**。2020年，自治区烟草商业系统坚持“总量控制、稍紧平衡，增速合理、贵在持续”方针，突出“稳销量、优结构、调状态”中心任务，积极适应疫情防控常态化下的市场、消费变化。本地区销量居前三位的卷烟品牌为“兰州”“好猫”“白沙”，销量分别为17.9亿支（3.58万箱）、13.24亿支（2.65万箱）、13.24亿支（2.65万箱）。

品牌培育。围绕行业“136、345”品牌发展目标，在品牌布局优化上将资源要素向行业中高端品牌（规格）集中，促进品牌集中度持续提高；在品牌引入退出上做到提升结构与保障中低档卷烟有效供给、重点品牌与区域性品牌有效互补、工业企业之间协调发展“三个兼顾”，为稳定销量、优化结构注入活力；在品牌培育上坚持问题导向、创新驱动、责任落实，组织实施全自治区普一类卷烟专项销售及鄂烟、川烟专题销售，探索“线下+线上”、终端数据挖掘、新品市场预热等培育手段创新，提升品牌培育能力水平。

零售终端建设。针对“增强信心、促进动销”终端建设新要求，助力零售终端有序恢复经营，强化工商销售资源整合投入。创新卷烟销售新方式，引导“线上+线下”

2020年2月28日，宁夏吴忠市局（公司）物流送货人员实行无接触卷烟配送

宁夏区局　供稿

经营有机融合。推进“云 POS”和微信订货工作，加强与结算机构的对接沟通，协调金融信贷消费返利增值服务。截至 2020 年底，全自治区建成现代零售终端 7555 户，占比 25%。2020 年，自治区卷烟零售户平均毛利率 14.86%，户均毛利 3732 元。零售户满意度得分连续 9 年居全行业第一位。

市场化取向改革。为更好应对疫情等突发事件，自治区公司围绕销售管理既要“管住”、又要“管好”的优化方向，研究增加市场类型、商圈类型扩展应用模块，为不同类型客户、不同区域客户进行分区、分户施策提供规则支撑，解决市公司在货源供应上“不能调、不会调、没法调”问题。

销售队伍转型。银川、中卫、吴忠市公司从网格化管理、专业化分工等方面，持续探索客户经理岗位职能转型途径和模式，初步形成以终端建设为重点设置专职专岗，以城乡结合为方式配置服务资源，以团队运作为形式对接网格管理的工作方法。运用“请进来、走出去”方式，组织开展各种岗位实战练兵、技能竞赛等活动。

【深化改革】 落实行业“1+6+2”高质量发展政策体系，围绕宁夏烟草“151”高质量发展目标任务，建立“树标杆、找差距、定措施、管过程、促改进”工作机制，试行方针目标管理。紧扣“完善烟草专卖专营体制，构建适度竞争新机制”要求，研究制定自治区局（公司）8 个方面 26 项改革措施，探索自治区、市两级公司组织机构改革、全自治区一体化管理财务共享体制、零售终端建设和信用体系建设以及优化物流运行管理机制建设等 4 项改革。编制全自治区烟草商业系统“十四五”发展规划，初步提出总体发展目标和发展任务，形成上下协同推进新局面。

【费用管控】 落实中央、行业“过紧日子”要求，全年全自治区烟草商业系统三项费用比上年下降 4.74%，三项费用率比上年下降 0.45 个百分点，市场营销费、会议费、车辆运行费分别比上年下降 66.24%、81.19%、8.57%。率先在行业将银行定期存款存放方式由竞争性磋商调整为公开招标，更加有效防范资金廉洁风险，提高资金收益，确保国有资产保值增值。

【管理创新】 持续深化分层分类对标工作，坚持“开源、挖潜、节流”导向，制定对标管理实施新办法，对标体系架构持续完善。明确智慧物流阶段性任务，稳步推进精益物流建设。推进管理创新工作，牵头承担“行业巡视整改暨提升企业核心竞争力”课题研究。全年取得各项创新成果 49 项，1 个 QC 小组获评全国优秀质量管理小组。

【疫情防控】 坚持把打赢疫情防控阻击战作为重大政治任务，始终把干部职工生命安全和身体健康放在首位，非常时期用好非常策略。自治区局（公司）第一时间成立 5 个工作专班强化联防联控，制定落实速报、日报、专项应急预案等 7 项工作机制突出精准施策，建立与常态化疫情防控相适应的采购、储备体系和发放标准，加强物资保障。截至 2020 年底，全自治区烟草商业系统确诊和疑似感染病例均为零。2 人分别获评工业和信息化部、烟草行业抗击新冠肺炎疫情先进个人。

【特事辑要】 2020 年 2 月 20 日，宁夏区局（公司）召开 2020 年全自治区烟草商业系统工作会议，全面安排部署 2020 年工作目标任务。

2 月 5 日，宁夏回族自治区副主席王和山听取宁夏烟草工作专题汇报。

9 月 16—17 日，国家局党组成员、副局长徐䇋在宁夏吴忠红寺堡区调研国烟扶贫工作。

11 月 24—26 日，国家烟草专卖局党组书记、局长，中国烟草总公司总经理张建民在宁夏吴忠红寺堡区调研国烟扶贫工作，并调研宁夏烟草工作。

2020年宁夏回族自治区烟草专卖商业主要情况统计

地市级局（公司）名称		银川市烟草专卖局（公司）	石嘴山市烟草专卖局（公司）	吴忠市烟草专卖局（公司）	固原市烟草专卖局（公司）	中卫市烟草专卖局（公司）
主要负责人/法定代表人（含党政领导）		金　伟	邹振军（—2020年1月）马福明（2020年1月—）	张元锁	段金良（—2020年1月）王　伟（2020年1月—）	杨万龙
所属县级单位		永宁县、灵武市、贺兰县、兴庆区、金凤区、西夏区等6个县级烟草专卖局（分公司）	平罗县、惠农区、大武口区等3个县级烟草专卖局（分公司）	青铜峡市、盐池县、同心县、利通区、红寺堡区等5个县级烟草专卖局（分公司）	西吉县、彭阳县、隆德县、泾源县、原州区等5个县级烟草专卖局（分公司）	中宁县、海原县、沙坡头区等3个县级烟草专卖局（分公司）
总资产（万元）		98595	32070	36991	23231	23235
资产负债率（%）		6.85	3.42	3.39	5.82	4.70
从业人员（人）		353	148	229	206	157
所属业务机构	营销机构	1个卷烟营销中心	1个卷烟营销中心	1个卷烟营销中心	1个卷烟营销中心	1个卷烟营销中心
	物流配送机构	1个物流配送中心	1个物流配送中心	1个物流配送中心	1个物流配送中心	1个物流配送中心
	专卖稽查机构	1个稽查支队、6个稽查大队	1个稽查支队、3个稽查大队	1个稽查支队、5个稽查大队	1个稽查支队、6个稽查大队	1个稽查支队、4个稽查大队
	烟叶机构	—	—	—	—	—
烟农户数（户）		—	—	—	—	—
实现烟农总收入（万元）		—	—	—	—	—
零售户数（户）		11610	3544	5613	5501	4666
零售户销售毛利率（%）		15.44	15.06	14.15	14.76	14.90

◇撰稿：潘　亮；编辑：周　佳

新疆维吾尔自治区烟草专卖局（公司）

【专卖管理】　**打私打假**。2020年，新疆维吾尔自治区烟草专卖局构建完善以党委政府为主导，多单位密切沟通、深度协作、全自治区联动的烟草打假打私“大协同格局”。通过与自治区公安、海关、邮管等部门协作，破获霍尔果斯“4·16”“5·29”特大销售假冒卷烟案件、乌鲁木齐“何某某非法销售雪茄案件”、阿克苏“1·24”销售假冒卷烟案件、阿勒泰“1·14”涉烟违法案件等一批有影响力的大案要案。全年全自治区共查处各类涉烟违法案件2699起，其中案值5万元以上案件100起；查获非法卷烟4282.86万支，涉案金额7854.14万元；抓捕犯罪嫌疑人81人；公安、司法机关依法追究刑事责任90人。

市场监管。加强电子烟市场监管，与自治区市场监督管理局联合印发电子烟市场专项检查行动实施方案，防控互联网电子烟售卖行为。专项行动出动执法人员3221人次，清理互联网、自媒体、社交平台电子烟销售链接607条，检查电子烟实体售卖店99个，查处虚假违法广告宣传13起等。加强网格治理效能和工作过程质量监督测评体系建设，推动零售市场信用监管机制完善，截至2020年底，乌鲁木齐、克拉玛依等单位零售市场信用监管体系建设初见成效。

证照管理。2020年，新疆烟草网上办证平台上线，有7种类型的烟草证件业务可网上办理，全年受理网上办理申请1.68万件，占比61.7%。推行线下政务服务“好差评”制度，在全自治区许可证办理实体大厅和服务窗口实行“好差评”评价，由申请人对行政许可工作进行评价。强化许可证后续监管，将市场监管和许可证后续监管结合，及

2020 年 3 月 1 日，新疆阿勒泰地区局（公司）干部职工加班加点分拣配送，第一时间复工复产，统筹推进疫情防控和生产经营

新疆阿勒泰地区局　赵　鹏　摄

时掌握零售户经营状态，解决人证不符、证照不符、有证无照等问题。

【卷烟经营】 ***卷烟销售。***制定重大突发事件卷烟销售应急工作指南，采取工商直发调运、商商调度组织、内部调剂库存等措施，有效应对 4 次新冠肺炎疫情冲击。针对疫情后卷烟消费降档降级趋势，协商工业调剂增加中低价位卷烟，努力满足消费需求。在国家局零售户满意度调查中，新疆烟草客户综合满意度 92.92 分，居全国第二位。

品牌培育。以“提高品牌集中度和资源配置效率，解决区域供应不平衡，需求满足不充分的问题”为目标，以“三个自主”为原则，运用“三级联动”方法，开展“三层优化”品牌宽度整体布局。全年全自治区开展 2 次品牌优化培训视频会，采取“分批试点、全面推进”方式开展品牌布局优化工作。精简品牌规格，2020 年全自治区卷烟规格总数精简至 153 个；优化品类结构，一、二类卷烟销量分别比上年增加 10.65 个和 7.35 个百分点；优化发展格局，销售行业重点品牌卷烟比上年增长 1%，占比 85.6%。

终端建设。制定《新疆烟草现代终端建设工作指引》，结合实际修订终端评价标准，明确“五位一体”逐级引领的零售终端建设维护标准，加快零售终端梯次化转型升级。开展现代零售终端建设回头看工作，将终端基础维护工作作为“服务下沉”的重点任务。截至 2020 年底，全自治区建成现代终端 1.64 万户，占比 18.04%；累计推广新零售系统客户 3175 户，发展消费者会员 14.8 万人，微信订货客户数 5.63 万户。

【雪茄经营】 确立自治区雪茄重点发展方向为国产中高端雪茄，在全自治区范围内完善雪茄品牌布局，满足不同区域对雪茄的消费需求。加强以乌鲁木齐市为重点的雪茄消费环境建设，集中培育具有潜力的手工雪茄产品，促进国产雪茄销售和结构提升。

【交流与合作】 2020 年，新疆烟草进出口有限责任公司拥有总资产 5384.3 万元，其中，固定资产 41.61 万元、流动资产 5226.57 万元。资产负债率 12.63%。实现税利 4928.79 万元，其中利润 570.4 万元。

2020 年，公司在进口卷烟代理方面，同宁夏、青海、甘肃、新疆等 4 个省（自治区）对接，通过调整分解策略、提高卷烟结构、合理分配计划等方式，使进口卷烟供应更加符合市场规律。在出口烟叶方面，按照不同产区和等级状况优化原烟整选和加工方案，先后赴湖南中烟、广西中烟、广西区局、深圳市局等，商谈加强出口合作、烟叶备货计划及方案等事宜，探索订单培养式的工商共赢合作关系，确保烟叶备货按计划完成、原烟加工高质量实施和新烟储存高标准落实。积极与外商交流烟叶出口市场信息，紧密衔接货源渠道，抢抓货物出口时机，保持多渠道收集国际疫情、外贸、船运等信息，推进合同执行和货物发运。多渠道扩展烟叶经营范围，主动联系吉林烟草工业有限责任公司等，强化同卷烟工业企业交流与合作，在危机中制造需求，在疫情中抢抓机遇。

【基础管理】 ***精益管理。***实施并推进全自治区工商一体化“1+3”（乌鲁木齐、昌吉、吐鲁番、塔城）卷烟仓储、分拣业务。整合物流资源，推行区域配送，物流中心到地州市公司配送卷烟干线运输全部实现外包，车辆统一由第三方租赁公司进行管理，物流中心安排专人负责车辆调度，区域配送的模式初步形成。开展工商共库和托盘联运，新疆烟草物流中心和红云红河集团新疆卷烟厂完成软件系统对接改进、硬件设备单测联调，于2020年11月正式启动卷烟托盘联运工作，红云红河集团新疆卷烟厂到货卷烟入库效率提高3倍。开展卷烟包装箱回收利用工作，全年卷烟工业企业二次拣选合格率在90%以上。

物流信息化建设。完成“异型卷烟分拣线改造”项目，改造后的分拣线可同时分拣标准烟和异型烟，异型卷烟分拣效率提高近1倍。升级改造工作全自治区物流配送业务，将物流终端配送业务由传统的“纸质小票＋人工签收”配送模式，转变为物流配送终端移动办公模式，实现无纸化配送和零售户电子签收。对全自治区数字仓储系统进行全面升级改造，通过采用虚拟化技术，将各所属单位数字仓储系统迁移至自治区公司集中部署，对系统进行统一建设、管理和维护。

【疫情防控】 2020年，面对新冠肺炎疫情冲击，全自治区树立“一盘棋”思想，封闭期间启动居家办公模式，成立“钉钉”服务团队，服务零售户，制作线上课程、VLOG视频，探索线上营销服务工作经验。复工复产后，各所属单位销售、物流人员积极联动，逐户联系零售户、调整配送线路，加班加点配送卷烟，确保实现能访尽访、能送尽送、能销尽销，保持卷烟销量稳步增长。

【特事辑要】 2020年1月15日，自治区局（公司）在乌鲁木齐市召开新疆维吾尔自治区烟草工作会议。

4月3日，自治区局（公司）党组召开全自治区烟草系统纪检监察暨深入推进政治生态突出问题全面整改工作电视电话会议。

9月11日，自治区局（公司）召开2020年所属单位主要负责同志工作座谈会。

12月9日，国家局党组成员、副局长韩占武在新疆烟草调研。

2020年新疆维吾尔自治区烟草专卖商业主要情况统计

地市级局（公司）名称	乌鲁木齐市烟草专卖局（公司）	昌吉回族自治州烟草专卖局（公司）	新疆维吾尔自治区石河子市烟草专卖局、新疆烟草兵团石河子有限公司	博尔塔拉蒙古自治州烟草专卖局（公司）	伊犁哈萨克自治州烟草专卖局（公司）
主要负责人/法定代表人（含党政领导）	秘秀峰	商志刚	党委书记、董事长：王志勇 局长：邵　岩	李　方	郜生权
所属县级单位	—	昌吉市、五家渠市、阜康市、呼图壁县、玛纳斯县、吉木萨尔县、奇台县、木垒哈萨克自治县等8个县级烟草专卖局	—	博乐市、阿拉山口市、精河县、温泉县、双河市等5个县级烟草专卖局	伊宁市、伊宁县、霍城县、察布查尔锡伯自治县、巩留县、新源县、特克斯县、昭苏县、尼勒克县、霍尔果斯市、可克达拉市等11个县级烟草专卖局
总资产（万元）	52582	12491	20955	8324	37342
资产负债率（%）	28.22	34.76	27.85	73.47	87.63
从业人员（人）	439	243	144	86	219

续表

地市级局（公司）名称		乌鲁木齐市烟草专卖局（公司）	昌吉回族自治州烟草专卖局（公司）	新疆维吾尔自治区石河子市烟草专卖局、新疆烟草兵团石河子有限公司	博尔塔拉蒙古自治州烟草专卖局（公司）	伊犁哈萨克自治州烟草专卖局（公司）
所属业务机构	营销机构	1 个营销管理中心	1 个营销中心	1 个营销管理中心	1 个营销中心	1 个营销中心
	物流配送机构	1 个物流配送中心	1 个物流配送中心	1 个物流配送中心	1 个物流配送中心	1 个物流配送中心、5 个物流中转站
	专卖稽查机构	1 个稽查支队	1 个稽查支队、8 个稽查大队	1 个稽查支队	1 个稽查支队	1 个稽查支队、3 个稽查大队、1 个莫合烟稽查支队
	烟叶机构	—	—	—	—	—
烟农户数（户）		—	—	—	—	—
实现烟农总收入（万元）		—	—	—	—	—
零售户数（户）		13024	9175	3113	2776	8994
零售户销售毛利率（%）		16.19	15.53	15.48	15.21	15.23

地市级局（公司）名称		克拉玛依市烟草专卖局（公司）	塔城地区烟草专卖局（公司）	阿勒泰地区烟草专卖局（公司）	吐鲁番市烟草专卖局（公司）	哈密市烟草专卖局（公司）
主要负责人/法定代表人（含党政领导）		曾广宇	谭　军	张新兵	姜朝斌	董正森
所属县级单位		克拉玛依区、白碱滩区、乌尔禾区、独山子区等 4 个县级烟草专卖局	塔城市、额敏县、沙湾县、乌苏市、奎屯市、托里县、裕民县、和布克赛尔蒙古自治县等 8 个县级烟草专卖局	阿勒泰市、北屯市、布尔津县、福海县、富蕴县、吉木乃县、哈巴河县、青河县等 8 个县级烟草专卖局	高昌区、托克逊县、鄯善县等 3 个县级烟草专卖局	伊州区、巴里坤哈萨克自治县、伊吾县等 3 个县级烟草专卖局
总资产（万元）		9795	9207	12606	3895	6820
资产负债率（%）		80.55	42.56	79.67	25.26	58.41
从业人员（人）		82	170	139	106	117
所属业务机构	营销机构	1 个营销中心	1 个营销中心	1 个营销中心	1 个营销中心	1 个营销中心
	物流配送机构	1 个物流配送中心	1 个配送中心、1 个物流中转站	1 个物流配送中心	1 个物流配送中心	1 个物流配送中心
	专卖稽查机构	1 个稽查支队	1 个稽查支队、8 个稽查大队	1 个稽查支队	1 个稽查支队、3 个稽查大队	1 个稽查支队、3 个稽查大队
	烟叶机构	—	—	—	—	—
烟农户数（户）		—	—	—	—	—
实现烟农总收入（万元）		—	—	—	—	—
零售户数（户）		2387	7212	4122	3673	4147
零售户销售毛利率（%）		15.27	15.39	15.54	15.74	15.19

地市级局（公司）名称		巴音郭楞蒙古自治州烟草专卖局（公司）	阿克苏地区烟草专卖局（公司）	喀什地区烟草专卖局（公司）	和田地区烟草专卖局（公司）
主要负责人/法定代表人（含党政领导）		王　霞	包　利	岳　坤 （—2020年11月）	王　春
所属县级单位		库尔勒市、铁门关市、焉耆回族自治县、博湖县、和静县、和硕县、轮台县、尉犁县、若羌县、且末县等10个县级烟草专卖局	库车县、沙雅县、新和县、拜城县、阿瓦提县、温宿县、乌什县、柯坪县、阿克苏市、阿拉尔市、阿和奇县等11个县级烟草专卖局	喀什市、英吉沙县、莎车县、泽普县、叶城县、岳普湖县、伽师县、麦盖提县、疏勒县、疏附县、巴楚县、图木舒克市、乌恰县、阿图什市、阿克陶县等15个县级烟草专卖局	皮山县、墨玉县、和田市、洛浦县、策勒县、于田县、民丰县、昆玉市等8个县级烟草专卖局
总资产（万元）		24239	21470	24812	22051
资产负债率（%）		51.99	61.90	71.65	92.97
从业人员（人）		209	255	216	137
所属业务机构	营销机构	1个营销中心	1个营销中心	1个营销中心	1个营销中心
	物流配送机构	1个物流配送中心、3个物流中转站	1个物流配送中心	1个物流配送中心	1个物流配送中心
	专卖稽查机构	1个稽查支队	1个稽查支队	1个稽查支队	1个稽查支队
	烟叶机构	—	—	—	—
烟农户数（户）		—	—	—	—
实现烟农总收入（万元）		—	—	—	—
零售户数（户）		9471	9612	10110	4553
零售户销售毛利率（%）		15.40	15.37	15.09	15.36

◇撰稿：韩　敏；编辑：周　佳

大连市烟草专卖局（公司）

【专卖管理】 **案件查办**。2020年，大连市烟草专卖局坚持“大专卖”“一盘棋”指导思想，持续完善“政府领导、部门联合、多方参与、密切协作”的打假打私体系，与市公安、打私办等相关部门加强沟通协作，与市海警局建立执法协作工作机制。联合市公安局开展“滨城会战”卷烟市场专项整治行动，查处案件64起，查获非法卷烟317件，切实维护卷烟市场良好秩序。

全年全市查处涉烟违法案件393起，侦办追刑案件12起，其中，符合国家局标准网络案件1起，符合市局标准网络案件2起；查获非法卷烟1.8万件、非法烟叶66.48吨、制假烟机1台，案值1.2亿元。公安、司法机关采取刑事强制措施75人。成功侦破“5·1”特大海上走私案，该案是行业首起现货量货值过亿元案件。

市场监管。完善以“双随机、一公开”监管为基本手段、以信用监管为基础、以重点监管为补充的新型监管机制，全年抽取检查卷烟零售户4438户，发现违规户119户，列入负面清单系统17户。聚焦“小、零、散”不规范问题专项治理，有效打击大户控制小户、真烟异常流动等市场难题。与大连市场监督管理局联合印发《大连市电子烟市场专项检查行动方案》，开展联合执法16次。推进政府服务“一网通办”。2020年，全市烟草业务网办率89.65%。截至2020年底，全市有持证卷烟零售户2.85万户。

内部专卖管理监督。聚焦规范管理关键环节，下大力气“建制度、立规矩、补短板”，进一步明确两级内管人员工作规范和职责。筑牢真烟异常流动监管防线，排查异常品牌、异常客户、异常市场信息。全年内管人员查看监督货源投放策略执行情况48次、检查样品卷烟出入库12次，抽查送货线路2次。涉连真烟非法流通案件零售户货源停供

255 户，相同浏览器订货停供 33 户，违法违规零售户货源停供 31 户。

法治烟草建设。深入所属 10 个基层单位，无盲点、全覆盖验收“七五”普法情况。开展《中华人民共和国民法典》宣传工作，拍摄“七五”普法工作纪实宣传片，邀请资深律师举办 7 场送法下基层专题讲座。召开 2020 年行政执法案卷评查总结培训暨工作推进会，发挥法治监督把关作用。推动“三项制度”印发，进一步压紧夯实法律风险防控工作。开展卷烟真伪咨询鉴别服务，全年接待消费者真假烟咨询 162 件，检验样品 2624 个品牌 6307.5 条。举办真假烟识别培训 10 场次，200 余人次参加。

【卷烟经营】 **卷烟品牌培育。**坚持“总量控制、稍紧平衡，增速合理、贵在持续”调控方针，坚定“大品牌、大市场、大企业”发展战略，做实品牌规划，精细运行管理，加快动能转换，推动“136、345”品牌发展规划落地。2020 年，全市在销国产卷烟规格精简至 165 个，重点品牌销量占比 92%。巩固创新品类发展动能，突出细支、短支、中支烟发展，全年销售细支烟 34.85 亿支（6.97 万箱），比上年增长 5.21%，中短支烟增幅超 33.42%。本地区销量居前三位的卷烟品牌为“红塔山”“长白山”“南京”，销量分别为 20.15 亿支（4.03 万箱）、14 亿支（2.80 万箱）、12.9 亿支（2.58 万箱）。

网络建设。坚持“终端是根、服务是魂、品牌是形”理念，明确网建发展定位，分类实施评星评级管理，不断提升终端营销赋能。“4S”（Smoking、Show、Sale、Survey）直营终端持续标杆引领，功能体验、产品展示作用进一步深化。2020 年，新建“金叶春天便利”终端 129 户，累计建成 424 户；新建“金叶春天便民”终端 100 户。截至 2020 年底，建设完成证件价签规范、商品陈列规范的“双规范”终端 1 万余户，打造出约占全市 2.5 万零售户总数 20% 的最优质、最核心终端群体。继续开展“我与客户共成长”活动，组织加盟终端走进烟草物流园区和卷烟工厂车间。创新合作模式，开展专属销售活动，与联华快客便利店、三寰会有便利店等开展业务交流，实现优势互补、资源互用。

商业流通品牌建设。创建“金叶春天”商业流通品牌，打破加盟品牌必收加盟费市场规则，创造“央企品牌 + 民营机制”商业模式。助力大学毕业生创业就业、下岗员工再就业、复员转业军人就业，主动扎根农村，创新打造“金叶春天便利”乡村版，扎实推进“一村一店”建设。截至年底，“新商通”终端管理平台累计交易 2.5 亿笔，交易金额突破 100 亿元，构建大连市最大快消品数据库“春天快消品消费指数”，有效激发市场主体活力。2020 年，大连市公司客户服务满意度提升至 92%。

2020 年 12 月 9 日，大连市烟草专卖局与大连海警局建立执法协作工作机制
大连市局　孙家辉　摄

【雪茄经营】 2020 年，全市销售雪茄 3271.23 万支，比上年增长 18.74%。实现毛利 522.21 万元，比上年增长 10.97%。销售国产雪茄 8.27 万支，比上年增长 111%。适销对路引入古巴著名雪茄品牌，满足个性化消费。制定评价规则，定期清退超出品类配额范围的雪茄规格，实现雪茄有序进退、良性发展。

【智慧精益物流】 2020 年，大连烟草物流中心一号分拣线共线包装改造项目完成竣工验收，柔性作业效率提升至每小时 1 万条分包。优化升级物流仓储、分拣管理及移动送货系统，进一步提升运行稳定性。编制《大连烟草新能源车使用规范》，设计新能源车的“BEV”立体标识，新能源配送体系日趋完善。

【特事辑要】 2020 年 4 月 29 日，大连市副市长张志宏一行到市局（公司）调研指导新冠肺炎疫情防控和复工复产有关工作。

5 月 27 日，大连市政协副主席吴继华带领相关市政协常委到市局（公司）调研拉动消费升级打造本土化品牌化连锁化便利店发展情况。

8 月 11 日，国家版权局为大连市公司现代终端运行管理系统颁发软件著作权登记证书，继“三大平台”获得软件著作权后，大连市公司在知识产权保护领域再次获取新成果。

2020 年大连市烟草专卖商业主要情况统计

区局（公司）名称		中山区烟草专卖局（分公司）	西岗区烟草专卖局（分公司）	沙河口区烟草专卖局（分公司）	甘井子区烟草专卖局（分公司）	旅顺口区烟草专卖局（分公司）
主要负责人/法定代表人（含党政领导）		曲新德	杜　萍	冉　仪	蔺　雁 （—2020 年 10 月） 唐功杰 （2020 年 12 月—）	王仁君
所属县级单位		—	—	—	—	—
总资产（万元）		—	—	—	—	—
资产负债率（%）		—	—	—	—	—
从业人员（人）		23	23	28	49	39
所属业务机构	营销机构	1 个销售管理科	1 个销售管理科	1 个销售管理科	1 个销售管理科	1 个销售管理科
	物流配送机构	—	—	—	—	—
	专卖稽查机构	1 个专卖监督管理科（专卖稽查支队）	1 个专卖监督管理科（专卖稽查支队）	1 个专卖监督管理科（专卖稽查支队）	1 个专卖监督管理科（专卖稽查支队）	1 个专卖监督管理科（专卖稽查支队）
	烟叶机构	—	—	—	—	—
烟农户数（户）		—	—	—	—	—
实现烟农总收入（万元）		—	—	—	—	—
零售户数（户）		1136	982	1919	5086	1739
零售户销售毛利率（%）		—	—	—	—	—

区局（公司）名称	金州区烟草专卖局（分公司）	普兰店区烟草专卖局（分公司）	瓦房店市烟草专卖局（分公司）	庄河市烟草专卖局（分公司）	长海县烟草专卖局（分公司）
主要负责人/法定代表人（含党政领导）	高　瑞	董广明	薛云丽 （—2020 年 10 月） 蔺　雁 （2020 年 10 月—）	张　宏	刘明帅
所属县级单位	—	—	—	—	—
总资产（万元）	—	—	—	—	—
资产负债率（%）	—	—	—	—	—
从业人员（人）	66	65	71	64	11

续表

区局（公司）名称		金州区烟草专卖局（分公司）	普兰店区烟草专卖局（分公司）	瓦房店市烟草专卖局（分公司）	庄河市烟草专卖局（分公司）	长海县烟草专卖局（分公司）
所属业务机构	营销机构	1 个销售管理科	1 个销售管理科	1 个销售管理科	1 个销售管理科	1 个销售管理科
	物流配送机构	—	—	—	1 个配送部	—
	专卖稽查机构	1 个专卖监督管理科（专卖稽查支队）	1 个专卖监督管理科（专卖稽查支队）	1 个专卖监督管理科（专卖稽查支队）	1 个专卖监督管理科（专卖稽查支队）	1 个专卖监督管理科（专卖稽查支队）
	烟叶机构	—	—	—	—	—
烟农户数（户）		—	—	—	—	—
实现烟农总收入（万元）		—	—	—	—	—
零售户数（户）		5927	3654	3702	3807	545
零售户销售毛利率（%）		—	—	—	—	—

◈ 撰稿：赵文宁；编辑：周　佳

深圳市烟草专卖局（公司）

【专卖管理】 **打假打私。**2020 年，深圳市烟草专卖局持续加强与多个职能部门的沟通联系，夯实打假打私工作体系。疫情期间，借助防疫检查力量，在不增添防疫风险点和相关部门负担前提下，在全市 52 个进入深圳治安卡点开展执法检查。全年开展“今冬明春”烟草打假打私专项整治行动、打击交通运输和物流寄递环节涉烟违法犯罪活动、打击涉烟违法犯罪“蓝剑”行动和“云枭三号”打假打私专项行动等，共同构筑“大广东”打假打私防线。进一步强化与邮政管理、交通运输等部门齐抓共管的工作机制，将物流园区、快递中转中心、寄递企业以及交通要道等作为重点监控对象，集中力量严防严打。

全年查处各类涉烟违法案件 1190 件，案值 8790 万元，其中案值 100 万元以上案件 20 件。查获涉案卷烟 1.08 万件，其中假烟 8225 件、走私烟及出口回流卷烟 1561 件、国产非法流通真烟 1018 件。公安、司法机关依法刑拘 2602 人，逮捕 189 人。

典型案例。罗湖“12·10”跨市仓储、分销假私卷烟案件。该案是罗湖区局联合罗湖公安分局、南湖派出所、福田区局等单位，出动执法人员 60 余人，分别在汕尾市陆丰某仓库、深圳市罗湖区清水河街道、深圳市福田区福田新村等地破获的集仓储、运输、销售为一体的涉烟违法案件，查获涉案卷烟 479.94 件，案值 385.02 万元，查扣涉案车辆 2 辆，公安、司法机关依法逮捕涉案人员 6 人。

坪山“12·22”大型仓储、运输分销假烟网络案件。该案是坪山区局联合深圳市公安局坪山分局治安大队、石井派出所破获的跨市分销非法卷烟案件，在汕尾市及深圳市龙岗区捣毁大型假烟窝点 1 个，查获移动仓库 1 个，分销点 2 个；现场查获非法卷烟 448.52 件，案值 313.68 万元，查扣涉案车辆 7 辆，公安、司法机关依法拘留涉案人员 5 人。

市场监管。开展卷烟市场重点问题治理，以知名连锁便利店为突破口，通过信息收集、专项检查、行政约谈等手段，探索连锁便利店监管工作措施，加大对连锁便利店涉烟违法行为查处力度。强化电子烟监管力度，组建电子烟监管专班，借力腾讯公司建立全网涉烟信息监测平台，对互联网电子烟销售、舆情、广告信息线索进行实时监测。与市场监管部门联合开展电子烟市场专项检查行动，查处电子烟相关违法行为 18 件，南山区对电子烟实体门店开具全国首张罚单。

证件管理。拓展办证渠道，通过深圳烟草外网、微信公众号和政务大厅等媒介平台推进网上办证工作。全面清理整顿中小学校、青少年宫出入口路程距离 50 米范围内的卷烟零售商户，打击向未成年人售烟等违法行为。落实行政许可“好差评”制度，研究制定管理办法，探索将“好差评”纳入考核管理体系。开展简化连锁便利店烟草经营审批手续试点，下发《关于简化品牌连锁便利店烟草经营审批手续的通知》，提升对连锁便利店办证效率和服务水平。

2020 年 12 月 22 日，深圳坪山区局（公司）破获一起大型仓储、运输、分销假烟网络案件

深圳市局　董凌霄　摄

全年全市有持证卷烟零售户 5.42 万户。

【卷烟经营】 **品牌培育。**制定《2020 年深圳烟草品规发展规划》，全面优化品规布局，全年全市在销国产卷烟品牌 55 个，进口卷烟品牌 12 个；在销总规格 503 个，其中国产在销卷烟规格 312 个；引进国产新品卷烟规格 22 个，退出 39 个。满足消费者个性化需求，全市细、短、中等创新型卷烟销量比上年增长 16.8%，高于总销量增长率 15.4 个百分点。探索新品类烟斗丝培育工作，引进全国第一款烟斗丝规格。

本地区销量居前三位的品牌依次为“双喜”“芙蓉王”“中华”，销量分别为 105.9 亿支（21.18 万箱）、40.04 亿支（8 万箱）、15.18 亿支（3.03 万箱）。

现代零售终端建设。推进“一方盒”卷烟新零售创新实践（“一方盒”为深圳烟草卷烟新零售品牌），加快直营门店升级改造。面向“深圳特专”现代卷烟零售终端开展形象维护、功能维护、进退维护等工作，严格进退标准，进一步提升品牌效应和规模效应。全年新授权“深圳特专”商户 1532 户，退出 177 户，总数保持在全市客户数的 15% 左右。运用新媒体传播平台创建诚信互助小组，丰富创建形式和内容，全面建成诚信互助小组 3686 个，入组零售户 4.36 万户。

现代卷烟物流建设。深化 6S 现场管理，提升物流工作效率。组织技术力量开展技术攻关，其中“周转箱数据管理系统 V1.0”“卷烟装箱追溯系统 V1.0”通过国家软件著作权申请；发明专利“烟草条烟品牌分拣校验及追溯系统及方法”“一种烟草设备替换件管理系统及方法”初步审查合格，实用新型专利“烟草条烟品牌分拣校验及追溯系统”申请被受理。全年对系统进行各类有效运维 400 余次（项），使用备件 1000 余个（件），保障设备有效作业率稳定在 99% 以上、卷烟破损率小于 0.01‰。推进卷烟包装箱循环利用工作，全年返还 5 家工业企业卷烟包装箱 116 万只。

2020 年，物流中心累计完成卷烟入库 54.62 万箱，完成卷烟出库 55.57 万箱，全年卷烟入库准确率、扫码率均为 100%。累计完成条烟分拣 1.39 亿条，比上年增加 196 万条，卷烟分拣破损率小于 0.01‰，卷烟分拣差错率小于 0.01‰，订单差错率小于 0.1‰。

【雪茄经营】 2020 年，全市在销雪茄品牌有 28 个，其中国产品牌 11 个、进口品牌 17 个；新引入雪茄品规 20 个，其中进口雪茄 6 个、国产雪茄 14 个。全年实现雪茄销量 4908.03 万支（包含手卷雪茄），比上年增长 1.35%。实现国产传统雪茄销售收入 1677 万元，比上年增长 152%，其中实现中高端雪茄销售收入 1423.1 万元、增长 305.6%。开展中高端雪茄订货平台上线试运行工作，试运行深茄溯源区块链系统，该项目包含 1000 套纸质二维码及数据信息。

【管理创新】 进一步推进企业降本增效，对照《商业企业年度降本增效统计口径》，全年降本增效 120 万元。推进质量管理小组活动，福田区局（公司）选送课题“构建客户服务短板识别模型”获得烟草行业第三十一届质量管理小组成果发布会三等奖。参与国家局组织的行业“核心竞争力”典型案例征集、课题研究、大讲堂等活动，龙华区局（公司）、大鹏新区局（公司）选送的2项成果获得国家局商业企业“核心竞争力”典型案例优秀成果奖。宝安区局（公司）拍摄的典型事迹片《重聚》在全国烟草行业第三届党员教育电视片观摩交流活动中获得优秀奖。龙华区局（公司）疫情期间自主拍摄的纪录片《使命》获得国家局微党课视频优秀奖。

【特事辑要】 2020年9月24—26日，国家局党组成员、副局长韩占武在深圳烟草督导调研。

2020年深圳市烟草专卖商业主要情况统计

区局（公司）名称		福田区烟草专卖局（公司）	罗湖区烟草专卖局（公司）	南山区烟草专卖局（公司）	盐田区烟草专卖局（公司）	宝安区烟草专卖局（公司）
主要负责人/法定代表人（含党政领导）		张　玲	刘志平	童　彬	朱小兵	陈东文
所属县级单位		—	—	—	—	—
总资产（万元）		34253	34983	26653	24202	52633
资产负债率（%）		9.97	10.35	8.14	8.18	8.52
从业人员（人）		91	93	89	68	154
所属业务机构	营销机构	1个业务科	1个业务科	1个业务科	1个业务科	1个业务科
	物流配送机构	—	—	—	—	—
	专卖稽查机构	1个专卖科	1个专卖科	1个专卖科	1个专卖科	1个专卖科
	烟叶机构	—	—	—	—	—
烟农户数（户）		—	—	—	—	—
实现烟农总收入（万元）		—	—	—	—	—
零售户数（户）		4215	3382	3136	4081	11630
零售户销售毛利率（%）		17.99	14.15	17.81	15.01	13.00

区局（公司）名称		龙岗区烟草专卖局（公司）	光明区烟草专卖局（公司）	坪山区烟草专卖局（公司）	龙华区烟草专卖局（公司）	大鹏新区烟草专卖局（公司）	深圳中深烟草贸易中心
主要负责人/法定代表人（含党政领导）		赖远彪	杨正中	周建辉	—	李庆忠	刘思雄
所属县级单位		—	—	—	—	—	—
总资产（万元）		46504	6433	5792	12470	2421	22738
资产负债率（%）		7.67	21.61	22.99	23.41	35.78	2.29
从业人员（人）		131	76	58	103	54	29
所属业务机构	营销机构	1个业务科	1个业务科	1个业务科	1个业务科	1个业务科	1个业务科
	物流配送机构	—	—	—	—	—	—
	专卖稽查机构	1个专卖科	1个专卖科	1个专卖科	1个专卖科	1个专卖科	—
	烟叶机构	—	—	—	—	—	—
烟农户数（户）		—	—	—	—	—	—
实现烟农总收入（万元）		—	—	—	—	—	—
零售户数（户）		12990	3689	3838	6924	2403	—
零售户销售毛利率（%）		10.00	13.70	11.48	12.83	11.00	—

◇ 撰稿：陈　兰；编　辑：周　佳

1

2

1 海南省局（公司）卷烟甩箱式配送现场（2020年）

海南省局　供稿

2 浙江中烟杭州卷烟厂卷包车间“螺丝钉”团队自主研发ZB47自动加料机器人成为行业首创（2020年）

浙江中烟　刘　瑾　摄

3 山东中烟济南卷烟厂卷包车间实时生产驾驶舱（2020年）

山东中烟　供稿

4 2020年2月24日，云南烟叶复烤有限责任公司楚雄复烤厂复工复产，实现远程无人监打

云南烟叶复烤有限责任公司　周海云　摄

3

4

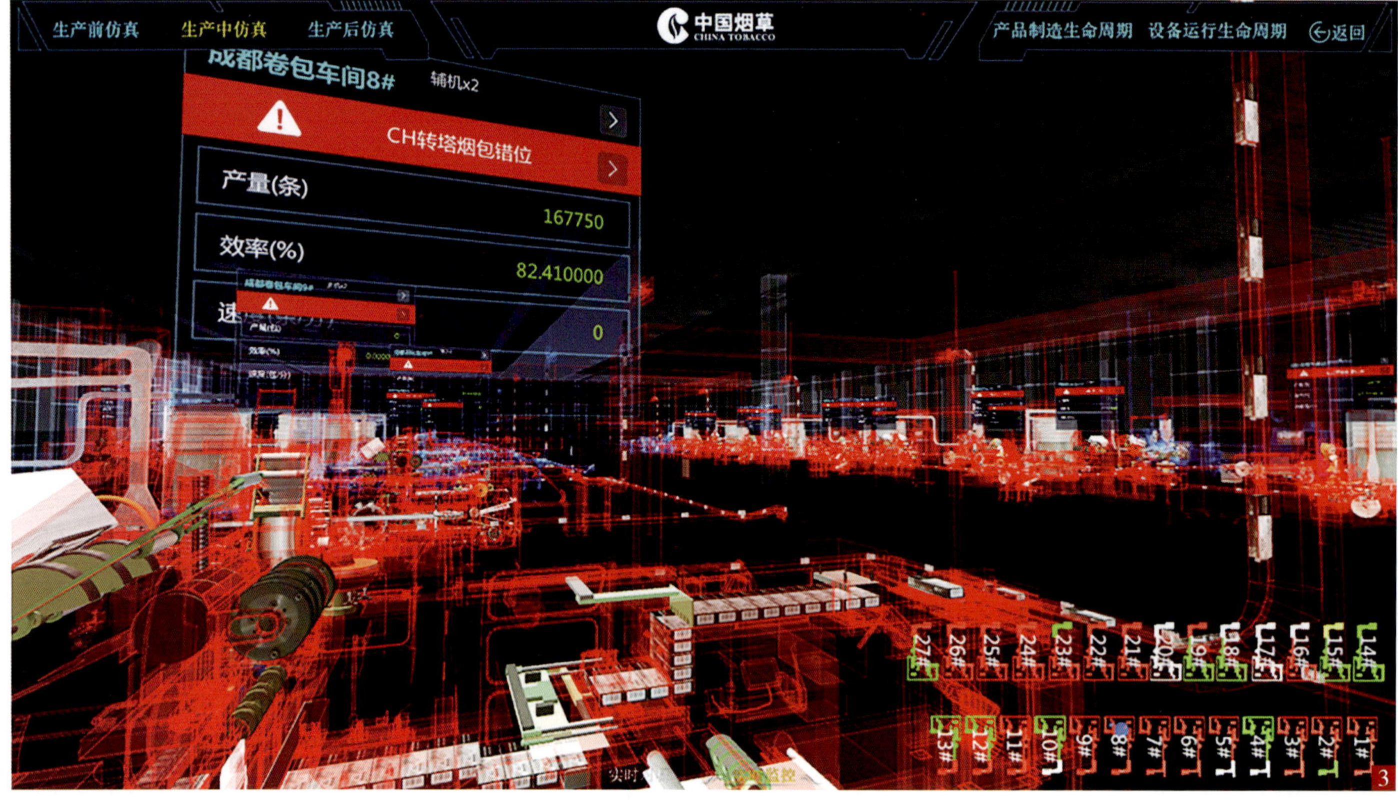

1 在新冠肺炎疫情防控常态化条件下，河南中烟黄金叶生产制造中心物流管理从“现场”转向“线上”（2020年）

河南中烟　供稿

2 广东中烟广州卷烟厂制丝车间团队自主设计安装回潮前导流板，提高9600线整丝率（2020年）

广东中烟　蔡晓阳　摄

3 四川中烟成都卷烟厂“数据孪生仿真管理系统”实现生产过程实时仿真（2020年）

《中国烟草》杂志社　供稿

4 2020年2月10日，广西中烟南宁卷烟厂卷包车间维修人员利用“互联网+生产”在线检查ZB416包装机运行情况

广西中烟　供稿

1 2020年10月12日，福建中烟参加第三届数字中国建设峰会，以“烟草制造业数字化转型”为主题，展示了基于CPS的工业互联网平台试点建设成果

福建中烟 姚佳君 摄

2 江西九江市局（公司）工作人员利用自主研发的大数据平台进行市场分析（2020年）

江西省局 供稿

3 2020年5月20日，广东中烟广州卷烟厂工艺质量科技术人员与校企合作培养项目学员开展技术研讨

广东中烟 张恺溪 摄

4 2020年7月30日，中国烟草总公司海南省公司海口雪茄研究所“雪茄研发联合实验室”在海南红塔卷烟有限责任公司正式挂牌成立

海南省局 供稿

1 2020年9月17日，iTOS烟机智能管理系统发布活动在湖南常德举行

中烟机械集团　供稿

2 上海烟草机械有限责任公司移动协作式机器人（2020年）

中烟机械集团　供稿

3 郑州烟草研究院基因中心科研人员开展分子生物学实验（2020年）

郑州烟草研究院　供稿

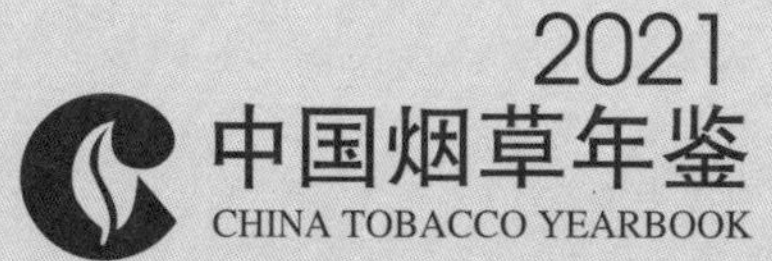

烟草工业

- □ 卷烟生产
- □ 雪茄生产
- □ 烟草机械工业
- □ 卷烟辅助材料生产
- □ 烟叶加工

卷烟生产

河北中烟工业有限责任公司

【主要产品与品牌建设】 2020年，河北中烟工业有限责任公司生产的自有卷烟品牌有“钻石”“新石家庄”2个，在产规格35个，其中“钻石”在产规格34个、“新石家庄”在产规格1个。全年推出“钻石（荷花经典中支）”“钻石（君子中支）”两款新品，为“钻石”品牌结构提升提供新的增长点。合作生产卷烟品牌有“白沙”“利群”“雄狮”“红金龙”“南京”等5个，全部由各中烟公司回购。生产出口卷烟“荷花（软）”87.2箱。

2020年，河北中烟对标行业“136、345”高质量品牌发展目标，深入贯彻落实新发展理念，立足全国市场，聚焦“钻石”品牌“荷花”系列产品培育，突出省内市场，强化“钻石”品牌一、二类卷烟培育，推进自有品牌转型升级。

【“钻石（荷花）”系列卷烟】 河北中烟始终将“钻石”品牌“荷花”系列产品的培育作为首要任务，省内聚焦潜力圈层，订制开展婚庆、冀商商会、“品荷之旅”等活动，提升品牌形象；省外抢抓市场机遇，优化市场布局，统筹推进新品引入和产品置换工作。全年“荷花”系列实现全国地级市场全覆盖。

2020年，“钻石”品牌“荷花”系列产品实现销量98.4亿支（19.68万箱），比上年增长34.5%，其中，“钻石（软荷花）”“钻石（双中支荷花）”销量突破万箱。“钻石（荷花）”“钻石（细支荷花）”跻身行业重点培育卷烟规格阵营。

【技术创新】 **提升技术创新水平。** 自主开展“异地仓库养护烟叶研究”项目，启动与郑州轻工业大学合作项目“不同养护模式对片烟醇化质量影响研究”。制定《提升烟用香精香料核心技术自主研发和自我保障能力工作方案》，组建专业技术团队，开展单体香原料应用开发、功能性香基模块成分剖析和可替代性研究。与天津科技大学合作开展“烟用材料上机适用性”项目研究，修订“荷花”系列产品材料标准33个。自主开展并完成“烟草及烟草制品水分的测定——核磁法”总公司标准项目，开展“基于低场核磁共振技术的烟草含水率检测方法”“基于生物酶醇化技术在卷烟提质、减害上的应用性研究”等项目研究。全年取得科技成果46项，开展项目40项，专利申请数量比上年有较大幅度提升。

完善技术创新机制。 修订《科技项目管理办法》《科学技术奖励实施细则》，优化对外合作项目审批流程，实施科技奖励，进一步完善创新制度体系和运行机制。深化科技项目管理，增加青年人才项目，促进青年技术人才培养。与郑州院共建“荷花品牌先进制造工艺联合实验室”，新建“香精香料自主研发和自我保障联合实验室”，按计划推进“‘荷花’品牌香气特征组群分析”“基于模块化配方技术的荷花原料适用性研究与应用”等项目研究。

2020年7月23日，河北中烟张家口卷烟厂有限责任公司举办“钻石（君子中支）”下线仪式暨首届荷花文化艺术节

河北中烟张烟公司 高毅 摄

【生产布局优化】 实施生产资源整合、装备购置改造，2020年，新申购高速卷包设备5组，完成3批次共10台套卷包、成型设备厂际间调拨。结合“钻

石”品牌“荷花”系列产品发展规划，完成“钻石（软绿）”由河北白沙烟草有限责任公司向张家口卷烟厂有限责任公司转产，“钻石（玫瑰二代）”“钻石（红石2代）”由中速机向高速机转产。开展2次“钻石（细支荷花）”均质化工艺设备测试、调改，推进“钻石（细支荷花）”均质化工作。召开滤棒自产工作推进会，实现细支产品普通滤棒及“钻石（荷花）”滤棒自产。

【生产质量保障体系建设】 继续开展“质量提升年”系列活动，确定11个方面的质量提升目标，细化分解成59项具体的工作任务，落实到公司12个牵头部门和3家卷烟厂，全年编制《“质量提升年”活动工作简报》9期，促进各单位完成阶段性目标353项。公司将质量管理上升到企业战略层面，自上而下，加大质量监督巡查力度，全年开展6次质量监督专项巡查，编制《质量信息通报》12期。2020年，在国家局组织开展的下半年卷烟产品质量监督市场抽查中，“钻石（荷花）”在抽查的119个卷烟产品中，连续3年获得综合质量总分第一名。

【物流保障】 *原料养护*。推进原料仓库升级改造，建设完成河北白沙烟草有限责任公司荷花原料养护中心，在全行业率先应用保湿加湿技术，14万平方米仓库采用机械调控技术，保证北方干燥寒冷条件下优质卷烟的原料养护和醇化需求。优化完善公司层面原料存储布局，清退部分低等级仓库，云南昆明、山东诸城、四川德昌等3个原料区域加工中心异地仓库投入使用，实现原料仓储由“数量保管型”向“质量养护型”转变。

运输服务保障能力。河北中烟统筹规划仓储布局，建立四川成都、安徽合肥、广东揭阳、湖南长株潭、辽宁鞍山、河南许昌等6个物流集散中心，基本覆盖全国范围内的市场区域，形成“干线规模化运输＋支线小批量配送”的卷烟运输模式。通过物流集散中心发货，全年共节约运输费用300万元以上，运费节约率16%，订单响应时间由过去生产点发货的4～8天缩短至1～3天。

包装箱循环利用。探索简化烟箱标识，加快推动“两码合一”技术规模化应用工作，提升循环使用效率。全年使用循环烟箱包装卷烟60万箱，实现降本增效超过600万元。截至2020年底，累计使用循环烟箱超过1300万件。

【管理创新】 以管理创新为抓手，修订《管理创新考核管理办法》，全年所属3家卷烟厂有QC课题立项105项、六西格玛项目21项，引进项目课题20项。在烟草行业第三十一届优秀质量管理小组成果发布会上，张烟公司“填盒机填装质量视觉检测系统的研发”课题获得一等奖；河北白沙“全域智能虫情监控系统的研发”和保定卷烟厂“烟支物理指标数据智能采集分析系统的开发”课题获得二等奖。河北白沙“工控系统动态数据监控平台的研发”课题获得第四十五届国际质量管理小组大会铂金奖。参与行业“新品设计开发流程优化”“降低烟机设备维持费用”“降本增效统计口径细化完善”等课题研究。

【特事辑要】 2020年1月29日，河北中烟党组召开专题会议，成立疫情防控工作领导小组，统筹推进公司疫情防控和生产经营工作。

9月21日，河北中烟召开“荷花文化”体系评审会。审议通过“荷花文化”五大体系，确定公司司旗、司徽、司歌等设计方案，决定全面启动公司“荷花文化”宣传贯彻工作。

11月30日至12月4日，河北中烟举办“大河之北·品荷之旅”——荷花品牌文化与工艺交流会（张家口之行）。

所属卷烟生产企业

张家口卷烟厂有限责任公司

【主要产品】 2020年，张家口卷烟厂有限责任公司（简称张烟公司）生产自有卷烟品牌为“钻石”。合作生产卷烟品牌为“利群”“雄狮”“红金龙”“南京”。

【品牌建设】 张烟公司在“荷花梦”战略目标引领下，始终把产品质量提升工作摆在首要位置，提高卷烟加工工艺技术及工艺质量管控能力。生产“钻石（君子中支）”等新产品，完成“钻石（软绿）”转产和自产细支滤棒调试工作。召开以“创新引领、智造精品”为主题的河北中烟首届技术论坛，采用校企合作形式开展材料适用性研究。成立质量提升与现场管理监督巡查办公室，开展以“全员共献策，合力促提升”为主题的质量月系列活动，宣传贯彻荷花文化“一丝一支、尽善尽美”质量理念，提升全员产品质量意识。

【技术创新】 张烟公司高度重视科技项目管理，全年有科技项目立项53项。持续推进课题管理，全年完成立项厂级重点课题12项，典型课题17项，普通课题197项。引进QC课题5项，实现经济效益约900万元。推动全员创新，推进QC小组活动，年度注册QC课题49项，QC小组活动率93.75%。

【特事辑要】 2020年7月23日，张烟公司在厂区举行“钻石（君子中支）”下线仪式暨首届荷花文化艺术节。

9月17日，河北烟草第二届“荷花杯”法律知识辩论赛在张烟公司举行。比赛全程进行网络直播，张烟公司代表队获得一等奖。

河北白沙烟草有限责任公司

【主要产品】 2020年，河北白沙烟草有限责任公司（简称河北白沙）主要生产“钻石”“白沙”系列产品，其中，“白沙”为合作生产品牌。

【技术创新】 河北白沙以专项攻关为突破点，运用六西格玛、精益生产、质量诊断等技术方法，搭建层次清晰的创新体系。持续推进“创新工作室”建设，2020年，卜建立创新工作室成功晋升国家级创新工作室，2个创新工作室晋级省级创新工作室。河北白沙5个创新工作室完成创新项目131项，创造经济效益1195.33万元。

2020年，完成科技项目立项36项，授权和受理专利49件，获得软件著作权登记8项，发表论文45篇，其中在核心期刊发表2篇。“工控系统动态数据监控平台的研发”课题获得国际质量管理小组（ICQCC）最高奖项“铂金奖”。

【特事辑要】 2020年1月17日，国家局党组成员、副局长段铁力到河北白沙慰问调研。

7月1日，河北中烟自产“硬荷花”滤棒投产启动仪式在河北白沙举行。

8月12日，石家庄市第二期“质量大讲堂”活动在河北白沙圆满落幕。

8月25日，河北白沙举行河北中烟“荷花”品牌累计销量突破50万箱暨“荷花经典中支”下线仪式。

10月15日，河北中烟“荷花专线”建设暨“荷花连廊”落成仪式在河北白沙举行。

10月21日，国产高速卷接机组研制项目鉴定会在河北白沙召开。国家局党组成员、副局长段铁力出席会议。

10月23日，国家局党组成员、副局长段铁力在保定卷烟厂调研。

12月17日，国家局党组成员、副局长张天峰在保定卷烟厂基层联系点调研指导工作。

2020年河北中烟工业有限责任公司所属企业/生产厂情况统计

		张家口卷烟厂有限责任公司	河北白沙烟草有限责任公司	所属生产厂
				保定卷烟厂
法人资格		独立法人	独立法人	非独立法人
主要负责人/法定代表人（含党政领导）		董事长：籍　涛（—2020年12月） 曲志刚（2020年12月—） 党委书记：胡自强（—2020年7月，2020年2月卸任总经理） 党委书记、总经理：王海涛（2020年7月—，2020年2月起任党委委员、总经理）	董事长：籍　涛 党委书记、总经理：王玉立	党委书记：张永开（—2020年3月） 党委书记、厂长：马立志（2020年3月—） 纪委书记：周志刚
成立时间		其前身为张家口卷烟厂，成立时间1939年	其前身为石家庄卷烟厂，成立时间1948年	1902年
从业人员（人）		2186	1241	940
卷烟生产能力（亿支）		400	250	150
卷烟品牌	自有品牌	钻石	钻石	钻石
	合作生产品牌	利群、雄狮、红金龙、南京	白沙	白沙

◇ 撰稿：靳丹丹；编辑：周　佳

上海烟草集团有限责任公司

【主要产品与品牌建设】 **主要产品**。2020年，上海烟草集团有限责任公司（简称集团公司）所属卷烟生产企业有上海烟草集团有限责任公司上海卷烟厂、上海烟草集团北京卷烟厂有限公司、上海烟草集团有限责任公司天津卷烟厂、上海高扬国际烟草有限公司。生产的自有卷烟品牌有“熊猫”“中华”“中南海”“红双喜”“牡丹”“恒大”“大前门”等。

“中华”品牌全年生产698.16亿支（139.63万箱），实现工业销量707.14亿支（141.43万箱）。生产“中南海”133.51亿支（26.7万箱），实现工业销量133.31亿支（26.66万箱）。生产（不含合作生产）“红双喜”167.16亿支（33.43万箱），实现工业销量311.89亿支（62.38万箱）。全年生产出口烟15.02亿支（3.0万箱）。

合作生产。与安徽中烟合作生产“红双喜”87亿支（17.4万箱）、“大前门”31.5亿支（6.3万箱）、牡丹2.5亿支（0.5万箱）；与山东中烟合作生产“红双喜”29.24亿支（5.85万箱）、“大前门”0.76亿支（0.15万箱）；与河南中烟合作生产“红双喜”37.47亿支（7.49万箱）、“大前门”5.03亿支（1.01万箱）。

品牌发展。2020年，集团公司卷烟销量规模保持稳定，主要品牌发展良好，品类多点增长。“中华”品牌全面顺价，实现商业销量695亿支（139万箱），比上年增长2.2%。“中华”新品“新五包”——“中华（金中支）”“中华（双中支）”“中华（细支）”“中华（金细支）”“中华（金短支）”实现销量比上年增长148.6%。

培育整合。“中华”新品类快速发展，新旧动能加快转换。“红双喜（硬）”“红双喜（硬江山精品）”“中南海（金8mg）”“中南海（5mg细支）”“牡丹（软）”等规格完成提价工作。“红双喜”“牡丹”“中南海”品牌单箱结构分别比上年增长3.4%、15.1%、3.7%。2020年完成“凤凰”品牌整合到“牡丹”品牌。

新品上市。“中华”细支系列2020年5月上市。开发上市“牡丹（飞马）”及“牡丹（蓝中支）”，进一步构建“牡丹”品牌中、短、细全品类发展，完善品牌整体布局。“牡丹（飞马）”覆盖上海、湖南和深圳市场，“牡丹（蓝中支）”覆盖全国21个省96个地市。此外，新品“中南海（清净香中支烤烟）”立足于北京市场；“恒大（硬中支）”以天津市场为主，在全国2个省2个市上市销售。

【原料保障】 2020年，集团公司以保障“中华”品牌的原料需求为工作重点，优化采购区域布局、加工点布局。合理调配原料数量与等级结构，推进“中华”原料区域加工中心建设。优化采购等级结构、优化烟叶挑选加工方式、优化库存结构，充分挖掘烟叶资源使用价值。引导烟叶产区以安全、绿色、生态为主线，实施可持续生产，发挥烟叶基地单元的辐射作用。

【技术创新】 **技术中心概况**。上海烟草集团有限责任公司技术中心下设科技管理科、综合管理部、产品研究室、原料研究室、工艺材料研究室、调香研究室、烟草化学研究室、标准化研究室、工艺质量科、理化实验室等10个科室和北京、天津2个工作站，形成“十科两站”的组织架构。与上海烟草集团太仓海烟烟草薄片有限公司、上海白玉兰烟草材料有限公司、上海烟草包装印刷有限公司、上海烟草储运公司、上海牡丹香精香料有限公司分别共同组建烟草薄片研究室、滤棒技术研究室、包装设计印刷研究室、烟叶储存养护研究室、香精香料研究室等5个联合研究室。截至2020年底，共有员工208人，其中本科及以上学历196人、中级以上职称156人。

科研成果。2020年，技术中心承接历年接转项目77项，新立项目49项，年度科技项目126项，孵化科技成果46项，主持国家局项目11个。主持和参与的“聚焦品质性状的烟草全基因组模块评价技术体系构建”项目获得中国烟草总公司科学技术进步奖二等奖，1人获得中国烟草总公司2020年度创新争先奖。2020年集团公司申请专利268件，其中发明专利122件；获得专利授权116件，其中发明专利30件。发表核心期刊论文17篇、SCI论文4篇、国际烟草科学研究合作中心（CORESTA）会议交流论文1篇。

创新成果。聚焦集团公司“十三五”时期“1+3”品牌发展新目标，保持“中华”品牌竞争优势，加速重点品牌发展，持续推进技术创新及产品研发工作。研发上市“中华（金细支）”“中华（细支）”“牡丹（蓝中支）”“牡丹（飞马）”“恒大（硬中支）”“中南海（清净香中支烤烟）”，出口日本“中南海（ROCK爆珠）”“中南海（ROCK淡味）”等8款新品；完成“牡丹（红中支）”等2款产品的开发验证和新品申报，形成下一步品牌发展的后备资源；系统推进“熊猫（短支）”“熊猫（中支）”“熊猫（细支）”等产品研发，增强产品的技术储备和实现能力。

2020 年 5 月 25 日，上海烟草集团召开"上海烟草工匠"命名表彰大会
上海烟草集团　供稿

【交流与合作】　**中国烟草上海进出口有限责任公司概况**。中国烟草上海进出口有限责任公司（简称进出口公司）为上海烟草集团有限责任公司全资子公司，注册资本 5846 万元。2020 年实现税利 3.10 亿元，实现利润 1.64 亿元。海外市场出口总销量 15.77 亿支，其中，一般贸易出口 13.78 亿支（代理"中南海"3.3 亿支）、境外合作项目出口 1.99 亿支。"中华"卷烟出口 8.38 亿支。

推动境外落地产销项目。开展境外落地产销规划布局和"一带一路"有税市场拓展研究；推进南洋兄弟烟草股份有限公司落地制丝项目；持续推进菲律宾 PDMC 工厂项目。

探索免税市场标准化销售管理模式。以"从全球市场定位出发，从当地市场角度运作"的发展思路，制定一套标准化销售管理模式，规范集团品牌海外免税市场销售工作管理流程，进一步提升海外市场销售工作水平。

开展海外市场销售人员线上培训。新冠肺炎疫情期间，通过线上会议平台，为中国免税品（集团）有限责任公司、深圳市国有免税商品（集团）有限公司、日上免税行（中国）有限公司等免税运营商开展 14 次线上培训，累计参训人数 1000 余人次，进一步同经销商明确零售价格及品牌陈列等短板问题，为市场恢复后更好地树立产品形象打好基础。

【特事辑要】　2020 年 1 月 3 日，以"新园区、新发展、新征程"为主题的上海烟草技术中心首届科技节在浦东科技创新园区开幕。

4 月 10 日，国家烟草专卖局党组书记、局长，中国烟草总公司总经理张建民在上海烟草集团北京卷烟厂有限公司调研。

5 月 25 日，2020 年"上海烟草工匠"命名表彰大会在浦东科技创新园区上海卷烟厂举办，对 20 位"上海烟草工匠"进行命名颁奖。

7 月，上海市杨浦区文化和旅游局认定"英美烟三厂烟叶加工车间旧址（华盛楼）"为杨浦区文物保护点。

10 月 12 日，上海烟草集团举行 5 家联合研究室入驻上海烟草集团有限责任公司浦东科技创新园区仪式。

11 月 24 日，上海烟草集团"同升一面旗、共唱一首歌"升旗仪式暨"华盛楼"不可移动文物保护点揭牌仪式在上海烟草集团有限责任公司上海卷烟厂举行。

12 月 8 日，上海烟草集团举行浦东科技创新园区建设及运行工作总结交流座谈会暨上海卷烟厂 D 区工房全面交接仪式。集团公司生产设备部获得中国建设工程鲁班奖，上海卷烟厂获得项目综合竣工验收证书。

所属企业/生产厂

上海烟草集团有限责任公司上海卷烟厂

【卷烟生产】　2020 年，上海烟草集团有限责任公司上海卷烟厂主要生产的卷烟品牌有"熊猫""中华""红双喜""牡丹""大前门"。

【技术攻关】　聚焦"敏捷、智能、优质"三大制造能力提升，以项目课题为依托，激发全员创新活力，推动科技创新水平再升级。2020 年新立集团级和厂级科技项目 40 项，申报质量管理小组课题 172 项，完成 733 个现场改善提案。申报专利 14 件，其中发明专利 12 件、实用新型专利 2 件。"储柜辅料行车顶起装置的研制""减少薄板式烘丝机料尾干叶丝量"2 个课题获评"上海市质量管理小组优秀成果"。

【技术改造】　2020 年，完成第二组"中华（金中支）"侧开式 50 包/分钟的包装机组调试投产和首台"中华（金中支）”侧开式200包/分钟的包装机主机测试和转机型生产，提升“中华（金中支）”产能。加速中支、细支设备配置，保障新品生产的技术与管理力量投入。开展“梗、膨丝自动装箱”“膨丝线A、B路进出料端互通改造”等技术改造项目，提高设备运行稳定性和高效性。

【智能制造】 编制形成《上海卷烟厂“十四五”智能制造专题报告》，深化“一网联通，一库汇聚”理念，通过7个业务条线纵向协同，8个制造环节横向互通，力求打造N个“智造+”场景，发挥人机协同和数据驱动作用，支撑生产制造敏捷柔性、透明高效、产品提质，推动工厂制造核心能力数字化转型和智能化升级。

【质量管理】 推动质量管理“生产+研发”转型。聚焦“制造链一体化”管理，推动产品质量稳定；聚焦质量标准落实，提升质量风险预判和防范能力；聚焦质量短板问题，强调工艺研究与改进并重，提高卷烟内外在质量水平。以问题和创新为导向，加深工艺技术分析研究、加强信息化系统开发、加快工程试验平台建设，强化技术创新成果在生产实际中的转化、实践和应用。

上海烟草集团北京卷烟厂有限公司

【卷烟生产】 2020年，上海烟草集团北京卷烟厂有限公司主要生产的卷烟品牌有“中南海”“牡丹”“红双喜”。

【技术创新】 2020年，完成“中南海（ROCK淡味）”“中南海（ROCK爆珠）”2款面向日本市场产品的研发；开展“‘中南海’一类混合型”“‘中南海’超细支混合型”“‘中南海’1mg超细支混合型”“‘中南海’出口9mg”等产品的研发工作，完成“‘中南海’出口混合型无添加”产品的中试定型；“中南海（典8）卷烟产品开发”项目获得集团公司2020年度产品创新二等奖。“近红外光谱定性分析导则”国家标准研究项目获得集团公司2020年度科技进步二等奖。申请专利78件，其中发明专利11件；获得专利授权14件，其中发明专利3件，包括欧盟专利1件。发表论文10篇，其中SCI源刊5篇、核心期刊5篇。申请“中南海”等商标6件。

【精益管理】 以对标管理和预算定额管理为抓手，建立季度对标分析机制，全年实现降本增效2508.77万元，完成年度目标的385.96%。加强能源精益化管理，开展节能宣传，推进能源管理体系换版工作。落实工程审计机制，打造评标专家队伍。持续做好重大决策事项合法性审查，落实法律风险防控工作规划，推进公司法治烟草建设。印发《突发事件总体应急预案》，提升应急处置水平。持续推进“双重预防机制”建设，提升安全环境风险防控水平。

上海烟草集团有限责任公司天津卷烟厂

【卷烟生产】 2020年，上海烟草集团有限责任公司天津卷烟厂生产卷烟“恒大”“红双喜”“牡丹”“大前门”。

【品牌建设】 2020年，天津卷烟厂持续推进“恒大”品牌建设，聚焦区域市场特色，强化消费者对品牌产品的认知；聚焦中支烟发展特色，塑造差异化竞争优势。8月17日，“恒大（硬中支）”在天津首发上市，产品线逐步完善，提高中高端产品竞争力。配合新品上市，开展多维度品牌宣传活动38场，直接受众33万人次。

【技术创新】 2020年，完成“恒大（硬中支）”产品研发并实现投产上市；开展“大前门（软）”天津生产实现技术研究，实现产品落地生产；开展“牡丹（凤凰细支）”产品改造生产实现研究，具备大样验证条件。“恒大（烟魁）中细支烟研发”项目获得集团公司2020年度产品创新三等奖。申请专利8件，其中发明专利7件；获得专利授权5件。公开发表论文9篇，其中SCI期刊1篇、核心期刊3篇。

【信息化建设】 拟定“厚平台、薄应用”长期建设方向，为信息化支持能力提升奠定基础；实现状态监测功能在高速卷包机组全面覆盖应用，开展无线数据传输形式试点研究，为通用设备平台化集中监控与诊断提供参考；完成卷包数采系统升级优化，开展梗丝加料现场智能控制程序建立试行，推进远传水表等设备试点安装，实施部分进出通道“AI+安防”升级改造，实现电气系统局部试点在手机端的监测控制，为数字化转型积累技术应用经验。

【精益管理】 形成创新体系精益化建设草案，发布新版课题、项目管理标准，提升专业化创新活动实效。发布《2020年操作法推进方案》，完善产生流程及评价要求，全年员工提出精益提案4520项，取得精益行动、建议成果3949项。

上海高扬国际烟草有限公司

【场地整治完成】 根据上海高扬国际烟草有限公司与上海外高桥保税区联合发展有限公司签订的《场地整治协议》约定内容，上海外高桥保税区联合发展有限公司于2020年内基本完成D1-001场地（外高桥保税区富特北路88号）地上建筑物及附属物清除和整理整治工作。双方于2020年12月对整治现场进行实地验收，并拍照留证，场地整治工作完成。

上海烟草集团有限责任公司上海烟草储运公司

【生产经营】 2020年，上海烟草集团有限责任公司上海烟草储运公司完成卷烟吞吐2136.03亿支（427.21万箱），烟叶吞吐22.48万吨（449.6万担），辅料吞吐3.9万吨。上海市内外卷烟配送订单执行率100%。

【物流运营】 提升疫情防控状态下的物流应急响应能力，2020年元旦春节期间，完成发运总量203.87亿支（40.77万箱）。拓展托盘联运作业方式，形成《公司长途卷烟托盘联运实施指南》，明确标准箱型和特殊箱型的业务管理内容和操作要求，共计发往天津卷烟托盘联运232车次，合计卷烟约14.2亿支（2.84万箱）。持续推进“工商网配”业务，对8个省份、115个商业点，累计发运4950门点次、约343.61亿支（68.72万箱）卷烟，进一步提高供应链响应速度。

【质量管理】 初步建立烟叶从复烤入库到用户反馈全流程数据分析模型，为原料质量评价和预警机制奠定基础；推广充氮低氧机械调控技术，完成12个库区共22.11万吨（442.28万担）烟叶养护任务。以同质化管理为目标，探索建立二级巡检工作机制，提升外仓自主管理能力。推进“清洁仓间”在外仓落地应用，提升原料养护整体水平。

上海海烟物流发展有限公司

【生产经营】 2020年，上海海烟物流发展有限公司实现主营业务收入75.69亿元，比上年增长1.53%；实现税利16.29亿元，比上年增长2.48%。

【卷烟经营】 推进市场化取向改革，做好网配模式下运营模式和业务流程调整工作。做好货源分配工作，推动数据驱动管理转型，基本实现工作方式从经验销售向数据销售转变。坚持规范为先，以“1+4”协同（一个战略协同+四个战术协同，即战略目标协同+市场数据协同、营销策略协同、绩效管理协同和服务质量协同）为抓手，推进品牌培育和终端建设关键工作，持续夯实各项管理基础，助力卷烟网建做精做强。

【非烟经营】 围绕“有效发挥服务连锁集团特色，实现卷烟、非烟物流协同动能转换，打造一体化现代商业平台体系”重点工作目标，巩固传统渠道，拓展网上平台，提升非烟品牌培育能力、市场销售能力和团队管理能力。

2020年上海烟草集团有限责任公司所属企业/生产厂情况统计

	上海烟草集团有限责任公司上海卷烟厂	上海烟草集团北京卷烟厂有限公司	上海烟草集团有限责任公司天津卷烟厂	上海高扬国际烟草有限公司	上海烟草集团有限责任公司上海烟草储运公司	上海海烟物流发展有限公司
法人资格	非独立法人	独立法人	非独立法人	独立法人	非独立法人	独立法人
主要负责人/法定代表人（含党政领导）	党委书记、厂长：朱洪武	集团公司党组成员、北京卷烟厂有限公司党委书记、董事长：曲志刚（—2020年12月）党委书记、董事长、总经理：蔡继东（2020年12月—，之前任党委副书记、总经理）	党委书记：唐　涛 厂长：贯忠利	总经理：周　栋	党委书记、总经理：陆　焱	党委委员、总经理：管振毅 党委书记、副总经理：王玉丽
成立时间	1925年	1970年	1919年	1992年	1986年	2002年

续表

	上海烟草集团有限责任公司上海卷烟厂	上海烟草集团北京卷烟厂有限公司	上海烟草集团有限责任公司天津卷烟厂	上海高扬国际烟草有限公司	上海烟草集团有限责任公司上海烟草储运公司	上海海烟物流发展有限公司
从业人员（人）	2097	818	774	—	345	527
卷烟生产能力(亿支)	900	400	350	—	—	—
卷烟品牌	熊猫、中华、红双喜、牡丹、大前门	中南海、牡丹、红双喜	恒大、红双喜、牡丹、大前门	—	—	—

◎ 撰稿：周　强；编辑：王　静　吴中奇

江苏中烟工业有限责任公司

【主要产品与品牌建设】　**品系建设**。2020 年，江苏中烟工业有限责任公司坚持“高端高价引领、细支特色彰显、中支产品突破”品牌培育方向，完善卷烟产品品系建设，坚持结构提升主线，引导消费升级，“南京（细支九五）”“南京（软九五）”动能进一步释放；坚持打造细支烟长板，“南京（雨花石）”“南京（十二钗烤烟）”“南京（十二钗薄荷）”“南京（炫赫门）”等骨干规格稳健发展，“南京（大观园爆冰）”“南京（炫赫门炫彩）”等新产品动能加快形成；坚持以“苏烟”中支卷烟为破局方向，“苏烟（彩中）”表现出较强的产品竞争力，新品“苏烟（晶彩中支）”成功上市。

品牌运行。落实“大品牌、大市场、大企业”发展战略，全年卷烟在销规格缩减到 36 个，品牌集中度进一步提升。市场状态持续向好，主销规格卷烟实现常态化的顺价销售，综合毛利率稳定在合理区间。客户满意度持续提升，商业公司、零售户、消费者满意度比上年分别提高 0.1 分、0.4 分、2.3 分。

销售新模式构建。运用“互联网 +”“新零售”技术，构建“工商零”协同销售新模式，以烟草工业企业、商业企业、卷烟零售户三方合作为基础，推进核心零售户共建共赢工程和江苏烟草工商共育品牌建设等。

合作生产情况。2020 年，江苏中烟合作生产卷烟 490.0 亿支（98.0 万箱）。其中，与山东中烟合作生产“南京（红）”；与广西中烟合作生产“南京（佳品）”“南京（红）”“南京（紫晶）”；与吉林烟草工业合作生产“南京（红）”“南京（金砂）”“南京（硬金星）”；与江西中烟合作生产“南京（红）”“南京（紫树）”“南京（硬林）”“南京（炫赫门）”；与黑龙江烟草工业合作生产“南京（金砂）”“南京（红）”“南京（紫树）”“南京（炫赫门）”；与陕西中烟合作生产“南京（佳品）”“南京（红）”“南京（红华西）”；与河北中烟合作生产“南京（红）”；与云南中烟合作生产“苏烟（彩中）”。

【原辅材料保障】　**优化原料区域布局**。以“调控调拨总量、突出核心保障”为导向，全年在核心产区新建烟叶基地单元 5 个，调减 5 个产区采购规模，强化原料综合利用。提升烟叶调拨质量，全年烟叶等级质量巡检比例 94.1%，烟叶等级质检平均合格率 56.11%。巩固提升烟叶区域加工中心建设水平，推进一厂一策集中加工，全年烟叶加工平均出片率 66.48%。加强烟叶质量追溯体系信息化建设，11 月，烟叶全程质量追溯信息化试点项目在贵州遵义复烤厂顺利落地，为实现工业、商业、复烤企业全过程烟叶数据贯通、共享的目标奠定基础。

提升物资采购规范水平。按照“应招尽招、真招实招”原则，完成 2021—2022 年度烟用材料和烟机零配件公开招标工作。强化供应商考核，完善质量协同改进机制，提升材料质量稳定水平。开展全省烟草工业系统盒皮（烟标）、香精香料采购专项检查整改工作，提升风险控制和规范管理水平。

【技术创新】　**推动技术创新**。强化中支烟技术保障，从原料保障、产品设计和生产加工等环节强化专项攻关，进一步提升烟支均匀性和物理指标稳定性。巩固细支烟领先优势，强化技术创新，在延伸创新链和提升创新成果水平上统筹发力。建立健全公司单体香原料实物库和数据库，为单体香原料应用技术体系提供基本保障。探索3毫克/支及以下低焦油高端产品技术实现路径，低焦高端技术储备日趋完善。

激发创新动能和效能。全年申报行业重点研发项目3项、行业重大专项4项，承担及参与的11项行业在研项目有序推进。申报行业标准项目15项，参与承担2项国家标准和11项行业标准的制定，参与制定的5项行业标准发布实施。全年获得专利授权60件，其中发明专利18件。牵头开展的“细支卷烟导向的功能性模块配方及其打叶复烤关键技术研究与应用”项目获得中国烟草总公司2020年度科学技术进步奖二等奖，1项主导项目获得中国商业联合会科学技术奖一等奖。

【企业管理】 **强基础管理能力**。深化分层分级赋能授权，调整优化品牌管理委员会运行流程，健全创新评审激励机制，严格执行“两化”融合评审制度。完善高质量发展评价内容，分层级对公司及各直属单位高质量发展情况进行综合评价，为补齐发展短板、提高发展质量提供指导。深化精益管理，全年实现降本增效4.1亿元。制定《安全生产专项整治三年行动方案》，同步开展双重预控机制建设和风险隐患排查治理。

增强依法规范治企能力。全面开展《中华人民共和国民法典》等针对性普法教育，深化法律风险防控体系建设，依法依规处理法律纠纷。强化拦标价管理，全面落实“黑名单”制度和负面清单管理，深化推进集中采购、网络采购，全年公司公开招标比例98.56%。

增强生产服务保障。完成南京卷烟厂、淮阴卷烟厂、徐州卷烟厂、南通烟滤嘴有限责任公司“三班两运转”生产模式切换，生产组织管理不断优化。推进物流运输市场化改革，试点运行现场标准化作业，卷烟到货及时率99.5%。

【交流与合作】 2020年，公司积极应对全球新冠肺炎疫情影响，重点拓展境外卷烟有税市场，所罗门“罗曼蒂克”卷烟合作项目产品在扩增首都销售点的基础上，积极向外岛拓展市场。全年出口滤棒2.45亿支，实现销售收入1045万元。

【疫情防控】 疫情初期，公司先后制定《关于坚决贯彻落实习近平总书记重要批示 做好新型冠状病毒感染肺炎防控工作的通知》《关于做好公司系统复工前后相关工作的通知》等7份文件，并结合企业实际，组织编制方案、预案，在切实抓好疫情防控基础上，有序推进复工复产。2月10日起，江苏烟草工业系统全面复工；2月底，全面恢复正常产能，同时在物流运输、市场调控、后勤服务等方面多措并举，确保相关工作有序开展。

疫情进入常态化防控阶段后，严格落实属地管理要求和常态化防控举措，印发《关于做好新冠肺炎疫情常态化防控工作的实施意见》，统筹推进公司疫情防控和生产经营各项工作。截至2020年底，公司未出现感染或疑似病例。

【特事辑要】 2020年1月19日，江苏中烟在南京召开2020年工作会议暨二届五次职工（会员）代表大会。

6月9—10日，国家局党组成员、副局长段铁力在江苏烟草调研。其间，段铁力走访南京、镇江部分卷烟零售户，听取江苏烟草工商企业汇报。

10月，江苏中烟党组第三轮督导巡察2个专项巡察组，以“一拖二”形式，完成对公司技术中心、南京卷烟厂、徐州卷烟厂、南通烟滤嘴有限责任公司的督导巡查工作。

2020年1月19日，江苏中烟工业有限责任公司2020年工作会议暨二届五次职工（会员）代表大会在南京召开

江苏中烟徐州卷烟厂 杨 军 摄

2020 年江苏中烟工业有限责任公司所属卷烟生产厂情况统计

	江苏中烟工业有限责任公司 南京卷烟厂	江苏中烟工业有限责任公司 徐州卷烟厂	江苏中烟工业有限责任公司 淮阴卷烟厂
法人资格	非独立法人	非独立法人	非独立法人
主要负责人（含党政领导）	党委书记、厂长： 魏　轲（2020 年 3 月—）	党委书记、厂长： 招启柏（—2020 年 3 月） 赵　亮（2020 年 3 月—）	党委书记、厂长：施　彬
成立时间	1948 年	1939 年	1945 年
从业人员（人）	1374	1516	1559
卷烟生产能力(亿支)	529	501	379
卷烟品牌	苏烟、南京	苏烟、南京、一品梅	南京、苏烟、罗曼蒂克

◇ 撰稿：徐　璐；编辑：周　佳

浙江中烟工业有限责任公司

【主要产品与品牌建设】　**主要产品**。2020 年，浙江中烟工业有限责任公司生产“利群”“雄狮”“摩登”等 3 个品牌卷烟，共 78 个规格，其中“利群”有 61 个规格、“雄狮”有 4 个规格、“摩登”有 13 个规格。

全年自产“利群”品牌卷烟 810.66 亿支（162.13 万箱）；自产“雄狮”品牌卷烟 79.83 亿支（15.97 万箱），实现销量 111.5 亿支（22.3 万箱）；自产“摩登”品牌卷烟 30.22 亿支（6.04 万箱），实现销量 31.6 亿支（6.32 万箱）。“大红鹰”品牌卷烟全年实现销量 25.93 亿支（5.19 万箱）。

完善“利群”品牌树建设。完成“利群（软蓝）”品牌卷烟的升级改造等工作。发展“利群”品牌文化，不断丰富“一个灵魂三篇文章”品牌文化故事宣传贯彻内容，创新“产品日记”品牌文化表现形式。打造品规文化，深化“让心灵去旅行”品牌文化，着眼“3+3+3”重点品规，创新产品概念与视觉表达。全年“利群”实现商业批发市值 1391.1 亿元。

新品培育。完成新中支产品“利群（山外山）”研发、上市。“利群”新品、次新品表现良好。“利群（红利）”“利群（夜西湖）”“利群（阳光橙中支）”“利群（楼外楼）”“利群（江南韵）”“利群（天外天）”“利群（山外山）”等 7 个新品规格卷烟累计销量、销售额分别为 81.25 亿支（16.25 万箱）、87.53 亿元，对“利群”销售增量贡献度超过 100%，其中 2 个新品进入行业新品销量前三十名。

合作生产。全年合作生产卷烟 812.5 亿支（162.5 万箱），完成省际间计划调剂 42.5 亿支（8.5 万箱），其中，合作生产“利群”756.01 亿支（151.2 万箱）、“大红鹰”24 亿支（4.8 万箱）、“雄狮”32.48 亿支（6.5 万箱）。与四川中烟、广西中烟合作生产“利群”“大红鹰”分别为 153 亿支（30.6 万箱）、70 亿支（14 万箱），与贵州中烟、陕西中烟、重庆中烟、河北中烟合作生产“利群”“雄狮”分别为 125 亿支（25 万箱）、105 亿支（21 万箱）、50 亿支（10 万箱）、40 亿支（8 万箱），与江西中烟、中烟实业、河南中烟合作生产“利群”分别为 105 亿支（21 万箱）、70 亿支（14 万箱）、27 亿支（5.4 万箱），与安徽中烟合作生产“利群”“大红鹰”“雄狮”67.5 亿支（13.5 万箱）。

【技术创新】　**项目运行机制**。制定公司技能项目推进方案，全年推广应用技能创新成果 15 项。完善对外合作科技项目运行机制，制（修）订《专利与著作权管理程序》《质量改进项目管理程序》等制度。

技术成果。强化卷烟产品工艺研究和生产过程管控力度，不断提升产品质量维护能力，实现“利群（蓝天）”等 3 个品规分组生产和宁波卷烟厂 3 条制丝生产线全牌号打通生产。完成质量改进项目立项 382 项，其中以降本增效为重点的提高质量、提升效率、降低成本等方面项目比例达到 87.43%。获得中国烟草总公司 2020 年度科学技术进步奖 1 项，获得省部级优秀 QC 成果奖 10 项。

知识产权。全年获得专利授权 90 件，其中发明专利 30 件；发表科技论文 63 篇，其中 SCI/EI/CPCI 检索论文 28 篇，中文核心 17 篇，一般期刊论文 18 篇。

【交流与合作】　2020 年，浙江中烟出口卷烟 80.37 亿支（16.07 万箱），其中出口“利群”5.02 亿支（1 万箱）、出口“摩登”75.35 亿支（15.07 万箱）。境外企业销售卷烟 43.75 亿支（8.75 万箱），比上年下降 13%，其中阿联酋环球烟草公司销售卷烟 39.25 亿支（7.85 万箱），科伦印象有限责任公司销售卷烟 4.5 亿支（0.9 万箱）。全年“利群”“摩登”在销卷烟规格 94 个，其中有“利群”规格 38 个、“摩登”规格 56 个。

2020 年 4 月 22 日，浙江中烟宁波卷烟厂卷包车间开展产品质量要求宣传贯彻工作，员工认真学习领会

浙江中烟　陈晓东　摄

【改革发展】　落实行业改革试点任务，与重庆中烟签订卷烟生产力梯度结构性转移合作框架。适应消费需求发展变化，加大对杭州卷烟厂、宁波卷烟厂生产设备改造升级和更新换代力度，产能结构得到进一步优化。滚动开展质量提升三年行动，截至 2020 年底，172 项细化措施完成 123 项，产品投诉理赔率比上年下降 38%。推进杭州卷烟厂、宁波卷烟厂全面对标竞赛，建立 156 项对标指标措施体系，持续优化创先争优机制。完善备件库存管控体系，库存资金比上年减少。完成一体化数字化仓储系统建设，初步实现轨迹数字化、过程状态可视化。

【企业管理】　建立常态化疫情防控体系和全覆盖应急响应体系，实现复工复产以来在岗员工“零输入、零确诊”。持续打造管理新优势，围绕“三大攻坚战”组织 83 项课题攻关，3 项课题入选《行业提升企业核心竞争力典型案例汇编》。推进一体化信息化管理制度建设，完成 19 项移动应用开发和二维码管理平台、复合调度等项目云化迁移。搭建公司重点工作和部门工作推进平台，以“1+3+X”为框架重构绩效考核体系。成立公司人才工作领导小组，制定干部专业化能力提升计划，推进干部轮岗交流。

【特事辑要】　2020 年 5 月 25 日，杭州市委副书记、市长刘忻到浙江中烟杭州卷烟厂调研。

7 月 18 日，浙江中烟自主研发 ZB47 包装机自动加料系统投入试运行，成功实现行业 ZB47 商标纸自动加料系统“零的突破”。

11 月 6 日，“利群杯”第一届烟机设备操作和电气修理职业技能竞赛在杭州卷烟厂举行，来自杭州卷烟厂、宁波卷烟厂的 72 名选手参加竞赛。

12 月 2 日，国家局党组成员、副局长徐瑧参加行业首批卷烟生产力梯度结构性转移试点签约仪式并讲话。浙江中烟与重庆中烟、江苏中烟与陕西中烟分别签订合作框架协议。

12 月 3 日，国家局党组成员、副局长徐瑧到浙江中烟宁波卷烟厂调研，了解卷烟厂设备运行、现场管理、工艺布局等情况。

2020 年浙江中烟工业有限责任公司所属卷烟生产厂情况统计

	浙江中烟工业有限责任公司杭州卷烟厂	浙江中烟工业有限责任公司宁波卷烟厂
法人资格	非独立法人	非独立法人
主要负责人（含党政领导）	党委书记、厂长：周小忠	党委书记、厂长：虞文进
成立时间	1949 年	1925 年
从业人员（人）	1171	1011
卷烟生产能力（亿支）	735	500
卷烟品牌	利群、大红鹰、雄狮、摩登	利群、大红鹰、雄狮、摩登

◇ 撰稿：许亚军；编辑：周　佳

安徽中烟工业有限责任公司

【主要产品与品牌建设】 **品牌培育**。2020年，安徽中烟工业有限责任公司围绕“黄山”品牌高质量发展，推进产品布局、市场转型及状态维护。省内市场实施“4+6+X”产品布局，省外市场推动“1+5+5+X”重点产品布局。“黄山”品牌卷烟省内市场批发收入份额54.4%，比上年增长0.19%，单箱结构比上年增加986元；省外市场全年单箱结构比上年增加1722元，增长7.96%。

品牌宣传。举办“黄山”品牌“双品”提升座谈会，创新参与世界制造业大会、国际徽商精英年会等大型活动，立体呈现品牌新形象。策划拍摄的微视频《我是谁》在行业第五届微视频评选中获得手机微视频一等奖。全年开展“双走进”活动1004场、诚信互助小组活动2404场。

合作生产。全年合作生产卷烟193.5亿支（38.7万箱），比上年增长6.91%。其中，合作生产上海烟草集团“红双喜”87亿支（17.4万箱）、“牡丹”2.5亿支（0.5万箱）、“大前门”31.5亿支（11.5万箱）；合作生产浙江中烟“利群”57.5亿支（11.5万箱）、“雄狮”5亿支（1万箱）、“大红鹰”5亿支（1万箱）；合作生产重庆中烟“天子”5亿支（1万箱）。

【原料保障】 **烟叶基地建设**。2020年，安徽中烟在云南、贵州、四川、湖南、福建、皖南等优质烟叶产区有工商共建品牌导向型烟叶基地单元23个。以“黄山”品牌原料需求为目标，突出“黄山”品牌对区域原料个性化、差异化需求，推行定制技术，探索站点直调、分部位收购等模式创新，实现“生产定点、技术定型、调拨定向”。

烟叶采购加工。推行精准采购，基地、业务、质检、产品配方人员深入产区，按照预检、初检、复检三级检验完成23个品牌原料基地单元、307个样品工业评价；对云南、四川产区99个代表性烟叶样品进行感官质量评价，全面掌握产区烟叶质量水平。加强与工业企业、进出口公司沟通，开展工业调剂、出口置换等工作，持续优化烟叶库存，库存水平维持在30个月左右。制定《原料区域加工中心建设方案》，与安徽华环、福建三明、云南石林等3家复烤企业建立区域加工中心，促进技术与管理的深度融合。

烟用物资与备品备件采购。全年集中采购烟用材料约46.4亿元，公开招标占比99.8%，网上交易100%。建立烟用材料供应商疫情信息排查和报告机制，实现销产供有效联动。做好疫情防控常态化下材料供应，与技术中心共同明确短期不改造的主力长线规格，按照60~90天滚动计划加大烟标等材料采购，加大主供应商原材料备货量。对于工艺技术标准相同的材料，加强材料使用通用性。全年进货检验批次合格率100%。

【技术创新】 **产品研发**。聚焦“黄山”产品精准研发，正式生产“黄山（风韵）”，开发“黄山（徽商新概念双中支）”“黄山（红方印新中支）”2款新品，改造“黄山（红方印）”“黄山（七星皖）”“黄山（中国画细支）”3款产品，开发储备3款产品，优化提升10款老产品。聚焦“都宝”产品结构提升，研发上市“都宝（悠酷中支）”，开发储备产品4个；支持境外“都宝”市场开拓，开发卷烟产品5个、烟丝产品3个。聚焦徽派雪茄品质提升，进一步丰富支型结构和产品规格，开发储备“王冠（黄金海岸）”、9款定制全叶卷雪茄、4款半叶卷雪茄和1款卷烟型雪茄。

质量控制。聚焦内在质量稳定提升，全年开展感官质量评价50次，形成评价评审报告66份，全年产品感官质量标准偏差均值0.26分，比上年下降16%。优化升级工艺技术标准，制（修）订《异地供丝周转技术标准》《烟丝中梗签含量的测定》《卷烟分段吸阻的测定》等7份技术标准。做细生产线技术改造及优化升级，挖掘蚌埠卷烟厂“黄山”品牌专线设备潜能，优化松散回潮和薄板烘丝加工参数；跟踪阜阳卷烟厂异地技改设备安装调试，梳理工艺设计与关键工艺设备利旧、选型，测绘松散回潮、加料、烘丝等主机设备结构；开展芜湖卷烟厂叶片预混柜局部改造及气流干燥设备改进工艺调试，优化CTD气流烘丝排潮管路；完成合肥卷烟厂“黄山”精品线双中支和侧翻式中支卷包机组选型；组织研讨“滁州”卷烟厂异地技改项目工艺设计、优化工艺设计方案。

技术研究。打造“石斛润”品质特色，独创“非燃烧改善”卷烟调香技术理论，形成“石斛润”甜颗粒、滤嘴、包裹等缓释技术，在“黄山”系列新品中验证应用。推进自主调香应用，构建“四位一体”自主调香体系。开展前沿技术研究，开发侧流烟气气相成分同分异构体鉴定方法，搭建新型快速分析烟草化学成分实验装置。主持制定行业标准1项，参与制定发布行业标准2项，获得授权专利112件，发表论文24篇，其中1篇入选2020年度CORESTA会议论文。

【合作与交流】 **概况**。2020年，安徽中烟境外市场实现卷烟销量121.12亿支（24.22万箱），比上年增长20.7%，其中“都宝”品牌实现销量110.02亿支（22万箱），比上年增长17.17%。

协调服务及管理CTIEC项目。召开中烟国际欧洲有限公司（CTIEC）2020年股东会暨二届五次董事会，就疫情防控、生产经营、市场拓展等工作进行部署。成立安徽中烟驻外第一功能型党支部。全面梳理CTIEC制度规范，以及全面整改历次审计反馈的问题；持续推行“安全销售”理念，加强法律法规研究，有效防范经营风险；强化岗位职责匹配，调动和发挥罗方管理人员作用，推进人员本土化。促进CTIEC业务拓展，联系蒙古国烟丝供给业务，截至2020年底，业务落地实施；吉尔吉斯斯坦、柬埔寨、泰国的“都宝”项目，非洲市场的烤烟项目等，均有序推进。

菲莫合作联合品牌项目。受新冠肺炎疫情影响，联合品牌所在的俄罗斯、乌克兰、塞尔维亚市场合法卷烟市场容量持续萎缩，低价位烟下沉，品牌竞争进一步加剧。中菲团队逆势而为，实现全年销量两位数增长。俄罗斯市场方面，DUBLISS－NEXT/DUBLISS－MPM联合品牌在市场容量比上年下降6.4个百分点的市场环境下，销量实现增长25.4%，市场份额比上年增加0.2个百分点；DUBLISS－MPM标准装4个规格的新包装全面铺开，成为低档烟第三大品牌；DUBLISS－NEXT在超细支卷烟市场中超过Winston，占据市场领导地位。乌克兰市场方面，DUBLISS－MPM新联合品牌项目第一阶段的品牌转换于10月实施；年末，对产品包装进行升级，以争取低价位和降级消费的消费群体。塞尔维亚市场方面，瞄准农村消费群体细分市场，于12月推出DUBLISS－NEXT 21支包装特别款，新品拉动当月销量环比大幅增长。全年共销售卷烟100.05亿支（20.01万箱），比上年增长23.4%。

一般贸易市场。受新冠肺炎疫情影响，大部分市场均有不同幅度下降，其中，中国台湾地区市场全年实现销量3.47亿支（0.7万箱）、蒙古国市场销量1.54亿支（0.31万箱）、“黄山”品牌免税市场销量65万支（13箱）。

【疫情防控和复工复产】 自新冠肺炎疫情发生以来，安徽中烟党组严抓疫情防控和复工复产，公司疫情防控总体形势平稳。1月21日，在研判整体形势后，安徽中烟党组立刻着手部署全年工作，在春节期间多方协调，未雨绸缪；2月3日，各类防疫物资准备充足，为复工复产提供保障；2月9日，节后下达的第一张调拨单发到吉林省通化市，成为行业内较早完成调拨的工业企业之一；2月底，全省烟草工业系统复工率98%，基本恢复常态化，产能得到充分释放。

复工复产以来，安徽中烟一方面统筹协调产能布局、科学排产，结合各地区疫情防控形势，组织生产市场急需的产品；另一方面加大与当地政府协调力度，在物流方面最大限度地保障原辅材料与卷烟成品的跨地区运输。工商协同更加深入，通过与商业公司配合，实现对市场的精准把控和投放。

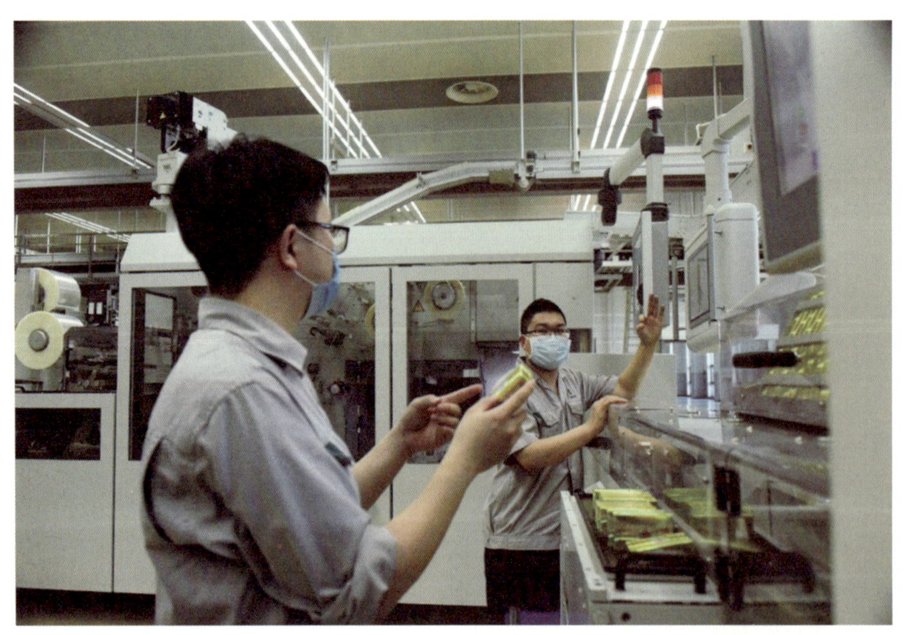

因进口高速包装机组FOCK－FX2机型较大，为避免近距离语言交流存在潜在飞沫感染新冠肺炎病毒风险，合肥卷烟厂包装操作人员通过手势进行交流（2020年）

安徽中烟　供稿

【特事辑要】 2020年1月20—21日，安徽中烟召开三届二次职代会暨2020年工作会议。

2月25日，安徽省副省长、阜阳市委书记杨光荣在阜阳卷烟厂调研疫情防控和复工复产工作。

3月19日，安徽省政协主席张昌尔在合肥卷烟厂调研复工复产工作。

3月30日，安徽中烟与腾讯公司分别在中国香港、上海、合肥等三地通过“云签约”形式签署战略合作协议，标志着安徽中烟与腾讯公司的战略合作正式启动。

9月9日，由亚洲品牌集团发起主办的“第15届亚洲品牌盛典”在海南自贸港开幕。安徽中烟“黄山”品牌入选“亚洲品牌500强”。

9月24—26日，国家烟草专卖局党组书记、局长，中国烟草总公司总经理张建民在安徽烟草调研。张建民对安徽烟草改革发展取得的成绩给予肯定，要求安徽烟草积极应对疫情中长期影响，切实抓好常态化疫情防控，持续巩固经济运行稳中向好态势。

11月10—12日，国家局党组成员、副局长韩占武在安徽烟草调研。

2020年安徽中烟工业有限责任公司所属卷烟生产厂情况统计

		安徽中烟工业有限责任公司蚌埠卷烟厂	安徽中烟工业有限责任公司芜湖卷烟厂	安徽中烟工业有限责任公司合肥卷烟厂	安徽中烟工业有限责任公司阜阳卷烟厂	安徽中烟工业有限责任公司滁州卷烟厂
法人资格		非独立法人	非独立法人	非独立法人	非独立法人	非独立法人
主要负责人（含党政领导）		党委书记、厂长：赵　立	党委书记、厂长：黄　剑	党委书记、厂长：王冬梅	厂长、党委书记：王子郁	党委书记、厂长：林　河
成立时间		1942年	1949年	1949年	1948年	1949年
从业人员（人）		1006	934	934	728	783
卷烟生产能力（亿支）		400	400	413	200	200
卷烟品牌	自有品牌	黄山、红三环	黄山、都宝	黄山	黄山、红三环	黄山、红三环
	合作生产品牌	—	利群、雄狮、大红鹰、天子	—	牡丹、红双喜、大前门	—

◇ 撰稿：孙　群；编辑：周　佳

福建中烟工业有限责任公司

【主要产品与品牌建设】 **主要产品**。2020年，福建中烟工业有限责任公司生产的卷烟品牌有“七匹狼”“金桥”“古田”“石狮”等，其中“七匹狼”为全国重点卷烟品牌。许可生产“万宝路”“长寿”品牌卷烟。

品牌培育。重塑“七匹狼”品牌文化新理念，传递“海纳百川、敢拼会赢”新文化理念。聚焦中支品类成长，推出“七匹狼（鼓浪扬帆）”“七匹狼（观海中支）”等新品。做细“海丝扬帆、激扬青春、红色传承、家国情怀”品系构建，推出“七匹狼（古田金细支）”。

市场培育。坚持“高端卷烟发展与一、二类烟规模增长”一体推进，将一、二类烟作为培育重点，加强全国统筹销售，开展专题市场分析，调整产品市场布局。全年“七匹狼”品牌一、二类烟销量突破400亿支（80万箱）。“七匹狼（纯境）”全年销量超过40亿支（8万箱），省外销量占比92.4%。

“七匹狼”卷烟品牌创牌25周年系列活动。开展“七匹狼25周年　感恩同行”市场回馈活动，抽调全省烟草工业系统青年员工分区分批助力营销，深入福建省9个地市走访市场，面向卷烟零售户开展拜访活动，共走访零售户3479户，进行品牌宣讲103场。拍摄感恩微电影《大国小店》，打造有情感的品牌故事，该片获“第八届全国品牌故事大赛”微电影单元全国三等奖，“金叶情怀”第五届烟草行业微视频竞赛一等奖、最佳创意奖，被“学习强国”平台、《福建日报》等采用和转载。

合作生产。9月，与四川中烟签订“七匹狼”品牌合作生产协议，重启品牌合作生产之路。全年四川中烟合作生产福建中烟品牌卷烟15亿支（3万箱），其中“七匹狼（白）”5亿支（1万箱）、“七匹狼（红）”10亿支（2万箱）。

2020 年 10 月，福建中烟数字化建设成果亮相第三届数字中国建设峰会
福建中烟　供稿

境外市场拓展。面对全球新冠肺炎疫情严峻形势，持续推进品牌培育，深化二级网络建设，搭建线上工作机制，形成“七匹狼”“金桥”品牌境外市场拓展模式。2020 年，福建中烟境外市场实现销量 2.44 亿支（0.49 万箱），全部为一般贸易出口。其中，“金桥”系列 2.03 亿支（0.41 万箱）、“七匹狼”系列 0.41 亿支（0.08 万箱）。

【技术创新】　**技术中心概况**。福建中烟工业有限责任公司技术中心成立于2006 年。2011 年 1 月，获得国家局行业级技术中心认定，同年 11 月获得国家级技术中心认定。2013 年 8 月，博士后科研工作站获批准设立，9 月技术中心搬迁至厦门市集美区杏林湾科教园区，同年获得 CNAS 实验室认可。技术中心按非法人实体化运作，下设 13 个职能部门和博士后科研工作站。有员工 162 人，其中博士研究生学历 6 人、硕士研究生学历 42 人；高级职称 53 人、中级职称 91 人。

12 月，与自然资源部海洋第三研究所联合建立“烟用微生物产业化应用联合创新中心”。截至 2020 年底，技术中心拥有 5 个协同创新平台。

新品研发。全年研发报批“七匹狼（鼓浪扬帆）”“七匹狼（古田金细支）”“七匹狼（观海中支）”“七匹狼（银中支）”等 4 款新产品；推进 3 款中高端及特色产品的研发储备；完成“古田（光芒）”改造提升。

技术成果。成立热分析技术研究与应用课题组，加快推进热重关键技术的攻关突破及推广应用。全年开展各类科技项目研究 196 项，其中国家局科技项目 5 项；取得各级科技成果 96 项，获得各级科技奖励 30 项，参与制（修）订行业标准 12 项。全年共申请专利 253 件，其中发明专利 145 件；获得授权专利 149 件，其中发明专利 22 件。截至 2020 年底，拥有授权专利 1231 件，其中发明专利 401 件。2020 年，公司卷烟焦油量加权平均值 10.17 毫克/支，一、二类烟焦油量加权平均值 10.28 毫克/支。

信息技术创新应用。获评行业“2017—2019 年度网信工作先进单位”。启动基于中台的信息化架构转型工作，推动全省卷烟工业系统网信工作管理模式升级，开展业务中台规划设计，谋划构建共享服务体系。福建中烟被列为全国烟草生产经营管理一体化平台建设试点协同单位之一，并受国家局委派，作为烟草行业唯一一家参展单位参加第三届数字中国建设成果展览会。

【管理创新】　建设基于洞察的战略分析体系，完成福建中烟“十四五”规划初稿。战略绩效一体化平台上线运行，实现目标分解下达与调整。优化企业制度体系，编制《企业制度体系图谱》《企业重大决策制度》。引入项目群管理机制，加强项目之间的协同和成果共享，初步形成“战略—目标—项目群—项目”纵向分解机制。2 个优秀课题入选《行业提升企业核心竞争力典型案例汇编》，获得烟草行业第三十二届优秀质量管理小组发布会一等奖 1 项、二等奖 2 项。全年实现降本增效 1.04 亿元。

【原辅材料保障】　**加工原料双基地建设**。强化核心原料布局，国家级烟叶基地单元采购量占比 72%。深化原料区域加工基地建设，云南烟叶复烤有限责任公司麒麟复烤厂、福建省龙岩金叶复烤有限责任公司两个烟叶加工中心占福建中烟国内烤烟加工比例 72.22%。提升烟叶基地定制化建设水平，推进基地“标准化、定制化、信息化”建设、拉动式精准调拨、模块化均质加工。

原料精益管理水平。成立原料保障管理项目群，提升跨职能、跨部门协同能力。多措并举持续优化库存结构和周期，库存片烟上等烟比例上升至64.5%，库存周期为30.45个月。

烟用材料采购机制改革。实行“统一采购、统签合同、统一调配、统一考评、分别核算”烟用材料管理模式，降低内部交易成本和关联交易涉税风险。2020年3月物资供应部成立，6月起正式切换烟用物资供应模式，加强生产需求保障。

【对外合作生产】 授权菲律宾普登斯发展管理公司合作生产新产品“金桥（台湾94）”，组织工艺、质检人员与生产企业建立远程视频监督加工机制，实时传递生产关键数据，监测产品质量，确保生产顺利完成。参与国际公益，联合菲律宾、柬埔寨市场卷烟经销客户向两国卷烟零售户捐赠防疫物资，价值人民币10万元。

【特事辑要】 2020年1月9日，福建中烟与益升华有限公司及上海海烟投资管理有限公司、湖南中烟投资管理有限公司、广西中烟天成投资管理有限责任公司联合组建的中烟益升华（厦门）滤嘴棒有限责任公司在厦门挂牌成立。

1月27日，成立应对新冠肺炎疫情防控工作领导小组，稳妥推进企业复工复产。龙岩烟草工业有限责任公司、厦门烟草工业有限责任公司、福建鑫叶投资管理集团有限公司快速响应，2月10日在行业首批实现复工复产。

7月16—18日，国家局党组成员、副局长张天峰在福建烟草调研。

12月20—21日，国家烟草专卖局党组书记、局长，中国烟草总公司总经理张建民在基层联系点福建龙岩市局（公司）、龙岩烟草工业有限责任公司调研。

所属卷烟生产企业

龙岩烟草工业有限责任公司

【生产管理】 2020年，龙岩烟草工业有限责任公司加强产能布局前瞻策划，制定2021—2025年生产力布局策划方案。抓好全过程质量管控，持续深化四段式烟叶气调养护原料技术，完善数字化批次管控系统，建立动态质量风险评估系统。围绕烟支滤嘴通风率稳定性、圆周标偏稳定性和烟支消耗等短板弱项，开展中细支卷烟制造关键技术攻关。“以目标为导向的制丝OEE系统构建与运用”项目入选《行业提升企业核心竞争力典型案例汇编》。强化现场管理，构建全员参与的“随手拍”平台，发现并整改问题401项。

【管理创新】 加强对标管理，与山东中烟青州卷烟厂开展对标共建工作；在13项21类指标中，14类比上年提升，提升率66.7%。开展空压系统智能能效、燃气介质下锅炉系统尾气余热回收等节能技术研究，万支卷烟综合能耗比上年下降6.7%，全年实现降本增效1252万元。探索智能制造，配合完成行业CPS模型规范项目调研，与龙岩市电信公司共同组建“5G+智能”联合实验室。公司被评为“福建省工业信息化龙头企业”。

【队伍建设】 加强平台载体创新及全员创新，全年508名员工参与创新创效活动，参与率30.8%，创意成果转化率67%。推进众包管理，全年完成3个众包项目验收，新发布4项众包项目，吸引30余名员工参与。12人入选行业优秀技能人才库、6人入选行业技能人才专家库、2人入选行业审计人才库、1人入选行业青年会计人才库。

厦门烟草工业有限责任公司

【企业管理】 *设备管理*。2020年，厦门烟草工业有限责任公司完成4组中支宽版设备改造和2组中支滤棒成型设备自主改造。实施一区辅料成品库物流系统技术提升、制丝闪蒸机电控系统改造、在线打孔装置改造等改造项目，自主完成卷包ITM设备改造。

质量管理。开展烘丝入口含水率控制策略、烟丝密度均匀性质量控制等技术研究，实施“纯境”均质化质量保障专项行动，促进全价值链产品质量管控体系建设。

创新管理。构建OEE、物耗指数分析模型，开展基于数据立方体的分析场景研究。结合数据上云工作，推进OLAP实施路径及应用。试点建立制丝、卷包负责人数据视图。开展工业互联网创新平台Thingworx的研究，形成企业平台部署方案。推进制丝车间人工智能项目。建立信息化自主开发众创机制，自主开发员工报平安、PC运维、设备运维移动应用等10余个服务程序。“特色食品制丝过程提

质降耗关键技术创新与应用”获得全国商业科学技术进步奖三等奖。

【队伍建设】 绘制五大领域人才蓝图，选定8名高端技术人才实施专项培养。《卷包机操作教程》通过行业审核。“关键岗位及专家人才梯队建设实践”入选《行业提升企业核心竞争力案例汇编》，是卷烟工业企业中唯一入选人力资源类型案例。

2020年福建中烟工业有限责任公司所属卷烟生产企业情况统计

		龙岩烟草工业有限责任公司	厦门烟草工业有限责任公司
法人资格		独立法人	独立法人
主要负责人/法定代表人（含党政领导）		党委书记、董事长：姜志强 副总经理：钱继春（主持生产经营日常工作）	党委书记、董事长：邱晓卫 副总经理：罗旺春（主持生产经营日常工作）
成立时间		1951年	1948年
从业人员（人）		1625	1393
卷烟生产能力（亿支）		510	544
卷烟品牌	自有品牌	七匹狼、石狮、古田	七匹狼、石狮、金桥
	许可生产品牌	万宝路	长寿
	委托加工品牌	妙香	—

◈ 撰稿：卢永梅；编辑：周　佳

江西中烟工业有限责任公司

【主要产品】 ***自有品牌***。2020年，江西中烟工业有限责任公司生产自有卷烟品牌“金圣”“庐山”。生产“金圣”334.6亿支（74.17万箱）、“庐山”93.06亿支（15.94万箱）。

合作生产品牌。2020年，合作生产浙江中烟“利群”110亿支（21万箱），江苏中烟“南京”75亿支（15万箱），广东中烟“双喜”1131万支（226.2箱）。

【“金圣”品牌培育】 ***品牌发展思路***。多举措推进“金圣”系列品牌培育工作，突出做好“金圣（青瓷）”培育，在全国6个地市开展“青瓷潮趣集”主题活动19场，线上互动报道60余次，线上线下超过150万人次参与，提升“青瓷”系列市场知名度。加强“金圣（圣地中国红）”培育，提炼品牌文化、加大口碑传播、精心选点投放。开展新品“金圣（金吉）”上市预热活动，深化工商协同，组织宣讲活动，加快推进物料制作，保障货源供应，为积蓄品牌势能打基础。

多渠道推进品牌宣传。强化品牌网络宣传，持续发挥“金圣家园”“金色圣地”“滕王阁幸福家”“金圣学子”等4个微信公众号的线上宣传作用。截至2020年底，4个微信公众号注册用户超过50万人次，线上互动超过百万次。创新利用“金圣直播间”开展线上直播宣传35场次，观看量累计超过千万人次。启动“最美零售户评选活动”，辐射全国6个重点地市，评选1300名最美卷烟零售户。聚焦终端建设，全年完成江西省11个地市及广东、湖北、陕西等省级市场共3661家“金圣”品牌形象终端建设工作。

品牌销售情况。2020年，“金圣”品牌实现单箱批发收入3.36万元，比上年增长2.6%。“金圣”一、二类卷烟实现销量160.1亿支（32.02万箱），比上年增长17.34%。省外市场快速发展，“金圣”品牌省外市场实现销量112.9亿支（22.58万箱），比上年增长20.83%。

境内外市场拓展。全年出口卷烟2100万支，有“金圣（瓷）”“金圣（瓷·细支）”“金圣（瓷中支）”等3个规格，其中“金圣（瓷·细支）”出口1400万支，占总量的60%以上。

【“金圣”新品研发】 全年完成“金圣（青瓷）”“金圣（炫彩）”“金圣（金吉）”“金圣（硬圣地中国红）”等4款新品研发工作，其中“金圣（青瓷）”“金圣（炫彩）”“金圣（金吉）”上市。储备“金圣（中国红双中支）”“金圣（智圣出山中支）”“金圣（智圣出山短支）”等5款新品的配方设计和包装设计，进一步丰富品牌在短、细、中等创新型产品规格和海外市场上的全方位布局。

【原料保障】 优化烟叶产区布局，烟叶产区集中在云南、湖南、湖北和江西等4个省。建有国家级烟叶基地单元10个，其中云南7个、湖南2个、江西1个。开展精准采购工作，探索烟叶调拨站直调模式，推行烟叶外观等级质量预检复检“两级控制”模式，其中湖南、云南两地上等烟比例85.5%，实际采购量100%满足产品研发的计划需求。建立江西赣州、湖南郴州2个“金圣”品牌区域加工中心，加强过程管控，推行标准化选叶、切断加工和均质化加工，在线水分抽检合格率100%，综合加工出片率65.5%。

2020年4月24日，江西中烟召开2020年销售工作会议
江西中烟　左永昌　摄

【技术创新】 ***技术中心***。江西中烟工业有有限责任公司技术中心成立于2007年1月，是行业级技术中心、省级企业技术中心和省级工程技术研究中心，拥有博士后科研工作站。技术中心设有综合办公室、产品研究部、原料研究部、材料研究部、香精香料研究部（本草香研究所）、工艺研究部和质量检测站。有在岗员工73人，其中，高级专业技术人才12人（正高级1人）、中级专业技术人才50人；博士研究生学历2人、硕士研究生学历34人。

自主调香能力建设。收集单体香原料500余种，开展甘草浸膏、无花果浸膏等单体香原料开发与应用研究，截至2020年底，无花果浸膏在“金圣（庐山）”配方中实现应用。完成80种功能性香基模块的主要成分剖析和辨香研究，8种重要功能性香基模块的自主调香研究与可替代性评价及2种重要共性功能性香基模块可替代性评价与验证。2020年，实现新产品“金圣（金吉）”“金圣（硬中国红）”中功能性香基模块可知可控、具备替代性来源的比例分别为36.36%、59.7%、59.7%；实现老产品中功能性香基模块可知可控、具备替代性来源的新增比例为10.55%、10.55%（按使用量计）。

材料改进措施。完成风味接装纸、镀陶内衬纸、加香特种滤棒、高定量防渗透性专用卷烟纸在“金圣（青瓷）”等新产品和加热卷烟上的研发应用，完成高松厚原纸、高塑性耐破条盒烟膜的研发及在老产品上的质量提升应用。

原料提质研究。通过运用上部烟精细选叶、选后烟分切、在线投料分切把头等技术手段，大幅降低低等级烟叶比例。加大跨产区、跨部位模块配方打叶、个性化清选、切断加工等工艺研究运用，深化分段打叶研究，提升配方打叶原料的品质和纯度。完成0.91万吨（18.2万担）久龄烟叶的清选及二次回烤，通过对久龄烟叶进行气流线处理、膨化烟丝处理等专项工艺优化研究，并配合香料香精调整优化，提升久龄烟叶使用率。

平台建设和科研成果。推进创新平台建设，与郑州院就香精香料研究联合试验室达成合作框架协议，并共建工艺联合实验室。2020年，申报专利116件，其中发明专利36件、外观设计专利16件；获得授权专利170件，其中发明专利31件。完成16个重点规格的包装著作权登记及包装外观设计专利授权，启动175个境内商标和5个境外商标注册申请，20个美术作品和1个软件的著作权登记申请。

【管理创新】 ***精益管理***。以管理诊断、精益攻关为抓手，着力加强精益管理，全年立项精益课题111项，结题验收90项；实现降本增效5825万元。加强生产管理，卷接、包装设备运行效率比上年提高，烟叶、盘纸、商标纸等单耗比上年下降。

规范管理。进一步推进制度、体系和流程建设，开展招标采购、审计监督和廉政监督，全年公开招标金额比例97%，较招标控制价节约资金9082万元；审计工程620项，审减金额3114万元。

【特事辑要】 2020年1月16—17日，国家烟草专卖局党组书记、局长，中国烟草总公司总经理张建民在江西中烟南昌卷烟厂调研。

1月19日，江西中烟召开2020年工作会议。

2月7日，江西省委副书记、省长易炼红调研江西中烟疫情防控和复工复产工作。

3月23日，江西省委常委、副省长吴晓军在江西中烟南昌卷烟厂调研。

7月1日，江西省委常委、常务副省长殷美根在江西中烟南昌卷烟厂调研。

7月15—17日，国家局党组成员、副局长徐𬮿在江西中烟南昌卷烟厂调研。

2020年江西中烟工业有限责任公司所属卷烟生产厂情况统计

		江西中烟工业有限责任公司南昌卷烟厂	江西中烟工业有限责任公司赣州卷烟厂	江西中烟工业有限责任公司广丰卷烟厂	江西中烟工业有限责任公司井冈山卷烟厂
法人资格		非独立法人	非独立法人	非独立法人	非独立法人
主要负责人（含党政领导）		党委书记、厂长：罗　飚（2020年7月—，之前任党委副书记、厂长） 党委书记、副厂长：李铁军（—2020年7月）	党委副书记、厂长：何善懋 党委书记：黄　平	党委副书记、厂长：毛小东 党委书记：徐辉广	党委副书记、厂长：华　刚 党委书记：刘　曜
成立时间		1950年	2013年	1988年	1982年
从业人员（人）		1375	1013	1092	481
卷烟生产能力(亿支)		270	300	100	150
卷烟品牌	自有品牌	金圣	金圣、庐山	金圣、庐山	金圣
	合作生产品牌	南京、利群	双喜	—	利群

◈ 撰稿：李　杨；编辑：周　佳

山东中烟工业有限责任公司

【主要产品】 **自有品牌**。2020年，山东中烟工业有限责任公司生产的卷烟品牌主要有“泰山”“哈德门”。“泰山”细支烟实现销量102.2亿支（20.44万箱），比上年增长24.33%。出口“泰山”3亿支（0.6万箱）。“哈德门”实现销量224.58亿支（44.92万箱），比上年下降10.11%。

合作生产品牌。主要合作生产上海烟草集团“红双喜”29.24亿支（5.85万箱）、“大前门”0.76亿支（0.15万箱），湖南中烟“白沙”15亿支（3万箱），湖北中烟“红金龙”5亿支（1万箱），江苏中烟“南京”35亿支（7万箱），云南中烟“玉溪”5亿支（1万箱）、“红塔山”10亿支（2万箱）。

【品牌建设】 **“泰山”品牌培育**。围绕“泰山”品牌培育，聚焦一、二类卷烟市场份额和骨干规格，全年确定一、二类卷烟重点规格13个，实现商业销量182.8亿支（36.56万箱）。其中，“泰山（望岳）”“泰山（心悦）”商业销量分别达到20亿支（4万箱）、50亿支（10万箱）规模，“泰山（金将中支）”销量超过5亿支（1万箱）。“泰山”品牌商业销量连续6年实现增长，全年实现商业销售额433.3亿元，实现单箱销售额2.32万元。

统筹市场拓展。省内市场：紧盯“提结构、增份额”，实施销售一体化管理；加强工商协同，科学投放货源，促进重点规格销量、状态双提升；加强品类优化，推动一、二类卷烟份额持续增长。全年鲁产卷烟省内市场份额53.8%，其中，一、二类卷烟市场占比分别为22.6%、19.5%。省外市场：推行省地县重点市场三级培育模式，以标杆市场辐射带动整体发展；调整优化市场状态监控体系，推进5个重点目标市场相对独立运行，开展区县级市场“双百”提升工程。

加强销售创新。成立“泰山”品牌突击队，重点做精做细“泰山（金将中支）”“泰山（常胜将军）”两款产品培育工作，探索产品培育新模式。线上资源向“泰山家园”公众号集中，发挥网络圈群作用，线上线下相结合，综合开展品牌宣讲、订购竞赛、品牌陈列等活动，强化品牌认知，拉动产品动销。推进工商网配项目实施，全年完成省内17个地市公司、省外34个地市公司网配工作。

【原辅材料保障】 **原料采购**。坚持控量提质，优化调拨结构，年度采购上等烟叶4.2万吨（84万担），烟叶库存水平降至30.5个月。坚持需求导向、动态调控，2020年全收全调烟叶5.36万吨（26.8万担）。山东烟叶定向栽培技术研究与应用项目进展顺利，购销模式由传统方式向“整县+整站”全收全调转变。强化基地烟叶质量跟踪评价，跟进落实配套技术，基地烟叶主导种植品种符合率在95%以上。

烟用物资管理。构建以公开招标为抓手的市场化采购机制，全年公开招标率100%。强化烟用物资质量及质量安全“延伸”管控，进货检验合格率保持100%，质量监督检验合格率在99.6%以上。坚持以销定产、以产定购，加强联合库存和寄售管理，完善预警采购机制，实施国产优质醋纤丝束基地化采购，采购供应及时率100%。坚持创新驱动，推行“基于安全库存的计划管理”“TSPS图片信息采集与应用”等精益管理模式，备品备件资金占用率降至0.6%、资金周转率210%，库存金额降至5300万元。

【技术创新】 **技术中心概况**。山东中烟工业有限责任公司技术中心成立于2006年10月，2007年通过国家发展改革委、科学技术部、财政部、海关总署、国家税务总局等五部门联合组织的国家认定企业技术中心的认定。2015年8月，通过中国合格评定国家认可委员会（CNAS）的认可评审。2020年，有在岗员工128人，其中博士研究生学历2人、硕士研究生学历13人、大学以上学历89人；高级职称31人、中级职称79人。全年取得行业科技项目成果2项，公司级科技项目成果31项。

产品研发。坚持“把握主流、彰显特色”，实施研发链融合攻关，创新“叶”“料”“香”调配模式，全年完成1款卷烟新产品开发，1款卷烟型雪茄、2款手工雪茄配方设计。

机制建设。编制公司科技创新“十四五”发展规划。围绕产业链布局创新链，推进以国家级技术中心为主体、2个行业工程中心为“两翼”、4家卷烟厂科技委为助推的“一体两翼四助推”全员创新体系建设。

技术攻关。全年开展科技项目研究166项，其中，行业项目立项5项，主持行业重大专项7项，参与行业重大专项5项。有序开展功能性香基模块可替代性研究，加强山东烟叶开发应用研究，突破多项技术瓶颈并实现应用。烟丝储运系统开发应用等工作有序推进。全年新增专利133件，其中发明专利11件。

【交流与合作】 积极应对全球新冠肺炎疫情发生、国际贸易环境恶化的影响，新开发巴基斯坦、菲律宾等3个新市场。主动配合各免税市场经销商应对困境，新拓展马来西亚免税市场，为中免一线店员提供网络培训。在现有产品布局基础上，关注细分市场，面向境外务工群体、新移民群体设计开发新产品，全年新研发13款卷烟产品，其中7款新产品在境外市场投放。全年出口卷烟3亿支（0.6万箱），比上年增长20.77%。

【管理创新】 **改革发展**。评估《山东烟草工业系统高质量发展规划（2019—2023）》执行情况，编制“十四五”规划，初步形成规划框架思路。落实体制改革任务，完成国有企业“三供一业”分离移交资产无偿划转和退休人员社会化管理移交。加强多元化管理，持续完善投资管理体系，

2020年12月29日，山东中烟青岛卷烟厂开展“质量故事会”活动
山东中烟　供稿

强化运行监管，推进清理清退，盘活闲置资产。在烟草行业2019年度多元化经营管理评价中，山东中烟位列省级单位第二名。

精益管理。加强财务审计管理，优化模拟利润中心运行，强化资金和成本费用管控，财务费用由正转负。持续开展精益管理和管理创新活动，全年精益课题立项130项，13项成果在省企业管理现代化创新成果评选中获奖。深化对标管理，32项省级工业公司对标指标中，14项优于行业平均水平，3项达到行业先进水平。全年实现降本增效1.94亿元。

工艺质量管理。加强制造过程品控体系建设，卷烟产品质量抽检合格率100%，过程西格玛水平4.25。开展群众性质量活动，3项QC成果获评国家级优秀成果，获得行业一等奖1项、二等奖1项、三等奖2项。

设备管理与技术改造。围绕创新型卷烟需求，改造、购置超高速细支烟卷接包装机组和中支烟生产设备。统筹推进技改项目，青州卷烟厂就地技术改造、青岛卷烟厂制丝工艺提升改造、济南卷烟厂雪茄制造中心建设、颐中科技产业园建设等重点项目有序推进，新型卷烟材料研发制造中心建设工程整体竣工。

【疫情防控】 山东中烟统筹疫情防控与生产经营，迅速反应、周密部署、适时调整、科学应对，抓严抓实疫情防控，有力有序推进复工复产。2月10日起有序恢复生产经营，2月17日所属各单位全部复工复产，第一季度末生产经营恢复到正常水平。全省烟草工业系统未发现感染病例。

【特事辑要】 2020年8月26日，国家局党组成员、副局长段铁力在山东烟草调研。

11月4日，山东省政协党组成员、副主席韩金峰率省政协考察组在山东中烟调研，围绕“推动烟草行业健康发展”进行知情明政考察。

11月20日，2020年全国烟草行业企业管理电视电话会议在北京召开。山东中烟在山东分会场作经验交流发言。

11月25—26日，国家局党组成员、副局长韩占武在山东烟草调研。

2020年山东中烟工业有限责任公司所属卷烟生产厂情况统计

		山东中烟工业有限责任公司济南卷烟厂	山东中烟工业有限责任公司青岛卷烟厂	山东中烟工业有限责任公司青州卷烟厂	山东中烟工业有限责任公司滕州卷烟厂
法人资格		非独立法人	非独立法人	非独立法人	非独立法人
主要负责人（含党政领导）		党委书记：赵善强（—2020年6月） 傅　军（2020年6月—） 厂长：孟庆华（—2020年1月）	党委书记、副厂长：张　彤 党委副书记、厂长：刘所锋（—2020年1月）	党委书记、副厂长：李继东（—2020年1月） 孟庆华（2020年1月—）	党委书记、副厂长：李继鹏 党委副书记、厂长：徐　伟
成立时间		1928年	1919年	1948年	1951年
从业人员（人）		1407	1346	956	549
卷烟生产能力(亿支)		535	506	290	115
卷烟品牌	自有品牌	泰山、哈德门	泰山、哈德门	泰山、哈德门	泰山、哈德门
	合作生产品牌	黄鹤楼、红金龙	红双喜、大前门	南京、白沙	玉溪、红塔山

◇ 撰稿：王绍习；编辑：周　佳

河南中烟工业有限责任公司

【主要产品与品牌建设】 **主要产品**。2020年，河南中烟工业有限责任公司生产的内销卷烟品牌主要有“黄金叶”“红旗渠”“散花”。“黄金叶”实现商业销量比上年增长9.04%。“红旗渠”实现商业销量353.75亿支（70.75万箱），“散花”实现商业销量9.2亿支（1.84万箱）。

品牌培育。拉长高结构主导规格长板，强化普一类新品培育，抓实二类大单品发展，做好老产品优化升级，“黄金叶”品牌呈现量价齐升、梯次升级发展格局。2020年，“黄金叶”一、二类烟实现商业销量355.05亿支（71.01万箱），比上年增长14.47%；“黄金叶（天叶）”“黄金叶（天香细支）”实现商业销量均超过20亿支（4万箱），分别比上年增长8.18%、3.96%；“黄金叶（天叶细支）”实现商业销量5.4亿支（1.08万箱），比上年增长40.86%；“黄金叶（乐途）”实现商业销量105.5亿支（21.1万箱），比上年增长16.08%，是行业首个销量超100亿支（20万箱）的短支烟大单品；“黄金叶（爱尚）”实现商业销量69.25亿支（13.85万箱），比上年增长6.71%；“黄金叶（小目标）”实现商业销量50.25亿支（10.05万箱），比上年增长18.39%。

品质维护。推进产品维护向数字化、全要素、全过程转变，提高产品维护的系统性、高效性和科学性，完成“黄金叶（TIME）”“黄金叶（红火）”“黄金叶（豫香）”“黄金叶（百年浓香）”等4款产品改造工作，完成35个在销规格合计59批次的配方维护。

合作生产。合作生产浙江中烟“利群”27亿支（5.4万箱），上海烟草集团“红双喜”37.47亿支（7.49万箱）、“大前门”5.03亿支（1.01万箱），湖南中烟“白沙”22.5亿支（4.5万箱）。

【技术创新】 **技术中心概况**。河南中烟工业有限责任公司技术中心成立于2007年3月，为行业级技术中心。现有行业烟草加工形态研究重点实验室、河南省烟叶工程技术研究中心、河南省烟用材料工程技术研究中心等多个省部级以上科技创新平台。中心质量监督检测实验室通过国家认可委员会（CNAS）颁发的实验室认证，拥有各类先进大型仪器设备70余台套，总价值9696.8万元。截至2020年底，共有员工200人，其中博士研究生学历12人、硕士研究生学历71人；高级以上专业技术资格55人，其中正高级工程师2人、研究员3人；2名享受国务院特殊津贴专家、1名行业学科带头人、1名河南省优秀青年科技专家、4名全国评烟委委员、3名全国烟草标准化专业委员会委员、1名中国烟草品种审定委员会委员。

科技管理。修订完善《科技项目管理办法》《科学技术奖励办法》。实施项目管理全流程监管，强化项目立项、实施、结题、评奖等全过程管理。全年评选出公司级科技创新团体奖3个、科学技术进步奖15项、标准研究奖3项、发明专利奖55项、科技论文奖58项。

科研成果。发表科技论文162篇，获得授权专利660件，其中发明专利68件。取得项目成果42项，获得省（部）级科学技术进步奖5项，其中“烟气基质下香味成分阈值评价及应用技术体系构建”“天然香料感官组学分析技术体系构建及应用”等3个项目获得河南省科学技术进步奖三等奖，“细支卷烟生产降耗关键技术体系研究与集成推广”获得中国烟草总公司2020年科学技术进步奖三等奖。

【复工复产】 成立以公司主要负责人任组长的应对新冠肺炎疫情工作领导小组，由公司领导分别牵头负责的疫情防控、复工复产、市场销售、物流保供、督导检查等5个工作专班。各单位设立复工复产领导小组和组织机构，明确职责分工，强化执行落实。加强与地方政府的沟通协调，及时提报复工申请，落实各项举措，加快复工复产进度。自2月10日起至2月底，河南中烟所属各单位和重大工程建设项目复工复产全部陆续启动，其中黄金叶生产制造中心、许昌卷烟厂、安阳卷烟厂、漯河卷烟厂均为当地最先复工复产的企业。

【原料保障】 **基地化供应**。增加云南昆明、贵州黔西南、

2020年2月18日，河南中烟许昌卷烟厂员工在新冠肺炎疫情防控期间进行卷烟出库作业

河南中烟　王弥霄　摄

河南三门峡等3个核心产区国家局基地单元，国家局基地单元数量达到29个，原料供应基地化比例67.5%；工商协同打造福建邵武、贵州毕节、三门峡灵宝、许昌汾陈等4个全收全调全用的“三全”基地；以豫中“上六片”管理和技术为依托，统筹推进高可用性上部烟定向开发。

均质化加工。全年完成烟叶加工（含二次混配）9.79万吨（195.77万担），其中“一专线四中心”加工总量超过7.45万吨（149万担），集中度接近80%；选叶5.76万吨（115.2万担）；选后符合度平均值88.72%，比上年增加1.79个百分点，达标率100%；烤后烟碱变异系数均值2.97%、水分变异系数1.71%、叶中含梗率1.13%，三项关键指标均达到行业均质化优秀指标。

烟叶去库存。落实《关于烟叶去库存专项工作的实施意见》要求，聚焦工作目标，多措并举，烟叶库存大幅下降。处理省内不适用原烟0.25万吨（4.9万担），工业调剂销售片烟0.23万吨（4.5万担），库尾片烟二次混配加工0.33万吨（6.6万担）。截至2020年底，库存片烟20.68万吨（413.5万担），比上年减少1.95万吨（38.9万担）；库存可用月数29.4个月，比上年减少4.8个月。

【物流保障】 **仓储布局优化**。加快优化原料仓储布局，新郑片烟醇化库区投入使用，有序撤除外租仓库，全年共撤除外租仓库8处共21.15万平方米，安全移出烟叶9万吨（180万担）；优化卷烟仓储布局，深入开展与四川宽窄区域物流合作，全年前置移库卷烟3.94万箱，稳步推进与广东揭阳区域物流合作、长株潭区域物流合作。

绿色物流。全年循环利用烟箱126.15万只，完成目标任务的112.02%，节约烟箱采购成本4061.86万元；拓展片烟箱循环利用，全年循环利用片烟箱6.6万套，节约片烟箱采购成本583.74万元；创新开展辅料托盘回收利用，全年回收和改造托盘4.7万个，节约采购托盘成本1489万元。

物流信息化。研究制定《公司智慧物流建设指导意见》，完成公司物流信息综管平台二期项目建设，初步建成公司物流信息综管平台，基本实现物流业务信息化全覆盖。

【企业管理】 **精益管理**。推进案例征集和课题研究，组织征集提升核心竞争能力优秀案例23项，经评审后推荐国家局7项，其中4项获录用；深入开展精益专项工作，6人入选行业精益管理专家库，5人入选行业管理诊断专家库；创新开展标准体系内审工作，2020年公司标准体系内审发现工作亮点10项，改进项42项；持续强化管理创新工作，注重课题质量和推广应用，2020年立项课题65项，发布56项。

两班制改革。开展生产模式改革专题调研，理清公司各卷烟厂设备、人员、配套支撑等现状，按照“统筹规划、试点先行、全面推广”的步骤，优化制度流程，强化风险管控，2020年4月以河南中烟漯河卷烟厂为试点实施两班制改革。截至2020年底，完成河南中烟漯河卷烟厂、驻马店卷烟厂、洛阳卷烟厂两班制改革并平稳运行，为下一步全面推广奠定基础。

【交流与合作】 **科技合作交流**。与郑州烟草研究院签订新一轮《战略合作框架协议》，全面建立长期战略合作伙伴关系，提升科技创新供给水平；与河南、云南等省级烟草公司开展沟通对接，促进烟叶高质量发展；与河南农业大学、郑州轻工业大学等高等院校对接合作，推进烟草重点领域创新发展；与中国电子技术标准化研究院相关专家共同探讨卷烟数字化和质量管控数字化研究方向，组织技术人员到上海新型烟草制品研究院及云南中烟、四川中烟、湖北中烟等企业学习调研。

境外销售。向东南亚的缅甸、菲律宾、印度尼西亚，南亚的印度、巴基斯坦，南美洲的智利等6个国家和中国香港、中国澳门地区销售卷烟5.21亿支，出口实现493.81万美元。

【特事辑要】 2020年1月17日，河南中烟召开2020年工作会议。

2月14日，河南省服务企业复工复产工作专班组长、省人大常委会副主任张维宁一行在河南中烟安阳卷烟厂调研企业复工复产工作。

2月19日，河南省人大常委会党组书记、副主任赵素萍在河南中烟安阳卷烟厂调研指导新冠肺炎疫情防控和复工复产工作。

5月21日，河南省委常委、洛阳市委书记李亚在河南中烟洛阳卷烟厂调研。

6月9—11日，国家烟草专卖局党组书记、局长，中国烟草总公司总经理张建民在河南烟草调研。其间，调研河南中烟黄金叶生产制造中心、许昌卷烟厂。

8月10日，国家局党组成员、副局长张天峰在河南中烟调研。

9月19日，河南省副省长王新伟出席全省烟草业转型升级工作推进会并讲话。

2020年河南中烟工业有限责任公司所属卷烟生产厂情况统计

		河南中烟工业有限责任公司黄金叶生产制造中心	河南中烟工业有限责任公司许昌卷烟厂	河南中烟工业有限责任公司安阳卷烟厂	河南中烟工业有限责任公司南阳卷烟厂	河南中烟工业有限责任公司驻马店卷烟厂	河南中烟工业有限责任公司漯河卷烟厂	河南中烟工业有限责任公司洛阳卷烟厂
法人资格		非独立法人	非独立法人	非独立法人	非独立法人	非独立法人	非独立法人	非独立法人
主要负责人（含党政领导）		总经理：陈春喜 党委书记：郑国兴	厂长：刘金福 党委书记：曾显峰	厂长：范国民 党委书记：陈清棠	厂长：李松峰 党委书记：杨玉良	厂长：董建兴 党委书记：常明升	厂长：吕　飞 党委书记：赵群发	厂长：齐建华（—2020年6月） 副厂长：孙　鹏（2020年6月—，主持工作） 党委书记：黄光富
成立时间		2014年	1949年	1945年	1950年	1949年	1946年	1981年
从业人员(人)		2220	1274	1061	924	751	737	753
卷烟生产能力（亿支）		730	280	253	216	150	146	102
卷烟品牌	自有品牌	黄金叶、红旗渠	黄金叶	黄金叶、红旗渠、发时达	黄金叶、红旗渠	黄金叶、红旗渠、散花	黄金叶、红旗渠	黄金叶、红旗渠
	合作生产品牌	—	—	—	红双喜、大前门	—	利群、白沙	—

◇ 撰稿：陈仕文；编辑：褚　幸

湖北中烟工业有限责任公司

【主要产品与品牌建设】 ***卷烟产销***。2020年，湖北中烟生产的内销卷烟品牌主要有“黄鹤楼”“红金龙”。

全年合作生产“黄鹤楼”64.25亿支（12.85万箱）。自产“红金龙”319.5亿支（63.9万箱），合作生产“红金龙”45.75亿支（9.15万箱），实现销量370.8亿支（74.16万箱）。

全年境外实现卷烟销量21.93亿支，其中一般贸易出口3.96亿支，战略合作项目销售17.97亿支。“RGD”实现境外销量20.48亿支，“黄鹤楼”实现境外销量0.88亿支。

合作生产。与省外卷烟工业企业合作生产卷烟110亿支（22万箱）。其中，与四川中烟合作生产“黄鹤楼”20亿支（4万箱）、“红金龙”5亿支（1万箱）；与黑龙江烟草工业合作生产“黄鹤楼”5.75亿支（1.15万箱）、“红金龙”24.25亿支（4.85万箱）；与重庆中烟合作生产“黄鹤楼”23.5亿支（4.7万箱）、“红金龙”6.5亿支（1.3万箱）；与陕西中烟合作生产“黄鹤楼”5亿支（1万箱）；与河北中烟合作生产“红金龙”5亿支（1万箱）；与山东中烟合作生产“黄鹤楼”10亿支（2万箱）、“红金龙”5亿支（1万箱）。生产出口烟3亿支（0.6万箱）。

品牌建设。以供给侧结构性改革为抓手，完成“黄鹤楼（硬蓝）”改造、“黄鹤楼（金典中支）”“黄鹤楼（1916中支）”等10余款传统卷烟产品上市和储备；完成“黄鹤楼（1916岁月茄香）”“黄鹤楼（雪之韵5号）”等10余款雪茄产品上市和储备。系统开展原料、工艺、香料、材料等方面优化研究，确保产品感官质量稳定可控，“黄鹤楼（硬峡谷柔情）”“黄鹤楼（硬奇景）”“黄鹤楼（软蓝）”等“黄鹤楼”品牌主导规格稳定增长。

【技术创新】 坚持以问题导向、需求导向推动科技创新。全年研发支出总额3.4亿元，创新投入强度4.6‰，共立项科技项目127项，验收成果78项，其中“卷烟配方与打叶复烤协同的原料标准模块构建与高效利用研究”等9项成果获省部级鉴定。申报专利601件，其中发明专利250件、PCT专利14件；获得专利授权343件，其中发明专利46件、实用新型及外观设计297件。发表论文22篇，其中SCI论文12篇、CORESTA会议论文1篇。

【管理创新】 加大“放管服”改革力度，制（修）订《湖北中烟科技与创新管理办法》《技术创新平台构建及运行管理办法》等15项制度。完善公司科研委外合作库和公司科技专家库，入库合作方247家，内外部专家委员341名，持续推进“四库”（科研委外合作库、科技专家库、科技情报数据库、科研成果库）建设。组织实施公司青年人才托举工程，配套进行青年人才托举对象2020年度自由探索项目申报及研究项目307项，覆盖14门学科和23个领域，稳步推进金字塔型科技人才梯队建设。

2020年3月14日，湖北中烟武汉卷烟厂复工后第一件“黄鹤楼”卷烟下线。此时，距离武汉“解封”还有25天

湖北中烟武汉卷烟厂　杨明玥　摄

【复工复产】 2020年，身处新冠肺炎疫情中心的湖北中烟在从严从实做好防控的前提下，各单位、各条线坚持全省“一盘棋”思想，畅通人流、物流、资金流，打通产业链、供应链，推动企业复工复产。武汉卷烟厂创新实施战区式垂直管理、精兵式人员组成、集中式封闭管理、会务式网格服务，灵活采用“多种生产模式”有序切换，确保产能最大化。恩施卷烟厂提前谋划、紧盯要害，全力打好疫情防控、防汛抗洪两场硬仗。襄阳卷烟厂克服自身困难，精心组织，选派多批次技术骨干和青年党员千里驰援，缓解恩施卷烟厂复工达产人员紧张局面，实现公司整体达产目标。销售战线协调商业企业，优化投放策略，开展应急补货，在生产、物流等条线建立联合作战机制，采用烟厂直发、公铁联运、商业自提、省外周转等10种方式相结合的运输策略，有效保障市场供应。卷烟材料厂组建同心突击队，满足省内烟厂和联营工厂滤棒应急需求，保障特殊时期稳供应不断链。全省技改战线克服疫情影响，科学安排工期，构建质量安全和疫情防控体系，组织开展“云”开工活动，扎实有序推进项目建设。3月10日复工复产后，全省工业系统用时12天恢复产能至100%，为夺取疫情防控和生产经营“双胜利”打下扎实的工作基础。

【原辅材料保障】 调减非重点产区调拨，增调云南烟叶，调拨云南、四川和湖南等黄鹤楼核心原料产区上等烟比例73.21%。开展区域布局调整和核心产区拓展，调增“一基四重”计划，调减库存偏高、非黄鹤楼核心原料计划。加大优质产区、特色品种、5C等级的采购力度；与云南和贵州省进出口公司置换黄鹤楼高端原料；在省内产区选下新烟作为薄片生产原料。在省内15个重点产烟县实施“中棵烟＋高油分”和上部烟带茎采烤项目，烟叶可用性明显增强，减少不适用烟叶产出，提高烟叶可用性。加强对烟叶挑选的现场管理，提高选后烟叶等级纯度。

推进集中采购和分散采购相结合，扩大网络采购范围，从急小零散扩展到生产性保障物资。全年网络采购金额9000万元。节约资金2000万元以上，效率提升50%以上。

【信息化建设】 **推进数字化转型**。加强数字化创新驱动引领，设立“湖北中烟智能企业建设研究平台”，构建集创意开发、项目孵化、科技研究、应用推广于一体的融通创新平台，以技术创新驱动公司数字化转型发展。强化数字化经营理念文化和技能培育，协同教育培训中心建立湖北中烟数字化学院，培养企业员工的数字化思维和能力，分级分策构建公司数字化转型课程体系。

提升安全保障。细化网络安全工作责任制和履责清单；推进网络安全态势感知平台等项目实施，问题和事件数量比上年下降87.5%；参加全行业及湖北省网络攻防演习，抵御攻击共19.42万次，累计封堵IP地址3.13万个。提升全员网络安全意识和技能水平，在全国第二届“网鼎杯”网络安全大赛半决赛中，湖北中烟两支参赛队伍分别位列烟草行业第二名、第三名，获评湖北省网络攻防演习“最佳防守单位”，获得湖北省“楚慧杯”网络空间安全实践能力竞赛三等奖。

【特事辑要】 2020年1月21日，湖北中烟召开职工代表大会暨工作会议对疫情防控工作作详细安排，并要求各单位即日起启动疫情“日报告、零报告”制度，

1月22日，湖北中烟召开疫情防控指挥部第一次会议，成立以主要负责人为指挥长的公司新冠肺炎疫情防控指挥部。

2月12日，湖北中烟召开疫情防控指挥部第四次会议，启动构建“1+N”疫情防控制度体系（“1”为公司疫情防控导则，“N”为各单位疫情防控实施方案）。

2月22日，湖北中烟武汉卷烟厂汉阳老厂房改造完成，建成“黄鹤”方舱医院，可容纳1000余个床位，用于收治新冠肺炎轻症患者。

3月11日起，湖北中烟总部及所属各单位有序复工复产。

3月21日，中央赴湖北指导组成员，工业和信息化部党组成员、副部长王江平一行在武汉卷烟厂专题调研疫情防控和复工复产相关工作。

3月22日，湖北省委副书记、省长，省新冠肺炎疫情防控指挥部指挥长王晓东在武汉卷烟厂调研复工复产情况。

4月12日，湖北省委书记、省人大常委会主任应勇在武汉卷烟厂调研。

7月29日，湖北中烟召开半年工作电视电话会议。

9月21日，湖北省抗击新冠肺炎疫情表彰大会在武汉举行，武汉卷烟厂卷包车间PG操作工佟正超获评“湖北省抗击新冠肺炎疫情先进个人”。

9月22日，武汉市召开抗击新冠肺炎疫情表彰大会，武汉卷烟厂被评为“武汉市抗击新冠肺炎疫情先进集体”。

10月22日，国家烟草专卖局党组书记、局长，中国烟草总公司总经理张建民在湖北十堰调研国烟扶贫工作。

10月27—28日，国家局党组成员、副局长段铁力在湖北烟草调研。其间，调研武汉卷烟厂、黄鹤楼科技园。

11月17日，由湖北中烟和湖北省教育基金会发起的2020年“我梦见·大学生助勤帮困”项目在华中农业大学启动。

2020年湖北中烟工业有限责任公司所属卷烟生产厂情况统计

	湖北中烟工业有限责任公司武汉卷烟厂	湖北中烟工业有限责任公司襄阳卷烟厂	湖北中烟工业有限责任公司三峡卷烟厂	湖北中烟工业有限责任公司红安卷烟厂	湖北中烟工业有限责任公司广水卷烟厂	湖北中烟工业有限责任公司恩施卷烟厂
法人资格	非独立法人	非独立法人	非独立法人	非独立法人	非独立法人	非独立法人
主要负责人（含党政领导）	党委书记：邓家云 厂长：王　军	党委书记：杨林波 厂长：朱　巍 （2020年1月—；之前为副厂长，主持生产经营工作）	党委书记：孙德平 厂长：孙德平 （—2020年1月） 副厂长：姚　俊 （2020年1月—，主持生产经营工作）	党委书记：张小平 厂长：王闰光	党委书记：张志生 厂长：张志生 （—2020年12月） 彭　波 （2020年12月—）	党委书记：何中柱 （—2020年5月） 刘华豫 （2020年5月—） 副厂长：邹名扬 （—2020年6月，主持生产经营工作） 朱　华 （2020年6月—）
成立时间	1916年	1944年	1998年	1980年	1970年	2009年
从业人员（人）	1606	1289	793	691	502	726
卷烟生产能力（亿支）	750	320	150	100	72	250
卷烟品牌	黄鹤楼、红金龙	黄鹤楼、红金龙	黄鹤楼、红金龙	黄鹤楼、红金龙	黄鹤楼、红金龙	黄鹤楼、红金龙

◎ 撰稿：张小沛；编辑：褚　幸

湖南中烟工业有限责任公司

【卷烟产销】 **主要产品**。2020年，湖南中烟工业有限责任公司内销卷烟品牌主要有“白沙”“芙蓉王”“芙蓉”“相思鸟”。

全年“白沙”品牌“和天下”系列实现商业销量36.66亿支（7.33万箱），“白沙（硬和天下）”“白沙（硬细支和天下）”2个规格实现销量均保持行业细分市场第一。“白沙”二类烟实现商业销量140.74亿支（28.15万箱），二类烟商业销量行业排名比上年提升1位。

“芙蓉王（硬细支）”实现商业销量51.56亿支（10.31万箱），“芙蓉王（蓝盖）”“芙蓉王（硬蓝新版）”分别实现商业销量24.7亿支（4.94万箱）、19.85亿支（3.97万箱），“芙蓉王（硬中支）”实现商业销量12.65亿支（2.53万箱）。

自产“芙蓉”9.76亿支（1.95万箱），实现销量10.38亿支（2.08万箱）；自产“相思鸟”8.69亿支（1.74万箱），实现销量8.69亿支（1.74万箱）。

许可生产“万宝路”11.5亿支（2.3万箱），实现销量11.48亿支（2.3万箱）。生产出口卷烟28.46亿支，比上年下降48.22%。卷烟出口31.26亿支，比上年下降35.1%。

卷烟合作生产。2020年，湖南中烟与省外工业企业合作生产“白沙”197.5亿支（39.5万箱），比上年下降32.14%。其中，与河北中烟合作生产105亿支（21万箱），与山东中烟合作生产15亿支（3万箱），与河南中烟合作生产22.5亿支（4.5万箱），与陕西中烟合作生产5亿支（1万箱），与重庆中烟合作生产50亿支（10万箱）。湖南中烟合作生产卷烟回购198.02亿支（39.6万箱），比上年下降30.69%。

新品销售。6月，“芙蓉王（硬王之荣耀）”上市。全年在广东省广州、东莞、惠州、中山、珠海等5个市场实现商业销量1050万支（210箱）。11月，“芙蓉王（硬匠心手作）”升级改造完成，由16支装改造为“全开盒型”20支装，在湖南常德市场首发上市。开发“白沙（硬和天下尊享84mm）”新品，12月初完成行业报批手续。

【技术创新】 **创新成果**。2020年，湖南中烟开展科技创新类项目184项，取得科技成果30项。申请专利222件，获得授权专利161件。主持或参与总公司项目11项。获得省部级科技奖励8项，参与选育的2个烟草品种通过全国烟草品种委员会审定。

自主创新能力提升。湖南中烟从“分析表征”“解析调配”“产品验证”3个专业方向开展技术攻关，提升香精香料可知可控能力和功能性香基模块的可替代水平。截至2020年底，使用的功能性香基模块实现可知可控、具备可替代性来源的比例17%，超额完成国家局10%的要求以及公司下达的15%目标。湖南中烟被国家局确定为行业“提升烟用香精香料核心技术自主研发与自我保障能力专题工作”技术研究与人才培养总牵头单位。

协同创新能力提升。2020年，湖南中烟开展科研项目41项，促进基础研究、应用研究、技术开发与成果转化的高效贯通，提升人才、技术、资金等各创新要素和创新环节之间的协同水平。以“烟草基因功能研究与利用联合实验室”为平台，整合国家烟草基因研究中心、西南大学、华大基因等优质资源，创制行业最大的基因编辑素材库，创制核心基因库和重要基因库约2.5万株转化株系，获得46个基因的纯合非转基因编辑素材，筛选获得多个对生物学研究和烟草产业技术革新具有重大意义的素材。以“卷烟滤材试验基地”为载体，开展全颗粒滤棒生产等试验平台建设，实现中支、细支复合滤棒应用转产和规模供货；以“包装材料研究试验基地”为载体，形成包装材料创新产品40余款，优化改进老产品12款。

【企业管理】 加强精益管理，深化战略计划预算联动，推进定额管理、对标管理和管理诊断，稳步推进集中采购，探索网购新模式，供应链管理水平持续提升。加强质量考评，稳健推进“工艺质量管控平台”建设，产品质量管控能力增强。优化成本管理，节约挖潜专项活动取得新成效。卷烟包装箱循环利用和托盘联运连续6年超额完成国家局目标任务。多元化企业服务主业保障能力持续提升。深化安全生产“三基四化”体系建设，强化网络安全管理。“七五”普法工作圆满收官。内部专卖管理监督不断加强，规范管理水平持续提升。

2020 年 2 月 28 日，湖南中烟常德卷烟厂“芙蓉王”品牌扩产技术改造项目制丝车间完成“芙蓉王（蓝）”首次工艺联调

湖南中烟 李 曼 摄

【易地技改】 2020 年，湖南中烟郴州卷烟厂易地技改、常德卷烟厂“十二五”易地技改、湘西鹤盛原烟发展有限公司易地技改项目完成全厂整体搬迁并投产试运行。湖南金叶烟草薄片有限责任公司易地技改项目进入实施阶段。浏阳天福打叶复烤有限责任公司“芙蓉王”全配方片烟预处理线建设项目获得国家局批复并通过公司评审。完成常德芙蓉烟叶复烤有限责任公司易地搬迁改造工程项目、浏阳库区片烟醇化仓库建设项目、常德卷烟厂“芙蓉王”品牌扩产技术改造项目等 4 个行业批复项目的整体竣工验收，并取得国家局批复。

长沙卷烟厂制丝一线更新改造、四平卷烟厂易地技术改造、长沙大托库区片烟醇化仓库建设项目等 3 个项目竣工结算。长沙卷烟厂易地技术改造暨公司科研试验基地项目启动立项申报。

【原料保障】 坚持品牌需求导向，严控调拨入口，拓宽处置出口，优化调拨布局，实现总量、区域、等级、质量“四个适配”。推广烯虫酯生物防虫创新项目，联合四川烟叶复烤有限责任公司首创“远程监打”模式，改进加工工艺，全力推进大配方模块加工，均质化水平明显提升。进一步优化基地单元布局，稳固重点种植区域，持续推广“4 + N”技术，试点开展高端原料开发和定向生产，传递“中棵烟”“黄亮软”理念，引导烟叶种植和质量走向，核心单元比重不断提升。

【特事辑要】 2020 年 1 月 15—16 日，湖南烟草工业工作会议暨一届一次职工代表大会在长沙召开。

3 月 10 日，国务院应对疫情联防联控工作机制第 29 工作指导组组长衣梅一行在湖南中烟投资管理有限公司宁夏弘德包装材料有限公司检查指导新冠肺炎疫情防控工作。

5 月 26 日，湖南省人大常委会副主任、省总工会主席周农在湖南中烟调研。

6 月 11 日，湖南省副省长陈飞在湖南中烟常德卷烟厂易地技改项目现场调研。

6 月 17 日，国家局党组成员、副局长韩占武在湖南烟草调研。其间，调研湖南中烟长沙卷烟厂和湖南中烟技术中心。

7 月 24 日，湖南省委书记、省人大常委会主任杜家亳，省委副书记、省长许达哲一行在常德卷烟厂调研。

9 月 10 日，湖南省委常委、省国资委党委书记姚来英在湖南中烟调研。

9 月 17—18 日，国家局党组成员、副局长韩占武在基层联系点长沙卷烟厂调研基层党建工作。

10 月 19 日，湖南省副省长陈飞在湖南中烟郴州卷烟厂调研。

10 月 27 日，湖南省人大常委会党组副书记、副主任黄关春一行在常德卷烟厂调研。

10 月 29 日，国家局党组成员、副局长张天峰在湖南中烟调研。

11 月 10 日，湖南省副省长陈飞一行在湖南中烟调研。

11 月 25 日，国家局党组成员、副局长张天峰出席湖南中烟干部大会并讲话。

2020 年湖南中烟工业有限责任公司所属卷烟生产厂情况统计

企业名称		湖南中烟工业有限责任公司长沙卷烟厂	湖南中烟工业有限责任公司常德卷烟厂	湖南中烟工业有限责任公司郴州卷烟厂	湖南中烟工业有限责任公司零陵卷烟厂	湖南中烟工业有限责任公司吴忠卷烟厂	湖南中烟工业有限责任公司四平卷烟厂
法人资格		非独立法人	非独立法人	非独立法人	非独立法人	非独立法人	非独立法人
主要负责人（含党政领导）		党委书记、厂长：金铁龙（—2020 年 1 月）党委委员、副厂长：柳会武（2020 年 5 月—，主持全面工作）	党委书记、厂长：向晓芳	党委书记、厂长：孟令军（—2020 年 1 月）党委书记：肖 冰（2020 年 1 月—）党委委员、副厂长：李会亮（2020 年 1 月—，主持工作）	党委书记、厂长：陈国联（—2020 年 9 月）黄 睿（2020 年 9 月—）	党委书记：李朝辉 厂长：郭三明	党委书记、厂长：刘少军
成立时间		1947 年	1951 年	1939 年	1976 年	1970 年	1948 年
从业人员（人）		2202	2835	1266	876	399	588
卷烟生产能力（亿支）		684	800	204	165	89	85
卷烟品牌	自有品牌	芙蓉王、白沙	白沙、芙蓉王	芙蓉王、白沙、相思鸟、利事（出口）	芙蓉王、白沙、芙蓉	白沙	白沙
	合作生产品牌	白沙	—	—	—	—	—
	许可生产品牌	万宝路	—	—	—	—	—

◇ 撰稿：周腾浪　何小凡；编辑：褚　幸

广东中烟工业有限责任公司

【主要产品与品牌建设】 ***主要产品***。2020 年，广东中烟工业有限责任公司生产的内销卷烟有“双喜”“红玫”“椰树”等 3 个品牌 38 个规格。

卷烟合作生产。全年与省外工业企业合作生产“双喜”94.75 亿支（18.95 万箱）。其中，与广西中烟合作生产 30 亿支（6 万箱），与陕西中烟合作生产 24 亿支（4.8 万箱），与江西中烟合作生产 0.1 亿支（0.02 万箱），与深圳烟草工业有限责任公司合作生产 10 亿支（2 万箱），与四川中烟合作生产 30.65 亿支（6.13 万箱）。

品牌发展。2020 年，“双喜”品牌实现商业销量比上年减少 113.7 亿支（22.7 万箱）；实现调拨销售收入比上年增长 2%；实现单箱销售收入 2.75 万元，比上年增长 7.04%；创新产品实现销量 31.26 亿支（6.25 万箱），比上年增长 18.71%。其中，一类烟实现销量 79 亿支（15.8 万箱），增长 9.3%；二类烟实现销量 249.7 亿支（49.9 万箱），增长 13.4%。

新品研发。以产品差异化、特色化为创新重点，从配方、料香、工艺、辅材四大模块着手，研发上市两款新品“双喜（春天细支）”“双喜（春天中支）”。根据研发部署，开展原料筛选、叶组配方设计、料香试验、辅材配套研究及试制等工作，进行高端和普一类新品研发。

老产品维护。完成“双喜（花悦）”改造，开展“双喜（硬红五叶神）”“双喜（经典 1906）”“双喜（世纪经典）”等规格优化工作。按照“重点突出，逐个梳理”原则，强化产品识别诊断，提升产品市场竞争力。一、二类产品以质量为中心，重点推进配方科学化、工艺精细化，补齐质量短板，更精准满足市场需求。三类及以下产品进一步优化烟叶库存结构，在稳定产品质量风格的前提下，通过原料库存分析、质量评价与配伍性研究，持续提升产品维护质量。

【原辅材料保障】 加快构建面向烟叶管理全过程的质量

管控体系，积极推进烟叶管理向前延伸至烟田指导、向后延伸至仓储信息化管控，不断将计划资源向核心优质产区集聚，充分发挥烟叶基地单元建设的原料战略保障作用，把好采购、加工关口，精准养护在库烟叶，烟叶理化指标等质量指标水平大幅提升。

烟用材料供给树立以产品为中心的理念，全面推进精益管理，做好新冠肺炎疫情期间材料供应保障，全面加强供应商绩效管控，保障材料质量稳定。加强制度和机制完善，坚持规范采购，构建长效机制。物资采购管理平台上线运行，进一步提升物资采购效率和精细化水平。深入开展基层调研，紧密对接生产工艺环节，配合推进批次管理系统建设工作。

【技术创新】 **技术中心概况**。广东中烟工业有限责任公司技术中心成立于2005年，承担企业产品开发、工艺技术研究、基础研究、质量检测监督、科技管理等职能，2008年被认定为国家企业技术中心。截至2020年底，有员工134人，其中博士研究生学历9人、硕士研究生学历68人，高级职称51人、中级职称73人。技术中心申报广东省科技专家工作站，并通过评审，产学研创新平台进一步优化。技术中心在研项目147项，其中广东中烟公司科研项目126项，主持或参与国家局项目13项，研究内容涉及卷烟材料、卷烟工艺、再造烟叶等多个研究领域。全年申报专利128件，其中发明专利26件。截至2020年底，有效专利1035件，其中发明专利356件。

技术研究。工艺优化方面：持续推进协同研发精益制造平台建设，制定结合季节因素的含水率控制标准、设计真空回潮线的工艺方案，开展生产技术提升攻关。不断提高原料质量和使用的精准性，加强原料管理创新，加强原料样品室建设，持续完成片烟样品的感官质量评价与化学分析数据梳理。开展卷烟材料研究与成果转化应用与卷烟材料库的构建。香精香料自主研发方面：持续开展功能性香精自主模块调香研究和应用，加强精细化配香技术管理，持续扩充香料实物库和数据库。持续开展基础研究，建立原料、工艺、产品等3个方向的项目群，为广东中烟烟叶生产精准化、卷烟加工精细化、产品设计数字化等提供技术支撑。依托东南亚工作站，开展简约工艺技术、高渗透加料技术、燃烧控制技术、烟丝留香技术研究，并应用在柬埔寨威尼顿集团有限公司（简称威尼顿公司）的中高档烤烟型“吴哥（盛世）”、混合型“圆角椰树”产品上，有效支撑境外产品研发工作。

【复工复产】 坚持稳中求进工作总基调，以供给侧结构性改革为主线，以产品为中心，持续夯实企业内部管理，全面实施精益工程，统筹推进战疫情、促改革、稳规模、提状态、调结构、优产品、防风险各项工作。面对统筹疫情防控和企业发展，在人员管理、生产管理、物资保障、物流管理、后勤管理、境外企业管理、进口烟叶管理等方面做细做实疫情防控，努力将疫情对生产经营的影响降到最低，企业发展在持续向好中蓄势转型。

【交流与合作】 与中烟英美烟草国际有限公司共同推动“双喜”品牌在亚洲太平洋区域重点国际市场拓展，“双喜”品牌在国际市场发展势头良好。发挥境外企业资源优势，推动境外产销合作。威尼顿公司为广西中烟、金叶卷烟厂（澳门）有限公司等企业提供卷烟、烟丝等代加工服务。

【企业管理】 **推进机制改革**。围绕做精做优产品，合理

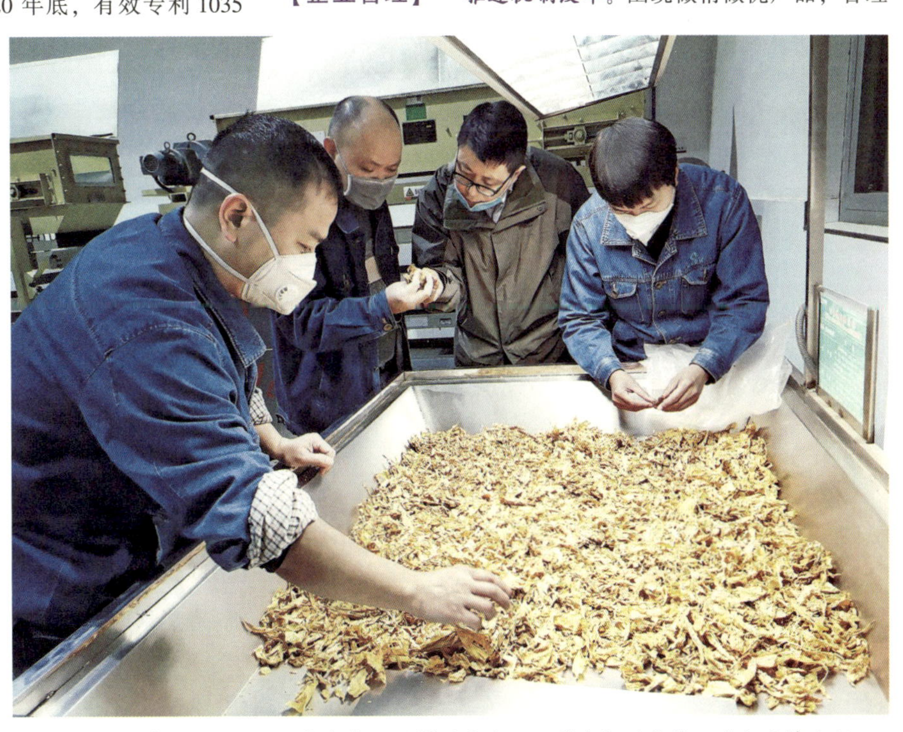

2020年3月10日，广东中烟原料供应中心人员在郴州复烤厂进行疫情期间复工复产后第一批烟叶的监督加工工作

广东中烟　张学伟　摄

配置资源，着力解决束缚生产力发展的管理机制问题，推动全产业链、全流程、全系统改进升级，全面激发内生动力。以改革创新手段大力挖掘管理潜力，推进并深化三大中心内部机制改革。技术中心引入项目组竞争模式，全力激发创新主体活力，强化以产品为中心的研发理念，科研资源进一步向质量提升集聚；市场营销中心以品牌培育为主导，对组织架构和销售体系进行重构，实行矩阵式分工品牌管理模式，加强“一品一策”管控，强化“一地一策”落地；原料供应中心以“面向烟叶管理全过程的质量管控”为目标，强化烟叶基地管理和加工质量管控，形成全生命周期管理的原料保障体系。通过对管理机制和管理效能的改革创新，形成原料保障、技术研发、市场销售共同发力、互为支撑的品牌培育体系。

夯实管理基础。优化目标管理和绩效考核体系，全面构建“以产品为中心”、导向明确、科学有效的目标体系和考核机制，推动企业高质量发展。完成质量管理体系转版工作，构建起以流程为基础的体系运行机制，提升企业管理体系运行水平。开展精益管理，根据创新平台构建要求，打造灵活宽松的项目管理机制，营造全员参与改善和创新的氛围；组织推进管理诊断，引导各单位围绕精益工程构建，将重点、难点问题转化为精益管理课题研究攻关；组建精益管理专家团队，发挥精益人才的业务专长和骨干作用，指导课题实施和参与成果评审，促进企业管理水平提升。

【特事辑要】 2020 年 1 月 19 日，广东中烟召开全年工作会议。

3 月 27 日，广州市荔湾区人民政府与广东中烟签约合作开发“1906 产业园”。

5 月 1 日，广东中烟梅州卷烟厂团委被共青团广东省委评为 2019—2020 年度“广东省五四红旗团委”。

7 月 10 日，由广州市荔湾区人民政府和广东中烟共同出资组建的广州市中荔投资发展有限公司揭牌。

11 月 30 日，中共广东省委农村工作办公室、广东省人民政府国有资产监督管理委员会、广东省工商业联合会联合发布通报：广东中烟获评“广东省乡村振兴‘万企帮万村’行动突出贡献爱心企业”。

12 月 25 日，广州市荔湾区人民政府和广东中烟签订《“1906 科技园”项目合作开发框架协议》补充协议及《“1906 科技园”项目合作开发经营协议》。

2020 年广东中烟工业有限责任公司所属卷烟生产厂情况统计

	广东中烟工业有限责任公司广州卷烟厂	广东中烟工业有限责任公司韶关卷烟厂	广东中烟工业有限责任公司梅州卷烟厂	广东中烟工业有限责任公司湛江卷烟厂
法人资格	非独立法人	非独立法人	非独立法人	非独立法人
主要负责人（含党政领导）	党委书记、厂长： 王文祥（—2020 年 12 月） 饶智华（2020 年 12 月—）	党委书记、厂长： 何锦章	党委书记、厂长： 饶智华（—2020 年 12 月） 刘依军（2020 年 12 月—）	党委书记、厂长： 崔要强
成立时间	2012 年	1950 年	1939 年	1978 年
从业人员（人）	1893	738	688	566
卷烟生产能力（亿支）	750	234	206	154
卷烟品牌	双喜	双喜	双喜	双喜、红玫、椰树

◇ 撰稿：李　夏；编辑：褚　幸

广西中烟工业有限责任公司

【主要产品与品牌建设】 **自有品牌**。2020 年，广西中烟工业有限责任公司生产的自有卷烟品牌有“真龙”和“甲天下”。

品牌建设。推进在销产品的延续性创新和新品类的颠覆性创新，完成 12 个在销产品提质改进；完成“真龙（刘三姐）”“真龙（硬凌云）”新品开发上市；开展“真龙（海韵中支）”新产品研发，获国家局准产批复。优化品牌结构，形成以高端为引领、普一类为主体、二类为基座的品牌格局。升级品牌文化内涵，明确“中国真龙”品牌新站位、“海到尽头天是岸”的文化定位和“为消费者创造超预期的价值和体验”的价值定位，构建“品牌一品系”文化内容，打造特色品牌 IP。健全产品信息收集机制，搭建研发与市场信息互通平台和沟通反馈机制，构建起“横向到边、纵向到底”的卷烟产品数据库。

卷烟合作生产。合作生产卷烟总量 167.5 亿支（33.5 万箱）。其中，合作生产江苏中烟“南京”67.5 亿支（13.5 万箱），浙江中烟“利群”57.5 亿支（11.5 万箱）、“大红鹰”12.5 亿支（2.5 万箱），广东中烟“双喜”30 亿支（6 万箱）。

卷烟销售模式创新。持续推进各大网络销售平台的迭代优化及一体化互通融合，运用新技术打造工商零共同面向消费者的现代卷烟销售体系。推进“互联网 + 销售”模式创新，强化终端建设，加强工商信息沟通、货源衔接和工作协同。持续推进线上线下销售融合。推进终端转型升级，实施“专柜专区”标准化建设，形成核心终端、重点终端、特色终端和普通终端四大终端体系。

【技术创新】 2020 年，广西中烟开展科技计划项目 181 项，其中承担或参与行业重点项目 7 项、省部级项目 50 项、产学研项目 101 项。完成中支双铝包商标、双仓同侧翻盖式创新盒型、低透气度细支卷烟纸、常规卷烟定位框架纸、空腔颗粒复合滤棒等新型烟用材料开发应用；实现“单柜贮叶”等自主创新工艺技术的孵化应用；香精香料自主掌控比例由 9.8% 提升至 22.71%。“卷接包设备现场自主深度维修的研究与应用”课题在第四届全国设备管理与技术创新成果交流大会上获得一等奖，“基于二维码的智能制造管控与供产销全链路追溯关键技术研发及应用”获得 2020 年度广西科学技术进步奖二等奖。组织完成的“光伏发电—空气能热泵—密集烤房三位一体烘烤设备创新研究与应用”科研项目获得广西科学技术进步奖三等奖。举办小微创新大赛，参赛作品获得 2020 年中国创新方法大赛全国总决赛三等奖 1 项，广西区域决赛一等奖、三等奖各 1 项。通过 2020 年度知识产权管理体系监督与认证审核，全年获得专利授权 100 件，其中发明专利 19 件。截至 2020 年底，广西中烟累计获得专利授权 502 件，其中发明专利 151 件。

【交流与合作】 2020 年，面对新冠肺炎疫情与全球贸易局势紧张产生的叠加影响，广西中烟以“夯基础、强管理、促发展”为主线，强化渠道管理和品牌培育，推进“真龙”品牌国际市场拓展。全年“真龙”出口量 1.01 亿支，比上年下降 79.63%；出口实现 435.76 万美元。

【企业管理】 推行绩效管理。印发《2020 年度绩效管理实施方案》，各部门（单位）绩效目标完成情况良好，部门 KPI 及 PPI 目标达成率 99% 以上。推进降本增效。优化降本增效路径方法，从简单的压降成本费用、精简项目投资，转变为采用完善机制、改进流程、业务协同等手段深入挖潜，全年实现降本增效 7429 万元，超额完成国家局下达的年度目标任务。深化管理创新。广西中烟 2 个课题在 2020 年全国现场管理改进暨质量信得过班组建设成果发表赛上获得质量信得过班组专业级成果奖和现场管理改进示范级成果奖，是烟草行业在此发表赛上唯一获奖的单位。广西中烟柳州卷烟厂“质量防差错管理及与信息系统深入融合的工作实践”获评 2020 年度中国质量标杆；物流中心“广西烟草工商协同智能物流”入选 2020 年度提升企业核心竞争力典型案例推荐案例。

【疫情防控与复工复产】 复工复产前，广西中烟制定完善复工复产工作方案，加强人员排查，对达不到复工要求的人员实施隔离。按照特事特办的原则紧急采购防护口罩、红外热成像测温仪、消毒剂等防疫物资。多渠道教育引导员工做好个人防控工作，增强防疫意识。复工复产后，严格落实人员测温、公共区域消杀等工作。加强信息技术运用，开发基于企业微信的远程会议系统和基于 WeLink 企业协同视频会议系统，开短会、讲短话；互联网研究中心通过企业微信，开通视频直播，指导公司职工做好自我防护，指导卷烟零售户在疫情期间利用“互联网 +”做好日常经营。面对原辅材料不足和人员不足的双重压力，调整生产方式，紧急安排公司所属多元化企业自行生产部分生产材料，并优先安排生产材料充足的产品；发挥党员先锋模范作用，深挖员工潜能，狠抓设备效率，以有限的人力肩负起保障生产和市场供应的责任。公司员工未出现确诊病例和疑似病例。

【原料保障】 建设基于供应链的原料管理平台，“K326”品种烟叶推广种植 10.23 万亩，增加烟叶基地特色品种和云南优质烟叶采购量，持续开展进口烟叶定向等级收购，优化烟叶库存结构。重庆、湖南加工中心挂牌。“大配方”模块化加工取得实质性突破。开展“智慧烟叶”项目试点，通过分析烟叶种植、烘烤、收购、加工、销售

广西中烟南宁卷烟厂各“青年文明号”开展生产岗位消毒志愿活动（2020 年）

广西中烟　谭　伟　摄

等业务流程存在的难点，实现烟叶生产的数字化转型和智能化服务。

【信息化建设】　编制智能制造规划，推进智能制造水平提升。搭建完成广西中烟私有云平台和数据中台，上线供应链管理平台，完成二维码平台升级改造，二维码平台和微信应用等完全实现自主研发。广西中烟私有云平台建设实现阿里云和华为鲲鹏架构服务器的全方位国产化适配，办公平台的数据库、中间件、操作系统等底层架构完成国产化改造，提升关键领域的自主可控和信息安全水平。推动“互联网＋”等领域创新成果转化，生产管理系统和数据资源实现“云化”；完成基于图像识别的卷烟零售数据采集研究。“互联网＋智能物流建设”项目被认定为第二批数字广西建设标杆引领重点示范项目——大数据与工业深度融合重点示范项目。

【特事辑要】　2020 年 3 月，广西中烟定点帮扶的 3 个贫困村全部实现脱贫“摘帽”。

5 月 13 日，广西壮族自治区主席陈武在广西烟草调研期间，考察广西中烟南宁卷烟厂，参观广西卷烟工业展示馆。

6 月 2 日，广西壮族自治区党委常委、秘书长黄伟京在广西中烟调研。

6 月 16 日，广西壮族自治区常务副主席秦如培在广西真龙彩印包装有限公司调研。

7 月 16—18 日，国家烟草专卖局党组书记、局长，中国烟草总公司总经理张建民在广西烟草调研期间，考察广西中烟南宁卷烟厂。

9 月 8 日，行业细支卷烟升级创新重大专项——卷接包机组研制项目鉴定会在广西中烟召开。

9 月 25 日，广西企业与企业家联合会发布 2020 年度“广西企业 100 强”“制造业企业 50 强”“服务业企业 50 强”名单，广西中烟位居 2020 年度“广西企业 100 强”第 15 位、“制造业企业 50 强”第 8 位。这是广西中烟连续 18 年上榜“广西企业 100 强”。

11 月 25 日，广西中烟与河南中烟签订豫桂烟草工业战略合作框架协议。

2020 年广西中烟工业有限责任公司所属卷烟生产厂情况统计

		广西中烟工业有限责任公司南宁卷烟厂	广西中烟工业有限责任公司柳州卷烟厂
法人资格		非独立法人	非独立法人
主要负责人（含党政领导）		党委书记、厂长：卢　健	党委书记、厂长：訾东明
成立时间		1975 年筹建，1978 年正式生产	1946 年
从业人员（人）		924	860
卷烟生产能力（亿支）		400	344
卷烟品牌	自有品牌	真龙	真龙、甲天下
	合作生产品牌	利群、大红鹰	双喜、南京

◇ 撰稿：陶海游；编辑：王　静　吴中奇

重庆中烟工业有限责任公司

【主要品牌与品牌建设】　**主要产品**。2020年，重庆中烟工业有限责任公司生产的自有卷烟包括“天子”“龙凤呈祥”“宏声”等3个品牌39个规格。

品牌发展。结合“十三五”品牌发展情况和“十四五”品牌发展规划，重庆中烟在对已有产品线进行系统梳理的基础上，启动“高雅香”品类建设，确立中支烟发展战略，推动上市“天子（重庆印象）”“天子（观天下长嘴中支）”“龙凤呈祥（好运来）”等3个新规格，启动“天子（沁园春）”“天子（千里江山中支）”“天子（新中支）”等3个新规格研发测试和“天子（软黄）”“天子（小天子）”2个老规格改造升级，同时对“天子（传奇）”等10个规格停产停调，将品牌发展重心进一步向“天子”集中，产品包装规格进一步向中支烟过渡，为“十四五”品牌发展规划奠定基础。

合作生产。2020年，重庆中烟合作生产湖南中烟“白沙”50亿支（10万箱），湖北中烟“黄鹤楼”23.5亿支（4.7万箱）、“红金龙”6.5亿支（1.3万箱），浙江中烟“利群”45亿支（9万箱）、“雄狮”5亿支（1万箱），安徽中烟“黄山”15亿支（3万箱），云南中烟“红塔山”14.5亿支（2.9万箱）。作为输出方，与安徽中烟合作生产“天子”5亿支（1万箱）。

重庆中烟涪陵卷烟厂维修人员定期保养机械设备，确保生产正常运行（2020年）

重庆中烟涪陵卷烟厂　赵顺江　摄

【原料保障】　**原料结构优化**。2020年，重庆中烟以品牌适配率、采购性价比、质量满意率为采购三原则，提高采购烟叶原料水平，为品牌发展提供高质量原料保障。优化采购产区，合理安排计划资源。为确保“天子”品牌发展原料需求，烟叶原料计划资源向核心优质区域集中，减少非核心区域烟叶采购量。2020年通过工业调剂方式调剂0.43万吨（8.6万担）云南优质烟叶，调剂5052担津巴布韦优质烟叶，将重庆烟叶采购计划持续减少到0.5万吨（10万担）及以下。

烟叶质量特色。在烟叶基地建设中按照品牌导向优先、特色优质优先、绿色生态植烟优先进行规划打造。完成烟叶基地建设发展规划。针对烟叶原料保障实际，结合品牌烟叶原料需求，编制2021—2025年度烟叶原料保障规划，为烟叶原料保障工作明确方向。固化一批核心优质烟叶原料基地。全年共完成云南、四川、广东、湖南等5个省（直辖市）产区6个烟叶基地单元建设协议的签订，进一步优化基地烟叶种植区域。集成一些适用性烟叶生产技术。根据基地烟叶质量实际和突出问题，与重庆市烟科所共同组织开展“天子卷烟原料定向生产技术体系研究与构建”项目。烟叶基地种植规模12万余亩，基地主栽品种涉及“K326”“云烟85”“云烟87”“粤烟97”等。从品牌原料需求出发，参与修订重庆酉阳、彭水、武隆、涪陵、石柱，四川凉山宁南，广东韶关南雄，云南曲靖罗平、文山广南、临沧双江，湖南郴州桂阳共计11个产区的年度烟叶生产技术方案，全年共收集修订烟叶生产技术方案11份。

均质化加工。在质量管控上设置生产环节提前介入、烟叶实行精选模式、加强复烤加工精细化管理三道关口严格把关，切实保证烟叶原料质量。深度介入基地单元烟叶生产。从解决技术到位率入手，以提升基地烟叶质量为目标，在育苗、移栽、旺长、成熟采收、烘烤、专业化分级等关键环节全程参与基地烟叶生产，在罗平、酉阳、彭水等产区，开展4场针对烟农的技术培训，参与烟农170余人次。落实加工技术标准，片烟水分变异系数1.52%；烟碱变异系数2.87%，达到行业优秀指标标准。中细支烟标准加工烟叶1.9万吨（38万担），主要质量指标全部符合技术要求，经国家局复烤加工均质化专家组抽检，云南陆良加工中心片烟水分变异系数、烟碱变异系数、一类杂物、二三类杂物均达到行业均质化加工优秀指标水平。核心原料产区高等级烟叶全部实行精选模式。推动“天子”品牌核心原料精选精打，确保加工质量和出片率达到要求。加强复烤加工过程精细化管理，加大质量监控力度。采取派驻人员现场监督方式，严格复烤加工监督检查，对原烟入库质量数量、烟叶整选、质量指标、消耗指标、辅料质量等全过程监控把关。

2020 农业年度，重庆中烟拥有国家级烟叶基地单元 6 个。调拨上等烟比例 65.4%，中等烟比例 31%，中部烟比例 58%。特色品种“K326”调拨 0.67 万吨（13.45 万担）。根据品牌配方需求，工业调剂调入云南优质烟叶 0.43 万吨（8.6 万担）（片烟），进口优质烟叶 252.6 吨；工业调剂调出库存烟叶 0.14 万吨（2.8 万担）（片烟），进口巴西烟叶配额计划增加 409 吨。

【技术创新】 *产品设计开发*。2020 年，重庆中烟修订完善产品开发设计程序，对新产品评审、上市后成本监控、新产品定性的输出和审议以及产品研发报告全过程优化。强化产品市场调研和竞品分析工作，通过走访商业企业、零售户、消费者等，结合销售数据、竞品优势开展综合分析。持续做好产品研发储备。围绕中支烟发展战略，推进中支产品设计研究，初步建立起中支卷烟烟叶原料、叶组配方、料香配方、三纸一棒，以及生产工艺“五位一体”的特色中支架构体系。

关键核心技术研究和应用。与郑州烟草研究院签订战略合作框架协议，围绕农业、工艺、化学、香料、检测等研究领域开展全面性、长期性、系统性合作。中支烟技术架构体系初步搭建。以“基于中支卷烟特性的关键加工技术研究及应用”“中支卷烟质量控制技术应用研究”等项目研究为依托，开展中支卷烟滤棒丝束匹配性研究、中支卷烟接装纸打孔方式研究，以及中支产品异形复合滤棒、二元颗粒复合滤棒、三元空腔颗粒复合滤棒等研究，实施打叶复烤条件及中支烟烟丝结构初配试验。为掌握中支产品关键加工、质量控制技术及构建中支烟材料设计系统提供支撑。全年主持或参与制定国家、行业标准 2 项；专利申请受理数 302 件，获得专利授权 51 件，其中实用新型专利 45 件、发明专利 2 件、外观设计专利 4 件；发表科技论文 20 篇，其中 SCI 收录 1 篇、核心期刊 10 篇。

【特事辑要】 2020 年 2 月 20 日，重庆市委常委、市纪委书记、市监委主任穆红玉在重庆中烟调研指导疫情防控和复工复产工作。

3 月 17 日，重庆市政府副市长、党组成员，重庆高新区党工委书记（兼）熊雪在重庆中烟重庆卷烟厂调研。

6 月 11 日，重庆市委常委、市政府常务副市长吴存荣在重庆中烟调研。

8 月 2—4 日，国家烟草专卖局党组书记、局长，中国烟草总公司总经理张建民在重庆烟草调研期间，考察重庆中烟重庆卷烟厂、技术中心。

8 月 8 日，“2020 中支看重庆”高端研讨会在重庆中烟重庆卷烟厂召开。

8 月 18 日，重庆中烟黔江卷烟厂易地技术改造项目举行开工仪式。

11 月 10 日，“天子品牌高质量发展推进会暨天子（观天下）高端形象产品上市推介会”在重庆举行。

2020 年重庆中烟工业有限责任公司所属卷烟生产厂情况统计

		重庆中烟工业有限责任公司 重庆卷烟厂	重庆中烟工业有限责任公司 涪陵卷烟厂	重庆中烟工业有限责任公司 黔江卷烟厂
法人资格		非独立法人	非独立法人	非独立法人
主要负责人（含党政领导）		党委副书记、厂长：刘大富 党委书记、副厂长：冯祥国	厂长：陈　瑜 党委书记：李朝海	党委书记、厂长：李大学
成立时间		1938 年	1964 年	1975 年
从业人员（人）		895	674	736
卷烟生产能力（亿支）		250	200	175
卷烟品牌	自有品牌	天子、龙凤呈祥	天子、龙凤呈祥、宏声	龙凤呈祥、宏声
	合作生产品牌	黄鹤楼、红塔山、白沙、黄山、红金龙	利群、雄狮	—

◇ 撰稿：范　森；编辑：王　静　吴中奇

四川中烟工业有限责任公司

【主要产品与品牌建设】　**主要产品**。2020 年，四川中烟工业有限责任公司拥有“娇子”“天下秀”“五牛”“长城”“狮牌”“工字”等 6 个卷烟和雪茄品牌，自有产品共计 103 个规格。

品牌培育。四川中烟紧盯“1235”品牌销量目标，提前规划旺季货源保障和销售工作，加强干部挂点市场考核，打造关键价位段重点品规和规模市场，推进四川省内市场终端建设，扩大“娇子（宽窄）”系列省外市场覆盖面，开展“第六届‘中国雪茄之乡’全球推介之旅暨 2020 四川中烟推进高质量发展品牌行动”，推动“互联网 +”矩阵销售，纵深推进建立“1 +4”销售新机制。“娇子”品牌实现年销量重回百万箱。截至 2020 年底，四川中烟自有品牌卷烟准产规格降至 39 个，其中“娇子”系列 35 个，品规集中度持续提高。

品类构建和新品开发。2020 年，四川中烟卷烟“润甜香”品类构建项目通过国家局评审鉴定，川产特色香原料开发及其缓释技术方面达到国内领先水平。把握市场需求变化趋势，推进科技创新和品类构建成果转化应用于产品开发，塑造“娇子（宽窄）”系列“润甜香”品类风格特征，新上市“娇子（吉祥双中支）”“娇子（醇香中支）”2 款新产品。

卷烟合作生产。2020 年，四川中烟完成卷烟合作生产 266.15 亿支（53.23 万箱），其中，合作生产浙江中烟“利群”“大红鹰”153 亿支（30.6 万箱），云南中烟“云烟”“红塔山”“红梅”42.5 亿支（8.5 万箱），湖北中烟“黄鹤楼”“红金龙”25 亿支（5 万箱），广东中烟“双喜”30.65 亿支（6.13 万箱），福建中烟“七匹狼”15 亿支（3 万箱）。

【技术创新】　2020 年，四川中烟突出重点领域和关键环节，围绕雪茄研发、卷烟工艺、生物发酵、自主调香、工艺设备技术改造等方面开展各类科研项目 159 项，推动科技创新和产业发展深度融合。主持或参与总公司项目 11 项、四川省科技项目计划 4 项；新立项总公司国产雪茄烟叶开发与利用等重大专项 3 项、重点项目 1 项；新开展公司级项目 31 项。完成技术创新成果 27 项，其中经国家局鉴定或验收 2 项，取得四川省政府评价成果 3 项，特色烟叶配方技术和自主调配的 X 香线香精等一批创新成果投入应用，“娇子（宽窄醇香中支）”获得中国十大烟标金奖。截至 2020 年底，四川中烟拥有各类专利 634 件，其中发明专利 161 件；全年申请专利 214 件，获得授权 99 件，其中发明专利 8 件；公开发表各类论文 112 篇，其中 SCI 和 EI 论文 3 篇。

【交流与合作】　**技术交流**。2020 年，四川中烟加大科技交流力度，邀请国内外专家参与各类高水平科技交流活动 20 次。开展博士科研项目开题评审暨在研项目进度汇报和博士后中期考核汇报；举办四川中烟第一届烟用材料创新论坛，邀请郑州烟草研究院、四川大学等科研单位学科带头人、专家、教授围绕“三纸一棒”、烟用保润材料、纳米技术、烟用特种滤棒等进行研讨；举办“长城雪茄国际学术论坛”，邀请英国、多米尼加等国专家、企业代表、科研人员围绕雪茄领域技术研究、转化应用进行专题研讨；组

2020 年 11 月 7 日，长城雪茄国际学术论坛在四川什邡举办

四川中烟　供稿

织召开雪茄标准研讨会，邀请中国烟草标准化研究中心专家研讨申报标准项目，推动建立雪茄标准体系。

国际业务。2020 年，四川中烟出口卷烟、雪茄等 106.22 万支，出口额实现 122.24 万美元。迷你系列、毛氏高端机制雪茄分别出口乌克兰有税市场、免税市场，共 406 万支；“长城—VF”联合品牌手工雪茄在西班牙上市。联合境内关外运营方开展“去库存”品牌培育，利用四川成都天府国际机场开业契机推进设立川烟展览展示区，打造川烟在境内关外免税市场主场阵地。与西班牙塔巴克莱拉公司确定第三个五年国际合作框架协议并报批，持续推进联合品牌布局欧洲市场；“长城（唯佳联名版）”以盲评 92 分入选欧洲 Cigar Journal 冬季刊最佳雪茄前十名，持续提升“长城”雪茄国际影响力。

【特事辑要】 2020 年 2 月 25 日，四川省副省长王凤朝调研宽窄印务印刷扩能项目。

3 月 19 日，四川中烟首批卷烟产品进入武汉，成为疫情发生后全国第一家送货到武汉的省外工业公司。

4 月 3 日，四川省政府党组副书记王宁调研宽窄印务印刷扩能项目。

4 月 25 日，四川省委常委、副省长罗文在四川中烟长城雪茄厂调研。

7 月 31 日至 8 月 2 日，国家局烟草专卖局党组书记、局长，中国烟草总公司总经理张建民在四川烟草调研。

8 月 26—28 日，国家局党组成员、副局长徐瑑在四川中烟西昌卷烟厂调研。

9 月 9 日，四川省副省长李刚在四川中烟长城雪茄烟厂调研。

9 月 23 日，四川中烟与中国移动四川公司、中移（成都）信息通信科技有限公司成立 5G + 创新联合实验室。

11 月 3 日，四川省委书记、省人大常委会主任彭清华在四川中烟长城雪茄厂调研。

12 月 15 日，四川省委副书记邓小刚调研宽窄印务印刷扩能项目。

12 月 15 日，四川省副省长李刚调研宽窄印务印刷扩能项目。

12 月 24—25 日，国家局党组成员、副局长段铁力在四川中烟调研。

2020 年四川中烟工业有限责任公司所属卷烟生产厂情况统计

		四川中烟工业有限责任公司成都卷烟厂	四川中烟工业有限责任公司什邡卷烟厂	四川中烟工业有限责任公司绵阳卷烟厂	四川中烟工业有限责任公司西昌卷烟厂
法人资格		非独立法人	非独立法人	非独立法人	非独立法人
主要负责人（含党政领导）		党委书记：郭爱萍 党委副书记、厂长：姜鸥	党委书记、副厂长：刘谋志（—2020 年 6 月） 党委书记：刘柳（2020 年 6 月—，之前任党委副书记、厂长） 党委副书记、副厂长：徐庆（2020 年 6 月—，主持行政班子工作）	党委书记、厂长：余强	党委书记、厂长：于翔
成立时间		1952 年	1918 年	1952 年	1985 年
从业人员（人）		1295	947	665	569
卷烟生产能力(亿支)		350	270	225	175
卷烟品牌	自有品牌	娇子	娇子、天下秀、五牛	娇子	娇子、天下秀、五牛
	合作生产品牌	—	黄鹤楼、红金龙	利群、红塔山、雄狮、大红鹰	云烟、七匹狼、双喜、红塔山、红梅

◇ 撰稿：童潇 黄霞；编辑：王静 吴中奇

贵州中烟工业有限责任公司

【主要产品与品牌建设】 **主要产品**。2020年，贵州中烟工业有限责任公司生产的自有卷烟品牌有“贵烟”“黄果树”“遵义”，合作生产的卷烟品牌有“利群”“雄狮”。

贵州中烟自有卷烟商业销量再创历史新高，比上年增长6.5%；自有卷烟批发收入突破600亿元，比上年增长7.68%。

“贵烟”品牌销量持续增长，全年“贵烟”实现商业销量比上年增长9.9%。“贵烟”品牌竞争力持续提升，一、二类“贵烟”实现商业销量比上年增长11.85%。“贵烟（跨越）”实现销量105.45亿支（21.09万箱），比上年增长21.61%，批发收入跻身全国单规格一类卷烟百亿元行列；2020年新上市的“贵烟（红中支）”实现销量5.55亿支（1.11万箱），居全国同价位中支卷烟第五名。“贵烟”销量和收入占重点品牌份额分别比上年提高0.2个和0.13个百分点。

合作生产。2020年，贵州中烟合作生产浙江中烟“利群”110亿支（22万箱）、“雄狮”15亿支（3万箱）。

【技术创新】 **产品研发**。2020年，贵州中烟产品创新不断升级，加强细短中卷烟及混合型卷烟研发，研发上市新产品“贵烟（喜贵）”“贵烟（贵中支）”，多款不同价位、类型的卷烟完成研发储备，两款卷烟登陆国际市场。

科研项目。“三纸一棒两胶”攻关成果实现标准化运用，烟草近红外大数据重大专项运用得到推广。辨香、仿香和替代性研究初显成效，搭建完成香原料数据管理系统。独创国内烤烟烘焙叶片处理工艺。参与承担的国家局重点实验室项目“基于卷烟减害及赋予具有特殊风格感官质量的功能性多孔醋纤微粒的研制及应用”通过结题验收。2020年，申请专利71件，获得专利授权63件。

工艺创新。全面推进技术工艺升级，SP32烟丝膨胀设备安全稳定运行，介质消耗持续降低。贵州中烟遵义、贵定和铜仁卷烟厂三厂易地技改后工艺诊断全面开展，严格对照行业标准，建立贵烟制造过程能力评价模型。不断加强产品维护，“贵烟（魔力）”完成升级改造，持续优化“贵烟（红中支）”等重点规格工艺参数，产品质量稳定提升。

【交流与合作】 2020年，贵州中烟出口卷烟1.08亿支，出口实现425.6万美元。新增细支混合型卷烟出口，填补贵州中烟多年来未有混合型卷烟产品出口的空白。新增“贵烟（贵中支）”出口，新增泰国有税市场、俄罗斯有税市场2个出口市场。

【基础管理】 2020年，贵州中烟纵深推进全面精造工程，瞄准市场，面向生产经营全过程、全方位夯实基础管理。建立精益制造（管理）、人力资源、精益营销三大评价平台，以目标为引领，立项实施3个类别114个精造项目。全面构筑高质量“贵烟制造”，聚焦制造过程质量、效率、成本要素，推进贵州中烟产能配套规划布局，优化卷烟生产过程内部对标及制造水平评价。系统推进贵阳卷烟厂打造“一流优秀重点卷烟工厂”，同步提升各生产厂整体能力。持续强化卷烟制造过程物料消耗测试，卷接包设备综合性自主维修取得明显成效。产品在国家各级市场抽检中继续保持100%合格率。主要材料消耗再创新低，万支卷烟综合能耗比上年下降4%。

【原辅材料保障】 2020年，贵州中烟持续优化烟叶基地单元布局，新增两个国家级烟叶基地单元；年度烟叶基地单元中部上等烟调拨量比上年增长17.48%；入选行业“高可用性上部烟叶开发项目”首批试点单位。强化原烟质量全周期过程管控，年度采购烟叶抽检合格率72.5%，居行业工业企业第一位。深化区域加工中心合作对接，完成“5+1”核心加工点布局。持续提升加工工艺协同管控能力，年度烟碱变异系数、水分变异系数、叶中含梗率、装箱密度偏差等特色化加工成品指标均步入行业前列，均质化加工继续保持行业先进水平。“贵烟”品牌被列为行业原料示范性区域加工中心建设六大重点品牌之一。强化烟叶养护体系建设，实现库存烟叶质量跟踪全覆盖，贵定卷烟厂烟叶库等单位的烟叶养护管理水平显著提升。

【成本控制】 2020年，贵州中烟运用财务分析，倒逼解决10余项成本管控问题，“一类烟单箱烟叶成本”跻身行业标杆指标。突出规范管理，建立财务核算问责机制和资金管理磋商机制，对二级单位实施全覆盖检查。卷烟包装箱循环利用完成率111.58%，降低烟箱采购成本2063.88万元。

【疫情防控和生产经营成果】 贵州中烟扎实落实疫情防控各项工作部署，未发生确诊病例和疑似病例，疫情防控取得明显成效。复工复产期间，发挥全省工业领头羊作

2020 年 3 月 12 日，贵州中烟遵义卷烟厂开展复工复产设备保养工作
贵州中烟遵义卷烟厂　王维洪　摄

用，争分夺秒抢抓目标进度，最大限度地提高产能，最大限度地维护市场，最大限度地打通物流，最大限度地保障职工健康。在疫情防控最吃劲的第一季度，产量、产值、税利比上年分别增长 20.64%、26.17% 和 23.76%。贵州中烟被评为“烟草行业抗疫先进集体”。

进入第二季度后，贵州中烟党组落实行业生产经营各项指示要求，科学把握工作重点和工作节奏，采取灵活有效的应对措施，经济运行持续向好，主要经济指标再创历史佳绩。

【特事辑要】 2020 年 2 月 18 日，贵州省委副书记、省长、省应对疫情防控工作领导小组组长谌贻琴在贵州中烟贵阳卷烟厂调研，督导复工复产和疫情防控工作。

2 月 18 日，贵州省政协副主席、毕节市委书记周建琨在贵州中烟毕节卷烟厂调研。

5 月 20 日，贵州省委常委、省委秘书长刘捷在贵阳调研卷烟工业、烟酒包装配套产业发展和物流园区建设情况。

6 月 28 日，贵州烟草工商高质量发展座谈会在贵阳召开。

7 月 1 日，贵州省 2020 年脱贫攻坚“七一”表彰大会在贵阳举行。贵州中烟 1 人被评为全省脱贫攻坚优秀共产党员，1 人被评为全省脱贫攻坚优秀基层党组织书记，1 个集体被评为全省脱贫攻坚先进党组织。

11 月 20 日，贵州中烟 2020 年度卷烟质量检验技能竞赛决赛在贵阳卷烟厂举行。

11 月 24 日，在全国劳动模范和先进工作者表彰大会上，贵州中烟贵定卷烟厂职工刘胜林被评为全国劳动模范。

2020 年贵州中烟工业有限责任公司所属卷烟生产厂情况统计

		贵州中烟工业有限责任公司贵阳卷烟厂	贵州中烟工业有限责任公司遵义卷烟厂	贵州中烟工业有限责任公司毕节卷烟厂	贵州中烟工业有限责任公司贵定卷烟厂	贵州中烟工业有限责任公司铜仁卷烟厂
法人资格		非独立法人	非独立法人	非独立法人	非独立法人	非独立法人
主要负责人（含党政领导）		党委书记、厂长：王光举	党委书记、厂长：马　亚	党委书记、厂长：赵科文	党委书记、厂长：谭天兵	党委书记、厂长：李　柏
成立时间		1940 年	1978 年	1974 年	1951 年	1977 年
从业人员（人）		1802	1136	1044	754	469
卷烟生产能力（亿支）		500	350	300	150	100
卷烟品牌	自有品牌	贵烟、黄果树	贵烟、黄果树、遵义	贵烟、黄果树、遵义	贵烟、黄果树、遵义	黄果树、遵义
	合作生产品牌	—	—	利群、雄狮	—	—

◇ 撰稿：高　雕；编辑：王　静　吴中奇

云南中烟工业有限责任公司

【主要产品与品牌建设】 **主要产品**。2020年，云南中烟工业有限责任公司所属卷烟生产企业有红塔烟草（集团）有限责任公司（简称红塔集团）和红云红河烟草（集团）有限责任公司（简称红云红河集团），在产自有卷烟“玉溪”“红塔山”“红梅”“云烟”“红河”“钓鱼台”“茶花”“红山茶”“雪莲”“呼伦贝尔”“威斯”等11个品牌104个规格。其中，红塔集团3个品牌38个规格，红云红河集团7个品牌65个规格，国际合作1个品牌1个规格。

2020年，“云烟”品牌实现商业销量1846.5亿支（369.3万箱），比上年增长1.52%。其中，“云烟（大重九）”实现销量18.75亿支（3.75万箱），增长4.71%；“红塔山”品牌实现商业销量1281亿支（256.2万箱），增长0.02%。创新产品实现商业销量329.3亿支（65.86万箱），比上年增长6.45%。上市销售的2个新品“玉溪（鑫中支）”“云烟（中支乌镇之恋）”实现商业销量0.9亿支（0.18万箱）。

全年云产卷烟商业批发单箱销售额首次突破3万元，达到30092.6元，比上年增长1.75%。

品牌发展规划。坚定实施“大品牌、大市场、大企业”战略，顺应品牌升级与行业高质量发展趋势，制定《云南卷烟品牌高质量发展规划》，以价值提升为核心，坚持做优“云烟（大重九）”、做强“云烟”、做精“玉溪”、做稳“红塔山”、做特“红河”，打造以“云烟（大重九）”为引领，四大品牌为核心，其他品牌为补充的“1+4+X”品牌体系。围绕行业“136、345”战略布局，分两步确立云南卷烟“十四五”品牌发展目标，并细化策略举措。2020年，以发展战略为指引，分解制定品牌年度发展计划，按照“一品一项”的管理模式，细化管控细节，落实责任到人，形成从研发设计、市场测试到产品申报全过程的有效管控，全年共有5个新产品和1个改造产品获得国家局准产批复，28个老产品完成提质维护，促进产品线升级。制（修）订《卷烟品牌管理办法》《卷烟品牌管理业务运行规则》《产品评审管理办法》，构建三级品牌管理流程，完善品牌管理议事程序，明确产品从研发到退市全周期的业务管理要求。

品牌培育。系统总结推广经验，持续深化“本香四季”销售推广体系，聚焦“14+6”重点品规，整合优化线上平台、线下活动、媒介宣传等多类资源，加快升级销售推广体系。2020年，针对消费者，开展圈层推广、团购奖励、扫码验真等活动；针对商业渠道，探索工商协同销售新模式，与浙江、山东、江苏、四川等10个省（直辖市）16家公司开展“互联网+”合作，初步建立“联合用户共享、联合商城运营、联合品牌培育及深化数据合作”的工商协同模式。聚焦提升零售终端活力，全年针对全国2.5万户“优质基础户”和5000户“重点核心户”，累计开展近20万次走访维护、陈列指导，以及近30批次本香工业体验活动。聚焦提升终端品牌形象，以云南昆明、江苏苏州、四川成都为试点，做特“色彩终端”，为规模化复制推广打好基础；围绕银行合作等11个特色项目，探索“特色终端”共建共营合作。依托各大新媒体数字平台，打造多层级、跨渠道媒介触点矩阵。截至2020年底，“本香世界”累计用户量6796.86万个，平台注册会员量2019.84万个；微信公众号全年合计阅读量超过2500万次，阅读量、点赞量、评论数等3项核心运营指标均居行业第一位。

市场化取向改革。落实行业市场化取向改革工作要求，进一步拓展网配覆盖面，优化工商网配模式。截至2020年底，云南中烟累计与全国274家商业交易主体单位实现系统对接，与240家单位开展线上网配业务，其中，与浙江烟草商业系统11家单位实现网配全覆盖。按云南中烟与商业企业有交易资格的317家单位来测算，网配业务操作覆盖率75.71%，网配订单量占总发货量的67.09%。

卷烟合作生产。2020年，云南中烟完成合作生产574.64亿支（114.93万箱），比上年下降4.53%。其中，与中烟实业合作生产“云烟”247.23亿支（49.45万箱）、“红塔山”156.95亿支（31.39万箱）、“红梅”71.9亿支（14.38万箱）、“红河”20.65亿支（4.13万箱）、“玉溪”5.91亿支（1.18万箱）；与山东中烟合作生产“玉溪”5亿支（1万箱）、“红塔山”10亿支（2万箱）；与重庆中烟合作生产“红塔山”14.5亿支（2.9万箱）；与四川中烟合作生产“云烟”15亿支（3万箱）、“红塔山”22.3亿支（4.46万箱）、“红梅”5.2亿支（1.04万箱）。

【技术创新】 **技术中心概况**。云南中烟工业有限责任公司技术中心于2014年3月18日成立，由原云南中烟工业有限责任公司科技开发部、云南中烟工业有限责任公司原料部、云南烟草科学研究院、红塔集团技术中心和红云红河集团技术中心合并组建而成。拥有行业重点实验室2个，行业标准研究室2个，中国烟草总公司测试中心1个，云南省重点实验室1个，归口统筹企业博士后科研工作站1个。

科研项目。2020年，云南中烟承担国家级、省部级、地厅级在研科技项目共119项，其中国家自然科学基金项目获立项1项，中国烟草总公司项目获立项5项，云南省科技厅项目获立项3项，云南中烟项目立项27项；承担行业标准项目5项。获得省部级科技奖励20项，其中二等奖7项、三等奖13项；云南中烟获得技术发明奖2项、科学技术进步奖26项、创新争先奖5名。

技术创新成果。香精香料研发与应用方面：承担行业"1+3"重大专项项目，研究公布行业5个主要功能性香基模块。建立香原料样品库，完成712个天然香料和837个合成香料征集及属性分类，原料库丰富至2400余种。完成占总量32%的153个在用香精香料解析，其中79个香精香料实现自主掌控并形成替代方案，"单体"和"已知"香精香料品种占比从7.1%提升至18.7%。新产品中功能性香基模块使用均达到国家局要求，105个在产卷烟规格中有57个规格实现掌控香精合计使用品种比例超过30%，占在产规格总数的54.2%。

功能性烟用材料研究方面：开发赋香增味接装纸、卷烟纸、载香颗粒材料等并完成应用评价，其中赋香增味接装纸和卷烟纸应用于"云烟（细支珍品）"等3个产品。适合常规支和中支卷烟应用的储水胶囊实现可控开发，成品率超过90%，储水胶囊在极端干燥环境条件下的完全失水周期约为1000天，对烟气水分提升率100%，基本达到工业化水平。破解"云烟（黑金刚印象）"特殊功能卷烟纸技术难题，实现关键色素配方重组设计与集成，在保证产品品质前提下实现卷烟纸成本降低15万元/吨。

工艺技术研究方面：开发行业首款"天圆地方"异形烟支成型工艺，推动"天圆地方"烟支规模化生产。研发应用"卷烟两端在线激光打孔"技术，提升细支烟抽吸品质。优化卷制设备削减盘工艺参数，改善烟支的烟丝填充率，提升卷烟燃烧质量和抽吸均衡性。

【交流与合作】 **云南烟草国际有限公司概况**。云南烟草国际有限公司（简称云烟国际）成立于2006年12月，是云南中烟的全资子公司。2014年云南中烟"两统一、两整合"改革后，云烟国际承担云南中烟拓展国际市场销售主体责任，由"经营管理型"向"经营实体型"转变，统一运营云南中烟国际市场销售，形成以云烟国际为国际市场拓展主体，云南中烟技术中心提供技术支持，红塔集团、红云红河集团提供生产保障，"研、产、销"既相对分离又有机统一的国际市场拓展新格局，为云南中烟培养一批国际业务拓展人才，积累国际业务运作的宝贵经验。截至2020年底，公司总资产25.52亿元，境内从业人员92人，驻境外工作人员12人。

境外实体化运作。云南中烟及其下属企业有8家参控股境外营销公司，其中云烟国际全资控股天成（太平洋）有限公司（简称天成公司）、红塔瑞士有限责任公司（简称红塔瑞士）；天成公司控股云南烟草国际（缅甸）服务有限公司、钓鱼台（香港）烟草有限公司、金成烟草有限公司，红塔瑞士控股红塔瑞士罗马尼亚公司；1家参股的国际合资公司，即与帝国品牌公司合资运营的地平线国际合资有限公司；1家行业内参股营销公司，即中烟国际中东公司。3家有资产关系的境外生产企业，其中香港红塔国际烟草有限公司、老挝寮中红塔好运烟草有限公司为控股，中烟国际欧洲有限公司为参股；2家参股的烟叶公司为中烟国际阿根廷有限公司、中烟国际巴西有限公司；4个境外许可生产项目为缅甸环球项目、印度尼西亚ROCK项目、纳米比亚项目、伊朗项目。

卷烟境外销售。2020年卷烟国际市场销售受到巨大冲击，云烟国际围绕实现品牌高质量发展要求，以问题为导向，通过开展"一国一策""一商一策""一单一策""一品一策"工作，制定一系列应对措施稳住订单，提高风险应对能力。罗马尼亚、老挝、中国澳门特区市场以及与帝国品牌合资的地平线国际合资有限公司实现销量逆势增长。全年实现境外卷烟销量155.88亿支，继续位居行业境外卷烟销量第一。

供应链管理。优化境外生产布局，做好伊朗格什姆工厂复工复产的准备工作。不断完善印度尼西亚、纳米比亚、缅甸生产点品牌许可管理工作，通过信息化手段对境外生产点进行生产过程质量管理远程监控。

【原料保障】 **原料库存总量控制**。2020年完成工业调剂库存片烟1.26万吨（25.1万担）；再造烟叶调拨计划约2.5万吨，总库存降低约2200吨。

原料库存结构优化。采购区域向重点产区倾斜，国内核心产区和重点产区计划占比86%，其中云南省内核心产区和重点产区计划占比95.5%。加强库存低可用烟叶提质改造，组配回烤模块等级29个，定向提质改造复烤片烟64.22万担，提升烟叶可用性。

原料研究。完成烟草近红外预测模型转移研究，收集近红外数据4万余条，烟草近红外大数据初具规模。持续开展特色烤烟新品种筛选试验研究，完成"CC27""CC700""PVH2324""'云烟'205"等4个品种的小区比较试验和烟叶风格质量评价。推进"2260"高端特色烟叶开发，完善“2260”技术体系和管理体系，构建有效的烟叶原料质量风格评价体系。系统研究“朱砂烟”烘烤、复烤、制丝工艺技术，初步构建“朱砂烟”特征成分和理化特性快速检测鉴定方法。开发“玉溪”专用、高烟碱、具有进口烟叶风格特征型等再造烟叶，其中“玉溪（软）”再造烟叶显著提升产品舒适性，高烟碱再造烟叶烟碱含量提升至1.8%；开展烟梗浆料在烟用白卡纸中的应用技术研究，系统构建烟梗浆质量标准、“烟纤卡纸”生产工艺技术标准及产品技术标准，初步制定“烟纤卡纸”工业化应用方案。优化烟叶基地建设和品种布局，清理、调整基地单元15个、新增基地单元5个，国内烟叶基地单元调拨核定量19.22万吨（384.39万担）；与商业公司协同制定并实施相关配套扶持政策，云南省内种植特色品种18.25万吨（365万担），其中“红花大金元”品种5.45万吨（109万担）、“K326”品种11.55万吨（231万担）。

【辅料保障】　**云南中烟物资（集团）有限责任公司概况**。云南中烟物资（集团）有限责任公司（简称物资集团）成立于2006年，由云南中烟物资配套公司改制而成，是云南中烟的全资子公司。主要从事全省烟草工业生产所需的卷烟材料、烟机零配件及仓储运输的经营业务，履行全省卷烟材料、烟机设备和零配件，以及非烟用物资行政管理职能。代管云南烟草机械有限责任公司，参股上海中臣烟草机械配件有限责任公司。截至2020年底，公司总资产24.72亿元，其中固定资产0.46亿元、流动资产23.55亿元，资产负债率20.31%。从业人员121人。

物资供应保障。加强卷烟材料管控，结合生产滚动计划和烟用材料供货周期，及时调整、下达采购计划，提高采购计划和生产计划的匹配性，确保卷烟材料供应及时高效。采取“盘清库存、紧盯计划、精准施策”的方法，加强数据统计和动态分析，建立保供协调机制，构建“一品一策”新型保供模式。加强上机适应性分析，督促源头改进，推进打样试机，夯实保供基础。增强烟用材料供货“前、中、后”质量管控，严格把控物料准入和质量监督，在2020年国家局组织的烟用材料抽检中质量合格率100%。

物资采购管理。上线运行采购管理信息系统，固化采购流程节点，修订采购管理办法，规范物资采购工作。深化公开招标采购管理，全年卷烟材料、香精香料、烟机零配件、非烟用物资公开招标采购比例分别为97.65%、100%、100%、99.17%。依法依规组织实施2021—2023年度烟用物资公开招标采购，实现充分竞争，兼顾合理降本。加强供应保障能力评价及动态评价，实施供应商不良行为管理办法，强化动态管控，化解采购风险。巩固香精香料、烟标（盒皮）印刷和物资采购领域系统性廉洁风险专项检查整改成果，加强制度建设和规范管理，建立风险防控长效机制。

网上商城运用。深化“互联网+”采购模式，扩大云南中烟网上商城运用范围，推进非生产性物资网上采购。优化网上商品库建设和采购结算流程，加强寻源订单管理，提高网上采购效率。全年通过网上商城发出询价单1114个，下达订单2172个，订单金额1.84亿元。

烟机设备管理。以“设备净效率”理念为核心，改善设备绩效管理，提升设备运行稳定性。深化设备价值管理体系，发布滤棒成型和切丝设备检维修管理基准，督促卷烟工厂对标对表。截至2020年底，卷包设备净有效作业率平均值87.64%，细支设备台时产量5.51箱，单箱设备维持费用73.85元。

卷烟中心库。加强卷烟中心库建设，优化业务流程和业务标准，提升作业效率和服务保障水平。合理调配资源，统筹安排发运，强化现场管理，全年卷烟发运量278万箱，准时发货率99.94%。

【企业管理】　深化供给侧结构性改革，落实“三去一降一补”，云南卷烟工商库存降至历史最低水平；严格控制、调整和压缩卷烟、打叶复烤、烟叶仓储、再造烟叶产能；持续推进绿色厂房建设、动力设备改造，全面助力打好污染防治攻坚战。启动实施云南中烟“1+11”高质量发展政策体系，制定并上报云南中烟深化改革方案，初步编制形成“十四五”发展规划框架。着力数字化转型，所属卷烟厂成为国家智能制造试点单位，云南中烟统一信息化平台（ERP系统）上线运行。推动企业管理向体系化、标准化、流程化迈进，印发《管理大纲》，创新引入“净管理”“立即办”理念体系；开展“管理推进年”活动，通过ISO9000质量体系认证；加快职能管理向流程管理转变、绩效管理向系统化整合、精益管理向全方位拓展，全年实现降本增效15.8亿元。统筹发展和安全，落实安全生产责任制，牵住“安全隐患净整改率”的牛鼻子，抓住“智慧安全”的重点，打牢高质量发展的安全基础。开展资金竞争性存放和银行账户清理，推进法治烟草建设、“七五”普法总结验收，抓好“三供一业”“厂办大集体”改革、“退休人员社会化管理”工作。加强问题管理，推动“南亚之门”项目破产重整启动，解决多元化企业员工管理、职工住宅产权、女职工退休等历史遗留问题。

2020 年 10 月 29 日，云南中烟统一信息化平台项目预算编制模块上线
云南中烟　供稿

8 月 19 日，中国财贸轻纺烟草工会副主席郭振友、云南省财贸工会主席岳琼英在红塔集团玉溪卷烟厂调研。

9 月 9 日，云南省副省长董华在云南中烟调研。

9 月 16 日，中国移动通信集团有限公司党组书记、董事长杨杰在红云红河集团调研。

10 月 24 日，在 2020 年全国劳动模范和先进工作者表彰大会上，云南中烟 2 人被授予“全国劳动模范”称号。

10 月 24—25 日，国家局党组成员、副局长段铁力在云南烟草调研。

10 月 26 日，云南省副省长董华在红云红河集团红河卷烟厂调研。

10 月 27 日，由国家网络与信息安全信息通报中心主办的 2020 年第二届“网鼎杯”网络安全大赛线下赛开赛。首次参赛的云南中烟代表队获得小组第 31 名，位列烟草行业参赛队伍第一名。

12 月 16 日，云南省副省长董华在红云红河集团曲靖卷烟厂调研。

12 月 16 日，内蒙古自治区副主席黄志强在红云红河集团乌兰浩特卷烟厂调研。

12 月 29 日，云南省副省长董华在云南中烟调研。

【疫情防控与复工复产】 非常时期用好非常举措，云南中烟党组成员靠前指挥，干部职工坚守岗位，积极筹备防疫物资、生产物资，及时推进复工复产，多措并举稳定卷烟销量和经济运行，全系统在职员工和外协人员保持“零感染”“零疑似”，红云红河集团新疆卷烟厂历时 49 天封闭式复工复产取得二次抗疫胜利，受到国家局表彰。全年经济运行在 2019 年显著回升的基础上，实现持续向好发展。

【特事辑要】 2020 年 1 月 6 日，云南省副省长董华在红云红河集团调研烟草工业互联网平台推动转型升级重点项目。

1 月 18 日，云南中烟召开 2020 年工作会议。

2 月 18 日，云南省副省长董华在云南中烟调研疫情防控和复工复产工作。

3 月 17 日，由人力资源社会保障部社保中心党委副书记郭建华带队的中共中央办公厅、国务院办公厅复工复产调研组一行在红云红河集团会泽卷烟厂调研疫情防控与复工复产工作。

4 月 8 日，云南省副省长董华在云南中烟再造烟叶有限责任公司安宁工厂调研。

6 月 18 日，云南中烟分别与华为技术有限公司、中国移动通信集团云南有限公司、中国电信股份有限公司云南分公司、中国铁塔股份有限公司云南省分公司签署战略合作协议，致力于实现“产业优势与信息技术优势”合作双赢。

所属卷烟生产企业

红塔烟草（集团）有限责任公司

【主要产品与品牌建设】 2020 年，红塔集团（省内四厂）生产内销卷烟“玉溪”“红塔山”“红梅”等 3 个品牌 38 个规格，生产出口卷烟“玉溪”“红塔山”“新兴”“阿诗玛”等 4 个品牌 33 个规格，国际合作生产“GEM”“MARBLE”“红花”“JN”“华商”“大唐”等 12 个品牌 36 个规格，国内合作生产“玉溪”“红塔山”“红梅”等 3 个品牌 13 个规格，互动加工“云烟”品牌 1 个规格。

重点品牌“玉溪”居全国一类烟销量第四位，“红塔山”居全国卷烟品牌销量第四位。加大新品及新品类卷烟开发培育力度，“玉溪（鑫中支）”“红塔山（大经典1956）”“玉溪（双中支翡翠）”等6个新品、次新品实现商业销量41.93亿支（8.39万箱）；“细短中”等创新品类卷烟实现商业销量95.55亿支（19.11万箱）。全年实现单箱批发销售收入比上年增长2.01%。

【生产管理】 2020年，红塔集团统筹推进疫情防控和复工复产工作，集团本部及玉溪、楚雄、大理、昭通卷烟厂于2月10日复工复产；结合玉溪卷烟厂就地技改，持续优化省内四厂生产布局，提高柔性生产能力，确保技改、生产两不误；制定《综合净效率管理实施方案》，分类设计“卷烟设备综合运行净效率”评价公式，构建生产组织竞争模式，提升设备资源等要素配置效率，全年生产计划满足率和订单需求满足率100%。系统梳理优化现行工艺质量管理标准，形成以《卷烟生产过程质量控制总则》为统领的卷烟生产过程质量管控标准体系；持续深化工艺评价及验证机制，识别省内四厂需改进项256项，消除质量隐患；继续开展核心规格产品品质系统性优化，完成“低温搭口胶应用”“烟支燃吸综合性能研究”等25个专项改进，提升产品品质，全年卷烟产品质量监督抽检合格率100%，包装标识质量得分100分，包装与卷制质量加权平均得分99.69分。升级优化物流运行管理，制定《成品卷烟供应链（2020—2022）三年保障方案》，建立订单需求与码段补码预警机制和车辆在途监控与预警模块，提高订单处理效率和承运车辆的网络化、可视化、智能化管理水平，推进信息技术与物流业务进一步融合，以智慧物流助推智能制造，快速响应市场需求，全年卷烟运输准时发货率99.68%、准时到货率99.97%。

【科技创新】 2020年，红塔集团科技项目获得云南省科技厅科学技术进步奖二等奖、三等奖各1项，获得云南中烟技术发明奖一等奖1项和科学技术奖一等奖1项、二等奖3项、三等奖4项。专利技术获受理362件，其中发明专利52件；获授权328件，其中发明专利30件、实用新型专利295件、外观设计专利3件；获登记计算机软件著作权41件。

【重点建设项目】 2020年，红塔集团玉溪卷烟厂就地技改项目进入施工图设计阶段，原卷包一车间、三车间和制丝一车间、成品库等设备拆除，中水站新建项目启动。玉溪卷烟厂复烤一车间易地搬迁技改项目、新建烟叶存储仓库建设项目，通过云南中烟项目竣工结（决）算审查。大理卷烟厂打叶复烤原地技改项目和昭通卷烟厂卷接包车间技改项目分别获得中国烟草总公司初步设计批复和国家局立项批复。

【原辅材料保障】 2020年，红塔集团原料采购突出“产区、品种、质量”重点，完成云南省内外烟叶工商交接13.96万吨（279.3万担），国家局检查集团本部合格率71.4%，比上年提高5.18个百分点；云南中烟、云南省局检查合格率分别为72.7%、84.65%，超过既定目标，入库烟叶质量较往年更好、品种更优、纯度更高。采购进口烤片0.73万吨（14.69万担）。工业调剂（调出）烤片2.5万吨（50万担）。采购薄片1.06万吨（21.23万担）；销售薄片原料1.35万吨（27.01万担）。从源头上抓好成本控制，节约烟叶原料采购资金1.32亿元。

物资采购严格执行云南中烟公开招标结果，扩大非烟物资公开招标采购和“互联网+采购”范围，巩固“真招实招、应招尽招”成果，强化采购成本、烟用材料全过程质量管控，推进烟机零配件寄售采购，确保物资采供优质高效。全年物资采购金额53.8亿元，公开招标率卷烟材料98.32%、香精香料100%、复烤及仓储物资100%、烟机配件100%、非烟物资99.47%；卷烟材料产品质量综合评价得分97.38分；烟机零配件寄售采购金额5299.61万元，比上年增长70%；非烟物资互联网采购项目占比87.46%；废旧物资处置回收资金1975.15万元，处置规范率100%。

红云红河烟草（集团）有限责任公司

【主要产品与品牌建设】 2020年，红云红河集团（含全资生产厂和控股企业）生产卷烟“云烟”“红河”“小熊猫”“钓鱼台”“红山茶”“茶花”“雪莲”“呼伦贝尔”“紫气东来”“冬虫夏草”“大青山”“MC”“CTOM”等13个品牌100个规格，国际合作生产“威斯”品牌1个规格，国内合作生产“苏烟”品牌1个规格、“长白山”品牌2个规格，互动加工“红塔山”品牌4个规格、“红梅”品牌1个规格。

全年集团品牌一、二类烟实现商业销量768.3亿支（153.66万箱），比上年增长5.44%。创新品类实现商业销量230亿支（46万箱）、比上年增长11.2%，其中细支烟销量 173.1 亿支（34.62 万箱）、增长 6.52%，中支烟销量 54.1 亿支（10.82 万箱）、增长 39.94%。

【生产管控】 强化生产组织，均衡合理安排生产，加强设备资源统筹规划，提高生产集中度，平衡软硬包产能，提升手包烟生产机械化水平，确保生产管理协同高效、生产计划执行到位、市场供给保障充分。加强生产制造全过程质量控制，健全完善质量管理体系，严肃工艺纪律执行及考核问责，全面开展质量隐患排查，针对常见的 20 类质量缺陷制定整改方案，抓好整改落实。梳理在产规格工艺技术标准，统一烟支规格、小包外观尺寸、产品钢印等，加强合作生产质量管控，提升产品均质化水平。强化产品提质维护，围绕卷烟燃烧锥掉落、切丝水分精准控制水平偏低等问题进行专项攻关，推进“云烟（大重九）”专项提质工作，开展专线工艺验证，完成烟支圆度、彩膜定位等 7 个专项质量改进。强化物流保障，推进昆明地区物流仓库维修改造，提高物流精准供给水平，全年成品卷烟准时发货率 99.99%，准时到货率 99.95%。管好用好设备，全年设备净效率 87.7%。

【原辅材料保障】 深化原料基地建设，推动原料产区向优质核心产区聚集，推进“云烟（大重九）”专属原料基地建设、“2260”高端特色烟叶开发，长期派驻人员介入田间生产，提升品种纯度，开展烟叶质量品牌符合性评价。抓好原料采购，开展“云烟（大重九）”等高端品牌原料手撕精片选，持续做好工业分级，加强特色复烤模块组配，确保优质核心原料供给。

强化物资保障，围绕云南中烟物资管理改革方案，梳理完善相关流程，加强物资安全库存管理，提升物资快速响应能力。全年采购卷烟材料 55.18 亿元，比上年节约采购资金 12.27 亿元，公开招标金额占比 100%；采购烟机零配件 1.82 亿元，公开招标金额占比 100%，烟机零配件库存占设备固定资产原值比重 1.79%；采购非烟用物资 3.18 亿元，公开招标金额占比 100%。

【技术保障】 加强科技创新，全年获专利授权 371 件，8 项成果获得云南中烟科技进步奖。配合云南中烟 ERP 项目建设及上线运行，完成集团 CPS 智能制造平台、工业云平台及昆明卷烟厂智能制造项目建设，完善数字展厅建设，为探索智能制造和打造智能工厂提供技术储备。推进昆明卷烟工商物流一体化、红河卷烟厂易地技改、曲靖卷烟厂打叶复烤易地技改及新建烟叶仓库项目施工进度，做好昆明卷烟厂打叶复烤就地技改、新建烟叶仓储设施及红河打叶复烤易地技改项目初步设计等前期工作，启动红河卷烟厂新建烟草工商一体化区域物流配送中心项目，推动会泽卷烟厂就地技改、新疆卷烟厂易地技改项目竣工验收。

【企业管理】 初步构建红云红河集团“3+9”高质量发展落实体系。分解细化集团年度重点工作任务 196 项，完成率 100%。导入“净管理”理念，围绕生产组织、质量管理、成本控制、设备管理等重点，组织开展专项诊断，制定落实改进方案，促进理念落地、取得实效。打造“立即办”试点，形成“三个一”管理体系：一套“立即办”行动文化宣传贯彻体系，一套“立即办”制度、标准、指标和评价体系，一个“立即办”任务管理平台。深化授权管理，进一步厘清红云红河集团内部各级组织之间的职责权限边界和业务隶属关系，梳理流程框架，确定一级流程 118 个、二级流程 394 个、三级流程 430 个。加强管理创新，全年形成管理创新成果 24 项，其中 5 项成果参加云南中烟评审，1 项案例入选国家局提升企业核心竞争力典型案例。强化对标管理，构建完善净值对标指标体系，促进各项指标持续提升。突出降本重点，聚焦影响成本的关键环节和重点要素，加大专题研究、项目攻关力度，全年实现降本增效 17.23 亿元。坚持全面预算管理，构建费用开支有限额、资产配置有标准、成本耗用有目标的定额管控体系，推动实现财务业务一体化。规范样品烟生产、使用和管理，开展资金竞争性存放，完成“三供一业”分离移交，推进厂办大集体改革，抓好重大工程建设项目全过程跟踪审计，加强招标采购管理，全年公开招标金额占比工程类 100%、物资类 100%、服务类 97.31%。加强风险管控，推进依法治企，开展法治宣传教育。夯实安全管理，强化安全生产责任落实，严格执行安全检查和隐患排查治理，持续加强网络安全管理，全年实现七个为零的安全目标。

2020 年云南中烟工业有限责任公司所属企业/生产厂情况统计

		红塔烟草（集团）有限责任公司	所属生产厂			
			玉溪卷烟厂	楚雄卷烟厂	大理卷烟厂	昭通卷烟厂
法人资格		独立法人	非独立法人	非独立法人	非独立法人	非独立法人
主要负责人/法定代表人（含党政领导）		党委书记、董事长：王　勇 党委副书记、总经理：李　恒	厂长：马云参 （—2020 年 6 月） 杨明权 （2020 年 6 月—） 党委书记：胡　霈 （—2020 年 3 月） 孙　涌 （2020 年 3 月—）	厂长：彭黎明 （—2020 年 6 月） 范　斌 （2020 年 6 月—） 党委书记：范　斌 （—2020 年 6 月） 宇　成 （2020 年 6 月—）	厂长：袁国旺 （—2020 年 3 月） 王桂铅 （2020 年 6 月—） 党委书记：吕　坚 （—2020 年 7 月） 党委副书记：袁国旺 （—2020 年 3 月） 王桂铅 （2020 年 6 月—）	厂长：张志勇 （—2020 年 3 月） 马晓伟 （2020 年 6 月—） 党委书记：刘向虹
成立时间		1956 年	1956 年	1974 年	1950 年	1970 年
从业人员（人）		8566（集团本部和省内四厂）	2915	1618	1239	1826
卷烟生产能力(亿支)		2050	1100	300	250	400
卷烟品牌	自有品牌	玉溪、红塔山、红梅、阿诗玛、马宝、新兴、GEM	玉溪、红塔山、红梅、阿诗玛、马宝、新兴、GEM	玉溪、红塔山、红梅	玉溪、红塔山、红梅	玉溪、红塔山、红梅
	合作生产品牌	—	—	—	—	—
	互动加工品牌	—	—	—	—	云烟

		红云红河烟草(集团)有限责任公司	所属生产厂					
			昆明卷烟厂	红河卷烟厂	曲靖卷烟厂	会泽卷烟厂	新疆卷烟厂	乌兰浩特卷烟厂
法人资格		独立法人	非独立法人	非独立法人	非独立法人	非独立法人	非独立法人	非独立法人
主要负责人/法定代表人（含党政领导）		党委书记、董事长：武　怡 总经理：杨煜文	厂长：刘　豪 （—2020 年 6 月） 李泓燊（2020 年 6 月—，兼） 党委书记：夏家全	厂长：许永明 （—2020 年 6 月） 张　涛 （2020 年 6 月—） 党委书记：张　涛	厂长：张云飞 （—2020 年 6 月） 邹玉胜 （2020 年 6 月—） 党委书记：马　珍 （—2020 年 3 月） 邹玉胜 （2020 年 6 月—）	厂长：邓林昆 （—2020 年 6 月） 周应奎 （2020 年 6 月—） 党委书记：周应奎	厂长、党委书记：朱福桢	厂长：王力家 党委书记：吴　岗 （—2020 年 3 月） 王力家 （2020 年 8 月—）
成立时间		2008 年	1922 年	1985 年	1966 年	1973 年	1960 年	1981 年
从业人员（人）		10110（集团本部和全资生产厂）	3611	1394	2410	651	748	848
卷烟生产能力（亿支）		2547	865	527	550	170	251	184
卷烟品牌	自有品牌	云烟、红河、小熊猫、钓鱼台、红山茶、茶花、雪莲、呼伦贝尔 MC、CTOM	云烟、钓鱼台、茶花、雪莲、MC	红河、云烟、CTOM	云烟、红河、钓鱼台	红河、云烟、小熊猫	云烟、雪莲、红河	云烟、呼伦贝尔、红河、红山茶
	合作生产品牌	苏烟、威斯	—	威斯	苏烟	—	—	威斯
	互动加工品牌	红塔山、红梅	—	红塔山	—	—	红梅、红塔山	红塔山

◇ 撰稿：王宏先　彭　林　杨裕萍；编辑：王　静　吴中奇

陕西中烟工业有限责任公司

【主要产品与品牌建设】 **主要产品发展**。2020 年，陕西中烟工业有限责任公司生产自有卷烟“好猫”“延安”2 个重点品牌 25 个规格。自有品牌销售继续保持良好发展态势，产品结构稳步提升。全年自有品牌实现销量比上年增长 1.22%，工业单箱收入比上年增长 3.25%。

合作生产。2020 年，陕西中烟合作生产江苏中烟“南京”75 亿支（15 万箱），浙江中烟“利群”100 亿支（20 万箱）、“雄狮”5 亿支（1 万箱），湖南中烟“白沙”5 亿支（1 万箱），广东中烟“双喜”23.99 亿支（4.80 万箱），湖北中烟“黄鹤楼”5 亿支（1 万箱）。

拓展卷烟销售新媒体应用。探索新媒体销售模式，开展抖音挑战赛活动，收到投稿作品 369 条；建立直播平台，举办“掌上云游　千年帝都”“不负韶华不负已”等 7 期直播活动，累计访问量 173 万人次；举办“第三届 919 粉丝狂欢节”，以线上渠道和定向电话相结合的形式邀约消费者参与现场互动，传播品牌价值与陕西文化。建成消费者互动管理工具平台，形成集系统管理、群分组管理、群日常管理、群互动管理、数据中心五大功能为一体的管理平台，进一步提高消费互动效果。

【技术创新】 **聚焦产品研发与维护**。2020 年，陕西中烟围绕“一类烟翻番”工程，始终将产品维护提升作为科技研发工作的重中之重。坚持市场导向，深入省内外市场，掌握消费需求信息，有针对性地开展产品维护提升，产品研发维护更加精准有效；制定原料使用规则和年度烟叶使用计划，烟叶原料使用更加均衡、规范，确保产品质量稳定；持续开展微生物技术研究，申请发明专利 1 件。

强化工艺研究。以产品品质稳定性提升为核心，树立“大工艺”理念，将关注重点从制丝和卷包外延至原辅料、成品贮存全流程；开展卷制质量影响因素研究，强化关键工艺过程管控。坚持季度工艺管理监督检查，开展陕西中烟旬阳卷烟厂技改新线工艺调试和宝鸡卷烟厂制丝线技改方案论证等工作。

加强原料研究。陕西中烟技术人员深入云南、福建等烟叶基地，制（修）订烟叶基地单元生产技术标准，完成烟叶样品内在质量评价和基地烟叶质量评价等工作。初步建立陕西烟叶标准配方模块，完成年度调拨样品的感官质量评价、未来 3 年烟叶需求计划制定等工作。

推进自主调香能力提升。公开征集单体香原料并评价入库，香精香料原料库内实物样品增至 815 种；开展“单体香料对陕西中烟卷烟品质的影响及在卷烟中的转移机理研究”，形成香料原料感官评价方法；开展“辨香研究”，初步掌握 19 个在用功能性香基模块成分及各组分比例，稳步提升香精香料可知可控比例。

扩大成果转化应用。健全和完善科技项目管理，2020 年完成科技委换届、专业组分类设立、委员调整以及科技委会议召开等工作，推进在研项目 38 个，取得专利授权 83 件，其中发明专利 4 件。加快推进科研项目成果转化，开展切丝宽度对烟丝结构、烟支卷制质量等影响研究，初步形成系统的中支烟加工工艺技术；开展卷烟纸添加剂对卷烟主流烟气常规指标和感官质量影响研究，探索建立卷烟材料化学指标体系。

加快技术中心建设。制定《烟草行业级技术中心建设方案》，推进实验室 CNAS 认证工作，完成 12 台物理检测设备的安装调试，完善实验室软硬件条件。深化与郑州院等院所的技术合作，加强与行业兄弟单位的技术交流，参加行业调香培训 12 期，参培 342 人次，邀请行业调香专家开展调香知识专题培训，举办第二届卷烟调香技能竞赛，开展全员“沟通协作与执行力提升”培训，加快青年人才培养。

【交流与合作】 **境外实体运营**。2020 年，陕西中烟境外实体化运作继续以生产经营水平实现质的飞跃为目标，克服疫情影响，通过网络手段与人员现场结合的方式继续加强对境外控股企业蒙古烟草有限责任公司（简称蒙古公司）的管理和扶持。扶持重心围绕夯实基础、原料配给、防疫抗疫开展。对境外企业加强基础工作指导，排定工作推进表，定期核对。制定发布《境外企业和机构涉外突发事件应急预案》，就外派境外企业人员所遭遇紧急状况和疫情防控进行细致安排。受疫情影响，蒙古公司产量下滑，销量稳定。陕西中烟按需完成配套原辅料的供给，2020 年共发运烟丝 84.4 吨，金额 342.24 万元，配套辅料金额 570.7 万元。

非洲品牌合作项目持续推进。2020 年，陕西中烟非洲许可生产“好猫”品牌合作项目持续推进。依据项目进展情况，经陕西中烟－SAVANA公司磋商，对已签署的《独家生产，分销和知识产权许可协议》阶段期限条款进行修改形成补充协议，与非洲项目合作方商洽新建制丝线的可能性。采用定期视频会议和专人负责的日常联络制度，对项目实行分析跟踪管理，召开视频会议7次，促进合作企业克服疫情影响复工，打样生产南非、津巴布韦市场版本的“好猫（荣耀）”“好猫（梦幻）”小盒条盒，并经合作方确认。针对“好猫（梦幻）”产品销售工作，进行促销策划活动，实现销量104.84件。为更好地防范海外知识产权风险，提前进行商标布局，在津巴布韦、南非、博茨瓦纳、赞比亚等4个国家注册商标34个，取得商标授权7个。

【疫情防控与复工复产】 2020年，陕西中烟层层落实各级新冠肺炎疫情防控措施，千方百计购置防疫物资，克服困难保障市场供应，支持帮助客户提振信心，抢抓时机推进复工复产，把疫情影响降到最低，较快实现生产经营主要指标全面回升、稳步向好。陕西中烟所属各卷烟厂坚持疫情防控和生产经营“两手抓、两不误”，均在各地实现率先复工复产；全省烟草工业系统干部职工众志成城，成立多支党员和青年抗疫志愿者队伍，主动投身属地与社区疫情防控工作，夺取抗击疫情和复工稳产的“双胜利”。

【精益管理】 2020年，陕西中烟继续深入推进精益管理。深化目标管理，通过优化调整高质量推进管理增效若干具体举措，形成“十四五”管理增效子规划，并同步建立公司目标指标库。以月度重点工作跟踪问效为重点，制定机关部门月度绩效考核实施细则，确保年度总体目标的实现。深化对标管理，对精准对标三年规划进行滚动部署，32项行业对标指标中公司有15项指标优于行业平均水平，4项指标达到优秀。深化体系运行，开展十佳流程和专项提升最佳管理实践案例评价工作，推进销售研发协同创新机制项目优化，成立陕西中烟品牌管理委员会和项目评审委员会。深化降本增效，严格预算定额标准执行，强化资金统筹运营，提升公开招标比例和集中采购比例，年实现降本增效7443.85万元。持续深化管理改进与创新，开展13项指令性课题，3项QC成果和1个QC小组在烟草行业第三十一届优秀质量管理小组成果发布会上获奖。探索推进智能制造新应用，推进“两化”融合管理体系贯标工作，陕西中烟宝鸡卷烟厂取得“两化”融合管理体系评定证书，实现陕西中烟“两化”融合管理体系获得证书零突破。

2020年2月11日，陕西中烟旬阳卷烟厂复工复产首日
陕西中烟旬阳卷烟厂　程新中　摄

【特事辑要】 2020年1月21日，2020年陕西省烟草工业系统工作会议在西安召开。

3月4日，陕西省委副书记、省长刘国中在陕西中烟澄城卷烟厂调研。

3月13日，陕西省委书记胡和平在陕西中烟延安卷烟厂调研。

3月18日，陕西省委常委、常务副省长梁桂在陕西中烟汉中卷烟厂调研。

9月10—11日，国家局党组成员、副局长段铁力在陕西烟草调研期间，考察陕西中烟汉中卷烟厂。

10月21—23日，国家局党组成员、副局长徐䶮在陕西烟草调研期间，考察陕西中烟旬阳卷烟厂。

11月8日，旬阳卷烟厂举行整体技改新厂揭牌仪式，旬阳卷烟厂技改新线正式投产。

2020 年陕西中烟工业有限责任公司所属卷烟生产厂情况统计

		陕西中烟工业有限责任公司宝鸡卷烟厂	陕西中烟工业有限责任公司延安卷烟厂	陕西中烟工业有限责任公司汉中卷烟厂	陕西中烟工业有限责任公司澄城卷烟厂	陕西中烟工业有限责任公司旬阳卷烟厂
法人资格		非独立法人	非独立法人	非独立法人	非独立法人	非独立法人
主要负责人（含党政领导）		党委书记：张国亮（—2020 年 5 月）徐屹秦（2020 年 11 月—）厂长：蒋东凯（—2020 年 11 月）刘景明（2020 年 11 月—）	党委书记：韩占奎 厂长：秦　宏（—2020 年 11 月）雷建强（2020 年 11 月—）	党委书记：丁　毅 厂长：付　斌（—2020 年 3 月）李亚锋（2020 年 3 月—）	党委书记：舒　奇（—2020 年 3 月）李　磊（2020 年 11 月—）厂长：刘振宇	党委书记：金新伟 厂长：栗丰斌
成立时间		1949 年	1970 年	1975 年	1976 年	1976 年
从业人员（人）		1784	983	1052	488	680
卷烟生产能力(亿支)		400	250	250	60	100
卷烟品牌	自有品牌	好猫、延安	延安、好猫	好猫、延安	延安	好猫、延安
	合作生产品牌	双喜	南京	双喜、利群、雄狮、白沙、黄鹤楼	—	—

◎ 撰稿：许　杨；编辑：王　静　吴中奇

中国烟草实业发展中心

【主要产品与品牌建设】　**主要产品**。2020 年，中国烟草实业发展中心（简称中烟实业）所属企业主要生产“兰州”“长白山”“人民大会堂”“冬虫夏草”“大青山”“哈尔滨”“林海灵芝”“龙烟”“紫气东来”“三沙”“宝岛”等自有品牌，其中，“兰州”“长白山”被列为重点卷烟品牌，“冬虫夏草”品牌被视同为重点品牌，“人民大会堂”在东北和华北 9 个省级市场视同行业鼓励培育品牌进行考核。合作生产的卷烟品牌主要有“云烟”“红塔山”“南京”“双喜”“红梅”“利群”“红河”“红金龙”“玉溪”“黄鹤楼”。

坚持低焦发展方向。“兰州”卷烟坚持“低焦绵香”的风格特色，发展态势平稳。全年“兰州”实现商业销量 409.39 亿支（81.88 万箱），比上年增长 1.15%；商业单箱销售额比上年增加 479 元，增长 1.99%。

“长白山”卷烟坚持低焦发展方向，全年实现商业销量 399.99 亿支（80 万箱），比上年增长 2.37%；商业单箱销售额比上年增加 718 元，增长 3.3%。“长白山”卷烟省内市场销售份额比上年增加 3 个百分点。

自有品牌。自有品牌实现商业销量比上年增长 4.77%；单箱销售额比上年增加 780 元，增长 2.96%；实现税利比上年增长 9.15%。

创新产品。细支烟、中支烟等创新产品实现商业销量 422.36 亿支（84.47 万箱），比上年增长 16.28%。“长白山（777）”细支烟实现销量 97.5 亿支（19.5 万箱），居行业细支烟商业销量第六位。“冬虫夏草（和润）”细支烟实现销量 16.56 亿支（3.31 万箱）。“人民大会堂（硬红细支）”实现销量 56.1 亿支（11.22 万箱），比上年增长 34.15%。“三沙（细支）”实现销量 5.27 亿支（1.05 万箱）。“兰州”细支烟实现销量 20.69 亿支（4.14 万箱）。“哈尔滨（老巴夺）”中支烟实现销量 63.82 亿支（12.76 万箱），居行业中支烟销量第二位。“长白山（迎春中支）”实现销量 61.5 亿支（12.3 万箱），比上年增长 38.03%。“冬虫夏草（双中支）”实现销量 13.2 亿支（2.64 万箱），“兰州（黑中支）”实现销量 7.9 亿支（1.58 万箱）。

【科技创新】 2020年，中烟实业新研发中支烟4个规格、细支烟3个规格。持续推进降焦，所属企业8毫克/支以下自有品牌卷烟销量743亿支（148.6万箱），比上年增长3.9%，居行业低焦油卷烟销量第一位。内蒙古昆明卷烟有限责任公司生物酶应用工程研究中心通过行业评审，被认定为行业级科技创新平台。所属企业新增发明专利授权6件。提升烟用香精香料核心技术自主研发和自我保障能力，卷烟产品功能性香基模块可知可控、具备可替代性来源平均比例比上年增加12.2个百分点，达到行业整改要求。深圳烟草工业有限责任公司和红塔辽宁烟草有限责任公司沈阳卷烟厂的QC小组项目分别获得烟草行业第三十一届优秀质量管理小组成果二等奖、三等奖。海南红塔卷烟有限责任公司实施“自主品牌+跨品牌”纸箱循环利用一体化绿色运作模式，进一步降低物流成本。加强人才队伍建设，所属企业45人入选行业优秀技能人才库、17人入选行业技能人才工作专家库。

【管理创新】 超额完成降本增效任务，收入成本率口径完成11.98亿元，项目制口径完成5.4亿元。推动“十三五”节能减排措施落实落地，截至2020年底，8家企业已全部取得排污许可证；黑龙江烟草工业有限责任公司海林卷烟厂燃煤锅炉停止运行；地处“重点区域”的企业已全部淘汰柴油货运汽车；深圳烟草工业有限责任公司、内蒙古昆明卷烟有限责任公司、山西昆明烟草有限责任公司和甘肃烟草工业有限责任公司兰州卷烟厂已完成锅炉低氮改造，吉林烟草工业有限责任公司长春卷烟厂异味净化处理装置已投入使用。2020年中烟实业所属企业销售收入成本率比上年降低1.59个百分点。

【疫情防控与复工复产】 面对突如其来的新冠肺炎疫情冲击，中烟实业成立应对新冠肺炎疫情工作领导小组，层层压实疫情防控责任，统筹抓好疫情防控和生产经营。各所属企业于2月10日起陆续复工复产。贯彻国家局“总量控制、稍紧平衡，增速合理、贵在持续”调控方针，适应市场变化，努力稳定品牌状态，关注重点任务指标，加强逆周期调节和精准调控，保持经济运行平稳，完成全年目标任务。

【安全管理】 2020年，中烟实业在所属企业组织开展安全专项检查，汲取教训，完善制度、堵塞漏洞。强化网络安全责任制，积极参加行业网络安全攻防演习，及时整改问题隐患。所属企业全年未发生重大安全生产和网络安全责任事故。

【特事辑要】 2020年1月15日，中国烟草实业发展中心工作会议在北京市召开。

2月11日，甘肃省委常委、兰州市委书记李荣灿在甘肃烟草工业有限责任公司调研新冠肺炎疫情防控及复工复产工作。

2月26日，海南省委常委、常务副省长毛超峰在海南红塔卷烟有限责任公司调研新冠肺炎疫情防控工作。

3月3日，中共辽宁省委副书记周波在红塔辽宁烟草有限责任公司营口卷烟厂就疫情防控和复工复产进行走访慰问调研。

3月11日，吉林省委书记巴音朝鲁在吉林烟草工业有限责任公司延吉卷烟厂调研新冠肺炎疫情防控和复工复产工作。

4月28日，吉林省委常委、常务副省长吴靖平在吉林烟草工业有限责任公司长春卷烟厂调研。

6月4日，国家局党组成员、副局长韩占武在山西昆明烟草有限责任公司调研。

6月12日，国家局党组成员、副局长韩占武在内蒙古昆明卷烟有限责任公司调研。

10月10日，内蒙古昆明卷烟有限责任公司生物酶应用工程研究中心被认定为烟草行业生物酶应用工程研究中心。

10月22日，国家局党组成员、副局长韩占武在海南红塔卷烟有限责任公司调研。

10月30日，黑龙江烟草工业有限责任公司牡丹江卷烟厂实现整线带料试车。

11月13日，波兰大使馆领事魏舒齐与波兰代表团访问黑龙江烟草工业有限责任公司哈尔滨卷烟厂。

11月19日，吉林省副省长李伟在吉林烟草工业有限责任公司延吉卷烟厂调研。

11月30日，吉林省副省长蔡东在吉林烟草工业有限责任公司延吉卷烟厂调研。

11月30日，红塔辽宁烟草有限责任公司举办“甲子扬帆 筑梦行远——‘人民大会堂’创牌60周年纪念会”。

12月9日，国家局党组成员、副局长张天峰在红塔辽宁烟草有限责任公司调研。

12月16日，吉林省委常委、常务副省长吴靖平在吉林烟草工业有限责任公司长春卷烟厂调研。

12月17日，黑龙江烟草工业有限责任公司哈尔滨卷烟厂旧址入选第四批国家工业遗产名单，此为中国烟草工业企业首次入选国家工业遗产。

所属卷烟生产企业

黑龙江烟草工业有限责任公司

【主要产品与品牌建设】 *自有品牌*。2020年，黑龙江烟草工业有限责任公司自有品牌培育稳中有进。自有品牌卷烟实现销量181亿支（36.2万箱）。“哈尔滨（老巴夺）”销量保持平稳，居行业中支烟销量第二位；“龙烟（呈祥）”销量增长较快，新品“哈尔滨（老巴夺红中支）”市场反应较好。“龙烟（冰雪）”和“哈尔滨（HAPPY）”完成产品改造，“龙烟（冰雪）”通过国家局审批。在国家局卷烟产品质量监督全国抽查创新品类卷烟综合质量总分排名中，“龙烟（呈祥）”获得二类烟第一名，“林海灵芝（如意）”获得四类常规卷烟质量总分第一名。

卷烟合作生产。合作生产江苏中烟“南京（红）”96.5亿支（19.3万箱）、“南京（紫树）”17.5亿支（3.5万箱）、“南京（金砂）”30亿支（6万箱）、“南京（炫赫门）”6亿支（1.2万箱）。合作生产湖北中烟“黄鹤楼（硬金砂）”5.75亿支（1.15万箱）、“红金龙（软精品）”24.25亿支（4.85万箱）。合作生产云南中烟“红河（软甲）”10.19亿支（2.04万箱）、“云烟（紫）”12.31亿支（2.46万箱）。

【技术创新】 参与行业重大专项“八大香型烟叶打叶复烤特性研究”，完成阶段性目标；作为执行单位参与“分子生物法烟叶品质调制工艺设备研发”项目研究，获得国家局烟机类重点项目立项；参与行业标准制（修）订项目“烟用包装膜、条与盒包装纸、内衬纸阻隔性检测方法”项目研究。2020年完成中烟实业科技项目1项、新获得立项1项、在研3项；获得专利授权2件；发表科技论文7篇。

黑龙江烟草工业有限责任公司员工做好个人防护，有序开展工作（2020年）
黑龙江烟草工业 刘 辉 摄

【管理创新】 梳理识别重点流程的成本管控点，分析优化成本控制存在的薄弱环节。按降低收入成本率口径降本增效完成4.43亿元，超目标任务3.88亿元；按项目类降本增效口径完成6108万元，超目标任务4208万元。

【原料保障】 通过采取严把进口、拓宽出口、提高库存烟叶使用等措施，年降烟叶库存0.77万吨（15.38万担），超计划进度0.27万吨（5.38万担），原料库存水平降至51个月。

【疫情防控与复工复产】 落实国家局党组、中烟实业党组等关于疫情防控和复工复产工作安排部署，成立疫情防控领导小组和组织机构，先后编制印发疫情防控工作实施方案、应急预案、复工复产防疫工作安全须知、疫情防控工作手册等，为推进复工复产提供支撑。响应地方政府号召，公司机关及所属卷烟生产厂60余名党员下沉社区、街道配合疫情防控工作；1393名在职及离退休党员自愿缴纳特殊党费14.44万元；公司机关和哈尔滨卷烟厂150余名党员无偿献血3.06万毫升，助力抗疫；穆棱卷烟厂38名党员点对点到哈尔滨卷烟厂、海林卷烟厂支援生产。

【信息化建设】 以集约化、安全化为前提，完成统一门户网站搭建，实现信息系统集成登录整合，进一步提升企业内部跨部门的协同能力，提高工作效率。完成采购管理平台和协同办公系统升级，有效发挥信息化在简化工作程序、优化管理流程、强化流程制约、提升管理效率等方面的作用。完成“互联网+物流”“互联网+营销”平台建设及工商网配系统项目建设，推动销售工作全面升级，加强物流信息互联互通，以信息化支撑公司生产经营管理转型升级。

【安全管理】 将安全管理信息系统与“双机制”建设相结合，聚焦现场保障，着眼基层、紧盯现场、规范现场安全管理，运用双重预防机制手段加强安全生产现场和技改现场的监督检查和隐患排查。

【企业管理】 完成“三供一业”移交收尾工作；完成哈尔滨市哈烟经贸有限责任公司厂办大集体改革工作和企业退休人员社会化管理改革工作。全面加强重点领域和关键环节规范管理，健全完善制度规定，强化制度刚性执行，防范化解廉洁风险。修订公司采购活动监督考评管理办法、采购管理规则、公司合同管理办法等，制定《公司行贿供应商“黑名单”管理制度》，规范招标采购流程。

红塔辽宁烟草有限责任公司

【主要产品与品牌建设】 **自有品牌**。2020年，红塔辽宁烟草有限责任公司自有品牌培育取得成效，税利稳定增长、创新产品持续增长、自有品牌销量超100亿支（20万箱），其中辽宁省内实现销量73.5亿支（14.7万箱）。全年“人民大会堂”实现销量114亿支（22.8万箱），品牌贡献度再创新高。

卷烟合作生产。合作生产卷烟161.25亿支（32.25万箱）。其中，合作生产云南中烟“玉溪（软红人民大会堂）”2.35亿支（0.47万箱）、“玉溪（硬）”1.5亿支（0.3万箱）、“玉溪（细支阿诗玛）”2.05亿支（0.41万箱）、“红塔山（软经典）”70.6亿支（14.12万箱）、“红塔山（硬经典100）”15.5亿支（3.1万箱）、“云烟（紫）”15.5亿支（3.1万箱）、“红塔山（新时代）”1.7亿支（0.34万箱）、“红梅（软黄）”51.55亿支（10.31万箱）；合作生产黑龙江烟草工业“哈尔滨（老巴夺红中支）”0.5亿支（0.1万箱）。

2020年，红塔辽宁烟草有限责任公司严格按照疫情防控规定，统筹开展防疫和复工复产工作

红辽公司　魏秋彤　摄

【技术创新】 研发新产品3个规格，改造12个规格的商标、配套材料设计。全年通过技术创新降低成本506万元。完成技术创新专项研究4项，对外合作研究项目13项。与郑州烟草研究院共同承担国家局重大专项“辊切梗丝创新工艺与装备研制”项目，全国第一条梗丝复切生产线投入运行，每年可降低原料成本超过435万元。完成科技项目“辅料信息系统深化应用与自主开发”，制定智能工厂信息化平台建设方案，利用微信推送验证码实现双因子认证和依托企业微信构建公司移动门户。

【管理创新】 万支卷烟综合能耗2.92千克标煤。全年完成降本增效5316.5万元。完成管理改善活动155项，小改小革112项，合理化建议587项。推进“一账式、一库制、精成本”财务管理体系建设，实现新核算系统的顺利运行。

【原料保障】 采购原料1.72万吨（34.49万担），其中，工业调剂原料片烟0.71万吨（14.1万担），进口烟叶0.08万吨（1.61万担），再造烟叶0.03万吨（0.61万担），辽宁烟叶片烟0.18万吨（3.5万担）。辅料采购7.48亿元，备件采购1777.8万元。公司自主采购项目264项，其中公开招标采购项目231项。

【疫情防控与复工复产】 红塔辽宁烟草有限责任公司党组密切关注疫情动态，高度重视疫情防控工作，在全公司筑牢疫情防控坚实防线。一是严格落实防疫工作部署，完善生产应急预案，合理储备生产和防疫物资，保障复工复产需求；二是调整经济运行策略，进一步强化精准供给，统筹协调，有序组织生产。

【企业管理】 强化对标管理，沈阳卷烟厂、营口卷烟厂主要原辅料消耗、设备效率等指标水平持续提升，10项指标达到中烟实业先进水平。持续推进精益管理，开展备件管理等精益课题攻关，挖潜力、控成本，全年实现降本增效5316.5万元。推进烟叶去库存，库存烟叶可使用周期降至34个月。加强能耗管理，万支卷烟综合能耗2.92千克标煤，完成中烟实业“十三五”考核目标。组织开展各类管理改善活动155项、小改小革112项，职工提出合理化建议587项。

【安全管理】 落实全员安全生产责任制，完善安全激励机制，深化安全风险分级管控和事故隐患排查治理体系建设，夯实安全管理基础，打造重点区域安全管理示范点，统筹推进疫情防控与生产运行，实现有序复工复产，全年未发生生产安全责任事故。

【物流管理】 进一步完善《烟用物资和成品卷烟承运商管理规定》《劳务外包管理办法》，细化考核标准，优化影响中心服务满意度的相关细节。不定期组织运输公司召开成品烟运输会议，做好成品烟移库、零点行动、跨月发货等工作安排，保障卷烟运输顺畅运行。

【信息化建设】 2020年，完成公司财务系统升级项目，实现公司和卷烟厂一套制财务核算体系，通过“一库制”实现同一原辅料入库、生产耗用、结存成本一致；实现生产制造费用二次分配，确保同牌号产品卷烟的生产成本一致。利用微信推送验证码实现双因子认证；依托企业微信构建公司移动门户。完善网络安全防护体系，坚持月度检查和考核，保障模式从“运维”向“运营”转变。公司全年未发生网络安全责任事故。

吉林烟草工业有限责任公司

【主要产品与品牌建设】 “长白山”品牌。2020年，吉林烟草工业有限责任公司“长白山”品牌销量居行业第22位，增幅居第15位。持续深化工商协同，积极运用数字化销售手段，加强品牌培育，“长白山”品牌发展态势良好。全年“长白山”实现商业销量比上年增长2.4%；一、二类烟实现销量113.5亿支（22.7万箱），比上年增长13.9%，其中一类烟实现销量12亿支（2.4万箱）。吉林省内市场“长白山”实现销量比上年增长10.9%。省外市场“长白山”实现销量249亿支（49.8万箱），单箱销售收入2.7万元，比上年增加1211元；黑龙江、山东、内蒙古、河南、江浙沪、川渝贵等重点销售区域结构提升显著。卷烟商业批发单箱销售收入比上年增加729元，居重点品牌单箱结构增幅第11位。

全年中细支烟实现销量比上年增长23.6%。其中，“长白山（迎春蓝尚）”细支烟销量首次突破5亿支（1万箱），实现销量6亿支（1.2万箱）；“长白山（777）”细支烟实现销量97.5亿支（19.5万箱），比上年增长11.2%，居全国细支烟销量第六位；“长白山（迎春中支）”实现销量61.5亿支（12.3万箱），比上年增长38.2%，居全国中支烟销量第三位。新品培育取得初步成效，“长白山（百草之王）”细支、“长白山（韵藏天下）”细支、“长白山（圣境）”中支等一类烟增幅明显。“长白山（人参参品）”双中支10月份开始在吉林省内各地市陆续投放，并在10个省级市场有序上市。

合作生产。合作生产江苏中烟“南京”65亿支（13万箱），比上年增长8.33%；与内蒙古昆明卷烟有限责任公司合作生产“长白山”25亿支（5万箱）。

【技术创新】 按照“高端树形象、中端求突破、口味求特色”的品牌研发思路，聚焦一类烟突破，中细支创新型卷烟产品持续发力，完成8款中细支创新型卷烟新品的研发储备。9月“长白山（人参参品）”双中支获得国家局准产批复，10月1日正式上市销售；“长白山（神韵细支）”“长白山（人参参缘）”提拔式中支获得国家局批复，处于上市准备阶段。丰富“长白山”卷烟原创性核心技术，推进卷烟特征香韵化学重构、生物技术改善烟叶品质、细支烟特色工艺等领域研究。全年申报科技专利35件，获得授权专利19件，其中发明专利1件、实用新型专利17件、外观设计专利1件。有序推进设备引进和技术改造，全年新增3台套中支卷包机组，烟叶仓储配套设施建设项目完成所有单项的竣工验收。

【管理创新】 坚持以推进精益管理为主线，持续深化对标和课题攻关，强化制度建设，提高企业管理水平。针对突发疫情，修订优化环境和安全应急预案，建立环境和安全生产事故应急救援管理体系；针对行业进一步落实政治生态突出问题全面整改和修订企业基本管理制度的部署要求，推进全面整改阶段性成果的制度转换工作，完善企业制度和管理体系。开展内外对标和课题攻关，构建标杆选树、短板比照、对标提升的管理闭环。2020年，在行业32项对标指标中吉林烟草工业达到行业先进水平3项，达到行业平均水平10项，达到中烟实业平均水平18项，比上年改善指标23项；在工厂分类对标中，延吉卷烟厂在18项指标中有15项指标比上年进步，长春卷烟厂在14项指标中有11项指标比上年进步。全年实现降本增效1.1亿元，超额完成年度目标任务。落实预算管理，做好资金风险检查整改。

【原料保障】 调入原烟0.81万吨（16.2万担）（农业年度）；调入联营产品片烟0.36万吨（7.11万担），全部为江苏中烟片烟；调入薄片0.14万吨（2.8万担）。针对“长白山”品牌配方需要，签订进口烟叶合同1267.2吨。推进烟叶清产核资和对外调剂，减少烟叶采购，多措并举消化烟叶库存。全年累计对外调剂出口烟叶0.67万吨（13.3万担），烟叶库存比上年减少2.18万吨（43.5万担）。

【疫情防控与复工复产】 面对突如其来的新冠肺炎疫情，公司党组落实落细各项防控措施，及时适应形势变化安排复工复产工作。2月10日，公司机关和长春卷烟厂复工，是行业最早实现复工复产的企业之一；2月17日，公司全面恢复正常生产经营。坚持疫情防控常态化，克服原辅材料短缺、物流运输不畅等困难，努力将疫情对企业生产经营的不利影响降到最低。

甘肃烟草工业有限责任公司

【主要产品与品牌建设】 2020年，甘肃烟草工业有限责任公司“兰州”品牌卷烟全年商业销量比上年增长1.15%，居全国鼓励培育品牌销量第四位。其中，一类烟实现销量42.35亿支（8.47万箱），比上年增长4.61%；二类烟实现销量123亿支（24.6万箱），比上年增长2.48%。商业单箱批发销售额比上年增长1.99%。“兰州（硬珍品）”居全国二类烟销量第七位。“兰州（黑中支）”实现商业销量7.9亿支（1.58万箱）。

【合作生产】 合作生产浙江中烟“利群”70亿支（14万箱），其中“利群（长嘴）”25亿支（5万箱）、“利群（新版）”45亿支（9万箱）。

甘肃烟草工业有限责任公司技术研发中心配方员正在专注调香（2020 年）
甘肃烟草工业　朱存真　摄

【生产制造管理】　加强卷烟工厂核心竞争力建设，强化生产过程管控，全方位开展质量提升行动。兰州卷烟厂强化质量风险节点控制和闭环管理，创新检验模式，强化异常点分析控制，超高速卷烟机组有效作业率稳步提升，制丝柔性生产制造能力持续加强，丝束生产消耗持续下降。天水卷烟厂全力推进“质量提升年”，制定 25 项提质措施，成品一等品率持续提升，制丝水分控制更加精细，卷包设备安装调试能力增强。公司万支卷烟综合能耗比上年下降 5.32%，万元工业增加值综合能耗比上年下降 7.79%。合作生产继续保持平稳发展。

【技术创新】　新产品“兰州（小青支）”正式上市，“兰州（粹经典）”获批即将上市；升级改造后的“兰州（硬如意）”“兰州（硬蓝）”销量止跌回稳。全年启动 4 个重大项目联合研究，联合建立“烟用滤嘴高效吸附联合实验室”；获得授权专利 14 件；与中国烟草总公司郑州烟草研究院、高校科研院所等联合开展攻关项目 20 项，改善解决工艺质量问题 12 项。

【管理创新】　推进提升“兰州”品牌价值工作方案落地见效，加强工商协同，搭建工商网配系统，实现甘肃省内市场和省外销量 5 亿支（1 万箱）以上市场全覆盖。持续加强零售终端建设，建设“兰州”品牌终端形象店 1251 户次，以“场景化陈列”大赛为抓手，加速终端陈列向故事化、生动化、立体化转型。推进管理诊断和对标帮扶，1 项指标达到行业先进水平，19 项指标比上年提升。14 个精益六西格玛课题项目累计产生经济效益 748 万元，完成项目制降本增效 3198 万元。万支卷烟综合能耗比上年下降 5.32%，万元工业增加值综合能耗比上年下降 7.79%。

【原料保障】　持续推进烟叶降库存工作，完成出口销售 0.35 万吨（7 万担），工业调剂 0.05 万吨（1 万担），规范处置下选烟叶。持续推进烟叶等级结构优化，主产区中部上等烟和上部烟叶比例分别达到 61.83% 和 38.17%，比上年分别提高 4.9 个和 8.5 个百分点。持续推广塑料卷烟包装箱使用，2020 年塑料卷烟包装箱使用量占比增加到 53.7%。

内蒙古昆明卷烟有限责任公司

【主要产品与品牌建设】　2020 年，内蒙古昆明卷烟有限责任公司卷烟实现商业销量比上年增长 12.54%。“冬虫夏草”实现商业销量 32.2 亿支（6.44 万箱），比上年增长 49.65%，其中新品“冬虫夏草（双中支）”销量 13.2 亿支（2.64 万箱），居同价位中支烟销量第一位。加大市场开拓力度，内蒙古昆明卷烟有限责任公司卷烟品牌覆盖全国 31 个省级市场、276 个地市级市场，省级市场覆盖率 93.94%，地市级市场覆盖率 74.39%。

全年合作生产吉林烟草工业有限责任公司“长白山（海蓝）”10.11 亿支（2.02 万箱）、“长白山（桂花）”14.89 亿支（2.98 万箱）。

【技术创新】　生物技术研究与应用取得新成效，10 月 10 日国家局批准认定“烟草行业生物酶应用工程研究中心”，该中心是烟草行业第八家、工业企业第四家、烟叶应用研究第一家工程研究中心。申请专利 35 件，获得授权实用新型专利 13 件，外观设计专利 1 件。与中国烟草总公司郑州烟草研究院香精香料基础研究室进行联合创新实验室平台建设，与

2020年12月10日，中烟实业及所属8家工业企业在内蒙古昆明卷烟有限责任公司召开“生物酶处理烟叶技术交流会”

蒙昆公司 供稿

其工艺研究室共建“冬虫夏草”品牌工艺联合实验室。与郑州轻工业大学行业烟草生物技术重点实验室在战略框架协议的基础上，推进“烟草技术联合创新实验室”建设。

【管理创新】 持续开展精益自主改善工作，全年采纳提案97项，获得经济效益12.3万元；新增精益课题项目平台，实现精益管理项目化，取得精益课题成果11项；完成12项QC小组成果发布、20项科技项目立项评审、9项科技项目结题评审工作。

【原料保障】 完成烤烟调拨1.42万吨（28.45万担）；人工发酵烟叶0.32万吨（6.37万担）；生产投送烟叶1万吨（20.08万担），其中联营加工0.16万吨（3.15万担）。

【信息化建设】 加大网络安全投入，采购工业隔离设备、工业防火墙、工业入侵检测设备、公司网站防御系统，实施安全运维管控系统、网络安全架构升级等项目，夯实网络安全技术保障。行业和企业重点项目方面，完成行业卷烟营销工商网上配货与投放策略分析项目建设；继续推进企业数据中心建设，“硬件采购及集成”标段完成设备上架及初验，“综合分析应用”“数据门户”标段完成招标、蓝图设计，“系统测试”标段进入招标流程。

【安全管理】 做好疫情防控和安全生产双保障，落实安全生产责任、完善安全管理标准，建立健全安全隐患排查和预防控制体系，全面提升公司高质量发展安全保障水平，实现全年安全生产“五个为零”工作目标。加大安全投入，改善作业场所作业环境，提升本质安全水平；强化安全专业队伍建设，鼓励员工考取安全资格证书，开展安全教育培训，优化公司应急预案，提升应急处置和救援能力。

【生产制造管理】 升级更新制丝生产设备，引进梗签精细风选系统、烟梗自动开包机等设备，提高烟丝加工精度和质量稳定性。改造升级卷接包设备，完成ZJ17卷烟机组大修及ZB43包装机异型规格改造，进一步完善设备柔性化布局，提升卷包关键设备保障能力及柔性化工艺水平。更新燃气立式蒸汽锅炉、组合式空调机组、真空泵、干燥机等设备，提升动力保障能力。完成自动化辅料库、自动化成品库建设，提升物流仓储自动化能力。

【标准体系建设】 完成质量、环境、安全和职业健康、能源管理体系的内审、管理评审和外审工作，助推公司管理上水平；强化标准引领作用，强化全员标准意识，形成“人人熟悉标准、人人按标准办事”的标准文化，提高各部门标准执行力；建设内蒙古昆明卷烟有限责任公司特色绩效指标体系和绩效评价体系。

【疫情防控与复工复产】 坚持疫情防控和生产经营两手抓、两不误，实施网格化管理，构建群防群控工作体系，把疫情防控列入安全工作目标中，与安全工作同步开展，实现公司员工及外协人员新冠肺炎零感染目标。

深圳烟草工业有限责任公司

【主要产品与品牌建设】 2020年，深圳烟草工业有限

2020 年，深圳烟草工业有限责任公司认真落实常态化疫情防控工作举措
深圳烟草工业　武晓萌　摄

责任公司在产自有卷烟品牌“双喜（好日子）”，出口品牌“好日子”“特美思”，合作生产品牌“双喜”。

全年“双喜（好日子）”实现内销 164.5 亿支（32.9 万箱），比上年增长 2.5%。其中，一类烟实现销量 37 亿支（7.4 万箱），二类烟实现销量 60.5 亿支（12.1 万箱），一、二类烟实现销量占“好日子”总销量的 59.4%，比上年增加 4.6 个百分点。“双喜（硬晶彩好日子）”实现销量 9 亿支（1.8 万箱），比上年增长 47.3%；“双喜（细支金樽好日子）”实现销量 1.29 亿支（0.26 万箱），比上年增长 58.4%；“双喜（好日子城市之光）”中支烟实现销量 9555 万支（1911 箱）。

合作生产广东中烟“双喜”10 亿支（2 万箱），比上年下降 42.9%。

【技术创新】 新研发的“双喜（细支晶彩好日子）”正式投产。获得中烟实业科技项目评审一等奖 1 项、二等奖 1 项、三等奖 2 项；4 个新项目获得立项。提升自主调香技术，香精香料可知可控可替代比例达到 23.6%，超额完成年度目标。加强知识产权保护，全年获得授权专利 11 件；申请专利 20 件，其中发明专利 11 件、实用新型专利 9 件；申请国内注册商标 4 个，商标局受理 3 个。

【管理创新】 超额完成全年降本增效任务。落实年度对标指标提升目标，32 项公司对标指标中，25 项超过 2019 年，对标指标提升率 78.1%，17 项超过行业平均水平，10 项居中烟实业第一名，全员劳动生产率和万支卷烟综合能耗两项指标保持在行业先进水平。

【原料保障】 2020 年，采购国内烟叶 1.54 万吨（30.8 万担），采购进口烟叶 0.08 万吨（1.6 万担）、烟草薄片 0.03 万吨（0.6 万担），其中采购云南烟叶 0.57 万吨（11.4 万担），占国产烟叶采购量的 37%，上等烟占比 77%，比上年增加 1 个百分点。逐步推进烟叶配方打叶工作，全年精选烟叶 0.92 万吨（18.3 万担）。持续做好烟叶基地单元建设工作，在烟叶“原收原调”的基础上向“全收全调”提升；与产区复烤企业建立联合实验室及区域加工中心 2 个，推动复烤加工质量管控向供应链前端延伸。开展烟叶降库存工作，库存可使用月数维持在 31 个月左右，中部上等烟比例保持在 73% 左右，库存量和库存结构均保持在合理水平。

【信息化建设】 2020 年，公司新 ERP 系统上线，新 MES 系统项目完成验收，采购管理系统持续完善，在此基础上，公司综合办公系统实现全面集成，业务人员数据录入时间缩短，业务数据质量提升。

【安全管理】 以“消防安全、生产安全、交通安全”为工作重点，持续推进安全信息化建设，强化安全生产责任落实。加强安全教育培训，利用协同办公系统，完成全员在线安全培训。加强安全隐患排查与整治，安委会组织开展各类安全检查 25 次，发现隐患及问题 83 个，下达隐患治理通知单 27 张；行业上级与外单位开展各类安全检查 18 次，提出隐患整改 67 项，并全部落实整改完毕。全年未发生安全责任事故，实现安全生产“七个为零”目标。落实网络安全，积极参与行业网络攻防演练，成功抵御攻击3.7万次，网络安全风险应对水平进一步提升。

【疫情防控与复工复产】　统筹疫情防控和复工复产工作，坚持两手抓、两不误。及时筹备防疫物资，加强人员排查，严控人员流动，落实疫情防控预案培训，为复工复产做好准备。2月10日，公司制丝车间前序工段启动复产准备；2月12日，公司全面复工复产。

山西昆明烟草有限责任公司

【主要产品与品牌建设】　2020年，山西昆明烟草有限责任公司建成6018户“标准化、规范化、场景化”陈列终端。工商网上配货系统建设已完成，与山西省内11个地市商业公司全部实现对接。

山西昆明烟草有限责任公司主要生产品牌4个，其中“云烟”“红河”“红塔山”为合作生产品牌，“紫气东来”为自有品牌。全年合作生产红云红河集团“云烟”系列121.64亿支（24.33万箱）、“红河”系列10.45亿支（2.09万箱）；合作生产红塔集团“红塔山”系列15.45亿支（3.09万箱）。全年生产自有品牌“紫气东来”系列3.55亿支（0.71万箱）。

【产品优化】　坚持以市场为导向，分类施策，系统提升在线产品品质，着重优化“紫气东来（汾清香）”产品叶组配方、烟用材料，解决燃烧锥掉头、卷烟燃烧外观质量、卷烟纸凝灰等问题。加大“紫气东来（吉祥天下）”梗丝使用量，降低配方成本，结合料香调整，提升产品品质。提升主力规格“紫气东来（祥瑞）”与市场需求的适应性，深入研究产品“三纸一棒”，优化组合和卷制工艺。

【质量管理】　持续推进产品质量“零缺陷、无瑕疵”精益制造专项活动，进一步提升质量管理工作的精细化、实效化、专业化。开展质量隐患排查整改专项活动和“强技能、精控制、铸精品”质量月系列活动，从制度标准、突出问题、设备保障方面共排查出烟梗投料筛分不彻底等56项质量隐患并逐一制定措施专项整改。山西省二级站抽检卷制与包装平均得分99.79分，满分率80%。内部抽检卷制与包装平均得分98.57分，质量优秀机组达标241台班次。实施精益改善100余项，全年按照行业新口径（成本率），实现降本增效9965.92万元。

【技术创新】　“提高梗丝可利用性工艺研究”获得中烟实业科技项目评审三等奖，“功能型卷烟纸研究及应用”完成结题，“靶向萃取烟叶多级组分定向增香应用研究”完成立项。确立“烟用香精化学重构与创制技术研究”“不同圆周卷烟主流烟气常规指标的逐口释放量研究”等22项自立项目，“综合测试台吸阻单元参数优化改进”“烟用材料平库货位优化”等38项小改小革课题。优秀QC小组成果14项，其中“提高叶丝风选后水分CPK”“缩短ZJ17卷烟机换型调整时间”分别获得中烟实业优秀QC小组成果二等奖和三等奖。

【安全管理】　深化双重预防机制建设，抓实源头防范与过程控制，检查整改隐患154项，投入安全管理资金272.14万元，实现安全风险可控在控。开展“消除事故隐患，筑牢安全防线”主题演讲比赛及生产性班组安全生产标准化竞赛，提升员工安全意识和素养。完善网络安全保障体系，提升网络安全防护能力。

山西昆明烟草有限责任公司员工进行产品质量检查（2020年）

山昆公司　王娟朋　摄

【原料保障】 全年调入原料0.97万吨（19.46万担）。截至2020年底，原料库存0.28万吨（5.53万担），成品库存18.55亿支（3.71万箱），库存结构保持在合理水平。各项物资采购成本累计3.79亿元，其中烟用物资采购成本3.54亿元，非烟用物资采购成本234.61万元。

海南红塔卷烟有限责任公司

【主要产品与品牌建设】 2020年，海南红塔卷烟有限责任公司自有品牌增势良好，全年实现销量18.26亿支（3.65万箱），比上年增长8.82%，其中“三沙”实现销量17.59亿支（3.51万箱），比上年增长11.25%，重点规格“三沙（细支）”实现销量突破5亿支（1万箱），“三沙（中支）”实现销量0.58亿支（0.12万箱）；实现单箱销售收入比上年增加639.57元，增长4.66%。

合作生产卷烟95.76亿支（19.15万箱），全部为云南中烟的卷烟品牌。其中，合作生产“红塔山”53.7亿支（10.74万箱）、“红梅”20.34亿支（4.07万箱）、“云烟”21.69亿支（4.34万箱）、“玉溪（软境界）”56万支（11.2箱）。

【生产管理】 加强质量管控，开展合作品牌质量保障能力评价及质量隐患排查工作，全年上级部门抽检合格率100%。加强卷烟生产安排和组织管理，根据市场需求和库存，提前制订物资采购需求计划，科学编制月度、季度卷烟生产计划，生产计划完成率100%，生产计划码段排产准确率100%，MES信息系统数据录入完成率100%。单箱卷烟综合能耗16千克标煤，比上年下降3.32%。

【疫情防控与复产复工】 落实疫情防控工作要求和工作部署，成立疫情防控工作领导小组，设立疫情防控办公室，制定《新型冠状病毒肺炎疫情专项应急预案》，建立疫情信息“日报告”机制，每日形成疫情防控台账和日志。2月10日，公司实现复工复产，成为行业最早实现复工复产的企业之一。落实常态化疫情防控措施，统筹安排设备安装调试、原辅材料供应、防疫物资储备以及卷烟市场销售等工作；卷烟运输和生产物资运输计划完成率100%；完成新购置卷接包装设备的调试运行；提前完成“真空回潮”项目建设。

【企业管理】 完善对标指标体系建设，增加34项公司对标指标的对标分析，指标提升率87.5%，居中烟实业所属企业第一位。持续加强质量管控，开展合作品牌质量保障能力评价及质量隐患排查工作，全年上级部门抽检合格率100%。做好整改落实和规范管理，推进“天价烟”检查整治工作，落实行业对行贿供应商实施禁入措施的要求。推进退休人员社会化管理工作，完成退休员工人事档案移交工作，社保关系移交完成率超过95%。开展“三定”工作，科学设置公司内设机构、职能配置和人员编制。加强人才队伍建设，开展线上线下学习、技能培训、技术比武、劳动竞赛、英语练兵等活动和优秀团队、十佳员工、学习强国学习标兵、十佳技术能手、十佳操作能手等评优评先工作。4名员工被评为中烟实业2020年度卷烟营销先锋、财务工作先进个人、网络安全标兵，新增1名员工取得行业二级物流师职业资格证书。

2020年，海南红塔卷烟有限责任公司启动安全生产标准化一级达标创建工作

海红公司　章晓宏　摄

【技术创新】 创建技师工作室，围绕技术攻关课题形成50余篇维修案例；与海南省局（公司）共同成立雪茄研发联合实验室，加强对海南雪茄相关技术的研究；结合海南自贸港建设国际市场消费需求趋势，申报1款海南元素的“宝岛（中支）”新品卷烟，开发1款混合型卷烟配方储备；加强香精香料核心技术和自我保障能力，实现可知可控香精香料数量占总使用品种数的11.1%。全年获得实用新型专利授权4件，发明专利1件；在SCI源刊物公开发表论文1篇，入选中国烟草学会2020年度学术论文集1篇，2篇论文获得海南省烟草学会论文评选一等奖，3个QC小组成果获得海南省优秀质量管理小组活动成果一等奖，1个QC小组被评为全国优秀质量管理小组。

【管理创新】 完善对标指标体系建设，加强对32项公司对标指标的对标分析，指标提升率87.5%，居中烟实业所属企业第一位。卷烟包装箱循环上机使用82.2万只，产出成品16.44万箱。实现降本增效7267.1万元。

【信息化建设】 完善企业信息化基础结构，制定统一标准，建设统一平台，实现业务横向协同、管理纵向贯通、信息互联互通、资源高度共享的目标。通过数据中心建设完善企业数据加工流转体系，搭建营销数据分析平台，建立工业、商业、三维五率及上柜率等4个数据分析模型。利用公司门户网站，实现资金监管、协同办公、采购管理、数据中心、财务核算等系统的单点登录及待办集成，以待办推送方式为信息系统用户提供“一站式”办公服务。推进MES系统应用，开发企业微信消息提醒接口，完善数采系统功能。加强信息系统维护和使用管理，及时解决突发问题，并不断完善优化信息系统。

【安全管理】 启动安全生产标准化一级达标创建工作，开展双重预防机制建设，优化完善重点部位隐患排查清单，建立生产部门隐患排查治理台账，组织开展复工复产安全检查、季度安全检查、节假日安全检查以及疫情防控安全生产检查等安全隐患排查工作，查出各类安全隐患问题27项并及时整改。贯彻落实网络安全责任制，完善管理制度体系，强化安全教育培训，加强日常巡查监督，积极参加公安部网络攻防演习，提升网络安全防护水平。全年未发生重大安全责任事故。

吉林烟草进出口有限责任公司

【生产经营】 根据商务部《关于执行联合国安理会第2375号决议，做好关闭境外涉朝合资合作企业相关工作的通知》，2020年对朝出口业务暂停。

2020年中国烟草实业发展中心所属卷烟生产企业/生产厂情况统计

		黑龙江烟草工业有限责任公司	所属生产厂			
			哈尔滨卷烟厂	海林卷烟厂	穆棱卷烟厂	绥化卷烟厂
法人资格		独立法人	非独立法人	非独立法人	非独立法人	非独立法人
主要负责人/法定代表人（含党政领导）		董事长：孔庆峰 党委书记、总经理：马保军	厂长：谢东升（—2020年11月） 副厂长：孙永钢（2020年12月—，主持工作）	党委书记、厂长：宋延彬	党委副书记、副厂长：唐雪冰	党委书记、厂长：阮　见（—2020年8月） 副厂长：唐文双（2020年8月—，主持工作）
成立时间		2007年	1902年	1970年	1977年	1970年
从业人员（人）		3982	1381	711	426	593
卷烟生产能力（亿支）		513	277	96	77	64
卷烟品牌	自有品牌	哈尔滨、林海灵芝、龙烟	哈尔滨、林海灵芝、龙烟	林海灵芝、哈尔滨	—	—
	合作生产品牌	南京、黄鹤楼、红金龙、红河、云烟	黄鹤楼、红金龙、南京、红河、云烟	—	—	红河
	委托加工品牌	—	—	—	—	—

		红塔辽宁烟草有限责任公司	所属生产厂		吉林烟草工业有限责任公司	所属生产厂	
			沈阳卷烟厂	营口卷烟厂		延吉卷烟厂	长春卷烟厂
法人资格		独立法人	非独立法人	非独立法人	独立法人	非独立法人	非独立法人
主要负责人/法定代表人（含党政领导）		董事长：陈玉秋 党组书记、 总经理：慈　东	厂长：穆　忠 （2020 年 2 月—） 党委书记：裴禄军	厂长：宋岐国 （2020 年 2 月—） 党委书记：刘韶军	董事长：陈玉秋 党组书记、 总经理：吕子军	厂长：金光泽	厂长：崔永浩 （2020 年 4 月—） 张玉良 （—2020 年 3 月） 党委书记：张利军
成立时间		2003 年	1908 年	1909 年	2006 年	1975 年	1933 年
从业人员（人）		2346	871	1184	3060	1458	1291
卷烟生产能力（亿支）		372	177	195	496	251	244
卷烟品牌	自有品牌	人民大会堂	人民大会堂	人民大会堂	长白山	长白山	长白山
	合作生产品牌	玉溪、红塔山、云烟、红梅	红塔山、红梅	玉溪、红塔山、云烟	南京	—	南京
	委托加工品牌	哈尔滨（老巴夺红中支）	—	哈尔滨（老巴夺红中支）	长白山	—	—

		甘肃烟草工业有限责任公司	所属生产厂		内蒙古昆明卷烟有限责任公司	深圳烟草工业有限责任公司
			兰州卷烟厂	天水卷烟厂		
法人资格		独立法人	非独立法人	非独立法人	独立法人	独立法人
主要负责人/法定代表人（含党政领导）		董事长：李东梅 党组书记、 总经理：蔺翻红	厂长：廖国太 党委书记：牟怀斌	厂长：王乐平	董事长：刘　龙 党委书记、 总经理：王旭东	董事长：李东梅 党委书记、 总经理：梁　强
成立时间		1936 年	1936 年	1970 年	2003 年	1988 年
从业人员（人）		2328	1172	810	1172	623
卷烟生产能力（亿支）		465	301	164	250	234
卷烟品牌	自有品牌	兰州	兰州	兰州	冬虫夏草、云烟（苁蓉）、大青山	双喜（好日子）
	合作生产品牌	利群	利群	—	—	双喜
	委托加工品牌	—	—	—	—	—

	山西昆明烟草有限责任公司	海南红塔卷烟有限责任公司	吉林烟草进出口有限责任公司
法人资格	独立法人	独立法人	独立法人
主要负责人/法定代表人（含党政领导）	董事长：刘　龙 总经理：陈景云 党委书记：刘根栓	董事长：孔庆峰 党委书记、总经理：梁生龙	总经理：鲍立泰
成立时间	1928 年	1978 年	1999 年
从业人员（人）	974	557	16

续表

		山西昆明烟草有限责任公司	海南红塔卷烟有限责任公司	吉林烟草进出口有限责任公司
卷烟生产能力（亿支）		179	150	—
卷烟品牌	自有品牌	紫气东来	三沙、宝岛	—
	合作生产品牌	红云、红河、红塔山	玉溪、红塔山、红梅、云烟	—
	委托加工品牌	—	—	—

◇ 撰稿：刘新鉴；编辑：褚 幸

雪茄生产

安徽中烟工业有限责任公司

【蚌埠卷烟厂雪茄烟生产部概况】 安徽中烟工业有限责任公司雪茄生产主要由安徽中烟蚌埠卷烟厂雪茄烟生产部承担。安徽中烟蚌埠卷烟厂雪茄烟生产部前身为蒙城雪茄烟厂，位于安徽省蒙城县。2001 年 10 月，经国家局批准在蒙城卷烟厂原厂址成立雪茄烟生产部，隶属于蚌埠卷烟厂管理，不具有法人资格，更名为蚌埠卷烟厂雪茄烟生产部。2005 年 4 月，更名为安徽黄山卷烟总厂蚌埠卷烟厂雪茄烟生产部。2006 年 5 月，更名为安徽中烟工业公司蚌埠卷烟厂雪茄烟生产部。2011 年 7 月，更名为安徽中烟工业有限责任公司蚌埠卷烟厂雪茄烟生产部。

2020 年，月平均从业人数 503 人，其中，在岗固定工 71 人，其余人员为业务外包用工。生产部设备年产能 2.4 亿支。

【雪茄产销】 2020 年，生产各类雪茄 1.38 亿支，比上年增长 25.19%；各类雪茄实现销量 1.34 亿支，比上年增长 27.18%；实现销售收入 1.45 亿元，比上年增长 37.35%。全年上缴税金 4981.79 万元，比上年增长 17.79%。

雪茄商业销量占行业市场份额 42.66%，其中半叶卷雪茄占比 43.85%、全叶卷雪茄占比 17.78%。全年生产和销往中国台湾地区半叶卷雪茄“都宝（原味 9 号）”50 万支。

【主要产品与品牌建设】 主要产品，2020 年，在产的雪茄有“王冠”“黄山松”“都宝”等 3 个品牌 40 个系列规格，其中包括半叶卷雪茄 15 个规格，为高端产品，品牌均为“王冠”；全叶卷雪茄 16 个规格，为中低档产品，品牌多为“王冠”，“都宝（原味 9 号）”为临时报批指定销往中国台湾地区的专属新品。

新品研发。协助安徽中烟营销中心、技术中心完成“王冠（假日·阳光）”“王冠（假日风情）”“王冠（小国粹 2 号）”“王冠（蓝色假日 5 支装）”等 4 款全叶卷新品和“王冠（原味 6 号）”“王冠（原味 8 号）”“都宝（原味 9 号）”等 3 款半叶卷新品的商标设计和包装打样工作。

协助安徽中烟营销中心完成全叶卷雪茄“王冠（假日·黄金海岸）”和半叶卷雪茄“王冠（城市印象）”“王冠（原味 2 号）”等 3 款雪茄新品的申报及批量生产。

2020 年 10 月，蒙城手工卷茄技艺第四代非遗传人夏永峰（右四）在“王冠”雪茄体验馆介绍手工雪茄制作工艺

安徽中烟 供稿

定制产品。为安徽亳州市公司定制生产全叶卷“王冠（国粹风度—亳州记忆）”1万支、半叶卷“王冠（奶香10支—亳州印象）”60万支。

【合作交流】 与斯堪的纳维亚烟草集团（STG公司）联合开发的半叶卷产品“王冠（赛悦）”，2020年生产155万支，实现销量175.4万支，比上年增长174.4%。

山东中烟工业有限责任公司

【雪茄制造中心概况】 山东中烟工业有限责任公司雪茄研发管理由雪茄制造中心负责，具体生产由济南卷烟厂雪茄烟生产车间承担，制丝车间负责烟叶预处理。山东中烟工业有限责任公司雪茄制造中心前身为始建于1999年12月的将军烟草集团有限公司技术中心雪茄烟实验室。2004年5月，国家局批准将军烟草集团有限公司济南卷烟厂生产雪茄，济南卷烟厂成立雪茄生产工段。2008年12月，山东中烟工业公司济南雪茄烟制造中心成立。2010年，山东中烟工业公司更名改制为山东中烟工业有限责任公司后，中心更名为山东中烟工业有限责任公司济南雪茄烟制造中心。2011年3月，山东中烟设立山东中烟工业有限责任公司雪茄烟制造中心筹备办公室。2012年5月，山东中烟工业有限责任公司雪茄烟制造中心成立，负责雪茄生产、产品研发、品牌建设、市场销售等工作。2017年7月，更名为雪茄制造中心，主要承担雪茄产品研发、市场销售、综合管理等工作任务。

【济南卷烟厂概况】 山东中烟工业有限责任公司济南卷烟厂的前身是始建于1928年的东裕隆烟草公司。1959年，正式称济南卷烟厂。2006年，山东烟草工业实施管理体制改革后，济南卷烟厂上划为山东中烟工业公司直属非法人卷烟生产厂。济南卷烟厂生产具备生产烤烟型、混合型、雪茄型等多类型卷烟技术能力。截至2020年底，雪茄生产区域面积5000余平方米。拥有1台套100千克/小时打叶干燥设备和1条500千克/小时雪茄打叶处理线，卷制设备22台套、包装设备10台套。具备年产手工全叶卷雪茄220万支、机制雪茄2200万支的生产能力。有雪茄生产、管理相关员工63人，业务外包人员305人。

【雪茄产销】 2020年，生产雪茄2479.66万支，比上年增长36.40%。其中手工雪茄209.56万支、机制雪茄2270.1万支，分别增长95.51%、32.86%。实现工业调拨2263万支，比上年增长30.8%，其中，手工雪茄调拨179.9万支，增长82.8%；机制雪茄调拨2083.1万支，增长27.7%。实现商业批发2267.6万支，比上年增长33.6%，其中，手工雪茄实现商业批发175.3万支，增长94.4%；机制雪茄实现商业批发2092.3万支，增长30.2%。实现工业调拨销售收入6278.9万元，比上年增长59.4%；商业批发销售收入9341.4万元，比上年增长64.8%。中高端雪茄销量及市场份额居行业第二位。

【主要产品与品牌建设】 **主要产品**。确立“泰山”“将军”2个雪茄品牌，手工、机制雪茄2个品类，“巅峰”“战神”“3G”“巴哈马”“豹”等五大品系24款品规的鲁产雪茄品牌架构。

品牌建设。围绕品牌力四要素即品牌商品、品牌文化、品牌传播、品牌延伸推进品牌建设。启动“泰山”雪茄CIS招投标工作。开展“国内市场+国际免税市场+国际有税市场”三位一体市场布局，开拓32个新市场。推进体验销售、定制销售、文化销售、圈层销售。以“遇见+”“巅峰对决”为主题，开展“泰山雪茄遇见机车”“泰山雪茄遇见米其林”“泰山雪茄遇见名表”等主题活动，启动“2020年泰山雪茄‘巅峰对决’城市持灰大赛”。“将军（战神）”单品批发销量全年突破120万支，“战神”系列［含“将军（大力神）”］突破157万支，“3G”系列实现销量900万支，“巴哈马”系列销量800万支。

【技术创新】 2020年，完成“泰山（巅峰2020）”“将军（超级战神）”2款手工雪茄配方设计工作；完成“将军（荣耀）”口味升级工作。完成墨西哥、巴西、多米尼加烟叶取样、发酵实验32次。修订完善“泰山（雪豹细支）”“泰山（巅峰2号）”等产品工艺技术标准。开展“中式雪茄中高档原料开发与应用”“手工雪茄加工过程微生物风险分析研究”“手工雪茄茄衣降耗”等专题研究。全年抽检15个规格4880支雪茄，形成季度质量检验报告4份。

【原辅材料】 与云南省局（公司）签署滇鲁“中式雪茄优质特色原料联合开发战略合作协议”，联合打造中式雪茄原料国产化云南示范基地。开展海南雪茄烟叶战略合作采购项目总结工作；对雪茄烟叶分级开展培训工作，完成雪茄原料库存分析报告4份。

【综合管理】 按月编制月度产销计划、月份销售分析报告，合理控制调拨节奏和销售进度。山东中烟雪茄运营平台上线试运行。完成《雪茄制造中心2020年度宣促费用分解办法》，确定2020年宣传促销品框架目录。拟定发布雪茄样品烟新的管理办法，开展样品烟检查4次，完成销售物资和销售费用管理使用专项检查，进一步规范市场销售宣传物料及样品烟管理等。选聘10人为三级营销师。

湖北中烟工业有限责任公司

【三峡卷烟厂概况】 湖北中烟工业有限责任公司雪茄生产主要由湖北中烟三峡卷烟厂承担。湖北中烟三峡卷烟厂前身为成立于1899年的茂大卷叶烟制造所，位于湖北省宜昌市。2004年，历经三峡、当阳两厂改革合并，三峡卷烟厂成为湖北中烟工业有限责任公司所属生产厂。

截至2020年底，三峡卷烟厂拥有8套卷接包生产设备和40余台套雪茄专业生产设备。主要生产"黄鹤楼""茂大"雪茄品牌系列，具备年产手工雪茄500万支、半机制雪茄1500万支、机制迷你雪茄1亿支生产能力。在册职工793人。

【雪茄产销】 2020年，生产雪茄2085万支，其中手工雪茄522万支，比上年增长60.53%，人均卷制效率提升25%。在行业第三届手工雪茄卷制技能竞赛中获得最佳外观奖等5个奖项。实现销售430.56万支，其中中高端雪茄销售368.7万支，排名居行业第二位，增长103.68%。中高端雪茄实现商业销售额7428.33万元，比上年增长87.86%。

【主要产品与品牌建设】 *品牌发展思路*。围绕湖北中烟"淡雅香做大，雪雅香做强，新雅香做优"的"黄鹤楼"品牌发展战略，落实行业促进国产雪茄高质量发展的要求，围绕将"黄鹤楼"品牌打造为"品牌价值高、盈利能力强"的中式高端雪茄领军品牌的发展目标，聚焦中高端雪茄，推动实现湖北中烟雪茄高质量发展。

新品研发。2020年，开发、改造产品8个，创意产品4个，"黄鹤楼（雪之梦10号）""黄鹤楼（迷你醇味）"2款新品获国家局准产及价格批复。

品牌培育。突出高端引领，完善产品布局。"黄鹤楼（公爵）""黄鹤楼（雪之梦8号）"居行业高端雪茄同价位产品销量第一位，继续引领国产雪茄高端形象。重点培育"黄鹤楼（雪之韵2号）"促进中高端规模提升，持续培育"（雪之梦9号）"成为性价比高、口碑最优、规模最大的"黄鹤楼"手工雪茄代表性规格。

直销探索。落实国家局推进全国中高端雪茄统一订货平台探索工作要求，组织协调试点城市销区探索实践，力求打通专业终端供给瓶颈。湖北中烟在全国雪茄订货平台上架"黄鹤楼（公爵）""黄鹤楼（雪之梦2号）""黄鹤楼（雪之梦3号）""黄鹤楼（雪之梦5号）""黄鹤楼（雪之梦7号）""黄鹤楼（雪之梦8号）""黄鹤楼（雪之梦9号）"等7款中高端雪茄产品，2020年共完成75笔3006条共计119.19万元平台订单，湖北省外订单平均用时5天，省内用时2天，初步发挥平台创新分销模式，短平快满足专业终端要货需求的作用。

特色销售。通过整合产业链条，利用"逍遥客"、雪茄爱好者群、微信朋友圈等传播渠道，以城市为主体开展"逍遥游城市+"网络宣传活动。2020年全国累计开展386场"黄鹤楼·逍遥游"主题活动，传播"黄鹤楼"雪茄品牌文化。

【技术创新】 *课题研究*。2020年，湖北中烟雪茄创新重大专项取得阶段性进展，"黄鹤楼""国内外雪茄原料质量数据库""种质资源库"初步建立，完成《湖北中烟雪茄烟叶分级技术要求》验证，"打叶工艺技术参数和堆垛发酵原料应用"等研究成果进入产品使用。

技术平台。雪茄技术集成平台揭牌运行，该平台立足雪茄产品实际，以市场需求为导向，以产品研发为核心，以科技项目为载体，以"N"个创新平台为依托，借智借力湖北中烟科研委外合作库资源，集聚产学研深度融合，主攻雪茄产品及原料开发、雪茄技术标准体系建设、雪茄特色工艺装备开发等方向，实现以雪茄创新链引领全产业链协同发展。

原料应用。工商合作加强国产雪茄研究应用，与湖北省局（公司）联合实施、稳步推进"中高档黄鹤楼雪茄原料（湖北）开发及应用研究""来凤雪茄原料优质茄衣生产技术研究"等课题。创新雪茄配方技术，拓宽国产雪茄烟叶配方适用范围，初步实现国产雪茄原料部分替代进口原料。

【易地技改项目】 2016年12月13日，国家局批准三峡卷烟厂易地搬迁技术改造项目建设。项目建设用地面积约24.67万平方米，项目规划总投入12.4亿元，按照技改完成后企业年产卷烟30万箱，工艺水平将得到较大升级，达到生产"黄鹤楼"品牌多规格能力，雪茄产能规模1.5亿支。按照湖北中烟高质量发展规划，三峡卷烟厂致力于打造成为"国内一流中式雪茄和卷烟制造企业"。

2020年克服新冠肺炎疫情影响，调动一切积极因素和资源，充实技改力量，加快工作节奏，易地搬迁技术改造项目初步设计获国家局批复，EPC总承包招标完成，原料库建设项目桩基施工完毕，较年初计划工期提前18天，新厂建设项目全部进入实质性实施阶段。

四川中烟工业有限责任公司

【长城雪茄烟厂概况】 四川中烟工业有限责任公司雪茄生产主要由四川中烟长城雪茄烟厂承担。四川中烟长城雪茄烟厂成立于2007年9月，其前身是创建于1918年的益川工业社。2009年实施易地技术改造，总投资12亿元，占地面积30万平方米，2011年4月建成投产，2015年11月更名为四川中烟工业有限责任公司长城雪茄烟厂。截至2020年底，有职工394人。产品涵盖手工、机制全系列的传统雪茄、卷烟型雪茄和雪茄型卷烟，拥有“长城”“狮牌”“工字”等3个品牌，具备机制标准雪茄设备产能4亿支、雪茄型卷烟设备（中高速）产能44亿支，产品出口地涵盖欧洲、南美洲的11个国家和地区，是亚洲最大的单体雪茄生产基地、中国雪茄的领军企业。

【雪茄产销】 2020年，生产雪茄1.45亿支，其中手工雪茄678.88万支；销售雪茄1.55亿支，其中手工雪茄628.82万支；累计实现销售收入2.3亿元，其中手工雪茄1.18亿元；实现税利0.72亿元，其中手工雪茄0.41亿元。

【主要产品与品牌建设】 **主导规格。** 2020年，“长城”手工雪茄年销量577万支，比上年增长149%，占国产雪茄市场份额50.89%。“长城”雪茄高端品牌价值和影响力持续提升。“长城（盛世5号）”销量突破200万支，继续保持国产手工雪茄销量第一位；“长城（红色132）”销量突破100万支，“长城（迷你香草）”销量突破3000万支，进一步夯实领军品牌销量基础。

品牌传播。 率先在行业内开展“云品鉴”活动，完善雪茄“互联网+”销售矩阵，持续开展“浩月长春”大师巡展和“百店万人话长城”等线下销售体验活动。整合线上线下资源，形成多平台、多模式、多覆盖的复合宣传推广网络。举办“第六届‘中国雪茄之乡’全球推介之旅暨2020四川中烟推进高质量发展品牌行动”，在媒体连载《有茄有故事——长城故事会》，“长城”品牌文化“软实力”“穿透力”持续增强。制定“长城（GL1号）”高端雪茄培育专项工作方案，系统打造“长城（GL1号）”标准化雪茄体验店，在成都、北京、深圳、上海、杭州等重点城市建设试点体验区。

【技术创新】 **产品研发。** 立足自主知识产权，加大科研成果转化运用力度，研发“长城（132记忆）”“长城（132奇迹）”“长城（GJ6号）”等3款手工雪茄和“长城（骑士1号）”高价位传统机制雪茄新品。开发“问道”“明道”烟斗丝，开展中心城市烟斗丝品鉴，提升烟斗丝产品知晓度。

品类构建。 “醇甜香”品类构建取得实质性进展，结合“中式雪茄‘醇甜香’烟叶原料开发及应用”科技项目研究成果，确定海南、四川德阳、湖北、云南、贵州等五大产区主育品种及适宜种植区域，明确产区烟叶原料质量风格特征、最佳晾制方式和农业发酵关键技术参数，与湖北省局（公司）、海南省局（公司）签订战略合作协议，原料产区技术标准和风格特色初步定型。

成果应用。 国产原料工业应用取得成果，系统开展青色茄衣烟叶调制方法、雪茄茄衣烟叶利用率提升发酵等核心技术研究，缓解原料紧缺问题。中国雪茄银行一期建设完

2020年11月10日，中国雪茄银行一期在四川中烟长城雪茄烟厂建设完成并投入使用

四川中烟 供稿

成，存储量300万支，规模居亚洲第一位。参与行业雪茄重大专项，形成堆积发酵、低温发酵、木桶发酵、片烟发酵的工业发酵企业标准体系，并在手工雪茄产品上应用。优化《国产雪茄烟叶工商交接等级标准（试行）》并在各产区试行。雪茄发酵工艺重点实验室实现实体化运作，厅市共建重点实验室建设迈出实质性步伐。举办首届“长城雪茄国际学术论坛”。获得授权发明专利1件、实用新型专利3件、外观设计专利5件，完成《手工雪茄烟卷制专项能力鉴定》行业标准配套教材相关章节编写。

◇ 编辑：王　静　吴中奇

烟草机械工业

烟机工业概况

烟机工业稳中有进。2020年，烟草行业深入推进高质量发展，经济运行稳中有进、持续向好，改革发展取得显著成效。国产烟机工业紧随行业发展步伐，研发、制造和服务体系进一步丰富完善，国产烟机工业体系竞争力逐渐增强。进一步有效发挥烟机工业对烟草行业的全产业链支撑保障作用。

做精烟机产品。2020年10月，12000支/分钟ZJ119型卷接机组和600包/分钟ZB416型包装机组通过国家局鉴定。ZJ119和ZB416整体技术水平及性能指标达到同类设备的国际先进水平，标志着国产烟机实现从引进消化吸收到集成创新与自主创新相结合的跨越，未来将成为行业高速卷接包设备升级换代的主力机型。

2020年9月，ZJ116B型细支卷接机组和ZB416A型细支包装机组通过国家局鉴定。作为行业“细支卷烟升级创新”重大专项中的“装备升级”的重要内容，ZJ116B/ZB416A完善细支卷接包产品系列，填补国产高速细支卷接包机组空白，实现国产细支卷接包设备中、高速全覆盖。

对外交流合作。克服疫情影响，努力协调推进上海、许昌、秦皇岛烟机与国外相关烟机企业的合作生产项目，推进许昌烟机与瑞士AIGER公司特种滤棒成型机组、与荷兰ITM公司多元复合滤棒成型机组的合作生产。协调上海烟机与荷兰IMA公司的灵活包装机组合作生产，通过视频方式与德国HAUNI公司召开制丝全面合作第28次协调会，保持与德国FOCKE公司、德国HAUNI公司等国外烟机制造企业的日常技术交流和一般性会谈。

拓展国内外烟机市场。在全球新冠肺炎疫情突发的严峻情况下，中国烟草机械集团有限责任公司统筹协调，通过多种方式、多种途径，积极开拓国际市场。做好海外中资卷烟企业的服务保障，并与海外区域市场的重点客户保持信息沟通，为下一步工作的顺利开展做好准备。拓展中小企业市场，与国际客户保持积极联系，努力拓展境外市场。与跨国烟草公司开展合作，继续跟进落实日烟国际项目，推动项目进展。

中国烟草机械集团有限责任公司

【概　况】　中国烟草机械集团有限责任公司（简称集团公司）组建于1999年，由中国烟草总公司、上海烟草集团和中国烟草总公司云南省公司、山东省公司、河南省公司共同出资组建，是烟草行业内第一家按现代企业制度框架组建的专业化集团公司。后经股权变更，集团公司由中国烟草总公司控股，上海烟草集团及云南中烟、山东中烟、河南中烟等4家工业公司参股。2008年，经中国烟草总公司批准（中烟办〔2008〕305号），集团公司新增湖南中烟、湖北中烟、江苏中烟、安徽中烟、广东中烟等5家股东。增资扩股后，中国烟草总公司股权比例占67%，上海烟草集团占5%，云南中烟、河南中烟、山东中烟、湖南中烟、湖北中烟、江苏中烟、安徽中烟、广东中烟分别占3.5%。集团公司是中国烟机工业核心企业，对全国烟草专用机械的生产经营担负一定的行业管理职能。2011年，中国烟草总公司对集团公司增加投资10亿元（中烟办〔2011〕178号），总公司所占股权比例增至74.69%，上海烟草集团股权比例占3.87%，云南中烟、河南中烟、山东中烟、湖南中烟、湖北中烟、江苏中烟、安徽中烟、广东中烟分别占2.68%。

集团公司下辖8家控股企业，包括上海烟草机械有限责任公司、常德烟草机械有限责任公司、许昌烟草机械有限责任公司、秦皇岛烟草机械有限责任公司等4家烟机生产企业，北京达特集成技术有限责任公司、中烟烟机零配件采购服务中心有限责任公司2家专业公司，以及设在上海专门从事烟机产品开发的中烟机械技术中心有限责任公司、中烟物流技术有限责任公司。同时，集团公司持有云南烟草机械有限责任公司30%的股份；参股航发基金、航发基金管理有限责任公司。集团公司本部下设11个部室。

截至2020年底，集团公司拥有总资产146.21亿元，负债48.35亿元，所有者权益97.86亿元。

【领导机构】

董事会

董事长：王建法（—2020年2月）、姚宗东（2020年2月—）

副董事长：陆　捷（—2020年2月）、朱洪武（2020年2月—）

董　事：曲　伟、张维群（2020年8月—）、夏开元、王众声、杨志忠（2020年2月—）、许廷选（—2020年2月）、陈慧斌、王海龙（2020年8月—）、王轩庭（—2020年8月）、刘　云（2020年8月—）、杜　进（—2020年8月）、张赤兵、华　伟（2020年2月—，职工董事）、齐　琳（—2020年2月，职工董事）

监事会

主　席：罗明德（—2020年2月）、陈俊奎（2020年2月—）

监　事：卢勇华（2020年2月—）、曹松林（—2020年2月）、杨　帆（2020年2月—，职工董事）、陈俊奎（—2020年2月，职工监事）

班子成员

党组书记、总经理：姚宗东（2020年1月—）

党组成员、副总经理：沈云龙（—2020年1月）、曲　伟、龙　旭、张维群

党组成员、纪检组组长：吴　伟

副巡视员：吴熙亮（2020年2月—）

【生产经营】　2020年，集团公司共生产卷接包设备、滤棒成型及辅联设备670台。其中成套设备181套、单机200台；实现销售630台，其中成套设备162套、单机227台。生产制丝、打叶复烤及二氧化碳膨胀烟丝生产线设备1641台，其中成线7条、单机385台；实现销售1597台，其中成线6条、单机370台。

【企业管理】　开展集团公司管控模式咨询工作，推动集团公司治理能力建设，推进集团公司治理结构优化，提升集团化管控水平，搭建“集权有道、分权有序、赋权有章、用权有度”的集团化管控体系。对治理集团架构进行一系列探索，初步形成集团法人治理成果。开展集团公司物流业务整合，科学界定产品分工，打造中烟机械物流品牌。开拓非烟领域高端制造市场，研究非烟产品成本核算和定价机制，探索建立以完全市场竞争为导向的非烟产品生产制造管理机制。

【技术创新】　持续完善集团公司科技创新体系，强化科研项目的基础管理和制度建设，提升核心技术的自主研发能力，做好重点产品的鉴定验收。国产高速主力机型ZJ119（12000支/分钟）-ZB416（600包/分钟）卷接包机组整体技术水平及性能指标达到同类设备的国际先进水平，实现国产烟机从引进消化吸收向集成创新和自主创新相结合的关键性跨越。ZJ116B（10000支/分钟）-ZB416A（500包/分钟）细支卷接包机组作为行业“细支卷烟升级创新”重大专项中的“装备升级”的重要内容，完善细支卷接包产品系列，填补国产高速细支卷接包机组空白，实现国产细支卷接包设备中、高速全覆盖。

【数字化转型升级】　推出包装机组全状态监测系统、卷接机组智能管理系统（iTOS）等设备智能管理系统，开展烟机智能服务统一平台项目方案制定、技术论证，形成项目建设可行性报告。开展行业卷烟二维码盒条件零关联项目系统研制，形成面向行业工商企业的整体解决方案。

【拓展战略合作】　与湖南省局、山东中烟和三纤公司签订全面战略合作协议，与陕西省局建立战略合作关系。加强整线产品、系统集成及设备总承包的市场推介、宣传和引导，进一步增强集团整体营销的市场影响力。印发《国产高速卷接包整线服务协同方案（试行）》，促进集团公司控股企业间的合作与协同，提高国产高速卷接包整线设备安装调试效率，打造集团公司“整线服务品牌”。完成1232万件烟夹、7300台生物质燃烧机的供应，保障2.67万座烤房改造。争取烟夹生产政策支持，构建烟夹生产统筹供应模式。协调秦皇岛烟机开展烟夹生产试点，提升烟夹供应能力。

【物流装备服务水平】　研制推出标准烟、异型烟共线分拣合单系统等多规格条烟分拣线，异型烟分拣效率从5000条/小时提高到20000条/小时，截至2020年底，累计中标行业商业物流项目19个，市场份额不断提升。研制推出烟叶智能分选定级设备，市场领域进一步拓展。

【安全生产】　面对突如其来的新冠肺炎疫情，集团公司党组认真贯彻习近平总书记重要指示精神和党中央决策部署，全面落实行业疫情常态化防控要求，在做好防控工作的前提下，积极稳妥组织推动各控股企业复工复产。全年

召开15次防控新冠肺炎疫情工作领导小组会议，统筹推进疫情防控和安全生产经营工作。

各企业切实担负起疫情防控主体责任，于2月初开始，合理有序安排复工复产。随着工业企业相继复工复产，集团公司各控股企业均面临设备供货和服务提供在短期内需求剧增、生产负荷急剧加大的压力。对于这一状况，各企业努力降低疫情给市场供应带来的不利影响，全力为工商企业做好设备服务保障工作。

所属企业

上海烟草机械有限责任公司

【概　况】 上海烟草机械有限责任公司（简称上海烟机）前身为成立于1952年的上海烟草公司机械厂。1959年更名为上海轻工业机械制造厂；1970年更名为上海烟草工业机械厂，是中国第一家烟草机械专业生产企业；1999年成为中国烟草机械集团有限责任公司控股企业；2002年改制为上海烟草机械有限责任公司。下辖上海烟草机械新场铸造有限责任公司、上海中臣烟草机械配件有限责任公司、上海中臣烟草数控技术有限公司、苏州锦晨智能科技有限公司、上海烟机综合生活服务部等5家企业。截至2020年底，上海烟机拥有总资产38.43亿元，其中固定资产7.96亿元、流动资产28.43亿元。资产负债率36.65%。从业人员1027人。上海烟机党委书记、董事长：郭宏斌；总经理：韩芸。

【生产经营】 2020年，上海烟机实现工业总产值21.99亿元，工业增加值10.45亿元；实现销售收入20.21亿元，出口实现销售收入165.3万元；实现税利2.26亿元，其中利润1.49亿元。公司三项费用率16.17%。万元产值综合能耗7.78千克标准煤。

【主要产品】 2020年，上海烟机主要产品：ZB25B（C）型软盒硬条包装机组、ZB45B型硬盒硬条包装机组、ZB47型硬盒硬条包装机组、ZB28型软盒硬条包装机组、ZB48型硬盒硬条包装机组、ZB48A硬盒硬条包装机组、ZB416型硬盒硬条包装机组、ZB416A型硬盒硬条包装机组、ZB418型双铝包包装机组。

【技术创新】 2020年，ZB416与ZB416A型国产高速包装机组成功推向市场，分别在河北白沙烟草有限责任公司和广西中烟南宁卷烟厂完成样机鉴定。逐步突破关键核心技术瓶颈，面向行业未来发展的产品技术平台研发顺利推进。高端制造深度聚焦航空航天领域，机匣、燃油喷嘴、风扇轴完成样件试制与工艺验证，通用包装率先在医药包装领域完成技术验证，并启动产品试制。创新体系持续完善，不断为“一体两翼”业务形态升级孕育生机、提供营养。

数字化研发、数字化运营各项工作按计划开展，数字化“0到1”项目取得关键性成效。以ZB416为代表的新一代数字化烟机具备完全自主知识产权的智能电柜，实现智能控制技术完全自主掌控。完成上海烟草浦东科创园双铝包机群的设备运营管理平台基础模块试点应用，零配件网上商城样板客户的用户端完成部署测试及阶段性应用，“两个近零”的用户价值与首个智能服务样板工程得到初步验证。基于离散型制造业的智能物流、智能产线通过各项验证并批产创造价值，“无人值守”智能产线入选行业2020年度提升企业核心竞争力典型案例。

常德烟草机械有限责任公司

【概　况】 常德烟草机械有限责任公司（简称常德烟机）成立于1969年，1999年完成公司制改造，是中国最早从事烟草机械产品研发和生产制造的企业之一。下辖常德烟机配件经销服务有限责任公司、常德金叶机械有限责任公司、常德旺达物业服务有限责任公司。截至2020年底，常德烟机拥有总资产25.6亿元，其中固定资产4.23亿元、流动资产20.64亿元。资产负债率10.96%。从业人员1144人。常德烟机董事长、总经理：周诗伟（—2020年12月）、杨军（2020年12月—）；党委书记：秦继玉。

【生产经营】 2020年，常德烟机生产烟草机械整机141台套，其中烟机整机118台套，烟机大修23台套；销售烟草机械整机136台套，其中烟机整机112台套，烟机大修24台套。实现工业总产值19.26亿元（现价，不含税，下同）、工业增加值7.73亿元、产品销售收入14.87亿元、出口实现销售收入1275万元。公司三项费用率18.18%。万元产值综合能耗7.42千克标准煤。

【主要产品】 2020年重点攻关项目：ZJ119（12000支/分钟）型卷接机组的研制、10000支/分钟细支烟卷接机组研制、卷接设备智能管理系统研发（1.0版）、高速轮式复合卷接机组的研制、柔性分选智能喂丝机研制、实验室用

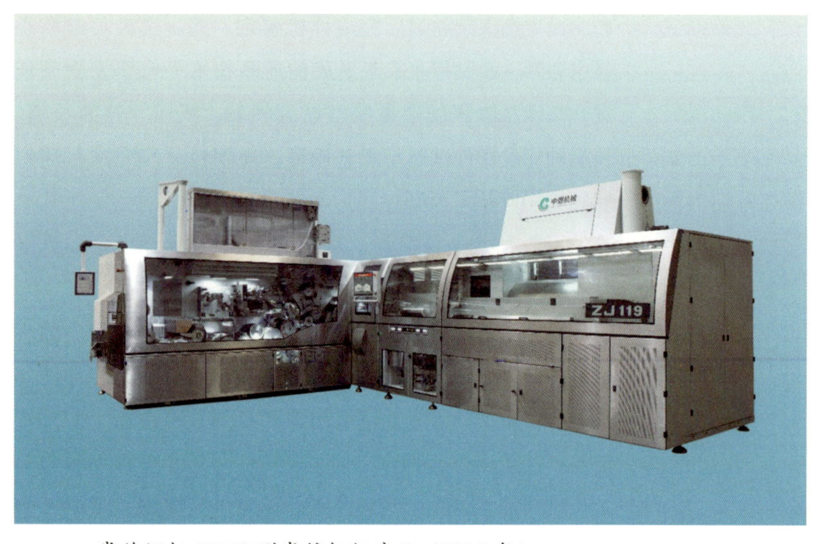

常德烟机 ZJ119 型卷接机组产品（2020 年）

常德烟机　供稿

卷接机组研制、锂电池新型圆柱（18650）制片卷绕一体机研制。

主要产品：ZJ17 型卷接机组、ZJ17E 型卷接机组、ZJ118 型卷接机组、ZJ112 型卷接机组、ZJ112A 型卷接机组、ZJ116 型卷接机组、ZJ116A 型卷接机组、ZJ116B 型卷接机组、ZJ119 型卷接机组、YF13 型卷烟储存输送装置、YF14 型卷烟储存输送系统、YF171A 型滤棒储存输送装置、FY113 型废烟支处理机、ZL26A 型纤维滤棒成型机组、YF27B 型滤棒气力输送装置、YF27C 型滤棒气力输送装置、YF27D 型滤棒气力输送装置、YF26 型滤棒接收装置、YF26C 型滤棒接收装置、YF26D 型滤棒接收装置、YF26F 型滤棒接收装置、TJ91 型茄衣成型机、TJ91A 型茄衣成型机。

【技术创新】 2020 年，常德烟机生产的 ZJ116B 型（10000 支/分钟）细支卷烟高速卷接机组研制项目在南宁通过国家局鉴定；ZJ119 型（12000 支/分钟）卷接机组样机在石家庄通过国家局鉴定；iTOS 烟机智能管理系统在常德正式发布。非烟产品方面，完成锂电池新型圆柱（18650）制片卷绕一体机项目原理性样机验证测试工作。

【企业管理】 努力克服新冠肺炎疫情影响，借助移动办公平台、微信群等互联网服务模式，全方位确保产品安装调试及售后服务开展，全年累计组织设备调试 140 组设备（含发射机）、交验 92 组。客户培训服务创新方式方法，尽量开展短周期、少人数、多频次的客户培训，针对疫情防控形势较紧张的地区则采用远程培训方式，全年共举办各机型烟机设备技术培训班 10 期，为 24 家卷烟厂的 171 位学员实施培训。先后组织相关人员赴甘肃烟草工业有限责任公司、山东中烟济南卷烟厂、山东中烟青岛卷烟厂、云南中烟实施区域市场推介。

2020 年，常德烟机降本增效 1529.65 万元，其中通过精益改善方式降成本 544.44 万元，通过精益改善方式增效益 253.4 万元，通过传统模式降低成本费用 731.81 万元。全年共获得专利授权 25 件，申请专利 10 件，iTOS 商标注册 2 个均注册通过。

许昌烟草机械有限责任公司

【概　况】 许昌烟草机械有限责任公司（简称许昌烟机）于 1958 年经国家经济委员会批准创建，1965 年划归中国烟草工业公司管理，1969 年划归国家轻工部管理，1987 年划归中国烟草总公司管理，1999 年划归中国烟草机械集团有限责任公司，2002 年成功改制，更名为许昌烟草机械有限责任公司。下辖许昌富思特烟机配件有限公司 1 个全资子公司。截至 2020 年底，许昌烟机拥有总资产 13.69 亿元，其中固定资产净值 3.67 亿元、流动资产 8.90 亿元。资产负债率 23.56%。从业人员 1116 人。许昌烟机党委书记：张维群（—2020 年 6 月）、吴永胜（2020 年 6 月—）；董事长：张维群；总经理：吴永胜。

【生产经营】 2020 年，许昌烟机共生产烟机产品 232 台，销售烟机产品 241 台。实现工业总产值 10.27 亿元（含富思特公司），实现工业增加值 3.29 亿元；实现销售收入 10.03 亿元（含富思特公司），出口实现销售收入 0.4 亿元；实现税利 103 亿元，其中利润 0.5 亿元。公司三项费用率 23.53%。万元产值综合能耗 12.71 千克标准煤。

【主要产品】 2020 年，许昌烟机产品主要为三大类。滤棒成型类产品：ZL29、ZL28、ZL26C、ZL26D、ZL27、ZL22D 型纤维滤棒成型机组，YL43、YL43A、ZL41 型复合滤棒成型机组；辅联物流类产品：ZF12B、ZF19 型卷烟储存输送系统，YF17、YF17A 型卷烟储存输送装置，ZF25、ZF25A 型滤棒自动发射与接收系统，YF71、YF73、YF75 型盘纸自动更换机，YF712/713 型包装机组物料站，YF611、YF611A 型条盒储存输送系统，YF172 型滤棒固化储存输送装置，FY114 型废烟处理机，FY115 型废烟支处理机，YP19、YP113 型装封箱机，YJ35D、YJ36、YJ37、YJ39 型装盘机，

YB17B、YB19、YB111 型卸盘机；卷接类产品：ZJ19B、ZJ114、NJ11A/NJ21 型卷接机组型卷接机组。

【技术创新】 2020 年，许昌烟机完成“ZL29 滤棒成型机组自主电控系统研制”“ZJ19B 卷接机组综合技术改进”“盘纸无胶拼接技术研究及设备研制”项目的集团验收。组织“柔性装盘机研制”“1000 米/分钟细支滤棒成型机组研制”“滤棒质量在线检测系统研究”等 3 个自立项目生产签发投产。

2020 年 6 月 18 日，“ZL29 型滤棒成型机组自主电控系统研制”等 4 个项目在北京、河南许昌以视频加现场的方式通过集团公司组织的项目验收
许昌烟机 杜鹃鹃 摄

重点科技项目进展顺利，“高速特种滤棒成型机的研制”项目（ZL26E）完成标准支、中支、细支 3 种规格的中支颗粒棒成型机、细支无纸中空棒成型机样机等的装配调试和内部验收；“多元线性复合滤棒成型设备研制”项目（ZL45）完成和荷兰 ITM 公司的项目联合设计，对 3 台样机进行调试；“高速多元轮式复合滤棒成型机组研制”项目完成伺服电机和驱动等技术招标选型，关键零部件试验件完成签发投产；“超高速包装机新型物料站研制”项目（YF716）通过内部验收；“YF175 型滤棒存储固化输送系统”“分格装卸盘机研制”项目完成样机在红河卷烟厂的安装及单机调试，进行系统联调；“异型卷烟高速分拣包装关键技术研究”项目完成河南省公司年度评估，实现商业物流技术上的重大突破。

全年共申请专利 14 件，其中实用新型专利 10 件、发明专利 4 件。获得实用新型专利授权 7 件。

【企业管理】 **组织机构优化改革**。推动生产资源体系由大而全向小核心大协作转变，成立生产中心。实行工艺技术人员车间派驻服务工作模式，提升生产工艺整体保障支撑能力。新增规范管理职责，调整优化合同、涉法事务归口管理部门，提升组织运行效率和管理效能。

强化研发制度体系建设。修订发布《科技项目管理办法》及配套办法，开展科技项目在线管理系统建设。完成 3 个产品专业团队和 1 个科技管理团队的班组组建，完善研发人员薪酬分配机制及科技成果评价体系，出台研发专项绩效管理办法。推进电气实验室建设，完成实验室建设规划方案制定、关键硬件选型及部分元器件签发。

提升基础管理能力。发布实施《管理诊断实施方案》《提升企业核心竞争力工作实施方案》，初步建立起常态化管理诊断机制。实现 16 个管理创新项目的线上全生命周期管理，有序推进 32 项精益生产课题，组织评审 139 项岗位自主改善项目。

提高质量管控能力。完成质量空间信息化建设，实现质量问题线上任务化管理，建立客户质量问题快速反应机制。修订发布《质量管理奖惩办法》。加强生产计划的精细化管理，推行“减负增柔”计划模式。

加强人才保障能力。创新招聘方式，充分利用高校就业网站及各大招聘平台，通过网络招聘方式，选拔优秀人才 33 人。优化分配体制机制，成立薪酬体系完善工作机构，完成《薪酬分配体系完善方案》，修订发布《职工工资管理制度》等。2020 年，许昌烟机 1 人被推荐为 2020 年享受政府特殊津贴人选、2 人入选国家局专业技能人才库。

秦皇岛烟草机械有限责任公司

【概　况】 秦皇岛烟草机械有限责任公司（简称秦皇岛烟机）前身为中国轻工业机械总公司秦皇岛轻工业机械厂，1989 年 4 月划归中国烟草总公司管理，更名为中国烟草总公司秦皇岛烟草工业机械厂，2002 年 3 月改制为秦皇岛烟草机械有限责任公司。秦皇岛烟机下辖二级单位 2 个，分别为秦皇岛弘和机械有限责任公司、秦皇岛金叶物流有限责任公司。截至 2020 年底，秦皇岛烟机拥有总资产 15.36 亿元，其中固定资产 2.35 亿元、流动资产 11.86 亿元。资产负债率 32.72%。从业人员 1003 人。秦皇岛烟机党委书记：

王小飞（2020 年 6 月—，之前代行党委书记、董事长职责，主持全面工作）；董事长：曲伟（2020 年 7 月—）；总经理：王小飞。

【生产经营】 2020 年，秦皇岛烟机生产烟机整机 1641 台套，销售烟机整机 1597 台套。实现工业总产值 7.2 亿元，实现工业增加值 2.67 亿元，实现产品销售收入 6.97 亿元；实现税利 0.18 亿元，其中利润 43 万元。公司三项费用率 24.26%。万元产值综合能耗 20.02 千克标准煤。

【主要产品】 秦皇岛烟机主要生产的产品为 SH2 系列滚筒—气流式烘丝机、KT3 系列切丝机、EVO 系列切丝机、设备控制系统、SJ2 系列加香机和 SJ1 系列加料机、SH66 系列滚筒薄板式烘丝机、WQ91 型转辊式加温加湿机、KG 型烟梗复烤机、KG 型烟叶复烤机等。

【技术创新】 开展新业务领域研究，探索切丝机国产化道路，完成 KT3 切丝机的样机试制和用户落实。推进烟机智能化工作，完成智能烘丝机的总体规划、设计开发及实验。开展用户现场痛点调研，形成黑灯车间智能化整体规划初步方案。开展烟夹生产试点工作，建立自动化烟夹生产线，具备批量生产能力。2020 年，完成“滚筒式烟片复烤设备研究”等 11 个公司级项目的结题工作。申请专利 48 件，其中发明专利 13 件。获得专利授权 32 件，其中发明专利 3 件。

【企业管理】 从基础管理、研发体系和成本控制等核心环节开展专题管理诊断，深入推进精益管理工作，促进企业管理水平提升。完成质量、环境和职业健康安全管理体系文件的换版修订及整合，修订后共有管理制度 376 个。优化生产管理，建立“拖期平台”，制定“生产调度作业令”“工序间拖延申请单”“工序间拖延投诉单”，统筹协调各工序，保证计划准确完成。建立健全疫情防控保障机制，做好思想动员、员工排查、措施落实、监督检查等各项工作，增强全员的战斗意识、防范意识、责任意识。

中烟机械技术中心有限责任公司

【概　况】 中烟机械技术中心有限责任公司（简称技术中心）成立于 1999 年，2012 年经中国烟草总公司批复同意进行股权改制，成为中国烟草机械集团有限责任公司的全资子公司，主要负责烟草机械研发与设计。截至 2020 年底，技术中心拥有总资产 2.91 亿元，其中固定资产 0.55 亿元、流动资产 2.35 亿元。资产负债率 2.67%。从业人员 78 人。技术中心执行董事：曲伟；党总支书记、总经理：陈黎。

【生产经营】 2020 年，技术中心实现营业收入 0.46 亿元，其中技术研发收入 0.34 亿元、技术使用费收入 0.06 亿元、技术合作与服务收入 0.05 亿元。实现利润总额 0.06 亿元。三项费用率 22.53%。

【技术创新】 2020 年 6 月，技术中心“ZL29 型滤棒成型机组自主电控系统研制”“ODM 总线通讯接口技术研究”项目通过集团公司组织的项目验收，实现控制、伺服驱动和总线通信技术的自主可控，拓展统一电控平台技术规范的应用范围。

加强项目样机与试验装置的试制、验证工作，加快新产品项目试制加工。其中，“包装机模块化设计及应用研究”“独立伺服驱动在包装机上的应用研究”完成关键技术试验装置的装配和试验测试工作；“实验室用卷接机组研制”图样交付常德烟机，并与山东中烟、河南中烟达成样机试用意向；“实验线切丝机研制”完成工程图设计和零件加工，进行组织装配，准备交付用户；“原烟工业智能分级原理机研发”完成烟叶数采、烟叶分仓两部分的样机试制。

做好 8 个项目的项目调研、方案评审等工作。其中“柔性卷接机组关键技术研究”完成技术方案评审和关键技术试验装置的设计建模工作；“盒外透明纸及条盒条透包装机模块化设计研究”通过总体技术方案评审；“双排烟条调头装置技术研究”通过原理仿真确定主要技术参数，实验装置设计图样完成交付。11 月，“卷烟机新型激光打孔装置研究”“基于伺服驱动的 400 包/分模块化硬盒包装机研制”“模块化多品规滤棒成型机组研制”等 3 个项目通过集团组织的行业专家评审。评审专家对伺服驱动的模块化、柔性化研发方向给予高度认可。

深入开展烟机智能化的研究，以推进“智能烟机技术规范 1.0”项目为契机，组织编写《“智能烟机”技术体系报告》，为集团公司制定完善智能烟机技术标准，系统性推进烟机智能化工作做好支撑。加快推进“包装机电气智能化设计平台研究”“成型机数字化平台研究”项目，为深入开展烟机智能化研究打好技术基础、做好人才储备。

北京达特集成技术有限责任公司

【概 况】 北京达特集成技术有限责任公司（简称北京达特公司）成立于1998年，原名为北京达特膨胀烟丝成套设备工程有限责任公司。2002年，更名为北京达特烟草成套设备技术开发有限责任公司。2013年，更名为北京达特集成技术有限责任公司。北京达特公司由中国烟草机械集团有限责任公司、五洲工程设计研究院、秦皇岛烟草机械有限责任公司共同投资组建，注册资本5000万元。北京达特公司集科、工、贸于一体，实施机、光、电、控一体化的成套设备工程，并承揽烟草物流设计（咨询）与集成业务、烟草农业机械集成业务。截至2020年底，北京达特公司拥有总资产3.58亿元，其中固定资产0.02亿元、流动资产3.54亿元。资产负债率56.37%。从业人员101人。北京达特公司党支部书记、董事长：郭冬青（—2020年4月）、付嘉（2020年5月—）；总经理：李建梅。

【生产经营】 2020年，北京达特公司实现营业收入6.86亿元。实现税利0.87亿元，其中利润0.59亿元。公司4项主营业务中，膨丝线、物流、农机业务体量较2019年大幅增加，由于盈利能力较弱的农机和物流业务体量占比较大，营业收入增幅高于利润和税利增幅。

【技术创新】 2020年，公司有在研科技项目23项，其中续研项目17项；新立项项目6项，其中“二氧化碳超临界流体柔性膨胀关键技术研究及装备自主开发”为集团公司2019年度烟机科技计划项目，其余均为公司立项项目，参研人数49人，研发人员费用450万元。全年研发投入总预算0.27亿元，实际研发投入0.25亿元，满足高新年度要求。2020年获得发明专利授权1件，实用新型专利授权3件；获得软件著作权2项。

【企业管理】 2020年，北京达特公司持续抓好各项整改任务落实工作，坚持以问题为导向，聚焦关键点、薄弱点、风险点进一步完善规范管理工作体系，强化制度体系建设。提升财务基础管理水平，加强资金风险防范，落实银行账户和存款管理办法，规范大额资金存放，建立健全资金内控制度，提升资金使用效率。贯彻落实集团公司关于规范企业采购管理工作的重要部署，完善和修订北京达特公司与采购有关的管理制度，优化采购工作体系。完成合格供应商入围公开招标工作，建立新的供应商库。修订《采购管理办法》《采购目录》，指导年度采购计划的精准执行。

中烟烟机零配件采购服务中心有限责任公司

【概 况】 中烟烟机零配件采购服务中心有限责任公司（简称零配件中心）于2012年9月26日在原北京特思达机电技术开发有限责任公司的基础上工商变更组建。主要从事销售机械设备，技术服务业务。截至2020年底，零配件中心拥有总资产5.12亿元，其中固定资产0.02亿元、流动资产5.03亿元。资产负债率39.53%。从业人员26人。零配件中心董事长、总经理：付嘉（—2020年4月）、赵文宏（2020年4月—）。

【生产经营】 2020年，零配件中心实现营业收入6.85亿元。实现税利1.11亿元，其中利润0.55亿元。公司三项费用率4.57%。

【企业管理】 发挥主渠道作用，加强业务流程节点管控，打好强化服务“主动战”。业务开展全面保障做“稳”，保税寄售求“准”，订单业务提“速”。立足全面分析历史数据，新周期价格谈判取得较好结果，德国HAUNI、德国FOCKE、意大利G.D公司下一周期价格清单总体平均涨幅为2%且有效期均为4年。

加强制度体系建设，压实目标责任，筑牢企业管理“主阵地”。分解“年度业绩目标责任书”，层层压实工作责任。严格规范采购管理，持续推进制度标准化规范化建设工作，管理制度体系框架基本建立。

激发工作潜能，提升综合能力，建强员工队伍“主力军”。通过实施岗位轮岗，力争盘活现有人力资源。加强中层管理人员管理，坚决匡正选人用人之风。加强专业培训，不断提升员工业务技能水平。

中烟物流技术有限责任公司

【概 况】 2017年9月，国家局、总公司印发《关于设立中烟物流技术有限责任公司的批复》，同意中国烟草机械集团有限责任公司、中烟商务物流有限责任公司共同投资设立中烟物流技术有限责任公司，公司注册资本5000万元，其中，中国烟草机械集团有限责任公司占70%、中烟商务物流有限责任公司占30%。公司于2017年11月30日正式成立。截至2020年底，中烟物流技术有限责任公司拥有总资产2.33亿元，资产负债率78.57%。从业人员222人。公司董事长：

曲伟；党支部书记、总经理：姜新荣。

【生产经营】 2020年，公司中标行业项目15个，非烟项目4个。实现销售收入1.47亿元。实现税利0.1亿元，其中利润0.06亿元。国有资产保值增值率112.02%，成本费用利润率3.98%。

【主要产品】 公司自主设计研发条烟分拣设备5套：新立式分拣机（FJ15000）、循环分拣机（FJ25000）、高速分拣机（FJ30000）、超高速分拣机（FJ100000）、异型烟分拣系统及三标合一（标准烟、细支烟、异型烟）分拣合单包装系统（YX5000），具有设备占地面积小、投资少、运行成本低等优势。

公司自主设计研发的单机设备主要为：标准烟开箱机（ES0301000000）、细支烟开箱机（ES0302000000）、补货小车（ES04030000000）、发射机（ES1602000000）、S型缓存（ES0602000000-000）、五拨卧式机（ES1702000000）。

【技术创新】 **加速推进关键设备研究应用**。有序推进AGV、机械手、仿真技术、全自动装卸货机器人、异型烟拣选手（四抓）、烟叶智能分级拣选系统、多品规细支烟装封箱系统、包装机等8个科研课题研究。重点推进烟叶智能分选定级系统研发，首次进入行业农业物流市场，实现烟站在分选、定级、交售等环节的智能化、信息化管理，打破行业传统人工分选定级的模式，率先将自动化物流系统引入到烟草农业领域。研发的设备应用于云南楚雄、曲靖，湖南，重庆烟叶分级项目，系统分级效率为200千克/小时。

积极探索智慧物流发展方向。贯彻落实行业打造“全面感知、数字驱动、智能管理、智慧决策”的智慧物流体系部署要求，结合行业农工商一体化全产业链发展方向，与重庆市烟草公司物流分公司签订集物流技改、智慧物流于一体的战略合作协议，有序推进长沙卷烟厂线边物流自动化合作项目，探索物流技术智能化工作实施方向，实现物流技术服务柔性化、高效化、定制化。

依托重点项目推进研发。申报“烟草异型烟条烟分拣控制系统”“特异型烟快速分拣控制系统”等发明专利及软件著作权，2020年，累计研发申报发明专利、实用新型专利50余件。截至2020年底，获得实用新型专利授权35件，外观设计专利授权2件；软件著作权13项；发表论文2篇。获得全国高新技术企业认定和CMMI3企业认证。

云南烟草机械有限责任公司

【概　况】 云南烟草机械有限责任公司（简称云南烟机）由云南中烟工业有限责任公司与中国烟草机械集团有限责任公司共同出资，在原云南烟草机械厂基础上，于2008年6月23日注册成立。云南烟机经营范围涵盖烟用包装、卷接、储存、输送机械生产销售及大修理，烟机技术改造、零配件设计生产销售，烟用农业机械设计生产销售。截至2020年底，云南烟机拥有总资产7.2亿元，其中固定资产0.41亿元、流动资产6.6亿元。资产负债率51.33%。从业人员335人。云南烟机党委书记：杨建东（—2020年7月）；党委副书记、总经理：李宏彬（2020年8月—，6—8月为总经理，之前任副总经理，全面负责党委工作）；董事长：金亦斌。

【生产经营】 2020年，云南烟机实现工业总产值6.99亿元，工业增加值2.27亿元。实现产品销售收入6.95亿元。实现税利1.33亿元，其中利润1.04亿元。三项费用率12.43%。万元产值综合能耗1.4千克标准煤，万元增加值能耗4.31千克标准煤。

【技术创新】 以推动企业高质量转型发展为根本，加快提升技术管理水平，建立健全技术体系，明确技术分类管理的职责权限，修订完善技术标准化系列文件，加强技术信息化管理。加大技术创新力度，“一种推板式生物质燃烧机”“一种生产竖排孔烟支的激光在线打孔装置及其烟支”等5件获实用新型专利授权，QC小组活动成果“成品条盒自动拆解检测装置的研制”“缩短更换YB45内框纸虚线切刀辊及对辊的时间”获得云南中烟QC成果三等奖。

烟草专用机械持证生产企业名单

序号	企业名称	企业地址
1	上海烟草机械有限责任公司	上海市浦东新区云间路2555号
2	常德烟草机械有限责任公司	湖南省常德市长庚路99号
3	许昌烟草机械有限责任公司	河南省许昌市永昌路6号

续表

序号	企业名称	企业地址
4	秦皇岛烟草机械有限责任公司	河北省秦皇岛市经济技术开发区龙海道67号
5	天津华一有限责任公司	天津市红桥区丁字沽三号路8号
6	昆明船舶设备集团有限公司	云南省昆明市人民东路3号
7	颐中（青岛）烟草机械有限公司	山东省青岛市崂山区株洲路88号
8	贵州平水机械有限责任公司	贵州省安顺市平坝县210信箱
9	北京长征高科技有限公司	北京市经济技术开发区地盛北街1号25号楼
10	张家口市通用机械有限责任公司	河北省张家口市桥西区新村南路14号
11	杭州萧山烟草机械设备有限公司	浙江省杭州市萧山区临浦镇通一村（后沈）
12	沈阳飞机工业（集团）有限公司	辽宁省沈阳市皇姑区陵北街1号
13	武汉船用机械有限责任公司	湖北省武汉市青山区武东街9号
14	昆明风动新技术集团发展有限公司	云南省昆明市高新区科泰路
15	中国船舶工业总公司七一五研究所宜昌分部	湖北省宜昌市绿萝路43号
16	巩义市建设机械制造有限公司	河南省巩义市城东石灰务工业区
17	云南烟草机械有限责任公司	云南省昆明市高新技术开发区科医路43号
18	昆明烟机集团二机有限公司	云南省昆明市东郊金马寺
19	昆明烟机集团三机有限公司	云南省昆明市经济技术开发区信息产业基地拓翔路235/237号
20	宝应仁恒实业有限公司	江苏省扬州市宝应县苏中北路18号
21	江苏恒森烟草机械有限公司	江苏省无锡市锡山区羊尖镇机械装备产业园胶阳路
22	宁波轻工机械制造有限公司	浙江省宁波市镇海区骆驼工业区南一西路78号
23	智思控股集团有限公司	江苏省武进市高新技术产业开发区凤鸣路18号
24	北京达特集成技术有限责任公司	北京市经济技术开发区地盛北街1号25号楼
25	东方机器制造（昆明）有限公司	云南省昆明市经济技术开发区昌宏路88号
26	南京大树智能科技股份有限公司	江苏省南京市江宁区经济技术开发区挹淮街8号
27	机科发展科技股份有限公司	北京市海淀区首体南路2号
28	扬州市天宝自动化工程有限公司	江苏省扬州市宝应县柳堡镇仁里工业园区
29	合肥安大电子检测技术有限公司	安徽省合肥市高新技术开发区天达路2号安大科技园电子楼
30	云南紫金科贸有限公司	云南省昆明市金星广场A幢3楼
31	上海兰宝坤大智能技术有限公司	上海市奉贤区金汇镇金碧路228号6幢1层
32	开封东方机械有限公司	河南省通许县北工业园区丽星路中段
33	深圳市格雷柏智能装备股份有限公司	深圳市福田区天安数码城创新科技广场B1710
34	郑州竹林智研机械设备制造有限公司	河南省巩义市竹林镇镇北街
35	湖南傲派自动化设备有限公司	湖南省湘潭市湘潭县易俗河镇梧桐路以西（湘潭天易示范区傲派工业园）
36	北京航天雷特机电工程有限公司	北京市丰台区科学城恒富中街2号1号楼6498室
37	常德瑞华制造有限公司	湖南省常德市武陵工业新区2号路518号
38	南京焦耳科技有限责任公司	江苏省南京市高新区南京软件园（西区）团结路99号孵鹰大厦A座404－405室
39	河南施普盈科技有限公司	河南省许昌市许由路与学院路交叉口许昌汉诺威自动化有限公司大门口东侧
40	张家口市东力机械制造有限责任公司	河北省张家口市张家口高新技术产业开发区富强路24号
41	上海坤大信息技术有限公司	上海市闵行区联航路1588号
42	南京文采科技有限责任公司	江苏省南京市建邺区嘉陵江东街18号3号楼2层
43	安徽飞翔烟机配套有限公司	安徽省安庆市桐城市范岗镇红旗路41号
44	天津斯巴克斯机电有限公司	天津市北辰区天津北辰经济技术开发区科技园华泰道8号

◇ 撰稿：高　超；编辑：周　佳

卷烟辅助材料生产

南通醋酸纤维有限公司

【生产经营】 2020年，南通醋酸纤维有限公司（简称南纤公司）围绕“12345”战略发展思路，克服新冠肺炎疫情不利影响，圆满完成各项生产经营任务。全年生产丝束10.61万吨，销售丝束10.48万吨；生产醋片19.97万吨，销售醋片10.08万吨。实现利润31.18亿元。

【辅料生产供应】 南纤公司确保辅料生产供应，辅料主要为醋纤丝束油剂，用于醋纤丝束生产润滑、集束、防静电。醋纤丝束油剂以白油、乳化剂为主要原料，根据醋纤丝束的生产特点和要求配制。2020年，生产油剂1776吨，除自用外，向昆明、珠海两家醋酸纤维有限公司销售油剂446吨。

【协同创新】 **安全协同**。南纤公司牵头编制发布《三纤公司化学品安全管理规范》，强化危险化学品安全管理。全面开展“三违”专项治理工作，每季度开展三纤公司安全信息交流，提升三纤公司安全协同管理水平和本质安全型企业建设水平。

技术协同。协同开展丝束开发、质量攻关和工艺设备技术交流，对31项原辅材料和丝束测定标准进行统一。以信息化中长期战略规划为引领，协同推进信息化建设，建设客户关系协同管理系统（CRM），开展共享数据中心项目应用需求梳理和技术架构调研。核心原料木浆多品种开发取得进展，协同珠纤公司完成550吨挪威木浆生产试验；协同完成千吨级国产棉浆醋片生产和纺丝试验，形成技术储备。核心部件喷丝帽国产化取得阶段性成果，形成理论研究报告并完成国产喷丝帽试制和小批量上线试验。

管理协同。推动《三纤公司采购管理规定》的落地，制定“一个制度、两个清单、三个基库”，进一步规范采购管理。牵头构建贯彻新发展理念和先进管理工具相融合的三纤公司高质量发展评价指标体系，建立32个国际一流评价指标。牵头制定《三纤公司高质量发展评价指标体系实施办法》，制定南纤公司实施方案，推动办法有效落地。

【品牌建设】 **持续提升丝束质量**。组织召开两次丝束质量提升专题会议，组织工艺、设备、客户成型3个小组，从产品控制、部门协同、用户反馈角度开展57个质量提升课题研究，着力提升产品的一致性、稳定性、适应性。S－泵浆液浓度稳定性SD、丝束线密度变异系数CV、丝束断头率等质量指标达到或超过目标值。

持续推进丝束开发。全力对接卷烟生产创新，为“中华”等重点品牌卷烟开发5个规格丝束。推进R型丝束的试验开发，截至2020年底，完成内部评价，并发往上海烟草集团、浙江中烟等用户处开展外部验证试验。推进超高单旦丝束在用户的试验及规格改进，结果达到客户预期。

持续改进用户服务。以服务为用户创造价值，完成3个规格丝束进口替代。坚持“走出去、请进来”相结合的原则，走访用户127场次，开展片区及点培训6次，接待用户到访12批次。强化与重点卷烟品牌的战略合作，与贵州、云南、上海等重点用户开展3场丝束技术交流。首次推出用户丝束选型指南，协同编制完成并发布三纤公司首版《华维烟用丝束用户手册》。启用统一的“华维”品牌丝束外包装。2020年，公司丝束用户满意度和忠诚度指数分别为92.37和95.6。

【企业管理】 **安全环保**。开展“三违”治理。开展全公司范围“我的安全我做主，我的行为我负责”专题安全活动。通过自我剖析、安全承诺、STOP观察应用等工作和方法，全面识别和管控人的不安全行为风险，排查和治理人的不安全行为隐患。全公司共计识别违章指挥138项，违章操作672项，违反劳动纪律179项，组织不安全行为集中曝光2期。梳理“三违”行为识别与防范的基本常识，搜集典型“三违”行为漫画，形成具有南纤特色的《反“三违”手册》。

巩固提升双重预防。制定双重预防巩固提升总体方案和作业活动、设备设施及工艺系统3个风险辨识评估专项方案。全年完成338个风险单元、2405项作业活动的JHA风险辨识，开展267类设备设施FMEA风险辨识和62个工艺系统HAZOP风险辨识，对识别出的风险确定控制和改进措施。开展各类隐患排查治理工作，三级检查共发现隐患2368条，整改率92.57%。开展安全生产排查整治工作，排查出6条整改问题。

确保环保达标。通过强化环保设施运维和排口日常监控管理，严控污染物排放，实现“三废”达标优标排放，二氧化硫、氮氧化物、烟尘排放分别比上年下降31.2%、33.3%、80.4%。开展危废处置工作，全年完成危废处置

2020 年 3 月 8 日，南纤公司举行增资扩建（六期）项目投产仪式
南纤公司　供稿

1406 吨，危废稳定处于低库存水平。顺利通过第三方审核，取得化学纤维行业排污许可证。完成 5 期锅炉烟气 CEMS 系统自主验收，VOCs 治理等重点环保项目有序推进。与南通市政府协调，妥善解决减排限产矛盾，减少醋片产能损失 2.7 万余吨。

精益管理。提产销。南纤公司增资扩建（六期）项目在疫情期间提前投产，醋片销量增加，增利 2.54 亿元。通过提升纺丝速度，实行柔性化生产，缩短工改和减少气吹产废丝量，增加丝束产量 2144 吨，售后增利 4771 万元。

控成本。通过强化市场分析，错峰采购煤炭和冰醋酸大宗物料，减少采购成本 1276 万元。通过充分引入竞争，优化招标方式，开展供方开发等举措，在控制采购成本的同时，确保供应安全。

降费用。通过修旧利废、自主维修、国产化替代等举措，降低维修费用 778 万元。开展税收筹划，力争享受 500 万元固定资产一次性抵扣、研发费 75% 加计扣除等优惠政策，减少税费 775 万元。

强管理。围绕安全、质量、效益、成本等要素，完成 49 个 TPM 改善课题，丝束设备 OEE 为 94.07%，醋片设备 OEE 为 93.82%。完成 47 个 QC 项目和 11 个精益六西格玛项目，提升管理水平，取得财务收益 1840 万元。全面完成管理手册、程序、制度的修订换版，实现九大管理体系一体化高度融合。

【工程建设】　2020 年，南纤公司坚持疫情防控和工程收尾消缺“两手抓、两手硬”，增资扩建（六期）项目建设切实做到 4 个“全面受控”。安全全面受控，明确项目团队和生产部门管理边界和责任分工，加强检查与监督，调试及试生产过程实现安全无事故，项目顺利通过安全、环保、职业卫生和节能 4 项专项验收。进度全面受控，克服疫情影响，主要依靠自身力量完成六期醋片装置调试工作，项目于 3 月 8 日提前建成投产。同时仅用 6 个月的时间完成新增备用垂直单元的全部建设工作，可投入运行，保障三纤公司醋片供应。质量全面受控，六期工程醋片生产装置试运行良好，在投产当月即达到设计产能，产品质量稳定，顺利通过 72 小时生产性能考核。新增备用垂直单元可稳定运行，达到设计产能。费用全面受控，截至 2020 年底，六期工程使用费用总计 7.05 亿元，占初步设计总投资概算的 77.1%，项目费用控制良好。

【特事辑要】　2020 年 1 月 31 日，南纤公司第一时间传达并学习《中共国家烟草专卖局党组关于坚决贯彻落实习近平总书记重要批示，做好新型冠状病毒感染肺炎防控工作的通知》，回顾了公司近期疫情防控、生产经营情况，对下一阶段工作明确三方面的要求。

3 月 8 日，南纤公司增资扩建（六期）项目投产。

9 月 25 日，南纤公司举行迎接中华人民共和国成立 71 周年升国旗仪式。

◇ 撰稿：刘静静；编辑：周　佳

昆明醋酸纤维有限公司

【生产经营】　2020 年，昆明醋酸纤维有限公司（简称昆纤公司）生产丝束 3.5 万吨，销售丝束 3.49 万吨，实现利润 4.08 亿元。

【安全环保】　2020 年，昆纤公司一般以上安全事故为零，20 万工时严重伤害指数为零，员工职业病发病率为零，“三废”排放达标率 100%。

坚决杜绝搬迁临时思想，针对公司安全工作现状和薄弱环节，结合《安全生产诊断评估》《危险化学品企业安全风险隐患排查治理导则》等要求，昆纤公司策划和实施以“三个全面推进”“两个着力严抓”为主线，46项行动举措的年度安全工作计划，坚守安全环保红线，确保疫情防控红线，整体安全环保受控。

【生产经营】 昆纤公司实施“1331”的工作计划，全力以赴推进本质安全型企业建设、“华维”品牌建设、学习型企业建设，促进管理提升，开创建设“精、强、美”的昆纤新局面。

公司克服年初停车和新冠肺炎疫情的影响，圆满完成两年一次的停车大检修任务，实现利润比上年增长8.8%，较预算增长14.6%。全面完成董事会批准的年度生产经营目标，保持良好的生产经营态势。

公司开展降本增效工作，对标三纤公司高质量发展体系指标，从降低采购成本、控制材料消耗、控制运营费用等方面持续开展降本增效工作，优化和落实公用工程生产策略，能源效率进一步提高。2020年实现增产300吨，吨丝束耗标煤值为历史最低。

【协同创新】 坚持“同向同行、合心合力、互信互通、共创共赢”的原则，积极参与、实施或牵头负责三纤协同相关项目。狠抓产品质量稳定性，开展“使用不同粘度醋片转换平稳过渡”工作，产率SD、无接头包率、丝束合格品率等客户关注的质量指标改变下滑趋势；实施“成型机及滤棒综合测试台”项目，截至2020年底，公司全面具备云南中烟所需中支烟系列丝束规格的生产和检测能力，客户满意和信赖的价值共同体格局基本形成。

【客户服务】 昆纤公司开展全面推进丝束专线建设，打造“标杆专线”关键工作。组建专线建设工作组，以保障专线产品供应安全为基础，从专线产品设计、质量指标、运行管理、不同醋片平稳过渡、设备保障能力、客户服务水平等6个方面实施改进。持续开展工艺技术和产品质量指标的跟进和整改工作，确保“三粘度，四木浆”多种醋片的平稳转换及有效使用，其中断头率、合格品率均为2017年以来最佳。实施“客户服务管理改进”关键工作，以客户感受和关注为导向，认真分析、总结内外部顾客满意度调查信息，查找产品质量和服务水平的薄弱环节。

进一步加强新品开发和与客户的技术交流。发挥三纤公司技术中心优势，开展与昭通、曲靖卷烟厂技术合作交流项目；重点开展5.8Y26000规格丝束的准入认证工作，为云南中烟生产150吨中支烟用5.0/35000规格丝束；完成“新增成型机及滤棒综合测试台”项目，公司全面具备云南中烟所需中支烟系列丝束规格的生产和检测能力。

严格遵守专卖法规，守住合规经营底线。率先在国产丝束中实现电子化准运证的办理和使用，总体产品和服务品质持续提升。

2020年新冠肺炎疫情期间，昆纤公司顺利完成停车检修

昆纤公司 供稿

【搬迁技改】 公司聚焦搬迁技改项目的“精、强、美”建设，2020年在项目立项准备、工艺设计、施工技术准备等方面取得进展。完成立项报告编制和立项申报材料准备；结合三纤公司《信息化中长期战略规划（2019—2025）》，策划和编制公司数字化、智能化建设的原则方案，系统梳理和完善数字化工厂建设思路；进一步完善工艺技术PID图和各装置设备布置图；完成《昆纤搬迁技改工程建设安全管理手册》《项目建设安装和土建工程建设技术要求》等9份技术文件编

制；积极与云南省政府及云南中烟协调、协商现址开发方案，有序推进搬迁技改项目各项准备工作。

◇撰稿：李如音；编辑：周 佳

珠海醋酸纤维有限公司

【生产经营】 2020年，珠海醋酸纤维有限公司（简称珠纤公司）生产丝束7.36万吨，销售丝束7.21万吨，实现利润8.25亿元。

【安全环保】 珠纤公司严格贯彻落实关于疫情防控的工作要求，抓好常态化防控，为安全稳定生产提供坚实保障。巩固“1+2”项目建设成果，重点抓岗位安全责任和员工行为安全，深入开展安全风险系统性辨识和分级管控，通过隐患曝光和员工应知应会知识抽查等措施，夯实安全基础。强化安全意识，通过高管安全专题授课和总经理室每月现场安全检查，引领安全培训体系和隐患排查治理体系建设。深化环保工作，全面实施14个清洁生产方案，2020年锅炉氮氧化物排放量比上年下降68%。公司被认定为珠海市2020年第一批清洁生产企业。

【协同创新】 **三纤协同管理**。承办在贵州中烟举行的《华维烟用丝束用户手册》发布暨三纤公司与贵州中烟技术交流会，进一步增强三纤公司与客户的需求互动、战略合作。参与2020年度三纤公司与美国塞拉尼斯公司的技术交流活动。严格落实会议费管理、审计协同、知识产权等12项三纤协同管理制度，并及时内化至标准化文件中予以执行。

推动智能制造。AGV（Automatic Guided Vehicle）智能成品仓库系统投入运行，首次在三纤公司内部实现成品仓库全自动化管理和丝束包精确定位。运用丙酮自动检测系统、摄像监控系统、综合仓库信息管理系统等先进设备和技术，从根本上优化人员配置，实现控员增效。

鼓励全员创新。全年实施创新项目79个，其中55个科技创新项目、24个管理创新项目，创新人数达到457人次，创新指数为3.99。持续推进QC小组活动，公司潜能QC小组成果“减少水吸收系统吨丝耗汽量”获得烟草行业第三十一届优秀质量管理小组成果三等奖。

【品牌建设】 2020年，珠纤公司与四川三联新材料有限公司开展联合攻关，从丝束制造和使用两方面进行技改，有效满足其对制棒稳定性提升的需求。为满足市场对中细支、中空滤棒个性化丝束的需求，成功开发7.3Y72000、7.3Y26000、7.3Y22000和4.5Y31000等规格丝束，为用户开发新品提供更多选择。

疫情期间，公司提前衔接发货安排，启动应急发货模式，全力满足用户提货需求。主动邀请中烟益升华和广西中烟的管理团队、技术专家来公司交流，为将来合作奠定基础。为客户制作丝束理化指标检验视频，提高客户丝束入厂检验结果的一致性。全年开展增值服务24次，客户需求满足率100%，客户投诉闭环率100%。

珠纤公司丙酮回收区（2020年）

珠纤公司 供稿

截至2020年底，珠纤公司产品覆盖“双喜”“黄鹤楼”“芙蓉王”“利群”等13个重点品牌，重点卷烟品牌覆盖率超过86%。

【企业管理】 以“零缺陷”管理为抓手，持续提高全员质量认识和质量绩效。2020年，珠纤公司成立丝束质量攻关小组，围绕用户需求，开展“丝束生产现场质量改进”等五大专项课题研究，丝束本质质量有较大程度提升。

以“三大变革”为抓手，规划建立全覆盖、高效率的流程管理模式。2020年，珠纤公司以“供应链管理流程”为试点，加强供应链各模块的内部流程集成，形成端到端的流程型运作与管控方式，并通过流程驱动组织能力、流程能力、岗位能力的综合提升，探索由职能型组织向流程型组织转变的有效途径。

【特事辑要】 2020年7月1日，珠纤公司召开庆祝中国共产党成立99周年纪念会。

7月23日，由珠纤公司承办的《华维烟用丝束用户手册》首发仪式暨三纤公司与贵州中烟技术交流会在贵州中烟技术中心举行。

9月29日，珠纤公司醋酸纤维绿色关键工艺系统集成项目通过由工业和信息化部组织的验收。

◇ 撰稿：万 项；编辑：周 佳

其他卷烟辅助材料生产企业名单

辅料生产企业名称	出资人（烟草企业）	总资产（万元）	总产值（万元）	总利润（万元）	主要经营项目
中烟摩迪（江门）纸业有限公司	中国烟草总公司参股	70402	40261	6093	主要经营卷烟纸、成型纸、其他用于烟草制造业的各种纸类制品的加工、生产和销售，并提供与此相关的服务
张家口钻石工贸有限公司	张家口卷烟厂有限责任公司子公司	580	1957	370	主要经营纸箱出租、卷烟零售，扶贫农产品销售
石家庄荷花卷烟材料有限责任公司	河北白沙烟草有限责任公司子公司	3446	3021	-1032	主要经营卷烟纸、成型纸、其他用于烟草制造业的各种纸类制品的加工、生产和销售，以及其他特定用途纸，并提供与此相关的服务
保定市玉兰实业发展有限责任公司	河北中烟工业公司全资	2264	4676	261	主要经营烟箱、水松纸循环
上海烟草包装印刷有限公司	上海烟草集团有限责任公司控股	223662	95277	13975	主要经营出版物印刷、包装印刷、其他印刷，从事印刷科技专业领域内的技术咨询、技术服务等
上海白玉兰烟草材料有限公司	上海海烟投资管理有限公司全资	37565	48673	5053	主要负责滤棒的研发、制造
上海烟草集团太仓海烟烟草薄片有限公司	上海烟草集团有限责任公司全资	38477	18668	4028	主要经营烟草薄片委托加工、烟叶购进、烟草薄片生产销售，与烟草薄片生产相关的技术咨询服务，烟草薄片仓储，香料销售
上海牡丹香精香料有限公司	上海烟草集团有限责任公司控股	22044	20586	4650	主要负责烟用香精香料的研制、开发、生产、销售、运输及其相关领域内的咨询服务
南通烟滤嘴有限责任公司	江苏中烟工业有限责任公司全资	208042	147632	35079	主要经营烟滤嘴的加工、销售
龙游塔恩纸业有限公司	浙江中烟投资管理公司参股	21518	12793	1777	主要经营生产销售水松原纸和水松纸及其他纸及烟草行业的其他纸产品
湖州新天外绿包印刷有限公司	浙江中烟投资管理公司参股	39037	28511	4132	主要经营卷烟包装印刷、其他印刷，包装装潢，从事货物与技术的进出口业务
浙江伟博包装印刷品有限公司	浙江中烟投资管理有限公司参股	16208	13127	1187	主要经营卷烟包装印刷、包装装璜印刷及进出口业务（不含分销业务）
浙江利群环保纸业有限公司	浙江中烟工业有限责任公司参股	32789	26828	7358	主要经营造纸法烟草薄片的技术研发、生产及自产产品销售
蚌埠卷烟材料厂	隶属安徽中烟工业有限责任公司、集体企业	46000	43934	2460	主要生产经营滤棒、香精香料、接装纸、内衬纸、框架纸、烟箱、白乳胶、烟用布带、封箱胶带等卷烟辅材产品

续表

辅料生产企业名称	出资人（烟草企业）	总资产（万元）	总产值（万元）	总利润（万元）	主要经营项目
芜湖卷烟材料厂	隶属安徽中烟工业有限责任公司、集体企业	32217	10737	1396	主要经营滤嘴棒定向加工；包装装潢印刷品、其他印刷品印刷；烟草废旧物资挑选整理等
合肥烟草工贸总公司	隶属安徽中烟工业有限责任公司、集体企业	21087	12561	1633	主要经营纸箱、铝箔纸、接装纸、卡纸、滤棒等卷烟辅材
阜阳卷烟材料厂	隶属安徽中烟工业有限责任公司、集体企业	12504	9048	1184	主要经营卷烟材料、纸箱、滤棒、铝箔纸、水松纸、卡纸、废旧物资回收、销售，房屋租赁
滁州卷烟材料厂	隶属安徽中烟工业有限责任公司、集体企业	21891	14411	1265	主要经营纸箱、滤棒、薄片丝、铝箔纸、卡纸、烟用接装纸的生产、制造，其他卷烟材料配套服务、精加工、修理等
中烟益升华（厦门）滤嘴棒有限责任公司	福建中烟工业有限责任公司参股	8865	0	-233	主要经营烟用醋纤丝束购进；烟用丙纤丝束购进；研究、开发、生产、销售烟用滤嘴棒；滤嘴棒加工；提供烟用滤嘴棒的售后、实验室测试和咨询等专业技术服务；烟草专用机械购进
厦门鑫叶印务有限公司	福建鑫叶投资管理集团有限公司全资	19221	22318	3139	主要经营烟商标印刷，专业承制包括广告印刷品、商标等
厦门鑫叶包装材料有限公司	福建鑫叶投资管理集团有限公司全资	10844	10914	1020	主要经营烟草专用铝箔复合纸、烟用框架纸、烟用接装纸（水松纸）、纸箱等多种包装材料
厦门鑫恒晟印务有限公司	福建鑫叶投资管理集团有限公司全资	20412	21879	4613	主要经营包装装潢及烟草制品商标的印刷业务等
福建三华彩印有限公司	福建鑫叶投资管理集团有限公司控股	123697	16881	6271	主要经营商标、广告等印刷品，兼营装潢设计
厦门五福印务有限公司	福建鑫叶投资管理集团有限公司参股	36932	19607	6226	主要经营卷烟商标印刷等
福建省石狮市富兴包装材料有限公司	福建鑫叶投资管理集团有限公司参股	16825	13141	2218	主要经营水松纸、铝箔纸、卡纸等卷烟辅料的经营与管理等
山东鲁烟莱州印务有限公司	将军烟草集团有限公司全资	31368	28381	3058	主要经营包装装潢印刷品印刷
山东将军开元纸业有限公司	将军烟草集团有限公司全资	9141	6244	592	主要经营瓦楞纸、纸箱、铝箔纸、卡纸及包装制品生产、销售，包装装潢印刷
山东将军烟草新材料科技有限公司	将军烟草集团有限公司全资	41233	11927	10830	主要负责醋纤滤棒生产销售，进出口业务，烟用辅助材料销售，烟叶库智能管理系统，房屋租赁等
将军集团济南包装材料分公司	将军烟草集团有限公司直属	10019	13093	659	主要经营纸张、纸制品、塑料制品、烟用辅助材料的批发零售，卷烟纸分切销售、塑化烟箱租赁、包装装潢印刷品印刷
济南泉永印务有限公司	将军烟草集团有限公司控股	28542	20219	2417	主要经营印制卷烟商标、包装箱盒及其他纸制包装物、本册制造
将军集团临清纸业分公司	将军烟草集团有限公司直属	9815	4307	988	主要经营包装装潢印刷品印刷，批发、零售纸张、纸制品，烟用辅助材料、烟用配件、机械零部件、机械设备及配件，房屋租赁

续表

辅料生产企业名称	出资人（烟草企业）	总资产（万元）	总产值（万元）	总利润（万元）	主要经营项目
颐中烟草（集团）有限公司卷烟材料分公司	颐中烟草（集团）有限公司直属	4396	8173	3600	主要经营卷烟滤棒加工
颐中烟草（集团）有限公司烟台分公司	颐中烟草（集团）有限公司全资	5019	1761	－73	主要生产、销售丝束成型助剂，相关资产租赁管理
颐中（青岛）实业有限公司	颐中烟草（集团）有限公司全资	26839	21197	736	主要经营烟草辅料加工、香精香料、微生态、装饰涂料（胶粘剂）、仓储、商业零售
颐中（潍坊）实业有限公司	颐中烟草（集团）有限公司全资	14913	9876	205	主要经营烟用滤棒、内衬纸、纸箱等卷烟配套的原辅材料（烟草专卖品除外）加工销售，房屋租赁
颐中（滕州）实业有限公司	颐中烟草（集团）有限公司全资	1722	1399	－99	主要经营加工烟用滤棒
青州新华包装制品有限公司	颐中烟草（集团）有限公司全资	12643	12013	391	主要经营烟标印刷及接装纸加工
烟台颐中包装有限公司	颐中烟草（集团）有限公司全资	2189	3298	33	主要经营纸箱的制造；纸箱、纸板、包装材料的批发；三乙酸甘油酯、增塑剂、农副产品的销售；包装装潢印刷品印刷
青岛嘉泽包装有限公司	颐中烟草（集团）有限公司参股	61513	76180	7132	主要经营生产销售卷烟包装材料
青岛黎马敦包装有限公司	颐中烟草（集团）有限公司参股	54066	62049	8088	主要经营烟标印刷
河南金瑞香精香料有限公司	河南中烟工业有限责任公司全资	21009	22700	5186	主要生产、销售烟用香精香料
河南金芒果印刷有限公司	河南中烟工业有限责任公司控股	16954	14000	3344	主要生产、销售烟标装潢
许昌永昌印务有限公司	河南中烟工业有限责任公司控股	15321	23917	2236	主要生产、销售烟标装潢
焦作金叶醋酸纤维有限公司	河南中烟工业有限责任公司控股	25057	15810	1939	主要生产、销售烟用醋酸纤维丝束
驻马店发时达工贸有限公司	河南中烟工业有限责任公司控股	7247	10300	722	主要生产、销售接装纸、内衬纸等，加工烟用滤棒
郑州黄金叶实业总公司	隶属河南中烟工业有限责任公司、集体企业	45549	34934	532	主要生产、销售烟标装潢、框架纸等，加工烟用滤棒
河南新郑金芒果实业总公司	隶属河南中烟工业有限责任公司、集体企业	16739	20748	1397	主要生产、销售接装纸、框架纸等，加工烟用滤棒
安阳红旗渠集团	隶属河南中烟工业有限责任公司、集体企业	17990	26091	488	主要经营包装装潢印制，生产销售框架纸等，加工烟用滤棒
南阳双龙实业公司	隶属河南中烟工业有限责任公司、集体企业	18705	24700	3582	主要经营包装装潢印制，生产销售框架纸等，加工烟用滤棒

续表

辅料生产企业名称	出资人（烟草企业）	总资产（万元）	总产值（万元）	总利润（万元）	主要经营项目
漯河沙河实业有限公司	隶属河南中烟工业有限责任公司、集体企业	15542	14100	1195	主要经营包装装潢印制，生产销售框架纸等，加工烟用滤棒
许昌帝豪实业公司	隶属河南中烟工业有限责任公司、集体企业	19083	24400	1709	主要生产、销售接装纸、内衬纸、框架纸、烟箱等，加工烟用滤棒
洛阳烟草服务中心	隶属河南中烟工业有限责任公司、集体企业	21342	15097	3135	主要经营包装装潢印制，生产销售框架纸等，加工烟用滤棒
湖北中烟工业有限责任公司卷烟材料厂	湖北中烟工业有限责任公司全资	247676	152600	50775	主要经营醋纤滤嘴棒生产销售，滤嘴棒加工，烟用醋纤丝束购进
湖北新业烟草薄片开发有限公司	湖北中烟工业有限责任公司全资	75182	402	13719	主要经营再造烟叶生产销售，造纸法再造烟叶加工，烟草薄片技术开发、转让及咨询服务，烟草提取物科技开发、生产、销售（不含烟草制品及危化品）
襄阳市鸿琰实业有限责任公司	湖北中烟工业有限责任公司全资	17902	17087	2358	主要经营各类烟用纸箱的加工、生产和销售，接装纸的加工、生产和销售，物流运输等
宜昌金叶工贸有限责任公司	湖北中烟工业有限责任公司全资	4158	5309	117	主要经营纸质包装及其他纸制品制造、销售；循环烟箱加工；卷烟及雪茄零售
湖北龙乡印刷包装股份有限公司	湖北中烟工业有限责任公司控股	2578	3025	34	主要经营包装装潢印刷品设计、印刷、后期加工；其他印刷品印刷
黄鹤楼科技园（集团）有限公司	湖北中烟工业有限责任公司参股	1107476	289721	99257	主要生产、经营卷烟外包装印刷品、商标印刷品和纸业制品、烟用香精香料、仓储、运输、物业管理等
湖北金三峡印务有限公司	湖北中烟工业有限责任公司参股	64850	50592	－2189	主要经营烟用商标印刷
常德金鹏印务有限公司	湖南中烟投资管理有限公司控股	97952	106369	23986	主要经营出版物印刷品、包装装潢印刷品、其他印刷品印刷；包装服务等
宁夏弘德包装材料有限公司	湖南中烟工业有限责任公司控股	47912	23683	2816	主要经营包装印刷产品设计、生产、销售
湖南九子龙印务有限公司	湖南中烟投资管理有限公司参股	5064	4426	121	主要研制开发、印制烟标及其他印刷品和生产纸箱制品
常德市芙蓉实业发展有限责任公司	湖南中烟投资管理有限公司全资	46439	37861	1130	主要经营卷烟原辅材料及包装物品的生产加工及研发
常德芙蓉大亚化纤有限公司	湖南中烟投资管理有限公司控股	22341	21534	4437	主要经营丙纤滤棒生产销售，滤嘴棒加工，烟草专用机械购进；烟用丙纤丝束生产销售
四平芙蓉纸品有限责任公司	湖南中烟投资管理有限公司全资	4914	5392	924	主要经营纸制品生产、销售、铝箔纸复合、分切、印刷等
湖南兴泰包装材料有限公司	湖南中烟投资管理有限公司全资	4407	10087	263	主要经营包装材料制造、包装装潢印刷、其他印刷品的生产销售等
郴州永旺包装材料有限公司	湖南中烟投资管理有限公司全资	6457	12879	863	主要经营纸箱、铝箔纸、水松纸等材料的生产与销售

续表

辅料生产企业名称	出资人（烟草企业）	总资产（万元）	总产值（万元）	总利润（万元）	主要经营项目
湖南和鑫包装材料有限公司	湖南中烟投资管理有限公司控股	11517	4353	-579	主要负责加工、生产、销售各类薄膜、纸制品和其他包装材料及制品（不含食品包装）等
长沙市嘉沙实业有限公司	湖南中烟投资管理有限公司全资	11269	16916	2233	主要经营条盒生产销售、烟用香精生产销售
湖南永怡印刷包装有限公司	湖南中烟投资管理有限公司控股	2590	0	-2446	主要经营包装装潢、其他印刷品印刷、加工及产品销售
广西真龙实业有限责任公司	广西中烟天成投资管理有限责任公司全资	35990	20600	2318	主要经营烟用接装纸、内衬纸等研发、生产、销售及CNAS实验室认可的项目检测及服务等
广西真龙彩印包装有限公司	广西中烟天成投资管理有限责任公司控股	69791	65622	13519	主要经营制版印刷（凭许可证有效期经营）
广西真龙天瑞彩印包装有限公司	广西真龙彩印包装有限公司全资	23977	18366	2347	主要经营内部资料性出版物印刷、包装装潢印刷、其他印刷品印刷，场地租赁，仓储服务
四川三联新材料有限公司	四川中烟工业有限责任公司控股	160682	106469	39421	主要生产、经营滤棒及有关配套产品，生产、经营香精香料等
四川宽窄印务有限责任公司	四川中烟投资有限责任公司控股	52848	33488	6815	主要负责设计、制造、销售包装装潢制品，承接彩色印刷业务
遂宁宽窄印务有限责任公司	四川宽窄印务有限责任公司控股	4704	3371	331	主要负责设计、制造、销售包装装潢制品，承接彩色印刷业务
四川宽窄实业有限责任公司	四川中烟投资有限责任公司控股	6186	9770	350	主要经营纸制品制造加工、包装装潢，仓储服务等
四川宽窄纸品有限责任公司	四川中烟投资有限责任公司全资	15105	8474	3065	主要经营内衬纸、框架纸、其他用于烟草制造业的各种纸类制品的加工、生产和销售，以及再生资源回收和销售，并提供与此相关的服务
陕西省卷烟材料厂	陕西中烟投资管理有限公司全资	27176	13800	622	主要生产经营烟用滤棒、烟箱、内衬纸等卷烟辅料等
宝鸡好猫实业（集团）有限公司	陕西中烟工业有限责任公司全资	49370	30905	2325	主要生产经营烟用印刷品、烟用滤棒等
宁波大安化学工业有限公司	陕西中烟投资管理有限公司参股	135132	118107	31405	主要生产经营乙醋酐、二醋片等
西安惠大化学工业有限公司	陕西中烟投资管理有限公司参股	40712	56858	8540	主要生产经营烟用丝束等
陕西金叶科教集团股份有限公司	陕西中烟投资管理有限公司参股	258000	99900	6000	主要经营包装印刷品生产，大学教育、房地产等
贵州西牛王印务有限公司	贵州福贵投资管理有限公司参股	40822	22919	2055	烟标印刷、商标设计与制作、开发新包装产品、纸包装印刷商标等
贵阳黄果树纸业有限公司	贵州福贵投资管理有限公司控股	5411	7043	292	生产销售包装纸箱、箱板原纸、瓦楞纸、水松纸、铝箔纸、纸制品，废造纸原料、废塑料、废丝束、废玻璃的回收与销售

◇ 编辑：周　佳

烟叶加工

打叶复烤

2019年烤季（2019年7月1日至2020年6月30日），行业26家独立法人打叶复烤企业委托加工烟叶中，加工省外烟叶占比10.83%，加工省内烟叶占比89.17%，加工省外烟叶比例比上一烤季略有下降。加工所在地产区内烟叶（区内烟叶）、加工区外省内烟叶分别占加工省内烟叶总量51.48%和48.52%。省内烟叶流动率50%左右，处于相对稳定的状态。省际间流动水平12%左右。

2019年烤季，打叶复烤企业与工业企业间的全部加工对子共计323个，比上一烤季增加11个。卷烟工业企业平均加工点数量11.58个，比2018烤季减少0.38个。

从加工形式看，打叶复烤企业实施多等级配打加工烟叶，配打比例80.997%，比上一烤季增加1.6个百分点，增幅2.01%，配打比例明显增多；实施单等级加工烟叶，单打比例为19%，比上一烤季减少1.6个百分点，减少7.92%，单打比例持续降低。

丹东辽东烟草发展有限责任公司

【概　况】　丹东辽东烟草发展有限责任公司位于辽宁省凤城市，成立于1996年7月，隶属于中国烟草总公司辽宁省公司管理。公司拥有年储存烟叶1.5万担（30万担）的物流中心1个，年打叶复烤能力3万吨（60万担）的现代化生产线1条。从业人员126人。公司法定代表人：车世平。

【生产经营】　2020年，公司复烤加工原烟0.57万吨（11.37万担），产出成品片烟0.38万吨（7.6万担）。实现主营业务收入3187万元。亏损1135万元。

【基础管理】　公司合理安排加工计划，整个加工周期主要质量指标均达到行业相关标准和客户的要求。其中，成品含水率11.84%，一类杂物率为零；上等烟叶片率80.34%、中等烟叶片率76.4%、叶中含梗率1.51%。

延边友利打叶复烤有限责任公司

【概　况】　延边友利打叶复烤有限责任公司位于吉林省延吉市，于2003年9月正式投入生产运营，隶属于吉林烟草工业有限责任公司，注册资金6054万元。公司拥有6000千克/小时整套打叶复烤设备，年生产能力3万吨（60万担）。员工140人，全部为合同工。公司总经理、法定代表人：董秀吉；党委书记：刘成学。

【生产经营】　2020年，公司复烤加工烟叶1.07万吨（21.44万担），比上年下降2.2%；产出片烟0.74万吨（14.8万担），比上年下降8.12%。实现加工收入4845.14万元，比上年下降9.62%。实现税利761.67万元，比上年增长2.74%。

黑龙江烟叶复烤有限公司

【概　况】　黑龙江烟叶复烤有限公司位于黑龙江省哈尔滨市，2012年6月经国家烟草专卖局　中国烟草总公司批准成立，2012年11月挂牌，是由中国烟草总公司黑龙江省公司、红塔烟草（集团）有限责任公司、湖南中烟工业有限责任公司、湖北中烟工业有限责任公司、广东中烟工业有限责任公司等5家烟草工商企业投资经营的打叶复烤企业，由黑龙江省烟草专卖局（公司）控股管理，实行董事会领导下的总经理负责制。注册资本6.59亿元，主要经营项目为烟叶委托加工。

2020年，公司全面深化改革破解发展难题，妥善转移安置富余人员508人，关停绥化、林口两家复烤厂，保留勃利复烤厂，拥有1条9000千克/小时打叶复烤生产线，年复烤加工能力2.25万吨（45万担以上）。截至2020年底，公司总资产1.85亿元，其中，固定资产2858万元、流动资产1.4亿元。资产负债率22.72%。从业人员214人。公司法定代表人：马彦领。

【生产经营】 2020年，公司加工原烟1.08万吨（21.5万担），产出成品片烟0.97万吨（19.4万担）。实现销售收入0.58亿元。

华环国际烟草有限公司

【概　况】 华环国际烟草有限公司成立于1994年5月28日，隶属于安徽省烟草专卖局（公司），位于安徽省滁州市凤阳县，是由安徽省烟草公司、上海烟草集团有限责任公司和安徽中烟工业有限责任公司共同投资建设、共同经营的现代化打叶复烤企业。公司下设涡阳烟叶复烤厂和蚌埠储运分公司2个机构。拥有2条12000千克/小时的打叶复烤生产线，年设计生产能力6万吨（120万担）；拥有仓库面积近20万平方米，其中成品仓库16.3万平方米，原料仓库3.6万平方米，可储存成品烟叶7.65万吨（153万担）、原料烟叶1.5万吨（30万担）。截至2020年底，华环公司总资产15.73亿元，其中，固定资产6.49亿元、流动资产8.99亿元。资产负债率2.58%。从业人员2851人。公司党委书记、董事长、总经理：王新胜。

【生产经营】 2020年，公司打叶复烤烟叶5.45万吨（109.09万担）。实现业务收入3.08亿元。实现税利192万元。亏损3988万元。

【技术创新】 公司以工商协同型示范线建设项目为统领，运行环形辊道智能分选线，推广应用多因素组合调控技术，初步构建综合反映内外在质量的片烟均匀性评价模型。新建片烟二次混配线，开展上海烟草集团规模化片烟混配加工实验，建成运行MES系统以及仓储管理系统、质量信息链，参数化控制和SPC技术应用进一步深化，参数适配率90%以上，成为工业和信息化部在行业工业数据分类分级试点单位。示范线项目成果入选行业2020年烟草行业提升企业核心竞争力典型案例，“中华”品牌原料区域加工中心进入行业首批示范性区域加工中心行列。

福建武夷烟叶有限公司

【概　况】 福建武夷烟叶有限公司位于福建省邵武市，成立于2000年12月。有中国烟草总公司福建省公司、福建省烟草公司南平市公司、浙江中烟工业有限责任公司、上海烟草集团有限责任公司、江苏中烟工业有限责任公司、红塔烟草（集团）有限责任公司、安徽中烟工业有限责任公司、山东中烟工业有限责任公司、四川中烟工业有限责任公司、重庆中烟工业有限责任公司等10家股东，隶属于中国烟草总公司福建省公司管理。公司占地面积37.38万平方米，年复烤加工能力3万吨（60万担）。截至2020年底，公司总资产12.7亿元，其中，固定资产4.51亿元、流动资产7.71亿元。资产负债率3.92%。员工1200人（含季节性人员）。公司董事长：周志攀；总经理：杨连意（—2020年11月）；副总经理：章文水（2020年11月—，主持工作）；法定代表人：张清明。

【生产经营】 2020年，公司复烤加工烟叶3.2万吨（64万担），产出成品片烟2.24万吨（44.8万担）。实现销售收入1.7亿元，其中加工收入1.19亿元。实现税利2896万元，其中利润538万元。

福建省龙岩金叶复烤有限责任公司

【概　况】 福建省龙岩金叶复烤有限责任公司位于福建省龙岩市永定区，2003年4月，由原龙岩卷烟厂打叶复烤分厂改制而来，隶属于福建中烟工业有限责任公司。公司有福建中烟工业有限责任公司、龙岩烟草工业有限责任公司、厦门烟草工业有限责任公司、福建省烟草公司龙岩市公司、上海烟草集团有限责任公司、湖北中烟工业有限责任公司、广东中烟工业有限责任公司等7家股东。截至2020年底，公司总资产11.91亿元，其中固定资产4.46亿元。员工374人。公司党委书记、总经理：姜林忠。

【生产经营】 2020年，公司打叶复烤加工烟叶2.6万吨（52.04万担），产出片烟1.75万吨（34.93万担）。实现销售收入1.48亿元，其中加工收入1.26亿元。实现税利1194万元。

【技术创新】 建立基于六边形框栏的打叶复烤叶片结构

2020年12月，福建省龙岩金叶复烤有限责任公司南区新建选叶工房及配套设施改造项目通过竣工验收，可满足配方打叶、模块加工的原料精加工需求

福建省龙岩金叶复烤有限责任公司　熊兆阳　摄

“降大提中”工艺技术体系，实现叶片结构“降大提中”打叶目标，打后大片率小于45%，大中片率大于80%。与上海烟草集团合作开展打叶复烤参数化控制项目，监控环境温湿度变化，片烟水分变异系数控制在1.5%以内。2020年，烟叶加工质量持续提升，成品片烟烟碱变异系数2.64%，水分变异系数1.4%。

福建省三明金叶复烤有限公司

【概　况】　福建省三明金叶复烤有限公司位于福建省三明市，成立于1998年10月。有中国烟草总公司福建省公司、福建省烟草公司三明市公司、湖北中烟工业有限责任公司、上海烟草集团有限责任公司、江苏中烟工业有限责任公司、福建中烟工业有限责任公司、贵州中烟工业有限责任公司、红云红河烟草（集团）有限责任公司、湖南中烟工业有限责任公司、四川中烟工业有限责任公司、重庆中烟工业有限责任公司等11家股东，隶属于福建省烟草专卖局（公司）管理，注册资本9.13亿元。公司占地面积23.93万平方米，有1条处理能力12000千克/小时的国产打叶复烤生产线，年复烤加工能力3万吨（60万担）。截至2020年底，公司总资产9.75亿元，其中固定资产4.25亿元、流动资产4.75亿元。资产负债率6.97%。从业人员949人。公司董事长：周志攀；总经理：赖禄祥；法定代表人：白万明。

【生产经营】　2020年，公司复烤加工烟叶2.72万吨（54.45万担），产出成品片烟1.94万吨。实现销售收入1.64亿元，其中加工收入1.17亿元。实现税利0.26亿元。

【质量提升】　烟叶加工关键指标均达到行业对标先进指标。烟叶自然出片率69.96%，成品片烟含水率CV值1.68%、成品片烟烟碱CV值2.81%、打后大中片率合格率99.68%、打后叶中含梗率合格率99.84%。

【技术创新】　推进国家局打叶复烤技术升级重大专项“细支卷烟‘专属性、定制化’打叶复烤特色工艺研究与应用”；与江苏中烟合作的“细支卷烟导向的功能性模块配方及其打叶复烤关键技术研究与应用”通过国家局科技司组织鉴定；公司牵头完成的“皖产卷烟原料‘四化一保’加工体系研究”通过福建省局组织鉴定。

江西赣南烟叶复烤有限责任公司

【概　况】　江西赣南烟叶复烤有限责任公司位于江西省赣州市经济开发区，成立于2009年10月，是由中国烟草总公司江西省公司发起，赣州、抚州、吉安市烟草公司及江西中烟工业有限责任公司、红塔烟草（集团）有限责任公司重庆中烟工业有限责任公司、山东中烟工业有限责任公司、湖南中烟工业有限责任公司、浙江中烟工业有限责任公司、广东中烟工业有限责任公司和上海烟草集团有限责任公司等12家省内外烟草工商企业共同投资兴建的国有股份制企业，注册资本8.51亿元，占地面积26.6万平方米。截至2020年底，公司总资产8.57亿元。从业人员111人。公司党委书记、总经理：廖为发。

【生产经营】　2020年，公司复烤加工原烟0.9万吨（18.07万担），产出片烟0.6万吨（12万担），片烟二次混配0.91万吨（18.23万担）。实现加工收入5566万元。实现税费938万元。

【技术创新】 2020年，公司获得“一种片烟无动力圆弧形可调摊匀装置”“一种烟叶分选除尘装置”2件实用新型专利授权。挂牌江西中烟“金圣”品牌原料区域化加工中心和“金圣”原料均质化定点加工单位。

山东烟叶复烤有限公司

【概　况】 山东烟叶复烤有限公司位于山东省济南市，成立于2011年1月，由中国烟草总公司山东省公司与上海烟草集团有限责任公司共同投资组建，隶属于中国烟草总公司山东省公司。公司下辖山东烟叶复烤有限公司诸城复烤厂、沂水复烤厂、潍坊复烤厂、临沂办事处和山东瑞博斯烟草有限公司1个全资子公司，拥有4条打叶复烤生产线和1条造纸法再造烟叶生产线，年设计复烤加工能力7.5万吨（150万担），年薄片生产能力6000吨。截至2020年底，公司总资产8.86亿元，其中，固定资产3.29亿元，流动资产4.2亿元；资产负债率10.61%。在职员工1014人。公司分党组书记、董事长、法定代表人：徐立国。

【生产经营】 2020年，公司复烤加工原烟5.44万吨（108.72万担），产出片烟量3.59万吨。生产薄片0.36万吨（7.2万担），销售0.33万吨（6.6万担）。月度平均代存烟叶15.27万吨（305.35万担），结算废弃烟叶0.29万吨（5.8万担）。实现营业总收入3.6亿元，其中主营业务收入2.57亿元。实现税利1545万元。亏损2443万元。

【技术创新】 立足复烤企业工业属性的实际，先后组织实施“均质化控制系统—批次管理平台建设”“基于机器人技术的片烟混配加工生产线”“自动化精准投料系统”等项目，均取得突破性进展，核心竞争力持续提升。立项实施“山东烟叶提质保香加工”深度研究并实现批量加工。完成2次山东中部和上部烟叶特性研究，初步构建沂蒙丘陵生态区“蜜甜焦香型烟叶”物理特性数据库。自主研发建立打叶复烤加工过程参数化控制系统，有效提升全过程工艺管控能力。新建原料精选专线和原烟暖房，推进仓储设施建设，打造国内一流重点品牌原料片烟仓储中心。贯彻绿色新发展理念，完成“植物纤维全降解地膜”千亩实验烟田敷设。

2020年，公司科研项目自主立项6项，其中省级重点项目1项。获得发明专利授权2件、实用新型专利2件，获得山东省公司专利奖4项。

天昌国际烟草有限公司

【概　况】 天昌国际烟草有限公司位于河南省许昌市。2011年9月，天昌国际烟草有限公司吸收合并三门峡金红烟草有限责任公司、宝丰金叶烟草有限责任公司、南阳金业烟草有限责任公司，重组整合为新的天昌国际烟草有限公司，隶属于河南省烟草专卖局（公司）管理。公司投资总额27.4亿元，注册资本22.48亿元，有中国烟草总公司河南省公司、河南中烟工业有限责任公司、上海烟草集团有限责任公司、浙江中烟工业有限责任公司、湖北中烟工业有限责任公司、中国烟草河南进出口有限责任公司、江苏中烟工业有限责任公司、贵州中烟工业有限责任公司、红云红河烟草（集团）有限责任公司、安徽中烟工业有限责任公司、吉林烟草工业有限责任公司、红塔烟草（集团）

天昌国际烟草有限公司天昌复烤厂实现公斤级精准投料（2020年）
天昌复烤厂　杨洲洋　摄

有限责任公司、天利国际经贸有限公司、四川中烟工业有限责任公司、广东中烟工业有限责任公司、重庆中烟工业有限责任公司等16家股东。公司下辖天昌复烤厂、三门峡复烤厂、宝丰复烤厂、南阳复烤厂等4家打叶复烤生产厂，拥有5条打叶复烤生产线，年设计复烤加工能力10.5万吨（210万担）。在岗职工604人。公司党委书记：王辉（2020年9月—）；总经理：赵遂生。

【生产经营】 2020年，公司复烤加工烟叶8.15万吨（163.01万担），产出片烟5.56万吨（111.2万担）。实现营业收入6.13亿元，其中自营收入1.95亿元。实现税利6512万元，其中利润1183万元。

【技术改造】 2020年，南阳复烤厂完成技术改造全部项目工程建设，且通过单项验收、结算审计、决算审计及后审计。天昌复烤厂易地技改项目一期联合工房标段完成框架结构且主体封顶完毕，完成A区设备下地坪浇筑及配方高架库四层架体搭设；二期取得土地使用权证，所有建筑施工图设计经政府强制审核通过并获得建设工程规划许可证，完成施工图设计，设计图纸经第三方审图单位审核修改完毕，并取得审图合格证；专卖设备获国家局准购批复，部分设备加工制造完毕。

湖北烟草金叶复烤有限责任公司

【概　况】 湖北烟草金叶复烤有限责任公司位于湖北省恩施州经济开发区。2009年12月，恩施金叶有限责任公司、襄樊金叶有限责任公司重组整合为湖北烟草金叶复烤有限责任公司；湖北烟草金叶复烤有限责任公司是中国烟草总公司湖北省公司控股管理的子公司，公司下设非独立法人的湖北烟草金叶复烤有限责任公司恩施复烤厂、湖北烟草金叶复烤有限责任公司襄樊复烤厂。2010年1月，公司挂牌成立。公司有中国烟草总公司湖北省公司、湖北中烟工业有限责任公司、湖南中烟工业有限责任公司、浙江中烟工业有限责任公司、红云红河烟草（集团）有限责任公司、红塔烟草（集团）有限责任公司、山东中烟工业有限责任公司、四川中烟工业有限责任公司、广西中烟工业有限责任公司、安徽中烟工业有限责任公司等10家股东，注册资本11.74亿元。公司下辖恩施复烤厂、襄阳复烤厂2个打叶复烤生产厂。拥有12000千克/小时打叶复烤生产线1条，9000千克/小时打叶复烤生产线1条，年设计加工能力5.25万吨（105万担），实际加工能力8万吨（160万担）。截至2020年底，公司总资产13.83亿元；资产负债率10.01%。从业人员415人。公司党组书记、总经理、法定代表人：程瑞武；董事长：梁斌。

【生产经营】 2020年，公司复烤加工烟叶5.31万吨（106.11万担），产出片烟成品3.54万吨（70.8万担）。实现营业收入2.62亿元。实现税利7869万元，其中税金3248万元。

湖南烟叶复烤有限公司

【概　况】 湖南烟叶复烤有限公司位于湖南省郴州市，于2011年9月注册登记，10月正式运作。有股东19家，注册资本22.88亿元，其中中国烟草总公司湖南省公司持股比例51.98%，其他18家工业企业股东持股比例48.02%，由中国烟草总公司湖南省公司管理。公司实行“一个法人、两点生产加工”经营模式，下辖郴州、永州2家复烤厂，拥有12000千克/小时打叶复烤生产线3条，年设计加工能力9万吨（180万担）。有原烟仓库10.2万平方米，原烟仓储能力5万吨（100万担）；有成品高架库1.5万平方米，成品仓储能力2.5万吨（50万担），能满足国内各卷烟工业企业和国际烟草企业跨区跨省大规模集中配打、模块化、均质化、个性化加工需求。截至2020年底，公司总资产27.76亿元；国有资产保值增值率100.84%。在岗员工399人。公司党组书记、总经理、法定代表人：曹健（—2020年12月）。

【生产经营】 2020年，公司完成投料加工9.28万吨（185.5万担），产出成品6.13万吨（122.5万担）。实现营业收入4.25亿元。实现税利9145万元。

【技术改造】 公司完成郴州复烤厂、永州复烤厂易地技改项目，处于国家局整体验收准备阶段。于2019年启动新建的6栋原烟仓库于2020年10月完工并投产使用。

【技术创新】 2020年，公司新增“冬虫夏草”“黄鹤楼”“七匹狼”“云烟”等4个均质化重点加工品牌，广西中烟“真龙”、江西中烟“金圣”区域加工中心正式挂牌成立。

全年开展科技项目8项，获得实用新型专利授权6件；

计算机软件著作权2项。形成论文10篇，其中2篇被国际会议收录。获得湖南省烟草商业系统QC发布一等奖1项、三等奖1项，湖南省第41次QC小组成果发表一等奖3项，最佳发表奖1项等。首次获得省部级科技成果和省部级奖励。

常德芙蓉烟叶复烤有限责任公司

【概　况】 常德芙蓉烟叶复烤有限责任公司成立于2005年12月7日，由湖南中烟工业有限责任公司、湖南省烟草公司常德市公司、张家界市公司共同出资组建，注册资本3721万元。2014年湖南中烟工业有限责任公司增资5亿元，公司注册资本变更为5.37亿元。于2014年7月易地技改搬迁至常德鼎城高新技术产业园区灌溪镇兴工大道8号，公司占地面积约15.7万平方米，拥有12000千克/小时打叶风分线、9600千克/小时复烤线、9600千克/小时打包线、16000千克/小时铺叶摆把线，年复烤加工能力3万吨（60万担）。截至2020年底，公司总资产7.35亿元。从业人员188人。公司党总支书记、总经理、法定代表人：侯军。

【生产经营】 2020年，公司完成复烤加工烟叶1.76万吨（35.18万担），产出片烟1.14万吨（22.86万担），出片率64.98%。二次混配2.13万吨（42.6万担），实现工业总产值4.59亿元。实现税利3712万元，其中利润2332万元。

湘西鹤盛原烟发展有限责任公司

【概　况】 湘西鹤盛原烟发展有限责任公司位于湖南省吉首市，成立于1999年。由湖南中烟工业有限责任公司和湖南省烟草公司湘西土家族苗族自治州公司共同出资组建，注册资本9000万元，隶属于湖南中烟工业有限责任公司管理。公司占地面积30.9万平方米，拥有1条6000千克/小时打叶复烤生产线，年设计复烤加工能力3万吨（60万担）。截至2020年底，公司总资产10.07亿元。在岗员工1138人。公司党支部书记、总经理、法人代表：张其龙。

【生产经营】 2020年，公司复烤加工烟叶2.23万吨（44.67万担）。实现销售收入1.28亿元；上缴税金0.24亿元，实现利润0.29亿元。

【技术改造】 打叶复烤易地技改项目建设于2015年获国家局批复，公司投资6.2亿元。2020年9月，公司完成易地技术改造并投产运行，具备0.25万吨（5万担）原烟模块加工能力，实现新线加工烟叶0.53万吨（10.68万担）。

浏阳天福打叶复烤有限责任公司

【概　况】 浏阳天福打叶复烤有限责任公司注册成立于2004年12月，隶属于湖南中烟工业有限责任公司管理。由湖南中烟工业有限责任公司，湖南省烟草公司长沙、衡阳市公司共同出资组建，注册资本1.6亿元，位于湖南省浏阳市永安镇高新技术产业开发区，总占地面积12.61万平方米，拥有12000千克/小时分类加工打叶复烤生产线1条，年复烤加工能力3万吨（60万担）。截至2020年底，公司总资产5.74亿元。在岗员工166人。公司党支部书记、总经理、法定代表人：李昌平。

【生产经营】 2020年，公司复烤加工烟叶2.65万吨（52.93万担），产出片烟量1.77万吨（35.4万担）。实现营业收入1.35亿元。实现税利0.43亿元，其中税金0.24亿元。

【技术改造】 2020年，经国家局批复，公司预计投资1.97亿元用于“芙蓉王”全配方片烟预处理线建设项目，计划2021年10月投入生产运营。该项目2020年投资3400余万元用于专卖设备采购，1200余万元用于光电剔杂机、解包机器人等旧设备的改造。

广东韶关烟叶复烤有限公司

【概　况】 广东韶关烟叶复烤有限公司位于广东省韶关市，成立于1992年，2003年改制为有限公司，由中国烟草总公司广东省公司、广东中烟工业有限责任公司和深圳烟草工业有限责任公司共同出资组建。公司占地面积9万余平方米，拥有1条6000千克/小时打叶复烤生产线，年复烤加工能力1.5万吨（30万担）。截至2020年底，公司总资产5.33亿元。从业人员147人。党委书记、总经理、法定代表人：骆伟强。

【生产经营】 2020年，公司复烤加工烟叶2.84万吨（56.87万担），产出片烟1.85万吨（37.08万担）。实现营业收入1.43

亿元。实现税利1050.67万元，其中利润384.97万元。

【产能整合】 根据国家局和广东省局（公司）关于打叶复烤企业产能压缩工作部署，广东韶关、梅州两家复烤企业进行业务整合，广东省内的复烤加工业务集中到广东韶关烟叶复烤有限公司，广东梅州烟叶复烤有限公司不再开展打叶复烤加工业务。

【技术改造】 2020年，广东韶关烟叶复烤有限公司“十二五”打叶复烤技术改造项目主要实施的项目为原烟仓库建设及相关配套工程和厂区环境提升改造工程，分别于2020年6月和2020年12月竣工验收。截至2020年底，技改累计完成投资2.94亿元。

【技术创新】 2020年，广东韶关烟叶复烤有限公司对标区域加工中心建设要求，全力补齐生产场地短板、烟叶挑选短板、生产设备短板，并依托人工智能技术，搭建和完善了原烟收储系统、选叶系统、烟框检测系统、数字化仓储物流系统、均质化策划系统、数字化铺叶系统、片烟逐箱标定系统等10个子系统，形成云端一体化的全过程数字化管控加工平台，打造韶关复烤均质化常态化加工模式，做强加工保障，做精工艺技术，做优客户服务。

广东梅州烟叶复烤有限公司

【概　况】 广东梅州烟叶复烤有限公司位于广东省梅州市梅县区，成立于1999年12月，隶属于中国烟草总公司广东省公司，由中国烟草总公司广东省公司、广东中烟工业有限责任公司和深圳烟草工业有限责任公司共同投资组建。截至清产核资基准日2020年7月31日，公司总资产3.39亿元，资产负债率5.33%。公司占地面积5.71万平方米，拥有4.9万平方米的烟叶仓库。公司主要生产设备为6000千克/小时的打叶复烤生产线，年加工能力1.5万吨（30万担）。截至2020年底，员工196人（含离退休人员），其中，在岗职工138人。公司主要负责人、法定代表人：肖大强。

【生产经营】 2020年，根据国家局和广东省局（公司）关于打叶复烤企业产能压缩工作部署，广东梅州烟叶复烤有限公司不再开展打叶复烤加工业务。

全年实现营业总收入983.81万元，均为仓储收入。亏损5659.62万元。

【体制改革】 根据国家局和广东省局（公司）关于打叶复烤企业产能压缩工作部署，2020年7月31日，股东会通过关于同意解散广东梅州烟叶复烤有限公司的决议。2020年12月23日，国家局批复同意撤销广东梅州烟叶复烤有限公司，并有序妥善处理好职工分流安置、工商税务注销、资产清算处置等工作。

广西伊灵烟叶复烤有限责任公司

【概　况】 广西伊灵烟叶复烤有限责任公司是广西唯一的一家打叶复烤企业，隶属于中国烟草总公司广西壮族自治区公司管理。公司于2000年筹建，2002年6月正式投产。截至2020年底，有中国烟草总公司广西壮族自治区公司、广西中烟工业有限责任公司、百色市烟草公司、贺州市烟草公司、河池市烟草公司等5个股东单位，占地面积30.51万平方米。公司经营业务范围包括烟叶打叶复烤加工和纸箱加工，配置有1条6000千克/小时打叶复烤生产线和1条纸箱生产线，年打叶复烤加工设计能力为1.5万吨（30万担），年纸箱加工能力300万个。公司总资产5.4亿元。员工670人。公司党委书记、总经理、法定代表人：卢洪元；董事长：李波。

【生产经营】 2020年，公司完成复烤烟叶0.94万吨（18.72万担），产出片烟0.61万吨（12.13万担），打叶质量抽检合格率99.34%。加工纸箱167.24万个，纸箱质量抽检合格率99.77%。产品交付合格率均达到100%。

全年实现销售收入5745万元，其中打叶复烤收入4138万元，纸箱加工收入1607万元。上缴税金745万元。亏损910万元。

【企业管理】 2020年，公司强化疫情防控，有序推进复工复产，面对年度加工量减少，生产成本增加等经营困难，加强企业管理和生产经营，公司产品质量保持稳定。行业对标指标21项，达标17项，达标率80.95%；先进指标13项，比行业先进指标（≤2%）低0.39个百分点。

四川烟叶复烤有限责任公司

【概　况】 四川烟叶复烤有限责任公司组建于2011年12

月，由原凉山三益、泸州三友、宜宾三原等3家复烤企业整合而成。公司实行现代企业股份制管理模式，设有股东会、董事会、监事会，有中国烟草总公司四川省公司、云南中烟工业有限责任公司、浙江中烟工业有限责任公司等14家股东，是由四川省烟草专卖局（公司）控股管理的专业公司。公司下辖会理、德昌、会东、宜宾等4个复烤厂及泸州仓储中心，设有4条打叶复烤生产线，年设计加工能力10.5万吨（210万担）。公司注册资本26.05亿元。有在岗员工476人。公司总经理、法定代表人：步克。

【生产经营】 2020年，公司加工烟叶10.82万吨（216.32万担），产出片烟7万吨（133.2万担）。实现营业收入4.93亿元。实现税利2亿元。

公司开展成品代储和社会化租赁，实现代储收入531万元，实现社会化租赁收入33.35万元。充分发挥企业资金规模优势，纳入定存的资金总量达到98.44%，实现资金收益8505万元，收益率3.93%。

【技术改造】 2020年，公司首创“远程监打”模式，以不到12万元的小投入，保障7家卷烟工业企业共计1.7万吨（34万担）烟叶的整选和加工需求，成为全国首家复工复产的打叶复烤企业。

贵州烟叶复烤有限责任公司

【概 况】 贵州烟叶复烤有限责任公司位于贵州省贵阳市，于2010年1月12日挂牌成立，隶属于中国烟草总公司贵州省公司控股并管理。下辖贵州烟叶复烤有限责任公司毕节、遵义、铜仁、黔南、湄潭、黔西南、贵阳复烤厂等7家打叶复烤厂。公司由贵州省烟草公司、上海烟草集团、湖南中烟、江苏中烟、浙江中烟、广东中烟、贵州中烟、安徽中烟、湖北中烟、山东中烟、福建中烟、红塔集团、红云红河集团、河南中烟、广西中烟、陕西中烟、甘肃烟草工业、江西中烟、河北中烟等19家单位出资组建，注册资本46.76亿元。截至2020年底，公司总资产55.09亿元。公司有12000千克/小时打叶复烤生产线8条，其中毕节复烤厂2条，其余6家复烤厂各1条，年复烤加工能力32万吨（640万担）。在岗员工989人。公司党委书记、总经理：杨秀祥（—2020年4月）、何彬（2020年12月—）。

【生产经营】 2020年，公司加工烟叶13.18万吨（263.55万担），结算片烟10.89万吨（217.8万担），挑选烟叶9.46万吨（189.22万担）。实现代储服务收入1331.71万元。实现营业收入7.64亿元。实现税利1.11亿元，其中利润0.4亿元。国有资产保值增值率100.2%。

重庆烟叶复烤有限公司

【概 况】 重庆烟叶复烤有限公司位于重庆市巴南区，成立于2013年9月。公司是按照现代企业制度组建的股份制打叶复烤企业，由中国烟草总公司重庆市公司、重庆中烟工业有限责任公司、湖南中烟工业有限责任公司、江苏中烟工业有限责任公司投资组建，中国烟草总公司重庆市公司控股，注册资本金9.8亿元。下辖万州复烤厂（原重庆万兴烟叶有限责任公司）和重庆烟叶复烤有限公司彭水复烤厂（原重庆金益烟草有限责任公司）。员工287人，大专以上学历占比86%，中级以上专业技术职称52人，职业技能等级二级以上42人。

【生产经营】 2020年，公司完成烟叶加工2.5万吨（49.97

2020年10月30日，重庆烟叶复烤有限公司易地技术改造项目奠基
重庆烟叶复烤有限公司 供稿

万担），产出片烟1.67万吨（33.4万担）。实现加工收入1.34亿元。上缴税金1605.93万元。

【技术改造】 2020年，公司易地技改项目完成施工图设计/审查、强夯论证/施工专项设计、土地分割退还、土地权属证明取得、工程规划许可证办理，完成地质详勘、地基强夯、临电和临水施工，完成烟机专卖设备报批并获得国家局批复，完成两库（配方和成品）建设设计和技术协议签订，完成《智慧复烤项目总体架构和实施路径总体规划设计》方案，并于2020年10月30日如期开工。

云南省烟草烟叶公司

【概　况】 云南省烟草烟叶公司位于云南省昆明市，成立于1982年，是中国烟草总公司云南省公司的全资子公司，是集烟叶购进、加工、销售、仓储及技术研发为一体的综合性烟草企业。公司注册资本1.92亿元，总占地面积69.21万平方米，其中公司本部占地面积39.27万平方米。拥有1条12000千克/小时和2条6000千克/小时的打叶复烤生产线，年加工生产量10万吨（200万担）左右。新建的烟叶醇化中心占地面积29.94万平方米，一期完成建筑面积为6.25万平方米的仓库建设，可存储烟叶6.5万吨（130万担）。截至2020年底，公司总资产71.06亿元。在岗职工479人。公司党委书记、经理、法定代表人：符泽博。

【生产经营】 2020年，公司购进和调入烟叶12.79万吨（255.99万担），复烤加工烟叶12.46万吨（249.31万担），产出片烟8.09万吨（161.94万担），销售烟叶11.87万吨（237.5万担）。实现销售收入80.08亿元。实现税利11.85亿元，其中利润7.13亿元、税金4.72亿元。

【配方打叶】 坚持建设“配方打叶标志性企业”战略目标，深化配方打叶技术运用，通过构建配方打叶标准体系，推进烟叶品质分类研究，强化模块配方技术研发，切实发挥云南优质烟叶资源调控平台作用，提升烟叶使用价值。全年配方加工烟叶9.15万吨（183.1万担），配方打叶比重92.9%。

【技术改造】 2020年10月，原烟周转库通过单项工程验收，投入使用后，增加约0.6万吨（12万担）选后烟叶库容。10月，云南烟叶醇化仓储中心项目（一期）通过总体竣工验收。

【疫情防控】 2020年2月17日，公司复工复产。创新采用远程监打系统，实现工业客户异地、实时查看生产加工情况，自主研发配方打叶均质投料系统，在稳流量控质量的前提下，提产能缩工期，最终打叶生产日均产量同比增加约30吨。提前近1个月完成2019年烤季任务。

云南省烟草烟叶公司现代化烟叶醇化仓储中心（2020年）

云南省烟草烟叶公司　可元文　摄

云南烟叶复烤有限责任公司

【概　况】 云南烟叶复烤有限责任公司位于云南省昆明市，成立于2009年12月16日，由8家打叶复烤企业重组整合后组建，2010年1月1日正式运行，是全国第一家重组整合的股份制打叶复烤企业。公司实行董事会领导下的总经理负责制，共19家股东单位，注册资本52.75亿元，中国烟草总公司云南省公司是最大的股东，股权比例

50.74%。公司下属10家复烤厂分布在云南省7个州（市），共10条打叶复烤生产线，年设计加工能力28.5万吨（570万担），年均加工烟叶45万吨（900万担），为行业25家省级工商企业和13家州（市）公司提供烟叶收储加工服务。员工1229人。公司党委书记、总经理、法定代表人：廖世勇。

【生产经营】 2020年，公司收储烟叶59.31万吨（1186.11万担），复烤加工烟叶42.43万吨（848.65万担），综合出片率65.73%，产品得率94.17%。实现税利10.89亿元。

【技术创新】 2020年，公司推进创新复烤建设。叶片结构综合指标无损在线检测技术达到国内领先水平；自主研发的烟叶流通环节框栏包装模式现代化物流技术、打叶复烤静电除杂技术和剪切分流式叶梗分离技术水平持续提升。专利技术、标准化研究取得新进展，获得实用新型专利授权17件，软件著作权1项；牵头申报行业标准2项，参与申报行业标准3项；申报QC优秀课题，获得云南省局（公司）一等奖、二等奖各1项，1个QC小组获评云南省优秀质量管理小组。

【技术改造】 2020年，公司推进重大技改项目建设。文山复烤厂易地技改项目开始场地平整工程，石林复烤厂整体技改项目破土动工，麒麟复烤厂生产线改造项目取得国家局的资产划转批复并通过省局（公司）组织的专家评审。围绕提升工艺装备技术水平，完成宣威复烤厂烤片机改造项目、陆良复烤厂预处理风选除杂设备改造项目和光电除杂设备改造投资项目。根据“蓝天保卫战”行动计划，完成公司所属10家复烤厂工业锅炉煤转气改造工作。

【精益管理】 推进精益管理工作，在云南省烟草商业系统第六届改善创新成果评审中，获得优秀精益改善建议二等奖1个、三等奖2个。在2020年首届云贵豫烟草商业系统打叶复烤设备修理职业技能竞赛中，取得8个名次。3人获评“烟草行业技术能手”，5人获评“云南省烟草专卖局（公司）技术能手”。在云南烟草商业第二届法律知识竞赛中获得三等奖、最佳风采奖和优秀组织奖。保山复烤厂仓储分选车间工会小组获评“全国模范职工小家”。

红河烟叶复烤有限公司

【概　况】 红河烟叶复烤有限公司位于红河州弥勒市，成立于2003年8月，由云南省烟草公司红河州公司和红河卷烟厂共同出资组建。公司注册资本2亿元，云南省烟草公司红河州公司持有51%的股份，红河卷烟厂持有49%的股份。2008年，红河卷烟厂持有股权划转红云红河烟草（集团）有限责任公司。2018年，公司股权调整为红云红河集团持有60%的股份，云南省烟草公司红河州公司持有40%的股份。公司占地面积约71.11万平方米，拥有12000千克/小时打叶复烤生产线2条，年复烤加工能力6万吨（120万担），主要为红云红河集团提供原烟收购、复烤加工服务。截至2020年底，公司总资产17.58亿元，其中固定资产3.04亿元、流动资产14.54亿元。资产负债率1.59%。在岗职工147人。公司总经理：牛华斌（—2020年4月）；董事长、总经理、法定代表人：倪乐峰（2020年4月—）。

【生产经营】 2020年，公司复烤加工烟叶6.02万吨（120.29万担），产出片烟4.75万吨（94.96万担）。实现主营业务收入2.29亿元。实现税利2.1亿元，其中利润1.27亿元。

曲靖天福烟叶复烤有限责任公司

【概　况】 曲靖天福烟叶复烤有限责任公司位于云南省曲靖市，成立于2003年11月，由曲靖卷烟厂、曲靖市烟草专卖局（公司）共同出资组建。2008年，公司股权划转红云红河烟草（集团）有限责任公司和云南中烟工业有限责任公司。公司注册资本2.46亿元，红云红河集团持有95%的股份，云南中烟持有5%的股份。公司占地面积约8

万平方米，拥有12000千克/小时打叶复烤生产线2条，年复烤加工能力6万吨（120万担）。截至2020年底，公司总资产3.9亿元，其中固定资产2572.81万元、流动资产3.56亿元。资产负债率10.29%。在岗职工233人。公司董事长：徐剑峰；总经理：彭江。

【生产经营】 2020年，公司复烤加工烟叶4.8万吨（96.02万担），产出片烟3.12万吨（62.32万担）。实现主营业务收入2.16亿元。实现税利9235.16万元，其中利润6519.41万元。

曲靖天福烟叶复烤有限责任公司注重数字化建设（2020年）
曲靖天福烟叶复烤有限责任公司 凌敏 摄

咸阳烟叶复烤有限责任公司

【概　况】 咸阳烟叶复烤有限责任公司位于陕西省咸阳市，建于1976年，1986年上划陕西省烟草专卖局，1995年并入宝鸡卷烟厂。2003年划归咸阳市烟草专卖局（公司）管理。2006年12月18日，由咸阳市烟草公司、宝鸡市烟草公司、商洛市烟草公司、汉中市烟草公司、延安市烟草公司、安康市烟草公司、湖南中烟工业有限责任公司、原川渝中烟工业有限责任公司等8家卷烟工商企业联手，对原咸阳烤烟复烤厂进行改制，成立咸阳烟叶复烤有限责任公司，注册资本9000万元。2008年，公司增资扩股，新增陕西省烟草公司和陕西中烟工业有限责任公司2个股东，湖南中烟工业有限责任公司、咸阳市烟草公司和原川渝中烟工业有限责任公司分别增资，新增股本7000万元，总注册资本达到1.6亿元。2009年投资1.28亿元的打叶复烤生产线技改项目顺利投产，生产能力和加工质量大幅提升。2014年12月，按照陕西省公司《关于对咸阳烟叶复烤有限责任公司增加投资的通知》（中烟陕财〔2014〕84号）精神，陕西省公司增加投资1.14亿元，咸阳复烤公司总资本达到2.74亿元。公司占地面积14.58万平方米，有9000千克/小时打叶复烤生产线1条，年烟叶加工能力3万吨（60万担）。截至2020年底，公司总资产3.94亿元，资产负债率7.8%。公司党总支书记、董事长：王云彪（—2020年12月）；党总支副书记、总经理：张云。

【生产经营】 2020年，公司加工原烟2.8万吨（56万担）。实现主营业务收入1.17亿元。实现税利3506万元，其中利润1956万元、税金1550万元。

再造烟叶生产

上海烟草集团太仓海烟烟草薄片有限公司

【概　况】 上海烟草集团太仓海烟烟草薄片有限公司成立于2004年1月，2007年7月开始试生产。公司由原上海烟草集团有限责任公司、广东省金叶烟草薄片技术开发有限公司共同出资组建，注册资本3.9亿元。2015年12月，公司完成投资方变更和工商登记注册手续，成为上海烟草集团有限责任公司全资子公司。公司占地面积14.85万平方米，年生产能力为1万吨造纸法烟草薄片。从业人员212人。公司党总支书记、总经理、法定代表人：郭亮。

【生产经营】 2020年，公司生产薄片产品5418.36吨，全部为上海烟草集团有限责任公司生产。其中，生产纸质薄片产品160.56吨、薄片S产品3066.3吨、薄片Z产品1250.46吨、薄片A产品905.76吨，薄片JYZ产品35.28吨，销售薄片4477.45吨。实现营业收入1.98亿元。实现税利5542.05万元。

江苏鑫源烟草薄片有限公司

【概　况】 江苏鑫源烟草薄片有限公司位于淮安市清江浦区，成立于2011年10月，为江苏中烟工业有限责任公司全资子公司。公司拥有2000千克/小时再造烟叶生产线、1500千克/小时再造梗丝验证生产线。截至2020年底，公司总资产11.64亿元，其中，固定资产5.22亿元、流动资产5.78亿元。资产负债率29.61%。从业人员263人。公司党委书记、总经理、法定代表人：金殿明（—2020年9月）、梁瑞海（2020年9月—）；董事长：王轩庭。

【生产经营】 2020年，公司生产再造烟叶3962.47吨，销售薄片3824.53吨；生产再造梗丝1013.15吨，销售再造梗丝968.28吨。实现销售收入2.59亿元。实现税利8680亿元，其中税金6749亿元。

【技术提升】 再造烟叶生产线运行状态持续优化，产品得率由87.1%提升至87.9%，单吨产品生产能耗稳步下降，设备故障停机率稳步降低，整线运行效率和稳定性持续提升。再造梗丝验证生产线运行状态日趋平稳，整线年平均日产量9.17吨，产品得率由54%提升至57%，2020年2月通过中国烟草总公司整体竣工验收。

安徽中烟再造烟叶科技有限责任公司

【概　况】 安徽中烟再造烟叶科技有限责任公司位于安徽省蚌埠市，于2011年4月成立，注册资本1亿元，是安徽中烟工业有限责任公司的全资子公司。公司占地面积13.33万平方米，拥有瑞典ANDRITZ公司生产的YANKEE 1台，荷兰Alfa Laval公司生产的Decanter Centrifuge 2台以及上海高新纸机等众多先进生产设备，设计加工生产能力10000吨/年。截至2020年底，公司总资产4.45亿元，其中，固定资产2.03亿元、流动资产2.12亿元。资产负债率2.18%。在岗员工164人。公司董事长：刘云；党委书记、总经理：张玲珑。

【生产经营】 2020年，公司生产薄片3333.48吨，销售3440.85吨。实现销售收入9263.14万元。实现税利1583.14万元，其中利润475.93万元。

福建金闽再造烟叶发展有限公司

【概　况】 福建金闽再造烟叶发展有限公司位于福建省罗源县，成立于2003年3月，注册资金1.76亿元，由福建中烟工业有限责任公司、厦门烟草工业有限责任公司、龙岩烟草工业有限责任公司共同投资，隶属于福建中烟工业有限责任公司管理，是一家以造纸法再造烟叶为主，烟用胶囊、异形滤棒、卷式薄片为辅的多种产品经营的专业化企业。公司占地面积17.12万平方米。二期“七匹狼”专用再造烟叶生产线投资3.2亿元，设计产能1万吨（20万担）。截至2020年底，公司总资产6.12亿元。在岗员工332人。公司党委副书记、副总经理：陈泉根（主持工作）。

【生产经营】 2020年，公司生产再造烟叶4205.1吨，销售再造烟叶4133.16吨；产销卷式薄片3吨，烟用胶囊1.04吨，滤棒5084.5万支。全年实现销售收入2.33亿元。实现税利4497.55万元，其中利润2501.81万元。

【企业管理】 公司开展“十四五”规划编制工作，提升战略策划前瞻性、决策科学性、实施有效性。按照“目标引领、问题导向、课题带动、全员改善”原则，推进“1354”精益管理体系落地。开展关键核心技术课题研究，参与福建中烟组织的各种技术研究及管理创新项目，全年完成10个科技项目、13个管理创新项目和15个QC项目。

获得专利授权6件，其中发明专利2件。

【技术改造】 2020年3月，公司“七匹狼”专用再造烟叶生产线技术改造项目通过国家局整体竣工验收。2020年底，公司原料预处理线及配套仓库一期项目主体结构封顶。

山东瑞博斯烟草有限公司

【概　况】 山东瑞博斯烟草有限公司位于山东省沂水县，成立于2002年6月，是国家烟草专卖局批准成立的造纸法再造烟叶生产企业，为山东烟叶复烤有限公司的全资子公司。公司注册资金6378.5万元，占地面积18.11万平方米，经营范围为烟草薄片委托加工、生产销售、生产技术服务、烟草专用机械购进、烟叶购进、仓储等。公司建有1条再造烟叶生产线，年生产加工能力6000吨，供热站、空压站、变电站、供水站、污水处理站等配套公用设施完善。截至2020年底，公司总资产1.18亿元，其中，固定资产3516万元、流动资产7320万元。资产负债率18.43%。在岗员工153人。公司党委书记、总经理、法定代表人：邢振雷（—2020年7月）；党委委员、副总经理、法定代表人：姜华（2020年7月—，主持工作）。

【生产经营】 2020年，生产薄片3395吨，实现销售调拨3826吨。实现营业总收入7116万元。实现税金635万元。

【技术改造】 2020年，公司进行制浆工序技术改造。改造后，工艺流程大幅缩短，磨浆质量有效提高，工艺设备布局获得优化，整线控制系统实现升级，质量调控能力进一步提升。

河南卷烟工业烟草薄片有限公司

【概　况】 河南卷烟工业烟草薄片有限公司位于河南省许昌市，2006年7月成立，是河南中烟工业有限责任公司全资子公司。有幅宽2640毫米烟草薄片长网纸机、卧式螺旋沉降式离心机、滚筒式薄片烘干机、高浓磨浆机、预压式打包机、流浆箱等主要设备，年生产能力1.5万吨。截至2020年底，公司总资产5.92亿元。从业人员288人。公司党委书记、董事长、法定代表人：武超伟。

【生产经营】 2020年，公司生产再造烟叶8457吨，再造烟叶成丝5262吨，销售再造烟叶2179吨，再造烟叶成丝5117吨。实现销售收入2.93亿元。实现税利1.11亿元，其中利润8220万元。

【技术创新】 公司开发出“X－1”产品，并在“黄金叶”品牌中应用，实现公司再造烟叶在“黄金叶”品牌卷烟中的全覆盖。聚焦前沿技术，通过与郑州烟草研究院、郑州轻工业大学、天津科大等科研院校的合作，持续开展醇提、超临界提取、分离分级等多项关键技术研究，为功能型再造烟叶等研发提供有效技术支撑。“再造烟叶固有质量缺陷改进技术”研究成果成功转化，打破多年来国内薄片行业共存的质量“瓶颈”，产品品质得到全面提升。

湖北新业烟草薄片开发有限公司

【概　况】 湖北新业烟草薄片开发有限公司位于湖北省武汉市，成立于2001年11月，隶属于湖北中烟工业有限责任公司直属管理。有原料投料系统、梗末萃取设备、高低浓磨浆设备、离心分离设备、蒸汽双效浓缩等设备，年加工能力10000吨。截至2020年底，公司总资产7.51亿元，其中，固定资产0.28亿元、流动资产6.63亿元。在册职工270人。公司党委书记、经理、法定代表人：熊斌。

【生产经营】 2020年，公司生产再造烟叶40.53吨，销售再造烟叶5031.5吨。实现销售收入3.91亿元。实现税利1.87亿元，其中利润1.37亿元。

【技术改造】 公司完成辊压法新型烟草实验线升级改造，检测实验室改造，污泥板框压滤机改造，消防设施改造，经营管理体系优化，货运电梯升级改造，污水处理实验室改造，不同片型薄片切片装备的开发，薄片表面烟粉精准施加装备改造，卧螺离心机技术改造。

云南中烟再造烟叶有限责任公司

【概　况】 云南中烟再造烟叶有限责任公司成立于2001年11月，是由云南中烟工业有限责任公司控股（50%股份），昆明船舶设备集团有限公司（25%股份）、云南瑞升烟草技术（集团）有限公司（25%股份）参股的国有控股股份制企业，注册资本3.9亿元。公司是集造纸法再造烟叶相关配套工艺技术研究、工艺装备设计开发，以及再造烟叶产品的生产和销售为一体的再造烟叶研发和生产企业，拥有完全自主知识产权再造烟叶生产线3条，年生产能力3万吨。截至2020年底，公司总资产9.95亿元，资产负债率6.49%。在册员工430人。公司董事长：许永明；总经理、法定代表人：徐广晋。

【生产经营】 2020年，公司实现销售收入6.4亿元。实现税利1.59亿元，其中利润0.94亿元。

【技术创新】 公司从产品、原料、工艺及内部运营管控方面对年度工作要点进行梳理和明确，开展原料应用基础和应用技术研究应用，转化应用推导产品化学指标的公式和方程，提升产品质量稳定性；开展MVR技术转化应用研究、膜处理技术转化应用研究、醇提技术转化应用研究等多项工艺装备应用技术和创新技术研究应用，以新技术促进老产品品质提升和新产品研制。全年申请专利35件，获得专利授权54件，其中发明专利1件。发表论文14篇，其中核心期刊3篇。

【易地技改】 2020年，公司易地技改项目完成联合工房、生产管理楼、污水处理等主要单体的主体施工，进入设备安装和内部装修阶段。项目落实应用烟梗洗涤液循环处理使用工艺、提取液连续、循环提取增浓工艺等9项行业首创工艺和装备技术；落实应用原料模块化配方技术、原料在线除杂预混技术等4项行业领先工艺和装备技术。

中烟施伟策（云南）再造烟叶有限公司

【概　况】 中烟施伟策（云南）再造烟叶有限公司于2011年8月正式成立，由中国双维投资有限公司、云南中烟工业有限责任公司、红塔烟草（集团）有限责任公司、红云红河烟草（集团）有限责任公司和施伟策—摩迪国际（中国）有限公司共同投资组建，中外双方各占50%股份。公司生产经营范围为加工、生产和销售用于烟草产品制造的烟草薄片，进口相关原材料和设备，以及提供与此相关的服务。项目引进法国再造烟叶工业公司最先进的造纸法再造烟叶生产技术和施伟策—摩迪公司生产运营管理理念，在云南省玉溪市建成中国单一产能最大的再造烟叶生产基地（完成建设的一期工程具备3万吨/年再造烟叶生产能力，另还预留同等规模的二期工程）。该项目于2011年8月动工，2014年7月正式投产，项目总投资12.46亿元，建设用地426亩。在岗人员220人。公司法定代表人：武怡。

【生产经营】 2020年，公司生产再造烟叶9702吨，销售再造烟叶8905吨。实现营业收入3亿元。实现税利6196万元，其中税金4204万元。

【技术改造】 2020年，公司主要围绕“安全至上、客户为本、诚实正直、持续改善”的核心价值观开展生产及工艺相关工作。在生产过程能力方面，一号线以低断纸率，以及42%以上的高涂布率在同行业中处于领先水平。新增加的六边形分切机的开发使产品片形越发成熟，片形均一；纸机湿部助剂在线添加系统能实现在线、自动、精确、均一的添加助剂；为功能型薄片设计的涂布系统工艺模式突破传统功能性产品的涂布过纸难的瓶颈，实现大批量连续生产，提高下线产品的质量稳定性。

【技术创新】 2020年，公司开展科技项目23项，其中内部在研项目16项、外部在研项目7项（包括云南中烟项目6项、红塔区科技项目1项），获得项目经费支持340.22万元。构建知识产权体系，申报发明专利7件，实用新型专利1件；获得实用新型专利授权2件。发表科技论文8篇。

◇ 编辑：周　佳

科研和教育培训

科研院所

2020 年全国烟草行业主要科研机构（排名不分先后）：

中国烟草总公司郑州烟草研究院

中国烟草总公司合肥设计院

上海新型烟草制品研究院

中国烟草科技信息中心

中国烟草标准化研究中心

国家烟草基因研究中心

云南省烟草农业科学研究院［中国烟草育种研究（南方）中心］

中国烟草总公司黑龙江省公司牡丹江烟草科学研究所（中国烟草东北农业试验站、中国烟草进出口烟叶检测站）

福建省烟草专卖局烟草科学研究所（中国烟草东南农业试验站）

湖北省烟草科学研究院（中国烟草白肋烟试验站）

贵州省烟草科学研究院（中国烟草西南农业试验站）

湖南省烟草科学研究所（中国烟草中南农业试验站）

中国烟草总公司青州烟草研究所［中国农业科学院烟草研究所、中国烟草遗传育种研究（北方）中心］

国家烟草栽培生理生化研究基地

广东省烟草南雄科学研究所

江西省烟草科学研究所

河南省烟草科学研究所

山东烟草研究院

中国烟草总公司重庆市公司烟草科学研究所

陕西省烟草科学研究所

中国烟草总公司海南省公司海口雪茄研究所

四川省烟草科学研究所

中国烟草总公司郑州烟草研究院

【概　况】 中国烟草总公司郑州烟草研究院（简称郑州院）位于河南省郑州市，始建于 1958 年，主要从事烟草栽培调制及贮保、烟草基因、卷烟加工工艺和卷烟配方、烟草化学、烟用香精香料、卷烟减害降焦、再造烟叶等方面的应用基础和共性技术研究，卷烟厂和烟叶复烤厂的工程设计及行业相关检测仪器的研制、开发等。学科范围覆盖从烟草基因到卷烟生产的全过程。郑州院是国际标准化组织烟草及烟草制品技术委员会（ISO/TC 126）国内技术归口单位，是国际烟草科学研究合作中心（CORESTA）的分会员单位。2020 年，有在职员工 335 人，其中各类专业技术人员 287 人，包括中国工程院院士 1 人、国家级有突出贡献专家 1 人、总公司科技杰出贡献奖获得者 1 人、行业科技领军人才 2 人、享受国务院政府特殊津贴专家 7 人、行业学科带头人 11 人、研究员 46 人、正高级工程师 6 人、具有硕士和博士研究生学历 225 人。

党组书记、副院长：宋亚强；党组副书记、院长：谢剑平

【科技奖励】 2020 年，郑州院有 16 个项目获得省部级奖励。其中，郑州院牵头承担的“烟草基因功能元件全景图构建及关键基因挖掘与调控节点研究”项目获得中国烟草总公司科学技术进步奖一等奖；牵头承担的“细支卷烟燃烧状态的影响因素及其对细支卷烟主要质量指标相关关系研究”项目获得中国烟草总公司科学技术进步奖二等奖。

【行业科技重大专项】 **“烟草科研大数据”重大专项取得显著进展。**第一批三个先导性项目全面完成。第二批项目中“卷烟产品设计与维护大数据”“烟草育种大数据”“烟叶质量大数据”“卷烟产品鉴别大数据”“烟草科技知识图谱大数据”等 5 个应用类项目全部完成，面向行业单位开放试运行，为把中国烟草科学数据中心做实做强打下良好基础。

“细支卷烟升级创新”重大专项总结工作顺利完成。专项历时 3 年，实现产品、技术、装备三大升级，取得中式细支卷烟品类构建与创新、细支卷烟提质技术、质量控制技术、系统化设计技术、加工工艺技术等 10 项突破性技术成果，有力支撑细支卷烟产品设计上水平、生产制造上水平、降本增效上水平和控焦稳焦上水平。

“打叶复烤技术升级”重大专项扎实推进。充分发挥技术牵头单位作用，协调推进专项开展，有效促进打叶复烤模块化配方技术升级，提升打叶复烤均质化加工水平，增强智能化生产技术应用，推动四类示范线的研究与验证。

“烟草基因组计划”获得一批功能基因，创制一批遗传材料。获得影响苯酚、巴豆醛烟叶前体物相关遗传位点 8 个，培育烟气苯酚含量显著下降（30% 以上）改良株系 2 个；获得低氯离子基因编辑材料 6 份，创制腋芽发育代谢途径显著改变的遗传材料 20 余份；创制黄酮醇含量梯度变化遗传材料，成功实现品质性状相关重要代谢物的大范围精准调控；初步建立利用香气前体物代谢特征筛选烟草香

味品质育种模块的线性模型。

参与"提升烟用香精香料核心技术自主开发和自我保障能力"重大专项。开展"单体香原料实物库和数据库升级研究""重要共性烟用单体香原料应用开发研究"等项目研究，推动行业单体香料数据共享，支撑行业烟用香料自主研发与自我保障能力提升。

【合作与交流】 **院企合作**。先后与河南、湖北、重庆中烟等企业签订或达成全面战略合作协议，满足工业企业对科技成果的系统化需求。同时共建一批高水平创新平台，与江苏中烟共建"'南京、苏烟'品牌工艺创新联合实验室"，与甘肃烟草工业兰州卷烟厂共建"卷烟设计数字化联合实验室"，与河北中烟共建"香精香料自主研发与保障联合实验室"，与湖南中烟共建"烟草基因功能研究与利用联合实验室"，与河南中烟共建"河南省烟用材料工程技术研究中心"，搭建起三级科研平台，先后启动科技项目15个。

工程设计EPC模式有效运转。湖北中烟恩施卷烟厂制丝线技改EPC总承包项目作为行业第一个卷烟厂EPC总承包项目于2020年底投入试生产，总体效果良好。获得江苏中烟徐州卷烟厂卷烟智能集配中心建设和国烟扶贫农产品深加工建设2项总承包项目；获得陕西中烟宝鸡卷烟厂、重庆中烟重庆卷烟厂制丝线改造设计项目和黑龙江烟草工业绥化卷烟厂搬迁改造设计项目。

提供高质量科技供给。全年为香精香料企业开发30余个新品，销售249吨，比上年增长22.4%；销售额连续5年实现20%以上增长。仪器设备领域新品研发稳步推进，新型烟丝结构检测仪交付使用，卷烟燃烧温度分布检测仪实现商品化销售。

学术交流。克服疫情影响，线上培训与线下教育同时进行，2020年举办院级学术活动85次，部门学术活动249次，两院院士到院参加学术活动成为常态。农业领域的学术年会，工艺领域的"冬至、夏至学术论坛"，国家烟草基因研究中心的"基因组学前沿与发展论坛"持续举办，品牌效应逐渐扩大，在行业内外的影响力逐步增强。在基因组计划重大专项实施10周年和基因中心成立10周年之际，成功举办"烟草基因研究与成果交流会"。

【授权专利与科研成果】 全年有32个项目通过院学委会验收。申请专利386件，获得专利授权135件；获得软件著作权30项。出版著作16部，在CORESTA等国际会议发表论文13篇。在各类期刊发表论文143篇，其中SCI收录37篇，影响因子5.0以上10篇，影响因子10以上3篇，其中郑州院基因中心在国际权威的生物学期刊《核酸研究》发表1篇论文，影响因子11.5，是郑州院成立以来以第一单位发表的影响因子最高的论文。这代表着郑州院高质量论文的发表取得新的突破。

【人才队伍】 谢剑平院士获得总公司科学技术杰出贡献奖；罗登山研究员被评为行业第二批科技领军人才，聂聪被评为"行业最美科技工作者"，3人获得总公司首届科技创新争先奖。全年制（修）订《专业技术职务任职资格考评办法》《博士后国际交流项目选派办法（试行）》《高层次人才引进暂行办法》等制度，加强人才队伍建设。修订《院博士后管理办法》，提高博士后待遇，提升博士后招聘的吸引力。2020年，新入站博士后5人。截至2020年底，在站人数11人，为设站以来人数之最，并首次引进外籍博士后1人。

【特事辑要】 2020年12月9—10日，郑州院组织召开烟草基因研究与成果交流会，总结郑州院基因中心成立10年、烟草基因组计划重大专项实施10年来的经验成效、推动生物技术创新与烟草产业发展融合。国家局党组成员、副局长段铁力出席会议并讲话。

◇ 撰稿：赵英豪

中国烟草总公司合肥设计院

【概　况】 中国烟草总公司合肥设计院（简称合肥设计院）成立于1990年6月，位于安徽省合肥市，是国家局、总公司直属管理的烟草行业专业设计院，具有国家住房和城乡建设部批准的"轻纺行业（食品发酵烟草工程）专业甲级""建筑行业（建筑工程）乙级"等设计资质。合肥设计院主要职责是受国家局、总公司委托负责组织烟草行业固定资产重大投资工程项目的技术审查（咨询）及行业直属单位审批权限内的重大工程项目的技术咨询；参与行业打叶复烤厂和烟用仓库投资项目的前期工作及总体规划、设计的投标；参与烟草行业工程建设项目施工图第三方审查和项目的相关咨询工作，以及行业工程建设项目设计规范、技术标准的编制、修订工作和实施、监督工作等。合肥设计院下设6个职能部门，办公室、人事处、经营处、财务管理处（审计处）、技术审查处、设计处。2020年，有在职员工73人，其中，具有副高及以上职称35人（含正高级工程师3人）、中级职称27人；取得一级注册建筑师、一级注册结构工程师、注册公用设备工程师等各类注册执业资格56人次。

党委书记、院长：卢安宁

【主要工作】 2020年，合肥设计院克服疫情影响，创新工作方式，全年共完成国家局和省级局（公司）、中烟公司委托技术审查（咨询）项目12项。在做好国家局及行业其他直属单位委托技术审查（咨询）工作的同时，合肥设计院以片区负责和项目跟踪为主，拓展行业工程项目设计和第三方审查市场份额，全年通过参加公开招投标、竞争性谈判等新签各类设计、第三方审查、咨询合同53项，企业主要生产经营指标回归近年较好水平。

【技术创新】 紧跟建筑行业发展趋势，探索BIM设计、绿色建筑、海绵城市等新技术领域，加强教育培训、课题研究，不断提高新技术应用水平。加快培育工程服务新业务、新模式，青海西宁和广东肇庆卷烟物流配送中心全过程工程咨询项目顺利开展，工程造价咨询业务在江苏中烟南京卷烟厂扩建卷烟成品仓库项目和安徽中烟阜阳卷烟厂易地技改项目上实现良好开局。

【技术服务】 充分发挥专业优势和技术力量，当好行业固定资产投资工程项目建设领域的参谋和助手。2020年，合肥设计院协助国家局完成卷烟厂产能测算办法编制工作，启动卷烟厂、打叶复烤厂、物流配送中心等3个项目建设控制指标修订工作。

【人才队伍建设】 加强在岗职工继续教育力度，结合疫情防控常态化工作需要，采取线上线下适宜方式开展专业技术培训。健全激励保障机制，鼓励专业技术人员参加勘察设计类注册工程师执业资格考试和职称评聘，全年8人通过注册造价工程师、咨询工程师、一级建造师、注册化工师等职业资格考试，25人获聘中、高级专业技术岗位职务。

◇ 撰稿：何　为

上海新型烟草制品研究院

上海新型烟草制品研究院（简称上海院）成立于2015年6月。2016年5月，国家局批复同意设立上海新型烟草制品研究院有限公司，与上海院合署办公。

院长：施　超（—2020年11月）（兼）、陆　捷（2020年9月—）（兼）

◇ 撰稿：严　怡

中国烟草科技信息中心

【概　况】 中国烟草科技信息中心（简称科技信息中心）是国家烟草专卖局1986年4月批准建立的行业科技情报信息事业机构，时称全国烟草科技情报站，1989年3月更名为全国烟草科技情报中心，1994年更名为中国烟草科技信息中心至今。主要业务由国家局科技司领导和指导，部分业务与行政管理工作由中国烟草总公司郑州烟草研究院领导。主要职责是承担国内外烟草科技、经济等信息的搜集、研究、加工、报道、交流以及信息资源和烟草科学数据资源的建设工作；承担行业烟草科研大数据重大专项以及烟草科学大数据中心的研究、开发、建设、维护与服务等工作；承担软科学研究、情报调研、科技评估评价、科技政策研究、烟草知识产权研究、科技查新以及信息咨询服务和创新体系建设咨询服务等工作；承担《烟草科技》期刊的编辑出版工作；承担中国烟草科教网的建设、维护与对外服务工作，承担国家局科技业务管理系统开发与维护工作等。科技信息中心下设《烟草科技》编辑部、信息资源部、情报研究部、知识产权研究室、网络系统部和综合部等6个二级部门。2020年，有在册职工26人，其中，高级职称17人（正高级职称3人）、中级职称6人、初级职称3人；具有博士研究生学历5人、硕士研究生学历8人。

主　任：郑新章

【烟草科研大数据重大专项与科学数据中心建设】

2020年，“烟草科研大数据资源体系与数据标准体系研究”“烟草科研大数据总体架构和异构资源智能调度关键技术研究”“烟草科研数据融合与关联挖掘关键技术研究”等3个2018年立项的先导项目全面完成研究任务和经济技术指标，通过完成单位验收并向国家局科技司提交结题申请材料。项目成果得到应用或部署到科学数据中心。

总公司于2019年下达第二批7个重大专项项目：一是“卷烟产品设计与维护大数据”“烟草育种大数据构建及应用研究”“烟叶质量大数据构建及应用研究”“卷烟产品鉴别大数据构建及应用研究”“烟草科技知识图谱大数据构建及应用研究”等5个应用类研究项目，2020年，科技信息中心基本完成合同规定的全部研究任务和经济技术指标，部分项目成果在行业内试用。二是“烟草科研大数据安全态势预警关键技术研究与应用”“烟草科研大数据分析模型构建与可视化集成应用关键技术研究”2个关键技术类研究项目，2020年，科技信息中心基本完成合同规定的全部研究任务和经济技术指标。

协助国家局科技司和重大专项首席专家完成项目规划顶层设计、新研发项目申请与评审、阶段与年度总结等一系列工作。烟草科学数据中心建设稳步推进。

【《烟草科技》期刊】 2020年，《烟草科技》围绕国家局科技重大专项和重点科研领域组稿，全年收到稿件675篇，编辑出版发行期刊12期，7万余册。发表各类学术论文178篇，约290万字。期刊学术影响力平稳提升，是美国《化学文摘》（CA）、英国《科学文摘》、荷兰Scopus和日本JST数据库收录期刊；是中文核心期刊、中国科技核心期刊、中国科学引文数据库（CSCD）核心库来源期刊、RCCSE中国核心学术期刊（A）、中国学术期刊文摘数据库收录期刊等。在30种轻工业期刊中《烟草科技》影响力指数排名第三位，位于Q1区。通过烟草学术期刊微信公众号发布12期论文数据，所发论文被中国学术期刊文摘收录53篇，被中国知网“中文精品学术期刊双语数据库”收录30篇。

【信息资源建设】 **烟草科技文献数据库数据量持续大幅增加**。全年加工发布各类文献信息5.82万篇，其中全文新增5.46万篇，比上年增长12.7%。截至2020年底，文献类数据库资源总量73.46万篇，全文58.72万篇。

烟草技术类专利信息资源总量大幅增长。全年采集、入库、标引烟草类中国专利2.2万件，比上年增长29.4%。回溯标引中国专利2.1万件。全年更新中国专利法律状态40万件次。采集、入库、标引烟草技术类国外专利5019件，涵盖36个国家或专利组织，比上年增长14.2%。

中国烟草科教网及其各类业务系统日常维护等工作顺利开展。完成中国烟草科教网、郑州院网站、国家局科技业务管理系统、《烟草科技》网站和在线投稿等系统的日常维护，中国烟草科教网全年发布栏目信息8000篇以上，网站影响力进一步提升。

全新的“烟草文献数据知识检索服务平台”上线运行。新平台具有知识检索、智能导航、以图搜图等知识服务功能；同时可动态更新烟草专题数据库，为用户提供收藏、订阅、标签等个性化服务。截至2020年底，烟草行业知识产权综合服务平台和烟草科技成果综合服务平台在行业内网面向全行业开放试运行并提供服务。

【科研项目与科技产出成果】 “基于消费者评价数据的卷烟产品画像研究”“基于烟草科技文献的文本分析技术研究”“基于深度学习技术的烟草近红外光谱分析模型构建及转移”等3个青年托举项目总体进展顺利。“广东中烟专利价值评价体系相关研究”等4个横向合作科技项目取得新成效。“生物技术在烟草发酵领域的应用”“烟草主要废弃物在多孔材料领域应用”“卷烟主流烟气温度测定技术”等领域的情报研究专项任务顺利完成。

科研产出再创历史最好水平，全年发表科技论文13篇（中文核心9篇）；出版专著6部，共计1000余万字。获得发明专利授权14件；登记计算机软件著作权9项。

【软科学研究与科技专项工作】 参与《烟草行业中长期科学技术发展规划（2021—2035）》《烟草行业“十四五”科技创新规划》的前期研究与编制工作。主持或参与行业“十四五”科技创新规划4个研究课题的研究工作，完成研究任务并向国家局科技司提交课题研究报告。共完成4期《科技政策与科技情报》研究报告的撰写，提交国家局科技司作决策参考。完成2019年度烟草专利统计分析工作，撰写《2019年度中国烟草行业技术类专利统计分析报告》，上报国家局科技司。参与2020年度国家局（总公司）科技奖励申报、形式审查、网络评审等一系列工作。完成2020年科技统计及《中国烟草科技统计年鉴》编制工作，参与完成中国烟草学会主持的《中国烟草科学与技术（1982—2020）》专著的编辑出版工作。

【对外服务工作】 持续为行业内企业提供信息咨询服务，为广东、湖北、浙江、福建、河北、贵州、河南中烟，以及上海烟草集团、湖北省局和蒙昆公司等单位完成企业调研、专题培训、专题信息资料加工以及项目查新、专题资料查询和专题调研等工作。对工商企业提供科技论文撰写、信息资源检索与有效利用等专题培训服务，为相关单位科研能力的提升提供帮助。

中国烟草标准化研究中心

【概　况】 中国烟草标准化研究中心（简称标准化中心）位于河南省郑州市，成立于1995年1月，是国家局批准建立的行业标准化、计量专业机构，隶属于郑州烟草研究院，业务上受国家局科技司和郑州烟草研究院领导，国家市场监督管理总局、国家标准化管理委员会指导。主要职责是负责全国烟草标准化技术委员会秘书处的日常工作，专门从事烟草标准化的研究及推广，为行业提供标准体系框架，引导行业科学地制（修）订标准；作为ISO/TC126烟草及烟草制品技术委员会及其分技术委员会的国内技术对口单位和SC2烟叶分技术委员会的副主席和联合秘书处承担单位，负责配合国家局科技司组织行业参与国际标准化活动，承担国际标准投票，开展国际标准新工作项目提案，跟踪研究烟草相关国际标准化发展趋势和工作动态；作为烟草行业计量技术归口单位，承担烟草行业专用计量器具的技术审核、计量标准（基准）建立和量值溯源以及重要标准物质的研制。标准化中心下设4个部门。2020年，有在职员工23人，其中，研究员和正高级工程师7人、高级工程师10人、工程师4人。

主　任：范　黎

【科研领域优化布局】 **凝练微生物研究方向**。结合雪茄特殊原料、特殊工艺、特殊环境造成的微生物安全风险与管控，2020年立项开展山东中烟“手工雪茄烟加工过程微生物风险分析研究”；湖北省局科技项目“雪茄烟叶降TSNAs特色菌种资源精准筛选和评价技术研究”通过答辩；四川中烟科技项目“手工雪茄烟加工过程霉变微生物分析及监控研究”在申报中；“手工雪茄烟霉变拮抗微生物的筛选和应用研究”青年托举项目通过学委会评审。继续保持卷烟材料微生物研究的良好态势，完成广西中烟“卷烟口触类材料微生物风险分析及控制研究”；广西中烟“烟草添加剂卫生指标菌快速检测方法建立及应用研究”申报完成，进入商务谈判阶段。申报“烟草微生物分析鉴定和筛选应用平台建设项目”投资计划。

凝练雪茄研究方向。结合行业雪茄研究方向，突出分级、晾制技术和雪茄产品标准研究，继续开展“海南雪茄烟叶分级标准研究”；2020年立项开展湖北中烟“雪茄烟原料企业分级标准研究”；四川中烟科技项目“‘醇甜香’品类雪茄标准样品制作研究”等项目在申报中；配合中国烟叶公司申报“雪茄烟叶分级技术要求”等项目。

凝练烟用材料成分剖析研究方向。结合烟用材料的性能指标，对行业普遍关注的上机适用性开展前期研究，河北中烟“烟用水基胶、卷烟纸主要成分剖析及粘接（浸润）能力分析研究”完成商务谈判、即将签订合同，广西中烟“卷烟纸纤维类型及纤维素含量分析研究”、吉林烟草工业“烟用水基胶成分剖析研究”申报完成，进入商务谈判阶段，四川中烟“雪茄烟所用部分重点材料成分剖析研究”科研项目在申报中。

【计量工作】 **拓展在线计量**。2020年，首次立项开展《卷烟加工过程在线计量器具计量技术规范总则》《卷烟加工过程在线计量器具计量技术规范　皮带秤及温度类计量器具》在线计量类行业标准项目，为全面开展在线计量研究、建立在线计量器具行业标准打下基础。立项开展“安徽中烟计量检测管控技术体系的建立和完善”、广西中烟“制丝线温度类在线计量器具计量评价方法的研究及应用”研究。广西中烟“制丝线电子皮带秤计量评价方法的研究及应用”申报完成、进入商务谈判阶段。

谋划远程计量。开发量值溯源数据采集与处理系统，将对河南中烟部分器具的量值溯源数据进行远程采集和处理。湖北省局科技项目“雪茄烟晾房关键环境因子变化规律及其精细化调控技术研究”通过答辩；筹备申报云南中烟“基于远程计量测试技术的卷烟产品质量监测平台的研究与构建（一期）”，拟对云南中烟8家卷烟厂以及老挝寮中红塔好运烟草有限公司的测试环境、恒温干燥箱、综合测试台等卷烟质量关键检测设备实现远程校准、远程期间核查、实时状态监测及初步分析诊断。

推进计量研究前移。针对细支烟等检测设备，申报《低阻值吸阻标准棒和细支通风率标准棒的研制与验证》行业标准预研项目，主动发挥计量对新领域仪器研发的科学引导作用。

推进标准物质（样品）研制贴近企业应用。完成“常规分析用吸烟机通用监测卷烟的研制”，提高卷烟烟气标准样品的适用性；立项开展贵州中烟“滤棒中三乙酸甘油酯施加量标准样品的研制——近红外法”项目研究；湖北中烟“烟草水分标准样品研制”申报完成、进入商务谈判阶段，贵州中烟“近红外测试用标准物质研制”在申报中，为标准物质（样品）从单纯配套测试方法使用，转向服务于生产质量控制迈出重要一步。

【标准化支撑服务】 **标委会（安评委）秘书处工作运行有效**。配合国家局科技司完成标准立项和发布。完成国家标准委强制性标准整合工作的有关任务，完成《雪茄烟》等3项国标修订及1项外文版翻译计划立项；完成2020年度第一批标准制（修）订项目合同审查，2020年度第二批标准制（修）订项目立项形式审查、前置性审查、专家评审；审查发布行业标准4项、中国烟草总公司企业标准15项，结题行业标准预研项目15项，复审烟草类行业标准484项；完成卷烟感官、卷烟烟气标准样品布局调整和2020年度标样的制作发布。

配合国家局科技司，规范开展行业标准化支撑服务工作。完成行业“十四五”科技创新规划研究课题“推动标准化工作水平全面提升　充分发挥标准化支撑引领作用”；完成行业标准重点研究室的调研报告及现场评估的前期准备工作；组织召开卷烟标样、雪茄标准工作组及安评委工作会议各1次，审定相关标准、标样；完成烟草企业、卷烟营销、打叶复烤、烟草信息等4个分标委的换届准备；组织完成23项烟草国家标准宣传贯彻视频材料制作；组织行业完成国家标准创新贡献奖申报；组织行业完成部门计量规范自查、国际标准转化调研、国家标准英文版调研；完成对市场监管总局《关于加强国家产业计量测试中心建设的指导意见（征求意见稿）》的反馈工作。

国际标准化工作持续有力推进。完成国际标准化日常工作，全年共组织完成53项国际标准项目的投票工作，投票质量持续提高。顺利完成ISO/TC126第36次大会（网络会议）及ISO/TC126/SC3第4次大会（网络会议）参会任务。

主持或支持行业参与国际标准制（修）订。中国标准化科研成果烟丝填充值测定方法，受到TC/126/WG19“修订ISO 15592－3细切烟丝”工作组的关注，并受ISO/TC126秘书处邀请，提出《细切烟丝　用于制备细切烟丝制品的填充值测定方法　恒重加压法》新工作项目提案。推荐1人参加“烟草加热系统　分类抽吸方法”国际标准制定，首次派出专家参与加热卷烟国际标准化活动，以期维护中国加热卷烟的利益。完成并发布1项国际标准，推进1项国际标准项目制定。推进主导修订的ISO 20193《烟草及烟草制品　烟丝宽度的测定》国际标准项目顺利通过DIS投票。

标准化示范推广工作持续开展。完成《烟叶生产标准化工作规程》行业标准送审稿，为提升烟叶标准化示范推广水平、提高烟叶标准化生产工作实效提供支持；开展整省推进商业标准化建设试点工作，为湖北、江苏省局（公司）进行整省推进商业标准化建设培训，对河南南阳市局（公司）、湖南长沙市局（公司）、湖北襄阳市局（公司）进行商业标准化现场培训和诊断。

【科研成果】　2020年，牵头承担的项目获得郑州院青年科学技术进步奖三等奖1项，以第二完成单位承担的项目获得省部级科学技术进步奖三等奖1项。发表论文15篇（其中SCI/EI期刊4篇、核心期刊11篇），出版著作1部；获得发明专利授权3件、实用新型1件；获得软件著作权1项；申报专利40件，其中发明专利23件、实用新型17件；申报软件著作4项；发布标准、结题预研项目3项；牵头立项标准项目5项、郑州院青年托举项目2项；牵头在研标准项目4项。

国家烟草基因研究中心

【概　况】　国家烟草基因研究中心（简称基因中心）成立于2010年12月，隶属郑州烟草研究院，业务上接受国家局科技主管部门的指导和管理。根据国家局的总体部署和烟草基因组计划重大专项的整体安排，基因中心主要负责开展烟草基因组研究工作。基因中心下设烟草生物信息学实验室、烟草分子生物学实验室、烟草代谢组学实验室和综合室等4个部门。2020年，有在职员工27人，其中高级职称20人；具有博士研究生学历19人、硕士研究生学历7人。

主　任：罗登山（兼）

【科研成果】　**论文质量**。在国际生物学权威期刊Nucleic Acids Research（中科院分区1区Top期刊，影响因子11.5）发表论文，将基因中心第一单位论文成果水平推向更高层次。先后2篇文章被国际植物学权威期刊Plant，Cell & Environment（中科院分区1区Top期刊，影响因子6.326）在线发表，标志着基因中心生物学研究水平获得国际学术界的充分认可。

项目成果。基因中心牵头完成的“烟草基因功能元件全景图构建及关键基因挖掘与调控节点研究”项目获得总公司2020年度科学技术进步奖一等奖。该项目被以基因组学家、中国科学院杨焕明院士为主任委员的鉴定委员会一致认为：“研究成果创新性显著，在国际作物基因组研究领域具有引领性意义，填补了国内外烟草全基因组功能元件研究领域的空白，达到了国际领先水平。”

成果整体水平。全年发表各类学术论文26篇，包括SCI论文8篇、CORESTA会议宣读论文2篇、核心期刊论文8篇、ISSN论文1篇、会议墙报论文7篇。当年发表的8篇SCI论文，累积影响因子39.82，平均影响因子4.98。申请基因发明专利15件，其他发明专利2件、实用新型专利3件；获得发明专利授权11件，其中基因专利5件；获得实用新型专利授权1件；获得计算机软件著作权授权4项。2个项目获得郑州院青年科学技术进步奖三等奖。

【基因研究10周年】　基因中心以成立10周年为契机，组织对各项学术成果、资料进行全面而深入的梳理总结。在此基础上，承担完成重大专项相关总结、宣传、推广工作。一是完成专题片“烟草基因十年”摄制，遍赴行业重大专项主要承担单位采集素材，反复修改打磨，圆满完成纪录片摄制工作；二是组织完成重大专项系列宣介材料设计制作，牵头面向重大专项各承担单位搜集材料、梳理制作《中国烟草基因组计划品种（系）和应用技术成果图册》、7个批次近60张10周年系列成果海报，撰写相关总结报告材料。

【项目管理和平台建设】　2020年，基因中心牵头承担重大纵向科研项目11项，包括国家局重大专项项目6项、标准项目1项，国家自然基金项目2项，河南省科技攻关项目2项。牵头申报纵向科研项目19项。截至2020年底，各项目进展顺利，获得一批功能基因，创制一批遗传材料。获得影响苯酚、巴豆醛烟叶前体物相关遗传位点8个，培育烟气苯酚含量显著下降（30%以上）改良株系2个；获得低氯离子基因编辑材料6份（叶片氯离子含量下降20%～40%），创制腋芽发育代谢途径显著改变的遗传材料20余份；创制黄酮醇含量梯度变化遗传材料，成功实现品质性状相关重要代谢物的大范围精准调控；初步建立利用香气前体物代谢特征筛选烟草香味品质育种模块的线性模型。

持续深挖资源技术优势，提升研究平台服务支撑能力。烟草生物信息学平台不断充实中国烟草基因组数据库，数据库主要分析工具访问量达到10万余次；持续完善烟草育种大数据平台，实现烟草育种数据的汇集、融合、交流和智能挖掘；开发植物长链非编码RNA百科全书数据库PLncDB，在国际生物学权威期刊《核酸研究》上发表，标志着基因中心生物信息学研究水平获得国际学术界的充分认可。烟草基因芯片平台中密度烟草55K SNP芯片应用于3456份全基因组分子模块库高世代材料基因型检测分析，高密度烟草430K SNP芯片应用于多家单位烟草功能基因定位及品种定向遗传改良研究。烟草代谢组学平台聚焦大样本非靶向数据的系统误差校正问题，不断提升大样本分析能力，可校正样本量由之前的300个左右提升到600个以上；累计检测样品3000余份，有效支撑多个行业内外科研项目的顺利开展。

【开放合作】　2020年，联合建设“中国烟草总公司郑州烟草研究院——中国科学院杨焕明院士　院士团队创新中心”。创新中心从基因大数据研究、代谢途径解析、合成生物学等多方面推进全方位的科研合作与技术融合，持续建立完善大数据支撑下的烟草功能基因研究体系。

全年签订技术服务合同12份，围绕烟草基因组图谱、烟草全基因组模块化育种等产业关注的瓶颈性问题，与湖南中烟、河南省局（公司）等5家行业工商业企业建立合作。

云南省烟草农业科学研究院
［中国烟草育种研究（南方）中心］

【概　况】　云南省烟草农业科学研究院（简称云南省烟草农科院）位于云南省昆明市，前身是成立于1955年的云南省烟草科学研究所，2009年3月更名为云南省烟草农业科学研究院，是云南省局（公司）的直属科研机构；中国烟草育种研究（南方）中心（简称南方中心）成立于1995年，与云南省烟草农业科学研究院合署办公。云南省烟草农科院（南方中心）围绕面向世界烟草农业科技前沿、面向行业发展重大战略需求、面向绿色优质烟叶生产主战场，瞄准研究一粒种子、创新一项技术、解读一片烟叶三大战略领域，形成以新品种培育为优势、基因组学研究为引领、烟叶安全性检测为保障，土壤保育、绿色防控、提质增效烘烤等技术研究为重点的科研体系。拥有博士后科研工作站、国家烟草基因工程研究中心、烟草行业烟草生物技术育种重点实验室、云南省烟草农业工程技术中心、中美烟草分子育种联合实验室、烟草种质资源库和世界烟草品种园等创新平台。南方中心下设有8个部门。2020年，有在职员工106人，其中，正高级职称17人、副高级职称42人；具有博士研究生学历42人、硕士研究生学历42人；烟草行业学科带头人4人，行业领军人才1人，享受国务院政府特殊津贴1人。

党委书记、院长、主任：顾华国

【技术创新】　**新品种选育**。2020年全国十大主栽品种中，自育“云烟”系列占7个，种植面积超过960万亩，占全国烤烟种植面积的72.4%。自主选育的抗PVY烤烟品种“云烟121”和合作选育品种“NC－YATAS8”通过全国烟草品种审定，自育烤烟新品系“云烟218”、古巴引进雪茄品种“古引4号”通过全国农业评审。

绿色烟叶生产技术。围绕“绿色防控、提质增效烘烤、植烟土壤保育”等重大专项，摸清烤烟轮作周期内养分统筹规律和烤烟连作障碍规律，构建10分制植烟土壤质量评价体系、烟田减肥增效技术体系和智慧烟草农业关键技术体系。推进绿色防控研究，构建病虫害智能识别程序、烟草病害快速鉴定技术平台和烟草有益菌筛选体系。持续推进提质增效烘烤技术创新研究，构建“一片烟智能识别、一竿烟科学分装、一炉烟精准烘烤”标准化烘烤新模式，开发“看叶识熟”手机App和微信小程序。

烟叶安全性检测。全年完成各类检测样品9637个，出具有效数据12.66万个。烟叶质量安全检测能力水平实现国内领先、世界先进。

【科研攻关】 初步构建优质雪茄原料全产业链闭环技术体系，有力支撑2020年云南省600亩雪茄烟叶试种开发。科学界定砵砂烟特征，选育出“砵砂1号”“砵砂2号”“砵砂3号”等特色品系3个。自主基因研究方面获得一个调控烟碱合成基因（磷酸激酶）并明确其作用机理；克隆验证正向调控烟叶砷含量的砷转运蛋白基因（NtNIP）。育种材料创制方面获得烟碱、砷转运、钾转运等功能基因的22个突变体，筛选到21份品质、农艺等方面表现优异的基因组模块材料。品种改良方面低镉“云烟87”通过全国审定，高烟碱新品系“YN01”通过农业评审；抗黑胫病“红花大金元”示范种植2.37万亩，抗PVY“云烟87”示范种植0.38万亩，基因组育种成果实现落地应用。

【技术服务】 构建“互联网+”、技术手册与挂图、专家服务团等服务模式，累计编印发放烟叶生产技术手册20余万册，发放技术挂图40余万张，发布烤烟生产技术指导意见、病虫情报等100余期。常年服务全省13个州（市）12家工业企业64个烟叶基地单元建设，开展技术培训500余场次，用科技支撑烟叶原料基地建设与发展。

【科研成果】 2020年，开展科研项目60项，其中国家基金委项目8项、国家局项目2项、科技厅项目9项、省局（公司）项目33项、中国烟叶公司技改项目2项，地标及其他项目4项；新增国家自然基金课题1项。2020年，全院审定烤烟新品种3个，获得专利授权28件，获省部级科技成果奖励3项，发表高水平SCI论文16篇，核心期刊论文20篇，CORESTA会议论文2篇。

【科研平台建设】 在核心烟区规划1000亩烟草试验基地；创建世界烟草品种园；打造科研带动成果高位嫁接的基地。推进云南烟草商业研发中心和云南烟草实验室整体规划与实施。

中国烟草总公司黑龙江省公司牡丹江烟草科学研究所（中国烟草东北农业试验站、中国烟草进出口烟叶检测站）

【概　况】 中国烟草总公司黑龙江省公司牡丹江烟草科学研究所（简称牡丹江烟草科学研究所）位于黑龙江省哈尔滨市，始建于1985年，隶属于黑龙江省局。始建名称为黑龙江省烟草科学研究所，1995年，经国家局批准在省烟草科学研究所的基础上成立中国烟草东北农业试验站；1998年，成立中国烟草进出口烟叶检测站。2008年1月，单位名称变更为中国烟草总公司黑龙江省公司牡丹江烟草科学研究所。2016年，经黑龙江省局批准搬迁到哈尔滨市哈药路17号。主要承担烤烟新品种选育、生物技术研究、烤烟栽培技术研究与推广、植物营养与肥料、病虫害防治技术、烘烤技术研究及全国进出口烟叶及其制品的转基因检测和监测工作。牡丹江烟草科学研究所下设6个科研科室和2个行政后勤服务科室。2019年，有在职员工26人，其中，高级职称17人（正高级职称3人）、中级职称5人。

党委书记、所长：陈丽娟（2020年6—10月）；副所长：孙东辉（2020年11—12月，主持工作）

【科研工作】 **科研项目**。全年承担各类科研课题17项，其中主持黑龙江省局课题12项、主持工业公司课题2项、协作课题3项。

品种选育。配置杂交组合50余份，收获育种后代材料400余份，7个品系参加黑龙江省烤烟品种区域试验，1个品系参加全国烤烟品种区域试验，烤烟新品种“龙烟101”通过全国烟草品种审定委员会审定。

生物技术。开展“龙江特色品种抗性改良”“TMV弱毒疫苗研制”工作。在保证“龙江”主栽品种的特色条件下，完成“龙江911”“龙江925”“龙烟101”等品种的PVY抗性改良。获得100余份“龙江911”“0206－21”，以及“K326”几个品种的TMV、角斑病改良后代自交材料。

特色烟叶。以“提升龙江特色烟叶可用性专项研究”为平台，通过一段育苗、补碳控氮、适度增碱等技术研究示范，总结组装提升龙江特色烟叶可用性关键集成技术。开展“龙江B2F”等级配方模块和醇化烟叶可用性验证，确定“泰山”品牌、“钻石”品牌“荷花”品系高端产品配方应用适配性。根据田间鉴评暨感官质量评吸，进一步丰富协调烟香、平衡烟气等方面的配方作用。

绿色防控。克服黑龙江高纬度寒地障碍，建立4座蚜茧蜂繁育基地，保障全省烟蚜茧蜂防治蚜虫技术全覆盖。建立8个总面积为2万亩的绿色防控示范区。

【成果转化】 制作“烘烤技术基本要点挂图”“黑龙江省密集烤房烘烤技术”图表，从烟叶采收、烤前烟叶整理、烘烤操作原则等方面强化技术到位率。突出控湿中温变黄、降湿稳温凋萎、稳湿低温定色等技术要点，强化控温延时促熟增香理念，提升中上烟叶的烘烤后熟程度，在黑龙江省内应用示范10万亩。

【技术服务】 **技术培训**。对全省烟技员和烟农进行标准化生产培训，共培训1500余人次；完成《龙江烟叶钾氯比现状与分析》等5个生产技术视频及《烟叶生产适用技术汇编》，对生产技术人员开展远程培训，丰富服务载体和形式。

病害防治。发布6期病虫简报，制定全省病虫害综合防治技术方案，进行病虫害远程诊断及咨询100余起，实时对烟叶生产中出现的疑难杂症进行诊断分析。制作“烟草病虫害绿色防控技术”视频课程，通过烟草网络学院对烟叶生产人员进行技术培训。

精准施肥。化验土壤样品2000余份，检测烟叶样品2800余份，根据检测结果，指导全省烤烟精准施肥，修订龙江烤烟生产技术方案。

转基因检测。完成148个样品的转基因检测工作，建立转基因检测PCR污染防控技术体系。

【科研成果】 获得2020年度黑龙江省局（公司）科学技术进步奖一等奖1项、二等奖1项、三等奖2项；5项课题通过黑龙江省局（公司）科技处组织的鉴定。

福建省烟草专卖局烟草科学研究所（中国烟草东南农业试验站）

【概　况】 福建省烟草专卖局烟草科学研究所位于福建省福州市。1997年5月，在福建省三明市成立福建省烟草专卖局烟草农业科学研究所，2002年初迁到福州，与中国烟草东南农业试验站（简称东南站）实行“一套班子，两块牌子”管理，隶属福建省局（公司）。2004年全面异地搬迁至福州市，2016年11月更名为福建省烟草专卖局烟草科学研究所。福建省烟草专卖局烟草科学研究所在福州市晋安区宦溪镇设科研基地，在龙岩、南平、三明等3个主产烟区设分所（烟叶生产技术中心），形成以省烟科所为龙头，龙岩、三明、南平3个分所和9个产烟县烟叶生产技术试验推广站组成的“139”烟草农业科研体系。东南站下设6个研究室和福建省烟草病虫害预测预报及综合防治二级站。2020年，有在职员工13人，其中研究员2人、高级农艺师4人、农艺师5人，具有博士研究生学历1人、硕士研究生学历9人。

所长：李春英

【科研工作】 **科研项目**。2020年，有在研科技项目19个，其中主持或参加6个国家局重点科研项目研究，主持或参加13项省局（公司）重点科研项目研究。

特色品种选育。自主育成新品系“FJ1805”通过全国烤烟品种农业评审，“FJ1807”新品系参加2020年全国烤烟品种区试。完成9个品种（系）的全国烤烟品种区域试验和5个品种（系）的生产试验，完成45份全国品种试验新品系抗青枯病鉴定试验。完成CB－1提纯复壮年度试验任务，从30个株系中筛选出4个田间生长整齐，长势长相及烟叶风格品质与CB－1较一致的株系。

烟草绿色防控技术研究与推广。全省建立烟草绿色防控综合示范核心区7.1万亩，辐射区35.7万亩，分别占植烟面积的10%和50%以上，病虫害损失率分别维持在3.7%和4.3%较低水平。

土壤保育技术研究。开展土壤与烟叶养分含量普查分析工作。开展稻草回田优化技术、深耕高垄技术、土壤酸度改良技术等土壤保育重点技术的田间试验研究，并在龙岩市永定区、长汀县，武夷山市等地建立土壤保育重点技术集成应用核心示范片500亩。在龙岩市永定区、连城县开展烟秆回收利用及就地炭化组织模式研究。

特色优质烟叶栽培。完成“福建上下部烟叶深化应用研究”项目全部研究任务，探明不同温度条件对“翠碧一号”烟叶生理代谢的影响，明确不同产烟县主栽品种最适宜的移栽期，集成制定以“适时早栽促早发，控制氮肥早打顶，适熟早采避高温”为核心的清甜蜜甜香型特色优质烟生产技术体系，总结提炼出“适时早栽”“控氮早打顶”两项生产技术在全省推广应用。开展“镁营养对福建烤烟生长和品质的影响”研究，初步明确施用镁肥对烟株缓解高温强光伤害，对提升烟叶品质具有明显的促进作用。

烟叶调制技术研究。2020年，在福建省9个县（市）采集不同成熟度烟叶图片近3万张，初步完成“翠碧一号”“K326”等5个不同成熟度图库及智能识别分类模型的构建，完成各档次成熟度鲜烟生理指标及烤后烟叶化学成分分析，并将各档次鲜烟成熟度与烤后烟叶质量一一对应，探索采用计算机识别技术判别烟叶成熟度。

烟叶仓储醇化技术研究。完成福建片烟醇化特性及醇化调控技术全部研究任务，建立由感官质量、外观质量及化学成分构成的片烟醇化质量综合评价体系，实现片烟醇化质量评价由定性向定量转变；明确不同醇化模式下片烟醇化速度、醇化质量、醇化适宜周期的变化规律，形成以异地转库醇化为核心的片烟贮存物流管理模式；制定基于福建生态条件下的片烟醇化养护管理技术规范，并转化为省局（公司）企业标准，在三明金叶、武夷烟叶2家复烤企业全面推广，片烟仓储管理水平有效提升。

【科研成果】 全年获得发明专利授权2件、实用新型专利授权5件。发表学术论文12篇。1个科研项目通过国家局验收，4个科研项目通过福建省局科技成果鉴定或验收。“FJ1805”新品系通过全国烤烟品种农业评审。

【技术服务】 编制并发布省局（公司）企业标准《烟草病虫害预测预报技术规程》，规范福建省病虫害预测预报工作。针对不同时期重点病虫的诊断和防治，发布8期病虫信息，指导基层精准防控各类病虫害。承担江苏、福建、贵州等5家卷烟工业企业在福建烟区烟叶基地单元的技术服务工作。全年为烟叶产区提供烤烟技术指导培训20余场次，累计培训产区烟技员、烟农1000余人次。

湖北省烟草科学研究院（中国烟草白肋烟试验站）

【概　况】 湖北省烟草科学研究院（中国烟草白肋烟试验站）是全国唯一的白肋烟农业科研单位，其前身为成立于1986年的湖北省鄂西烟草科研所，1991年5月组建湖北省白肋烟研究所，1997年6月更名为湖北省烟草科研所；1997年7月，国家局决定在湖北省建立中国烟草白肋烟试验站（简称白肋烟站），并与湖北省烟草科研所合署办公，隶属湖北省局（公司）；2002年8月，白肋烟站由湖北省恩施市搬迁到武汉市；2013年7月更名为湖北省烟草科学研究院，2019年10月成立湖北省雪茄烟叶研究所。承担雪茄、全国白肋烟和全省烤烟及其他晾晒烟的农业技术等方面的科学研究，承担国家局、湖北省局（公司）下达的科研任务，承担全省烟叶和土壤样品的重点指标的化验检测任务，负责全国白肋烟和全省烟草良种繁殖、包衣加工、计划调拨与经营，负责湖北省烟叶生产新技术推广的咨询、培训等科技服务工作，指导湖北省烟区病虫害预测预报及综合防治和先进实用烟叶生产技术推广。白肋烟站下设4个研发中心、4个研发服务部门和2个综合管理部门。2020年，有在职员工30人，其中，行业学科带头人2人；研究员4人、副研究员3人、高级农艺师13人、高级工程师1人；具有博士研究生学历8人、硕士研究生学历14人。

院　长：杨春雷

【重大专项】 实施推进国家局重大专项“国产雪茄烟叶开发与应用”，切实履行技术牵头单位职责。参与编写制定重大专项各种方案，明确指导思想、目标、主攻任务、成员及任务分工；协助召开推进会，全面部署推进重大专项落实；参与编制行业“十四五”科技创新发展规划和中长期科技发展规划；协助召开首次品种专题研讨会，构建雪茄品种工作平台；协助召开恩施雪茄发酵工厂设施设备论证会、湖北雪茄烟叶部分替代进口中式雪茄试制品品鉴会。协助核心示范区开发的雪茄烟叶得到工业企业的高度认可。四川中烟制定2021年在十堰市丹江口采购0.2万担优质茄衣的计划，湖北中烟、安徽中烟提出原料采购计划。开展基于湖北原料的中式雪茄产品创制，湖北原料占比超过50%，在国产雪茄烟叶替代进口原料上取得重要突破。

【科研成果】 全年承担各类科研项目23项，其中重大专项1项，获得省部级奖励成果2项，获得省局（公司）奖励成果3项，通过审定烟草新品种2个；省局重点项目通过省部级成果评价2项、通过省局（公司）鉴定4项；获得发明专利授权4件，实用新型专利1件；获得软件著作权9项；在国内外核心期刊发表论文13篇。

【技术服务】 主动对接烟叶产区，完成2020年烟种调拨工作，确保湖北省烟叶生产工作按期有序进行。面对新冠肺炎疫情、汛情、前期低温等极端因素影响，通过线上线下对产区进行技术指导服务，提供技术咨询百余次，培训千余人次。因时制宜开展病虫害测报和综合防治，病虫害发生率控制在5%以下。

【人才队伍建设】 开展高中级专业技术职务岗位竞聘工作，聘任高级农艺师1人、中级农艺师6人，打通专业技术人员晋升通道。

贵州省烟草科学研究院（中国烟草西南农业试验站）

【概　况】 贵州省烟草科学研究院（中国烟草西南农业试验站）的前身是贵州烟叶改良场，1983年更名为贵州省烟草科学研究所，2012年更名为贵州省烟草科学研究院，与中国烟草总公司中国烟草西南农业试验站（1999年成立）两块牌子一套建制合署办公。总部在贵阳，在福泉、平坝设有2个基地。贵州省烟草科学研究院下设6个科研团队、3个业务部门和6个管理后勤部门。2020年，有在职员工123人，其中科研人员80人。具有博士研究生学历26人、硕士研究生学历42人；高级职称39人，中级职称54人

党委书记、院长：王　丰

【技术创新】 **新品种选育**。新品系“贵烟8号”“贵烟5号”通过全国品种审定。烤烟新品系“GZ36”在全省41个县示范4.02万亩，示范效果良好。选育出“贵烟6号”“GZ20”“GZ21”“GZ37”“GZ40”等一批优良后备新品系。

基因组重大专项。抗白粉病的“云烟87”“K326”、抗PVY和脉带花叶病毒的“云87”等3个定向改良品系完成工业评价。初步建立烟草基因的uORFs数据库，获得抗逆、次生代谢产物相关基因uORF 2000个以上，建立以uORFs为靶标的基因编辑体系。

绿色防控。建立绿色防控核心示范区43个，示范面积50.15万亩，辐射推广95.3万亩。建立适合蠋蝽长期储藏的技术条件，蠋蝽和粘虫的平均死亡率分别降低至14.6%和11.1%，共繁育蠋蝽1249万头，示范面积39.92万亩。

栽培营养。构建全省9个烟区以“减化肥、增碳库、调营养”为核心的土壤保育集成模式，基本覆盖全省烟区，土壤有机质平均含量增长15%，土壤微生物活性均提高20%以上，每亩化肥使用量减少10%，上等烟比例提高3.7个百分点。初步开发烟用炭基棒状肥5个；优化水溶根施肥配方4个；改进多功能生物有机肥生产工艺，生产成本由2019年的2106元/吨降至1890元/吨，生产成本降低10.3%；形成烟用全生物降解地膜开发与评价应用体系。

烟叶调制。形成基于图像的智能烘烤系统，智能识别和控制精度平均为60.89%；研发的“442”10个关键稳温点烘烤工艺在贵州安龙、兴义等9个县推广52.58万亩，应用比例97.57%；研发的生物质供热设备及燃料配方在全省新增推广8814座，共计17.63万亩。

烟草多用途。建立废弃烟叶高纯度绿原酸提取制备技术，提取纯度达到99.2%以上；从烟花中筛选出1种在增香、降刺、改善余味等方面有明显效果的烟草本源香气提取物，具有彰显产品的风格特色、改善产品的感官品质的应用潜力。初步建立烟草高效表达外源蛋白稳定遗传转化平台和瞬时转化平台，获得烟草表达人干扰素基因的稳定遗传转化植株和瞬时转化植株。

【技术服务】 组织完成上海烟草集团、湖南中烟、江苏中烟等卷烟工业企业36个烟叶基地单元年度生产技术服务工作，累计开展技术培训56次，培训2400余人次，发放技术手册1500份。生产销售包衣种60.35万包，供种面积120.7万亩，实现销售收入422.47万元。

【科研成果与转化应用】 2020年，获得省部级奖励3项、地厅级奖励4项；发表论文51篇，其中SCI论文18篇；获得发明专利授权9件、实用新型专利11件；出版专著1部；获计算机软件著作权1项；发布企业标准11项。

协助省局（公司）在贵州省建成9个烟叶科技成果转化园。在转化园开展10项新成果示范验证工作，遴选烟草多抗微生物菌剂（多功能促生菌）、烤烟专用有机无机复混肥、功能生物有机肥3项成果推荐进入2021年孵化计划。

完成苗期病毒检测试纸条、蛾类害虫高效诱芯、水溶根施肥等3项成果孵化服务。其中，苗期病毒检测试纸条推广使用4万条，实现苗期检测全覆盖；高效诱芯推广39.21万粒，水溶根施肥（提苗肥）推广110余万亩。

【合作交流】 依托乌克兰国家科学院院士，联合贵州中烟、贵州医科大学、荷兰Westerdijk真菌生物多样性研究所等单位，新建贵州省微生物与健康院士工作站；向省政府申请获批“贵州特种经济作物示范型国际合作基地”。

湖南省烟草科学研究所（中国烟草中南农业试验站）

【概　况】 湖南省烟草科学研究所位于湖南省长沙市，成立于2013年12月。2000年7月，国家局批准成立的中国烟草中南农业试验站正式授牌，是行业5个烟草农业试验站之一。2015年8月，湖南省烟草科学研究所与中国烟草中南农业试验站合署办公。湖南省烟草科学研究所主要开展烟草农业科技创新活动，下设长沙、永州、郴州、湘西、衡阳、湖南农大、湖南中烟技术中心农业所等7个实验基地。2020年，有在职员工8人，其中，高级职称4人、中级职称4人。

所长：周志成

【科研创新与技术服务】 **重点领域技术攻关卓有成效**。建立基于鲜烟叶代谢组的烟叶风格特色预判模型，构建烟草核心种质资源库和基因库。在湖南张家界试种雪茄烟叶品种9个，筛选出大田性状及抗病性表现突出的品种。获得覆盖2279个基因的编辑素材，完成400余个基因编辑素材的农业和工业评价。主持选育的烤烟新品“湘烟7号”通过全国烟草品种审定委员会的审定。持续优化烟蚜茧蜂、赤眼蜂、蠋蝽和瓢虫规模化繁育技术及田间应用技术，初步研制出烟蚜茧蜂、瓢虫、食蚜蝇等天敌昆虫引诱剂。系统揭示粉垄深耕宜烟宜稻作用机制，构建基于“粉垄深耕”“减施氮肥”“全耕层碳氮比调节”为核心的植烟土壤立体保育技术，编撰《湖南烟稻轮作区稻草还田技术规程》。

科研成果示范持续推进。加大自育新品种（系）的示范推广力度，推广“湘烟3号”“湘烟5号”“湘烟6号”“湘烟7号”等自育新品种15.2万亩。全省10个烟区建立绿色防控示范区43个、面积14.1万亩，辐射区面积82.8万亩。烟蚜茧蜂防治蚜虫烟田推广110.48万亩（100%覆盖），大农业推广120万亩。

平台建设运行水平不断提升。硬化试验基地田埂2000米，清淤维护水渠450米，加建烤房群遮雨棚，修缮基地围栏，改造育苗大棚外围设施。加快实验室装修工作，实验室装修主体工程完工，进入调试验收阶段。

人员队伍素质持续提升。确定5人为湖南省局（公司）学科带头人培养对象，2名科研员通过博士学位中期考核，1人通过农艺师评审，新引进博士（后）1人。

【科研成果】 主持的科研项目分别获得中国烟草总公司科学技术进步奖二等奖和湖南省局（公司）知识产权奖一等奖，参与的科研项目分别获得湖南省工信厅企业管理现代化创新成果奖二等奖和湖南省局（公司）科学技术进步奖三等奖。自育烟草新品种“湘烟7号”通过行业审定，研制的防治烟草青枯病和黑胫病生物菌肥获农业农村部登记。在各类科技期刊发表科研论文20篇，其中SCI论文6篇，获得发明专利授权5件。

中国烟草总公司青州烟草研究所［中国农业科学院烟草研究所、中国烟草遗传育种研究（北方）中心］

【概　况】 中国农业科学院烟草研究所始建于1958年，1959年4月增名山东省烟草研究所，1987年经国家科委批准增挂中国烟草总公司青州烟草研究所（简称青州所）牌子，受中国农业科学院、中国烟草总公司和山东省政府领导，主要开展烟草农业科学研究和成果转化工作。中国烟草遗传育种研究（北方）中心成立于1999年，为非独立法人科研事业机构，依托单位为中国农业科学院烟草研究所。青州所下设4个职能部门、8个研究室（中心）、1个青州科技服务中心、1个《中国烟草科学》编辑部、1个实体公司（青岛农特生物科技有限责任公司）；建有国家烟草改良中心等3个国家级创新平台，“烟草行业烟草基因资源利用重点实验室”“烟草行业烟草病虫害监测与综合治理重点实验室”等15个省部级创新平台和“中加烟草病虫害监测与综合治理联合实验室”等4个国际合作平台；青岛中烟种子有限责任公司、上海烟草集团有限责任公司原料一室等科技成果转化平台。2020年，有在职员工199人，其中专业技术人员183人，45岁以下专业技术人员129人；正高级职称32人，副高级职称70人，中级职称70人；具有博士研究生学历84人，硕士研究生学历69人。有享受政府特殊津贴专家12人，农业农村部和山东省突出贡献专家3人，泰山学者青年专家1人，烟草行业学科带头人2人，中国农业科学院“农科英才”3人，中国农业科学院科技创新团队首席科学家7人。柔性引进国家优青、泰山学者1人。有在读博士研究生19人，硕士研究生117人，外国留学生3人，在站博士后①16人。

党委副书记、所长：王元英

【科研立项】 2020年，青州所新增各类纵向项目45项，其中国家自然科学基金项目3项，总公司重大专项项目11项，中国烟叶公司技改项目4项，山东省局（公司）项目7项，农业农村部部门预算项目4项。新增各类省级公司、工业企业合作项目68项。

【技术创新】 烟草绿色防控重大专项实施以来，基本实现烟草病虫害防治由化学防治为主向绿色防控为主的转变。对黄淮烟区肥料减施增效技术模式进行持续优化，在山东诸城、临朐和沂水建立21个烟叶核心示范区，核心示范区较常规生产产量提高1.7%，氮、磷、钾肥表观利用率分别提高6.6%、14.9%、18.2%，氮、磷、钾肥农学利用率分别提高36.4%、75.9%、78.2%。创制病毒病绿色防控天然免疫诱抗剂、青枯病菌快速检测试产品、烟草化学分析

① 为中国农业科学研究院烟草研究所有博士后工作站，同时挂了中国烟草总公司青州烟草研究所的牌子。

国家标准样品、海藻源“生防微生物益生元”“抗逆提质增效剂”等四类产品。育成烤烟新品种“中烟 207”“中烟特香 301”通过全国审定；育成低苯并芘“K326”定向改良新品系，抗蚜虫“K326”定向改良新品系通过鉴定。获得“中烟 300”“K326”“云烟 87”抗赤星病定向改良稳定新品系，获得“中烟 100”“云烟 87”兼抗 TMV、PVY 定向改良稳定新品系。育成质量指标接近或达到进口优质产区雪茄烟叶质量水平的雪茄新品系 3 个。

【科研成果】 全年以第一单位发表学术论文 160 篇，其中 SCI 论文 90 篇、TOP5 SCI 论文 6 篇；获得山东省政府科学技术进步奖三等奖 1 项、中国烟草总公司科学技术进步奖二等奖 1 项。通过审定烤烟新品种 3 个。获得发明专利授权 21 件，实用新型专利 16 件，外观设计 1 件；软件著作权 22 项；出版著作 5 部；制定国家标准 4 项。

【科研平台】 “烟草行业烟草基因资源利用重点实验室”“烟草行业烟草病虫害监测与综合治理重点实验室”等行业创新平台运行良好。青岛农业大学教学科研与学生就业实践基地在青岛试验基地揭牌。

【成果转化】 自主研发的灵菌红素及其制备方法和用途专利成功转让。科技扶贫工作团队 4 次到四川省凉山彝族自治州越西县开展科技扶贫工作，创新性开展以党建引领科技扶贫持续推进的工作方式。青岛农特生物科技有限责任公司作为研究所科技成果转化平台，成功转化农田诱捕器、病毒病快速检测试纸条等 3 项研究所自有科研成果。

【国际合作】 参加 2020 年国际烟草科学研究合作中心（CORESTA）会议及国际茄科生物学大会（Solanaceae Conference）2 次国际线上会议；启动 3 项国际合作基金，与英国约克大学、美国康奈尔大学、比利时列日大学等高校开展合作研究；派专家分别赴美国马萨诸塞大学阿默斯特分校、荷兰瓦赫宁根大学、比利时列日大学让布鲁农学院进行长期交流访学，与对方实验室建立良好的合作关系。

国家烟草栽培生理生化研究基地

【概　况】 国家烟草栽培生理生化研究基地（简称烟草基地）于 1997 年 11 月依托河南农业大学烟草学院组建，为河南农业大学正处级单位，受国家局科技司和河南农业大学双重领导，是从事烟草生产理论和技术创新研究，开展技术推广和技术服务，培养高层次人才的科学研究机构。在烟草基地基础上，建设有烟草行业烟草栽培重点实验室。烟草基地立足于整合全校与烟草专业相关科研力量和平台资源，组建烟草栽培生理、烟草遗传育种、烟草调制分级、烟草品质生态、烟草化学与调香工程、烟草加工工程与工艺、烟草生物技术、现代烟草农业工程技术等 8 个学术团队。2020 年，有从事烟草教学和科研工作的教师 89 人，其中享受国务院特殊津贴专家 1 人、国家局学科带头人 2 人、河南省管优秀专家 1 人、河南省学术技术带头人 2 人、河南省高层次拔尖人才 2 人、国家科学技术奖评审专家 1 人、国家局科技委委员 2 人、河南省创新争先奖章获得者 1 人、河南省文明教师 3 人、校级教学名师 3 人、教授 15 人、副教授（含高级实验师）28 人、博士生导师 10 人、硕士生导师 31 人。具有博士学位的教师 61 人，占比 84.7%。在国内外、行业内外聘请名誉教授、兼职教授、兼职硕士生导师 20 余人。

主任：赵铭钦

【技术创新】 2020 年，烟草基地依托国家局重点项目深入研究土壤碳氮调节理论和技术，初步揭示基于不同碳源增碳培肥的增香提质机理；主持承担的四川省、湖北省和海南省局（公司）雪茄科技项目，深入开展中式雪茄烟叶栽培、调制、发酵理论和技术研究，取得重要阶段性成果；结合承担的商业和工业科技项目，广泛开展优质上部叶标准体系构建、烟草肥水高效利用、高香气烟草腺毛种质资源创制等课题研究，完成年度研究计划和考核指标。获得中国商业联合会科学技术进步奖一等奖 1 项，厅局级科学技术进步奖一等奖、二等奖各 1 项，三等奖 2 项。新增国家自然科学基金 1 项，河南省自然基金 3 项，烟草行业重点重大科技攻关项目 22 项。发表学术论文 128 篇，其中 SCI 论文 45 篇，影响因子 10.0 以上 1 篇，5.0 以上 6 篇。获得专利授权 19 件，其中国际专利 1 件；软件著作权 7 项。出版专著 1 部，教材 1 部。

【服务行业和战略合作】 组织召开有关化肥减施、生物炭技术、海南雪茄质量提升、四川雪茄产业振兴与质量评价等研讨会 15 次。先后邀请校内外多位知名专家讲座指导工作，增强与行业内外的学术交流与联系。积极实践线上和线下相结合的新服务模式，助力烟叶生产高质量发展和烟农征收。持续做好与海南省局（公司）、四川省局（公司）、湖北中烟、四川中烟等的战略合作工作。持续做好为行业培养人才的工作，为行业输送专业技术人才200余人，开展相关技术培训20余场。

【成果转化】 研发利用秸秆、烟梗等废弃物采用气爆方法和微生物发酵生产有机肥，采用碳化方法生产生物炭，利用压块技术生产生物质燃料的方法和产品，取得多项相关的专利，在粮食作物和烟叶生产上进行大面积的推广应用。选育出的高香气特色品种“豫烟11号”得到卷烟工业企业的重视。选育出的“豫烟6号”“豫烟10号”烤烟新品种在浓香型特色优质烟叶开发重大专项研究中，被推荐为浓香型特色突出品种在河南大面积推广种植。选育出的高抗根结线虫病的烤烟品种“豫烟12号”在河南省一些病害严重的区域作为搭配品种种植，发挥抗病优质作用。

【学术交流与国际合作】 推进与河南、海南、四川等省局（公司）以及湖北、河南、四川等省级中烟工业公司战略合作。在CORESTA会议上宣读论文，该论文是会议中唯一涉及雪茄烟叶原料的研究报告。

广东省烟草南雄科学研究所

【概 况】 广东省烟草南雄科学研究所（简称南雄烟科所）位于广东省南雄市，前身是成立于1963年的广东南雄烟草试验站，1987年更名为广东省南雄烟草研究所，2002年更名为广东省烟草南雄科学研究所。2012年12月，广东省局（公司）成立广东烟草粤北烟叶生产技术中心，与南雄烟科所合署办公。2019年12月，广东烟草粤北烟叶生产技术中心更名为广东烟草烟叶生产技术中心，与南雄烟科所合署办公，统一名称为广东烟草烟叶生产技术中心（广东省烟草南雄科学研究所），行政上是按广东省局韶关市局内设机构管理。主要职责是围绕广东烟叶生产发展需求，开展烟草品种选育、栽培、调制、植保、现代烟草农业建设等科技项目的研究和成果转化工作；结合烟叶生产实际，组织开展烟叶生产先进适用技术的引进、吸收、消化和推广应用工作；负责全省烟草良种繁育与病虫害预测预报工作；负责全省烟叶产区烟叶质量评价、烟叶产品安全性指标的内控标准制定和检验工作；开展烟叶生产科技服务和相关技术培训工作；承担行业科研单位及广东省局（公司）安排布置的科研、试验示范项目，参与区域性科技项目研究，做好相关横向项目的协同攻关工作。2020年，有在职员工24人，其中，高级农艺师4人、中级农艺师4人；具有博士研究生学历2人，硕士研究生学历8人。

所长：李茂军（—2020年4月）、曾涛（2020年4月—）

【科研工作】 2020年，有在研各类科技项目22项，其中省局（公司）重大专项2项、长期专项6项、常规项目6项，相关卷烟工业企业科技项目5项，委托项目3项。内容涉及新品种选育、土壤保育、绿色防控、新能源密集烤房、适用农机具的引进等。

【技术服务】 完成广东省烤烟良种繁育、加工及供种工作。完成全省烟叶生产各关键阶段的技术培训工作；在烟叶生产期间，派出技术员驻点进行技术指导，及时解决生产中存在的技术问题；做好全省病虫害预测预报、烟叶质量调查及烟叶产品安全性监测等工作。

【科研成果】 2020年，南雄烟科所有5项科技项目通过结题验收，获得科技成果1项；通过国家局品种审定1个；获得实用新型专利授权1件，发明专利授权2件。出版计算机软件2件，在国内正式刊物发表学术论文8篇；获得广东省农业技术推广奖三等奖1项。

【成果转化】 集成最新研究成果、适用技术，通过示范引领、技术培训的手段进行示范和推广。2020年，主要示范、推广应用的新成果和新技术主要为绿色防控技术、土壤保育技术、烟用壮苗素等。

【合作交流】 与郑州院、青州所、华南农业大学等省内外、行业内外的高等院校、科研院所建立良好的科研协作关系，同时联合广东省各烟叶产区公司、相关卷烟工业企业，以科技项目为载体，共同开展技术攻关研究与开发，产学研合作开展烟草科技创新与技术推广工作。

江西省烟草科学研究所

【概 况】 江西省烟草科学研究所成立于1994年，原名为江西省烟叶科学研究所，2017年8月，更名为江西省烟草科学研究所，是江西省局（公司）直属科研机构，负责烟草技术研究、全省烟叶三级技术体系的组织协调指导、烟叶科技协作组织和烟叶生产技术指导等工作。拥有实验室面积1400平方米，实验室配置多种分析仪器设备，具备烟草育种、栽培营养、生理生化、烘烤调制、质量评价和植物保护等科研条件。2020年，有在职员工18人，其中，高级农艺师5人、农艺师7人、工程师2人。

所长：何宽信

【科研创新】 顺利完成全国烤烟品种区域试验，并在国家局检查中获评“优秀”。自育品系“JX1516”表现较好并推荐进入示范评比，筛选出“1604”“HN2146”“ZY157”等综合表现较好的新品种（系）。优化大孔育苗干湿交替、肥料运筹等配套技术，探索不同追肥方式水肥耦合效应对烟株形态建成的影响，明确调控株型的关键栽培因子。

进一步完善烟草病毒病绿色防控体系，完成2020年烟草绿色防控重大专项各项工作，初步明确适合基肥拌菌的生防菌剂种类，筛选出适合的土壤酸化改良剂。创新研发密集烤房自控设备，自动完成间歇性排湿操作，提出密集烤房烟叶成熟采烤新标准，优化烟叶烘烤技术，修订并形成《江西烟叶采烤技术新要点》。深入研究江西烟叶外观质量评价方法，优化江西烟叶外观质量评价方法，构建基于主要化学成分及协调性指标的江西烟叶内在质量评价方法，初步提出中棵烟烤烟株型关键农艺性状指标。

【技术服务】 形成《峡江烟叶质量提升要点》，烟叶质量明显提升。制定《2020年烟叶生产技术建议》。提出解决技术需求的《2021年烟叶生产技术建议》等具体措施，并加强工业可用性和品牌适配性的生产技术指导。组织较大规模研讨（座谈）会6次，开展全省技术培训1期，现场跟班实操培训5场，跟班学员60余人次，支持、配合基层开展培训19期，累计培训人员近1500人次。

【科研成果】 全年发表科技论文11篇。申报实用新型专利2件，获得专利授权1件。完成科研项目结题6项。

【成果转化】 烟叶生产学福建示范区建设成效明显，在抚州市黎川县，赣州石城县、瑞金市和会昌县等4个产烟县落实示范面积1.4万亩。自主设计配方的专用基追肥进一步示范推广，江西省9个县示范推广1.5万亩，比上年增加0.9万亩。“同步预热低湿变黄”密集烘烤工艺真正落地，在黎川县、石城县等5个产烟县应用比例平均达到70.26%。

河南省烟草科学研究所

【概　况】 河南省烟草科学研究所（简称河南烟科所）成立于2014年12月，为河南省局（公司）的专业部门。主要职责是承担国家局，以及省局（公司）烟草农业科研任务；负责河南省烟草商业系统科技创新、管理创新等重点科研项目攻关，重点开展烟草新品种选育、栽培与耕作、植物保护等烟草农业科学技术研究；负责全省烤烟良种试验示范；提供烟草农业新品种、新技术、新工艺、新方法技术示范、推广及培训服务；承担本系统技术中心的业务指导；完成领导交办的临时性工作任务等。河南烟科所下设烟草育种、烟草植保、烟草栽培、烘烤与分级、管理创新等5个研究室和1个综合室。2020年，有在职员工11人，其中科研人员8人；有研究员2人、高级农艺师1人、中级职称4人；具有博士研究生学历2人、硕士研究生学历4人。

所长：黄元炯

【主要工作】 组织实施《烤烟新品种筛选和试验示范》，抓好全国品种区试验工作，新品系“LY1306”“渠首1号”通过全国品种区试农业评审，开展“豫烟13号”“Y2001”“Y2002”田间示范综合评议，建设“云烟99”“云烟105”“豫烟13号”“NC71”品种示范方9个。完善烟草病虫害测报和综防技术体系，建成以河南省局（公司）烟科所牵头、以河南省农科院烟草所为技术依托单位的全省烟草病虫害测报和综防技术体系，优化8个市级站、10个县级站和16个测报点。发布病虫害信息7期，组织开展苗期烟草普通花叶病病原检测抽查、田间病虫害发生情况调查，对产区测报人员进行测报工作督导和数据采集、病虫鉴别等技术指导。组织开展品种布局、土壤改良、病虫害综防技术等专题调研，分析问题，提出对策，形成专题调研报告。依托新品种示范方和病虫害测报体系搭建技术平台，整合全省烟草品种和植保队伍力量，建立烟科所（南阳）植保实验（试验）站，筹建植保创新工作室。

【技术创新】 组建烟叶质量评价分析专家团队，通过对标分析，找出河南省烟叶质量与标杆产区存在的差距及努力方向。依托标准化项目，确定芝麻饼等有机肥质量关键指标控制参数，研究制定芝麻饼等有机肥标准。研究制定烟叶质量安全保障技术工作意见，做好电烤房标准和烘烤技术规程研究制定。

【技术服务】 向河南、浙江等6个卷烟工业企业技术中心征求相关意见建议，与烟叶产区技术中心密切合作，研究制定《2020年度全省烟叶生产技术工作要点》，对产区和各基地单元年度生产技术方案审核、把关。结合烟叶生产关键环节，发布苗床中后期管理、烟叶移栽、烟田水分管理等技术指导意见8期。参与烟叶生产收购，认真完成各项工作任务。参与河南省烟草商业系统创新资源摸底调查。明确2020年度电烤房建设标准的技术要求，5月下旬组织专项技术培训，推进电烤房新建改建。研究制定2021年度全省系统统招的烟用物资技术参数，参与招标文件的制（修）订。通过走访烟农、基层干部职工和烟叶样品检测分析，开展烟用有机肥专题调研。

【科研成果】 全年发表科技论文5篇，其中SCI收录1篇。申请发明专利6件。获得中国烟草总公司科学技术进步奖三等奖1项，中国物流与采购联合会科学技术奖进步三等奖1项，中国商业联合会科学技术奖——全国商业科技进步奖一等奖2项。

山东烟草研究院

【概　况】 山东烟草研究院（简称研究院）成立于2011年2月25日，隶属于山东省局（公司），主要从事烟草农业、卷烟营销、电子商务与现代物流、经济运行、现代企业管理、信息技术等方面的研究开发。下设办公室、人力资源部、财审部、科研管理部等4个职能部门和现代烟草农业、经济与管理、信息技术等3个研究中心；拥有信息技术实验室、近红外光谱技术研究实验室、烟草农业实验室等3个专业实验室。截至2020年底，有员工23人，其中，高级职称2人；具有博士研究生学历2人、硕士研究生学历11人。

分党组成员、副院长：刘永亮（主持工作）

【科研创新】 **推进“山东烟叶特色定位应用研究”科技重大专项研究工作。**在前期工作基础上，完成山东烟叶风格特色区域定位，构建“沂蒙丘陵生态区—蜜甜焦香型”烟叶质量管理和生产保障体系，树立山东烟叶在上海烟草集团、浙江中烟等7家工业企业主要卷烟配方中的地位和作用。2020年6月，通过省局（公司）专家组的鉴定。研究期间，项目规模化开发烟叶68.85万亩，上等烟比例平均提高10.12%，亩产值平均增加165.56元/亩，烟叶特色持续彰显，工业可用性显著提升。

牵头实施烟叶绿色防控研究。“沂蒙丘陵生态区烟草主要病虫草绿色防控技术集成示范与推广”项目实现烟草“四虫三病”主要防控靶标绿色防控关键技术创新突破与升级。在田间试验示范的基础上，通过技术集成构建“四虫三病”绿色防控技术体系。

开展数据分类分级研究。梳理山东省烟草商业系统数据资源，形成全省烟草商业系统统一的数据资产清单，深入研究数据资源分类分级方法，起草制定《山东烟草数据分类分级指引》标准。

开展山东烟草科技工作者数据库项目研究。研发设计山东烟草科技工作者三维评价指标体系，在青岛、临沂、泰安等市局（有限公司）开展试点。2020年在烟叶领域进行全省推广应用，采集烟叶领域科技工作者信息900余条，科技工作者数据库基本成型。

开展基于“互联网+”的烟叶烘烤精准管控技术研究。利用“互联网+”、智能控制等相关技术，以燃煤烤房和空气源热泵烤房为研究对象，开展烘烤曲线个性化定制及远程分发、烘烤状态全程监控、偏差执行实时预警等管控技术研究，实现对烤房状态的实时远程可视化监控，保障烘烤工艺的严格执行；建立山东烟叶烘烤数据库，进一步丰富山东烟叶生产大数据的组成，同时为烘烤工艺的持续改进提升提供数据支撑。

开展订单全流程跟踪管控机制研究。根据山东省局（公司）工作要求，梳理销售监管存在的问题，明确系统建设的重点方向即强管理、全覆盖、无死角、可追溯，在此基础上对系统的各模块形式和功能进行定位，设计并构建预警模块、监控模块、追溯模块、分析模块，以及问题下发模块。

协助开展工商双方共同面向消费者营销模式研究。协助山东省局（公司）搭建一体化销售服务管理平台、云POS 2个平台和终端微信服务号、消费者微信服务号2个公众号，探索构建“工商零消”数据流畅通的“卷烟营销一体化平台”，打通工、商、零、销4个供应链环节，实现线上、线下卷烟销售活动的统一管理、消费者会员的统一管理和消费信息的统一管理，提高销售精细化水平。

【科研成果】 2020年，有在研科技项目32项。通过山东省局（公司）、研究院鉴定验收成果12项。“涉烟法律适用性研究与应用”项目获得山东省局（公司）科学技术进步奖二等奖。获得省烟草学会优秀论文奖4篇，其中二等奖1篇、优秀奖3篇。获得发明专利授权1件，计算机软件著作权1项。

【成果转化】 **开展绿色防控技术示范推广**。2020年，全省建立绿色防控综合示范区9个，合计6.4万亩，占全省植烟面积的23.8%，绿色防控辐射区18.9万亩。在实现蚜茧蜂防治蚜虫全覆盖的基础上，丽蚜小蜂防治烟粉虱技术推广应用5万亩，异色瓢虫防治蚜虫技术推广应用0.3万亩，蠋蝽防治烟青虫技术推广应用0.66万亩，赤眼蜂防治棉铃虫技术推广应用0.8万亩。向大农业释放蚜茧蜂等天敌昆虫27.5万亩，向东北产区提供释放蠋蝽0.25万亩。

开展烤烟后备品种筛选与示范。以“NC55”为主对照品种、“中烟100”为副对照品种，在山东临沂、日照、青岛开展“云烟116”“CF232”“CF227”“CF234”等4个新品种对比试验，开展“中川208（CF228）”“中烟300（Y48）”“云烟301（RY21）”“NC－yatas6”等4个烤烟品种生产试验，研究品种栽培、调制等配套技术，为丰富全省烤烟后备品种提供数据支撑。

【技术服务】 **开展信息技术相关服务**。开展烟叶质量快速检测，实地采集烟叶样品1043个，完成近红外光谱扫描和常规化学成分检测，对全省烟叶质量进行多维分析；组织开展2019年烟叶样品感官质量评价评吸会。申请信息安全等级保护测评机构资质，2020年4月通过山东省信息安全等级保护工作协调小组办公室组织的现场核验。

开展科研服务和课题指导。提供精益宣传贯彻和专题指导服务，帮助基层人员正确运用精益管理理念和方法，进一步提高发现问题、解决问题能力和课题攻关本领。同时，充分发挥行业QC小组活动平台作用，赴北京、广东等省局（公司）进行课题评审和指导，进一步推动省内外先进科研成果的相互引进和推广。

中国烟草总公司重庆市公司 烟草科学研究所

【概　况】 中国烟草总公司重庆烟草科学研究所（简称重庆烟科所）成立于2011年6月9日，位于重庆市，由西南大学和重庆市局（公司）共同设立，属校企双方共建非法人单位，主要负责开展烟草科研、试验示范、烟叶生产技术培训与推广等工作，着力于提升全市烟叶科技水平和科研能力。重庆烟科所下设3个业务管理部门和6个科研部门。在巫山县设立渝东北区域技术中心，彭水县设立渝东南区域技术中心，同时作为科技试验工作站。2020年，有在职员工57人，其中，正高级职称12人、副高职称20人、中级职称5人。

名誉所长：李加纳；所长：陈中玉

【技术创新】 **科研项目**。2020年，有在研项目23项，其中续研项目10项，年度新立科技项目13项。新立项目中，国家局重点项目2项，针对满足工业企业原料需求研究项目4项，基于工业需求的品种筛选、病虫害防治和种植区划项目各1项，工业类项目占比达到30%以上。

品种研究。自主选育的烤烟新品系“CF8704”通过全国烟草品种审定委员会审定，成为重庆首个选育的新品种“渝金香1号”。自育新品系“XD07”进入全国烤烟新品种区域试验（华中区）。自育的3个新品系“XD11”“XD12”“XD13”进入重庆市烤烟新品种区域试验。对收集的种质资源广泛开展病圃鉴定，筛选出对根茎病害抗病性强、综合性状优良的新品种（系）。引进工业公司认可的“NC297”“NC102”“中烟300”等7个品种，并在重庆彭水、巫山、丰都等县设立试验点开展新品种多点对比试验。

栽培技术。对“CF8704”“云烟116”等特色品种开展配套栽培技术试验，从施肥方式、施肥种类、起垄、覆膜等多个方面进行优化，改善根系发育，促进早生快发，提升上部叶成熟度。针对高海拔烟区“两头低温”的难题，初步构建起以基质拌菌、抗性诱导、群体调控为主的高海拔烟区烟叶生育期调控技术体系。“基于海拔高度、地形条件的精准栽培方式”在重庆市7个重点产区进行示范验证，取得成效。

土壤与营养。在彭水、巫山两个试验站的土壤状况跟踪监测池，按进度开展土壤养分平衡工作。继续开展酸化土壤改良、烟田增施有机肥、烟株营养均衡供应等技术的研发与应用。

绿色防控。牵头组织起草《2020年全市病虫害绿色防控工作方案和技术方案》。重庆市自主研发的绿色防控产品在2019年市内良好推广的基础上，2020年实现国内主要烟区全覆盖。立项开展“烟草病害靶向免疫控病技术”“纳米硒在重庆烤烟生产中的应用”等专题研究。

【技术服务】 牵头起草《2020年全市烟叶生产技术实施方案》，并组织对重庆各产烟区县的生产技术方案进行评审。多次联合烟叶分公司、产烟各区（县）、工业公司等召开工商座谈和技术研讨，结合工业品牌导向和“渝金香”品牌打造，对全市和各区县生产技术方案进行完善。组织全所技术人员分团队划片区因地制宜地指导各区县烟叶生产，细化到对应的工业基地单元，全年深入产区一线开展调研和指导50余次。开展以“育苗及移栽技术”“采烤分收一体化”“烟叶综合实用技术”为主题、线上线下相结合的全市培训共3次，现场培训累计300人次，线上培训累计2000人次。培训内容涉及烟叶生育期的各个生产环节。

【科研成果】 2020年，获授权实用新型专利7件，出版专著1部，发表论文15篇（其中SCI6篇），6个科研项目成果获得重庆市科委的成果鉴定。

陕西省烟草科学研究所

【概　况】 陕西省烟草科学研究所（简称陕西烟草所）原名为陕西省烟草研究所，成立于1992年8月。2017年，更名为陕西省烟草科学研究所，隶属陕西省局（公司）。主要职责是承担烟草农业和经济课题研究，开展关键技术攻关。2020年，有在职员工10人，其中，研究员1人、高级农艺师4人、高级经济师2人、农艺师1人、技术员2人。

所长：艾绥龙

【技术创新】 **品种研究**。筹建陕西省烟草品种管理委员会，并召开一届一次会议。新品种“秦烟99”通过国审，新品系“9B02”通过农业评审，“CH01”参加全国区试北方区试验。多个材料参见陕西省烤烟品种区域试验，选育出“9A05”等一批有苗头的优良品系，小面积在省内示范种植。完成138份材料的筛选和35份稳定品系的黑胫病鉴定，并在海南进行南繁加代。

栽培研究。承担的土壤保育项目顺利结题，明确陕西烟区植烟土壤与烟叶质量的关系，对烟田施用有机肥的机制机理进行剖析，推广有机肥2500余吨，推广面积5000余亩。

植保研究。继续开展绿色防控项目研究，寄生性天敌防治蚜虫、生物菌剂防治地下害虫等技术研究取得突破。建立“1+4”陕西烟草病虫害绿色防控技术体系，并形成技术规程。示范区和辐射区达到植烟面积的65%以上，病虫害损失率控制到8%以下。

经济研究。在对标管理项目研究上，提出省市县三级局（公司）对标指标体系，起草完成市级局（公司）对标管理实施办法和县级局（分公司）实施细则。完成高质量发展内涵及评价项目结题验收工作。烟草软实力研究成功立项。

【技术服务】 为陕西、河南、甘肃、山西等烟区提供烤烟种子超过13万亩，在陕西省推广“9B02”“9A05”“中川208”等烤烟新品种1500余亩；通过自制有机肥系列技术集成，指导产区建成有机肥生产基地2个；开展技术服务，指导产区修订技术方案。

【科研成果】 2020年，发表科技论文14篇；申请专利4件。

中国烟草总公司海南省公司海口雪茄研究所

【概　况】 中国烟草总公司海南省公司海口雪茄研究所（简称雪茄所）位于海南省海口市。2015年7月，国家局、总公司批复成立海南雪茄烟研究所，2017年12月，更名为中国烟草总公司海南省公司海口雪茄研究所，为海南省局（公司）专业研究部门。雪茄所主要承担海南省雪茄烟叶的科学技术研究及成果转化推广，承担雪茄产品研发和市场研究，组织开展科研项目攻关，为持续改善雪茄烟叶和雪茄产品的品质安全提供技术保障，为雪茄产业发展提供科技支撑。2020年，有在职员工17人，其中管理人员4人、科研人员8人，外聘专家5人。其中，具有博士研究生学位8人（博导2人），具有正高级职称5人、副高级职称8人，加拿大籍农学专家1人，海南省高层次人才10人。

所长：李方友

【科研创新】 完成154份种质资源的筛选鉴定，配制杂交组合139个，完成58个材料的回交转育及8个核心种质资源不育系的转育。针对海南植烟区12月移栽的雪茄烟叶前期易受低温影响及中后期杂草发生等问题，进一步优化移栽方式和揭膜时间组合。与不覆膜处理相比，全期不揭膜处理减少除草成本效果明显，并以“膜上移栽+全生育期不揭膜”处理的烟叶产量、茄衣产量及茄衣产出率均最高。明确海南省9个雪茄种植点的病虫害种类、发生规律和主要防治方法，在屯昌发病植株中分离到中国胜红蓟曲叶病毒，这是国内首次发现中国胜红蓟曲叶病毒侵染烟草。研究肥力、密度和成熟度等3个因素对晾制效果的影响及不同工艺和菌剂对发酵效果的影响。

【技术服务】 在海南昌江基地开展雪茄茄衣综合栽培技术示范，雪茄烟叶产量、茄衣比例较对照区明显提高，所产烟叶初步感官评吸结果较好。开展湿润育苗试验示范，2020年，海南五指山烟区100%采用集约化湿润育苗技术，控制人工成本，烟苗整体素质得到大幅度提升。同时，在海南儋州光村和海南昌江2个种植区开展集约化湿润育苗试验，试验效果得到认可。发布《海南雪茄烟病虫信息》7期，为海南雪茄烟主要病虫害的有效防控和原料安全生产提供技术支撑。

【科研成果】 全年发表科技论文8篇，其中中文核心期刊5篇、SCI收录3篇；出版专著1本；申请发明专利6件，实用新型专利1件；获得实用新型专利授权1件。

【交流合作】 2020年，雪茄所与海南红塔卷烟有限责任公司成立“雪茄研发”联合实验室，建立雪茄烟叶6种常规成分等检测方法，对雪茄种质资源库进行系统分子鉴定，并对雪茄烟叶进行热裂解初步研究；与郑州轻工业大学、四川中烟长城雪茄烟厂分别就实习基地、雪茄产品研发小组等平台构建进行有效沟通，并达成初步意向；组织人员参加四川什邡“中国雪茄之乡”全球推介之旅暨2020四川中烟推进高质量发展品牌行动，展示海南雪茄烟叶样品8份。

四川省烟草科学研究所

【概　况】 四川省烟草科学研究所（简称四川烟科所）位于四川省成都市，前身是2009年7月在四川省西昌市成立的四川省烟草技术中心，2015年4月迁至成都市，2016年10月更名为四川省烟草科学研究所，是四川省局（公司）内设的专业技术研发部门。主要承担四川省烟草商业系统科技创新项目攻关，重点开展烟草农业科学技术研究；提供烟草农业新品种、新技术、新工艺、新方法技术示范、推广及培训服务；承担各产区烟叶技术中心的业务指导任务。四川烟科所设有技术研发部、综合管理部2个管理部门和烟草育种、栽培、营养与肥料、调制与加工、化学与多功能开发、国产雪茄烟叶研究与应用重大专项等6个方向研究课题组。2020年，有在职员工15人，其中，研究员1人、高级农艺师7人、农艺师3人、工程师1人；具有博士研究生学历2人、硕士研究生学历12人。

党支部书记、所长：屈建康（—2020年6月）；党支部书记、副所长：郭仕平（2020年6月—，牵头负责工作）

【科研工作】 全年实施科技项目33项，其中牵头主持5项、参与28项、国家局重点项目2项，涵盖烟草育种、栽培、植保、土肥、调制、多功能开发、雪茄重大专项等方面。结题验收项目5项，完成成果评价和省部级奖励申报2项，通过省政府和国家局科技奖励专家评审各1项。

【技术创新】 **品种选育**。自主选育新品系“SC3267”通过全国烟草品种审定委员会农业评审，“SC3262”通过全国烤烟品种区试进入生产试验，“SC326J”进入全国第二轮烤烟品种区试，推荐新品系“SC852”“SC9”“SC20”参加2021年全国烤烟品种区试。

绿色生产。研发出一种利用菌剂成型的生物质苗盘及配套育苗技术，在全省烟区试验示范效果良好，为减少面源污染风险，促进烟叶绿色生产提供产品和技术储备。

绿色植保。继续开展烟草微生态调控根茎类病害技术研究与攻关，初步采集四川烟区土壤微生态信息，明确四川烟区主要烟草品种、不同根茎病害类型和不同生育期烟株根际微生物群落特性，为下一阶段微生态数据库的构建提供有力的支撑。与西南大学联合研发的烟草根茎性病害防治微生态调控剂在全省示范应用19.7万亩，取得良好的防治效果。

肥料研发。研发的速效混配追肥及技术，针对性地加入中微量营养，速效水溶，高效节本，更加符合烟草营养，更好地契合烟草“氮肥前移、钾肥后移”的肥料运筹策略。

烟草多用途开发。利用烟花废弃资源提取西柏烷二萜微乳剂、顺—冷杉醇、蔗糖酯等用于病害防治和香精香料替代；开发烟籽油制备技术，制备出共轭亚油酸保健品和化妆品乳膏；培育出低烟碱（Nic < 0.1%）烤烟和雪茄材料。为烟草废弃物循环利用提供技术储备。

雪茄重大专项。根据国家局《国产雪茄烟叶开发与应用重大专项》要求部署，迅即启动四川相关工作，在雪茄品种、栽培、晾制、发酵等关键环节开展技术攻关，基本形成适宜四川的优质雪茄烟叶生产技术体系，2020年雪茄烟叶试验面积200余亩，生产面积5000余亩。

【技术服务】 全年组织参加行业专项技术网络培训2期，发布烟草病虫情报5期。生产期间派出多批次专家到烟叶产区开展育苗、土肥、栽培、病虫害防治、特殊烟叶烘烤等技术指导服务，倾力解决基层最关心、烟农利益最迫切的生产实际问题。

【科研成果】 全年获得国家专利授权21件，其中发明专利3件；出版著作4部；发表科研论文17篇；获得中国烟草总公司科学技术进步奖三等奖1项。

【平台建设】 与西南大学签署联合共建“烟草微生态过程与调控重点实验室”战略合作协议，以合作项目为载体进入实质性运行，建成绿色防控基础理论、应用研究和服务产业新平台。与凉山州公司达成省所科研试验基地与州公司科技成果转化基地共建协议，在凉山会理建设南阁新科研试验基地，充分整合双方的科研软硬件资源优势，实现从科研到示范再到成果转化推广应用的无缝对接。

表1 国家级工业企业技术中心

序 号	名 称	认定时间
1	上海烟草集团有限责任公司技术中心	1995年
2	红塔烟草（集团）有限责任公司技术中心	1997年
3	湖北中烟工业有限责任公司技术中心	2003年
4	湖南中烟工业有限责任公司技术中心	2004年
5	红云红河烟草（集团）有限责任公司技术中心	2004年
6	山东中烟工业有限责任公司技术中心	2007年
7	广东中烟工业有限责任公司技术中心	2008年
8	福建中烟工业有限责任公司技术中心	2011年

表2 行业工业企业技术中心

序 号	名 称	
1	卷烟工业企业	上海烟草集团有限责任公司技术中心
2		云南中烟工业有限责任公司技术中心
3		湖北中烟工业有限责任公司技术中心
4		湖南中烟工业有限责任公司技术中心
5		广东中烟工业有限责任公司技术中心
6		山东中烟工业有限责任公司技术中心
7		福建中烟工业有限责任公司技术中心
8		浙江中烟工业有限责任公司技术中心
9		安徽中烟工业有限责任公司技术中心
10		江西中烟工业有限责任公司技术中心
11		广西中烟工业有限责任公司技术中心
12		河南中烟工业有限责任公司技术中心
13	非卷烟工业企业	南通醋酸纤维有限公司技术中心
14		南通烟滤嘴有限责任公司技术中心
15		中国烟草机械集团有限责任公司技术中心
16		上海烟草包装印刷有限公司技术中心

表 3 行业烟叶生产技术中心

序号	名称
1	湖北省烟草公司恩施州公司烟叶生产技术中心
2	云南省烟草公司玉溪市公司烟叶生产技术中心
3	贵州省烟草公司遵义市公司烟叶生产技术中心
4	云南省烟草公司曲靖市公司烟叶生产技术中心
5	山东潍坊烟草有限公司烟叶生产技术中心
6	贵州省烟草公司毕节市公司烟叶生产技术中心
7	山东临沂烟草有限公司烟叶生产技术中心
8	福建省烟草公司三明市公司烟叶生产技术中心
9	四川省烟草公司凉山州公司烟叶生产技术中心
10	云南省烟草公司昆明市公司烟叶生产技术中心
11	安徽皖南烟叶有限责任公司烟叶生产技术中心
12	湖南省烟草公司永州市公司烟叶生产技术中心
13	福建省烟草公司南平市公司烟叶生产技术中心
14	云南省烟草公司大理州公司烟叶生产技术中心

表 4 省级烟草农业科研机构

序号	名称	隶属单位	备注
1	云南省烟草农业科学研究院	云南省烟草专卖局（公司）	同时挂牌：中国烟草育种研究（南方）中心
2	中国烟草总公司黑龙江省公司牡丹江烟草科学研究所	黑龙江省烟草专卖局（公司）	同时挂牌：中国烟草东北农业试验站、中国烟草进出口烟叶检测站
3	福建省烟草专卖局烟草科学研究所	福建省烟草专卖局（公司）	同时挂牌：中国烟草东南农业试验站
4	湖北省烟草科学研究院	湖北省烟草专卖局（公司）	同时挂牌：中国烟草白肋烟试验站
5	贵州省烟草科学研究院	贵州省烟草专卖局（公司）	同时挂牌：中国烟草西南农业试验站
6	湖南省烟草科学研究所	湖南省烟草专卖局（公司）	同时挂牌：中国烟草中南农业试验站
7	中国烟草总公司青州烟草研究所	中国农业科学院	同时挂牌：中国农业科学院烟草研究所、中国烟草遗传育种研究（北方）中心
8	广东省烟草南雄科学研究所	广东省烟草专卖局（公司）	
9	江西省烟草科学研究所	江西省烟草专卖局（公司）	
10	河南省烟草科学研究所	河南省烟草专卖局（公司）	
11	山东烟草研究院	山东省烟草专卖局（公司）	
12	中国烟草总公司重庆市公司烟草科学研究所	重庆市烟草专卖局（公司）	
13	陕西省烟草科学研究所	陕西省烟草专卖局（公司）	
14	中国烟草总公司海南省公司海口雪茄研究所	海南省烟草专卖局（公司）	
15	四川省烟草科学研究所	四川省烟草专卖局（公司）	

表5　行业重点实验室

序　号	名　称	依托单位
1	烟草行业烟草化学重点实验室	中国烟草总公司郑州烟草研究院
2	烟草行业烟草工艺重点实验室	
3	烟草行业烟草香料基础研究重点实验室	
4	烟草行业卷烟烟气重点实验室	上海烟草集团有限责任公司
5	烟草行业烟草栽培重点实验室	河南农业大学
6	烟草行业卷烟功能材料重点实验室	湖南中烟工业有限责任公司
7	烟草行业卷烟调香技术重点实验室	云南中烟工业有限责任公司
8	烟草行业卷烟工艺与装备研究重点实验室	云南中烟工业有限责任公司 中烟机械技术中心有限责任公司
9	烟草行业工业生物技术重点实验室	郑州轻工业大学
10	烟草行业烟草病虫害监测与综合治理重点实验室	中国烟草总公司青州烟草研究所
11	烟草行业烟草基因资源利用重点实验室	
12	烟草行业烟草生物技术育种重点实验室	云南省烟草农业科学研究院
13	烟草行业烟草分子遗传重点实验室	贵州省烟草科学研究院
14	烟草行业烟用植物应用研究重点实验室	湖北中烟工业有限责任公司
15	烟草行业燃烧热解研究重点实验室	安徽中烟工业有限责任公司
16	烟草行业纤维过滤材料重点实验室	南通醋酸纤维有限公司
17	烟草行业再造烟叶技术研究重点实验室	广东中烟工业有限责任公司 广东省金叶科技开发有限公司
18	烟草行业烟草加工形态研究重点实验室	河南中烟工业有限责任公司 中国烟草总公司郑州烟草研究院
19	烟草行业生态环境与烟叶质量重点实验室	中国烟草总公司郑州烟草研究院 中国农业科学院农业资源与农业区划研究所
20	烟草行业黄淮烟区烟草病虫害绿色防控重点实验室	河南省农业科学院烟草研究所 河南省农业科学院植物保护研究所
21	烟草行业山地烤烟品质与生态重点实验室	贵州省烟草科学研究院
22	烟草行业数字化调香研究重点实验室	湖南中烟工业有限责任公司

表6　行业工程研究中心

序　号	名　称	依托单位
1	国家烟草基因工程研究中心	云南省烟草农业科学研究院
2	烟草行业新型烟草制品装备工程研究中心	颐中烟草（集团）有限公司
3	烟草行业病虫害生物防治工程研究中心	云南省烟草公司玉溪市公司
4	烟草行业特种滤棒工程研究中心	四川三联新材料有限公司
5	烟草行业微生物有机肥工程研究中心	贵州省烟草公司遵义市公司

续表

序号	名称	依托单位
6	烟草行业生物炭基肥工程研究中心	贵州省烟草公司毕节市公司
7	烟草行业烟用爆珠工程研究中心	将军烟草集团有限公司
8	烟草行业生物酶应用工程研究中心	内蒙古昆明卷烟有限责任公司

表7　博士后科研工作站

序号	名称	建站时间
1	上海烟草集团有限责任公司博士后科研工作站	2002年
2	广西中烟工业有限责任公司博士后科研工作站	2004年
3	广东中烟工业有限责任公司博士后科研工作站	2006年
4	湖南中烟工业有限责任公司博士后科研工作站	2007年
5	河南中烟工业有限责任公司博士后科研工作站	2008年
6	浙江中烟工业有限责任公司博士后科研工作站	2008年
7	湖北中烟工业有限责任公司博士后科研工作站	2008年
8	云南烟草科学研究院博士后科研工作站	2010年
9	中烟机械技术中心有限责任公司博士后科研工作站	2010年
10	安徽中烟工业有限责任公司博士后科研工作站	2013年
11	云南省烟草农业科学研究院博士后科研工作站	2013年
12	四川中烟工业有限责任公司博士后科研工作站	2013年
13	江西中烟工业有限责任公司博士后科研工作站	2013年
14	福建中烟工业有限责任公司博士后科研工作站	2013年
15	贵州中烟工业有限责任公司博士后科研工作站	2013年
16	云南中烟工业有限责任公司博士后科研工作站	2014年
17	中国烟草总公司郑州烟草研究院博士后科研工作站	2015年
18	重庆中烟工业有限责任公司博士后科研工作站	2016年

表8　院士工作站

序号	建设单位	院士姓名、所在单位
1	贵州省烟草科学研究院	武维华
2	云南省烟草科学研究院	孙汉董（中国科学院植物研究所）
3	四川中烟工业有限责任公司	陈　坚（江南大学）
4	安徽皖南烟叶有限责任公司	赵春江（北京市农林科学院）
5	湖南中烟工业有限责任公司	孙宝国（北京工商大学）
6	广东中烟工业有限责任公司	陈克复（华南理工大学）

◇ 撰稿：张小涛；编辑：周　佳

教育培训

中共国家烟草专卖局党校（国家烟草专卖局职工培训中心）

【概　况】　中共国家烟草专卖局党校（国家烟草专卖局职工培训中心）[简称党校（培训中心）] 成立于1991年12月，为国家烟草专卖局直属事业单位。承担烟草行业局、处两级党员领导干部及国家局机关科级干部的教育培训工作，受中央党校、中央国家机关分校业务指导，是烟草行业中高级领导干部理论学习、党性锻炼、知识扩充和能力提升的重要基地。自1992年、2000年开始，分别设立处级、司局级党员领导干部进修班，连续对行业处级、司局级党员领导干部进行党校教育。2001年3月，设立国家局、总公司科级干部培训班，联合国家局人事司持续17期对机关青年干部进行短期培训。2011—2012年，连续举办4期青年干部培训班，对行业司局级后备干部进行系统轮训。2017年5月，被确立为中央党校中央国家机关分校第五片区牵头负责单位。2020年，党校（培训中心）有教职工23人，其中教学管理人员9人、高级职称2人、中级职称12人。

党校校长：杨培森(—2020年4月)（兼）、韩占武(2020年4月—)（兼）；党校副校长、培训中心主任：程春节

【教育培训】　**完成教育培训任务**。全年举办行业司局级班1期、处级班1期，培训学员197人，其中司局级干部18人、处级干部179人，累计培训学时11周。

中国烟草网络党校成功上线。在人事司、职工进修学院支持下，网络党校2020年7月1日上线，行业党员干部参加专题学习培训61万人次，全行业17万余党员干部参学率100%，初步实现从“单一线下教学”向“线下线上并举”转变，网络党校覆盖面影响力深入基层一线。

合肥教学点成功开办。积极争取中央党校中央和国家机关分校开办教学点政策支持，合肥教学点与党校本部进修班同步开学，党校培训规模由每年350人左右扩大到550人左右，初步实现本部办学“单一循环”向一校两地“双向循环”转变。

党校“第一课堂”品牌成功启动。第一期“第一课堂”实行一周6天学习制，课堂面授率100%，聘请中央党校教授51人、一级教授4人，其他部委单位专家教授12人，行业领导6人，特别邀请中央宣讲团成员、全军宣讲团成员作五中全会精神专题辅导，国家局党组成员、副局长段铁力，国家局党组成员、副局长、党校校长韩占武就行业重大问题讲授辅导。同时，还创新推出学员论坛、影视教学、互动教学等多种培训形式，专家学者齐聚一堂，教学形式多姿多彩，学员评价，教得深刻，学有所获，行业“第一课堂”资源优势充分展现。

网络党校“第二课堂”合作机制取得初步进展。紧密协调中央党校，主动开展线上线下调研，明确“第二课堂”发展路径，与中央党校网上党校初步达成合作意向，确保网络党校成为中央党校网上党校高质量教学资源共享试点。

【教研成果】　与国家局烟草经济研究所建立深度协作机制，课题研究与学习交流有了新突破。2020年秋季学期紧紧围绕国家局党组中心工作、重大决策选定4个课题，组织结构化研讨论证40余次，形成12个研究成果。积极与中央党校授课教师协调合作，及时在《学习与交流》内刊上刊载高质量课件，受众面扩大到行业司局级干部，课题研究与学习交流实现由“单打独斗”向“联合作战”转变。

◇撰稿：高　佳；编辑：周　佳

中国烟草总公司职工进修学院

【概　况】　中国烟草总公司职工进修学院（简称职工进修学院）前身是河南省烟草工业学校，成立于1985年。1992年，更名为中国烟草总公司郑州中等专业学校，2001年改制更名为中国烟草总公司职工技术培训中心，2009年更名为中国烟草总公司职工进修学院。2011年，国家烟草专卖局职业技能鉴定指导中心设立在学院。2014年，中国烟草学会教育培训专业委员会、安全生产专业委员会在学院设立办事机构。2015年，建成行业网络培训平台。2017年，中国烟草总公司黄淮烟叶样品中心在学院建成揭牌。进修学院承担行业高层次专业技术和职业技能人员培训、企业经营管理人员培训，以及培训项目研发设计与组织实施，行业特有职业技能鉴定与竞赛管理、教育培训理论研究与资源开发建设多项职能。

2020 年，进修学院有在职在编干部教师 110 人，其中，具有硕士研究生以上学历 62 人（含博士研究生学历 12 人）、高级专业技术资格 37 人、高级企业培训师资格 34 人。

进修学院党组书记、院长：王　宏

【教育培训】　2020 年，职工进修学院举办各类培训班 214 期，培训 2.9 万人次。行业网络学习总时长 5200 万余小时，人均学习时长 144 小时。指导实施行业职业技能鉴定 263 批次，鉴定总量 2.5 万人次，获证 1.3 万人次，其中高技能人才鉴定 9289 人次，获证 4815 人次；组织三级以上证书复核 3834 人次，合格 3638 人次。开展国家级二类竞赛 1 届次，省级一、二类竞赛 20 届次。开发修订培训教材 25 种，开展审定工作 17 次，完成 10 种教材终审工作，出版发行 15 种新教材 4.29 万册，重印教材 30 种 5.32 万册，为行业提供教材 77 种 9.27 万册。

【教研鉴定成果】　全年职工进修学院教师发表论文 22 篇，获得实用新型专利 5 件、软件著作权 2 项，科研奖励成果 4 项，参与行业标准建设 1 项。强化鉴定基础工作，完成 40 个批次鉴定竞赛命题，实现 7 个职业技能标准、5 个专业方向题（卷）库报批启用，新增试题 5836 道。

◇ 撰稿：靳　柯；编辑：周　佳

各省级公司所属部分教育培训机构情况

名　称	成立时间	隶属单位	2020 年主要工作
河北平山温泉烟草培训中心	1998 年	河北省烟草专卖局（公司）	推进“防疫情、保稳定、抓学习”活动；做好日常运行等工作
内蒙古自治区局（公司）教育培训中心	2017 年	内蒙古自治区烟草专卖局（公司）	组织全自治区烟草行业专业技术、专业技能人才“走出去”培训 1 期；以网络学习形式完成党的十九届四中全会精神专题培训，完成处级干部专业化能力提升培训
吉林省烟草专卖局（公司）教育培训中心	2019 年	吉林省烟草专卖局（公司）	全年举办各类培训班 51 期，培训 6381 人次
黑龙江烟草专卖局（公司）教育培训中心	2011 年	黑龙江省烟草专卖局（公司）	全年举办各类培训班 38 期，培训学员 4846 人次；完成党性教育轮训、干部能力建设、专业业务能力等综合培训
中国烟草总公司安徽省公司教育培训中心	2004 年	安徽省烟草专卖局（公司）	全年举办各类培训 63 项，93 期次，培训学员 1.49 万人次，其中远程视频培训 14 期，培训学员 8877 人次；挂牌成立中共安徽省烟草专卖局党校；完成国家局党校秋季学期处级干部进修班的承接工作
中国烟草总公司福建省公司厦门职工教育培训中心	2001 年	福建省烟草专卖局（公司）	全年举办各类培训 11 场，培训学员 467 人次，其中，省局培训 9 场、学员 416 人次，系统内其他单位培训 2 场、学员 51 人次
山东烟草职工培训中心	2001 年	山东省烟草专卖局（公司）	全年举办各类培训班 244 期，培训学员 1.44 万人次。举办山东省局（公司）第九届优秀质量管理小组交流培训班等省内培训等
河南省烟草职工培训中心	2009 年	河南省烟草专卖局（公司）	全年举办各类培训班 117 期，培训学员 1.1 万人次；开辟视频网络直播课堂，制作网络培训课件 85 件，录制网络课程 165 件等
湖南省烟草职工培训中心	2002 年	湖南省烟草专卖局（公司）	全年举办各类培训班 94 期，培训学员 6924 人次；共完成各类考务赛务 49 个批次，5000 余人次参加考试；协助举办第六届烟草制品购销职业技能竞赛等活动
四川省烟草专卖局教育培训中心	2008 年	四川省烟草专卖局（公司）	全年举办各类培训班 877 期，培训学员 6.41 万人次
贵州烟草商业教育培训中心	2011 年	贵州省烟草专卖局（公司）	全年举办各类培训班 49 期（含网络培训），培训学员 4.9 万人次，培训学时合计 957 天

续表

名　称	成立时间	隶属单位	2020 年主要工作
西藏自治区烟草专卖局（公司）教育培训中心	2017 年	西藏自治区烟草专卖局（公司）	全年举办各类培训班 90 期，培训学员 266 人次
河北中烟工业有限责任公司教育培训中心	2011 年	河北中烟工业有限责任公司	全年举办各类培训班 45 期，培训人数 1548 人次；借助行业烟草网络学院学习平台，组织各类网络培训各 1 期，培训总人数为 1.83 万人次
浙江烟草工业教育培训中心	2011 年	浙江中烟工业有限责任公司	全年举办各类培训班 422 期，培训学员 2.15 万人次
河南中烟教育培训中心	2015 年	河南中烟工业有限责任公司	全年举办各类培训班 1036 期，培训学员 7858 人，累计 4.9 万人次
湖北中烟工业有限责任公司教育培训中心	2016 年	湖北中烟工业有限责任公司	举办各类培训班 859 期，培训学员 7.82 万人次
广东中烟工业有限责任公司员工教育培训中心	2014 年	广东中烟工业有限责任公司	全年完成公司处级以上领导干部培训和公司级兼职培训师授课能力提升培训，开发产出 20 门公司精品课程
广西烟草工业教育培训中心	2011 年	广西中烟工业有限责任公司	全年举办各类培训班 561 期，培训学员 3.63 万人次
云南中烟工业有限责任公司培训中心	1983 年	云南中烟工业有限责任公司	全年组织各类培训班 96 期，培训 5732 人次；举办会议 2 场，考试 5 场；为减少疫情对培训工作的影响，通过直播授课等方式进行网络线上培训教学；做好各项职业技能竞赛赛前培训等

◇ 编辑：周　佳

授权专利

【授权专利概况】　2020 年，中国烟草行业获得国家知识产权局授权的烟草技术类专利 5617 件，比上年增长 46.3%。其中，发明专利 773 件，增长 21.4%；实用新型专利 4393 件，增长 53.8%；外观设计专利 451 件，增长 30.0%。三类专利分别占授权专利总量的 13.8%、78.2%、8.0%。

【专利权人分类统计】　按照专利权人分类统计，2020 年，卷烟工业企业、各级烟草专卖局（公司）、卷烟材料厂获得的授权专利数量居前三位，分别占授权专利总数的 65.8%、17.9%、5.8%。卷烟工业企业、科研单位、各级烟草专卖局（公司）的授权发明专利数量居前三位，分别占授权发明专利总数的 63.6%、16.5%、9.5%。

表 1　2020 年国内烟草行业不同类型专利权人授权专利统计　　单位：件

序　号	专利权人类型	专利总数	发明专利	实用新型	外观设计
1	卷烟工业企业	3833	511	2968	354
2	各级烟草专卖局（公司）	1044	76	915	53
3	卷烟材料厂或公司	338	52	262	24
4	科研单位	263	133	111	19
5	其他	135	12	103	20
6	烟草机械公司	118	15	101	2
7	复烤加工厂或公司	66	5	61	0

续表

序　号	专利权人类型	专利总数	发明专利	实用新型	外观设计
8	烟叶公司	23	0	22	1
9	教育培训机构	3	0	3	0

【专利权人授权专利统计】　2020年，云南中烟工业有限责任公司、河南中烟工业有限责任公司、湖北中烟工业有限责任公司的授权专利数量居前三位，分别占授权专利总数的20.7%、11.6%、6.5%。云南中烟工业有限责任公司、河南中烟工业有限责任公司、云南省烟草专卖局（公司）的授权发明专利数量居前三位，分别占授权发明专利总数的22.2%、8.5%、7.3%。在国内烟草行业授权发明专利总数前十名中，授权发明专利所占比例较高的单位分别是：国家烟草质量监督检验中心，占96.6%；中国烟草总公司郑州烟草研究院，占52.8%；浙江中烟工业有限责任公司，占30.3%。

表2　2020年授权专利总数前十名的国内烟草行业专利权人

单位：件

序　号	专利权人	专利总数	发明专利	实用新型	外观设计
1	云南中烟工业有限责任公司	1181	177	858	146
2	河南中烟工业有限责任公司	660	68	585	7
3	湖北中烟工业有限责任公司	372	47	288	37
4	山东省烟草专卖局（公司）	320	9	292	19
5	贵州省烟草专卖局（公司）	248	25	220	3
6	云南省烟草专卖局（公司）	203	58	142	3
7	湖南中烟工业有限责任公司	184	20	156	8
8	贵州中烟工业有限责任公司	176	17	147	12
9	江西中烟工业有限责任公司	169	31	121	17
10	福建中烟工业有限责任公司	158	23	125	10

表3　2020年授权发明专利总数前十名的国内烟草行业专利权人

单位：件

序　号	专利权人	专利总数	发明专利	发明占比（%）
1	云南中烟工业有限责任公司	1181	177	15.0
2	河南中烟工业有限责任公司	660	68	10.3
3	云南省烟草专卖局（公司）	203	58	28.6
4	中国烟草总公司郑州烟草研究院	108	57	52.8
5	湖北中烟工业有限责任公司	372	47	12.6
6	江西中烟工业有限责任公司	169	31	18.3
7	浙江中烟工业有限责任公司	99	30	30.3
8	国家烟草质量监督检验中心	29	28	96.6
	上海烟草集团有限责任公司	126	28	22.2
9	贵州省烟草专卖局（公司）	248	25	10.1
10	福建中烟工业有限责任公司	158	23	14.6
	广西中烟工业有限责任公司	120	23	19.2

◇供稿：国家局科技司；编辑：周　佳

新闻舆论和文化建设

行业新闻舆论管理

【加强新闻宣传管理】 2020 年，国家局办公室指导行业媒体和行业各单位，学习贯彻党的十九大和十九届二中、三中、四中、五中全会精神，学习贯彻习近平总书记关于宣传思想工作的重要讲话精神和关于意识形态工作的重要论述，将新闻宣传工作作为一项极端重要的工作，坚持党性原则、提高政治站位，找准党中央、国务院决策部署与烟草行业工作的结合点，对内凝聚行业共识，面向社会讲好烟草故事。

【做好行业重点报道】 对行业重点报道选题进行详细分类梳理，加大对行业媒体的指导力度，继续提升行业通讯员的参与程度，把重点报道工作做深、做细、做好。每季度初印发烟草行业季度报道重点，指导行业媒体做好重点报道工作。组织行业上下做好助力扶贫攻坚宣传报道。2020 年，在《人民日报》、新华网、央广网、《光明日报》、中国新闻网、中国农网等中央媒体及其新媒体平台发稿 2018 篇。

【促进媒体融合和新媒体建设】 国家局办公室加大行业媒体的媒体融合工作力度，试点建设“中央厨房”。印发《关于推进烟草行业新媒体健康有序发展的实施意见》，加强对全媒体传播特征的学习，发挥好行业网站、行业媒体网站公众号等传播平台优势，找准选题，主动策划，多样化做好报道。加大对直属单位建设新媒体政务公众号的督促力度，部分省局及地市级局开通政务新媒体并在专卖管理、零售户、烟农服务方面发挥作用。继续开展第五届行业微视频评选活动，通过优秀作品讲评、专业老师授课指导，为行业各级打造更加成熟的视频创作队伍。

【加强对电子烟市场专项行动的宣传】 及时组织撰写并发布通稿，对国家烟草专卖局和国家市场监督管理总局联合开展的电子烟市场专项检查行动进行宣传。聚焦全面清理互联网电子烟售卖，强化互联网平台监管取得的系列成果，第一时间在《人民日报》、新华网、中央广播电视总台和《经济日报》等多家央媒进行集中报道。

主要报刊

【《中国烟草》杂志】 *概况*。《中国烟草》杂志的前身为《中国烟草工作》，创刊于 1985 年。1997 年 1 月更名为《中国烟草》。1999 年起由月刊改为半月刊，2001 年分为综合版和经济版。2003 年按照中共中央宣传部门的决定，《中国烟草》杂志实行“管办分离”的管理体制。刊物由国家烟草专卖局主管，《中国烟草》杂志社有限公司主办。刊物以“坚持正确导向、服务烟草行业、探索改革思路、贴近职工生活”为办刊宗旨，坚持正确舆论导向，围绕中心、服务大局，坚持“三贴近”原则，全面、准确、及时、深入地宣传阐释国家局党组的工作方针和决策部署，发挥“喉舌、窗口、园地”作用，为行业高质量发展营造舆论氛围。2020 年《中国烟草》杂志征订量 9.3 万份。“十三五”时期，杂志发行范围扩大，《中国烟草》杂志发行量年平均增长 10%，实现行业工商企业全覆盖。

扛好党建引领“一面旗帜”。深入学习贯彻习近平新时代中国特色社会主义思想，坚持把党的政治建设摆在首位，增强“四个意识”、坚定“四个自信”、做到“两个维护”，确保行业新闻舆论工作正确的政治方向。加强党的全面领导，全面从严治党引向深入。弘扬严实工作作风，倡导不断增强脚力、眼力、脑力、笔力，努力打造一支政治过硬、本领高强、求实创新、能打胜仗的员工队伍。

做好正面宣传“一件大事”。关注国家大事。2020 年，杂志社针对行业抗击新冠肺炎疫情、复工复产，“十三五”收官，“十四五”规划，全面建成小康社会取得伟大历史性成就，决战脱贫攻坚取得决定性胜利，中央经济工作会议召开，开展“六稳”“六保”工作，坚决制止餐饮浪费、弘扬勤俭节约美德，纪念中国人民志愿军抗美援朝出国作战 70 周年，深圳经济特区建立 40 周年等开设专栏，做好相关宣传报道工作。

关注行业要情。围绕国家局党组工作部署和行业中心工作，《中国烟草》杂志做精做深“专题”“学习”“特稿”等重点栏目，加大选题策划力度，重点围绕行业奋力夺取疫情防控和生产经营双胜利，学习贯彻党的十九届五中全会精神、谋划布局“十四五”各项工作以及 2020 年全国烟草工作会议、2020 年烟草行业半年工作电视电话会议精神，全面从严治党，改革创新，打假打私，法治烟草，行业全国劳动模范及金叶工匠等重大题材进行报道。

关注民情冷暖。及时全面反映烟草行业在保证财政增收、促进经济发展、稳定社会就业、助力脱贫攻坚、支持乡村振兴、发展民族工业、保障消费者利益等方面作出的全方位贡献。“专题”栏目聚焦“决战决胜脱贫攻坚”，关注行业在疫情防控“大考”中坚持做好助力脱贫攻坚，对国家局定点扶贫、行业对口援建县的脱贫进程进行报道，彰显行业责任担当。

【《中国烟草学报》】 **概况。**《中国烟草学报》（简称《学报》）创刊于1992年，由中国烟草学会主办，面向国内外公开发行，主要刊登烟草工业、农业、经济等方面学术论文、研究报告，以及反映烟草科研进展、学术动态的综述类论文。

《学报》影响因子稳步提升。克服疫情影响，按时保质做好学报编辑工作，高质量完成《学报》出版工作。2020年《学报》影响因子比上年增长16%，学科排名居轻工业（除纺织食品类）学科前列。组织开展英语科技期刊创刊前期调研，全方位推进行业文化输出。

队伍建设。延伸基层触角，组建学术联络员队伍。在行业各科研单位和省级学会的支持下，完成《学报》学术联络员推荐工作，聘任行业50名科技人员担任学术联络员，进一步增强《学报》论文的时效性、创新性和前瞻性。

信息化建设。运用信息技术，打造“互联网+”编辑平台。推进XML排版生产流程管理系统（期刊端）建设，实施数字出版全流程优化改造。截至2020年底，项目基本完成。

做好微信平台建设，提升期刊影响力。“烟草学术期刊”微信公众号全年推送50余条消息，阅读1万余人次，每月新增关注100余人，关注总人数7000余人。利用微信平台，《中国烟草学报》《烟草科技》《中国烟草科学》实现学术论文的全文共享，拓展学术交流渠道。

【《烟草科技》】 **概况。**《烟草科技》是国家烟草专卖局主管、郑州烟草研究院主办、中国烟草科技信息中心编辑出版的综合性烟草科学研究和技术开发类学术刊物，主要刊登烟草工业、农业及科技管理等方面的学术论文、研究报告、研究简报，以及反映国内外烟草科研进展、学术动态的综述等，国内外公开发行，是国家烟草专卖局指定的国际学术交流刊物。

2020年，中文版《烟草科技》继续围绕国家局科技重大专项和重点科研领域组稿，收到新稿件675篇，编辑出版发行中文期刊12期，7万余册。发表各类学术论文178篇，约290万字。英文增刊征集英文稿件26篇，最终确定刊登稿件14篇。

期刊学术影响力保持平稳。继续保持为美国《化学文摘》（CA）、英国《科学文摘》、荷兰斯高帕斯（Scopus）数据库，日本科学技术振兴机构（JST）数据库收录期刊；继续保持中文核心期刊、中国科技核心期刊、中国科学引文数据库（CSCD）核心库来源期刊、RCCSE中国核心学术期刊（A）、中国学术期刊文摘数据库收录期刊地位。

期刊评价指标继续保持高位。根据《中国科技期刊引证报告（核心版）2020年版》数据，在13种园艺学类期刊中核心总被引频次排第三名，核心影响因子排第四名。据《中国学术期刊影响因子年报》数据，在30种轻工业期刊中《烟草科技》影响力指数排第三名，位于Q1区。其中，复合影响因子排第五名，综合影响因子排第五名，13种技术研究类影响因子排第三名。与上年的排名相比稍有下降。根据《中国科学计量指标：期刊引证报告2020年卷》（CSCD－JCR）数据，在16种轻工业、手工业、生活服务业期刊中，影响因子排第三名（烟草期刊排第二名）；总被引频次排名六（烟草期刊排第一名）。河南省编校质量检测结果《烟草科技》差错率1.88‰。

【《新烟草》杂志】 《新烟草》杂志1986年创刊，由中国烟草总公司主管，黑龙江省烟草公司和《中国烟草》杂志社有限公司主办。2013年7月由半月刊变更为旬刊。

2020年，《新烟草》杂志封面图片改变和某个栏目内容挂钩的做法，独立“成篇”，以商业企业精心推荐、专门拍摄的方式，让优秀的、有代表性的零售户成为封面的主角，传递经营正能量，搭建服务地市级公司新平台、优秀零售户的风采展示平台。完善栏目设置，内容设置特色鲜明。2020年《新烟草》增设“金叶之声”“烟农优品”栏目，并将“休闲天地”“法律讲堂”等栏目优化整合成“大家说法”“宽窄生活”“我的初心”等栏目。其中“金叶之声”栏目以服务地市级公司、县级营销部为主，用资讯、短新闻的形式宣传基层客户服务、终端建设、市场管理、诚信互助小组、帮弱助残、脱贫攻坚等工作，有效扩大服务基层的覆盖面。“烟农优品”助力烟农特色农产品展示和销售，形成鲜明特色。

2020年，《新烟草》创新报道方式。一是封面人物约拍，做精做好吸引读者的“第一眼”，强调突出烟农的“劳动美”“健康美”，创新性地邀请烟农摄影师拍摄身边的烟农。二是创新报道方式，与广告、发行、市场等经营部门同向同力，共同探索非烟产区在烟农版上的宣传方式。以脱贫攻坚为切入点，结合四川商业通讯员培训“走百村”活动，在“烟区小景”栏目刊发四川达州、巴中等非烟产区在脱贫攻坚、水源建设中的亮点。

【《东方烟草报》】 **概况。**《东方烟草报》创刊于1992年，是由山东省烟草专卖局主管，中国烟草总公司山东省公司主办，《东方烟草报》社有限公司出版发行，面向全国公开发行的烟草主流媒体。该报为周七报，包括正报、《金周刊》、《中国烟机》、《中烟物流》、《爱晚亭》、《现代卷烟营销》、《山东视窗》、《山东中烟报》等专刊。2020 年，制定“一年强基础、两年有突破、三年大见效”三年目标任务，实施“六大基础工程”，加速推进报网融合，舆论引导能力提升，“十三五”规划圆满完成。《东方烟草报》发行量 24.97 万份，覆盖全国县级以上党政机关；《金周刊》发行量 157.26 万份，理事会单位 275 家。报社在岗员工 117 人。

2020 年，获得全国企业融媒体中心优秀案例 2019 年度山东新闻奖媒体融合三等奖、山东省企业媒体融合二等奖，新闻报道首次进入中国新闻奖复评。

围绕行业发展提升舆论引导能力。做好疫情防控和复工复产报道，在疫情发生初期发挥新媒体作用，转载中央关于疫情防控的重大决策，转发中央媒体的权威信息，第一时间报道国家局关于疫情防控和特殊时期生产经营的决策信息；复工复产后，及时安排记者采访，挖掘报道行业各级抗击疫情、保障生产经营的工作成效和典型事迹，共发布抗疫复产稿件 4000 余篇，其中报社新媒体平台二月、三月发布疫情专题稿件 1200 余篇。《“上海门户”的日与夜》等文章被中央媒体转载；《中烟物流》等各专刊按照不同业务条线，策划“疫情下的物流应考”“设备保障，给力!”“精准施策，赢取主动”等 12 个专题专版报道；《金周刊》重点策划“讲好烟草零售人抗击疫情故事”，集中报道零售终端恢复经营工作成效和典型事迹。

行业重点工作方面，结合行业政绩观专题教育、政治生态全面整改工作设立专栏；聚焦行业高质量发展、决战决胜脱贫攻坚战，加强行业党建扶贫、产业扶贫、结对帮扶、对口援助、厉行节约报道，2020 年在中央媒体发稿 55 篇，并有《烟草行业　战贫加速》《来自共青团中央的表彰！为烟草青年打 call》等 H5 报道。树立高度的政治责任感，用新闻展现国家局党组带领全行业在党和国家重大政治任务面前的责任担当。做好党的十九届五中全会和全国两会、中央经济工作会议等重大会议报道工作，围绕中国共产党成立 99 周年、抗日战争暨世界反法西斯战争胜利 75 周年制作“坚定信心、乘势而上”等专题策划，承担国家局抗疫画册编撰任务。

加速推进新媒体建设。2020 年，针对制约媒体融合发展的技术滞后问题，实施平台升级工程，形成由十大系统组成、策采编审发评管一体化运行的全媒体“中央厨房”建设方案，并组织研发；推进搜烟移动版等项目建设和网站、客户端改版，开展“中央厨房”技术平台后续配套项目储备论证。培育微信主号和垂直号特色，发展视频、直播、微信代运维新业态、新形式。2020 年，共发布视频+图文、图解、动画、长图、H5 等创新类微信稿件 97 篇；发布视频稿件 1701 篇，发布官方抖音号作品 165 部；高标准完成行业和省级 6 个现场会、工作会综合服务，制作完成视频片 39 部；在 2020 年行业企业管理现场会上首次采用视频直播形式报道。

加强网络舆情监测和上报工作。重点加强对行业重大舆情的动态跟踪、科学研判，及时建立事件专项监测，提升舆情监测报告时效性和精准度。2020 年向国家局报送舆情信息 3.02 万条、行业舆情报告 700 余个，并协助国家局办公室做好重要舆情处置后的排查工作。向合作单位报送各类报告 800 余个，为多个单位提供现场会舆情管理方案和舆情风险防控建议，并提供舆情培训服务，提升合作满意度，2020 年舆情服务单位 14 个。

【《烟草企业文化》】　《烟草企业文化》由中国烟草职工思想政治工作研究会、《中国烟草》杂志社有限公司主办，《中国烟草》杂志社有限公司编辑出版的内刊，面向烟草行业各直属单位发送，是中国烟草思想政治工作研究会的会刊。

2020 年，在国家局人事司的指导下，《烟草企业文化》在“特别报道”栏目中开展“认真学习贯彻五中全会精神　深入谋划行业高质量发展”重大选题权威性解读；“战疫情　我在前”“抗洪一线，党员在行动”记录抗疫抗洪典型事迹；“提高执行力　增强凝聚力　扩大影响力”聚焦提升行业软实力中心工作；“金叶扶贫　硕果累累”展示行业扶贫攻坚成效。作为中国烟草思想政治工作研究会的会刊，《烟草企业文化》在刊物各版块围绕政研会的重点工作进行深入报道，在“政工”栏目系统反映行业党建政工工作亮点。

网络媒体

【国家局行业网站】　**概况。**2020 年，国家局网站受关注度提高，外网日均访问量 1.2 万人次，比上年增长 4.5%。在政府网站评比中位列国务院其他部委类网站第 13 名，比上年提高 2 个位次；在国务院办公厅印发的年度通报中，国家局政务新媒体抽查合格率 100%，是受到表扬的国务院 39 个部门之一；每季度网站抽查比例 100%，是受到表扬的国务院 6 个部门之一。

行业网站新闻舆论工作取得实效。提高站位宣传贯彻党中央决策部署。报道行业贯彻落实党中央、国务院最新决策部署情况，共发布时政要闻324条。开设“2020全国两会”“众志成城　抗击疫情”“抗击疫情普法专题”“助力打赢脱贫攻坚战”“厉行勤俭节约、反对餐饮浪费”“启航十四五”等9个专题，及时链接国家网络安全宣传周“共建网络安全，共享网络文明”活动专题，专题报道比上年增加5个，发布新闻信息6600条。新冠肺炎疫情发生以来，国家局网站开设专题、专栏集中力量开展行业疫情防控和复工复产方面工作的报道，共刊登稿件1284篇。湖北、浙江等省局（公司）和湖北、江苏等中烟公司报道本单位典型经验、感人事迹和积极成效。2020年是脱贫攻坚战决战决胜之年，按照政府工作报告提出的“六稳”“六保”目标任务，行业各单位围绕稳定社会就业、助力脱贫攻坚等宣传要点开展宣传报道。四川、云南等省局（公司）和云南、福建等中烟公司发挥一线通讯员报道力量，以全媒体形式，及时深入报道产业扶贫、结对帮扶等方面的生动事迹，被多家主流媒体及地方媒体转载。按照习近平总书记对制止餐饮浪费行为作出的重要指示精神，行业上下开展“厉行勤俭节约、反对餐饮浪费”主题宣传活动，安徽、广西等省（自治区）局（公司）和江西、四川等中烟公司开辟专题网页进行报道。国家网络安全宣传周期间，广东、宁夏等省（区）局（公司）和安徽、河南等中烟公司通过在网站设置专栏、制作H5宣传页面、微信公众号推送等形式，营造网络安全人人有责、人人参与的氛围。

围绕中心着力提升行业软实力。按照国家局关于提升行业软实力、做好新闻舆论工作的要求，聚焦“8个方面、3个维度、3个重点”开展宣传报道，即报道行业在保证财政增收、促进经济发展、打假打私、稳定社会就业、助力脱贫攻坚、支持乡村振兴、发展民族工业、保障消费者利益等方面的全方位贡献，行业的先进企业、先进人物、先进事迹以及行业在管理创新、科技创新、文化创新等方面的优秀成果，增进社会各界对烟草行业的理解和认同。全年共发布稿件749条，围绕季度宣传报道要点发布新闻信息6056条。2020年全国烟草工作会议、烟草行业半年工作电视电话会议召开后，国家局网站第一时间开设专栏专题进行宣传，发布行业学习贯彻会议精神稿件257篇。海南省局（公司）立足实际，加强与中央主流媒体交流合作，报道卷烟打假打私工作对保证财政增收和保障消费者利益发挥的重要作用。江苏省局（公司）开展新闻采风活动，展示在搭建就业平台、夯实就业道路等方面的积极作为。山东烟草系统安排记者深入专卖、销售、物流等行业一线采访报道在精益管理上的创新做法，展示行业风貌。

紧跟热点加强舆情监测分析。国家局高度重视涉烟热点舆情，不断加大舆情监测力度和分析预判，强化监测手段，并采用大数据分析方法，围绕舆论热点事件开展舆情专题分析。截至2020年底，监测舆情1002万余条，呈报舆情日报244篇、专报月报季报年报24篇。江苏、江西等省局（公司）和贵州、浙江等中烟公司借助舆情监测机构力量做好舆情研判，并与国家局实时共享，支持国家局舆情监测工作。

行业网站政务服务能力得到加强。政务公开力度不断加大。按照国务院政务公开要求，国家局推进决策、执行、管理、服务、结果“五公开”，国家局政府网站发布各类公开性文件39份，各类招投标信息1.02万条，人事管理类信息227条，年度财务信息3条，卷烟产销统计信息3条，公众参与互动类信息595条，发布政策解读信息11条。

提高办事服务能力。按照国家“放管服”改革工作和“互联网+政务服务”要求，国家局政府网站实现与一体化政务服务平台对接，12项行政审批事项均可在线办理。云南省局（公司）政府网站对接卷烟网上订货系统、电子发票查询系统和专卖零售许可证网上服务大厅，为广大零售户、烟农、消费者、社会公众提供在线办事和咨询服务。北京市局（公司）政府网站首页专门设置自营店地图模块，消费者可利用这一功能在电子地图上分辖区定位最新的自营店地理位置，为消费者到北京烟草自营店选购商品提供便利。

完善互动交流功能。按照《政府网站发展指引》要求，国家局政府网站实现留言回复、征集调查等功能，并从责任分工、办理程序和时限等方面，规范国家局政府网站留言办理细则。黑龙江、辽宁、上海、福建等省级局（公司）实现网民常见问题咨询1个工作日内答复，并确保答复内容依法依规、细致周到。浙江省局（公司）建设基于烟草政务语义库的“智能问答”，通过技术手段，精确定位网站用户所需要的提问知识，为零售户、消费者和社会大众提供统一的一站式智能客服窗口。

行业网站建设和管理水平明显提升。发挥行业各级网站整体联动的协同作用。国家局组织各单位落实国办信息公开办工作部署，在重要时期和针对重要活动实行全行业网站同步发声的协同联动机制。全国两会期间，行业53家网站、175家新媒体同步转载中国政府网关于两会的专题报道及相关新闻链接，行业各级网站转载稿件2898篇，总浏览量30.4万人次；各新媒体转载稿件694篇，总阅读量123.6万次。

提高行业网站健康水平。按照国务院办公厅秘书局制定的《政府网站与政务新媒体检查指标》，国家局持续开展省级单位网站及在国家局备案的省级单位新媒体等运行情况监测。行业省级政府网站平均健康指数、省级企业网站平均健康指数不断提升。北京、重庆、大连市局（公司）进行对标整改，网站健康指数提高至100分，四川中烟、昆纤公司、珠纤公司网站连续3个季度健康指数均为100分。按照《烟草行业直属单位网站绩效评估实施方案（试行）》要求，从功能度、规范度、健康度、保障度、创新度以及底线度等6个方面完成对行业网站建设管理工作的年度考核评估。印发《国家烟草专卖局办公室关于烟草行业网站绩效评估情况的通报》，完成行业网站绩效评估总报告和55家单位分报告的撰写。

【中国烟草资讯网】 **做好政务信息公开工作。**做好烟草政务新媒体内容发布工作。在“中国烟草资讯”微信公众号和移动客户端上及时发布烟草行业权威信息，并按照烟草行业政务新媒体有关规范，提高内容质量，营造积极向上的网络舆论氛围；做好政务信息报送工作。及时向国家局办公室新闻联络处报送拟发布至“国新发布”App的杂志文章。

“快”字为先，提升“速度”。新冠肺炎疫情发生后，面对杂志印刷及物流方面的困难，自2020年2月起，修订“中国烟草资讯”微信公众号发布规则，每日更新，及时转载中央关于疫情防控的重大决策部署及国家局党组工作要求，转发中央主流媒体关于疫情防控的权威信息，增强行业政务新媒体的权威性、及时性和针对性。

“严”字当头，改进“态度”。严格遵守宣传纪律，严格执行烟草行业新闻宣传负面清单管理，规范审稿工作，构建有效的采编审流程和相关管理制度体系，提高各环节、各岗位把关能力。加强编校质量管理制度建设，强化新媒体领域责任感、增强质量意识、提升编审水平，严把文字关。

“新”字在前，拓展“宽度”。新媒体与传统媒体联动，及时将杂志文章报送至“国新发布”App，全年被转载文章30篇。根据国家局办公室对行业网络媒体的有关要求，在资讯网开设“媒体报道”栏目，全年转发中央媒体网络平台文章600余篇，及时传播烟草行业各级单位在国家和地方主流媒体上的“好声音”。2020年，中国烟草资讯网共发布各类信息1.5万条，资讯网总浏览量4亿余次。“中国烟草资讯”微信公众号累计关注人数22万人，是发出“烟草好声音”的重要网络发声平台。

2020年，与中国烟叶公司、云南红塔银行共同举办“全国烟农增收创富大赛”，有效参与58万人次；与中国卷烟销售公司、中信银行股份有限公司共同举办“烟草零售服务之星大家评”大型行业媒体活动，累计收到投票超过105万人次，投票页面访问量超过2730万人次；与中烟商务物流有限责任公司联合开展“镜头里的烟草物流”摄影作品征集活动。

新媒体建设

【概　况】 稳步推进行业新媒体建设和管理工作。贯彻落实国务院办公厅《关于推进政务新媒体健康有序发展的意见》，国家局办公室印发《关于推进烟草行业新媒体健康有序发展的实施意见》，明确行业新媒体发展目标、工作要求、组织保障以及开设备案、功能建设等方面流程规范，为行业新媒体建设与管理提供基本遵循。行业各单位积极响应国家局要求，截至2020年底，有23家直属单位开设官方新媒体，其中政务微信公众号11个、政务微博账号1个、企务微信公众号11个。陕西省局（公司）依托官方政务微信公众号实现专卖办证、卷烟订货、烟农服务等功能；福建省局（公司）官方政务微信公众号向用户提供卷烟品牌搜索等功能；江西中烟将政务微信公众号作为党建工作主阵地，创新党建工作。

【福建省烟草专卖局（公司）】 “福建烟草网”微信公众号系福建省局（公司）官方微信公众平台和新媒体资讯传播重要阵地，为烟草员工、零售户、消费者、烟农等受众推送烟草资讯、宣传行业政策、提供办事服务、展示闽烟风貌。2020年，“福建烟草网”微信公众号总阅读量48.25万，累计关注量8.76万人。

“福建烟草网”微信公众号发挥省级新媒体平台的资源优势和融合价值，相继开通“监督咨询”“烟农服务”“在线订货”“许可证办理”等微信功能，开发“闽烟学会”移动端，形成“新闻资讯+办事服务+监督咨询”三大主体功能模块，实现相关业务“一号通办”，让烟农、零售户、消费者等主要服务群体随手可用、随时管用。

【安徽省烟草专卖局（公司）】 2020年，安徽省局（公司）上线运行“安徽烟草”政务微信公众号，围绕全省系统高质量发展重点和各个阶段特点，打造“高质量发展·圆桌面对面”“夜读”“每周新闻播报”等栏目，使用视频、动漫、图解等方式进行宣传，并实现手机端与PC端多屏协同、优势互补。截至2020年底，微信公众号关注量超过3.6万人。

【河南省烟草专卖局（公司）】 为贯彻落实国家局关于加快推进行业新媒体建设工作的部署要求，2020年6月，河南省局（公司）官方微信公众号“金叶之缘”注册完成并试运行。12月底，以省局（公司）公众号为主账号，以18个市局（公司）、2个直属单位（培训中心、天昌公司）公众号为分账号的“1+20”微信公众号矩阵体系搭建完成。截至2020年底，河南省局（公司）官方微信公众号关注量7.3万余人，在信息传播、政务公开、渠道畅通、办事服务、业务融合等方面发挥重要作用，展现行业良好形象。

【四川省烟草专卖局（公司）】 2020年，四川省局（公司）微信公众号“世纪城936号”关注量8600余人。创新推出“川烟周报”品牌栏目，定位“记录事件、读懂川烟”，累计发布41期，总阅读量超过6万人次。策划疫情防控、脱贫攻坚、打假打私、党的建设等主题推送28期。“以微信公众平台持续提升对外宣传水平”在国家局信息中心网站综合测评中获评新媒体建设优秀创新案例。以“世纪城936号”为主体，巩固或新增成都、达州、攀枝花、广安、广元、德阳、遂宁、巴中、眉山、复烤公司等10个公司微信公众号运营，“1+10”新媒体矩阵初步成形。

【贵州省烟草专卖局（公司）】 贵州省局（公司）根据企业软实力建设需要，建立新媒体运行机制，探索建立省局（公司）“两号”，即微信公众号和抖音号，构建“内网外网一起建、内宣外宣一起抓、传统媒体和新媒体一起上”的宣传格局，提升省局（公司）宣传工作的传播力、引导力、影响力和公信力。微信公众号于2020年7月正式运行。

【云南省烟草专卖局（公司）】 2020年，云南省局（公司）按照国家局“传播烟草正能量、传递行业好声音”宣传工作要求，依托“1+1+3”（省局网站+云南烟草杂志+中央媒体、省级媒体、行业媒体）新闻舆论载体，积极探索政务视频新媒体建设。以试点运营方式，部署4家直属单位开设抖音号，以短视频内容生产运营为重点，提升运用短视频讲好烟草故事的能力水平。其中文山州局（公司）“七乡金叶”抖音号用户日均浏览量超过百万次，达到行业抖音政务媒体头部号运营水平。

【江苏中烟工业有限责任公司】 江苏中烟“卓越文化在线”是基于微信平台开发的，承担全系统文化管理功能的综合性平台。移动端主要有活动任务、公益健康、文创中心、人人宣传家、文化管理、国学共读、积分商城等平台模块，电脑端主要有活动与积分管理系统、卓越文化在线管理系统等后台。2020年，平台基本形成对全系统组织活动、员工个人文化活动及完整的积分指标和文化积分商城的支撑体系，逐步向推动公司文化战略管理融合的功能迭代开发。

【重庆中烟工业有限责任公司】 利用新华社、东方烟草报、中国烟草、烟草在线等10余个公众号和网站平台，建立起“天子系”线上传播大平台，结合“家、国、天下”的产品系列，进行内容创作和传播，传播受众超过千万人次。8—12月，“天子观察室”栏目累计在重庆市内外开展外景和内景直播活动18场次。

【陕西中烟工业有限责任公司】 2020年，“陕西中烟工业有限责任公司”微信公众号上线运行，作为公司官方新媒体平台保持较高活跃度。“陕西好猫”微信公众号常态化运营，系统性输出用户所需有价值的内容，截至2020年底，“陕西好猫”关注量63万余人，比上年增长15.27%。

志鉴编纂

行业志鉴编纂

【《中国烟草年鉴》】 《中国烟草年鉴》是全面反映中国烟草行业改革和发展情况及所属各企业发展概貌的专业性、权威性行业综合年鉴。《中国烟草年鉴》自1996年创刊以来，已先后编纂出版1991—1995年、1981—1990年、1996—1997年、1998—1999年、2000年、2001年、2002年、2003年、2004年、2005年、2006年、2007年、2008年、2009年、2010年、2011—2012年、2013年、2014年、2015年、2016年、2017年、2018年、2019年、2020年卷等24卷。从《中国烟草年鉴》2004年卷起，由《中国烟草》杂志社有限公司《中国烟草年鉴》编辑部具体负责编辑工作。

《中国烟草年鉴（2020）》设特载、大事记、行业概览、

国家烟草专卖局　中国烟草总公司组织机构、专卖管理与“两烟”经营、烟草工业、科研和教育培训、新闻舆论和文化建设、“不忘初心、牢记使命”主题教育、控烟履约、公益活动、重要政策法规与文件选登、“庆祝中华人民共和国成立70周年”纪念章、先进人物和先进集体、附录等15个栏目。“栏目”下设“分目”“条目”。

《中国烟草年鉴（2020）》主要收录2019年全国烟草行业发展情况。各栏目内容充实，信息量大，反映行业改革发展的历程，具有很强的权威性、延续性。为更直接展示行业各单位的工作与成就，《中国烟草年鉴（2020）》在正文中配图，采用四色印刷，表现形式多样；并以彩图配合相关栏目，生动、直观、全面地反映行业各方面发展情况。彩图涉及面广，内容丰富。

《中国烟草年鉴（2020）》在总体结构上，积极适应烟草行业改革发展和行业类年鉴编纂新要求，突出综述性条目和特色条目，加强对行业总体情况的反映，力求全面呈现烟草产业各环节的发展情况。

省级公司志鉴编纂

【《吉林省志·烟草志》】 2020年1月，完成《吉林省志·烟草志》终审后的志书修订工作；3月，通过《吉林省志·烟草志》验收稿的审核。12月，《吉林省志·烟草志》完成出版印刷工作，正式出书。

【《上海市志·工业分志·烟草业卷（1978—2010）》】

2010年，上海市烟草专卖局、上海烟草集团有限责任公司根据上海市二轮修志的部署，按照上海市地方志编纂委员会印发的《上海市志（1978—2010）编纂实施方案》，负责承编《上海市志·工业分志·烟草业卷（1978—2010）》（简称《烟草业卷》）。同年12月，上海市烟草专卖局成立《烟草业卷》编纂委员会，《烟草业卷》编纂历时10年，历经篇目设计与资料收集，志稿撰写与征求意见，调整充实与内部核审，评议审定与报送验收4个阶段。2020年8月11日，《烟草业卷》经编委会全体会议审议通过，报送上海市地方志办公室，进行“一评二审三验收”。9月15日《烟草业卷》评议稿通过市方志办专家组评议；10月28日完成评议意见的修改，形成审定稿并报送市方志办；11月13日，《烟草业卷》审定稿通过市方志办专家组审定；12月15日完成审定意见的修改，形成验收稿并报送市方志办。

《烟草业卷》与已出版的《上海烟草志（1949—1992）》和《上海烟草志（1993—2003年）》相辅相成，三者涵盖上海卷烟工业起始以来近120年的历史。《烟草业卷》全书共9篇28章117节194目，共计70余万字。

【《安徽省烟草专卖局（公司）年鉴》】 安徽省烟草专卖局（公司）于2006年启动年鉴编写工作，分年度编写。《安徽省烟草专卖局（公司）年鉴》是系统记述安徽烟草商业系统专卖管理、卷烟销售、烟叶生产与经营、企业管理与改革、精神文明建设等方面的文献资料。2020年，完成2016年至2018年的年鉴出版，并组织人员集中编纂安徽省局（公司）2019年年鉴，设概览、专题特载、大事记、领导与机构、重要报告、党建与主营业务、管理与服务、全省系统各单位等栏目，截至2020年底，完成年鉴初稿的编辑工作。

【《安徽中烟工业有限责任公司年鉴》】 《安徽中烟工业有限责任公司年鉴》是系统记述安徽卷烟工业发展状况的资料性文献，对认识和研究安徽卷烟工业具有较强的针对性与实用性，为读者认识、了解和研究安徽卷烟工业提供较为全面的资料。2009年，安徽中烟工业有限责任公司启动编纂工作，已完成2008年至2018年10卷，除2009年启动编纂的第一卷为内部资料外，已出版的其余9卷均为公开出版发行。2020年6月，《安徽中烟工业有限责任公司年鉴》2016卷、2017卷、2018卷等3卷年鉴成书出版，每卷约60万字。

【《江西省志·烟草志》】 2012年4月，江西省烟草专卖局（公司）与江西中烟公司联合成立《江西省志·烟草志（1991—2010）》编纂委员会。2014年12月，《江西省志·烟草志（1991—2010）资料长篇》撰写工作完成并付印成册。2015年8月，《江西省志·烟草志（1991—2010）》初稿基本形成，9月，《江西省志·烟草志》编委会组织内审。2016年1月，省方志办会同《江西省志·烟草志》编委会组织开展初审工作；8月，开展复审工作。2019年12月31日，省方志编委会组织验收。2020年进行校对并出版，是本次《江西省志》中的标样志书。

【《山东省烟草专卖局　中国烟草总公司山东省公司年鉴》】 山东省烟草专卖局（公司）年鉴由山东省局（公

司）组织编纂，是一部全面反映山东省局（公司）全系统改革和发展情况及所属各单位发展概貌的专业性年鉴。山东省局（公司）年鉴2017—2018卷主要收录2017—2018年省局（公司）系统的发生的大事要闻，直观、全面、真实反映全系统各方面发展情况。本卷年鉴分设9个栏目：特载、行业概览、人事变化、直属单位、统计资料、大事记、公益事业、先进集体与先进个人、附录，于2020年10月出版。

【《山东中烟年鉴》】 山东中烟工业有限责任公司于2011年启动年鉴编纂工作，2015—2017年停办，2018年重启编纂工作，2015—2017年内容合编一卷，2018年起恢复逐年编纂。截至2020年底，编纂完成2011—2014年4卷年鉴及2015—2017年三年合编本，形成2018年年鉴征求意见稿。年鉴采用分类编辑法，主体内容分为栏目、分目、条目3个层次，条目为年鉴内容的基本单位。一般设领导讲话、大事记、公司综述、公司部门、公司中心、卷烟工厂、集团公司、先模人物、附录等栏目。年鉴为纸质版，未实现数字化、网络化。

【《湖南烟草工业年鉴》】 《湖南烟草工业年鉴》由公司卷和企业卷组成，每套7卷，其中公司卷对外出版发行，企业卷为内部资料。2020年，公司卷完成2018年卷、2019年卷初稿编写工作，未出版发行。企业卷完成情况：长沙卷烟厂完成《长沙卷烟厂年鉴》2019年卷的编写、2018年卷的出版工作；常德卷烟厂未撰稿；郴州卷烟厂完成《郴州卷烟厂年鉴》2018年卷出版；零陵卷烟厂完成《零陵卷烟厂年鉴》2019年卷编纂出版；四平卷烟厂完成《四平卷烟厂年鉴》2019年卷编纂出版，吴忠卷烟厂完成《吴忠卷烟厂年鉴》2019年卷编纂出版。截至2020年底，完成编辑出版《湖南烟草工业年鉴》2007—2019年年鉴共82卷，其中公司卷11卷、长沙卷烟厂12卷、常德卷烟厂11卷、郴州卷烟厂12卷、零陵卷烟厂12卷、四平卷烟厂12卷、吴忠卷烟厂12卷。

【《广州卷烟厂年鉴》】 由广东中烟工业有限责任公司广州卷烟厂组织编纂，是记录企业重要事件与数据信息、反映企业发展概况的专业年鉴。2018年，广州卷烟厂成立年鉴编撰委员会及编辑部，启动年鉴编纂工作。截至2020年底，先后编印2018年卷、2019年卷、2020年卷，每卷约10万字，内部印发250册。2020年，编印《广州卷烟厂年鉴2020》，年鉴设特载、领导讲话、大事记、企业概况、卷烟生产、综合管理、党群工作、企业文化、附录等9个栏目，全面、客观、真实地反映2019年企业各项工作的开展情况。

【《四川省志·烟草志》】 四川省烟草专卖局（公司）于2015年起承编《四川省志·烟草志（1986—2005）》，2018年完成编纂并移交四川省地方志工作办公室。送交稿以“突出新成就，突出新形势，突出新情况的变化，突出新政策的变化，突出新机制的建立”为纲要，共6篇16章57节，约60万字。2020年，中国方志出版社对《四川省志·烟草志（1986—2005）》进行出版审核。

【《云南烟草年鉴》】 由云南省烟草专卖局（公司）主办，经国家出版行政管理部门批准公开发行，为省级行业年鉴。年鉴客观、全面、真实、系统记录云南烟草商业系统发展的历史进程，旨在为社会各界及海内外人士全面地了解、研究云南烟草改革发展提供基础材料和基本线索。从2008年开始编纂至今，编辑出版12卷。

2020年12月，完成《云南烟草年鉴》（2019）编印工作。该卷年鉴主要以条目形式反映2019年云南烟草商业系统各方面的工作情况，内容包括特载、专文、大事记、总述、“不忘初心、牢记使命”主题教育、云南省烟草专卖局（公司）机关、云南省烟草专卖局（公司）所属单位、附录等8个部类，总体规模为正文82万字，彩图31页。

【《云南中烟年鉴》】 由云南中烟工业有限责任公司组织编纂，为全面反映云南中烟改革发展情况以及所属单位发展概貌的专业性、权威性年鉴。《云南中烟年鉴》全面、客观、系统地记述云南中烟年度的基本情况和各项工作发展现状，反映云南中烟基本面貌和发展进程，旨在为行业内部人士及社会各界全面了解、研究云南烟草工业提供基础材料和基本线索。云南中烟于2012年启动年鉴编纂工作，并成立年鉴编纂委员会。年鉴一年一卷，每卷发行400册，每卷约80万字。截至2020年底，公开出版发行9卷。

【《红塔集团年鉴》】 自2009年创刊至2020年，公开出版发行纸质和电子书14卷，其中2013年下半年和2014年上半年，补编2007卷、2008卷，至此《红塔集团年鉴》与

《红塔集团志》（1956—2005）形成一套完整的历史资料丛书。年鉴编纂内容分类编排，以条目为记载单元，全面系统反映红塔集团发展进程、年度工作重点和企业突出特点。2020卷设17个类目，收录二次文选12篇、大事记114件、条目641条、图片（图）139幅、统计表39个，全书字数54.8万字。2020年8月，《红塔集团年鉴》成果选介被《中国年鉴发展报告（2019—2020）》收录；12月，《红塔集团年鉴2019》获得第七届全国地方志优秀成果（年鉴类）专业年鉴三等奖。

【《红云红河集团年鉴》】 由红云红河集团于2008年开始编纂，以内部资料印制，至2020年形成10卷（2009—2019年一年一卷）。作为反映集团年度基本情况的资料工具书，设集团概况、品牌维护、企业管理、产品质量、生产管理、原料保障、物资管理、物流管理、基建技改、信息化建设、财务审计、安全保障、队伍建设、廉政建设、党建群团、公益事业、主要会议、组织机构、生产企业、荣誉榜、数据汇编、记事、附录等23个栏目122个条目。2020年卷编印600册，基本满足集团本部各中心、部室及下属工厂（公司）日常使用。

【《曲靖卷烟厂年鉴》】 《曲靖卷烟厂年鉴》（2010—2019年一年一卷）是继《曲靖卷烟厂志》（1966—2009）出版之后简明记载曲靖卷烟厂基本情况和发展进程的资料工具书。2010年组建年鉴编纂委员会，编辑部设在党政办公室。《曲靖卷烟厂年鉴》2020年卷设特载、企业概况、生产制造、基础管理、队伍建设、党建群团、重要会议、组织机构、天福公司、荣誉榜、数据汇编、大事记等栏目。年鉴印数50册。

博物馆、展馆建设

中国烟草博物馆

【概　况】 中国烟草博物馆（简称烟博馆）位于上海市长阳路，于2004年7月15日开馆，总投资1.8亿元。烟博馆总建筑面积9617平方米，占地面积5511平方米，展示面积约3500平方米。烟博馆是一家反映中国烟草发展历史、传承中国烟草文化的专业博物馆，是上海首个国家级行业博物馆，也是世界上规模最大的烟草博物馆。烟博馆开馆后的日常运行委托上海市烟草专卖局、上海烟草集团有限责任公司（简称上海市局、集团公司）进行管理。

烟博馆有烟草历程、烟草农业、烟草工业、烟草经贸、烟草管理、烟草文化、吸烟与控烟等展馆，参观者可以通过文物、文献、模型、场景、真人蜡像及照片、多媒体等形式，全面了解中国烟草的起源及各发展阶段的概况和特征、吸烟与控烟的发展历史及中国烟草行业在控烟与减害降焦等方面所做的工作。

【升级改造】 2020年，烟博馆围绕升级改造总体目标和基本原则，按照中国烟草学会和上海市局、集团公司党组的具体要求，深入学习国家烟草专卖局党组书记、局长，中国烟草总公司总经理张建民关于“提升行业软实力”的讲话精神，并以此作为谋划和推进烟博馆展陈升级改造的重要原则；着力对馆内展示陈列的文献资料、实物进行全面梳理，形成序厅和8个展馆展陈档案，为编写展示陈列大纲准备基础资料。

【参观交流】 2020年，烟博馆以公众需求为导向，对“中国烟草博物馆观众满意度”问卷进行三方面的完善：一是增加客户基本信息，旨在掌握不同年龄、学历、职业观众的参观感受；二是重新设计问卷项目，既有整体形象打分，又有展项、配套设施满意度调查；三是结合烟博馆升级改造，围绕展示艺术表现形式、配套服务增添，了解观众期盼。采用“面对面”问卷调研方式，近距离收集观众需求，引入“问卷星”测评模式，增加观众参与度。截至2020年底，接待散客观众2058人次，其中18～45岁观众占总人数的44.7%；团队接待68批1292人次；发放观众满意度问卷638份，满意率99.1%。

【特别展览】 2020年3月24日，由烟博馆、中共四大纪念馆联合举办的“固本强基筑堡垒——中国共产党早期支部建设图片史料展”在上海市局、集团公司大堂开展。由于新冠肺炎疫情防控需要，烟博馆探索创新展览的传播方式。一是在“上海烟草”微信服务号平台首次开设“云展播”，推出“党建文化系列展播 · 声入人心（第一季）：固本强基筑堡垒——中国共产党早期支部建设图片史料展播”。展播分10集，由烟博馆5名志愿讲解员担任“主播”，以“图文为引，诵读为声”的全新形式，带给观众“沉浸式”的线上体验。同时，增加“知史有礼”答题环节，以赛促学，打造党建文化的“空中课堂”。10 期活动吸引 41.89 万人次参与。二是首次推出“红色巡展进基层”活动。“固本强基筑堡垒——中国共产党早期支部建设图片史料展”在上海烟草包装印刷有限公司、上海市局崇明分局（有限公司）等 14 家工商单位接续展览，受众 9000 余人次。

2020 年 4 月 27 日，“至臻至美（第二季）·赏鉴——中国烟草卷烟新品烟标展（2017—2019）”在烟博馆开展。此次新品烟标展集中展示全国卷烟工业企业 2017—2019 年研发上市的 58 个品牌 307 枚（套）烟标，侧面反映烟草行业在贯彻新发展理念，聚焦推进供给侧结构性改革等方面取得的成果。同时，新品烟标展在“中国烟草博物馆官网”的“专题展览”板块上线，实现观众足不出户“云逛展”。

2020 年 6 月 29 日，“伟大开端——中国共产党创建历史图片展”在上海市局（集团公司）开展。为加强宣传引导，激发党员干部学好用好“四史”的热情，烟博馆依托“上海烟草”微信服务号平台，以展览内容为核心，围绕“峥嵘岁月·光辉历程”主题，通过“党史云端课堂”“历史知识竞答”“寻访红色地标”等环节，实现线上线下展示内容的联动。此外，烟博馆继续做好“红色巡展进基层”服务，将展览送到基层单位党员干部身边，讲好红色故事，讲活红色历史，不断扩大学习教育的覆盖面。

【线上竞答】 利用“上海烟草”微信服务号平台，讲好烟草故事。烟博馆与上海市局、集团公司办公室联合举办“浩瀚烟博·探寻之旅（第二季）：走进烟博馆——大型烟草历史文化知识竞答活动”，分为热身赛和正式赛两个阶段。热身赛以第一季“神州万里行——大型磨漆壁画”为竞答主线，正式赛按烟博馆参观路线，优选 7 个展馆内具有代表

固本强基筑堡垒——中国共产党早期支部建设图片史料展（2020 年）

上海烟草集团　供稿

至臻至美（第二季）·赏鉴——中国烟草卷烟新品烟标展（2017—2019）（2020 年）

上海烟草集团　供稿

伟大开端——中国共产党创建历史图片展（2020 年）

上海烟草集团　供稿

《2019 年中国烟草卷烟新品烟标集》（2020 年）

上海烟草集团　供稿

性的场景，运用线上虚拟观展的方式实景再现，向观众普及烟草文化知识。16 期竞答活动吸引 68.53 万人次参与，比上年第一季活动增加 15.35 万人次，增长 22.4%。

打造“中国烟草博物馆官网”平台。每半月及时从内部刊发的“学博动态”中优选信息上传平台；与特约撰稿人沟通，丰富官网“烟事闲趣”内容，增加网站的吸引力。截至 2020 年底，“烟事闲趣”板块发布稿件 20 篇，“烟博动态”板块推送新闻 252 条，官网总访问量 3.32 万余人次。

【烟标征集】　为反映行业品牌建设成果和技术创新的最新进展情况，加强烟草文化研究与展示，组织制作《2019 年中国烟草卷烟新品烟标集》，收录 2019 年面世、全国 25 家工业企业出品的 32 个品牌 68 个规格的烟标。每枚烟标在实物展示的基础上，新增烟标设计理念介绍。每个品牌创牌历史储存在二维码，通过扫描二维码阅读相关信息。

【文物保护和利用】　2020 年 7 月 30 日，上海市杨浦区文化和旅游局根据《中华人民共和国文物保护法》《上海市文物保护条例》等规定，经专家组评审通过，正式公布“英美烟三厂烟叶加工车间旧址（华盛楼）”不可移动文物为杨浦区文物保护点。这是继“英美烟厂高级职员住宅旧址（1921）”后上海烟草第二处不可移动文物保护点。文物保护点认定之后，烟博馆通过《上海烟业报》“上海烟草”微信服务号等宣传“华盛楼”历史，开展知识竞答，活动参与 5.65 万人次。

2020 年 11 月 24 日，上海烟草集团举办“华盛楼”不可移动文物保护点揭牌仪式

上海烟草集团　供稿

【疫情防控】　2020 年新冠肺炎疫情“阻击战”打响之后，中国烟草博物馆坚持疫情防控不松懈，及时成立应对疫情工作小组，建立疫情信息报送制度，制定突发事件应急预案，定人定时开展馆内公共区域全面清洁消毒，如实做好相应记录，为观众营造安全放心的参观环境。自 4 月 28 日正式恢复对外开放以来，博物馆全员切实履行社会责任，抓好疫情防控工作，严格查验参观者“一证三码”［身份证（护照）和预约码、健康码、行程码］，进行体温测量，保障参观者和一线工作人员的生命安全、身体健康，确保疫情防控和博物馆工作“两手抓、两不误、两促进”。

中国雪茄博物馆

中国雪茄博物馆坐落在四川省什邡市长城雪茄烟厂，是由国家烟草专卖局　中国烟草总公司发起建设的全国性、专业性国家级博物馆，授权四川中烟全面管理，为公益性工业旅游示范点、科普教育基地和爱国主义教育基地，是集展示、体验、教育、感悟及销售功能为一体的综合性主题博物馆。博物馆项目历经数年的筹备、规划，于2017年11月8日建成并对外开放。建筑物主体分3层，建筑面积4662平方米，分“寻根”“溯源”“探秘”3个展厅，围绕中国雪茄产地、历史和工艺进行主题展示，寻根中国雪茄之乡、溯源中国雪茄百年、探秘重现雪茄技艺。馆内陈列有前驻古巴大使张拓捐赠的古巴领导人劳尔·卡斯特罗亲笔签名雪茄、国礼“长城雪茄”包装盒印刷模板，以及世界最长雪茄等珍贵藏品共计380余件。

2020年，中国雪茄博物馆接待访客7400人次。举办“2020年四川省技能大赛暨四川中烟‘宽窄杯’第三届职业技能竞赛”，承办“第六届‘中国雪茄之乡’全球推介之旅暨2020四川中烟推进高质量发展品牌行动”等大型活动。

报刊名录

2020年烟草行业部分报刊名录

报刊名	报刊号/准印证号	创刊时间	刊　期	联系电话	主管、主办单位
《中国烟草》	ISSN1008－9063 CN11－3831/D	1985年	半月刊	010－63605464	《中国烟草》杂志社有限公司
《新烟草》	ISSN1008－5181 CN23－1526/TS	1986年	旬　刊	010－63605464	黑龙江省烟草公司、《中国烟草》杂志社有限公司
《中国烟草学报》	ISSN1004－5708 CN11－2985/TS	1992年	双月刊	010－63605768	中国烟草学会
《烟草科技》	ISSN1002－0861 CN41－1137/TS	1957年	月　刊	0371－67672637	中国烟草总公司郑州烟草研究院
《东方烟草报》	CN37－0082	1992年	周七报	0531－88562706	山东省局（公司）
《新烟》	上海市连续性内部资料 准印证第0824号	2018年	季　刊	021－61661716	上海新型烟草制品研究院
《烟机通讯》	豫内资〔许昌〕0005号	1995年	半月报	0374－3266661	中国烟草机械集团有限责任公司
《北京烟草》	京内资准字1999－L0006	1993年	季　刊	010－67009775	北京市局（公司）、北京烟草学会
《京烟》	京内资准字99－L0501	1993年	月　报	010－59028305	上海烟草集团北京卷烟厂有限公司
《天津烟草》	准印证号（刊型）2019003	2000年6月	双月刊	022－23292109	天津市局（公司）、天津市烟草学会
《津烟》[1]	天津内部资料性出版物 准印证：津B180011	1994年10月	半月报	022－84786089	上海烟草集团天津卷烟厂
《河北烟草》	冀L1100113	1988年6月	双月刊	0311－88607991	河北省局（公司）、河北中烟主管，河北省烟草学会主办
《河北烟草》	冀L1100205	2003年8月	月　报	0311－66006838	河北中烟、河北省局（公司）
《山西烟草》	山西省内部资料 准印证号（晋）K224	1987年5月	季　刊	0351－6563104	山西省局（公司）、山西省烟草学会
《大光》	山西省内部资料准印证〔2013〕B124号4开4版	1998年	月　刊	0351－2022051	山西昆明烟草有限责任公司

续表

报刊名	报刊号/准印证号	创刊时间	刊　期	联系电话	主管、主办单位
《内蒙古烟草》	蒙连内资 01－19023/K	1988 年 10 月	双月刊	0471－4369775	内蒙古自治区烟草学会
《辽宁烟草》	辽宁省内部资料准印证号 028	1990 年	双月刊	024－31210786	辽宁省局（公司）、辽宁省烟草学会
《红辽烟草》	辽宁省内部资料准印证辽 A036 号	2005 年 1 月	半月刊	024－22815777	红塔辽宁烟草有限责任公司
《吉林烟草》	（吉）LSZ2017006	1994 年	季　刊	0431－88401432	吉林省局（公司）
《烟草专卖导读》	JL 02－033	2003 年 4 月	月　刊	0432－64606502	吉林省吉林市局（公司）
《吉林烟草工业报》	吉林省连续性内部资料出版物 JN 03－025	2008 年 5 月	半月报	0433－2850896	吉林烟草工业有限责任公司
《哈尔滨烟草》	黑新出印字 2301026 号	2002 年	月　刊	0451－88620696	黑龙江省哈尔滨市局（公司）
《黑龙江烟草工业》	黑新出印第字 2301039 号	1988 年	旬　刊	0451－82521456	黑龙江烟草工业有限责任公司
《上海烟草》	上海市连续性内部资料准印证沪（K）0205 号	1987 年	季　刊	021－61669608	上海市烟草学会
《江苏烟草》	苏新出准印 S（2020）00000063	2008 年	半月报	025－87756187	江苏省局（公司）
《江苏烟草研究》	苏新出准印 S（2020）00000122	2008 年	双月刊	025－87756187	江苏省局（公司）、江苏省烟草学会
《江苏中烟》	S（2020）00000061	2007 年 1 月	双月刊	025－69896136	江苏中烟
《江苏中烟报道》	S（2020）00000062	2007 年 1 月	半月报	025－69896136	江苏中烟
《浙江烟草》	浙内准字第 0046 号	1987 年 4 月	双月刊	0571－87089173	浙江省局（公司）、浙江中烟、浙江省烟草学会
《浙江中烟报》	浙企准字 S042 号	2006 年	月　报	0571－87075860	浙江中烟
《安徽烟草》	安徽省内部资料准印（综）L00－111	2001 年 1 月	月　刊	0551－65508523	安徽省局（公司）、安徽省烟草学会
《蚌烟实报》	皖内部资料性图书 BB－2010－009 号	2010 年	月　报	0552－4089163	安徽省蚌埠市局（公司）
《安徽中烟》	安徽省内部资料准印证号第 L00－053	2006 年	半月报	0551－65392203	安徽中烟
《黄山世界》	安徽省内部资料准印证号：00－265	2009 年	季　刊	0551－65368037	安徽中烟
《福建烟草》	（闽）内资准字 K 第 097 号	1987 年 1 月	双月刊	0591－87069560	福建省局（公司）、福建中烟、福建省烟草学会
《海峡烟草》	（闽）内资准字 K 第 173 号	2003 年 6 月	旬　报	0591－87069456	福建省局（公司）
《海峡烟草》（烟叶版）	（闽）内资准字 K 第 173 号	2005 年 5 月	月　报	0591－87069456	福建省局（公司）
《三明烟草》	（闽）内资准字 G 第 3 号	1992 年 1 月	双月刊	0598－8566611	福建省三明市局（公司）、三明市烟草学会
《福建中烟》	闽内部资料性出版许可证第 02028 号	2011 年 5 月	半月刊	0592－5836962	福建中烟

续表

报刊名	报刊号/准印证号	创刊时间	刊 期	联系电话	主管、主办单位
《龙烟人》	闽内部资料性出版许可证第07014号	1991年	半月报	0597－2776888	龙岩烟草工业有限责任公司
《厦门烟草》[2]	厦新出〔99〕内资第16号	1993年	月 报	0592－6536171	厦门烟草工业有限责任公司
《江西烟草》	（赣）0000122	1991年1月	双月刊	0791－86535120	江西省局（公司）、江西中烟、江西省烟草学会主办
《金圣报》	赣内资字第076号	2004年6月	月 报	0791－88358596	江西中烟
《典藏》	赣内资字第326号	2009年9月	不定期	0791－88358596	江西中烟
《广烟之窗》	赣内资字第E004号	1996年10月	月 报	0793－6078818	江西中烟广丰卷烟厂
《山东烟草》	鲁连内资第01095号	2007年	双月刊	0531－81218315	《东方烟草报》社有限公司
《淄博烟草》	淄博市内部资料准印证〔2011〕270号	2012年1月	半月刊	0533－2181599	山东省淄博市局（公司）
《滨州烟草》	滨州市内部资料准印证〔2006〕第44号	2006年5月	半月刊	0543－3213188	山东省滨州市局（公司）
《东方烟草报·山东中烟报》	CN37－0082	2007年11月	半月报	0531－58709712	山东中烟
《东方烟草报·金周刊·泰山周刊》	CN37－0082	2008年5月	半月报	0531－58709712	山东中烟
《济烟视窗》	济南市内部资料准印证第004号	1990年7月	半月报	0531－66776983	山东中烟济南卷烟厂
《滕烟采风》[3]	鲁D：连内资〔2017〕第031号	1996年2月	月 报	0632－8058333	山东中烟滕州卷烟厂
《将军视窗》	（鲁）0100009	2015年2月	月 报	0532－88777166	将军烟草集团有限公司
《中国烟草科学》	ISSN 1007－5119 / CN37－1277/S	1979年	双月刊	0532－88703238	中国农业科学院烟草研究所、中国烟草总公司青州烟草研究所
《河南烟草》	河南省连续性内部资料［审省直连］00102号	1996年	双月刊	0371－65583198	河南省局（公司）、河南中烟、河南省烟草学会
《中原烟草》	河南省连续性内部资料［审省直连］00142号	2015年1月	半月刊	0371－65583016	河南省局（公司）
《南阳烟草通讯》	河南省连续性内部资料［南阳］049号	2009年9月	月 刊	0377－63160072	河南省南阳市局（公司）
《郑烟工作》	河南省连续性内部资料［审郑州连］00056号	2016年5月	半月刊	0371－86168658	河南省郑州市局（公司）
《黄金叶·天之叶》	内资〔省直〕163号	2006年	月 刊	0371－69192831	河南中烟
《黄金叶制造》	河南省连续性内部资料郑州〔74号〕	2008年	月 报	0371－85519112	河南中烟黄金叶生产制造中心
《安烟》	内部资料〔审安阳连〕00001号	2010年	月 报	0372－5089165	河南中烟安阳卷烟厂

续表

报刊名	报刊号/准印证号	创刊时间	刊　期	联系电话	主管、主办单位
《湖北烟草》	（鄂）4200－2018096/连	1986 年	月　刊	027－83609835	湖北省局（公司）、湖北中烟、湖北省烟草学会
《黄冈烟草》	（鄂）4211－2018019/连	2011 年 5 月	月　报	0713－8386484	湖北省黄冈市烟草学会
《金叶》	（鄂）4210－2020002/连	2007 年	双月刊	0716－8506862	湖北省荆州市局（公司）
《十堰烟草》	0719026	2016 年 2 月	月　报	0719－8765156	湖北省十堰市局（公司）、十堰市烟草学会
《黄鹤楼内刊》	鄂内资准印（鄂）4201－2019017/连	2007 年 8 月	半月刊	027－83292197	湖北中烟
《湖南烟草》	（湘 O 刊）20200058	1986 年 9 月	双月刊	0731－85799484	湖南省局（公司）、湖南中烟主管，湖南省烟草学会主办
《潇湘烟语》	永新出准字（湘 M 报）2019002 号	2009 年 5 月	双月刊	0746－8421935	湖南省永州市局（公司）主管，永州市烟草学会主办
《先锋家园》	（湘 F01）202059	2011 年 3 月	季　刊	0730－8713331	湖南省岳阳市局（公司）主管，岳阳市烟草学会主办
《浓香》	（湘 L 刊）2020010	2015 年 2 月	半年刊	0735－2153569	湖南省郴州市局（公司）主管，郴州市烟草学会主办
《娄烟之声》	湘 K010	2006 年	季　刊	0738－8312687	湖南省娄底市局（公司）主管，娄底市烟草学会主办
《张烟之声》	湘 G2020004 号	2019 年	季　刊	0744－8863186	湖南省张家界市局（公司）主管，张家界市烟草学会主办
《天下和书院》	湖南省内部资料准印证号（湘 O 刊）20200351	2014 年	半月报	0731－85098341	湖南中烟
《白沙报》	湖南省报型内部资料准印证号 A12016003	1989 年	月　报	0731－85559117	湖南中烟长沙卷烟厂
《常德烟厂报》	湖南省内部资料型准许印证号 H002	1984 年	旬　报	0736－7299323	湖南中烟常德卷烟厂
《郴烟通讯》	湖南省报型内部资料准印证号（湘 L 报）2020011	1995 年	半月报	0735－2229909	湖南中烟郴州卷烟厂
《零烟通讯》	湖南省报型资料准印证号第 M001 号	1986 年	半月报	0746－6668564	湖南中烟零陵卷烟厂
《广东烟草》	粤（O）L0150364	2004 年 8 月	月　刊	020－38809775	广东省局（公司）、广东省烟草学会
《广东中烟》[4]	粤（O）L0160401 号	2005 年 5 月	半月报	020－87013172	广东中烟
《广西烟草》[5]	广西壮族自治区内部资料性出版物准印证第 1005323 号	1987 年	月　刊	0771－5851875	广西区局（公司）、广西中烟、广西烟草学会
《南宁烟草》[6]			月　刊	0771－2108681	广西区南宁市局（公司）
《柳州烟草》[7]	广西壮族自治区内部资料性出版物准印证第 1900898 号	2007 年	月　刊	0772－5331262	广西区柳州市局（公司）

续表

报刊名	报刊号/准印证号	创刊时间	刊 期	联系电话	主管、主办单位
《百色烟草》[8]	广西壮族自治区内部资料性出版物准印证第 1013905 号	2008 年	不定期	0776－2939326	广西区百色市局（公司）
《贵港烟草》[9]			月 刊	0775－2929776	广西区贵港市局（公司）
《贺州烟草》[10]			双月刊	0774－5291573	广西区贺州市局（公司）
《崇左烟草》	广西壮族自治区内部资料性出版物准印证第 1903622 号	2014 年	双月刊	0771－7826710	广西区崇左市局（公司）
《广西中烟》	桂 1005303	2016 年 9 月	半月刊	0771－8098231	广西中烟
《重庆烟草》	渝内字第 349 号	1986 年	月 刊	023－67982697	中国烟草总公司重庆市公司主管，重庆市烟草学会主办
《四川烟草》	川 KX01－223	1985 年	月 刊	028－86162874	四川省局（公司）、四川中烟、四川省烟草学会
《贵州烟草科学》	（黔）字第 2020059	2010 年 1 月	季 刊	0851－84117138	贵州省局（公司）主管，贵州省烟草科学研究院主办
《贵阳烟草》	贵阳市 GYL2017 第 016 号	2005 年	季 刊	0851－85821020	贵州省贵阳市局（公司）
《遵义烟草》	（黔）字第 2020106 号	2002 年	季 刊	0851－28662813	贵州省遵义市局（公司）
《毕节烟草》	（黔）字第 2020149 号	1988 年 8 月	旬 刊	0857－8282770	贵州省毕节市局（公司）
《贵州烟草》	（黔）字第 2020148 号	2005 年	周 报	0851－6831628	贵州中烟、贵州省局（公司）
《贵烟之窗》	（黔）字第 2020369 号	2005 年	月 刊	0851－8981053	贵州中烟贵阳卷烟厂
《遵烟一览》	（黔）字第 2020359 号	2007 年	月 刊	0852－8620941	贵州中烟遵义卷烟厂
《云南烟草》	（53）Y000319	1988 年 4 月	双月刊	0871－63536852	云南省局（公司）、云南中烟主管，云南省烟草学会主办
《七彩云》	（53）Y000206	2014 年 12 月	双月刊	0871－63537661	云南省局（公司）、云南中烟主管，云南省烟草学会主办
《云南烟草科学》[11]			双月刊	0871－65107543	云南省局（公司）、云南中烟主管，云南省烟草学会、云南省烟草农业科学院、云南中烟技术中心主办
《云南中烟》	（53）Y000310	2011 年 1 月	双月刊	0871－65013597	云南中烟
《红塔时报》	（53）Y000206 号（1－7 期）	1987 年 5 月	月 刊	0877－2968922	红塔集团
《红塔时讯》	（53）Y000383 号（8－12 期）	1987 年 5 月	月 刊	0877－2968922	红塔集团
《价值》	玉红图（报、刊）字 2020057 号（1 期） 玉红图（报、刊）字 2020081 号（2 期） 玉红图（报、刊）字 2020107 号（3 期） 玉红图（报、刊）字 2020132 号（4 期）	2008 年 9 月	季 刊	0877－2968731	红塔集团玉溪卷烟厂
《红塔楚雄时讯》	（53）Y000240 号（1－7 期） （53）Y000296 号（8－13 期）	1983 年	月 刊	0878－3253323	红塔集团楚雄卷烟厂

续表

报刊名	报刊号/准印证号	创刊时间	刊　期	联系电话	主管、主办单位
《红塔大理时讯》	（53）Y000132 号（1－4 期） （53）Y000033 号（5－13 期）	1984 年	月　刊	0872－2360191	红塔集团大理卷烟厂
《红塔昭通时讯》	（53）Y000324 号	1988 年 2 月	月　刊	0870－2130195	红塔集团昭通卷烟厂
《今日红云红河》	（53）Y000350 号	2009 年 1 月	月　刊	0871－65869218	红云红河集团
《和谐昆烟》[12]	（53）Y000318 号	1990 年 1 月	旬　刊	0871－65868875	红云红河集团昆明卷烟厂
《红云红河烟草》昆明卷烟厂专刊[13]	（53）Y000249 号	1987 年 6 月	月　刊	0871－65868868	昆明卷烟厂
《红烟人》[14]	弥新出〔2020〕准印字第 006（2）、018、030、048、067、083、098	2015 年 3 月	45 天	0873－6196737	红云红河集团红河卷烟厂
《陕西烟草》	（陕）2020－ST037	1990 年	双月刊	029－85466219	陕西省烟草公司、陕西省烟草学会
《泾渭情》	陕内资字 0324 号	2006 年	季　刊	029－33369992	陕西省咸阳市局（公司）
《同心安康》	安新出连内印字第 016 号	2007 年	季　刊	0915－3286490	陕西省安康市局（公司）
《陕西中烟报》	（陕）2020－GY07	2003 年	半月报	029－63368602	陕西中烟
《宝烟通讯》	（宝鸡）2020－GY009	2005 年 7 月	月　刊	0917－3469270	陕西中烟宝鸡卷烟厂
《甘肃烟草》	甘新出连续性内部资料准印（刊型）LK－000049	1992 年 12 月	双月刊	0931－7826909	甘肃省局（公司）、甘肃省烟草学会
《烟语》	甘出准 036 字总 341 号〔2009〕022 号	2009 年 10 月	季　刊	0939－8213649	甘肃省陇南市局（公司）
《河州烟语》	（甘）LK130002	2016 年 1 月	季　刊	0930－6666012	甘肃省临夏回族自治州局（公司）
《天水烟草》	（甘）LK050012	2020 年 1 月	季　刊	0931－6827730	甘肃省天水市局（公司）
《飞天烟讯》	（甘）LB000033	1994 年	月　刊	0931－2555055	甘肃烟草工业有限责任公司
《青海烟草》	青（6300053）	1992 年 12 月	双月刊	0971－6102916	青海省局（公司）、青海省烟草学会
《宁夏烟草》	银金审服内准字 2020354－57 号	1991 年 1 月	季　刊	0951－5043218	宁夏区局（公司）、宁夏区烟草学会
《固原烟草》[15]	固新出管字〔2010〕第 4014 号	2007 年 10 月	月　报	0954－2034379	宁夏固原市局（公司）
《新疆烟草》	新疆内部资料（报刊型）准印证号（新 K）0100047	1988 年	双月刊	0991－4810977	新疆维吾尔自治区烟草学会
《深圳烟草》	（粤 B）第 L107010065	2008 年	双月刊	0755－82029719	深圳市局（公司）、深圳市烟草学会
《深烟风采》	粤内登字 B 第 13175 号	2002 年 9 月	季　刊	0755－81788331	深圳烟草工业有限责任公司

注：1. 准印证号 2020 年 1 月 1 日至 2020 年 11 月 15 日为 2019147；2020 年 12 月 1 日至 2020 年 12 月 15 日为 2020014。
2. 2020 年 1 月，《厦门烟草》停刊。
3. 2020 年 12 月，《滕烟采风》停刊。
4. 2020 年 10 月，《广东中烟》停刊。
5. 《广西烟草》实行一期一审，准印证号为最后一期号码。
6. 2020 年 4 月，《南宁烟草》停刊。
7. 《柳州烟草》实行一期一审，准印证号为最后一期号码。因新冠肺炎疫情影响，《柳州烟草》7 月起编印，2020 年共编印 6 期。
8. 因新冠肺炎疫情影响，《百色烟草》2020 年仅编印 1 期。
9. 2020 年 1 月，《贵港烟草》停刊。
10. 2020 年 10 月，《贺州烟草》停刊。
11. 2020 年 1 月，《云南烟草科学》停刊。
12. 2020 年 12 月，《和谐昆烟》停刊。
13. 2020 年 12 月，《红云红河烟草》昆明卷烟厂专刊停刊。
14. 2020 年 12 月，《红烟人》停刊。
15. 2020 年 1 月，《固原烟草》停刊。

2020年烟草新书目

1. 不确定度评定及其在卷烟工业中的应用/庞永强，朱风鹏主编．—北京：中国轻工业出版社，2020.

2. 功能滤棒开发及在卷烟中的应用/黄朝章，陈河祥，徐建荣主编．—武汉：华中科技大学出版社，2020.

3. 贵州省基本烟田规划（2020—2030年）/贵州省基本烟田规划编委会编．—北京：中国农业出版社，2020.

4. 国外烟草企业发展创新——日本烟草卷/龚金龙，刘亚丽主编．—郑州：郑州大学出版社，2020.

5. 海南雪茄标准化育苗技术图册/高华军主编．—海南：海南出版社，2020.

6. 金神农品牌“林中烟”生产的理论与技术/吴自友，申国明等主编．—北京：中国农业科学技术出版社，2020.

7. 卷烟产品鉴别检验基础与应用/陶晓秋主编．—成都：四川大学出版社，2020.

8. 卷烟产品设计专利技术研究/郑路，洪群业主编．—郑州：郑州大学出版社，2020.

9. 卷烟纸的优化设计及应用/黄朝章，张国强，张建平主编．—南京：华中科技大学出版社，2020.

10. 卷烟生产过程工艺质量风险防控手册/赵春元，吴艳艳编著．—郑州：河南科学技术出版社，2020.

11. 卷烟制丝工艺与设备创新/陈良元，许淑红主编．—西安：西北工业大学出版社，2020.

12. 卷烟工厂设备状态监控管理探索/李明伟，毛爱龙，张伟峰主编．—武汉：华中科技大学出版社，2020.

13. 卷烟工厂设备状态监控标准体系/李明伟，毛爱龙，许佩主编．—武汉：华中科技大学出版社，2020.

14. 烤烟品种优化布局研究与实践：以红云红河烟草集团主要原料基地为例/李强，张一扬，胡志明等著．—北京：中国农业出版社，2020.

15. 丽江金沙江烤烟标准化生产技术研究与应用/和世华，范幸龙等主编．—北京：中国农业科学技术出版社，2020.

16. 灵宝烟草志（1919—2019）/灵宝烟草志编纂委员会编．—郑州：黄河水利出版社，2020.

17. 娄底市烟草志（2004—2018）/娄底市烟草志编纂委员会著．—娄底：娄底市娄星区学院印刷厂，2020.

18. 泸州烟叶质量与生产技术/刘阳，金保锋，张永辉主编．—郑州：郑州大学出版社，2020.

19. 梅州优质烟叶生产技术开发与应用/王维，陈泽鹏，杨海雄著．—广州：华南理工大学出版社，2020.

20. 青岛的卷烟厂和烟标集/赵玉华，苏家良主编．—青岛：中国海洋大学出版社，2020.

21. 社会组织参与立法过程研究：以《广告法》烟草广告条款修订为例/刘艳丽著．—北京：中国社会科学出版社，2020.

22. 四川烟田昆虫群落结构与害虫绿色防控/刘旭，雷强，刘虹伶著．—成都：四川科学技术出版社，2020.

23. 四川省新型职业烟农读本/刘杨主编．—郑州：河南科学技术出版社，2020.

24. 山东省烟草专卖局中国烟草总公司山东省公司年鉴（2017—2018）/山东省烟草专卖局编．—北京：中华书局，2020.

25. 新型烟草制品专利技术研究/郑新章，郑路，洪群业主编．—武汉：华中科技大学出版社，2020.

26. 细支卷烟品类创新及关键技术/陈晶波，朱怀远，曹毅主编．—武汉：华中科技大学出版社，2020.

27. 雪茄生产过程工艺质量风险防控手册/孟庆华，孙东亮著．—郑州：河南科学技术出版社，2020.

28. 雪茄烟鉴别检验基础与应用/纪立顺等著．—济南：山东人民出版社，2020.

29. 优质烟叶产质量协同提高技术开发与应用/王维，陈泽鹏，杨海雄著．—广州：华南理工大学出版社，2020.

30. 烟草科研大数据标准体系/谢剑平主编．—郑州：郑州大学出版社，2020.

31. 烟草科研大数据资源体系/谢剑平主编．—郑州：郑州大学出版社，2020.

32. 烟草钾营养的分子机制/鲁黎明，李立芹等著．—北京：中国农业科学技术出版社，2020.

33. 烟草科技词系统/贾楠，刘亚丽主编．—武汉：华中科技大学出版社，2020.

34. 烟草化学成分管制现状及分析技术/庞永强，张洪非主编．—北京：中国轻工业出版社，2020.

35. 烟草导入系亲本资源图谱/云南省烟草农业科学研究院编著．—北京：科学出版社，2020.

36. 烟草农业稳定发展与组织创新：河南实践与探索/苏新宏，赵翠萍著．—北京：中国农业出版社，2020.

37. 烟草实验室化学品安全技术指南/吴艳艳，郭华诚主编．—北京：化学工业出版社，2020.

38. 烟草及烟草制品调节与测试大气的研究/冯茜，赵继俊主编．—郑州：郑州法学出版社有限公司，2020.

39. 烟田杂草绿色防控原色图鉴/万树青，陈永明，陈泽鹏编著．—广州：广东科技出版社，2020.

40. 烟田土壤及生态系统碳输入与碳平衡/高林，申国明，王瑞著．—北京：中国农业科学技术出版社，2020.

41. 烟用材料化学分析/李中皓，牛佳佳主编．—北京：中国轻工业出版社，2020.

42. 烟草化学成分管制现状及分析技术/庞永强，张洪非主编．—北京：中国轻工业出版社，2020.

43. 云南优质烤烟田间种植技术/云南省烟草农业科学研究院编著．—北京：科学出版社，2020.

44. 云南中烟年鉴（2020）/云南中烟工业有限责任公司编．—昆明：云南民族出版社，2020.

45. 重要烟用香料特色风格/刘绍华，赵琦等主编．—北京：科学出版社，2020.

46. 职业烟农培育理论与实践/徐宸，周义和主编．—重庆：西南师范大学出版社，2020.

47. 中国浓香型特色烟叶理论与生产/刘国顺主编．—北京：科学出版社，2020.

48. 中国口含烟烟叶原料质量评价与加工工艺/窦玉青，汪旭著．—北京：中国农业科学技术出版社，2020.

49. 中国烟草 SCI 论文分析与研究/张仕华，王金棒主编．—郑州：郑州大学出版社，2020.

50. 中国烟草科学与技术（1982—2020）/谢剑平主编．—北京：中国轻工业出版社，2020.

51. 中国烟草年鉴（2019）/国家烟草专卖局编．—北京：中国经济出版社，2020.

企业文化建设

北京市烟草专卖局（公司）

企业文化体系构成情况。北京市烟草专卖局（公司）党组围绕北京烟草改革与发展，制定印发《北京烟草企业文化建设规划（2018—2020）》，面向全系统征集以“首善标准”为核心要义的北京烟草精神及文化理念。共征集各类职工原创理念 2174 条，经过筛选审定，形成北京烟草“1＋4”企业文化理念架构体系，包括北京烟草精神：坚持首善标准，争创一流业绩；管理理念：严格规范、富有效率、充满活力、追求首善；销售理念：诚信、合作、共赢；专卖精神：政治过硬、本领高强、责任担当、能打胜仗；物流精神：创新、担当、合作。

2020 年企业文化建设情况。北京市局（公司）党组研究制定关于提升北京烟草软实力的实施方案，重点开展企业文化理念的宣传贯彻落地，采用“传统媒体与新媒体、线上线下相结合”的形式，实施“文化上墙、文化上网、文化上刊”，推动北京烟草精神和理念落地落实。组织开展“讲好首善故事　传播首善文化”优秀故事征集活动，编发《“不忘初心、牢记使命”京烟首善文化故事集》，讲好京烟故事，传播首善文化，激发系统广大干部职工干事创业活力。

2020 年，北京市局（公司）学先进、树典型，组织观摩行业、系统优秀党建微视频，挖掘基层党组织和党员干部在新冠肺炎疫情防控阻击战、助力脱贫攻坚战中的先进事迹和典型人物，拍摄优秀微视频作品，并进行广泛宣传。各部门党员发挥模范带头作用，各直属单位设立“共产党员岗”“党员先锋示范岗”，助力夺取疫情防控和经济发展双胜利。

天津市烟草专卖局（公司）

企业文化体系构成情况。天津市烟草专卖局（公司）根据全国烟草行业文化架构体系和行业改革发展形势，结合地域文化，形成“精诚”文化理念体系。“精诚”企业文化理念体系主要由战略层、策略层和执行层 3 个层面理念构成。

战略层理念分为使命：为国家创造财富、为社会提供价值、为员工成就事业；愿景：负责任的一流商业流通企业；宗旨：报效祖国、成就员工、满足顾客。

策略层理念包括核心价值观：国家利益至上、消费者利益至上；企业精神：精诚共进、和谐发展。

执行层理念分为行为理念：诚信负责、不事张扬；经营理念：市场导向、规范高效、诚信共赢；管理理念：规范、精细、高效、人本；人才理念：德于行事、勤于思考、诚于合作、忠于团队、善于学习、止于平庸；服务理念：无缝服务、全情沟通、尽心解决；执法理念：依法行政、严于律己、公正严明；学习理念：让学习成为习惯、让知识成为动力。

2020 年企业文化建设情况。天津市烟草商业系统不断增强文化自觉和文化自信，厚植“精诚”文化理念体系底蕴，打造津烟特色服务品牌，全面提升天津市烟草商业系统文化软实力。落实党中央重大决策部署，深入开展抗击疫情、决战决胜脱贫攻坚、坚决制止餐饮浪费等方面专题宣传和专项工作。深化精神文明建设，推进“四史”教育、“四德”教育，弘扬社会主义核心价值观，开展先进典型选树育、志愿服务、全域文明单位创建等工作。截至 2020 年底，天津市烟草商业系统 5 个单位被评为“天津市精神文明单位”，1 个单位被评为国资系统“精神文明单位”，1 个单位被评为区级“精神文明单位”。打造企业文化宣传载体，建成全市烟草商业第四家党员学习教育实践基地，推进职工书屋建设，拍摄天津烟草抓党建促发展电视宣传片和党员教育电视片，全面展现全市烟草商业高质量发展新风貌。

河北省烟草专卖局（公司）

企业文化体系构成情况。河北省烟草专卖局（公司）按照行业文化建设总体部署，逐步构建起以“阳光”文化为核心，11 家直属单位子文化为支撑的母子文化体系。

河北省局（公司）“阳光”文化核心内涵为阳光、感恩、服务、效率、执行、创新、效率。“阳光”文化架构由共同价值观、企业愿景、企业使命、企业战略、企业精神、行为信条、行为准则、服务理念等组成。

11 家直属单位在“阳光”母文化体系基础上，结合自身实际，分别形成“阳光 · 行”文化、“阳光 · 志”文化、“阳光 · 和创”文化、“阳光 · 上进”文化、“阳光 · 力”文化、“阳光 · 超越”文化等，以上内容构成完整的“阳光”文化体系。

2020 年企业文化建设情况。组织职工文体活动，制定《职工劳动技能竞赛实施指导意见》，对全省系统群众性竞赛活动作出系统规划，制定《机关文体协会管理办法》及 9 个协会章程，创新活动形式和内容，强化思想文化引领。组织“迎七一‘两优一先’表彰”“风雨同舟、齐心抗疫，致敬最美劳动身影”五一网络主题投票、“书香中国　朗读盛世”主题大会、“中国梦　劳动美”河北省职工广播体操网上展演等 7 项活动；开展行业抗疫先进集体、先进个人评选推荐工作，选树典型、鼓舞士气，增强职工队伍凝聚力、向心力、战斗力。举办第一届党员教育电视片观摩交流活动。组织各直属单位摄制党员教育片，3 部优秀作品报送国家局参加评选。其中，《“小红人”平凡的坚守》获得二等奖，《此心安处是吾乡》《党旗飘扬护航程，党徽闪耀勇担当》获得优秀奖。

印发实施《关于提升河北烟草商业系统软实力的实施意见》，通过推进八项措施深化文化建设。一是强化理论武装。坚持用习近平新时代中国特色社会主义思想武装头脑、指导实践、推动工作。二是构建学习教育体系。强化专业知识、技能知识，加强思想道德建设。三是践行“国家利益至上、消费者利益至上”共同价值观。四是完善烟草文化体系。完善以精神文化、行为文化、物质文化为主要内容的烟草文化体系，推动行业使命、行业愿景和行业精神建设落实落地。五是建立形象识别体系。强化中国烟草统一的形象识别，推动实现全省系统上下理念共识化、行为规范化、视觉一体化。六是改善文化宣传贯彻机制。系统谋划和推进全省系统文化的传播策略、理念认同、行为自觉，创新文化宣传方式，强化文化落地的实施、指导、监督和考核。七是加强文化价值传播。重点面向烟农、零售户等利益相关方强化文化践行。八是营造良好舆情环境。完善新闻舆论工作机制，加强传播手段建设和创新，推动行业媒体融合发展。提升舆情应对能力，加强舆情管理制度建设，完善舆情搜集、研判、报告及应对机制。培树全省先进典型，宣传烟草全省系统先进企业、先进人物、先进事迹，推进企业文化输出。加强交流合作，展现负责任的烟草形象。

山西省烟草专卖局（公司）

企业文化体系构成情况。山西省烟草专卖局（公司）全面构建山西烟草“5586”责任文化体系，即“五个倍加珍惜、五个自觉增强”“八大责任”“六个新形象”。

“五个倍加珍惜、五个自觉增强”即：倍加珍惜专卖制度，自觉增强维护和巩固烟草专卖制度的使命感；倍加珍惜山西烟草发展的大好局面，自觉增强干事创业的责任感；倍加珍惜工作岗位，自觉增强快乐工作、快乐生活的获得感；倍加珍惜工作缘分，自觉增强相互理解扶持、展示阳光心态的境界感；倍加珍惜山西烟草团结和谐的氛围，每一个人都要为山西烟草添砖加瓦、添光增彩，维护好山西烟草在整个行业和社会的良好形象，自觉增强集体荣誉感，是山西烟草人共同遵守的价值追求和行为准则。

“八大责任”即：党建责任、发展责任、管理责任、规范责任、安全责任、廉政责任、岗位责任和组织责任，推动全省系统干部职工知责、明责、尽责，形成一级抓一级、层层抓落实的工作格局。共同打造山西烟草忠诚干净、风清气正、务实创新、规范提升、激励竞争、担当奋进“六个新形象”愿景目标。

2020 年企业文化建设情况。开展“责任意识深化年”活动，推动全体员工认同和践行责任文化，夯实文化建设根基。开展“责任大讲堂”活动。组织全省系统各级领导、各岗位序列开展“讲责任”活动，在此基础上横向组织不同岗位序列“先进代表”开展“讲责任”活动，推动落实责任文化。开展主题实践活动，组织各单位开展责任文化征文、知识竞赛、演讲比赛等活动。开展责任文化“进岗位、进制度、进流程”活动。结合 ISO 9000 转版工作，组织各序列、各岗位开展全方位的制度梳理和流程再造，将责任文化落实到企业经营管理、制度流程、工作岗位和实践发展，激发全省系统干部职工的责任感、改革创新的内生力，助力取得疫情防控与复工复产的“双胜利”。

内蒙古自治区烟草专卖局（公司）

企业文化体系构成情况。内蒙古自治区烟草专卖局（公司）将发挥文化的引领作用与解决制约发展短板、提升基层管理效能相结合，2018 年起构建以“感恩珍惜、知责思为、明责有为、尽责作为”为核心的“3568910”责任文化体系和与卷烟零售户共同打造“经营共同体、利益共同体、文化共同体、发展共同体”为目标、实现“互利共赢”为目标的“1434456710”责任文化体系。

“3568910”主要内容是：做到“三个珍惜”、牢记“五大责任”、塑造“六种形象”、肩负“八大使命”、聚焦“九荣九耻”、强化“十种意识”。

“1434456710”主要内容是：共筑“一个梦想”、打造“四个共同体”、做到“三个珍惜”、实现“四同”目标、聚集“四荣四耻”、构建“五个市场格局”、牢记“六大责任”、强化“七种意识”、坚持“十大原则”。

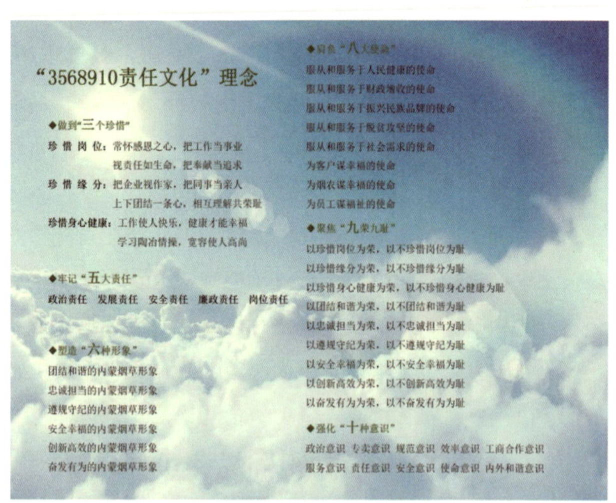

2020 年企业文化建设情况。以“责任文化”提升年为主题，组织开展责任文化百日谈、“战疫情　稳经营　促进责任文化大提升”主题宣讲、“善待你所在的单位”演讲比赛、第二届工商“共赢杯”职工运动会等文体活动，激发干部员工凝聚力、向心力。

辽宁省烟草专卖局（公司）

2020年企业文化建设情况。2020年，辽宁省烟草专卖局（公司）印发《提升全省行业软实力的实施方案》，以提升综合治理能力、推进流通品牌建设、加强企业文化建设、提升队伍素质能力、提高风险防范能力、提升辽宁烟草社会形象为重点，坚持以优秀文化引领发展方向。

一是凝聚思想共识。策划开展弘扬伟大抗疫精神、新时代脱贫攻坚精神等主题系列活动，开展讲好辽烟故事、传递辽烟声音、体现辽烟担当、彰显辽烟形象等宣传报道。二是深化文化建设。以行业共同价值观和共同理念为引领，挖掘辽宁烟草精神，打造全省统一的特色文化品牌。继续推进《辽宁烟草志》续修工作，记录辽烟历史、传承辽烟精神。三是汇聚抓落实的强大力量。动员全省烟草商业上下主动融入辽宁烟草发展，调动全体干部职工的积极性、主动性、创造性，积聚真抓实干、干事创业的强大合力。

吉林省烟草专卖局（公司）

2020年企业文化建设情况。吉林省烟草商业系统坚持“国家利益至上、消费者利益至上”行业共同价值观，持续发挥企业文化在推进企业改革发展中的导向、约束、凝聚和促进作用。开展《新时代爱国主义教育实施纲要》及党史、企业发展史学习，举办展板宣传、发放宣传手册、组织答题竞赛等活动。加强企业文化宣传阵地建设和管理，把“德”文化元素融入职工活动中心、文化长廊、党员活动室等。通过信息化手段加强企业文化建设，加强网站、微信公众号等信息化建设，建立完善各类网站专栏、“党建视窗”等新媒体宣传平台，讲好烟草故事。持续发挥企业文化对中心工作的促进作用，引导促进党员干部在助力乡村振兴、开展志愿服务、履行企业责任等工作中发挥党员先锋模范作用。

黑龙江省烟草专卖局（公司）

2020年企业文化建设情况。黑龙江省烟草专卖局（公司）坚持“顶层设计”，制定印发提升全省烟草商业软实力实施方案，以行业共同价值观引领文化建设，加快形成黑龙江烟草软实力与硬实力协调发展的格局。开展爱党爱国爱行业爱企业爱岗位的“五爱”主题系列活动。组织全省烟草商业“国是千万家——家国情怀”征文比赛，省局（公司）机关组织“送温暖献爱心”衣物捐赠活动。打造企业党建品牌，将品牌创建贯穿于特色组织生活和主题实践、机关基层党支部联合共建、先进典型培树等党建工作之中。推进党支部标准化规范化建设，齐齐哈尔市龙江县局（分公司）和牡丹江市东宁市局（分公司）党建工作做法被国家局纳入《行业党支部标准化规范化建设30例》。开展“争先创优”“练兵比武”等活动，选树全省烟草商业文化建设方面的典型，以现场会、推进会、微党课比赛等形式，推动文化落实落地。推广“龙江金叶党建观澜”微信公众号宣传阵地。双鸭山市局（公司）被评为“全国文明单位”。

上海市烟草专卖局、上海烟草集团有限责任公司

企业文化体系构成情况。在充分承接行业文化架构体系理念的基础上，上海市烟草专卖局、上海烟草集团有限责任公司汇聚企业发展过程中的精神力量和经营智慧，形成“和搏一流”文化架构体系。

“和搏一流”架构体系分为三个层次。第一层以“和搏一流”企业精神为核心；第二层是六大理念：核心价值观、企业愿景、企业使命、战略思想、质量方针、行为信条；第三层为三大基础，即：生产制造单位以“质量和品质”为核心建设企业文化，商业流通单位以“服务和诚信”为核心建设企业文化，机关处室以“责任和效率”为核心建设企业文化。

2020年企业文化建设情况。按照国家局党组加强文化软实力建设的总体部署，上海烟草落实举旗帜、聚民心、育新人、兴文化、展形象的使命任务。

一是将文化软实力建设的目标要求纳入局、集团公司党组党建工作要点；将企业文化认同度等指标纳入集团绩效考核；举行年度企业文化建设培训班，多措并举推进企业文化管理体系建设。

二是以“同心同行共建小康　共筑共创逐梦前行”为主题，组织开展集团“文化活动日”集中展示活动。通过制作播放专题片《五载奋进筑华章　潮头扬帆再起航》、发

布限定纪念主视觉LOGO、企业文化十年回顾、展示战疫风采、开展“四史”学习教育、品牌宣讲、新人谈文化认知、员工寄语等形式，展示集团在“十三五”时期取得的成果，讲述集团在疫情防控和经济发展中的典型事迹。

三是围绕“疫情防控”“决胜小康”等主题，加强重点宣传引导。在“人民网”“新华网”“学习强国”等各媒体平台共刊登报道73篇次；发动职工积极参加“人民网—上海频道”举办的“向上海表白，共同守护家园”创意海报设计活动，各单位共投稿62幅作品，录用34幅；举办上海烟草“同心战疫共担当、奋斗有我奔小康”主题展，全面展示广大干部职工在奋战“双胜利”中的主动担当和奉献精神。

江苏省烟草专卖局（公司）

企业文化体系构成情况。江苏省烟草专卖局（公司）践行社会主义核心价值观和“两个至上”行业共同价值观，传承江苏烟草商业优秀文化，赋予“同心”文化新的内涵，提出“事业至上、规则同行、和衷共济、开放务实”企业理念。

事业至上：对党忠诚，勇于担当，乐于奉献；规则同行：守法律，遵纪律，循规矩，崇道德；和衷共济：树立共同目标，增进团结奋斗，共享发展成果；开放务实：深化改革创新，注重求真务实，追求持续发展。

2020年企业文化建设情况。加快建设文化中心，推进省市县局三级企业文化中心、文化室升级改造，丰富内涵，拓展功能。开展文化活动，举办歌咏比赛、书画大赛，凝聚爱国爱党的思想共识。开展新闻宣传和学术月活动，承担举旗帜、聚民心、育新人、兴文化、展形象的使命任务，凝聚推动高质量发展的强大合力。

完善学习培训体系。开展理想信念教育、革命传统教育、党章党规党纪教育、先进典型教育、警示教育。坚持固定学习日制度，开展“四重四亮”“三问三学”“五个一活动”，青年学习小组学习分享，“新思想·青年说”“悟初心、守初心、践初心”微党课大赛等活动，用好“学习强国”、中国烟草网络学院等学习平台。

深化精神文明创建。落实《新时代爱国主义教育实施纲要》，推进社会主义核心价值观建设，制定《加强和改进新时代全省系统职工思想政治工作的具体措施》。江苏省局（公司）连续第四次获评“江苏省文明行业”，13个市级局、62个县级局获评“江苏省文明单位”。落实行业形象识别体系建设要求，强化行业统一的形象识别。

浙江省烟草专卖局（公司）

企业文化体系构成情况。浙江省烟草专卖局（公司）根据行业文化建设统一部署，坚持新发展理念，围绕数字烟草和生态烟草建设，探索出适合浙江烟草实际的“精实”文化孵化生长路径，推动文化建设与企业发展同频共振。

“精实”文化体系以“国家利益至上、消费者利益至上”的行业共同价值观为指引，以“精实创和”的浙烟精神为魂，以“对您负责、让您满意”的浙烟宗旨为本，畅通农工商零消生态圈，形成高质量发展的整体竞争力。以“五圆同心”的母子文化建设，实现行业共同价值观、文化核心理念、企业伦理、经营管理理念、企业形象等五大基本元素统一，形成“整体协同、明确边界、共享核心、分层表述”的母子文化体系。

2020年企业文化建设情况。注重理念创新，完善企业文化体系架构。以数字浙烟生态体系建设为导向，突出“让数据说话、用数据决策”新内涵，推动浙烟“精实”文化理念与“互联网+”相适应，打造“精实”文化2.0版本，推进企业文化建设迭代升级。

注重载体融合，畅通企业文化宣传贯彻路径。坚持党建引领，抓好党业融合顶层设计，制定《关于深化“学习型服务型创新型”党组织建设　推动党建和业务深度融合的实施意见》；成立新媒体、融媒体工作室，打造适应数字浙烟的文化宣传贯彻矩阵，推出“抗疫一抹红”系列报道；组建省市县三级“创客工作室”，举办数据分析应用攻坚大赛，促进企业文化和创新文化相融合。

注重氛围营造，强化企业文化品牌效应。开展全省系统“先锋集体”“先锋能手”评选和第四届“最美浙烟人”选、树、学活动，擦亮“精实”文化品牌；全面完成省市县三级党建文化园（阵地）建设，做强“精实·先锋”党建品牌，打造全省各级单位红色宣传“新名片”；加强省（市）局“1+11”文明单位建设。在63家省级“文明单位”基础上，2020年浙江省局（公司）通过“全国文明单位”复评，桐乡市局（分公司）被评为“全国文明单位”。

安徽省烟草专卖局（公司）

企业文化体系构成情况。安徽省烟草专卖局（公司）坚持以行业共同价值观为引领，构建以“成长”主题为统领的母子文化框架，与18个直属单位共建全省系统“成长”母子文化“161”文化架构体系，编制发布《成长文化理念手册》《成长文化管理体系手册》等制度文件。

“成长”文化架构体系分为共同价值观：国家利益至上，消费者利益至上；企业精神：创业、创新、创享；企业愿景：建设成长型企业，实现持续性发展；企业使命：履行责任，奉献社会；管理理念：人本、科学、规范、精益；行为信条：勤奋崇智，诚实守信，低调务实；服务宗旨：情暖江淮，徽映四方。

“161”文化架构体系中“1”代表一个行业共同价值观，即国家利益至上、消费者利益至上；“6”代表“六个核心理念”，即企业精神、企业愿景、企业使命、服务宗旨、管理理念和行为信条；“1”指的是机关各部门、各直属单位有一个属于自己的子文化架构。

2020年企业文化建设情况。建立健全工作机制，把企业文化建设纳入公司“1+6+24”高质量发展实施意见，作为党建工作要点和考核的重要内容，科学规划“十四五”文化建设路径。创新文化载体，打造“成长文化日”品牌。通过建立仪式化平台、选树人格化榜样、构建制度化创建方式，连续6年开展“成长人物”评选活动，线上、线下同步宣传先进典型。

深化文明创建，一体推进文化文明建设。召开精神文明建设领导小组会议，制定《2020年省局（公司）本部文明创建任务分解表》，推动文化管理实践落地。2020年全省系统有3个单位继续保留“全国文明单位”称号，5个单位获评第六届“全国文明单位”，18个单位获评第十二届“安徽省文明单位”。

加大投入力度，强化文化建设保障。编制省级企业文化建设费定额，纳入“省局（公司）定额标准体系”，加强经费保障。围绕文明创建激励约束机制开展课题调研，政研论文《基于提升文化软实力视角下文明创建工作激励约束机制研究》获得中国烟草职工思想政治工作研究会三类研究成果奖。

福建省烟草专卖局（公司）

企业文化体系构成情况。福建省烟草专卖局（公司）践行“国家利益至上，消费者利益至上”行业共同价值观，聚焦“责任烟草”企业文化主旨，围绕“创新、规范、奉献、廉洁、和谐”的管理思想，坚持“倡导文化自觉养成，立足企业自身发展，依靠员工自主创新，系统建设自成体系”建设理念，遵循“大统一，小自主，统一架构，分层表述”创建原则，系统构建福建烟草商业“母子融合”责任文化体系。

以“母文化”统领企业文化建设，形成企业愿景：尽责诚信，和谐烟草；企业服务理念：至诚至信，全心全意；企业行为信条：潜心做事，低调做人；企业精神：依法治企，惟国惟民，以德达人，重信重义；企业经营思想：创新、规范、奉献、廉洁、和谐；企业使命：益国利民，成就员工等六大企业文化核心理念。

以“子文化”凸显企业文化特色，13个直属单位依据各自特点，总结提炼，形成各具个性的“德、诚、实、宁、容、融、和、正、方、勤、智、精、严”13个子文化，彰显福建烟草商业“一株烟叶不同叶，不同叶片皆属烟”的企业文化，实现和而不同、兼容并蓄。

2020年企业文化建设情况。福建省局（公司）统筹推进软实力与硬实力协调发展，实施战略研究、文化建设、人才发展、社会履责、形象提升、风险防控“六大工程”，进一步提升行业凝聚力、吸引力和综合治理能力，为推动全省系统高质量新发展提供理论武装、精神动力、文化条件和舆论支撑。福建省局（公司）先后获评“‘十三五’中国企业文化建设优秀单位”“烟草行业扶贫工作先进集体”“省直平安单位”；保留“全国文明单位”称号。全省系统新增5个“全国文明单位”。

江西省烟草专卖局（公司）

企业文化体系构成情况。江西省烟草专卖局（公司）传承红色文化和红色基因，初步形成江西烟草商业责任文化理念和“星火”文化理念体系。“星火”文化理念体系由文化释义、核心理念、经营理念和传播识别4个部分组成。

文化释义阐述红色底色、红色血脉以及“星火”来源。

核心理念包含“将红色融进血脉，用奋斗担当使命”的价值理念，“星火相传，在创造价值中共筑幸福”的企业使命，“建设高质量发展的现代烟草商业企业”的企业愿景，“奋斗、创新、自律、奉献”的企业精神，“点亮自己、照耀他人”的企业行为信条等内容。

经营理念涵盖企业发展、企业管理、创新管理、思想政治、专卖管理、销售服务、烟叶生产、物流配送、队伍建设、安全管理十项经营管理理念。

传播识别分为传播标语和激活标识两个部分。

2020 年企业文化建设情况。江西省局（公司）着力构筑共同精神家园、提高干部职工队伍素质、增强企业竞争力和文化软实力、推动文化创新提升工作。制定企业文化创新提升实施方案，开展“星火”文化宣讲解读、学习讨论、文化培训、主题活动，在企业生产经营、干部员工队伍建设、精神文明创建中强化“星火”文化理念和“星火”形象识别、强化员工行为规范，开展省局（公司）机关及系统各直属单位党建文化室更新提升、“繁星人物”征集等工作。

激活“星火”识别标识。通过办公大楼、网点、客户服务部等不同工作场所，利用内外网站、微信公众号、宣传视频、报纸杂志等媒体宣传和展示“星火”标识和传播标语，组织开展“星火”视觉识别标识宣传网上观摩活动。创新文化宣传贯彻，构建零售户文化共同体，开展标杆人物、文化故事发掘，探索星光大道、星空课堂、星系计划，开展全省系统年度企业文化的自查与评估。融入提升行业软实力“星火”行动方案，把“星火”文化工程和战略管理增强工程、全员素质提升工程、社会责任融入工程、舆论宣传引导工程和风险防范协同工程一体推进，提升文化软实力建设整体水平。

山东省烟草专卖局（公司）

2020 年企业文化建设情况。山东省烟草专卖局（公司）探索提升软实力的有效举措。增强党建引领力。贯彻落实《中共中央关于加强党的政治建设的意见》，省局（公司）党组制定具体措施，明确 32 条重点任务分工方案。落实意识形态工作责任制，做好舆论引导和舆情风险防控。打造“党建＋”载体，建立工商零消联合党小组 258 个，基层服务站、烟站、烟农专业合作社党支部（党小组）641 个，实现党组织全覆盖；设立党员示范岗、责任区 3672 个。强化精神文明建设，贯彻《新时代爱国主义实施纲要》，开展理想信念教育，举行“我和我的祖国”“我们的节日”“关爱留守儿童”“助力社区打赢疫情防控阻击战”志愿服务，以及助力打赢脱贫攻坚战和全面建成小康社会等主题活动。省局（公司）“金叶・阳光”党员志愿服务队被评为“省直机关抗击疫情最佳志愿服务组织”，全系统 35 家单位获评省级“文明单位”。

增强管理创新力。推进精益与业务深度融合，深化全员流程建设，将流程作为制度落地和“三标合一”的载体，打通省市县、跨部门关键制度流程节点。实施创新驱动发展战略，强化科技攻关和成果转化，加快互联网、大数据、人工智能等新技术与烟草产业深度融合，开展全员创新活动。增强环境营造力。践行“两个至上”行业共同价值观，履行企业政治责任、经济责任、社会责任。开展扶贫开发和慈善帮扶事业。发挥行业媒体主渠道作用，宣传党的方针政策，宣传烟草专卖制度，记录行业改革发展，提高舆论引导力。

河南省烟草专卖局（公司）

2020 年企业文化建设情况。河南省烟草专卖局（公司）学习贯彻国家局党组《关于提升烟草行业软实力的指导意见》，坚持以社会主义核心价值观为引领，践行“两个至上”行业共同价值观，结合自身实际，在继承和发扬“感恩”文化的基础上，探索培育河南烟草商业企业文化。

9 月 11 日，河南省局（公司）召开河南烟草商业软实力建设工作座谈会。根据《河南烟草商业软实力建设工作推进方案》（征求意见稿），围绕如何提升河南烟草商业软实力进行交流研讨。9 月 25 日，省局（公司）软实力建设工作专班召开推进会，学习贯彻全省烟草商业软实力建设工作座谈会精神，对软实力建设工作基本路径、推进步骤、保障措施及实施意见起草等内容进行研究讨论。12 月中下旬，省局（公司）到 2 个片区 9 个直属单位开展软实力建设专题调研，了解基层情况，听取意见建议。截至 2020 年底，形成《河南烟草商业软实力建设实施意见》初稿，提出“政策执行力、战略领导力、文化凝聚力、学习创新力、综合治理力、形象影响力”6 个方面的主要目标，明确“文化引领、战略研究、队伍建设、创新驱动、风险防范、形象建设”6 项重点任务，组织成立 6 个专项工作组，进一步推动全省系统软实力建设。

湖北省烟草专卖局（公司）

企业文化体系构成情况。湖北省烟草商业系统组建以来积淀丰厚文化底蕴和优秀文化成果，初步形成具有自身特色的“知行”企业文化，构建以湖北省局（公司）“知行”文化引领，以17家地市级局（公司）子文化为支撑的母子文化体系。湖北省局（公司）“知行”企业文化分为文化定位、核心篇、管理篇、践行篇4个维度。

文化定位主要包括“知行”文化的历史沿革、哲理底蕴和时代精神；核心篇包括“知行”文化的核心价值观、企业愿景、企业精神和企业使命；管理篇包括学习、决策、效益、经营、执法、用人、规范和执行八大理念；践行篇包括文化载体传播工程、标识系统应用工程、体系建设推进工程、行为规范提升工程和服务品牌建设工程。以上内容构成完整的“知行”企业文化体系。

2020年企业文化建设情况。湖北省局（公司）坚持“顶层设计”和“基层实践”协同并进，制定省局（公司）软实力提升工作方案、文化软实力“十四五”建设规划，建设企业文化大讲堂、道德大讲堂等文化交流平台，深化云学习、微平台等新兴文化载体的运用，连续4年组织全省系统“榜样之星”“最美”等典型培育选树活动。坚持“文化硬件”和“文化软件”共同发力，建设“一室一廊一园地”标准化红色文化阵地，建设企业荣誉陈列室并投入使用，全省系统37家单位通过湖北省级文明单位考核验收，3家单位继续保留“全国文明单位”称号，持续推进文明创建，提升文化软实力。

坚持“理论学习”“思想教育”双轮驱动，以党组理论学习中心组学习为引领，设置文化软实力建设专题，加强文化软实力建设理论研究。组织开展政绩观专题教育，将攻坚克难一线作为“大思政”课堂。开展战役战洪战贫等专题宣传，将思想合力转化为攻坚动力，助力打赢武汉保卫战、湖北保卫战，展现企业精神和良好形象。

湖南省烟草专卖局（公司）

企业文化体系构成情况。湖南省烟草专卖局（公司）以培育和践行社会主义核心价值观为主线，以深入践行“两个至上”行业共同价值观为核心，创新提出“八个更加懂得”文化理念，即：更加懂得珍惜，更加懂得感恩，更加懂得学习，更加懂得奋斗，更加懂得敬畏，更加懂得坚强，更加懂得尊重，更加懂得舍得，为全省系统文化建设提供重要遵循。

2020年企业文化建设情况。坚持党建引领，通过中心组学习、集中轮训、专题讲座、知识测试、微心得宣讲、成果发布会、新媒体宣传贯彻、专项督查等形式，推进“两学一做”学习教育常态化制度化，不断巩固“不忘初心、牢记使命”主题教育成果。加强文化建设。开展“在懂得中成长，在岗位上成才”博文诵读、“身边的榜样”巡回宣讲、“崇德守法·感恩奉献”主题教育、“幸福金秋·礼赞中国”文艺汇演、“致敬逆行英雄”事迹报告等主题活动；常态化开展烟草职工政研会、道德讲堂等学习研讨；出版《在探索中前进——培养和践行社会主义核心价值观回顾与展望》《“懂得”的力量》，系统梳理全省系统在文化建设方面的实践成果和有益经验。

截至2020年底，全省烟草商业系统共有“全国文明单位”10个、“湖南省文明标兵单位”9个、“湖南省文明单位”35个。省局机关连续六届保留“全国文明单位”称号，并被评为“湖南省企业文化建设示范基地”“全国思想政治工作先进单位”等。提升全员素质，打造知识型、技能型、创新型员工队伍，开展大学习、大练兵、大比武活动，促进个人成才愿景与企业发展愿景和谐统一。推进“全员素质提升”活动，开展全覆盖轮训、分类别精训、分区域专训、日常岗位培训和专业技能鉴定。

广东省烟草专卖局（公司）

2020年企业文化建设情况。广东省烟草专卖局（公司）坚持与时俱进，全面践行“两个至上”行业共同价值观，逐步提升“公平、正气、和谐、实干”价值纲领的影响力和感召力。开展见义勇为、抢险救灾等先进事迹和人物的宣传学习活动。统筹开展新闻宣传、杂志办刊、行业网站等工作，组织全省系统向国家局网站、《中国烟草》杂志、《东方烟草报》投稿并发表文章，实现在行业主要媒体发表数量和质量双提升。开展行业先进事迹和先进人物学习宣传活动。《迅速部署　全员动员　群防群控》《强大的组织力　党员的模范作用　是打赢疫情阻击战的有力保障》《打赢遭遇战　夺取双胜利》《硬核战“疫”中的“风林火山”》等广东省局（公司）在抗击疫情、复工复产工作中的先进事迹和人物报道被行业媒体采用。加强队伍培训，提高员工综合素质。

动态创新培训方式方法，利用中国烟草网络学院平台的资源和功能，通过网络平台开展直播课堂、线上专题及课程学习、线上考试等网络学习活动，组织内训师参与网络课程备课及授课工作，为相关业务工作知识的培训宣传贯彻提供课程支持。2020 年，省局（公司）机关开展线上直播课堂 41 场，直播总时长 1.21 万学时，参加人数 6195 人次。全省烟草商业系统上传各类网络培训线上课程 745 门。

广西壮族自治区烟草专卖局（公司）

企业文化体系构成情况。广西壮族自治区烟草专卖局（公司）探索构建以“山水之道”为名、以“规范、共赢、和谐”为主题的企业文化理念体系。具体包含企业精神：至韧如山，上善若水；企业愿景：同创企业和谐，共赢社会信任；企业使命：专致服务，缔造价值；管理理念：科学规范，求实高效；服务理念：八桂服务，尽善尽美；行为理念：严以律己，诚以待人；团队理念：协作发展，共生共荣；用人理念：创新用人机制，提升人文关怀；安全理念：预防在岗，安全在心。

2020 年企业文化建设情况。自治区局（公司）制定《宣贯实施方案》，开展企业文化宣传报道，全面启用企业文化软件运行平台，设计企业文化理念展示标准，并在 4 家地市级局（公司）和自治区局（公司）机关开展企业文化强化培训。举办企业文化知识竞赛、“我是烟草人”演讲比赛、“感动你我他在岗位”DV 短片比赛、企业文化征文和案例征集等活动，加强企业文化内训师队伍建设、健全企业文化长效机制、规范行业视觉识别系统应用、推广实施《烟草行业企业文化评价体系》《企业文化宣贯标准》，将企业文化融入企业经营管理，推动企业发展。

海南省烟草专卖局（公司）

2020 年企业文化建设情况。海南省烟草专卖局（公司）贯彻落实国家局《关于提升烟草行业软实力的指导意见》要求，践行“国家利益至上、消费者利益至上”的行业共同价值观，深化文化建设，为行业高质量发展提供文化支撑。落实文化软硬建设，坚持“文化硬件”和“文化软件”共同发力，全省系统各单位相继建设“一室一廊一园地”标准化红色文化阵地及企业荣誉陈列室。省局机关 9 个党支部全部完成第一批标准化示范点创建达标工作。海南烟草营销中心党支部被海南省委直属机关工委评为“标准化党支部示范点”，海口市局（公司）被定为国家局党支部标准化规范化试点单位，三亚市局（公司）被海南省总工会评为“海南省五星级职代会单位”。

注重政治理论学习。以党组理论学习中心组学习为引领，组织开展“正确政绩观大家谈”活动，举办各类网络专题培训班和抗疫先进个人事迹报告会，以及“自贸港大讲堂”、党的十九届五中全会精神等培训，利用“学习强国”、中国烟草网络学院等平台，累计培训 2600 余人次。发挥工会群团作用。举办“抗疫路上，巾帼担当”三八妇女节知识竞赛、“迎五四大清扫”青年志愿服务、“爱国、爱海南、爱家乡、爱家庭”卫生健康大行动等各项文体活动，进一步增强企业凝聚力和向心力。加强对外宣传合作。加大与行业外有关新闻媒体的交流合作力度，讲好烟草故事、传播烟草好声音，不断增强战略领导力、学习创新力、社会责任力、舆论引导力、风险抵御力，进一步提升海南烟草软实力。

重庆市烟草专卖局（公司）

企业文化体系构成情况。重庆市烟草专卖局（公司）传承和延续优秀人文精神，形成“行动者创造未来”文化理念体系，分为核心理念、战略理念、经营理念三篇。

核心理念是行动者的意识根源，分为企业精神：山外有山、行者无疆；核心价值观：人本和谐、务实创新；基石：专卖立业、人才兴业；愿景：人人快乐、和谐发展；使命：情系大众、报效国家。

战略理念是行动者的方向，由“战略”“近期目标”两部分内容组成。

经营理念是行动者怎么行动，分为管理理念：传承创新、规范高效；服务理念：三诚服务、以心换心；行为理念：敢为人先、行有三度。

2020 年企业文化建设情况。重庆市局（公司）实施

"党建立烟、改革强烟、科技兴烟、依法治烟"四烟战略，建设"行动者·先锋"云上智慧党建系统。出台《全市系统软实力建设实施方案》，一是全面加强党的建设，增强战略领导力。建设完成机关2000平方米党建文化阵地和文化长廊，打造"行动者·先锋"党建品牌。二是加强人才队伍建设，提升学习创新。启动劳动、人事、分配三项制度改革，制定人才引进五年规划。三是履行职责使命，彰显社会责任力。助力脱贫攻坚和乡村振兴战略，全力开展抗灾救灾。四是做好新闻舆论宣传工作，加强舆论引导力。五是防范化解重大风险，提高风险抵御力。落实意识形态、安全生产、网络安全、信访稳定工作责任制，常态化开展疫情防控，提升应急管理水平，全面加强舆情监测和阵地建设，化解历史遗留问题，全年未发生重特大安全稳定责任事故和重大负面舆情事件。

四川省烟草专卖局（公司）

企业文化体系构成情况。四川省烟草专卖局（公司）在"两个至上"行业共同价值观的引领下，打造以"人为本、法为准、德为先"为核心的川烟企业文化。聚焦"服务"二字，形成"六心""六平台""五大岗位服务观"，打造"诚至诚"服务品牌体系。

"诚至诚"服务品牌体系包含五个子体系。文化理念体系：文化铸魂、昭示价值；传播体系：整合传播、塑造形象；培训体系：武装头脑、内化于心；运行体系：践行理念、外化于行；考核评价体系：检验成效、激励典范。

"诚至诚"服务品牌体系的文化理念体系和传播体系为各直属单位参考培训体系、运行体系和考核评价体系的框架、体例，各直属单位对内容进行适应性修订，打造本单位对应的子体系，用以指导和规范日常服务行为。

2020年企业文化建设情况。制定出台《关于加强四川烟草商业系统软实力建设的意见》，坚持以党建文化为引领，丰富完善四川烟草文化体系，践行责任文化、服务文化。加强文化宣传贯彻，评选"最美川烟人"等先进典型，将文化宣传贯彻与志愿服务、主题活动等内容有机结合，推动"两个至上"共同价值观落地。加强文化推广，以"烟农信赖、客户满意、党政认可"为价值追求，深化工商协同，加强对外宣传，履行社会责任，讲好川烟故事，展示川烟形象，彰显川烟担当。2020年，四川省局（公司）自主策划"脱贫攻坚收官战"专题微视频比赛，评选出优秀微视频26部。其中，微视频《和你在一起》获得国家局电视教育片观摩交流特别奖，《让格亚》《阿杰鲁》分别获得第五届烟草行业微视频评选短视频类、微电影类一等奖。四川省局（公司）获得该评选组织奖。

贵州省烟草专卖局（公司）

企业文化体系构成情况。贵州省烟草专卖局（公司）按照"全员参与出主意、自下而上听意见"原则，在传承与创新的基础上，构建以"黔彩·新生态"为主题的企业文化理念体系，主要包括核心理念、经营管理理念、经营服务理念三部分。

核心理念包括企业使命：报效国家、服务社会、成就员工；企业愿景：责任烟草、诚信企业；企业价值观：国家利益至上、消费者利益至上；企业精神：创新、拼搏、共赢。

经营管理理念包括管理理念：规范、效率、活力；创新理念：岗位创新、更好更快；廉洁理念：清白做人、干净做事；安全理念：安全第一、平安是福；执法理念：规范执法、利国惠民；人才理念：德才兼备、有为有位；干部理念：忠诚、干净、担当；工作理念：责任感、行动力、好结果。

经营服务理念包括服务品牌：黔彩；服务口号：黔彩，点亮未来；服务理念：黔彩生辉、共创共享；卷烟销售理念：市场导向、价值引领；卷烟销售体系：贵州1466卷烟营销新生态价值体系；烟叶经营理念：市场至上、品质致胜；烟叶发展体系：贵州山地生态烟叶高质量发展体系；物流经营理念：随需而来、如约而至；控烟履约理念：文明吸烟、理性控烟。

2020年企业文化建设情况。贵州省局（公司）践行"两个至上"行业共同价值观，推进文化建设内化于心、固化于制、外化于行。完善制度建设，树立良好企业形象。制定《企业文化视觉识别手册》《企业文化图库模板手册》，设计标识类、展板类、物资类、后勤类、其他类等174项效果图，确保全省系统内标识的统一性、规范性和延续性；制定《贵州烟草商业员工行为及礼仪规范手册》，将企业文化渗透到制度建设、流程建设，融入员工的行为规范中。打造内训师队伍，提升内部培训效果。选拔省级内训师20人、市级内训师38人、县级内训师216人，定期对培训理念解读、授课技巧、逻辑能力、应变能力等开展专项培训。

丰富文化主题活动，提升文化宣传贯彻成效。以“企业文化宣贯年”活动为载体，通过组织巡回宣讲、举办文化论坛、制作企业文化手册、传唱企业之歌、征集企业文化故事等活动，促进企业文化理念融入生产经营管理。创新宣传展示平台，营造浓厚文化氛围。按照“传统媒体与新媒体相结合，线上线下相结合”的原则，建设“黔彩”融媒体中心，通过网络媒体宣传、建设企业文化阵地、制作宣传资料等方式，将企业文化融入广大干部职工的日常工作生活中。

云南省烟草专卖局（公司）

2020年企业文化建设情况。云南省烟草专卖局（公司）成立提升云南烟草商业软实力领导小组，贯彻落实国家局关于提升行业软实力的各项决策部署。严格落实意识形态工作责任制，培育社会主义核心价值观，强化“两个至上”行业共同价值观教育，加强对干部职工思想动态的跟踪了解和分析研判。加强阵地建设，成立中共云南省烟草专卖局党校，开办秋季主体培训班和党务工作培训班；完善教育培训体系，制定《云南烟草商业2020—2022年教育培训体系建设纲要》，修订完善《兼职内训师管理办法》；推进人才素质提升工程，全年举办培训班883期，参训人数7.8万人，提升干部职工的政治素质、专业素质、道德素质。

云南省局（公司）坚定文化自信，坚持正确舆论导向，推动新闻舆论工作实现“工作机制、宣传阵地、宣传效能、宣传载体、宣传队伍”五个积极转变。全年377篇新闻稿件在央媒刊载，采稿数量居行业第一。其中，脱贫攻坚纪录片《阿昌人家》在央视播出，大理、普洱专卖案件在央视3个频道报道。组织参加第三届行业党员教育电视片观摩交流活动，向国家局择优选报的3部作品全部获奖。其中，西双版纳州局（公司）的《在路上》获得行业特别奖。云南省烟叶公司的《复工》获得二等奖，德宏州局（公司）的《捍卫》获得三等奖。

各直属单位结合自身实际，加强烟草文化建设。红河州局（公司）以“11344”党建文化建设思路为抓手，推动“弘毅”党建文化落实落地，弘扬“超越、拼搏、实干、担当”的“弘毅精神”，塑造“以客户为中心”“以奋斗者、贡献者为本”“以创造价值为纲”的价值导向，增强党员干部职工干事创业活力。自导自拍自制的抗疫纪实片《绝不退缩》被国家局编入行业《特殊答卷》图册。文山州局（公司）制定印发构建企业文化管理体系推进实施方案，深化“文山金叶先锋”党建品牌建设引领，组织开展典型事迹大讲堂、微党课评比等评先评优活动，发掘、宣传、奖励各方面涌现出来的先进集体、先进个人，通过感情与价值观的渗透，增强企业文化的生命力和感染力。

西藏自治区烟草专卖局（公司）

企业文化体系构成情况。西藏自治区烟草专卖局（公司）自组建以来，通过塑造符合时代特征、体现行业特点、具有西藏特色的服务品牌，形成以“雪域”文化为统领的“珠峰”服务品牌体系。西藏区局（公司）“珠峰”服务品牌理念体系，是“雪域”文化理念的深化与延展，由服务理念和服务子理念两部分构成。其中，服务理念为珠峰服务、情暖雪域；服务子理念包括工业客户、零售户、消费者、社会和员工五大服务理念。

2020年企业文化建设情况。西藏区局（公司）提高政治站位，把软实力提升工作作为树立责任烟草形象、践行“两个至上”行业共同价值观、推动行业软实力建设的重要内容。在全区系统开展主题党日活动、政绩观专题教育，把营造文化氛围作为传递精神文明正能量的关键。印发《2020年西藏区局（公司）深入开展民族团结宣传教育活动具体工作措施》《“党建促决战决胜脱贫攻坚　提升西藏烟草系统软实力”工作方案》《中共西藏自治区烟草专卖局（公司）委员会表彰奖励管理办法》等制度，为企业软实力提升提供制度保障。开展“筑牢中华民族共同体意识”专题教育、“中华民族一家亲，同心共筑中国梦”主题宣讲，引导干部职工、基层百姓牢固树立正确的国家观、民族观、宗教观、历史观、文化观，不断增进“五个认同”。以培育和践行社会主义核心价值观为主导，开展文明创建系列活动，山南市局（公司）获评第六届“全国文明单位”。

陕西省烟草专卖局（公司）

2020年企业文化建设情况。陕西省烟草专卖局（公司）坚持以“两个至上”行业共同价值观为引领，推进文化软实力建设工作。与巩固深化“不忘初心、牢记使命”主题教育结合，统筹规范应用中国烟草视觉识别系统和烟草商业企业行为规范，建设1套党建品牌标识，制定党建品牌使用规范，设计制作陕烟党建和初心驿站VI设计手册。建设1个特色党建品牌，在全省系统征集和发布陕西烟草党建品牌名称及IP形象标识，即对外“初心驿站”、对内“陕烟党建”。建设首批10个“初心驿站”党群服务中心，全力构建烟草政务服务、党建宣传、扶贫攻坚、应急服务四位一体运行体系，进行VI导入和行为规范落实，将文化软实力转化为生产力。

加强烟草文化建设。完善烟草文化体系，11家市（区）局（公司）不断总结推广子文化体系，西安市局“开元”文化、“丝路情”服务品牌；咸阳市局“鼎诚咸烟·情注泾渭”文化、“上善若水·情注泾渭”服务品牌；渭南市局“华山天路”文化、“春雨万户行”服务品牌；宝鸡市局“礼”文化、“礼惠万家”服务品牌；铜川市局“方圆”文化、“梦之约”服务品牌；延安市局“火炬”文化进一步发扬延安精神；汉中市局“天汉”文化、“三和”服务品牌；安康市局“同心”文化、“同心”服务品牌；商洛市局“商道”文化、“商道行”服务品牌；榆林市局“心桥”文化、“心桥”服务品牌；杨凌区局“烛光”文化、“烛之缘”服务品牌等得到提升。

加强文化宣传贯彻落地。落实行业文化宣传贯彻机制，依托互联网技术创新文化宣传方式，定期举办“烟语秦话”大讲堂，加强省局内外网站、《陕西烟草》杂志、“陕西烟草”“秦韵”“陕烟党建”微信公众号运维，推进文化教育常态化、制度化。

甘肃省烟草专卖局（公司）

企业文化体系构成情况。甘肃省烟草商业系统厚植“陇之情”文化根基，突出自身文化特色，构建“陇之情”母子文化体系。先后经历文化体系建构、“陇之情”文化品牌打造、企业服务理念宣传贯彻和母子文化体系一体推进4个阶段，“陇之情”文化品牌基本定型。

“陇之情”文化的服务理念：人一我十、共创价值；企业精神：勤奋、敬业、责任、奉献、担当、创新；企业使命：报效国家、回报社会、服务客户、成就员工。

以“陇之情”企业文化手册、文化宣传贯彻手册、服务品牌宣传贯彻手册为标志的文化体系构建完成，企业文化标识全面统一，文化品牌和服务理念深入根植，母子文化体系不断健全。兰州烟草“合”文化、定西烟草“德”文化、临夏烟草“五石”文化等14家市（州）公司子文化体系基本建成并得到宣传贯彻落地。

2020年企业文化建设情况。践行“陇之情”文化理念，推进文化认同，推进企业文化建设工作，增强文化软实力。强化政治引领作用，注重职工政治素质提升，加强思想道德建设，开展诚信教育，引导员工恪守社会公德、职业道德和家庭美德，增强履行社会责任的使命感。突出以企业生产经营、改革创新、脱贫攻坚、应对新冠肺炎疫情等方面的感人故事为主讲内容，组织开展全省系统“人一我十，共创价值”演讲比赛。丰富载体形式，开展读书研讨、运动会、劳动竞赛、知识竞赛、行为规范礼仪演示、团队拓展训练、兴趣小组等活动，举办不同主题的“大讲堂”活动，增强员工的协作能力和团队意识。

推进文化品牌与党建品牌持续融合，把文化理念融入党支部“一支部一特色”创建，构建形成系列支部特色品牌134个。推广“陇之情便利”服务品牌，打造“陇之情便利”加盟终端。谋划落实文化软实力建设新要求，开展企业文化和软实力专题调研。落实国家局党组《关于提升烟草行业软实力的指导意见》，细化制定《甘肃省烟草商业系统软实力建设工作推进方案》，配套完善《关于文化引领力提升的具体措施》，为推进文化软实力建设提供体制机制保证。

青海省烟草专卖局（公司）

企业文化体系构成情况。青海省烟草专卖局（公司）践行“两个至上”行业共同价值观，推进企业文化提升和服务品牌建设工作，建立全省系统统一的“青烟”企业文化。“青烟”企业文化包含核心理念、管理理念、服务理念和行为理念。

核心理念分为企业愿景：追求卓越、营造和谐；企业使命：发展自我、回报社会、成就员工；企业精神：团结凝聚人心、实干成就事业、创新挑战未来。

管理理念：规范、民主、高效。

服务理念：服务无止境、诚信到永远。

行为理念：潜心做事、低调做人。

2020 年企业文化建设情况。持续加强企业文化建设，印发《学习贯彻新时代爱国主义教育实施纲要的实施意见》，全面加强新时代全系统干部职工的爱国主义教育。开展“四季有你”职工文体活动品牌，做到一季一主题、一季一活动。举办“三八”女职工手工作品展、“书香五四”纪念五四运动101周年读书分享活动、“中国梦·劳动美·战疫情”职工书画摄影大赛等。丰富省局（公司）内网企业文化内容，新增文化故事、“青烟”文苑等栏目，及时编发各类文化信息，营造企业文化良好的宣传氛围。参与省直机关文明单位创建活动，省局（公司）机关被评为青海“省直机关文明单位”。加强职工文化活动阵地建设，全系统各单位建立以职工书屋为主要形式的职工文化活动之家。

宁夏回族自治区烟草专卖局(公司)

企业文化体系构成情况。宁夏回族自治区烟草专卖局（公司）“搏·为”文化体系根源于烟草行业“两个至上”核心价值体系，融合“不到长城非好汉”的六盘山红色文化精髓，是宁夏烟草企业性格和特质的集中彰显。“搏·为”文化体系共分为四个层次。

第一层次是“国家利益至上、消费者利益至上”的行业共同价值观，是宁夏烟草企业文化构建的基础。

第二层次是“德为先、实为道、人为本、和为贵”的企业哲学，是宁夏烟草落实行业共同价值观、进行企业文化建设的指导思想。

第三层次是核心理念，即“为发展拼搏、为家园尽责”的企业使命，“管理规范化、效率最优化、团队职业化、服务品牌化的现代烟草商业流通企业”的企业愿景，“小不自小、搏之有为”的企业精神。

第四层次是执行理念，包括管理理念、经营理念、服务理念等。

2020 年企业文化建设情况。注重文化软实力建设，倡导行业共同理念，创新宣传方式，讲好烟草故事，发挥烟草文化的凝聚力、感召力和影响力；履行央企社会责任，助力脱贫攻坚，树立责任烟草良好形象，全区烟草商业系统11个帮扶村全部脱贫出列。

新疆维吾尔自治区烟草专卖局(公司)

企业文化体系构成情况。新疆维吾尔自治区烟草专卖局（公司）根据全国烟草行业文化架构体系和行业改革发展形势，结合地域特色，形成以“奉献”为核心的“感动”文化。

“感动”文化包含品牌传播用语：用心创造感动，真情奉献社会；品牌定位：感动品牌；服务定位：感动服务；核心定位：感动文化。宗旨：维护国家利益，维护消费者利益；价值观：国家利益至上、消费者利益至上；服务理念：用心创造感动；管理理念：标准化、制度化、人性化；执行理念：令、行、禁、止。

2020 年企业文化建设情况。注重人文关怀和心理疏导。开展员工节假日慰问，物流一线员工、“访惠聚”工作人员、驻村工作队员家属及机关疫情期间封闭在单位的工作人员慰问等活动。开展“中国梦·劳动美”第七届全国烟草行业职工书法美术作品展，以书法和绘画的艺术形式弘扬劳模精神和劳动竞赛。助力脱贫攻坚。组织员工购买南疆国家级贫困村农特产品5.3万元，购买扶贫林果产品38.81万元，购买国家局定点扶贫农特产品15.54万元。

开展民族团结活动。制定《新疆维吾尔自治区烟草公司机关2020年度“民族团结一家亲”和民族团结联谊活动实施方案》，全年组织协调公司机关40名党员领导干部，分批次赴阿克苏地区拜城县布隆乡托万克布隆村和欧吐拉布隆村开展结亲活动，走访各族群众598户、结对认亲户40户，线上访亲62人次。开展以“石榴花开别样红”为主题的“民族团结一家亲”摄影图片活动。开展《大爱书写一家亲——新疆“民族团结一家亲”故事汇》征集工作，收集整理先进典型和感人事迹8篇。

大连市烟草专卖局（公司）

企业文化体系构成情况。大连市烟草专卖局（公司）积淀厚重的“成长”文化，树立严格的企业经营管理规范，塑造“春天服务”形象。大连烟草“成长”文化理念分为核心理念和从属理念两部分。

核心理念包含核心价值观：国家利益至上、消费者利益至上；企业使命：创造价值、共同成长；企业愿景：现代卷烟流通企业领先者；企业精神：拼搏求存、创新求进、精益求胜、乐业求成；经营理念：守正出奇、服务制胜。

从属理念包含服务理念：更快、更近、更贴心；工作理念：自省自励、自动自发；人力资源管理理念：为成长搭建平台、让才华充分施展；学习理念：学而知不足、习而知践行；协作理念：和合同心、成长同行；安全理念：防则安、预则立；行为准则：讲责任、讲诚信、讲效率、讲奉献；行为信条：工作因细致而卓越、人生因奉献而幸福；企业形象宣传语：创造价值、共同成长；员工形象宣传语：快乐工作、健康生活。

2020 年企业文化建设情况。大连市局（公司）统筹软实力与硬实力协调发展，制定大连烟草软实力建设实施方案，推动大连烟草软实力建设主动融入业务发展和行业软实力全局。引导干部职工“敢创新、重创新、善创新”，倡导“工作＋读书＋运动”，开展书香大连烟草读书交流会，组织员工参加大连国际马拉松比赛、大连国际徒步大会等文体活动，形成“撸起袖子加油干、真干实干抓紧干、两横一竖就是干、一茬接着一茬干、一张蓝图干到底”的“干”精神，激发干部职工干事创业的良好精气神，在将信仰转化为行动、将追求付诸实践中凝聚推动企业发展的全员合力。

深圳市烟草专卖局（公司）

企业文化体系构成情况。深圳市烟草专卖局（公司）在总结自身发展历程的基础上，提炼形成“深烟”文化理念体系。“深烟”文化理念体系包含文化定位：“心·行”；“深烟”宗旨：为国家作贡献，为社会尽责任，为客户增便利，为员工拓舞台；“深烟”精神：至诚、至新、至善；宣传口号：新·深烟、信·致远；发展蓝图和目标：成为烟草商业流通企业的领跑者、建设更高质量全面发展的深圳烟草；经营理念：共赢、共进、共享；专卖理念：更精、更净、更高。

2020 年企业文化建设情况。深圳市局（公司）贯彻落实行业软实力建设的要求，开展迎春书画摄影展和廉政书画摄影展，举办“不忘初心、牢记使命”主题教育、读书分享活动等。为党员、团员、群众开展各项活动搭建平台，展现深圳烟草企业文化建设成果。深圳市局（公司）获评“2020 年度中国企业文化建设示范单位”，深圳市局（公司）职工之家获评“2020 年度百佳职工文化品牌”。

河北中烟工业有限责任公司

企业文化体系构成情况。河北中烟工业有限责任公司顺应“荷花”品牌快速成长的大势和公司高质量发展的要求，提出以“企业兴旺发展、品牌做强做大、员工进步幸福”为主要内容的“荷花梦”战略，构建形成“荷花文化”体系。“荷花文化”体系由五部分构成，分别是：荷花文化理念体系、荷花文化行为规范体系、荷花文化传播体系、荷花文化视觉识别体系、荷花文化评估体系。

荷花文化理念体系是五个体系的核心，该体系分为文化宣言、核心内容、理念支撑。文化宣言“金色时代，荷花盛开”是理念体系的统领，表明河北中烟企业文化建设的基本原则和态度。核心内容为企业使命、企业愿景、企业价值观、企业精神。理念支撑分为人文理念、管理理念、工作理念、行为理念、品牌理念、质量理念。

河北中烟所属的张家口卷烟厂“诚文化”，河北白沙烟草有限责任公司“红色文化”，保定卷烟厂“共好文化”，共同形成了河北中烟以“严、细、实、和、博、好”为核心内容的“钻石文化”，是“荷花文化”精神根脉，为其发展奠定坚实基础。

2020 年企业文化建设情况。制定《河北中烟 2021—2025 年企业文化建设工作规划》《河北中烟 2020 年企业文化建设评估报告》《河北中烟企业文化专员积分管理办法》《河北中烟 2021 年企业文化建设工作纲要》等，做到远期规划和近期目标相结合，文化宣传贯彻和考核管理相结合，初步探索出一条系统、科学、规范、有效的企业文化建设之路，使文化建设成为河北中烟高质量发展和软实力建设的重要支撑。

江苏中烟工业有限责任公司

企业文化体系构成情况。江苏中烟工业有限责任公司按照行业文化建设总体部署，进一步完善构建企业文化形象识别系统，推动“卓越”文化宣传贯彻落地，搭建文化管理支撑平台，推动文化建设和文化管理进一步融合，形成具有江苏中烟特色的时代企业“卓越”文化。江苏中烟“卓越”文化分为核心理念和行动主张两部分。

核心理念包含战略目标：建设时代企业；核心价值观：国家利益至上、消费者利益至上；企业精神：因你而卓越；企业使命：共创共享、为国为民；企业愿景：成为高端卷烟全国领跑、细支卷烟世界领先的烟草企业；基本原则：战略引领、市场导向、依法治企、人本活力、创新驱动、科学管理、生态共建、文化支撑。

行动主张包含经营理念：客户为本、消费者至上；质量理念：事事精益、口口满意；研发理念：知变求变、特色引领；服务理念：从我开始、从心出发；人才理念：人皆为才、人尽其才；安全理念：居安思危、防微杜渐；廉洁理念：正心正行、正己正人。

2020年企业文化建设情况。在行业推动文化建设向文化管理进步总体部署下，江苏中烟开展处级干部标杆企业文化访学、文化骨干培训内训、全员文化学习践行等活动，进一步推动落实“卓越”企业文化体系。制定《企业文化建设与维护年度方案》《企业文化积分体系及积分管理办法》，以“互联网+”思维，推动在线平台建设和文化管理流程融合开发、文化积分体系和维护考核体系融合构建、正向激励与绩效考核融合评价机制建立，系统评价各单位年度文化建设成效，并纳入公司系统年度综合考核，初步形成较为完备的文化建设管理有效运行机制。探索实践企业“OPM”文化管理模式，深化“卓越文化在线”融合创新平台建设，将公司系统全员组织活动和个人符合时代企业价值导向的活动及成果纳入平台管理，通过“运营、机制、平台”3个核心要素，进一步促进企业战略、管理与文化的深度融合，初步实现企业文化生态的自建设、自循环与自进化。

浙江中烟工业有限责任公司

企业文化体系构成情况。2006年浙江烟草工业进行“三位一体”联合重组，在继承原有浙江中烟及所属杭州卷烟厂和宁波卷烟厂优秀文化的基础上，形成以“敢想敢拼、善谋善为”为企业精神的文化理念体系。以理念为引领，相继建立行为规范体系、视觉识别体系，营造目视氛围、开展文化宣讲、提炼文化故事、融入经营中心，打造“利群大讲堂”特色企业文化建设品牌，推进“一个优秀企业、一个优秀品牌、一个优秀团队”愿景的实现。文化理念体系包含精神文化体系、员工职业行为规范体系、生产经营管理制度体系、视觉识别体系4个部分。

精神文化体系包括基本理念和经营管理理念、基本理念：核心理念、企业精神、企业使命、企业愿景；经营管理理念：销售理念、服务理念、质量理念、管理理念、创新理念、用人理念、团队理念。

员工职业行为规范体系包括基本行为规范和业务行为规范。基本行为规范：日常工作行为规范、基础工作行为规范；业务行为规范：核心业务行为规范、综合管理行为规范。

生产经营管理制度体系：决策机制、运行机制、用人机制。

视觉识别体系包括基础部分和应用部分。基础部分：公共基础部分、浙江中烟工业有限责任公司基础部分和辅助基础部分（统一设计制作发布“浙江中烟工业有限责任公司”的LOGO及文字组合标识）；应用部分：规范应用、指导应用。

2020年企业文化建设情况。根据国家局党组《关于提升烟草行业软实力的指导意见》要求，浙江中烟制定印发《关于印发〈提升企业软实力实施方案〉的通知》，提出6个方面工作举措；根据国家局关于征求提升行业软实力（文化建设方面）相关意见建议的通知要求，完成相关意见建议的提报。把握以党建和新发展理念为引领、对接行业软实力建设、助推公司高质量发展3个建设方向，开创企业文化建设新局面，制定近期企业文化建设规划和年度工作计划，推进各项文化建设工作，为浙江中烟高质量发展提供精神动力。

安徽中烟工业有限责任公司

企业文化体系构成情况。2009年起，安徽中烟工业有限责任公司启动企业文化建设，构建“攀登者”文化体系，建立以“两个至上”共同价值观为指引，以员工行为规范系统、视觉识别系统为支撑，以“一品”服务品牌、文化评价体系为补充的完整企业文化体系格局，并制作以“攀登者”之“魂”“山”“道”“行”4个篇章为案例的《企业文化故事集》、企业歌曲《攀登者之歌》、企业文化建设专题片《攀登者》《攀登者之歌 MTV》等。2018年3月，在原有文化构架体系的基础上，形成支撑“黄山”品牌高质量发展的“攀登者”文化体系升级版。

“攀登者”企业文化构架体系包括目标、理念、行为三个层次。一是目标，即企业愿景；二是理念，包括核心价值观、企业精神、品牌理念、管理理念、行为理念等内容；三是行为，即行为准则。

企业愿景：徽文化经典品牌、新时代卓越企业。核心价值观：厚德崇智、共创共享；企业精神：勇攀争先、追求卓越；品牌理念：一品黄山、天高云淡；管理理念：规范精益、活力高效；行为理念：丝丝匠心、天天向上。行为准则：忠于职守、勇于担当、精于专业、善于协同。

2020年企业文化建设情况。安徽中烟推动稳运行、提结构、促创新、激活力、夯基础、防风险等各项重点工作，开展“攀登筑梦在路上、使命责任扛肩上”主题活动，推动“攀登者”企业文化宣传和实施。合力抗击疫情，助力复工复产，开展抗“疫”先进人物和事迹学习宣传活动。开展全员思考115场次，参加人数4420人。组织开展66场次专题大讨论，参加人数2603人。开展“新跨越”攻关等文体活动。通过科技项目、管理创新项目、QC小组活动等方式开展攻关活动130余项。组织开展形势任务宣讲，现场参会和视频参会共计1400余人次。开展企业文化培训、宣传贯彻和践行活动，举办以“聚焦高质量发展、彰显内训师担当”为主题的企业文化内训师培训暨宣讲竞赛，深化职工对社会主义核心价值观和安徽中烟企业文化的认知和理解。每月及时更新公司内网4个企业文化专栏板块，针对涉及提升行业软实力文化建设方面的19项任务提出意见建议。

福建中烟工业有限责任公司

企业文化体系构成情况。福建中烟工业有限责任公司在改革发展实践中形成“和·睿·行”文化体系。为适应企业高质量发展的新业态新要求，福建中烟实施企业文化理念升级项目，传承创新“和·睿·行”优秀文化基因，与新“七匹狼”品牌文化有机融合，构建福建中烟“海纳百川、敢拼会赢”企业文化新理念体系。

“海纳百川、敢拼会赢”企业文化分为核心理念和基本理念。核心理念包括企业使命：践行“两个至上”、创造时代价值；企业愿景：成为中国烟草高质量发展重要一极；企业精神：海纳百川、敢拼会赢。基本理念包括管理理念：高质高效、卓越超越；人才理念：敬业专业、有德有为；行为信条：创新创造、落实落细。

2020年企业文化建设情况。确立“海纳百川、敢拼会赢”为企业精神的福建中烟企业文化新理念体系，发布新“七匹狼”品牌文化。通过使命职责化、愿景目标化、理念行为化，制定企业文化新理念宣传贯彻与深植的具体措施。开展“不忘初心、敢拼会赢”企业文化新理念宣传贯彻成果征集活动，征集书法、海报、微故事、图文故事、微课件等各类作品697项。开展“树立正确政绩观、践行文化新理念”演讲比赛、“企业文化新理念大家谈”、企业文化新理念宣传贯彻党课等各类主题实践活动近200场次。开展“我与我的七匹狼”征文活动，收到来自零售户、消费者、员工投稿63篇。拍摄制作企业宣传片《海纳百川　敢拼会赢》、MV《古田　血脉永恒》、微视频《“七匹狼”25周年　山海相约》、校园招聘宣传片《初生无畏　我主未来》，创作《星辰大海》歌伴舞节目，传播企业文化新理念及新“七匹狼”品牌文化故事。启动企业文化展厅建设，2020年完成总体设计及筹备工作。

江西中烟工业有限责任公司

企业文化体系构成情况。江西中烟工业有限责任公司在长期发展探索中不断充实积淀企业文化底蕴，初步形成具有江西中烟特色的“金圣”企业文化。江西中烟“金圣”文化分为核心、组织和员工3个层面。

核心层面包括核心价值观：国家满意，客户满意，员工满意；企业愿景；企业精神：上善若水，以水为师；企业风尚：讲责任，讲贡献，讲合作，讲感恩。

组织层面包括管理理念：注重流程，注重细节，注重执行，注重效率；品牌理念；人才理念：以事谋人；危机理念：没有问题是最大的问题，无视危机是最大的危机；创新理念：日思日进，日进日新；质量理念：我制造，我负责。

员工层面包括员工信条：用心做好每件事，找方法不找借口；员工作风：节奏要快，标准要高，工作要实，状态要好；员工形象：诚信友善，开朗开明，创新创造，坚韧进取。

2020 年企业文化建设情况。江西中烟围绕行业文化建设总体部署，推动“十四五”文化软实力建设专项规划编制工作，充实完善“金圣”企业文化体系。党建工作方面：举办深入学习贯彻习近平新时代中国特色社会主义思想处级干部培训班和党支部书记培训班，开展“政绩观大家谈”活动。新闻舆论方面：强化宣传资源，重点加强与新华社、人民网、央广网、中新社等媒体战略合作，围绕“833”要求进行选题，对公司党建扶贫、工匠精神等方面进行宣传报道。群团工会方面：围绕爱党爱国爱社会主义主题，组织开展节庆联欢和志愿服务活动，召开第二次工会会员代表大会和一届一次职工代表大会，加大涉及职工利益制度政策的源头参与力度，维护职工合法权益。

山东中烟工业有限责任公司

企业文化体系构成情况。山东中烟工业有限责任公司坚持以“两个至上”行业共同价值观为指导，加强文化软实力建设，展现责任烟草形象。推行公司母文化、各单位子文化、车间处室班组微文化三级共建模式，构建自身特色文化。

公司层面在传承以“我们就是泰山”为主题，以“厚重坚韧敢担当”为内涵，以“做强泰山，报效国家”为企业使命，以“中式卷烟中的泰山”为企业愿景的“泰山”文化理念体系基础上，丰富拓展“创新实干担当”“勇做新时代泰山挑山工”“重在状态、重在提升、重在持续”等内涵。

济南卷烟厂在企业文化中融入“一身正气、一马当先、一尘不染、一目了然”“四个一”行动准则，形成“泰山·担当有为”新版文化理念体系。青岛卷烟厂“善良、厚道、坚韧”的“泰山文化”渗透于生产管理的各个环节，成为指导员工行为的指南。青州卷烟厂深入挖掘青州地域历史人文、烟草单位发展变迁、企业军魂传承弘扬等文化故事，丰富“海岱文化”理念体系。滕州卷烟厂在“泰山·三尚”文化基础上，拓展“和谐、正气、廉洁，善企、善人、善品”的“善”文化核心理念。将军集团在“将令军行铸泰山”为内涵的“泰山·将军”文化理念体系基础上，凝练出“担当敢为、主动作为、创新先为、开放共为、合力同为”的精神。颐中集团结合企业发展注入新的管理元素，制定印发 VI 使用标准，逐步积淀形成以“自强、创新、敢当”为主要内涵的“泰山”子文化理念体系。

2020 年企业文化建设情况。开展企业文化宣传贯彻。全面应用行业 VIS 手册，从环境设施、事务用品各方面强化中国烟草统一形象识别。将企业文化宣传贯彻与文明单位创建、重点工作推进相结合，开展精神文明创建、文化活动，加强职业道德建设。加强文化宣传阵地建设。完善企业文化展厅、文化长廊、党建宣教中心、党员活动室等平台建设，推进报纸、网站、微信公众号、微视等媒体融合发展，开展企业政研会课题研究，加强正面宣传引导，讲好烟草故事。履行社会责任。选派驻村第一书记实施扶贫帮扶，开展“双联共建”活动，做好行业定点扶贫地区农副产品采购工作，开展抗击新冠肺炎疫情募捐活动，参与慈善公益事业，以实际行动践行烟草人“两个至上”的责任与担当。

河南中烟工业有限责任公司

企业文化体系构成情况。河南中烟工业有限责任公司在企业改革发展和干部职工激情创业的实践中，逐渐建设形成由文化纲领、公司愿景、公司使命、核心价值观构成的公司文化体系。

文化纲领：金的品质、叶的奉献、情的传递，“金的品质”是为人之信念，“叶的奉献”是处世之准则，“情的传递”是行事之目标；公司愿景：责任中烟、品质家园，始终把担当责任作为企业生存的根本，始终把品质家园作为企业和员工不懈追求的生活理想；公司使命：创造价值、构建和谐，把“创造价值”作为企业的使命，把“构建和谐”作为企业的追求；核心价值观：利国为民、尽责奉献，始终自觉把国家利益和消费者利益放在首位。

2020 年企业文化建设情况。印发提升企业软实力工作方案，加强精神文明建设和新闻宣传工作，促进烟草行业共同价值观和共同理念深入人心、烟草文化和河南中烟企业文化自信高度自觉；以上级党组织加强党的建设决策部署要求引领公司文化建设，将高质量党建作为公司文化构建和推动高质量发展的引领，通过以党建带业务、以业务促党建，推动党建与生产经营深度融合、相互促进，将无形的文化力转化为有形的生产力、竞争力，提升干部职工政治素质、专业素质、道德素质，激发为实现共同愿景而努力的精神动力。

湖北中烟工业有限责任公司

企业文化体系构成情况。湖北中烟工业有限责任公司始终把文化建设放在重要位置，将行业“两个至上”共同价值观与企业实际结合，形成以“正直、宽容、远见、敬业”为企业核心价值观，“思想力、行动力”为企业精神，“创百年品牌、建一流企业”为企业愿景，“为国家尽职、为社会尽责、为消费者尽力、为员工尽心”为企业使命，“严、实、细、新、俭”为管理理念，“人人都是人才、人人都可成才”为人才理念的“思行”文化体系，以“思行”文化体系凝聚企业发展力量。

2020 年企业文化建设情况。湖北中烟坚持“品牌强企、文化兴企”的企业发展战略，将文化建设纳入企业战略顶层设计，实现文化与管理的协调一致、相融共进。修订公司宣传工作管理办法、意识形态工作责任制等制度规定，发挥党建对企业文化的引领作用。推进“思行”文化的子文化、分文化建设。开展各类企业文化建设活动，举办党建与企业文化知识竞赛、企业文化嘉年华、企业文化节系列活动，建立武烟文化馆，融合文化传播、企业发展历程展示、警示教育等多项功能。在全面夺取疫情防控和复工复产双胜利的斗争中，印制《湖北中烟社会责任报告》《黄鹤楼我们在一起——企业防疫复工纪实》等文化产品，在行业内外新闻平台发布稿件 38 篇，与二更视频联合制作“向英雄致敬”系列，在抖音平台推出的“致敬复工英雄”系列短视频，增强企业文化感召力、舆论引导力。

湖南中烟工业有限责任公司

2020 年企业文化建设情况。湖南中烟工业有限责任公司加强党建引领下的企业文化建设，不断提升软实力。加强“自我管理”理念。利用传统文化节日、重要纪念日传播“自我管理”理念；举办“自我管理”微视频大赛，征集员工作品 2128 个。开展感恩月系列活动，出版“自我管理”案例集、开展“自我管理”文化征集、举行创新开讲，引导员工自我管理。

推动媒体融合升级，推进报网融合、网网融合、线上线下融合，将单一的《醇和微讯》打造成为媒体集成矩阵，成为融媒体“中央厨房”，全年推出专栏 30 个，发布 104 期 401 篇文章，阅读量 35.2 万次。推动从宣传思维走向故事思维，从“硬传播”向“软传播”转变。发挥宣传工作引导作用，传播公司在政治担当、企业发展、经济运行、品牌建设、科技创新、疫情防控、工匠精神等方面的好故事、好声音。其中《天下和书院报》全年出版 12 期，发行量近 20 万份。

加大策划精准传播，利用公司党建部长群、公司媒体宣传群及时进行信息沟通、新闻线索收集、稿件传递，策划百年风华正青春、“十四五”规划、公司工作报告、三线七核、旗帜湘烟、品牌市场、产品质量、精益管理等栏目，开辟专栏文章，编辑策划具有新闻时效和号召力的专题报道，挖掘生动案例和典型人物，营造良好的舆论氛围。

广东中烟工业有限责任公司

企业文化体系构成情况。广东中烟工业有限责任公司根据行业文化建设总体部署，完善构建企业文化体系，深入推动“以产品为中心”文化在企业落地生根。广东中烟“以产品为中心”的文化体系包含企业愿景：成为受人尊重的烟草企业；企业使命：创造消费乐趣，勇担社会责任，实现个人价值；企业核心价值：竞争有序、和谐发展、效率优先、追求卓越；企业精神：精益求精、创新进取、分享喜悦、共创价值；经营理念：市场导向、共赢发展；管理理念：严谨细致、规范高效。

2020 年企业文化建设情况。把企业文化建设作为“十四五”规划的重要组成部分，制定“十四五”时期企业文化建设目标和路径；系统梳理企业成立以来的文化积淀，融入新时代企业精神，重新构建企业文化体系；编制印发企业文化建设实施方案，明确企业文化建设的具体举措和方式；开展企业文化调研，收集各层级干部职工对企业文化内容和建设形式的建议。

以党建文化引领和塑造企业文化。发挥基层党组织和群众组织的作用，引导广大党员干部做好表率，带领全体员工投身企业文化建设。建立和健全企业文化建设领导机制，把领导者的主导作用与全体员工的主体作用结合，系统谋划企业文化建设。开展调查研究，总结、提炼和培育企业愿景、使命、核心价值观，采取学习培训、媒体传播等多种宣传方式，使全体员工认知、认同和接受企业精神。

广西中烟工业有限责任公司

企业文化体系构成情况。广西中烟工业有限责任公司贯彻落实行业“1+6+2”高质量发展政策体系精神，形成体现烟草工业创业、创新、创造本质属性的“价值”文化。“价值”文化理念体系分为文化主题、文化内核、文化外延三个部分。

文化主题为“因价值而生、为价值而战”。

文化内核以“我们，都是价值创造者!”为聚点，包含共同价值观：国家利益至上、消费者利益至上；企业使命：引领消费需求、创造美好体验；企业愿景：中国真龙甲天下；企业战略：坚持创新驱动、聚焦价值创造、增强内生动力；企业精神：矢志创新、与卓越同行；行为准则：同心同向同行、自信自主自律。

文化外延以“今天，你创造价值了吗?”为指引，包含绩效观：让价值创造者收获价值；人才观：有为、有位、有名；质量观：持续提升、永无止境；服务观：用心周到、成人达己；安全观：责任入脑，安全入心。

2020年企业文化建设情况。开展社会主义核心价值观和“两个至上”行业共同价值观宣传贯彻。落实社会主义核心价值观。开展“全国文明单位”巩固工作，并通过复评，继续保留“全国文明单位”称号。贯彻落实《新时代爱国主义教育实施纲要》，举办“真龙颂国”主题朗诵等文化活动，组织参加全区第十二届“我邀明月颂中华”朗诵赛，《乡村暖心人》获得二等奖，“崇诚守信　建功新时代”演讲比赛获得二等奖。推动“价值”文化建设。把践行“价值”文化任务纳入绩效考核体系，“软指标”转化为“硬约束”。组织全员学习讨论，围绕深层理解公司“四步三重点”高质量发展总体安排和“强基础”年度行动、提升完善“价值”文化理念、部门价值创造行动主题，开展价值大讨论活动，巩固提升企业全员战略共识。加强舆论引领，发掘宣传先进事迹和人物，打造文化标杆。

重庆中烟工业有限责任公司

企业文化体系构成情况。按照行业文化建设总体部署，重庆中烟工业有限责任公司系统推进软实力建设工程，形成“追赶者”文化理念体系。重庆中烟“追赶者”文化理念体系分为追赶者文化、共同愿景、经营文化、管理文化四部分。

追赶者文化包含10个方面的内容。追赶者画像：有追求、有担当、有情怀、有境界；追赶者基石：政治责任、经济责任、社会责任；追赶者目标：双打造、双前十；追赶者精神：我爱我家、自信自尊、苦干实干、奋力奔跑；追赶者策略：经营聚焦、管理升级；追赶者三要素：追赶者成功指数＝力量×速度×智慧；追赶五导向：坚持战略导向，坚持市场导向，坚持问题导向，坚持目标导向，坚持结果导向；追赶者境界：观天下　看未来；追赶者文化特征：追赶永不止步，感恩永不忘怀。

2020年企业文化建设情况。围绕“追赶者”文化核心理念，从物质层面、行为层面、制度层面、精神层面升级完善企业文化体系，并及时进行宣传贯彻。建成“追赶者”文化展厅，集中展示公司在党的建设、文化建设、文明创建等方面取得的成绩、积累的经验，成为展示公司形象的窗口、开展文化教育的阵地。全面征集“追赶者”文化故事，编辑印发《最美追赶者故事集》《追赶者文化手册》，以文字、图片的形式展现“追赶者”的信仰之美、行为之美、价值之美和境界之美。组织评选最美“追赶者”员工，集中展示最美“追赶者”形象，营造全员争当最美“追赶者”氛围。

印发《重庆中烟系统推进软实力建设工程实施方案》，以“提升治理能力、提升队伍素质，提升核心竞争力、提升企业形象”为目标，制定10个方面38项工作措施，细化为58项建设任务，系统推进软实力建设。

四川中烟工业有限责任公司

企业文化体系构成情况。四川中烟工业有限责任公司从百年川烟史的发展历程和东方传统文化中，学习和提炼管理智慧，逐渐形成“三位一体”的“宽窄文化”体系架构，即：“雁行宽窄”党建文化，“正直豁达 智慧精微”企业管理文化，“文化可传播、科技可感知”品牌文化。

“雁行宽窄”党建文化彰显的是“头雁领航”的引领力、“雁行执着”的意志力、“群雁展飞”的凝聚力和“雁阵有序”的执行力，践行的是“跟我干、向我看、带着干”的精神理念。“正直豁达 智慧精微”是“宽窄”文化的核心，体现做人做事的价值观与方法论。“文化可传播、科技可感知”作为品牌承诺，是“宽窄”品牌价值体系的重要组成部分。

2020年企业文化建设情况。四川中烟拟定公司《提升企业软实力实施方案》，组织开展高质量发展行动纲要宣讲活动和专题培训，举办“第六届‘中国雪茄之乡’全球推介之旅暨2020四川中烟推进高质量发展品牌行动”，推动“互联网+”矩阵销售，“宽窄”卷烟品牌和“长城”雪茄品牌文化软实力、穿透力持续增强。倡导行业共同理念、发扬川烟工业精神、开展价值理念教育、培育企业家精神，加快推进企业文化建设。持续推进“雁行宽窄”党建品牌建设，打造川烟特色文化，广泛开展文化传播，弘扬工匠精神，企业特色文化建设取得新成效。发挥“宽窄哲学研究院”等智库功能，扩大与传统媒体、融媒体、自媒体的合作广度，深入开展企业文化传播，持续增强高质量发展的精神动力支撑。

贵州中烟工业有限责任公司

企业文化体系构成情况。贵州中烟工业有限责任公司按照行业文化建设总体部署，以“负责任、重执行、求卓越”为核心价值观，形成贵州中烟“贵是一种态度”文化理念体系。“贵是一种态度”文化理念分为经营管理理念和组织理念。

经营管理理念包含经营理念：专业专注、惟精惟一；发展理念：以人为本、全面健康协调、可持续发展；竞争理念：内竞外争、竞和共赢；客户理念：客户的需求所在就是我们生存发展的根本利益所在；品牌理念：品牌是企业的灵魂；质量理念：“三全”质量管理；服务理念：我为人人、人人为我；资源理念：资源有限、配置无限；合作理念：1+1=11；管理理念：精细化；生产理念：满足需求、精益生产、持续改善；采购理念：采购是我们的第一车间；研发理念：最大限度地解放生产力；销售理念：销售是传递价值的桥梁和纽带；安全理念：万分之一等于百分之百。

组织理念包含组织目标：创建学习型组织；规范理念：制度是行为底线、卓越是行为目标；领导理念：设计师、传播者、教练员；控制理念：有理、有利、有法、有度；人力资源：文化认同识人——能力匹配用人、系统培养育人——愿景融合留人；人才理念：管理人才、科技人才、销售人才、能工巧匠；沟通理念：开放、聆听、坦诚；激励理念：先激后励、先我后他、先心后智、先分后合；廉洁理念：阳光、清白、效率；时刻提醒：八项注意。

贵州中烟企业使命：提升生活品味、成就社会和谐；企业愿景：做最受尊重的烟草企业；价值理念：人信竞和；核心价值观：负责任、重执行、求卓越；企业品格：贵在敢负责任——勇于担当、贵在修炼品格——超越自我、贵在精益求精——追求卓越、贵在承诺客户——报效国家；企业精神：创新进取、谦和诚信；企业象征：大雁。

2020年企业文化建设情况。贵州中烟坚持“在传承中发展，在融合中提升”的思路，丰富“负责任、重执行、求卓越”核心价值理念内涵，制定《年度企业文化工作要点》，开展新时代爱国主义教育活动，讲好贵烟故事，弘扬贵烟正能量，扩大外部影响力，全方位履行社会责任。全年重点推进企业文化深度融入公司中心工作，以“贵烟精造”文化践行工程为载体，全面提升企业文化软实力。评选“最美精造人”“最美工匠”“最美精造团队”，征集职工原创精造作品。10个单位共推选出先进个人45人，先进集体21个，选送征文、摄影、书画、微视频等作品共计400余件。同时，将优秀的精造案例、经验做法、精造人物故事、精造文化作品编撰汇集成《“贵烟精造”文化集萃》。组织企业文化专题培训，围绕“文化践行”“新员工成长”“软实力提升”“团队建设”“制度执行”等开展专题研讨、交流分享。

云南中烟工业有限责任公司

企业文化体系构成情况。云南中烟工业有限责任公司按照行业软实力建设相关要求，结合企业自身发展实际，在原有“合和文化”基础上，构建形成以“突破”为核心，内涵一致、外延丰富、母子交融的企业文化生态体系。

文化生态体系主要包含共同价值观：国家利益至上，消费者利益至上；文化内核：突破，永不止步；企业精神：重整行装、再铸辉煌的复兴精神，合力图强、和谐致远的创业精神，尽职守责、进取向上的担当精神，否定自我、勇于革命的改革精神，兼收并蓄、包容开放的时代精神；驱动力：“净”中求效；企业使命：价值共创，美好共享；企业愿景：树消费者品牌，创受尊敬企业；战略目标：民族工业领跑者，全球卷烟领先者；行为准则：一盘棋，立即办。

同时，管理文化、品牌文化、安全文化、廉政文化等专项文化理念和各直属单位的子文化构成企业文化的外延，与企业文化核心体系共同发展。

2020 年企业文化建设情况。贯彻落实国家局党组《关于提升烟草行业软实力的指导意见》，印发《关于推进公司软实力建设有关工作的通知》，成立“提升文化感召力”专项工作组，从文化体系建设、企业文化宣传贯彻、舆论阵地建设、新闻宣传开展、舆情管理等方面制定具体工作方案，细化落实各项工作。推出以“突破”为核心的云南中烟企业文化体系，主要从云南中烟的历史传承、自我革新、面向未来 3 个角度开展文化提炼，综合考虑时代精神、行业要求、公司改革和社会舆论等多种因素，先后经历文化溯源—总结提炼—众创实践 3 个阶段，对全系统各单位的发展历程进行全面梳理，进一步理清企业发展的历史脉络。

陕西中烟工业有限责任公司

企业文化体系构成情况。陕西中烟工业有限责任公司根据发展历史和实际，融入陕西中烟的人文文化、品牌文化，构建以“开疆拓土，智行天下”为主题的“智·行”文化体系。“智·行”文化主题：开疆拓土，智行天下；核心价值观：崇智尚行，泾渭分明；企业精神：自信点燃激情，进取成就卓越；企业愿景：异军突起，书写长安；企业使命：和谐、发展、共享；企业战略：突出差异，专业致胜；管理理念：人为源，业为先；行为理念：信以立身，诚以待人。

陕西中烟文化体系构建分为 4 个阶段。

第一阶段明道，即落地导航系统，包括：明定位，找准企业文化的个性和特征；创模型，搭好企业文化的骨架；绘愿景，为企业指明前进的方向；提理念，明确企业的价值观；编手册，用行为纲领规范行为。

第二阶段优术，即落地接地系统，包括：推案例，在战斗中学习战斗；讲故事，用故事传播理念；建机制，为文化落地提供保障；办内刊，用文字润育员工心田；做培训，反复讲反复学。

第三阶段聚心，即落地保障系统，包括：做示范，重视领导言传身教；畅沟通，拆除企业内的“墙”；暖人心，得人心者得天下。

第四阶段造势，即落地助力系统，包括：布网络，组建文化推广队伍；做目视，营造文化氛围的好方法；搞活动，在实践中领悟理念；广传播，酒香也怕巷子深；借外脑，借力咨询建设文化。

2020 年企业文化建设情况。宣传贯彻“智行”“智胜”文化及陕西中烟双品牌文化等，坚持把企业文化理念体系宣贯常态化。按照“精选题、瞄靶心、定形式、填内容、导视频、体系化、高质量”的思路，文化内训师设计开发制作企业文化网络微课 6 个，全年开展培训班 10 余场次。在中国烟草网络学院发布《从思想到行为——企业文化高效实施十八招》《从自发到自觉——企业文化落地要实现“四化”》等 22 个视频微课，供全行业职工学习。

中国烟草实业发展中心

红塔辽宁烟草有限责任公司

企业文化体系构成情况。红塔辽宁烟草有限责任公司积极构建“家园”文化软实力，以“国家利益至上、消费者利益至上”共同价值观为文化引领，注重传承两个百年企业优秀的文化基因，以守正创新为原则，提升构建以“家园”为核心内涵的企业文化架构体系。

红辽公司“家园”文化体系分为核心价值篇、愿景使命篇、经营管理篇、员工行为准则篇、视觉识别应用篇五部分，包含核心价值观、企业精神、企业愿景、企业使命、六大理念、员工行为准则和视觉识别应用。其文化内涵为“红辽公司，我们共同的家园”，文化精髓为“大爱聚家、责任立家、规范齐家、和谐兴家”。

“家园”文化体系核心价值观：诚信、创造、健康；企业精神：内和外顺、日新行远；企业愿景：长青基业、和乐家园；企业使命：国家之利　社会之义　员工之福；发展理念：共建共享、共同成长；管理理念：有序、有为、有情；品牌理念：以心致诚、以精至远；创新理念：创新成就梦想；人才理念：人人是人才、人人尽其才；员工行为准则：爱国爱企、遵章守纪；履职敬业、担当进取；业精技娴、实干高效；举止文明、知行合一。

2020年企业文化建设情况。以辽宁卷烟工业史馆为载体，在企业文化建设中坚持“面向社会、服务客户；借船出海、联盟互动；树立形象、小体大用；拉近距离、情满盛京”的定位，为丰富辽沈地区文化载体，加强公司家园文化与城市文化共建共享提供交流平台。与中国近现代史学会、“九一八”历史研究中心、宜宾市赵一曼纪念馆、沈阳市文史馆等单位共同策划举办“纪念抗日战争胜利75周年座谈会”“赵一曼烈士事迹图片展”“沈阳抗战文化研讨会”等活动。

与沈阳市委宣传部、沈阳市文化旅游和广播电视局等单位，共同组织举办“盛京文化和城市品牌研讨会”“沈阳首届旗袍节”“礼赞盛京——诗书画大赏和诗词赋吟诵艺术赏析”“盛京三大男高音音乐会”“往事如烟、回味无限——营口系列文化活动”“沈阳艺术节”等文化活动，将辽宁卷烟工业史馆建设与弘扬传统文化相结合，实现企业文化与城市文化共建。

甘肃烟草工业有限责任公司

企业文化体系构成情况。甘肃烟草工业有限责任公司坚持“围绕品牌经营企业”的经营方针，在“专注润泽，以精求强”的“润”文化战略指引下，依靠科技创新、科学管理、以人为本、系统优化，构建起以“润”文化为核心的企业文化体系。“润”文化体系以“润”文化为总纲，以打造中式卷烟“绵香”风格的经典代表为企业愿景，以“聚精会神树品牌，全心全意润生活”为企业宗旨，传递“润生活，润心田”的品牌核心价值主张。

2020年企业文化建设情况。在“润”文化的传播形式上，坚持“由内向外”深入传播“润”文化。一方面，通过企业内网、《飞天烟讯》、企业微信等向职工传播和推广“润”文化；另一方面，通过《读者》杂志平台，向行业内外持续输出企业“润”文化理念和“润生活，润心田”的产品价值主张。

在品牌文化内容输出上不断延展“润”文化的内涵。一方面，以“珍品兰州”上市20周年为契机，拍摄有温度、有深度、有态度的宣传微电影，传递“兰州”品牌文化及产品价值；另一方面，深挖敦煌传统文化元素，并与现代前端“国潮新风尚”深度融合，塑造“兰州”品牌新国风系列。

在品牌文化传播渠道上利用新媒体推广“润”文化。线上充分发挥直播和短视频等平台立体式表达、多元化展现、实时性互动的优势，逐步建立起“润”文化与终端客户等的强关联；线下以品牌终端形象店打造品牌终端情景化展示，增强品牌认同感。

内蒙古昆明卷烟有限责任公司

企业文化体系构成情况。内蒙古昆明卷烟有限责任公司以“勇气、智慧、变革、担当”的企业精神为核心，形成以“报效国家、回报社会”为企业使命，以“国家利益至上、消费者利益至上”为企业价值观，以“永续发展、成就员工”为企业愿景的文化理念体系。提炼“专注内在匠心、凝聚奋斗精神、打造百年精品”的营销理念，“职责为界、标准为范、考核为尺、奖罚为要、精益为魂”的管理理念，“产品就是人品、质量就是尊严”的质量理念及“常治久安、善治久安、群治久安、严治久安”的安全理念。

2020年企业文化建设情况。持续深入开展补齐“质量、信心、人才、创新”4个短板工作，从“全要素生产率、科技创新能力、人力资本质量、资金配置水平、市场配置资源机制”5个维度着手，推进高质量发展各项工作。积极履行社会责任、发展责任和环保责任，践行企业担当。开展“诠释‘勤劳、专注’，践行知行合一”的思想政治工作和企业文化建设工作，组织企业文化建设评估，文化软实力不断夯实。

深圳烟草工业有限责任公司

企业文化体系构成情况。深圳烟草工业有限责任公司坚持社会主义核心价值观和“国家利益至上、消费者利益至上”行业共同价值观，秉承“团结、创新、包容”的企业精神，在传承和创新的基础上打造“平和、热情、学习、共享”的企业文化，以实现人的全面发展、管理不断创新、经济持续健康发展为目标，努力建设具有鲜明时代特征和深烟特色的企业文化，为推进企业高质量发展提供精神动力和智力支持。

2020年企业文化建设情况。有序推进企业文化建设，通过建设文化阵地、搭建文化展示平台、开展系列文化活动等形式，丰富员工文化生活，打造深烟特色的企业文化。发挥《深烟风采》宣传阵地作用，以“疫情防控”“爱国主义”等为专题出版专刊，做好宣传和员工思想引导工作；组织开展“幸福深烟，美好生活”员工趣味运动会；加强党性教育，开展“爱国主义”读书班及“政绩观大家谈”等活动；利用“好日子”俱乐部活动平台，开展花艺美学培训、钓鱼比赛、骑行活动等，丰富员工文化生活。

山西昆明烟草有限责任公司

企业文化体系构成情况。山西昆明烟草有限责任公司坚持以“国家利益至上、消费者利益至上”行业共同价值观为引领，聚焦“责任烟草”企业文化主旨，围绕“忠诚、担当、创新、卓越”的企业精神，在实践中发展出以“艰苦奋斗、百折不挠、忠于企业、无私奉献、精益求精、担当尽责”技改精神为代表的系列企业文化核心理念。

2020年企业文化建设情况。贯彻落实国家局《关于提升烟草行业软实力的指导意见》要求，践行“国家利益至上、消费者利益至上”的行业共同价值观，落实文化软硬实力建设，坚持“文化硬件”和“文化软件”共同发力。

坚持党建引领。建设标准化党员职工活动室阵地，通过中心组学习、集中轮训、专题讲座、知识测试、微视频展播、新媒体宣传贯彻等形式，推进党史学习教育不断深入。加强文化建设。开展“我的入党故事”征文活动、“永远跟党走启航新征程”庆祝建党100周年主题实践活动、“身边的榜样”先进典型宣讲、“党课开讲啦”评选展播等主题活动。加强对外宣传合作。加大与行业有关新闻媒体的交流合作力度，讲好烟草故事、唱响烟草声音，进一步提升公司文化软实力。

海南红塔卷烟有限责任公司

企业文化体系构成情况。海南红塔卷烟有限责任公司以中烟实业和红塔集团文化为源头，以“快乐工作，品质生活”为文化核心理念，形成生产文化、品牌文化、质量文化、安全文化、廉政文化等。“快乐工作，品质生活”的文化体系是海南红塔公司“快乐、品质、信任、尊重、诚信、谦逊、和谐、朴实”八大精神的延伸和完善，涵盖“爱国守法、互相尊重、团结友善、互相合作、敬业奉献、互相忠诚、明理诚信”等七方面。

2020年企业文化建设情况。开展劳动竞赛，制定“中国梦 劳动美”员工劳动竞赛实施方案，进行岗位练兵，技术比武；加强文化价值传播，编制公司文化读本《快乐工作 品质生活》，多角度解读核心企业文化；组织评优评先，开展年度“优秀团队”“十佳优秀员工”“十佳卫士”“十佳工会积极分子”“十佳操作能手”“十佳技术能手”评选和表彰，制作“荣耀海红”员工荣誉墙，弘扬劳模精神和先进典型；开展2020年度学术论文征文活动，选送优秀论文参加海南省烟草学会、红塔集团政研会评审，其中获得红塔集团政研论文三等奖1篇，获得海南烟草学会论文一等奖1篇、二等奖1篇、三等奖3篇；组织职工开展文体活动，举办第四届“三沙杯”篮球、羽毛球、乒乓球及足球联赛，开展“光盘行动”“助力脱贫攻坚·圆梦困境儿童”“微心愿”“英语练兵 助力海南自贸港建设”“疫情下急救知识培训”等活动，进一步增强企业凝聚力，助力公司取得疫情防控与复工复产的“双胜利”。

◇编辑：褚 幸

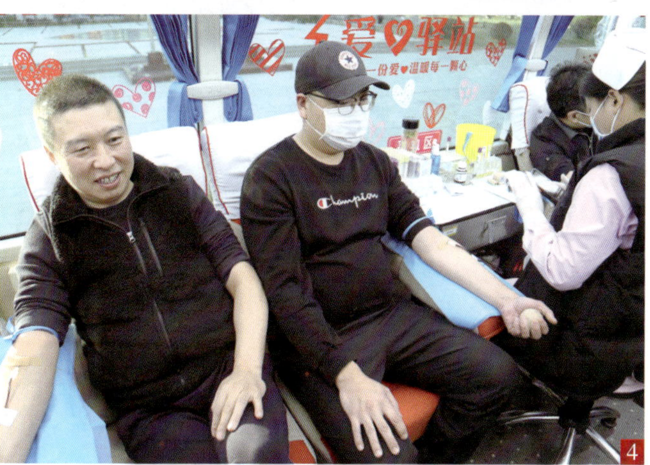

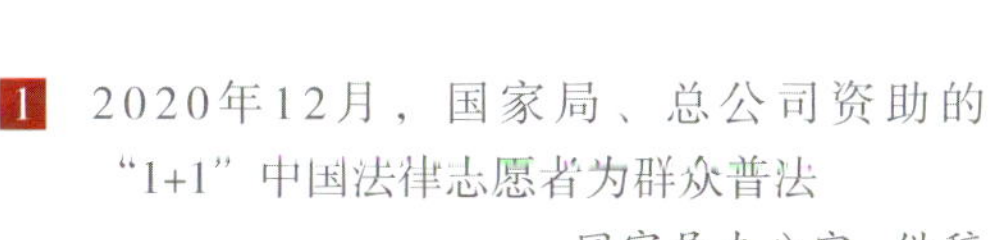

1 2020年12月，国家局、总公司资助的“1+1”中国法律志愿者为群众普法

国家局办公室 供稿

2 2020年12月4日，受援人向国家局、总公司资助的“1+1”中国法律志愿者赠送锦旗

国家局办公室 供稿

3 2020年3月5日，天津市局（公司）开展助力抗击新冠肺炎疫情爱心捐款活动

天津市局 刘 泽 摄

4 2020年11月30日，河北廊坊市局（公司）组织干部职工参加无偿献血活动

河北廊坊市局 李 礼 摄

1 2020年11月13日，河北秦皇岛海港区局（分公司）组织党员开展社区志愿服务

河北秦皇岛海港区局　袁　晨　摄

2 2020年6月9日，河北中烟“荷花扶贫选叶班组”揭牌仪式在河北白沙烟草有限责任公司举行

河北中烟　供稿

3 2020年4月24日，内蒙古赤峰市局（公司）组织青年志愿者开展义务植树活动

内蒙古区局　供稿

4 2020年4月29日，辽宁省局（公司）第十党支部帮助建档立卡贫困户开展烟苗大田移栽工作

辽宁省局　供稿

5

6

7

5 2020年7月1日，黑龙江牡丹江市局（公司）开展"初心不改　献礼建党99周年"志愿献血活动

黑龙江牡丹江市局　李明彦　摄

6 2020年2月7日，上海松江区局（有限公司）志愿者前往口罩厂赶制口罩

上海烟草集团　供稿

7 2020年3月11日，上海烟草集团上海卷烟厂组织青年员工参加"战'疫'有我"无偿献血活动

上海烟草集团　供稿

1　2020年9月16日，浙江杭州建德市局（分公司）党员志愿者帮助莲农现场直播带货，拓宽销售渠道

浙江杭州建德市局　黄兆钧　摄

2　浙江舟山岱山县局（分公司）依托党群服务站为环卫工人等户外工作人员提供凉茶、休憩场所等便民服务（2020年）

浙江舟山岱山县局　周嘉雯　摄

3　2020年2月8日，安徽黄山市局（公司）组织“徽映”志愿者服务队参加黄山市“两站一场”新冠肺炎疫情防控志愿执勤工作

安徽黄山市局　蒋国飞　摄

4　2020年7月13日，安徽安庆桐城市局（营销部）组织党员志愿者在抗洪一线加固大堤

安徽安庆桐城市局　李锋明　摄

5 2020年6月23日，福建省局（公司）开展机关职工与福州北江社区群众共包爱心粽活动

福建省局　林麦梓　摄

6 2020年7月30日，江西九江都昌县局（分公司）“同心圆”志愿服务队开展爱心助老活动

江西省局　供稿

7 2020年5月27日，山东淄博高青县局（营销部）开展志愿服务活动，帮助当地瓜农采摘西瓜

山东省局　供稿

8 2020年10月15日，河南鹤壁淇县县局（分公司）组织志愿者开展捡拾荒山垃圾志愿活动

河南鹤壁市局　牛强国　摄

9 2020年2月28日，河南中烟安阳卷烟厂组织党员爱心捐款，支持新冠肺炎疫情防控工作

河南中烟　张一开　摄

5

6

7

8

9

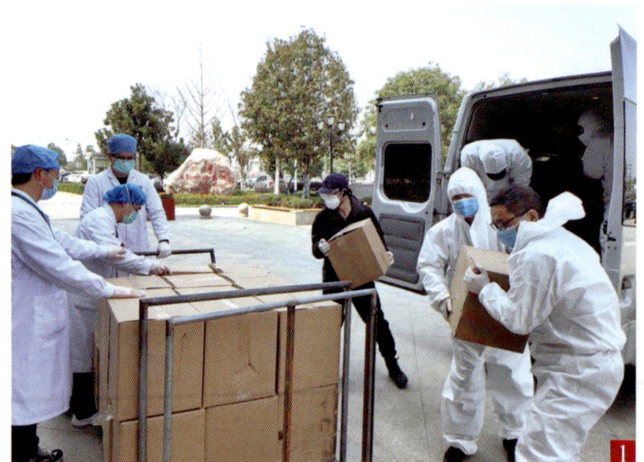

1 2020年3月5日，湖北武汉市局（公司）向同济医院中法新城院区捐赠医用物资

湖北武汉市局 陈 芳 摄

2 2020年2月18日，湖北咸宁赤壁市局（营销部）志愿者组成医疗废物运输小分队在定点隔离点运输医疗废弃物

湖北省局 供稿

3 2020年2月21日，湖北中烟党员志愿服务队在医院协助运输蔬菜

湖北中烟 张小沛 摄

4 2020年4月28日，湖南湘西州局（公司）“636”青年志愿服务队帮助烟农进行烟苗大田移栽

湖南省局 供稿

5 2020年7月14日，广东中烟向2020年广东扶贫济困日活动捐款1000万元

广东中烟 陈嘉照 摄

6 2020年2月6日，广西柳州市局（公司）党员先锋队成员到柳北区广跃社区开展新冠肺炎疫情联防联控志愿工作

广西区局 供稿

7 2020年10月11日，广西桂林阳朔县局（营销部）扶贫队员帮助对口帮扶的阳朔县黄泥岌村村民收割稻谷

广西桂林市局 郑紫涵 摄

8 2020年11月24日，重庆市局（公司）联合上海烟草集团、上汽集团开展爱心救护车捐赠活动

重庆市局 供稿

5

6

7

8

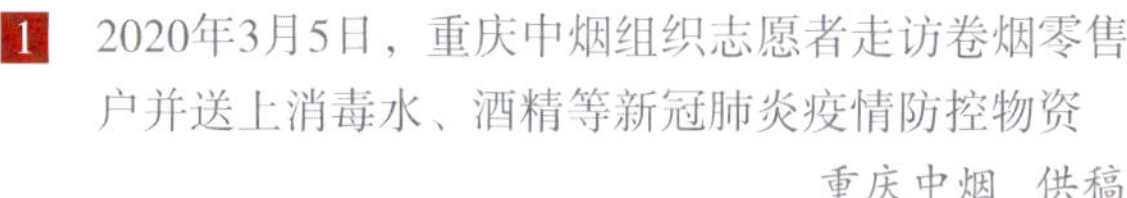

1 2020年3月5日，重庆中烟组织志愿者走访卷烟零售户并送上消毒水、酒精等新冠肺炎疫情防控物资

重庆中烟　供稿

2 云南省局（公司）援建的云南蒙自市蚂蚱冲水库（2020年）

云南省局　供稿

3 2020年2月5日，云南中烟向云南省人民政府捐赠防护口罩15.72万只

云南中烟　供稿

4 2020年3月10日，陕西省局（公司）与陕西中烟联合举行向陕西省慈善协会捐赠抗击新冠肺炎疫情善款仪式

陕西省局　供稿

5 2020年5月19日，陕西西安市局（公司）扶贫干部在对口帮扶点西安蓝田县东香村直播助销樱桃

陕西省局　供稿

公益活动

2020 年全国烟草行业公益活动概况

国家烟草专卖局　中国烟草总公司

2020 年，国家局、总公司积极开展各项社会公益活动。

灾害救助。总公司向湖北省捐款 2 亿元，用于抗击新冠肺炎疫情。全年行业累计为抗击新冠肺炎疫情捐款 5.15 亿元。

扶贫济困。向中国法律援助基金会捐款 300 万元，用于捐助“1+1”中国法律志愿者行动，为服务在青海、新疆及新疆生产建设兵团的“1+1”中国法律志愿者提供支持；向中国西部人才开发基金会捐款 300 万元，在湖北省竹溪、竹山县，江西省兴国、宁都县开展“学相守、爱相守、玩相守”的“相守计划”，关爱农村留守儿童。

资助教育事业。向中国扶贫基金会捐款 192 万元，用于资助湖北省竹溪、竹山县 400 名特困大学生，并在这两个县的高中各开办 3 个“金叶自强班”，资助 300 名特困高中生。

资助医疗事业。向湖南省汨罗市血吸虫病防治项目捐款 150 万元，用于汨罗市血吸虫病防治基础设施建设。

中国烟草实业发展中心

2020 年，中国烟草实业发展中心及所属企业捐款 7210.3 万元，用于各项社会公益活动。

扶贫济困。内蒙古昆明卷烟有限责任公司向内蒙古呼和浩特市捐款 2000 万元，用于精准扶贫。甘肃烟草工业有限责任公司投入扶贫帮扶资金 650 万元，帮扶 10 个贫困村如期实现整体脱贫；投入消费扶贫资金 37.7 万元。吉林烟草工业有限责任公司向包保的吉林延边朝鲜族自治州龙井市智新镇工农村捐款 30 万元，用于支持该村养殖黄牛项目，巩固脱贫成果；向吉林长春德惠市捐款 50 万元，用于支持德惠市天台镇付文养殖专业合作社扶贫项目。深圳烟草工业有限责任公司向湖北恩施土家族苗族自治州巴东县捐款 20 万元，用于洪涝灾害受灾烟农恢复生产生活。黑龙江烟草工业有限责任公司绥化卷烟厂组织职工慰问定点扶贫村 6 户贫困户，捐款 1.17 万元；组织职工参加“慈善一日捐”活动，捐款 6.23 万元。

资助教育文化事业。内蒙古昆明卷烟有限责任公司向内蒙古呼和浩特市玉泉区捐款 151 万元，向赛罕区捐款 148 万元。山西昆明烟草有限责任公司通过山西省青少年发展基金会捐款 60 万元；向山西省人民教育基金会和太原市助学项目捐款 80 万元；通过山西省妇女儿童发展基金会向山西省因病致贫和特困妇女及困境儿童捐款 68 万元。海南红塔卷烟有限责任公司向海南琼中黎族苗族自治县捐款 90 万元，用于青少年教育扶贫事业。红塔辽宁烟草有限责任公司为辽宁朝阳市朝阳县南双庙镇捐款 16.4 万元，用于开展捐资助学等；为特困党员零售户及特殊学校捐款 3.2 万元；营口卷烟厂为辽宁营口盖州市矿洞沟镇薛屯小学、红塔杨运小学捐赠价值 10 万元的煤和校服。

资助环境卫生、乡村建设等事业。内蒙古昆明卷烟有限责任公司向内蒙古呼和浩特市捐款 3000 万元，用于环境保护建设；向呼和浩特市清水河县城关镇捐款 45.76 万元，用于翻扩建羊圈草棚项目；完成清水河县枳几也村“人居环境整治配套设施”建设项目。吉林烟草工业有限责任公司向延边朝鲜族自治州、延边朝鲜族自治州慈善总会捐款 300 万元，用于支持新冠肺炎疫情防控工作；向延边朝鲜族自治州捐款 250 万元，用于支持延边州汪清县罗子沟镇河南村截洪沟（排水沟）建设项目。甘肃烟草工业有限责任公司向甘肃兰州市慈善总会捐款 205 万元。

所属各单位积极开展其他各类公益活动。内蒙古昆明卷烟有限责任公司组织 62 名员工无偿献血 2.24 万毫升；开展“博爱一日捐”活动捐款 12.89 万元，其中公司捐款 10 万元，员工捐款 2.89 万元；开展志愿服务项目 14 个，注册志愿者 320 名，2020 年完成 5562 小时 600 余人次志愿服务工作。黑龙江烟草工业有限责任公司组织员工参与新冠肺炎疫情防控期间团体无偿献血活动，共有 145 人参与，献血量 4 万毫升；到哈尔滨儿童福利院、哈尔滨市燎原学校开展慰问活动。山西昆明烟草有限责任公司开展太原市创建文明城市志愿服务，2020 年完成 180 余人次志愿服务工作。

北京市烟草专卖局（公司）

2020 年，北京市烟草商业系统捐款 49.37 万元，用于各项社会公益活动。

北京市局（公司）机关、各所属单位为抗击新冠肺炎疫情捐款 18.06 万元，助力疫情防控；市局（公司）团委向北京市青少年发展基金会捐款 20 万元，用于志愿服务活动；市局（公司）机关及所属各单位支持购买贫困县农特产品，累计消费216.46万元；党员职工个人献爱心捐款6.64万元。

门头沟区局（公司）捐款9.19万元用于扶贫济困、资助乡村建设等社会公益活动。开展扶贫村送温暖活动，与门头沟区清水镇江水河村召开2次座谈会，发放米面油等生活物资慰问品价值2.08万元。资助江水河村1名孤儿，发放助学金0.8万元。向1名低收入户发放慰问金0.1万元。

天津市烟草专卖局（公司）

2020年，天津市烟草商业系统捐款41.63万元（含个人捐款33.35万元），用于各项社会公益活动。

疫情防控。市局（公司）58个基层党组织874名党员为抗击新冠肺炎疫情捐款23.5万元。扶贫济困、资助乡村建设。捐款8.28万元用于开展困难村帮扶工作，其中，向蓟州区金车庄村捐款7.51万元，用于村级组织活动场所建设；向帮扶村贫困户发放慰问金0.77万元。

所属各单位积极开展其他各类公益活动。市局（公司）所属各单位支持购买贫困县农特产品，累计消费170.38万元；开展爱老敬老、慰问生活困难群众、清理环境卫生等志愿服务活动66次，累计参加2095人次，其中员工捐款5.61万元，为养老院等福利机构捐赠生活日用品价值0.31万元；参加社会公益活动123人次，累计捐款4.24万元。

河北省烟草专卖局（公司）

2020年，河北省烟草商业系统捐款1447.12万元（含个人捐款91.85万元），用于各项社会公益活动。

灾害救助。捐款743.5万元用于支持全省新冠肺炎疫情防控工作，其中个人捐款66.13万元，捐赠防疫物资价值486.63万元。

扶贫济困。捐款351.23万元，其中，投入扶贫资金256.5万元用于精准脱贫、产业扶贫，助力农民增收致富；成立52个驻村工作组，选派82名干部到贫困村任第一书记；从定点扶贫地区采购农产品61.62万元；向“博爱一日捐”等活动捐款21.23万元；向困难零售户捐款3.7万元；慰问捐款4.41万元。

资助乡村、社区建设。捐款338.97万元，用于解决帮扶村道路硬化、村民饮水、危房改造等问题，其中，向定点帮扶村捐款179.8万元；向帮扶社区捐款3.38万元用于改善人居环境；捐款5.75万元用于荒山绿化。

积极开展其他各类公益活动。开展“创建文明城市”“党员进社区双报到”“迎新春、送春联”等党员志愿者服务活动；组织3592名党员干部深入社区参加联防联控、排查执勤、环境消杀，协助开展疫情防控工作；开展帮扶村走访慰问活动，为困难户捐赠衣服、“爱心书包”等物品；组织275名职工参加义务献血活动，献血4.87万毫升；参加义务植树活动，植树3358棵；参加清扫马路活动，开展400次。

山西省烟草专卖局（公司）

2020年，山西省烟草商业系统捐款7055.19万元（含个人捐款92.33万元），用于各项社会公益活动。

扶贫济困。全省烟草商业系统成立93个驻村工作组，选派52名干部到贫困村任第一书记，开展定点扶贫工作；山西省局（公司）投入扶贫捐款6149万元，其中用于忻州市南云中河生态治理项目3500万元、静乐县农村饮水安全巩固提升工程项目1500万元、临汾市永和县定点扶贫项目149万元，通过山西省红十字会向省新冠肺炎疫情防控办捐款1000万元专项资金用于地方政府疫情防控工作。所属11个市局（公司）共投入813.86万元，用于定点扶贫、资助教育、关爱慰问、慈善捐赠等公益活动。省局（公司）及所属11个市局（公司）职工共捐款92.33万元，用于资助教育、扶贫帮困、疫情防控，参与“博爱一日捐”“慈善一日捐”等活动。

所属各单位积极开展其他各类公益活动。太原市局（公司）联合属地交警开展交通文明志愿活动，维护属地交通秩序；大同市局（公司）慰问平城区清运一、二公司清洁工并现场发放慰问品；阳泉市局（公司）配合属地政府疫情防控工作，协助社区开展宣传引导等联防联控工作；长治市局（公司）开展“厉行勤俭节约、反对餐饮浪费”创建文明城市主题活动等；晋城市局（公司）在抗击新冠肺炎疫情关键时期，通过电话或微信与贫困户保持联系；朔州市局（公司）成立“朔州烟草抗击疫情进社区志愿者服务队”，参与所在社区疫情防控工作；忻州市局（公司）开展创文入户宣传及卫生清扫活动等；吕梁市局（公司）开展“弘扬吕梁精神、决胜脱贫攻坚”关爱留守儿童爱心包捐赠活动；晋中市局（公司）开展“众志成城克时艰、凝心聚力战疫情”等主题党日活动；运城市局（公司）与社区帮创共建，组织开展疫情防控志愿服务等。

内蒙古自治区烟草专卖局（公司）

2020 年，内蒙古自治区烟草商业系统捐款 4450.72 万元，用于各项社会公益活动。

疫情防控。自治区局（公司）捐款 2000 万元，用于新冠肺炎疫情防控等工作。所属各单位向定点医院、红十字会、社区等捐款 2400 万元，用于新冠肺炎疫情防控。此外，各单位积极发挥党支部战斗堡垒作用，组织突击队、服务队等参与社区疫情防控、帮助卷烟零售户开展疫情防控，组织党员、群众通过各种方式积极捐款为抗疫贡献力量。

扶贫济困、资助乡村建设等。乌兰察布市局（公司）助力脱贫攻坚，26 名扶贫驻村干部继续对乌兰察布市察右中旗等旗县开展光伏扶贫、生态扶贫；阿拉善盟局（公司）开展“党建 + 扶贫”党员献爱心捐款助力脱贫攻坚活动，43 名党员捐款 1700 元，为吉兰泰镇第五中学购置 3D 打印机、耗材等，帮助该校建设“创客教室”等；包头市局（公司）开展慰问对接社区困难户捐助活动等，投入资金 1.7 万余元；巴彦淖尔市局（公司）党员捐款 0.27 万元帮扶残疾人零售户。

所属各单位积极开展其他各类公益活动。锡林郭勒盟局（公司）向红十字会“博爱一日捐”捐款 1.26 万元，参与环保、植树、志愿活动；乌海市局（公司）参加“迎五四，爱家乡，保护乌海湖”青年志愿者服务活动；赤峰市局（公司）、阿拉善盟局（公司）、呼和浩特市局（公司）开展义务植树活动；通辽市局（公司）开展义务献血等活动。

辽宁省烟草专卖局（公司）

2020 年，辽宁省烟草商业系统捐款 380.29 万元，用于各项社会公益活动。全省烟草商业各级单位定点帮扶 30 个贫困村，帮助脱贫 101 户 210 人，各级单位共派出 39 名扶贫干部。省局（公司）组织召开两次扶贫工作领导小组会议，对全省烟草商业扶贫项目审核把关。省局（公司）制定印发《中国烟草总公司辽宁省公司对外捐赠管理实施细则》《辽宁省烟草专卖局（公司）机关扶贫帮困工作管理办法》，加强省局机关扶贫工作管理，对扶贫资金的使用和监督作出具体规定。

扶贫济困。辽宁省局（公司）向葫芦岛市建昌县树态沟村捐款 35 万元，用于路基防护、占地补偿及购买太阳能路灯；捐款 10 万元用于困难学生资助和贫困家庭补助。沈阳、鞍山、抚顺、本溪、丹东、营口、阜新、铁岭、盘锦、葫芦岛市局（公司）及辽东公司向定点扶贫村贫困户、困难零售户、困难职工等捐款捐物共计 56 万元。

所属各单位积极开展其他各类公益活动。沈阳市局（公司）各支部组织党员干部积极参与疫情防控活动，累计 1161 人次参加社区消杀、排查、执勤等群防群控工作。鞍山市局（公司）组织党员先锋队积极参加市直机关党务干部“抗击疫情”志愿者服务活动。铁岭市局（公司）组织驻村干部投入疫情防控一线工作中，协助村委开展登记、消毒、宣传、测量体温等工作，先后捐赠抗疫防护用具 724 件套，消毒药剂 170 千克。盘锦市局（公司）发挥党员先锋模范作用，深入开展党员联系群众“一帮一”活动，广泛开展党员进社区志愿服务、文明城市创建志愿服务，开展第一书记驻村帮扶工作。

吉林省烟草专卖局（公司）

2020 年，吉林省烟草商业系统捐款 629.15 万元（含个人捐款 45.22 万元），用于各项社会公益活动。

扶贫济困。捐款 330.85 万元。省局所属单位选派优秀干部到定点帮扶村担任驻村工作队队长和第一书记，开展建档立卡脱贫户走访慰问、“结对帮扶”等活动；开展消费扶贫，全省烟草商业系统共计消费 61.98 万元。

资助教育、文化、卫生事业。通化市局（公司）开展“关爱听障儿童，让无声更有声”主题活动，并赠送慰问品，价值 0.17 万元；梅河口市局（分公司）为脱贫儿童捐赠助学金 1.2 万元；长春市局（公司）通过长春市教育局、长春市教育基金会向 500 余名贫困学生捐赠助学金 95 万元；四平市局（公司）向教育文化事业捐款 5 万元，向双辽市普通高中困难学生捐款 5 万元；辽源市局（公司）开展“情系学子、爱心助学”捐款活动，捐款 0.36 万元。

资助乡村建设、环境保护。捐款 24.37 万元。

积极开展其他各类公益活动。捐款 7.22 万元。

黑龙江省烟草专卖局（公司）

2020 年，黑龙江省烟草商业系统捐款 563.69 万元（含个人捐款 59.34 万元），用于各项社会公益活动。

全省烟草商业共捐款504.35万元。其中全省烟草商业投入扶贫资金204.35万元，用于精准脱贫、产业扶贫，资助乡村建设。省局（公司）向黑龙江省红十字会捐款300万元用于新冠肺炎疫情防控。

个人捐款59.34万元。其中为抗击新冠肺炎疫情捐款52.1万元；为受灾及困难群众捐款5.94万元；为贫困儿童、敬老院和捐资助学1.44万元；向“慈善一日捐”及关爱贫困户活动捐款5.8万元，捐赠衣物446件。

所属各单位积极开展其他各类公益活动。疫情期间，全省烟草商业1545名党员、658名入党积极分子和干部职工成立志愿者服务队149个，深入383个社区开展联防联控工作。省局（公司）机关、哈尔滨、齐齐哈尔、牡丹江市局（公司）组织职工开展无偿献血活动，累计献血6.76万毫升。哈尔滨市局（公司）派出12人参加防汛昼夜值守工作，并通过捐款、捐赠救灾物资等方式全力支援地方防汛工作。齐齐哈尔、牡丹江、鸡西、双鸭山市局（公司）开展“小园扶贫”“结对共建”等活动，援助帮扶村开展庭院种植、家禽养殖等项目，帮助扶贫地区改造危房，修建道路及便民设施。绥化、七台河市局（公司）组织开展“慈善一日捐”及“送温暖、献爱心”慰问活动，坚持常年资助贫困学生。佳木斯、伊春市局（公司）开展“手拉手共创文明城”“文明交通志愿服务”活动，组织职工参加城市环境综合整治活动和义务参加社区服务。黑河、绥芬河市局（公司）积极助力政府部门开展疫情防控，坚守小区值守的同时，采购方便面、矿泉水、盒饭及防护用品等物资，送到出入城卡口、疾控中心以及社区一线防疫工作人员手中。牡丹江烟叶公司组织职工开展敬老慰问等活动。

上海市烟草专卖局、上海烟草集团有限责任公司

2020年，上海烟草集团有限责任公司捐款7257.47万元，用于各项社会公益活动。

上海烟草集团本部捐款。分别向上海市慈善基金会、老年基金会、拥军优属基金会等各类公益机构和单位开展公益捐赠；对安徽、湖南、湖北、山东等受灾烟区开展救济捐赠；向陕西、四川、重庆烟区及贫困地区捐赠“爱心救护车”24辆，改善当地医疗急救条件。新冠肺炎疫情发生期间，上海烟草干部职工共计5607人次通过各类慈善机构捐款95万余元，向疫情第一线捐赠医用口罩、额温枪、消毒液等用于疫情防护。

所属各单位积极开展其他各类公益活动。北京卷烟厂有限公司先后在北京平谷、湖北五峰、青海共和、贵州湄潭、云南香格里拉、湖北恩施和重庆万州等地建立7所爱心学校，并通过“中南海爱心基金”向贫困地区献爱心；上海烟草储运公司、宝山区局（有限公司）深入社区街道、养老院组织开展志愿者服务活动；集团机关本部、上海卷烟厂、上海海烟物流发展有限公司、上海烟草包装印刷有限公司、长宁区局（有限公司）、静安区局（有限公司）、金山区局（有限公司）、奉贤区局（有限公司）等工商单位组织职工参加义务献血，献血6.5万毫升。

江苏省烟草专卖局（公司）

2020年，江苏省烟草商业系统捐款2033万元，用于各项社会公益活动。

疫情防控。向江苏省慈善总会捐赠援鄂医疗队防疫物资100万元。

扶贫济困。向南京市慈善总会见义勇为项目捐款50万元；向六合区慈善总会扶贫捐款40万元；向苏州市慈善总会“同在蓝天下，慈善一日捐”活动捐款15万元；向无锡慈善总会“一日捐”活动捐款35万元；向徐州丰县帮扶工作队捐款75万元。

资助乡村建设。向南京高淳东坝村等捐款240.93万元，用于新农村建设。

积极开展其他各类公益活动。组织开展“3·5”学雷锋活动、“3·12”植树节活动；参加青年志愿者服务、公益读书、义务献血等公益活动。

浙江省烟草专卖局（公司）

2020年，浙江省烟草商业系统捐款6539万元，用于各项社会公益活动。

疫情防控。杭州地区有500余名党员干部活跃在防控一线，提供志愿服务1753人次，党员个人捐款超过10万元；向绍兴红十字会捐款65万元；嘉兴地区205名党员参加社区抗疫志愿服务1098人次。

扶贫济困。向浙江省财政厅扶贫帮困捐款3000万元；向杭州市“春风行动”捐款64.5万元；宁波全市系统员工参加“慈善一日捐”，捐款6.6万元；舟山全市系统员工参加“慈善一日捐”，捐款3.87万元。

资助教育文化事业。向浙江省青少年发展基金会捐款500万元；向温州“希望工程”捐款4万元；通过“精实·雨露”助学基金为长兴困难大学新生捐赠助学金6万元；衢州市局（公司）向“精实书库”捐赠图书1200余册；台州市局（公司）向“精实书库”捐赠图书1200余册。

资助乡村建设。向温州市苍南县赤溪镇捐款15万元；向杭州市淳安县枫树岭镇捐款60万元；向金华市兰溪市上华街道下吴村捐款25.1万元；向丽水市云和县崇头镇大湾村捐款38万元；向丽水市龙泉市竹垟乡和住龙镇红星村捐款13万元；舟山市局（公司）采购扶贫农产品11.21万元。

积极开展其他各类公益活动。向浙江省见义勇为基金会捐款100万元。

安徽省烟草专卖局（公司）

2020年，安徽省烟草商业系统捐款1560万元，用于各项社会公益活动。

疫情防控。全省烟草商业系统2426名党员下沉到社区防疫一线，捐款92万元用于新冠肺炎疫情防控。

扶贫济困。全省烟草商业系统投入帮扶资金860.79万元；选派46名扶贫干部帮扶36个扶贫村，累计帮扶贫困户3263户，实现帮扶贫困户100%脱贫。

资助教育、乡村建设。省局（公司）机关向六安市金寨县白塔畈希望学校捐款15万元，用于学校校园建设；捐款38.08万元，用于安庆市太湖县吴岭村为民服务中心改造工程及路灯亮化工程；捐赠63万元，用于蚌埠市怀远县张坝村路灯项目；捐赠50万元，用于蚌埠市怀远县张坝村大棚特色产业种植项目。

促进社会发展进步及其他社会公共福利事业。省局（公司）机关组织开展“援手质检、助力移库”“助力扶贫新疆特色农产品销售”“邮乐购”抗疫扶贫消费等志愿公益活动，462人参与活动；全省烟草商业系统各级群团组织开展“义务献血”“义务植树”“爱心送考”等志愿服务活动。

福建省烟草专卖局（公司）

2020年，福建省烟草商业系统共捐款1361万元（含个人捐款168.74万元），用于各项社会公益活动。

扶贫济困、资助乡村建设。全省烟草商业系统共选派16名干部到贫困乡村任职；捐款383万元，用于解决帮扶村道路硬化、村民饮水、危房改造等问题。资助教育文化事业，向福建省扶贫“两会”扶贫助残大学圆梦行动捐款100万元；参加“三下乡”活动，向龙岩市连城县朋口镇捐款20万元；向翔安区新圩镇捐款10万元；向云霄教育专项发展资金捐款60万元；向莆田市捐赠15万元资助百名困难大学生。社会帮扶，向福建省立医院捐赠100万元，用于支持“创双高”项目；向中山医院捐赠20万元，用于新冠肺炎疫情防控、学科建设及医疗服务设施改善；依托“红十字三角梅”爱心基金，为厦门市重特大疾病罕见病患者捐赠20万元；向福建省见义勇为基金会捐款30万元，用于给见义勇为英雄模范送温暖、献爱心。其他公益活动，捐款603万元；参加义务献血活动，献血36.15万毫升；参加义务植树活动，植树7788棵。

所属各单位积极开展其他各类公益活动。福州市局（公司）推进“金叶情”志愿服务品牌建设，开展“助力新福州　建功新时代”等活动；泉州市局（公司）参与关爱留守儿童、敬老爱老等各类学雷锋志愿服务活动；龙岩市局（公司）与市红十字会、关爱协会、公益协会开展公益共建活动，全市累计捐赠资金和物质援助超过30万元；三明市局（公司）开展“疫情防控”“创建文明城市”“垃圾分类宣传”等志愿服务活动；海晟投资公司组织参与社区疫情防控、清洁家园、垃圾分类等志愿服务活动；海晟连锁公司打造“海晟爱心驿站”志愿服务品牌。

江西省烟草专卖局（公司）

2020年，江西省烟草商业系统捐款9978.75万元，用于各项社会公益活动。

扶贫济困。捐款1015.49万元（含个人捐款5.15万元）。全省烟草商业系统共成立52个驻村扶贫工作队，选派47名干部到贫困乡村担任第一书记，累计投入扶贫资金798.01万元；向生活困难群众、残疾人员捐款79.99万元；向慈善基金会、红十字会等公益组织捐款34.22万元（含个人捐款5.15万元）。

资助教育文化事业。捐款13.21万元，捐赠图书946册。

资助乡村建设。捐款8790.6万元。为帮扶农村解决新农村建设、疫后恢复生产经营、人居环境整顿等问题，省局（公司）捐赠援建资金1900万元，援建新农村项目21个，受益人口2.84万人，惠及3个地市的14个县；省局

（公司）定点向兴国县洋池口水库、瑞金市清溪水库捐赠水源性援建资金6427.88万元。

灾害救助。捐款44.36万元（含个人捐款9.8万元）。主要面向烟叶灾害、洪灾等受灾救灾捐款，以及抗击新冠肺炎疫情的捐款救助。

积极开展其他各类公益活动。捐款115.07万元。其中，用于综治帮扶捐款32.99万元、用于社区共建捐款57.28万元、用于平安创建捐款19万元、用于文明创建捐款5.8万元。全省烟草商业系统组织干部职工开展创文创卫、社区服务、疫情防控等各类志愿服务活动共1.22万人次；看望慰问老人、孤残儿童，开展日常帮扶859人次；组织349名职工参加义务献血活动，献血9.38万毫升。

山东省烟草专卖局（公司）

2020年，山东省烟草商业系统捐款1283.33万元（含个人捐款82.03万元），用于各项社会公益活动。

疫情防控。全省烟草商业系统共捐款324.58万元，各类防控物资，价值6万余元；帮助帮扶村解决滞销农产品2000余千克，价值10万余元；党员干部下沉社区、参加志愿服务1.11万人次。

扶贫济困、资助乡村建设。选派驻村第一书记，帮助乡村建设特色产业发展项目、农田设施建设项目、村级“硬件”提升项目和综合服务配套建设项目，改善村容村貌等。其中，省局（公司）向省派“第一书记”村捐款370万元，为特殊群体和困难地区缓解压力。

积极开展其他各类公益活动。向地方见义勇为基金、人口关爱基金等捐款，组织参加各级慈善总会“慈善一日捐”活动，捐赠图书545册；献血0.37万毫升；开展义务植树活动，植树160棵；组织交通文明劝导、“烟头不落地 城市更美丽”、社区环境整治等集中清理活动，参与人数4839人次。

河南省烟草专卖局（公司）

2020年，河南省烟草商业系统捐款1341.98万元（含个人捐款236.36万元），用于各项社会公益活动。

疫情防控。全省烟草商业系统干部职工自发捐款222.82万元，其中省局机关个人捐款8.79万元。扶贫济困，捐款955.55，其中投入扶贫资金896.3万元，用于产业扶贫和项目扶贫，消费扶贫59.25万元。资助教育事业，捐款16.35万元（含个人捐款1.98万元）。资助乡村建设，捐款60.89万元，用于解决贫困户家庭改造、饮水工程、道路硬化等。

其他社会帮扶。捐款86.36万元（含个人捐款11.56）。

所属各单位积极开展其他各类公益活动。组织全省烟草商业系统干部职工开展无偿献血、义务植树、爱心捐赠等活动。焦作市局、三门峡市局（公司）组织干部职工参加义务植树活动，共植树630棵；洛阳、新乡、焦作、三门峡、南阳市局（公司）组织开展文明交通劝导活动，累计参加2300余人次；安阳、濮阳、漯河、驻马店、信阳济源市局（公司）累计组织1900余人次参加当地文明城市创建活动；郑州市局（公司）建设3个“爱心驿站”平台，解决部分室外工作人员的吃饭难、喝水难、休息难问题。

湖北省烟草专卖局（公司）

疫情防控。2020年，面对新冠肺炎疫情、汛情双重叠加的“大战大考”，湖北省局（公司）党组第一时间成立疫情防控和防汛救灾工作领导小组，全省烟草商业系统275支党员志愿者队伍、232支抢险救灾突击队、5369名党员主动参战；湖北省局（公司）捐款4770万元，党员干部捐款、缴纳特殊党费357万元支持抗疫救灾；为590家中小微企业、个体工商户减免租金851.2万元；省局（公司）捐款500万元支持恩施州来凤县、宜昌市五峰县，十堰市竹山县、竹溪县经济社会发展。

全省烟草商业系统10家单位集体及基层党组织，30名党员受到地方党委、政府表彰。其中，省局（公司）援汉工作组获评“湖北省抗击新冠肺炎疫情先进集体”，为205家中央在汉和省直单位工作组中的唯一先进集体；黄冈市局（公司）卷烟配送中心获评“工业和信息化系统抗击新冠肺炎疫情先进集体”；武汉新洲区局（营销部）、黄冈罗田县局（营销部）获评“烟草行业抗击新冠肺炎疫情先进集体”；2名党员获评“湖北省抗击新冠肺炎疫情先进个人”；1名党员获评“工业和信息化系统抗击新冠肺炎疫情先进个人”；3名党员获评“烟草行业抗击新冠肺炎疫情先进个人”。

扶贫济困。全省烟草商业系统累计投入扶贫资金1.14亿元，组派173支驻村扶贫工作队、105名驻村第一书记、455名驻村帮扶干部，对182个贫困村开展帮扶，累计帮扶2.14万户6.53万人实现脱贫，占湖北省累计脱贫人口的1.12%。

资助教育事业。2018—2020年，省局（公司）向湖北省青基会捐款1000万元设立“湖北希望工程·知音同行助学基金”，与省青少年发展基金会共同开展教育扶贫活动，资助3000名贫困学生。

资助社区建设。全省烟草商业系统396个基层党组织，5511名党员到社区报到，覆盖社区1748个，深度参与社区治理；建立省局（公司）机关与宝丰、永利社区联建工作机制，省局（公司）领导9次深入社区了解情况、解决问题，协助创文创卫、软弱涣散党组织整治等专项任务；针对疫情导致的农副产品滞销，各级党组织发动党员订购“爱心茶”“爱心菜”，开展爱心助学、爱心帮扶。

积极开展其他各类公益活动。组织干部职工参与“三无”小区环境整治、义务植树、无偿献血等志愿服务活动。

湖南省烟草专卖局（公司）

2020年，湖南省烟草商业系统捐款1.03亿元（含个人捐款237.88万元），用于各项社会公益活动。

扶贫济困。捐款8635.76万元，用于帮扶慰问、基础设施建设、产业扶持等。全省烟草商业系统成立93个驻村工作组，选派223名干部到贫困乡村驻村扶贫。

资助教育事业。捐款155.31万元，为困难学子、流守儿童、残障儿童购置文教用品、学习书籍等。

资助社会事业。捐款536.42万元，用于支持公益救援、公益书屋、环境整治、文明创建等。

灾害救助。捐款965.9万元，用于抗击新冠肺炎疫情，烟叶病虫害、洪涝灾害、雨雪冰冻灾害救助等。

积极开展其他各类公益活动。组织参加省直机关工委“微光大义·致敬白衣天使”志愿服务活动，开展“战一线青年先锋·双胜利必须有我”“紫荆微公益，云助力湘西学子”“奋战‘疫’线、我在行动”等实践活动；全省烟草商业系统共开展各类志愿服务活动980次，义务献血57次，义务植树26次。

广东省烟草专卖局（公司）

2020年，广东省烟草商业系统积极开展各项社会公益活动。

扶贫济困。全省烟草商业系统派出驻村扶贫工作队长18人（驻村第一书记14人），驻村扶贫工作队员32人，挂点帮扶贫困村68个贫困户2400户贫困人口6500人，实施帮扶项目210个（次），总帮扶资金4116.71万元（行业帮扶资金3196.93万元）；省局（公司）向广东省扶贫济困日捐款1000万元。灾害救助，向扶贫点捐赠各类防护物资价值合计328.95万元。

所属各单位积极开展其他各类公益活动。扶贫济困，捐款1774.83万元。资助教育事业，捐款3.23万元。资助乡村建设。捐款753万元，其中，梅州市局（有限公司）捐款429.04万元，用于精准扶贫；韶关市局（有限公司）捐款57.13万元，用于改善帮扶村村容村貌等；佛山市局（有限责任公司）向云浮市郁南县历洞镇历洞村等3个村委捐赠财物合计22.22万元；惠州市局（有限责任公司）捐款59.74万元；揭阳市局（有限公司）派驻专职扶贫干部进驻帮扶点，4个贫困乡村建档立卡贫困户共计69户196人，年人均收入全部超过脱贫标准；清远市局（有限公司）帮扶精准扶贫挂扶点9个村镇，投入帮扶资金170万元；中山市局（有限责任公司）投入扶贫资金15万元，相对贫困人口全部达到脱贫标准。其他公益活动，开展无偿献血、义务植树、爱心捐赠等公益活动。

广西壮族自治区烟草专卖局（公司）

2020年，广西壮族自治区烟草商业系统捐款1692.53万元，用于各项社会公益活动。

疫情防控。捐款573.1万元，其中，自治区局（公司）向自治区红十字会捐款500万元，用于支持新冠肺炎疫情防控工作；全自治区烟草商业系统党员交纳特殊党费，4149名党员捐款约44万元，全部向湖北重点疫区捐献。

扶贫济困。全自治区烟草商业系统投入扶贫资金1082.49万元，其中，基础、公共设施建设491.6万元、产业扶贫40.47万元。帮扶项目55个，脱贫374户、1264人，实现全部脱贫目标。

资助教育事业。捐款28.94万元，主要用于改造校园环境、帮助困难学生上学等。自治区局（公司）机关员工自发捐款7.74万元，用于资助百色靖西市10名寒门学子；南宁市局（公司）向南宁市希望工程“大学生圆梦”活动捐款15万元；北海市局（公司）向合浦县山口镇水东小学捐款6.2万元，用于改善校园环境。

所属各单位积极开展其他各类公益活动。捐款8万元。

柳州市局（公司）开展“四联双报到”，参加捐资助学、走访慰问等活动；桂林市局（公司）参与创建全国文明城市活动，派出1200余人（次）深入23个包联点位开展“创城”活动，并向相关社区捐款8万元；梧州市局（公司）组织志愿者参与社区“四城联创”入户宣传等志愿活动，参加社区“双报到”服务115人次、入户宣传520户、交通劝导活动192人次；北海市局（公司）开展卫生责任区、责任路段环境卫生整治志愿服务活动，志愿服务活动29场次，参加人员699人次；河池市局（公司）向市消费者协会捐款2.34万元，用于开展“3·15”消费者权益宣传。

海南省烟草专卖局（公司）

2020年，海南省烟草商业系统捐款249.19万元（含个人捐款12.07万元），用于各项社会公益活动。

疫情防控。全省烟草商业系统党员捐款12.07万元，助力打赢新冠肺炎疫情防控阻击战。

扶贫济困。全省烟草商业系统捐款237.12万元用于脱贫攻坚和乡村振兴工作，共派出146名干部参加脱贫攻坚及乡村振兴工作，其中4人任驻村第一书记。其中，省局（公司）捐款30万元，用于帮扶村临高县皇桐镇富雄村扶贫项目；海口市局（公司）捐款91.44万元，用于帮扶村道路建设等；琼海市局（公司）捐款48万元，用于帮扶村环境卫生整治、发展产业项目等；儋州市局（公司）捐款67.68万元，用于帮扶村加强基础设施建设等。

积极开展其他各类公益活动。员工参加党员志愿者服务等各类公益活动；开展“一张纸献爱心行动”，售卖废旧纸张所得款捐赠海南省慈善总会；组织无偿献血活动，献血2.05万毫升；开展消费扶贫系列活动，线上线下消费扶贫产品金额54.37万元，采购国家局定点扶贫地区产品13.75万元。

重庆市烟草专卖局（公司）

2020年，重庆市烟草商业系统积极开展各项社会公益活动。

扶贫济困，捐款3302.58万元。资助乡村建设，重庆市烟草商业系统援建水源工程项目，捐款2.14亿元。资助慈善公益，捐款3564.12万元。资助教育事业，捐款25万元。灾害救助，向受灾烟农捐款3188万元，员工捐款91.8万元。其他公益活动，组织义务献血，献血总量2.97万毫升。

四川省烟草专卖局（公司）

2020年，四川省烟草商业系统捐款2267.9万元，用于各项社会公益活动。

扶贫济困。捐款494.79万元，其中，向“慈善一日捐”“社区双报到”等相关活动捐款11.8万元；对社区、农村困难户、敬老院等群体开展送温暖慰问282.99万元。

资助教育事业。捐款405.64万元，其中，200.40万元用于为全省困难中小学校购置教学设备、建设运动场；67万元用于“诚至诚——爱在阳光下”希望工程，帮助134名贫困学子圆梦大学；33万元用于建设6所“诚至诚”雨露图书室；105.24万元用于帮扶贫困学生完成学业。

资助社会公共设施建设。捐款732.38万元，其中，267.16万元用于帮扶贫困村修建村道、修建堰塘等；146.35万元用于帮扶联系社区、贫困村购置党群活动中心设备设施；276.89万元用于帮扶贫困村建设农产品交易中心、支持蚕桑、养殖等村级集体经济事业发展；41.98万元用于共建村级文化广场、社区精神文化墙等。

资助文化、卫生等相关事业捐款68.89万元。其中，29.7万元用于帮扶社区卫生环境改造提升；25万元用于帮扶村人居环境改善；14.19万元用于社区创文创卫等项目。

灾害救助。捐款566.2万元，其中，400万元用于凉山州烟区雨季公路维护；120.65万元用于攀枝花烟区抗旱救助；35.55万元用于广元烟区、凉山烟区受旱灾严重影响烟农补助；10万元用于阿坝新冠肺炎疫情防控。

贵州省烟草专卖局（公司）

2020年，贵州省烟草商业系统捐款6595.08万元，用于支持脱贫攻坚、教育事业、烟草扶贫新村建设等。

助力结对帮扶县打赢脱贫攻坚战。持续加大对六盘水市水城区社会事业发展支持力度，全年投入3000万元，实施壮大村级集体经济项目6个、基础设施建设项目4个、产业配套项目3个。通过省妇女儿童发展基金会向水城区定向捐赠资金150万元，资助贫困家庭学生上学。对水城区剩余贫困人口实施挂牌督战，确保不掉一户、不漏一人全部如期脱贫。

推进烟草扶贫新村建设。全年投入捐赠资金2000万元，在毕节市建设烟草扶贫新村8个，烟农种烟积极性显著提高，带动当地农村产业发展，取得良好的社会、经济和扶贫效益，每个项目村平均受益人口2000人。扶贫新村项目实施以来，推动毕节市至少20万人受益。

其他各直属单位结合地区实际，累计投入捐赠资金1445.08万元支持地方公共事业，助力按时高质量打赢脱贫攻坚战。

云南省烟草专卖局（公司）

2020年，云南省烟草商业系统捐款3.98亿元（含员工捐款218.19万元），用于各项社会公益活动。

扶贫济困。捐款3.85亿元（含员工捐款147.12万元），其中3亿元专项用于昭通市深度贫困县脱贫帮扶，8350万元用于各地州（市）开展挂钩贫困村帮扶及扶贫活动。

资助教育文化事业。捐款167.14万元（含员工捐款16.64万元），用于改善贫困地区教学环境、文体物资购买等。

资助社会公共设施建设。捐款1065.5万元。

灾害救助。员工捐款44.30万元，主要用于新冠肺炎疫情防控、自然灾害受灾农户生产生活恢复等。

积极开展其他各类公益活动。通过志愿者服务形式，组织职工1.87万人次开展疫情防控（含边境）、脱贫帮扶、“保护母亲河”等公益性服务，累计捐款10.13万元、植树1738棵、献血7.15万毫升。

西藏自治区烟草专卖局（公司）

2020年，西藏自治区烟草商业系统捐资1144.57万元，用于各项社会公益活动。

扶贫济困、结对帮扶、强基惠民。开展困难户慰问活动，发放慰问品、慰问金共计39.19万元；党员领导干部结对帮扶，向被帮扶对象捐款38.63万元。自治区局（公司）捐款743.33万元修建驻村点村级组织活动场所；采购扶贫产品265.28万元。昌都市局（公司）捐款18.5万元购置驻村点背负式收割机；日喀则市局（公司）捐款14万元修建驻村点（楚龙村）阳光棚；山南市局（公司）捐款25.64万元购置驻村点收割打捆机械设备。

陕西省烟草专卖局（公司）

2020年，陕西省烟草商业系统捐款4791.25万元，用于各项社会公益活动。

疫情防控。全省烟草商业系统向地方定点医院、防疫部门和湖北烟草捐赠防疫资金及设备近1000万元，其中员工捐款捐物近100万元。

扶贫济困、资助教育、社会公共设施建设等事业。捐款4065.3万元，其中，向宝鸡陇县捐款2185.17万元支援南峡沟水库水源性工程项目建设；助力当地脱贫攻坚捐款1122.8万元。

资助新农村建设、救助救灾。捐款491.63万元。

其他社会公共福利事业。捐款234.32万元。

甘肃省烟草专卖局（公司）

2020年，甘肃省烟草商业系统捐款1778.21万元（含个人捐款26.93万元），用于各项社会公益活动。

灾害救助。向甘肃省红十字会捐款200万元，用于甘肃省抗击新冠肺炎疫情工作。

扶贫济困。向甘肃平凉市静宁县红十字会捐款505.8万元，用于帮扶村脱贫攻坚；向甘肃陇南市宕昌县红十字会捐款500万元，实施易地整村搬迁等；捐款475.29万元（含个人捐款6.81万元），用于新农村建设、村容村貌整治、富民产业培育等项目建设。截至2020年底，甘肃省烟草商业系统帮扶的121个村9463户全部实现脱贫。

资助教育事业。向甘肃省慈善总会捐助50万元；向静宁县学生资助管理中心捐款20万元，实施贫困大学生救助项目。

所属各单位积极开展其他各类公益活动。兰州市局（公司）员工捐款7.57万元，开展“携手同心、共抗疫情”等活动，发放口罩17.24万只；天水市局（公司）开展消费扶贫、结对帮扶慰问等公益活动；定西市局（公司）员工捐款2.21万元，用于新冠肺炎疫情防控；酒泉市局（公司）员工捐款4.34万元，开展“抗击疫情、奉献爱心”等公益活动；武威市局（公司）开展环境卫生整治、文明交通劝导、义务植树等活动；张掖市局（公司）开展抗击疫情进社区志愿服务、无偿献血等公益活动；庆阳市局（公司）开展“党员进社区”、义务植树等公益活动，植树1135棵；平凉市局（公司）员工捐款4.3万元，为医护、交管等工作人员购买防疫物资等；金昌市局（公司）开展“疫情防控、党员先行”等公益活动；甘南州局（公司）捐款6.7万元（含个人捐款1.7万元），开展“战疫情·献爱心”等公益活动。

青海省烟草专卖局（公司）

2020年，青海省烟草商业系统积极开展各项社会公益活动。

扶贫济困，资助卫生、教育事业，疫情防控。通过青海省红十字会向医疗、教育系统捐款600万元，员工捐款27.45万元助力地方疫情防控；开展助学帮扶、爱心助残、博爱一日捐、金秋助学等活动，累计捐款14.34万元。

资助乡村建设。与定点扶贫村海东巴藏沟乡李家村党支部开展结对帮扶活动，帮扶定点扶贫村卫生室建设捐款1.5万元；帮扶巴藏沟乡小学围墙建设捐款12万元；助力高原美丽乡村建设，提供共建资金70万元。

宁夏回族自治区烟草专卖局（公司）

2020年，宁夏回族自治区烟草商业系统捐款296.81万元，用于各项社会公益活动。

疫情防控。全自治区烟草商业系统干部职工累计捐款33.96万元。

扶贫济困、资助教育事业。捐款278.42万元，帮扶吴忠市红寺堡区、盐池县王乐井乡双圪垯村、固原市原州区头营镇坪乐村等；捐款18.39万元，支持希望工程，开展教育扶贫；采购定点扶贫地区农产品134万元。

新疆维吾尔自治区烟草专卖局（公司）

2020年，新疆维吾尔自治区烟草商业系统捐款1140.92万元（含个人捐款12.15万元），用于各项社会公益活动。

疫情防控。新冠肺炎疫情防控封闭管理期间，全自治区645名烟草干部职工主动参与社区防疫、配送物资志愿服务活动，自发向社区捐赠抗疫物资价值共计6.75万元。

扶贫济困。捐款1085.17万元（含个人捐款5.4万元），其中，向“访民情、惠民生、聚民心”活动驻村点捐款742.67万元；其他扶贫济困捐款342.5万元（含个人捐款5.4万元）。

资助教育事业。捐款8.4万元，用于资助贫困学生等，向吐鲁番园艺场小学捐款0.5万元；向拜城县亚吐尔乡休相村大学生捐资助学2.6万元；开展“雨露计划”资助喀什大中专院校生0.3万元；向石河子困难学生捐款5万元。

资助乡村建设。捐款35.9万元，用于清除河道淤泥、冬季破冰清扫积雪、伊犁州昭苏县萨尔阔布乡库勒布拉克村村委会办公楼建设等。

积极开展其他各项公益活动。捐款4.7万元，用于春季、秋季义务植树活动，植树1600棵；向和田地区皮山县木吉镇捐赠书籍940册；开展“‘衣’份关怀，物暖人心”主题志愿活动，向巴州且末县巴格艾日克乡其盖喀什村捐赠服装鞋帽、图书玩具35箱；参加公益活动无偿献血2600毫升。

大连市烟草专卖局（公司）

2020年，大连市烟草商业系统捐款506.8万元，用于各项社会公益活动。

疫情防控。捐款300万元，其中，市局（公司）向大连慈善基金会捐款100万元；中山区局（分公司）向大连市中山区红十字会捐赠20万元；沙河口区局（分公司）向大连市沙河口区慈善总会捐赠20万元；甘井子区局（分公司）向大连市甘井子区红十字会捐赠50万元；旅顺口区局（分公司）向大连市旅顺口区慈善总会捐赠20万元；金州区局（分公司）向大连金普新区慈善总会捐赠20万元；普兰店区局（分公司）向大连市普兰店区慈善总会捐赠20万元；瓦房店市局（分公司）向大连瓦房店市慈善总会捐赠20万元；庄河市局（分公司）向大连庄河市慈善总会捐赠20万元；长海县局（分公司）向大连市长海县慈善总会捐赠10万元。

扶贫济困。捐款206.8万元，其中，市局（公司）向大连慈善基金会捐款100万元；向西岗区慈善总会捐款30.8万元；通过大连慈善基金会向帮扶村庄河市长岭镇洪昌村、塔岭镇东瓜川村分别捐款18万元和10万元；旅顺口区局（分公司）向旅顺口区慈善总会捐款2万元；金州区局（分公司）向金普新区慈善总会捐款8万元；普兰店区局（分公司）向普兰店区慈善总会捐款11万元；瓦房店市局（分公司）向瓦房店市慈善总会捐款9万元；庄河市局（分公司）通过庄河市慈善总会向帮扶村庄河市光明山镇吕沟屯村捐款10万元。

资助教育事业。向大连市青少年基金会青年志愿者、希望工程共捐款8万元；向行业定点扶贫地区进行农产品扶贫采购7万余元。

所属各单位积极开展其他各类公益活动。市局（公司）走访定点扶贫村庄河市长岭镇洪昌村、塔岭镇东瓜川村，确保脱贫攻坚任务落实落地；市局机关全体党员捐款帮助购买农田水利设备，及时解决春耕灌溉难题；庄河市局（分公司）党支部采购测温枪、消毒液等防疫物资和应急食品，助力扶贫村疫情防控。长海县局（分公司）党支部慰问海岛贫困零售户，捐赠生活必需品。

深圳市烟草专卖局（公司）

2020 年，深圳市烟草商业系统开展各项社会公益活动。

扶贫济困，市局（公司）采购国家局定点扶贫县农产品 53.51 万元；参与地方组织的消费扶贫行动，采购三乐村的农特产品 10 万元。

资助教育事业。向深圳教育事业捐款 100 万元；向“好技师、好讲师”系列活动捐款 70 万元。

所属各单位积极开展其他各类公益活动。罗湖区局（公司）开展 4 轮“送防疫物品、献爱心促经营”活动；福田区局（公司）开展“心连心防疫情　手牵手促复工”主题党日活动，为零售户送上防疫物资；盐田区局（公司）开展“环保扶贫、青年先行”志愿服务活动；南山区局（公司）向零售户、社区、慈善机构捐赠防疫物资；宝安区局（公司）在新冠肺炎疫情防控的复学复课阶段开展“防疫筑爱　星手相连”活动；龙岗区局（公司）开展“学雷锋　义务理发助防疫”等活动，向云南省怒江傈僳族自治州兰坪县中排乡大土基希望小学捐赠图书；龙华区局（公司）开展帮扶慰问困难零售户活动；坪山区局（公司）开展“抗疫情、送口罩、传爱心”等活动；光明区局（公司）向辖区重点零售户派发防疫物资，覆盖率 45%；大鹏新区局（公司）开展清洁海滩志愿服务活动，每月定期组织义工队青年为当地孩子授课，捐赠教具、书籍等；中深烟草贸易中心组织开展“情暖国庆中秋，探访社区老人”活动，对符合政策条件租户实行租金减免，对经营困难的租户制定减免月租金举措，共计减免租金 196.67 万元。

◇ 编辑：周　佳

河北中烟工业有限责任公司

2020 年，面对突如其来的新冠肺炎疫情，河北中烟积极履行企业社会责任，通过河北省红十字会向省工信厅定向捐赠价值 486.8 万元的紧缺防疫物资；向帮扶村石家庄市灵寿县程家庄、乔家庄捐赠防疫药品 15 箱，价值 7.97 万元；组织公司党员捐款 34.49 万元；向湖北、辽宁、四川、宁夏等地兄弟企业和烟区烟农捐赠消毒液、口罩、手套等物资；向“双报到”联系点石家庄市桥西区维明街道办事处和派出所捐赠口罩、酒精等防疫物资；第一时间对 5 个定点帮扶村驻村工作队作出疫情防控安排，全面落实公司和属地防控要求，并捐款 455 万元持续助力打赢脱贫攻坚战。

河北省荷花公益基金会组织开展一系列针对农村空巢老人的爱心志愿活动，省内多家企业、高校、社团成为基金会的合作伙伴，积极参与公益活动 400 余场，服务农村老人近万人次。基金会出资 15 万元，向河北 11 个地级市的养老院、基金会帮扶的养老试点捐赠消毒液、口罩、米面油、床垫等物品。举办 2020（第五届）中国农村养老高峰论坛，搭建农村养老交流平台，推动养老跨界互联。荷花公益基金会组织的“‘妇老乡亲’农村助老荷花志愿服务项目”获得“2020 年河北省青年志愿服务项目大赛”金奖、“第五届中国青年志愿服务项目大赛”铜奖。

江苏中烟工业有限责任公司

2020 年，江苏中烟工业系统捐款 1143 万元，用于各项社会公益活动。

救济贫困、帮残助残、灾害救助等捐款 1055 万元。其中，向江苏省儿童少年福利基金会捐款 80 万元，向残疾人基金会捐款 100 万元，向江苏省慈善总会精准扶贫项目捐款 200 万元，向受灾烟叶产区捐款 430 万元，帮扶宿迁市泗阳县捐款 100 万元、南京市高淳区和平村捐款 60 万元、南京市栖霞区马群街道文康苑社区捐款 10 万元，帮扶徐州市挂钩定点经济薄弱村捐款 40 万元，向徐州市总工会捐赠扶贫救助资金 35 万元。

资助教育文化事业捐款 43 万元。其中，向南京市慈善总会捐款 3 万元，向徐州一中捐资助学 40 万元。向其他社会公共和福利事业捐款 45 万元，其中向淮安市清江浦区捐款 45 万元。

浙江中烟工业有限责任公司

2020 年，浙江中烟工业系统捐款 5656.22 万元，用于各项社会公益活动。

扶贫济困捐款795万元。其中，向杭州市慈善总会、杭州市西湖区慈善总会、杭州市上城区慈善总会、杭州市桐庐县慈善总会捐款共计525万元，向宁波市奉化区慈善总会、宁波市红十字会捐款共计150万元，向温州市文成县珊溪镇鳌洋村捐款70万元，向衢州江山市民政局捐款50万元。

资助教育事业捐款843万元。其中，向河北省慈善总会、山东省慈善总会、广东省慈善总会、江苏省慈善总会、甘肃省慈善总会、河南省慈善总会捐款共计318万元，向湖南省教育基金会、浙江省妇女儿童基金会、辽宁省妇女儿童基金会、云南省青少年发展基金会、西安市红十字会等10个公益组织捐款共计525万元。

灾害救助捐款4018.22万元。其中，向杭州市上城区慈善总会、杭州市西湖区慈善总会、宁波市慈善总会、台州市慈善总会、温州市慈善总会、宁波市奉化区红十字会捐款共计1000万元，党员个人捐款17.38万元，用于新冠肺炎疫情防控工作；向湖南省郴州市慈善总会、湖北省恩施市慈善总会、山东省潍坊市慈善总会等50个慈善机构、部门捐款共计3000万元，用于烟农救助、基地扶持工作；职工个人捐款0.85万元。

安徽中烟工业有限责任公司

2020年，安徽中烟工业系统捐款2513.5万元，用于各项社会公益活动。

安徽中烟本部向安徽省红十字基金会捐款600万元，用于新冠肺炎疫情防控工作；捐款180万元，用于宿州市灵璧县朝阳镇杨桥村定点扶贫工作；捐款200万元，用于烟叶基地灾后重建工作；帮扶的杨桥村实施1户4人的脱贫计划，实现全村贫困人口清零；捐款30万元，用于购置太阳能路灯改善居住环境；跟踪落实杨桥村贫困人口在大棚园区温室大棚项目就业相关事项，追加捐款100万元用于新建温室大棚；捐款50万元，用于朝阳镇新时代文明实践所和足球场项目建设，助力开展村民培训教育事业和文化活动。

所属各单位积极开展其他各类公益活动。蚌埠卷烟厂向蚌埠市五河县朱顶镇井头村定点扶贫项目捐款20万元，向蚌埠市慈善总会捐款120万元用于新冠肺炎疫情防控工作，向淮南市寿县捐款50万元用于洪灾灾后重建工作。芜湖卷烟厂向芜湖市红十字会捐款100万元用于新冠肺炎疫情防控工作，向黄山市歙县民政局等4家单位捐款300万元用于灾后重建。合肥卷烟厂向合肥市慈善总会捐款100万元用于新冠肺炎疫情防控，向合肥市慈善总会、六安市慈善协会、桐城市民政局等3家单位捐款300万元用于灾后重建。阜阳卷烟厂向阜阳市颍东区民政局捐款15万元用于插花镇前于村扶贫事业，向阜阳市临泉县民政局捐款5万元用于刘大楼村脱贫攻坚工作，向阜阳市红十字会捐款80万元用于新冠肺炎疫情防控、捐款100万元用于洪灾灾后重建。滁州卷烟厂捐款17万元用于滁州市凤阳县总铺镇姜庙村脱贫工作，向滁州市红十字会等单位捐款80万元用于新冠疫情防控，向明光市慈善协会等单位捐赠防汛抗洪资金100万元。

福建中烟工业有限责任公司

2020年，福建中烟工业系统捐款2159.08万元，用于各项社会公益活动。

福建中烟本部灾害救助捐款129.5万元，用于灾后烟叶基地建设。其中，向辽宁朝阳市北票市慈善总会捐款40万元、朝阳市建平县民政局捐款8万元，向云南曲靖沾益区慈善总会捐款31.5万元，向龙岩长汀县慈善总会捐款30万元、南平市政和县财政局捐款20万元。扶贫济困，向南平市浦城县捐款300万元、富岭镇富官村捐款0.3万元、三明市建宁县慈善总会捐款100万元，向厦门市慈善总会捐款10万元。支持医疗事业，向厦门市红十字基金会第一医院捐款150万元、中山医院捐款150万元。支持教育事业，向厦门市教育基金会捐款390万元。助力脱贫攻坚，采购扶贫农产品68万元。

所属各单位积极开展其他各类公益活动。龙岩烟草工业有限责任公司向龙岩市慈善总会捐款699.28万元，其中扶贫济困捐款186.71万元，资助教育捐款280万元。厦门烟草工业有限责任公司资助困难家庭患者医疗资金，向厦门中山医院基金会捐款50万元；资助高考贫困学生，支持地方教育事业，向厦门市教育基金会捐款20万元、海沧区教育基金会捐款50万元；支持社会公共福利事业，向厦门市老年基金会捐款22万元、爱国拥军促进会捐款20万元。

江西中烟工业有限责任公司

2020年，江西中烟工业系统捐款1.02亿元，用于各项社会公益活动。

资助教育事业。向“金圣学子”项目捐款30万元。帮扶萍乡市“生态文明村”建设捐款150万元。对口资助赣南等原中央苏区建设捐款1亿元。

山东中烟工业有限责任公司

2020年，山东中烟工业系统捐款1248.1万元，用于各项社会公益活动。

抗疫救灾。向山东省慈善总会捐赠新冠肺炎疫情防控专用资金1000万元。与山东省局（公司）联合，紧急调运100吨蔬菜专程送到武汉战“疫”一线。开展抗击疫情爱心募捐活动，干部职工捐款捐物价值285万余元，其中党员捐款155万余元。召开疫情防控医务人员亲属座谈会，成立关心关爱小组，帮助直系亲属在防疫一线奋战的员工解决实际困难。组织干部员工到社区参加联防联控，为所在社区、双联共建村、第一书记派驻村捐赠防护用品。将军集团、颐中集团减免中小微企业租金1265万元。职工季文静捐赠连体防护服2000套、护目镜2000副、免洗消毒液1600余瓶，许记浦一家捐赠5000千克新鲜蔬菜。

扶贫济困。选派6名干部到帮扶村任第一书记。投入扶贫资金240余万元，为帮扶村解决道路、饮水设施建设、项目开发和村容村貌等问题，其中，向济南市柳埠街道突泉村捐款60万元、南部山区潘家场村捐款53万元，向临邑县保太镇和平村、万松山庄村各捐款50万元，向滕州市姜屯镇罗岗村捐款20万元，开展帮助贫困群众过暖冬过好年活动捐款7.49万元，向贵州安顺西秀区黄腊乡救助扶贫工作捐款15万元。组织职工购买帮扶村农产品，走访慰问贫困户，为帮包村五保老人捐款翻盖“爱心厨房”。

资助教育事业。组织参加“希望小屋”爱心捐助活动，捐款7.6万余元。开展“助学逐梦　为爱加油”活动，为贫困儿童赠送学习用品。向青岛市慈善总会“人口关爱基金”捐款0.5万元。

积极开展其他各类公益活动。组织开展义诊、关爱特殊教育儿童、帮扶贫困学生、走访慰问老党员、残疾户、贫困孤寡老人等“雷锋月”系列活动。开展义务植树、帮扶村卫生清理、交通秩序维护、社区健康码注册等志愿服务活动。组织干部职工参加无偿献血活动，其中济南卷烟厂员工无偿献血1.2万毫升，将军集团员工无偿献血3.23万毫升。

河南中烟工业有限责任公司

2020年，河南中烟工业系统捐款2228.28万元（个人捐款138.78万元），用于各项社会公益活动。

河南中烟工业系统参与公益性捐赠活动158项，共捐款2089.5万元。其中，向河南省慈善总会捐赠1000万元用于支持全省新冠肺炎疫情防控工作；向驻马店市见义勇为基金会捐赠10万元用于表彰奖励和帮扶救助；扶贫济困捐款1079.5万元，用于打造党建阵地，建设基础设施，发展扶贫产业，助力打赢精准脱贫攻坚战，其中援建大别山干部学院毛铺校区捐款800万元，向河南省直工会金秋助学项目捐款30万元，向“爱心书屋”教育扶贫项目捐款9万元，援助安阳市困难企业职工3万元，向许昌市襄城县、湛北乡杨庄村捐款40万元，向安阳市龙安区龙泉镇周家庄村捐款20万元，向漯河市柿园张村捐款20万元、皇西村捐款10万元、老窝镇老许村捐款10万元，向南阳市淅川县厚坡镇王河村捐款40万元、社旗县下洼镇高庄村捐款40万元，向驻马店市正阳县袁寨乡孙楼村捐款22.5万元，向洛阳市嵩县纸房镇邓岭村捐款35万元。

个人捐赠。河南中烟工业系统干部职工共计捐款138.78万元，其中参与扶贫济困2163人次，捐款21.29万元；参与捐资助学79人次，捐款4.34万元；疫情期间，公司职工自发捐款支持新冠肺炎疫情防控工作，5820人参与，捐款113.15万元。

积极开展其他各类公益活动。积极采购国家局定点扶贫地区农产品、购买公司定点扶贫地区农产品。组织慈善活动339次，325人次参加无偿献血活动，995人次参加爱心助考、植树、义务劳动，到福利院看望孤寡老人，开展文明交通宣传、文明行为劝导、道路清洁、社区服务，协助社区开展疫情防控等志愿活动。

湖北中烟工业有限责任公司

湖北中烟自2017年全面启动“三见”公益活动，即：“我看见·荆楚送光明”“我梦见·荆楚送希望”“我听见·荆楚送健康”。

2020年，“我看见·荆楚送光明”项目通过组织专家送医送药到基层，帮扶省内扶贫地区、扶贫人口中因白内障失明人群。2020年，该项目于7月30日组织召开线上项目启动会议。因省内疫情防控要求，该项目延迟开展。

“我梦见·荆楚送希望”项目主要资助家庭经济困难大学生学习生活。全年该项目在25所高校开展，投入资金410万元，帮助4600余人解决部分生活费用问题。

“我听见·荆楚送健康”活动，通过捐赠资金、捐赠物资等方式帮助残障学生。2020年，湖北中烟先后在6所特殊教育学校开展“我听见·特殊教育学校职业训练”项目，并在钟祥特殊教育学校建立家政仿真中心、武汉市第二聋哑学校建立“武汉名小吃”烹饪中心等实训基地。开展“我听见·特教学生生活困难补助”项目，为近200名残障困难学生提供生活补助，帮助贫困学生顺利完成学业。

此外，通过湖北省妇女儿童发展基金会和湖北省教育基金会开展“我梦见”系列其他公益活动。其中，在“三八妇女节”期间，向外地援鄂抗疫一线女性医务工作者捐赠医护健康包1.5万份；在抗洪抢险期间，慰问阳新、蔡甸、洪湖三县抗洪抢险一线武警官兵、基层干部和志愿者等工作人员；为加强疫后妇女儿童心理疏导，做实做细妇女儿童维权实践工作，开展“我梦见·家庭服务心理教练”培训项目；为带动因疫致困农村家庭中的留守妇女开展家门口就业工作，开展“我梦见·巾帼微工坊”黄梅挑花项目和“我梦见·公益木兰”项目；为引导广大教师执着于教书育人，营造尊师重教社会氛围，开展“我梦见·寻访荆楚好老师”项目。

湖南中烟工业有限责任公司

2020年，湖南中烟工业系统捐款1.82亿元，用于各项社会公益活动。其中，灾害救助、救济贫困、扶助残疾人等活动捐款5907万元；资助教育、科学、文化、体育、卫生事业捐款7240万元，其中湖南中烟支持抗击新冠肺炎疫情工作捐款1000万元；资助环境保护、社会公共设施建设活动捐款5025万元。

积极开展其他各类公益活动。投入扶贫资金1384万元，其中帮扶8个贫困村1324万元，国家局定点扶贫宁夏吴忠市红寺堡区60万元。支持新冠肺炎疫情防控工作，职工个人捐款181.81万元。

广东中烟工业有限责任公司

2020年，广东中烟工业系统捐款1973万元，用于各项社会公益活动。

扶贫济困。继续支持定点相对贫困村人居环境整治、生态宜居美丽乡村建设，助力乡村振兴。向广东韶关南雄市邓坊镇邓坊村定向捐款，用于邓坊村外立面改造、喜悦安康大道改建、家庭产业扶贫、农用灌溉总渠修建、桥梁和机耕路修建等；向南雄市水口镇群星村捐款20万元；向梅州市蕉岭县南礤镇岭背村捐款150万元；向湛江市遂溪县北坡镇北塘村捐款30万元，向遂溪县港门镇货湖村捐款170万元。支持2020年“广东扶贫济困日”活动，捐款1140万元。广东中烟连续第十次获得广东扶贫济困红棉杯金杯奖。

灾害救助。捐款400万元，用于救助烟叶受灾严重的云南弥勒、景东、罗平，湖南湘西、临澧、桃源、宁远等地。

积极开展其他各类公益活动。爱心捐赠。有3350人次参加职工爱心捐赠；向广州市幸福工程救助贫困母亲爱心活动捐款2.54万元；向韶关“慈善一日捐”活动捐款4万元；向梅州“爱心父母大联盟”活动捐款5.5万元；职工个人向“广东扶贫济困日”爱心捐款活动捐款4.42万元。志愿服务。有253人次参加志愿活动；参加疫情防控系列志愿活动，深入社区排查管控、派发防疫传单、粘贴海报、向村庄捐助口罩和消毒液、助力其他企业复工复产等；参加“美丽乡村”志愿活动；参加系列党员志愿服务活动等。义务献血。有104人次参与无偿献血活动。

广西中烟工业有限责任公司

2020年，广西中烟工业系统捐款2107.06万元，用于各项社会公益活动。

扶贫济困。向广西贫困县市捐款516.26万元，主要用于马山县、田东县、上林县、隆安县、东兰县、大新县、三江县、融水县等精准扶贫项目及全区贫困地区的产业扶贫、基础设施建设，以及资助尿毒症患者、爱心助残、慰问贫困户等活动。

资助教育事业。捐款357.39万元，其中，向广西青少年发展基金会捐款118万元，用于援建“希望厨房”；向广西协力扶助基金会捐款150万元，用于广西区扶贫教育活动；向广西壮族自治区总工会捐款50万元，用于“金秋助学”活动，向周边幼儿园、小学捐款39.39万元，用于学校教育设施建设。

资助乡村建设。捐款331.41万元，其中，向百色市田林县民政局捐款182万元，用于脱贫攻坚项目；向贺州市富川瑶族自治县慈善总会捐赠140.02万元，用于公司帮扶贫困村基础设施建设；向柳州市融安县民政局捐款9.39万元，用于浮石镇木瓜村道路建设。

灾害救助。捐款402万元，用于受灾烟区灾后建设。向广西红十字会捐赠500万元，用于自治区人民政府防控疫情工作。

重庆中烟工业有限责任公司

2020 年，重庆中烟工业系统捐款 1076.11 万元（个人捐款 6.11 万元），用于各项社会公益活动。

扶贫济困。开展救济性捐赠项目 3 项；向黔江区捐款 50 万元，帮扶水市乡杨柳村；向武隆区扶贫基金会捐款 5 万元，帮扶凤山街道蒲板村；向巫山县捐款 20 万元，支持双龙镇新时代文明实践活动站建设。

捐资助学。向重庆市教育发展基金捐款 10 万元、南岸区教育发展基金捐款 50 万元、黔江区教委捐款 30 万元，用于助学项目；向石柱土家族自治县教育基金会捐款 50 万元，用于该县特殊教育事业。

灾害救助。向重庆市慈善总会捐款 200 万元、南岸区慈善会捐款 100 万元、涪陵区慈善会捐款 100 万元、黔江区慈善会捐款 100 万元，用于资助抗击新冠肺炎疫情；向重庆市慈善总会捐款 205 万元，用于重庆市部分因洪涝受灾区县生产生活自救。

其他公益捐赠。向重庆市沈铁梅文化发展基金会捐款 130 万元，用于重庆市川剧院地方文化产业保护；向重庆市慈善总会捐款 20 万元，支持重庆市"吃得文明"主题活动公益广告创作大赛。

公司总部和所属卷烟厂积极组织开展志愿者服务和其他社会公益活动。志愿活动。重庆中烟志愿服务队开展"驰援新桥医院，共在抗疫前线"行动，组织志愿者前往新桥医院协助安装隔离防护栏；开展"雷锋月社区服务"行动，组织志愿者前往周边烟酒副食商铺，发放防疫物资；开展"爱国卫生月"行动，组织志愿者在南坪商圈附近打扫公共环境卫生，发起"爱国爱家、共创美好，文明卫生、幸福家园，摒弃陋习、预防疾病，健康生活、幸福未来"的活动倡议；开展支援洪灾受灾零售户行动，组织志愿者为在 8 月 20 日洪灾中受影响的商户提供帮助，解决恢复经营中遇到的实际困难。献血活动。重庆卷烟厂组织职工参加南岸区弹子石街道无偿献血活动，共献血 8900 毫升。防汛救灾。涪陵卷烟厂防汛救灾突击队帮助重庆川东船舶厂有限责任公司开展洪峰过后的清淤工作，帮助其恢复生产；涪陵卷烟厂防汛救灾突击队帮助控制攀华广场火情，为随后赶到的专职消防队灭火争取时间。

个人公益活动。2020 年 3 月，公司职工个人通过"重庆市残疾人福利基金会"对"平凡的逆行者"环卫工人捐赠现金 6.11 万元。

四川中烟工业有限责任公司

2020 年，四川中烟工业系统投入扶贫资金 957.2 万元。其中，向凉山州"绿色家园"建设项目扶贫捐款 490 万元，凉山州越西县保石乡中心校修缮项目扶贫捐款 31 万元，凉山州越西县保石乡洛度村扶贫捐款 76.5 万元，叙永县水潦乡白腊村生态猪养殖项目扶贫捐款 300 万元，中江县会龙镇柳叶村农村饮水安全巩固提升工程扶贫捐款 50 万元，四川省慈善基金会体育爱心包捐款 9.7 万元。

贵州中烟工业有限责任公司

2020 年，贵州中烟工业系统参与全省精准扶贫工作，投入帮扶资金 3210 万元。其中，向结对帮扶黔西南州晴隆县投入帮扶资金 3070 万元，向贵州遵义、毕节、铜仁等地州（市）投入帮扶资金 140 万元。

结对帮扶晴隆县是公司全年助力脱贫攻坚的主线。投入 2400 万元发展食用菌帮扶项目，建设食用菌产业基地 9 万平方米；投入 300 万元开展"圆梦·助学"行动；投入 100 万元开展农户技术培训、就业指导、扶贫干部培训；投入 270 万元发展村集体经济及补短板、环境整治等项目。

截至 2020 年底，贵州中烟工业系统 5 年累计投入 1.37 亿元资金助力晴隆县如期打赢脱贫攻坚战，晴隆县 56 个贫困村全部出列，12.61 万贫困人口实现脱贫。

云南中烟工业有限责任公司

云南中烟工业有限责任公司本部。公益捐赠。2020 年，云南中烟工业有限责任公司本部捐赠社会公益资金 4494.98 万元，共计 23 个项目，涉及云南省内昆明、玉溪、曲靖、红河、楚雄、大理、昭通、保山、文山，省外乌兰浩特市等 10 个州（市）贫困地区的教育扶贫事业，开展"挂包帮、转走访"精准帮扶、"兴边富民"工程、云南省老龄事业发展基金会助老工程、云南省退役军人关爱基金会、云南省教育基金会"倾注真情育人　共建书香校园"活动、云南省妇女儿童基金会"冬日暖阳"爱心活动等专项捐赠。在 2020 年新冠肺炎疫情发生初期，云南中烟积极协调，从境外采购 15.72 万个防护口罩捐赠给云南省人民政府，助力打赢疫情防控阻击战。

扶贫工作。2020年，云南中烟工业系统投入各类帮扶资金8.51亿元。其中，投入扶贫、教育等帮扶资金0.97亿元；协调使用云南省烟草产业发展基金，在全省教育、救灾、医疗、改善民生、基础设施建设、烟叶发展等方面，投入帮扶资金7.54亿元。派驻扶贫工作队员58人。其中，云南中烟本部派驻11人、红塔集团派驻19人、红云红河集团派驻28人。

红塔烟草（集团）有限责任公司。2020年，红塔烟草（集团）有限责任公司捐款2675.27万元，用于各项社会公益活动。

扶贫济困。红塔集团本部向挂钩扶贫点普洱市澜沧拉祜族自治县南岭乡谦哲村捐款340.16万元；玉溪卷烟厂向玉溪市峨山彝族自治县富良棚乡及美党村捐款383.5万元；楚雄卷烟厂向楚雄市东华镇路上村、大过口乡磨刀箐村和武定县环州乡千则古村、猫街镇七排村等捐款272.4万元；大理卷烟厂向大理白族自治州云龙县苗尾乡旱阳村及巍山县牛街乡直捷村、漾濞县富恒乡长寿村等捐款350万元；昭通卷烟厂向昭通市盐津县普洱镇桐梓村及威信县扎西镇墨黑村、永善县大兴镇捐款80万元，用于当地贫困村村寨产业扶持、人居环境改善、公共基础设施建设等精准扶贫项目。

资助教育事业。红塔集团本部向玉溪市教育体育局捐款210万元，向玉溪市山区民族教育促进会捐款60万元，向玉溪市慈善总会捐款30万元，向曲靖市会泽县教育体育局捐款89.61万元；玉溪卷烟厂向玉溪市红塔区教育体育局捐款280万元；楚雄卷烟厂向楚雄市教育体育局捐款127.6万元；大理卷烟厂向大理州云龙县团结乡新宅村完小附属幼儿园、永平县水泄乡中心幼儿园捐款50万元；昭通卷烟厂向昭通市昭阳区、永善县、彝良县教育体育局和昭阳区第五小学等捐款320万元，用于改善当地部分中小学校、幼儿园教学设备设施，资助贫困家庭学生。

其他公益捐赠。红塔集团本部、玉溪卷烟厂共向玉溪市慈善总会捐款82万元，用于困难儿童救助项目。

红云红河烟草（集团）有限责任公司。2020年，红云红河集团捐款3115.21万元，用于各项社会公益活动。

扶贫济困。开展“挂包帮、转走访”捐款461万元。其中，向昆明市寻甸县金源乡小村村捐款64万元，向曲靖市会泽县田坝乡板坡村捐款65万元，向会泽县金钟街道石鼓社区、钟屏街道鱼洞社区、以则村捐款24万元，向会泽县马路乡水口村、旁官地村、火红乡龙树村、鲁纳乡狮子村捐款188万元，向弥勒市西二镇西龙村捐款120万元。其他扶贫济困项目合计捐款255万元。其中，向红河州泸西县扶贫援建项目捐款15万元，向新疆塔城地区裕民县阿勒腾也木勒乡解决农牧民生产生活设施购置及改善项目捐款110万元，向内蒙古乌兰浩特市义勒力特嘎查扶贫产业发展项目捐款130万元。

资助教育事业。向“红云园丁奖”“红河助学金”“红烟桃李奖”“雪莲奖学金”等助学项目捐款784.83万元。其他教育资助项目共捐款1086.54万元，其中，向云南省教育基金会“爱心书屋”捐款50万元，向昆明市五华区红云街道“幸福家园社区特困学生爱心资助”项目捐款10万元，向共青团弥勒市委“金秋圆梦行动”助学金捐款10万元，向曲靖、宣威、会泽、罗平、师宗等地13所学校捐款176.54万元，向新疆工程学院和奎屯市、伊犁州资助教育事业捐款210万元，向乌兰浩特市捐资助学项目和红云希望小学捐款630万元。

资助乡村建设。向会泽县宝云街道家庭农场配套设施建设项目捐款19万元，向会泽县以礼街道温泉村尾坪子小组蓄水池建设项目捐款19.8万元。

助老助残。向会泽县各敬老院及福利院供养人员帮扶捐款14.07万元。

资助社会公共事业。向奎屯市维稳经费捐款320万元，向部分销区及乌兰浩特市红十字会捐款30.17万元用于新冠疫情防控工作，向红云辖区垃圾分类设施建设、滇池流域生物多样性调研等8个项目捐款124.8万元。

陕西中烟工业有限责任公司

2020年，陕西中烟工业系统捐款1305万元，用于各项社会公益活动。其中，2020年初抗击新冠肺炎疫情期间，公司捐赠抗疫资金800万元，职工个人捐赠抗疫资金50余万元。截至2020年底，陕西中烟扶贫工作覆盖15个县（区）32个乡镇，帮扶2554户8839人全部按期实现脱贫。

扶贫济困。全系统派出扶贫干部9人开展包村扶贫工作。向榆林市绥德县定仙墕镇王坪山中心村捐款20万元，用于发展扩大养殖产业规模；向宝鸡市千阳县水沟镇英明村、崔家头镇赵家塬村捐款15万元，用于英明村进行住户门前路面加宽、护栏安装改造，赵家塬村修建苹果管理用房；向宝鸡市金台区硖石镇司家窑村捐款10万元，用于扶持特色产业，美化亮化农村环境；向宝鸡市高新区天王镇小塬村捐款10万元，用于硬化生产道路。向延安市宝塔区甘谷驿镇史家沟村，投入美丽乡村建设资金20万元。向汉中市佛坪县长角坝镇龙草坪村捐赠资金40万元，用于基础设施改造和产业发展。向渭南市澄城县安里镇义井庄村捐款50万元开展“两联一包”工作；向澄城县易地搬迁扶贫小区资助20万元，用于配套基础设施建设，向榆林市吴堡县杨家塬村投入精准扶贫资金20万元。向宝鸡市残疾人福利基金会捐款20万元，用于帮扶贫困白内障患者；向中共延安市委宣传部、延安市残疾人联合会捐款0.22万元。组织基层党支部结对帮扶，全年干部职工捐资济困4万余元。

资助科教文卫事业。支持延安无锡枣园中学第九期支教活动，投入支教资金10万元。向延安市宝塔区励博双语特色小学投入支教资金10万元。向延安市甘谷驿镇史家沟村委会农家书屋捐赠图书150余册，向村文化活动室捐赠音响、移动硬盘、移动播放器、耳机共计13台（套）。向澄城县全民健身运动广场项目捐款100万元。

资助社会公共设施建设。向陕西省国资委“合力团”扶贫宝鸡市麟游县农业灌溉项目捐款100万元。向汉中市乡村基础建设项目捐款20万元。资助安康市旬阳县仙河镇竹园河村党群服务中心文化广场项目建设捐款50万元，资助旬阳县白柳镇峰溪社区产业基础设施项目建设20万元。

其他福利事业。陕西中烟所属各单位组织开展“微心愿”扶助、“关爱退役军人”、“爱心超市扶志”、“10元关爱行动”等慈善募捐、关怀慰问活动，为陕西省道德模范、身边好人、福利院老人儿童、老军人等送去爱心与支持。多次联合属地献血办组织开展无偿献血志愿活动，帮助缓解市级血库库存紧缺的状况。

扶贫农产品采购。为落实脱贫攻坚三年行动计划，陕西中烟科学编制采购计划，加大国家局定点扶贫地区农特产品采购力度，克服疫情影响协调物流包装运输，明确质量控制标准，先后在湖北十堰竹山县、竹溪县，宁夏吴忠红寺堡区及江西赣州兴国县等地，分批次采购各类农特产品。2020年公司机关及各卷烟厂在各定点扶贫地区采购农特产品累计金额500余万元。

中国烟草总公司郑州烟草研究院

疫情防控。2020年，面对突如其来的新冠肺炎疫情，郑州烟草研究院积极落实疫情防控要求，迅速推进复工复产，有效保障各项工作进度不拖、效果不减。组织全院40人进行无偿献血，7批324人次赴社区值班值守，干部职工共计捐款4.5万元，为防疫贡献力量。

扶贫济困。完成村脱贫攻坚责任组和驻村工作队人员调整；坚持“扶贫日”例会制度，切实解决贫困户实际困难；完成第二届“金秋助学”活动，投入3.5万元对15名贫困学子进行资助；利用专项资金购买一次性防护口罩1.4万只，及时分发给民众等。

巩固脱贫成果，帮扶河南许昌凹郭村贫困群众全部脱贫“摘帽”。努力发展村集体经济，不断拓宽渠道，持续加大各类资金投入，进一步丰富产业项目类型，村集体经济总收益稳定在每年20万元以上，在河南襄城县名列前茅。

中国烟草总公司合肥设计院

救济贫困。2020年，合肥设计院认真落实党中央关于坚决打赢脱贫攻坚战的决策部署以及国家局党组和地方党委政府的工作安排，继续履行好定点扶贫帮扶政治责任，确保高质量打赢脱贫攻坚收官战。向帮扶对象六安市金寨县张冲乡黄畈村捐款4万元，支持开办公益超市——“振风”超市。组织工会和干部职工购买新疆皮山、安徽金寨等贫困地区农土特产品共计5.5万元，推动消费扶贫工作。

抗击疫情。积极响应号召，组织党员开展抗击疫情自愿爱心捐款活动，共计捐款0.53万元。

珠海醋酸纤维有限公司

2020年，珠海醋酸纤维有限公司捐款80.8万元，用于各项社会公益活动。

扶贫济困。捐款16万元，其中，向湖南汨罗三江镇荆浒村特困家庭捐款8万元，用于危房改造；向广东茂名信宜市金桐镇幸福村和茂名高新区七迳镇张屋村捐款5万元，用于脱贫攻坚；向云南怒江傈僳族自治州泸水市付坝村村民委员会捐款3万元，用于精准扶贫。

积极开展其他各类公益活动。捐款64.8万元，其中，向“珠海慈善协会·醋纤慈善基金”捐款34.8万元，用于珠海市新冠肺炎定点收治医院中山大学附属第五医院和珠海市援助湖北医疗队，帮助奋战在第一线的医护人员及病患共渡难关；向珠海市红十字会捐款30万元，用于珠海市科技发展公益专项资金。

◇编辑：褚 幸

社会责任报告选登

□ 湖北中烟工业有限责任公司2020年社会责任报告（摘要）

□ 湖南省株洲市烟草专卖局（公司）2020年社会责任报告（摘要）

湖北中烟工业有限责任公司2020年社会责任报告（摘要）

2020年湖北中烟工业有限公司社会责任报告主体包含责任故事、公司概况、党的建设、企业管理、核心生产、员工成长和社会责任等部分。

党的建设

一、强化理论武装，推进思想建设

深刻学习领会党中央《关于巩固深化“不忘初心、牢记使命”主题教育成果的意见》精神，及时细化为31项具体措施并制定效果评估表。深入学习《习近平谈治国理政》（第三卷），举办专题读书班，全方位开展学习研讨。认真开展政绩观专题教育，党组成员以上率下，查问题、抓整改、补短板，推动正确政绩观持续树立。深入学习宣传贯彻党的十九届五中全会精神，落实基层宣讲，注重氛围营造，组织专题集中学习，将全会精神贯穿于公司“十四五”规划编制中。

二、夯实基层基础，建强战斗堡垒

全面压紧压实党建工作责任制，制定湖北中烟党内职责规范和岗位规范，编印党组（党委）党建工作履职手册，形成五级党建工作责任链条。新冠肺炎疫情发生后，湖北中烟党组及时印发落实基层党组织主体责任、发挥支部和党员“两个作用”的通知和倡议书，动员公司各级党组织和广大党员干部投身疫情防控的人民战、总体战、阻击战。共组建党员先锋队47个、志愿服务队76个，组织1557名党员干部投入湖北省疫情防控斗争中。积极响应地方政府“双报到”服务社会的号召，开展支部与社区共建、党员干部下沉社区活动。

三、深入推进巡视整改，不断压实“两个责任”

2020年，湖北中烟坚持以习近平新时代中国特色社会主义思想为指导，坚持稳中求进工作总基调，持之以恒正风肃纪，着力完善监督体系，一体推进不敢腐、不能腐、不想腐，一以贯之推进全面从严治党，为实现公司年度目标任务、推进公司高质量发展提供了坚强保障。

强化组织领导、责任落实、督办考核，坚持举一反三、标本兼治、长效治理，一体推进政治生态突出问题全面整改、认领中央巡视国家局党组反馈意见整改、国家局党组第五轮巡视整改，不断压紧压实“两个责任”，将全面从严治党不断推向深入。

四、坚持服务大局，助力疫情防控和复工复产

聚焦监督执纪主责主业，克服人少分散、居家办公不便等多重困难，及时制定疫情防控监督问责制度、精心收集编发正反典型案例、严肃查处违规异动人员，警示教育干部职工严格遵守疫情防控要求，保障疫情防控和复工复产双战双胜。

五、持续纠治“四风”，不断巩固作风建设成效

紧盯重要时间节点、重要岗位人员，加强提醒教育和督查检查，强化制度执行和长效机制建设，坚决防止享乐主义、奢靡之风反弹回潮；梳理形成第三批“减负具体举措清单”，深化形式主义、官僚主义专项整治成效，持续匡风正气，不断促进工作质效提高。

六、精准执纪监督，一体推进“三不”长效机制

坚持“两个优先查处”、强化“两条时间红线”，加大查办力度和惩治力度，强化不敢腐的震慑；新建廉政管理制度7个，推动工程项目等重点领域完善制度52项，不断补齐系统性廉洁风险防治短板，扎牢不能腐的笼子；深入开展党风廉政“十进十建”“宣传教育月”活动，加强党性党纪党风日常教育，持续增强不想腐的自觉。

七、完善机构机制，全面提升监督执纪能力

增设巡察办，与纪检监察部合署办公，完善执纪监督内设机构；从基层单位和其他条线选调业务骨干到纪检监察部，从纪检监察部选派纪委书记到基层单位，充实纪检监察队伍力量；通过请进来、走出去、参与办案、轮岗交流等方式加强培养教育，促进纪检监察干部政治素质和业务能力全面提升。

企业管理

一、经济运行逆势上涨

因国内国际疫情影响，公司一边抓疫情防控，一边抓生产经营。全年实现税利同比正增长。

二、降本增效提质成效显著

通过推动卷烟设计优化、资金保值增值、采购成本降低、生产消耗降低、原辅料消耗等领域降本增效，2020年

累计完成降本增效金额近2.51亿元。

三、综合管理体系进一步完善

发布公司综合管理体系手册，搭建公司综合管理体系成熟度评价模型，发布《基于卓越绩效模式的管理成熟度评价准则》。

四、追求流程效率整体最优

按照“程序最简、效率最高、成本最低、价值最大、整体最优”的原则，构建卓越的流程体系，全面推进流程梳理优化。形成流程清单592个、流程图511个、流程图优化403个，发布《湖北中烟流程管理应用指南》《湖北中烟流程诊断报告》及主价值链流程优化方案。

核心生产

技术创新

一、深化创新体制机制改革，护航品牌发展

在“星系创新模式”基础上，拓展优化11个技术研究领域，以产品为核心，以“1+N”创新平台为运行主体，着力打造星系创新模式升级版，授牌并实际运行产品技术集成平台、管理创新研究平台、智能企业建设研究平台等13个平台，将“1+N”创新平台建设成为全员创新阵地、融通创新高地、人才培养基地。

二、强化产品创新与维护，支撑品牌发展

以市场和消费者为导向，以供给侧结构性改革为抓手，以“研发一批、储备一批、上市一批”为支撑，对标世界一流研发模式，定型并实施产品集成设计开发模式（IPD）在湖北中烟的应用，完成“黄鹤楼（硬蓝）”改造，“黄鹤楼（金典中支）”“黄鹤楼（1916中支）”“黄鹤楼（1916短支）”等10余款传统卷烟的产品开发和储备，完成“黄鹤楼（1916岁月茄香）”“黄鹤楼（雪之韵5号）”“黄鹤楼（逍遥2号）”“黄鹤楼（逍遥3号）”等10余款雪茄的产品开发和储备。

三、加强多领域技术研究，助力品牌发展

2020年科技项目正式立项127项，累计取得成果78个，其中“卷烟配方与打叶复烤协同的原料标准模块构建与高效利用研究”“现代仪器分析技术在烟用材料质量评价及保障中的应用研究”等9个项目成果获得省部级鉴定。申报专利601件，其中发明专利250件、PCT专利14件；授权专利343件，其中发明专利46件、实用新型及外观设计专利297件。发表论文22篇，其中SCI论文12篇、CORESTA会议论文1篇。

四、构建“金字塔”形人才队伍，保障品牌发展

组织实施公司青年人才托举工程，筛选145名青年人才托举对象，并启动青年人才托举工程2020年度自由探索项目申报工作，覆盖14门学科和23个领域，共立自由探索项目291项，为推进金字塔型科技人才梯队建设打下基础。

节能环保

一、投资项目中绿色发展理念落实及标准建设情况

坚决打好污染物防治攻坚战。一是建立绿色施工管理机制。制定发布《湖北中烟投资项目绿色工程管理办法》《湖北中烟标准化文明工地管理要求》，修订完善《湖北中烟固定资产投资项目竣工验收管理办法》，督促项目实施单位严格按照程序进行环保设施的调试、验收，对纳入排污许可管理的建设项目进行重点督查。二是推进燃气锅炉低氮改造。根据国家《锅炉大气污染物排放标准》（GB13271－2014）规定，针对6家卷烟厂、2个直属单位在用锅炉及氮氧化物排放情况进行调研，确定燃气锅炉低氮改造方案。三是加大中水和雨水利用。严格执行《污水综合排放标准》（GB8978－1996），在湖北中烟重大技术改造项目在设计阶段充分考虑，建设污水处理站，污水处理能力达到标准要求。采用海绵城市设计，进行雨水收集利用。

推进湖北中烟“绿色工厂”技术标准研究。探索卷烟工业从绿色工房到绿色工厂的实现路径，指导湖北中烟“十四五”投资规划以及各单位“绿色工厂”建设。实现“用地集约化、原料无害化、生产洁净化、废物资源化、能源低碳化”。

二、污染防治源头管控及环境体系建设情况

加大源头防治力度。2020年，湖北中烟8家单位严格落实国家生态环境政策要求，均按地方要求申领了排污许可证。襄阳卷烟厂污水在线监测设施投入使用，5家单位污水在线监测设施正常运行。襄阳卷烟厂、恩施卷烟厂、新业薄片公司完成锅炉低氮改造。8家单位污水、废气、固体污染物、烟尘、异味、噪音等污染物排放均符合法律法规和地方标准要求。

持续健全完善环境管理体系。修订完善《安全、环境法律法规和制度管理办法》《安全生产与环境管理办法》《湖北中烟安全、环保标识管理办法》《职业健康安全和环境管理体系运行管理办法》《噪声污染防治管理办法》《环

境因素识别、评价及控制管理办法》等16个制度，新建《固体废物污染防治管理办法》《安全生产与环境管理责任制》《环境监测管理办法》等5个制度，为各单位依法依规开展环境管理工作提供依据。在安全环境管理年度主要管控指标中加入环境指标检测合格率和万元工业增加值二氧化碳排放两项指标，明确环境管理底线。

三、产品设计与维护中绿色、健康、环保理念落实及标准建设情况

优化设计标准，加强源头控制。制（修）订《卷烟包装设计规范》《卷烟烟支设计规范》《卷烟配方设计规范》等3个产品设计技术标准，倡导环保材料的应用、鼓励包装箱的循环使用、避免过度设计与包装、提升烟叶资源综合使用效率等。

强化绿色环保技术研究，加大成果推广应用力度。2020年无铝内衬纸使用量近190吨；大面积推广应用水性油墨及柔板印刷技术，更加符合绿色环保和卷烟包装要求，且柔版印刷速度更快，缩短了印刷周期，提高了生产效率，该项技术已用于“黄鹤楼（硬雅香）”“黄鹤楼（硬蓝）”“黄鹤楼（硬8度）”“黄鹤楼（迷你醇味）”“黄鹤楼（硬雪之景）”出口RGD系列等共38个规格产品中，2020年度柔印接装纸使用达到约60吨；大规模推广应用循环烟箱，通过对烟箱材料的研究与优化，实现双瓦烟箱修复后可再次循环使用，该项技术已应用在“黄鹤楼（软蓝）”“黄鹤楼（硬红）”“黄鹤楼（软红）”等多个规格产品。同时，“峡谷情”系列产品包装材料及机械化包装形式的变革、丝状梗丝在“红金龙（硬蓝爱你）”等卷烟产品中的应用等技术的推广应用，提升了烟叶原料综合利用水平，提高了生产效率和包装质量。

四、生产过程中节约、环保理念落实及标准建设情况

持续加大节能宣传与培训，增强全员节能意识。以“绿水青山节能增效”为主题，在公司总部和各单位开展节能宣传活动，宣贯公司“依法用能、科学节能、精益管控、低碳发展”的能源管理方针，营造“节能有道、节俭有德”的氛围。针对新版《能源管理体系要求与使用指南》（ISO50001：2018）的相关变化，2020年湖北中烟组织全省能源管理专题培训，对重点条款的变化进行深度解读。结合能源普法宣传活动，全省开展能源法律、法规、规章、标准、规程适用性条款及要求的识别，形成能源管理法律法规清单，强化能源管理法律风险的识别与控制。

不断完善能源管理体系，推进能源管理精益化。湖北省各单位探索根据生产模式和需求精准供能的方式，实现分区分时段精准控能。大力推进节能新技术的应用，加快能源管理智能化转型。构建基于大数据的多因素驱动空调控制方式优化模型。采用感温光纤检测技术实现主要蒸汽管网的实时监控，实施制冷系统冷却循环水系统改造，提高制冷系统运行效率。开展水资源的循环利用，扩大中水回用量。参与湖北省碳排放权市场化运作，完成公司年度碳排放核查及履约工作。

推进资源节约，加强生产消耗管理。编制《湖北中烟生产物料消耗管理办法》，明确消耗管理职能、范围、要求，并通过信息化手段提升过程管控能力，将物料消耗精细化管控范围由过去的“三纸一棒”关键物耗指标的管理考核，向外延伸至全过程、全流程，多品类、全规格22种物耗指标的管控，强化全过程节约管理。2020年万支卷烟综合能耗比2015年累计下降7%，超额完成“十三五”节能目标。

五、采购生态保障及标准建设情况

加强烟叶基地源头管理。一是坚持“预防为主、标本兼治、突出重点、整体推进”的原则，强化“绿色、生态”烟叶生产目标导向，把土壤保育和绿色防控纳入公司“中棵烟+高油分”烟叶定向生产的关键技术措施。二是修订《烟叶基地单元工作管理办法》，明确生态环境保护要求，引导基地产区构建烟叶绿色生产技术体系，协同基地产区做好土壤保育、节能灌溉、绿色防控、低碳烘烤等绿色生产技术落实。三是围绕“打赢蓝天保卫战”，协助基地产区加强大气污染防治，持续开展燃煤污染防治，加大生物质新能源烤房推广力度；围绕“打好绿水保卫战”协助基地产区加强水污染防治，开展节水灌溉技术研究示范，试点滴灌技术，示范推广宽窄行覆膜技术；围绕“推进净土保卫战”，协助基地产区加强土壤污染防治，制定基本烟田保护政策，建立以烟为主的种植制度，实施土壤修复与保育措施，加大地膜回收力度。

加强材料供应源头防治。一是把好源头关。优先考虑取得ISO14000环境管理体系认证的企业，在公司烟用材料招投标活动中加大对该项评分的分值。二是把好过程关。协助技术中心，在产品开发设计时多采购使用低碳、环保、可回收、可降解的材料，不采购有可能对环境造成污染的材料。三是把好评价关。将供应商环境管理作为供应商资质认证的重要项目，从供应企业的能源消耗、噪音排放、污水排放、固废排放、废气排放、粉尘排放、危化品的泄露、火灾与爆炸预防等方面进行评价打分，促进供应商提高环境管理能力。四是把好审核关。对因违反环保相关规定而受到环保部门处置的供应企业进行处罚，实施“双暂停”，即暂停采购、暂停使用。经整改仍无法满足环保要求的，取消其供应资格，情节严重的上报行业供应商“黑名单”。修订完善《湖北中烟烟用物资供应商管理办法》《湖北中烟烟用物资采购管理办法》等制度，将绿色发展理念及要求贯穿制度全流程，并形成标准固化。

六、绿色物流及标准建设情况

倡导绿色设计。完善绿色、节能、环保的物流发展体系。将优质、高效、安全、低成本的理念深度融入物流标准化、仓库设计中，加强“绿色设计”。一是优化“1+4+23”的物流标准化体系文件。仓储标准要求库内严禁使用燃油车，应用电瓶叉抱车，逐步替代手动推车。二是技改新建原料仓库全部按照“清洁仓间”建设要求进行规划设计，外租仓库使用洞库、覆土库等零排放资源。三是运输标准要求货运车辆必须达到环保标准，倡导“三烟一体化运输”等。四是全面推进仓储、运输、卷烟包装箱循环利用等标准宣贯落实。

实施绿色运输。提高物流精益管理水平，减少反复运输、反复装卸，推进新能源车应用。一是更新货车。按照国家及地方车辆排放标准，2020年鸿琰实业购置2台新能源电动车，淘汰国三标准货车12台。二是更新叉抱车。2020年购置电动叉抱车12台，淘汰燃油叉抱车7台。三是优化运输模式。通过“三烟一体化”物流模式，2020年减少成品集并运输18万箱、900车次，实现车辆返程和接续运输309车次。

推动绿色包装。倡导“修旧利废、循环利用”理念。深化卷烟包装箱循环利用。2020年循环烟箱使用量达到404.3万只，完成塑料烟箱循环利用46.7万只。将淘汰的3000片卷烟塑料托盘改造为原料垫板使用。优化整托盘的捆扎方式，应用打包带、打包设备，淘汰塑料薄膜缠绕设备2套。

优化绿色存储。优化原料存储模式，由“谁采购谁存储”转变为“谁生产谁存储”，减少原料转运。优化原料仓储布局，2020年完成退库12万平方米，仓库集中度由29处优化为18处。2020年生态养护324万担。

安全生产

一、思安行责，党建引领落实企业主体责任

坚持党的领导，发挥党组（党委）把方向、管大局、保落实的作用。湖北中烟党组、各单位党委召开党组（委）会、办公会、安委会专门研究部署安全工作110余次。湖北中烟及各单位领导，带头落实安全生产责任，按照湖北中烟《党政领导干部安全环保责任履职记录本》要求，逐项履职并亲自填写履职记录。各单位细化年度安全重点工作目标，制定个性化安全责任履职清单924份，全员签订安全生产责任状6170份，将安全生产责任层层分解，落实到每个单位、部门和岗位。

二、思规行标，建章立制完善企业治理体系

以YC/T 384《烟草安全生产标准化规范》规范为抓手，持续推进安全标准化建设。2020年底，各单位开展安全标准化自评工作，湖北中烟武汉、襄阳、三峡卷烟厂继续保持高水平运行，恩施卷烟厂自评分数首次突破900分，其余单位均有提升。探索建立安全网格化管理模式。将各单位在疫情防控中的优秀经验做法进行梯炼总结，形成全员覆盖的安全网格化管理实施方案。各单位共划分网格675个，覆盖所有重点部门和重点相关方。

三、思险行控，高度警觉消除风险事故隐患

盯紧疫情防控风险。湖北中烟及时成立疫情防控指挥部，编制《湖北中烟新冠肺炎疫情防控导则》，对全体职工和第三方工作人员开展核酸、血清检测，完善应急预案，及时处置异常，利用信息手段，科技助力防疫，保护职工生命安全和身体健康。

严控安全生产风险。按照潜在失效模式及后果分析法（FMEA），对风险进行分级管控，各单位共计辨识黄区风险点585个，蓝区风险点1.03万个，实现风险辨识和管控措施的全覆盖。对公司8家单位开展安全环境大检查，共提出问题和建议73项，下达“安全检查报告书”8份。制定发布《湖北中烟工业有限责任公司安全生产专项整治三年行动实施方案》，研究制定工作细则。针对疫情、洪涝灾害、火灾等各类突发事故，2020年共计开展227次演练。重点检查技改建设项目总承包（EPC）模式下的安全管理工作。

严防环境污染风险。优化议事协调机构设置，将生态环境保护工作领导小组及办公室工作并入安全生产委员会；明确环境管理职责，将环境管理纳入“公司安全环保责任状”“党政领导干部安全环保责任履职记录本”。

四、思本行质，巩固基础提升本质安全水平

发挥信息系统作用，探索智能安全管理。各单位充分利用信息系统，录入数据23.43万条，累计利用信息系统审批危险作业4558次，下达隐患整改通知1320次。

开展教育培训，加强安全环保队伍建设。各单位通过现场培训、实操、网络培训等多种形式，开展安全培训159次，2.56万人次参与其中。湖北中烟武汉卷烟厂借助VR、5G等高科技，建成包括9个主题、27个模块的安全体感培训中心。

提升基础保障能力，加大安全设备设施投入。半年预算增补 719.55 万元，用于各单位消防设施、视频监控安防设施改造，污染物排放处理、监测设施新建等，配齐配强硬件设备设施。2020 年安全生产投入共计 7197 万元。

五、思文行化，潜移默化培养员工行动自觉

利用“安全生产月”“119 消防宣传月”等活动契机，开展员工安全教育活动。安全管理部组织开展疫情防控、火灾疏散应急演练和安全生产法律法规网络专题培训；武汉卷烟厂“六个一”抓实抓细安全月活动；襄阳卷烟厂邀请樊城区消防救援大队指战员到企业共同开展“消防宣传月”活动；恩施卷烟厂开展宣传、竞赛、培训、检查等工作；三峡卷烟厂以“一周一主题”的形式，绷紧安全生产“四根弦”；红安卷烟厂启动三大模块 12 个项目丰富活动内容；广水卷烟厂开展“五进”，做好“五个一”，参与实操训练 300 余人次，全厂人员参与比率超过 75%；卷烟材料厂以“镜头下的安全、排查整治进行时、问题整改回头看”等 10 个项目形式开展活动；新业薄片公司联合技改项目参建方代表参加“党建聚人心，安全促发展”主题党日活动。

员工成长

员工教育

一、探索新途径

适应疫情常态化防控要求，探索培训新途径，利用慕课网络平台开展在线培训。开展全员防疫知识学习；探索直播模式，开展直播授课 50 余期；开展线上线下混合式培训 41 期 4456 人次；开展数字化现场教学 3 期 135 人次，数字化精英培训班 9 期 237 人次，数字化转型线上培训 2 期 4788 人次。

二、形成新格局

规划实施“2＋1”培训项目体系，形成教育培训标准化专业化创新化新格局。以 2 个序列和 1 个平台实现培训工作分级分类全覆盖，共计开展 83 期，参加培训 6588 人次。“领英、精英、培英”与“育苗、星火、匠人”两个序列开展党员培训、干部培训、青年员工培训、新员工培训、内训师培训、技能培训；“员工大讲堂”平台，实现培训内容和形式多样，激发员工自我学习、自我提升的内生动力。

三、摸索新办法

通过参加行业优秀人才推选及组织参与技能竞赛等方式，摸索人才培养新办法。2020 年新增行业教育培训专业学组成员 5 人、考评员 31 人，入选行业优秀技能人才库 26 人、技能鉴定专家库 7 人。参加第十八届全国烟草行业职业技能竞赛暨“玉溪杯”首届烟机设备操作职业技能竞赛和四川省手工雪茄卷制技能竞赛，产生 3 名行业技术能手、5 名省级技术能手，三峡卷烟厂获得手工雪茄卷制技能竞赛团体二等奖。

四、建立新机制

制（修）订《课程（课件）开发管理办法》《湖北中烟教育培训（技能鉴定）和优秀人才激励办法》等 11 个标准，建立教育培训标准管理体系，夯实培训工作基础。

安全保护

湖北中烟严格遵守《中华人民共和国职业病防治法》，建立健全职业病防治责任制、职业健康管理制度和操作规程、员工职业健康档案、职业病危害因素监测及评价制度。2020 年公司为员工发放劳动防护用品，采购总金额 271.73 万元，共发放耳塞 6.7 万副，防护口罩 17.24 万个，防护手套 10.49 万副，护目镜 2138 副，安全帽 1023 顶，防护鞋 2114 双，组织 3004 名员工参加职业健康体检。

在技改项目可行性论证阶段进行职业病危害预评价，确保职业病防护设施与主体工程同时设计，同时施工，同时投入生产和使用，为员工创造更好的工作环境和条件。

社会责任

精准扶贫

大力发展特色产业。黄田村初步建成两个万只规模山鸡养殖基地、300 亩大闸蟹养殖基地、300 亩“稻鸭共生”水稻种植基地、600 亩有机李子种植基地；九龙村积极引导村民种植高山包菜、萝卜等 1700 亩，种植大黄、云木香等中药材 700 亩；龙潭河村发展菜叶种植 1000 亩；汉楼村 200 千瓦光伏发电项目进入收益期，每年稳定为村集体带来 30 万元收入；王文秀村落实油茶种植面积 400 亩，新建水井泵塔、浇灌管网、排水沟渠等配套基础设施；驼子村流转土地 1300 余亩，大棚蔬菜种植产业逐渐形成规模，向“订单式”高效农业方向发展。推进基础设施建设。实施一批交通、水利等基础设施项目，修建硬化道路近100千米、架设桥梁4座，修建蓄水池1.03万立方米，改善治理河道沟渠14.5千米，恢复耕地200亩。为黄田村及附近两村近800名学生捐助24万余元奖学金。着力建设美丽乡村。为黄田村安装太阳能路灯630盏，增设安全护栏3000米，栽种野樱桃、棕榈等行道树1026棵；鼓励当地群众开展“建庭院、改厕所、增花果”行动，改造特色民居104户；成立黄田村级道路养护、垃圾集中收集保洁队。

湖北中烟先后组派9支扶贫工作队、选派43名脱产扶贫干部深入扶贫联系点开展驻村帮扶工作；市场营销中心、生产制造中心、信息中心、黄鹤楼科技园分别成立市场组、质量组、电商组、包装组，开展“崔家蜜”品牌建设活动，助力国烟扶贫。

累计投入帮扶资金8194万元，统筹推进基础设施、危房改造、产业扶贫、教育助学、生态扶贫等项目；累计采购各类扶贫产品金额超过1000万元，开展消费扶贫，调动贫困户发展生产。

先后通过湖北省组织的脱贫验收第三方评估以及国务院组织的省际交叉检查、脱贫普查，帮扶的11个贫困村全部出列，建档立卡的1171户、2898人全部实现脱贫，如期完成脱贫攻坚目标任务。

2018年湖北中烟被湖北省委省政府评为“工作突出的支持单位”，恩施卷烟厂、红安卷烟厂、公司驻村扶贫工作队被国家局评为行业精准扶贫先进集体；2019年湖北中烟在湖北省委省政府组织的年度考评中荣获最高等次；2020年公司被湖北省委省政府推荐为全国脱贫攻坚奖候选单位。

社区服务

2月3日，武汉卷烟厂向武汉火神山医院捐赠2台二氧化氯发生器消毒设备，用于火神山污水处理项目。2月10日，新业薄片公司向承担武汉雷神山医院污水处理设施日常运行维护单位捐赠4台药剂计量泵，支持雷神山医院污水运维单位。2月21日，湖北烟草工商通过山东单位协助，从山东寿光蔬菜基地采购10余个品种共计100吨蔬菜，定向捐赠给武汉医疗机构。2月19日，武汉卷烟厂汉阳老厂原联合工房卷包生产区和物流综合库被正式批准为方舱医院的改建用地。2月22日，武汉卷烟厂汉阳老厂房改造完成，建成“黄鹤”方舱医院，移交武汉市疫情防控指挥部，方舱医院容纳1144个床位，收治新冠肺炎轻症患者。3月30日，公司决定将全体员工为支持抗疫捐赠的235.2万元爱心款，通过湖北省青少年发展基金会定向捐赠给武汉市相关医院机构。

疫情期间，各单位共组建党员先锋队47个、志愿服务队76个，1557名党员干部投入全省疫情防控斗争中，895名党员主动下沉到社区和村委。落实小区封控、居民服务、物资保障和“四类人员”筛查等任务，帮助社区群众共渡难关。各单位扶贫工作队员第一时间返岗工作，协同村支两委开展抗疫工作。

贯彻落实《湖北省机关企事业单位党员干部下沉社区实施办法》的要求，制定并发布《湖北中烟机关党委关于党组织和党员干部下沉社区参与社区治理的工作方案》，组建机关党委下沉干部服务队和突击队，与对口联络的严家渡社区开展下沉社区工作交流，确定下沉单位提供资源清单，并向该社区资助一次性口罩、消毒洗手液等防疫物资。机关党委287名党员到居住地社区报到并积极开展志愿服务工作。

依法治企

推进法治机制建设，提供诚信守法组织保障。公司成立“法治建设委员会”，完善法规队伍建设，为公司诚信守法提供组织保障。开展法治宣传教育，树立诚信守法意识。全面落实“七五”普法规划，推进法律进公司、进工厂、进班组。编制《湖北中烟疫情防控法律问题手册》，内容涵盖传染病防治、野生动物保护、合同履行、劳动人事等七大方面80余项问题。2020年开展民法典专项普法活动10余次，5808人完成烟草网络学院民法典学习专题。创新普法方式，开设“思行法务”应用，实现“指尖普法”，全年累计推送290余条普法信息；制作普法动漫2部。

构建严格规范、公开透明、阳光采购的机制。2020年，湖北中烟以公开招标方式采购项目677项，占总采购项目数的88.26%，公开招标方式采购项目金额占总采购金额的99.03%。推进网络采购，与阿里巴巴公司共同搭建湖北中烟企业网采平台，探索高效阳光、低成本的采购新模式。2020年湖北中烟以网络采购方式采购项目5642万元。推进采购信息化，湖北中烟总部及6家卷烟厂、2家直属单位使用升级后的采购管理信息系统，与国家局采购监管系统纵向对接，对采购进行实时监管。2020年，湖北中烟被湖北省市场监督管理局认定为第十五届（2018—2019年度）“守合同重信用”企业。

湖南省株洲市烟草专卖局（公司）2020年社会责任报告（摘要）

2020年湖南省株洲市烟草专卖局（公司）社会责任报告包含走进株烟、株烟责任体系、株烟责任传递三部分。株烟责任体系包含政治责任、经济责任、管理责任、员工责任和社会责任等部分。

政治责任

一、全面从严治党取得显著进展

坚持政治引领，抓思想从严。始终把党的政治建设摆在首位。2018—2020年组织政绩观等专题研讨、集中学习730余场次；举办全市系统青年、党务工作者培训暨党员轮训10期，开展“不忘初心跟党走二次创业再出发”主题宣讲、对口扶贫村主题联学暨“五查五看”大走访等活动360余场次。

坚持互融互创，抓基层基础。将党建“第一责任”和发展“第一要务”结合，实行党建与业务“双百分”考核，深化党建与业务深度融合，创新党建工作方式载体，打造支部“一部一品”党建品牌，成立烟站党支部，建立淦田基层工作站“红色桥头堡”，打造“党员示范零售户”，2个支部获评全市“‘五化’示范党支部”。

坚持正风肃纪，抓反腐倡廉。出台《全市系统问责工作实施办法》，2020年全年开展党风廉政教育、警示教育等68场次，覆盖3135人次。密切联系群众，出台《关于解决形式主义突出问题为基层减负的举措》，推动解决10余项基层重难点问题。

二、助力脱贫攻坚取得标志性成就

统筹推进产业、消费和教育扶贫等工作，为解决“两不愁、三保障”问题，发展致富产业，改善生产生活条件，贡献烟草力量。“十三五”时期，累计派出驻村工作队9个，驻村第一书记25人次，党员结对帮扶贫困户866户3083人，全部脱贫“摘帽”；党组织结对帮扶73个扶贫村党组织，开展联学联建30余次。株洲市局（公司）被评为株洲市“脱贫攻坚先进单位”，6人被评为“扶贫工作先进个人”，助力茶陵县、炎陵县两个国家级贫困县实现脱贫“摘帽”。株洲烟草专题片《基石》入选全省“三湘大地小康路——脱贫攻坚最美瞬间短视频”展播。

三、疫情防控取得阶段性胜利

株洲烟草响应党中央号召，战“疫”复工复产两手抓两手硬，取得全市系统无疑似、确诊病例的防疫成果。疫情期间累计捐资捐物17万余元、为中小微企业减免租金64.77万元。全市系统派出9支工作队、8个精准帮扶“尖刀班”、278名党员在9个帮扶村、6个社区开展疫情联防联控工作。

经济责任

一、转型升级，打造优质营销生态圈

探索流通品牌建设新路。在全省系统试点探索“湘汇636”加盟终端建设，建成加盟终端49家，线上建设社群16个，打造“湘汇636”品牌传播阵地。

打造零售户诚信经营生态圈。全面推进零售户信用体系建设，探索“我与客户共成长”路径，自主研发零售户信用管理平台，优化信用监管和信用服务机制建设，细化失信惩戒、守信激励措施30余项，开展“信用进终端”“诚信微课堂”活动，授牌“党员诚信卷烟经营户”，持续营造诚信经营氛围。融入“信用株洲”建设，与株洲市发改委联合发布《烟草市场信用名单暂行管理办法》，推动形成“政府主导、烟草建设、客户主动”的卷烟零售户信用体系建设格局。

提供优质高效客户服务。开展“我与客户共成长”活动，为2万余户卷烟零售户提供电子身份管理、货源信息公示、订货、货源结算、免费配送、终端升级、消费维权等便民服务。

二、烟叶生产，小产区大作为

稳定烟叶规模。坚持控稳结合，出台扶持政策，完善防灾保障。建好烟叶发展产业带，打造千亩村、万担乡，探索烟农信用体系建设，稳定优质烟区、核心烟田、职业烟农。

提升烟叶质量。聚焦浓香型特色品质，开展两段式育苗、编烤分包一体化等试点工作，定制化开发高端卷烟原料，建立蚜虫绿色防控技术示范区，自主研发“散烟自动化收购线”，烟叶收购等级合格率、工商交接备货等级合格

率等指标位居全省前列。

促进烟农增收。依托烟叶种植产业，实施精准扶贫，加强烟叶基础设施建设，建成烤房2900余座，育苗大棚40余个，巩固提升“烤烟主业+特色辅业+设施综合利用”的烟农增收新格局。“十三五”时期，烟农总收入近8900万元，户均收入突破15万元，实现“五连增”。“市级烟草商业企业烟叶收购‘智慧服务’模式的构建”项目获得湖南省企业管理现代化创新成果二等奖。

三、擎专卖利剑，护烟草净土

高压打假打私。构建“政府领导、部门联合、多方参与、密切协作”机制，联合株洲市公安、市场监管、邮政等部门连续11年开展烟草市场清理整顿“春雷”专项行动，保持卷烟打假打私高压态势。多次获得“全省卷烟打假工作特殊贡献奖”。“十三五”时期，全市累计查处各类涉烟违法案件6188起，查获各类非法卷烟1.29万件、非法烟叶烟丝23.45吨，破获国标网络案件31起，其中部督案件2起、案值100万元以上案件3起，公安、司法机关依法刑拘181人，逮捕130人，判刑82人。

强化市场监管。创新市场监管方式，落实“双随机、一公开”、APCD工作法、“5·20工作法”，成立数据研判分析应用中心，全面应用零售户信用管理平台，实施信用分类监管。建成基层工作站5个，联合株洲市禁毒支队、高速交警建设湘赣边界烟草缉查站。

优化行政许可。落实放管服改革、“互联网+政务”工作要求，推进卷烟零售行政许可“网上办”“一次办”，发布《互联网+政务服务办理指南》，零售户网上办证比例超过30%。株洲烟草连续3年获评株洲市政务服务中心“优秀窗口单位”。

全面普法宣传。广泛宣传《中华人民共和国烟草专卖法》，以“6·29”“12·4”等法治宣传日为契机，定期举办株洲烟草“法律+”主题系列活动，成立普法讲师团，线上线下开展《中华人民共和国民法典》和“不得向未成年人销售电子烟”等专题普法，持续推动法治烟草建设。“十三五”时期，全市累计开展普法宣传活动100余场次。

管理责任

一、创新驱动

建机制，激发干事活力。制定印发《湖南省烟草公司株洲市公司创意工场实施方案》《创新工作规范》《创新成果奖励办法（试行）》。为创新提供持续前进的动力和保障。

搭平台，助力转型升级。搭建创意交流和成果孵化的“创意工场”大众创新平台，实施“标准化3.0战略”，推广课题“招募制”组建跨单位跨部门间的“创新课题小组”，集中攻关重点项目课题，打造创新“起飞基地”。

求实效，谋求高质量发展。建立创新讲师团队伍，构建企业内部创新成果库，注重创新成果推广应用，物流“甩箱式”配送模式、“零售户信用体系”等创新成果在株洲烟草转化应用。“十三五”时期，株洲烟草获得各类创新成果70项，获得省局科学技术进步奖6项，株洲市科学技术进步奖3项，3个质量管理小组课题获得总公司优秀质量管理小组成果二等奖，1个精益课题获得行业精益物流改善项目集体奖，获得专利授权44件，软件著作权授权31件。

二、完善公司治理

建立“三重一大”决策制度，先后制订《中共株洲市烟草专卖局（公司）党组工作规则》《中共株洲市烟草专卖局（公司）局长经理办公室会议规范》等制度，定期召开职工代表大会，做好制度“废改立”工作，印发制度正面清单，按类别、责任梳理各类制度文件130余项。

三、提升风险防控水平

深化专项风险治理，从法律、廉政、资金金融多元化、安全等多维度实施风险防控，形成重大风险清单、任务清单和责任清单21项，开展“法律风险防控体系研究与应用”课题研究。

四、安全管理

逐级签订安全生产责任书，制定岗位安全责任清单，宣传贯彻《烟草企业安全生产标准化规范》，探索“基于双重预防机制的烟草安全管理平台研究”项目应用，健全“红、橙、黄、蓝”风险分级管控体系，精准辨识评估安全风险，开展安全应急演练100余场次，开展“安全三问 我在行动”主题活动，印发安全资料1100余册。全市系统有注册安全工程师14人。“烟站安全可视化小程序的研发”项目获得总公司优秀质量管理小组成果一等奖。全年未发生重大生产经营安全责任事故、网络安全事故等。

五、探索数字化株烟建设

构建“一体化数字株烟”，搭建“信息安全、技术服务、统计数据”三方面网络，自主研发“容·诚E家”信息平台，推进“互联网+党建”“互联网+专卖”“互联网+烟叶”等应用，加强网络安全主体责任落实、数据服务决策管理、技术服务体系及应急保障能力建设，完成株洲烟草本地在线运行的7个系统公安机关备案和第三方测评。1人获评“全市系统2018—2020年网络安全和信息化工作先进个人”。

员工责任

一、建设高素质干部人才队伍

全市系统在册在岗员工 417 人。平均年龄 40 岁。本科以上学历 334 人，其中研究生以上学历 51 人（含博士研究生学历 1 人）。获得专业技术资格人员 199 人，其中高级 9 人、中级 95 人、初级 95 人。获得职业技能资格人员 388 人，其中一级 190 人、二级 57 人、三级 46 人、四级 35 人、五级 60 人。

创建学习型机关，搭建“能人工作室”5 个，举办中青年干部研习班等活动。推进“重点项目制”人才培养模式，对全市系统优秀人才资源进行整合和统筹分配。以赛促训、以赛育人、激励人才在各类技能竞赛中创优争先。制定中长期人才发展规划，完善人才评价机制和人才激励机制。推进教育培训和日常岗位培训体系建设，开展“师带徒”活动，组建兼职内训师 37 名。

二、保障员工合法权益

贯彻落实《中华人民共和国劳动法》《中华人民共和国劳动合同法》《中华人民共和国社会保险法》等法律，依法依规签订劳动合同，足额缴纳社会保险费用，保障劳动者合法权益。劳动合同签订率与社会保险参保率 100%。落实各项劳动保护措施，实行全员健康体检制度，开展健康知识讲座培训 10 余场，组织各类全民健身活动，关注员工心理健康。推进“文明家庭”创建。组织开展“好家风、好家规、好家训”征集活动，培育文明和谐家风。持续开展困难职工帮扶活动，“十三五”时期慰问生活困难职工 207 人次。

三、全方位关爱员工

每年定期开展“三八”妇女节主题活动，弘扬“巾帼”风采；开办“五四”青年文化训练班，打造青年文化品牌；组织干部职工子女到雷锋纪念馆开展“缅怀革命先烈　弘扬雷锋精神”主题活动，培育爱国主义情怀。关注员工身心健康和业余生活，通过开设写作组、读书会、太极拳、羽毛球、乒乓球、书画、摄影等兴趣小组，丰富员工业余生活。推出 10 期“每周一星”展示基层员工风采，提高员工幸福指数。

社会责任

一、制止餐饮浪费

制定《坚决制止餐饮浪费行为措施》，发布“制止餐饮浪费”倡议书，张贴宣传标语或宣传画，号召干部员工在公务活动、家庭生活中养成珍惜粮食、反对浪费的习惯。落实疫情防控分餐制，持续开展“光盘”行动，做到节约用餐、安全用餐。

二、务实精文减会

办文方面采取精简文件数量、发文字数，改进行文规则、创新发文形式等举措。办会方面采取印发年度会议计划、精简会议数量、严控会议规模、倡导视频会议等举措。全年发文数量比上年降低 13.46%，1～3 类会议计划数量比上年降低 20%。

三、推进垃圾分类

印发《株洲市烟草专卖局生活垃圾分类工作实施方案》，购置统一的垃圾分类投放容器，开展垃圾分类专题培训，引导员工及家属按照有害垃圾、湿垃圾、可回收物、干垃圾四类进行分类，传递健康环保正能量，为生态文明建设贡献株洲烟草力量。

四、加强节能环保

落实“三去一降一补”要求，制定《株洲烟草节能减排工作实施方案》，开展节约型机关创建，稳步去卷烟、烟叶库存，推行无纸化办公，节约用水、用电，将厉行节约延伸到基层站所和零售终端。

五、深化文明创建

开展爱心献血、文明劝导等社会公益活动；参与株洲特大暴雨洪灾帮扶救助；推进党员进社区“送温暖、献爱心”志愿服务活动，“十三五”时期为社区困难群众捐赠物资价值 97.88 万元；组织开展慰问老红军、抗战老兵活动；持续开展金秋助学活动，累计捐款 200 万元，帮扶困难学生 340 人次。2020 年，通过“全国文明单位”复评，连续 11 年保持“全国文明单位”称号。

六、稳定社会就业

坚决贯彻就业优先战略，深入落实积极就业政策，直接和间接为 523 户烟农、2.12 万户卷烟零售户提供就业岗位，培育一批职业烟农和职业零售户，开辟就业渠道。采取“公司＋合作社＋基地＋烟农”的产业发展模式，开展黄瓜、豆角、食用菌等产品种植及农机综合利用，发展烟区多元产业。依托现代零售终端建设，探索卷烟非烟一体化经营。依托“湘汇 636”门店，搭建“烟酒茶瓷器”新零售平台，引入革命老区“湘赣红”品牌农特产品，履行助力乡村振兴等社会责任。零售户综合毛利率提升到 12% 以上，打造零售户经营共同体、利益共同体、文化共同体、发展共同体。

◇ 编辑：褚　辛

重要政策法规与文件选登

国家烟草专卖局　国家市场监督管理总局
关于印发电子烟市场专项检查行动方案的通知

（国烟专〔2020〕101 号）

各省级烟草专卖局，各省、自治区、直辖市市场监督管理局（厅、委）：

为进一步保护未成年人免受电子烟侵害，国家烟草专卖局、国家市场监督管理总局制定了《电子烟市场专项检查行动方案》。现印发给你们，请结合本地实际，认真贯彻执行。

特此通知。

国家烟草专卖局　国家市场监督管理总局

2020 年 7 月 1 日

电子烟市场专项检查行动方案

2019 年 11 月 1 日，国家烟草专卖局、国家市场监督管理总局《关于进一步保护未成年人免受电子烟侵害的通告》发布以来，通过互联网宣传、推广、售卖电子烟问题有所好转。但受利益驱使，通过改头换面、变相销售等手段诱导未成年人购买吸食电子烟问题时有发生，严重危害青少年身心健康。为进一步保护未成年人免受电子烟侵害，防止电子烟市场乱象死灰复燃，国家烟草专卖局、国家市场监督管理总局决定联合开展电子烟市场专项检查行动。

一、目标任务

全面贯彻党的十九大和十九届二中、三中、四中全会精神，以习近平新时代中国特色社会主义思想为指导，落实《中华人民共和国未成年人保护法》《中华人民共和国广告法》《中华人民共和国电子商务法》《中华人民共和国反不正当竞争法》等法律法规要求，通过专项检查，以更加严格的监管措施、更加严厉的治理手段，全面清理互联网电子烟售卖，全面强化对互联网平台的监管，切实保护未成年人身心健康。

二、检查内容

（一）开展互联网电子烟信息全面清理。

1. 全面清理互联网电子烟销售，防止改头换面、变相销售。

2. 全面清理短视频、自媒体等社交平台电子烟销售行为，依法采取必要处置措施。

3. 全面清理互联网虚假违法电子烟广告。

4. 推动落实和强化互联网企业主体责任，督促平台建立自主清理机制；推动落实和强化电子烟企业主体责任，不得通过自建网站、公众号、小程序、短视频等各类线上方式销售电子烟；敦促电子烟生产、销售企业或个人撤回通过互联网发布的电子烟广告。

（二）开展电子烟实体店全面检查。

5. 严肃查处向未成年人售卖电子烟行为。

6. 严肃查处电子烟实体店发布虚假违法电子烟广告行为。

7. 全面检查电子烟实体店落实明示承诺要求，采取有效年龄核验措施以避免未成年人购买等情况。

（三）开展电子烟自动售卖机等新型渠道全面检查。

8. 重点检查自动售卖机等各类新型销售渠道销售电子

烟行为，全面清理中小学校周边、少年宫等未成年人集中区域电子烟自动售卖机。

9. 重点检查电子烟以赞助冠名等推广形式诱导未成年人购买吸食问题。

三、工作机制

各省级烟草专卖局，各省、自治区、直辖市市场监督管理局（厅、委）（以下简称两部门）要成立专项工作联合行动小组，统一负责辖区内专项检查行动的实施推进。

（一）联合研判机制。

两部门共同梳理互联网、实体店电子烟违规宣传销售线索，排查诱导未成年人购买吸食电子烟问题线索；共同分析研判12313、12315投诉举报和各类违规问题线索，确定检查重点。

（二）联合约谈机制。

两部门联合约谈互联网平台，压实互联网平台主体责任，敦促互联网平台清除电子烟销售行为，消除未成年人通过互联网购买并吸食电子烟的隐患。

（三）联合执法机制。

两部门组织联合执法检查，查处诱导未成年人购买吸食电子烟行为，查处中小学校、少年宫等未成年人集中区域周边各种渠道违法售卖电子烟行为，查处电子烟虚假违法广告和虚假宣传行为，清理电子烟自动售卖机，净化市场环境。

（四）联合治理机制。

两部门共同制定电子烟重点问题清单，明确时限，逐一落实。构建未成年人免受电子烟侵害长效机制。

四、时间安排

专项检查行动自2020年7月10日至9月10日，为期两个月，具体分三个阶段进行：7月10日—7月20日为动员部署阶段，各地要制定具体实施方案，全面动员部署；7月21日—8月31日为组织实施阶段，各地要完成对辖区市场、有关平台企业和电子烟实体店的检查，解决当前存在的突出问题；9月1日—9月10日为全面总结阶段，各地要认真总结前期工作，推动构建电子烟治理长效机制。

五、工作要求

专项检查行动时间紧、任务重、要求高，各地烟草专卖、市场监管部门要切实加强组织领导、加强分析研判、加强统筹协调，做到共同实施、联合执法；要高度重视专项检查行动的政策性和实际问题的复杂性，严格依法依规依职权，积极稳妥地推动专项检查行动，确保取得实效。

（一）加强领导，依法履责。依法打击违法违规制售电子烟行为、保障未成年人身心健康是各级烟草专卖和市场监管部门的共同职责。各级烟草专卖部门要加大对电子烟产品的监管力度，加强对通过互联网推广和销售电子烟行为的监测，依法加大对电子烟实体店的检查力度，对发现的违法行为依法查处；各级市场监管部门要积极会同烟草专卖部门开展专项检查行动，结合职责做好互联网平台的监管，依法查处发布虚假违法广告等违法违规行为。各级烟草专卖、市场监管部门要细化方案、明确责任，发挥合力、层层落实，绝不能使电子烟成为监管的真空区域、危害未成年人身心健康的灰色地带。

（二）周密部署，分类推进。各级烟草专卖、市场监管部门要主动作为，依法把电子烟管住。相关电商平台、社交平台（自媒体）企业集中所在地的监管部门要守土有责，压实平台和企业的主体责任。电子烟市场活跃和问题严重地区要深入分析研判，实施精准治理。中小学校园等未成年人密集区域，要密切关注各类改头换面的趋势和问题，防止电子烟危害未成年人问题死灰复燃。

（三）注重宣传，营造氛围。保护未成年人免受电子烟侵害，是全社会共同的责任。各地要积极主动对接各类主流媒体，通过多渠道多形式，加强对典型案例的曝光、对电子烟危害的报道、对监管政策的宣传。要广泛张贴“禁止向未成年人售卖电子烟”警示标示，充分利用12313、12315渠道接受社会监督，营造全社会共同监督、共同治理的良好氛围。

（四）加强督导，及时总结。各地要统筹抓好疫情防控和专项行动的实施推进，国家烟草专卖局、国家市场监督管理总局将适时组织专项督查或重点抽查。各地要注重对典型做法、经验的总结提炼，及时弥补电子烟治理中存在的短板，有效发挥系统治理、依法治理、综合治理、源头治理的效能。

两部门应将专项行动推进情况、重点案件和阶段性进展定期向国家烟草专卖局、国家市场监督管理总局报告。

国家烟草专卖局关于积极做好新型冠状病毒感染的肺炎疫情防控工作的通知

（2020 年 1 月 24 日　国烟办〔2020〕32 号）

行业各直属单位，国家局、总公司机关各部门、各单位：

近期，湖北省武汉市等多个地区发生新型冠状病毒感染的肺炎疫情，对此党中央、国务院高度重视，习近平总书记作出重要指示，要求把人民群众生命安全和身体健康放在第一位，必须引起高度重视，全力做好防控工作。李克强总理也对此作出批示，国务院联防联控机制进行专门部署。针对目前整体形势，现就做好疫情防控工作通知如下：

一、加强领导、强化责任

疫情就是命令，时间就是生命。全行业要牢固树立全国一盘棋的思想，高度重视疫情防控工作，强化底线思维，把疫情防控作为当前重中之重，坚持人民健康至上，切实加强组织领导，严格落实属地管理制度，自觉接受当地政府和防疫部门统一领导、统一指挥、统筹协调，落实联防联控、群防群控工作要求，建立健全相应应急机制和工作流程，保证防控措施规范化、常态化，将工作责任落实到人，共同做好疫情防控工作。

二、加强监测、及时报告

行业各单位要严格落实值班值守制度，聚焦“内防扩散、外防输出”加强疫情监测，立足“早发现、早报告、早隔离、早治疗”，严格摸排传染源、严格阻断传播途径、严格控制确诊和疑似病例、严格关注密切接触者、严格排查近一个月去过或接触过武汉及湖北省等疫情高发地区的人员，严格执行疫情报告制度，有关情况要迅速报告当地疾控部门和国家局值班室，坚决有效遏制疫情扩散蔓延势头。

三、积极防控、妥善应对

要及时向广大干部职工宣传普及疫情防控常识，提高防护意识和能力；要做细群众工作，增强家庭责任感和社会责任感，如有接触疫情高发地区人员，自主做好隔离防护；遇有咳嗽、发热等疑似症状，要主动就医，及时报告病情，全力配合治疗。要对办公楼、生产车间等场所定期消毒，人员相对密集场所要采取必要的防护措施。加强对人员聚集和流动的管控，最大限度减少人员聚集，立即停止存在交叉感染风险的人员聚集活动。要关心关爱干部职工，积极帮助提供必要的防护用品、消杀药品等物资。要及时关注权威机构发布的有关情况，传播正能量，不信谣不传谣。要积极应对重大疫情可能给生产经营带来的困难和挑战，科学安排、合理调度，努力降低对生产经营的影响。

四、服从服务大局、主动承担社会责任

当前，新型冠状病毒感染的肺炎疫情是全国范围的公共卫生事件，需要全社会共同努力、共同应对。行业各单位要自觉接受属地领导和属地管理，在做好自身疫情防控工作的同时，勇于承担社会责任，与全社会一道共渡难关，坚决打赢重大疫情防控战。

“中国人民志愿军抗美援朝出国作战70周年”纪念章

“中国人民志愿军抗美援朝出国作战 70 周年”纪念章

2020 年是中国人民志愿军抗美援朝出国作战 70 周年，中共中央、国务院、中央军委向下述对象中符合条件的人员颁发“中国人民志愿军抗美援朝出国作战 70 周年”纪念章：参加抗美援朝出国作战的、健在的志愿军老战士老同志；出国为抗美援朝战争服务的、健在的医务、铁道、运输、翻译人员，参加停战谈判等工作的人员，民兵、民工，新闻记者、作家、摄影等人员；1953 年 7 月停战后至 1958 年 10 月志愿军全部撤离朝鲜期间，在朝鲜帮助恢复生产建设的、健在的人员。2020 年 1 月 1 日以后去世的，在该次发放范围之内。

纪念章使用紫铜胎镀金、银材质，通径为 50 毫米。纪念章核心部分为志愿军战士形象和 70 束光芒，以和平鸽、水纹和中朝两国国旗元素编制的绶带环绕四周，外围采用五星、桂叶和象征五次战役的箭头等元素，组成金达莱花的五瓣造型，象征中国人民志愿军抗美援朝出国作战 70 周年，寓意伟大的抗美援朝战争是保卫和平、反抗侵略的正义之战，伟大的抗美援朝精神永远是中国人民的宝贵财富，彰显了我国不畏强敌、维护世界和平、构建人类命运共同体的坚定决心和信心。纪念章的发放对于行业弘扬伟大抗美援朝精神，加强爱国主义教育具有十分重要的意义。

烟草行业获颁“中国人民志愿军抗美援朝出国作战70周年”纪念章人员名单

中国烟草机械集团有限责任公司

李广英、何继鹏、蔡　瀚

中国烟草实业发展中心

罗连满、李洪顺、徐贵阳、李胜惠、孙凤洲、侯殿忠、石自修、齐　新、朴明焕、高俊熙、劳道贤

河北省烟草专卖局（公司）

季作卿、王道洪、杨春荣、彭聚林、陈良柱、张振祥、闫文海、王绪生、杨万贵、黎洪全、栾景春

山西省烟草专卖局（公司）

刘东升、田心良、贾福喜、马启家

内蒙古自治区烟草专卖局（公司）

夏季平、张世有

辽宁省烟草专卖局（公司）

董　怡（女）、黄芝彩、陈家权、李进省（女）、车明双、纪绍德、付长令、李清福、王乐义、杨柏林、罗百儒

吉林省烟草专卖局（公司）

陈友山、俞增焕

黑龙江省烟草专卖局（公司）

潘守平、赵长春、范文元、孙继忠、吴慧林、王福庆、张德义、郑　贵

上海烟草集团有限责任公司

陆学文、李长瑞、徐伯君、马　轸、杨财春、黄根福、赵镇强、黄才家、曹　斌、江义祥

江苏省烟草专卖局（公司）

盛德森、任化男、梅学成、钟桂德、王岐云、陈彦堂、郭永翔、陈君达、蒋金南、崔远福、傅永礼、孔庆柏、王安珠、方敏东、王国章

浙江省烟草专卖局（公司）

马天蕴（女）、李志贵、王星亮、陈进轩、孙曼倩（女）、张文礼、陈信康

安徽省烟草专卖局（公司）

徐　杰、俞　唐、蒋祥林、商　兵、曹庆林、姜寿峰、聂让和、王祖佑、林树鹏、李兴庭、王昌国

福建省烟草专卖局（公司）

严圣贵

江西省烟草专卖局（公司）

刘文镇、余茂槐、林伟荣、廖信宣、张桂根、盛荣秀、苗茂俊、罗良湘、彭英华

山东省烟草专卖局（公司）

曲世平、李玉江、汤化雨、孙林庭、于宜振、十维廉、吕相文、杨作清、徐世平、张耀宗、李江生、段培干、刘文岭、童汝彬、李德云、周邦基、杨传德、贾传文、陈金才、刘景光、赵延年、韩宝良、郭天正、钱国华、何洪增、武凤贤、延孔来、王廷修、张宝田、张崇礼、孙连福

河南省烟草专卖局（公司）

郭孝昌、段书媛（女）、岳德寿、张振德、朱荣福、安顺和、马锋旺、王万松、陈仲新、高化甫、韩同聚、丁书卿、运殿阁、胡春三、李梅生、席全喜、李国栋、林付安、白振山、李保勤、丁荣贵、梁庆敏、李奎举、夏厚宽、韩文亮、郑永庆、王佩民、王超凡、王全人、陈敬新

湖北省烟草专卖局（公司）

张檀元、叶生发、段声让、符佐明、熊庆直、王付连、刘光月、吴菊庭、刘培良、孙顺义

湖南省烟草专卖局（公司）

曹宗贵、陈忠武、欧阳圣阶、谭长脆、王林生、刘振华、谢良友、郭代训、王明阳、徐文俊（女）、胡诗汉、文届寅、李仲国、夏　冀、黄镇涛、向孙奎、汪承有、汪克文、侯廉忠、谢志文、王继才、宋先贵、施大津、罗基祝、文传基、何　昉、黄　新、义贵清、谢昌政、邵泽怀、肖洪武、刘自昌

广东省烟草专卖局（公司）

黄学用

广西壮族自治区烟草专卖局（公司）

尹　俊、许天飞、陈仕远、曾五一、陆明高、黄海州、覃汉智

重庆市烟草专卖局（公司）

刘永连、刘暌阳、何世廉、袁宇旗、黄清康、严泽风、吴国民、陈世元、向时仁、殷述明

四川省烟草专卖局（公司）

曾德友、王立业、刘心培、伍志亮、胡永松、程贤聘、唐义华、汪伦修、蒲友贤、胥朝江、张宜国、刘春芳、舒华相、杨定清、安洪兴、匡昌发、刘超藩、杨志清、詹述秋、严光先、李光国、段崇荣、奚一天、李贵成、陈永寿、何兴文、蒋文森、康　德、徐桂芝（女）、李澄元、李光伟、李中伟

贵州省烟草专卖局（公司）

潘国玉、冷良玉、杨永安、王永林、贺朝恒、陈大礼、顾再乾、史开明、赵永昌、杨国英、王永昌、段以烽、吴乾福、龚治德、熊祥录

云南省烟草专卖局（公司）

唐文生、冯富春、贾国安、生希柳、王保山、秦维新、王应刚、汪云祥、徐　全、陆加祥、吴　彪、李绍舜

陕西省烟草专卖局（公司）

马文永、闫佰灵、庞俊廉、白富斌、窦鸿志、蒋志应、鹿九明、赵云祥

甘肃省烟草专卖局（公司）

张国忠、田新春

青海省烟草专卖局（公司）

虞瑞圣

新疆维吾尔自治区烟草专卖局（公司）

朱全连

大连市烟草专卖局（公司）

黄　钧、杨和瑞

河北中烟工业有限责任公司

王有贵

江苏中烟工业有限责任公司

史发华、王寿山

安徽中烟工业有限责任公司

吴新琦、饶立群、方光荣、吕祥平、丁玉贤、崔四礼、钱长学、孙克锦

江西中烟工业有限责任公司

吴林华

福建中烟工业有限责任公司

丁辉煌

山东中烟工业有限责任公司

张伯春、吴学恭、孙跃金、梁有泉、何善臻（女）、邢连芳、徐相成、程瑞堂

河南中烟工业有限责任公司

东兴明、高述恒、王汉臣、黄殿秀

湖北中烟工业有限责任公司

武以威、刘宝金、段子旬、吴克让、朱慕尧

湖南中烟工业有限责任公司

罗俭熙（女）、陈年力、孟祥政、王佐臣、罗刚持、蔡桂廷、周远怀、马昌江、李桂华、宋福生、罗荣锦

广东中烟工业有限责任公司

王德盛、黄玉城

四川中烟工业有限责任公司

冯金祥、王子思、钟大胜、邓建明、朱特生、陈继昌、叶永成、黄德昌、唐玉林、董明星、王道成、罗汉卿、张荣哲、杨荣昌

贵州中烟工业有限责任公司

赵思厚、吴南洲、邵树铭、刘云甫、毕信章、袁大藩、杨乘汶（女）、刘国璋、黄国忠、邱克顺、王廷才、王正德、王占刚、龙景修、董恒明

云南中烟工业有限责任公司

万增荣、谭荣福、邓　奇（女）、徐　兰、张　炎、唐文富、陈有庆

陕西中烟工业有限责任公司

王良臣、吕生彦

中国烟草总公司郑州烟草研究院

夏锡平、王党志

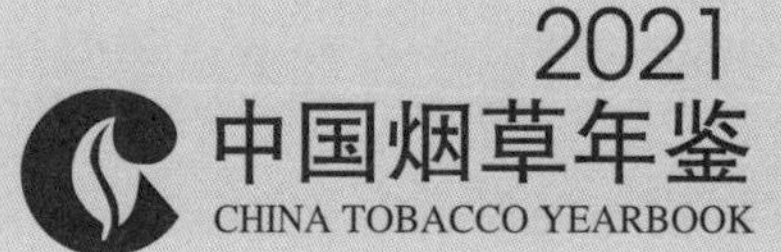

先进人物和先进集体

先进人物名单

【烟草行业全国劳动模范名单】（中共中央 国务院关于表彰全国劳动模范和先进工作者的决定）（2020 年 11 月 24 日发布）

王玉立（女，满族） 河北白沙烟草有限责任公司党委书记、总经理，高级政工师、高级经济师

梁 丰 张家口卷烟厂有限责任公司卷包车间卷接设备修理组长，高级技师

马立志（回族） 河北白沙烟草有限责任公司保定卷烟厂党委书记、厂长，高级经济师、高级政工师

王力家 红云红河烟草（集团）有限责任公司乌兰浩特卷烟厂党委书记、厂长，经济师

金光泽（朝鲜族） 吉林烟草工业有限责任公司延吉卷烟厂厂长，副高级工程师

郑东文 龙岩烟草工业有限责任公司卷包车间包装机组维修轮保组组长，高级技师

孟 瑾（女） 河南中烟工业有限责任公司安阳卷烟厂制丝部技术员，工程师、高级技师

韩建夫 河南中烟工业有限责任公司许昌卷烟厂维修班班长，工程师、高级技师

伍宁桥 湖南中烟工业有限责任公司长沙卷烟厂动力车间主任，高级技师

陈方清 湖南省烟草公司邵阳市公司绥宁县分公司市场服务分部客户经理

袁建华 湖南中烟工业有限责任公司常德卷烟厂一车间电气技术员，高级工程师

龚国英（女） 湖南中烟工业有限责任公司零陵卷烟厂动力车间党总支书记，高级企业文化师

刘胜林 贵州中烟工业有限责任公司贵定卷烟厂一车间生产大班长，初级工

袁 坤 云南省烟草公司昭通市公司首席烘烤师，中级农艺师

邱仕强（彝族） 红塔烟草（集团）有限责任公司玉溪卷烟厂设备技术科科长，中级工程师、高级技师

薛建斌 陕西省烟草公司榆林市榆阳分公司稽查大队队长，烟草专卖管理师

李润喜 湖南中烟工业有限责任公司吴忠卷烟厂制丝车间技术员

【烟草行业全国技术能手名单】（人力资源社会保障部关于授予 2019—2020 年度职业技能竞赛优秀选手全国技术能手称号的决定）（人社部函〔2021〕99 号）

蒋铭杰 上海烟草包装印刷有限公司

侯琪琛 红塔烟草（集团）有限责任公司玉溪卷烟厂

张晓军 张家口卷烟厂有限责任公司

毕永秋 红塔烟草（集团）有限责任公司玉溪卷烟厂

【烟草行业获评工业和信息化系统抗击新冠肺炎疫情先进个人名单】（工业和信息化部关于表彰工业和信息化系统抗击新冠肺炎疫情先进集体和先进个人的决定）（工信部人〔2020〕198 号）（2020 年 12 月 22 日发布）

王天龙 内蒙古自治区鄂尔多斯市烟草专卖局（公司）办公室原主任

季文静（女） 山东中烟工业有限责任公司济南卷烟厂员工

郑祖雄 湖北省烟草专卖局（公司）机关党委专职副书记、党建工作处处长

王 玲（女） 中共国家烟草专卖局党校办公室副主任

朱 玲（女） 重庆中烟工业有限责任公司技术中心工程师

文志学 湖北省襄阳市鸿琰实业有限责任公司运输部部长

刘 博 河南省南阳市桐柏县烟草专卖局（分公司）市场监督管理员

丁朋辉 陕西省延安市烟草专卖局（公司）烟叶生产设施管理员

王福利 黑龙江省哈尔滨市烟草专卖局（公司）卷烟物流配送中心储配部部长

侯峰平 新疆维吾尔自治区乌鲁木齐市烟草专卖局（公司）物流配送中心安保部主任

马存虎（回族） 宁夏回族自治区银川市烟草专卖局（公司）物流配送中心副主任

杨立伟 辽宁省沈阳市烟草专卖局（公司）稽查员

巩 巍 吉林省四平市双辽市烟草专卖局（分公司）卷烟营销办公室主任

周 平 江西中烟工业有限责任公司办公室后勤管理主管

【烟草行业获评全国优秀共青团员名单】［共青团中央关于表彰“全国优秀共青团员”“全国优秀共青团干部”“全国五四红旗团委（团支部）”的决定］（中青发〔2020〕8 号）（2020 年 4 月 28 日发布）

王　帝　河南中烟工业有限责任公司南阳卷烟厂制丝部质量管理员兼体系管理员

【烟草行业获评全国优秀工会工作者名单】（中华全国总工会关于表彰全国模范职工之家　全国模范职工小家　全国优秀工会工作者的决定）（总工发〔2020〕11号）（2020年12月31日发布）

杨光焰（女）　河南省周口市烟草专卖局（公司）工会办公室副主任、女工委主任

唐茂生　广东省韶关市烟草专卖局（公司）工会副主席

谢志勇　广西中烟工业有限责任公司工会副主席

鲁信烈　陕西中烟工业有限责任公司旬阳卷烟厂工会专干

【烟草行业获评第20届全国青年岗位能手名单】（共青团中央　人力资源社会保障部关于命名表彰第20届全国青年岗位能手的决定）（中青联发〔2020〕9号）（2020年5月29日发布）

尹洪禹　红云红河烟草（集团）有限责任公司乌兰浩特卷烟厂卷接包车间电气维修工

王永幸　中国烟草机械集团有限责任公司常德烟草机械有限责任公司操作工人

鲁向东　四川中烟工业有限责任公司西昌卷烟厂维修工

林　斌（回族）　红塔烟草（集团）有限责任公司玉溪卷烟厂职工

丁男哲　浙江中烟工业有限责任公司宁波卷烟厂电气维修人员

王启兵　龙岩烟草工业有限责任公司维修电工

胡林胜　安徽中烟工业有限责任公司蚌埠卷烟厂职工

【烟草行业获评2017至2019年全国内部审计先进工作者名单】（中国内部审计协会关于表彰2017至2019年全国内部审计先进集体和先进工作者的决定）（中内协发〔2020〕44号）（2020年11月20日发布）

杨　哲　山东菏泽烟草有限公司审计派驻办

李　琳　河南中烟工业有限责任公司审计部

李　彬　中国烟草总公司湖南省公司审计处

肖咸义　中国烟草总公司四川省公司审计处

游　毅　湖北中烟工业有限责任公司审计部

【烟草行业离退休干部先进个人名单】（中国烟草总公司关于表彰烟草行业离退休干部先进集体和先进个人的决定）（中烟办〔2020〕60号）（2020年4月22日发布）

纪　懿　中国烟草总公司北京市公司

高荣祥　中国烟草总公司天津市公司

鲍灵军　中国烟草总公司河北省公司

房彦军　河北中烟工业有限责任公司

刘秀琴　中国烟草总公司山西省公司

王新民　中国烟草总公司内蒙古自治区公司

孙淑英　中国烟草总公司辽宁省公司

陈玉山　中国烟草总公司吉林省公司

高芳馨　中国烟草总公司黑龙江省公司

唐为昌　上海烟草集团有限责任公司

徐宏保　中国烟草总公司江苏省公司

郭永翔　中国烟草总公司江苏省公司

陈贤荣　江苏中烟工业有限责任公司

董振太　江苏中烟工业有限责任公司

夏明仁　中国烟草总公司浙江省公司

陈金生　浙江中烟工业有限责任公司

杨春民　中国烟草总公司安徽省公司

高玉英　安徽中烟工业有限责任公司

张承富　中国烟草总公司福建省公司

陈春供　福建中烟工业有限责任公司

易继红　中国烟草总公司江西省公司

钟正荣　江西中烟工业有限责任公司

陈毅力　中国烟草总公司山东省公司

王学勤　中国烟草总公司山东省公司

孙其泽　山东中烟工业有限责任公司

朱运法　山东中烟工业有限责任公司

刘勤民　中国烟草总公司河南省公司

许大方　中国烟草总公司河南省公司

明清荣　河南中烟工业有限责任公司

张怀瑞　中国烟草总公司湖北省公司

陈木清　中国烟草总公司湖北省公司

刘兴国　湖北中烟工业有限责任公司

肖庆珍　中国烟草总公司湖南省公司

唐丽华　中国烟草总公司湖南省公司

孙曙光　湖南中烟工业有限责任公司

黄汉杰　湖南中烟工业有限责任公司

王德盛　广东中烟工业有限责任公司

赵炳乙　中国烟草总公司广西壮族自治区公司

王庆艳　广西中烟工业有限责任公司

王　民　中国烟草总公司海南省公司

廖正坤　中国烟草总公司重庆市公司

赵寿权　重庆中烟工业有限责任公司

朱茂林　中国烟草总公司四川省公司
龙存章　中国烟草总公司四川省公司
杨万英　四川中烟工业有限责任公司
潘正兰　中国烟草总公司贵州省公司
牟仕豪　中国烟草总公司贵州省公司
毕信章　贵州中烟工业有限责任公司
丁筱森　中国烟草总公司云南省公司
马青年　中国烟草总公司云南省公司
祁艳芬　云南中烟工业有限责任公司
张　英　中国烟草总公司西藏自治区公司
窦鸿志　中国烟草总公司陕西省公司
常选文　陕西中烟工业有限责任公司
牛跟道　中国烟草总公司甘肃省公司
孙鸿忠　中国烟草总公司青海省公司
胡德平　中国烟草总公司宁夏回族自治区公司
刘金芳　新疆维吾尔自治区烟草公司
戚　兵　中国烟草总公司大连市公司
吴建荣　中国烟草总公司深圳市公司
朱凤琴　中国烟草总公司郑州烟草研究院
赵凤英　中国烟草总公司职工进修学院
王守仁　南通醋酸纤维有限公司
杨永祥　昆明醋酸纤维有限公司
王海华　中国烟草机械集团有限责任公司
刘峻法　中国烟草机械集团有限责任公司
田英春　中国烟草实业发展中心
刘金表　中国烟草实业发展中心
李宝忠　中国烟草总公司

【烟草行业2018年度扶贫工作先进个人名单】（国家烟草专卖局关于表彰2018年度烟草行业扶贫工作先进集体和先进个人的决定）（国烟计〔2020〕102号）（2020年6月30日发布）

刘　乐　江西中烟工业有限责任公司
李长军　湖南中烟工业有限责任公司
张国庆　江苏中烟工业有限责任公司
胡云宏　甘肃烟草工业有限责任公司天水卷烟厂
吕庆功　红塔辽宁烟草有限责任公司
秦志强　河南中烟工业有限责任公司驻马店卷烟厂
崔龙杰　河南中烟工业有限责任公司许昌卷烟厂
邓贵芳　贵州中烟工业有限责任公司
常国强　贵州中烟工业有限责任公司
戴　冕　广东中烟工业有限责任公司韶关卷烟厂
袁明磊　红云红河烟草（集团）有限责任公司曲靖卷烟厂
卢　红　四川中烟工业有限责任公司
陈　哲　厦门烟草工业有限责任公司
刘建宏　河北中烟工业有限责任公司
韦　浪　广西中烟工业有限责任公司南宁卷烟厂
谢力民　重庆中烟工业有限责任公司黔江卷烟厂
朱　琳　陕西中烟工业有限责任公司宝鸡卷烟厂
刘洪清　山东中烟工业有限责任公司滕州卷烟厂
蔡忠山　云南省昭通市烟草专卖局（公司）
郭　帅　云南香料烟有限责任公司
王曾侃　云南省德宏州烟草专卖局（公司）
潘　嵘　湖南省烟草专卖局（公司）
祝红彬　河北省衡水市烟草专卖局（公司）
吴献志　吉林省舒兰市烟草专卖局（公司）
孙法友　内蒙古自治区通辽市烟草专卖局（公司）
程　伟　西藏自治区烟草专卖局（公司）
姜掌印　湖北省黄冈市英山县烟草专卖局（营销部）
刘志彪　湖北省恩施州烟草专卖局（公司）
傅　红　湖北省宜昌市兴山县烟草专卖局（营销部）
齐尚山　河南省安阳市滑县烟草专卖局（营销部）
王少东　甘肃省烟草专卖局（公司）
王宏才　安徽省安庆市烟草专卖局（公司）
黄兴琴　贵州省安顺市烟草专卖局（公司）
侯海哲　天津市蓟州区烟草专卖局（有限公司）
贾晓斌　陕西省渭南市烟草专卖局（公司）
王安平　山西省忻州市代县烟草专卖局（营销部）
李玉高　山东省烟草专卖局（公司）
马　江　海南省琼海市烟草专卖局（公司）
陈昌生　江苏省徐州市铜山区烟草专卖局（分公司）
李　骏　宁夏回族自治区固原市隆德县烟草专卖局（公司）
钟北权　重庆市丰都县烟草专卖局（公司）
黄昌一　浙江省金华市烟草专卖局（公司）
尹　强　辽宁省烟草专卖局（公司）
轩松岭　国家烟草专卖局烟草经济信息中心
司福智　中国烟草总公司郑州烟草研究院
李国秋　广东省清远市烟草专卖局（公司）
黄文彬　江西省景德镇市烟草专卖局（公司）
韩敬波　黑龙江省哈尔滨市烟草专卖局（公司）
王　春　广西壮族自治区烟草专卖局（公司）

【烟草行业2020年“最美科技工作者”名单】 （中国烟草学会关于表彰烟草行业2020年“最美科技工作者”的决定）（中烟学〔2020〕20号）（2020年9月16日发布）

聂　聪　中国烟草总公司郑州烟草研究院

肖　晗　四川省烟草专卖局（公司）

束茹欣　上海烟草集团有限责任公司

陈晶波　江苏中烟工业有限责任公司

舒俊生　安徽中烟工业有限责任公司

顾　钢　福建省烟草专卖局（公司）

何结望　湖北中烟工业有限责任公司

韩建夫　河南中烟工业有限责任公司

缪明明　云南中烟工业有限责任公司

王春军　黑龙江省烟草专卖局（公司）

【2020年度烟草行业技术能手名单】 （国家烟草专卖局关于授予2020年度烟草行业职业技能竞赛优秀选手烟草行业技术能手的决定）（国烟人〔2021〕35号）（2021年2月5日发布）

一、2020年全国行业职业技能竞赛——第十八届全国烟草行业职业技能竞赛暨“玉溪杯”首届烟机设备操作职业技能竞赛

侯琪琛　云南中烟工业有限责任公司

刘禹辰　陕西中烟工业有限责任公司

余佑辉　湖北中烟工业有限责任公司

余彬炀　云南中烟工业有限责任公司

徐　鹏　山东中烟工业有限责任公司

刘雨然　江苏中烟工业有限责任公司

高　泳　上海烟草集团有限责任公司

张晓军　河北中烟工业有限责任公司

李　洋　湖南中烟工业有限责任公司

张晶耀　上海烟草集团有限责任公司

杜俊逸　湖北中烟工业有限责任公司

尹大兵　河南中烟工业有限责任公司

张　群　湖北中烟工业有限责任公司

姚成猛　江西中烟工业有限责任公司

陶　文　云南中烟工业有限责任公司

孙述欣　山东中烟工业有限责任公司

李　洋　山东中烟工业有限责任公司

侯树彬　河南中烟工业有限责任公司

游孔俊　福建中烟工业有限责任公司

毕振范　山东中烟工业有限责任公司

毕永秋　云南中烟工业有限责任公司

雷国星　湖南中烟工业有限责任公司

赵梦君　上海烟草集团有限责任公司

二、行业省级一类、二类职业（岗位）技能竞赛

（一）2020年云贵豫烟草专卖局（公司）打叶复烤设备修理职业技能竞赛

丁谨善　云南烟叶复烤有限责任公司

左红星　云南烟叶复烤有限责任公司

张慕锋　云南烟叶复烤有限责任公司

（二）第六届湖南省烟草专卖局（公司）烟草制品购销职业技能竞赛

廖文广　郴州市烟草专卖局（公司）

蔡　蕾　益阳市烟草专卖局（公司）

黎　栋　长沙市烟草专卖局（公司）

罗文超　衡阳市烟草专卖局（公司）

丁　洁　衡阳市烟草专卖局（公司）

（三）“荷花杯”第一届河北中烟工业有限责任公司烟草制品购销职业技能竞赛

王郭丽　河北中烟工业有限责任公司

徐　璐　河北中烟工业有限责任公司

（四）第五届浙江省烟草专卖局（公司）烟草制品购销职业技能竞赛

洪璐瑶　台州市烟草专卖局（公司）

郑加仁　绍兴市烟草专卖局（公司）

董春燕　嘉兴市烟草专卖局（公司）

张维建　舟山市烟草专卖局（公司）

叶倩文　台州市烟草专卖局（公司）

（五）第一届浙江省烟草专卖局（公司）烟草物流管理岗位技能竞赛

肖晓珍　温州市烟草专卖局（公司）

倪　瑾　丽水市烟草专卖局（公司）

姜茂华　杭州市烟草专卖局（公司）

（六）2020年“天子杯”重庆烟草工商系统烟草制品购销劳动和技能竞赛

朱　霞　重庆市烟草专卖局（公司）

韩宛瑾　重庆市烟草专卖局（公司）

刘　庆　重庆市烟草专卖局（公司）

吴　瑶　重庆中烟工业有限责任公司

王　洁　重庆中烟工业有限责任公司

马小龙　重庆中烟工业有限责任公司

（七）第三届安徽省烟草专卖局（公司）烟草制品购销职业技能竞赛

王　丽　六安市烟草专卖局（公司）

卜海华　合肥市烟草专卖局（公司）

胡厚玉　阜阳市烟草专卖局（公司）

苏丹丹　安庆市烟草专卖局（公司）

张　政　蚌埠市烟草专卖局（公司）

（八）“利群杯”第十届浙江中烟职业技能竞赛暨第一届烟机设备操作职业技能竞赛

黄伟锋　浙江中烟工业有限责任公司杭州卷烟厂

杨　森　浙江中烟工业有限责任公司杭州卷烟厂

朱晓杰　浙江中烟工业有限责任公司宁波卷烟厂

（九）第七届内蒙古自治区烟草专卖局（公司）烟草制品购销职业技能竞赛

李昱蓉　包头市烟草专卖局（公司）

范雪莹　赤峰市烟草专卖局（公司）

卢彩凤　赤峰市烟草专卖局（公司）

（十）第四届贵州省烟草专卖局（公司）烟草制品购销职业技能竞赛

赵举军　毕节市烟草专卖局（公司）

杨　婧　遵义市烟草专卖局（公司）

李翔宇　黔西南州烟草专卖局（公司）

（十一）“黄金叶杯”第一届河南中烟工业有限责任公司烟草物流管理岗位技能竞赛

卢曼玉　河南中烟工业有限责任公司洛阳卷烟厂

王晓婷　河南中烟工业有限责任公司洛阳卷烟厂

孟祥洲　河南中烟工业有限责任公司黄金叶生产制造中心

（十二）“黄金叶杯”第一届河南中烟工业有限责任公司烟草制品购销职业技能竞赛

刘黎洁　河南中烟工业有限责任公司洛阳卷烟厂

王　冲　河南中烟工业有限责任公司

刘　曦　河南中烟工业有限责任公司许昌卷烟厂

（十三）第三届深圳市烟草专卖局（公司）烟草制品购销职业技能竞赛

何晓萌　深圳市光明区烟草专卖局（公司）

王子樱　深圳市龙华区烟草专卖局（公司）

谢雨玲　深圳市龙华区烟草专卖局（公司）

（十四）第四届吉林省烟草专卖局（公司）职业技能竞赛暨第一届烟草制品购销职业技能竞赛

徐嘉成　通化市烟草专卖局（公司）

刘　冰　通化市烟草专卖局（公司）

（十五）第四届辽宁省烟草专卖局（公司）烟草制品购销职业技能竞赛

袁　欣　葫芦岛市烟草专卖局（公司）

康天琦　丹东市烟草专卖局（公司）

袁长霞　丹东市烟草专卖局（公司）

周东旭　沈阳市烟草专卖局（公司）

（十六）第十九届云南中烟工业有限责任公司职业技能竞赛暨第五届烟草制品购销职业技能竞赛

杨　晔　云南中烟工业有限责任公司

刘海涛　云南中烟工业有限责任公司

（十七）“当好主人翁　建功新时代”第五届福建省烟草专卖局（公司）烟草制品购销职业技能竞赛

沈铭杰　漳州市烟草专卖局（公司）

卢泽行　龙岩市烟草专卖局（公司）

蔡莉莉　漳州市烟草专卖局（公司）

兰梦琳　龙岩市烟草专卖局（公司）

高希贤　漳州市烟草专卖局（公司）

（十八）第四届云南省烟草专卖局（公司）烟草制品购销职业技能竞赛

任　航　玉溪市烟草专卖局（公司）

武　怡　昭通市烟草专卖局（公司）

刘园交　昆明市烟草专卖局（公司）

杨　涵　保山市烟草专卖局（公司）

（十九）第四届河南省烟草专卖局（公司）烟草制品购销职业技能竞赛

张瀚月　商丘市烟草专卖局（公司）

杨　斌　许昌市烟草专卖局（公司）

赵慧杰　周口市烟草专卖局（公司）

王　钢　许昌市烟草专卖局（公司）

先进人物简介

【全国劳动模范】

王玉立　河北白沙烟草有限责任公司党委书记、总经理

王玉立

王玉立，女，1976年6月生，中共党员，河北白沙烟草有限责任公司党委书记、总经理，高级政工师、高级经济师。2020年，被中共中央、国务院授予“全国劳动模范”称号。

王玉立于2002年参加工作，先后被评为全国法治宣传教育先进工作者、河北省劳动模范、石家庄市加快建设新时代现代化强市先进个人、石家庄市改革开放40周年“工业铸魂”优秀企业家、石家庄市十大骨干型企业家等。

作为企业党政主要负责人，王玉立以品牌发展为己任，打造“荷花智造基地”，做好“团结担当的班子、高效一流的队伍、安全整洁的现场、无可挑剔的质量”四大核心工作，全力推进“荷花”专线、智慧工厂高质量建设，加快国产高速机引进投产，企业实现跨越式发展。自2016年起，实现销售收入、税利年均增速均达到13%以上，保持高速增长态势。以“质量管理年”“质量提升年”“质量革命年”为“三部曲”，提出全稳态理念，构建“荷花生产质量保障体系”，形成行业领先的质量管控标准和机制。2019年，“实施‘荷花’全稳态生产质量保障体系的经验”被河北省工业和信息化厅评为“工业企业质量标杆”。

梁　丰　张家口卷烟厂有限责任公司卷包车间卷接设备修理组组长

梁　丰

梁丰，男，1970年10月生，中共党员，张家口卷烟厂有限责任公司卷包车间卷接机型修理组组长，高级技师。2020年，被中共中央、国务院授予“全国劳动模范”称号。

1989年梁丰进入张家口卷烟厂工作。2006年梁丰被评为“河北烟草工业系统技术能手”，并在河北烟草工业系统第二届烟机设备维修职业技能竞赛中获得卷接设备一等奖；2008年被评为张家口市青年岗位能手；2009年被评为张家口市能工巧匠；2010年被评为张家口市劳动模范、河北省技术能手；2012年被评为河北省能工巧匠，并获得河北省第四届全国烟草行业烟机设备修理职业技能竞赛选拔赛ZJ17卷接机组第一名；2015年被评为河北省突出贡献技师；2016年获得河北省五一劳动奖章；2019年被评为河北省突出贡献技师，享受河北省突出贡献中青年专家待遇；同年，被评为河北省劳动模范。此外，梁丰多次获评张家口卷烟厂劳动模范、优秀共产党员。

梁丰于1999年成为卷包车间ZJ17烟机设备修理组组长，主要负责设备修理、技术创新等工作。多次开展卷烟机设备专题培训，授课300余课时，培训员工1.2万余人次；完成小改小革40余项，QC成果12项，申请专利14件，为企业带来经济效益4000余万元。

马立志　河北白沙烟草有限责任公司保定卷烟厂党委书记、厂长

马立志

马立志，男，1962年4月生，中共党员，河北白沙烟草有限责任公司保定卷烟厂党委书记、厂长，高级经济师、高级政工师。2020年，被中共中央、国务院授予“全国劳动模范”称号。

马立志于1980年12月进入保定卷烟厂，先后被评为河北省企业文化建设先进个人、河北省最具社会责任企业家、全国烟草行业劳动模范、河北省劳动模范等。

自担任保定卷烟厂厂长起，马立志以“铸常青基业、谋员工福祉”为己任，狠抓产品质量，深化精益管理，构筑企业文化，锻造人才队伍，使百年老厂焕发勃勃生机。面对行业新形势、新要求，马立志带领广大干部职工，抢抓发展机遇，全力寻求支持，推进保定卷烟厂易地搬迁工程建设，并高效完成易地生产搬迁工作，提升企业的核心制造能力和竞争力，为河北中烟“荷花梦”战略目标的实现增添新动能。2015年以来，保定卷烟厂累计实现税利91.2亿元，实现工业总产值158亿元，为国家和地方经济的发展作出突出贡献。

王力家　红云红河烟草（集团）有限责任公司乌兰浩特卷烟厂党委书记、厂长

王力家

王力家，男，1969年12月生，中共党员，红云红河烟草（集团）有限责任公司乌兰浩特卷烟厂党委书记、厂长，经济师。2020年，被中共中央、国务院授予“全国劳动模范”称号。

1991年9月王力家参加工作，具有生产、企业管理、市场营销等多个岗位工作经验。2014年9月被任命为内蒙古乌兰浩特卷烟厂厂长，同年10月兼任党委副书记。2015年被评为内蒙古自治区劳动模范，2016年被评为全国质量管理小组活动卓越领导者。王力家始终以“两个至上”行业共同价值观为行动准则，以助力地方经济社会发展为首要责任，团结带领全厂干部职工坚持新发展理念，不断深化供给侧结构性改革，有效应对烟草行业面临的四大难题，积极研发并培育新产品，优化产品结构，推动企业高质量发展。

“十三五”时期，面对行业卷烟总量规模触顶、增长速度回落的大形势和产销下降、库存积压、效益下降等困难局面，加之新冠肺炎疫情带来的严峻考验，王力家积极应对风险挑战，着力化解矛盾难题，最大程度地克服疫情对生产经营的不利影响，推动工厂经济效益实现稳步增长，累计实现税利129.73亿元、年均增长8.4%；累计捐款2699.8万元，助力脱贫攻坚、教育事业发展和疫情防控工作等，为地方经济社会发展作出贡献。

金光泽　吉林烟草工业有限责任公司延吉卷烟厂厂长

金光泽

金光泽，男，1964年9月，中共党员，吉林烟草工业有限责任公司延吉卷烟厂厂长，高级工程师。2020年，被中共中央、国务院授予“全国劳动模范”称号。

1987年金光泽参加工作，历任延吉卷烟厂车间技术员、工段长、副主任、主任、生产部部长、厂长助理。自2006年成立吉林烟草工业有限责任公司以来，任延吉卷烟厂副厂长、代理厂长，2014年9月被任命为厂长。先后被评为延边州劳动模范、吉林省特等劳动模范等，并当选延吉市第十五届、第十六届、第十七届人大代表，延边州第十五届人大代表。

金光泽把严格管理“长白山”的生产和维护企业发展、安全、稳定作为生产经营工作的重点，狠抓精益管理、对标创优，强化制度建设和落实，开拓企业生产经营管理新局面。在金光泽的带领下，延吉卷烟厂先后被评为全国文明单位、全国民族团结模范先进集体、全国先进基层党组织等，获得全国五一劳动奖状、吉林省慈善奖等。

郑东文　龙岩烟草工业有限责任公司卷包车间包装机组维修轮保组组长

郑东文

郑东文，男，1968 年 9 月生，中共党员，龙岩烟草工业有限责任公司卷包车间包装机组维修轮保组组长，高级技师。2020 年，被中共中央、国务院授予“全国劳动模范”称号。

2006 年，郑东文被评为全国烟草技术能手；2007 年被中国财贸轻纺烟草工会全国委员会评为全国烟草行业职工创新能手；2007 年被龙岩市政府评为龙岩市劳动模范；2007 年被福建省总工会授予五一劳动奖章；2010 年被人力资源社会保障部授予“全国技术能手”称号；2012 年被中共福建省委组织部等评为福建省优秀高技能人才；2014 年被评为福建省全省优秀共产党员；2017 年被福建中烟工业有限责任公司评选为精工带头人，被中共龙岩市委宣传部评为龙岩市 2017 年度基层最美人物——最美职工；2018 年被龙岩市评为首届龙岩工匠；2019 年获得福建省总工会八闽工匠年度人物提名奖。

2011—2012 年，主持完成烟草行业 X6S 软盒包装机培训教材和 BV 硬条及条外透明纸包装机两种培训教材编写工作；2015 年“郑东文创新工作室”在龙岩烟草工业有限责任公司挂牌，2019 年被评为福建省示范性劳模工作室。工作室成立以来，郑东文作为牵头人，率先提出“师带徒”计划，为企业培养知识型、技能型、创新型技术能手队伍。

孟　瑾　河南中烟工业有限责任公司安阳卷烟厂制丝部技术员

孟　瑾

孟瑾，女，1977 年 4 月生，中共党员，河南中烟工业有限责任公司安阳卷烟厂制丝部技术员，工程师、高级技师，河南省财贸轻纺烟草工会兼职副主席。2020 年，被中共中央、国务院授予“全国劳动模范”称号。

1996 年，孟瑾进入安阳卷烟厂工作，从一名跟班维修电工成长为技能娴熟的维修高级技师。孟瑾先后被评为河南省技术创新能手、河南省张玮式创新能手、全国女职工建功立业标兵、全国五一巾帼标兵，获得安阳市五一劳动奖章、河南省五一劳动奖章、全国五一劳动奖章。2017 年当选为党的十九大代表，2018 年当选为中国工会十七大代表。

参加工作以来，孟瑾始终扎根生产一线，从事设备维修、技术创新、设备改造工作。先后完成技术革新 60 余项，获得发明专利 1 件、实用新型专利 19 件、软件著作权 11 项。参与编写论著 2 部，在《现代电子技术》《数字技术与应用》等期刊上发表专业技术论文 11 篇。完成的 12 项科技成果均通过省市级科技厅鉴定。主持完成的技术创新项目获得河南省科学技术进步奖、河南中烟科学技术进步奖等、安阳市科学技术进步奖等。2011 年，创建“孟瑾创新工作室”，发挥劳模的模范带头作用，培养高级技师、技师、高级工 60 余人。带领团队针对生产现场的疑难杂症开展技术攻关，致力于提高产品质量、降低能耗物耗、提升企业智能化管控水平，为企业创造经济效益近 6000 万元。

韩建夫　河南中烟工业有限责任公司许昌卷烟厂维修班班长

韩建夫

韩建夫，男，1970 年 9 月生，中共党员，河南中烟工业有限责任公司许昌卷烟厂维修班班长，工程师、高级技师，行业职业技能鉴定高级考评员，行业职业技能竞赛裁判员。2020 年，被中共中央、国务院授予“全国劳动模范”称号。

1993 年，韩建夫大学毕业后进入许昌卷烟厂，从包装机操作工、包装设备维修工成长为维修班班长。2006 年被评为河南省百名技术英杰，获得许昌市五一劳动奖章；2007

年被评为许昌市劳动模范；2015 年获得河南省五一劳动奖章；2016 年被评为许昌大工匠；2018 年被评为中原大工匠，获得全国五一劳动奖章；2020 年被评为烟草行业最美科技工作者。

韩建夫带领创新团队一直致力于技术创新、设备改造等工作，先后完成设备技术革新 20 余项，获得授权专利 6 件、实用新型专利 19 件，发表论文 10 余篇，获得河南中烟科技进步奖一等奖 1 项，河南省科技厅技术成果 1 项，河南中烟技术革新一等奖 3 项。作为劳模工作室领军人物，韩建夫带领创新团队自主攻关完成八角设备、侧翻盖设备、短支设备、中支设备等一系列异型包装的改造，为企业节约设备改造费用近 1.2 亿元。同时，韩建夫依托劳模创新工作室和大学生工作室“融合共建”运行模式，开展“师带徒”等活动，累计为企业培养高级技师 5 人、技师 11 人、高级工 26 人，为推动企业高质量发展提供有力支撑。

伍宁桥　湖南中烟工业有限责任公司长沙卷烟厂动力车间主任

伍宁桥

伍宁桥，男，1968 年 12 月生，中共党员，湖南中烟工业有限责任公司长沙卷烟厂动力车间主任，高级技师。2020 年，被中共中央、国务院授予“全国劳动模范”称号。

伍宁桥于 1991 年进入长沙卷烟厂工作。30 年来，伍宁桥从制丝车间机械维修工做起，成长为烟草行业烟机设备制丝修理高级技师、职业技能鉴定专家。历任班长、技术主管、车间副主任、车间主任，并曾兼任长沙卷烟厂“三供一业”分离移交项目办公室副主任。先后被评为全国烟草技术能手、长沙市十大优秀青年、湖南省劳动模范，被授予全国五一劳动奖章。

在生产管理方面，伍宁桥独创设备管理模式——“分段轮保法”预防维修体系，为长沙卷烟厂制丝设备的有效运行提供保障。在安全管理方面，设计和推行《安全活动自检表》管理工具，通过对作业过程中的每一个安全隐患逐一自检，规范作业行为，有效防范安全风险，作业类安全事故连续多年保持零纪录。在质量管理方面，伍宁桥带领团队搭建车间“行为保证质量体系、设备保证质量体系、隐患产生与消除责任体系”三大体系，实现对质量的精准控制，进一步提升产品质量保障。作为项目主要成员，组织完成该厂“三供一业”分离移交工作。作为动力车间主任，根据生产车间不同的生产组织方式，不断优化动能经济运行模式，提高能源使用效率。

陈方清　湖南省烟草公司邵阳市公司绥宁县分公司市场服务分部客户经理

陈方清

陈方清，男，1967 年 12 月生，湖南省烟草公司邵阳市公司绥宁县分公司市场服务分部客户经理。2020 年，被中共中央、国务院授予“全国劳动模范”称号。

1985 年 10 月陈方清进入绥宁县烟草专卖局（分公司）工作，历任批发部仓库保管员、专卖外勤、网建办事员、农村送货组组长、总库主任、片区配送站站长、客户经理。2002 年被评为湖南省烟草商业仓储系统争先创优活动先进个人，2004 年、2006 年被评为邵阳市烟草系统先进工作者，2011 年被评为邵阳市烟草系统岗位先进，2014 年被评为全国烟草行业劳动模范。

陈方清扎根基层 35 年，坚守东武陵山区边远农村市场，累计客户服务行程 30 万千米，熟记辖区 500 余户客户的基础信息和经营情况。1985 年起，在离绥宁县城 35 千米的武阳站点担任仓库保管员 10 年，在服务农村市场和大山深处的零售户中积累丰富经验。山区路难走，陈方清负责的客户大多在偏远农村，但从未因交通上的困难而降低对客户的服务质量。2008 年特大冰冻灾害期间，陈方清租用马匹行走山路近百里，将卷烟送到大山深处的客户手中。陈方清用真诚、真情、真心赢得客户一致肯定。

袁建华　湖南中烟工业有限责任公司常德卷烟厂卷包车间电气技术员

袁建华

袁建华，男，汉族，1970 年 2 月生，中共党员，湖南中烟工业有限责任公司常德卷烟厂卷包车间电气技术员，高级工程师。2020 年，被中共中央、国务院授予“全国劳动模范”称号。

1990 年袁建华进入常德卷烟厂工作。先后获得核工业总公司部级科学技术进步奖三等奖 1 项，中国烟草总公司科学技术进步奖三等奖 1 项，湖南中烟科学技术进步奖一等奖 1 项、三等奖 2 项，创新小组项目三等奖 2 项，两次作为行业电气、自控专业的专家参与行业科技项目评审；被评为湖南省烟草技术能手、湖南省劳动模范，被授予全国五一劳动奖章。

11 年间，袁建华深入研究并实践制丝、卷包、物流电控技术及智能制造、智慧工厂建设等领域，并在数字化车间上实现突破，运用优化算法成功解决复杂生产决策问题。建立湖南省劳模创新工作室示范点，完成《搭建高速机电气技术实验平台》等 5 项劳模创新工作室项目。致力于人才培养与传帮带，完成《AB 集成运动控制系统》等 12 项培训教案编写并组织培训。先后在行业专业领域发表《温湿度独立控制系统在卷烟厂车间的应用》等学术研究论文 5 篇，获得《基于 HT 水分补偿的前馈和反馈的叶丝干燥方法及系统》等国家专利 7 件，其中发明专利 2 件、实用新型专利 5 件。

龚国英　湖南中烟工业有限责任公司零陵卷烟厂动力车间党总支书记

龚国英

龚国英，女，1972 年 8 月生，中共党员，湖南中烟工业有限责任公司零陵卷烟厂动力车间党总支书记，高级企业文化师，分工会主席。2020 年，被中共中央、国务院授予“全国劳动模范”称号。

龚国英撰写的《垄断企业员工子女就业事件引发的思考》被评为“湖南烟草系统优秀科研成果”；撰写的《建立“三微”工作平台，助力企业高质量发展》入选国家烟草专卖局优秀党建工作案例。2016 年被中共湖南省委评为湖南省优秀党务工作者。致力于员工学习和培养，带领车间党支部建立“微”学习平台、“微”创新平台、“微”业绩平台，开发出实用型微课 32 个，举行现场培训 110 场次，累计 249 课时。将党建工作融入生产经营，实行“党建 + 生产”双目标积分管理，同向协作发力。实现党建由“说教”向“乐享”转型，策划创作大型音诗画节目《时空对话》《劳模黄保罗》等，激发青年员工立足岗位作奉献、扎根一线多磨砺的意志和决心。实现党建工作由“点”思维向以关注系统和整体的“体”思维转型，聚焦企业重大专项工作，把党员示范岗、创先争优活动与精准管理、质量提升、开源节流、课题攻关等工作相结合。开展“多措并举，降低单箱综合能耗”重点课题研究，2019 年单箱综合能耗比上年下降 16.13%，节约费用278 万元，行业排名上升 5 位，该项目获得湖南中烟“和 + 荣耀”工匠大师金奖。

刘胜林　贵州中烟工业有限责任公司贵定卷烟厂一车间生产大班长

刘胜林

刘胜林，男，1963年11月生，中共党员，贵州中烟工业有限责任公司贵定卷烟厂一车间生产大班长，初级工。2020年，被中共中央、国务院授予“全国劳动模范”称号。

刘胜林于1985年3月进入贵定卷烟厂工作，在工作岗位上继续发扬军人作风，发挥党员的先锋模范作用。2004—2005年，带领班组在原有制丝生产线的基础上改进产品工艺流程，通过“小改小革”为企业降低能耗、提升产品品质，为工厂节约梗丝生产成本100余万元。2017年、2018年被评为贵定卷烟厂优秀党务工作者。2019年，带领“蚂蚁班组”开发出制丝过程数据监控与防差错系统，保证制丝设备按照正确的参数运行，杜绝因参数错误引起的产品质量问题。在车间组织的标准化操作微视频大赛中，“蚂蚁班组”获得一等奖，为车间生产操作提供标准化范例。

袁　坤　云南省烟草公司昭通市公司首席烘烤师，中级农艺师

袁　坤

袁坤，男，1977年1月生，中共党员，现任云南省烟草公司昭通市公司首席烘烤师，中级农艺师。2020年，被中共中央、国务院授予“全国劳动模范”称号。

1996年8月袁坤进入昭通大关县局（分公司）工作。袁坤长期坚守生产一线从事烟叶生产技术推广及研发工作，先后设计可移动式复合保温密集烤房、翻筐针插式散叶烘烤装置及配套烘烤工艺，完成密集烤房叠层加密建设及烘烤技术应用研究、密集烤房纯电能烘烤研究等多项新型烘烤设备及先进适用烘烤技术，实现降本、提质、增效、惠农的要求。获得实用新型专利10件，其所获的专利技术广泛应用于全市烟农烟叶烘烤，较大程度地降低烟叶烘烤损失率、减少烟叶烘烤工时，助力烟农增收。2017年被评为云南省劳动模范；2018年云南省总工会命名成立“袁坤劳模创新工作室”；2019年被授予全国五一劳动奖章。

邱仕强　红塔烟草（集团）有限责任公司玉溪卷烟厂设备技术科科长

邱仕强（右）

邱仕强，男，1977年10月生，中共党员，红塔烟草（集团）有限责任公司玉溪卷烟厂设备技术科科长，中级工程师、高级技师。2020年，被中共中央、国务院授予“全国劳动模范”称号。

2001年7月，邱仕强大学毕业后进入红塔集团玉溪卷烟厂卷包二车间工作，先后担任包装机操作工、修理工、包装设备修理组组长、包装机械修理作业区负责人、卷包二车间副主任、玉溪卷烟厂设备技术科科长。2009年起，负责国际最先进的G. DX6S、G. DH1000、G. DX500等超高速、高速卷包设备维护管理，是卷烟生产一线知识型、技术型、创新型技术工人的代表和典范。由他主持完成的自主创新成果获得国家专利授权36件，多项成果被行业借鉴和推广应用；首创“望、闻、问、切”设备维护方法，实现车间设备净效率提升3.48%；参与编写《烟草行业技师鉴定教材》，开发《操作技能鉴定题库》，填补烟草行业超高速卷包设备领域空白。2011年起，先后被评为云南中烟技术能手、云南省技术能手、全国技术能手、云南省技术状元、云南省劳动模范等，并获得云南省五一劳动奖章。

薛建斌　陕西省烟草公司榆林市榆阳分公司稽查大队队长

薛建斌

薛建斌，男，1974年7月生，中共党员，陕西省烟草公司榆林市榆阳分公司稽查大队队长，烟草专卖管理师。2020年，被中共中央、国务院授予“全国劳动模范”称号。

1994年薛建斌参加工作以来，曾任榆林市局（公司）财务科出纳、榆阳区局（分公司）销售部农村网点主任。2004—2011年，任榆阳区局（分公司）稽查中队中队长，2011年12月起，任稽查大队大队长。2013年，从辖区查获涉嫌销售非法生产卷烟，涉案金额7000余万元。2016年，带领专卖执法人员配合公安部门成功破获一起互联网售卖假烟案件，涉案金额550余万元。2004—2020年，经手破获各类涉烟违法案件3727起，查获各类非法卷烟11万余条，涉案金额1.96亿元。此外，积极推进“互联网+专卖”建设，搭建榆阳网上政务服务平台，打造“一岗两区两室”专卖政务服务大厅，将证件、案件、举报投诉、咨询服务等各类工作集于一室，实现“一站式”服务，解决群众办事“环节多、手续多、跑腿多”等问题。2012年4月，被评为“陕西省劳动模范”。

李润喜　湖南中烟工业有限责任公司吴忠卷烟厂制丝车间技术员

李润喜

李润喜，男，1965年9月生，湖南中烟工业有限责任公司吴忠卷烟厂制丝车间技术员。2020年，被中共中央、国务院授予“全国劳动模范”称号。

1989年，李润喜进入吴忠卷烟厂工作。作为维修班班长，制定“点、线、面、体”的全面维护管理模式，设备故障率降低74.6%。2015年，在没有切丝机项修经验的情况下，为实现节约挖潜，带领团队自主完成3台切丝机项修，节约资金近百万元；同年，参与“一种双作用智能皮带纠偏系统”项目研究，获得国家实用新型专利授权。2016年，完成“减少真空回潮机箱体进水次数”“提高FT461光谱除杂机杂物剔除率”等6项课题研究，设备重难点问题得到解决；同年，成立“李润喜劳模工作室”。2017年，开展的“WZ1131连续式真空回潮机抽真空系统的优化”等课题研究，为企业节约购置设备和维修设备费用125万元。2018年，主导的11项成果在2018中国设备管理大会暨第十六届TnPM大会上获奖。2019年，致力于企业修旧利废活动，完成“水分仪屏幕修旧利废”等课题研究，减少企业设备购置费86.1万元。2020年，牵头完成创新课题8项、QC课题5项、修旧利废17项，节约资金135万元。此外，积极发挥“传帮带”作用，先后培养技术骨干11人。

【全国优秀共青团员】

王　帝　河南中烟工业有限责任公司南阳卷烟厂制丝部质量管理员兼体系管理员

王　帝

王帝，男，1995 年生，中共党员，河南中烟工业有限责任公司南阳卷烟厂制丝部质量管理员兼体系管理员。2020 年，被共青团中央授予“全国优秀共青团员”称号。

2017 年，王帝进入南阳卷烟厂工作。2018 年，被评为南阳市优秀共青团员，并当选为中国共青团第十八次全国代表大会代表。2019 年，被评为河南省优秀共青团员。

在质量管理工作中，王帝将各项定性及定量指标真正融合在量化考核指标体系中，建立广涵盖、分层次、精确化、可测量的工序及个人质量指标绩效库考核模式，并针对关键工序 CPK 指标开展“质量管控能力提升”活动，不断提升 CPK 指标合格率。在制丝质量工作中，负责汇总、申报六西格玛项目，参与完成 QC 项目 4 个，其中 QC 课题“研制存储喂料提升机自动拨料装置”获得烟草行业第三十届优秀质量管理小组成果发布会二等奖、河南省优秀质量管理小组一等奖。在体系管理工作中，组织部门内部管理体系评价，对管理体系流程架构及标准体系符合性、有效性进行评价，动态监控体系运行绩效和风险管控情况，发现和改进生产关键流程存在的短板和瓶颈问题，进一步增强管理体系对部门工作开展的保障能力；全面把握部门体系运行有效性和符合性，推进制丝部管理体系建设，起草修订厂级技术标准 30 余项。

先进集体名单

【烟草行业 2020 年全国脱贫攻坚奖名单】　（国务院扶贫开发领导小组关于表彰 2020 年全国脱贫攻坚奖的决定）（国开发〔2020〕11 号）（2020 年 10 月 16 日发布）

组织创新奖

国家烟草专卖局扶贫办

【烟草行业获评工业和信息化系统抗击新冠肺炎疫情先进集体名单】　（工业和信息化部关于表彰工业和信息化系统抗击新冠肺炎疫情先进集体和先进个人的决定）（工信部人〔2020〕198 号）（2020 年 12 月 22 日发布）

湖北省黄冈市烟草专卖局（公司）卷烟配送中心

湖北中烟工业有限责任公司武汉卷烟厂

浙江省温州市烟草专卖局（公司）

湖南中烟工业有限责任公司常德卷烟厂技术改造办公室

广东中烟工业有限责任公司湛江卷烟厂攻坚克难党员先锋队

【烟草行业获评全国示范性劳模和工匠人才创新工作室名单】　（中华全国总工会关于命名第三批全国示范性劳模和工匠人才创新工作室的决定）（总工发〔2020〕10 号）（2020 年 12 月 29 日发布）

卜建立创新工作室　河北白沙烟草有限责任公司

高卫军创新工作室　河南中烟工业有限责任公司安阳卷烟厂

【烟草行业获评全国模范职工之家、全国模范职工小家名单】　（中华全国总工会关于表彰全国模范职工之家　全国模范职工小家　全国优秀工会工作者的决定）（总工发〔2020〕11 号）（2020 年 12 月 31 日发布）

全国模范职工之家

内蒙古自治区赤峰市烟草专卖局（公司）工会委员会

江苏省泰州市烟草专卖局（公司）工会委员会

安徽省滁州市烟草专卖局（公司）工会委员会

福建烟草机械有限公司工会委员会

山东中烟工业有限责任公司青州卷烟厂工会委员会

河南省濮阳市烟草专卖局（公司）工会委员会

河南省许昌市襄城县烟草专卖局（分公司）工会委员会

天昌国际烟草有限公司南阳复烤厂工会委员会

湖北省荆州市烟草专卖局（公司）工会委员会

湖北中烟工业有限责任公司武汉卷烟厂工会委员会

四川中烟工业有限责任公司工会委员会

红云红河烟草（集团）有限责任公司红河卷烟厂工会委员会

广东省广州市烟草专卖局（公司）工会委员会

全国模范职工小家

上海烟草集团有限责任公司上海烟草储运公司原料物流一部工会

浙江省海宁市烟草专卖局（公司）工会

福建省宁德市古田县烟草专卖局（分公司）城关专卖管理所工会小组

山东中烟工业有限责任公司济南卷烟厂卷包车间工会

广东省清远市连山壮族瑶族自治县烟草专卖局（分公司）工会

四川省凉山彝族自治州烟草专卖局（公司）机关工会

云南烟叶复烤有限责任公司保山复烤厂仓储分选车间工会小组

广西中烟工业有限责任公司南宁卷烟厂工会

【烟草行业获评全国五四红旗团支部（团总支）名单】 ［共青团中央关于表彰“全国优秀共青团员”“全国优秀共青团干部”“全国五四红旗团委（团支部）”的决定］（中青发〔2020〕8号）（2020年4月28日发布）

湖北省咸宁市烟草专卖局（公司）团支部

【烟草行业获评全国文明单位名单】 （中央文明委关于表彰第六届全国文明城市、文明村镇、文明单位和第二届全国文明家庭、文明校园及新一届全国未成年人思想道德建设工作先进的决定）（2020年11月20日发布）

辽宁省朝阳市烟草专卖局（公司）

吉林省白山市烟草专卖局（公司）

黑龙江省双鸭山市烟草专卖局（公司）

浙江省嘉兴桐乡市烟草专卖局（分公司）

安徽省蚌埠市烟草专卖局（公司）

安徽省淮南市烟草专卖局（公司）

安徽省滁州市烟草专卖局（公司）

安徽省芜湖市繁昌县烟草专卖局（分公司）

安徽省安庆市烟草专卖局（公司）

福建省漳州市烟草专卖局（公司）

福建省龙岩市烟草专卖局（公司）

福建省莆田市仙游县烟草专卖局（分公司）

厦门烟草工业有限责任公司

福建省宁德市烟草专卖局（公司）

福建省南平市烟草专卖局（公司）

重庆中烟工业有限责任公司

西藏自治区山南市烟草专卖局（公司）

甘肃省酒泉市烟草专卖局（公司）

宁夏回族自治区中卫市烟草专卖局（公司）

【烟草行业获评2017至2019年全国内部审计先进集体名单】 （中国内部审计协会关于表彰2017至2019年全国内部审计先进集体和先进工作者的决定）（中内协发〔2020〕44号）（2020年11月20日发布）

内蒙古自治区烟草专卖局（公司）审计处

上海烟草集团有限责任公司审计处

山东中烟工业有限责任公司青州卷烟厂审计处

【烟草行业离退休干部先进集体名单】 （中国烟草总公司关于表彰烟草行业离退休干部先进集体和先进个人的决定）（中烟办〔2020〕60号）（2020年4月22日发布）

中国烟草总公司北京市公司离退休人员自我管理委员会

河北省烟草公司石家庄市公司“阳光沁石”老干部服务队

河北白沙烟草有限责任公司科一党支部

中国烟草总公司山西省公司机关离退休党支部

中国烟草总公司内蒙古自治区公司机关离退休党支部

中国烟草总公司辽宁省公司机关离退休党支部

中国烟草总公司吉林省公司机关离退休党总支

上海烟草集团有限责任公司离退休党总支

浙江省烟草公司嘉兴市公司桐乡市分公司离退休党支部

浙江中烟工业有限责任公司离退休党支部

中国烟草总公司安徽省公司离退休第二党支部

安徽省烟草公司安庆市公司离退休党支部

安徽中烟工业有限责任公司合肥卷烟厂老年大学

中国烟草总公司福建省公司离退休第二党支部

福建三明金叶复烤有限公司“金叶晚霞”退休服务站

龙岩烟草工业有限责任公司离退休党总支

江西省烟草公司宜春市公司第五党支部

江西中烟工业有限责任公司南昌卷烟厂离退休党支部

山东省潍坊市烟草有限公司机关离退休党支部

山东省临沂市烟草有限公司机关离退休第二党支部

山东中烟工业有限责任公司青岛卷烟厂泰山老年健身协会

山东中烟工业有限责任公司青州卷烟厂离退休第一党支部

中国烟草总公司河南省公司机关离退办党总支

河南省烟草公司洛阳市公司离退休党支部

河南中烟工业有限责任公司许昌卷烟厂黄金叶志愿服务队

河南中烟工业有限责任公司安阳卷烟厂离退办第二党支部

湖北省烟草公司恩施土家族苗族自治州公司机关离退休党支部

湖北中烟工业有限责任公司襄阳卷烟厂离退休党总支

中国烟草总公司湖南省公司机关离退休党总支

湖南省烟草公司永州市公司蓝山县分公司退休党支部

湖南中烟工业有限责任公司常德卷烟厂离退休党总支

广东中烟工业有限责任公司湛江卷烟厂离退休第三党支部

广西伊灵烟叶复烤有限责任公司离退休党支部

广西壮族自治区烟草公司玉林市公司离退休党支部

广西中烟工业有限责任公司柳州卷烟厂离退休党总支

中国烟草总公司海南省公司机关退休第一党支部

重庆市烟草公司万州区公司离退休支部

重庆中烟工业有限责任公司重庆卷烟厂离退休党支部

四川省烟草公司广元市公司机关离退休党支部

四川省烟草公司阿坝藏族羌族自治州公司离退休党支部

四川中烟工业有限责任公司成都卷烟厂离退休志愿者服务队

四川中烟工业有限责任公司绵阳卷烟厂宽窄退休文化协会

中国烟草总公司贵州省公司机关第七党支部

贵州中烟工业有限责任公司贵阳卷烟厂离退休党总支

中国烟草总公司云南省公司老龄钓鱼协会

云南省烟草烟叶公司离退休党支部

红塔烟草（集团）有限责任公司昭通卷烟厂老年气排球协会

红云红河烟草（集团）有限责任公司第八党总支第二党支部

中国烟草总公司陕西省公司机关离退休党支部

陕西省烟草公司宝鸡市公司离退休党支部

陕西中烟工业有限责任公司汉中卷烟厂双退办党支部

中国烟草总公司甘肃省公司机关第九党支部

常德烟草机械有限责任公司离退休党支部

许昌烟草机械有限责任公司离退休党支部

黑龙江烟草工业有限责任公司“快乐哈烟人”退休合唱团

吉林烟草工业有限责任公司延吉卷烟厂“长白山”老年协会

中国烟草总公司离退办党委东便门党支部

【烟草行业 2018 年度扶贫工作先进集体名单】（国家烟草专卖局关于表彰 2018 年度烟草行业扶贫工作先进集体和先进个人的决定）（国烟计〔2020〕102 号）（2020 年 6 月 30 日发布）

湖南中烟工业有限责任公司机关

江苏中烟工业有限责任公司机关

甘肃烟草工业有限责任公司天水卷烟厂

河南中烟工业有限责任公司机关

贵州中烟工业有限责任公司机关

湖北中烟工业有限责任公司恩施卷烟厂

湖北中烟工业有限责任公司红安卷烟厂

云南中烟工业有限责任公司机关

四川中烟工业有限责任公司机关

广西中烟工业有限责任公司柳州卷烟厂

山东中烟工业有限责任公司济南卷烟厂

云南香料烟有限责任公司

广西壮族自治区百色靖西市烟草专卖局（营销部）

吉林省延边朝鲜族自治州烟草专卖局（公司）

四川省烟草专卖局（公司）机关

内蒙古自治区烟草专卖局（公司）机关

西藏自治区烟草专卖局（公司）机关

西藏自治区日喀则市烟草专卖局（公司）

湖北省烟草专卖局（公司）机关

湖北省十堰市烟草专卖局（公司）

河南省烟草专卖局（公司）机关

甘肃省烟草专卖局（公司）机关

安徽省烟草专卖局（公司）机关

贵州省六盘水市烟草专卖局（公司）

贵州省遵义市烟草专卖局（公司）

北京市烟草专卖局（公司）机关

大连市庄河市烟草专卖局（公司）

陕西省延安市延川县烟草专卖局（分公司）

山西省忻州市烟草专卖局（公司）

山东省临沂市烟草专卖局（公司）

重庆市奉节县烟草专卖局（公司）

浙江省烟草专卖局（公司）机关

广东省烟草专卖局（公司）机关

福建省烟草专卖局（公司）机关

中国烟叶公司

江西中烟工业有限责任公司驻村工作队（帮扶江西省吉安市吉安县永阳镇下边村）

湖南中烟工业有限责任公司驻村工作队（帮扶湖南省郴州市宜章县关溪乡东源村）

湖北中烟工业有限责任公司驻村工作队（帮扶湖北省恩施土家族苗族自治州利川市南坪乡黄田村）

广东中烟工业有限责任公司公司驻村工作队（帮扶广东省韶关市南雄县邓坊镇邓坊村）

张家口卷烟厂有限责任公司驻村工作队（帮扶河北省张家口市蔚县南留庄镇曹疃村）

安徽中烟工业有限责任公司驻村工作队（帮扶安徽省宿州市灵璧县朝阳镇杨桥村）

云南省烟草专卖局（公司）驻村工作队（帮扶云南省德宏傣族景颇族自治州阿昌族整乡整族）

湖南省烟草专卖局（公司）驻村工作队（帮扶湖南省湘西土家族苗族自治州永顺县石堤镇团结村）

河北省烟草专卖局（公司）驻村工作队（帮扶河北省石家庄市行唐县南件村）

贵州省安顺市普定县烟草专卖局（分公司）驻村工作队（帮扶贵州省安顺市普定县鸡场坡镇那芮村）

青海省烟草专卖局（公司）驻村工作队（帮扶青海省海东市平安区巴藏沟乡李家村）

辽宁省烟草专卖局（公司）驻村工作队（帮扶辽宁省阜新市彰武县满堂红镇大板村）

中国烟草总公司合肥设计院驻村工作队（帮扶安徽省六安市金寨县张冲乡黄畈村）

江西省烟草专卖局（公司）驻村工作队（帮扶江西省赣州市安远县长沙乡贫笃村）

新疆维吾尔自治区烟草专卖局（公司）驻村工作队（帮扶新疆维吾尔自治区阿克苏市拜城县布隆乡托万克布隆村）

【中国烟草总公司第六届标准创新贡献奖获奖项目名单】 （中国烟草总公司关于公布第六届标准创新贡献奖获奖项目的决定）（中烟办〔2020〕38号）（2020年3月3日发布）

序号	项目名称	项目类别	获奖等级	主要完成单位	主要完成人	推荐单位
1	卷烟工艺规范	预研	一等奖	国家局经济运行司 中国烟草总公司郑州烟草研究院	徐维华 罗登山 李佳男 刘朝贤 张大波 王 兵 张 博 童亿刚 陈良元 姚光明 陶铁托 郑 飞 王 毅 谭国治 易 浩 孔 臻 张占涛 温若愚 李跃锋 丁美宙	全国烟草标准化技术委员会卷烟分技术委员会
2	烟气有害成分暴露生物标志物分析方法	预研	二等奖	中国烟草总公司郑州烟草研究院 云南中烟工业有限责任公司 上海烟草集团有限责任公司 国家烟草质量监督检验中心 广西中烟工业有限责任公司 湖北中烟工业有限责任公司 河南中烟工业有限责任公司	赵 阁 谢复炜 王 昇 余晶晶 王 冰 丁 丽 颜权平 王晓瑜 李 钢 侯宏卫 田海英 李 翔 张凤梅 范 忠 陈义坤	中国烟草总公司郑州烟草研究院

续表

序号	项目名称	项目类别	获奖等级	主要完成单位	主要完成人	推荐单位
3	中式卷烟产品感官评价标准体系研究	行标、预研、标样	二等奖	云南中烟工业有限责任公司 中国烟草总公司郑州烟草研究院 湖南中烟工业有限责任公司 江西中烟工业有限责任公司 中国烟草标准化研究中心 广州华芳烟用香精有限公司 江苏中烟工业有限责任公司	武　怡　王明锋　李佳男 张建勋　廖头根　朱保昆 马　明　曾晓鹰　刘　强 谭新良　王　猛　张　映 宗永立　黄　艳	云南中烟工业有限责任公司
4	烟用纸张中部分重点关注物质检测方法研究	总公司企标、预研	三等奖	国家烟草质量监督检验中心 湖南中烟工业有限责任公司 云南中烟工业有限责任公司 中国烟草总公司郑州烟草研究院 广西中烟工业有限责任公司	唐纲岭　李中皓　范子彦 杨　飞　边照阳　罗　嘉 刘珊珊　王庆华　赵　乐 李小兰	中国烟草总公司郑州烟草研究院
5	烟草工业企业生产网与管理网网络互联安全规范	行标	三等奖	浙江中烟工业有限责任公司 国家局烟草经济信息中心 北京工业大学 北京启明星辰信息安全技术有限公司 上海金电网安科技有限公司	章志华　张雪峰　李健俊 童培莉　赵　勇　姜学峰 汪欢文　季　琦　蒋一翔 杨千里	浙江中烟工业有限责任公司
6	卷烟条与盒包装纸质量与安全标准	行标、总公司企标	三等奖	云南中烟工业有限责任公司 国家烟草质量监督检验中心 上海烟草集团有限责任公司 上海烟草包装印刷有限公司 中国烟草标准化研究中心	朱瑞芝　缪明明　刘志华 樊　瑛　司晓喜　唐纲岭 孙健法　谢雯燕　陈　宸 李中皓	云南中烟工业有限责任公司

【中国烟草总公司2020年度科学技术奖获奖项目名单】 （中国烟草总公司2020年度科学技术奖获励的决定）（中烟办〔2021〕14号）（2021年1月27日发布）

一、科学技术杰出贡献奖

序号	姓名	工作单位	推荐单位
1	谢剑平	中国烟草总公司郑州烟草研究院	中国烟草总公司郑州烟草研究院

二、技术发明奖

序号	项目中文名称	获奖等级	主要完成人	推荐单位
1	针式内芯加热元件及器具关键技术开发	二等奖	刘华臣　陈义坤　柯炜昌　董爱君 刘　冰　罗诚浩　王　昊　刘　磊	湖北中烟工业有限责任公司
2	超高速设备多工况过程精准诊断技术研发及应用	三等奖	张利宏　李钰靓　王　伟　周小忠 楼卫东　朱立明	浙江中烟工业有限责任公司
3	细支卷烟用空心复合滤棒关键技术研究及应用	三等奖	盛培秀　廖惠云　王明辉　朱怀远 陈晶波　秦昌峰	江苏中烟工业有限责任公司

三、科学技术进步奖

序号	项目中文名称	项目类别	获奖等级	主要完成人	主要完成单位	推荐单位
1	烟草基因功能元件全景图构建及关键基因挖掘与调控节点研究	应用基础研究与应用技术研究类	一等奖	曹培健 杨 军 周会娜 赵山岑 金静静 王 中 徐国云 陈千思 卢 鹏 王 燃 刘萍萍 谢小东 许亚龙 张剑锋 郑庆霞 李泽锋 翟 妞 罗朝鹏 杨爱国 余世洲	中国烟草总公司郑州烟草研究院 深圳华大生命科学研究院	中国烟草总公司郑州烟草研究院
2	烟草捕食性天敌规模化扩繁关键技术研究与应用	应用基础研究与应用技术研究类	二等奖	沈 宏 陈红印 张长华 刘东阳 夏鹏亮 王孟卿 贾芳曌 董祥立 曾陨涛 孙光军 夏志林 叶江平 黄 勇 蒲德强 阳显斌	中国烟草总公司贵州省公司 中国农业科学院植物保护研究所 贵州省烟草公司遵义市公司 中国烟草总公司四川省公司 中国烟草总公司湖北省公司 湖北省烟草公司恩施州公司 四川省烟草公司凉山州公司	贵州省烟草专卖局（公司）
3	湖南稻作烟区合理耕层构建与土壤培肥关键技术研究与应用	应用基础研究与应用技术研究类	二等奖	陆中山 黎 娟 刘勇军 彭曙光 周清明 陈 焘 唐春闺 肖志鹏 曹志辉 周志成 钟越峰 肖艳松 谢鹏飞 单雪华 段淑辉	中国烟草总公司湖南省公司 湖南农业大学 湖南省烟草公司郴州市公司 湖南省烟草公司长沙市公司 湖南省烟草公司衡阳市公司 湖南省烟草公司永州市公司 广西五丰机械有限公司	湖南省烟草专卖局（公司）
4	细支卷烟燃烧状态的影响因素及其对细支卷烟主要质量指标相关关系研究	应用基础研究与应用技术研究类	二等奖	李 斌 郝喜良 邓 楠 王 乐 刘晓萍 邓国栋 顾永圣 张明建 温若愚 王 兵 施丰成 游 敏 易 斌 刘民昌 张 齐	中国烟草总公司郑州烟草研究院 江苏中烟工业有限责任公司 四川中烟工业有限责任公司	中国烟草总公司郑州烟草研究院
5	细支卷烟专用爆珠质量控制技术研究	应用基础研究与应用技术研究类	二等奖	熊 斌 王 娜 王建新 彤 霖 陈 胜 张耀华 熊国玺 庞 哲 王 波 彭三文 杨俊鹏 司 辉 李玉辉 李 超	湖北中烟工业有限责任公司 山东中烟工业有限责任公司	湖北中烟工业有限责任公司
6	基于烟草微生物产香技术研究及工业应用	应用基础研究与应用技术研究类	二等奖	者 为 段焰青 陈 兴 李源栋 刘秀明 夏建军 王明锋 蒋举兴 张翼鹏 李智宇 郭 青 廖头根 付 磊 张 健	云南中烟工业有限责任公司 云南大学生命科学学院 云南省东方香料有限责任公司	云南中烟工业有限责任公司
7	烤烟8点式精准烘烤技术创新与应用	应用基础研究与应用技术研究类	二等奖	徐秀红 任 杰 王传义 苏建东 蔡宪杰 杜兴华 李富强 薛 琳 张汉千 黄择祥 孙福山 谭效磊 曹亚凡 云 龙 朱启法	中国农业科学院烟草研究所 中国烟草总公司山东省公司 上海烟草集团有限责任公司 中国烟草总公司陕西省公司 中国烟草总公司湖北省公司 安徽皖南烟叶有限责任公司 福建省烟草公司龙岩市公司	中国农业科学院烟草研究所

续表

序号	项目中文名称	项目类别	获奖等级	主要完成人	主要完成单位	推荐单位
8	聚焦品质性状的烟草全基因组模块评价技术体系构建	应用基础研究与应用技术研究类	二等奖	谢雯燕 沙云菲 乔学义 葛 炯 王 岚 程 森 蔡振波 于 洁 熊骏威 毕艳玖 张 玮 刘百战 罗登山 缪明明 沈晓洁	上海烟草集团有限责任公司 中国烟草总公司郑州烟草研究院 云南中烟工业有限责任公司	上海烟草集团有限责任公司
9	细支卷烟导向的功能性模块配方及其打叶复烤关键技术研究与应用	应用基础研究与应用技术研究类	二等奖	陈晶波 张玉海 胡宗玉 吴 洋 许 强 徐如彦 朱成文 李少鹏 付金存 孙海平 林梦涵 周良明 李卫明 毛文龙 彭仕军	江苏中烟工业有限责任公司 中国烟草总公司郑州烟草研究院 华环国际烟草有限公司 福建省三明金叶复烤有限公司 云南烟叶复烤有限责任公司	江苏中烟工业有限责任公司
10	细支卷烟生产降耗关键技术体系研究与集成推广	科学技术成果推广类	三等奖	张大波 刘朝贤 熊安言 孙东亮 温若愚 郑 茜 李春光 孔 臻 罗登山 王 兵	中国烟草总公司郑州烟草研究院 山东中烟工业有限责任公司 湖北中烟工业有限责任公司 河南中烟工业有限责任公司 四川中烟工业有限责任公司	中国烟草总公司郑州烟草研究院
11	烟草抗病毒新基因 NtTCTP 功能研究及 K326 和云烟 87 品种 PVY 和 TVBMV 病毒病抗性的定向改良	应用基础研究与应用技术研究类	三等奖	郭玉双 田延平 贾蒙骜 李向东 任学良 余 婧 王亚琴 王仁刚 纪 巍 刘仕平	贵州省烟草科学研究院	贵州省烟草专卖局（公司）
12	提高烟叶适配性的跨产区模块配方技术研究及在“利群”品牌中的应用	应用基础研究与应用技术研究类	三等奖	徐清泉 吴继忠 杨连意 许明忠 郝贤伟 毕一鸣 李石头 帖金鑫 李永生 何文苗	浙江中烟工业有限责任公司 福建武夷烟叶有限公司	浙江中烟工业有限责任公司
13	烟草种质资源系列专著（烟草种质资源及其创新技术研究、烟属野生种资源、烟草种质资源 DNA 指纹图谱、贵州自育烤烟种质资源、贵州烟草品种资源卷一、贵州烟草品种资源卷二）	公益类	三等奖	任学良 王仁刚 杨春元 曾吉凡 张吉顺 史跃伟 吴 春 林世锋 王志红 谢升东	贵州省烟草科学研究院	贵州省烟草专卖局（公司）

续表

序号	项目中文名称	项目类别	获奖等级	主要完成人	主要完成单位	推荐单位
14	基于宏基因组学的植烟土壤健康评价研究与应用	应用基础研究与应用技术研究类	三等奖	王　瑞　赵秀云　谭　军　李青诚　施河丽　向必坤　陈红华　祁高富　左　梅　任晓红	湖北省烟草公司恩施州公司 华中农业大学	湖北省烟草专卖局（公司）
15	云南河谷区域特色优质烟叶规模化开发	应用基础研究与应用技术研究类	三等奖	李军营　贺　彪　胡志明　张体坤　郑元仙　杨世波　马二登　邓小鹏　王津军　范幸龙	云南省烟草农业科学研究院 云南省烟草公司丽江市公司 云南省烟草公司普洱市公司 云南省烟草公司保山市公司 云南省烟草公司临沧市公司	云南省烟草专卖局（公司）
16	加热不燃烧卷烟专用再造烟叶的开发	应用基础研究与应用技术研究类	三等奖	徐广晋　武　怡　缪明明　汤建国　蔡国栋　尚善斋　倪　军　田永峰　矣勇波　申晓锋	云南中烟再造烟叶有限责任公司 云南中烟工业有限责任公司	云南中烟工业有限责任公司
17	氨基酸、色素等香气前体物在烟叶质量评价中的应用研究	应用基础研究与应用技术研究类	三等奖	宋纪真　过伟民　尹启生　李小兰　郭建华　蔡宪杰　奚家勤　牟文君　甘学文　王爱国	中国烟草总公司郑州烟草研究院	中国烟草总公司郑州烟草研究院
18	面向大数据的卷烟生产过程智能化控制技术研究与应用	应用基础研究与应用技术研究类	三等奖	李跃锋　堵劲松　李善莲　张　炜　王昭焜　陈河祥　曾　强　林志平　林天勤　舒芳誉	福建中烟工业有限责任公司 中国烟草总公司郑州烟草研究院 龙岩烟草工业有限责任公司 厦门烟草工业有限责任公司 四川中烟工业有限责任公司	福建中烟工业有限责任公司
19	清江流域烟区黑胫病和青枯病绿色防控关键技术研究与应用	应用基础研究与应用技术研究类	三等奖	李进平　黎妍妍　李锡宏　王昌军　王凤龙　许汝冰　李青诚　冯　吉　彭五星　高加明	湖北省烟草科学研究院 中国烟草总公司湖北省公司 中国农科院烟草研究所 湖北省烟草公司恩施州公司	湖北省烟草专卖局（公司）
20	新型烟用龙涎香潜香香原料的合成及应用研究	应用基础研究与应用技术研究类	三等奖	陶飞燕　戴　亚　丁　玉　杨绍祥　周志刚　冯广林　罗　诚　田红玉　丁　为　徐　恒	四川中烟工业有限责任公司 北京工商大学	四川中烟工业有限责任公司
21	烟田提钾降氯关键技术研究与应用	应用基础研究与应用技术研究类	三等奖	范艺宽　张　翔　毛家伟　李　亮　司贤宗　马　聪　黄元炯　马宇平　罗安娜　杨　凯	中国烟草总公司河南省公司 河南省农业科学院植物营养与资源环境研究所 河南农业大学	河南省烟草专卖局（公司）
22	逆境胁迫下烟草花芽分化基因克隆及功能研究	应用基础研究与应用技术研究类	三等奖	谢　贺　白　戈　杨爱国　杨大海　姚　恒　曹培健　李军营　龚达平　华　健　张谊寒	云南省烟草农业科学研究院	云南省烟草专卖局（公司）
23	卷烟制丝数字化多维度关键工艺技术创新与应用	应用基础研究与应用技术研究类	三等奖	何邦华　唐　军　周　冰　刘　泽　袁锐波　黄亚宇　朱　勇　王晓辉　陈　文　谭国治	云南中烟工业有限责任公司 昆明理工大学	云南中烟工业有限责任公司

续表

序号	项目中文名称	项目类别	获奖等级	主要完成人	主要完成单位	推荐单位
24	四川植烟土壤质量提升关键技术研究与应用	应用基础研究与应用技术研究类	三等奖	陈　强　冯文强　冯长春　闫芳芳　张永辉　陈利平　罗柱石　陈玉蓝　官　宇　谢　强	中国烟草总公司四川省公司 四川农业大学 中国科学院 水利部成都山地灾害与环境研究所 四川省烟草公司凉山州公司 四川省烟草公司攀枝花市公司	四川省烟草专卖局（公司）

四、创新争先奖

序号	姓名	奖励类别	工作单位	推荐单位
1	张　威	科技成果转化类	国家烟草质量监督检验中心	中国烟草总公司郑州烟草研究院
2	王　燃	科学研究与技术开发类	中国烟草总公司郑州烟草研究院	中国烟草总公司郑州烟草研究院
3	冯伟华	创新支撑服务类	中国烟草总公司郑州烟草研究院	中国烟草总公司郑州烟草研究院
4	李巧灵	科学研究与技术开发类	福建中烟工业有限责任公司	福建中烟工业有限责任公司
5	束茹欣	科学研究与技术开发类	上海烟草集团有限责任公司	上海烟草集团有限责任公司
6	巫升鑫	科学研究与技术开发类	福建省烟草专卖局烟草科学研究所	福建省烟草专卖局（公司）
7	叶荣飞	科技成果转化类	广东中烟工业有限责任公司	广东中烟工业有限责任公司
8	黄玉川	科技成果转化类	四川三联新材料有限公司	四川中烟工业有限责任公司
9	张　峰	科技成果转化类	福建中烟工业有限责任公司	福建中烟工业有限责任公司
10	郑　捷	创新支撑服务类	上海烟草集团有限责任公司	上海烟草集团有限责任公司
11	向世鹏	科学研究与技术开发类	湖南省烟草公司长沙市公司	中国烟草总公司湖南省公司
12	熊　巍	创新支撑服务类	西藏自治区烟草专卖局（公司）	西藏自治区烟草专卖局（公司）
13	肖艳松	科技成果转化类	湖南省烟草公司郴州市公司	中国烟草总公司湖南省公司
14	古君平	科学研究与技术开发类	广东中烟工业有限责任公司	广东中烟工业有限责任公司
15	余　婧	创新支撑服务类	贵州省烟草科学研究院	中国烟草总公司贵州省公司

【烟草行业第三十一届优秀质量小组成果发布会获奖名单】（烟草行业第三十一届优秀质量管理小组表彰情况通报）（2020 年 12 月 7 日发布）

工业企业

一等奖

序号	单位名称	课题名称	小组名称
1	湖北中烟工业有限责任公司襄阳卷烟厂	储柜旋转升降式进出料装置的研制	勤思致远 QC 小组
2	广西中烟工业有限责任公司柳州卷烟厂	锅炉气油运行快速切换控制系统的研发	动力 QC 小组
3	河南中烟工业有限责任公司 黄金叶生产制造中心	真空机组新型水洗式除尘器的研制	极地 QC 小组
4	云南中烟工业有限责任公司 红塔集团玉溪卷烟厂	基于三维模型操作的一站式备件申领系统研发	HTXD QC 小组

续表

序号	单位名称	课题名称	小组名称
5	江西中烟工业有限责任公司南昌卷烟厂	新型 CV 条外包材料检测系统的研制	南烟卷包电气 QC 小组
6	安徽中烟工业有限责任公司蚌埠卷烟厂	创建基于 JMI 同城物流工商协同一体化模式	精益联盟 QC 小组
7	贵州中烟工业有限责任公司毕节卷烟厂	研制 YJ17 供料成条机提丝带嵌入式联动清洁装置	敏行 QC 小组
8	张家口卷烟厂有限责任公司	填盒机填装质量视觉检测系统的研发	电气 QC 小组
9	龙岩烟草工业有限责任公司	减少卷包车间细支烟卷烟机平均维修时间	炫狼 QC 小组
10	山东中烟工业有限责任公司营销中心、山东省烟草公司泰安市公司	研发工商协同面向零售户的品牌培育系统	泰山 V 客 QC 小组
11	广东中烟工业有限责仟公司韶关卷烟厂	ZJ17 卷接机组烟支接装纸偏移检测装置的研发	智多星 QC 小组
12	陕西中烟工业有限责任公司汉中卷烟厂	新型回潮筒自动清洗系统的研制	制丝拼搏 QC 小组

二等奖

序号	单位名称	课题名称	小组名称
1	广西中烟工业有限责任公司南宁卷烟厂	SD5 切丝机砂轮智能修整系统的研制	金扳手 QC 小组
2	江苏中烟工业有限责任公司徐州卷烟厂	创建稳定锅炉供水水质新方式	螺丝钉 QC 小组
3	云南中烟工业有限责任公司红塔集团昭通卷烟厂	降低 GDX2 玉溪（硬）专线产品小盒外观缺陷率	新起点 QC 小组
4	四川中烟工业有限责任公司绵阳卷烟厂	研制 AGV 电池快速拆装车	超越 QC 小组
5	浙江中烟工业有限责任公司	建立卷烟厂烟草废弃物分类管理方法	技术中心原料保障颗粒归仓 QC 小组
6	厦门烟草工业有限责任公司	片烟入库质量集中检测系统的研制	万众叶心 QC 小组
7	云南中烟工业有限责任公司红塔集团楚雄卷烟厂	ZJ116 超高速卷接机 YF71 辅料供给站拼接胶带压纸辊装置的研制	高速卷接 QC 小组
8	河北白沙烟草有限责任公司	全域智能虫情监控系统的研发	荷新智造 QC 小组
9	深圳烟草工业有限责任公司	研制 GD121 卷烟机排梗量在线检测装置	智库 QC 小组
10	河北白沙烟草有限责任公司保定卷烟厂	烟支物理指标数据智能采集分析系统的开发	突破 QC 小组
11	龙岩烟草工业有限责任公司	PROTOS1－8 卷烟机接装纸卷边检测装置的研制	森林 QC 小组
12	江苏中烟工业有限责任公司淮阴卷烟厂	提高细支化改造 GDX2 设备效率	奋进 QC 小组
13	山东中烟工业有限责任公司济南卷烟厂	除杂设备均匀布料装置的研制	飞扬 QC 小组
14	江西中烟工业有限责任公司赣州卷烟厂	加香机清洗系统的研制	飘逸 QC 小组
15	安徽中烟工业有限责任公司芜湖卷烟厂	降低烟丝库出库端万箱故障停机时间	赢客 QC 小组
16	江西中烟工业有限责任公司井冈山卷烟厂	叶片提升机耙钉清扫装置的研制	奋进 QC 小组
17	云南中烟工业有限责任公司红云红河集团红河卷烟厂	PASSIM 卷烟机烟支定点搓转装置的研发	匠心 QC 小组
18	四川中烟工业有限责任公司什邡卷烟厂	降低烟条缺支检测装置误剔率	工程设备 QC 小组
19	河南中烟工业有限责任公司安阳卷烟厂	降低烟叶预处理工序损耗率	先锋 QC 小组
20	江苏中烟工业有限责任公司南京卷烟厂	制丝线网络诊断系统的研发	奋进 QC 小组

三等奖

序号	单位名称	课题名称	小组名称
1	贵州中烟工业有限责任公司	开发滤棒成型机三乙酸甘油酯施加量在线检测装置	技术中心 TEM QC 小组
2	安徽中烟工业有限责任公司芜湖卷烟厂	成品密集库监控系统的研制	新起点 QC 小组
3	山东中烟工业有限责任公司滕州卷烟厂	YJ17 卷烟机刀盘偏转角专用调整工具的研制	睿智 QC 小组
4	贵州中烟工业有限责任公司遵义卷烟厂	降低 ZJ17D 细支卷烟机废支剔除率	飞翔 QC 小组
5	云南中烟工业有限责任公司红云红河集团昆明卷烟厂	AGV 小车手动转向装置的研制	阿尔法 QC 小组
6	广东中烟工业有限责任公司广州卷烟厂	提高膨胀梗丝的填充值	梗线 QC 小组
7	湖南中烟工业有限责任公司零陵卷烟厂	新型抓纸板机器人夹具的研制	制丝青锋 QC 小组
8	陕西中烟工业有限责任公司延安卷烟厂	降低伸缩链板输送机链板故障频次	物流新风 QC 小组
9	广东中烟工业有限责任公司梅州卷烟厂	MAX 接装机水松纸切刀毛刷清洁润滑系统的研制	翱翔 QC 小组
10	安徽中烟工业有限责任公司合肥卷烟厂	YP11A 型装封箱机箱库进料减压装置的研制	辅联精益 QC 小组
11	红塔辽宁烟草有限责任公司	自发电照明清洗水枪的研制	天启－X QC 小组
12	湖南中烟工业有限责任公司常德卷烟厂	降低芙蓉王（软蓝新版）接装质量缺陷率	芙蓉王 QC 小组
13	重庆中烟工业有限责任公司重庆卷烟厂	YF17 卷烟输送储存装置主传动扭矩监测与预警系统的研制	冲锋 QC 小组
14	上海烟草集团有限责任公司天津卷烟厂	降低 ZB47 高速包装机内衬纸故障停机时间	江山多娇 QC 小组
15	湖南中烟工业有限责任公司长沙卷烟厂	减少联合工房松散回潮万箱断流次数	联乙 QC 小组
16	浙江中烟工业有限责任公司杭州卷烟厂	卷包装盘卸盘环节防差错系统的开发	信息技术 QC 小组
17	陕西中烟工业有限责任公司宝鸡卷烟厂	制丝设备智能化监测语音预警系统的研发	智胜 QC 小组
18	湖北中烟工业有限责任公司武汉卷烟厂	提高卷烟主流烟气成分分析测量系统能力	思行致远 QC 小组
19	许昌烟草机械有限责任公司	开发加工中心机床斜面夹具零点坐标装置	机加车间后勤 QC 小组
20	珠海醋酸纤维有限公司	减少水吸收系统吨丝耗汽量	潜能 QC 小组

商业企业

一等奖

序号	单位	课题名称	小组名称
1	山东临沂烟草有限公司	可移动定量浇水打窖机的研制	金叶飘香 QC 小组
2	江苏省徐州市烟草公司睢宁分公司	便携式 X 光卷烟包裹检测仪器的研制	飓风 QC 小组
3	浙江省金华市烟草公司义乌分公司	卷烟关联商品营销新方法的创建	卓悦 QC 小组
4	贵州省烟草公司安顺市公司	烟草零售许可证记分管理平台的研发	黔彩护航 QC 小组
5	湖南省烟草公司长沙市公司	降低烟草鳞翅目害虫绿色防控成本	长沙金叶卫士 QC 小组
6	广西壮族自治区烟草公司南宁市公司	创建自律互助小组运维管理新模式	同舟 QC 小组
7	广东烟草梅州市有限公司	设备故障智能诊断 AI 平台的研发	精益物流 QC 小组
8	江西省烟草公司南昌市公司	提高异型烟分拣线包装作业效率	向心力 QC 小组
9	山西省烟草公司晋中市公司	卷烟塑封包装机节能装置的研发	匠心 QC 小组
10	河南省烟草公司郑州市公司	烟草专卖行政处罚案件非现场文书快速生成工具研发	太阿 QC 小组

续表

序号	单位	课题名称	小组名称
11	吉林省烟草公司吉林市公司	创建 GDC + 正激励竞分制绩效考评管理新模式	同舟 QC 小组
12	安徽省烟草公司马鞍山市公司	异型烟分拣模块化自动控制技术研发	风暴 QC 小组
13	湖北省烟草公司荆州市公司	创建“互联网 + 大数据”专卖实时指挥监管新模式	楚峰 QC 小组
14	中国烟草总公司北京市公司	提高北京烟草接力配送效率	蓝海 QC 小组

二等奖

序号	单位	课题名称	小组名称
1	广东烟草韶关市有限公司	折角骑缝章自动盖章机的研制	金盾 QC 小组
2	山东泰安烟草有限公司	智能循环卷烟配送新模式的研发	博新 QC 小组
3	江苏省烟草公司扬州市公司	实物资产全员全生命周期管理手机 APP 研发	匠心 QC 小组
4	湖南省烟草公司株洲市公司	烟站安全可视化小程序的研发	知行 + QC 小组
5	广西壮族自治区烟草公司桂林市公司	件烟机械式设备柔性码垛功能的研发	奇思妙想 QC 小组
6	福建省烟草公司龙岩市公司	便携式智能烟叶初分设备的研发	探索者 QC 小组
7	山西省烟草公司运城市公司	循环烟箱即时回收系统的研制	执行者 QC 小组
8	山东潍坊烟草有限公司	新型烟田导苗管式移栽机的研制	拓荒者 QC 小组
9	浙江省烟草公司温州市公司	食堂安全可视化管控系统的研发	瓯匠 QC 小组
10	湖南省烟草公司衡阳市公司	烟草商业物流电控系统仿真平台研制	雁行天下 QC 小组
11	辽宁省烟草公司鞍山市公司	智能信息安全风险控制平台的研制	棉花糖 QC 小组
12	云南省烟草质量监督检测站	降低烟草中总植物碱连续流动检测数据的变异系数	质多星 QC 小组
13	中国烟草总公司重庆市公司万州分公司	提高烟田残膜回收利用率	神农 QC 小组
14	山西省烟草公司太原市公司	降低机械手分拣停机率	精细严 QC 小组
15	江苏省无锡市烟草公司宜兴分公司	“五员”协同办公移动工作平台的研发	突破自我 QC 小组
16	福建省烟草公司厦门市公司	烟草专卖智能执法监督系统研发	尖刀 QC 小组
17	河北省烟草公司石家庄市公司	卷烟物流设备维修共享管理信息系统的研发	钻石 QC 小组
18	西藏自治区烟草公司日喀则市公司	提高日喀则烟草定点扶贫脱贫率	珠峰之光 QC 小组

三等奖

序号	单位	课题名称	小组名称
1	浙江省衢州市烟草公司江山分公司	市场真烟非法流动数据分析工具的研发	DELTA QC 小组
2	内蒙古自治区烟草公司呼和浩特市公司	异型卷烟包装规格分类装置的研发	春笋 QC 小组
3	贵州省烟草公司黔东南州公司	计数型破壁封窝装置的研制	飞奔的蜗牛团队
4	广东烟草广州市有限公司	提高卷烟到货扫码识别率	穗烟精益物流 QC 小组
5	内蒙古自治区烟草公司赤峰市公司	细支卷烟双单元同步分拣模式的开发	星光 QC 小组
6	广东烟草中山市有限责任公司	经营异常客户智能识别派单系统的识别	跨越 QC 小组
7	山西省烟草公司大同市公司	创建诚信互助小组零售客户信息 VR 共享平台	合力 QC 小组
8	河南省烟草公司平顶山市公司	鳞翅目害虫毒饵安全配置装置的研制	同心 QC 小组
9	甘肃省烟草公司定西市公司	物流设备状态感应控制系统的研发	陇原之星 QC 小组
10	深圳市烟草福田公司	构建客户服务短板识别模型	菜鸟 QC 小组

续表

序号	单位	课题名称	小组名称
11	湖北烟草金叶复烤有限责任公司	一体式原烟均质化配比实验台的研制	品质先行 QC 小组
12	四川烟叶复烤有限责任公司	仓储库房自动控湿系统研发	上进 QC 小组
13	陕西省烟草公司西安市公司物流分公司	研发深度学习型配送线路优化新模式	动力源 QC 小组
14	黑龙江省烟草公司双鸭山市公司	快速生成寄递涉烟无主案件卷宗的软件研发	双烟卫士 QC 小组
15	湖北省烟草公司恩施州公司	创建种烟土地流转新模式	透光 QC 小组
16	宁夏回族自治区烟草公司银川市公司	卷烟市场状态综合评价模型的研究	发现号和企动力 QC 小组
17	青海省烟草公司海西州公司	提升农牧地区卷烟生动化陈列零售终端比重	金叶大使 QC 小组
18	中国烟草总公司天津市公司	构建企业管理知识服务平台	计划处 QC 小组
19	新疆维吾尔自治区烟草公司喀什地区公司	降低送货签收作业成本	古城 QC 小组

【2020 年烟草行业优秀质量管理小组成果引进应用奖名单】（烟草行业第三十一届优秀质量管理小组表彰情况通报）（2020 年 12 月 7 日发布）

序号	单位名称	小组名称	引用成果名称	全年效果
1	安徽中烟工业有限责任公司合肥卷烟厂	制丝风暴 QC 小组	研制 TOBSPIN 切丝机排链拆卸专用工装	更换效率提升 366.5%，节约配件成本 24 万元
2	山东中烟工业有限责任公司青岛卷烟厂	精益 QC 小组	蒸汽冷凝水回收洗梗系统的研制	节约生产成本 43.51 万元
3	河南中烟工业有限责任公司南阳卷烟厂	能量无限 QC 小组	减少制丝生产操作岗位人员	节约生产成本 130.56 万元
4	江西中烟工业有限责任公司南昌卷烟厂	卷包维修 2 组 QC 小组	降低 ZB25（ZB46）包装机组模盒更换时间	模盒校准效率提升 432%，节约配件成本 12 万元
5	陕西中烟工业有限责任公司宝鸡卷烟厂	聚力 QC 小组	加香快速换牌系统的研发	换牌效率提升 396%
6	河北白沙烟草有限责任公司	卷接包车间创新 QC 小组	PROTOS70 卷烟机空气屏障导流装置的研制	节约生产成本 229.2 万元
7	北京市昌平烟草公司	脚踏实地 QC 小组	提高客户经理实地拜访达标率	入户拜访精准率同比上升 27%，城网客户增加效益 97 万元
8	河北省烟草公司保定市公司卷烟物流配送中心	博思 QC 小组	物流设备运维管理 APP 的研制	节约经济效益 15.3 万元
9	山西省烟草公司忻州市公司	营销中心 QC 小组	提高高原区域性中心城市自律互助小组覆盖率	零售客户增加效益 900 万元
10	江苏省泰州市烟草公司兴化分公司	兴化金盾 QC 小组	提高物流寄递环节涉烟信息出案率	出案率同比上升 24%，产生经济效益 58 万余元
11	浙江省温州市烟草公司文成分公司	精益先锋 QC 小组	提高蚌埠本级区域细支卷烟销售比重	提高营销利润 196 万元
12	山东潍坊烟草有限公司	金叶 QC 小组	降低专业化植保作业成本	节约植保成本 120 余万元
13	湖北省烟草公司荆门市公司	筑梦 QC 小组	提升案件查获命中率	案值 107.91 万元
14	广东烟草韶关市有限公司	兼程 QC 小组	细支烟与常规烟共线分拣新模式的应用	分拣效率提升 547%，节约能耗费 7.95 万元
15	四川省烟草公司内江市公司	奇点 QC 小组	提高烟草打假自主排查破获案件率	案值 99.46 万元

◇ 编辑：褚　幸

附　录

- □ 国际烟草
- □ 品牌名录

国际烟草

2020 年世界烟草发展报告[①]

一、世界经济概览

2020 年新冠肺炎疫情迅速席卷全球，到 2020 年底，确诊病例超过 8000 万人，死亡超过 180 万人，蔓延之迅速、挑战之严峻、影响之深远，均前所未有。新冠肺炎疫情不仅打断了世界经济恢复性增长的势头，还将世界经济推向衰退的深谷。

世界经济陷入深度衰退。根据国际货币基金组织（IMF）在 2021 年 1 月和 4 月发布的《世界经济展望》报告，2020 年全球经济萎缩 3.3%，其中发达经济体经济萎缩 4.7%，美国、欧元区、日本经济分别萎缩 3.5%、6.6%、4.8%；新兴市场和发展中经济体经济萎缩 2.2%，中国经济实现增长 2.3%，是全球唯一实现经济正增长的主要经济体。疫情反复和地缘政治等不稳定因素都可能影响经济复苏的进程。

表 1　世界经济展望

（实际 GDP，年百分比变化）	2019 年	2020 年	2021 年	2022 年
世界产出	2.8	-3.3	6.0	4.4
发达经济体	1.6	-4.7	5.1	3.6
美国	2.2	-3.5	6.4	3.5
欧元区	1.3	-6.6	4.4	3.8
德国	0.6	-4.9	3.6	3.4
法国	1.5	-8.2	5.8	4.2
意大利	0.3	-8.9	4.2	3.6
西班牙	2.0	-11.0	6.4	4.7
日本	0.3	-4.8	3.3	2.5
英国	1.4	-9.9	5.3	5.1
加拿大	1.9	-5.4	5.0	4.7
其他发达经济体	1.8	-2.1	4.4	3.4
新兴市场和发展中经济体	3.6	-2.2	6.7	5.0
亚洲新兴市场和发展中经济体	5.4	-1.0	8.6	6.0
中国	6.0	2.3	8.4	5.6
印度	4.2	-8.0	12.5	6.9
东盟五国	4.9	-3.4	4.9	6.1
欧洲新兴市场和发展中经济体	2.2	-2.0	4.4	3.9
俄罗斯	1.3	-3.1	3.8	3.8
拉丁美洲和加勒比	0.2	-7.0	4.6	3.1
巴西	1.4	-4.1	3.7	2.6
墨西哥	-0.1	-8.2	5.0	3.0
中东和中亚	1.4	-2.9	3.7	3.8
沙特阿拉伯	0.3	-4.1	2.9	4.0
撒哈拉以南非洲	3.2	-1.9	3.4	4.0
尼日利亚	2.2	-1.8	2.5	2.3
南非	0.2	-7.0	3.1	2.0
备忘项：低收入发展中国家	5.3	0.0	4.3	5.2

资料来源：国际货币基金组织《世界经济展望》（2021 年 1 月、4 月），2021 年、2022 年数据为预测值。

全球财政和金融风险大幅上升。根据中国社会科学院《2021 年世界经济形势分析与预测》，2020 年全球政府债务水平大幅度攀升，且发达经济体政府债务水平上升幅度明显高于新兴市场与发展中经济体。发达经济体政府总债务与 GDP 之比从 2019 年的 105.3% 上升至 2020 年的 125.5%，一年之内提高 20.2 个百分点。同时各主要中央银行实施大力度货币宽松政策，并对金融市场和实体经济进行救助，推动各国股市重新走高，在实体经济衰退过程中制造出资本市场繁荣。大幅举债和释放大量流动性为未来经济发展埋下隐患。

全球贸易和投资大幅下降。经济全球化遭遇逆流与疫情冲击叠加，导致全球贸易投资环境恶化。世界贸易组织统计数据显示，2020 年，以名义美元计算的全球货物贸易额下降 7.6%，同时，商业服务贸易出口额估计下降 19.7%。根据联合国贸易与发展会议组织统计，2020 年全球外国直接投资 8590 亿美元，较 2019 年的 1.5 万亿美元骤降 42%，比 2009 年全球金融危机后的谷底还低 30% 以上，回落至上世纪 90 年代的水平。主要经济体中只有中国吸引外资量逆势增长 4%，达到 1630 亿美元，美国流入资金降至 1340 亿

① 除特别说明外，本文中的表述和数据均不包含中国。

美元，比上年下降 49%，中国超过美国成为全球最大外资流入国。

二、新冠肺炎疫情之下的各烟草相关方

新冠肺炎疫情对人类经济社会发展产生重大冲击，也对世界烟草业发展产生重大影响。

（一）世界卫生组织

针对吸烟与新冠肺炎之间关系进行评估。世界卫生组织（简称世卫组织）不断对包括审查烟草使用、尼古丁使用和新冠肺炎之间相关性的研究开展评估。世卫组织敦促研究人员、科学家和媒体对夸大未经证实的烟草或尼古丁可以降低患新冠肺炎风险的说法持谨慎态度，尚未有足够的信息证实烟草或尼古丁对于预防或治疗新冠肺炎有任何关联。

推迟缔约方会议。因为新冠肺炎疫情，原定在荷兰海牙召开的《烟草控制框架公约》缔约方大会第九次会议和《消除烟草制品非法贸易议定书》缔约方第二次会议推迟一年，到 2021 年 11 月召开。安道尔公国成为第 182 个公约缔约方，埃及、匈牙利、肯尼亚、荷兰的加入使得议定书缔约方达到 62 个。

第 33 个世界无烟日。主题是“保护青少年远离传统烟草产品和电子烟”，呼吁全社会共同关注烟草产品，特别是电子烟等新型烟草产品对青少年的危害。

（二）各国政府

封锁禁令打乱烟草零售。疫情导致各国政府不同程度地实施封锁措施，商业零售行业首先受到负面影响。虽然大多数政府很快将保证烟草供应链的连续性列为优先事项，将烟草零售定为必不可少的，但也有少数政府采取“一刀切”行动，减少甚至禁止烟草产品销售。比如南非从 2020 年 3 月 27 日到 8 月 17 日禁止烟草销售，合法卷烟销量前所未有地下降 40%，这也导致非法烟草由降转升，英美烟草估计南非为此可能损失 2.4 亿美元；印度和博茨瓦纳等国在全国封锁期间采取禁止生产销售的极端措施。

加强公共场所控烟。疫情之下人们对健康福祉和烟气传播风险日益关注，鼓励政府对使用烟草产品（包括新型烟草产品在内）采取新的限制措施，并将无烟区域扩大到更多公共场所。一些国家因公共健康紧急状态而对烟草采取限制措施，比如 2020 年 7 月，西班牙当局要求在社交距离低于 2 米时即使是室外也禁止吸烟，印度于 9 月禁止销售单支卷烟和比迪烟，土耳其于 11 月禁止在繁忙的街道和公交车站等公共场所吸烟，沙特阿拉伯和伊朗禁止在咖啡厅和餐馆等公共场所销售水烟和普通烟草产品。朝鲜通过《禁烟法》，规定各机关团体公民要按照国家禁烟政策强化对烟草的生产和销售以及吸烟的法律社会管制。

提高烟草税。疫情导致各国政府公共支出大增、收入减少，提高烟草税既是控烟举措，也是缓解财政困难的手段。在全球第二大卷烟市场印度尼西亚，政府为降低吸烟率，控制烟草业发展，于 2020 年 1 月 1 日起将烟草及烟草产品的消费税提高 23%，同时将烟草及烟草产品的最低零售价格提高 35%，用以资助卫生系统。俄罗斯将卷烟消费税从每千支 1890 卢布提高到 1966 卢布，外加估计成本（按照卷烟最高零售价格计算，每千支不低于 2671 卢布）的 14.5%，其他烟草产品的税负水平也同步提高，而且政府宣布 2021 年 1 月继续提高烟草税 20%。墨西哥是少有的 2011—2020 年没有调整烟草税的国家，但 2020 年也在酝酿提税 44%，每包烟由 0.35 比索提高到 0.49 比索，以便跟上通货膨胀。巴西曾考虑降税以遏制非法卷烟，但经济部长在 2020 年提议对卷烟征收“罪恶税”，以补偿其负面影响，特别是与烟草使用相关的医疗费用，将其列入整体税制改革计划。其他国家可能也会追随提税趋势，特别是受疫情影响严重的国家及受初级产品价格影响较大的发展中国家。那些卷烟税率已经很高、没有提升空间的国家可能会提高其他烟草产品的税率，特别是加热卷烟和电子烟。

加强对新型烟草产品的管制。与电子烟有关的肺病爆发后，各国加快对电子烟等新型烟草产品的监管。从产品属性上，除部分国家禁止销售或列为医药管制外，越来越多的国家将电子烟视同卷烟等烟草产品对待，从税负水平、上市许可、消费场所限制等方面不断向卷烟监管趋同。比如欧盟宣布将在 2021 年最后一个季度修订关于烟草消费税规则的理事会指令 2011/64/EU，拟对新型烟草产品征税，对电子烟和加热卷烟加强管制，以及在欧盟层面对口含烟进行立法。俄罗斯 2020 年 9 月通过烟草控制法修正案，将电子烟、加热卷烟、水烟和传统卷烟等所有烟草产品一视同仁，对传统卷烟的限制监管措施适用于新型烟草产品，禁止促销广告，销售对象不能低于 18 岁，禁止通过自动售货机和网上销售。

加强对调味烟草产品的管制。从 2020 年 5 月 20 日起，在整个欧盟范围内，任何销售带有薄荷醇卷烟的行为将会被处以最高 1000 欧元的罚款，暂不包括电子烟及加热卷烟。美国众议院 2020 年 2 月通过法案拟禁止薄荷醇等调味烟草产品，而且加利福尼亚（推迟到 2022 年由公投决定）等一些州不仅禁止调味卷烟，也禁止电子烟等其他调味烟草产品销售，虽然时任总统特朗普反对并且参议院阻止了薄荷醇禁令，但总统拜登上台后为遏制烟草在年轻人中的流行，对禁止调味烟草持开放态度。禁令发布前薄荷醇烟占美国

卷烟销量的30%左右，全国禁令会对传统卷烟市场造成巨大冲击。

（三）烟草消费者

疫情对烟草消费者的影响是多方面的。一是导致失业率大幅上升，收入的减少直接对消费者的购买力产生负面影响，同时销售网点关闭导致购买烟草产品不便，一些消费者不得不降级烟草消费或寻求更便宜的非法烟草产品，甚至直接戒烟。二是在政府支持力度大的国家，烟草消费者能够获得休假或补助金，继续优先考虑烟草消费，有些人还从非法贸易渠道被推回到合法市场，特别是美国，在2020年的部分时间里，较低收入的工人（占吸烟人口总数的50%以上）通过工资替代计划获得的收入可能比他们充分就业时多，因此他们的消费能力受到正面影响。三是疫情无意中带来更多的时间和私人空间，特别是在发达国家，利用烟草来应对与疫情相关的压抑焦虑、无所事事等负面心理方面的驱动力超过反对烟草的力量，在其他娱乐活动被限制的情况下，吸烟成为低成本的减压方式。不过从长远来看，疫情下的减压式消费还是会回归到依赖于经济负担能力和健康诉求的理性消费。

（四）烟草企业

疫情打乱了烟草企业的正常生产经营秩序，各企业都将保证员工健康福利作为优先事项，从工作模式上更多采取居家远程办公方式，大幅缩减市场销售推广活动，暂停贴近市场的实地考察走访，更多采取与消费者和供应商线上沟通的方式。疫情对企业供应链构成重大挑战，尤其是全球化布局的跨国烟草公司，都不同程度上出现供应链不稳的情况，有的工厂难以正常开工生产，企业库存和零售户库存出现不平衡问题，同时对企业成本费用控制形成压力。此外，旅行禁令不仅限制跨国公司的全球协调管理，同时也导致旅行免税市场销售消失殆尽。当然，也存在积极的影响，比如疫情促使企业更加注重“数字化”建设，电子商务模式加速推进。部分国家对企业实施援助，有利于短期缓解企业面临的压力。比如德国实行经济刺激方案，从2020年7月1日至12月31日，增值税标准税率从19%降至16%，低税率从7%降至5%，烟草企业也能享受这一税收优惠；新西兰等一些国家短期为刺激内需推迟提高烟草税甚至考虑降税。

三、各类烟草产品概况

根据欧睿信息咨询有限公司（Euromonitor International）（简称欧睿）统计数据显示，2020年，全球卷烟销量出现较大降幅，雪茄延续增长势头，电子烟和加热卷烟等新型烟草产品继续放慢增长步伐，手卷烟和传统口含烟实现增长。

（一）卷烟

从销量看，根据欧睿推算数据，2020年，除中国外全球其他市场销售卷烟5528万箱，比上年下降5.2%，创下近5年来最大降幅。全球销量超过50万箱的国家共有27个，合计销量占全球比重75.5%，其中印度尼西亚销量最大，销售卷烟539.7万箱；在这27个国家中，有20个国家销量下降，乌克兰、印度、印度尼西亚、孟加拉国、菲律宾销量都比上年下降10%以上；只有7个国家实现增长，其中伊拉克增幅最大，增长13.1%，其他都是小幅增长。

表2　2020年主要市场卷烟销量

国家	销量（万箱）	比上年增长（%）	国家	销量（万箱）	比上年增长（%）
印度尼西亚	539.7	-12.0	菲律宾	110.7	-11.0
美国	447.7	-0.8	巴西	106.5	4.2
俄罗斯	414.2	-5.2	巴基斯坦	92.6	0.2
日本	231.4	-7.5	波兰	88.9	-1.3
土耳其	229.5	-4.2	西班牙	87.5	-9.0
埃及	197.7	-0.5	乌克兰	84.5	-17.4
伊拉克	153.9	13.1	泰国	73.1	-8.0
德国	150.9	0.9	法国	69.2	-7.4
越南	149.0	-6.0	阿尔及利亚	66.1	2.0
印度	148.0	-15.0	阿根廷	61.9	-6.7
孟加拉国	138.5	-11.0	叙利亚	61.1	5.9
韩国	127.9	1.2	英国	54.9	-4.7
意大利	123.6	-5.7	墨西哥	54.0	-8.2
伊朗	111.6	-4.3	—	—	—

注：数据来自欧睿。

从销售额看，除中国外全球其他市场实现卷烟销售额4803亿美元，比上年下降0.3%，改变近年来保持的微幅增长态势。全球销售额超过50亿美元的国家有17个，合计销售额占全球比重70.4%，其中美国销售额最高，实现销售额900亿美元。在这17个国家中，有10个国家销售额增长，其中巴西增幅最大，比上年增长9.2%；有7个国家销售额下降，其中西班牙降幅最大，比上年下降8.1%。

表 3　2020 年主要市场卷烟销售额

国 家	销售额（亿美元）	比上年增长（%）	国 家	销售额（亿美元）	比上年增长（%）
美国	900.0	-4.1	印度	129.9	2.1
印度尼西亚	273.7	2.3	土耳其	121.1	-3.9
日本	259.2	-4.7	澳大利亚	121.0	3.9
德国	255.3	4.2	加拿大	118.6	1.2
俄罗斯	203.3	3.1	西班牙	109.5	-8.1
意大利	184.3	-4.2	波兰	87.4	0.9
法国	181.5	1.3	巴西	69.3	9.2
英国	173.8	-0.1	埃及	57.5	-0.1
韩国	133.9	2.7	—	—	—

注：数据来自欧睿。

卷烟非法贸易。近年来，随着各国控烟法规政策不断加码，烟草产品税负水平不断提高，价格水平越来越高，烟草消费者的消费能力受到抑制，但消费者的真实需求并没有很快随之消失，部分消费降级或转入非法渠道，刺激非法烟草产品生产和交易。2016 年以来，全球非法卷烟贸易数量呈现不断上涨态势，到 2019 年达到 796.8 万箱，比 2016 年增加 115.5 万箱，增长 17%，年均增长 5.4%，这与合法卷烟销量连年下滑形成鲜明对比。2020 年，受疫情影响，各国采取封锁措施，非法卷烟的生产流通因此受挫，近 5 年来首次出现下降，非法贸易量降到 750.9 万箱，比上年下降 5.8%，但全年非法卷烟贸易量占全球卷烟实际消费总量（不含中国）的比重仍然高达 12.7%。从具体国家看，非法卷烟贸易量最高的 3 个国家是巴西、巴基斯坦、印度尼西亚，分别为 121.9 万箱、58.7 万箱、53.9 万箱，其次是印度和俄罗斯，分别为 47.6 万箱、40.5 万箱；非法贸易占本国销量比重排名前三的是厄瓜多尔、马来西亚、乌干达，分别为 67.1%、63.8%、57.5%，其次是巴西、阿联酋，分别为 53.4%、44.7%。

表 4　非法卷烟贸易总量和占比排名前十的国家

国 家	总量（万箱）	国 家	占比（%）
巴西	121.9	厄瓜多尔	67.1
巴基斯坦	58.7	马来西亚	63.8
印度尼西亚	53.9	乌干达	57.5
印度	47.6	巴西	53.4
俄罗斯	40.5	阿联酋	44.7
越南	36.1	南非	40.8
马来西亚	22.5	巴基斯坦	38.8
美国	19.6	多米尼加	37.9
伊拉克	17.5	巴拿马	35.8
法国	17.0	萨尔瓦多	34.8

注：数据来自欧睿。

（二）雪茄

从销量看，2020 年，全球雪茄延续增长势头，但北美和西欧等传统主要市场表现不佳，导致整体增速有所回落。全年销售雪茄 311.9 亿支，比上年增长 4.8%，增速比上年回落 1.2 个百分点，其中常规雪茄销售 158.1 亿支，增长 6.6%；小雪茄销售 153.8 亿支，增长 3%，常规雪茄销量首次超过小雪茄。美国作为全球最大的雪茄市场，2020 年销售雪茄 141.8 亿支，比上年下降 1%，这是近 5 年来首次下降，销量占除中国外全球市场销量的 55.1%；其次是德国和西班牙，销售 28.4 亿支和 21.6 亿支，分别比上年下降 2.1% 和 0.1%。从销售额看，实现销售额 398.4 亿美元，比上年增长 16.1%，增速比上年回落 3.5 个百分点，其中常规雪茄销售额占雪茄总销售额比重 88%，实现销售额 350.7 亿美元，增长 17.5%；小雪茄销售额 47.7 亿美元，增长 5.6%。美国实现销售额 118.3 亿美元，比上年增长 4.4%，销售额占除中国外全球市场销售额的 56.9%，其次是德国和法国，实现销售额 12.5 亿美元、8.4 亿美元，比上年分别下降 1.1%、增长 3.3%。从企业看，斯威舍国际集团（Swisher International Group）和帝国品牌占全球雪茄销量的 30% 左右。

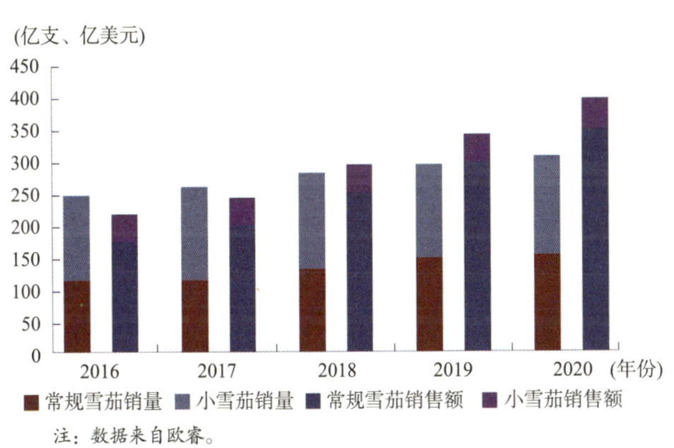

注：数据来自欧睿。

图 1　2016—2020 年雪茄销量和销售额情况

（三）电子烟

2020 年，受疫情和各国加强电子烟管制的影响，电子烟快速扩张的步伐有所放缓。从销售额看，除中国之外全球市场共实现销售额 196.2 亿美元，比上年增长 4.3%，增速比上年回落 24.4 个百分点。全球电子烟销售额超过 10 亿美元的国家有 3 个，依次为美国、英国、加拿大，合计销售额占除中国之外市场销售总额的 68.2%。在电子烟第一大市场美国，受电子烟相关肺病负面影响，联邦政府和州政府从购买年龄和产品口味限制等方面加强管制，导致美国市场经过高速增长之后迅速滑落，全年实现销售额 95 亿美元，比上年下降 1.6%，而 2019 年的增速高达 41.2%。在英国，电子烟销售增速继续放缓，全年实现销售额 30.4 亿美元，比上年增长 12.3%，增速回落 3.7 个百分点。加拿大实现销售额 12.1 亿美元，比上年增长 17.5%，增速大幅回落 88.4 个百分点。从企业看，排名前三是 JUUL、英美烟草、帝国品牌，分别占全球销量的 26.2%、12%、2.8%。

图 2　2016—2020 年世界和美国电子烟增速

（四）加热卷烟

2020 年，加热卷烟发展步伐继续放缓，全球加热卷烟销量 169.7 万箱，比上年增长 19.2%，增幅比上年放缓 14.2 个百分点；实现销售额 177.8 亿美元，比上年增长 15.8%，增幅比上年放缓 13.8 个百分点。全球加热卷烟销售额超过 10 亿美元的国家有 4 个，依次为日本、俄罗斯、韩国、意大利，合计占全球销售总额的 76%。在加热卷烟第一大市场日本，全年实现销售额 88.6 亿美元，比上年增长 3.1%，增幅比上年回落 7.7 个百分点；俄罗斯继续高速增长但增速回落，实现销售额 20.4 亿美元，比上年增长 84.3%，增幅比上年回落 126.7 个百分点；韩国出现负增长，实现销售额 14.9 亿美元，比上年下降 7.3%，2019 年则是小幅增长 5%；意大利实现销售额 11.3 亿美元，比上年增长 8.8%，增幅比上年回落 56.3 个百分点。

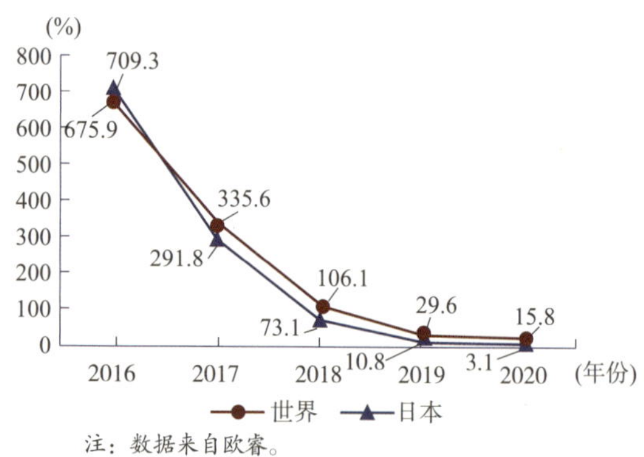

图 3　2016—2020 年世界和日本加热卷烟销售额增速

（五）其他烟草产品

2020 年，全球手卷烟销量近 5 年首次实现增长，销售 261.6 万箱，比上年增长 0.3%，销量最大的国家是德国，销售约 68 万箱，约占全球的 26%；全球手卷烟销售额 250 亿美元，比上年增长 5.5%，销售额最大的国家是英国，实现销售额 41.7 亿美元，约占全球的 16.7%。全球传统口含烟销售 12.9 万吨，比上年微增 0.3%，扭转连续下滑的局面，销量最大的国家是美国，销售约 6.6 万吨，约占全球的 50.9%，其次是印度，销售 3.8 万吨，约占全球的 29.5%；全球传统口含烟实现销售额 140.1 亿美元，比上年增长 8%，销售额最大的国家也是美国，实现销售额约 107.2 亿美元，约占全球的 75.1%，其次是瑞典，实现销售额约 12.5 亿美元，约占全球的 8.9%。

四、烟叶

（一）全球烟叶生产

2020 年，受企业需求下降、恶劣天气增多和种植收益不理想等因素影响，全球烟叶产业发展形势较为严峻，主要产区、主要种类烟叶的产量均出现较大下滑。据环球烟叶公司估算，除中国之外，烤烟产量 169.1 万吨（3382 万担），比上年下降 12.1%；白肋烟产量 45.7 万吨，比上年下降 15.7%；深色晾晒烟产量 11.7 万吨，比上年下降 5.6%；只有香料烟实现增长，产量 16.3 万吨，比上年增长 5.2%。在烤烟中，非洲及中东地区下降幅度最大，比上年下降 27%，产量最大的南美地区，产量比上年下降 7%；在白肋烟中，产量最大的非洲及中东地区，同时也是降幅最大的，产量比上年下降 25.3%，亚洲及大洋洲（不含中国）则比上年增长 2%。

表 5　全球烟叶产量　　单位：万吨

烤　烟	2017 年	2018 年	2019 年	2020 年	2021 年
中北美洲及加勒比地区	22	16	15.4	11.7	14
南美（含巴西）	71.8	65.8	68.8	64	65.8
欧洲及独联体	13.5	12.5	11.9	10.9	11.6
非洲及中东	37.1	41.5	42.9	31.3	34.5
亚洲和大洋洲（不含中国）	51.7	53	53.4	51.2	48.6
烤烟总计	196.2	188.8	192.3	169.1	174.5
白肋烟	2017 年	2018 年	2019 年	2020 年	2021 年
中北美洲及加勒比地区	9.3	6.9	6.4	5.4	5
南美（含巴西）	13.1	11.7	12	10.8	10
欧洲及独联体	3	2.6	2.3	1.9	2.1

续表

白肋烟	2017 年	2018 年	2019 年	2020 年	2021 年
非洲及中东	16.4	27.9	23.7	17.7	18.6
亚洲及大洋洲（不含中国）	9.2	9.6	9.8	10	9
白肋烟总计	50.9	58.6	54.2	45.7	44.5
香料烟总计	17.1	18.8	15.5	16.3	15.4
深色晾晒烟总计	10.9	11.7	12.4	11.7	11.9

注：据环球烟叶公司 2021 年 2 月发布数据；2020 年为估算值，2021 年为预测值。

巴西。据巴西烟草种植者协会统计数据显示，2020 年，占巴西烟叶产量 97% 的南部 3 个州，种植面积和产量连续第四年下降，最终烟叶种植面积 435.6 万亩，比上年下降 2.3%，烟叶产量 63.3 万吨，比上年下降 4.7%，每亩产量 145.3 千克，比上年下降 15.6%。其中，烤烟产量 56.5 万吨，下降 4.8%；白肋烟产量 5.9 万吨，下降 9.5%。烟叶价格方面，虽然初始约定调价幅度在 2%～4%，但在交售时，烟草企业收购均价为 8.86 雷亚尔（2.23 美元）/千克，比上年提高 0.34%，其中烤烟均价为每千克 8.98 雷亚尔（1.68 美元，雷亚尔兑美元大幅贬值），比上年提高 0.64%，这种状况挫伤了烟叶种植者的积极性。2021 年度，巴西南部 3 个州的种烟面积又减少 6%，而且天气状况也不理想，预计将减产 4%。

美国。2020 年，烟叶生产继续下滑，据美国农业部的统计数据显示，烟叶种植面积 137.9 万亩，比上年下降 12.8%（比 2016 年下降 38%），烟叶产量 17.7 万吨，比上年下降 17%，每亩产量 146.9 千克，比上年下降 4.6%。其中烤烟产量 12.5 万吨，比上年下降 24.5%；白肋烟 3.8 万吨，比上年下降 9.6%；雪茄烟叶 0.3 万吨，与上年持平。烟叶均价为 4.64 美元/千克，比上年提高 4.7%，其中烤烟均价 4.6 美元/千克，较上年提高 4.8%；白肋烟均价 4.46 美元/千克，比上年提高 6.9%。全部烟叶实现销售收入 8.2 亿美元，其中烤烟销售收入 5.7 亿美元，白肋烟 1.7 亿美元。

津巴布韦。2020 年，烟叶种植者减少，恶劣天气造成减产，疫情导致交售开始时间推迟 1 个月，这些因素对烟叶生产经营造成较大负面冲击。据津巴布韦烟草工业和营销委员会（TIMB）统计数据显示，2020 年，收购烟叶 18.2 万吨（364 万担），比上年下降 29.3%，烟叶均价为 2.5 美元/千克，比上年提高 23.2%，实现烟叶销售收入 4.6 亿美元，比上年下降 13.5%。

（二）主要烟叶公司

由于全球卷烟消费持续下滑带动烟叶需求下滑，同时菲莫国际、日本烟草等烟草制造商近年来采取垂直一体化措施，加强与烟叶种植业者的合作，两家主要国际烟叶公司——环球烟叶公司、毕克苏斯国际公司（Pyxus International）业绩增长困难重重。

1. 环球烟叶公司

公司在 30 多个国家开展经营业务，每年长期和季节性用工 2 万余人，在全球拥有 8 个同时具备加工和储藏功能的设施。烤烟和白肋烟业务占收入的 84%，公司还有少量按照美国医药标准生产液体尼古丁的业务。过去 5 年，公司销售或加工大约 30%～40% 非洲和美国的烤烟及白肋烟，15%～25% 的巴西烤烟和白肋烟。英美烟草、帝国品牌和菲莫国际各自贡献 10% 以上的收入。

受烟叶产量减少、汇率波动和发货时间以及疫情等影响，公司 2020 财年①业绩比上年大幅下滑，实现销售收入 19.1 亿美元，比上年下降 14.2%；营业利润 1.3 亿美元，比上年下降 26%；净利润 0.7 亿美元，比上年下降 31.2%。分业务看，在烤烟和白肋烟经营方面，北美地区主要受美国、墨西哥等销售规模下降，而且结转规模大幅小于上个财年的影响，烤烟和白肋烟销售收入 2.4 亿美元，比上年下降 38.3%，营业利润 8400 万美元，比上年下降 63.6%；其他地区受非洲白肋烟减产和结转规模缩小、巴西销量和价格都不理想、欧洲加工和销量减少等影响，烤烟和白肋烟销售收入 14 亿美元，比上年下降 12.4%，营业利润 1.1 亿美元，比上年下降 26.9%。在其他烟草经营方面，受雪茄包叶销量增长较多和汇率波动影响，公司在其他烟叶经营上实现销售收入 3 亿美元，比上年增长 9.6%，营业利润 680 万美元，比上年增长 55.7%。

在烟草消费下降和烟叶需求下滑所带来的不利影响下，公司开始积极拓展烟叶以外农产品领域的投资。2020 年 1 月完成对 FruitSmart 的收购。FruitSmart 是一家为全球市场服务的独立的高附加值的水果和蔬菜原料加工生产商，通过此次收购，公司向建立更广泛的工厂化农产品服务平台迈出基础性一步，同时，为充分利用公司核心竞争力和提高可持续性，公司计划在烟叶领域之外继续保持积极投资。2020 年 10 月 1 日，公司完成对 Silva International 的收购，这是一家专注于脱水蔬菜、水果和药草加工的公司，在全球 20 多个国家开展经业务，此次收购拓展了公司植物成分原料平台，使公司成为重要的蔬果原料解决方案提供商。

2. 毕克苏斯国际公司

公司在全球 30 多个国家经营，员工（不包括季节性用工）3300 余人，与全球 30 万个农户建立紧密联系，并在 8

① 环球烟叶公司 2020 财年截止到 2020 年 3 月 31 日。

个国家拥有12个生产加工设施，其中10个烟叶加工设施，2个其他产品加工设施。2020财年①，公司15%的烟叶采购自北美，67%采购自中国、巴西、土耳其和非洲地区；烟叶销售35%发往欧洲、14%发往美国，菲莫国际、中国烟草分别为公司贡献10%以上的收入。

2020财年，公司实现销售收入15.3亿美元，比上年下降15.3%，出现收入大幅下降的原因在于烟叶销量下降14.4%，这主要是受烤烟供过于求状况和非洲、北美、南美的发货时间安排以及飓风造成美国烟叶减产的影响。此外，外国对美国烟叶征收关税，减少北美烟叶市场的成交量，而且疫情导致烟叶发货延迟，不过加拿大的大麻收入增加部分抵消了这些影响。公司全年亏损0.1亿美元，而2019财年赢利0.9亿美元，这主要是因为公司对之前积累的商誉实施减值。分业务部门看，在北美烟叶业务方面，公司销售烟叶3.6万吨，比上年下降24.6%；均价5.33美元/千克（每千克烟叶成本4.76美元），比上年提高2.1%；实现销售收入1.9亿美元，比上年下降23%，烟叶加工收入0.3亿美元，比上年下降9.8%；实现利润800万美元，比上年下降20.8%。在其他地区烟叶业务方面，公司销售烟叶30.7万吨，比上年下降13%，均价4.03美元/千克（每千克烟叶成本3.44美元），比上年下降2.4%；实现销售收入12.4亿美元，比上年下降15.1%，烟叶加工收入0.5亿美元，比上年增长6.9%；实现利润0.7亿美元，比上年下降38.5%。在大麻、电子烟液等其他产品和服务业务方面，公司实现销售收入0.2亿美元，比上年增长24.4%，但同时销售成本提高43.6%、管理成本上升63.4%，再加上商誉减值，最终导致亏损8880万美元；从2019财年开始，公司纳入大麻和电子烟液业务，但这些业务还处于起步状态，公司在2020财年增持之前收购的5家电子烟液公司和大麻公司的股份，进一步加大对新领域的投资，公司认为随着这些新业务的进一步挖掘、发展，将对未来几年收入作出有意义的贡献，并对盈利能力产生更大影响。

毕克苏斯国际公司2018年由原联一国际公司更名之后，经营业绩并不理想，2020年6月因达不到纽约证券交易所主板市场持续上市交易的条件，被移出主板市场转到场外市场交易。公司6月还向地方法院提出破产重整计划，对债务进行重组，截至2020年底还在进行中。

五、主要烟草公司

根据各公司年报或快报，2020年，菲莫国际继续坚定推进无烟气战略，英美烟草发布新战略并跻身卷烟销量第一位置，日本烟草的国内外业务承受压力，帝国品牌通过内部整合求发展，奥驰亚集团、韩国烟草、瑞典火柴等公司都取得不错的业绩。

表6　2016—2020年四大跨国烟草公司主要业绩情况

		2016年	2017年	2018年	2019年	2020年
销量（万箱）	菲莫国际	1640.7	1596.3	1563.4	1532.7	1409.3
	英美烟草	1330	1372.5	1418	1354.2	1296.6
	日本烟草	1009.8	982.8	1019.2	1049.2	1016.6
	帝国品牌	553	530.4	511	488.4	478.2
销售总额（亿美元）	菲莫国际	749.5	781	798.2	779.2	760.5
	英美烟草	635.3	748.6	841.5	839.1	833.9
	日本烟草	595.1	594.8	656.5	672.1	686.1
	帝国品牌	283.1	293.7	308.1	299.1	305.7
纳税总额（亿美元）	菲莫国际	482.7	493.5	502	481.2	473.5
	英美烟草	435.4	487	514.6	508.6	503
	日本烟草	430.3	436.6	481.4	495.8	511.7
	帝国品牌	183.4	192.9	203.6	196.6	203.6
利润总额（亿美元）	菲莫国际	108.1	115	113.8	105.3	116.7
	英美烟草	65.6	83.5	124.1	115.2	127.9
	日本烟草	47.8	45.9	48.2	40.8	42
	帝国品牌	28.8	28.9	30.7	26.4	33

注：1. 销量指烟草制品按比例转换为卷烟，包括卷烟、手卷烟和加热卷烟。

2. 纳税总额不含所得税。

3. 销售总额指含税销售额。

4. 数据来自各公司年报或快报。

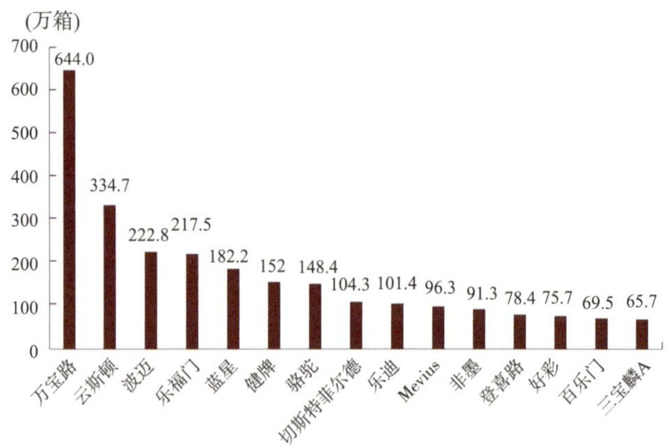

注：数据来自跨国烟草公司年报。

图4　2020年国际市场前十五大卷烟品牌销量（万箱）

（一）菲莫国际

菲莫国际在全球拥有38个工厂，拥有来自世界各地的

① 毕克苏斯国际公司2020财年截止到2020年3月31日。

7.35万名员工，公司产品在全球180多个国家和地区销售，在95个市场的占有率都超过15%，拥有1.5亿消费者。公司有430余名科学家、工程师和技术人员在瑞士和新加坡的2个研究机构研发新型烟草产品。

1. 经营概况

2020年，菲莫国际克服新冠肺炎疫情全球大流行对公司生产经营造成的困扰，调整工作组织模式，保障员工健康安全；稳定公司供应链，保障业务可持续；提升商业模式数字化水平，保障快速响应消费需求；提前1年完成3年成本优化目标，保障财务状况稳健；推进实施“无烟气未来”战略，全力推动由传统卷烟向新型烟草战略转型。2020年，菲莫国际销售卷烟和加热卷烟合计1409.2万箱，比上年下降8.1%，占全球（除中国和美国市场之外）烟草产品市场份额的27.7%，比上年下降0.7个百分点；实现销售总额760.5亿美元，比上年下降2.4%；纳税总额（不含所得税，下同）473.5亿美元，比上年下降1.6%；实现销售收入（剔除纳税总额，下同）286.9亿美元，比上年下降3.7%；利润总额116.7亿美元，比上年增长10.8%，调整后利润率（剔除非经常性损益和汇率以及并购等影响，下同）41.7%，比上年提高2.2个百分点；实现净利润85.9亿美元，比上年增长11.2%。

2. 品类表现

卷烟。从销量看，2020年对菲莫国际的卷烟业务而言是具有转折性的一年，在经历连续8年卷烟销量持续下降后，其曾经作为世界第一大卷烟制造商的位置最终被英美烟草公司取代，公司卷烟销量占全球卷烟市场比重25.2%，比上年下降1.5个百分点。全年卷烟销量1257万箱，比上年下降11.1%，这是公司自2008年从奥驰亚集团独立以来的最大跌幅，跌幅比上年扩大6.6个百分点，公司卷烟销量比2012年的历史高点1854.1万箱减少近二成，下跌32.2%。从销售价格看，公司在很多市场仍保持着稳固的价格掌控能力，卷烟销售均价比上年提高3.7%，如果剔除印度尼西亚市场（在印度尼西亚卷烟销量占公司卷烟总销量的12.6%），销售均价提高6%。从销售收入看，卷烟销售收入218.7亿美元，比上年下降9.7%，卷烟销售收入占公司全部销售收入比重76.1%，比上年下降5.1个百分点。

加热卷烟。从销量看，虽然疫情和各国政策（如日本增加消费税）等影响加热卷烟扩张，但在欧盟地区、日本和俄罗斯等主要市场推动下销量再创新高，加热卷烟全年销量152.2万箱，比上年增长27.6%，加热卷烟占公司烟草产品销量的比重达到10.8%，而在2016年加热卷烟仅占0.9%。从销售收入看，加热卷烟销售收入68.3亿美元，比上年增长22.2%，加热卷烟销售收入占公司全部销售收入比重23.8%，而在2016年加热卷烟仅占2.7%。从市场范围来看，加热卷烟2015年开始在5个国家和地区正式销售，2016年增加到18个，到2020年，加热卷烟覆盖64个国家和地区，公司的加热卷烟占全球烟草产品的份额达到3%。从消费人群看，截至2020年底，公司在全球拥有1760万成年消费者，比上年增加410万人，其中1270万成年卷烟消费者停止吸食卷烟转向使用“IQOS”，比上年增加100万人，转化率72.1%。从监管看，公司加热卷烟在获得官方认可方面取得巨大突破，“IQOS 2.4”继2019年4月获得美国食品药品监督管理局（FDA）的烟草产品上市申请（PMTA）后，2020年7月又通过FDA的“改良风险烟草产品（MRTP）”申请审核，正式作为风险改良产品在美国上市销售。此外，公司在2020年12月继续扩大战果，电池更强、充电时间更短的“IQOS 3”通过PMTA审核获准在美国上市销售，至2020年底正致力于推动“IQOS 3”通过FDA的MRTP审核。

表7 2016—2020年菲莫国际卷烟和加热卷烟销量和收入情况

		2016年	2017年	2018年	2019年	2020年
总销量（万箱）		1640.7	1596.3	1563.4	1532.7	1409.3
卷烟	销量	1625.9	1523.9	1480.6	1413.4	1257
	占比（%）	99.1	95.5	94.7	92.2	89.2
加热卷烟	销量	14.8	72.5	82.7	119.4	152.2
	占比（%）	0.9	4.5	5.3	7.8	10.8
销售收入（亿美元）		266.9	287.5	296.3	298.1	286.9
卷烟	销售收入	259.5	251.1	255.3	242.2	218.7
	占比（%）	97.3	87.3	86.2	81.3	76.2
加热卷烟	销售收入	7.3	36.4	41	55.9	68.3
	占比（%）	2.7	12.7	13.8	18.7	23.8

注：数据来自菲莫国际年报。

3. 区域表现

菲莫国际将市场分为六大区域，2020年，欧盟、东欧、东亚及澳洲销量和销售收入占比都有所提高，南亚及东南亚、中东及非洲、拉丁美洲及加拿大则均有所下降，欧盟、东亚及澳大利亚等发达市场的调整后利润率水平继续保持领先。

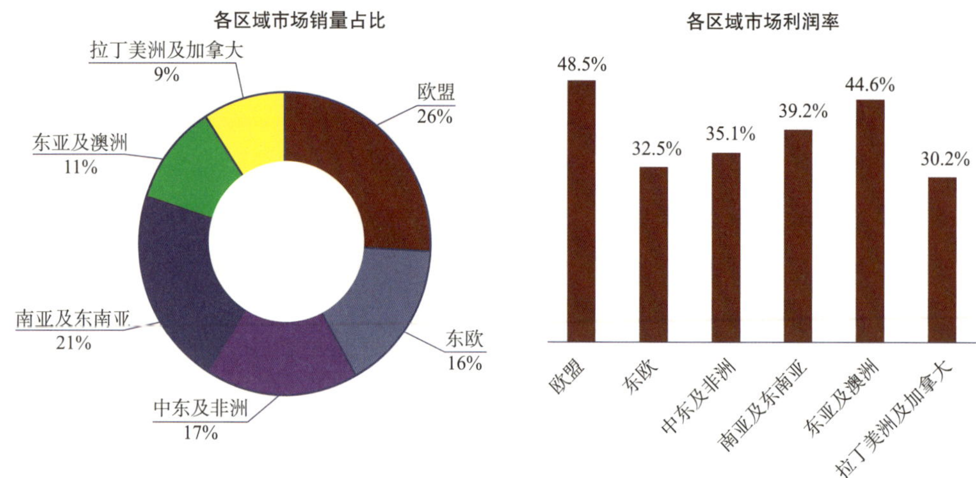

图 5　菲莫国际 2020 年各区域市场销量占总销量比重和利润率

欧盟。2020 年，公司在欧盟地区市场占有率 38.9%，比上年提高 0.1 个百分点。全年烟草产品销量 366.5 万箱，比上年下降 1.9%，其中卷烟销量 326.8 万箱，比上年下降 6.3%，主要是波兰、西班牙、意大利等市场下滑比较大，不过由于疫情导致居民减少跨境卷烟采购，并且政府为刺激经济对包括烟草在内产品实施减税，从而使得德国市场卷烟销量比上年增长 1.7%；加热卷烟销量 39.7 万箱，增长 57.9%，波兰、法国等市场增幅都超过 100%，加热卷烟销量最大的意大利达到 11.2 万箱，增加 4.2 万箱，基本弥补了减少的卷烟销量。

东欧。2020 年，公司在东欧地区市场占有率 30.5%，比上年提高 1.8 个百分点。全年烟草产品销量 228.7 万箱，比上年增长 0.2%，主要是因为疫情导致该地区非法渠道烟草产品减少，抵消提税和价格上涨等不利影响。其中卷烟 186.9 万箱，比上年下降 7.1%，加热卷烟 41.8 万箱，比上年增长 55.3%。占该地区销量 1/4 的俄罗斯市场，卷烟销量虽然减少 6.4 万箱，但加热卷烟增加 8.8 万箱，从而使得公司在俄罗斯的烟草产品总销量取得 1.8% 的增幅。

中东及非洲。2020 年，公司在中东及非洲地区市场占有率 22%，比上年下降 1.4 个百分点。全年销售烟草产品 238 万箱，比上年下降 13.3%，其中卷烟 236 万箱，下降 12.3%；加热卷烟 2 万箱，下降 61.5%。主要是因为政府针对疫情限制旅行，导致公司在该地区免税烟草产品销量下降 70.8%；在南非，疫情导致政府禁售一切烟草产品近 5 个月，烟草产品销量大跌 35.5%；公司在土耳其的销量约占公司在该地区销量的 40%，但封城措施导致成年吸烟人群日均消费量下降，同时该国 2019 年卷烟提价也导致非法贸易盛行，从而使得公司在土耳其销量下降 8.5%。

南亚及东南亚。2020 年，公司在南亚及东南亚地区市场占有率 21.5%，比上年下降 2.2 个百分点。全年销售烟草产品 289.6 万箱，比上年下降 17.2%，该地区基本以卷烟为主，加热卷烟初步涉足，销量不足千箱。在印度尼西亚，提税提价抑制消费，并且造成消费者向公司不具优势的低廉烟草产品转移，同时在公司产品占比较高的城市，政府采取更严格的限制流动措施，进一步打击卷烟消费，从而使得公司在该国销量下降 19.3%；在另一个主要市场菲律宾，受疫情管控影响，以及 2019 和 2020 年两次全面上调卷烟价格的冲击，公司在该国销量下降 16.1%；在巴基斯坦，公司也受到 2019 年提税和 2020 年提价影响，销量下降 20%。

东亚及澳洲。2020 年，公司在东亚及澳大利亚等地区市场占有率 27.2%，比上年下降 0.3 个百分点。全年销售烟草产品 157.9 万箱，比上年下降 2.1%，其中卷烟 90.2 万箱，下降 9.7%；加热卷烟 67.7 万箱，增长 10.4%。在日本，由于提税驱动价格上涨，疫情导致消费机会减少，成年吸烟者从卷烟转向小雪茄，从而使得公司的卷烟销量比上年下降 16.4%，同时，加热卷烟增速继续下滑，比上年增长 11.9%；在韩国，受卷烟新口味细分市场增长的冲击，以及加热卷烟基本停滞的影响，公司的烟草产品销量下降 4.3%。

拉丁美洲及加拿大。2020 年，公司在拉美及加拿大地区市场占有率 33.9%，比上年下降 3 个百分点。全年销售烟草产品 128.4 万箱，比上年下降 11.6%，其中卷烟 127.5 万箱，下降 11.8%；加热卷烟 0.9 万箱（包括在美国通过奥驰亚集团销售的加热卷烟），增长 50.8%。在阿根廷，受消费者转向更低廉的本土卷烟品牌和公司卷烟曾经出现断货影响，公司销量下降 12.2%；在加拿大，受剥离一家加拿大子公司的影响，公司销量下降 18.6%；在墨西哥，受疫情和价格上涨的影响，公司销量下降 18%；在巴西，由于与合法卷烟价格差距缩小和疫情导致边境管控，非法贸易大幅减少，公司销量增长 13.2%；在美国，公司由奥驰亚的全资子公司——菲莫美国有限公司负责已获批准的 2 款"IQOS"烟具及烟支的推广销售，不过受疫情封锁等影响和稳步推进的考虑，公司的加热卷烟在美国还没有取得亮眼的成绩。

表 8　2020 年菲莫国际在重点市场的占有率情况

市 场	占有率（%）	比上年增长（%）	市 场	占有率（%）	比上年增长（%）
菲律宾	67.2	-3.3	沙特	39.0	-4
墨西哥	63.7	-3.4	日本	37.1	2.6
阿根廷	61.0	-9	俄罗斯	32.3	2.2
意大利	52.2	0.4	西班牙	31.4	0.1
法国	44.9	-0.1	澳大利亚	29.9	2.4
土耳其	41.3	-2.1	印度尼西亚	28.8	-3.4
德国	39.0	1	韩国	20.7	-1.9
波兰	39.0	-2.2	—	—	—

注：数据来自菲莫国际年报；15 个重点市场的烟草产品销量占菲莫国际总销量的 66.3%。

4. 品牌表现

2020 年，菲莫国际在全球前 15 个国际化卷烟品牌中拥有 5 个，比上年减少 1 个，"邦德街（Bond Street）"退出前 15 名。"万宝路（Marlboro）"销量 466.3 万箱，比上年下降 11.3%，降幅比上年扩大 10.7 个百分点，占公司全部卷烟销量的 37.1%，占全球卷烟销量比重 9.5%，比上年下降 0.5 个百分点，"万宝路"在印度尼西亚、意大利、日本、墨西哥、菲律宾、沙特、土耳其等重点市场以及免税市场都出现较大下滑，只有俄罗斯销量有所增加。"蓝星（L&M）"销量 182.2 万箱，比上年下降 1.9%，占全球卷烟销量比重 3.7%，比上年提高 0.2 个百分点，由于该品牌主打中低端市场，尽管在免税市场和波兰市场销量下滑，但在墨西哥和土耳其表现良好。"切斯特菲尔德（Chesterfield）"销量 104.3 万箱，比上年下降 8.8%，降幅比上年扩大 8 个百分点，占全球卷烟销量比重 2.2%，与上年持平，该品牌在巴西实现增长，但在波兰、俄罗斯和土耳其等地销量都下降。"菲莫（Philip Morris）"销量 91.3 万箱，比上年下降 7.2%，降幅比上年扩大 5.8 个百分点，占全球卷烟销量比重维持在 2019 年 1.9% 的水平。该品牌在阿根廷、意大利市场继续下滑，在俄罗斯维持增长态势。"百乐门（Parliament）"受免税市场、俄罗斯、土耳其等市场的负面影响，继上年大幅下滑后继续下滑，全年销量 69.5 万箱，比上年下降 10.3%，占全球卷烟销量比重 1.4%，比上年降低 0.1 个百分点。销量较大的地方品牌——印度尼西亚的丁香烟"三宝麟 A（Sampoerna A）"受一款高价位规格销售不佳的影响，全年销量 65.7 万箱，下降 6.5%；另一款丁香烟"234（Dji Sam Soe）"则降幅更大，下降 23.7%。此外，"邦德街（Bond Street）""云雀（Lark）"等品牌销量继续加速下滑。

表 9　2016—2020 年菲莫国际重点卷烟品牌销量情况

单位：万箱

卷烟品牌	2016 年	2017 年	2018 年	2019 年	2020 年
万宝路	563.4	540.7	528.8	525.8	466.3
蓝星	193.5	181.6	179.6	185.7	182.2
切斯特菲尔德	92.6	110.2	118.9	114.4	104.3
菲莫	71.8	97	99.7	98.3	91.3
百乐门	91.3	87.9	83.4	77.4	69.5
三宝麟 A	88.4	85.5	79.0	70.3	65.7
234	41	45.5	58.4	64.9	49.5
邦德街	89.1	76	64.3	56.1	48.2
云雀	55.1	49.1	46.0	39.2	31

注：数据来自菲莫国际年报；以上品牌卷烟销量占菲莫国际卷烟总销量的 88.1%。

（二）英美烟草

英美烟草在 43 个国家拥有约 45 家卷烟生产厂，员工 5.5 万余人，研发专家 1500 余人，公司拥有全品类烟草产品，销往 180 多个市场，在超过 55 个市场占据领先位置，8.4 万余户合同烟农、1100 万零售户为公司发展提供支撑。

1. 经营概况

2020 年，英美烟草对发展战略作出重大调整，确立通过向消费者提供"令人愉悦且风险更低"的产品、降低公司业务对健康的影响、建设"更美好的明天"的宗旨，公司使命、经营战略、企业精神、可持续发展战略、标识等都围绕这一宗旨发生重大变化，目标锁定在 2025 年可燃烟草（包括卷烟和手卷烟）之外新品类产品销售额 50 亿英镑、2030 年新品类消费者 5000 万、2030 年实现碳中和。在新发展战略、新发展愿景指引和激励下，面对2020年充满挑战的经营环境，公司将保障员工健康福利和保持全球业务正常运转作为优先事项，通过继续推进新品类跨越式发展、促进可燃烟草价值增长、精简业务提高效率等优先战略，推动公司战略转型，同时通过优化债务结构、降低财务风险，确保公司财务保持弹性和稳定性。2020年，公司销售卷烟和加热卷烟合计1296.6万箱，比上年下降4.3%；实现销售总额649.5亿英镑（833.9亿美元），比上年下降1.1%；纳税总额391.7亿英镑（503亿美元），比上年下降1.6%；实现销售收入257.8亿英镑（331亿美元），比上年下降0.4%；利润总额99.6亿英镑（127.9亿美元），比上年增长10.5%；调整后利润率44.1%，比上年提高1个百分点，实现净利润65.6亿英镑（84.2亿美元），比上年增长12.2%；新品类产品消费者达到1350万人，比上年增加300万人。

公司在大数据、云计算等数字领域加大投入，电子商务收入增长超过50%。通过实施“量子计划”，进行公司组织结构调整，提高经营效率，节约成本费用6.6亿英镑（公司2019年宣布要在2020年前节约开支10亿英镑）。公司在2019年底成立风投公司的基础上，2020年开始少量投资，对象是8家技术创新型公司和消费品行业公司，丰富公司的经营生态。

2. 品类表现

可燃烟草。尽管英美烟草推出新发展战略，但公司并没有绝对化地追求“无烟气世界”，继续强调卷烟是创造价值的重要品类。从销量看，2020年，公司销售可燃烟草产品1315.2万箱，比上年下降4.7%，其中卷烟销量1275.2万箱，下降4.6%；手卷烟销量40万箱，下降1.7%，卷烟和手卷烟销量的下降幅度与上年相比都没有明显扩大。公司也因此首次超越菲莫国际，成为卷烟销量最大的跨国烟草公司，不过相比21世纪以来最高销量2004年的1705.2万箱，减少430万箱，如果剔除并购因素，销量减少会更多。从销售价格看，卷烟价格结构继续上移但幅度放缓，综合价格提高7.3%（2019年综合价格提高9%）。从销售收入看，公司可燃烟草销售收入227.5亿英镑（292.1亿美元），比上年增长1.1%，增幅比上年回落3.1个百分点；可燃烟草销售收入占公司总销售收入比重88.3%，比上年下降1个百分点。

电子烟。从销量看，2020年销售3.4亿套，比上年增长52.2%，增幅比上年扩大32.6个百分点。从销售收入看，公司从电子烟获得6.1亿英镑（7.9亿美元），比上年增长52.4%，电子烟收入占公司总销售收入比重2.4%，比上年提高0.8个百分点。从市场范围看，公司的电子烟覆盖27个国家和地区，在全球五大电子烟市场（约占全球电子烟销售额的75%）中，有4个居于领先位置：占英国市场电子烟销售额的36%、法国的31.5%、加拿大的46.1%、德国的50.1%，在美国居第二位，占美国电子烟销售额的24.9%。

加热卷烟。2020年，公司推出新品“glo Hyper”，为品牌整合而退出“Sens”品牌。从销量看，全年销售加热卷烟21.4万箱，比上年增长18.9%（剔除“Sens”退市因素增长29%），增幅比上年回落13个百分点。从销售收入看，公司从加热卷烟获得6.3亿英镑（8.1亿美元），比上年下降12.9%；加热卷烟销售收入占公司总销售收入比重2.5%，比上年下降0.4个百分点。从市场范围看，公司的加热卷烟覆盖20个市场，在日本，公司占加热卷烟市场份额的19.4%，比上年下降0.2个百分点；在意大利，公司占加热市场份额的7.8%，接近上年的3倍；在俄罗斯，7月市场份额7.6%，12月达到15.5%。

现代口含烟。2020年，现代口含烟在公司的各品类中仍然保持着最快发展势头，不过扩张速度有所放缓。从销量看，全年销售19.3亿袋，比上年增长62%，增幅比上年回落126.4个百分点。从销售收入看，实现销售收入2亿英镑（2.5亿美元），比上年增长57.1%，增幅比上年回落210个百分点。从市场范围看，公司的现代口含烟覆盖23个市场，市场份额进一步提高，其中在瑞士，市场份额由2019年的56%提高到2020年的62%；在瑞典，由44%提高到53%；在丹麦，由62%提高到75%；在挪威，由11%提高到15%；在美国，公司将“Velo”品牌现代口含烟产品向美国FDA递交PMTA申请，收购Dryft Sciences公司的口含烟产品，扩大产品组合。

传统口含烟。2020年，公司销售传统口含烟16.8万箱，比上年下降0.9%，实现销售收入11.6亿英镑（14.9亿美元），比上年增长7.2%。公司的传统口含烟市场有5个，美国一家独大，销售收入占公司传统口含烟销售收入的97.1%。

3. 区域表现

英美烟草将市场划分为四大区域，2020年，只有在美国市场实现销量和销售收入正增长，亚太和中东、美洲和南部非洲、欧洲和北非等3个区域都表现欠佳。

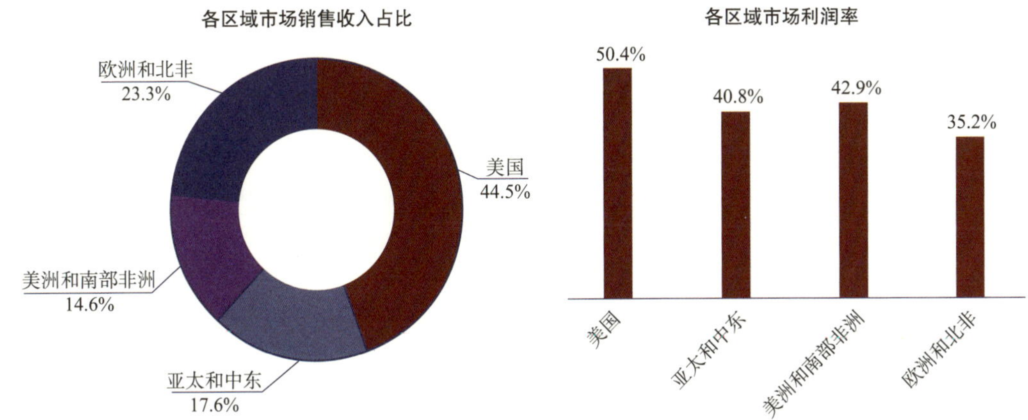

图 6 英美烟草 2020 年各区域市场销售收入占比和利润率

美国。美国是公司最重要的市场，公司在美国销售卷烟结构最高，销售收入和利润占比最高，2020 年 9 月主动将每包卷烟价格平均上调 0.13 美元。2020 年，公司在美国销售卷烟 146.2 万箱，比上年增长 0.5%，占公司全部卷烟销量比重仅为 11.5%，但贡献 99.3 亿英镑（127.5 亿美元）的销售收入，比上年增长 9.3%，占公司卷烟销售收入和总销售收入比重分别为 43.6% 和 38.5%。电子烟市场从电子烟相关肺病影响中迅速恢复，销量 1.7 亿套、销售收入 3.8 亿英镑（4.9 亿美元），分别比上年增长 69.7%、85.1%，占公司电子烟总销量和销售收入比重分别为 50.6%、62.7%。此外，传统口含烟创造收入 11.3 亿英镑（14.5 亿美元），其他新品类产品占比较小。

欧洲和北非。2020 年，卷烟受俄罗斯库存、乌克兰非法烟草和低价烟草竞争、埃及提税降低经济型卷烟竞争力等影响，销售 440.6 万箱，比上年下降 4.2%，手卷烟销售 32.2 万箱，比上年下降 2.5%，二者合计实现销售收入 53.6 亿英镑（68.8 亿美元），比上年下降 3.4%。该地区新品类产品销量和销售收入继续保持较快增长，但增速有较大回落，其中电子烟、加热卷烟、现代口含烟分别销售 1.3 亿套、6.6 万箱、16.7 亿袋，分别比上年增长 23%、203%、55.6%，增速比上年分别回落 21 个、131 个、101.4 个百分点，新品类产品合计实现销售收入 4.7 亿英镑（6 亿美元），比上年增长 46.7%，增速比上年回落 46.9 个百分点。此外，传统口含烟折算成卷烟相当于在该地区销售 2 万箱，销售收入 0.3 亿英镑（0.4 亿美元）。

亚太和中东。2020 年，尽管孟加拉国卷烟销量实现增长，但受全球旅行受限、印度尼西亚提高烟草税和最低售价、巴基斯坦 2019 年提税导致非法贸易持续增长等不利影响，公司在该地区销售卷烟 395 万箱，比上年下降 7.3%，跌幅比上年扩大 3.6 个百分点，手卷烟销售 4.2 万箱，比上年增长 3.3%，二者合计实现销售收入 39.4 亿英镑（50.6 亿美元），比上年下降 10.3%。该地区是公司新品类销售收入最高的地区，全年新品类产品表现分化，其中电子烟销售 600 万套，比上年增长 385%；加热卷烟受日本提税等影响销售 4.8 万箱，比上年下降 6.5%；现代口含烟刚刚进入该地区，销售 11.7 亿袋。新品类产品合计实现销售收入 5.1 亿英镑（6.5 亿美元），比上年下降 24%。

美洲和南部非洲。2020 年，公司在该地区受到巴西、智利、墨西哥等国货币贬值和疫情导致市场临时关闭等的负面冲击，卷烟销量 293.4 万箱，比上年下降 3.9%，手卷烟销量 3.6 万箱，比上年下降 1.7%，二者合计实现销售收入 35.4 亿英镑（45.5 亿美元），比上年下降 11.4%。新品类产品实现销售收入 0.7 亿英镑（0.9 亿美元），这主要是由于加拿大市场的电子烟销量和销售收入大幅增长，公司在该地区开始试销现代口含烟，并非常看好其发展前景。

表 10 2020 年英美烟草在重点市场占有率情况

市 场	占有率（%）	比上年增长（%）	市 场	占有率（%）	比上年增长（%）
智利	96.7	0.7	乌克兰	27.8	-0.3
孟加拉国	78.3	9.9	土耳其	25.8	2.6
巴基斯坦	76.3	1.4	比利时	25.0	0.2
南非	76.2	-1.0	俄罗斯	24.5	0.8
巴西	74.9	-0.8	阿根廷	23.4	0.1
新西兰	70.8	-1.3	荷兰	21.4	-1.1
丹麦	69.5	-2.0	德国	20.1	0.1
罗马尼亚	58.5	-0.4	捷克	20.0	-0.9
哥伦比亚	54.6	2.3	日本	18.8	0.9
马来西亚	51.7	1.1	意大利	17.7	-0.3
加拿大	48.1	-0.5	法国	16.0	-1.4
澳大利亚	41.9	0.4	哈萨克斯坦	15.9	0.0

续表

市 场	占有率（%）	比上年增长（%）	市 场	占有率（%）	比上年增长（%）
保加利亚	37.8	0.0	韩国	12.2	0.1
墨西哥	37.1	2.1	中国台湾	10.8	0.8
瑞典	33.4	-1.6	西班牙	10.4	-1.5
沙特	31.7	-5.2	英国	8.6	-0.8
越南	29.5	1.1	印度尼西亚	4.0	-1.7
波兰	27.8	-0.8	—	—	—

注：数据来自英美烟草年报。

4. 品牌表现

英美烟草在新战略指引下，进一步明晰战略性品牌组合：重点卷烟品牌8个、全部新品类品牌3个、战略性传统口含烟品牌2个。2020年，战略性品牌组合实现销售收入195.3亿英镑（250.8亿美元），占全部销售收入的75.8%。

重点卷烟品牌。5个全球品牌："波迈（Pall Mall）"销量222.8万箱，比上年下降6%，主要受巴基斯坦、沙特、南非销量下降影响；"乐富门（Rothmans）"销量217.5万箱，比上年增长6.1%，在巴西、巴基斯坦、保加利亚增长，在乌克兰、土耳其下降；"健牌（Kent）"销量152万箱，比上年增长2%，在巴西、土耳其、俄罗斯和中东地区增长，在日本下降；"登喜路（Dunhill）"销量78.4万箱，比上年下降17%，在罗马尼亚、新西兰增长，在沙特、印度尼西亚、巴西、南非、马来西亚下降；"好彩（Lucky Strike）"销量75.7万箱，比上年下降2%，在巴西、日本、阿根廷增长，在印度尼西亚、法国、西班牙下降，在第四季度重新引入美国市场。3个专注美国市场品牌："新港（Newport）""美洲精神（Natural American Spirit）""骆驼（Camel）"销量都实现增长，分别比上年增长2.3%、6%、1.2%，市场占有率分别提高0.4个、提高0.1个、下降0.1个百分点。

新品类品牌。公司精简新品类产品组合，推动品牌迁移和整合，集中优势资源在新品类产品中打造3个全球品牌——电子烟品牌"Vuse"、现代口含烟品牌"Velo"、加热卷烟品牌"glo"，以更少、更强、更值得信赖的国际品牌在全球舞台上展开竞争，加速新品类业务的增长。

战略性传统口含烟品牌。包括美国风格的"GRIZZLY"和瑞典风格的"CAMEL SNUS"，传统口含烟领域的经营业绩基本都来源于这两个品牌。

（三）日本烟草

日本烟草拥有41家烟草工厂（其中日本国内6家、国际35家），从33个国家采购烟叶，从事烟草业务的雇员有5.44万人，公司产品在130多个国家和地区销售，产品品类涵盖卷烟、手卷烟、斗烟、口含烟、雪茄等传统烟草产品以及降低风险产品等全系列烟草产品。

1. 经营概况

面对全球卷烟销量持续下滑和疫情带来的重大挑战，日本烟草坚持稳健经营，着力提高重点市场占有率，提升产品价格结构；持续加大对降低风险产品的投资，发布新的降低风险产品，提升降低风险产品创造价值能力；秉持烟草监管应该适当合理的理念，积极应对更加严格的政府监管，同时继续加强与警务、海关等执法部门合作，推动打击烟草非法贸易，降低对烟草销售的负面影响。2020年，日本烟草发展虽然表现出一定韧性，但烟草业务主要指标均低于预期。国际烟草业务结束连续两年增长，重新步入下降通道，日本国内烟草业务继续深度下滑，全年销售传统烟草产品和加热卷烟合计1016.6万箱，比上年下降3.1%。烟草业务实现销售总额7.32万亿日元（686.1亿美元），比上年下降4.8%；纳税总额5.46万亿日元（511.7亿美元），比上年增长5.6%；实现核心销售收入1.86万亿日元（174.4亿美元），比上年下降3.1%；利润总额4482亿日元（42亿美元），比上年增长0.7%；综合全部烟草业务并且剔除非经常性损益影响后，烟草业务调整后利润率27.3%。

2. 品类表现

传统烟草产品。包括日本国内市场的卷烟和小雪茄，国际市场的卷烟、手卷烟、雪茄、斗烟和传统口含烟等。尽管日本烟草期待降低风险产品成为未来成长的重要组成部分，并在电子烟和加热卷烟等降低风险产品上发力，谋求在重点市场占据有利位置，但从近年来公司发布的观点和采取的并购举动看，公司依然把传统可燃烟草产品特别是卷烟放在优先位置。从销量看，2020年，公司销售传统烟草产品1008.8万箱，比上年下降3.2%。其中，国际市场销量871.4万箱，下降2.3%；国内市场销量137.4万箱，下降9%。从产品价格看，公司的产品价格结构不断上移。根据2019年数据，日本国内中间价位卷烟占比不断上升，每包价格在510日元及以上的产品销量占全部卷烟销量的比重为22.3%，比上年提高0.1个百分点；420～500日元的产品销量占比73.2%，比上年提高3.8个百分点；410日元及其以下产品销量占比只有4.5%，比上年下降3.9个百分点。公司为应对政府2020年所提高的烟草税，对旗下产品平均提价约50日元。从销售收入看，传统烟草产品占全部烟草收入的97%以上。

降低风险产品。公司的降低风险产品包括加热卷烟和电子烟两种，还处于市场拓展阶段。加热卷烟方面，2015年收购美国Pax Labs公司（电子烟公司Juul Labs也脱胎于Pax

Labs)，并于2016年在日本市场首发“Ploom TECH”。2018年随着产能提高而在日本市场全面铺开，当时设想在本土市场取得超过40%的加热卷烟份额，但截至2020年底仅为10%左右，“Ploom”仍然落后于菲莫国际的“IQOS”和英美烟草的“glo”。从销量看，2020年，公司在国内销售加热卷烟7.8万箱，比上年增长15.4%，增速大大落后于竞争者的增长速度，实际上2019年增速也不快，只增长17.9%。从价格看，2020年，公司将“Ploom TECH+”入门套装的建议零售价从4980日元降至2980日元，将“Ploom TECH1.5”入门套装的建议零售价也从3000日元调整为2500日元，意图通过降低价格吸引更多消费者，但从销量上看并没有取得超预期的效果。从销售收入看，在日本国内这个最大的加热卷烟市场，销售收入并没有随着销量增长而增长，而是逐年下降。2018—2020年，公司从加热卷烟获得的销售收入分别为646亿日元、609亿日元、559亿日元。电子烟方面，公司2015年通过收购Logic公司正式进军电子烟领域，此后“Logic”便成为英美两大电子烟市场表现较好的品牌。截至2020年底，市场拓展到10多个国家和地区。

3. 区域表现

日本烟草将烟草业务划分为国内和国际两个板块，从销量上看，国内与国际各占14.3%、85.7%，从销售收入看，国内与国际各占29.8%、70.2%，从烟草业务利润看，国内与国际各占33.9%、66.1%。

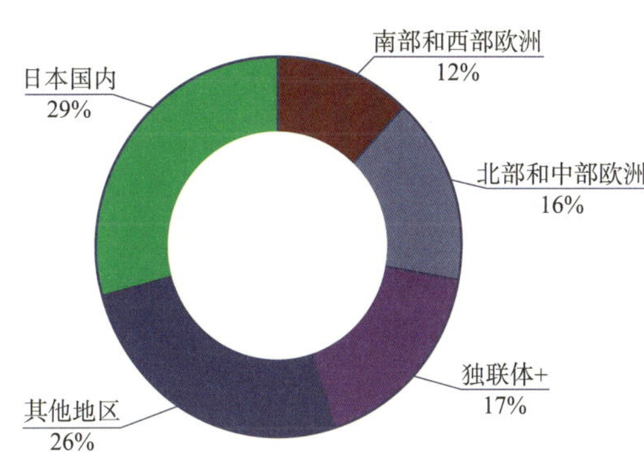

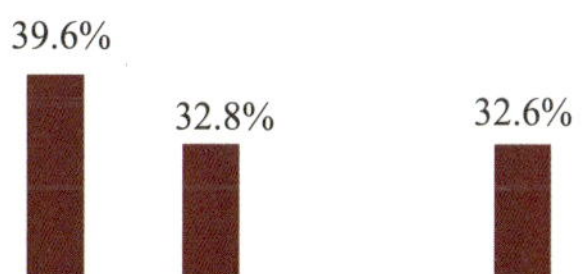

图7　日本烟草2020年各区域市场烟草业务收入占比和利润率

国内市场。日本是世界上卷烟消费靠前的国家，但近年来，受人口老龄化和加热卷烟等新品类产品冲击，传统卷烟消费持续下滑，同跨国烟草公司之间竞争加剧，虽然公司一直在努力维护国内市场，但自21世纪以来，公司在国内市场销量基本上是一路下滑，到2020年，公司的国内销量不足21世纪初的三成，仅为2001年的29%。公司国内市场占有率在20世纪90年代曾经超过八成以上，但到2020年跌到59.8%，市场占有率已不足六成。

表11　2001—2020年日本烟草在国内卷烟销售情况

年　份	国内总销量（万箱）	日本烟草在国内销量（万箱）	日本烟草市场占有率（%）
2001年	638.6	474.4	74.3
2002年	625.2	458	73.3
2003年	598.8	436.6	72.9
2004年	585.2	426.4	72.9
2005年	570.4	378.8	66.4
2006年	540	349.8	64.8
2007年	517	335.4	64.9

续表

年　份	国内总销量（万箱）	日本烟草在国内销量（万箱）	日本烟草市场占有率（%）
2008年	491.6	319.8	65.1
2009年	467.6	303.6	64.9
2010年	420.4	269.2	64.1
2011年	395	216.8	54.9
2012年	390.2	232.4	59.6
2013年	393.8	240.2	61
2014年	372.4	224.8	60.4
2015年	364.6	218.4	59.9
2016年	347.6	212.4	61.1
2017年	302.8	185.8	61.3
2018年	267.2	164	61.4
2019年	250.2	151	60.4
2020年	229.8	137.4	59.8

注：1. 以上数据源自日本烟草历年年报，2014年之前日本烟草财政年度为每年3月之前的12个月，2014年之后调整为日历年度。

2. 国内总销量源自日本烟草估算数据。

国际市场。公司的国际市场业务由专门的日烟国际来运营。2018 年和 2019 年，受收购孟加拉国第二大卷烟制造商 Akij 集团旗下的烟草业务和收购俄罗斯烟草公司 Donskoy Tabak（该公司在俄罗斯和希腊占有重要地位）影响，国际业绩得到较大提升，但 2020 年重回下降趋势，不过日烟国际总销量和旗舰品牌销量均超过行业趋势，并且有 27 个市场的占有率提升。

南部和西部欧洲。2020 年，得益于市场份额稳固增长以及多个国家市场弹性增强，公司在该地区烟草产品销量 132.6 万箱，比上年增长 2.2%，主要是意大利、法国、西班牙等市场的手卷烟销量以 10% 以上的速度大幅增长，抵消了该区域卷烟销量下降的影响。全年实现销售收入 20.5 亿美元，比上年增长 3.3%，该地区销售收入占公司国际烟草业务销售收入的 17.5%。

北部和中部欧洲。该地区是公司增长最快的地区，从 2017 年以来销量一直保持增长，2020 年销售烟草产品 126.8 万箱，比上年增长 13.5%，增速比上年扩大 8.3 个百分点；该地区全年实现销售收入 25.5 亿美元，比上年增长 17.6%，该地区销售收入占公司国际烟草业务销售收入的 21.7%，受德国、奥地利、捷克、爱尔兰、波兰、瑞典和英国等市场驱动，公司的市场占有率继续提升。比如在英国，卷烟和手卷烟都实现大幅增长，公司的烟草产品销量达到 40.8 万箱，比上年增长 14%，市场占有率提高到 45%，比上年提高 1.4 个百分点。

独联体 +。该地区包括独联体和罗马尼亚等个别东欧国家，这一地区对公司具有举足轻重的地位，但 2020 年表现不佳，公司在该地区销售烟草产品 244.6 万箱，比上年下降 7.1%，降幅扩大 5.2 个百分点；实现销售收入 27.6 亿美元，比上年下降 3.1%，该地区销售收入占公司国际烟草业务销售收入的 23.5%。该地区的俄罗斯是公司销量最大的市场，受烟草税提高、居民购买力下降、内外价格差刺激非法贸易，以及加热卷烟等新品类影响，同时又受不合理库存的影响，公司在俄罗斯的销量和市场占有率均出现下滑，全年销量 160 万箱，比上年下降 6.7%，市场占有率 38.4%，比上年下降 0.7 个百分点。

其他地区。其他地区主要包括伊朗、中国台湾和土耳其等市场。公司在该地区销售烟草产品 367.6 万箱，比上年下降 5%，而 2019 年是增长 9.6%；实现销售收入 43.7 亿美元，比上年下降 2.9%，该地区销售收入占公司国际烟草业务销售收入的 37.2%。公司在土耳其的销量和市场占有率均下降，全年销售 61.4 万箱，比上年下降 6.5%，市场占有率 26.6%，比上年下降 0.8 个百分点；在中国台湾的销量和市场占有率均增长，全年销售 28.3 万箱，比上年增长 12.1%，市场占有率 47.7%，比上年提高 2.4 个百分点。

表 12　2020 年日本烟草在重点市场的占有率情况

市　场	占有率（%）	比上年增长（%）	市　场	占有率（%）	比上年增长（%）
日本	59.8	-0.6	法国	27.1	2.9
中国台湾	47.7	2.4	西班牙	26.6	1.0
英国	45.0	1.4	土耳其	26.6	-0.8
俄罗斯	38.4	-0.7	意大利	25.6	1.2

注：数据来自日本烟草年报；以上市场销量占日本烟草产品销量的 51.2%。

4. 品牌表现

在日本国内市场，日本烟草主要依靠 4 个品牌驱动，4 个品牌的销量占公司在国内销量的 75.6%，其中第一大品牌是“Mevius”。该品牌是 2013 年由“柔和七星（Mild Seven）”更名而来，是公司在亚洲的第一品牌，2020 年在日本国内市场占有率 28.6%，比上年下降 1.6 个百分点。其次是“七星（Seven Stars）”，国内市场占有率 7.4%，接下来是“云丝顿（Winston）”“美洲精神（Natural American Spirit）”，国内市场占有率分别为 7.2%、2%。

在国际市场上，公司主要依靠“云丝顿”“骆驼”“Mevius”“乐迪（LD）”等 4 个全球旗舰品牌［公司在 2018 年调整旗舰品牌，将原来的 9 个品牌收缩为 4 个，剔除“金边臣（Benson & Hedges）”“美洲精神”“寿百年（Sobranie）”“魅力（Glamour）”“银切（Silk Cut）”等 5 个品牌］。2020 年，4 个全球旗舰品牌产品销量逆势增长，销售 564 万箱，比上年增长 1.8%，占公司国际销量比重 64.7%。其中，销量最大的品牌是“云丝顿”，连续 6 年增长，销售 318.2 万箱，增长 2.4%；“乐迪”销量继续增长，销售 101.4 万箱，增长 4.1%；“骆驼”“Mevius”销量下降，分别销售 113.8 万箱、30.6 万箱，分别下降 0.4%、3.8%。此外，公司在国际市场上还有 100 多个适合当地消费者的地方品牌。

表 13　2016—2020 年日本烟草的全球旗舰品牌在国际市场销量情况

单位：万箱

品　牌	2016 年	2017 年	2018 年	2019 年	2020 年
云丝顿	278.6	288.6	299.8	309.2	318.2
骆驼	104.4	105.4	108.4	114.2	113.8
Mevius	35.8	35.6	31.4	31.8	30.6
乐迪	95.2	91.2	93.2	97.4	101.4

注：数据来自日本烟草年报。

（四）帝国品牌

帝国品牌是创建最早的烟草企业之一，2020 年拥有 3.25 万名员工，38 个工厂，经营足迹涉及 120 多个市场。业务集中在 4 个下属公司：帝国烟草公司，负责生产和销售系列卷烟、手卷烟、无烟气产品、大众雪茄以及卷烟纸和滤嘴等烟草辅材；ITG 品牌公司，由以前美国阿塔迪斯业务与 2015 年从雷诺美国购买的资产合并而成，是美国第三大烟草公司，为美国市场提供知名的卷烟品牌组合与大众雪茄品牌；Fontem Ventures，总部位于阿姆斯特丹的电子烟公司，由利物浦的 Nerudia 研发中心提供支持；Logista，在西班牙证交所上市的欧洲最大的分销物流企业之一，配送烟草产品和其他消费品，在西班牙、法国、意大利、葡萄牙和波兰设有 30 万个营业点。

1. 经营概况

2020 财年①，帝国品牌最重要的变化是公司经营决策和管理层大调整，董事会主席、首席执行官、首席财务官都走马换将，多名董事辞任又有新的外部力量加入，特别是斯蒂芬·邦哈德（Stefan Bomhard）于 2020 年 7 月加入公司，担任首席执行官，他是首位从外部聘任的首席执行官，之前都是公司内部晋升。邦哈德曾经在多个消费品行业和大型跨国公司中任职，尤其是在品牌建设和以消费者为导向的销售方面经验丰富。新的首席执行官到任后首先是应对疫情冲击，优先保障员工健康安全，广泛走访市场，保障生产供应和日常运营正常进行；其次是检视公司战略，认为公司传统烟草业务有良好基础并且还有发展空间，但业绩没有反映公司的真实实力，尤其是近几年市场份额流失；针对下一代烟草产品，认为其对公司未来发展至关重要，但当前投入回报水平太低，需要避免盲目投入，应采取更审慎的方法，建立重点突出的业务模式。2020 财年，公司从更加专注于传统烟草、稳固下一代产品、优化成本和现金流等 3 个方面，注重提高利润水平，推动公司持续成长和创造价值。全年烟草业务实现销售总额 239.7 亿英镑（305.7 亿美元），比上年增长 2.4%；纳税总额 159.6 亿英镑（203.6 亿美元），比上年增长 3.7%；实现销售收入 79.9 亿英镑（102.2 亿美元），比上年下降 0.1%；利润总额 25.9 亿英镑（33 亿美元），比上年增长 24.7%（主要是因为 2020 财年无形资产摊销减值和管理费用大幅下降），调整后利润率为 41.2%。

2. 品类表现

传统烟草产品。2020 财年，帝国品牌的传统烟草产品表现出较强的韧性。从销量看，全年销售 478.2 万箱，比上年下降 2.1%，销量下滑势头有所收窄。从价格看，产品价格结构表现相对稳健，欧洲地区综合价格提高 3.5%，美洲地区提高 5.2%。从销售收入看，实现销售收入 77.8 亿英镑（99.6 亿美元），基本和上一财年持平，占全部烟草产品销售收入的比重为 97.5%。公司曾经是全球最大的雪茄企业，但公司为了业务聚焦，在 2020 财年将公司全球优质雪茄业务出售，并且在 2020 年 10 月完成交易，总售价 11.98 亿欧元（14 亿美元），收入主要用于减少债务。

下一代烟草产品。公司是较早介入下一代烟草产品的公司，例如当年收购“如烟”、雷诺的“blu”，但公司在该类产品的市场竞争中始终没有取得优势。2020 财年，电子烟“blu”受监管和行业负面新闻影响表现低于预期，加热卷烟“Pulze”表现不佳，停止扩大市场范围，同时公司对下一代烟草产品进行战略检视，以提高回报水平为目的，大幅缩减不合理投资，加大库存核销力度，全年实现销售收入 2 亿英镑（2.6 亿美元），比上年下降 27.7%，而上一财年增长 48.7%，收入占公司全部烟草产品销售收入的比重为 2.5%。公司预计到 2025 年，包括电子烟、加热卷烟和口含烟等在内的下一代烟草产品将占尼古丁市场份额的 20%，公司在战略调整之后会继续重视发展下一代烟草产品。

3. 区域表现

长期以来，帝国品牌业务主要集中在烟草销售不断下降的欧洲地区，近年来通过并购扩大了美国市场。截至 2020 年底，公司业务划分为欧洲地区、美洲地区和非亚澳地区，从销量上看，3 个区域各占 54.4%、8.9%、36.7%；从销售收入看，3 个区域各占 44.7%、31.1%、24.2%。

欧洲地区。公司在该地区的业绩不佳。传统烟草产品销量继续下降，销售 260.2 万箱，比上年下降 3.5%；销售收入 35.7 亿英镑，比上年下降 1.8%。公司在英国、德国的市场占有率下降，但在法国、西班牙扭转占有率连续多年下降局面，从而使公司在该地区市场占有率只下降 0.1 个百分点。对下一代烟草产品，公司在该地区实施库存减记和供应链去库存，聚焦提高利润率和优化投资，最终实现销售收入 1 亿英镑（1.3 亿美元），比上年下降 23.4%，得益于“blu”的市场份额相对稳定，下半财年的营业损失大幅减少。

美洲地区（含美国）。2020 年受疫情和产品价格组合偏弱的影响，该地区共销售传统烟草产品 42.6 万箱，比上年下降 3.3%，降幅比上年扩大 1.1 个百分点；销售收入 24.1 亿英镑（30.8 亿美元），比上年增长 0.4%，比上年回落 6.4 个百分点。美国是公司收入来源最大的单一市场，公司在美国的销量下降 2.5%，不过市场占有率连续 2 年上

---

① 帝国品牌 2020 财年截止到 2020 年 9 月 30 日。

升，提高到8.9%，公司在低端产品上赢得市场份额，且保持高价位市场份额。同时，受益于大众对雪茄的强劲需求，公司通过加大雪茄烟叶采购和扩大零售店的上柜率，推动雪茄销量增长9%。该地区的下一代产品继续表现不佳，受销量下降和减记库存的影响，实现销售收入0.7亿英镑（0.9亿美元），比上年下降34.3%；2020年，公司为“blu”系列电子烟向美国FDA提交PMTA申请。

非亚澳地区。该地区在2019财年表现最差，但2020财年成为公司烟草业务表现最好的地区。传统烟草产品销量175.4万箱，比上年下降0.4%，上一财年同期则是下降5%；销售收入19亿英镑（24.4亿美元），比上年增长3.1%，上一财年同期则是下降4.8%。在中东、土耳其和科特迪瓦等利润率较低的地区，公司的传统烟草产品表现强劲，这抵消了公司在澳大利亚这个高价值市场的下跌走势。该地区的下一代产品经过上一财年的暴涨之后，受日本市场表现疲软的影响，实现销售收入0.3亿英镑（0.4亿美元），比上年下降34.3%。

表14 2020年帝国品牌在重点市场的占有率情况

国　家	占有率（%）	比上年增长（%）	国　家	占有率（%）	比上年增长（%）
英国	40.5	-0.1	法国	18.2	0.1
澳大利亚	32.7	0.2	美国	8.9	0.1
西班牙	29.0	0.1	俄罗斯	8.4	0.5
德国	20.4	-0.9	意大利	5.4	-0.1
沙特	18.8	4.5	日本	1.3	0.1

注：数据来自帝国品牌年报。

4. 品牌表现

帝国品牌2013年曾有249个品牌，到2018年3月缩减为161个品牌，公司目标是将品牌数量精简到125个。2019财年，帝国品牌对旗下烟草产品的品牌结构进行重新整合，突出公司集中资源优先发展的，并且为公司创造收益较多的骨干品牌获称“资产型品牌”，主要包括5个重点传统烟草品牌。2020财年，公司骨干品牌实现销售收入51.8亿英镑（66.3亿美元），比上年增长0.4%，占全部烟草产品销售收入的64.8%，比上年提高0.3个百分点。

在传统烟草骨干品牌中，“黑约翰（JPS）”品牌主要面向中低端消费者市场，该品牌虽然注重创新产品形式来吸引成年消费者，但由于该品牌所处价位的产品在不少市场都受到挤压，该品牌市场地位受到挑战，销量下滑。“威斯（West）”品牌在2020财年提高市场占有率，所有规格都表现强劲，特别是沙特引入素包装后，特大号规格产品得益于其低焦油和新包装形式，市场表现优异。“云丝顿（Winston）”在美国高端市场下滑的情况下稳住市场份额，这主要得益于新的市场销售推广运动，以产品和生活方式来吸引成年消费者。“大卫杜夫（Davidoff）”品牌主要通过两款新品继续扩大市场覆盖面，其中一款在中东特别受欢迎，另一款在东欧取得良好市场表现。“帕克和辛普森（Parker & Simpson）”品牌在澳大利亚和波兰销量实现增长，在俄罗斯的利润率得到改善。该品牌致力于满足消费者对时髦产品的需求，在俄罗斯发售新口味产品，在中欧推出超细支产品。

（五）奥驰亚集团

公司是美国烟草业无可争议的市场领导者，有员工约7000人（97%在美国境内），美国国内零售网点28.6万个。公司2030年的愿景是引导成年吸烟者转向不燃烧产品。

2020年，受益于美国没有实施严格的封锁措施，多数零售店包括便利店被当局视为生活必需而保持开放，公司烟草业务表现大大好于预期。公司烟草业务实现销售总额256.2亿美元，比上年增长5.2%；纳税总额52.9亿美元，与上年持平；实现销售收入（不含税，下同）203.3亿美元，比上年增长6.6%；利润总额117亿美元，比上年增长10.5%。其中，卷烟和雪茄业务一改此前连续多年下降的颓势，实现销售收入179.3亿美元，比上年增长6.5%，调整后利润率56.4%，比上年提高1.9个百分点；口含烟保持连续多年增长势头，实现销售收入24亿美元，比上年增长7.3%，调整后利润率71.7%，与上年持平。

卷烟。2020年，公司销售卷烟202.9万箱，比上年略降0.4%，降幅比上年缩小8.7个百分点，公司产品在美国卷烟市场占有率49.2%，比上年下降0.6个百分点。其中“万宝路”品牌销量扭转跌势，销售177.7万箱，比上年增长0.4%，占公司全部卷烟销量的87.6%，在美国卷烟市场占有率43%，比上年下降0.3个百分点；其他高端产品销量9.1万箱、低端产品销量16万箱，分别比上年下降6.2%、5.4%。

雪茄。2020年，公司销售雪茄18亿支，比上年增长9%，其中“Black & Mild”品牌产品销量17.9亿支，增长9.1%。

口含烟。2020年，公司销售口含烟8.2亿罐（袋），比上年增长1.2%，在美国市场占有率49.8%，比上年下降2.7个百分点。其中，“Copenhagen”品牌产品销售5.2亿罐，销量与上年持平；“Skoal”品牌产品销售2.1亿罐，下降4.3%。现代口含烟“on!”品牌产品销售快速推进，占有美国口含烟市场份额的2.4%，产能达到极限，公司将在2021年扩充产能。负责“on!”的子公司Helix在2020年5月将包括7种口味和5种尼古丁含量水平的35个产品向美国 FDA 提交 PMTA 申请。

"IQOS"。公司的全资子公司菲莫美国公司负责落实公司与菲莫国际达成的代销协议，2020 年第四季度，菲莫美国在夏洛特市的便利店推出"IQOS"加热设备，随后又推出新包装的"万宝路"加热烟支，并将在 2021 年扩展到 4 个都市圈和周边地区。

电子烟。公司选择将其在 JUUL Labs 公司的无表决权股份转换为有表决权股份，但公司暂时并不打算行使转换后获得的额外治理权，包括选举 JUUL 董事或投票表决等被动投资者所没有的权利。完成转化后，公司合并收益表将包括从 JUUL 收到的现金股利以及公司投资公允价值的变动。继上年计提 86 亿美元之后，2020 年又为在 JUUL 的权益投资计提非现金税前减值费用 26 亿美元。

（六）韩国烟草

2020 年，公司对外宣布新目标是到 2025 年将产品销售的国家和地区从 80 个增加到 200 多个，成为全球市场第四大烟草公司。经过一年的努力，公司又开拓 23 个新市场，包括"爱喜（ESSE）"和"PINE"在内的 400 多个品牌产品销往 103 个国家和地区。

2020 年，韩国烟草取得创纪录的成绩，实现销售收入 3.44 万亿韩元（30.9 亿美元），比上年增长 16.8%。其中，韩国国内销售收入 1.88 万亿韩元（16.9 亿美元），减少 1.5%；境外销售收入 9862 亿韩元（8.8 亿美元），增长 16.9%。利润总额 1.34 万亿韩元（12 亿美元），比上年增长 18.2%，利润率 39%。

卷烟。在全球卷烟消费不断下降的情况下，韩国烟草业务发展比较稳健，2020 年公司烟草业务取得亮眼的成绩，卷烟总销量 179.2 万箱，比上年增长 6.7%（2019 年则是下降 0.9%）。从国内市场看，根据消费者需求，通过开发和推出符合吸烟趋势的清淡口味产品，品牌资产持续强化，经营业绩稳步提高，实现卷烟销量 83.2 万箱，比上年增长 2.5%（增速与 2019 年持平），市场占有率 64%，比上年提高 0.5 个百分点；其中低焦油（3mg 以下）产品占公司销量的 61.1%，比上年提高 2 个百分点。从境外市场看，得益于公司在美国扩大销售投入带动销量大幅上升，与迪拜消费品巨头签订为期 7 年、价值 2.2 万亿韩元（约 18 亿美元）的烟草出口协议进一步拓展中东市场，以及俄罗斯、中亚国家超细支卷烟市场规模创下历史新高，公司境外业绩大幅提高，境外卷烟销售 96 万箱，比上年增长 12.1%（2019 年则是下降 3.6%）。不过疫情导致物流不畅，针对新市场的出口下降。

新品类产品。主要是加热卷烟。在韩国国内，公司下一代烟草事业部成立独立的线上平台，2020 年为应对疫情导致线下销售萎缩的局面，公司着力优化网站，实现交流渠道多样化，扩大设备在线销售比重，将公司加热烟具的国内占有率提高到 60%，带动公司持续扩大加热卷烟市场。特别是大幅改善消费者便利性的"Lil"第二代，通过线上平台推动"Lil"第二代和 4 种专用烟支上市，满足消费者需求多样性，引领加热卷烟市场。在境外，公司与菲莫国际签订一项为期 3 年的境外产品供销合同，以成功的海外上市为基础，将"Lil"产品推向更多国家。2020 年 8 月在俄罗斯、9 月在乌克兰推出"Lil"和专用烟支；2020 年 10 月，在日本福冈、宫城 2 个地区推出"Lil"和混合型专用烟支。

（七）瑞典火柴

瑞典火柴公司主营各类口含烟、雪茄和火柴、打火机，生产的口含烟有传统的也有现代的、有不含烟草的也有不含尼古丁的，在瑞典、美国、多米尼加、荷兰、菲律宾、巴西和丹麦有 15 家工厂。公司 1999 年剥离卷烟业务，2014 年提出"没有卷烟的世界"愿景，2019 年公司旗下产品成为第一个通过美国 FDA"改良风险烟草产品（MRTP）"审核的产品。2020 年，公司继续保持良好发展势头，尽管出现供应链波动，但受美国市场推动，公司的口含烟和雪茄利润都实现两位数增长，全年实现销售总额 204.5 亿瑞典克朗（22.2 亿美元），比上年增长 12.2%；纳税总额 37.5 亿瑞典克朗（4.1 亿美元），比上年增长 3.7%；实现销售收入 167 亿瑞典克朗（18.2 亿美元），比上年增长 13.3%；利润总额 69.9 亿克朗（7.6 亿美元），比上年增长 31.7%。其中，口含烟实现销售收入 106.5 亿克朗（11.6 亿美元），增长 19.5%，利润 51.4 亿克朗（5.6 亿美元），增长 28.6%，利润率 48.3%；雪茄实现销售收入 45.3 亿克朗（4.9 亿美元），增长 6.7%，利润 18 亿克朗（2 亿美元），增长 13.9%，利润率 39.6%。

口含烟。分地区看，在瑞典、挪威和丹麦等斯堪的纳维亚国家，2020 年，公司口含烟市场占有率 53.6%，销售传统口含烟 2.4 亿罐，比上年下降 6.4%，销售现代口含烟 1310 万罐，比上年增长 52.3%。在美国，公司销售湿鼻烟 1.3 亿罐，比上年增长 7.5%，市场占有率 8.8%，比上年提高 0.5 个百分点；销售现代口含烟 1.1 亿罐，比上年增长 126.4%，市场占有率 74.5%，比上年下降 8.9 个百分点。

雪茄。2020 年，在美国市场销售雪茄 19 亿支，比上年增长 12.5%，其中，天然叶雪茄 10.7 亿支，销量与上年持平；均质叶雪茄 8.4 亿支，增长 34.1%。

◇ 执笔：衡丙权；编辑：王　静　吴中奇

品牌名录

2020年在产卷烟品牌（规格）名录

河北中烟工业有限责任公司

品牌	规格	焦油量	备注	规格	焦油量	备注
钻石△	钻石（荷花绿水青山）	8mg/支	一类烟、细支烟	钻石（细支尚风）	8mg/支	二类烟、细支烟
	钻石（一品荷花）	10mg/支	一类烟	钻石（君子中支）	10mg/支	二类烟， 2020年新产品
	钻石钻石（双中支荷花）	10mg/支	一类烟	钻石（传奇子龙）	11mg/支	二类烟， 2020年退出
	钻石（细支荷花）	6mg/支	一类烟、细支烟	钻石（玫瑰二代）	10mg/支	三类烟
	钻石（软荷花）	10mg/支	一类烟	钻石（绿石2代）	11mg/支	三类烟
	钻石（荷花）	10mg/支	一类烟	钻石（硬玫瑰紫）	11mg/支	三类烟
	钻石（荷花经典中支）	9mg/支	一类烟， 2020年新产品	钻石（经典纯和）	11mg/支	三类烟
	钻石（一九零二中支）	9mg/支	一类烟	钻石（盛世迎宾）	10mg/支	三类烟
	钻石（细支避暑山庄）	8mg/支	一类烟、细支烟	钻石（硬红）	11mg/支	三类烟
	钻石（硬珍品）	11mg/支	一类烟	钻石（硬迎宾）	11mg/支	三类烟
	钻石（细支西柏坡）	8mg/支	一类烟、细支烟	钻石（银玉兰）	11mg/支	三类烟
	钻石（扁蓝时尚）	8mg/支	一类烟、细支烟	钻石（红石2代）	11mg/支	三类烟
	钻石（西柏坡）	10mg/支	一类烟	钻石（平安）	11mg/支	三类烟
	钻石（冰雪大好河山）	10mg/支	一类烟	钻石（软红）	11mg/支	三类烟
	钻石（金玉兰）	10mg/支	二类烟	钻石（硬蓝）	11mg/支	三类烟
	钻石（金石）	11mg/支	二类烟	钻石（鸿运）	10mg/支	四类烟
	钻石（细支心世界）	8mg/支	二类烟、细支烟	钻石（硬特醇）	11mg/支	四类烟
	钻石（软荷花出口版）	10mg/支	出口烟	钻石（洪荒之绿）	11mg/支	三类烟， 2020年退出
	钻石（软绿）	10mg/支	二类烟			
新石家庄	新石家庄（软）	11mg/支	四类烟			

上海烟草集团有限责任公司

品 牌	规 格	焦油量	备 注	规 格	焦油量	备 注
熊猫	熊猫（硬经典）	10mg/支	一类烟	熊猫（听50支出口）	10mg/支	出口烟
	熊猫（听50支）	10mg/支	一类烟	熊猫 （硬5盒时代版出口）	11mg/支	出口烟
	熊猫（5盒礼盒出口）	12mg/支	出口烟			
中华△☆★	中华（软）	11mg/支	一类烟	中华（细支）	8mg/支	一类烟、细支烟
	中华（硬）	11mg/支	一类烟	中华（双中支）	10mg/支	一类烟、中支烟
	中华（全开式）	11mg/支	一类烟	中华（听50支出口）	11mg/支	出口烟
	中华（硬12支）	11mg/支	一类烟	中华（软出口）	11mg/支	出口烟
	中华（硬5支）	11mg/支	一类烟	中华（硬10mg出口）	10mg/支	出口烟
	中华（金短支）	10mg/支	一类烟、短支烟	中华（硬出口）	11mg/支	出口烟
	中华（金中支）	10mg/支	一类烟、中支烟	中华（5000出口）	10mg/支	出口烟
	中华（金细支）	8mg/支	一类烟、细支烟	中华（金短支出口）	10mg/支	出口烟
	中华（听50支）	11mg/支	一类烟	中华（金中支出口）	10mg/支	出口烟
牡丹	牡丹（蓝中支）	9mg/支	一类烟、中支烟	牡丹（飞马）	10mg/支	二类烟
	牡丹（青柠细支）	6mg/支	一类烟、细支烟	牡丹（软）	10mg/支	二类烟
	牡丹（金细支）	6mg/支	一类烟、细支烟	牡丹（青柠细支出口）	6mg/支	出口烟
	牡丹（金短支）	10mg/支	一类烟、短支烟	牡丹（硬真国色出口）	10mg/支	出口烟
	牡丹（软蓝）	10mg/支	一类烟			
恒大	恒大（烟魁1919）	10mg/支	一类烟，2020年停产	恒大（烟魁1949中支）	8mg/支	一类烟、中支烟
	恒大（记忆1949）	10mg/支	一类烟	恒大（记忆1949中支）	8mg/支	一类烟、中支烟
	恒大（全开式烟魁）	10mg/支	一类烟	恒大（硬中支）	8mg/支	一类烟、中支烟， 2020年新产品
红双喜 △☆★	红双喜（硬晶派）	11mg/支	一类烟	红双喜（硬百顺）	11mg/支	三类烟
	红双喜（硬江山珍品）	11mg/支	二类烟	红双喜（硬上海）	11mg/支	三类烟
	红双喜（硬荷派）	5mg/支	二类烟	红双喜（硬8mg）	8mg/支	三类烟
	红双喜（硬）	11mg/支	三类烟	红双喜（硬出口）	11mg/支	出口烟
	红双喜（硬江山精品）	10mg/支	三类烟	红双喜（硬8mg出口）	8mg/支	出口烟
双喜△☆★	双喜（百年红）	10mg/支	一类烟			
大前门	大前门（短支）	10mg/支	一类烟、短支烟	大前门（硬）	10mg/支	四类烟
	大前门（软）	10mg/支	四类烟			

续表

品牌	规格	焦油量	备注	规格	焦油量	备注
中南海△	中南海（软北京）	10mg/支	一类烟	中南海（1mg出口）	1mg/支	出口烟、混合型
	中南海（软精品）	10mg/支	一类烟	中南海（薄荷1mg出口）	1mg/支	出口烟、混合型
	中南海（硬北京）	10mg/支	一类烟	中南海（薄荷8mg出口）	8mg/支	出口烟、混合型
	中南海（京韵细支烤烟）	8mg/支	一类烟	中南海（3mg出口）	3mg/支	出口烟、混合型
	中南海（全开北京）	10mg/支	一类烟、中支烟	中南海（5mg出口）	5mg/支	出口烟、混合型
	中南海（硬酷爽风尚）	8mg/支	一类烟、混合型	中南海（8mg出口）	8mg/支	出口烟、混合型
	中南海（3mg）	3mg/支	一类烟、混合型	中南海（Premium 1mg出口）	1mg/支	出口烟、混合型，2020年停产
	中南海（特高）	11mg/支	二类烟	中南海（Premium 5mg出口）	5mg/支	出口烟、混合型，2020年停产
	中南海（清正烤烟）	10mg/支	二类烟	中南海（Premium 8mg出口）	8mg/支	出口烟、混合型，2020年停产
	中南海（典5）	5mg/支	二类烟、混合型	中南海（清净香免税）	10mg/支	出口烟、中支烟
	中南海（5mg细支）	5mg/支	三类烟、混合型、中支烟	中南海（细支清净香免税）	8mg/支	出口烟、细支烟
	中南海（软蓝色时光）	6mg/支	三类烟、混合型	中南海（细支京忆免税）	8mg/支	出口烟、细支烟
	中南海（典8）	8mg/支	三类烟、混合型	中南海（细支京韵免税）	6mg/支	出口烟、混合型
	中南海（金8mg）	8mg/支	三类烟、混合型	中南海（6mg免税）	6mg/支	出口烟、混合型
	中南海（5mg）	5mg/支	三类烟、混合型	中南海（ROCK LIGHTS日本）	8mg/支	出口烟、混合型
	中南海（8mg）	8mg/支	三类烟、混合型	中南海（ROCK MENTHOL日本）	8mg/支	出口烟、混合型
	中南海（清净香中支烤烟）	10mg/支	一类烟、中支烟，2020年新产品	中南海（ROCK ORIGINAL日本）	8mg/支	出口烟、混合型
	中南海（ROCK BLUE日本）	4mg/支	出口烟、混合型，2020年新产品	中南海（ROCK MENTHOL CAPSULE日本）	8mg/支	出口烟、混合型，2020年新产品
	中南海（听装北京免税）	10mg/支	出口烟			
凤凰	凤凰（细支）	8mg/支	一类烟、细支烟	凤凰（细支出口）	8mg/支	出口烟
	凤凰（咖啡细支）	8mg/支	一类烟、细支烟，2020年停产	凤凰（五彩细支出口）	8mg/支	出口烟

江苏中烟工业有限责任公司

品牌	规格	焦油量	备注	规格	焦油量	备注
苏烟△☆	苏烟（软金砂）	11mg/支	一类烟	苏烟（水韵）	10mg/支	一类烟
	苏烟（甜韵）	8mg/支	一类烟、短细支烟	苏烟（沉香）	6mg/支	一类烟、细支烟
	苏烟（东渡顺）	11mg/支	一类烟	苏烟（金砂 2）	11mg/支	一类烟
	苏烟（七星）	11mg/支	一类烟	苏烟（彩中）	8mg/支	一类烟、中支烟
	苏烟（五星红杉树）	11mg/支	一类烟	苏烟（铂晶）	11mg/支	一类烟
	苏烟（灵韵细支）	4mg/支	一类烟、细支烟	苏烟（红杉树 C）	11mg/支	出口烟
	苏烟（金砂 C）	11mg/支	出口烟			
南京△☆★	南京（九五）	11mg/支	一类烟	南京（软九五）	11mg/支	一类烟
	南京（细支九五）	5mg/支	一类烟、细支烟	南京（雨花石）	5mg/支	一类烟、细支烟
	南京（大观园）	6mg/支	一类烟、细支烟	南京（臻品）	10mg/支	一类烟
	南京（红楼卷）	5 mg/支	一类烟、细支烟	南京（大观园爆冰）	6mg/支	一类烟、细支烟
	南京（十二钗烤烟）	6mg/支	一类烟、细支烟	南京（十二钗薄荷）	6mg/支	一类烟、细支烟
	南京（精品）	11mg/支	一类烟	南京（炫赫门炫彩）	8mg/支	一类烟、细支烟
	南京（十二钗中式混合型）	5mg/支	一类烟、细支烟、混合型	南京（梦都）	6mg/支	一类烟、细支烟
	南京（梦都）	6mg/支	一类烟、细支烟，2020 年新产品	南京（硬金星）	11mg/支	二类烟
	南京（炫赫门）	8mg/支	二类烟、细卷烟	南京（金砂）	10mg/支	二类烟
	南京（佳品）	11mg/支	二类烟	南京（红）	11mg/支	三类烟
	南京（紫树）	10mg/支	三类烟	南京（红 C）	11mg/支	出口烟
	南京（雨花石 HK）	5mg/支	出口烟	南京（十二钗烤烟 HK）	6mg/支	出口烟
	南京（炫赫门 C）	8mg/支	出口烟	南京（雨花石 C）	5mg/支	出口烟
	南京（十二钗烤烟 SSWJ）	6mg/支	出口烟	南京（雨花石 SSWJ）	5mg/支	出口烟
	南京（炫赫门 SSWJ）	8mg/支	出口烟	南京（十二钗烤烟 C）	6mg/支	出口烟
一品梅	一品梅（淡黄）	8mg/支	四类烟			
罗曼蒂克	罗曼蒂克（3mg 台湾）	3mg/支	出口烟、混合型	罗曼蒂克（7mg 台湾）	7mg/支	出口烟、混合型
	罗曼蒂克（5mg 台湾）	5mg/支	出口烟、混合型	罗曼蒂克（ZDXZ5mg）	5mg/支	出口烟、混合型、细支烟
	罗曼蒂克（NM8）	8mg/支	出口烟、混合型	罗曼蒂克（MDXZ）	—	出口烟、混合型、细支烟

浙江中烟工业有限责任公司

品 牌	规 格	焦油量	备 注	规 格	焦油量	备 注
利群△☆★	利群（红利）	10mg/支	一类烟	利群（长嘴马来西亚）	11mg/支	出口烟
	利群（休闲云端）	7mg/支	一类烟、细支烟	利群（阳光台湾）	8mg/支	出口烟
	利群（休闲）	11mg/支	一类烟	利群（长嘴印尼）	11mg/支	出口烟
	利群（逍遥）	6mg/支	一类烟，2020 年停产	利群（软长嘴 GM）	11mg/支	出口烟
	利群（钱塘）	10mg/支	一类烟	利群（英文泰国免税）	—	出口烟，2020 年新产品
	利群（天外天）	9mg/支	一类烟、中支烟	利群（阳光泰国免税）	—	出口烟，2020 年新产品
	利群（软金色阳光）	8mg/支	一类烟	利群（英文 HK）	11mg/支	出口烟
	利群（阳光橙中支）	9mg/支	一类烟、中支烟	利群（英文台湾）	8mg/支	出口烟
	利群（阳光）	8mg/支	一类烟	利群（长嘴 HK）	11mg/支	出口烟
	利群（软长嘴）	11mg/支	一类烟	利群（英文）	11mg/支	出口烟
	利群（西子阳光）	5mg/支	一类烟、细支烟	利群（英文印尼）	11mg/支	出口烟
	利群（山外山）	9mg/支	一类烟、中支烟，2020 年新产品	利群（阳光缅甸）	8mg/支	出口烟
	利群（硬）	10mg/支	一类烟	利群（软长嘴缅甸）	11mg/支	出口烟
	利群（江南韵）	8mg/支	一类烟、细支烟	利群（英文缅甸）	11mg/支	出口烟
	利群（西湖恋）	8mg/支	一类烟、细支烟	利群（长嘴缅甸）	11mg/支	出口烟
	利群（长嘴）	11mg/支	一类烟	利群（阳光秘鲁）	8mg/支	出口烟
	利群（软红长嘴）	11mg/支	一类烟	利群（软长嘴国际版）	11mg/支	出口烟
	利群（薄荷）	9mg/支	一类烟	利群（阳光国际版）	8mg/支	出口烟
	利群（楼外楼）	10mg/支	一类烟、中支烟	利群（长嘴秘鲁）	11mg/支	出口烟
	利群（软蓝）	10mg/支	一类烟	利群（英文 GM）	11mg/支	出口烟
	利群（夜西湖）	10mg/支	一类烟	利群（长嘴英文）	11mg/支	出口烟
	利群（新二代）	10mg/支	二类烟	利群（长嘴 GM）	11mg/支	出口烟
	利群（蓝天）	11mg/支	二类烟	利群（阳光印尼）	8mg/支	出口烟
	利群（老版）	11mg/支	二类烟	利群（长嘴菲律宾）	11mg/支	出口烟
	利群（新版）	11mg/支	二类烟	利群（长嘴澳门）	11mg/支	出口烟
	利群（长嘴格鲁吉亚）	11mg/支	出口烟	利群（阳光 HK）	8mg/支	出口烟
	利群（长嘴吉布提）	11mg/支	出口烟	利群（英文澳门）	11mg/支	出口烟
	利群（阳光菲律宾）	—	出口烟	利群（阳光澳门）	8mg/支	出口烟
	利群（长嘴韩国）	12mg/支	出口烟	利群（长嘴澳门免税）	11mg/支	出口烟
	利群（英文菲律宾）	11mg/支	出口烟	利群（阳光澳门免税）	8mg/支	出口烟
	利群（阳光土耳其）	8mg/支	出口烟	利群（长嘴 XZ）	12mg/支	出口烟
	利群（阳光马来西亚）	8mg/支	出口烟			

续表

品牌	规格	焦油量	备注	规格	焦油量	备注
大红鹰	大红鹰（软蓝）	8mg/支	三类烟			
雄狮	雄狮（红老版）	8mg/支	三类烟	雄狮（红）	8mg/支	五类烟
	雄狮（硬）	8mg/支	四类烟	雄狮（薄荷）	8mg/支	五类烟
摩登	摩登（秘鲁BH）	10mg/支	出口烟	摩登（国际版H）	10mg/支	出口烟、混合型
	摩登（国际版）	9mg/支	出口烟、混合型	摩登（国际版薄荷）	10mg/支	出口烟
	摩登（南美S）	9mg/支	出口烟、混合型	摩登（秘鲁）	9mg/支	出口烟、混合型
	摩登（多米尼加）	9mg/支	出口烟、混合型	摩登（菲律宾薄荷）	—	出口烟
	摩登（国际版S）	9mg/支	出口烟、混合型	摩登（菲律宾HC）	—	出口烟、混合型
	摩登（缅甸S）	9mg/支	出口烟、混合型	摩登（菲律宾C）	—	出口烟、混合型
	摩登（缅甸薄荷）	10mg/支	出口烟			

安徽中烟工业有限责任公司

品牌	规格	焦油量	备注	规格	焦油量	备注
黄山△☆★	黄山（天都）	8mg/支	一类烟	黄山（黑马细支）	6mg/支	一类烟、细支烟
	黄山（徽商新视界细支）	8mg/支	一类烟	黄山（红皖烟）	11mg/支	二类烟
	黄山（硬天都）	10mg/支	一类烟	黄山（新红皖）	11mg/支	二类烟
	黄山（高山流水中支）	8mg/支	一类烟	黄山（最美高铁）	10mg/支	二类烟
	黄山（徽商新概念）	10mg/支	一类烟	黄山（大黄山）	10mg/支	二类烟
	黄山（徽商新概念细支）	8mg/支	一类烟	黄山（中国画细支）	8mg/支	二类烟、细支烟
	黄山（红方印1755短支）	10mg/支	一类烟	黄山（记忆）	10mg/支	二类烟
	黄山（七星皖烟）	10mg/支	一类烟	黄山（新制皖烟）	11mg/支	二类烟
	黄山（大红方印）	10mg/支	一类烟	黄山（贵宾迎客松）	8mg/支	三类烟
	黄山（金皖烟）	11mg/支	一类烟	黄山（大红方印出口澳门）	—	三类烟
	黄山（金皖细支）	8mg/支	一类烟、细支烟	黄山（细支红方印出口澳门）	—	三类烟
	黄山（红方印前店后坊中支）	8mg/支	一类烟	黄山（硬）	11mg/支	三类烟
	黄山（红方印前店后坊细支）	8mg/支	一类烟、细支烟	黄山（硬记忆）	8mg/支	三类烟
	黄山（风韵）	10mg/支	一类烟	黄山（软大壹品）	10mg/支	三类烟
	黄山（徽商新概念双中支）	10mg/支	一类烟、中支烟	黄山（印象一品）	10mg/支	三类烟
	黄山（红方印新中支）	10mg/支	一类烟、中支烟	黄山（嘉宾迎客松）	8mg/支	三类烟
	黄山（硬东海）	10mg/支	一类烟	黄山（软一品）	10mg/支	三类烟
	黄山（国宾迎客松）	11mg/支	一类烟	黄山（硬一品）	10mg/支	四类烟
	黄山（小红方印）	10mg/支	一类烟	黄山（新一品）	10mg/支	四类烟
	黄山（红方印细支）	9mg/支	一类烟、细支烟			

续表

品牌	规格	焦油量	备注	规格	焦油量	备注
都宝△	都宝（冰爽世界）	8mg/支	一类烟、混合型	都宝（6mg 台湾）	6mg/支	混合型、出口烟
	都宝（悠酷中支）	10mg/支	一类烟、混合型	都宝（9mg 台湾）	9mg/支	混合型、出口烟
	都宝（新）	8mg/支	五类烟、混合型	都宝（3mg 台湾细支）	3mg/支	混合型、出口烟
	都宝（5MG 台湾薄荷细支）	5mg/支	混合型、出口烟	都宝（6mg 台湾细支）	6mg/支	混合型、出口烟
	都宝（1mg 台湾）	1mg/支	混合型、出口烟	都宝（新台湾 3 号）		混合型、出口烟
	都宝（3mg 台湾）	3mg/支	混合型、出口烟	都宝（新台湾 5 号）		混合型、出口烟
	都宝（5mg 台湾）	5mg/支	混合型、出口烟	都宝（新台湾 8 号）		混合型、出口烟
	都宝（银时尚台湾）	7mg/支	混合型、出口烟			
红三环	红三环（幸福篇）	10mg/支	四类烟	红三环（软黄）	9mg/支	五类烟
	红三环（渡江）	9mg/支	五类烟			

福建中烟工业有限责任公司

品牌	规格	焦油量	备注	规格	焦油量	备注
七匹狼△☆★	七匹狼（金砖中支）	8mg/支	一类烟、中支烟	七匹狼（蓝钻）	8mg/支	二类烟
	七匹狼（大通仙）	10mg/支	一类烟	七匹狼（英伦奶香）	8mg/支	三类烟、中支烟
	七匹狼（金砖细支）	6mg/支	一类烟、细支烟	七匹狼（豪迈）	8mg/支	三类烟
	七匹狼（金砖时代）	7mg/支	一类烟、细支烟	七匹狼（金砂）	10mg/支	三类烟
	七匹狼（古田金中支）	8mg/支	一类烟、中支烟	七匹狼（豪运）	11mg/支	三类烟
	七匹狼（1575 金中支）	8mg/支	一类烟、中支烟	七匹狼（金）	11mg/支	三类烟
	七匹狼（尚品）	11mg/支	一类烟	七匹狼（蓝）	8mg/支	三类烟
	七匹狼（1575 冰抹茶）	7mg/支	一类烟、细支烟	七匹狼（白）	10mg/支	三类烟
	七匹狼（古田红军灰）	8mg/支	一类烟、中支烟	七匹狼（豪情）	10mg/支	三类烟
	七匹狼（古田金细支）	8mg/支	一类烟、细支烟，2020 年新产品	七匹狼（古田）	10mg/支	三类烟
	七匹狼（观海中支）	9mg/支	一类烟、中支烟，2020 年新产品	七匹狼（灰柬埔寨）	11mg/支	出口烟
	七匹狼（翠碧嘉缘）	10mg/支	一类烟	七匹狼（灰菲律宾）	11mg/支	出口烟
	七匹狼（厦门）	11mg/支	一类烟	七匹狼（软红柬埔寨）	10mg/支	出口烟
	七匹狼（乘风启航）	7mg/支	一类烟、细支烟	七匹狼（软红菲律宾）	10mg/支	出口烟
	七匹狼（鼓浪扬帆）	8mg/支	一类烟、中支烟，2020 年新产品	七匹狼（红柬埔寨）	11mg/支	出口烟
	七匹狼（通运）	10mg/支	一类烟	七匹狼（红菲律宾）	11mg/支	出口烟
	七匹狼（纯尚）	8mg/支	一类烟、中支烟	七匹狼（蓝菲律宾）	8mg/支	出口烟
	七匹狼（软灰）	11mg/支	一类烟	七匹狼（白菲律宾）	10mg/支	出口烟
	七匹狼（1575）	10mg/支	一类烟	七匹狼（柬埔寨蓝）	8mg/支	出口烟
	七匹狼（锋芒）	6mg/支	一类烟、细支烟	七匹狼（柬埔寨白）	10mg/支	出口烟
	七匹狼（软红）	10mg/支	二类烟	七匹狼（软灰泰国）	11mg/支	出口烟
	七匹狼（纯雅）	6mg/支	二类烟	七匹狼（蓝钻菲律宾）	8mg/支	出口烟，2020 年新产品
	七匹狼（纯翠）	6mg/支	二类烟、中支烟	七匹狼（锋芒柬埔寨）	6mg/支	出口烟，2020 年新产品
	七匹狼（纯境）	8mg/支	二类烟、中支烟	七匹狼（蓝钻柬埔寨）	8mg/支	出口烟，2020 年新产品
	七匹狼（红）	11mg/支	二类烟			

续表

品 牌	规 格	焦油量	备 注	规 格	焦油量	备 注
金桥△	金桥（双爆）	8mg/支	一类烟、混合型	金桥（台湾84，3mg）	3mg/支	出口烟、混合型
	金桥（冰爆）	8mg/支	一类烟、混合型	金桥（新红七5mg）	5mg/支	出口烟、混合型
	金桥（软混）	10mg/支	三类烟、混合型	金桥（新红七8mg）	8mg/支	出口烟、混合型
	金桥（84，5mg）	5mg/支	出口烟、混合型	金桥（硬巴基斯坦）	6mg/支	出口烟、混合型
	金桥（台湾84）	7mg/支	出口烟、混合型			
古田	古田（光芒）	10mg/支	一类烟	古田（红星细支）	5mg/支	一类烟、细支烟
石狮	石狮（平安）	11mg/支	四类烟	石狮（软富健）	10mg/支	四类烟
万宝路	万宝路（软金3.0）	8mg/支	一类烟、混合型	万宝路（软红2.0）	10mg/支	二类烟、混合型
	万宝路（硬红2.0）	10mg/支	一类烟、混合型			
长寿	长寿（两岸）	10mg/支	三类烟			

江西中烟工业有限责任公司

品 牌	规 格	焦油量	备 注	规 格	焦油量	备 注
金圣△	金圣（智圣出山）	10mg/支	一类烟	金圣（吉品）	11mg/支	一类烟
	金圣（智圣出山·国瓷）	8mg/支	一类烟	金圣（滕王阁细支）	8mg/支	一类烟、细支烟
	金圣（智圣出山16支装）	8mg/支	一类烟	金圣（青瓷）	10mg/支	一类烟
	金圣（圣地中国红）	10mg/支	一类烟	金圣（滕王阁·紫光）	8mg/支	二类烟、细支烟
	金圣（圣地中国红）中支	10mg/支	一类烟	金圣（滕王阁·渔舟唱晚）	10mg/支	二类烟
	金圣（盛世典藏）	11mg/支	一类烟	金圣（滕王阁·更上一层楼）	10mg/支	二类烟
	金圣（典藏瑞香）	10mg/支	一类烟	金圣（赣）	11mg/支	二类烟
	金圣（红瑞香）	10mg/支	一类烟	金圣（硬）	11mg/支	三类烟
	金圣（智圣出山·国味）	8mg/支	一类烟	金圣（硬滕王阁）	10mg/支	三类烟
	金圣（硬典藏）	11mg/支	一类烟	金圣（软红）	11mg/支	三类烟
	金圣（典藏花开富贵）	10mg/支	一类烟	金圣（软）	11mg/支	三类烟
	金圣（硬红瑞香）	10mg/支	一类烟	金圣（硬红·十二生肖）	10mg/支	三类烟
	金圣（本草瑞香）	8mg/支	一类烟、细支烟	金圣（庐山）	10mg/支	三类烟
	金圣（原生工坊）	10mg/支	一类烟	金圣（庐山·有滋有味）	10mg/支	三类烟
	金圣（滕王阁·长天）	10mg/支	一类烟、中支烟	金圣（瓷）细支	8mg/支	出口烟、细支烟
	金圣（软瑞香）	10mg/支	一类烟	金圣（瓷中支）	10mg/支	出口烟、中支烟
	金圣（炫彩）	10mg/支	一类烟	金圣（瓷）	10mg/支	出口烟
	金圣（金吉）	10mg/支	一类烟			
庐山	庐山（精品）	11mg/支	四类烟	庐山（银）	11mg/支	四类烟
	庐山（黄精品）	11mg/支	四类烟	庐山（硬）	10mg/支	五类烟
	庐山（大红运）	10mg/支	四类烟	庐山（新）	10mg/支	五类烟

山东中烟工业有限责任公司

品牌	规格	焦油量	备注	规格	焦油量	备注
泰山△☆★	泰山（拂光）	11mg/支	一类烟	泰山（心悦）	10mg/支	二类烟、细支烟
	泰山（儒风）	10mg/支	一类烟	泰山（大鸡）	11mg/支	二类烟
	泰山（茉莉香韵）	11mg/支	一类烟、细支烟	泰山（白将细支）	8mg/支	二类烟、细支烟
	泰山（潸五）	10mg/支	一类烟、中支烟，2020年新产品	泰山（常胜将军）	10mg/支	二类烟
	泰山（拂光细支）	8mg/支	一类烟、细支烟	泰山（青秀）	11mg/支	二类烟
	泰山（儒风细支）	11mg/支	一类烟、细支烟	泰山（琥珀）	6mg/支	二类烟
	泰山（皇家礼炮21响）	8mg/支	一类烟	泰山（东方）	11mg/支	三类烟
	泰山（金将中支）	5mg/支	一类烟、中支烟	泰山（沂蒙）	11mg/支	三类烟
	泰山（哈德门壹号）	10mg/支	一类烟、短支烟	泰山（宏图）	11mg/支	三类烟
	泰山（新品）	11mg/支	一类烟	泰山（平安）	6mg/支	三类烟
	泰山（八喜）	11mg/支	一类烟	泰山（华贵）	11mg/支	三类烟
	泰山（好客细支）	6mg/支	一类烟、细支烟	泰山（白将军）	11mg/支	三类烟
	泰山（望岳）	7mg/支	一类烟	泰山（红将二代）	11mg/支	三类烟
	泰山（颜悦）	8mg/支	一类烟、细支烟	泰山（红将军）	8mg/支	三类烟
	泰山（好好学习）	6mg/支	一类烟	泰山（硬红八喜）	10mg/支	三类烟
哈德门	哈德门（纯香）	10mg/支	四类烟	哈德门（软）	10mg/支	四类烟
	哈德门（金典）	10mg/支	四类烟			

河南中烟工业有限责任公司

品牌	规格	焦油量	备注	规格	焦油量	备注
黄金叶△☆★	黄金叶（天香中支）	10mg/支	一类烟、中支烟，2020年新产品	黄金叶（商鼎）	10mg/支	一类烟、中支烟
	黄金叶（金硬）	10mg/支	二类烟，2020年新产品	黄金叶（浓香中支）	10mg/支	一类烟、中支烟
	黄金叶（大M）	10mg/支	一类烟	黄金叶（百年浓香）	9mg/支	一类烟、短支烟
	黄金叶（小黄金）	10mg/支	一类烟	黄金叶（豫香）	10mg/支	一类烟、短支烟
	黄金叶（软大金圆）	11mg/支	一类烟	黄金叶（天尊）	10mg/支	一类烟、短支烟
	黄金叶（软盛世金典）	11mg/支	一类烟	黄金叶（红南阳）	10mg/支	二类烟
	黄金叶（天香）	10mg/支	一类烟	黄金叶（黄金眼）	10mg/支	二类烟
	黄金叶（TIME）	10mg/支	一类烟	黄金叶（小目标）	10mg/支	二类烟
	黄金叶（金丝路）	10mg/支	一类烟	黄金叶（爱尚）	7mg/支	二类烟、细支烟
	黄金叶（红火）	10mg/支	一类烟	黄金叶（乐途）	10mg/支	二类烟、短支烟

续表

品牌	规格	焦油量	备注	规格	焦油量	备注
黄金叶△☆★	黄金叶（天叶）	11mg/支	一类烟	黄金叶（硬红旗渠）	11mg/支	三类烟
	黄金叶（天叶中支）	10mg/支	一类烟、中支烟，2020年新产品	黄金叶（硬帝豪）	11mg/支	三类烟
	黄金叶（天叶细支）	8mg/支	一类烟、细支烟	黄金叶（金满堂）	10mg/支	三类烟
	黄金叶（浓香细支）	6mg/支	一类烟、细支烟	黄金叶（喜满堂）	10mg/支	三类烟
	黄金叶（摩卡）	7mg/支	一类烟、细支烟	黄金叶（硬白出口新加坡）	11mg/支	出口烟
	黄金叶（国色细支）	7mg/支	一类烟、细支烟	黄金叶（硬白细支出口新加坡）	8mg/支	出口烟
	黄金叶（天香细支）	6mg/支	一类烟、细支烟	黄金叶（100mm软红出口）	11mg/支	出口烟
	黄金叶（炫尚）	7mg/支	一类烟、细支烟	黄金叶（硬帝豪出口）	11mg/支	出口烟
	黄金叶（黄金细支）	8mg/支	一类烟、细支烟			
红旗渠	红旗渠（芒果）	10mg/支	三类烟	红旗渠（雪茄）	10mg/支	四类烟、雪茄型
	红旗渠（天行健）	11mg/支	三类烟	红旗渠（硬银）	10mg/支	四类烟
	红旗渠（新版银河）	10mg/支	四类烟	红旗渠（软红）	10mg/支	四类烟
散花	散花（软蓝）	11mg/支	四类烟			
发时达	发时达（硬蓝出口）	11mg/支	出口烟、混合型	发时达（硬金出口缅甸）	15mg/支	出口烟、混合型
	发时达（硬薄荷出口）	11mg/支	出口烟、混合型	发时达（硬红出口巴基斯坦）	12mg/支	出口烟、混合型
	发时达（100MM薄荷出口菲律宾）	11mg/支	出口烟、混合型	发时达（硬金出口墨西哥）	13mg/支	出口烟、混合型
	发时达（硬金出口菲律宾）	12mg/支	出口烟、混合型	发时达（硬金出口印度）	11mg/支	出口烟、混合型
	发时达（软金出口菲律宾）	12mg/支	出口烟、混合型			

湖北中烟工业有限责任公司

品牌	规格	焦油量	备注	规格	焦油量	备注
黄鹤楼△☆★	黄鹤楼（软珍品）	8mg/支	一类烟	黄鹤楼（硬1916红爆）	10mg/支	一类烟
	黄鹤楼（硬游泳）	10mg/支	一类烟	黄鹤楼（硬漫天游）	10mg/支	一类烟
	黄鹤楼（硬知音）	11mg/支	一类烟	黄鹤楼（硬天骄圣地）	10mg/支	一类烟
	黄鹤楼（硬峡谷情）	10mg/支	一类烟	黄鹤楼（硬平安）	8mg/支	一类烟、细支烟
	黄鹤楼（硬珍品）	8mg/支	一类烟	黄鹤楼（硬15细支）	8mg/支	一类烟、细支烟
	黄鹤楼（硬峡谷柔情）	10mg/支	一类烟	黄鹤楼（硬天下胜景）	8mg/支	一类烟、细支烟
	黄鹤楼（硬大彩）	6mg/支	一类烟	黄鹤楼（硬嘉禧缘）	9mg/支	一类烟、细支烟
	黄鹤楼（硬奇景）	10mg/支	一类烟、中支烟	黄鹤楼（硬圣火）	6mg/支	一类烟、细支烟

续表

品　牌	规　格	焦油量	备　注	规　格	焦油量	备　注
黄鹤楼 △☆★	黄鹤楼（软红）	8mg/支	一类烟	黄鹤楼（硬生态）	8mg/支	一类烟、细支烟
	黄鹤楼（软永光）	10mg/支	一类烟	黄鹤楼（硬峡谷情细支）	8mg/支	一类烟、细支烟
	黄鹤楼（硬雅韵）	8mg/支	一类烟	黄鹤楼（硬天骄圣地细支）	8mg/支	一类烟、细支烟
	黄鹤楼（软雅韵）	8mg/支	一类烟	黄鹤楼（珍品细支）	6mg/支	一类烟、细支烟
	黄鹤楼（软三口品）	8mg/支	一类烟	黄鹤楼（感恩中支）	8mg/支	一类烟、中支烟
	黄鹤楼（硬红）	8mg/支	一类烟	黄鹤楼（峡谷情中支）	9mg/支	一类烟、中支烟
	黄鹤楼（硬雅香）	11mg/支	一类烟	黄鹤楼（软竹菰）	8mg/支	一类烟、短支烟
	黄鹤楼（硬蓝）	9mg/支	一类烟、中支烟	黄鹤楼（硬金砂龙烟）	11mg/支	二类烟
	黄鹤楼（硬祝福）	11mg/支	一类烟、中支烟	黄鹤楼（硬金砂）	8mg/支	二类烟
	黄鹤楼（软蓝）	11mg/支	一类烟	黄鹤楼（硬银紫）	10mg/支	二类烟
	黄鹤楼（硬 8 度）	10mg/支	一类烟	黄鹤楼（天下名楼）	8mg/支	二类烟、细支烟
	黄鹤楼（硬 1916）	10mg/支	一类烟	黄鹤楼（硬天下名楼 90）	8mg/支	二类烟、细支烟
	黄鹤楼（软 1916）	10mg/支	一类烟	黄鹤楼（硬雪之景）	11mg/支	二类烟、雪茄型
	黄鹤楼（硬 15）	10mg/支	一类烟	黄鹤楼（软雪之景）	11mg/支	二类烟、雪茄型
	黄鹤楼（1916 中支）	9mg/支	一类烟、中支烟，2020 年新产品	黄鹤楼（金典中支）	8mg/支	一类烟、中支烟，2020 年新产品
	黄鹤楼（硬感恩）	8mg/支	一类烟			
红金龙△	红金龙（硬爱你爆珠）	8mg/支	二类烟	红金龙（硬黄佳品）	10mg/支	三类烟
	红金龙（软精品）	11mg/支	三类烟	红金龙（硬蓝爱你）	8mg/支	三类烟、细支烟
	红金龙（软精品二代）	10mg/支	三类烟	红金龙（硬新版）	10mg/支	四类烟
	红金龙（硬福满多）	11mg/支	三类烟	红金龙（软蓝九州腾龙）	10mg/支	四类烟
	红金龙（硬爱你）	10mg/支	三类烟	红金龙（硬红龙）	11mg/支	三类烟、雪茄型
	红金龙（硬神州腾龙）	10mg/支	三类烟	红金龙（软虹之彩）	9mg/支	五类烟

湖南中烟工业有限责任公司

品　牌	规　格	焦油量	备　注	规　格	焦油量	备　注
芙蓉王 △☆★	芙蓉王（钻石）	10mg/支	一类烟	芙蓉王（硬匠心手作）	10mg/支	一类烟、短支烟，2020 年停产
	芙蓉王（软蓝）	10mg/支	一类烟	芙蓉王（硬）	11mg/支	一类烟
	芙蓉王（硬领航）	9mg/支	一类烟	芙蓉王（硬新版）	10mg/支	一类烟
	芙蓉王（硬红带）	10mg/支	一类烟，2020 年停产	芙蓉王（硬蓝细支）	8mg/支	一类烟、细支烟
	芙蓉王（硬 75mm）	9mg/支	一类烟、短支烟	芙蓉王（硬红带细支）	8mg/支	一类烟、细支烟
	芙蓉王（硬蓝新版）	10mg/支	一类烟	芙蓉王（硬闪带细支）	8mg/支	一类烟、细支烟
	芙蓉王（蓝）	10mg/支	一类烟	芙蓉王（硬细支）	8mg/支	一类烟、细支烟
	芙蓉王（硬闪带 75mm）	8mg/支	一类烟、短支烟	芙蓉王（硬中支）	10mg/支	一类烟、中支烟
	芙蓉王（硬王之荣耀）	10mg/支	一类烟、中支烟，2020 年新产品	芙蓉王（硬匠心手作）	10mg/支	一类烟、中支烟，2020 年新产品

续表

品 牌	规 格	焦油量	备 注	规 格	焦油量	备 注
白沙△★	白沙（和天下）	11mg/支	一类烟	白沙（硬红运当头中支）	10mg/支	一类烟、中支烟，2020年停产
	白沙（软和天下）	10mg/支	一类烟	白沙（硬精品三代）	10mg/支	二类烟
	白沙（软和天下檀香）	11mg/支	一类烟，2020年停产	白沙（硬红运当头）	10mg/支	二类烟
	白沙（硬和天下尊享）	10mg/支	一类烟、短支烟	白沙（硬蓝尚品）	10mg/支	二类烟
	白沙（硬细支和天下）	7mg/支	一类烟、细支烟	白沙（硬天天向上细支）	8mg/支	二类烟、细支烟
	白沙（硬和天下尊享84mm）	10mg/支	一类烟，2020年新产品	白沙（精品二代）	10mg/支	三类烟
	白沙（硬和天下双中支）	10mg/支	一类烟、中支烟	白沙（硬新精品二代）	10mg/支	三类烟
	白沙（硬和气生财）	11mg/支	一类烟	白沙（精品）	8mg/支	三类烟
	白沙（软珍品）	10mg/支	一类烟、中支烟	白沙（绿和）	10mg/支	三类烟
	白沙（硬新和气生财细支）	8mg/支	一类烟、细支烟	白沙（硬）	10mg/支	三类烟
	白沙（硬白细支）	6mg/支	一类烟、细支烟	白沙（软）	10mg/支	三类烟
芙蓉	芙蓉（软红）	11mg/支	五类烟			
相思鸟	相思鸟（软）	11mg/支	五类烟			
万宝路	万宝路（硬金3.0）	8mg/支	一类烟、混合型	万宝路（硬冰爵2.0）	8mg/支	一类烟、混合型

广东中烟工业有限责任公司

品 牌	规 格	焦油量	备 注	规 格	焦油量	备 注
双喜△☆★	双喜（大国喜）	10mg/支	一类烟	双喜（传奇）	10mg/支	二类烟
	双喜（硬紫红玫王）	10mg/支	一类烟	双喜（和喜）	10mg/支	二类烟
	双喜（五叶神金尊）	10g/支	一类烟	双喜（软经典1906）	10mg/支	二类烟
	双喜（硬珍藏）	10mg/支	一类烟	双喜（硬经典1906）	10mg/支	二类烟
	双喜（百年经典）	10mg/支	一类烟	双喜（硬蓝红玫王）	8mg/支	二类烟
	双喜（春天细支）	8mg/支	一类烟、细支烟	双喜（花悦）	8mg/支	二类烟、细支烟
	双喜（春天中支）	10mg/支	一类烟、中支烟	双喜（金01）	10mg/支	二类烟、短支烟
	双喜（硬逸品）	8mg/支	一类烟	双喜（莲香）	10mg/支	二类烟
	双喜（软红五叶神）	11mg/支	一类烟	双喜（硬金五叶神）	11mg/支	二类烟
	双喜（硬世纪经典）	10mg/支	一类烟	双喜（软蓝红玫王）	8mg/支	二类烟
	双喜（经典工坊）	10mg/支	一类烟	双喜（软经典）	11mg/支	三类烟
	双喜（硬红五叶神）	11mg/支	一类烟	双喜（硬01）	11mg/支	三类烟
	双喜（盛世）	6mg/支	一类烟	双喜（硬）	11mg/支	三类烟
	双喜（春天1979）	10mg/支	一类烟	双喜（硬红玫王）	8mg/支	三类烟
	双喜（金国喜）	10mg/支	一类烟、细支烟	双喜（软01）	11mg/支	三类烟
	双喜（国喜细支）	10mg/支	一类烟、细支烟	双喜（软国际）	11mg/支	三类烟
	双喜（红邮喜）	10mg/支	一类烟、中支烟	双喜（软）	11mg/支	三类烟
	双喜（珍藏）	8mg/支	一类烟、短支细	双喜（硬经典）	11mg/支	三类烟
红玫	红玫（硬金）	11mg/支	三类烟			
椰树	椰树（硬）	11mg/支	四类烟			

广西中烟工业有限责任公司

品牌	规格	焦油量	备注	规格	焦油量	备注
真龙△☆	真龙（硬赞歌）	10mg/支	一类烟	真龙（轩云）	11mg/支	二类烟
	真龙（巴马天成）	6mg/支	一类烟	真龙（致青春）	8mg/支	二类烟
	真龙（软海韵）	10mg/支	一类烟	真龙（凌云）	8mg/支	二类烟
	真龙（海韵细支）	8mg/支	一类烟	真龙（祥云）	11mg/支	二类烟
	真龙（神韵）	10mg/支	一类烟	真龙（锦绣）	10mg/支	三类烟
	真龙（海韵）	11mg/支	一类烟	真龙（经典红）	10mg/支	三类烟
	真龙（中国龙）	8mg/支	一类烟、短支烟	真龙（珍品）	11mg/支	三类烟
	真龙（龙天下）	10mg/支	一类烟	真龙（天翔）	11mg/支	三类烟
	真龙（晶钻刘三姐）	6mg/支	一类烟、细支烟	真龙（甲天下）	8mg/支	三类烟
	真龙（刘三姐）	8mg/支	一类烟、细支烟，2020 年新产品	真龙（软娇子）	10mg/支	三类烟
	真龙（中支凌云）	9mg/支	一类烟、中支烟	真龙（娇子）	10mg/支	低价烟
	真龙（壮丽）	10mg/支	一类烟	真龙（海纳百川）	11mg/支	出口烟
	真龙（佳韵）	11mg/支	一类烟	真龙（海纳百川细支）	8mg/支	出口烟、细支烟
	真龙（起源）	11mg/支	一类烟	真龙（龙行天下）	10mg/支	出口烟
	真龙（鸿韵）	11mg/支	一类烟	真龙（龙行天下细支）	8mg/支	出口烟、细支烟
	真龙（美人香草）	6mg/支	一类烟、细支烟	真龙（锦绣东方）	11mg/支	出口烟
	真龙（硬凌云）	10mg/支	二类烟，2020 年新产品	真龙（江山如画细支）	8mg/支	出口烟、细支烟
	真龙（状元）	10mg/支	二类烟			
甲天下	甲天下（山水）	8mg/支	四类烟			

重庆中烟工业有限责任公司

品牌	规格	焦油量	备注	规格	焦油量	备注
天子△	天子（重庆 20 年）	11mg/支	一类烟	天子（金）	11mg/支	一类烟
	天子（千里江山中支）	9mg/支	一类烟、中支烟	天子（C 位）	8mg/支	一类烟、中支烟
	天子（观天下长嘴中支）	9mg/支	一类烟、中支烟，2020 年新产品	天子（小天子）	11mg/支	一类烟
	天子（传奇）	10mg/支	一类烟	天子（五粮香 30 年）	11mg/支	一类烟
	天子（壹号）	11mg/支	一类烟	天子（千里江山细支）	8mg/支	一类烟、细支烟
	天子（1997）	10mg/支	一类烟，2020 年停产	天子（金如意细支）	8mg/支	一类烟、细支烟
	天子（细支传奇）	6mg/支	一类烟、细支烟	天子（红）	10mg/支	一类烟，2020 年停产
	天子（软黄）	11mg/支	一类烟	天子（中支）	10mg/支	一类烟、中支烟
	天子（中国心中支）	9mg/支	一类烟、中支烟	天子（五粮香 20 年）	11mg/支	一类烟
	天子（千里江山）	11mg/支	一类烟	天子（重庆红）	11mg/支	一类烟
	天子（重庆印象）	9mg/支	一类烟、中支烟，2020 年新产品	天子（硬珍品龙凤呈祥）	11mg/支	一类烟

续表

品 牌	规 格	焦油量	备 注	规 格	焦油量	备 注
龙凤呈祥△	龙凤呈祥（好运来）	10mg/支	二类烟，2020年新产品	龙凤呈祥（硬遇见）	10mg/支	三类烟
	龙凤呈祥（遇见）	8mg/支	二类烟、细支烟	龙凤呈祥（硬喜庆新）	10mg/支	三类烟
	龙凤呈祥（百年好合）	10mg/支	二类烟	龙凤呈祥（吉祥如意）	10mg/支	三类烟
	龙凤呈祥（硬）	11mg/支	二类烟	龙凤呈祥（硬世纪朝天门）	10mg/支	三类烟
	龙凤呈祥（盛世）	10mg/支	二类烟	龙凤呈祥（佳品）	10mg/支	三类烟
	龙凤呈祥（软魅力朝天门）	11mg/支	三类烟	龙凤呈祥（畅行天下）	10mg/支	四类烟
	龙凤呈祥（花开富贵）	11mg/支	三类烟	龙凤呈祥（鸿运朝天门）	11mg/支	四类烟
宏声	宏声（精品）	10mg/支	四类烟	宏声（硬）	10mg/支	四类烟
	宏声（软特）	10mg/支	四类烟			

四川中烟工业有限责任公司

品 牌	规 格	焦油量	备 注	规 格	焦油量	备 注
娇子△☆	娇子（宽窄）	10mg/支	一类烟	娇子（软宽窄成）	10mg/支	一类烟、短支烟，2020年停产
	娇子（宽窄自在）	9mg/支	一类烟，2020年停产	娇子（五粮醇香中支）	10mg/支	一类烟、中支烟，2020年新产品
	娇子（宽窄逍遥细支）	8mg/支	一类烟、细支烟	娇子（五粮醇香）	10mg/支	一类烟
	娇子（清甜香）	11mg/支	一类烟	娇子（格调短支）	10mg/支	一类烟、短支烟
	娇子（宽窄逍遥）	10mg/支	一类烟	娇子（红）	11mg/支	二类烟
	娇子（红韵新）	10mg/支	一类烟	娇子（格调细支）	8mg/支	二类烟、细支烟
	娇子（宽窄吉祥双中支）	10mg/支	一类烟、中支烟，2020年新产品	娇子（金格调）	8mg/支	二类烟
	娇子（青海湖侧旋）	11mg/支	一类烟	娇子（黑）	11mg/支	二类烟
	娇子（精品）	10mg/支	一类烟	娇子（蓝）	11mg/支	二类烟
	娇子（五粮浓香中支）	10mg/支	一类烟、中支烟	娇子（软阳光）	11mg/支	三类烟
	娇子（宽窄如意）	10mg/支	一类烟	娇子（X）	6mg/支	三类烟
	娇子（宽窄如意细支）	7mg/支	一类烟、细支烟	娇子（新概念）	8mg/支	三类烟
	娇子（宽窄平安中支）	10mg/支	一类烟、中支烟	娇子（绿时代阳光）	9mg/支	三类烟
	娇子（五粮浓香细支）	10mg/支	一类烟、细支烟	娇子（时代阳光）	11mg/支	三类烟
	娇子（宽窄好运）	10mg/支	一类烟	娇子（蓝时代）	8mg/支	三类烟
	娇子（软宽窄平安）	10mg/支	一类烟	娇子（红格调）	10mg/支	三类烟
	娇子（X龙韵）	7mg/支	一类烟、细支烟	娇子（宽好细T）	8mg/支	一类烟、细支烟、出口烟
	娇子（X生肖）	6mg/支	一类烟、细支烟	娇子（宽浓B）	10mg/支	一类烟、中支烟、出口烟
	娇子（祥云）	10mg/支	一类烟	娇子（宽醇B）	10mg/支	一类烟、出口烟
	娇子（格调）	9mg/支	一类烟、中支烟	娇子（宽好细B）	8mg/支	一类烟、细支烟、出口烟
	娇子（宽窄好运细支）	8mg/支	一类烟、细支烟			

续表

品牌	规格	焦油量	备注	规格	焦油量	备注
天下秀	天下秀（红名品）	9mg/支	三类烟	天下秀（金）	11mg/支	四类烟
五牛	五牛（硬绿新）	10mg/支	五类烟			
长城	长城（传奇）	11mg/支	一类烟、雪茄型，2020 年停产	长城（金南极樱桃出口）	中	定制烟、出口烟
	长城（VF&GW 出口）	中	联合品牌、定制烟、出口烟	长城（MINI 香草 B 出口）	中	定制烟、出口烟
	长城（毛氏 A）	中	定制烟、出口烟	长城（MINI 樱桃 B 出口）	中	定制烟、出口烟
	长城（毛氏 B）	中	定制烟、出口烟	长城（MINI 甜干邑出口）	中	定制烟、出口烟
	长城（金南极出口）	中	定制烟、出口烟			
狮牌	狮牌（锦绣成都）	10mg/支	三类烟、雪茄型	狮牌（原香）	11mg/支	三类烟、雪茄型

贵州中烟工业有限责任公司

品牌	规格	焦油量	备注	规格	焦油量	备注
贵烟△☆★	贵烟（福）	10mg/支	一类烟	贵烟（跨越）	7mg/支	一类烟、细支烟
	贵烟（硬小国酒香）	10mg/支	一类烟	贵烟（萃）	8mg/支	一类烟、细支烟
	贵烟（软高遵）	10mg/支	一类烟	贵烟（行者）	10mg/支	一类烟、短支烟
	贵烟（蓝色的爱）	11mg/支	一类烟	贵烟（细支行者）	7mg/支	一类烟、细支烟
	贵烟（硬高遵）	11mg/支	一类烟	贵烟（小国酒香）	10mg/支	一类烟
	贵烟（玉液 1 号）	10mg/支	一类烟	贵烟（行者梦）	9mg/支	一类烟、中支烟
	贵烟（红中支）	8mg/支	一类烟，2020 年新产品	贵烟（甜乡洞藏）	10mg/支	二类烟
	贵烟（盛世）	10mg/支	一类烟	贵烟（喜）	11mg/支	二类烟
	贵烟（扁盒印第安火种）	11mg/支	一类烟	贵烟（硬黄精品）	11mg/支	三类烟
	贵烟（细支国酒香 30）	6mg/支	一类烟、细支烟	贵烟（新贵）	10mg/支	三类烟
	贵烟（国酒香 30）	10mg/支	一类烟	贵烟（金百合）	10mg/支	三类烟
	贵烟（魔力）	8mg/支	一类烟、细支烟	贵烟（喜贵）	10mg/支	二类烟，2020 年新产品
	贵烟（贵中支）	8mg/支	一类烟，2020 年新产品			
黄果树	黄果树（佳遵）	11mg/支	三类烟	黄果树（长征）	10mg/支	三类烟
	黄果树（长征红星照耀）	10mg/支	三类烟	黄果树（佳品）	10mg/支	三类烟
	黄果树（蓝佳品）	10mg/支	三类烟	黄果树（软）	10mg/支	五类烟
遵义	遵义（软）	10mg/支	四类烟			

云南中烟工业有限责任公司

品牌	规格	焦油量	备注	规格	焦油量	备注
玉溪△☆★	玉溪（硬和谐）	10mg/支	一类烟	玉溪（硬 TH）	12mg/支	出口烟
	玉溪（硬）	10mg/支	一类烟	玉溪（硬 PE）	10mg/支	出口烟
	玉溪（华叶）	10mg/支	一类烟	玉溪（硬金 HK）	11mg/支	出口烟
	玉溪（初心）	10mg/支	一类烟	玉溪（硬金 DF）	12mg/支	出口烟
	玉溪（软）	11mg/支	一类烟	玉溪（硬出口）	10mg/支	出口烟
	玉溪（软尚善）	10mg/支	一类烟	玉溪（硬金出口）	11mg/支	出口烟

续表

品 牌	规 格	焦油量	备 注	规 格	焦油量	备 注
玉溪△☆★	玉溪（软小庄园）	8mg/支	一类烟	玉溪（硬出口 MM）	10mg/支	出口烟
	玉溪（软阿诗玛）	10mg/支	一类烟	玉溪（硬和谐 CNDFL）	8mg/支	出口烟
	玉溪（软初心）	10mg/支	一类烟	玉溪（硬扁出口 TWDF）	10mg/支	出口烟
	玉溪（软境界）	10mg/支	一类烟	玉溪（硬出口 MM1）	10mg/支	出口烟
	玉溪（双中支翡翠）	8mg/支	一类烟、中支烟	玉溪（硬扁出口 VNDF）	10mg/支	出口烟
	玉溪（中支华叶）	8mg/支	一类烟、中支烟	玉溪（硬扁 MO）	10mg/支	出口烟
	玉溪（硬庄园 16 支）	8mg/支	一类烟、短支烟，2020 年停产	玉溪（硬扁出口 KRDF）	10mg/支	出口烟
	玉溪（创客）	8mg/支	一类烟、细支烟	玉溪（硬扁境界 MO）	10mg/支	出口烟
	玉溪（细支庄园）	8mg/支	一类烟、细支烟	玉溪（硬扁 TH）	10mg/支	出口烟，2020 年停产
	玉溪（细支阿诗玛）	7mg/支	一类烟、细支烟	玉溪（硬扁和谐 MO）	11mg/支	出口烟
	玉溪（细支清香世家）	8mg/支	一类烟、细支烟	玉溪（硬扁出口）	10mg/支	出口烟
	玉溪（细支 108）	8mg/支	一类烟、细支烟	玉溪（软小庄园出口 MO）	8mg/支	出口烟
	玉溪（细支初心）	8mg/支	一类烟、细支烟	玉溪（硬扁初心出口 CNDF）	10mg/支	出口烟
	玉溪（鑫中支）	9mg/支	一类烟、中支烟，2020 年新产品	玉溪（硬扁和谐出口 KRDF）	11mg/支	出口烟
	玉溪（中支阿诗玛）	8mg/支	一类烟、中支烟	玉溪（硬扁和谐出口 VNDF）	11mg/支	出口烟
	玉溪（中支和谐）	8mg/支	一类烟、中支烟	玉溪（硬扁初心出口 KRDF）	10mg/支	出口烟
	玉溪（108）	8mg/支	一类烟、短支烟	玉溪（硬扁铂金出口 KRDF）	10mg/支	出口烟
	玉溪（硬金）	10mg/支	一类烟，2020 年停产	玉溪（软小庄园出口 KRDF）	8mg/支	出口烟
	玉溪（高配版）	10mg/支	一类烟	玉溪（软小庄园出口 TWDF）	8mg/支	出口烟
	玉溪（硬 AU1）	10mg/支	出口烟，2020 年停产	玉溪（SS 清香世家出口 DF）	8mg/支	出口烟
	玉溪（硬 LA1）	10mg/支	出口烟	玉溪（硬中支初心出口 DF）	8mg/支	出口烟
	玉溪（硬金 US）	11mg/支	出口烟	玉溪（硬中初心出口 VNDF）	8mg/支	出口烟
	玉溪（硬 MO）	10mg/支	出口烟	玉溪（硬蓝华叶出口）	10mg/支	出口烟
	玉溪（硬 LA）	10mg/支	出口烟	玉溪（清中支出口 DG）	8mg/支	出口烟，2020 年新产品
	玉溪（硬 HK）	10mg/支	出口烟	玉溪（清中支 CNDF）	8mg/支	出口烟
	玉溪（硬 HKDNP）	10mg/支	出口烟	玉溪（清中支出口）	8mg/支	出口烟
	玉溪（硬 DF）	10mg/支	出口烟	玉溪（清中支礼盒 CNDF）	8mg/支	出口烟

续表

品 牌	规 格	焦油量	备 注	规 格	焦油量	备 注
云烟△☆★	云烟（印象）	10mg/支	一类烟	云烟（紫JY印尼有税版）	11mg/支	出口烟
	云烟（印象烟庄）	8mg/支	一类烟	云烟（紫出口）	11mg/支	出口烟
	云烟（软印象烟庄）	8mg/支	一类烟	云烟（红JY）	10mg/支	出口烟
	云烟（雪域）	10mg/支	一类烟	云烟（朱砂红出口）	11mg/支	出口烟
	云烟（软珍品zj）	11mg/支	一类烟	云烟（百味人生出口DF）	10mg/支	出口烟
	云烟（软珍品）	11mg/支	一类烟	云烟（百味人生出口KRDF）	10mg/支	出口烟
	云烟（软珍品红韵）	10mg/支	一类烟	云烟（百味人生出口CNDF）	10mg/支	出口烟
	云烟（小熊猫）	10mg/支	一类烟，2020年停产	云烟（百味人生出口KH）	10mg/支	出口烟，2020年新产品
	云烟（绿呼伦贝尔）	11mg/支	一类烟	云烟（百味人生出口）	10mg/支	出口烟，2020年新产品
	云烟（呼伦贝尔碧草云天）	10mg/支	一类烟	云烟（印象出口）	10mg/支	出口烟
	云烟（云端）	10mg/支	一类烟	云烟（印象出口HK）	10mg/支	出口烟
	云烟（软大重九）	8mg/支	一类烟	云烟（印象出口MAC）	10mg/支	出口烟
	云烟（软礼印象）	10mg/支	一类烟	云烟（印象出口TW）	10mg/支	出口烟
	云烟（9+1大重九）	8mg/支	一类烟	云烟（M印象烟庄出口DF）	8mg/支	出口烟
	云烟（小云端）	10mg/支	一类烟	云烟（硬大重九出口TWDF）	8mg/支	出口烟
	云烟（细支大重九）	8mg/支	一类烟、细支烟	云烟（硬大重九出口KRDF）	8mg/支	出口烟，2020年停产
	云烟（中支云端）	9mg/支	一类烟、中支烟，2020年新产品	云烟（硬大重九出口MO）	8mg/支	出口烟
	云烟（中支大重九）	9mg/支	一类烟、中支烟	云烟（硬紫MM）	10mg/支	出口烟
	云烟（神秘花园）	8mg/支	一类烟、细支烟	云烟（硬珍品出口）	12mg/支	出口烟
	云烟（84mm细支祥瑞）	7mg/支	一类烟、细支烟	云烟（硬朱砂红KRDF）	11mg/支	出口烟
	云烟（84mm细支雪域）	7mg/支	一类烟、细支烟	云烟（硬朱砂红XX）	11mg/支	出口烟
	云烟（细支珍品）	8mg/支	一类烟、细支烟	云烟（硬朱砂红MM）	11mg/支	出口烟
	云烟（中支天眼）	9mg/支	一类烟、中支烟	云烟（软珍品THDF）	11mg/支	出口烟
	云烟（七彩印象）	10mg/支	一类烟、中支烟，2020年停产	云烟（软珍品出口KRDF）	11mg/支	出口烟
	云烟（中支金腰带）	9mg/支	一类烟、中支烟	云烟（软珍品出口MM1）	11mg/支	出口烟
	云烟（小熊猫家园）	10mg/支	一类烟、中支烟	云烟（软珍品出口MM）	11mg/支	出口烟
	云烟（中支塞上好江南）	9mg/支	一类烟、中支烟	云烟（软珍品VNDF）	11mg/支	出口烟
	云烟（中支乌镇之恋）	10mg/支	一类烟、中支烟	云烟（软珍品TH）	11mg/支	出口烟
	云烟（黑金刚印象）	10mg/支	一类烟、中支烟	云烟（软珍品GE）	11mg/支	出口烟
	云烟（74mm大团结）	10mg/支	一类烟、短支烟	云烟（软珍品DF）	11mg/支	出口烟
	云烟（软珍红钻）	10mg/支	一类烟	云烟（软珍品PE）	11mg/支	出口烟
	云烟（百味人生）	10mg/支	一类烟	云烟（软珍品ZA）	11mg/支	出口烟
	云烟（硬云龙）	10mg/支	二类烟	云烟（软珍品HK）	11mg/支	出口烟
	云烟（细支云龙）	8mg/支	二类烟、细支烟	云烟（软珍品MO）	11mg/支	出口烟
	云烟（福）	10mg/支	三类烟	云烟（软珍品出口）	11mg/支	出口烟
	云烟（紫）	10mg/支	三类烟	云烟（软珍品JY）	11mg/支	出口烟

续表

品 牌	规 格	焦油量	备 注	规 格	焦油量	备 注
云烟△☆★	云烟（红）	10mg/支	三类烟	云烟（软珍品 TW）	10mg/支	出口烟
	云烟（软紫）	8mg/支	三类烟	云烟（软如意 ZA）	8mg/支	出口烟
	云烟（软如意）	8mg/支	三类烟	云烟（软如意 XX）	8mg/支	出口烟
	云烟（紫 JY）	11mg/支	出口烟	云烟（软如意 JY）	8mg/支	出口烟
	云烟（紫 JY 秘鲁版）	11mg/支	出口烟	云烟（8mg 软如意出口）	8mg/支	出口烟，2020 年停产
	云烟（紫 LA）	11mg/支	出口烟	云烟（M 烟庄出口 KRDF）	8mg/支	出口烟
	云烟（中支红钻 DF）	10mg/支	出口烟			
红塔山△★	红塔山（双享）	4mg/支	一类烟，2020 年新产品	红塔山（硬铂金 KH）	10mg/支	出口烟
	红塔山（硬传奇）	10mg/支	二类烟	红塔山（硬经典 MM）	11mg/支	出口烟
	红塔山（硬恭贺新禧）	10mg/支	二类烟	红塔山（硬 LA）	11mg/支	出口烟
	红塔山（细支传奇）	8mg/支	二类烟、细支烟	红塔山（硬 MO）	11mg/支	出口烟
	红塔山（硬新势力）	10mg/支	三类烟	红塔山（硬金出口）	12mg/支	出口烟
	红塔山（新时代）	10mg/支	三类烟	红塔山（硬出口）	11mg/支	出口烟
	红塔山（硬欣经典）	10mg/支	三类烟	红塔山（硬扁经典 100 出口）	11mg/支	出口烟
	红塔山（软经典）	10mg/支	三类烟	红塔山（硬扁经典出口 VNDF）	11mg/支	出口烟，2020 年停产
	红塔山（软新）	8mg/支	三类烟	红塔山（软恭贺新禧 LA1）	13mg/支	出口烟
	红塔山（硬经典 100）	10mg/支	三类烟	红塔山（硬金花中支 CNDF）	8mg/支	出口烟
	红塔山（硬经典）	10mg/支	三类烟	红塔山（复兴 CNDF）	9mg/支	出口烟
	红塔山（大经典 1956）	10mg/支	三类烟	红塔山（硬金花中支出口 TZ）	8mg/支	出口烟，2020 年新产品
	红塔山（硬 LA1）	11mg/支	出口烟	红塔山（硬金花中支出口）	8mg/支	出口烟，2020 年新产品
	红塔山（硬新势力 MM）	11mg/支	出口烟	红塔山（国宾出口）	10mg/支	出口烟，2020 年新产品
	红塔山（硬 DF）	11mg/支	出口烟			
红河△	红河（硬 V8）	10mg/支	一类烟	红河（硬甲 SG）	11mg/支	出口烟
	红河（道）	10mg/支	一类烟	红河（硬甲 MM）	11mg/支	出口烟
	红河（去野）	10mg/支	一类烟	红河（硬甲 LA）	11mg/支	出口烟
	红河（快乐）	10mg/支	二类烟，2020 年新产品	红河（硬金 99）	12mg/支	出口烟、混合型，2020 年停产
	红河（A7）	10mg/支	二类烟	红河（硬红 WINZA）	12mg/支	出口烟、混合型
	红河（硬 99）	8mg/支	二类烟	红河（硬蓝 WINMM）	12mg/支	出口烟、混合型
	红河（软 99）	8mg/支	二类烟	红河（硬 WIN 蓝 IN）	9mg/支	出口烟、混合型
	红河（小熊猫世纪风）	10mg/支	三类烟	红河（软红 WIN）	12mg/支	出口烟、混合型
	红河（软甲）	10mg/支	三类烟	红河（WIN 缅甸）	12mg/支	出口烟、混合型
	红河（软 88）	10mg/支	三类烟	红河（WIN 中南美洲）	12mg/支	出口烟、混合型
	红河（硬 88）	10mg/支	三类烟	红河（WIN 印尼蓝）	12mg/支	出口烟、混合型
	红河（硬）	11mg/支	三类烟	红河（RIVER 红）	12mg/支	出口烟、混合型

续表

品牌	规格	焦油量	备注	规格	焦油量	备注
红河△	红河（硬88MM1）	10mg/支	出口烟	红河（WIN中南美洲红）	9mg/支	出口烟、混合型
	红河（硬88MM）	11mg/支	出口烟	红河（WINBODY）	11mg/支	出口烟、混合型
	红河（硬88JY）	11mg/支	出口烟	红河（道CNDF）	10mg/支	出口烟，2020年新产品
	红河（硬甲JY）	12mg/支	出口烟			
红梅	红梅（硬黄）	10mg/支	三类烟，2020年停产	红梅（软黄）	10mg/支	四类烟
	红梅（软顺）	10mg/支	四类烟			
雪莲	雪莲（软蓝）	10mg/支	一类烟	雪莲（3000）	8mg/支	一类烟、细支烟
	雪莲（岁月）	8mg/支	一类烟	雪莲（尚禧）	10mg/支	二类烟
	雪莲（74mm天韵）	10mg/支	一类烟、短支烟	雪莲（蓝精品）	10mg/支	三类烟
	雪莲（细支1960）	8mg/支	一类烟、细支烟			
钓鱼台	钓鱼台（硬景泰蓝94mm）	6mg/支	一类烟	钓鱼台（黄景泰蓝出口HK）	8mg/支	出口烟
	钓鱼台（84mm细支）	7mg/支	一类烟、细支烟	钓鱼台（黄景泰蓝出口THDF）	8mg/支	出口烟
	钓鱼台（中支）	9mg/支	一类烟、中支烟	钓鱼台（硬蓝景浅出口DF）	8mg/支	出口烟
	钓鱼台（黄景泰蓝出口KRDF）	8mg/支	出口烟	钓鱼台（硬SS蓝景泰蓝CNDF）	8mg/支	出口烟
	钓鱼台（硬SS蓝景泰蓝）	8mg/支	出口烟	钓鱼台（黄景泰蓝出口SG）	8mg/支	出口烟
	钓鱼台（黄景泰蓝出口VNDF）	8mg/支	出口烟	钓鱼台（黄景泰蓝出口MAC）	8mg/支	出口烟
	钓鱼台（黄景泰蓝出口）	8mg/支	出口烟	钓鱼台（黄景泰蓝出口TW）	8mg/支	出口烟
茶花	茶花（94mm）	8mg/支	三类烟			
红山茶	红山茶（软）	10mg/支	三类烟			
威斯	威斯（小熊猫）	10mg/支	三类烟			
呼伦贝尔	呼伦贝尔（金戈铁马）	8mg/支	一类烟	呼伦贝尔（天之韵）	9mg/支	一类烟、中支烟
	呼伦贝尔（草原牧歌）	8mg/支	一类烟、细支烟，2020年停产	呼伦贝尔（至臻）	9mg/支	一类烟、中支烟，2020年新产品
	呼伦贝尔（天堂草原）	8mg/支	一类烟、细支烟	呼伦贝尔（草原情）	10mg/支	二类烟
小熊猫	小熊猫（精品出口）	10mg/支	出口烟	小熊猫（新精品出口AU）	10mg/支	出口烟
	小熊猫（精品出口HK）	10mg/支	出口烟	小熊猫（精品出口HK免税版）	10mg/支	出口烟
	小熊猫（精品出口MAC）	10mg/支	出口烟	小熊猫（软珍品出口）	10mg/支	出口烟
	小熊猫（精品出口TWDF）	10mg/支	出口烟	小熊猫（软珍品出口KRDF）	10mg/支	出口烟
	小熊猫（精品出口KRDF）	10mg/支	出口烟			

续表

品 牌	规 格	焦油量	备 注	规 格	焦油量	备 注
阿诗玛	阿诗玛（硬 DF4）	7mg/支	出口烟	阿诗玛（硬 94MMCH10）	6mg/支	出口烟、混合型
	阿诗玛（硬 PK）	15mg/支	出口烟	阿诗玛（硬 94MMCH9）	6mg/支	出口烟、混合型
	阿诗玛（软 LA1）	13mg/支	出口烟	阿诗玛（硬 94MM 出口 IR1）	6mg/支	出口烟、混合型，2020 年停产
	阿诗玛（软 LA）	13mg/支	出口烟	阿诗玛（硬金卓越出口）	4mg/支	出口烟
	阿诗玛（硬扁出口 MEADF）	9mg/支	出口烟	阿诗玛（硬银卓越出口）	5mg/支	出口烟
	阿诗玛（硬经典 SSCNDF）	7mg/支	出口烟	阿诗玛（硬紫卓越出口）	4mg/支	出口烟
	阿诗玛（硬扁出口 DF）	9mg/支	出口烟	阿诗玛（硬绿卓越出口）	4mg/支	出口烟
	阿诗玛（硬扁出口 CNDF）	9mg/支	出口烟	阿诗玛（硬蓝中支 DF）	8mg/支	出口烟
	阿诗玛（硬 SS 永恒之恋出口 CNDF）	7mg/支	出口烟	阿诗玛（硬 78mmCH1）	6mg/支	出口烟、混合型，2020 年新产品
	阿诗玛（硬 94mmCH12）	6mg/支	出口烟、混合型	阿诗玛（硬 78mmCH6）	6mg/支	出口烟、混合型，2020 年新产品
	阿诗玛（硬 94mmCH11）	8mg/支	出口烟、混合型	阿诗玛（硬 94mmCHRU）	8mg/支	出口烟、混合型，2020 年新产品
	阿诗玛（硬 94mmCH）	9mg/支	出口烟、混合型	阿诗玛（硬 94mmCH8RU）	6mg/支	出口烟、混合型，2020 年新产品
	阿诗玛（硬 94MM 出口 IR）	9mg/支	出口烟、混合型，2020 年停产			
新兴	新兴（软 94MM）	15mg/支	出口烟、混合型	新兴（软出口 MM）	12mg/支	出口烟、混合型
马宝	马宝（硬 MM）	13mg/支	出口烟、混合型			
金钟	金钟（硬 94MM 出口 MDDF）	8mg/支	出口烟、混合型			

陕西中烟工业有限责任公司

品 牌	规 格	焦油量	备 注	规 格	焦油量	备 注
好猫△	好猫（细支天赋）	7mg/支	一类烟、细支烟	好猫（金猴王）	10mg/支	三类烟
	好猫（吉祥）	11mg/支	一类烟	好猫（招财进宝）	10mg/支	三类烟
	好猫（细支招财猫）	8mg/支	一类烟、细支烟	好猫（猴王磨砂）	11mg/支	三类烟
	好猫（招财猫 1600）	10mg/支	一类烟	好猫（细支天赋出口）	7mg/支	一类烟、细支烟、出口烟
	好猫（中支金丝猴）	10mg/支	一类烟、中支烟	好猫（吉祥出口）	11mg/支	三类烟、出口烟
	好猫（炫蓝）	11mg/支	一类烟	好猫（磨砂出口）	11mg/支	四类烟、出口烟
	好猫（长乐）	10mg/支	二类烟	好猫（出口长乐）	10mg/支	四类烟、出口烟
	好猫（金丝猴）	10mg/支	二类烟、中支烟	好猫（长乐细支出口）	7mg/支	四类烟、细支烟、出口烟
	好猫（细支长乐）	7mg/支	二类烟、细支烟			

续表

品　牌	规　格	焦油量	备　注	规　格	焦油量	备　注
延安△	延安（1935）	10mg/支	一类烟	延安（金）	10mg/支	二类烟
	延安（红韵）	10mg/支	一类烟	延安（公主）	10mg/支	二类烟
	延安（千年帝都）	10mg/支	一类烟、中支烟	延安（硬）	10mg/支	三类烟
	延安（青春岁月）	10mg/支	一类烟	延安（软）	10mg/支	三类烟
	延安（细支1935）	8mg/支	一类烟、细支烟	延安（硬红）	10mg/支	四类烟
	延安（细支千年帝都）	8mg/支	一类烟、细支烟	延安（细支圣地河谷出口）	8mg/支	一类烟、细支烟、出口烟
	延安（细支圣地河谷）	8mg/支	一类烟、细支烟	延安（1935出口）	10mg/支	一类烟、出口烟
	延安（中支1935）	10mg/支	一类烟、中支烟	延安（红韵出口）	10mg/支	一类烟、出口烟

中国烟草实业发展中心

黑龙江烟草工业有限责任公司

品　牌	规　格	焦油量	备　注	规　格	焦油量	备　注
哈尔滨	哈尔滨（龙烟万福）	10mg/支	一类烟、中支烟	哈尔滨（HAPPY）	10mg/支	二类烟、中支烟
	哈尔滨（龙烟金安）	10mg/支	一类烟、中支烟	哈尔滨（老巴夺）	10mg/支	三类烟、中支烟
	哈尔滨（老巴夺红中支）	9mg/支	一类烟、中支烟	哈尔滨（风尚）	10mg/支	三类烟
龙烟	龙烟（红松香）	10mg/支	一类烟、中支烟	龙烟（呈祥）	8mg/支	二类烟、细支烟
	龙烟（北国风光）	8mg/支	一类烟、细支烟	龙烟（冰雪）	8mg/支	一类烟、细支烟
林海灵芝	林海灵芝（8mg）	8mg/支	三类烟、混合型	林海灵芝（软如意）	10mg/支	四类烟
	林海灵芝（如意）	10mg/支	三类烟	林海灵芝（蓝色经典）	9mg/支	四类烟、混合型

红塔辽宁烟草有限责任公司

品　牌	规　格	焦油量	备　注	规　格	焦油量	备　注
玉溪△☆★	玉溪（人民大会堂软红）	11mg/支	一类烟	玉溪（阿诗玛细支）	7mg/支	一类烟、细支烟
	玉溪（硬）	10mg/支	一类烟			
人民大会堂	人民大会堂（16）	10mg/支	一类烟	人民大会堂（中支）	9mg/支	一类烟，中支烟
	人民大会堂（16细支）	6mg/支	一类烟、细支烟	人民大会堂（古瓷细支）	6mg/支	一类烟、细支烟
	人民大会堂（盛京中支）	10mg/支	一类烟、中支烟	人民大会堂（硬红）	10mg/支	二类烟
	人民大会堂（盛京细支）	6mg/支	一类烟、细支烟	人民大会堂（硬红细支）	6mg/支	二类烟、细支烟
	人民大会堂（御廷蘭香）	6mg/支	一类烟	人民大会堂（蘭香细支）	6mg/支	一类烟、细支烟
哈尔滨	哈尔滨（老巴夺红中支）	9mg/支	一类烟、中支烟			
云烟△☆★	云烟（紫）	10mg/支	三类烟			
红塔山△★	红塔山（软经典）	10mg/支	三类烟	红塔山（新时代）	10mg	三类烟
	红塔山（硬经典100）	10mg/支	三类烟			
红梅	红梅（软黄）	10mg/支	四类烟			

吉林烟草工业有限责任公司

品 牌	规 格	焦油量	备 注	规 格	焦油量	备 注
长白山△	长白山（高山流水）	1mg/支	一类烟，2020 年停产	长白山（777）	7mg/支	二类烟、细支烟
	长白山（德容天下）	3mg/支	一类烟	长白山（心归）	10mg/支	二类烟
	长白山（本色）	10mg/支	一类烟，2020 年停产	长白山（人参）	8mg/支	二类烟
	长白山（神韵）	5mg/支	一类烟	长白山（迎春中支）	9mg/支	二类烟、中支烟
	长白山（揽胜）	8mg/支	一类烟、烤烟型	长白山（红人参）	10mg/支	三类烟
	长白山（细支人参）	8mg/支	一类烟、细支烟	长白山（天蓝）	10mg/支	三类烟，2020 年新产品
	长白山（韵藏天下）	8mg/支	一类烟、细支烟	长白山（软红）	8mg/支	三类烟
	长白山（圣境）	9mg/支	一类烟、中支烟	长白山（银）	8mg/支	三类烟
	长白山（神韵细支）	5mg/支	一类烟、细支烟，2020 年新产品	长白山（海蓝）	10mg/支	三类烟
	长白山（人参参品）	8mg/支	一类烟、中支烟，2020 年新产品	长白山（红）	8mg/支	三类烟
	长白山（人参参缘）	8mg/支	一类烟、中支烟，2020 年新产品	长白山（桂花）	10mg/支	四类烟
	长白山（蓝尚）	8mg/支	一类烟、细支烟			

甘肃烟草工业有限责任公司

品 牌	规 格	焦油量	备 注	规 格	焦油量	备 注
兰州△	兰州（飞天梦）	8mg/支	一类烟	兰州（小青支）	8mg/支	一类烟、中支烟，2020 年新产品
	兰州（中支飞天梦）	8mg/支	一类烟、中支烟	兰州（细支珍品）	8mg/支	一类烟、细支烟
	兰州（硬飞天）	8mg/支	一类烟	兰州（硬珍品）	8mg/支	二类烟
	兰州（细支飞天梦）	8mg/支	一类烟、细支烟	兰州（硬如意）	7mg/支	三类烟
	兰州（硬经典）	8mg/支	一类烟	兰州（硬精品）	6mg/支	三类烟
	兰州（黑中支）	8mg/支	一类烟、中支烟	兰州（硬蓝）	8mg/支	三类烟
	兰州（陇飞九天）	8mg/支	一类烟	兰州（硬黄）	8mg/支	四类烟
	兰州（硬吉祥）	8mg/支	一类烟	兰州（软黄）	8mg/支	四类烟
	兰州（16 支吉祥）	8mg/支	一类烟	兰州（硬红）	8mg/支	四类烟
	兰州（桥）	6mg/支	一类烟、细支烟			

内蒙古昆明卷烟有限责任公司

品 牌	规 格	焦油量	备 注	规 格	焦油量	备 注
冬虫夏草△	冬虫夏草（金）	9mg/支	一类烟	冬虫夏草（双中支）	6mg/支	一类烟、中支烟
	冬虫夏草（和润中支）	7mg/支	一类烟、中支烟	冬虫夏草（天润）	7mg/支	一类烟、中支烟
	冬虫夏草（和润）	5mg/支	一类烟、细支烟			
云烟苁蓉△☆★	云烟（硬苁蓉）	10mg/支	二类烟	云烟（苁蓉和悦）	6mg/支	一类烟、细支烟
	云烟（软苁蓉）	9mg/支	二类烟			
大青山	大青山（昭君和亲）	8mg/支	二类烟、中支烟，2020 年新产品	大青山（长悦）	10mg/支	二类烟
	大青山（长丰）	10mg/支	三类烟			

深圳烟草工业有限责任公司

品牌	规格	焦油量	备注	规格	焦油量	备注
双喜·好日子△☆★	双喜（细支盛世好日子）	8mg	一类烟	双喜（硬精品好日子）	10mg	三类烟
	双喜（硬盛世好日子）	10mg	一类烟	双喜（硬吉祥好日子）	10mg	三类烟
	双喜（细支金樽好日子）	8mg	一类烟	双喜（软如意好日子）	10mg	三类烟
	双喜（硬金樽好日子）	10mg	一类烟	好日子（软珍品中国税收未缴专供出口）	10mg	二类烟
	双喜（好日子欢乐颂）	10mg	一类烟	好日子（软珍品香港有税专供出口）	10mg	二类烟
	双喜（软锦绣好日子）	8mg	一类烟	好日子（软珍品澳门有税专供出口）	10mg	二类烟
	双喜（硬祥云好日子）	8mg	一类烟	好日子（硬精品出口）	10mg	三类烟
	双喜（硬晶彩好日子）	10mg	一类烟	好日子（硬吉祥出口）	10mg	三类烟
	双喜（万象好日子）	10mg	一类烟	好日子（硬出口英文）	10mg	三类烟
	双喜（好日子城市之光）	10mg	一类烟	好日子（软如意出口）	10mg	三类烟
	双喜（软珍品好日子）	10mg	二类烟	特美思（硬精品出口英文）	10mg	三类烟
	双喜（硬祥和好日子）	8mg	二类烟	特美思（硬出口英文）	11mg	三类烟

山西昆明烟草有限责任公司

品牌	规格	焦油量	备注	规格	焦油量	备注
紫气东来	紫气东来（汾清香）	6mg/支	一类烟、细支烟	紫气东来（吉祥天下）	10mg/支	一类烟
	紫气东来（祥瑞）	8mg/支	一类烟			
云烟△☆★	云烟（软珍品）	12mg/支	一类烟	云烟（福）	10mg/支	三类烟
	云烟（细支珍品）	8mg/支	一类烟	云烟（紫）	12mg/支	三类烟
	云烟（细支云龙）	8mg/支	二类烟			
红河△	红河（A7）	10mg/支	二类烟	红河（软甲）	11mg/支	三类烟
	红河（硬）	12mg/支	三类烟			
红塔山△★	红塔山（硬传奇）	10mg/支	二类烟	红塔山（硬经典）	11mg/支	三类烟
	红塔山（新时代）	10mg/支	三类烟			

海南红塔卷烟有限责任公司

品牌	规格	焦油量	备注	规格	焦油量	备注
云烟△☆★	云烟（紫）	10mg/支	三类烟	云烟（福）	10mg/支	三类烟
玉溪△☆★	玉溪（软境界）	10mg/支	一类烟			
红塔山△★	红塔山（软经典）	10mg/支	三类烟	红塔山（硬经典100）	10mg/支	三类烟
	红塔山（硬经典）	10mg/支	三类烟	红塔山（硬恭贺新禧）	10mg/支	二类烟
	红塔山（硬传奇）	10mg/支	二类烟	红塔山（新时代）	10mg/支	三类烟
红梅	红梅（软黄）	10mg/支	四类烟	红梅（软顺）	10mg/支	四类烟
三沙	三沙（中支）	8mg/支	一类烟、中支烟	三沙（细支）	8mg/支	一类烟、细支烟
	三沙（椰王绿）	10mg/支	二类烟	三沙（椰王金）	10mg/支	一类烟
宝岛	宝岛	10mg/支	一类烟	宝岛（三沙）	10mg/支	一类烟
	宝岛（一品沉香）	8mg/支	一类烟、细支烟			

注：1. 2020年在产卷烟品牌（规格）名录中，标☆的为2020年中高端卷烟（二类以上）销量排名前15位品牌，标★的为卷烟销售额排名前15位品牌，标△的为卷烟重点品牌。"双喜·红双喜"在本名录中分别按"双喜""红双喜"单列。

2. "金桥""都宝"为视同卷烟重点品牌。

2020年在产雪茄品牌（规格）名录

安徽中烟工业有限责任公司

品 牌	品 名	风格特征	尺寸规格	包装规格	类 别
王冠△	王冠（20支）	中度浓味	88mm×9.2mm	20支装硬盒	手工雪茄
	王冠（塑10支）	中度浓味	130mm×15.3mm	10支装塑盒	手工雪茄
	王冠（原味1号）	中度浓味	130mm×14.8mm	10支装硬盒	手工雪茄
	王冠（原味塑十支）	中度浓味	130mm×14.8mm	10支装塑盒	手工雪茄
	王冠（原味9号）	中度浓味	88mm×9.2mm	10支装硬盒	手工雪茄
	王冠（原味9号塑嘴）	中度浓味	110mm×9.2mm	5支装硬盒	手工雪茄
	王冠（原味9号塑嘴十支）	中度浓味	110mm×9.2mm	10支装硬盒	手工雪茄
	王冠（原味3号）	中度浓味	110mm×9.2mm	5支装硬盒	手工雪茄
	王冠（原味9号迷你塑嘴）	中度浓味	90mm×9.2mm	10支装硬盒	手工雪茄
	王冠（原味3号铁盒）	中度浓味	110mm×9.2mm	10支装铁盒	手工雪茄
	王冠（奶香10支）	香味雪茄	80mm×7.8mm	10支装铁盒	手工雪茄
	王冠（赛悦）	中度浓味	88mm×9.2mm	10支装铁盒	手工雪茄
	王冠（城市印象）	中度浓味	88mm×9.2mm	10支装铁盒	手工雪茄
	王冠（原味2号）	中度浓味	130mm×15.3mm	10支装塑盒	手工雪茄
	王冠（经典8号）	中度浓味	136mm×14mm	10支装硬盒	机制雪茄
	王冠（塑2支全叶卷）	中度浓味	120mm×13mm	2支装硬盒	手工雪茄
	王冠（10支全叶卷）	中度浓味	150mm×17.8mm	10支装木盒	手工雪茄
	王冠（国粹）	中度浓味	140mm×20mm	10支装木盒	手工雪茄
	王冠（经典铝2支全叶卷）	中度浓味	150mm×17.8mm	2支装硬盒	手工雪茄
	王冠（智者010十支）	中度浓味	150mm×20.0mm	10支装木盒	手工雪茄
	王冠（智者010五支）	中度浓味	158mm×20.0mm	5支装木盒	手工雪茄
	王冠（梅兰竹菊）	中度浓味	150mm×22.0mm	8支装硬盒	手工雪茄
	王冠（古建三绝）	中度浓味	136mm×14.5mm	10支装硬盒	手工雪茄
	王冠（小国粹）	中度浓味	90mm×16.2mm	5支装铁盒	手工雪茄
	王冠（茶香之茶马古道）	中度浓味	90mm×16.2mm	10支装硬盒	手工雪茄
	王冠（古建三绝25支）	中度浓味	136mm×14.5mm	25支装硬盒	手工雪茄
	王冠（经典5号）	中度浓味	150mm×17.8mm	5支装硬盒	手工雪茄
	王冠（蓝色假日）	中度浓味	110mm×16.4mm	5支装硬盒	手工雪茄
	王冠（国粹风度）	中度浓味	124mm×20mm	10支装木盒	手工雪茄
	王冠（假日·黄金海岸）	中度浓味	110mm×22mm	5支装铁盒	手工雪茄
	王冠（万象）	中度浓味	84mm×7.8mm	20支装硬盒	卷烟型雪茄

续表

品 牌	品 名	风格特征	尺寸规格	包装规格	类 别
王冠△	王冠（万象细支）	中度浓味	94mm×6.2mm	18 支装硬盒	卷烟型雪茄
	王冠（国粹名角）	中度浓味	84mm×7.8mm	10 支装硬盒	卷烟型雪茄
	王冠（古型）	中度浓味	84mm×7.8mm	16 支装硬盒	卷烟型雪茄
	王冠（国粹荣耀）	中度浓味	84mm×7.8mm	20 支装硬盒	卷烟型雪茄
	王冠（加勒比）	中度浓味	84mm×7.8mm	20 支装硬包	卷烟型雪茄
黄山松	黄山松（回味迎客松）	中度浓味	84mm×7.8mm	20 支装硬盒	卷烟型雪茄
	黄山松（迎客松赢客）	中度浓味	84mm×7.8mm	20 支装硬盒	卷烟型雪茄
	黄山松（醉翁亭）	中度浓味	84mm×7.8mm	20 支装硬盒	卷烟型雪茄
都宝	都宝（原味 9 号）	中度浓味	88mm×9.2mm	20 支装硬盒	手工雪茄

山东中烟工业有限责任公司

品 牌	品 名	风格特征	尺寸规格	包装规格	类 别
泰山	泰山（巅峰 2 号）	中上浓味	152mm×62mm	礼品木盒 10 支装	手工雪茄
	泰山（巅峰 5 号）	中上浓味	146mm×65mm	礼品木盒 10 支装	手工雪茄
	泰山（巅峰 6 号）	中度浓味	127mm×62mm	礼品纸盒 5 支装	手工雪茄
	泰山（阔佬 2 号）	中下浓味	123mm×44mm	纸盒 5 支装	机制雪茄
	泰山（3G 原味）	中下浓味	100mm×28mm	铁盒 10 支装	机制雪茄
	泰山（3G 沉香）	中下浓味	86mm×25mm	铁盒 8 支装	机制雪茄
	泰山（3G 咖啡）	中下浓味	98mm×28mm	纸盒 10 支装	机制雪茄
	泰山（巴哈马甜味）	中上淡味	88mm×25mm	铁盒 10 支装	机制雪茄
	泰山（巴哈马）	中上淡味	88mm×25mm	纸盒 10 支装	机制雪茄
	泰山（3G 水蜜桃）	中下浓味	70mm×26mm	纸盒 16 支装	机制雪茄
	泰山（中海御叶）	中度淡味	84mm×17mm	纸盒 20 支装	卷烟型雪茄、细支
	泰山（雪豹双十支）	中度淡味	94mm×24.4mm	双十支纸盒	卷烟型雪茄
	泰山（雪豹细支）	中度淡味	97mm×17mm	纸盒 20 支装	卷烟型雪茄、细支
	泰山（雪豹）	中度淡味	100mm×24.4mm	纸盒 20 支装	卷烟型雪茄
	泰山（黑豹）	中度淡味	94mm×24.4mm	双十支纸盒	卷烟型雪茄
	泰山（黑豹细支）	中度淡味	84mm×17mm	纸盒 20 支装	卷烟型雪茄、细支
将军△	将军（大力神）	中度浓味	150mm×56mm	礼品纸盒 5 支装	手工雪茄
	将军（战神 1 号）	中度浓味	140mm×56mm	礼品木盒 10 支装	手工雪茄
	将军（战神 3 号）	中度浓味	130mm×56mm	礼品木盒 10 支装	手工雪茄
	将军（战神 4 号）	中度浓味	100mm×56mm	铁盒 4 支装	手工雪茄
	将军（战神）	中度浓味	120mm×56mm	礼品纸盒 5 支装	手工雪茄
	将军（战神荣耀）	中下浓味	100mm×38mm	纸盒 10 支装	机制雪茄
	将军（战神 07）	中下浓味	123mm×44mm	铁盒 5 支装	机制雪茄
	将军（3G）	中下浓味	100mm×28mm	铁盒 10 支装	机制雪茄

湖北中烟工业有限责任公司

品 牌	品 名	风格特征	尺寸规格	包装规格	类 别
黄鹤楼△	黄鹤楼（公爵）	中等浓郁	150mm×66mm	10 支航空铝木盒礼品装	手工雪茄
	黄鹤楼（雪之梦 2 号）	中等浓郁	230mm×78.5mm	1 支装木盒	手工雪茄
	黄鹤楼（雪之梦 3 号）	中等浓郁	176mm×59.7mm	10 支装木盒	手工雪茄
	黄鹤楼（雪之梦 6 号）	中等浓郁	155mm×62.8mm	10 支纸板硬盒装	手工雪茄
	黄鹤楼（雪之梦 7 号）	中等浓郁	140mm×56.5mm	5 支纸板硬盒装	手工雪茄
	黄鹤楼（雪之梦 8 号）	中等浓郁	140mm×62.8mm	5 支纸板硬盒装	手工雪茄
	黄鹤楼（雪之梦 9 号）	中等浓郁	110mm×56.5mm	5 支纸板硬盒装	手工雪茄
	黄鹤楼（雪之梦 5 号）	中等浓郁	124mm×62.3mm	10 支装木盒	手工雪茄
	黄鹤楼（雪之梦 10 号）	中等浓郁	110mm×62.3mm	4 支纸板硬盒装	手工雪茄，2020 年新产品
	黄鹤楼（雪之韵 2 号）	温和型	132mm×50.9mm	5 支纸盒装	半机制雪茄
	黄鹤楼（雪之韵 6 号）	温和型	100mm×31.4mm	10 支纸盒装	半机制雪茄
	黄鹤楼（迷你醇味）	醇和型	84mm×24.5mm	10 支铁盒装	机制雪茄，2020 年新产品
	黄鹤楼（南洋伍号）	醇和型	88mm×27.6mm	10 支纸盒装	卷烟型雪茄
	黄鹤楼（雪之景 2 号）	醇和型	84mm×5.25mm	10 支纸盒装	卷烟型雪茄
	黄鹤楼（雪之景 3 号）	醇和型	88mm×7.16mm	10 支纸盒装	卷烟型雪茄
	黄鹤楼（雪之景 5 号）	醇和型	84mm×24.2mm	10 支纸盒装	卷烟型雪茄
	黄鹤楼（雪之景 6 号）	醇和型	64mm×8.3mm	10 支纸盒装	卷烟型雪茄
	黄鹤楼（雪之景 9 号）	醇和型	90mm×6.5mm	20 支纸盒装	卷烟型雪茄
	黄鹤楼（雪之景 10 号）	醇和型	100mm×22.5mm	10 支纸盒装	卷烟型雪茄
	黄鹤楼（雪之景 7 号）	醇和型	84mm×24.2mm	20 支纸盒装	卷烟型雪茄
茂大	茂大（5 支 XY）	温和型	105mm×39.3mm	5 支纸盒装	半机制雪茄
	茂大（1 号）	温和型	132mm×50.9mm	5 支塑料盒装	半机制雪茄

四川中烟工业有限责任公司

品 牌	品 名	风格特征	尺寸规格	包装规格	类 别
长城△	长城（GL1 号）	浓味	194mm×60mm	5 支装木盒	手工雪茄
	长城（胜利）	中度浓味	152mm×66mm	1 支装纸盒	手工雪茄
	长城（生肖版）	浓味	135mm×66mm	10 支装木盒	手工雪茄
	长城（揽胜 1 号）	浓味	150mm×64.7mm	10 支装木盒	手工雪茄
	长城（揽胜 3 号经典）	中度浓味	124mm×62.3mm	10 支装木盒	手工雪茄
	长城（GJ6 号）	浓味	184mm×71mm	10 支装木盒	手工雪茄，2020 年新产品
	长城（传奇 3 号）	中度浓味	178mm×58.7mm	5 支装木盒	手工雪茄
	长城（10 支 132 秘制）	中度浓味	110mm×47mm	10 支装木盒	手工雪茄
	长城（5 支传奇 1 号）	中度浓味	105mm×72mm	5 支装木盒	手工雪茄
	长城（导师 2 号）	中度浓味	130mm×53.4mm	25 支装木盒	手工雪茄
	长城（2 号）	中度浓味	130mm×53.4mm	1 支装烟支管	手工雪茄

续表

品　牌	品　名	风格特征	尺寸规格	包装规格	类　别
长城△	长城（132 奇迹）	浓味	130mm×68.5mm	10 支装纸盒	手工雪茄，2020 年新产品
	长城（132 记忆）	中度浓味	124mm×62.3mm	25 支装纸盒	手工雪茄，2020 年新产品
	长城（红色 132）	温和	90mm×53.4mm	5 支装铁盒	手工雪茄
	长城（经典 2 号）	温和	130mm×53.4mm	5 支装纸盒	手工雪茄
	长城（3 号）	温和	150mm×50mm	1 支装烟支管	手工雪茄
	长城（经典 3 号）	温和	150mm×50mm	5 支装纸盒	手工雪茄
	长城（盛世 3 号）	中度浓味	140mm×58mm	10 支装纸盒	手工雪茄
	长城（盛世 5 号）	温和	150mm×56mm	2 支装烟支管	手工雪茄
	长城（大号铝管 5 支）	温和	160mm×55mm	1 支装烟支管	手工雪茄
	长城（盛世 6 号）	温和	110mm×44mm	5 支装纸盒	手工雪茄
	长城（骑士 3 号）	温和	100mm×34mm	10 支装纸盒	机制雪茄
	长城（骑士 1 号）	温和	120mm×53mm	4 支装纸盒	机制雪茄，2020 年新产品
	长城（行者）	温和	100mm×27.7mm	10 支装铁盒	机制雪茄
	长城（迷你原味）	温和	98mm×26mm	10 支装铁盒	机制雪茄
	长城（迷你咖啡）	温和	75mm×26mm	10 支装铁盒	机制雪茄
	长城（迷你香草）	温和	75mm×26mm	10 支装铁盒	机制雪茄
	长城（金南极）	温和	120mm×34mm	5 支装纸盒	机制雪茄
	长城（风雅）	温和	84mm×24.5mm	10 支装纸盒	机制雪茄
	长城（天龙）	温和	97mm×17mm	20 支装硬盒翻盖	卷烟型雪茄
	长城（丝路）	温和	97mm×17mm	20 支装硬盒翻盖	卷烟型雪茄
	长城（醇雅 COCO）	温和	94mm×19.5mm	18 支装硬盒翻盖	卷烟型雪茄
	长城（醇雅薄荷）	温和	94mm×19.5mm	18 支装硬盒翻盖	卷烟型雪茄
	长城（醇雅奶香）	温和	94mm×19.5mm	18 支装硬盒翻盖	卷烟型雪茄
	长城（毛氏雪茄 2 号）	温和	84mm×24.6mm	20 支装硬盒翻盖	卷烟型雪茄
	长城（壹叁贰 13 号）	温和	84mm×24.6mm	20 支装软盒	卷烟型雪茄
	长城（132 原味）	温和	84mm×24.4mm	20 支装硬盒翻盖	卷烟型雪茄
	长城（132 咖啡）	温和	84mm×24.4mm	20 支装硬盒翻盖	卷烟型雪茄
	长城（132 醇味）	温和	74mm×24.2mm	20 支装硬盒翻盖	卷烟型雪茄
	长城（风尚）	温和	84mm×24.4mm	20 支装硬盒翻盖	卷烟型雪茄
	长城（软传奇）	温和	84mm×24.4mm	20 支装软盒	卷烟型雪茄
	长城（品道）	—	g	10g/盒，铁盒	烟斗丝
狮牌	狮牌（加勒比阳光）	温和	150mm×44mm	4 支装纸盒	手工雪茄
	狮牌（5 支小号）	温和	112mm×31mm	5 支装纸盒	机制雪茄
	狮牌（年画）	温和	84mm×24.2mm	20 支装硬盒翻盖	卷烟型雪茄
	狮牌（大 S）	温和	84mm×24.2mm	20 支装硬盒翻盖	卷烟型雪茄
工字	工字（1 号）	温和	84mm×34mm	10 支装纸盒	机制雪茄
	工字（红）	温和	84mm×34mm	10 支装硬盒翻盖	机制雪茄

注：2020 年在产雪茄品牌（规格）名录中，标△的为雪茄重点品牌。

◇ 编辑：周　佳

索引使用说明

一、本索引采用关键词索引法编制。年鉴中有实质检索意义的内容均予以标引，以供检索使用。

二、本索引具体排列规律如下：以数字开头的标目，排在最前面；以英文字母打头的标目，列于其次；汉字标目则按首字的音序、音调依次排列；首字相同时，则以第二个字排序，并依次类推。

三、索引标目后的数字，表示检索内容所在的年鉴正文页码，如果一个关键词在同一页中出现多次，页码只标一次。

索　　引

G

H

J

K

L

P

Q

S

T

W

X

Y

Z

图书在版编目（CIP）数据

中国烟草年鉴．2021 /《中国烟草》杂志社有限公司编．—北京：中国经济出版社，2022.8

ISBN 978-7-5136-7006-7

Ⅰ.①中…　Ⅱ.①中…　Ⅲ.①烟草工业—中国—2021—年鉴　Ⅳ.①F426.89-54

中国版本图书馆 CIP 数据核字（2022）第 128709 号

策划编辑　李祥柱
责任编辑　郑　潇
责任印制　马小宾
封面设计　金　菊
彩插设计　许双慧　卢　旋　王雨婷
彩插编辑　褚　幸

出版发行　中国经济出版社
印 刷 者　北京富泰印刷有限责任公司
经 销 者　各地新华书店
开　　本　889mm×1194mm　1/16
印　　张　36.25
插页印张　4
字　　数　2100 千字
版　　次　2022 年 8 月第 1 版
印　　次　2022 年 8 月第 1 次
定　　价　350.00 元
广告经营许可证　京西工商广字第 8179 号

中国经济出版社 **网址** www.economyph.com **社址** 北京市东城区安定门外大街 58 号 **邮编** 100011